gụkati (-čēm) girren; gurren; *Kind:* lallen **đāk** (*Pl* -ci) Schüler *m*	Angaben zu Konjugation und Deklination in Klammern
diferencijāl *1* *Math.* Differential *n*, *Tech.* Differential(getriebe *n*) *n*	Hinweise auf Sachgebiete erleichtern die korrekte Übersetzung
džāk → ***vrẹća*** **dẹcimālan** dezimal; → ***mjẹra, raz-lọmak***	Pfeil verweist auf Stichwörter, unter denen weitere Übersetzungen zu finden sind, bzw. auf Synonyme
drụg|i zweite(r); andere(r); ***~ī korijēn*** *Math.* Quadratwurzel *f*; ***~im rijẹčima*** mit anderen Worten; ***bịti u ~ōm stānju*** in anderen Umständen sein; ***jẹdno za ~īm*** eins nach dem anderen; ***s ~e strāne*** andererseits; ***u ~ū rụku*** an... rerseits	Wortteil vor dem senkr... ich ist ... den ... Nestes
dṛhtati (-htīm *od.* -šćēm ... gen; *Stimme:* beben; *Flan...*	...zwörter helfen bei der Wahl der treffenden Übersetzung
ịstjerati (*aus*)treiben; herausjagen; ~ ***nọvac*** *fig.* Geld herausschlagen	Hinweis auf übertragene Bedeutung
ịstok Osten *m*, Morgenland *n*; ***Blịskī* (*Srẹdnjī, Dạlekī*)** ≗ *Geogr.* Naher (Mittlerer, Ferner) Osten	Die Tilde mit Kreis zeigt den Wechsel von Groß- zur Kleinschreibung bzw. umgekehrt an
mnọgi *Pron* viel; manch(er) **nuz** *Präp* (*A*) → **uz**	Angabe zur Wortart

Vorwort

Die Entwicklung in den Nachfolgestaaten Jugoslawiens hat zu einem Auseinanderdriften des Kroatischen und des Serbischen geführt. Grundlage des vorliegenden Taschenwörterbuchs bildet die heutige kroatische Schriftsprache; es werden aber auch serbische Varianten angeführt und als solche gekennzeichnet. So kann das Wörterbuch zur Verständigung im gesamten kroatisch-serbischen Sprachraum dienen.

Der kroatisch-deutsche Teil bietet mit insgesamt rd. 40 000 Stichwörtern und Wendungen nicht nur den allgemeinen Wortschatz, sondern darüber hinaus zahlreiche Begriffe aus unterschiedlichen Fachgebieten wie Technik und Datenverarbeitung, Medizin und Sport, Sozial- und Rechtswissenschaft.

Verschiedene Hilfsmittel erleichtern die Benutzung des Wörterbuchs: Hinweise auf die Stilebene oder das Fachgebiet helfen ebenso bei der Wahl der treffenden Übersetzung wie Angaben zum Satzzusammenhang (z. B. bei istjecati: *Gas*: ausströmen; *Termin*: verstreichen).

Eine übersichtliche Typographie und die alphabetische Suchleiste am Rand helfen bei der Orientierung. Hinweise zur Aussprache und eine kurze Übersicht der kroatischen Grammatik sowie ein Verzeichnis der gebräuchlichsten kroatischen Abkürzungen runden das Wörterbuch ab.

AUTOR UND VERLAG

Predgovor

Razvoj događaja u državama nasljednicama Jugoslavije doveo je do razdvajanja hrvatskoga i srpskoga jezika. Osnovu tom Rječniku čini današnji hrvatski književni jezik, ali su i srpske varijante navedene i kao takve označene. Tako Rječnik može služiti za sporazumijevanje na cijelome hrvatsko-srpskom jezičnom području.

Hrvatsko-njemački dio sa otprilike oko 40 000 natuknica i frazema pruža ne samo osnovni fond riječi nego i brojne pojmove iz različitih stručnih područja, kao što su tehnika, obrada podataka, medicina i šport, socijalna i pravna znanost.

Korišćenje Rječnikom olakšava se različitim pomoćnim sredstvama: U izboru prikladnog prijevoda pomažu obavijesti o stilskim razinama isto tako kao i obavijesti o rečeničnom kontekstu (npr. kod istjecati: *Gas*: ausströmen; *Termin*: verstreichen).

Orijentaciju olakšavaju pregledna tipografska slika i abecedno kazalo na margini. Rječnik upotpunjavaju obavijesti o izgovoru, kratak pregled hrvatske gramatike i popis najuobičajenih kratica.

PISAC I NAKLADA

Hinweise für die Benutzung des Wörterbuchs
Upute za služenje rječnikom

Wortfolge

Die Stichwörter sind alphabetisch geordnet. Der Übersichtlichkeit wegen wurde auf das System der Wortnester verzichtet, jedes Stichwort hat seinen eigenen Eintrag. An den alphabetischen Stellen sind die Ländernamen und die davon abgeleiteten Adjektive eingetragen, ebenso die unregelmäßigen Formen der 1. Person Singular bei den Verben und des Genitiv Singular bei Substantiven (**kọljēm** *1. Pers Sg v.* ***klạti*, kạbla** *GSg v.* ***kạbao***), ebenso die unregelmäßigen Komparativformen von Adjektiven (**bọljī** *Komp v.* ***dọbar***).

Abkürzungen befinden sich im Anhang.

Tilde

Bei der Angabe von Redewendungen ersetzt die Tilde den vor dem senkrechten Strich stehenden Teil des Wortes, z. B. **cijẹn|a:** ***na ~i*** = ***na cijẹni*; *ni po kọju ~u*** = ***ni po kọju cijẹnu*; kạb|ao: *kao iz ~la*** = ***kao iz kạbla***. Ist beim Stichwort kein senkrechter Strich vorhanden, ersetzt die Tilde das ganze Wort, z. B. **gọtov: *bịti sạsvim ~*** = ***bịti sạsvim gọtov***.

Bindestrich

Der Bindestrich wird der Deklinations- bzw. Konjugationsendung vorangestellt und steht für den unverändert bleibenden Teil des Wortes. z. B. **jạrak** (-rka) = *NSg* jạrak, *GSg* jạrka; **klẹći** (-knēm) = Infinitiv klẹći, 1. Person Singular klẹknēm.

Bei der Angabe der Aspektdoublette kann der Bindestrich vorangestellt, z. B. **ịzrezati (-zīvati)** = **ịzrezati** perfektiv, **izrezīvati** imperfektiv, oder nachgestellt sein, z. B. **gụtati [pro-]** = **gụtati** imperfektiv, **progụtati** perfektiv.

Raspored riječi

Riječi su poredane prema abecedi. U korist preglednosti izbjegnut je sustav leksičkog gnijezda. Svaka riječ ima svoju natuknicu. Nazivi zemalja i pridjevi od njih izvedeni poredani su abecedno. Isti je postupak proveden i kod nepravilnih glagolskih oblika u 1. licu jednine prezenta i u genitivu jednine imenica (**kọljēm** *1. Pers Sg v.* ***klạti*, kạbla** *GSg v.* ***kạbao***), te u komparativu pridjeva (**bọlji** *Komp v.* ***dọbar***).

Kratice se nalaze u posebnom dodatku.

Tilda

Kod navođenja frazema tilda nadomješta dio riječi ispred okomite crte, npr.: **cijẹn|a:** ***na ~i*** = ***na cijẹni*; *ni po kọju ~u*** = ***ni po kọju cijẹnu*; kạb|ao: *kao iz ~la*** = ***kao iz kạbla***. Ako se kod natuknice okomita crta ne pojavljuje, onda tilda nadomješta cijelu riječ, npr. **gọtov: *bịti sạsvim ~*** = ***bịti sạsvim gọtov***.

Crta

Crta pretpostavlja deklinacijske i konjugacijske nastavke i stoji umjesto nepromijenjenog dijela riječi, npr. **jạrak** (-rka) = nominativ jednine jạrak, genitiv jednine jạrka; **klẹći** (-knēm) = infinitiv klẹći, 1. lice jednine prezenta klẹknēm.

Kod navođenja vidskih dubleta crta može stajati ispred, npr. **ịzrezati (-zīvati)** = **ịzrezati** svršen, **izrezīvati** nesvršen, ili iza, npr. **gụtati [pro-]** = **gụtati** nesvršen, **progụtati** svršen.

Akzentstelle und Vokallängen

Die Akzentstelle wird mit einem Punkt unter dem betonten Vokal angegeben. Die kurzen unbetonten Vokale bleiben unbezeichnet. Die langen Vokale, auch die Nachtonlängen, werden mit einem waagerechten Strich über dem Vokal gekennzeichnet, also z. B.:

dụ̄sa langes, betontes u
dụševnī kurzes, betontes u, Endung -i lang
fạmōzan kurzes, betones a, nachtonig langes o.

Auf die Angabe der Akzentqualität, steigend oder fallend, wurde verzichtet.

Mjesto naglaska i duljina

Mjesto naglaska označeno je točkom ispod naglašenog samoglasnika. Kratki samoglasnici ostaju neobilježeni, a dugi (također i naglasna duljina) označeni su vodoravnom crtom iznad samoglasnika, npr.:

dụ̄sa dugo naglašeno u
dụševnī kratko, naglašeno u, završetak -i dug
fạmōzan kratko, naglašeno o, tonski obilježeno o.

Izbjegnuta je oznaka naglasne kvalitete, silazne ili uzlazne.

Angaben zur Grammatik

Die Angaben zur Grammatik erfolgen nach folgenden Regeln:

A: Veränderungen in den Akzentverhältnissen:

Grundsätzlich werden Änderungen der Akzentstelle und der Quantität des betonten Vokals im Deklinations- oder Konjugationsmuster angegeben, wenn diese im Genitiv Singular oder Nominativ Plural bzw. in der 1. Person Singular auftreten. Andere Akzentänderungen werden nur angegeben, wenn diese in der Lexik besonders wichtig sind. Dabei wurde versucht, das richtige Maß zu finden, um einerseits wichtige grammatische Eigenschaften des Stichwortes anzugeben, andererseits aber eine Überfrachtung des Wörterbuchs mit grammatikalischen Angaben zu vermeiden. Der gleiche Grundsatz gilt auch für die Angaben zu Deklinations- oder Konjugationsunregelmäßigkeiten. Einige besonders häufige Akzentveränderungstypen wurden in 7 Klassen dargestellt. Die kursiv gedruckte Ziffer bezeichnet die betreffende Klasse.

Typ 1: Akzentverschiebung auf die folgende, lange Silbe bei den obliquen Kasus. Eine Ausnahme ist der Vokativ Singular, bei dem sich der Akzent auf die erste Silbe verschiebt.

Gramatičke obavijesti

Gramatičke su obavijesti poredane prema slijedećim pravilima:

A: Promjene u naglasnom sustavu:

U pravilu se navode promjene mjesta naglaska i kvantiteta naglašenog samoglasnika u deklinacijskom i konjugacijskom obrascu ako se one pojavljaju u genitivu jednine ili u nominativu množine odnosno u 1. licu jednine. Ostale naglasne promjene navode se samo ako su posebno važne u leksičkom sustavu. Pritom smo pokušali pronaći pravu mjeru kako bi se istakle važne gramatičke osobine riječi, s jedne, i izbjeglo zatrpavanje Rječnika gramatičkim obavijestima, s druge strane. Isti pravilo važi i za podatke o deklinacijskim i konjugacijskim nepravilnostima. Neke osobito česte naglasne promjene izložene su u 7 tipskih razreda. Brojka u kurzivu označava određeni razred.

Tip 1: Pomicanje naglaska na slijedeći, dugi slog u kosim padežima. Izuzetak je vokativ jednine, gdje se naglasak pomiče na prvi slog.

Beispiele:
komęsār, komesąra, kǫmesāre!
vǫjnīk, vojnįka, vǫjnīče!

Typ 2: Der Akzent verbleibt im Paradigma auf der gleichen (langen) Silbe; beim Vokativ Singular wird der Akzent auf die erste Silbe verschoben wie bei Typ 1.

Beispiele:
akadēmac, akadēmca, ąkadēmče!
Albąnac, Albąnca, Ąlbānče!

Typ 3: Die lange betonte Silbe wird im gesamten Paradigma gekürzt.

Beispiele: brǭj, *GSg* brǫja, *NPl* brǫjevi

Typ 4: Die lange betonte Silbe wird nur im Plural gekürzt.

Beispiele: grąd, *GSg* grąda, *NPl* grądovi

Typ 5: Die Akzentstelle wird im Präsens um eine Stelle nach vorn gezogen.

Beispiele: analizįrati, analįzīrām; dozįdati, dǫzīdām

Typ 6: Die Akzentstelle wird bei den deklinierten Kurzformen des Adjektivs und des Partizips um eine Silbe nach hinten gezogen. Bei den Langformen ist der Akzent wieder an der ursprünglichen Stelle.

Beispiele: čųven, čuvęna; čųvenī; ispęčen, ispečęna; ispęčenī

Typ 7: Dieser Typ bezeichnet ijekavische Einträge, bei denen der Akzent in den bisherigen Wörterbüchern mit *ije* oder *iję* angegeben wurde; in neuerer Zeit jedoch mit *ijē̦*, was als eine kroatische Neuerung anzusehen ist. In der ekavischen Variante liegt hier grundsätzlich langes e vor.

Beispiele: bijelī, neue Notation bijēlī, ekavisch bēlī; rijęka, neue Notation rijēka, ekavisch rēka.

Typ 5/7: Bei diesem Typ wird der Akzent nach der „alten" Notation um eine Silbe nach vorn gezogen, bei der „neuen" verbleibt der lange Akzent:

Na primjer:
komęsār, komesąra, kǫmesāre!
vǫjnīk, vojnįka, vǫjnīče!

Tip 2: Naglasak ostaje na istom (dugom) slogu u paradigmi; u vokativu se jednine vrši pomicanje unazad na prvi slog kao kod tipa 1.

Na primjer:
akadēmac, akadēmca, ąkadēmče!
Albąnac, Albąnca, Ąlbānče!

Tip 3: Dugi naglašeni slog se pokraćuje u cijeloj paradigmi.

Na primjer: brǭj *Gjed.* brǫja, *Nmn.* brǫjevi

Tip 4: Dugi naglašeni slog se pokraćuje samo u množini.

Na primjer: grąd, *Gjed.* grąda, *Nmn.* grądovi

Tip 5: Mjesto se naglaska pomiče za jedan slog naprijed.

Na primjer: analizįrati, analįzīrām; dozįdati, dǫzīdām

Tip 6: Mjesto se naglaska pomiče za slog unazad kod kratkih pridjevskih i participskih oblika koji se dekliniraju. Kod dugih oblika naglasak se zadržava na ranijem mjestu.

Na primjer: čųven, čuvęna; čųvenī; ispęčen, ispečęna; ispęčenī

Tip 7: Ovaj tip označava ijekavizme kod kojih je u dosadašnjim rječnicima naglasak bilježen sa *ije* ili *iję*, u novije vrijeme međutim *ijē̦*, što treba promatrati kao hrvatsku inovaciju. U ekavskoj varijanti ovdje je dugo e.

Na primjer: bijelī, novo bilježenje bijēlī, ekavski bēlī; rijęka, novo bilježenje rijēka, ekavski rēka.

Tip 5/7: Kod ovoga se tipa naglasak – prema „starom" bilježenju – pomiče za jedan slog naprijed, a po „novom" bilježenju ostaje dugi naglasak:

Zum Beispiel: dijȩliti, dijelīm; neue Notation: dijȩ̄liti, dijȩ̄līm; sijȩvati, sijevām; neue Notation: sijȩ̄vati, sijȩvām.

B: Genusangabe

Das Genus des Stichwortes wird nur angegeben, wenn es von folgenden Regeln abweicht:

a) Substantive mit auslautenden Konsonanten sind Maskulina, z. B. brǭd, grȃd, vǫjnīk.

b) Substantive mit auslautendem -a sind Feminina, z. B. bȃza, sȗmnja, zgrąda.

c) Substantive mit auslautendem -o oder -e sind Neutra, z. B. kǫlo, mǭre, zvǫno.

In den anderen Fällen wird das Genus hinter dem Stichwort mit *m* (maskulin), *f* (feminin) oder *n* (neutrum) gekennzeichnet, z. B. bei Abstrakta auf -ōst (hrȃbrōst *f*).

C: Angabe des Aspektes und der Aspektdoubletten

Der imperfektive Aspekt bleibt unbezeichnet, der perfektive wird mit einem *pf* gekennzeichnet. Verben, die sowohl perfektiv als auch imperfektiv sein können – v. a. die Verben auf -ịrati – werden mit *ipf*/*pf* gekennzeichnet.

Bei den meisten Verben wurde die jeweilige Aspektdoublette mit angegeben; wenn dabei das Ausgangswort imperfektiv ist, wird die perfektive Aspektdoublette in eckigen Klammern dahinter angegeben, z. B. **čịstiti [po-]** čịstiti imperfektiv, počịstiti perfektiv; **klịmati [-nuti]** klịmati imperfektiv, klịmnuti perfektiv.

D: Angaben zur Konjugation

Bei Verben, deren 1. Person Singular nicht nach den regelmäßigen Mustern -ati/-ām, -iti/-īm etc. gebildet wird, wird die 1. Person Singular grundsätzlich in runden Klammern angegeben; zusätzliche Angaben (Imperativ, Perfekt etc.) erfolgen nur in besonders wichtigen Fällen.

Na primjer: dijȩliti, dijelīm; novo bilježenje: dijȩ̄liti, dijȩ̄līm; sijȩvati, sijevām; novo bilježenje: sijȩ̄vati, sijȩ̄vām.

B: Podaci o rodu

Rod je riječi naveden samo ako su odstupanja od slijedećih pravila:

a) Imenice koje se završavaju na suglasnik muškog su roda, npr. brǭd, grȃd, vǫjnīk.

b) Imenica na -a ženskog su roda, npr. bȃza, sȗmnja, zgrąda.

c) Imenice na -o ili -e srednjeg su roda, npr. kǫlo, mǭre, zvǫno.

U drugim se slučajevima rod označuje iza natuknice sa *m* (muški rod), *f* (ženski rod) ili sa *n* (srednji rod), npr. kod apstraktnih imenica na -ōst (hrȃbrōst *f*).

C: Podaci o vidu i vidskim dubletima

Nesvršeni vid ostaje neobilježen, svršeni se označava sa *pf*. Glagoli koji mogu biti i svršeni i nesvršeni, prije svega glagoli na -ịrati, označeni su sa *ipf*/*pf*.

Kod većine je glagola istaknuta njihova vidska dubleta. Ako je pritom navedeni glagol nesvršenog vida, u uglastim se zagradama navodi njihov svršeni parnjak, npr. **čịstiti [po-]** čịstiti nesvršen, počịstiti svršen; **klịmati [-nuti]** klịmati nesvršen, klịmnuti svršen.

D: Podaci o konjugaciji

Kod glagola kod kojih se 1. lice jednine ne tvori prema uobičajenim obrascima -ati/-ām, -iti/-īm itd., taj se oblik navodi u okruglim zagradama. Dodatne obavijesti (imperativ, perfekt itd.) iznesene su samo ako su posebne važne za jezički sustav.

Die Angabe der Konjugationsformen erfolgt in Klammern mittels Bindestrich, z. B. **dọstignuti** (-gnēm) = 1. Person Singular dọstignēm; bei zusätzlich auftretenden Akzentverschiebungen wird der entsprechende Teil mit angegeben, z. B. **dotjerīvati** (-ẹrujēm) = 1. Person Singular dotjẹrujēm.

Neben der 1. Person Singular werden ohne besondere Kennzeichnung ggf. noch Partizipformen angegeben, z. B. **ispīsati (-isīvati)** (ịspīšēm; ịspīsān): perfektive Form ispīsati, imperfektive Form ispisīvati; bei ispīsati lautet die 1. Person Singular ịspīšēm, das Partizip Perfekt Passiv ịspīsān.

Wenn im Paradigma zwei Formen möglich sind, werden beide angegeben und durch einen Schrägstrich getrennt, z. B. **kọristiti** (-šćen/-šten): Partizip entweder kọrišćen oder kọrišten, **dọimati** (-ām/-mljēm) = 1. Person Singular entweder dọimām oder dọimljēm.

Navođenje oblika konjugacije slijedi zagradima pomoću crte, npr. **dọstignuti** (-nēm) = 1. lice jednine dọstignēm; kod dodatnih naglasnih promjena navodi se cijeli odgovarajući dio riječi, npr. **dotjerīvati** (-ẹrujēm) = 1. lice jednine dotjẹrujēm.

Pored 1. lice jednine bilježe se također ponekad i participske forme bez posebnih oznaka, npr. **ispīsati (-isīvati)** (ịspīšēm; ịspīsān): Svršeni vid ispīsati, nesvršeni vid ispisīvati, 1. lice jednine glagola ispīsati glasi ịspīšēm, pasiv participa perfekta ịspīsān.

Kad su u paradigmi moguća dva oblika, onda se oba bilježe, odvojena kosom crtom, npr. **kọristiti** (-šćen/-šten): particip je kọrišćen ili kọrišten; **dọimati** (-ām/-mljēm): prezent je dọimām ili dọimljēm.

E: Angaben zur Deklination

Mit Ausnahme der Adjektive werden unregelmäßige Formen beim Genitiv Singular, also auch die mit flüchtigem *a*, immer angegeben, z. B. **čāmac** (-mca) *GSg* čāmca. Andere Formen werden bei Bedarf angegeben, z. B. der *DSg* auf -ki statt auf -ci: **Bạvārka** (*DSg* -ki) Dativ Singular: Bạvārki.

Treten mehrere Formen gleichberechtigt nebeneinander auf, werden beide angegeben und durch einen Schrägstrich voneinander getrennt, z. B. **dụh** (*NPl* -si/-ovi) Nominativ Plural entweder dụsi oder dụhovi.

Bei den **Adjektiven** wird das flüchtige *a* in der Adjektivendung *-an* als regelmäßig angesehen, d. h. bei Eintragungen wie **jednọredan, ọčigledan** oder **ụredan** lauten z. B. die Formen des Nominativ Plural maskulin **jednọrednī, ọčiglednī** oder **ụrednī.**

Bei den (wenigen) Ausnahmen, bei denen das *a* in *-an* **nicht** flüchtig ist, wird durch Angabe der Adverbform darauf hingewiesen, z. B. ịšarān(-o).

E: Obavijesti o deklinaciji

Izuzimajući pridjeve, uvijek se navode nepravilni oblici genitiva jednine, dakle i oni sa nepostojanim *a*; npr. **čāmac** (-mca) genitiv jednine čāmca. Ostali se oblici navode po potrebi, npr. dativ jednine na -ki umjesto na -ci: **Bạvārka** (*DSg* -ki), dativ jednina: Bạvārki.

Ako se pojavi više ravnopravnih oblika, onda se oba navode, odvojena kosom crticom. Npr.: **dụh** (*NPl* -si/-ovi), množina ili dụsi ili dụhovi.

Kod **pridjeva** se nepostojano *a* u pridjevskom završetku *-an* posmatra kao redovno; tj. kod natuknica kao što se **jednọredan, ọčigledan** i **ụredan** nominativ plural muškog roda glase **jednọrednī, ọčiglednī** odnosno **ụrednī.**

Kod (malobrojnih) izuzetaka, kod kojih je *a* postojano, na to se upućuje navođenjem priloških oblika, npr. ịšarān(-o).

F: Angaben zur Rektion

Vor allem in Fällen, in denen der regierte Kasus im Kroatischen von demjenigen der deutschen Entsprechung abweicht, wird zur Erleichterung der Satzbildung in runden Klammern die Rektion angegeben. Vor dem Schrägstrich steht dabei die Rektion des kroatischen Stichwortes, danach die der deutschen Entsprechung.

Beispiele: **klǫnuti se** (ver-)meiden (*G*/*A*): klǫnuti se čega/koga, aber jemanden oder etwas meiden; **izǫbīlje** Reichtum, Fülle (*I*/an *D*) izǫbīlje čime, aber Reichtum an etwas.

G: Angaben zur Verwendung und Sprachebene

Neben der reinen Übersetzung des Ausgangswortes wurden teilweise noch Angaben über die Sprachebene (F „umgangssprachlich", V „vulgär"), das Verwendungsgebiet (Medizin, Landwirtschaft, Kfz) und Informationen zur genauen Abgrenzung des Gebrauchs des Ausgangswortes (ispeći: bei Kaffee: kochen, bei Schnaps: brennen; izvląčēnje: Ziehung (Lotterie)) gegeben. Diese dienen als Erleichterung bei der Übersetzung und ermöglichen eine Abgrenzung von Wörtern mit ähnlicher Bedeutung.

H: Bezeichnung der serbischen Variante

Da die nicht gekennzeichneten Einträge der kroatischen Standardsprache entsprechen, wurden die kroatischen Neologismen nicht besonders gekennzeichnet. Diese entsprechen der kroatischen Norm. Da in der Linguistik auch der Terminus serbokroatisch/kroatoserbisch noch gebräuchlich ist, werden Lexeme, die in der kroatischen Sprachkultur als Serbismen und somit nicht als ihr Bestandteil empfunden werden, mit einem *sb.* gekennzeichnet. Um hierbei Übertreibungen zu vermeiden, wurde insofern Vorsicht und Zurückhaltung geübt, daß vor allem die „klassischen" Serbismen gekennzeichnet wurden (ąjkula, hęmija, kųvati, vǭz).

F: Obavijesti o rekciji

U okruglim se zagradama navodi rekcija prije svega u slučajevima u kojim se upravljački padež u hrvatskom jeziku udaljuje od odgovarajućih njemačkih oblika. To se čini radi olakšanja rečenične tvorbe. Ispred kose crte stoji rekcija hrvatske natuknice, nakon crte rekcija njemačkog oblika.

Na primjer: **klǫnuti se** (ver-)meiden: klǫnuti se čega odn. koga, a njemački se kaže jemanden oder etwas meiden; **izǫbīlje** Reichtum (*I*/an *D*) izǫbīlje čime, a njemački se kaže Reichtum an etwas.

G: Obavijesti o uporabi i jezičnim razinama

Pored čistog prijevoda natuknice ponekad se daju obavijesti i o jezičnim razinama (F „razgovorni jezik", V „vulgarno"), o uporabnim oblastima (medicina, poljoprivreda, automehaničarska oblast) kao i dodatne informacije da bi se moglo točno razgraničiti uporabu natuknice (npr. ispeći: u vezi kafe se kaže njemački *kochen*, a kod rakije *brennen*; izvląčēnje znači *Ziehung*, i to u vezi lutrije. Ove obavijesti treba da pruže olakšice pri prevođenju i da omoguće razgraničenje od riječi sličnog značenja.

H: Oznaka srpskih varijanata

Budući da neobilježene natuknice odgovaraju hrvatskom standardnom jeziku, hrvatski neologizmi nisu posebno isticani. Oni naime odgovaraju hrvatskoj normi. Pošto se u lingvistici još upotrebljava i termin srpskohrvatski/hrvatskosrpski, leksemi koji se u hrvatskoj jezičnoj kulturi označavaju srbizama – te se kao takovi ne smatraju njegovim sastavnim dijelom – ovdje su označeni sa *sb.* Da bi se pritom izbjeglo pretjerivanje, prakticiran je oprez i uzdržanost tako da su označeni, prije svega, „klasični" srbizmi (ąjkula, hęmija, kųvati, vǭz).

I: Orthographie

Die Orthographie folgt der ijekavischen Variante des Standard-Neuštokavischen, wie sie in Kroatien, aber auch in Bosnien-Herzegowina und in Montenegro in Gebrauch ist. Aus Platzgründen konnten die ekavischen Formen nicht angeführt werden. Der Benutzer wird daher gebeten, Wörter, die er in der ekavischen Form nicht findet, unter ihrer ijekavischen Form zu suchen.

I: Pravopis

Pravopis je primijenjen ijekavskoj varijanti standardne novoštokavštine koja je u upotrebi u Hrvatskoj, a također i u Bosni i Hercegovini i u Crnoj Gori. Radi uštede prostora nije bilo moguće navesti i ekavske forme. Moli se korisnik Rječnika da riječi koje ne nađe u ekavskom traže pod ijekavskim oblikom.

Das kroatische Alphabet

mit kyrillischem Alphabet als Ergänzung

lateinisch		kyrillisch		Lautwert	lateinisch		kyrillisch		Lautwert
A	a	А	а	*a*	L	l	Л	л	*l*
B	b	Б	б	*b*	Lj	lj	Љ	љ	*lj*
C	c	Ц	ц	*z*	M	m	М	м	*m*
Č	č	Ч	ч	*tsch*	N	n	Н	н	*n*
Ć	ć	Ћ	ћ	*tch*	Nj	nj	Њ	њ	*nj*
D	d	Д	д	*d*	O	o	О	о	*o*
Dž	dž	Џ	џ	*dsch**	P	p	П	п	*p*
Đ	đ	Ђ	ђ	*dj*	R	r	Р	р	*r*
E	e	Е	е	*e, ä*	S	s	С	с	*ss, ß*
F	f	Ф	ф	*f*	Š	š	Ш	ш	*sch***
G	g	Г	г	*g*	T	t	Т	т	*t*
H	h	Х	х	*h, ch*	U	u	У	у	*u*
I	i	И	и	*i*	V	v	В	в	*w*
J	j	Ј	ј	*j*	Z	z	З	з	*s*
K	k	К	к	*k*	Ž	ž	Ж	ж	*sch****

* wie in Dschungel
** wie in Schule
*** wie in Journal

Abkürzungsverzeichnis — Kratice

a. auch; takođe(r)
A Akkusativ; akusativ
Abk. Abkürzung; kratica
abw. abwertend; preziran
Adj Adjektiv; pridjev
Adv Adverb; prilog
Agr. Landwirtschaft; poljoprivreda
allg. allgemein; općenito
Anat. Anatomie; anatomija
Arch. Architektur; arhitektura
Astr. Astronomie; astronomija

Bgb. Bergbau; rudarstvo
Bot. Botanik; botanika

Chem. Chemie; kemija

D Dativ; dativ
dass. dasselbe; isto
Dem Deminutiv; deminutiv
Dempron Demonstrativpronomen; pokazna zamjenica

e-e, e-n, e-s eine (-n, -s); neka, neki, neko
El. Elektrotechnik; elektrotehnika
Esb. Eisenbahn; željeznica
etc. et cetera; i tako dalje
etw. etwas; nešto

f feminin; ženskog roda
F familiär; u žargonu
fig. bildlich; u prenesenom smislu
Flgw. Flugwesen; zrakoplovstvo
Flm. Flächenmaß; mjera za površinu
Fot. Fotografie; fotografija

G Genitiv; genitiv
Geogr. Geographie; geografija
Geom. Geometrie; geometrija
Ggs. Gegensatz; suprotnost
Gr. Grammatik; gramatika

Hdl. Handel; trgovina
hist. historisch, alt; povijestan

I Instrumental; instrumental
Imp Imperativ; zapovjedni način
indekl. indeklinabel; nesklonjiv
Inf Infinitiv; infinitiv
Int. Interjektion; uzvik
ipf imperfektiver Aspekt; nesvršen vid
iron. ironisch; ironički
itr intransitiv; neprijelazan glagol

j-m, j-n, j-s jemandem, jemanden, jemandes; nekome, nekoga, nečiji
Jur. Jurisprudenz; pravna znanost

kaus kausal; kauzalni, uzročni način
KF Kurzform; kratki oblik
Kfz. Kraftfahrzeugwesen; automobilizam
Kj Konjunktion; veznik
Kochk. Kochkunst; kulinarstvo
kond konditional; pogodbeni način

L Lokativ; lokativ
LF Langform; dugi oblik
Ling. Linguistik; jezikoslovlje
Lit. Literatur; književnost
Litw. Literaturwissenschaft; znanost književnosti

m maskulin; muškog roda
Mal. Malerei; slikarstvo
Mar. Schiffahrtswesen; moreplovstvo
Math. Mathematik; matematika
Med. Medizin; medicina
Meteor. Meteorologie; meteorologija
Mil. Militärwesen; vojništvo
Mus. Musik; glazba, muzika

n neutrum; srednjeg roda
Neg Negation; negacija

od. oder; ili

Ök. Ökonomie, Wirtschaftswissenschaft; ekonomija

Path. Pathologie; patologija
Pers Person; osoba, lice
pf perfektiver Aspekt; svršen vid
Phil. Philosophie; filozofija
Phys. Physik; fizika
Physiol. Physiologie; fiziologija
Pl Plural; množina

poet. poetisch; pjesnički
Pol. Politik; politika
Präp Präposition; prijedlog
Pron Pronomen; zamjenica
Psych. Psychologie; psihologija

Rdf. Rundfunk; radio
Rel. Religion; bogoslovlje
Relpr Relativpronomen; relativna zamjenica

s. siehe; vidi
sb. Serbismus; srpski izraz
Sg Singular; jednina
Sp. Sport; sport
Sprw. Sprichwort; poslovica
Su Substantiv; imenica

Tech. Technik; tehnika
Telef. Fernsprechwesen; telefon
Telegr. Telegraphie; telegrafija
temp temporal; temporalno
Thea. Theater; kazalište, pozorište
tr transitiv; prijelazan glagol
Turz. Turzismus; turcizam
TV Fernsehen; televizija
Typ. Druckereiwesen; štamparstvo

u. und; i
unpers unpersönlich; bezlično
usw. und so weiter; i tako dalje

v. von, vom; od
V Vokativ; vokativ
V vulgär; vulgarno
va. veraltet; zastarjeli izraz
verä. verächtlich; prezirno, pejorativno
Vet. Tiermedizin; veterinarstvo

z. B. zum Beispiel; na primjer
Zool. Zoologie; zoologija

A

a *Kj* aber; dagegen; und; ***ja rạdīm, ~ ti čįtāš*** ich arbeite, und du liest; ***~ da ne*** ohne zu; ***~ kạmoli*** geschweige denn; ***~ tạko!*** ach so!; ***~ tī si*** ach, du bist's! ***~ zạšto?*** warum denn?; ***od ~ do ž*** von A bis Z
abdicịrati *5 ipf/pf* abdanken, zurücktreten (**od** *G*/von *D*)
abecẹ̄da ABC *n*; Alphabet *n*
abecẹd|nī *Adj* alphabetisch; ***po ~nọ̄m rẹ̄du*** in alphabetischer Reihenfolge
abọnent Abonnent *m*
abonịrati *5 ipf/pf* abonnieren
abọrtus Abtreibung *f*; Fehlgeburt *f*
Ạdam (*Vorname*) ***pọčēti od ~a i Ẹvē*** bei Adam und Eva anfangen; ***~ovā jạbučica*** *Anat.* Adamsapfel *m*
ạdekvātan adäquat, passend
ạdjektiv Adjektiv *n*, Eigenschaftswort *n*
administrạ̄cija Verwaltung *f*
ạdministratīv|an administrativ, Verwaltungs-; ***~nā mjẹra*** Verwaltungsmaßnahme *f*; ***~nī slụžbenīk*** Verwaltungsangestellte(r) *m*
admịrāl *1* Admiral *m*
admiralịtēt *1* Admiralität *f*
adrẹs|a Adresse *f*, Anschrift *f*; *fig.* ***ọbraćati se na krịvū ~u*** an die falsche Adresse geraten
adrẹsār *1* Adreßbuch *n*; Einwohnerverzeichnis *n*
adrẹsāt *1* Adressat *m*, Empfänger *m*
adresịrati *5 ipf/pf* adressieren (*D*/an *A*)
ạdūt *1* Trumpf *m*; ***pọsljēdnjī ~*** der letzte Trumpf (*a. fig.*)
ạdverb Adverb *n*, Umstandswort *n*
advọkāt *1* Rechtsanwalt *m*
advokatụ̄ra Anwaltskanzlei *f*
aerọbica *Sp.* Aerobic
aerodinạmič|an aerodynamisch; ***~nī tunel*** Windkanal *m*
aerodinạmika *Phys.* Aerodynamik *f*
ạfekt Affekt *m*; ***sụbdepresīvnī ~*** *Psych.* subdepressiver Affekt; ***u ~u*** im Affekt
afẹktīran affektiert, geziert
afektịrati *5 ipf/pf* sich zieren

afẹ̄ra Affäre *f*; ***ljụbāvnā afẹ̄ra*** Liebesaffäre *f*
ạfričkī afrikanisch
Ạfrika Afrika *n*; ***Cṝnā ~*** *Geogr.* Schwarzafrika *n*
afrikạ̄nac (-nca) *2* Afrikaner *m*
afrikạ̄nka (*DSg* -ki; *GPl* -ī) Afrikanerin *f*
afrịkānskī → ***ạfričkī***
agẹncija Agentur *f*, Vertretung *f*; ***~ za mạrketing*** Marketingagentur *f*; ***nọvīnskā ~*** Nachrichtenagentur *f*; ***pụ̄tničkā ~*** Reisebüro *n*
ạgent Agent *m*, Spion *m*
agentụ̄ra Geschäftsvertretung *f*
agitạ̄cija Agitation *f*
agịtātor Agitator *m*
agitịrati *5* agitieren (**za** *A*/für *A*)
ạgrār|nī Agrar-; ***~nā rẹfōrma*** Landreform *f*; ***~nā zẹmlja*** Agrarland *n*
agrẹsija Aggression *f*
ạgresīvan aggressiv
agresịvnōst (-osti; *ISg* -osti/-ošću) *f* Aggressivität *f*
ạgresor Aggressor *m*
ạgrikultūra Landwirtschaft *f*; Ackerbau *m*
agrọnōm *1* Landwirt *m*
agronọmija Agrarwissenschaft *f*
Ạhil Achilles; *fig.* ***~ovā pẹta*** Achillesferse *f*
ạjde(mo) F auf geht's; los
ạjkula *sb.* Haifisch *m*
ạjme *Int* o je! ***~ mẹni!*** ich Ärmster
ạjnc: bịti ~* F eins a sein, erstklassig sein
akadẹ̄mac (-mca) *2* Akademiestudent *m*
akadẹmičār Akademiker *m*
akadẹmija Akademie *f*; ***~ znạnostī*** *od. sb.* ***~ nạukā*** Akademie der Wissenschaften; ***vọ̄jnā ~*** Militärakademie *f*
akạ̄dēmsk|ī akademisch; ***~ā nạobrazba*** akademische Bildung; ***~ī ọbrazovān*** akademisch gebildet, mit Hochschulausbildung
ạkcen(a)t Akzent *m*; Betonung *f*; ***sịlaznī ~*** *Gr.* fallender Akzent; ***ụzlaznī ~*** steigender Akzent; ***govọriti sa***

strạnīm ~om mit e-m fremdländischen Akzent sprechen
akceptịrati *5 ipf/pf* akzeptieren
ạkcij|ā Aktion *f*; ***rạdnā ~a*** Arbeitseinsatz *m*; *Hdl.* Aktie *f*; ***~e pạdajū*** die Aktien fallen (*a. fig.*)
aklamạci|ja Akklamation *f*; ***izạbrati ~jōm*** durch Akklamation wählen
ạko *Kj* wenn, falls; ***~ i*** wenn auch; ***~ samo*** (***ne***) wenn nur (nicht); ***ali ~*** wenn aber
akontạcija Vorschuß *m*
ạkord Akkord *m*; Stücklohn *m*; ***rạditi na*** *od.* ***u ~u*** im Akkord arbeiten
akreditịrati *5 ipf/pf e-n Botschafter* akkreditieren
akrobạcija Akrobatik *f*; Kunstturnen *n*
akrọbāt *1* Akrobat *m*; Kunstturner *m*
aksịōm *1* Axiom *n*
ạkt Akt *m*, Handlung *f*; Akte *f* (*spis*); ***bạciti u ~a*** *fig.* ad acta legen; ***prạvnī ~*** Rechtshandlung *f*; ***ụprāvnī ~*** Verwaltungsakt *m*
ạktiv *Gr.* Aktiv
ạktīv|an aktiv; ***~nō prạvo glạsa*** *Pol.* aktives Wahlrecht; ***~an ụmor*** tätige Muße
aktivịrati *5 ipf/pf* aktivieren
aktịvist(a) *m Pol.* Aktivist *m*; (*politisch*) aktiver Mensch
aktịvnōst (-osti; *ISg* -osti/-ošću) *f* Aktivität *f*
ạktōvka Aktentasche *f*; *Thea.* Einakter *m*
ạktuālan aktuell
aktuạlnōst (-osti; *ISg* -osti/-ošću) *f* Aktualität *f*
akumulạcija Akkumulation *f*; ***~ kapitạla*** *Ök.* Akkumulation des Kapitals *f*
akumụlātor *1* (*Auto-*)Batterie *f*
akupunktụra Akupunktur *f*
akụstič|an akustisch; ***~nā vịljuška*** Stimmgabel *f*
akụstika Akustik *f*; ***grạđēvnā ~*** Bauakustik *f*; ***prọstornā ~*** Raumakustik *f*
akụšēr *1* Geburtshelfer *m*
akušẹ̄rstvo Geburtshilfe *f*
ạkuzatīv *Gr.* Akkusativ *m*
ạkvārij Aquarium *n*
akvizịtēr Vertreter *m*; ***~ za osigurạnja*** Versicherungsvertreter *m*
Ạlāh Allah *m*
alarmạnt|an alarmierend; ***~nē vijẹsti*** alarmierende Nachrichten
ạlāt *1* Werkzeug *n*; *Zool.* Rotfuchs *m*
ạlātničār Werkzeugmacher *m*
Albạnac (-nca) *2* Albaner *m*
Ạlbānija Albanien *n*
Ạlbānka (*DSg* -ki, *GPl* -kī) Albanerin *f*
ạlbānskī albanisch
ạlbum Album *n*; ***~ za fotogrạfije*** Fotoalbum *n*; ***~ za mạrke*** Briefmarkenalbum *n*
alegọričk|ī allegorisch, *Adv.* ***~i***
alegọrija Allegorie *f*, Sinnbild *n*
alẹ̄ja Allee *f*
aleksandrịnac (-nca) *Lit.* Alexandriner *m*
ạlem Edelstein *m*; Zierde auf Minarettspitze
alẹrgičan *Med.* allergisch (***protiv*** *A*/gegen *A*)
alẹrgičar *Med.* Allergiker *m*
ạlfa Alpha *n*; ***~-vạlove*** *Phys.* Alphawellen *Pl*
alfạbēt *1* Alphabet *n*
alfạbētsk|ī alphabetisch; ***u ~ōm rẹdu*** in alphabetischer Reihenfolge
ạ̄lga (*GPl* -i) Alge *f*
ạli *Kj* aber; jedoch; ***~ ịpak*** aber doch
alimentạcija Unterhaltszahlung *f*; Alimente *Pl*
ạliskaf *Mar.* Tragflächenboot *n*
ạ̄lka Ring *m*; Reif *m*; ***Sịnjskā ~*** Ritterspielturnier in Sinj
ạlkār Teilnehmer am Sinjer Turnier
alkẹmija Alchemie *f*
ạlkohol Alkohol *m*; ***zlọupotreba ~a*** Alkoholmißbrauch *m*
alkohọličār Alkoholiker *m*
ạlkoholn|ī alkoholisch; ***~ō pịće*** alkoholisches Getränk
Ạ̄lpe *f/Pl* Alpen *Pl*
alpịnist(a) *m* Alpinist *m*, Bergsteiger *m*
alpinịzam (-zma) Alpinismus *m*
ạ̄lpsk|ī alpin, Alpen-; ***~ā kọliba*** Alphütte *f*; ***~ī rọg*** Alphorn *n*
ạlt *Mus.* Alt *m*, Altstimme *f*
alternatịva Alternative *f*
alternatịvac (-īvca) Anhänger e-r alternativen Partei *od.* Lebensweise
ạlternatīv|an alternativ; ***~nā enẹrgija*** alternative Energie
altrụist(a) *m* Altruist *m*
altruịstičkī (*Adv* -i) altruistisch
altruịzam (-zma) Altruismus *m*
aludịra|ti anspielen (***na*** *A*/auf *A*); ***~jūćī na*** (*A*) in Anspielung auf (*A*)
alụmīnīj Aluminium *n*
alụmīnīj|skī Aluminium *n*; ***~skā fọlija***

Alufolie *f*; **~skā slịtina** Aluminiumlegierung *f*
ạlūzija Anspielung *f* (**na** *A*/auf *A*)
Ạlžīr *1* Algier *n*; Algerien *n*
alžịrac (-rca) *2* Algerier *m*
ạlžīrka (*DSg* -ki, *GPl* -kī) Algerierin *f*
ạlžīrskī algerisch
ạljkav schlampig, nachlässig
ạljkavōst (-osti; *ISg* -osti/-ošću) *f* Schlamperei *f*; Pfusch *m*, Murks *m*
ạma *Kj Reg. für*: **ạli**
amạndmān *1* Amandement *n*, Abänderungsantrag *m* (*zu e-m Gesetz*)
amȃnet Pfand *n*; Gewähr *f*; Hinterlassenschaft *f*; **dạti ~** sein (*Ehren-*)Wort geben
amạtēr *1* Amateur *m*
amạtēr|skī Amateur-, Laien-; **~skō kạzalīšte** (*sb.* **pọzorīšte**) Laientheater *n*
ambalȃža Verpackung *f*
ambạlāžnī Verpackungs-; **~ rȃdnīk** Packer *m*
ambasȃda Botschaft *f* (*e-s Landes*)
ambạsādōr Botschafter *m*
ạmbīcija Ehrgeiz *m*
ạmbiciōzan ehrgeizig
ambịjent Ambiente *n*, Milieu *n*
ạmblēm *1* Emblem *n*
ambulạnta Ambulanz *f*; Erste-Hilfe-Station *f*
ambulạnt|an ambulant; **~nī bolẹsnīk** ambulant behandelter Patient; **~nā kạrta** Ambulanzkarte *f*; **~nā kọla** Ambulanzwagen *m*
amẹba Amöbe *f*
ȃmen Amen *n*; **kao ~** (*sicher*) wie das Amen in der Kirche; **rẹći ~** Ja und Amen sagen (*D*/zu *D*)
amẹrick|ī amerikanisch; **Sjedịnjenē ~ē drẓave** Vereinigte Staaten von Amerika
Amẹrik|a Amerika *n*; **on nije ọtkrio ~u** *iron.* der hat auch nicht das Schießpulver erfunden
Amerikȃnac (-nca) *2* Amerikaner *m*
Amerịkānka (*DSg* -ki, *GPl* -kī) Amerikanerin *f*
amfịteātar Amphitheater *n*
amnẹstija Amnestie *f*; **djẹlomičnā ~** Teilamnestie *f*
amnestīrati *5 ipf*/*pf* amnestieren; begnadigen
amnẹzija Amnesie *f*; Gedächtnisverlust *m*
ạmo *Adv* hierher; **~ i tạmo** hin und her; **~ s tim!** her damit!; **dọđi ~** komm her
amortizȃcija *Ök.* Amortisierung *f*
amortizȃcīj|skī Amortisierungs-; **~skā stọpa** Amortisierungsrate *f*
amortịzēr *1 Tech.* Stoßdämpfer *m* (*i. e-m Auto o. ä.*)
amortizịrati (**se**) *5 ipf*/*pf* (*sich*) amortisieren
ạmpēr *1 Phys.* Ampere *n*
amplifịkātor Hörgerät *n* (*a.* **slụšnī ~**)
amputȃcija Amputation *f*
amputịrati *5 ipf*/*pf* amputieren
analfạbēt *1* Analphabet *m*
analịza Analyse *f*, Untersuchung *f*; **spẹktralnā ~** *Phys.* Spektralanalyse *f*
analizịrati *5 ipf*/*pf* analysieren
anạlog|an analog; **~nō račụnalo** *EDV* Analogrechner *m*
analọgija Analogie *f*
anạrhičan anarchisch
anạrhičkī → anạrhičan
anạrhija Anarchie *f*
anạrhist(a) *m* Anarchist *m*
anarhịstkinja Anarchistin *f*
anarhịstičkī anarchistich
anatọmija Anatomie *f*
ȃnđeo(-ela) Engel *m*; **~ čụvār** Schutzengel *m*; **smṛtnī ~** Todesengel *m*
ȃnđeo|skī engelhaft; **~skī glȃs** Engelsstimme *f*; **~skā stṛpljivōst** Engelsgeduld *f*
anegdọta Anekdote *f*
anẹksija Annektion *f*
anektịrati *5 ipf*/*pf* annektieren
anẹmičan *Med.* anämisch, blutarm
anẹmija *Med.* Anämie *f*, Blutarmut *f*
anestẹzija *Med.* Narkose *f*; **lọkālnā ~** örtliche Betäubung; **ọpćā ~** Vollnarkose *f*
angạžīran engagiert; **~ō člạnstvo** engagierte Mitgliedschaft
angažịrati *5 ipf*/*pf* engagieren; *Künstler* verpflichten; **~ se** sich engagieren
angạžmān *1* Engagement *n*
angịna *Med.* Angina *f*
anglicịzam (-zma) *Ling.* Anglizismus *m*
anglikạn|skī anglikanisch; **~skā cṛkva** anglikanische Kirche
ạnglist(a) *m* Anglist *m*
anglịstika Anglistik *f*
animȃcija Animation *f*; Trickfilmherstellung *f*
ạnimālan animalisch
anịmīran (-o): **~ī fịlm** Zeichentrickfilm *m*

ankẹta Umfrage *f*; Meinungsumfrage *f*
anketịrati *5 ipf/pf* eine Umfrage durchführen
ankẹt|nī Umfrage-; Untersuchungs-; ***~nā komịsija*** Meinungsforschungskommission *f*; ***~nī lịstić*** Fragebogen *m*
anȭda *Phys*. Anode *f*
anomạlija Anomalie *f*, Mißbildung *f*
ạnonīm|an anonym; ***~nā prijava*** anonyme Anzeige
anọnsa → ***ọglas***
anọrgānskī *Chem*. anorganisch; ***~ spȭj*** anorganische Verbindung
ansạmbl Ensemble *n*; ***~ nạrodnīh igạrā*** Volkstanzensemble *f*, Volkstanzgruppe *f*
antagonịzam (-zma) Antagonismus *m*
antẹna Antenne *f*; ***zạjednickā*** (*od*. ***kọlektīvnā***) ~ Gemeinschaftsantenne *f*
antibiọtik Antibiotikum *n*
anticịklōn *1 Met*. Hoch *n*; Hochdruckgebiet *n*
ạntičkī antik
antịdot Gegengift *n*
antifạšist(a) *m* Antifaschist *m*
ạntifašịstičkī antifaschistisch; → ***AVNOJ***
ạntifašizam (-zma) Antifaschismus *m*
ạntifrīz Frostschutzmittel *n*
antịkn|ī antik; ***~ō pọkućstvo*** antike Möbel
antikomunịstičkī antikommunistisch
ạntikrist Antichrist *m*
antịkvār *1* Antiquitätenhändler *m*
antịkvar|an antiquarisch; ***~nā knjịga*** antiquarisches Buch
antikvarijjāt *1* Antiquariat *n*
antipạtija Antipathie *f*; Abneigung *f* (***prema*** *D*/gegen *A*)
ạntiratnī Antikriegs-; ***~ film*** Antikriegsfilm *m*
antisemitịzam (-zma) Antisemitismus *m*
antitẹza *Phil*. Antithese *f*
antolọgija Anthologie *f*
antọnīm *1 Ling*. Antonym *n*
antropọlōg *1* Anthropologe *m*
antropolọgija Anthropologie *f*
antropọloškī anthropologisch
anulịrati *5 ipf/pf* annullieren
ạorist *Ling*. Aorist *m*
ạorta Aorta *f*, Hauptschlagader *f*
apạrāt *1* Apparat *m*, Gerät *n*, Vorrichtung *f*; ***~ za brijānje*** Rasierapparat *m*; ***prọbavnī*** ~ Verdauungsapparat *m*; ***ụprāvnī*** ~ Verwaltungsapparat *m*; ***na ~u!*** am Apparat! (*am Telefon*)
apạrtmān *1* Appartement *n*
apạtičan apathisch, teilnahmslos
apạtij|a Apathie *f*; ***pạsti u ~u*** in Apathie (ver)fallen
ạpel Appell *m*
apelạcija *Jur*. Einspruch *m*, Appellation *f*
ạpelaciōnī: ***~ sūd*** Appellationsgericht *n*
apelịrati *5 ipf/pf* appellieren (***na*** *A*/ an *A*)
apẹtīt *1* Appetit *m*; ***nẹmā ~a*** *j-d* hat keinen Appetit
aplaudịrati *5 ipf/pf* applaudieren; Beifall spenden
ạplauz Applaus *m*, Beifall *m*
aplikạcija Applikation *f*
ạplikatīvnī: ***~ sọftvēr*** *EDV* Anwendersoftware *f*
apokalịpsa Apokalypse *f*; Offenbarung *f* (*Buch d. Bibel*)
ạpolitičan apolitisch, unpolitisch
apolọgija Apologie *f*, Verteidigung *f*
Apọlōn Apollo *m*; ***lijep kao ~*** schön wie Apollo
apọstōl *1* Apostel *m*, Jünger Jesu *m*
ạpostolskī apostolisch; ***~ stọ̄l*** der Heilige Stuhl
apọstrof Apostroph *m*, Auslassungszeichen *n*
apostrofịrati *5 ipf/pf* apostrophieren
apotẹ̄ka Apotheke *f*; ***~ za ạuto*** Autoapotheke *f*; ***dẹžūrnā ~*** Notdienstapotheke *f*; ***kụćnā ~*** Hausapotheke *f*
apotẹkār *1* Apotheker *m*
ạprīl *1* April *m*
ạpril|skī April-; ***~skā šạla*** Aprilscherz *m*; ***~skō vrijẹme*** *7* Aprilwetter *n*
apsọlutan absolut
apsọlvent Absolvent *m*; Schulabgänger *m*
apsọlventskī Absolventen-; → ***stāž***
apsolvịrati *5 ipf/pf* absolvieren; ***~ škọ̄lu*** eine Schule (*erfolgreich*) abschließen
apsorbịrati *5 ipf/pf* absorbieren
apsọrpcija *Phys*. Absorption *f*
apstinẹncija Abstinenz *f*
apstịnent Abstinenzler *m*, Antialkoholiker *m*
apstinịrati *5 ipf/pf* abstinent sein
apstrahịrati *5 ipf/pf* abstrahieren
apstrạkcija Abstraktion *f*
ạpstrakt|an abstrakt; ***~nā ịmenica*** *Gr*. Abstraktum *n*; ***~nā ụmjetnōst*** abstrakte Kunst

ạpsurd Absurdität *f*, Widersinn *m*; ***dọvesti do ~a*** ad absurdum führen
ạpsurd|an absurd, widersinnig; ***~nā drạma*** absurdes Drama
Ạrābija Arabien *n*; ***Sạudījskā ~*** Saudi-Arabien *n*
Arạbljanin (*Pl* -āni) Araber *m*
ạrak (ạrka) Bogen *m* (*Papier*)
aranžịrati *5 ipf/pf* arrangieren; ausrichten; regeln
Ạrap(in) (*Pl* Ạrapi; *GPl* Ạrāpā) Araber *m*
Ạrapkinja Araberin *f*
ạrapskī arabisch
Ạrbanas Albaner *m* → ***Albạnac***
ạrbanaškī albanisch → ***ạlbānskī***
arbitrạža Schiedsgericht *n*
ạrbitrāžnī: ~ ***sųd*** Schiedsgericht *n*
arȩna Arena *f*; ***kųlturnā ~a*** Kulturleben *n*; ***polịtičkā ~a*** politische Bühne
Argentịna Argentinien *n*
Argentịnac (-nca) Argentinier *m*
Argȩntīnka (*DSg* -ki, *GPl* -kī) Argentinierin *f*
argȩntīnskī argentinisch
ạrgō (-ọa) *m Ling.* Argot *n*; Slang *m*
argụment Argument *n*; ***ịznijēti ~*** ein Argument vorbringen
argumentạcija Argumentation *f*
argumentịrati *5 ipf/pf* argumentieren
arhạičan archaisch, altertümlich
arhaịzam (-zma) *Ling.* Archaismus *m*, veraltete (*sprachliche*) Form
ạrhānđeo (-ela) Erzengel *m*
arheọlog Archäologe *m*
arheolọgija Archäologie *f*
arheọloškī archäologisch; ~ ***nạlaz*** archäologischer Fund
arhiȩpiskop *sb.* Erzbischof *m*
arhifọnēm *Ling.* Archiphonem *n*
arhijȩrēj *1* (*orthodoxer*) Erzpriester *m*
arhịtekt Architekt *m*
arhitektụra Architektur *f*
ạrhīv *1* Archiv *n*; ***istọrijskī ~*** *sb.* Stadtarchiv *n*
arhịvār *1* Archivar *m*
arhivịrānje Archivierung *f*
ạrhīvskī archivisch
ạrija *Mus.* Arie *f*; ***ọperskā ~*** Opernarie *f*
aristokrạcija Aristokratie *f*
aristọkrāt *1* Aristokrat *m*, Adelige(r) *m*
aristokrạtskī aristokratisch
ạriš *Bot.* Lärche *f*
aritmȩtičk|ī arithmetisch; ***~ā sredịna*** arithmetisches Mittel
aritmȩtika Arithmetik *f*
aritmịja *Med.* Arrhythmie *f*
ạrktičk|ī arktisch, Polar-; ***~ī krųg*** Polarkreis *m*; ***~ō ọtōčje*** arktische Inseln
Ạrktik Arktis *f*
armatụra Armatur *f*; *Mil.* Schiffskanonen *Pl*
Armȩnac (-nca) *2* Armenier *m*
Armȩnija Armenien *n*
Armȩnka (*DSg* -ki; *GPl* -kī) Armenierin *f*
ạrmēnskī armenisch
ạrmi|ja Armee *f*, Heer *n*, Streitkräfte *Pl*; *fig.* Menschenmenge *f*; ***~ja spạsa*** Heilsarmee *f*; ***stųpiti u ~ju*** in die Armee eintreten
ạrmījskī Armee-
armịrac (-rca) *2* Eisenflechter *m*
ạrmiran (-o) armiert; ***~ī bȩtōn*** Stahlbeton
ạrnjevi Wagenverdeck *n*, (*Wagen-*)Plane *f*
arogạncija Arroganz *f*
arogạntan arrogant
arọma Aroma *n*, Duft *m*; (*Wein*) Blume *f*
aromạtičan aromatisch; würzig
aromạtičkī → ***aromạtičan***
ạrsēn *1* Arsen *n*
arsȩnāl *1* Arsenal *n*; ~ ***ọrūžja*** Waffenarsenal *n*
ạrtērij|a *Med.* Arterie *f*; ***ovapnjȩnje ~ạ*** Arterienverkalkung *f*
ạrterījsk|ī arteriell; ***~ā kṛv*** arterielles Blut *n*
arterioskler̄ọza *Med.* Arteriosklerose *f*, Arterienverkalkung *f*
ạrtēškī: ~ ***bụnār*** artesischer Brunnen
artịčok Artischocke *f*
ạrtija → ***hạrtija***
ạrtik(a)l *Gr. u. Hdl.* Artikel *m*; (***nȩ***)***ọdređenī*** ~ *Gr.* (un)bestimmter Artikel (→ ***člān***); ***potrọšačkī ~*** Handelsartikel *m*
artikulạcija *Phon.* Artikulation *f*, Lautbildung *f*; *Med.* Gelenk *n*
artikulịrati *5 ipf/pf* artikulieren, (*deutlich*) aussprechen
artiljȩrac (-rca) *2* Artillerieschütze *m*
artiljȩrija Artillerie *f*
artiljȩrījskī Artillerie-; ~ ***regịment*** Artillerieregiment *n*
ạrtist(a) *m* Artist *m*, Zirkuskünstler *m*
artrọza *Med.* Arthrose *f*
ạs (*Pl* -i/-ovi) (*Karte, Tennis, fig.*) As *n*
asȩptičan *Med.* aseptisch; keimfrei

asẹptičkī → ***asẹptičan***
ạsfalt Asphalt *m*
asfạltēr *1* Asphaltierer *m*, Asphaltarbeiter *m*
asfaltịrati *5 ipf/pf* asphaltieren
asimẹtričan asymmetrisch, ungleichmäßig
asimẹtrija Asymmetrie *f*
asimilạcija Assimilierung *f*; Anpassung *f*
asimilịrati *5 ipf/pf* anpassen, assimilieren; **~ se** sich anpassen, sich assimilieren (*D*/an *A*)
ạsinhron asynchron; **~ō račụnalo** *Tech.* Asynchronrechner *m*
ạsinkron → ***ạsinhron***
asịstent Assistent *m*; **~ica** Assistentin *f*
asistịrati *5 ipf/pf* assistieren (**kod** *G*/bei *D* und *D*/*D*)
ạskēt *1* Asket *m*
ạskētskī asketisch
askẹza Askese *f*
askọrbīn|skī Ascorbin-; **~skā kiselịna** *Chem.* Ascorbinsäure *f*
asocijạcija Assoziation *f*; Zusammenschluß *m*
asọcīran (-o) assoziiert
ạsocijālan asozial
asortịmān *1* (*Waren-*)Sortiment *n*
ạspekt Form *f*; Aussehen *n*; *Gr.* Aspekt *m*; → **vịd**
ạspida *Zool.* Natter *f*; *fig.* böses Weib; Schlange *f*
astẹničan *Med.* asthenisch, schlankwüchsig
astẹnija *Med.* Asthenie *f*, Schwäche *f*
ạstma *Med.* Asthma *n*; **sṛčanā ~** Herzasthma *n*
astmạtič|an *Med.* asthmatisch; **~nī nạpad** *Med.* Asthmaanfall *m*
astmạtičār *Med.* Asthmatiker *m*; **~ka** Asthmatikerin *f*
astmạtičkī → ***astmạtičan***
astrọlog Astrologe *m*
astrolọgija Astrologie *f*
astrọloškī astrologisch
astrọnaut Astronaut *m*
astronạutika Astronautik *f*, Raumfahrt *f*
astrọnom Astronom *m*, Sternforscher *m*
astrọnomsk|ī astronomisch; *a. fig.* **~ā svọta** Riesensumme *f*
ạšćija *m Turz.* Koch *m*
ạšikovati (-ujēm) *ipf/pf* flirten; turteln
ạšov Spaten *m*
ạtak Attacke *f*; Angriff *m*
atakịrati *5 ipf/pf* attackieren; angreifen
atạšē (-ẹa) Attaché *m*; **vọjnī ~** Militärattaché *m*; **~ za kultụru** Kulturattaché *m*
atavịzam (-zma) Atavismus *m*
atẹist(a) *m* Atheist *m*
ateịstičkī atheistisch
ateịzam (-zma) Atheismus *m*
atẹljē (-ẹa) Atelier *n*
ạtematskī *Gr.* athematisch; **~ glạgol** athematisches Verb
Atẹnjanin (*Pl* -āni) Athener *m*
Atẹnjānka Athenerin *f*
atẹntāt *1* Attentat *n*, Anschlag *m*; **izvṛšiti ~** einen Anschlag verüben (**na** *A*/auf *A*)
atẹntator Attentäter *m*
aterịrānje Landung *f*
ateroskler̄ọza *Med.* Arteriosklerose *f*, Arterienverkalkung *f*
Atlạntik *Geogr.* Atlantik *m*
ạtlantskī atlantisch; **~ī ocẹān** atlantischer Ozean; **~ī sạvez** *Pol.* atlantisches Bündnis
ạtlas Atlas *m*; **geọgrafskī ~** Geographieatlas *m*; **lingvịstičkī ~** Sprachatlas *m*
ạtlēt *1* Athlet *m*
atlẹtičār *Sp.* Athlet *m*, Wettkämpfer *m*
atlẹtika *Sp.* Athletik *f*; **lạkā ~** Leichtathletik *f*; **tẹškā ~** Schwerathletik *f*
ạtlija *m Turz.* Reiter *m*
atmosfẹra Atmosphäre *f*; *fig.* Stimmung *f*
atmọsfērski atmosphärisch; **~ tlạk** Luftdruck *m*
ạtōm *1* Atom *n*
ạtōmsk|ī Atom-; **~ā bọmba** Atombombe *f*; **~ā centrạla** Atomkraftwerk *n*; **~ō dọba** Atomzeitalter *n*; **~ā enẹrgija** Atomenergie *f*; **~ā pọdmornica** Atom-U-Boot *n*; **~ī rạt** Atomkrieg *m*; **~ā težịna** *Phys.* Atomgewicht *n*
atrạkcija Attraktion *f*
ạtraktīvan attraktiv
atraktịvnōst (-osti; *ISg* -osti/-ošću) *f* Attraktivität *f*
atrịbūt *1* Attribut *n*, Eigenschaft *f Gr.* Attribut *n*
ạtributīvan → ***atrịbūtnī***
atrịbūtnī attributiv; Attribut-
atrịbūtskī → ***atrịbūtnī***
atrọfija *Med.* Atrophie *f*; **mịsičnā ~** Muskelatrophie *f*, Muskelschwund *m*

audijẹnci|ja Audienz *f*; ***prịvatnā ~ja*** Privataudienz *f*; ***prīmiti u ~ju*** empfangen; ***zatrạ̄žiti ~ju*** um eine Audienz ersuchen
audiomẹtrija *Med.* Audiometrie *f*, Gehörprüfung *f*
ạudiovizuālan audiovisuell
ạudio-kasẹta Audiokassette *f*
ạugmentativ *Gr.* Augmentativ *n*
ạugust (*Monat*) August *m*; ***glụ̄pī ~*** *abw.* dummer August
Austrạ̄lac (-lca) Australier *m*
Austrālka (*DSg* -ki; *GPl* -kī) Australierin *f*
Austrạ̄lija Australien *n*
austrijạ̄lskī australisch
Ạustrija Österreich *n*
Austrijạ̄nac (-nca) *2* Österreicher *m*
Austrịjānka (*DSg* -ki, *GPl* -kī) Österreicherin *f*
austrijanịzam (-zma) *Ling.* Austriazismus *m*
ạustrīj|skī österreichisch; ***~skā monạrhija*** österreichische Monarchie; Donaumonarchie *f*; ***2skō-Ụgārskā*** Österreich-Ungarn *m*
ạut *Sp.* Aus *n*; ***bịti u ~u*** im Aus sein (*a. fig.*)
autẹntičan authentisch, echt
autẹntičnōst (-osti; *ISg* -osti/-ošću) *f* Authentizität *f*, Echtheit *f*
autịzam (-zma) *Med.* Autismus *m*
ạuto *m* Auto *m*; Wagen *m*; ***ọsobnī ~*** Personen(kraft)wagen *m*; ***tẹretnī ~*** Last(kraft)wagen *m*; → ***kọla***
autobiogrạfija Autobiographie *f*
autobiọgraf(īj)skī autobiographisch
ạutobus Bus *m*, Autobus *m*, Omnibus *m*
ạutobusn|ī Autobus-; ***~nā kạrta*** Busfahrschein; ***~nī kọlodvor*** Busbahnhof *m*; ***~nā stạnica*** *sb.* Busbahnhof *m*
ạuto-cẹsta Autobahn *f*; ***trạnzitnā ~*** Transitautobahn *f*
autọgēn autogen; ***~ī trẹning*** autogenes Training; ***~ō zavarīvānje*** autogenes Schweißen
ạutogōl *Sp. u. fig.* Eigentor *n*
autọgram Autogramm *n*
autokẹfāl|an autokephal, unabhängig; ***~nā cr̄kva*** autokephale (orthodoxe) Kirche
autọkrat Autokrat *m*, Alleinherrscher *m*
autọkratskī autokratisch
autọmāt *1* Automat *m*; Maschinenpistole *f*
automatizạ̄cija Automatisierung *f*
automehạničār Automechaniker *m*
automọbil|skī Automobil-; ***~skā indụstrija*** Autoindustrie *f*
ạutonom|an autonom; ***~nā pọkrajina Vojvọdina*** *Geogr.* Autonome Provinz Vojvodina; ***~nī žịvčanī*** *od.* ***nẹrvnī sụ̄stav*** *Anat.* autonomes Nervensystem
autonọmija Autonomie *f*, Unabhängigkeit *f*
autoodgovọ̄rnōst (-osti, *ISg* -osti/-ošću) *f*: ***osigurạ̄nje od ~i*** Haftpflichtversicherung *f*
ạuto-pạrk Fuhrpark *m*
autopọrtrēt *1 Mal.* Selbstporträt *n*
autoprijẹvoznīk *7* Spediteur *m*
ạuto-pụ̄t → ***ạuto-cẹsta***
ạutor Autor *m*, Verfasser *m*; ***~ica*** Autorin *f*, Verfasserin *f*
ạutoritāran autoritär
ạutoritatīvan autoritativ
autorịtēt *1* Autorität *f*
ạutorsk|ī Autoren-; ***~ī kọlektiv*** Autorenkollektiv *n*; ***~ō prạ̄vo*** Autorenrecht *n*
ạuto-sẹrvis Kfz-Werkstatt *f*
ạuto-stọp Autostop *m*, Trampen *n*; ***putọvati ~om*** per Anhalter reisen
autostopīrati *5 ipf/pf* trampen
ạuto-škọla Fahrschule *f*
ạuto-tr̥kāč Rennfahrer *m*
ạutsajder Außenseiter *m*
ạvan Mörser *m*
ạvangārda Avantgarde *f*; Vorhut *f*
ạvangārdn|ī Avantgarde-; ***~ā knjižẹ̄vnōst*** Avantgardeliteratur *f*
ạvans Vorsprung *m*; Vorteil *m*; *Hdl.* Vorschuß *m*
avansịrati *5 ipf/pf* avancieren; (*im Dienst*) aufrücken; vorwärtskommen
avantụ̄ra Abenteuer *n*
avantụrist(a) *m* Abenteurer *m*
avanturịstičkī abenteuerlich; ***~ fịlm*** Abenteuerfilm *m*
avanturịzam (-zma) *a. fig.* Abenteurertum *n*
avẹ̄nija Avenue *f*
avẹrzija Aversion *f* (***prema*** *L*/gegenüber *D*)
ạvet(inja) Gespenst *n*; Spuk *m*; *a. fig.* ***~ glạ̄di*** Gespenst der Hungersnot; ***blijed kao ~*** leichenblaß
avijạ̄cija Luftfahrt *f*; Flugverkehr *m*; ***vọ̄jnā ~*** Luftwaffe *f*
avijạtičār Flugtechniker *m*; Pilot *m*

avijątičārsk|ī Piloten-; **~ā dǫzvola** Flugschein *m*
ąvio-kompąnija Fluggesellschaft *f*
aviomehąničār Flugzeugmechaniker *m*
avịōn *1* Flugzeug *n*; **višenąmjēnskī bǫrbenī ~** *Mil.* Mehrzweckkampfflugzeug *n*
avịōn|skī Flug-; **~skā lịnija** Fluglinie *f*; **~skā nęsreća** Flugzeugunglück *n*; **~skōm pǫštōm** per Luftpost
avitaminǭza *Med.* Avitaminose *f*, Vitaminmangel *m*
avīza Avis *m*; Nachricht *f*
ąvlija → **dvǫrīšte**
avokądo Avokado *f*
ązbest Asbest *m*
ązbest|nī Asbest-; **~nō odijęlo** Asbestanzug *m*
ązbuka → **alfąbēt**
Ązija Asien *n*; **Mąlā ~** *Geogr.* Kleinasien *n*
Azījac (-ījca) Asiate *m*
Ązījka (*DSg* -ki; *GPl* -kī) Asiatin *f*
ązījsk|ī asiatisch; **~ā grịpa** *Med.* asiatische Grippe
ązīl *1* Asyl *m*; **polịtičkī ~** politisches Asyl; **prąvo ~a** Asylrecht *n*; **trąžiti ~** Asyl beantragen
ązot *Chem.* Stickstoff *m*
aždąja Drache(n) *m*; Lindwurm *m*
ąžūran genau; korrekt; pünktlich; (*v. a. auf die Arbeit bezogen*)
ąžūrnōst (-osti; *ISg* -osti/ošću) *f* Genauigkeit *f*; Pünktlichkeit *f*

B

B b *n*
b b; **ne ręći ni ~** *fig.* keinen Ton sagen
bąba Großmutter *f*; alte Frau *f*; *verä.* Waschlappen *m*; Feigling *m*
babąrija Geschwätz *n*; Gewäsch *n*; Aberglaube *m*
babarǭga Hexe *f*; Zauberin *f*
bąbica Hebamme *f*
bąbinjī Wochenbett-; → **grǫznica**
bąbinje Wochenbett *n*
bąbljī Weiber-; → **lįęto**
bącāč *1* Werfer *m*; **~ dịska** Diskuswerfer *m*; **~ mịnā** Minenwerfer *m*; **~ pląmenā** Flammenwerfer *m*
bącānje Werfen *n*; Stoßen *n*; **~ kųgla** *Sp.* Kugelstoßen *n*
bącati (bąciti) werfen; schleudern; wegwerfen; **~ klịpove pǫd noge** *fig.* Knüppel zwischen die Beine werfen; **~ kr̄v** Blut erbrechen; **~ ǫko** ein Auge werfen (**na** *A*/auf *A*); **tō mi bącī nątrāg** *fig.* das wirft mich zurück; **~ se** sich werfen (**na** *A*/ auf *A*) **~ se na pǫsao** sich in die Arbeit stürzen; **~ se u trǫšak** sich in Ausgaben stürzen
bącil Bazillus *m*
bąciti → **bącati**
bąčva Faß *n*; **pijān kao ~** F stockbetrunken
bąčvār Böttcher *m*, Faßbinder *m*
bąčvārnica Böttcherwerkstatt *f*, Faßbinderwerkstatt *f*
bąčvast faßförmig; tonnenförmig
badąvā gratis, kostenlos
bądem Mandel *f*; Mandelbaum *m*
bądemov Mandel-; **~ō ųlje** Mandelöl *n*
bądemnjāk Mandelkuchen *m*
Bądnjāk Heiliger Abend *m*, Weihnachtsabend *m*
bagatęl|a Bagatelle *f*; Kleinigkeit *f*; **za ~u** spottbillig
bagatelizīrati *5 ipf*/*pf* bagatellisieren
bagąža Gesindel *n*
bąger Bagger *m*
bągra Gesindel *n*; Pack *n*
bągrem Akazienbaum *m*
bągremov Akazien-; **~ō dr̄vo** Akazienholz *n*
bąhat anmaßend; schroff; überheblich
bąhatōst (-osti; *ISg* -osti/-ošću) *f* Anmaßung *f*; Schroffheit *f*; Überheblichkeit *f*
bająge(-i): kao ~ angeblich
bājan märchenhaft, bezaubernd
bąjānje Hexerei *f*; Zauberei *f*; Kurpfuscherei *f*

bȃjati beschwören; zaubern; *abw.* Kurpfuscherei betreiben
bȃj|ka (*GPl* -kī) Märchen *n*; ***kao u ~ci*** *fig.* wie im Märchen; ***prȉčati ~ke*** *a. fig.* Märchen erzählen
bȃka (*DSg* -ki, *V* -o) Oma *f*
bakạlār Stockfisch *m*; Kabeljau *m*; ***sȗh kao ~*** spindeldürr; ***mlȃdī ~*** Dorsch *m*
bạkāndža grober Schuh *m*; Soldatenstiefel *m*
bạkar Kupfer *n*
bạkarnī → ***bạkrenī***
baklạva Kuchensorte (*Honiggebäck*)
bạklja Fackel *f*
bakljȃda Fackelzug *m*
bakljonọša *m* Fackelträger *m*
bạkrāč Kupferkessel *m*
bạkren|ī kupfern; ***~ō dọba*** *hist.* Kupferzeit *f*; ***~ī nọvac*** Kupfermünze *f*
bakrẹnjāk *1* Kupfermünze *f*
bạkropis *Mal.* Radierung *f*
bạkrorēz Kupferstich *m*
bạkrotisak (-ska) Kupferdruck *m*
bạksuz Pechvogel *m*
bạkšiš Trinkgeld *n*; Schmiergeld *n*
bạktērija Bakterie *f*
bakteriọloškī bakteriologisch
bȃl (*Pl* bạlovi) (*Tanz-*)Ball *m*; ***kạd je ~, nẹk je ~*** *fig.* wenn schon, denn schon
bạla (*Stoff-*)Ballen *m*
balȃda Ballade *f*
bạlans Balance *f*; Gleichgewicht *n*
balansȋrati *5 ipf/pf* balancieren; *fig.* schwanken
bạlav rotzig; schleimig; ***~ī pȗž*** Nacktschnecke *f*
bạlavac (-āvca) Grünschnabel *m*
bạle *f/Pl* Rotz *m*; Schleim *m*
bạlega Viehmist *m*; ***gọvedā ~*** Kuhfladen *m*
balẹgār *Zool.* Mistkäfer *m*
bạlēt Ballett *n*
balịstika Ballistik *f*
bạliti rotzen; schleimen; F flennen; heulen
Bạlkān *1* Balkan *m*
Balkȃnac (-ȃnca) *1* Balkanbewohner *m*
Balkanịzam (-zma) *Ling.* Balkanismus *m*
bạlkānsk|ī balkanisch; ***~ō poluọtok*** (*sb.* ***poluọstrvo***) Balkanhalbinsel *f*
bạlkōn *1* Balkon *m*; *Thea.* Rang *m*
balneoterạpija *Med.* Bäderkur *f*
bạlōn *1* Ballon *m*; Korbflasche *f*; ***privẹzanī ~*** Fesselballon *m*; ***pọkusnī*** (*sb.* ***prọbnī***) ***~*** Versuchsballon *m*; ***zrȃčnī ~*** Luftballon *m*
bạltičk|ī baltisch; ***2ō mọ̄re*** Ostsee *f*
Bạltik Baltikum *n*
bạlvan Balken *m*; Klotz *m*; F Holzkopf *m*, Trottel *m*
bạlzam Balsam *m* (*a. fig.*)
balzamȋrati *5 ipf/pf* balsamieren
balzamọvina Balsamholz *n*
bȃn *hist.* Banus *m* (*Statthalter, Gebietsvorsteher*); ***od Kụlina ~a*** seit Menschengedenken
Banȃćanin (*Pl* -ani) Banater *m*
Banȃćanka (*DSg* -ki, *GPl* -kī) Banaterin *f*
banȃlnōst (-osti; *ISg* -osti/-ošću) *f* Banalität *f*
banạna Banane *f*; ***~ ụtikāč*** *Tech.* Bananenstecker *m*
bȃnčiti F saufen
bạnda (*Räuber-, Mörder-*)Bande *f*
bandȃža Bandage *f*
bandažȋrati *5 ipf/pf* bandagieren
bạndīt *1* Bandit *m*; Verbrecher *m*
bạnica Frau des Banus; *hist.* kroat. Silbermünze
bạnija *hist.* Banschaft *f*
bȃnka Bank *f*; ***ẹmisiōnā ~*** Notenbank *f*; ***nạrodnā ~*** Nationalbank *f*; ***zạdružnā ~*** Genossenschaftsbank *f*; *Med.* ***~ za kȓv*** Blutbank *f*
bạnkār *1* Bankier *m*
bạnkārskī Bank-; Banken-
bạnkārstvo Bankwesen *n*
bạnkrot zahlungsunfähig
bankrọtēr *1* Bankrotteur *m*
bạnkēt *1* Bankett *n*, Festmahl *n*
bankȋna Bankette *f*, Seitenstreifen *m*
banknọ̄ta Banknote *f*, Geldschein *m*
bạnkōvnī Bank-; ***~ činọvnīk*** Bankangestellte(r) *m*
bạnuti (-nēm) *pf* plötzlich erscheinen; hereinplatzen
bạnja Bad *n*; Badewanne *f*; Heilbad *n*
bạr wenigstens, zumindest
bạra Pfütze *f*; Tümpel *m*
barạtānje Handhabung *f*; Verfahren *n*
barạtati handhaben; umgehen (*I*/mit *D*); ***~ ọružjēm*** mit e-r Waffe umgehen
bạrbārstvo Barbarei *f*
bạrbarskī barbarisch
bạrem → ***bar***
barijẹ̄ra Barriere *f*; ***jẹzičnā ~*** Sprachbarriere *f*

barikąd|a Barrikade *f*; **ịći na ~e** auf die Barrikaden gehen
bąrjak Banner *n*; Fahne *f*; **ịzvesti ~** die Flaggen hissen
bąrok Barock *n*
barọvit morastig; sumpfig
bąrskī sumpfig; → **grọznica**
bąršūn *1* Plüsch *m*; Samt *m*
bąrūn *1* Baron *m*; Freiherr *m*
bąrut (*Schieß*)Pulver *n*; **bụra ~a** *a. fig.* Pulverfaß *n*
barutąna Pulverfaß *n*
bąs Baß *m*; Baßstimme *f*; Baßgeige *f*
bąsēn → **bązēn**
bąsist Bassist *m*
bąsna (*GPl* -ī) Fabel *f*
basnopịsac (-sca) Fabeldichter *m*
bąš *Konj* eben; gerade; richtig; **~ me brīga** das ist mir schnuppe; **~ tako** genau so
bąšta Garten *m*
bąštin|a Erbe *n*; Erbschaft *f*; **dịo ~ē** Erbanteil *m*; **s prąvom na ~u** erbberechtigt; → **pọrez**
bąštinīk Erbe *m*
bąštiniti *pf* erben; beerben
bąt (*Pl* -ovi/-i) Klöppel *m*; Stampfer *m*; (*Glocken-*)Schwengel *m*
bąta *m Dem.* Brüderchen *n*; Freundchen *n*
bątak Keule *f*; Schenkel *m*; **pịlēćī ~** Hähnchenkeule *f*
batąljōn *1* Bataillon *n*; **pọčasnī ~** Ehrenbataillon *n*
bąterflāj *Sp.* Butterfly *m*
bątēri|ja Batterie *f*; **pụniti ~ju** e-e Batterie laden
bątić (*Trommel-*)Schlegel *m*; (*Klavier-*) Hammer *m*
bątin|a Knüppel *m*; Stock *m*; **prīmiti ~u** e-e Tracht Prügel beziehen; **kao pręko ~ē** wider Willen
batịnati prügeln; schlagen
bąuk (*Pl* -ci/-kovi) Gespenst *n*, Schreckgespenst *n*
Bavąrac (-rca) *2* Bayer *m*
Bąvārka (*DSg* -ki, *GPl* -ī) Bayerin *f*
Bąvārska (*LSg* -ōj) Bayern *n*; **Dọnjā ~** Niederbayern *n*; **Gọrnjā ~** Oberbayern *n*
bąvārskī bay(e)risch
bąviti se sich beschäftigen (*I*/mit *D*); *Sport usw.* treiben
bąza Basis *f*, Grundlage *f*; Stützpunkt *m*; *Chem.* Base *f*
bązēn *1* Bassin *n*; Becken *n*; **~ za plịvānje** Schwimmbecken *n*; **dječjī ~** Planschbecken *n*; **Knąjpov ~** Kneippbecken *n*
bązga Holunder *m*
bązgov Holunder-
bązgovina Holunderhain *m*
bazīrati *5 ipf/pf* basieren, beruhen (**na** *A*/auf *D*)
baždąrina Eichgebühr *f*
baždąriti *5 ipf/pf* eichen
bdjeti (bdīm; bdịo) Wache halten (**kod** *G*/bei *D*)
bęba Baby *n*, Säugling *m*
Beč Wien *n*
Bęčanin (*Pl* -āni) Wiener *m*
Bęčānka (*DSg* -ki, *GPl* -kī) Wienerin *f*
bęčk|ī Wiener-; **~ā šūma** Wienerwald *m*; **~ī vąlcer** Wiener Walzer *m*; → **ọdrezak**
Bečlija → **Bęčanin**
będēm Wall *m*; (*Festungs-*)Mauer *m*
będren|ī Oberschenkel *m*; **~ā kọst** Oberschenkelknochen *m*
będro Oberschenkel *m*
bęg (*Pl* -zi/-govi) *hist.* Bey *m*; **žīvjeti kao ~** *fig.* leben wie Gott in Frankreich
bęk *Sp.* Verteidiger *m*
bęknuti (-nēm) *pf* blöken; **ne znąti ni ~** *fig.* nicht bis drei zählen können
bękrija *m* Saufbold *m*
bęlāj *1* Reinfall *m*; **ęto ti ~a!** da haben wir den Salat!
beletrịstika Belletristik *f*
Bęlgija Belgien *n*
Belgijąnac (-nca) *2* Belgier *m*
Belgijānka (*DSg* -ki; *GPl* -kī) Belgierin *f*
benętati (-ćēm/-tām) faseln
bęnīgnī *Med.* gutartig
bęnzīn *1* Benzin *m*; **ląkī ~** Leichtbenzin *n*
benzịnac (-nca) *Kfz.* Benziner *m*
benzinọmjer Benzinuhr *f*
bęnzīnsk|ī Benzin-; **~ā stąnica** (*sb.* **pụmpa**) Tankstelle *f*
Beọgrad Belgrad *n*
Beọgrađanin (*Pl* -āni) Belgrader *m*
Beọgrađānka (*DSg* -ki; *GPl* -ki) Belgraderin *f*
beọnjača Lederhaut *f* (*i. Auge*)
bęrāč *1* (*Obst- etc.*)Pflücker *m*; **~ grọ̄žđā** Weinleser *m*
bęrba Ernte(zeit) *f*; **~ grọ̄žđa** Weinlese *f*
bęrde (-eta) Baßgeige *f*
bęrēm *1. PersSg v.* **bręti**
bęret Barett *n*; Baskenmütze *f*

bęsanica Schlaflosigkeit *f*
besāvjesnōst (-osti; *ISg* -osti/-ošću) *f* Gewissenlosigkeit *f*; Skrupellosigkeit *f*
besāvjestan (-sno) gewissenlos; skrupellos
bęscīljan ziellos; zwecklos
bęscjen spottbillig; unschätzbar
bęscjēnje Spottpreis *m*; ***prodati u ~*** zu e-m Schleuderpreis verkaufen
bęscvjetnice *Pl Bot*. Sporenpflanzen *Pl*
bęsjeda Rede *f*; ***nāstupnā ~*** Antrittsrede *f*
bęsjediti reden; e-e Rede halten
bęskamatnī zinslos; zinsfrei; ***~ zājam*** zinsloses Darlehen
bęskaraktēran charakterlos
bęskarakternōst (-osti; *ISg* -osti/ošću) *f* Charakterlosigkeit *f*
bęskičmen *Zool*. wirbellos; *fig*. rückgratlos
beskičmęnjāk *Zool*. wirbelloses Tier; *fig*. rückgratloser Mensch
bęsklas|an klassenlos; ***~nō drūštvo*** klassenlose Gesellschaft
bęskonačan endlos; unendlich
bęskonačnōst (-osti; *ISg* -osti/ošću) *f* Unendlichkeit *f*
bęskoristan (-sno) nutzlos, unnütz
bęskraj → ***bęskonačnōst***
beskrąlježnjāk → ***beskičmęnjāk***
bęskrvan blutleer; *fig*. kraftlos
bęskrvnōst (-osti; *ISg* -osti/-ošću) *f* *Med*. Anämie *f*
bęskućnīk Obdachlose(r) *m*
bęskvasan ungesäuert; ***~ kruh*** ungesäuertes Brot
bęsmislen sinnlos; unsinnig; widersinnig
bęsmislenōst (-osti; *ISg* -osti/-ošću) *f* Sinnlosigkeit *f*; Widersinnigkeit *f*
bęsmislica Unsinn *m*
bęsmrtan unsterblich
bęsmrtnīk Unsterbliche(r) *m*
bęsmrtnōst (-osti; *ISg* -osti/-ošću) *f* Unsterblichkeit *f*
bęsnilo *Med*. Tollwut *f*
bęsperspektīv|an perspektivlos; ***~nā budūćnōst*** aussichtslose *od*. perspektivlose Zukunft
bęsplanskī planlos
bęsplat|an kostenlos; unentgeltlich; ***~nā ulaznica*** Freikarte *f*; ***ulāz ~an*** Eintritt frei
bęsplodan unfruchtbar
bęsplodnōst (-osti; *ISg* -osti/-ošću) *f* Unfruchtbarkeit *f*; Zeugungsunfähigkeit *f*
bęspomoćan hilflos
bęspomoćnōst (-osti; *ISg* -osti/-ošću) *f* Hilflosigkeit *f*
bęsposlen → ***neząposlen***
bęsposlic|a Müßiggang *m*; Untätigkeit *f*; ***prōđi se ~ē!*** laß die Finger davon!
bęsposličār Faulpelz *m*; Nichtstuer *m*
bespoštedan rücksichtslos
bęsprāvan rechtlos; unrechtmäßig; widerrechtlich
bęsprāvnōst (-osti; *ISg* -osti/-ošću) *f* Gesetzlosigkeit *f*; Rechtlosigkeit *f*
bespręđmetan gegenstandslos, hinfällig
bęsprekīdan ununterbrochen
besprijękōran einwandfrei, tadellos
bespr̄imjeran beispiellos; unvergleichlich
bęsprincipijēlan prinzipienlos
bęsprizōran verwahrlost
bęsprizōrnīk verwahrlostes Kind; verwahrloster Jugendlicher
bęspūće weglose Gegend *f*; *fig*. Ausweglosigkeit *f*; ***otići u ~*** *fig*. auf Abwege geraten
bęsrāman niederträchtig; schamlos; unverschämt
bęsrāmnōst (-osti; *ISg* -osti/-ošću) *f* Schamlosigkeit *f*; Unverschämtheit *f*
bęstēpensk|ī stufenlos; ***~ō bīrānje temperatūrē*** *Tech*. stufenlose Temperaturregelung
bęstēžīnsk|ī schwerelos; ***~ō stānje*** Schwerelosigkeit *f*
bęstīdan frivol; schamlos; schlüpfrig
bęstīdnīk frecher, schamloser Kerl
bęstīdnōst (-osti; *ISg* -osti/-ošću) *f* Frivolität *f*; Schamlosigkeit *f*
bęstijālan bestialisch, unmenschlich
bestijąlnōst (-osti; *ISg* -osti/-ošću) *f* Bestialität *f*; Unmenschlichkeit *f*
bęstrāga spurlos; ***idi ~!*** geh' zum Teufel!; ***nęstati ~*** spurlos verschwinden
bęstrastan (-sno) leidenschaftslos
besubjekt|an *Gr*. subjektlos; ***~nā rečęnica*** *Gr*. unpersönlicher Satz
bęsvijēst → ***nęsvijēst***
bęščasnōst (-osti; *ISg* -osti/-ošću) *f* Ehrlosigkeit *f*
bęščastan ehrlos
bęšik|a[1] Wiege *f*; ***od ~ē do motikē*** *fig*. von der Wiege bis zur Bahre

bȩšika² Blase *f*; ***mǫkraćnā*** ~ Harnblase *f*; ***žūčnā*** ~ Gallenblase *f*
bȩšūman geräuschlos
bȩtōn *1* Beton *m*; ***ąrmīrānī*** ~ Stahlbeton *m*; ***ląkī*** ~ Leichtbeton *m*; ***predna-prȩgnutī*** ~ Spannbeton *m*
betonịrati *5 ipf/pf* betonieren
betǫnjāra Betonwerk *n*
bȩtōnsk|i Beton-; ***~ā mjȩšalica*** Betonmischmaschine *f*; ***~ī stūp*** Betonpfeiler *m*
bȩvānda *reg*. Weinschorle *f*
bȩz *Präp* (*G*) ohne (*A*); ***~ dąljnjēga*** ohne weiteres; ***~ mukē*** mühelos; ***~ ǫbzira*** ohne Rücksicht (***na*** *A*/auf *A*); ohne Berücksichtigung (***na*** *A*/*G*); ***~ sụmnjē*** zweifellos
bezą̄konje Gesetzlosigkeit *f*; Illegalität *f*
bȩzalkohōl|an alkoholfrei; ***~nō pīvo*** alkoholfreies Bier
bȩzātomsk|i: ***~ā zǫna*** atomwaffenfreie Zone
bezązlen arglos; einfältig; naiv
bȩzbjedan gefahrlos; sicher
bȩzbjednōst (-osti; *ISg* -osti/-ošću) *f sb*. Sicherheit *f*; ***Slụžba dr̨žavnē ~i*** Staatssicherheitsdienst *m*
bȩzbōjan farblos; *fig*. gleichgültig; indifferent
bȩzbōjnōst (-osti; *ISg* -osti/-ošću) *f* Farblosigkeit *f*; *fig*. Indifferenz *f*
bȩzbōl *Sp*. Baseball *m*
bȩzbōlan schmerzfrei
bȩzbōlnōst (-osti; *ISg* -osti/-ošću) *f* Schmerzfreiheit *f*
bȩzbožac (-šca) Atheist *m*, Gottlose(r) *m*
bȩzbožan atheistisch; gottlos
bȩzbožnīk Atheist *m*
bȩzbožnōst (-osti; *ISg* -osti/-ošću) *f* Atheismus *m*; Gottlosigkeit *f*; *fig*. Ruchlosigkeit *f*
bȩzbračnōst (-osti; *ISg* -osti/-ošću) *f* Ehelosigkeit *f*; Zölibat *n*
bȩzbrižan sorgenfrei; sorglos
bȩzbrōj Unzahl *f*; ***~ ljūdī*** eine riesige Menschenmenge
bȩzbrōjan unzählbar; unzählig
bȩzdan Abgrund *m*
bȩzdrvan holzfrei
bȩzdušan gefühllos; herzlos
bȩzdušnōst (-osti; *ISg* -osti/-ošću) *f* Gefühllosigkeit *f*; Herzlosigkeit *f*
bȩzglasan lautlos; stimmlos
bȩzglavan kopflos
bȩzglavo *Adv* kopflos; übereilt, überstürzt
bȩzgotōvinsk|ī bargeldlos, unbar; ***~ō plą̄ćānje*** bargeldlose Zahlung; ***~ī plątnī prǭmet*** *Hdl*. bargeldloser Zahlungsverkehr
bezgrąničan grenzenlos; unbegrenzt
bȩzgreš|an ohne Makel; sündenfrei; ***~nā začȩ̄će*** *Rel*. unbefleckte Empfängnis *f*
bȩzgrešnōst (-osti; *ISg* -osti/-ošću) *f* Sündenlosigkeit *f*
bȩzimen anonym; namenlos
bezịzglēdan aussichtslos; hoffnungslos; ***~ pǫsao*** *fig*. hoffnungsloses Unterfangen
bezịzlazan ausweglos
bȩzizražājan ausdruckslos
bȩzličan unpersönlich; ***~ glągol*** *Gr*. unpersönliches Verb
bȩzmalo *Adv* fast, beinahe, um ein Haar
bȩzmēsan fleischlos; abgemagert
bȩzmirisan geruchlos
bȩzmoćan → ***nȩmoćan***
bȩznačājan bedeutungslos; unwichtig, belanglos; (*Person*) charakterlos
beznačą̄jnōst (-osti; *ISg* -osti/-ošću) *f* Bedeutungslosigkeit *f*
bȩznadan hoffnungslos
bezǫbrazan frech; unverschämt; ***~ kao vrą̄bac*** *fig*. frech wie Oskar
bezobrązluk → ***bezǫbraznōst***
bezǫbraznīk frecher *od*. unverschämter Kerl
bezǫbraznōst (-osti; *ISg* -osti/-ošću) *f* Frechheit *f*; Unverschämtheit *f*
bȩzobzīran rücksichtslos; schonungslos
bȩzobzīrcē → ***bȩzobzīran***
bezobzịrnōst (-osti; *ISg* -osti/-ošću) *f* Rücksichtslosigkeit *f*; Schonungslosigkeit *f*
bȩzočan → ***bezǫbrazan***
bezǫdvlačno *Adv* unverzüglich
bȩzolovnī bleifrei; ***~ bȩnzīn*** bleifreies Benzin
bȩzopāsan gefahrlos
bezopą̄snōst (-osti; *ISg* -osti/-ošću) *f* Gefahrlosigkeit *f*
bȩzosjećājan gefühllos
bezosjećą̄jnōst (-osti; *ISg* -osti/-ošću) *f* Gefühllosigkeit *f*
bezrą̄zložan grundlos; unbegründet
bȩzrezerv|an uneingeschränkt; ***~nā pǫdrška*** vorbehaltlose Unterstützung

bęzub zahnlos
bęzūman unklug, unvernünftig; wahnwitzig
bęzūmlj|e Wahnwitz *m*, Aberwitz *m*; ***do ~a*** übertrieben, in e-m übertriebenen Maße
bęzūmnōst (-osti; *ISg* -osti/-ošću) *f* Unvernunft *f*; Wahnwitz *f*
bęzuslōvan → ***bezųvjetan***
bezųspješan erfolglos
bezųvjetan bedingungslos
bezųvjetno unbedingt; ohne Einschränkung
bezųzročan grundlos; unbegründet
bęzvezan dumm; unsinnig; ***~ tīp*** F blöder Kerl
bęzvjērac (-ērca) Atheist *m*; Konfessionslose(r) *m*
bęzvlāđe Anarchie *f*; Gesetzlosigkeit *f*
bęzvodan trocken; wasserarm
bęzvodnōst (-osti; *ISg* -osti/-ošću) *f* Dürre *f*; Trockenheit *f*
bęzvōljan lustlos; willenlos
bęzvrijēdan wertlos
bęzvrijednōst (-osti; *ISg* -osti/-ošću) *f* Wertlosigkeit *f*
bęzvūčan lautlos; *Gr.* stimmlos; → ***sųglasnīk***
bęž beige
bęžič|an drahtlos; ***~nī ųprāvljāč*** Fernsteuerung *f*
bįanko: ***~ pųnomōć*** Blankovollmacht *f*
bįber Pfeffer *m*
bįberiti pfeffern
bįbernica Pfefferstreuer *m*
bįbernīk → ***bįbernica***
bįblija Bibel *f*; ***stąr kao ~*** *fig.* steinalt, uralt
bįblījskī Bibel-
bibliogrąfija Bibliographie *f*
bibliotęka Bibliothek *f*; ***grądskā ~*** Stadtbibliothek *f*; ***pǫsudbenā ~*** Leihbibliothek *f*; ***prīručnā ~*** Handbibliothek *f*; ***sveųčilišnā ~*** Universitätsbibliothek *f*
bibliotękār *1* Bibliothekar *m*
bicįkl Fahrrad *n*; ***dječjī ~*** Kinderfahrrad *n*; ***pręklopnī ~*** Klapprad *n*; ***tṛkāćī ~*** Rennrad *n*; ***~ s mǫtorom*** Moped *n*
bicįklist Radfahrer *m*
bicikl̦įstičkī Fahrrad-
biciklįzam (-zma) Radsport *m*
bįč (*Pl* -evi) Peitsche *f*; ***jąhāćī ~*** Reitpeitsche *f*; ***pųckati ~om*** mit der Peitsche knallen
bičęvānje Auspeitschen *n*; Peitschen *n*
bičęvati (bįčujēm) peitschen
bįće Geschöpf *n*; Lebewesen *n*; Wesen *n*; *Phil.* Dasein *n*, Existenz *f*, Sein *n*; ***ljųdskō ~*** menschliches Wesen; ***žīvō ~*** Lebewesen *n*
bįfē (-ęa; *Pl* -ęi) Büfett *n*; Buffet *n*; Imbißstube *f*
bigąmija Bigamie *f*
bįgotan bigott; scheinheilig
bijęda *7* Elend *n*; Not *f*; ***~ i nęvolja*** Not und Elend; ***kǫja ti ~*** F was zum Teufel
bįjedan *7* armselig; elend
bįjednīk *7* armer Schlucker
bįjeg *7* (*Pl* -zi/-ovi) Flucht *f*; ***~ iz vōjskē*** Fahnenflucht *f*; ***dąti se u ~*** die Flucht ergreifen; ***nątjerati u ~*** in die Flucht schlagen
bįjel|ī *7* weiß; ***~ī lųk*** Knoblauch *m*; ***~ō rųblje*** Weißwäsche *f*; ***cṛno na ~om*** schwarz auf weiß; ***u po ~a dąna*** am hellichten Tag; ***~ā kąva*** Kaffee mit Milch; ***~ā knjįga*** Weißbuch *n*; ***~ō vįno*** Weißwein *m*; → ***bjęlcat***
bijē̦lac (-lca) *2* Weißer *m*; Schimmel *m*
bijęliti *7* weiß färben *od.* tünchen; bleichen
bijęljeti (-līm; lio, -ljela) *7* weiß werden; (aus)bleichen
bijēm *1. Pers. Sg v.* ***bīti***[2]
bįjes *7* Raserei *f*; Wut *f*; Zorn *m*; ***do ~a!*** zum Teufel!; ***pųknuti od ~a*** vor Wut platzen
bijęsan *7* rasend; wütend; (*Pferd*) wild; ***~ pąs*** tollwütiger Hund
bįk Stier *m*; ***bǫrba s ~ovima*** Stierkampf *m*; ***sęoskī ~*** F Bauernlümmel *m*, Tölpel *m*; ***ųhvatiti ~a za rǫgove*** *fig.* den Stier bei den Hörnern packen
biląnca (**bįlans**) Bilanz *f*
bilijār *1* Billard *n*
bilijūn *1* Billion *f*
bįlo[1] Puls *m*; Pulsschlag *m*; ***mjęriti ~*** den Puls messen; ***ǫpipati ~*** *fig.* j-m auf den Zahn fühlen
bįlo[2] Bergrücken *m*; Gebirgsrücken *m*
bįlo[3] *Kj* irgend-; ***~...~*** sei es ... sei es ...; ***~ gdje*** irgendwo; ***~ koji*** irgendein; ***~ što*** irgendwas
bįljār → ***bilijār***

B

bȋlje Pflanzen(welt *f*) *Pl*; Kräuter *Pl*; ***lje-kọvitō*** ~ Heilkräuter *Pl*
bịljeg (*Kenn-*)Zeichen *n*, Merkmal *n*; Gebührenmarke *f*
bịljegovati (-ujēm) mit e-r Gebührenmarke versehen; (*ab-*)stempeln
biljegovina Stempelgebühr *f*
bịlješka Anmerkung *f*; Fußnote *f*; Notiz *f*
bịljet Billett *n*; (*Kino-* etc.)Karte *f*
biljẹtēr *1* Platzanweiser *m*
bịlježiti notieren, vermerken
bịlježnica Heft *n*; Notizbuch *n*
bịlježnīk Notar *m*; Schriftführer *m*
bȋljka Pflanze *f*; ***ljekọvitā*** ~ Heilpflanze *f*; ***ụkrasnā*** ~ Zierpflanze *f*
bȋlj|nī pflanzlich, Pflanzen-; ***~nō cȃrstvo*** Pflanzenwelt *f*, Flora *f*
bina Bühne *f*
bịo → ***bijelī***
biọgraf Biograph *m*
biogrąfija Biographie *f*
biokẽmija Biochemie *f*
biolọgija Biologie *f*
bịrāč *1* Wähler *m*; ~ ***temperatụ̄rē*** *Tech.* Temperaturwähler *m*, Temperaturwählschalter *m*; ***zbọ̄r ~a*** Wählerversammlung *f*
bịračk|ī Wähler-; ***~ō prạ̄vo*** Wahlrecht *n*; ***~ī spịsak*** Wählerverzeichnis *n*
bịralīšte Wahllokal *n*
bịrān (aus)erwählt; erlesen
bȋrati wählen
bịrō (*Pl* -ọi) Büro *n*; Kanzlei *f*; ~ ***rạ̄da*** Arbeitsamt *n*; ***turịstičkī*** ~ Fremdenverkehrsbüro *n*
birokrącija Bürokratie *f*
birọkrat Bürokrat *m*
birọkratskī bürokratisch
bịrsa Weinstein *m*
bịrtija → ***gostiọnica***
bịsage *f*/*Pl* Satteltasche *f*
bịser Perle *f*; ***nīz ~ā*** Perlenkette *f*
bịsēr|an Perlen-; ***~nī škọljkāš*** Perlenauster *f*
bịserār Perlenfischer *m*
bịsērka Perlhuhn *n*
bịskup Bischof *m*; ***pọmoćnī*** ~ Koadjutor *m*
biskụpija Bistum *n*; Diözese *f*
bịskupsk|ī Bischofs-; ***~ō dostojąnstvo*** Bischofswürde *f*; ***~ā kạpa*** Bischofsmütze *f*; ***~ī ụred*** Ordinariat *n*
bịst|ar hell; klar; *fig.* ***~rā glạ̄va*** ein heller Kopf; ***~rō ọko*** ein scharfes Auge

bistrịna Klarheit *f*
bịstriti klären; *fig.* erklären, klarmachen; ~ **se** sich (auf)klären; aufklaren
bistrọ̄uman scharfsinnig
bȋt¹ (-i) *f* Wesen *n*; *fig.* Kern *m* (*e-r Sache*)
bȋt² Beat *m*
bịt³ *EDV* Bit *n*
bȋtak (-tka) Dasein *n*; Existenz *f*
bịtan grundlegend; wesentlich; wichtig
bịtānga *m* Landstreicher *m*; Taugenichts *m*
bịti¹ *ipf*/*pf* (jẹsam/sam; bịo; bụdēm) sein; existieren; vorhanden sein; ~ ***ịzvan sebi*** außer sich sein; ~ ***kạdar*** imstande sein; ~ ***na glạ̄su*** bekannt sein; ~ ***nạ ti*** per du sein (**s** *I*/mit *D*); ~ ***rọdom*** gebürtig sein (**iz** *G*/aus *D*); ~ ***vọljan*** willens sein; ***bịlo kạko bịlo*** wie dem auch sei; ***bịlo pa prọšlo*** aus und vorbei
bȋti² (bịjēm) hauen; prügeln; schlagen; ~ **se** sich schlagen (**s** *I*/mit *D*)
bịtka (*DSg* bịci/bịtki) Schlacht *f*; ***dọbiti ~u*** e-e Schlacht gewinnen
bịva|ti werden; geschehen; ***ọtuda*** ~ daraus folgt
bịvol Büffel *m*
bịvšī ehemalig, Ex-, frühere(r)
bịzōn *1* Bison *m*
bjegụ̄nac *2* Flüchtling *m*; ***vọ̄jnī*** ~ Fahnenflüchtige(r) *m*
bjelạnce (-a/-eta) Eiweiß *n*
bjelančẹvina *Chem.* Eiweißstoff *m*; Protein *n*
bjelạsati se weiß(lich) schimmern
bjẹlāš *Zool.* Schimmel *m*
bjẹlcat: *bijel* ~ schneeweiß
bjẹličast weißlich
bjẹlilo weiße Farbe; weiße Schminke; (*Wäsche-*)Bleiche *f*
bjelịn|a Weiß *n*; ***u ~i*** in Weiß gekleidet
bjẹlkast → ***bjẹličast***
bjẹlodan (-o) klar, offensichtlich
bjelogọrica Laubholz *n*
bjelogọričn|ī Laub-; ***~ā šụma*** Laubwald *m*
bjelọkos grau-, weißhaarig
bjẹlokōst (-osti; *ISg* -osti/-ošću) *f* Elfenbein *n*
Bjẹlorus Belorusse *m*, Weißrusse *m*
bjẹloruskī belo-, weißrussisch
bjelọuška Ringelnatter *f*; Wasserschlange *f*
bjelụ̄tak (-tka) Quarz-, Kieselstein *m*
bjẹljī *Komp v.* ***bijelī***

bjęsnilo *od.* **bjesnọća** Tollwut *f*; Wut *f*; Raserei *f*
bjęsnjeti (-nīm; -nio, njela) tollwütig sein
bjęžati (-žīm) fliehen; flüchten (**od** *G*/ vor *D*); meiden
blậg mild; sanft; (*Krankheit*) leicht; (*Klima*) gemäßigt, mild; (*Steigung*) leicht
blạgājn|a Kasse *f*; ***bolęsnīčkā** ~**a*** Krankenkasse *f*; ***stậnje** ~**ē*** Kassenbestand *m*
blạgājnica Kassiererin *f*
blạgājničkī Kassen-; Kassierer-
blạgājnīk Kassierer *m*
blạgdan Feiertag *m*
blậgo[1] Schatz *m*; ~ ***od čọvjeka*** *fig.* e-e Seele von e-m Menschen; ***ni po kọjē*** ~ um keinen Preis
blậgo[2] Vieh; ***rọgatō*** ~ Hornvieh *n*; ***sịtnō*** ~ Kleinvieh *n*; ***žīvō*** ~ Vieh *n*
blạgo[3] *Int* wohl!; ~ ***njęmu!*** wohl ihm!; der Glückliche!
blạgodāran dankbar
blagodarẹ̄nje Dank *m*, Danksagung *f*; *Rel.* (*orthodoxer*) Dankgottesdienst *m*
blagọglasan wohlklingend
blagonậklon freundlich gesinnt; wohlwollend
blagonậklonōst (-osti; *ISg* -osti/-ošću) *f* Wohlwollen *n*
blagoslīvljati → ***blagoslọviti***
blạgoslōv Segen *m*; Segnung *f*
blagoslọviti *5 ipf*/*pf* segnen
blagoslọvljen gesegnet; *va.* ***biti u*** ~***om stậnju*** in anderen Umständen sein
blậgōst (-osti; *ISg* -osti/-ošću) *f* Milde *f*; Sanftmut *f*
blagostậnje Wohlstand *m*
blagovậonica Speisezimmer *n*
blagọvremeno rechtzeitig
blamīrati *5 ipf*/*pf* blamieren; bloßstellen; ~ **se** sich blamieren
blanšịrati *5 ipf*/*pf* blanchieren; *Papier*, *Wäsche* bleichen; *Gemüse* abbrühen
blạnja Hobel *m*
blạnjati hobeln
blạt|an dreckig; schmutzig; *Geogr.* ***&nō jęzero*** Plattensee *m*
blạtiti beschmutzen; dreckig machen; *fig.* in den Schmutz ziehen
blạto Schlamm *m*; Schmutz *m*; ***bạcati*** ~***m*** *fig.* in den Schmutz ziehen (**na** *A*/*A*); **kao** ~ *fig.* (*Geld etc.*) wie Heu
blạtobrān Kotflügel *m*
blậžen (glück-)selig; ~***ā zęmlja*** Schlaraffenland *n*
blậženstvo (*GPl* -stvā/-stāvā) (*Glück-*) Seligkeit *f*
blạžilo *Med.* Linderungsmittel *n*, Sedativum *n*
blậžiti lindern; mildern
blạži *Komp v.* ***blậg***
blebẹtalo *m* F Plaudertasche *f*, Schwätzer *m*
blebẹtati (-ćēm) quatschen, ratschen, schwätzen
blebẹtuša → ***blebẹtalo***
blẹ̄jati (-jīm) blöken; gaffen
blẹnda *Fot.* Blende *f*
blẹnuti (-nēm) *pf* (an)glotzen; (an)starren; ***što blẹnēš?*** was gibt's denn zu glotzen?
blẹsast blöde, dumm
blẹsav → ***blẹsast***
blịc *Fot.* Blitzgerät *n*; Blitzlicht *n*; → ***bljẹskalica***
blijed *7* blaß; bleich; fahl; ~ ***kao kṛpa*** *od.* ***mṛtvac*** kreidebleich
blijẹ̄dōst (-osti; *ISg* -osti/-ošću) Blässe *f*
blijesak *7* (-ska; *Pl* -sci/-skovi) Aufblitzen *n*; Schimmer *m*; Widerschein *m*; Blitz *m*
blijẹskati *7* blitzen
blijẹštati *7* [**-titi**] blitzen; glänzen; leuchten
blịnker Blinkleuchte *f*; Blinker *m*
blịsko → ***blịzak***
blịskōst (-osti; *Isg* -osti/-ošću) *f* Nähe *f*
blịstati funkeln; glänzen; leuchten
blịstav funkelnd; glänzend; ~***ā karijẹ̄ra*** e-e glänzende Karriere
blịtva *Bot.* Mangold *m*
blīz → ***blịzak***
blị|zak (-sko) nahe; nahestehend; eng; vertraut; ~***skā prọšlōst*** jüngste Vergangenheit; ~***zak rọđāk*** naher Verwandter; ***biti*** ~***zak*** vertraut sein (*D*/mit *D*)
blizậnac (-ānca) Zwilling *m*
blizịna Nähe *f*
blīzu[1] *Adv* nahe; nahezu
blīzu[2] *Präp* in der Nähe (*G*/*G*); nahe bei (*G*/*D*); ***bịti*** ~ ***50 gọdina*** so an die 50 sein
blịži *Komp v.* ***blịzak***
blīžiti se sich nähern
bliżnjī Mitmensch *m*; Nächste(r) *m*
blọk (*Notiz-*, *Schreib-*)Block *m*; (*Beton-*, *Stein-*, *Wohn-*)Block *m*; Bon *m*, Kupon

m; *fig.* ~ ***držāvā*** Staatenblock *m*; ***ịstočnī*** ~ *hist.*, *Pol.* Ostblock *m*

blokạ̄da Blockade *f*

blokịrati *5 ipf/pf* blockieren; *Konto* sperren

blụ̄d Prostitution *f*; Unzucht *f*

blụ̄dan lasziv; lüstern; unzüchtig

blụ̄djeti (-īm; -dio, -djela) **[za-]** ein lasterhaftes Leben führen

blụ̄dnica Hure *f*, Dirne *f*

blụ̄dnīk Lüstling *m*, Wüstling *m*

blụ̄dnj|a Irrtum *m*; ***zạvesti u ~u*** irreführen

blụ̄za Bluse *f*

bljẹdilo Blässe *f*

bljedọ́ća → ***bljẹdilo***

bljedụnjav bläßlich; etwas blaß

bljẹđi *Komp v.* ***blijed***

bljẹskalica *Fot.* Blitzgerät *n*; ***kọckastā*** ~ *Fot.* Blitzwürfel *m*

bljẹskati [-snuti] (auf)leuchten; (auf-) blitzen; blinken

bljẹsnuti (-nēm; -nuo) *pf* → ***bljẹskati***

bljụnuti (-nēm) **[-vati]** sich übergeben; erbrechen

bljụtav fade; schal; ***~ā šạ̄la*** abgeschmackter Witz

bljuvā̄nje Erbrechen *n*; ***srẹdstvo za*** ~ Brechmittel *n*

bljụvati (-ujēm) → ***bljụnuti***

bljụzgavica Matsch *m*; Schlamm *m*

bọb Saubohne *f*; ***ne vrijẹ̄diti ni pịšljiva ~a*** *fig.* keinen Schuß Pulver wert sein

bọ̄ba, -ica Beere *f*; Bohne *f*

bọca Flasche *f*; ***oplẹtenā*** ~ Korbflasche *f*; ***plīnskā*** ~ Gasflasche *f*

bọckalo *m* Stänkerer *m*; Stichler *m*

bọckati [-nuti] sticheln; stänkern

bọcnuti (-nēm) *pf* → ***bọckati***

bọčnī seitlich; Seiten-

bọ̄d Stich *m*; *Sp.* Punkt *m*; ***sakụ̄pljati ~ove*** *fig.* sich lieb Kind machen

bọdar (-dro) lebhaft; munter; rüstig

bọdēm *1. Pers. Sg v.* ***bọsti***

bọ̄dež (*Pl* -eževi) Dolch *m*

bọdlja, -dljika Stachel *m*; *fig.* bissiges Wort

bọdljikav stachelig; dornig; ~ ***gȓm*** Dornenbusch *m*; ***~ā žịca*** Stacheldraht *m*

bọdovati (-ujēm) nach Punkten bewerten; punkten

bọdrēnje Ermutigung *f*; Ermunterung *f*

bọdriti → ***hrạ̄briti***

bọ̄g *3* (*V* bọže; *Pl* bọgovi) Gott *m*, Herrgott *m*; ***~a mi!*** bei Gott!; ***bọže sačụ̄vaj!*** Gott behüte!; ***ako ~ dā*** so Gott will; ***dọ zla ~a*** entsetzlich; ***hvạ̄la ~u*** Gott sei Dank; ***krạsti ~u dạ̄ne*** dem lieben Gott den Tag stehlen; ***ụbīj bọže*** hundsmiserabel; ***vjẹrovati u ~a*** an Gott glauben; ***za ~a mịlōga*** um Gottes willen

bọgālj Krüppel *m*, Behinderte(r) *m*

bọgat reich; vermögend; ***~ā žẹtva*** ergiebige Ernte

bogạtāš *1* Reiche(r); ***rạtnī*** ~ Kriegsgewinnler *m*

bogạtiti se reich werden; sich bereichern

bogạtstv|o Reichtum *m*; Fülle *f* (*I*/an *D*); ***plịvati u ~u*** *fig.* im Geld schwimmen; ***rụ̄dnō*** ~ Bodenschätze *Pl*

bọginja Göttin *f*

bọginj|e *Pl* Blattern *Pl*; Pocken *Pl*; ***cijẹplēnje prọtiv ~a*** Pockenschutzimpfung *f*; ***mạ̄lē ~e*** Windpocken *Pl*; ***vẹlikē*** (*od.* ***cȓnē***) ***~e*** schwarze Blattern *Pl*

bọgme *Int* bei Gott!

bọgodān (-o) (*Künstler etc.*) gottbegnadet, talentiert

bogọljūblje Frömmigkeit *f*; Glaube *m*

bogomọ̄ljac (-ljca) frommer Mensch; *abw.* Frömmler *m*, scheinheiliger Mensch

Bogorọdica Muttergottes *f*; Madonna *f*

bogọslov(ac) Theologe *m*

bogoslọvija Theologie *f*; Priesterseminar *n*

bogoslužẹ̄nje Gottesdienst *m*; Liturgie *f*; Messe *f*

bogoslụ̄žje → ***bogoslužẹ̄nje***

bọgoštōv|an Kirchen-; ***prạvoslavnā ~nā ọpćina*** orthodoxe Kirchengemeinde

bọgovskī göttlich, Götter-

bogụmil *hist.* Bogumile *m*

bọgzna F weiß Gott; ~ ***što*** weiß Gott was

bọ̄j (*Pl* bọjevi) Gefecht *n*; Kampf *m*; Schlacht *f*; ***pọ̄ći ụ*** ~ in den Kampf ziehen

bọj|a Farbe *f*; Farbstoff *m*; ***~a zvụ̄ka*** Klangfarbe *f*; ***krịčavā ~a*** schreiende Farbe *f*; ***pokạ̄zati se u prạ̄vōj ~i*** *fig.* sein wahres Gesicht zeigen; ***televịzija u ~i*** Farbfernsehen *n*; ***žịvā ~a*** kräftige Farbe

bojạdisati [obọ-] färben, kolorieren

bọjati se (-jīm se) sich fürchten (*G*/vor *D*)

bọjāzan (-zni; *ISg* -zni/-žnju) *f* Angst *f*; Furcht *f*
bojążljiv ängstlich; zaghaft
bojążljivac (-īvca) Angsthase *m*
bojążljivōst (-osti; *ISg* -osti/-ošću) *f* Ängstlichkeit *f*
bọjilo Farbstoff *m*
bọjīšte Kampfgebiet *n*; Schlachtfeld *n*
bọjiti färben
bọjkot Boykott *m*
bojkotịrati *5 ipf/pf* boykottieren
bọjler Boiler *m*; ***prọtočnī*** ~ Durchlauferhitzer *m*
bǭjnī Kampf-; Kriegs-; Schlacht-; ~ ***ọtrov*** Giftgas *n*
bọk (*Pl* -ovi) Hüfte *f*; Lende *f*; *Mil.* Flanke *f*; ~ ***ụz*** ~ Seite an Seite; ***nạgnuti se nạ*** ~ *Schiff*: Schlagseite haben; ***nạpasti s*** ~***a*** *Mil.* von der Flanke her angreifen
bọkāl *1* (*Wasser*-)Krug *m*
bọks[1] Boxen *n*, Boxsport *m*
bọks[2] Box *f*
bọksāč *1* Boxer *m*
bọksāčk|ī Box-; Boxer-; ~***ē rukạvice*** Boxhandschuhe
bọksati boxen
bọksīt *1* Bauxit *m*
bǭl (*Pl* -ovi) *f* Schmerz *m*; Leiden *n*; Weh *n*; ~ ***pọpūštā*** der Schmerz läßt nach; ***ljụtā*** ~ brennender Schmerz; ***pọrođājnī*** ~***ovi*** *m/Pl* Geburtswehen *Pl*
bǭl|an schmerzhaft; schmerzlich; ~***nā tọčka*** der wunde Punkt
bolẹsnica Kranke *f*; Patientin *f*
bolẹsnīčkī Kranken-; → ***blạgājna***
bolẹsnīk *1* Kranke(r) *m*; Patient *m*
bọlēst (-esti; *ISg* -esti/-ešću) *f* Krankheit *f*; Leiden *n*; ***mọrskā*** ~ Seekrankheit *f*; ***šẹćernā*** ~ *Med.* Diabetes *f*; ***vọdenā*** ~ *Med.* Wassersucht *f*; ***žịvčanā*** ~ Nervenkrankheit *f*
bọlestan krank; leidend; ~ ***nạ smrt*** todkrank
bolẹšljiv kränklich
bǭlnica Krankenhaus *n*; Klinik *f*
bǭlničār Krankenpfleger *m*
bǭlničārka (*DSg* -ki; *GPl* -kī) Krankenschwester *f*
bǭlničk|ī Krankenhaus-; Kranken-; ~***ā kọla*** Krankenwagen *m*; ~***ō ọsōblje*** Krankenhauspersonal *n*
bolovānje Krankmeldung *f*; Krankenstand *m*; ***bịti na*** ~ krankgeschrieben sein; ***otvọriti*** ~ krankschreiben (*D/A*)
bọlovati (-ujēm) krank sein, leiden (**od** *G*/an *D*); ***bǭl*** ~ Liebeskummer haben
bọlje *Komp v.* ***dọbro***; ~ ***rẹći*** *od.* ***rẹkavšī*** besser gesagt; ***sve*** ~ immer besser; ***tīm*** *od.* ***ụtoliko*** ~ um so besser
bọl|jeti (-īm; -lio, -ljela) schmerzen; weh tun; ***bạš me bọlī!*** F das ist mir wurscht!; ***zạ tō me nẹ*** ~***ī glą̄va*** darüber zerbreche ich mir nicht den Kopf
bọljī *Komp v.* ***dọbar***
boljšẹvīk *1* Bolschewist *m*
boljšẹvịstičkī bolschewistisch
bǭmba Bombe *f*; ***rụčnā*** ~ Handgranate *f*; ***zapạljivā*** ~ Brandbombe *f*; ***to je*** ~ das ist klasse!
bombạrdēr *1* Bombenflugzeug *n*
bombardịrati *5 ipf/pf* bombardieren
bombạrdmān *1* Bombardierung *f*
bọmbāš *1* Bombenflugzeug *n*, Bomber *m*
bọmbōn *1* Bonbon *m od. n*; ***čokọladnī*** ~ Praline *f*
bonbon(i)jẹ̄ra Bonbonniere *f*
bǭn Bon *m*; Gutschein *m*; Kassenzettel *m*; ***za bẹnzin*** *od.* ***gọrivo*** Benzingutschein *m*; ~ ***za jẹlo*** Essensmarke *f*
bọnaca Windstille auf dem Meer
bonifikạ̄cija *Hdl.* Preisnachlaß *m*
bǭr *4* Föhre *f*; Kiefer *f*
bǭrac (-rca) Kämpfer *m*; ***sạ̄vez*** ~***ā NOB-a*** Bund der Volksbefreiungskämpfer; ***stạ̄rī*** ~ Veteran *m*
bọrav|ak (-āvka) Aufenthalt *m*; ***mjẹsto stạ̄lnōg*** ~***ka*** Hauptwohnsitz *m*; ***prijạ̄viti*** ~***ak*** seinen Wohnsitz anmelden
bọravīšte Wohnsitz *m*
bọraviti sich aufhalten; (ver)weilen; ***stạ̄lno*** ~ seinen Wohnsitz haben
bọrba Kampf *m*; Gefecht *n*; ~ ***s bịkovima*** Stierkampf *m*; ~ ***s vjetrenjạ̄čima*** *fig.* Kampf mit den Windmühlen; ~ ***za ọpstanak*** Existenzkampf *m*; ***klạsnā*** ~ *Pol.* Klassenkampf *m*; ***nạrodnooslobọdilačkā*** ~ Volksbefreiungskampf *m*; ~ ***pṛsa o pṛsa*** Kampf Mann gegen Mann
bọrben Kampf-; kampflustig; → ***kọla***
bọrdēl *1* Bordell *n*
bọriti se kämpfen; ringen (**s** *I*/mit *D*), (**za** *A*/um *A*)
bọrovica Wacholder(baum) *m*
bọrovicka Wacholderschnaps *m*
borọ̄vnica Heidelbeere; Blaubeere *f*
bǭs barfuß; (*Pferd*) unbeschlagen
Bosạ̄nac (-nca) *2* Bosnier *m*

Bosānka (*DSg* -ki; *GPl* -kī) Bosnierin *f*
bosiljak (-īljka) Basilikum *n*
Bosna Bosnien *n*; Bosna (*Fluß*) *f*; **pa i mīrnā ~** Schluß jetzt! *od.* alles in Ordnung!
bosonog barfüßig
bosotinja Barfüßigkeit *f*; *fig.* Armut *f*; **~ i golotinja** Not *f*, Elend *n*
bostan *Turz.* (*Wasser- und Honig-*)Melone *f*; **obrati (zelen) bostan** F auf den Hund kommen
bo|sti (-dēm; bō, -la; boden) stechen; **tō ~dē u oči** *fig.* das sticht ins Auge
Bošnjāk *1* → **Bosānac**
botānički botanisch
botānika Botanik *f*
božānskī göttlich; himmlisch
božānstven → **božānskī**
Božić Weihnachten *n*; **mālī ~** Heilige Drei Könige; **nije svakī dān ~** *fig.* es ist nicht alle Tage Sonntag; **o ~u** zu Weihnachten
božičn|ī Weihnachts-; **~ī dār** Weihnachtsgeschenk *n*; **~ō drvce** Weihnachtsbaum *m*; **~ō prikāzānje** Krippenspiel *n*
božj|ī göttlich; Gottes-; **cijelī ~ī dān** den lieben langen Tag; **služba ~a** Messe *f*
brāčn|ī ehelich; Ehe-; **~ī drūg** Ehemann *m*; **~ī pār** Ehepaar *n*; **~ō putovānje** Hochzeitsreise *f*; **~ō stānje** Familienstand *m*; **~ī ugovor** Ehevertrag *m*
braća *Pl* (*Ge-*)Brüder *Pl*; *Hdl.* Gebrüder *Pl*; **~ i sestre** Geschwister *Pl*
brād|a Bart *m*; Kinn *m*; **brijati ~u** den Bart rasieren; **pūnā ~a** Vollbart *m*; **pustiti ~u** sich e-n Bart stehen lassen; **smijati se u svojū ~u** *fig.* sich ins Fäustchen lachen
bradat bärtig
bradavica Warze *f*; Brustwarze *f*
brāk Ehe *f*; **divljī ~** wilde Ehe; **nistavī ~** nichtige Ehe; **obećānje ~a** Eheversprechen *n*; **poništiti ~** e-e Ehe für nichtig erklären; **sklopiti ~** Ehe schließen; **zākonitī ~** legitime Ehe
brakolōmstvo Ehebruch *m*
brāna Staudamm *m*; *Agr.* Egge *f*
branīč → **branitelj**
branīk *1* Bollwerk *n*; Schlagbaum *m*; (*am Auto*) Stoßstange *f*; **kamēn-~** Bordstein *m*
branilac (-ioca) → **branitelj**
branitelj Verteidiger *m* (*a. Jur.*)
brāniti [o-] schützen; verteidigen; **~** *k-u što j-m etw.* verbieten; **~ svojē gledīšte** seinen Standpunkt verfechten; **~ se** sich verteidigen; **~ se sa slobodē** *Jur.* (*während e-s Strafverfahrens*) in Freiheit sein
brānša Branche *f*; Geschäftszweig *m*
brānje Ernte *f*; Lese *f*; Pflücken *n*
brašn|o Mehl *n*; **jelo od ~a** Mehlspeise *f*; **oštrō ~o** griffiges Mehl; **pšeničnō ~o** Weizenmehl *n*
brat (*Pl* braća) Bruder *m*; **~ po mājci (ocu)** Halbbruder mütterlicherseits, (väterlicherseits); **~ po srcu** Gesinnungsgenosse *m*; **mokrī ~** Trunkenbold *m*; **rođenī ~** leiblicher Bruder; **toplī ~** V warmer Bruder
bratānac (-nca) Neffe *m* (*Sohn des Bruders*)
bratanica Nichte *f* (*Tochter des Bruders*)
brati (berēm; brao; -āla; -ān) *Früchte* ernten (*a. fig.*); *Blumen* pflücken; (auf-)sammeln
bratičina → **bratanica**
bratić Neffe *m*, Vetter *m* (*vom Bruder*)
bratimiti se sich verbrüdern (**s** *I*/mit *D*)
bratskī brüderlich
bratstvo Brüderlichkeit *f*
bratučed Vetter *m*
brāv Stück Kleinvieh; Hammel *m*
brav|a Schloß *n*; **~a upravljāča** *Kfz.* Lenkradschloß *n*; **iza ~ē** hinter Schloß und Riegel; **sigurnosnā ~a** Sicherheitsschloß *n*
bravār Schlosser *m*
bravarija Schlosserei *f*
bravārskī Schlosser-; **~ zanāt** *od. sb.* **obrt** Schlosserhandwerk *n*
bravetina Hammelfleisch *n*
brāzda (*GPl* -dā/-dī) Furche *f*; Rille *f*; Rinne *f*; **~ kotāča** Reifenspur *f*; **vodenā ~** Kielwasser *n*
brazgotina Narbe *f*
Brazīl(ija) Brasilien *n*
brazīlskī brasilianisch
brbljānje Geplapper *n*; Geschwätz *n*
brbljati quatschen; schwatzen
brbljav schwatzhaft
brbljavac (-āvca) Schwätzer *m*
brčkati planschen
brd|o[1] Berg *m*; **~a** Gebirge *n*; **obećāvati ~a i doline** das Blaue vom Himmel versprechen; **penjati se na ~o** auf e-n Berg klettern; **podnōžje ~a** Fuß des

Berges; F ***s ~a s dọla*** kreuz und quer (durcheinander)
bṛdo² *Tech.* Weberkamm *m*
brdọvit bergig; gebirgig; hügelig
bṛdskī Berg-; Gebirgs-; ***~ sẹljāk*** Bergbauer *m*
bṛđanin (*Pl* -āni) Bergbewohner *m*
brẹgast *Tech.* Nocken-; ***~ā osọvina*** Nockenwelle *f*
brẹme (-mena) Bürde *f*; Last *f*
brẹmenit voll; *fig.* ***~ opā̦snošću*** unheilschwanger, unheilvoll
brẹmenitā schwanger; trächtig
bremẹnitōst (-osti; *ISg* -osti/-ošću) *f* Schwangerschaft *f*; Trächtigkeit *f*
brẹskva (*GPl* -sākā/-skvī) Pfirsich *m*; Pfirsichbaum *m*
brẹza Birke *f*
brẹzov Birken-
brežụljak (-ljka) Hügel *m*; Anhöhe *f*; ***stīdnī ~*** *Anat.* Venushügel *m*
brīd Kante *f*; Rand *m*
bri|dak scharf; schneidend; ***~tkā hladnọća*** *fig.* schneidende Kälte
brīdjeti (-īm; -dio, -djela) brennen; jukken; prickeln
brig|a (Für-)Sorge *f*; Kummer *m*; ***tọ je mọjā ~a*** laß das mal meine Sorge sein; ***tọ mi je dẹvētā ~a*** das ist meine geringste Sorge; ***vọditi ~u*** sich kümmern (***o*** *L*/um *A*); → ***baš***
brigā̦da Brigade *f*; ***rā̦dnā ~*** Arbeitsbrigade *f*
brijāč *1* Friseur *m*; Rasierapparat *m*; Rasiermesser *n*
brijā̦čnica Friseursalon *m*
brijāćī Rasier-
brijānje Rasieren *n*; ***apạrāt za ~*** Rasierapparat *m*
brijati [-o-] (brijēm) rasieren; ***~ na sụho*** *fig. j-n* gehörig einseifen; ***~ se*** sich rasieren (lassen)
brijeg Hügel *m*; Ufer *n*
brijest (-ẹsta), brijẹ̄st Ulme *f*
briljant Brillant *m*
brinẹta Brünette *f*
brịnuti se (-nēm) **[po-]** sich kümmern *od.* sorgen (**za** *A*/um *A*); sorgen (**za** *A*/für *A*)
brịoš Brioche *n* (*Gebäck*)
brịs *Med.* Abstrich *m*
brịsāč *1* Staublappen *m*; Staubwedel *m*; *Kfz.* Scheibenwischer *m*
brịsalo Radiergummi *m*
brịsati (-šēm) **[o-]** *Staub, Schweiß* (ab-) wischen; (aus)radieren; (*aus e-m Register*) löschen; ***~ nọ̄s*** sich die Nase putzen
Britā̦nac (-nca) *2* Brite *m*
Brịtā̦nija Britannien *n*; ***Vẹlikā ~*** Großbritannien *n*
Brịtā̦nka (*DSg* -ki, *GPl* -kī) Britin *f*
brịtā̦nskī britisch
brịtva Rasiermesser *n*; Taschenmesser *n*
brịzgalica Spritze *f*
brịzgati [-nuti] benetzen; (be)spritzen
brịznuti (-nēm) *pf* → ***brịzgati***; ***~ ụ plač*** in Tränen ausbrechen
brịžan, -žljiv sorgfältig; sorgsam
bṝk (*Pl* bṛkovi/bṝci) Schnurrbart *m*; ***vẹlikī ~*** Schnauzbart *m*; ***zasụ̄kati ~ove*** seinen Schnurrbart zwirbeln
bṛkat bärtig
bṝkati [po-] durcheinanderbringen; verwechseln; verwirren
bṝlog Höhle *f*; (*Schweine-*)Suhle *f*
bṝljati [za-] beschmutzen; herumpfuschen
bṛljotina F Pfuscharbeit *f*, Murks *m*
bṛnjic|a Maulkorb *m*; ***mẹtnuti*** *od.* ***stạviti ~u*** e-n Maulkorb anlegen (*a. fig.*)
brọ̄d¹ (*Pl* brọdovi/brọdi) Schiff *n*; ***hidrọkrīlnī ~*** Tragflügelboot *n*; ***pụ̄tničkī ~*** Passagierschiff *n*; ***rạtnī ~*** Kriegsschiff *n*; ***svẹmīrskī ~*** Raumschiff *m*; ***tẹglēćī ~*** Schleppschiff *n*; ***tẹretnī ~*** Frachtschiff *n*; ***~ cṝkvē*** *Arch.* Kirchenschiff *n*; ***na ~u*** an Bord
brọ̄d² Furt *f*; Untiefe *f*
brọdār *1* Matrose *m*; Schiffseigner *m*; Schiffsführer *m*; (*bei Kahn*) Fährmann *m*
brọdārsk|ī Schiffs-, Schiffahrts-; ***~ō drụ̄štvo*** Schiffahrtsgesellschaft *f*
brodā̦rstvo Schiffahrt *f*
brọditi mit dem Schiff fahren
brodogrạdilīšte Werft *f*
brodogrā̦dnja Schiffsbau *m*
brọdolom Schiffbruch *m* (*a. fig.*)
brodolọ̄mac (-mca) Schiffbrüchige(r) *m*
brodọvlasnīk Reeder *m*
brọdsk|ī Schiffs-; ***~ī dnẹ̄vnīk*** Logbuch *n*; ***~ā pọsada*** Schiffsbesatzung *f*
brọ̄j (*Pl* brọjevi) Nummer *f*; Zahl *f*; Ziffer *f*; *Gr.* Numerus *m*; ***~ osigurā̦nja*** Versicherungsnummer *f*; ***~ prẹ̄dmeta*** Aktenzeichen *n*; ***cijelī ~*** ganze Zahl; (***ne***)***parnī ~*** (un)gerade Zahl; ***rẹ̄dnī ~*** Ordnungszahl *f*; ***dijẹliti ~eve*** Zahlen

dividieren; ***gạderobnī ~*** Garderobenmarke *f*; ***mnọžiti ~eve*** Zahlen multiplizieren; ***odụzimati ~eve*** Zahlen subtrahieren; ***stạrtnī ~*** *Sp.* Startnummer *f*; ***zbrạ̄jati ~eve*** Zahlen addieren
brọjāč *Tech.* Zähler *m*; ***~ snịmākā*** *Fot.* Bildzählwerk *n*
brōjan (*Pl* -jni) zahlreich
brojạnice *f/Pl Rel.* Rosenkranz *m*
brọjati → ***brọjiti***
brojčạnīk *1* Zifferblatt *n*; Wählscheibe *f*
brọjčano zahlenmäßig
brọjēnje Zählen *n*; Zählung *f*
brọjilo *Tech.* Zähler *m*; ***elẹktričnō ~*** Stromzähler *m*
brọjiti (*Imp* brōj!) zählen
brọjiv zählbar
brōjka Ziffer *f*
brōjnīk *Math.* Zähler *m*
brọkule *f/Pl* Broccoli *m*
brọnčan (-o) Bronze-; ***~ō dọba*** Bronzezeit *f*
brọnhitis Bronchitis *f*
brọnza Bronze *f*
brọnzan → ***brọnčan***
brọskva Rübe *f*; Kohlrübe *f*
brọš Brosche *f*
brošụ̄ra Broschüre *f*
brṛstiti (ab)nagen; äsen
brṛšljan Efeu *m*
brṛtvilo *Tech.* Dichtungsring *m*; Dichtung *f*; ***gụmenō ~*** Gummidichtung *f*
brụ̄coš Studienanfänger *m* (*im ersten Semester*)
brụ̄jati → ***brụ̄jiti***
brụ̄jiti brummen; dröhnen; summen
brụka Hohn *m*; Schande *f*; ***~ i samọta*** Schimpf und Schande
brụkati bloßstellen; verspotten; ***~ se*** sich blamieren
brụ̄ndati brummen; knurren
brụ̄s Schleifstein *m*; ***~ za nọževe*** Wetzstein *m*; ***dọbiti ~*** F in die Röhre gucken
brụsāč *1* Schleifer *m*; ***~ za škạre*** Scherenschleifer *m*
brusịlica *Tech.* Schleifmaschine *f*; ***pnẹumatskā ~*** Preßluftschleifmaschine *f*
brụsiti schleifen; schmirgeln; wetzen
brụsnica Preiselbeere *f*
brụto Brutto *n*; ***~ dọhodak*** Bruttoeinkommen *n*
br̄ṛv (-i; *ISg* -vi/-vlju) *f* (Holz-)Steg *m*; Holzbrücke *f*
brṛvnara Holzhütte *f*
br̄ṛvno (*GPl* br̄ṛvānā) Balken *m*
br̄ṛz (*Komp* brṛžī) schnell; flink; rasch; ***~ kao strijẹla*** *7 od.* ***mụnja*** blitzschnell; ***na ~ū rụ̄ku*** auf die Schnelle; ***~ī vlạ̄k*** Schnellzug *m*
brṛzati eilen; hasten
brṛzica Stromschnelle *f*
brzịna Eile *f*; Geschwindigkeit *f*; *Kfz.* Gang *m*; ***nạ̄jvećā ~*** Höchstgeschwindigkeit *f*
brzinọmjer *Kfz.* Tachometer *m*; *Flgw.* Geschwindigkeitsmesser *m*
br̄ṛzo *Adv* schnell
brṛzojāv Telegramm *n*
brzojạ̄viti *5 pf* telegrafieren
brṛzojạ̄vka → ***brṛzojāv***
brzọmet|an Schnellfeuer-; ***~nā pụška*** Schnellfeuergewehr *n*
brzọmetka (*GPl* -tākā/-tkī) Schnellfeuergewehr *n*
brzọplet voreilig
brzọteča *m* Eilbote *m*
brṛzovozno als Eilgut
brṛžē *Komp v.* ***br̄ṛzo***
brṛžī *Komp v.* ***br̄ṛz***
bụb|a Käfer *m*; ***ịmati ~e u glạ̄vi*** F Flausen im Kopf haben; ***svịlenā ~a*** Seidenraupe *f*
bụbalica, bụbalo *m* Streber *m*
bubamạ̄ra Marienkäfer *m*
bụ̄banj (-nja; *Pl* bụbnjevi) Pauke *f*; Trommel *f*; ***kọčnī ~*** *Kfz.* Bremstrommel *f*; ***ọtići na ~*** unter den Hammer kommen; ***prọdati*** (*A*) ***na ~*** *etw.* versteigern
bụ̄bānje Trommeln *n*; *fig.* Pauken *n*
bubašvạ̄ba Schabe *f*
bụ̄bati trommeln; *fig.* pauken
bụbic|a *Dim v.* ***bụba***; ***ịmati ~ē u glạ̄vi*** F Flausen im Kopf haben
bụbnuti (-nēm) *pf* schlagen; trommeln; ***~ o zẹmlju*** auf demBoden aufschlagen; ***~ glụ̄pōst*** F mit e-r Dummheit herausplatzen
bụbnjati trommeln; ***~ po vrạ̄tima*** gegen die Tür trommeln *od.* schlagen
bụbnjić *Dim v.* ***bụ̄banj***; *Anat.* Trommelfell *n*
bụbnjīšte *Anat.* Paukenhöhle *f*
bụbreg (*Pl* -zi) Niere *f*; ***bijelī bụbrezi*** Hoden (*bei Vieh*) *Pl*; ***ịći na ~e*** F j-m auf den Wecker gehen; ***ụpala ~a*** Nierenentzündung *f*; ***žīvjeti kao ~ u lọju*** F wie die Made im Speck leben

bụbrežnī Nieren-; ~ ***kạmēn(ac)*** Nierenstein *m*; ~ ***pjęsak*** Nierengrieß *m*; → ***kąrlica***
bụbrežnjāk Nierenbraten *m*; ***jạnjećī*** ~ Lendenstück *n* (*vom Lamm*)
bụbriti (auf)quellen
bubụljica Pickel *m*; Pustel *f*
bubụljičav pickelig
bụcmast (*Gesicht*) pausbäckig; (*Statur*) untersetzt
bụča Kürbis *m*
bȕčan lärmend, laut
bȕčati, bụciti lärmen, Lärm machen
bụć *Int* platsch; plumps
bụćiti schmollen; einen Schmollmund ziehen
bụćkati plätschern; schwappen
bućkụrīš F Fraß *m*; Gesöff *n*; Plunder *m*
bụćnuti (-nēm) *pf* plumpsen; ins Wasser fallen
bụd *Kj* wenn auch; ~ ***kạko*** irgendwie; ***prọdati*** ~ ***zạšto*** F für ein Butterbrot verkaufen
budạl|a (*V* bụdalo/budạle) Dummkopf *m*; ***prạviti*** **~ōm** zum Narren halten; ***prạviti se*** **~a** sich dumm stellen
budạlast närrisch; töricht
budalạ̄ština Dummheit *f*; Torheit *f*
bụdan (-dno) munter; wach; wachsam
bụdēm *1. Pers Sg pf v.* **bịti¹** *pf*
bụdilica, bụdīlnīk Wecker *m*; ***rạdio-~*** Radiowecker *m*
Bụdimpešta Budapest *n*
bȕditi [pro-] (er)wecken; ~ **se** aufwachen
bụdūć|i künftig; ***u*** **~ē** in Zukunft; *Gr*. **~ē** ***vrijęme*** *7* Futur *n*, Zukunft *f*
bụdūći da *Kj* da, weil
budụ̄ćnōst (-osti; *ISg* -osti/-ošću) *f* Zukunft *f*
bụdža *m* Knüppel *m*; *fig*. hohes Tier
bụdžet Budget *n*, Haushalt *m*; ***dọpunskī*** ~ Nachtragshaushalt *m*; ***predlọžiti*** ~ e-n Haushalt(splan) vorlegen
bụdžetsk|ī Budget-; **~ā** ***gọdina*** Haushaltsjahr *n*; **~ā** ***stạ̄vka*** Haushaltsposten *m*
bụgačica Löschpapier *n*
Bụgarin (*Pl* -ari) Bulgare *m*
Bụgārka (*DSg* -ki; *GPl* -kī) Bulgarin *f*
Bụgarskā (*L* -ōj) Bulgarien *f*
bụgarskī bulgarisch
bụh|a Floh *m*; ***ọbičnā*** **~a** Menschenfloh *m*; ***od*** **~ē** ***nạpraviti slọna*** *fig*. aus einer Mücke einen Elefanten machen
bȕj|an üppig; stürmisch; **~nā** ***mạšta*** blühende Phantasie
bụjati üppig wachsen; wuchern; *Fluß*: anschwellen; *Teig*: aufgehen; *fig*. sich schnell entwickeln
bụjica Flut *f*; Sturzbach *m*; ~ ***rijẹ̄čī*** *fig*. Wortschwall *m*
bụk|a (*L* -ki/-ci) Krawall *m*; Lärm *m*; ***bez*** **~ē** geräuschlos; ***dịći*** **~u** Lärm schlagen; ***vrạžjā*** **~a** Höllenlärm *m*; ***zạ̄glušnā*** **~a** ohrenbetäubender Lärm; ***zạ̄štitā od*** **~ē** Lärmschutz *m*
bụkāč *1 hist*. Ausrufer *m*, Herold *m*; *fig*. Schreihals *m*
bȕknuti (-nēm) *pf Feuer*: auflodern; *Krieg*: ausbrechen
bukọlika Hirtendichtung *f*
bụkov Buchen-
bụkovina Buchenholz *n*
bụktinja Fackel *f*
bụktjeti (-tīm; -tio, -tjela) lichterloh brennen; lodern
bụkva (*GPl* -kāvā/-kvī) Buche *f*
bụkvālan (*Pl* -lnī) wörtlich
bụkvan F Holzkopf *m*
bụkvār Fibel *f*
bụkvic|a Alphabet *n*; ***očịtati*** **~u** F die Leviten lesen
bulạ̄zniti *5* faseln; phantasieren
buldọžer Bulldozer *m*; Raupenfahrzeug *n*
bụlvār *1* Boulevard *m*
bụljina Uhu *m*
bȕljiti glotzen; anstarren (***na*** *A*/*A*)
buljọok glotzäugig
bȕm *Hdl.* Boom *m*
bụmbār Hummel *f*
bȕn|a Aufruhr *m*; Aufstand *m*; Rebellion *f*; ***sẹljačkā*** **~a** Bauernaufstand *m*; ***skṛšiti*** **~u** e-e Rebellion niederschlagen; ***skụhati*** **~u** e-n Aufstand anzetteln
bụnār (*Pl* -evi) Brunnen *m*
bunạrdžija *m* Brunnenbauer *m*
bụncalo *m* Plappermaul *n*
bụncānje Faselei *f*; ~ ***u grọznici*** Fieberwahn *m*
bụncati (*im Fieber*) phantasieren
bȕnda Pelz(-mantel) *m*; ~ ***od nẹrca*** Nerzmantel *m*
bụndeva Kürbis *m*
bụnika Bilsenkraut *n*; Tollkraut *n*
bụnīšte Misthaufen *m*
bȕniti [po-] aufwiegeln; Unruhe stiften; ~ **se** sich erheben (***prọtiv*** *A*/ gegen *A*); *Mil.* meutern

bụntōvan, bụntōvnički aufrührerisch; rebellisch
bụntōvnīk Rebell *m*; *Mil.* Meuterer *m*
bụra Bora *f*; (Sturm-)Wind *m*; **~ u čąši vọdē** ein Sturm im Wasserglas
būran stürmisch (*a. fig.*)
bụre (-eta) Faß *n*; Tonne *f*; **nạčēti ~** ein Faß anzapfen; → **bạ̄rut**
burẹgdžija *m* Burek-Verkäufer *m*
bụrek *Kochk.* Burek *m*, Fleischstrudel *m*
bụrgija Bohrer *m*; *fig.* Scherz *m*
burgịjati bohren; *fig.* scherzen, Spaß machen
bụrjan Holunder *m*
bụrma Ring *m*; Ehering *m*
bụrmut Schnupftabak *m*
bụrza Börse *f*; **~ rạ̄da** Arbeitsamt *m*; **cṝnā ~** Schwarzmarkt *m*
buržọ̄āskī bourgeois, Bürger-
buržoạzija Bourgeoisie *f*, Bürgertum *n*; **sịtnā ~** Kleinbürgertum *n*
bụržūj *1* Bourgeois *m*
bụržūjskī → **buržọ̄askị**
bụsati se: **~ ụ prsa** prahlen; F sich in die Brust werfen
bụsēn Rasenstück *n*; Gebüsch *n*
bụsij|a Hinterhalt *m*; **iz ~ē** aus dem Hinterhalt
bụsola Kompaß *m*
bụ̄šēnje Bohren *n*; Bohrung *f*
bụšilica Bohrmaschine *f*; **elẹktričnā ~** elektrische Bohrmaschine; **elẹktričnā ụdāvnā ~** Schlagbohrmaschine *f*
bụ̄šiti [pro-] (durch)bohren; **~ nạftu** nach Erdöl bohren
bụšotina Bohrloch *n*
bụ̄t Keule *f*; (Ober-)Schenkel *m*; Schlegel *m*; **dịmljenī ~** Räucherschinken *m*; **tẹlećī ~** Kalbsschlegel *m*
bụva *sb.* →**bụha**
buzdọvan Streitkolben *m*; *fig.* Holzkopf *m*, Dummkopf *m*

C

C c *n*
caklịna Glasur *f*; (*Zahn-*)Schmelz *m*
cạkliti glasieren; mit Schmelz überziehen; **~ se** glänzen; glitzern
cạklovina *Anat.* Glaskörper *m* (*i. Auge*)
cạr (*Pl* -evi) Kaiser *m*; Zar *m*; **zmījskī ~** *Zool.* Boa constrictor *f*; **žịvjeti kạo mạ̄lī ~** *fig.* leben wie ein Fürst
cạrevati (-ujēm) *Kaiser*: herrschen
cạrević Prinz *m*
cạrevina → **cạ̄rstvo**
cạrēvna Prinzessin *f*
cạrica Kaiserin *f*; Zarin *f*
cạrić *Zool.* Zaunkönig *m*
Cạrigrād Istanbul *n*
cạrin|a Zoll *m*; Zollamt *n*; **bịti pọdvrgnūt ~i** zollpflichtig sein; **oslọbođen ~ē** zollfrei; **ụvoznā ~a** Einfuhrzoll *m*
cạrinār Zollbeamte(r) *m*
cạrinārnica Zollamt *n*
cạrinārnīk, cạ̄rīnīk → **cạrinār**
cạriniti verzollen
cạrinsk|ī Zoll-; **~ā ịzjava** (*od.* **deklarạ̄cija**) Zollerklärung *f*; **~ī prẹ̄gled** Zollabfertigung *f*
cạrovati → **cạrevati**
cạ̄rsk|ī (-ujem) kaiserlich, Kaiser-; **~ē mṛvice** *Kochk.* Kaiserschmarrn *m*; **~ī ọrao** *Zool.* Königsadler *m*; **~ī rẹ̄z** *Med.* Kaiserschnitt *m*
cạ̄rstvo Kaiserreich *n*; *fig.* Reich *n*; Welt *f*; **~ mṛtvīh** *Myth.* Totenreich *n*; **nẹbeskō ~** Himmelreich *n*; **tō je mọje ~** *fig.* auf diesem Gebiet kenne ich mich aus *od.* bin ich topfit
cẹdar (-dra) Zeder *f*
cẹdrovina Zedernholz *n*
cẹdulja Zettel *m*; **lụtrījskā ~** Lottoschein *m*
cẹduljnī Zettel-; **~ katạlog** Kartothek *f*
cẹh (*Handweks-*)Zunft *f*; (*i. Lokal*:) Zeche *f*; *fig.* **plạ̄titi ~** die Zeche bezahlen
cẹhmeštar (-tra) *hist.* Zunftmeister *m*
cẹhovskī Zunft-; **~ pọpis clạ̄novā** Zunftrolle *f*
cẹkīn *1* (*Münze*) Zechine *f*; **žụ̄t kao ~** *fig.* goldgelb

cęler Sellerie *m*
celįbāt *1* Zölibat *n*
cęlzīj Celsius *m*; ***stųpnjevā ~*** Grad Celsius
cęment Zement *m*
cementįrati *5 ipf/pf* zementieren
cęnta Zentner *m*; ***mętričkā ~*** Doppelzentner *m*
cęntar (-tra) Zentrum *n*; Innenstadt *f*; *fig.* Mittelpunkt *m*; ***rękreacionī ~*** Fitneßzentrum *n*
cęntarfor *Sp.* Mittelstürmer *m*
cęntimetar (-tra) Zentimeter *m*; Zentimetermaß *n*
centrąla Zentrale *f*; ***ątomskā ~*** Atomkraftwerk *n*; ***elęktričnā ~*** Kraftwerk *n*; ***tęlefōnskā ~*** Telefonzentrale *f*
cęntrāl|an zentral; ***~nō grijānje*** *od.* ***lọžēnje*** Zentralheizung *f*; ***~nī komįtēt*** *Pol.* Zentralkomitee *n*
centralįstričkī zentralistisch
centralįzam (-zma) Zentralismus *m*
centralizįrati *5 ipf/pf* zentralisieren
centrifųga Zentrifuge *f*; Schleuder *f*
centrifųgāl|an zentrifugal; ***~nā sįla*** Fliehkraft *f*
centrįrati *5 ipf/pf* zentrieren; *Reifen* auswuchten
cęnzor Zensor *m*; Schätzer *m*, Prüfer *m*
cenzųra Zensur *f*
cenzurįrati *5 ipf/pf* zensieren, der Zensur unterwerfen
cęnzus Einkommensgrenze *f* (*f. Sozialleistungen*)
cerąda (*Wagen-*)Verdeck *n*; *Mil.* Planenverdeck *n*
cerę́mōnija Zeremonie *f*
cęremonijālan zeremoniell; feierlich
cęriti se grinsen; ***štọ se cęrīš?*** was gibt es zu grinsen?
certifįkāt *1* (*amtliche*) Bescheinigung *f*; Zertifikat *n*
cęsar(ica) → ***cąr(ica)***
cęst|a (Land-)Straße *f*; ***grąđēnje ~ā*** Straßenbau *m*; ***mągistrālnā ~a*** Bundesstraße *f*; ***prijęći preko ~ē*** über die Straße gehen; ***prįstupnā ~a*** Autobahnzubringer *m*
cestąrina Maut *f*, Straßengebühr *f*
cestogrądnja Straßenbau *m*
cestorędārstvenī: ***~ prọpisi*** Vorschriften zur Straßenverkehrsordnung
cęstōvn|ī Straßen-; ***~ā mręža*** Straßennetz *n*; ***~ī prọmet*** Straßenverkehr *m*

cịca Kätzchen *n*; ***~mąće*** *Bot.* Palmkätzchen *m*
cįcija *m* Geizkragen *m*
cịčati (-čīm) jauchzen; kreischen; quietschen
cįfra Ziffer *f* → ***brọ̄jka***
cįfrati schmücken; ***~ se*** sich auftakeln; sich schmücken
Cįgan → ***Cįganin***
cįgānčiti betteln; sich herumtreiben; F zigeunern
Cįganin (*Pl* -āni) Zigeuner *m*
cigą̄niti se feilschen
Cįgānka (*DSg* -ki; *GPl* -kī) Zigeunerin *f*
cįgānskī Zigeuner-
cigąra Zigarre *f*
cigaręta Zigarette *f*
cigąrluk Zigarettenspitze *f*
cịgla (*GPl* -gālā/-glī) Ziegel(stein) *m*
cigląna Ziegelei *f*, Ziegelbrennerei *f*
ciglār *1* Ziegelbrenner *m*
cįglē, cįglī einzig; nur
cijęditi *7* **[pro-]** filtern; seihen; (aus)pressen; *Wäsche* wringen; *Wein* keltern
cijeđ (-i) *7 f* Lauge *f*
cijel *7* ganz; heil; unversehrt
cijęlo *7 Math.* Ganze(s) *n*; Eintel *n*
cijęlōst (-osti; *ISg* -osti/-ošću) *7 f* Ganzheit *f*; Vollständigkeit *f*
cijęljeti (-līm; -lio, -ljela) *7* (ver-)heilen
cijęn|a Preis *m*; Wert *m*; ***~e dįžū*** die Preise steigen; ***~e pądajū*** die Preise fallen; ***lịubiteljskā ~a*** Liebhaberpreis *m*; ***obąrati ~e*** die Preise drücken; ***odmrzą̄vati ~e*** e-n Preisstopp aufheben; ***pọ(d) svąku ~u*** um jeden Preis; ***pręslanē ~e*** *fig.* gepfefferte Preise; ***stą̄lnā ~a*** fester Preis; ***tọme nęmā ~a*** das ist unbezahlbar (*a. fig.*); ***zamrzą̄vati ~e*** e-n Preisstopp anordnen, die Preise einfrieren; ***za pọla ~ē*** zum halben Preis
cijęniti *5/7* schätzen; würdigen
cijęnjen geachtet; geschätzt; ***~ī gospọdine!*** sehr geehrter Herr!
cijęp|ati *5/7* **[pọ-]** hacken; spalten; trennen; ***~ati dląke*** *fig.* Haarspalterei betreiben; ***~ati dṛva*** Holz hacken; ***tọ̄ mi ~ā sṛce*** das bricht mir das Herz
cijępiti *5/7* impfen; ***~ se*** sich impfen lassen (***protiv*** *G/* gegen *A*); *Bäume etc.* veredeln
cijępljēnje *7* Impfung *f*; ***zą̄štitnō*** *od.* ***pręventīvnō ~*** Schutzimpfung *f*

C

C

cijev *7* (-i; *ISg* -i/-vlju) *f* Röhre *f*; Rohr *n*; **ispušnā ~** (*Auto*-)Auspuff *m*; **mokraćnā ~** Harnröhre *f*; **odvodnā ~** Abwasserrohr *n*; **puščanā ~** Gewehrlauf *m*; **vodovodnā ~** Wasserleitungsrohr *n*
cijevka *7* Röhrchen *n*
cijukati (cijučēm) *ipf*/*pf* piepsen; *Hund*: winseln
cik: u ~ zorē bei Tagesanbruch
cika Kreischen *n*; Quieken *n*
cikla rote Bete *f*
ciklāma Alpenveilchen *n*
cikličan (-čno) zyklisch
ciklōn *1* Wirbelsturm *m*
ciklona *Met*. Tief(druckgebiet) *n*
ciklus Zyklus *m*; Kreislauf *m*; Reihe *f*; **~ predāvānja** Vortragsreihe *f*
ciknuti¹ (-nēm) *pf* (auf)jauchzen
ciknuti² (-nēm) *pf Wein*: sauer werden; *Gewehr*: losknallen
cikōrija Zychorie *f*; Kaffee-Ersatz *m*
cilindar (-dra) Zylinder *m*
cilindričan zylindrisch
cīlj Ziel *n*; Zweck *m*; **~ opravdāvā srędstva** *fig*. der Zweck heiligt die Mittel; **pogoditi ~** das Ziel treffen; **promašiti ~** das Ziel verfehlen; **staviti sebi za ~** sich etw. zum Ziel setzen; **svjestan ~a** zielbewußt
cīljati zielen; *fig*. anspielen (**na** *A*/ auf *A*)
cimer¹ Ladenschild *n*
cimer² Mitbewohner *m* (*im Studentenwohnheim*); **~ica** Mitbewohnerin *f*
cimet Zimt *m*
cincāriti *5 ipf*/*pf* geizen, knausern
cincārski geizig, knickerig
cinčan (-o) Zink-
cinički zynisch
cink Zink *n*
cio → cijel
cionizam (-zma) Zionismus *m*
cipal *Zool*. Meeräsche *f*
cipel|a Schuh *m*; **brōj ~a** Schuhgröße *f*; **izūti ~e** Schuhe ausziehen; **obūti ~e** Schuhe anziehen; **planinārskā ~a** Bergstiefel *m*; **skijāškā ~a** Skistiefel *m*; **visokā ~a** Stiefel *m*; → **četka, māst**
cipelār Schuhmacher *m*
cipelārsk|ī Schuhmacher-; **~ā radionica** *od*. **rādnja** Schusterwerkstatt *f*
cirkulācija (*Blut*-)Kreislauf *m*; **~ nōvca** Geldumlauf *m*
cirkulār *1* Kreissäge *f*; Rundschreiben *n*
cirkulīrati *5 ipf*/*pf* zirkulieren
cirkulārist(a) *m* Holzfäller *m*; Sägewerker *m*
cirkus Zirkus *m*; **nemōj napraviti takav ~** *fig*. mach nicht so ein Theater; **putujūćī ~** Wanderzirkus *m*
cista *Med*. Zyste *f*
cistērna Zisterne *f*; Tankwagen *m*
citāt *1* Zitat *n*
citīrati *5 ipf*/*pf* zitieren
citologija *Med*. Zytologie *f*
citrōna Zitrone *f*
civīl *1* Zivil *n*; **biti u ~u** in Zivil sein
civīl|an zivil; **~nō prāvo** bürgerliches Recht; **~nā služba** Zivildienst *f*
civilist(a) Zivilist *m*
civilizācija Zivilisation *f*
civilizīrati *5 ipf*/*pf* zivilisieren
cjedil|o Filter *m*; Sieb *n*; **ostati na ~u** *fig*. auf der Strecke bleiben; **ostaviti na ~u** im Stich lassen
cjelcat: cjel ~ ganz und gar
cjelin|a Ganze(s) *n*; Ganzheit *f*; **u ~i** im Ganzen, zur Gänze
cjelishodan (-dno) zweckmäßig
cjelīvati se *5* (sich) küssen
cjelovati (cijelujēm) → **cjelīvati se**
cjelokupan ganz; gesamt; insgesamt
cjelokupnōst (-osti; *ISg* -osti/-ošću) *f* Gesamtheit *f*
cjelov Kuß *m*
cjelovječērnjī (*Film*, *Programm*) abendfüllend
cjelovit vollständig
cjelovitōst (-osti; *ISg* -osti/-ošću) *f* Vollständigkeit *f*
cjenīk *1* Preisliste *f*; Speisenübersicht *f* (*im Restaurant*); Preisschild *n*; Tarif *m*; **prema ~u** tarifgemäß
cjenkānje Feilschen *n*; Handeln *n*
cjenkati se feilschen; handeln (**za** *A*, **oko** *G*/ um *A*)
cjenōvnīk → cjenīk
cjepanica Holzscheit *n*
cjepidlačenje Haarspalterei *f*
cjepidlačiti Haarspalterei betreiben
cjepidlaka *m*, *f* Haarspalter *m*; Pedant *m*
cjepīvo Impfstoff *m*; Serum *n*
cjevanica *Anat*. Schienbein *n*
cjevast röhrenförmig
cjevčica Röhrchen *n*; *Chem*. Reagenzglas *n*; *Med*. Kanüle *f*
cjevovōd Pipeline *f*; Rohrleitung *f*; **tlāčnī ~** *Tech*. Druckrohrleitung *f*

cmạkati (-kām *od.* -čēm) abküssen; **~ se** einander abküssen; F abknutschen
cmịzdrav weinerlich, verheult, Heul-
cmịzdravica Heulsuse *f*
cmịzdriti flennen; heulen
cmọk dicker Kuß; Schmatz *m*
cmọknuti (-nēm) *pf* einen (*dicken*) Kuß geben (*A*/*D*); **~ jẹzikom** mit der Zunge schnalzen
cọkula Holzpantoffel *m*; Holzschuh *m*; Militärstiefel *m*
cọl (*Pl* -i/-ovi) Zoll *n*
cṛći *pf* → **cṛknuti**
crịjep *7* (*Dach-*)Ziegel *m*
crịjevnī *7* Darm-
crijẹv|o *7* Darm *m*; **dẹbelō ~o** Dickdarm *m*; **prọsuti ~o** *fig. j-m* den Bauch aufschlitzen; **slijepō ~o** Blinddarm *m*; **tạnkō ~o** Dünndarm *m*; **zạpletāj ~a** Darmverschlingung *f*
crkạ̄vati *5* **[-nuti]** verenden; verrecken
cṛknuti (-nēm) *pf* → **crkạ̄vati**
cṛkotina Aas *n*, Kadaver *m*; *fig.* Faulpelz *m*
cr̄kv|a (*GPl* -āvā/-kvī) Kirche *f*; **stọ̄lnā** *od. sb.* **sạ̄bornā ~a** Kathedrale *f*, Dom *m*; **tịho kao u ~i** *fig.* mucksmäuschenstill; **žụ̄pnā ~a** Pfarrkirche *f*
cṛkvenī Kirchen-; kirchlich; **~ sạ̄bor** Konzil *n*
crkvenoslạvēnskī *Ling.* kirchenslawisch
crkvẹnjāk *1* Kirchendiener *m*; Küster *m*
cr̄n schwarz; dunkel (*-haarig*, *-häutig*); **~ā bụrza** Schwarzmarkt *m*; **Ⓒā Gọra** Montenegro *n*; **~ī hụmor** *fig.* schwarzer Humor; **~ā kụtija** *Flgw.* Flugschreiber *m*; **~ē mịsli** düstere, pessimistische Gedanken; **Ⓒō mọ̄re** Schwarzes Meer; **~ā rụpa** *Astr.* schwarzes Loch; **rạ̄d na ~o** Schwarzarbeit *f*; → **krụh, vịno**
cr̄nac (-nca) Farbige(r) *m*; Neger *m*; **rạ̄diti kao ~** *fig.* wie ein Pferd schuften
cṛnačkī Neger-; *fig.* **~ pọsao** schwere Arbeit
cṛnica Humus(boden) *m*
cṛnilo Schwärze *f*; Tusche *f*; **štạmparskō ~** Druckerschwärze *f*
crnịna Trauerkleidung *f*; *fig.* Trauer *f*
cr̄niti [po-] schwarz machen, schwärzen; *fig.* anschwärzen; **~ ọbraz** Ansehen in den Schmutz ziehen (*G*/ von *D*)
cr̄nka (*DSg* -ki; *GPl* -kī) dunkelhaarige *od.* dunkelhäutige Frau
cṛnkinja Negerin *f*
cr̄no *Adv* schwarz; **rạ̄diti na ~** schwarzarbeiten
crnoburzijạ̄nac (-nca) *2* Schwarzhändler *m*, Schmuggler *m*
Crnọgorac (-ōrca) Montenegriner *m*
crnogọrica Nadelholz *n*; Nadelwald *m*
crnogọričn|ī: ~ā šụma Nadelwald *m*
cṛnōjka *Bot.* Hanf *m*
crnọkos schwarzhaarig
crnokošụljāš *1 Pol.* Schwarzhemd *n*, (*italienischer*) Faschist *m*
crnọmanjast brünett, dunkelhaarig
crnọok schwarzäugig
cr̄njeti (-nīm; -nio, njelo) schwarz werden; **~ se** schwarz sein *od.* aussehen
cṛnjī *Komp v.* **cr̄n**
cṛpka Pumpe *f*; **~ na vjẹtar** Windrad *n*; **ụsisnā ~** Luftpumpe *f*
cṛpsti (cṛpēm; cṛpao, cṛpla; cṛpljen) **[is-]** (aus)pumpen; schöpfen; **~ kọrist** Nutzen ziehen (**iz** *G*/ aus *D*)
cṛta Strich *m*; Linie *f*; **~ lị̄ca** Gesichtszüge *Pl*; **u krạtkīm** *od.* **glạvnīm** *od.* **ọpćīm ~ma** in groben Zügen; **valọvitā ~** Wellenlinie *f*
cṛtāč *1* Zeichner *m*
crtạčica Zeichnerin *f*
cṛtāći Zeichen-; **~ stạ̄lak** *od.* **stọ̄l** Zeichentisch *m*; Zeichengestell *n*
cṛtalo Pflugmesser *n*; Reißschiene *f*; *iron.* Kritzler (*f. e-n schlechten Maler*)
cṛtānka Zeichenblock *m*
cṛtānje Zeichen *n*; **dạska za ~** Reiß- *od.* Zeichenbrett *n*; **slọbodnō ~** Freihandzeichnen *n*; **tẹhničkō ~** technisches Zeichnen
cṛtati [po-] zeichnen; *fig.* schildern
cr̄tež Zeichnung *f*; **~ po modẹlu** Modellzeichnung *f*; **~ ụgljenom** Kohlezeichnung *f*
cṛtica *Dim v.* **cṛta**; Bindestrich *m*; Kurzgeschichte *f*
cṛtkati schraffieren
cr̄v (*GPl* -ā/-ī) Wurm *m*; Made *f*; **~ u dṛvu** Holzwurm *m*; **previ̇jati se kao ~** *fig.* sich wie ein Aal winden; **rạ̄diti kao ~** *fig.* fleißig wie eine Biene
cṛven rot; **~ kao rạk** krebsrot; **Ⓒī krị̄ž** Rotes Kreuz; **~ī lụk** Zwiebel *f*; **~ī vjẹtar** *Med.* Rotlauf *m*
crvẹnilo Röte *f*; **~ za ọbraze** Wangenrouge *f*; **~ za ụsne** Lippenstift *m*
crvẹniti rot färben

C

crvẹnjeti (-īm; -nio, -njela) rot werden; *Person*: erröten
Crvẹnkapa, Crvẹnkapica Rotkäppchen *n*
crvẹnkast rötlich
crvenọkos rothaarig
crvenokọ̄žac (-šča) Rothaut *f* (F für: ***Indijạ̄nac***)
crvẹnopērka *Zool.* (*Vogel*) Rotschwänzchen *n*; (*Fisch*) Plötze *f*
crvẹnjeti (-nīm; -nio, -njela) [**po-**] erröten; rot werden
cr̦vljiv, crvọtočan madig; wurmstichig
crvọtočina Wurmfraß *m*; Wurmstich *m*
cr̦vuljak *Anat.* Wurmfortsatz *m*
cụcla Schnuller *m*
cukrẹnica Zuckerdose *f*
cụpkalo (*Kind*) Zappelphillip *m*
cụpkati hüpfen; tänzeln; *Kind* wiegen
cụra Mädchen *n*; Magd *f*
cụrica *Dim v.* ***cura***
cụ̄r|iti rieseln; rinnen; *Nase*: laufen; *Faß*: lecken; *Nachricht*: durchsickern; ***~ē mi slịne*** mir läuft das Wasser im Mund zusammen
cvạsti (-tēm) → ***cvjẹtati***
cvāt *4* Blüte *f*; Dolde *f*; ***biti u pụnōm ~u*** in voller Blüte stehen (*a. fig.*)
cvịjeće *7 Pl* → ***cvijet***; ***lịvadnō ~*** Wiesenblumen *Pl*
cvịjet *7* (*Pl* cvẹtovi; *Koll.* cvijeće) Blume *f*; Blüte *f*; ***vọdenī ~*** *Zool.* Eintagsfliege *f*
cvīljeti (-līm; -lio, -ljela) jammern; wimmern; *Hund*: winseln
cvjẹćār *1* Blumenhändler *m*; Florist *m*
cvjẹćara, cvjẹćārnica Blumengeschäft *n*
cvjećạ̄rstvo Blumenzucht *f*
cvjẹtaća Blumenkohl *m*
cvjẹtati blühen; *fig. Geschäft*: gedeihen, gut laufen
cvjẹtn|ī Blüten-, Blumen-; ***~ī pẹlūd*** *Bot.* Blütenpollen *m*; ***2ā nẹdjēlja*** *Rel.* Palmsonntag *m*
Cvjẹtnica Palmsonntag *m*
cvjẹtnjāk Blumengarten *m*; Ziergarten *m*
cvokọkati (-kọkōčem) (*mit den Zähnen*) klappern
cvr̄čak (-čka) *Zool.* Grille *f*
cvr̄čati zirpen
cvr̦kūt, cvr̦kūtānje Gezwitscher *n*; Zwitschern *n*
cvrkụtati (-kụkučēm) zwitschern
cvr̄ljiti brutzeln; schmoren; ***~ sạlo*** Speck auslassen

Č

Č č *n*
čạbar (-bra) Kübel *m*; Zuber *m*
čạčkalica Zahnstocher *m*; ***tạnak kao ~*** *fig.* spindeldürr
čạčkati (herum-)stochern
čạdor → ***šạtor***
čạđa Ruß *m*
čạđav rußig; verrußt, rußverschmiert
čạđavac (-āvca) *Min.* Rauchtopas *m*
čạđaviti rußen; rußig werden
čạgalj (-glja) Schakal *m*
čạhura *Bot.* Hülse *f*; *Zool.* Kokon *m*; *Mil.* Patronenhülse *f*
čạj Tee *m*; ***~ od kamịlicē*** Kamillentee *m*; ***~ s lịmunōm*** Tee mit Zitrone; ***~ u vrẹćici*** Teebeutel *m*
čạjānka (*DSg* -ki; *GPl* -kī) Tanztee *m*
čạjevac (-ēvca) Teestrauch *m*
čạ̄jnī Tee-; ***~ kolạči*** Teegebäck *n*
čạjnīk Teekanne *f*; ***rụskī ~*** Samowar *m*
čạk sogar; überdies; ***~ ạko*** sogar wenn; ***~ i*** sogar auch; ***~ ni*** nicht einmal
čạkavac (-āvca) *Ling.* Sprecher des čakavischen Dialekts
čạ̄kavskī čakavisch
čạ̄kavština čakavischer Dialekt
čạlma *Turz.* Turban *m*
čạmac (-mca) (*kleines*) Boot *n*; Kahn *m*; ***~ za spasạ̄vānje*** Rettungsboot *n*; ***gụmenī ~*** Schlauchboot *n*; ***pọmoćnī ~*** Beiboot *n*; ***vẹslačkī ~*** Ruderboot *n*
čạ̄miti einsam, eintönig dahinleben; (*im Kerker*) schmachten
čamọtinja Langeweile *f*; *fig.* Totenstille *f*
čangrịzav, -žljiv mürrisch; übellaunig; grantig

čankǫliz Parasit *m*, Schmarotzer *m*
čaplja Reiher *m*; **sīvā** ~ Fischreiher *m*
čār (*GPl* -*ī*) Reiz *m*; Zauber *m*; Charme *m*
čārānje Zaubern *n*; Zauberkunst *f*
čarap|a Strumpf *m*; **hulahup-~e** Strumpfhose *f*; **mrežastā ~a** Netzstrumpf *m*; **nąjlōn ~a** Nylonstrumpf *m*; **navūći ~e** Strümpfe anziehen; **svūći ~e** Strümpfe ausziehen; **ųdaren mǫkrīm ~ōm** F nicht ganz dicht sein
čārati hexen; zaubern
čardāk *1 Turz.* Balkon *m*; Getreidespeicher *m*; *hist.* Wachturm *m*
čārka (*DSg* -ki; *GPl* -ki) *Mil.* Scharmützel *n*
čarob|an entzückend; reizend; zauberhaft; **~nī štąpić** Zauberstab *m*
čarǫbnjāk, čārobnjāk Zauberer *m*
čarobnjāštvo Zauberkunst *f*
čarǫlija Hexerei *f*; Zauberei *f*
čāršija *Turz.* Geschäftsviertel *n*; Marktplatz *m*
čąrter Charter-; **~lęt** *Flgw.* Charterflug *m*
čąs (*GPl* časova/časa) Augenblick *m*; Moment *m*; **~ ovąko, ~ onąko** mal so, mal so; **~ prije** so bald wie möglich; **dąti ~ovē** (*Unterrichts-*)Stunden geben; **įstī ~** sofort, augenblicklich; **ovōga ~a** in diesem Augenblick; **ų dobar** *od.* **prāvī ~** zur rechten Zeit; **u ządnjī** *od.* **pǫsljednjī ~** im letzten Augenblick; **ų zao ~** zu e-r unpassenden Zeit; **za ~** im Nu, in kürzester Zeit, sehr schnell
čāsak (-ska) → **čąs**
čąsnī → **čąstan**
čąsnīk Offizier *m*; **djęlatnī ~** aktiver Offizier
čąsopīs Zeitschrift *f*; **izdāvati ~** e-e Zeitschrift herausgeben
čąsōvničār Uhrmacher *m*
čąsōvnīk Uhr *f*
čāst (-i; *ISg* -i/-šću) *f* Ehre *f*; Würde *f*; *Mil.* Rang *m*; Festmahl *n*; **~ mi je** (*beim Vorstellen*) angenehm; **iskazīvati** *od.* **odāvati ~** die Ehre erweisen; **įspod ~i** unter der Würde; **svąkā ~** alle Achtung!
čąs|tan ehrenhaft; ehrsam; **~nā riječ** Ehrenwort *n*; **~nī sūde!** Hohes Gericht!
čąstiti (čašćen) **[po-]** ehren; bewirten; **~ se** tafeln; F es sich schmecken lassen
častǫ|hlepan, -ljųbiv ehrgeizig; streberhaft
čąš|a Glas *n*; (*Trink-*)Becher *m*; Kelch *m*; **isprāzniti ~u** das Glas leeren; **kųcnuti se ~ama** mit den Gläsern anstoßen; **mętālnā ~a** Pokal *m*
čąšic|a¹ Gläschen *n*; **~a za jāje** Eierbecher *m*; **vǫlī pǫgledati u ~u** *iron.* er schaut gerne tief ins Glas
čąšica² *Anat.* Kniescheibe *f*
čąvao (čāvla) Nagel *m*; Niet *m*
čāvka (*DSg* -ki; *GPl* -kī) *Zool.* Dohle *f*
čąvlar Nagelschmied *m*
čąvlić kleiner Nagel; Reißnagel *m*
čavŗljati plaudern; schwatzen
čęd|an bescheiden; sittsam; **žīvjeti u ~nīm prīlikama** in bescheidenen Verhältnissen leben
čędnōst (-osti; *ISg* -osti/-ošću) *f* Bescheidenheit *f*; Sittsamkeit *f*
čędo Kind *n*
čedomōrac (-rca) *2* Kindermörder *m*
čedomōrstvo Kindermord *m*
čęga *Pron GSg* von **šta** *od.* **štǫ**
čegŗtāljka (*DSg* -ki; *GPl* -kī) Klapper *f*; Rassel *f*; *fig.* Wortgeklingel *n*
čegŗtati (čęgrćēm/-rtām) klappern; plappern, schwatzen
čegŗtuša Klapperschlange *f*
Čeh (*Pl* -si) Tscheche *m*
Čehinja Tschechin *f*
Čehoslǫvāčkā (*LSg* -ōj) *hist.* Tschechoslowakei *f*
čehoslǫvāčkī *hist.* tschechoslowakisch
čęk Scheck *m*; **bąnkōvnī ~** Bankanweisung *f*; **bjąnkō ~** Blankoscheck *m*; **pūtnī ~** Reisescheck *m*; **ųnōvčiti ~** e-n Scheck einlösen
čękalīšte (*bei d. Jagd*) Anstand *m*
čekaōnica Wartesaal *m*; Wartezimmer *n*; Treffpunkt *m*
čękati [pri-] warten; (*A*/auf *A*), erwarten; anstehen; **~ u rępu** *od.* **rędu** in der Schlange stehen; **tko čękā (i) dǫčekā** Warten zahlt sich aus; **~ zgǫdnū prīliku** e-e günstige Gelegenheit abwarten
čękić Hammer *m*; **kǫvāčkī ~** Schmiedehammer *m*; **mǫrskī ~** *Zool.* Hammerhai *m*; **pneumątičnī ~** Preßlufthammer *m*
čękinja Borste *f* (*an e-m Besen*)
čękinjast borstig
čękōvn|ī Scheck-; **~ā knjīžica** Scheckbuch *n*

čękrk *Tech.* Spulrad *n*; Winde *f*
čęlič|an stählern; Stahl-; **~nā žịca** Stahldraht *m*; **~nē žỉvce** stählerne Nerven
čeličąna Stahlwerk *n*
čęličiti [o-] stählen (*a. fig.*); **~ se** *fig.* sich abhärten
čęlik Stahl *m*; **kāljenī ~** gehärteter Stahl; **tvȓd kao ~** stahlhart
čęlist(a) *m* Cellist *m*
čȅlnī → **čęonī**
čęlo¹ (*Pl* -li) Cello *n*
čęl|o² *Anat. u. fig.* Stirn *f*; Stirnseite *f* (*e-s Gebäudes*); *fig.* Spitze *f*; **~o vlȃdē** Regierungsspitze; **bịti na ~u** an der Spitze stehen; **lụpati se po ~i** *fig.* sich an den Kopf fassen; **ụzdignutā ~a** *fig.* erhobenen Hauptes
čęlo³ *Präp* (*G*) neben; oberhalb; **~ nọgu** zu Füßen
čelọvođa *m* Anführer *m*
čęljād *f* Leute *Pl*; Gesinde *n*; **kụćnā ~** Hauspersonal *n*
čeljȃde (-eta) Mensch *m*; Person *f*
čęljūsnī Kiefer-; → **kọ̄st, šupljịna**
čęljūst (-i) *f* Kiefer *m*; Kinnlade *f*; **dọ̄njā ~** Unterkiefer *m*; **gọ̄rnjā ~** Oberkiefer *m*; *Tech.* (*Brems- etc.*)Backe *f*
čęmer Bitterkeit *f*; Kummer *m*; Leid *n*; Gift *n*; Galle *f*
čęmēran bitter; verbittert
čęmpres Zypresse *f*
čęmpresovina Zypressenholz *n*
čęmu *Pron D, L v.* **šta, štọ; ~ to?** wozu das?; **nę̄mā na ~** keine Ursache!
čęonī Stirn-; → **kọ̄st, šupljịna**
čęp Korken *m*; Stöpsel *m*; Tampon *m*; (*Faß*) Spund *m*; **pijan kao ~** F stockbesoffen
čępić *Med.* Zäpfchen *n*
čępiti verkorken
čepṛkānje Scharren *n*; Stöbern *n*
čepṛkati scharren; *fig.* stöbern (**po** *L*/ nach *D*)
čȅrga (*GPl* -gā/-gī) Zigeunerzelt *n*
čerụpati [o-] rupfen; *fig.* ausnehmen
čęsati (-šēm) → **cęšati**
čęsma Brunnen *m*; Quelle *f*; *poet.* Quell *m*
čęšer Tannenzapfen *m*
čęsno → **čęšnjāk**
čȇst¹ häufig; oft(malig)
čȇst² (-i) *f* Teil *m*
čęstica Teilchen *n*; *Gr.* Partikel *f*; **~ zęmljīšta** Parzelle *f*
čęstit *Mensch*: anständig, tüchtig; *Sache*: ordentlich, anständig; **nịsam dọbio ni ~ rūčak** nicht einmal ein ordentliches Mittagessen habe ich bekommen
čestịtār *1* Gratulant *m*
čestȉtati *5* gratulieren (*A od.* **na** *L*/*D* zu *D*); beglückwünschen (*A od.* **na** *L*/*A* zu *D*)
čęstitka (*DSg* -ci/-tki) Glückwunschkarte *f*; Gratulation *f*
čęstitōst (-osti; *ISg* -osti/-ošću) *f* Anständigkeit *f*; Ehrbarkeit *f*, Rechtschaffenheit *f*
čęsto häufig, oft
češągija Striegel *m*
čęšalj (-šlja; *Pl* -šljevi) Kamm *m*
čęšanj (-šnja) Knoblauchzehe *f*
čęšati [po-] kratzen; schaben; *Pferd* striegeln; **~ se** sich kratzen
čęšće *Komp v.* **čęsto**
čęšći *Komp v.* **čȇst¹**
Cęškā (*LSg* -kōj) Tschechei *f*
čęškī tschechisch
čęšljaonica, -aọnica Friseursalon *m*
čęšljast kammartig
čęšljati kämmen; **~ pę̄rje** Federn schleißen; **~ vụnu** Wolle zupfen; **~ se** sich kämmen
čęšljuga (*DSg* -gi) *Bot.* Distel *f*
čęšljugār *Zool.* Distelfink *m*; Stieglitz *m*
čęšnjāk *1* Knoblauch *m*
čęta Kompanie *f*; (*Heer-*)Schar *f*; **rąz-bōjničkā ~** Räuberbande *f*
čętimicē haufenweise
čętina (*Baum*) Nadel *f*
četinā̄ri *m*/*Pl* Nadelhölzer *Pl*
čętiri vier; **u ~ ọka** unter vier Augen
čętka (*DSg* -ki; *GPl* -tākā/-tkī) Bürste *f*; Pinsel *m*; **~ za brijānje** Rasierpinsel *m*; **~ za cịpele** Schuhbürste *f*; **~ za ịsprānje** Abwaschbürste *f*; **~ za kọsu** Haarbürste *f*
čętkica *Dim v.* **čętka; ~ zą zūbe** Zahnbürste *f*
čętnīk (*serbischer*) Freischärler *m*; *hist.* Tschetnik *m*
čętovānje Guerillakrieg *m*
čętovođa *m* Führer e-r Freischar *m*
četrdęsēt vierzig
četrdęsetī vierzigste(r)
četrdesetọgodišnjāk Vierzigjährige(r) *m*
četrdesetọrica vierzig (*Männer*)
četṛnaest vierzehn
četṛnaestī vierzehnte(r)

četvērac (-rca) (*Rudern*) Vierer *m*; (*Gedicht*) Vierzeiler *m*; (*Hirsch*) Vierender *m*
četvero vier Personen; ***dijeliti na ~*** in vier Teile teilen
četvero- Vier-
četverocilindrac *Kfz.* Vierzylinder *m*
četverokatnica vierstöckiges Haus
četverokūt Viereck *n*
četverokutan viereckig
četveromotorac (-rca) *Flgw.* viermotoriges Flugzeug
četveronožan vierbeinig
četveropreg Vierspänner *m*
četverosložan viersilbig
četverosoban Vierzimmer-
četverostruk vierfach
četveroške auf allen Vieren
četverougao Viereck *n*
četveropjev vierstimmiges Lied
četvōrci *m*/*Pl* Vierlinge *Pl*
četvorica vier (*Männer*)
četvōrka die Nummer vier (*Straßenbahn o. ä.*)
četvōrnī vierteilig; Quadrat-; ***~ hvat*** Quadratklafter *m* (= $3{,}6\,m^2$); ***~ metar*** Quadratmeter *m*
četvȑt *f* Viertel *n*; ***~ godinē*** Vierteljahr *n*; ***gradskā ~*** Stadtviertel *n*
četvȑtak (-tka) Donnerstag *m*; ***Velikī ~*** Gründonnerstag *m*
četvrtast viereckig
četvȑtī vierte(r)
četvrtica, -tina Viertel *n*; (*Buch*) Quartformat *n*; (*Musik*) Viertelnote *f*
četvrtoškōlac (-lca) Viertkläßler *m*
čeznūće Sehnsucht *f* (***za*** *I*/ nach *D*)
čeznuti (-nēm) *pf.* sich sehnen (***za*** *I*/ nach *D*); ***~ za domovinōm*** Heimweh haben
čēžnj|a Sehnsucht *f* (***za*** *I*/ nach *D*); ***ginuti od ~ē*** vor Sehnsucht vergehen
čēžnjiv voller Sehnsucht; sehnsüchtig
čiča F Alter(chen *n*) *m*; Onkel(chen *n*) *m*
čīčak (-čka; *DSg* -čci) *Bot. u. fig.* Klette *f*
čigra Kreisel *m*; *Zool.* Seeschwalbe *f*
čijī *Pron* wessen; dessen
čik[1] Zigarettenkippe *f*
čik[2] *Int* wag's! ***~ pogodi!*** rate mal!
čīm *Kj* sobald; ***dōdi ~ možeš*** komm, sobald du kannst; *Adv* je, möglichst; ***~ bolje*** so gut wie möglich; je besser; ***~ prije*** so bald wie möglich
čimbenīk Faktor *m*
čime *Pron ISg v.* **šta, što**; wodurch, womit
čimpanza Schimpanse *m*
čīn Handlung *f*; Tat *f*; *Thea.* Akt *m*; *Mil.* Rang *m*; ***līšiti ~a*** *Mil.* degradieren; ***staviti pred svršen ~*** vor vollendete Tatsachen stellen; ***zatēći na ~u*** auf frischer Tat ertappen
čīni *f od. m*/*Pl* Hexerei *f*; Zauberei *f*
činilac (-ioca), **činitelj** Täter *m*; Faktor *m*
činiti [u-] machen, tun; leisten; schaffen; ***~ krīvo*** Unrecht tun; ***~ nažao*** j-m etwas zuleide tun; ***~ pritisak*** Druck ausüben; ***~ zadovoljstvo*** j-m e-e Freude machen; ***~ se*** so tun, als ob; den Anschein haben, (daß)
činovnica Beamtin *f*
činovničkī Beamten-
činovnīk *1* Beamte(r) *m*
činovnīštvo Beamtenschaft *f*; Beamtentum *n*
činjenic|a Tatsache *f*; ***golā ~a*** e-e nackte Tatsache; ***izoblīčiti ~e*** die Tatsachen verdrehen *od.* entstellen
činjeničn|ī tatsächlich; ***~ō stānje*** Sachverhalt *m*
čio (čilo) munter; rüstig
čip|ka Spitze *f*; ***haljina od ~ākā*** Spitzenkleid *n*
čipkānje Klöppelarbeit *f*
čīr (*Pl* čirovi/čirevi) Geschwür *n*; ***~ na želucu*** Magengeschwür *n*
čist klar; rein, sauber; *fig.* unschuldig; ***biti na ~u*** sich im klaren sein (***s*** *I*/ über *A*); ***~ā dobīt*** Reingewinn *m*; ***iz ~a mīra*** aus heiterem Himmel; ***nije sve ~o*** *fig.* da ist etwas faul; ***to ~o ne vjerujēm*** das glaube ich einfach nicht
čistāč *1* Putzer *m*; Reiniger *m*; ***~ dimnjāka*** Kaminkehrer *m*; ***~ mīnā*** Minensuchboot *n*
čistačica Reinemachefrau *f*
čistilica: ***~ ulicā*** Straßenkehrmaschine *f*
čistilīšte Fegefeuer *n*
čistina Lichtung *f*; freies Feld
čistiona, -tionica Reinigung(sanstalt) *f*
čisti|ti [po-] (čišćen) putzen, reinigen, säubern; *Fisch* entgräten; *Med.* abführen; ***~ti se*** sich klären; sich saubermachen; *Med.* abführen; *Wetter*: sich bessern; ***~ se!*** F verdufte!
čistka (*DSg* -ki; *GPl* -tkī) *Pol.* Säuberung *f*
čistoća Reinheit *f*; Sauberkeit *f*
čistokȓvan reinrassig; *fig.* echt
čistopīs Reinschrift *f*

čistụnac (-nca) Reinheitsfanatiker *m*, Purist *m*
čistụnstvo Purismus *m*
čịšćēnje Reinigung *f*; ~ ***ụlicē*** Straßenreinigung *f*; ***kẹmījskō*** ~ chemische Reinigung; ***lijek za*** ~ *Med.* Abführmittel *n*
čịtāč *1* (*Vor-*)Leser *m*; ~ ***diskẹtā*** *EDV* Leseeinheit für Disketten; ~ ***mạgnētskē vṛpcē*** Magnetbandleser *m*
čịtak (-tko) leserlich
čịtalac (-aoca) → ***čịtatelj***
čịtalačk|ī Leser-; ~***ō štīvo*** Lesestoff *m*
čịtānje Lesung *f*; ~ ***zākonskōg prijẹdloga*** *Pol.* Lesung e-r Gesetzesvorlage
čịtānka (*GPl* -nākā/-kī) Lesebuch *n*
čitaọnica Lesesaal *m*; Lesezimmer *n*
čịtatelj Leser *m*; Lektor *m*
čitatẹljica Leserin *f*; Lektorin *f*
čịtati [pro-] lesen; vorlesen; ~ ***bụkvicu*** F die Leviten lesen; ~ ***ịzmeđu rēdākā*** *fig.* zwischen den Zeilen lesen; ~ ***nạglas*** vorlesen (*laut*)
čịtav ganz; gesamt; heil; vollständig; ~ ***nīz*** sehr viele, e-e ganze Reihe; ***ịznijēti*** ~***ū glāvu*** mit heiler Haut davonkommen
čịtko lesbar; leserlich
čịtkōst (-osti; *ISg* -osti/-ošću) *f* Lesbarkeit *f*
čịtljiv → ***čịtak***
čịzma Stiefel *m*
čịzmār Stiefelmacher *m*
člān *4* Mitglied *n*; (*Gesetzes-*)Artikel *m*; *Gr.* Artikel *m*; ~ ***obịtelji*** *od.* ***pọrodicē*** Familienangehörige(r); ***pọčasnī*** ~ Ehrenmitglied *n*; ***rẹdōvnī*** ~ ordentliches Mitglied; *Gr.* Artikel *m*; (***ne***)***ọdređenī*** ~ *Gr.* (un)bestimmter Artikel
člạnak (-nka) (*Zeitungs-*)Artikel *m*; Aufsatz *m*; *Anat.* Gelenk *n*; ***ụvodnī*** ~ Leitartikel *m*
članạrina Mitgliedsbeitrag *m*
člạnskī Mitglieds-
člạnstvo (*GPl* -stāvā/-stvā) Mitgliedschaft *f*
čmār After *m*; Mastdarm *m*
čmạrnī After-
čọban(in) (*Vieh-*)Hirte *m*; F Bauerntölpel *m*
čọbanica Hirtenmädchen *n*
čọk *Kfz.* Choke *m*
čokolạ̄da Schokolade *f*
čọkot Rebenstock *m*, Weinstock *m*
čọpor Rudel *n*; Schar *f*; *fig.* Horde *f*
čọ̄rba Suppe *f*; ~ ***od krọmpīra*** Kartoffelsuppe *f*; ***čọ̄rbinē čọ̄rbē*** ~ *fig.* Abklatsch *m*
čọvječan menschlich, human
čovječạnskī Menschheits-
čovječạnstvo Menschheit *f*
čọvječjī Menschen-
čọvječnōst (-osti; *ISg* -osti/-ošću) *f* Menschlichkeit *f*, Humanität *f*
čovječūljak (-ljka) Knirps *m*; Männchen *n*
čọvjek (*Pl* ljūdi) Mensch *m*; Mann *m*; ***bịti svọ̄j*** ~ (*wirtschaftlich*) sein eigener Herr sein; ***drụmskī*** ~ Straßenräuber *m*; ***gọtov*** ~ ein gemachter Mann; Ehrenmann *m*; ***svjẹtskī*** ~ Mann von Welt; ***žīvjeti kao*** ~ ein menschenwürdiges Leben führen
čovjekọlik menschenähnlich; ~***ī mạjmun*** Menschenaffe *m*
čovjekoljūbac (-pca) *2* Menschenfreund *m*
čovjekomṝzac (-sca) *2* Menschenfeind *m*
čūčanj (*Pl* -čnjevi) Kniebeuge *f*
čūčati hocken; kauern; ~ ***na jạjima*** brüten
čučẹćkē, -ī in Hockstellung, hockend
čụčnuti (-nēm) *pf* sich hinhocken; sich hinkauern
čụdāk *1* sonderbarer Kauz *m*, Sonderling *m*
čụdan merkwürdig, seltsam; wunderlich; ~ ***svạt*** komischer Kauz
čụdesan wunderbar; wundervoll
čụditi se [zạ-] sich wundern (*D*/ über *A*); staunen
čudnọvat → ***čụdan***
čụdo (-esa) Wunder *n*; Wunderwerk *n*; ~ ***od djẹteta*** Wunderkind *n*; ***čụdno mi*** ~ *fig.* kein Wunder!; ***nije*** ~ *fig.* (*ist doch*) kein Wunder!; ***svjẹtskō*** ~ Weltwunder *n*
čudotvōrac (-rca) *2* Wundertäter *m*
čụdotvōr|an wundertätig; ~***nī lijek*** Wundermittel *n*
čudọvīšte Monstrum *n*; Ungeheuer *n*; Scheusal *n*
čụđēnje Verwunderung *f*; Wundern *n*
čụjan hörbar, (*akustisch*) wahrnehmbar
čụkalj (-klja; *Pl* -klji/-kljevi) *Anat.* Gelenk *n*; Gelenkwölbung *f*; *Path.* Überbein *n*
čūl|an sinnes-; sinnlich; ~***nī ọrgān*** Sinnesorgan *n*

čūlnōst (-osti; *ISg* -osti/-ošću) *f* Sinnlichkeit *f*
čūlo Sinnesorgan *n*; Sinn *m*; ~ **opipa** Tastsinn *m*; ~ **slūha** Gehörsinn *m*
čūn Kahn *m*; Nachen *m*
čunak (-nka, *Pl* -nci/-nkovi) *Tech.* Weberschiffchen *n*
čūnj (*Pl* čunjevi) Kegel *m*, Konus *m*; *Sp.* (*Gymnastik*-)Keule *f*
čupati [iš-] (heraus-)reißen; (heraus-) zupfen; *Gefieder* rupfen; ~ **se kosu** sich die Haare raufen
čupav struppig; zerzaust; zottig
čupavac (-āvca) Strubbelkopf *m*; Wuschelkopf *m*
čupērak (-rka) Haarschopf *m*, Strähne *f*; (*Nebel*-)Schwade *f*
ču|ti (-jēm; *Imp* čūj; čuo, čula; -ven) hören, vernehmen; wahrnehmen; ~**ti krīvo** sich verhören; **Bog te čuo!** *fig.* dein Wort in Gottes Ohr!; **kako se ~jē** wie man hört
čutura Feldflasche *f*; *fig.* Säufer *m*
čūvānje Hüten *n*; Aufbewahrung *f*; **dati na** ~ zur Aufbewahrung geben; **uzēti na** ~ in Verwahrung *od.* in Obhut nehmen
čuvār *1* Wächter *m*, Wärter *m*; *fig.* Hüter *m*; ~ **prūgē** Bahnwärter *m*; **anđeo-~** Schutzengel *m*
čuvarica Wächterin *f*; Wärterin *f*
čuvarina Wachgebühr *f*
čuvarkuća *Bot.* Hauswurz *m*; Hausmeister *m*; (*Hund*) Wachhund *m*
čūvati [sa-] (be-)hüten; bewachen; *Möbel, Kleider* schonen; *Bräuche* bewahren; *Wertgegenstand* verwahren; ~ **stoku** Vieh hüten; ~ **strāžu** *Mil.* Posten stehen; ~ **zdravlje** auf die Gesundheit achten; ~ **se** sich in acht nehmen (*G*/ vor *D*); **čūvāj se psa!** Vorsicht vor dem Hund!
čuven *6* berühmt; renommiert
čuvenōst (-osti; *ISG* -osti/-ošću) *f* Berühmtheit *f*
čuvēnj|e Hören(sagen) *n*; **po ~u** vom Hörensagen
čuvstven empfindsam; gefühlvoll
čuvstvenōst (-osti; *ISg* -osti/-ošću) *f* Feingefühl *n*; Sensibilität *f*
čūvstvo Empfindung *f*; Gefühl *n*
čuvstvovati (-ujēm) fühlen; empfinden
čvārak (-rka) Griebe *f*
čvōr *4* Knoten *m*; Straßenkreuzung *f*; **gordījskī** ~ *fig.* Gordischer Knoten; **limfnī** ~ *Med.* Lymphknoten *m*; **željeznički** ~ Eisenbahnknotenpunkt *m*; *Med.* **živčanī** ~ Nervenknoten *m*
čvorak (-rka) *Zool.* Star *m*
čvorast knorrig; knotig
čvorište Knotenpunkt *m*
čvōrn|ī Kern-, Knoten-; **~ō pītānje** Kernfrage *f*
čvoruga Beule *f*
čvȓst (*Komp* čvršći) fest; kräftig; stark; ~ **konac** reißfester Zwirn; ~ **momak** stämmiger Bursche; *fig.* **~o obećati** fest versprechen; **~ā rūka** *fig.* strenge Hand; **~ā valūta** *Hdl.* harte Währung
čvrstiti [-nuti] (sich) festigen
čvrsnuti (-nēm) *pf* → **očvrsnuti**
čvrstoća Festigkeit *f*; Härte *f*
čvršćī *Komp v.* **čvȓst**

Ć

Ć ć *n*
ća *Int* raus!, weg da!
ćāba Pilgerfahrt *f* (*nach Mekka*)
ćaća *m* F Papa *m*, Papi *m*
ćaknut übergeschnappt; **malo je** ~ F er hat nicht alle Tassen im Schrank
ćarlijati *Wind*: säuseln
ćaškānje Plauderei *f*
ćaškati plaudern
će *3. Pers Sg v.* **htjeti**
ćebe (-ta; *NPl* -bād, -beta) (*Woll*-)Decke *f*
ćef *Turz.* Laune *f*; Wunsch *m*; **nije mu to po ~u** F das paßt ihm nicht in den Kram
ćela Glatze *f*
ćelav kahl(köpfig)
ćelavac (-āvca) Glatzkopf *m*, Kahlkopf *m*

D

ćęlaviti kahl werden, e-e Glatze bekommen
ćęlija Zelle *f*; ***katąstarskā ~*** Katasterparzelle *f*
ćęr(ka) → ***kćęr(ka)***
ćerętuša *Turz.* Klatschtante *f*
ćęš *2. Pers Sg v.* ***htjęti***
ćevąbdžija *Turz.* Kebabbraterei *f*; Ćevapčićibraterei *f*
ćevąpčić *Turz.* Hackfleischröllchen *n*
ćilịbār *Turz. 1* Bernstein *m*
ćịlim *Turz.* Teppich *m*
ćịlimār *Turz.* Teppichweber *m*; Teppichhändler *m*
ćirịlica kyrillische Schrift
ćirịličkī kyrillisch
ćộrac (-rca) Platzpatrone *f*
ćọrav einäugig; blind; ***~ pọsao*** sinnlose Arbeit
ćorsọkāk *Turz.* Sackgasse *f*; ***dộći u ~*** *fig.* in e-e Sackgasse geraten
ćọšak (-ško) eckig
ćụ *1. Pers Sg v.* ***htjęti***
ćụ̄d (-i) *f* Gemüt *n*; Naturell *n*; Wesensart *f*; ***bịti promęnljivē ~i*** launisch sein; ***nije mi po ~i*** das ist mir nicht recht
ćụdljiv launisch
ćụdljivōst (-osti; *ISg* -osti/-ošću) *f* Launenhaftigkeit *f*
ćudọredan moralisch; sittlich
ćudọrednōst (-osti; *ISg* -osti/-ošću) *f* Moral *f*, Sittlichkeit *f*
ćụfte *f/Pl* Frikadellen *Pl*
ćụ̄k *Zool.* Kauz *m*
ćụ̄liti: ***~ ụ̄ši*** die Ohren spitzen
ćụp Krug *m*; Topf *m*
ćụprija *Turz.* Brücke *f*
ćụ̄rak, -an Truthahn *m*
ćụ̄rka Pute *f*; F dumme Gans
ćurlịkati (ćụrličēm) trillern; auf der Trillerpfeife pfeifen
ćụskija Brechstange *f*; ***glụ̄p kao ~*** F stockdumm; ***pijan kao ~*** F sternhagelvoll
ćụšk|a Ohrfeige *f*; ***opạ̄liti ~u*** e-e Ohrfeige geben (*D/D*)
ćụškati [-nuti] ohrfeigen
ćụ̄tati [za-] (ver)schweigen
ćụtilo → ***ćụ̄lo***
ćụ̄tjeti (-tīm; ćụ̄ćen) empfinden, fühlen; schweigen → ***šụ̄tjeti***
ćụtljiv schweigsam

D

D d *n*
da[1] *Adv* ja, jawohl; ***pa ~*** aber ja, natürlich
da[2] *Kj* daß, damit; um zu; wenn; ***~ bar sąmo*** wenn doch nur; ***~ li*** ob; ***~ nịsi tộ učịnio!*** tu das bloß nicht!; ***~ sam tộ znąo, nę bih dọšao*** wenn ich das gewußt hätte, wäre ich nicht gekommen; ***~ si tộ učịnio!*** wirst du das wohl tun!; ***budūći da*** da, weil; ***kąko ~ nę*** wieso denn nicht; aber sicher; ***mjęsto*** *od.* ***ụmjesto ~*** statt daß; ***ręcimo ~*** angenommen, daß
dąbar (-bra) Biber *m*
dabọ(g)me allerdings; freilich
dąbrov Biber-
dąća[1] Abgaben *Pl*; Steuer *f*; ***~ u plọdovima*** Naturalzins *m*
dąća[2] Totenfeier *f*; Totenmahl *n*
dądēm *1. Pers Sg v.* ***dąti***
dądīlja Amme *f*; Kindermädchen *n*
dądīljin Ammen-
dągnja Miesmuschel *f*
dąh Atem(zug) *m*; Hauch *m*; Geruch *m*; Gestank *m*; *poet.* Odem *m*; ***bez ~a*** atemlos; ***do pọsljednjēg ~a*** *fig.* bis zum letzten Atemzug; ***ọstati bez ~a*** die Sprache verschlagen
dąhnuti (-nēm) *pf* Atem holen; aufatmen; ***~ dụ̄šōm*** *fig.* aufatmen
dąhtānje Keuchen *n*; Schnauben; *Hund*: Hecheln *n*
dąhtati (-ćēm) keuchen; schnauben; *Hund*: hecheln
dakąko allerdings; freilich; gewiß
dąklē also; demnach, folglich; somit; ***~ ịpāk*** also doch
daktilọgrafkinja Stenotypistin *f*; Schreibkraft *f*

dąlek *6* (*Komp* dąljī) entfernt, entlegen; fern; weit; **~o bi ǫdvelo** das würde zu weit führen; **~o mu kųća** *fig.* er kann mir gestohlen bleiben; **~o ǫd toga** bei weitem nicht; nicht im geringsten; **~ī rǫđāk** *od.* **srǫdnīk** entfernter Verwandter; **~ō sęlo** entlegenes Dorf; **dǫtjerati ~o** es weit bringen; **ići ~o** *fig.* zu weit gehen; **na ~o i širǫko** lang und breit (*erzählen*)
dalekǫmet|an weitreichend; weitreichen; **~nā rakęta** Langstreckenrakete *f*
dalekǫpisāč Fernschreiber *m*
dalekǫsež|an weitgreifend; **~nē posljędice** weitreichende Folgen
dalekǫvidan *Med.* weitsichtig; *fig.* weitblickend
dalekǫvidnōst (-osti; *ISg* -osti/-ošću) *f* *Med.* Weitsichtigkeit *f*; *fig.* Weitblick *m*
dalekǫvod *El.* Fernleitung *f*; **visokonąponskī ~** *El.* Starkstromleitung *f*
dalekǫzor Fernglas *n*; **~ na pušći** Zielfernrohr *n*; **~ za kazalište** *od. sb.* **pǫzorīšte** Operngläs *n*; **dvǫcijevnī ~** Feldstecher *m*
Dąlmacija Dalmatien *f*
Dalmatīnac (-nca) *2* Dalmatiner *m*; *Zool.* Dalmatiner *m*; dalmatinischer Wein
Dalmątīnka (*DSg* -ki; *GPl* -kī) Dalmatinerin *f*
dalmątīnskī dalmatinisch
dąlje *Komp v.* **dalęko;** weiter; weiterhin; **i tąko ~** (*Abk. itd.*) und so weiter; **od...~** seit...; **sve ~** immer weiter
dąlj|ī *Komp v.* **dąlek; bez ~ēga** ohne weiteres
daljįna Entfernung *f*; Ferne *f*; Weite *f*
daljinǫmjer Entfernungsmesser *m*
dąljīnskī Fern-
dąljnī weit; weitläufig; **~ rǫđāk** entfernter Verwandter
dąm *1. Pers Sg v.* **dąti**
dąm|a Dame *f*; **dvǫrskā ~a** Hofdame *f*; **igra ~ē** Damespiel *n*
dąmping Dumping *n*
dąn Tag *m*; **~ po ~** Tag für Tag; **Dųšnī ~** *Rel.* Allerseelen *m*; **įz ~a ų ~** Tag für Tag; **kǫjī je dąnas ~?** den Wievielten haben wir heute?; **ną ~** pro Tag; **nękī ~** neulich; **nęrādnī ~** arbeitsfreier Tag; **pod stąrē ~e** auf die alten Tage; **rądnī ~** Werktag *m*; **sųdnjī ~** der Jüngste Tag; **za kǫjī ~** in einigen Tagen
Dąnac (-nca) Däne *m*
dąnak Abgabe *f*, Steuer *f*; Tribut *m*; **plątiti ~** *a. fig.* Tribut zollen; **~ u kṛvi** Blutzoll *m*
dąnas heute; heutzutage
dąnašnj|ī heutig; **u ~ē dǫba** in der heutigen Zeit
dąnašnjica heutige Zeit, unsere Zeit
dandąnas heutzutage
dąnguba *m* Müßiggang *m*; Zeitverschwendung *f*; Faulenzer *m*; Nichtstuer *m*
dąngubiti faulenzen; Zeit vertrödeln
Dąnica Morgenstern *m*, Venus *f*
dąnimicē tagtäglich
dąniti se: dąnī se der Tag bricht an
Dąnkinja Dänin *f*
dąnomicē → **dąnimicē**
danǫnoćno Tag und Nacht
danǫvati (dąnujēm) den Tag verbringen
Dąnskā (*LSg* -kōj) Dänemark *n*
dąnskī dänisch
dąnj|ī Tags-; → **smjęna, svjętlo**
dąnju tagsüber; **~ i nǫću** Tag und Nacht
dąpače (ja) sogar
dąr (*Pl* dąrovi) Gabe *f*, Geschenk *n*; *fig.* Talent *n*; **~ gǫvora** Sprachvermögen *n*; Redetalent *n*; **~ za glązbu** musikalisches Talent; **~ shvąćānja** Auffassungsgabe *f*; **svądbenī ~** Hochzeitsgeschenk *n*
darężljiv freigebig; großzügig
darężljivōst (-osti; *ISg* -osti/-ošću) *f* Freigebigkeit *f*; Großzügigkeit *f*
darįvānje Schenken *n*; Schenkung *f*
darįvati (dąrujēm) (be)schenken; verschenken
dąrmār Durcheinander *n*; Wirrwarr *n*
daroprįmac (-mca) *Jur.* Beschenkte(r) *m*, Schenkungsnehmer *m*
darǫvatelj Schenker *m*; Spender *m*
darǫvati (dąrujēm) → **darįvati**
dąrōvnī Schenkungs-; → **ųgovōr**
darǫvit begabt, talentiert
darǫvitōst (-osti; *ISg* -osti/-ošću) *f* Begabung *f*, Talentiertheit *f*
darōvnica *Jur.* Schenkungsurkunde *f*
dąska Brett *n*; Planke *f*; *fig.* Bühne *f*; **~ za cṛtānje** Zeichenbrett *n*; **~ za razvįjanje tjęsta** Nudelbrett *n*; **dębelā ~** Bohle *f*; **krōvnā ~** Dachsparren *m*; **oblǫžiti ~ma** täfeln; mit Brettern verschalen; **ǫdskočnā ~** *Sp. u. fig.* Sprungbrett *n*
dąš *2. Pers Sg v.* **dąti**

D

dȃšak (-ška) Hauch *m*; Lüftchen *n*
dȁščan (-o) Bretter-; Holz-
dȁščara Bretterbude *f*
dȁščica Brettchen *n*
dȁšto → ***dakȁko***
dȁti (**dȃvati**) (dȃm *od.* dádēm; dȃn *od.* dȃt) geben; lassen; *Früchte, Ertrag* bringen; *Urteil* abgeben; ~ ***nȃgradu*** e-n Preis verleihen; ~ ***na znȃnje*** in Kenntnis setzen (*A*/ von *D*); ~ ***ȍstavku*** den Rücktritt einreichen; ~ ***pȍvoda*** Anlaß geben (**za** *A*/ zu *D*); ~ ***razùmjeti*** zu verstehen geben; ~ ***tȉskati*** in Druck geben; ~ ***se na pȍsao*** sich an die Arbeit machen; ~ ***se nȁ zlo*** e-n schlimmen Verlauf nehmen; ~ ***se ȕ plač*** in Tränen ausbrechen; ***nȅ dā mi se*** ich mag nicht (+ *Inf.*); ***to se nȅ dā dokȃzati*** das läßt sich nicht beweisen
datȉrati *5 ipf/pf* datieren; ***tȏ datȋrā iz prȍšlōg vijȅka*** das stammt aus dem letzten Jahrhundert
datȋv *Gr.* Dativ *m*
dȁtulja Dattel *f*
dȃtum Datum *n*; ***bez*** **~*a*** undatiert
dȁvač, dȃvalac (-oca) Geber *m*; Spender *m*; ~ ***kr̄vi*** Blutspender *m*
dȃvānja *n/Pl* Abgaben *Pl*
dȃvānje Geben *n*; Schenken *n*; Schenkung *f*; (*soziale*) Leistung *f*; ~ ***u natȗri*** Sachleistung *f*; ***rȅdovnō*** ~ (*Sozialvers.*) Regelleistung *f*
dȃvati (dȁjēm) → ***dȁti***
dȁviti drosseln; würgen; ertränken; ~ ***se*** ersticken; ertrinken
dȃvljēnje Drosselung *f*; Würgen *n*
dȁvn|ī ehemals; einstig; vormalig; **~*ō prȍšlo vrijȅme*** *Gr.* Plusquamperfekt *n*
davnȉn|a (ur)alte Zeit; ***od*** **~*ē*** von alters her
dȃvno seit langem; längst
davȍrija *Lit.* Kampflied *n*; Kriegslied *n*
dažbin|a Abgabe *f*; Gebühr *f*; Tribut *m*; ***bez*** **~*ā*** gebührenfrei
dažd Regen *m*; → ***kȉša***
daždȅvnjāk *1* Molch *m*; Salamander *m*
debatȉrati *5* debattieren
dȅbelī → ***dȅbeo***
debȅliti dick machen; ~ ***se*** dick werden
debelȍkožac, -kȏžac (-šca) Dickhäuter *m*; *a. fig.* dickfelliger Mensch
debelȍkožan dickfellig
debȅljko *m* Dicke(r) *m*; Dickerchen *n*
debȅljuša Dicke *f*; dicke Frau
debȅljušast dicklich; etwas mollig
dȅbe|o *6* beleibt; dick; fett; **~*lō mȍre*** hohe See; **~*lā nȍć*** tiefe Nacht; **~*lā plȃća*** *fig.* ein fettes Gehalt; **~*lē ȕsne*** wulstige Lippen; ***ȉmati*** **~*lū kȍžu*** *fig.* ein dickes Fell haben
dȅblo (*GPl* dȅbālā, debȃlā) Baumstamm *m*
dȅbljānje Dickwerden *n*; Fettwerden *n*; Verfettung *f*
dȅbljati [**-iti**] dick machen; ~ ***se*** dick werden; zunehmen; ***ȍd toga se dȅbljā*** davon wird man dick, das macht dick
dȅbljī *Komp v.* ***dȅbeo***
deblјȉna Dicke *f*; Korpulenz *f*
decȇmbar (-bra) Dezember *m*
decȇnij Jahrzehnt *n*
decentralizȉrati *5* dezentralisieren
decimȃlan dezimal; → ***mjȅra, rȃzlomak***
dȅčko Junge *m*, Knabe *m*, F Bursche *m*; ~ ***jȅdne djȅvojkē*** F Liebhaber *m*; (*Karte*) Bube *m od.* Unter *m*
dȅfekt Defekt *m*; Gebrechen; *Med.* Behinderung *f*; (*Auto*) Panne *f*
defektȍlog *Med.* Heilpädagoge *m*
defektolȍgija Heilpädagogik *f*
defektolȍškinja Heilpädagogin *f*
dȅfenzīv|an defensiv; **~*nī rȁt*** Verteidigungskrieg *m*
dȅfinitīvan definitiv, endgültig
deformȃcija Deformation *f*, Deformierung *f*; *Med.* Mißbildung *f*
deformȉrati *5 ipf/pf* deformieren, verformen
degazȃcija Entgiftung *f*, Dekontamination *f* (*bei Gasen*)
degenȅrik degenerierter Mensch
degenerȉrati *5 ipf/pf* degenerieren; entarten
dȇjstvo Wirkung *f*; ***oslobađȁjućē*** ~ *Jur.* befreiende Wirkung; → ***ȕčinak***
dȅka[1] Decke *f*
dȅka[2] *Abk. v.* ***dȅkagram***
dȅkagram Dekagramm *n*
dȅkān *1* Dekan *m*
dekȁnāt *1* Dekanat *n*
deklamȃcija Deklamation *f*; Vortrag *m*
deklamȉrati *5 ipf/pf* deklamieren; *ein Gedicht* vortragen
deklarȃcija Deklaration *f*; ~ ***o nezavȉsnosti*** *Pol., hist.* Unabhängigkeitserklärung *f*; ***cȁrinskā*** ~ Zollerklärung *f*
deklinȃcija *Gr.* Deklination *f*

deklinīrati *5 ipf/pf Gr.* deklinieren; *Meßgerät*: abweichen
dekọltīrān (-o) dekolletiert; mit e-m (*tiefen*) Ausschnitt
dekorạtēr *1* Dekorateur *m*
dẹkrēt *1* Dekret *n*, Erlaß *m*, Verfügung *f*
delegạ̄cija Abordnung *f*; Delegation *f*
delẹgāt *1* Abgeordnete(r) *m*; Delegierte(r) *m*
dẹlfīn *1* Delphin *m*
dẹlija *m Turz.* Held *m*; *poet.* Recke *m*
dẹlikatan delikat; heikel
dẹlīrīj Delirium *n*
demạgog Demagoge *m*, Hetzer *m*
demagọgija Demagogie *f*, Hetzerei *f*
demạgoškī demagogisch, hetzerisch
dẹmanti (-ija) Dementi *n*, Widerruf *m*
demantīrati *5 ipf/pf* dementieren, widerrufen
dẹmarkacionī Demarkations-
dẹmbel *Turz.* Faulpelz *m*; Nichtstuer *m*
dembelịsati *5 ipf/pf* faulenzen
dẹminutīv *Gr.* Diminutiv *n*
demịsija Demission *f*; Entlassung *f* (*eines Ministers od. einer Regierung*)
demisionīrati *5 ipf/pf* demissionieren; abdanken
demobilizạ̄cija *Mil.* Demobilisierung *f*
demobilizīrati *5 ipf/pf Mil.* demobilisieren
demokrạcija Demokratie *f*
demọkrat Demokrat *m*
demokratizīrati *5 ipf/pf* demokratisieren
demọkratskī demokratisch
demọkršćani *m/Pl Pol.* Christdemokraten *Pl*
demolịrati *5 ipf/pf* demolieren, zerstören
demonstrạ̄cija Demonstration *f*; Kundgebung *f*
dẹmonstratīvan demonstrativ
demonstrīrati *5 ipf/pf* demonstrieren (**za, protiv** *A*/ für, gegen *A*)
demoralizīrati *5 ipf/pf* demoralisieren; **~ se** den Mut verlieren
dẹntist(a) *m* Dentist *m*; Zahntechniker *m*
denuncīrati *5 ipf/pf* denunzieren
dẹo → ***dio***
deplạsīrān (-o) deplaziert, fehl am Platz
dẹpō(nij) Depot *n*; Lager *n*; **~ *za nụklearnē ọtpatke*** Atommülldeponie *f*
deponịrati *5 ipf/pf* deponieren; hinterlegen
deportīrac (-rca) *2* Verbannte(r) *m*
deportịrati *5 ipf/pf* deportieren; verbannen
depọzīt Hinterlegungsbetrag *m*
deprẹsija *Med.* Depression *f*; *Meteor.* Tiefdruckgebiet *n*
dẹpresīvan depressiv, niedergeschlagen
deprịmīran (-o) deprimiert, niedergeschlagen
deprimịrati *5 ipf/pf* deprimieren
deputạ̄cija Abordnung *f*; Deputation *f*
dẹrača Gebrüll *n*; Geschrei *n*
dẹran F Bengel *m*, Fratz *m*, Lausbub *m*
dẹrati [po-] (-rēm) abziehen; häuten; *Papier* zerreißen; *Kleider* abtragen; **~ se** brüllen; schreien, anschreien (***na*** *A/A*)
deratizạ̄cija Rattenbekämpfung *f*
dẹrīšte → ***dẹran***
derivạ̄cija *Gr.* Derivation *f*, Ableitung *f*
dẹrnjava Geschrei *n*; Lärm *m*
dẹsant *Mil.* Landung *f*; ***zrạ̄čnī*** **~** *Mil.* Luftlandung *f*
dẹsantnī *Mil.* Landungs-
dẹsen *1* Dessin *n*
dẹsert Dessert *n*; Nachtisch *m*
dẹset zehn
desẹtača (*Banknote*) Zehner *m*
desẹ̄tak (-tka) etwa zehn, so an die zehn
desẹtār *1 Mil.* Korporal *m*
desetẹ̄rac (-rca) *Lit.* zehnsilbiger Vers
dẹsetero zehn (*Personen od. Tiere*)
dẹsetī zehnte(r)
desẹtica Zehner *m* (*Spielkarte*, *Geldschein*)
desetịna Zehntel *n*
dẹsētka (*DSg* -ki) → ***desẹtica***
dẹsetkovati (-ujēm) dezimieren
dẹsetljeće Jahrzehnt *n*
desetọboj *Sp.* Zehnkampf *m*
desetogọdišnjī zehnjährig
desetogọdišnjica zehnjähriges Jubiläum
desetọrica zehn (*Männer*)
desetorọstruk zehnfach
dẹsi|ti (dešạ̄vati) se geschehen, sich ereignen, vorkommen; **~ se** (da) es kommt vor (daß); ***~la mi se prịlika*** ich hatte die Gelegenheit; ***slụčājno sam se tu dẹsio*** ich habe mich zufällig dort befunden, ich war zufällig (gerade) dort
deskrịpcija Beschreibung *f*, Deskription *f*

D

D

dęskriptīvan deskriptiv, beschreibend
dēsni *f*/*Pl* Zahnfleisch *n*
dęsn|ī recht(er); **~ō krīlo** *Pol.*, *Sp.* (*Fußball*) rechter Flügel *m*; **~ā rūka** *Anat.*, *fig.* rechte Hand; **s ~o nạ lijevo** von rechts nach links
dęsnica *Anat.* rechte Hand; *Pol.* Rechte *f*; **krājnā ~** äußerste Rechte
dęsničār *Pol.* Rechtsstehende(r) *m*
dęsničārskī *Pol.* rechtsstehend
dęsno rechts; **nạ ~!** rechtsum!
despotịzam (-zma) Despotismus *m*
destilạcija Destillation *f*
destilịrati *5 ipf*/*pf* destillieren
dęstruktīvan destruktiv, zersetzend
dešāvati se → dęsiti se
dešifrīrati *5 ipf*/*pf* entschlüsseln, dechiffrieren
dęšnjāk *1* Rechtshänder *m*
dętālj *1* Detail *n*
dętaljan detailliert
dętašīran: ~ rādnīk von e-r Firma ins Ausland entsandter Arbeiter
detęktīv *1* Detektiv *m*
detęktīvskī Detektiv-; **~ rọmān** Kriminalroman *m*
detęrdžent Waschmittel *n*
dēva, dęva Kamel *n*; **jednọgrbā ~** Dromedar *n*
devalvạcija (*Währungs-*)Abwertung *f*
devalvịrati *5 ipf*/*pf Währung* abwerten
devedęsēt neunzig
devedęsētī neunzigste(r)
dęvet neun
devetērac (-ērca) *Lit.* neunsilbiger Vers
dęvetero neun (*Personen od. Tiere*)
deveterọstruk neunfach
dęvētī neunte(r); **→ brịga, kọlo; nębo**
devętica Neun *f*; Neuner *m*
devętina Neuntel *n*
dęvētka (*DSg* -ki) **→ devętica**
devętnaest neunzehn
devętnaestī neunzehnte(r)
devetọrica neun (*Männer*)
dęvetoro → dęvetero
devetorọstruk → deveterọstruk
dęvetstō neunhundert
dęvetstōtī neunhundertste(r)
devīza Devise *f*, Wahlspruch *m*; *Hdl.* Devisen *Pl*
dęvīznī Devisen-
dezęrtēr *1* Deserteur *m*
dezertịrati *5 ipf*/*pf* desertieren
dezinfękcija Desinfektion *f*
dezinficịrati *5 ipf*/*pf* desinfizieren
dezorijentịrati *5 ipf*/*pf* desorientieren
dęžūr|an diensthabend; **~nā slụžba** Bereitschaftsdienst *m*; **bịti ~an** Dienst haben; **→ apotęka**
dežụrati Dienst haben
dežụrstvo (*Bereitschafts-*)Dienst *m*
dịčan ansehnlich; rühmlich; stattlich
dịčiti [po-] rühmen; **~ se** (*I*) sich rühmen (*G*); stolz sein (auf *A*)
dịći (-gnēm) (**dịzati**) **→ dịgnuti**
didạktika Didaktik *f*
dịdžit *Inf* Digit *n*; Ziffer *f*
difamạcija Diffamierung *f*
difamịrati *5 ipf*/*pf* diffamieren
diferencịjāl *1 Math.* Differential *n*; *Tech.* Differential(getriebe *n*) *n*
diferencịjālnī Differential-; **~ rąčūn** *Math.* Differentialrechnung *f*
diferencịrati *5 ipf*/*pf* differenzieren
dịftērija Diphtherie *f*
dịftong *Gr.* Diphtong *m*
dịfūz|an diffus, zerstreut; **~nō svjętlo** diffuses Licht, Streulicht *n*
dịgnuti (-nēm; dịgao *u.* dịgnuo, dịgla; dịgnūt) (**dịzati**) aufheben, (hoch-)heben; beseitigen; wegbringen; **~ cijęne** Preise erhöhen; **~ glạs** die Stimme erheben; **~ jędra** Segel hissen; **~ nọvce** Geld abheben; **~ prąšinu** *a. fig.* Staub aufwirbeln; **~ rụke** die Hände lassen (**od** *G*/ von *D*); **~ rụke nạ sebe** Hand an sich legen; **~ sịdro** Anker lichten; **~ ụ zrāk** in die Luft jagen, sprengen; **~ vọjsku** Soldaten ausheben; **~ zābranu** ein Verbot aufheben; **~ zāstavu** Fahne hissen; **~ se** aufstehen; sich erheben; *Teig*: aufgehen; *Gestirne*: aufgehen
dīhānje, dīhati → dīsānje, dīsati
dijabętičār Diabetiker *m*
dijagnọza Diagnose *f*
dijakrịtičkī diakritisch; **~ znāk** *Gr.* diakritisches Zeichen
dijạlekatskī dialektal, mundartlich
dijạlekt Dialekt *m*, Mundart *f*
dijalęktičār *Phil.* Dialektiker *m*
dijalęktičkī *Phil.* dialektisch
dijalęktika *Phil.* Dialektik *f*
dijalektọlog Dialektologe *m*
dijalektọlogija Dialektologie *f*
dijalektọloškī dialektologisch
dijạlog Dialog *m*, Zwiegespräch *n*
dijạloškī dialogisch
dijạmant Diamant *m*; Edelstein *m*

dijapozitīv Dia *n*, Diapositiv *n*
dijaskopija *Med.* Durchleuchtung *f*
dijel → **dio**
dijęliti [po-] *5/7* teilen; trennen; scheiden; *Math.* dividieren; *Karten* austeilen; ~ **prąvdu** *od.* **prąvdicu** Recht sprechen, ~ **se** sich (etwas) teilen; miteinander teilen
dijęlom *7* zum Teil
dijęljēne Teilen *n*; Dividieren *n*
dijęt|a Diät *f*; Schonkost *f*; **biti na ~i** *od.* **držiti ~u** Diät halten
dijetāl|an Diät-; **~nā ishrana** diätische Ernährung, Diät *f*
dijęte *7* (djęteta; *Pl* djęca) Kind *n*; ~ **u vrtiću** Vorschüler *m*; **brąčnō** *od.* **zākonitō** ~ eheliches Kind; **mājčinō** ~ Muttersöhnchen *n*; **očevō** ~ ganz der Vater (*von e-m Kind*); **rođenō** ~ leibliches Kind; **vanbračnō** ~ uneheliches Kind
dīka (*V* dīko) Ruhm *m*; Stolz *m*; Zierde *f*; *poet.* Liebste(r) *m*, *f*
diktafōn Diktiergerät *n*; **džępnī** ~ Hand- *od.* Taschendiktiergerät *n*
diktāt *1* Diktat *n*
diktātor Diktator *m*
diktīrati *5 ipf/pf* diktieren
diktatūra Diktatur *f*
dilber *Turz.* lieb; schön; (*Subst*) Geliebte(r) *m*
diletant Dilettant *m*
diletantskī dilettantisch
dim Rauch *m*; Qualm *m*; (*Rauchen*) Zug *m*; **mętnuti na** ~ *Schinken etc.* räuchern; **pretvoriti se u** ~ *fig.* verduften; **uvlāčiti** ~ Rauch inhalieren
dimęnzija Dimension *f*; Abmessung *f*
dimije *f/Pl* Pumphosen *Pl*
dimiti (se) rauchen; qualmen
dimnjačār Kaminkehrer *m*, Schornsteinfeger *m*
dimnjāk Kamin *m*; Schornstein *m*
dinamičan, -čkī dynamisch
dinamika Dynamik *f*
dinār Dinar *m*; *fig.* Geld *n*
dinārskī[1] Dinar-
dinārsk|ī[2] dinarisch; **2ē Ālpe** *Geogr.* Dinarische Alpen *Pl*
dinastija Dynastie *f*
dinja Honigmelone *f*
dio (dijęla; *Pl* dijęlovi) Teil *m*; Anteil *m*; **dobrim dijęlom** zu e-m guten *od.* großen Teil; **lavljī** *od.* **lavovskī** ~ *fig.* Löwenanteil *m*; **pąsti u** ~ zuteil werden, zufallen; **pogonskī** ~ Aggregat *n*, Antrieb *m* (*als Teil e-r Maschine*); **sąstavnī** ~ Bestandteil *m*; **strąžnjī** ~ **kola** *Kfz.* Wagenheck *n*
dioba Teilung *f*; Verteilung *f*; ~ **vląsti** Gewaltenteilung *f*
dionica *Hdl.* Aktie *f*; (*Weg*) Teilstrecke *f*; *Mus.* Part *m*; Stimme *f*
dioničār Aktieninhaber *m*
dioničārskī Aktien-; → **drūštvo**
dioptrija Dioptrie *f*
diple *f/Pl* (*Art*) Flöte *f*; ~ **s mijęhom** Dudelsack *m*; **puhati** *od.* **dūhati u iste** ~ *fig.* ins gleiche Horn blasen
diploma Diplom *n*; Meisterbrief *m*
diplomącija Diplomatie *f* (*Pol. u. fig.*)
diplomat Diplomat *m*
diplomatskī diplomatisch; Diplom-
diplomīrān Diplom-; **~ī inžęnjēr** Diplomingenieur *m*
diplomīrati *5 ipf/pf* die Diplomprüfung bestehen
diplōmskī Diplom-
dirānje Antasten *n*; Berühren *n*, Berührung *f*
dīr|ati [-nuti] anrühren, berühren, rühren; foppen, hänseln; ~ **u srce** *fig.* ans Herz rühren; ~ **u žīvac** *fig.* e-n wunden Punkt treffen (*G/* bei *D*); **ne ~āj u to!** rühr da bloß nicht dran!; **ne ~ajūći** unbeschadet (**u** *A/G*)
direktan direkt; ~ **prijęnos** *TV* Live-Sendung *f*; ~ **vagōn** *Esb.* Kurswagen *m*
direktor Direktor *m*; Leiter *m*
direktorica Direktorin *f*
dirigent Dirigent *m*
dirigentskī Dirigenten-; ~ **štāpić** Taktstock *m*
dirigīrati *5 ipf/pf* dirigieren; leiten
dīrka Taste *f* (*Musikinstrument u. Schreibmaschine*); *Math.* Tangente *f*
dirkati necken
dirljiv ergreifend; rührend
dīrnuti → **dīrati**
disāj Atem *m*; Atemzug *m*
disājnī Atem-; ~ **putevi** *Med.* Atemwege *Pl*
disalo Atmungsorgan *n*
dīsānje Atmen *n*; Atmung *f*; **umjetnō** ~ künstliche Atmung
dīsati (-šēm) atmen; Atem holen
disciplināran, -ciplīnskī Disziplin-
disertącija Dissertation *f*

dịsk Diskus *m*; *Anat.* Bandscheibe *f*; *EDV* **tvṛdī** ~ Festplatte *f*
dịskont Diskont *m*
dịskontnī Diskont-; ~ **ra̧čūn** Diskontsatz *m*
diskotę̄ka (*L* -ci) Diskothek *f*; Plattensammlung *f*
diskreditı̣̄rati (se) *5 ipf/pf* (sich) diskreditieren
dịskretan diskret; vertraulich
diskriminı̣̄rati *5 ipf/pf* diskriminieren
diskụsija Diskussion *f*
diskutı̣̄rati *5 ipf/pf* diskutieren
dispa̧nzē̄r (*Art*) Ambulatorium *n*; (*kleine*) Gesundheitsstation *f*
dịspozitiv Tenor *m* (*eines amtlichen Bescheides*)
dista̧nca, -ija Distanz *f*, Entfernung *f*
distancı̄rati se *5 ipf/pf* sich distanzieren (**od** *G*/von *D*)
dịstih *Lit.* Distichon *n*
dịstributīvan distributiv
dı̄šnī Atmungs-
dịv Hüne *m*; Riese *m*
dịvān¹ *1* Diwan *m*; Gespräch *n*
dı̄van² herrlich; wunderbar
divẹrzant Diversant *m*; Saboteur *m*
divẹrzija Diversion *f*; *Mil.* Ablenkungsangriff *m*
dividẹnda Dividende *f*, Gewinnanteil *m*
dı̄viti se (*D*) bewundern; bestaunen; sich wundern (über *A*)
dịvīzija *Mil.* Division *f*
dịvizma *Bot.* Königskerze *f*
dịvīzor Divisor *m*
dịvljāč *f* Wild *n*; **mę̄so od ~a** Wildbret *n*; **rı̣đā** (**crvẹnā**) ~ Rotwild *n*; **sịtnā** ~ Niederwild *n*
dịvlāčkī grausam; roh; wild
dịvljāk *1* Wilde(r) *m*
dịvljaka (*unveredelter*) Obstbaum *m*
divljạkinja Wilde *f*
divljā̧štvo Barbarei *f*, Roheit *f*; Wildheit *f*
dịvljī unkultiviert; wild
divljı̣̄na Wildnis *f*
dịvokoza Gemse *f*
divọta Herrlichkeit *f*; Pracht *f*
dịvovskī riesig; Riesen-
dịzāč *1* Heber *m*; *Sp.* Netzspieler *m* (*beim Volleyball*); ~ **rụkē** Tonarmlift *m*
dịzalica Kran *m*
dịzalo Aufzug *m*; ~ **za spasā̧vānje** Bergungskran *m*; **ọkretnā** ~ Drehkran *m*; **ụtovarnā** ~ Ladekran *m*
dịzānje Heben *n*; Hebung *f*
dịzati → **dịgnuti**
djẹca *Pl v.* **dijẹte**
djẹčāčkī jungenhaft
djẹčāk *1* Junge *m*, Knabe *m*
dječā̧štvo (*GPl* -ęčāstāvā/-ā̧stvā) Jungenalter *n*
djẹčj|ī kindlich, Kinder-; **~ā bọlēst** Kinderkrankheit *f* (*a. fig.*); **~ē ja̧slice** Kinderkrippe *f*; **~ī vṛtić** Kindergarten; → **dodā̧tak, dọplatak**
djẹd Großvater *m*; Alter *m*; ~ **po ọcu** Großvater väterlicherseits; **~ovi** Ahnen *Pl*, Vorfahren *Pl*
djẹdovina Erbgut *n*; Vaterland *n*
djẹlatan aktiv; tätig; Arbeits-
djẹlatnōst (-osti; *ISg* -osti/-ošću) *f* Tätigkeit *f*; **sa̧mostalnā** ~ selbständige Tätigkeit
djẹlce (-a/-ceta) Teilchen *n*
djẹlilac (-ioca) → **djẹlitelj**
djẹlimičan → **djẹlomičan**
djẹlitelj *Math.* Divisor *m*; Nenner *m*
djẹl|o Werk *n*; Leistung *f*; Tat *f*; **ka̧kav na jẹlu ta̧kav na ~u** *fig.* wie man ißt, so arbeitet man; **krịvičnō ~o** Straftat *f*; **rẹmek-~o** Meisterwerk *n*; *Lit.* **sa̧branā ~a** Gesammelte Werke *Pl*; **ụhvatiti na̧ ~o** auf frischer Tat ertappen; **žịvotnō ~o** Lebenswerk *n*
djẹlokrūg Wirkungskreis *m*; Aufgabengebiet *n*
djẹlomicē *Adv* teilweise; zum Teil
djẹlomičan teilweise
djẹlotvōran tatkräftig
djẹlovānje Wirkung *f*; **dụgō** ~ *Med.* Langzeitpräparat *n*
djẹlovati (-ujēm) wirken
djẹlja Holzwolle *f*
djẹljati schnitzen; zimmern
djeljẹnīk *1 Math.* Zähler *m*, Dividend *m*
djẹljiv teilbar
djẹljivōst (-osti; *ISg* -osti/-ošću) *f* Teilbarkeit *f*
djẹnuti, -sti (-nēm) stecken; stellen; ~ **se** geraten; **ka̧mo da tō̧ djẹnēm?** wo soll ich das hintun?, wohin damit?
djẹtao (-tla) → **djẹtlić**
djẹtelina *Bot.* Klee *m*
djẹtence, -šće Kindchen *n*
djetinā̧riti *5* sich kindisch benehmen
djetinja̧rija Kinderei *f*
djẹtinjast kindisch; albern
djẹtinjskī Kindes-

djetinjstvo (*GPl* -instāvā) Kindheit *f*; Kinderzeit *f*
djetlijić *Zool.* Specht *m*
djever Brautführer *m*; Schwager *m* (*Bruder des Mannes*)
djeveruša Brautjungfer *f*
djevica Jungfrau *f*; Mädchen *n*; ♀ ***Marija*** *Rel.* Jungfrau Maria; ***morskā*** ~ *Myth.* Meerjungfrau *f*
djevičanskī jungfräulich, unberührt
djevičanstvo Jungfräulichkeit *f*
djevojačkī Mädchen-; mädchenhaft
djevojčica (*kleines*) Mädchen *n*
djevōjka Mädchen *n*; ***jāvnā*** ~ Prostituierte *f*
djūtić Duty-Free-Shop *m*
dlačica Härchen *n*
dlak|a Haar *n*; (*Tiere*) Fell *n*; ***cijepati*** ~***e*** *fig.* Haarspalterei betreiben; ***imati*** ~***e na jeziku*** *fig.* Haare auf den Zähnen haben; ***na*** ~***u*** auf's Haar; ***skīdati*** ~***e*** enthaaren; ***trāžiti*** ~***u jājetu*** *fig.* ein Haar in der Suppe finden; ***uz*** ~***u*** *fig.* gegen den Strich; ***za*** ~***u*** um ein Haar; ***zle*** ~***e*** *Med.* Gerstenkorn *n*
dlakav behaart; haarig
dlān (*Pl* -ovi) Handfläche *f*; Handteller *m*; ***gatati iz*** ~***a*** aus der Hand lesen; ***kao na*** ~***u*** *fig.* sonnenklar; ***svrbē me*** ~***ovi*** *fig.* mich juckt's in den Fingern
dlijeto *7* Meißel *m*; ***stolārskō*** ~ Stechbeitel *m*
dnēvn|ī täglich; Tages-; ~***ē novine*** Tageszeitung *f*; ~***ī rēd*** Tagesordnung *f*; ~***ā zapovjed*** *Mil.* Tagesbefehl *m*
dnēvnica Tagegeld *n*; Tageslohn *m*; (*Reise-*)Spesen *Pl*
dnēvničār Tagelöhner *m*
dnēvnīk Tagebuch *n*; Tageszeitung *f*; (*TV*) Tagesschau *f*
dnēvno *Adv* täglich
dno (*Faß-*)Boden *m*; (*Meeres-*)Grund *m*; *fig.* Tiefe *f*; ***bez dna*** bodenlos; ***na dnu tablicē*** *Sp.* am Tabellenende; ***očnō*** ~ *Med.* Augenhintergrund *m*
do *Präp* (*G*); bis (an *A*, nach *A*, zu *D*); neben (*D*); ***jedan*** ~ ***drugoga*** einer neben dem anderen; ***mi je stalo*** ~ ***toga*** daran liegt mir etwas; ***nije mi*** ~ ***šālē*** mir ist nicht zum Spaßen zumute; ***sjedi*** ~ ***mene!*** setz dich neben mich!
dōb (-i) *f* (*Lebens-*)Alter *n*; ***jednakē*** ~***i*** gleichaltrig
doba *n indekl.* Zeit(alter *n*) *f*; ***glūhō*** ~ ***noći*** zu nachtschlafender Zeit; ***godišnjē*** ~ Jahreszeit *f*; ***stārō*** ~ Altertum *n*
dobāciti (**-acīvati**) *5* zuwerfen; ~ ***poljubac*** e-e Kußhand zuwerfen
dob|ar gut; gütig; ~***ar sāt*** e-e gute (*reichliche*) Stunde; ***biti na*** ~***rōj nozi*** auf gutem Fuße stehen; (**s** *I*/ mit *D*); ***budite tako*** ~***ri*** bitte seien Sie so gut; ***okrēnuti na*** ~***ro*** zum Guten wenden; ***u*** ~***ar čas*** rechtzeitig
dobaviti (**-ljati**) anschaffen; liefern; verschaffen; zustellen
dobavljāč *1* Lieferant *m*
dobavljati → ***dobaviti***
dobījati → ***dobiti***
dobīt (-i; *ISg* -iti/-ću) *f* Gewinn *m*; Nutzen *m*; Verdienst *m*; Vorteil *m*
dobītak (-tka; *Pl* -ici) → ***dobīt***
dobiti (**-ījati, -īvati**) (dobijēm) bekommen, erhalten; gewinnen; ~ ***bolēst*** erkranken; ~ ***košaru*** *fig.* e-n Korb bekommen; ~ ***na*** (***u***) ***dār*** als Geschenk erhalten; ~ ***po glāvi*** F eins über die Rübe bekommen; ~ ***svoje*** F sein Fett abkriegen
dobītnīk Gewinner *m*; *Sp.* Sieger *m*
dobivati *5* → ***dobiti***
dobjeglica *m* Überläufer *m*, Deserteur *m*
doboga um Gottes willen
dōboš Trommel *f*; → ***būbanj***
dobričina *m* gutherziger Mensch; guter Kerl
dobro[1] (*GPl* dobārā) Besitz *m*; Gut(shof *m*) *n*; *fig.* Wohl *n*; ***općē*** ~ Gemeinwohl *n*; ***poljoprivrednō*** ~ Landwirtschaftsgut *n*, Bauernhof *m*; ***seljāčkō*** ~ Bauernhof *m*
dobro[2] *Adv* gut; wohl; ~ ***došao*** willkommen; ~ ***sam*** mir geht's gut; ~ ***proći*** glimpflich verlaufen; ***tō mi dōđē*** ~ das kommt mir (gerade) recht; ***tō ne mirišē na*** ~ *fig.* das läßt nichts Gutes vermuten
dobrobīt (-i) *f* Wohl *n*
dobročinitelj Wohltäter *m*
dobročīnstvo (*GPl* -očinstāva/-īnstva) Wohltat *f*
dobroćudan gutmütig; *Med.* gutartig
dobroćudnōst (-osti; *ISg* -osti/-ošću) *f* Gutmütigkeit *f*
dobrodošao (-šlo) willkommen
dobrodošlica Willkommen(sgruß *m*) *n*
dobronamjeran gutgesinnt, wohlmeinend

D

dobrọta Güte *f*
dọbrotvor → ***dobročịnitelj***
dobrotvọ̄rnōst (-osti; *ISg* -osti/-ošću) *f* Wohltätigkeit *f*, Mildtätigkeit *f*
dobrovọ̄ljac (-ljca) *2* Freiwillige(r) *m*
dobrovọljačkī Freiwilligen-
dọbrovōljan freiwillig; ohne Zwang
dọckan *sb.* spät
dočạ̄rati *5* (**-arạ̄vati**) herbeizaubern; **~ se** *fig.* sich ausmalen
dọček Empfang *m*; Begrüßung *f*; **~ *Nọvē gọdinē*** Silvesterfeier *f*; ***prirẹ̄diti ~*** e-n Empfang bereiten *od.* veranstalten
dọček(ịv)ati (er)warten; erleben; *Gäste* empfangen; ***~ dụbokū stạrōst*** ein hohes Alter erreichen
dočekīvati (-ẹkujēm) → ***dọčekati***
dočẹpati *pf* ergreifen, packen; **~ se** sich bemächtigen
dọčuti (-ujēm) *pf* hören; vernehmen
dọ̄ći (dọ̄đēm; dọšao, -šla) (**dọlaziti**) (an)kommen, eintreffen; *Gewitter*: heranziehen; ***~ dalẹko*** es weit bringen; ***~ do*** (*G*) in den Besitz (*G*) kommen; ***~ do riječi*** (*bei e-r Diskussion*) zu Wort kommen; ***~ na*** auf (*A*) kommen; ***~ na svijet*** zutage treten; ***~ na vīdjelo*** sich zeigen; ***~ po*** (*A*) abholen (*A*); ***~ ụ pomōć*** zu Hilfe kommen; ***tọ̄ mi dọ̄đe krīvo*** das tut mir leid; ***dọšlo pa prọšlo*** *fig.* aus und vorbei
dodạ̄tak (-tka; *Pl* -aci) Zulage *f*; Zuschlag *m*; Zusatz *m* (*zu e-m Brief*); *Gr.* Ergänzung *f*; ***~ za tẹ̄žī rạ̄d*** Erschwerniszulage *f*; ***dječjī ~*** Kindergeld *n*; Kinderzuschuß *m*; ***kụltūrnī ~*** Kulturbeilage (*e-r Zeitung*)
dọdātan zusätzlich; Ergänzungs-
dọd(ạ̄v)ati (dọdām *u.* dọdadnēm; dọdān) beigeben; hinzufügen; dazugeben; *Ball* zuspielen
dodạ̄vati (dọdajēm) → ***dọdati***
dọdij(ạ̄v)ati belästigen; stören (*D*/*A*); **~ se** satt haben
dodijẹliti *5*/*7* (**-djelīvati**) zuteilen; Preis verleihen
dodjelīvati (-ēljujēm) → ***dodijẹliti***
dọdir Berührung *f*; Kontakt *m*; ***stụ̄piti u ~*** Kontakt aufnehmen (***s*** *I*/ mit *D*)
dọdīran Berührungs-
dodirīvānje Berühren *n*
dodirīvati (-ịrujēm) → ***dodīrnuti***
dodīrnuti (dọdīrnēm) (**-irīvati**) berühren; **~ se** sich berühren; *fig.* (*kurz*) streifen (*G*/*A*)
dodjelīvānje Zuteilung *f*; Zuweisung *f*; ***~ nạ̄gradē*** Preisverleihung *f*; ***~ stạnovā*** Wohnraumzuteilung *f*
dodjelīvati (-djẹlujēm) → ***dodijẹliti***
dodụ̄šē allerdings; zwar
dodvorạ̄vānje Schmeichelei *f*
dodvorạ̄vati se *5* [**-iti se** *5*] (*D*) schmeicheln (*D*); sich einschmeicheln (bei *D*)
dọgađāj Begebenheit *f*; Ereignis *n*; Vorfall *m*
dogạ̄đati se *5 nur unpers* → ***dogọditi se***
doglạ̄siti *5* benachrichtigen; melden; mitteilen
dọglēd Blickfeld *n*; Fernglas *n*
dọglēd|an absehbar; ***u ~nō vrijẹme*** in absehbarer Zeit
dọgodinē nächstes Jahr; binnen e-s Jahres
dogọditi se *5* (**-āđati se** *5*) *unpers* sich ereignen; geschehen; vorkommen; zustoßen (*D*/*G*); ***dogọdila mu se nẹsreća*** er hatte e-n Unfall
dogọrjeti (-īm; -rio, rjela) (**-rjẹvati**) ausbrennen; *Feuer*: ausbrennen, verlöschen; ***~ do nọktōvā*** *fig.* auf den Nägeln brennen
dogovạ̄rati se *5* [**-ọriti se** *5*] sich verabreden (***s*** *I*/ mit *D*); sich verständigen (***s*** *I*, ***o*** *L*/ mit *D*, über *A*)
dọgovōr Abmachung *f*, Vereinbarung *f*; Besprechung *f*; ***po ~u*** nach Vereinbarung
dogovọriti se *5* → ***dogovạ̄rati se***
dọgrabiti *pf* ergreifen; fassen; **~ se** sich bemächtigen (*G*/*G*)
dogrạ̄diti *5* (**-ađīvati**) anbauen; fertig bauen, e-n Bau vollenden
dograđīvati (-ạđujēm) → ***dogrạ̄diti***
dogrạ̄dnja Anbau *m*
dogụ̄rati *5 pf* heranschieben; *fig.* ***~ dalẹko*** es weit bringen
dogụ̄sti|ti *5* (*D*) in die Klemme geraten; ***~lo mi je*** ich sitze in der Klemme
dọhodak (-tka) Einkommen *n*; Ertrag *m*; ***lịčnī ~*** Arbeitsentgelt *n*; ***nạcionālnī ~*** *Hdl.* Nationaleinkommen *n*; ***pọrez na ~*** Lohnsteuer, Einkommensteuer *f*
dọhvat Reichweite *f*; ***ịzvan ~a*** außer Reichweite; ***na ~u rụ̄kē*** in greifbarer Nähe
dọhvatiti *pf* fassen; (er)greifen; **~ se** erreichen (*G*/*A*)

dọimati se (-mām/-mljēm se) → ***dǭjmiti se***
dọista tatsächlich, wirklich; ***tǭ ~ nịsam znạo*** ich habe das wirklich nicht gewußt
dọjaditi *pf* lästig sein; satt haben; ***dọjadilo mi je*** ich habe es satt
dọjahati (-jašēm) *pf* herbeireiten
dǭjam (-jma; *Pl* -jmovi) Eindruck *m*
dojạ̄viti *5* (**-aljịvati**) benachrichtigen; melden; mitteilen
dojavljịvati (-jạvljujēm) → ***dojạ̄viti***
dọjavnīk Fernmeldeapparat *m*
dojẹdriti heransegeln; sich (*im Segelboot od. -schiff*) nähern
dọjenčād *f* Säuglinge *Pl*
dọjēnče (-četa) Säugling *m*
dọjēnje Stillen *n*
dọjīlja Amme *f*
dọjiti ein Kind stillen; säugen
dǭjka (*GPl* -jkī/-jākā) (*weibl.*) Brust *f*; Zitze *f*
dọjkinja → ***dọjīlja***
dǭjmiti (*G*) *pf* e-n Eindruck vermitteln (*D*); (*seelisch*) bewegen, rühren; ***tǭ me se dǭjmilo*** das hat e-n (*tiefen*) Eindruck bei mir hinterlassen
dojučẹra(**š**)**njī** gestrig
dojụ̄riti *5 pf* herbeirennen; angerannt kommen
dọk *Kj* solange; solange bis; während; ***~ ne*** bis; ***~ sam bio zdrạv*** solange ich gesund war; ***čẹkām ~ ne dǭđēš*** ich warte, bis du kommst; ***jā sam bio tụ, ~ ọna nije dọšla*** ich war dort, aber sie (hingegen) ist nicht gekommen
dọkad(**a**) bis wann
dǭkaz Beweis(mittel *n*) *m*; Nachweis *m*; ***ịzvesti ~*** e-n Beweis führen; ***nẹpobitan ~*** unwiderlegbarer Beweis
dokạzalo Beweisstück *n*
dokạ̄zati (dọkāžēm) (**-azīvati**) beweisen; erweisen
dokazīvānje Beweisen *n*; Nachweisen *n*
dokazịvati (-kạzujēm) → ***dokạ̄zati***
dǭkaznī Beweis-; ***~ pọstupak*** Beweisverfahren *n*
dọkāžēm *1. Pers Sg v.* ***dokạ̄zati***
dokịdati *5* [**dọkinuti** (-nēm)] abschaffen; *Gesetz* aufheben
dọklē, *~ god* bis wohin; wie lange; wie weit; *Kj* solange; ***pa ~-dọtle*** soweit es geht
dọknadan Ersatz-
dọknaditi ersetzen
dọkolica Freizeit *f*; Muße *f*
dọkoličār Faulenzer *m*; Müßiggänger *m*
dọkoljenica Kniestrumpf *m*; knielange Hose
dọkōn müßig; untätig
dokọnčati (**-ạ̄vati**) beenden
dokončạ̄vati *5* → ***dokọnčati***
dokọpati se *pf* erreichen (*G*/*A*); werden; *Amt etc.* erhaschen
dokotṛljati [**-tụrati**] heranrollen; her(-bei)wälzen; ***~ se*** angerollt kommen
dokrạ̄diti se → ***dọkrasti se***
dọkraja bis zumEnde; endgültig; vollends
dọkrājčiti *pf* → ***dovršạ̄vati***
dọkrasti se (-adēm se; dọkrao) (**-diti se**) sich heranschleichen (***do*** *G*/ an *A*)
dọktor Doktor *m*; Arzt *m*
doktọrāt *1* Doktorgrad *m*; ***pọčasnī ~*** Ehrendoktorwürde *f*
dọktorica Doktorin *f*; Ärztin *f*
doktorịrati *5 ipf*/*pf* promovieren
doktrịna Doktrin *f*
dọktrināran doktrinär
dokụ̄čiti *5 pf* erreichen; *fig.* begreifen, verstehen; *Absichten* erkennen
dokụč(**lj**)**iv** erreichbar; *fig.* begreifbar
dokụment Dokument *n*; Urkunde *f*
dokumentạ̄cija Dokumentation *f*; Unterlagen *Pl*
dokumentạ̄rac (-rca) Dokumentarfilm *m*
dokumentịrati *5 ipf*/*pf* dokumentieren; belegen
dokvalificịrati se *5 ipf*/*pf* sich (*beruflich*) weiterbilden
dokvalifikạ̄cija (*berufliche*) Fortbildung *f*
dǭ(**l**) *m* (dọla; *Pl* dǭlovi) → ***dolịna***
dọlazak (-ska) Ankunft *f*
dọlazi|ti → ***dǭći***; ***to ne ~ u ọbzir*** das kommt nicht in Frage
dọlažēnje Ankommen *n*
dolepṛšati *pf Schmetterling*: heranflattern
dọlet Anflug *m* (*e-s Flugzeuges*); Heranfliegen (*e-s Vogels*)
dolẹtjeti (-tīm; -tio, tjela) *pf* (**-lijẹtati** *7*) (*her-*)anfliegen; zufliegen
dọličan geziemend; passend
dolịjati *5* hereinfallen; sich überlisten lassen
dolijẹtati (dọlijećēm) *7* → ***dolẹtjeti***
dolijẹvati (dọlijevam) → ***dọliti***

D

dọlikovati (-kujēm) sich gehören (*D*/ für *A*); ***tộ mi ne dọlikujē*** das ist meiner nicht würdig
dolịna Tal *n*; **~ *sūzā*** *fig*. Jammertal *n*
dọliti (-lijēm) (**-lijẹvati** *7*) nachgießen; vollgießen; zugießen
dolụ̄tati *5 pf* sich verirren (***do*** *G*/ nach *A*, zu *D*)
dọlje unten; hin-, herunter; ***gọre-~*** auf und ab; **~** (*A*)! nieder (mit *D*)!
dộm (*Pl* -ovi) Haus *n*; Heim *n*; ***~ zdrậvlja*** Ärztehaus *n*; Poliklinik *f*; ***cạrskī ~*** Herrscherhaus *n*, Dynastie *f*; ***dječjī ~*** Kinderheim *n*; ***kạznenī pọprāvnī ~*** Strafbesserungsanstalt *f*; ***planịnārskī ~*** Berghütte *f*; ***rọdnī ~*** Geburtshaus *n*; ***stạračkī ~*** Altersheim *n*; ***ụbogī ~*** Armenhaus *n*
dọma (da)heim; zu Hause
dọmāć|ī (ein-)heimisch; häuslich; Haus-; Landes-; ***~ā hrậna*** Hausmannskost *f*; ***~ī lijek*** Hausmittel *n*; ***~ā zạdaća*** Hausaufgabe *f*; ***~ā živọtinja*** Haustier *n*; ***po ~ū*** leger, ungezwungen
domạćica Hausfrau *f*; (*Haus-*)Wirtin *f*
domạćin Hausherr *m*; (*Haus-*)Wirt *m*
domạćinskī Hausherren-; Wirts-
domačịnstvo (*GPl* -ạčinstāvā/-čịnstvā) Haushalt *m*; Wirtschaft *f*
domahịvati (-ạhujēm) → ***domậhnuti***
domậhnuti (dọmāhnem) (**-ahīvati**) zuwinken (*D*/*D*); herwinken (*D*/*A*)
domậmiti *5* (**-ljịvati**) anlocken
domamljịvati (-ạmljujēm) → ***domậmiti***
dọmašāj Reichweite *f*; Tragweite *f*; ***~ hịca*** Schußweite *f*
dọmašiti *pf* erreichen; reichen (*A*/ bis *D*)
domạzet Eingeheiratete(r) *m*
dộmet Reichweite *f*; *fig*. Leistung *f*; (*Gewehr*) Schußweite *f*; ***vrhụ̄nskī ~*** Spitzenleistung *f*
domẹtati (dọmećēm) → ***domẹtnuti***
domẹtnuti (dọmetnēm) (**-tati**) hinzufügen
dominịkānskī dominikanisch
dọmisliti se → ***domīšljati se***
dọmišljāj Einfall *m*; Idee *f*
domịšljat findig; pfiffig
domīšljati se *5* [**dọmisliti se**] e-e Idee haben, sich etw. ausdenken; *e-e Sache* zu Ende denken *od*. durchdenken
domịšljatōst (-osti; *ISg* -osti/-ošću) *f* Erfindungsgabe *f*; Findigkeit *f*; Pfiffigkeit *f*
dọmobrān(ac) Angehöriger der Heimwehr
domobrậnstvo *hist*. Heimwehr *f*
dọmoći se (-mognēm se; *Imp* domọzi se; dọmogao) sich bemächtigen (*G*/*G*); an sich reißen (*G*/*A*)
dọmoljūblje Patriotismus *m*, Vaterlandsliebe *f*
domọrodac (-roca; *Pl* -oci) Eingeborene(r) *m*
dọmovin|a Heimat *f*; Vaterland *n*; ***bẹz ~ē*** heimatlos; ***čệžnja za ~ōm*** Heimweh *n*
dọmovinskī vaterländisch
domộvnica Staatsbürgerkunde *f*
dọnaćelnīk Vizebürgermeister *m*
donậšati *5* → ***dọnijēti***
dọndē bis dorthin
donẹdāvno bis vor kurzem
dọneklē einigermaßen; gewissermaßen
dọnijēti (-nẹsēm; -nio, -njela; -nijet/ -nẹsen *6*) (**-nositi** *5*) bringen; herbeibringen; mitbringen; *Bescheid*, *Gesetz* erlassen; *Beschluß*, *Urteil* fällen; *Kind* austragen; *Nachricht* überbringen; ***~ kọrist*** Nutzen bringen; ***~ na tạnjūr*** *fig*. etw. auf dem (*silbernen*) Tablett servieren; ***~ sa sọbom*** mitbringen; ***~ štẹtu*** Schaden bringen
donọsilac (-ioca) → ***donọsitelj***
donọsitelj Überbringer *m*
donọsiti *5* → ***dọnijēti***
dọnjāk *1* Untere(r) *m*; (*Karte*) Bube *m* *od*. Unter *m*; *Meteor*. Südwind *m*
dộnjī untere(r); Unter-
dọpadati [**-pasti**] zufallen; zuteil werden; ***~ se*** gefallen
dopạdljiv (*äußerlich*) ansprechend, hübsch
dọpasti (-dnēm; -dao) *pf* → ***dọpadati***; ***~ u nẹvolje*** in Not geraten
dọpeći (-ẹčēm; -pẹkao) ausbacken; gar braten
dọpirati¹ (-pirēm) [**-prijēti**] langen; reichen; (***do*** *G*/ bis *D*); ***kọliko ọko ~pirē*** soweit das Auge reicht
dopịrati² ein Dopingmittel verabreichen
dọpis Schreiben *n*; Zuschrift *f*; *Zeitung*: Bericht *m*
dopịsati (dọpīšēm) (**-isịvati**) dazuschreiben; zu Ende schreiben
dopisịvānje Briefwechsel *m*; Korrespondenz *f*; ***tṛgovačkō ~*** Handelskorrespondenz *f*

dopisīvati (-pịsujēm) → ***dopīsati***; ~ ***se*** korrespondieren; in Briefwechsel stehen
dọpisn|ī Korrespondenz-; ~***ā škǫla*** Fernuniversität *f*; Fernunterricht *m*
dọpisnica Postkarte *f*
dọpisnīk Korrespondent *m* (*e-r Zeitung*)
doplaćīvati (-ącujēm) → ***doplātiti***
dọplata Nachnahme *f*; Nachzahlung *f*
dọplatak (-tka) Zuschlag *m*; Gehaltszulage *f*; ***dječjī*** ~ Kindergeld *n*; Kinderzuschuß *m*; → ***dodātak***
doplātiti *5* (**-aćīvati**) dazuzahlen; zuzahlen
dọplaviti *pf* anschwemmen
doplivāvati *5* heran-, herbeischwimmen; *Schiff*: einlaufen
doplọviti *5* → ***doplivāvati***
dopọdne(**va**) vormittags
dọpol|a, -ē zur Hälfte
dọpratiti *pf* begleiten; geleiten
dọprema Lieferung *f*, Zustellung *f*; Transport *m*
doprēmati *5* [**-iti** *5*] liefern; zustellen
dọprijēti (-prēm; *Imp* -pri; -pro, -prla) → ***dọpirati***
doprịnijēti (-nẹsēm; dọprinio, dọprinjela) (**-nositi**) beitragen (**do** *G*/ zu *D*)
dọprinos Beitrag *m* (*D*/ zu *D*); Leistung *f*, ~ ***za zdrạvstvenō osigurānje*** Krankenversicherungsbeitrag *m*
doprinọsiti *5* → ***doprịnijēti***
dọpuna Ergänzung *f*; *Gr.* Objekt *n*
dọpuniti (**-jāvati** *5*) ergänzen; *Vorräte* auffüllen; ~ ***se*** sich ergänzen
dopunjāvati *5*, **-jīvati** *5* → ***dọpuniti***
dọpusnica Erlaubnisschein *m*
dọpust Urlaub *m*; (***nẹ***)***plaćenī*** ~ (un)bezahlter Urlaub; ***pọrodičnī*** ~ Erziehungsurlaub *m*
dopụstiti *5* (**-ūštati** *5*) erlauben, gestatten; zulassen
dọpušten erlaubt; zugelassen; bewilligt; ~***ī žalbenī rāzlog*** *Jur.* zulässiger Berufungsgrund
doputọvati (-ụtujēm) anreisen
dọpuzati (-žēm) [**-ūziti**] herankriechen; angekrochen kommen
dọrada Fertigbehandlung *f*, Endverarbeitung *f* (*in der Industrie*)
dọrāstao (-slo) ebenbürtig *od.* gewachsen sein; ~ ***za ụdaju*** heiratsfähig; *Jur.* volljährig
dọrāsti (-rąstēm) (**-rāstati** *5*) heranwachsen; *Jur.* mündig werden

dọrat (*Pferd*) Braune(r) *m*
dọratnī Vorkriegs-
dọručak (-čka) Frühstück *n*
dọručkovati (-ujēm) frühstücken
dọsad(**a**)[1] bisher; bis jetzt
dọsada[2] Langeweile *f*
dọsadan langweilig; lästig; (*Landschaft etc.*) eintönig
dosạdašnjī bisherig
dosādititi *5* (**-ađīvati**) langweilen; belästigen; auf die Nerven gehen; ***dọsadilo mị je*** das ödete mich an; ~ ***se*** sich langweilen
dosađīvānje Belästigung *f*; Langeweile *f*
dosađīvati (-ąđujēm) → ***dosāditi***
dosạdljivac (-īvca) langweiliger *od.* lästiger Kerl
dọsēći (-gnēm; *Imp* dosẹgni; dọsēgao, -gla; dọsēgnūt) (**dosẹ̄zati**) → ***dosẹ̄gnuti***
dọseg Reichweite *f*; Tragweite *f*
dosẹ̄gnuti (dọsēgnēm) (**-sẹ̄zati**) erreichen; erfassen (*I*/ mit *D*); ~ ***rāzumom*** begreifen; verstehen
doseḷiti *5* (**-jāvati** *5*) ansiedeln; ~ ***se*** sich ansiedeln
doseljẹnīk *1* Einwanderer *m*
doseljẹ̄nje Einwanderung *f*; Zuwanderung *f*
dosẹ̄zati (dọsēžēm) → ***dosẹ̄gnuti***
dọsēžan erreichbar
dọsjē (-ẹa, *Pl* -ẹi) Aktenbündel *n*; Dossier *n*
dọsjetiti se *pf* auf etwas kommen; sich erinnern (*D*/ an *A*)
dọsjetka (*GPl* -tākā/-tkī) (*witziger*) Einfall *m*; Witz *m*; Wortspiel *n*
dosjẹtljiv findig; witzig
dosjẹtljivōst (-osti; *ISg* -osti/-ošću) *f* Erfindungsgabe *f*; Findigkeit *f*
doskịtati se *5 pf* zulaufen; F antanzen
dọskočica Kniff *m*; (*witziger*) Einfall *m*
doskọčiti (**-ąkati** *5*) herausspringen; fertig werden (*D*/ mit *D*); zuvorkommen
doskọr|a, -o bald; demnächst; (*bis*) vor kurzem
dọslōvan, -ọvcē wörtlich; wortgetreu
dọsljedan folgerichtig; konsequent
dọsljednōst (-osti; *ISg* -osti/-ošću) *f* Folgerichtigkeit *f*; Konsequenz *f*
dọsmrtan lebenslänglich
dosọliti *5 pf* nachsalzen
dospijẹ̄će *f Hdl.* Fälligkeit *f*

dọspijelōst (-osti; *ISg* -osti/-ošću) → ***dospijệće***
dospijẹvati *5/7* → ***dọspjeti***
dọspjeti (-spijēm; -spio, -pijela) (**-spijẹvati** *5/7*) rechtzeitig ankommen; glücken; fällig werden; ***ạko dọspijēm*** wenn ich dazukomme
dọsta genug; ziemlich; viel; ~ ***pụta*** oft; ~ ***mi je*** ich hab's satt
dọstajati (-jēm) [**-stati**] ausreichen; genügen
dọstati (-anēm) → ***dọstajati***
dọstava Lieferung *f*; Zustellung *f*; ~ ***u kụću*** Lieferung frei Haus
dọstav|iti (**-ljati**) (aus)liefern; (über)senden; *Post* zustellen; *fig.* denunzieren; ~***ljā se*** (*Briefende*) zur Kenntnisnahme (an)
dostạvljāč *1* Lieferant *m*; Zusteller *m*, Bote *m*
dọstavljati → ***dọstaviti***
dọstāvnica Lieferschein *m*; Zustellschein *m*
dọstići, -gnuti (-gnēm; -gao) (**-zati**) einholen; erlangen; erreichen
dọstizati (-žem) → ***dọstići***
dostignụće Errungenschaft *f*; Leistung *f*
dọstižan erreichbar; fähig (*etw. zu erreichen*)
dọstōjan würdig; wert; ~ ***hvạlē*** lobenswert
dostojạnstven (-o) erhaben; majestätisch; würdevoll
dostojạnstvenīk Würdenträger *m*
dostojạnstvo (*GPl* -jạnāstvā/-jānstva) Würde *f*; hohes Amt
dọstupačan, -pan erreichbar; zugänglich
dọstup(ač)nōst (-osti; *ISg* -osti/-ošću) *f* Erreichbarkeit *f*; Zugänglichkeit *f*
dọsuda *Jur.* Zuerkennung *f*
dosụditi *5* (**-uđīvati**) zuteil werden lassen; *Jur.* zusprechen
dosuđīvati (-ụđujēm) → ***dosụditi***
došạpnuti (dọšapnēm) (**-tạvati** *5*) zuflüstern; einsagen, vorsagen
došạptāč *1* Einsager *m*; Zuflüsterer *m*; *fig.* Zuträger *m*
došẹ̄tati *5 pf* heranspazieren
dọškolovānje Weiterbildung *f*
dọškolovati se (-ujēm se) *ipf/pf* sich weiterbilden; e-e Zusatzausbildung machen
dọšljāk *1* Ankömmling *m*; Zuzügler *m*
došljạkinja Zuzüglerin *f*
došụljati se *5 pf* heranschleichen
dotạcija (*finanzielle*) Beihilfe *f*; Zuschuß *m*
dọtaći, -tạknuti (-knēm; -kao, -kla) (**-ticati**) berühren; kurz streifen (*G/A*)
dọtad(a) bis dahin; bis dann
dọtadašnjī damalig; ehemalig
dọteći (-teknēm; -tekao, -kla) (**-tjecati**) hinfließen; ausreichen; genügen
dotetụrati *pf* herantaumeln
dọticāj Berührung *f*
dọticati (-čēm) → ***dọteći***
dotīcati (dọtīčēm) → ***dọtaći***
dọtičan betreffend
dọtjecati (-tičēm) → ***dọteći***
dọtjeran(o) hergerichtet, *fig.* ausgefeilt
dọtjer(ạv)ati anfahren; *Tiere* zutreiben; *Uhr* stellen; *Brief etc.* ausfeilen; *Wohnung* einrichten; zwingen (**do** *G*/ zu *D*); ~ ***dạleko*** es weit bringen
dotjerạvati *5* → ***dọtjerati***
dotjerīvati (-ẹrujēm) → ***dọtjerati***
dọtle bis dahin
dọtrajati (-jēm) (**-jạvati**) ausreichen; zu Ende sein; *Kleidung*: sich abnutzen
dotṛčati (-čīm) (**-čạvati**) herbeirennen; zulaufen
dotūcati [**-ući**] niederschlagen; *Armee* schlagen; *e-m Tier* den Fangschuß geben; F den Rest geben (*A/D*)
dotụći (-ụčēm; *Imp* dotụci) → ***dọtucati***
dotụrati *pf* heranschieben; ~ ***se*** sich fortschleppen
dotụži|ti *pf* satt haben; ~***lo mi je*** mich ekelt (*etw.*) an
dọušiti (**-kīvati**) zuflüstern; zutragen, im Vertrauen sagen
douškīvati (-ụškujēm) → ***dọušiti***
dọušnīk Denunziant *m*; Zuträger *m*, Spitzel *m*
dovạliti *5* (**-jati** *5*) heranwälzen; herrollen
dọvečē(r) heute abend
dovẹslati *pf* (her)anrudern
dọvesti[1] (-vẹdēm; -veo, vela; -vẹden *6*) (**-vọditi**) hinführen; zuführen; (mit-) bringen; *Arzt* holen; ~ ***djẹcu u brạk*** Kinder in die Ehe mitbringen; ~ ***do lụdila*** zum Wahnsinn treiben; ~ ***u pītānje*** in Frage stellen; ~ ***u sklạd*** harmonisieren, in Einklang bringen; ~ ***u sụmnju*** anzweifeln; ~ ***u škrịpac*** in die

Klemme bringen; ~ ***u vȩzu*** in Verbindung bringen
dọvesti² (-vȩzēm; -vezao; -vȩzen *6*) (**-voziti**) heran-, herbeifahren; ~ ***se*** anreisen
dovȉjati se *5* → ***dọmisliti se***
dọvijek(a) auf alle Ewigkeit; für immer
dovȉkati (dọvīčēm) (**-ikȉvati**) herbeirufen
dovikȉvati (-ịkujēm) → ***dovȉkati***
dovȉknuti (dọvīknēm; -vikao) *pf* → ***dovȉkati***
dovịtljiv einfallsreich; geschickt
dovlạčiti *5* → ***dọvūći***
dọvod (*Wasser-, Kraftstoff-*)Zuleitung *f*
dovọditi *5* → ***dọvesti¹***
dọvodnī Einleitungs-
dọvodnica *Med.* Vene *f*
dọvođenje Zuführung *f*; ~ ***brạčnōg drụ̄ga*** Ehegattennachzug *m*
dọvoljan ausreichend; genügend
dọvoz Zufuhr *f*
dovọziti *5 pf* → ***dọvesti²***
dovršạvati *5* [**-r̄šiti** *5*] beenden; vollenden
dovȑšiti → ***dovršạvati***
dovršȉvati (-ṛšujēm) → ***dovršạvati***
dọvūći (-vụčem; -vukao; -vụčen *6*) (**-vlạčiti** *5*) heran-, herbeischleppen; ~ ***se*** sich heranschleppen
dọ̄za Dose *f*; (*Medikamenten-*)Dosis *f*
doziđȉvati (-ịdujēm) (**-zȉdati** *5*) anbauen
dozȉrati *5 ipf/pf* dosieren
dọ̄ziv Ruf *m*
dọzivalo Megaphon *n*
dozȉvati (dọzīvām/dọzīvljēm) *5* [**dọzvati**] (herbei)rufen
dọzlaboga schrecklich; verflucht; ~ ***lọšē vrijẹme*** F ein verdammt schlechtes Wetter
dozlogr̄diti *5* zuwider sein *od.* werden
doznạčiti *5* (**-ačȉvati**) Geld an- *od.* überweisen
dọznaka *Hdl.* An-, Überweisung(sschein *m*) *f*
dọznati (**-ạvati**) erfahren, in Erfahrung bringen (**za** *A*/*A*)
doznạvati (-ajēm) → ***dọznati***
dozọvēm *1. Pers Sg v.* ***dọzvati***
dọzreo (-elo) gereift; reif
dọzreti (-īm/-ēm) (**-ijẹvati**) heranreifen
dozrijẹvati *5/7* → ***dọzreti***
dọzvati (-zọvēm) (**-zȉvati** *5*) herbeirufen; ~ ***telẹfonom*** anrufen; ~ ***k sẹbi*** zur Vernunft bringen; ~ ***se*** zur Vernunft kommen
dọzvola Erlaubnis *f*, Genehmigung *f*; ~ ***slẹtānja*** *Flgw.* Starterlaubnis *f*; ~ ***za bọravak*** Aufenthaltserlaubnis *f*; ~ ***zạ rād*** Arbeitserlaubnis *f*; ***grạđevīnskā*** ~ Baugenehmigung *f*; ***sạobraćājnā*** ~ *Kfz.* Betriebserlaubnis *f*; ***vọzačkā*** ~ Führerschein *m*
dozvọliti *5* (**-jạvati** *5*) erlauben; genehmigen; gestatten
dožȉvjeti (-vīm; -vio, vjela; dọžīvljen) (**-ljạvati** *5*) erleben; ~ ***krạh*** Bankrott machen
dọživljāj Erlebnis *n*
doživljạvati → ***dožȉvjeti***
dọživotan lebenslänglich; auf Lebenszeit
drạč (*Pl* -je) *Bot.* Dornenstrauch *m*; Unkraut *n*
drạča Fischgräte *f*
drạčav dornenreich, dornig (*a. fig.*)
drạg lieb; teuer; ~***ī kạmen*** Edelstein *m*; ~***ē vọljē*** gern; ~***ī prijatelju!*** lieber Freund!
drạga Schlucht *f*; Bucht *f*
drạgānje Liebkosung *f*
drạgī Liebste(r) *m*
drạgo *Adv* lieb; teuer; ~ ***mi je!*** angenehm! (*beim Vorstellen*)
dragọcjen kostbar; wertvoll
dragọcjenōst (-osti; *ISg* -osti/-ošću) *f* Kostbarkeit *f*; Schmuckstück *n*
drạgoman *Turz.* Dolmetscher *m*; Übersetzer *m*
drạgōst (-osti; *ISg* -osti/-ošću) *f* Anmut *f*, Liebreiz *m*; Zärtlichkeit *f*
drạgovōljan freiwillig
drạgūlj *1* Edelstein *m*; Juwel *m*
draguḷjār *1* Juwelier *m*
dramạtičār Dramatiker *m*
dramatizȉrati *5 ipf/pf* dramatisieren
dramạturg Dramaturg *m*
drạstičan drastisch
drạ̄ž (-i) *f* Reiz *m*; *a. fig.* Zauber *m*
drạžb|a (*GPl* -žbī) Versteigerung *f*; ***dạti na*** ~***u*** versteigern
dražbovaọnica Auktionshaus *n*
drạžbovati (-ujēm) versteigern
dražẹja Dragee *n*
drạžī *Komp v.* ***drạg***
drạžica *Anat.* Kitzler *m*
drạžiti anstacheln; necken; reizen
drẹčati (-čīm) plärren; schreien; *Ziege*: meckern

dręka Geplärr *n*; Geschrei *n*; (*Ziege*) Meckern *n*
dręmljiv schläfrig; verschlafen
dręmljivōst (-osti; *ISg* -osti/-ošću) *f* Schläfrigkeit *f*
dremųc(k)ati ein Nickerchen machen; schlummern
drenąža *Med.* Drainage *f*
drenąžnī Drainagen-; ~ ***žlijeb*** Entwässerungsrinne *f*
dresịrati *5 ipf/pf* dressieren
drēvan altertümlich; (ur)alt
dr̥htalica Sülze
dr̥htati (-htīm *od.* -šćēm) zittern; bangen; *Stimme*: beben; *Flamme*: flackern
dr̥htav zitternd; zittrig; (*Stimme*) bebend; *Flamme* flackernd
dr̥htavica *Med.* Schüttelfrost *m*
dr̥htulja *Zool.* Zitterrochen *m*
drịblati *Sp.* dribbeln
drijem (-ijęma) *7* Schläfrigkeit *f*
drijęmati *7* (drijemām/drijemljēm) schlummern; schläfrig sein
drijęšiti *5/7* aufknoten, *Knoten* lösen *od.* aufbinden; ~ ***kęsu*** *fig.* den (*Geld*-)Beutel aufmachen, Geld rausrücken
dr̥ljača *Agr.* Egge *f*
dr̥ljati eggen; *fig.* unsauber schreiben, schmieren
dr̥mānje Rütteln *n*; Schütteln *n*
dr̥mati **[uz-]** rütteln; schütteln; ~ ***se*** wanken; (er)zittern
drōb (*Pl* drobovi) Gedärm *n*; Eingeweide *n*
drǫban klein; winzig
drǫbilica *Tech.* Zerkleinerer *m*; ~ ***za cęment*** Zementmühle *f*
drǫbīš *1* Kleinigkeit *f*; Kleingeld *n*
drǫbiti **[z-]** zerbröckeln; zerkleinern; ~ ***se*** zerfallen
drōga (*DSg* -gi) Droge *f*; Rauschgift *n*
drogịrati se *5 ipf/pf* Rauschgift nehmen
drogęrija Drogerie *f*
drǫlja V Nutte *f*; Schlampe *f*
drǫmbulja Maultrommel *f*
drōnjak (-njka) Fetzen *m*; Lumpen *m*
drǫnjav zerlumpt, zerfetzt
drōzak (-zga) *Zool.* Drossel *f*
dr̄pati [dr̥piti] reißen; zerren; zwicken
dr̥sko → ***dr̥zak***
dr̥skōst (-osti; *ISg* -osti/-ošću) *f* Frechheit *f*; Unverschämtheit *f*
drūg *4* (*V* drūže, *Pl* -ovi) Kumpel *m*; Gefährte *m*; *Pol.* Genosse *m*; ***brāčnī*** ~ Ehegatte *m*; ***škǫlskī*** ~ Schulkamerad *m*
drugąčije anders
drugąčijī andere(r)
drųgamo woandershin
drugąrica Kameradin *f*; *Pol.* Genossin *f*
drųgārskī freundschaftlich; kameradschaftlich
drugąrstvo (*GPl* drųgārstāvā/drugąrstvā) Kameradschaft *f*
drųgdje woanders; anderweitig
drųg|ī zweite(r); andere(r); ~***ī kǫrijēn*** *Math.* Quadratwurzel *f*; ~***īm riječima*** mit anderen Worten; ***biti u*** ~***ōm stąnju*** in anderen Umständen sein; ***jędno za*** ~***īm*** eins nach dem anderen; ***s*** ~***e strąnē*** andererseits, ***u*** ~***ū rųku*** andererseits
drųgo zweitens
drugorązredan zweitklassig
drugostępenī *Jur.* zweitinstanzlich
drugotužęnīk *Jur.* Zweitbeklagte(r) *m*
drugǫvati (-ujēm) befreundet sein
drųkčije anders
drųkčijī → ***drugąčijī***
drųm (*Land*-)Straße *f*
drumąrina Straßengebühr *f*, Maut *f*
drųmskī Straßen-; ~ ***rązbōjnīk*** Straßenräuber *m*
drųštven (-o) gesellschaftlich; Gesellschafts-; gesellig
drųštvenōst (-ost; *ISg* -osti/-ošću) *f* Geselligkeit *f*
drūštvo Gesellschaft *f*; Körperschaft *f*; Verein *m*; ***diǫničkō*** *od.* ***akciǫnārskō*** ~ Aktiengesellschaft *f*; ***dǫbrotvornō*** ~ Wohltätigkeitsverein *m*; ***kląsnō*** ~ *Pol.* Klassengesellschaft *f*; ***ǫdlaziti u*** ~ unter Leute kommen; ***osigurąvajućē*** ~ Versicherungsgesellschaft *f*; ***pjęvačkō*** ~ Gesangsverein *m*; ***prąviti*** ~ Gesellschaft leisten
drųžba Gesellschaft *f*, Vereinigung *f*
druželjųbljiv gesellig; menschenfreundlich
drųžbina (*Freundes*-)Kreis *m*; Arbeits-, Hausgenossen *Pl*
drūžiti se befreundet sein; verkehren
dr̥vār *1* Holzfäller *m*; Holzhändler *m*
dr̥vārnica Holzschuppen *m*
dr̄vce (-ca/-ceta) Bäumchen *n*; Kleinholz *n*; Streichholz *n*; ***božičnō*** ~ Weihnachtsbaum *m*
dr̥vēće Gehölz *n*
dr̥ven (-o) hölzern; Holz-; *fig.* steif

drvenast holzig
drvlje → ***drveće; baciti*** *od.* ***dići ~ i kamenje*** *fig.* Himmel und Hölle in Bewegung setzen (**na** *A*/ gegen *A*)
drvni Holz-, holzverarbeitend
drvo (-eta/-a; *Pl* -eta) Baum *m*; (*Pl* drva) Holz *n*; ***bjelogorično ~*** Laubbaum *m*; ***cijepati ~*** Holz hacken; ***crnogorično ~*** Nadelbaum *m*
drvodjeljac (-ēljca) Zimmermann *m*
drvored Allee *f*
drvorez Holzschnitt *m*
drvosječa *m* Holzfäller *m*
drzak (-sko) dreist; frech; keck
drznik Frechling *m*; frecher Kerl
drznuti se *pf* sich erdreisten, sich anmaßen
drzovit → ***drzak***
držak (-ška) Henkel *m*; Stiel *m*; ***~ na loncu*** Topfhenkel *m*
držalo Griff *m*; Federhalter *m*
držanje Haltung *f*; Verhalten *n*
držati halten, festhalten; sich (*ein Tier*) halten; (*e-e Haushälterin*) haben; *Gefäß*: fassen; erachten (**za** *A od. I*/ für *A*); ***~ do*** hochachten; ***~ do sebe*** auf sich halten; ***~ jezik za zubima*** F seine Zunge hüten; ***~ korak*** Schritt halten (**s** *I*/ mit *D*); ***~ na oko ~*** *fig.* im Auge behalten; ***~ riječ*** Wort halten; ***~ tajnu*** ein Geheimnis bewahren; ***~ za budalu*** zum Narren halten; ***~ za ruku*** an der Hand halten; ***~ se*** sich halten, festhalten (**za** *A*/ an *D*); ***~ se po strani*** sich heraushalten
država Staat *m*; ***~ ugovornica*** Vertragsstaat *m*; ***savezna ~*** Bundesstaat *m*; ***tampon-~*** Pufferstaat *m*
državljanin (*Pl* -āni) Staatsangehörige(r) *m*; Staatsbürger *m*
državljanka (*DSg* -ki; *GPl* -kī) Staatsangehörige *f*; Staatsbürgerin *f*
državljanstvo (*GPl* -anstāvā/-ānstvā) Staatsangehörigkeit *f*
državn|i staatlich; ***~a himna*** Nationalhymne *f*; ***~i udar*** Staatsstreich *m*; ***~a vlast*** Staatsgewalt *f*
državnik Staatsmann *m*
dub (*Pl* dūbi/dubovi) Eiche *f*
dubin|a Tiefe *f*; ***iz ~e srca*** aus tiefstem Herzen
dubinomjer *Tech.* Wasserstandsanzeiger *m*
dubinski Tiefen-
dubiozan dubios; fragwürdig
dubler *1* Double *n* (*im Film*)
dublji *Komp v.* ***dubok***
dubok *6* tief
dubokotisak (-ska) *Typ.* Tiefdruck *m*
dubokouman tiefgründig; tiefsinnig
dubokoumnost (-osti; *ISg* -osti/-ošću) *f* Tiefsinn *m*
dubrava Eichenwald *m*; *poet.* Hain *m*
dubrovački Dubrovniker-
Dubrovčanin (*Pl* -āni) Bewohner Dubrovniks
Dubrovčanka (*DSg* -ki; *GPl* -kī) Bewohnerin Dubrovniks
dućan *1* Kiosk *m*; Laden *m*
dućandžija *m* Kiosk-, Ladenbesitzer *m*
dud Maulbeere *f*; Maulbeerbaum *m*
dud(ic)a Schnuller *m*
duet *1* Duett *n*
dug¹ (*Pl* dugovi) Schuld *f*; Verpflichtung *f*; ***gušiti se u ~ovima*** *fig.* bis über beide Ohren in Schulden stecken; ***utjerivati ~ove*** Schulden eintreiben; ***zapasti u ~ove*** sich über beide Ohren verschulden; ***~ je loš drug*** *Sprw.* Borgen bringt Sorgen
dug² lang; ***biti ~a jezika*** *fig.* e-e große Klappe haben; ***biti ~a vijeka*** langlebig sein; ***~ imati ~e prsti*** *fig.* lange Finger haben; ***pričati*** (**na**) ***~o i široko*** langschweifig erzählen
duga¹ (*DSg* -gi/-zi) Faßdaube *f*
duga² (*DSg* -gi) Regenbogen *m*
dugačak, -gačak länglich
dugajlija *m* F langer Lulatsch
dugin Regenbogen-
dugme (-eta) Knopf *m*
dugo *Adv* lange; ***nema ~*** es ist nicht lange her
dugočasan → ***dosadan***
dugogodišnji langjährig
dugokos langhaarig
dugoljast länglich
dugoljetan → ***dugogodišnji***
dugonog langbeinig
dugonja *m* → ***dugajlija***
dugoprugaš *1 Sp.* Langstreckenläufer *m*
dugoročan langfristig
dugoruk langarmig
dugotrajan langwierig; lang anhaltend
dugovalni Langwellen-; → ***odašiljač***
dugovanje Soll *n*; Verschuldung *f*
dugovati (dugujem) schulden
dugovječan langlebig; von langer Dauer

D

D

dugọvječnōst (-osti; *ISg* -osti/-ošću) *f* Dauerhaftigkeit *f*; Langlebigkeit *f*
dugọvremen → ***dugọtrājan***
dugụljast länglich
dụh (*Pl* -si/-hovi) Geist *m*; ~ ***vrẹmena*** Zeitgeist *m*; ~ ***ịmati*** **~*a*** geistreich sein; ***klọnuti*** *od.* ***pạsti*** **~*om*** den Mut verlieren; ***ọdsutan*** **~*om*** geistesabwesend; ***prịsutan*** **~*om*** geistesgegenwärtig; ***srọdan*** **~*om*** geistesverwandt; ***Svẹtī*** ~ *Rel.* Heiliger Geist
dụhāč *1* Bläser *m*
dụhāčkī Blas-; ~ ***ọrkestar*** Blasorchester *n*
dụhāćī Blas-; ~ ***instrụment*** Blasinstrument *n*
dụhān *1* Tabak *m*; ~ ***za žvạkānje*** Kautabak *m*; ***ne vrijẹdī ni lụlē*** **~*a*** *j-d, etw.* ist keinen Pfifferling wert
dūhati [-nuti] blasen
Dụhovi Pfingsten *n*
duhọvit geistreich; witzig
duhọvitōst (-osti; *ISg* -osti/-ošću) *f* Geist *m*; Scharfsinn *m*
dụhōvnī geistig; geistlich
dụhōvnīk Geistliche(r) *m*
dụlje, -ī *Komp v.* **dụgo, dụg²**
dūljiti [pro-] → ***dūžiti***
Dụnav Donau *f*
dụnavskī Donau-
dụndo *m reg.* Onkel *m*
dụnum (*bosn. Maß*) Dunum *n* (= *1000 m²*)
dụnja Quitte *f*
dụpe (-eta) V Arsch *m*
dupẹnce (-ceta) F Popo *m*
dụpin Delphin *m*
dụpke, -kom aufrecht stehend; ~ ***pụn*** dicht gedrängt
dụplī doppelt
dụplja (*Mund-*, *Nasen-*)Höhle *f*
dūpsti (-bēm; -bao, -bla) **[iz-]** (aus)höhlen; schnitzen; *Schacht* graben; *fig.* zergliedern
durbīn *1* Fernrohr *n*
dūš|a Seele *f*; *fig.* Gemüt *n*; Geist *m*; **~*o*** ***mọjā!*** mein Schatz!; **~*ōm i tijẹlōm*** völlig ergeben sein; mit Leib und Seele; (**uz** *A*/ bei *D od.* **za** *A*/ für *A*); ***kọliko ti*** **~*a*** ***họće*** soviel das Herz begehrt; ***ịmati*** (*A*) ***na*** **~*i*** auf dem Gewissen haben; ***mīrnē*** **~*ē*** ruhigen Gewissens, seelenruhig; ***nị žīvē*** **~*ē*** keine Menschenseele; ***pọkōjnā mu*** **~*a!*** ruhe er in Frieden!; ***rạstati se*** **~*ōm*** in den letzten Zügen liegen; ***znạti ụ*** **~*u*** *j-n, etw.* durch und durch kennen
dūšak (-ška) Atemzug *m*; ***ịspiti na*** ~ mit e-m Zug austrinken
dụšek Matratze *f*; ~ ***za nadụhānje*** Luftmatratze *f*
dụšēvn|ī seelisch; geistig; psychisch; Seelen-; Geistes-; **~*ō stạnje*** seelischer *od.* psychischer Zustand
dušẹvnōst (-osti; *ISg* -osti/-ošću) Edelmut *m*, Großherzigkeit *f*; Geistesleben *n*
dụšica Seelchen *n*; ***mājčinā*** ~ Thymian *m*
dụšičn|ī Stickstoff-; **~*ā*** ***kiselịna*** Salpetersäure *f*
dụšīk *1* Stickstoff *m*
dūšiti [u-] (er)würgen; ersticken (*A*); ~ **se** ersticken
dụšman(in) (*Pl* -ani) *Turz.* Feind *m*
Dụšnī: ~ ***dạn*** Allerseelen *n*
dụšnice *f*/*Pl Med.* Bronchien *Pl*
dụšnīk *1* Luftröhre *f*
dušọbolja Seelenschmerz *m*
dušọbrižnīk Seelsorger *m*
dušọgupka Gaskammer *f*
dụvan *sb.* → ***dụhān***
dūž¹ *f* Länge *f*; *Math.* (*gerade*) Linie *f*
dụž² *Präp* entlang (*G*/*A*)
dūžan schuldig; verpflichtet; ***ne ọstati*** ~ *fig.* nichts schuldig bleiben
dụžd Doge *m*
dụže, -ī *Komp v.* **dụgo, dụg²**
dụžica *Anat.* Regenbogenhaut *f*
dužịn|a Länge *f*; ***po*** **~*i*** der Länge nach
dūžiti [pro-] längen; verlängern; *fig.* in die Länge ziehen
dūžnīk *1* Gläubiger *m*; Schuldner *m*
dūžnosnīk (*politischer, staatlicher*) Funktionär *m*
dūžnōst (-osti; *ISg* -osti/-ošću) *f* Pflicht *f*; Verpflichtung *f*; ***grạđanskā*** ~ Bürgerpflicht *f*; ***po slụžbenōj*** **~*i*** von Amts wegen; ***stụpiti na*** ~ (*G*) den Dienst antreten (als *N*); ***vọjnā*** ~ Wehrpflicht *f*; ***vṛšitelj*** **~*i*** ***tạjnīka*** stellvertretender Geschäftsführer
dvạ (dvije *f*) zwei; ~ ***pọ dva*** paarweise
dvạdesēt zwanzig
dvadesẹtak (-tka) ungefähr zwanzig
dvạdesētī zwanzigste(r)
dvadesẹtina Zwanzigstel *n*
dvadesetogọdišnjī zwanzigjährig
dvadesetogọdišnjica zwanzigster Jahrestag

dvadesetọrica zwanzig (*Männer*)
dvạ̄naesnīk Zwölffingerdarm *m*
dvạnaest zwölf
dvanaestẹ̄rac (-rca) *Lit.* zwölfsilbiger Vers; *Math.* Dodekaeder *m*; *Med.* Zwölffingerdarm *m*
dvạ̄naestī zwölfte(r)
dvanaestịna Zwölftel *n*
dvanaestọrica zwölf (*Männer*)
dvije → ***dvạ̄***; ~ ***tọčke*** *Gr.* Doppelpunkt *m*
dvjẹsta zweihundert
dvọ̄boj Zweikampf *m*
dvọbōjan zweifarbig
dvọbrōj Doppelnummer *f*
dvọcijevka doppelläufige Flinte
dvọ̄član zweigliedrig; ~***ī ịzraz*** *Math.* Binom *n*
dvọdijelan zweiteilig
dvọglas(nīk) *Gr.* Diphthong *m*
dvọglasan zweistimmig
dvọglēd Fernrohr *n*
dvogọdišnjī zweijährig
dvọgrb (*Kamel*) zweihöckrig
dvọ̄jac (-jca) (*Boot*) Zweisitzer *m*
dvọjāk zweierlei; zweifach
dvọjb|a (*GPl* -jbī) Zweifel *m*; ***nẹ̄mā*** ~***ē*** kein Zweifel
dvọjben (-o) zweifelhaft
dvọ̄jcī *m*/*Pl* Zwillinge *Pl*
dvọje zu zweit; beide; ***nạ̄s*** ~ wir beide
dvojẹzičan zweisprachig
dvojẹzičnōst (-osti; *ISg* -osti/-ošću) *f* Zweisprachigkeit *f*
dvọjica zwei (*Männer*)
dvojịna *Gr.* Dual m
dvọjiti zweifeln; unterscheiden
dvọ̄jka (*Schulnote*, *Bus*, *Spielkarte*) Zwei *f*, Zweier *m*
dvọ̄jnī zweifach, Zwei-, Doppel-
dvọ̄jnīk *1* Doppelgänger *m*; Doppelanschluß *m* (*bei e-m Telefon*)
dvọkatan zweistöckig
dvọkatnica zweistöckiges Haus
dvọkolica zweirädriger Karren; Zweirad *n*; Fahrrad *n*
dvọkolosiječnī zweigleisig
dvọkorak Doppelschritt *m*
dvọkratan zweimalig
dvọkrevetnī Zweibett-
dvọkrilac (-ilca) *Zool.* Zweiflügler *m*
dvọkrīl|an zweiflüglig; ~***nā vrạ̄ta*** Flügeltür *f*
dvọličan heuchlerisch; falsch
dvọličnīk Heuchler *m*
dvọličnōst (-osti; *ISg* -osti/-ošću) *f* Zweideutigkeit *f*; Falschheit *f*; Scheinheiligkeit *f*, Heuchelei *f*
dvọmjesečan zweimonatig
dvonẹdeljnī *sb.* → ***dvọtjednī***
dvọnožac (-šca) Zweifüßler *m*
dvọpek Zwieback *m*
dvọpoljnī Zweifelder-; ~ ***sịstēm*** *Agr.* Zweifelderwirtschaft *f*
dvọpreg Zweigespann *n*
dvōr (*Pl* dvọrovi/dvọ̄ri) Hof *m*; Schloß *n*
dvọ̄rac (-rca) Schloß *m*; Burg *f*
dvorạna Halle *f*; Saal *m*
dvọranin (*Pl* -āni) Höfling *m*
dvọrba Aufwartung *f*; ~ ***bolesnīka*** Krankenpflege *f*
dvọredan zweireihig
dvọriš|ī Hof-; ~***ā zgrạda*** Hinterhaus *n*
dvọrīšte Hof *m*; ***škọlskō*** ~ Schulhof *m*
dvọriti [po-] bedienen, aufwarten; *Kranken* pflegen
dvọrkinja Haushaltshilfe *f*; Hofdame *f*
dvọ̄rnīk (*Guts*-, *Schloß*-)Verwalter *m*
dvọrsk|ī höfisch; Hof-; ~***ā budạla*** Hofnarr *m*
dvọručno *Adv* zweihändig
dvọsatan zweistündig
dvọsedmičnī → ***dvọtjednī***
dvọsjed Zweisitzer *m*
dvọsjeklī zweischneidig (*a. fig.*)
dvọsložan zweisilbig
dvọsmislen (-o) zweideutig
dvọsmislenōst (-osti; *ISg* -osti/-ošću) *f* Zweideutigkeit *f*
dvọsmjēran (*Fahrbahn*) zweispurig
dvọsoban Zweizimmer-
dvọspolac (-lca) Zwitter *m*
dvọspratan → ***dvọkatan***
dvọstrān (-o) zweiseitig; ~***ī ụgovor*** bilateraler Vertrag
dvọtjednī zweiwöchig
dvọtočka Doppelpunkt *m*
dvọtračan zweigleisig
dvotrẹ̄ćinsk|ī: ~***ā većịna*** Zweidrittelmehrheit *f*
dvọumica Zweifel *m*
dvọumiti zweifeln; Bedenken haben
dvọvrijedan *Chem.* zweiwertig
dvọžẽnstvo (*GPl* -žẹnstāvā/-žẹ̄nstvā) Bigamie *f*

Dž

Dž, dž dž *n*
džaba, -e *dial.* umsonst
džak → ***vreća***
džamija Moschee *f*
džaul *Phys.* Joule *n*
džbun (*Pl* -ovi) Strauch *m*
džbunast strauchig; buschig
dželāt *1* Henker *m*, Scharfrichter *m*
džem Konfitüre *f*
džemper Pullover *m*
džentlmen Gentleman *m*
džep Tasche *f*; ~ ***na kapūtu*** Manteltasche *f*; ***duboko zahvatiti u*** ~ tief in die Tasche greifen; ***plātiti iz svōga ~a*** aus der eigenen Tasche bezahlen; ***poznāvati kao svōj*** ~ wie die eigene Westentasche kennen
džepār *1* Taschendieb *m*
džepārac (-rca) Taschengeld *n*
džepnī Taschen-
džez Jazz *m*
džezva *Turz.* Kupferkanne zum Kaffeekochen
džigerica *sb.* Leber *f*; ***bijēlā*** ~ Lunge *f*; ***crnā*** ~ Leber *f*
džigērnjača Leberwurst *f*
džin[1] Gin *m*
džin[2] *Turz.* Riese *f*
džinovskī riesig
džins *m/Pl* Jeans *Pl*
džip Jeep *m*
džokēj *1* Jockey
džoker Joker *m*
džudo *Sp.* Judo *n*
džumbus *Turz.* Heidenspektakel *n*; Rummel *m*
džungla Dschungel *m*

Đ

Đ đ *n*
đāčkī Schüler-; ~ ***dom*** Schülerwohnheim *n*
đāk (*Pl* -ci) Schüler *m*
đakon Diakon *m*
đakovānje Schulzeit *f*
đakovati (đakujēm) Schüler sein
đav|ao (dāvla, *Pl* đāvli), **-ō** (-ola) Satan *m*; Teufel *m*; ***~ao bi ga znao*** weiß' der Teufel; ***~ao ga ponio*** der Teufel soll ihn holen; ***do ~ola*** zum Teufel!; ***kojī ~ao...*** wer zum Teufel...; ***ni ~ao*** F kein Schwein; ***u tome je ~ao*** da liegt der Hund begraben; ***ušao ~ao u*** (*A*) ihn reitet der Teufel
đavōlak (-lka), **-olān** *1* Schelm *m*
đavolskī schelmisch
đem → ***žvale***
đeram Hebebaum *m* (*am Ziehbrunnen*); Kranausleger *m*
Đerdap *Geogr.* das Eiserne Tor
đilās Läufer *m*; *fig.* ausgelassener Mensch *m*; ***pop*** ~ Expriester *m*
đīpati [đipiti/đipnuti] hopsen; hüpfen
đipnuti (-nēm) *pf* → ***đīpati***
đon (*Schuh-*)Sohle *f*; *Sp.* Foul *n*; ***ići ~om*** (***na A***) *Sp.* *j-n* foulen
đoniti besohlen
đubre (-reta) Mist *m*; Unrat *m*; *fig.* Mistkerl *m*
đubrēnje Düngen *n*; Misten *n*
đubrīšte Misthaufen *m*
đubriti düngen; misten
đubrīvo Dünger *m*; ***umjetnō*** ~ Kunstdünger *m*
đūl (*Pl* đuli/dulovi) *Reg.* Rose *f*
đurđica *Bot.* Maiglöckchen *n*
đuveč *Turz.* Eintopfgericht *n* (*aus Reis und Fleisch*)
đuvegija *m Turz.* Bräutigam *m*

E

E e *n*
e! *Int* he!; he da!
ẹbanovina Ebenholz *n*
ẹda *Kj* damit
ẹdēm *Med.* Ödem *n*
ẹdȉcija Edition *f*, Ausgabe *f*
ẹfek(a)t Effekt *m*; Wirkung *f*
ẹfektan effektiv; wirkungsvoll
efẹktīv *1 Mil.* Effektivbestand *m*; ***rạtnī*** ~ *Mil.* Kriegsstärke *f*
ẹfikasan wirksam; wirkungsvoll
ẹfikasnōst (-osti; *ISg* -osti/-ošću) *f* Wirksamkeit *f*; Leistungsfähigkeit *f*
ẹgējskī ägäisch
Ẹgipat (-pta) Ägypten *n*
ẹgipatskī ägyptisch
Ẹgipćanin (*Pl* -āni) Ägypter *m*
Ẹgipćānka (*DSg* -ki; *GPl* -kī) Ägypterin *f*
egocẹntričan egozentrisch
egọist(a) Egoist *m*
egoịzam (-zma) Egoismus *m*
ẹgzaktan exakt, genau
ẹgzaktnōst (-osti; *ISg* -osti/-ošću) *f* Exaktheit *f*; Sorgfalt *f*
egzạltīran (-o) exaltiert
egzekụcija Exekution *f*
ẹgzekutīvan exekutiv; ausführend → ***vlạst***
egzẹmplār *1* Exemplar *n*
ẹgzemplāran exemplarisch, beispielgebend
egzercịrati *5 ipf/pf* exerzieren
ẹgzīl *1* Exil *n*; Verbannung *f*
egzistẹncija Existenz *f*; ***gọlā*** ~ nackte Existenz; ***prọpalā*** ~ gescheiterte Existenz
egzistencijalịzam (-zma) *Phil.* Existentialismus *m*
egzọtičan exotisch
ẹho Echo *n*; ~***prẹgled*** *Med.* Ultraschalluntersuchung *f*
ej *Int* he!
ȅkavac (-vca) *Ling.* Sprecher des ekavischen Dialekts
ēkavskī ekavisch
ȅkavština ekavischer Dialekt
ẹkcēm *1* Ekzem *n*
ẹkīj *Hdl.* ECU *m*
ekịpa Team *n*
ẹkipnī Gruppen-; Team-
ekọlog Ökologe *m*
ekolọgija Ökologie *f*
ekọlоškī ökologisch
ekọnom Ökonom *m*
ekonọmičan ökonomisch; sparsam; wirtschaftlich
ekonọmija Wirtschaftswissenschaft *f*
ekonọmika → ***ekonọmija***
ekonọmist(a) Wirtschaftswissenschaftler *m*; Volkswirtschaftler *m*
ekọnomskī Wirtschafts-, wirtschaftlich
ẹkrān *1* Bildschirm *m* (*TV*, *EDV*); (*Film-*)Leinwand *f*; ~ ***za prikazịvānje podạtākā*** *EDV* Datensichtgerät *n*
ekranizịrati *5 ipf/pf e-n Roman etc.* verfilmen
eksẹntričan exzentrisch
ẹkscerpt Exzerpt *n*, (*schriftl.*) Auszug *m*
ekscerpịrati *5 ipf/pf* exzerpieren, e-n (*schriftlichen*) Auszug anfertigen
ẹkser Nagel *m*
ekshumịrati *5 ipf/pf* exhumieren
ẹksklusīvan Exklusiv-
ekskomunicịrati *5 ipf/pf* exkommunizieren
ekskụrzija Exkursion *f*; (*wissenschaftlicher*) Ausflug *m*
ekspạnzija Expansion *f*
ẹkspanzīvan expansiv
ekspedȉcija Expedition *f*
ekspẹdit Versandabteilung *f*
eksperịment Experiment *n*
ẹksperimentālan Experimental-
eksperimentịrati *5 ipf/pf* experimentieren
ẹkspert Experte *m*, Sachverständige(r) *m*
eksploatạcija Exploitation *f*; Ausbeutung *f*; Nutzbarmachung *f* (*von Bodenschätzen*)
eksploatịrati *5 ipf/pf* ausbeuten; *Boden* nutzbar machen
eksplodịrati *5 ipf/pf* explodieren; zerplatzen
ẹksplōzija Explosion *f*
eksplọzīv *1* Sprengstoff *m*
ẹksplozīv|an explosiv; ~***nī mọtōr*** Verbrennungsmotor *m*
ekspọnāt *1* Exponat *n*, Ausstellungsstück *n*; *Math.* Hochzahl *f*
eksponịrati *5 ipf/pf* exponieren; hervorheben; *Fot.* belichten

ęksport Export *m*
eksportīrati *5 ipf/pf* exportieren
ęksportnī Export-
ekspǫzē(j) (-ze[j]a) Exposé *n*; Bericht *m*
ekspozīcija Exposition *f*; *Fot.* Belichtung *f*
ękspozimetar (-tra) *Fot.* Belichtungsmesser *m*
ękspres Expreß *m*; (*Fern-*)Schnellzug *m*
ekspresiọnist(a) Expressionist *m*
ekspresionịstičkī expressionistisch
ekspresionịzam (-zma) Expressionismus *m*
ękspresnī Eil-; Schnell-; ~ ***restọrān*** Schnellimbiß *m*
ekstązǀa Extase *f*; ***pąsti u ~u*** in Extase geraten
ękstensīvan extensiv
ękstrēm *1* Extrem *n*
ękstrēman extrem
ekstręmist(a) Extremist *m*
ekstremịzam (-zma) Extremismus *m*
ękvātor Äquator *m*
ekvivalęncija Äquivalenz *f*, Gleichwertigkeit *f*
ekvivalęntan äquivalent, gleichwertig
elabọrāt *1* Elaborat *n*; (*schriftlicher*) Bericht *m*; ***fọto-~*** Fotodokumentation *f*
ęlān *1* Elan *m*, Schwung *m*
elạstičan elastisch
elạstičnōst (-osti; *ISg* -osti/-ošću) *f* Elastizität *f*
elạstika Elastik *f*; Gummiband *n*
elegạntan elegant
elęgičan elegisch, wehmütig
ęlēgija *Lit.* Elegie *f*; Klagelied *n*
elektrạna Elektrizitätswerk *n*
elęktričǀan elektrisch; Elektro-; ***~nā centrạ̄la*** Kraftwerk *n*
elęktričār Elektriker *m*
elęktrika Elektrizitätslehre *f*
elektrizīrati *5 ipf/pf* elektrisieren
elęktrōn *1* Elektron *n*
elektrọnika Elektronik *f*
elęktrōnskī elektronisch; Elektronen-
elektrotęhničār Elektrotechniker *m*
elęmenǀ(a)t Element *n*; Grundstoff *m*; ***bịti u svọ̄m ~tu*** *fig.* in seinem Element sein
ęlementārǀan elementar; Element-; ***~nā sịla*** Naturgewalt *f*
elęvator *Flgw.* Höhenruder *n*
elịksīr *1* Elixier *n*; ***žịvotnī ~*** Lebenselixier *n*
eliminīrati *5 ipf/pf* eliminieren
ęlipsa Ellipse *f*
elịptičan elliptisch
elịta Elite *f*
Ęlzašanin (*Pl* -āni) Elsässer *m*
ęmajl Email *n*
emancipīrati se *5 ipf/pf* (sich) emanzipieren
ęmbargo *Hdl.* Embargo *n*; ~ ***na ịsporuku ọrūžjā*** Waffenembargo *n*
emigrạ̄cija Emigration *f*
emịgrant Emigrant *m*
emigrīrati *5 ipf/pf* emigrieren
eminęncija Eminenz *f*; ***sịvā ~*** *fig.* graue Eminenz
eminęntan eminent
emịsār *1* Abgesandte(r) *m*
emịsija (*Radio-*, *TV-*)Sendung *f*; Emission *f* (*von Wertpapieren*)
emitīrati *5 ipf/pf* Sendung ausstrahlen
ęmōcija Emotion *f*, Gefühlsbewegung *f*
ęmocionālan → ***emotīvan***
emotīvan emotional, gefühlsbetont
emụlzija Emulsion *f*
ęncijān Enzian *m*
enciklopędija Enzyklopädie *f*; ***žịvā ~*** *fig.* wandelndes Lexikon
enciklopędījskī enzyklopädisch
enęrgičan energisch
enęrgija Energie *f*
Ęnglēskā (*LSg* -kōj) England *n*
ęngleskǀī englisch; ***~ā bọlēst*** englische Krankheit, Rachitis *f*
Ęnglēz *1* Engländer *m*; ***prạviti se ~om*** F sich dumm stellen
ęnigma Rätsel *n*
enklịtičan *Gr.* enklitisch
enklịtika *Gr.* Enklitikum *n*
ęno da!; ~ ***ga!*** da ist er!
entuzijast(a) Enthusiast *m*, leidenschaftlicher Bewunderer
entuzijạzam (-zma) Enthusiasmus *m*
ēp Epos *n*
ępicentar (-tra) Epizentrum *n*
epidęmija Epidemie *f*, Seuche *f*
epigōn *1* Epigone *m*, Nachahmer *m*
ępigram Epigramm *n*
epilępsija Epilepsie *n*; Fallsucht *f*
epilęptičan epileptisch
epilęptičār, epilęptik Epileptiker *m*
ępiskop Episkop *m*; (*orthodoxer*) Bischof
epịtēt *Lit.* Epitheton *n*, Beiwort *n*, Attribut *n*

epizọ̄da Episode *f*
epọha (*DSg* -hi/-si) Epoche *f*; Zeitabschnitt *m*
ẹpohāl|an epochal; epochemachend; *~nō otkrı̨́će* e-e epochale Entdeckung
epopẹja *Lit.* Epoche *f*; Heldenepos *n*
ẹ̄pos → *ẹ̄p*
ẹ̄pskī episch
epruvẹta *Chem.* Reagenzglas *n*
ẹ̄r|a Ära *f*; Zeitalter *m*; *prije nąšē ~ē* vor unserer Zeitrechnung, v. Chr.
ergẹla *Turz.* Gestüt *n*; Pferdezucht *f*
erọtičan, ẹrotskī erotisch
erọtika Erotik *f*
ẹrōzija Erosion *f*
erụpcija Eruption *f*; *vụlkānskā ~* Vulkanausbruch *m*
ẹsēj (-ēja, *Pl* -ēji) Essay *m*
ẹsencijālan essential
ẹsesovac (-vca) SS-Angehörige(r) *m*
ẹskādra (*Flugzeug-* *od.* *Schiffs-*)Geschwader *n*
eskạlātor Rolltreppe *f*
Ẹskīm *1* Eskimo *m*
ẹskont *Hdl.* Preisnachlaß *m*
ẹsnāf *1 Turz.* Zunft *f*
ẹstēt *1* Ästhet *m*
estẹtičān ästhetisch
estẹtičār Ästhetiker *m*
estẹtičnōst (-osti; *ISg* -osti/-ošću) *f* → *estẹtika*
estẹtika Ästhetik *f*
ẹstetskī ästhetisch
Ẹstōnija Estland *n*
Estọ̄nac (-nca) Este *f*
Ẹstōnka (*DSg* -ki) Estin *f*
ẹstōnskī estnisch
estrạ̄da Estrade *f*; Podium *n*
ešạlōn *1 Mil.* Staffel *f*
etạpa Etappe *f*
etạ̄ža Etage *f*
etạ̄žnī Etagen-
ẹ̄ter Äther *m*
etẹričan ätherisch
ẹtičan ethisch
ẹtika Ethik *f*
etikẹta Etikett *n*, Namensschild *n* (*an e-r Pflanze in der Gärtnerei*), Preisschild *n*; Etikette *f*
ẹtīl *1 Chem.* Äthyl *n*
etimọloškī etymologisch
Etiọpija Äthiopien *n*
etiọp(ij)skī äthiopisch
ẹtničkī ethnisch
etnọlog Ethnologe *m*
etnolọgija Ethnologie *f*
etnọloškī ethnologisch
ẹto *Int* da!; schau, da!; da hast du's!
eufemịstičkī euphemistisch, beschönigend
ẹunuh (*Pl* -usi) Eunuch *m*
evakuạ̄cija Evakuierung *f*
evakuı̣̄rati *5 ipf/pf* evakuieren
evaluạ̄cija Bewertung *f*
evạnđēlje Evangelium *n*; *~ po Mạrku* Markusevangelium *n*
evanđeọskī evangelisch, Evangelium-
evangẹličkī evangelisch, protestantisch
evangẹlīk Protestant *m*
ẹventuālan eventuell
eventuạlnōst (-osti; *ISg* -osti/-ošću) *f* Eventualität *f*
evidẹncija Liste *f*; Verzeichnis *n*
evidẹntan evident; offenkundig
evidẹntičār Listen-, Registerführer *m*
Ẹvin Eva(s)-; *~ kọstīm fig.* Evaskostüm *n*
ẹvo *Int* hier!; da!; *ẹvo me!* da bin ich!
Evrọ̄pa Europa *n*
Evropẹ̄jac (-opējca), **Evropljạ̄nin** Europäer *m*
Evropẹ̄jka, Evrọpljānka Europäerin *f*
ẹvrōpsk|ī europäisch, Europa-; *~ā zạjednica* Europäische Gemeinschaft

F

F f *n*
fabricı̣̄rati *5 ipf/pf* fabrizieren
fạbričkī Fabrik-
fạbrika Fabrik *f*
fabrikạ̄cija Fabrikation *f*
fabrı̣kāt *1* Fabrikat *n*
fạbula Fabel *f*
fạh Fach *n*; *poštanskī ~* Postfach *n*

fạjd|a Nutzen *m*; Vorteil *m*; ***nēmā ~ē*** es hat keinen Zweck
fạk(a)t Faktum *n*; Tatsache *f*
fạkīn *1* Lümmel *m*
fạktičan faktisch, tatsächlich
fạktor Faktor *m*
faktūra Lieferschein *m*; Warenrechnung *f*
fạkultatīvan fakultativ
fakụltēt *1* Fakultät *f*
fạlanga (*GPl* -gī) Phalanx *f*; *Med.* (*Finger-, Zehen-*)Glied *n*
fạliti *ipf/pf* fehlen; ***jọš nam je ị tō fạlilo*** *fig.* das hat uns gerade noch gefehlt
falsificīrati *5 ipf/pf* fälschen
falsifịkāt *1* Fälschung *f*
falsifịkator Fälscher *m*
fạmīlija Familie *f* (*a. Bot., Zool.*)
fạmilijāran familiär; vertraut
fạmōzan famos
fanạtičan fanatisch
fanạtičār, fanạtik Fanatiker *m*
fanatịzam (-zma) Fanatismus *m*
fantạstičan phantastisch
fạntāzija Phantasie *f*
fantazīrati *5 ipf/pf* phantasieren
fār *4* Leuchtturm *m*; *Kfz.* Scheinwerfer *m*
fārb|a (*GPl* -bī) Farbe *f*; ***s ~ōm vạn!*** heraus mit der Sprache!
fārbati **[-o]** färben
farịzēj *1* Pharisäer *m*
farizējstvo Pharisäertum *n*
fārma Farm *f*; Landwirtschaftsbetrieb *f*
farmacẹut Pharmazeut *m*
farmacẹutskī pharmazeutisch
fạrmācija Apotheke *f*
farmakọlog Pharmakologe *m*
farmakọloškī pharmakologisch
fạrmerice, fạrmērke *f/Pl* Blue Jeans *Pl*
fạrsa Farce *f*
fasāda Fassade *f*
fascịkl Aktenhefter *m*; Sammelmappe *f*
fascinīrati *5 ipf/pf* faszinieren
fạšist(a) *m* Faschist *m*
fašịstičkī faschistisch
fašịzam (-zma) Faschismus *m*
fạtālan fatal
fatalịzam (-zma) Fatalismus *m*
fạul *Sp.* Foul *n*
faulīrati *5 ipf/pf Sp.* foulen
fāza Phase *f*
fạzān *1* Fasan *m*
fạzōn *1*, **fazọna** Fasson *f*; Zuschnitt *m*
fẹbruār Februar *m*
federācija Föderation *f*; Bund *m*
fẹderālan, -atīvan föderativ; Bundes-
fẹljtōn *1* Feuilleton *n*
feljtonịstičkī feuilletonistisch
fēn Haartrockner *m*; *Meteor.* Föhn *m*
fenọmēn *1* Phänomen *n*
fẹnomenālan phänomenal
fẹnjer *Turz.* Laterne *f*
fẹredža *Turz.* Gesichtsschleier *m*
ferijālac (-lca) Ferienkind *n*; Urlauber *m*
fẹrijālan Ferien-
fẹrije *f/Pl* Ferien *Pl*; Urlaub *m*
festịvāl *1* Festival *n*; Festspiel *n*
fetišịzam (-zma) Fetischismus *m*
fẹud *hist.* Lehen *n*; Lehnsgut *n*
feudālac (-lca) *2* Feudalherr *m*
fẹudālan feudal; Lehens-
feudalịzam (-zma) Feudalismus *m*
fịćūk Pfiff *m*
fićụkati pfeifen
fīg|a Feige *f*; ***dọbiti ~u*** *fig.* leer ausgehen; ***dr̥žati ~e*** *fig.* j-m die Daumen halten
figūra (*menschliche*) Figur *f*; (*Tanz-, Schach-*)Figur *f*
figụrant *fig.* Strohmann *m*
fịguratīvan figurativ, figürlich
fijạsko Fiasko *n*; Mißerfolg *m*
fijụdičar *Hdl.* Treuhänder *m*
fijụk|ati (fijučēm) **[-nuti]** pfeifen
fịkcija Fiktion *f*
fiksīrati *5 ipf/pf* fixieren
fịksnī fix, fest
fịktīvan fiktiv
fịkus Gummibaum *m*
filatẹlija Philatelie *f*
filatẹlist(a) Philatelist *m*
filatẹlističkī philatelistisch
fịldžān *1 Turz.* Kaffeeschale *f*
filē (-ẹa) Filet *n*
filẹki *m/Pl* Kuttelflecke *Pl*, Kaldaunen *Pl*
filịgran *1* Filigran *n*
filijāla Filiale *f*
fịlm Film *m*; ***~ u bọji*** Farbfilm *m*; ***cr̥tanī ~*** Zeichentrickfilm *m*; ***kratkomẹtrāžnī ~*** Kurzfilm *m*; ***(nẹ)eksponịranī ~*** (un-) belichteter Film; ***nijemī ~*** Stummfilm *m*; ***pụkao mu ~*** *fig.* ihm ist der Geduldsfaden gerissen; ***zvūčnī ~*** Tonfilm *m*
fịlmovati (-ujēm) *ipf/pf* filmen, e-n Film drehen
fịlmskī Film-
filoksẹra *Zool.* Reblaus *f*
filọlog Philologe *m*
filọloškī philologisch

filolǫškinja Philologin *f*
filǫzof Philosoph *m*
filozǫfija Philosophie *f*
filozofịrati *5 ipf/pf* philosophieren
filǫzofskī philosophisch
fịltar (-tra) Filter *m*; ~ **za ūlje** *Kfz.* Ölfilter *m*
filtrịrati *5 ipf/pf* filtrieren
fịn fein, zart; zierlich; (*Mensch*) fein, anständig
Fịnac (-nca) Finne *m*
fịnālan final, Final-
finąle Finale *n*; *Sp.* Endspiel *n*
finąncije *f/Pl* Finanzen *Pl*
finąncījskī finanziell, Finanz-
financịrati *5 ipf/pf* finanzieren
finęsa Finesse *f*; Feinheit *f*
fịniš Finish *n*; Endspurt *m*
Fịnkinja Finnin *f*
finǫća Feinheit *f*; Zartheit *f*
Fịnskā (*LSg* -kōj) Finnland *n*
fịnskī finnisch
fiōka Schublade *f*
fịrma Firma *f*; Geschäft *n*
fisk, fịskus Fiskus *m*
fiskultūra Sportunterricht *m*; Turnen *n*; **jụtārnjā** ~ Frühsport *m*
fịstula Fistel *f*
fịšek *Turz.* Patrone *f*; Patronenhülse *f*; Tüte *f*
fišęklija *Turz.* Patronentasche *f*
fịzičār Physiker *m*
fịzičkī körperlich, physisch; ~ **rādnīk** ungelernter Arbeiter, Hilfsarbeiter *m*
fịzika Physik *f*
fịzikāl|nī physikalisch; **~nā terąpija** *Med.* physikalische Therapie
fiziǫlog Physiologe *m*
fiziolǫgija Physiologie *f*
fiziolǫgījskī, fiziǫloškī physiologisch
fląnēl *1* Flanell *m*
fląša Flasche *f*
fląuta Flaute *f*; *Mus.* Flöte *f*
flęgma Phlegma *n*
flegmątičan phlegmatisch
flęksija *Gr.* Flexion *f*, Beugung *f*
flęrt Flirt *m*
flęrtovati (-ujēm) flirten
flęš *Fot.* Blitzlicht *n*
flǫmaster Faserschreiber *m*, Filzstift *m*
flǫta Flotte *f*
fluịdan flüssig
fluktuącija Fluktuation *f*
fluktuịrati *5 ipf/pf* fluktuieren
foąjē (-ęa) Foyer *n*
fǫka, fōka (*DSg* -ki) Seehund *m*
fǫlklōr *1* Folklore *f*
fǫlklōrnī folkloristisch; Folklore-
fǫnd Fond *m*; Fonds *m*; Bestand (*an Büchern etc.*); ~ **riječī** Wortschatz *m*; **međunārodnī mǫnetārnī** ~ Internationaler Währungsfonds
fǫnēm *1 Gr.* Phonem *n*
fonętika *Gr.* Phonetik *f*
fonolǫgija *Gr.* Phonologie *f*
fonǫloškī phonologisch
fontąna Fontäne *f*
fōrm|a Form *m*; Gestalt *f*; **bịti u ~i** fit sein
formącija Formation *f*
fǫrmālan formal; formell; der Form nach
formąlist(a) *m* Formalist *m*
formalịzam (-zma) Formalismus *m*
formąlnōst (-osti; *ISg* -osti/-ošću) *f* Formalität *f*; **čịstā** *od.* **pụkā** ~ reine Formsache
fǫrmāt *1* Format *n*
formịrati *5 ipf/pf* formen; formieren
fǫrmula Formel *f*
formulącija Formulierung *f*
formụlār *1* Formular *n*, Formblatt *n*; **ịspuniti** ~ ein Formular ausfüllen
formulịrati *5 ipf/pf* formulieren
forsịrati *5 ipf/pf* forcieren
fǫsfāt *1* Phosphat *n*
fǫsfor Phosphor *m*
fǫsfōran Phosphor-
fǫsīl *1* Fossil *n*; *abw. f.* Greis *m*
fǫsīlan fossil
fǫtēlj *1* Lehnstuhl *m*; Sessel *m*
fǫto-rǫbot Phantombild *n*
fotogęničan fotogen
fotǫgraf Fotograf *m*
fotografịrati *5 ipf/pf* fotografieren
fotokopịrati *5 ipf/pf* fotokopieren
fotomontąža Fotomontage *f*
fǫtoslog *Typ.* Fotosatz *m*
fǫtotīsak (-ska) Lichtdruck *m*
frągmentāran fragmentarisch
fręjer F Halbstarke(r) *m*; Gammler *m*, Müßiggänger *m*
frąkcija Fraktion *f*
frakciǫnāš *1 Pol.* Fraktionsmitglied *n*
fraktūra *Med.* Fraktur *f*; *Typ.* Fraktur (-schrift *f*) *f*
Frąncūskā (*LSg* -kōj) Frankreich *n*
frąncūsk|ī französisch; **~ā bǫlēst** Sy-

phillis *f*; **~ī ključ** verstellbarer Schraubenschlüssel
Frąncūskinja Französin *f*
Frąncūz *1* Franzose *m*
frąnko franko; frei; **~ fąbrika** *Hdl.* ab Werk
frānjevac (-ēvca) *Rel.* Franziskaner *m*
frānjevačkī Franziskaner-
frapąntan frappant, verblüffend, frappierend
frąpē (-ęa) Frappé *n*
frapīrati *5 ipf/pf* frappieren, in Erstaunen versetzen
frās *Med.* Krampfanfall *m*
frātar (-tra) Ordensbruder *m*, Mönch *m*
frātarskī Mönchs-
fraz → **frās**
frāza Phrase *f*; Redensart *f*
frazeolǫgija *Ling.* Phraseologie *f*
frazeǫloškī phraseologisch; **~ rječnīk** phraseologisches Wörterbuch
frązēr *1* Phrasendrescher *m*; Schwätzer *m*
fṛcati sprühen; spritzen
fregąta Fregatte *f*
frekvęncija Frequenz *f*
frekvęntan häufig auftretend
frenętičan frenetisch
fręska (*DSg* -ki) Fresko *n*
frēza Fräsmaschine *f*
frēzer Fräser *m*
frįgati braten; rösten; schmoren
frigįdnōst (-osti; *ISg* -osti/-ošću) *f* Frigidität *f*
frįš|ak frisch; **~kī krųh** frisches Brot
frįzēr *1* Friseur
frizērica, frįzērka (*DSg* -ki) Friseuse *f*
frįzērsk|ī Friseur-; **~ā rādnja** Friseursalon *m*
frizīrati *5 ipf/pf* (*a. fig.*) frisieren
frįžak → **frįšak**
frižįdēr *1* Kühlschrank *m*
fṛkati[1] (fṛčēm) [**-nuti**] *Zigarette* drehen; winden
fr̄kati[2] (fṛčēm) [**-nuti**] fauchen; *Pferd*: schnauben; *Katze*: schnurren
frǫnta Front *f*; **nārodnā ~** *hist.*, *Pol.* Volksfront *f*
frǫntālān frontal
frǫntāš *1 Mil.* Frontsoldat *m*
fṛtālj *1* Viertel *n*
frųla Flöte *f*; Schalmei *f*
fućkati pfeifen; *fig.* pfeifen (**na** *A*/ auf *A*)
fųdbal Fußball *m*
fukąra armer Teufel
fundąment Fundament *n*
fųnkcija Funktion *f*
fųnkcījskī, -cionālan funktionell
funkciǫnār *1* Funktionär *m*
funkcionīrati *5 ipf/pf* funktionieren
fūnta (*Maß*, *Währung*) Pfund *n*
fųrnīr *1* Furnier *n*
furnīrati *5 ipf/pf* furnieren
fųruna Ofen *m*
furųnkul *Med.* Furunkel *n*
fųš F Pfusch *m*
fųšer Pfuscher *m*; Stümper *m*
fušīrati *5 ipf/pf* pfuschen
futrǭla Futteral *n*, Schutzhülle *f*; **~ za naočale** Brillenetui *n*
fųtūr *1 Gr.* Futur *n*; **~ drųgī** *od.* **ęgzaktnī** Futurum exactum; vollendete Zukunft
futurįst(a) Futurist *m*
futurįzam (-zma) Futurismus *m*
fūzija Fusion *f*
fuzionīrati *5 ipf/pf* fusionieren

G

G g *n*
gą *G*, *A v.* **ǫn, ǫna**
gācati waten
gaće *f/Pl* Unterhose *f*; **kųpāćē ~** Badehose *f*; **įmati pųnē ~** F die Hosen voll haben
gaćice Unterhöschen *n*; Damenslip *m*
gąd Schmutz *m*; Unrat *m*; Ungeziefer *n*; (*Mensch*) Ekel *n*
gądan dreckig, schmutzig; ekelhaft
gądi|ti beschmutzen; **~ se** sich ekeln; **~ mi se** es ekelt mich an
gądljiv ek(e)lig
gądno *Adv v.* **gądan**

gą̄đānje Zielen *n*; Schießen *n*; ~ ***na lędu*** Eisstockschießen *n*
gą̄đati zielen; schießen; ~ ***kąmenom*** e-n Stein werfen
gađēnje Abscheu *m*; Ekel *m*
gą̄j (*Pl* gajevi) Hain *m*
gą̄jba (*Vogel-*)Käfig *m*; Träger *m* (*für Getränkeflaschen*)
gą̄jde *f*/*Pl Mus*. Dudelsack *m*
gą̄jēnje Zucht *f*; Züchtung *f*
gą̄jiti [od-] *Vieh*, *Blumen* züchten; *Vieh* mästen; *Künste* pflegen; *Kind* großziehen; *Weinreben* anbauen; *Hoffnung* hegen
gą̄kati (-čēm) **[-nuti]** gackern; schnattern
galą̄ma Lärm *m*; Radau *m*
galą̄miti *5* lärmen; Radau machen
galąntan galant; höflich
galantęri|ja Galanterie *f*; Höflichkeit *f*; ~***je*** *f*/*Pl* Kurzwaren *Pl*
galantęrījskī Galanterie-; Kurzwaren-
gąlēb (*Pl* -i; -ovi) Möwe *f*
gąlica Sulfat *n*; ***mọdrā*** ~ Kupfersulfat *n*
gąlija Galeere *f*
galìjāš *1* Galeerensträfling *m*; ***rą̄diti kao*** ~ *fig*. schuften wie ein Ochse
galopīrati *5 pf*/*ipf* galoppieren
gąmād *f* Ungeziefer *n*
ganų̄će Ergriffenheit *f*, Rührung *f*
gąnuti (-nēm; gąnūt) *pf* rühren; Mitleid erregen; ***i kąmēn bi se gąnuo*** *fig*. zum Steinerweichen
ganųtljiv rührend; rührselig
garąncija Garantie *f*
garantīrati *5 pf*/*ipf* garantieren
garąntn|ī Garantie-; ~***ī lįst*** *od*. ~***ō pīsmo*** Garantieschein *m*; ~***ī rọk*** Garantiefrist *f*
gará̄ža Garage *f*; ***pọdzemnā*** ~ Tiefgarage *f*
garažīrati in der Garage parken
gą̄rda (*GPl* -dā/-dī) Garde *f*; Leibwache *f*
garderọ̄ba Garderobe *f*; Gepäckaufbewahrung *f*
gąrdist(a) *m* Gardist *m*; Leibwächter *m*
garnitų̄ra Garnitur *f*; ***jędaćā*** ~ Eßgruppe *f*
gą̄s Gas *n*; → ***plīn; pọd*** ~***om*** F beschwipst, angeheitert
gą̄siti [u-, gąsnuti] (ab-, aus-)löschen; *Licht* ausmachen; *Aufstand* niederschlagen; *Motor* abstellen; *Durst*, *Hunger* stillen; *TV*, *Radio* ausschalten; ~ ***se*** erlöschen; *Feuer*: ausgehen
gąsnuti (-nēm) → ***gą̄siti***
gą̄t Schleuse *f*; Wehr *m*; Hafenmole *f*; Steg *m*; ~ ***za kų̄pānje*** Badesteg *m*
gą̄talica Wahrsagerin *f*
gą̄tati wahrsagen; ~ ***iz rų̄kē*** aus der Hand lesen
gąvrān Rabe *m*; Rappe *m*
gą̄z Furt *f*
gą̄za Gaze *f*; ***sterilįzirānā*** ~ keimfreie Gaze
gązda Hausherr *m*; Vermieter *m*; Wirt *m*; Chef *m*
gązdarica Hausherrin *f*; Vermieterin *f*; Wirtin *f*
gązdīnstvo (*GPl* -įnstāvā) Betrieb *m*; ***poljoprįvrednō*** ~ Landwirtschaftsbetrieb *m*; ***šųmskō*** ~ forstwirtschaftlicher Betrieb
gąziti (-žen) **[pọ-]** stampfen; treten; waten; ~ ***zą̄kon*** ein Gesetz übertreten
gdję wo; (*selten*) wie; ***bīlo*** ~ *od*. ~ ***god*** wo (auch) immer; ~ ***gdję*** hier und da; ~ ***kọjī*** mancher; ~ ***što*** irgend etwas; ~ ***ją tọ̄ znąm*** F wie soll ich das wissen
gęgati se watscheln
generą̄cija Generation *f*
genęrāl *1* General *m*
genę̄ralije *f*/*Pl* Personalien *Pl*
generalizīrati *5 ipf*/*pf* verallgemeinern
gęnerāln|ī generell; General-; ~***ī dįrektor*** Generaldirektor *m*; ~***ā pųnomōc*** Generalvollmacht *f*
genętičkī genetisch
genętika Genetik *f*
genę̄za Genese *f*
gę̄nij Genie *n*
gęnijālan genial
genitąlije *f*/*Pl Anat*. Genitalien *Pl*, Geschlechtorgane *Pl*
gęnitīv *Gr*. Genitiv *m*; zweiter Fall
geọdēt *1* Geodät *m*; Landvermesser *m*
geọdēzij|a Geodäsie *f*; Vermessungskunde *f*; ***zą̄vod za*** ~***u*** Vermessungsamt *n*
geogrąfija Geographie *f*
geolọgija Geologie *f*
gęometar (-tra) Landvermesser *m*
geomętrija Geometrie *f*
germąnist(a) Germanist *m*
germanįstika Germanistik *f*
germanįzam (-zma) *Ling*. Germanismus *m*
germanizīrati *5 ipf*/*pf* germanisieren
gęrmānskī germanisch

G

gȩslo Losung *f*, Schlagwort *n*
gȩst(a) *m* Geste *f*; Gebärde *f*; ***tộ bi bịlo lijȩpā ~ ọd njega*** *fig.* das wäre e-e schöne Geste von ihm
gestikulīrati *5 ipf/pf* gestikulieren
gịbak (-pko) biegsam, elastisch; gelenkig
gịbanic|a (*Art*) Strudel *m*; ***zamijȩsiti ~u*** *fig.* e-e (schöne) Suppe einbrocken
gībānje Bewegung *f*
gībati bewegen; in Bewegung setzen; **~ se** sich bewegen; sich regen
gịbljiv beweglich, flexibel
gịbljivōst (-osti; *ISg* -osti/-ošću) *f* Beweglichkeit *f*, Flexibilität *f*
gịgant Gigant *m*, Riese *m*
gịgantskī gigantisch, riesenhaft
gimnasticīrati *5 ipf/pf* Gymnastik treiben; turnen
gimnạstičār Turner *m*
gimnạstičk|ī Gymnastik-, Turn-; ***~ā dvorạna*** Turnhalle *f*
gimnạstika Gymnastik *f*
gịmnāzija Gymnasium *n*; ***nịžjā ~*** gymnasiale Unterstufe
gimnazijạ̄lac (-lca) *2* Gymnasiast *m*
gimnazijạ̄lka (*DSg* -ki) Gymnasiastin *f*
gimnạzījskī Gymnasial-
ginekọlog Gynäkologe *m*
ginekolọgija Gynäkologie *f*
ginekọloškī gynäkologisch, Gynäkologen-
gịnuti [**pọ-, ụ-**] eingehen, sterben; umkommen (*a. fig.*); schmachten (**za** *I*/ nach *D*)
gịpko → ***gịbak***
gịpkōst (-osti; *ISg* -osti/-ošću) *f* Biegsamkeit *f*, Elastizität *f*; Geschmeidigkeit *f*
gịps Gips *m*
gịpsan Gips-
gịpsati gipsen
gitạ̄ra Gitarre
gịzda Schmuck *m*; Verzierung *f*
gịzdav geschmückt; verziert; hochmütig; stolz
glạčalo Bügeleisen *n*; ***~ na pạ̄ru*** *od.* ***pạ̄rnō ~*** Dampfbügeleisen *n*
glạčati bügeln
glạ̄d (-ā/-ī) *m od. f* Hunger *m*; ***utạ̄ziti ~*** den Hunger stillen; → ***štrạjk***
glạdak (-tko) glatt; eben
glạdan hungrig; ***~ za znạ̄njem*** wissensdurstig; ***bịti ~*** Hunger haben
glạditi (-đen) [**pọ-**] glätten; streicheln; *fig. Streit etc.* schlichten; **~ se** sich (gegenseitig) streicheln; sich herausputzen
gladọvati (glạdujēm) hungern; Hunger (er)leiden
glạđēnje Glätten *n*; Streicheln *n*
glạđī *Komp v.* ***glạdak***
glạgol *Gr.* Verb *n*, Zeitwort *n*; (***ne***)***prạvīlnī ~*** *Gr.* (un)regelmäßiges Verb; (***ne***)***prȩ̄laznī ~*** *Gr.* (in)transitives Verb; ***pọmoćnī ~*** Hilfsverb *n*; ***pọvratnī ~*** *Gr.* reflexives Verb
glạgolskī Verbal-
glagọljāš *1*: ***pọp-~*** Priester, der glagolitische Messen liest
glagọljič|kī glagolitisch; ***~kō pīsmo*** glagolitische Schrift
glagọljica glagolitische Schrift
glạ̄s (*Pl* glạsovi) Stimme *f*; Klang *m*; Ton *m*; *fig.* Ruf *m*; *Gr.* Laut *m*; ***bịti na ~u*** berühmt sein; ***bịti na dọbrū ~u*** e-n guten Ruf haben; ***dộći nạ zao ~*** in Verruf kommen; ***ịdē ~*** das Gerücht geht um; ***ịznijēti na ~*** ins Gerede bringen; ***nạ sav ~*** aus vollem Hals; ***prạ̄vo ~a*** *Pol.* Stimmrecht *n*; ***u jȩdān ~*** wie aus e-m Munde; ***ụ pō ~a*** mit verhaltener Stimme
glạsāč *1* Wähler *m*
glạsāčkī Wahl-; Wähler-; Stimm-; ***~ lịstić*** Stimmzettel *m*; ***~ spịsak*** Wählerliste *f*
glạsan laut; deutlich; klangvoll
glạsānje Abstimmung *f*; Wahl *f*; ***tạ̄jnō ~*** geheime Wahl
glạsati wählen; (ab)stimmen (**za** *A*/ für *A*); **~ se** sich hören lassen; verlauten
glạsilo (*Presse-*)Organ *n*; *fig.* Sprachrohr *n*
glạsina Gerücht *n*
glạ̄siti lauten; heißen
glạsnica *Anat.* Stimmband *n*
glạsnīk *1* Bote *f*, Kurier *m*
glạsno *Adv* laut; ***~ i jạsno*** klipp und klar; ***~ mịsliti*** *fig.* laut denken
glạsovīr Klavier *n*
glasovịrāč *1* Klavierspieler *m*, Pianist *m*
glasọvit berühmt, namhaft
glạtko → ***glạdak***
glạ̄v|a Kopf *m*; Haupt *n*; *fig.* (An-)Führer *m*; (*Buch*) Kapitel *n*; ***~ōm i brạ̄dōm*** höchstpersönlich; ***~a ọbitelja*** *od.* ***pọrodicē*** Familienoberhaupt *n*; ***~a pīsma*** Briefkopf *m*; ***~a ụ gore!*** Kopf hoch!;

dạti po ~ī *fig.* eine auf den Kopf geben; **dọ̄ći u ~u** in den Sinn kommen; einfallen; **ịsprati ~u** *fig.* den Kopf waschen (*D*/*D*); **ịzvūći žīvū ~u** mit heiler Haut davonkommen; **klịmnuti ~ōm** nicken; **lụ̄pati** *od.* **razbījati se ~u** *fig.* sich den Kopf zerbrechen; **mạ̄hati ~ōm** den Kopf schütteln; **nẹ̄mati ni ~ē ni rẹ̄pa** weder Hand noch Fuß haben; **nẹ̄mati sve dạske u ~i** *fig.* nicht alle Tassen im Schrank haben; **po ~i** *fig.* pro Kopf; **rạ̄diti o ~i** nach dem Leben trachten; **šụpljā ~** F Hohlkopf *m*; **tọ̄ ću mu ịzbiti ịz ~ē** *fig.* das werde ich ihm austreiben; **ụhvatiti se za ~u** sich (*angesichts e-s Fehlers o.ä.*) an den Kopf fassen; **ụsijāna ~** *fig.* Hitzkopf *m*; **zaljụ̄biti se preko ~ē** sich bis über beide Ohren verlieben; **zavṛtjeti ~u** *fig.* den Kopf verdrehen

glavạčkē kopfüber

glạvār *1* Leiter *m*; Oberhaupt *n*; Vorstand *m*

glạvat großköpfig; *fig.* einflußreich; **~ā salạ̄ta** Kopfsalat *m*

glạvčina Radnabe *f*

glavẹšina *m fig.* hohes Tier

glạvica Köpfchen *n*; Kuppe *f*; **~ stụpa** *Arch.* Kapitell *n*

glạvn|ī hauptsächlich; Haupt-; wesentlich; wichtigste(r); **~ī brọ̄j** Kardinalzahl *f*; **~ī dịo** Hauptteil *m*; **~ī grạ̄d** Hauptstadt *f*; **~ā rạsprava** *Jur.* Hauptverhandlung *f*; **~ā rečẹnica** *Gr.* Hauptsatz *m*; **~ī štạb** *Mil.* Generalstab *m*; **~ī ụrednīk** Chefredakteur *m*

glạvnica[1] Kapital *n* (*ohne Zinsen*); **pọslōvnā ~** Betriebskapital *n*

glạvnica[2] Kopfsteuer *f*

glavọbolja Kopfschmerzen *Pl*, Kopfweh *n*

glạzba (*GPl* glạ̄zbā/glạzbī) Musik *f*

glạzbalo Musikinstrument *n*; **dụhāćkō ~** Blasinstrument *n*; **lịmenō** Blechblasinstrument *n*

glạzben (-o) Musik-; musikalisch; **~ā vịljuška** Stimmgabel *f*; **~ī zạ̄vod** Konservatorium *n*

glạzbenīk Musiker *m*

glazbọvati (glạzbujēm) musizieren, Musik machen

glazụ̄ra Glasur *f*

glẹ! *Int* da!; schau!

glẹd|alac (-aoca) Betrachter *m*, Zuschauer *m*; **~aoci** *m*/*Pl* Publikum *n*

glẹdalīšte Zuschauerraum *m*

glẹdānje Betrachten *n*, (Zu-)Schauen *n*; **~ nạ svijet** Weltanschauung *f*

glẹdatelj → **glẹdalac**

glẹdati **[pọ-]** (an-)sehen, betrachten; schauen; achten (**na** *A*/ auf *A*); sich bemühen (**na** *A*/ um *D*); **glẹdāj ti njega!** *abw.* nun sieh dir den mal an!; **~ cṛno** *fig.* schwarz sehen; **~ krọz pṛste** *fig.* durch die Finger sehen; **~ za** (*I*) nachschauen (*D*); **drụkčije ~** (**na** *A*) e-e Sache anders sehen; **~ se** sich (*einander*) anschauen

glẹdīšte Gesichtspunkt *m*; Standpunkt *m*

glẹ̄đ (-i; *ISg* -i/-u) *f* Glasur *f*; Schmelz *m*; **zụbnā ~** Zahnschmelz *m*

glẹžanj (-žnja; *Pl* -žnji/-žnjevi) Knöchel *m*; Fußknöchel *m*

glẹžn|ī Knöchel-; **~ā kọ̄st** Sprunggelenk *n*

glẹžnjāk (*elastisches*) Stützband *n*

glịb Morast *m*; Schlamm *m*

glịbav schlammig; sumpfig

glibọder Schwimmbagger *m*

glịna Lehm *m*; Ton(erde *f*) *m*

glịnār Töpfer *m*

glịnen (-o) tönern, Ton-

glịser Gleitboot *n*

glịsta Wurm *m*; **kịšnā ~** Regenwurm *m*; **tṛbušnā** *od.* **djẹčjā ~** Spulwurm *m*

glọba Geldbuße *f*, Geldstrafe *f*; Beschlagnahme *f*

glọbāl *1* Gesamtheit *f*; **u ~u** insgesamt

glọbiti e-e Geldbuße auferlegen

glọdalica, glọdalo Fräsmaschine *f*

glọdalo Fräser *m*

glọdati (-đēm) **[o-]** fräsen; knabbern; nagen; *fig.* ausnehmen; plündern; **~ se** *fig.* sich zanken

glọdavac (-āvca) *Zool.* Nager *m*, Nagetier *n*

glọdnjak *Anat.* Schneidezahn *m*

glọg *Bot.* Hagedorn *m*; **bijelī ~** Weißdorn *m*

glogọtati *Wasser*: gluckern; sprudeln

glọmāzan plump; schwerfällig

glọžiti se sich streiten; zanken

glụ̄h taub; gehörlos; schwerhörig; **~ i slijep** desinteressiert; **~ kao tọp** *fig.* stocktaub; → **dọba, nẹdjelja**

glụhāk *1* Taube(r) *m*, *f*

gluhọća Taubheit *f*

gluhọnijem taubstumm
glȗma Schauspiel(kunst *f*) *n*
glụmac (-mca) Schauspieler *m*; *fig.* Heuchler *m*
glụmačk|ī Schauspieler-; schauspielerisch; ***~ā drụžina*** Schauspielertruppe *f*
glụmica Schauspielerin *f*
glȗmiti darstellen; schauspielern; *fig.* sich verstellen
glȗp dumm, blöde; albern, töricht; ***~ kao nộć*** *fig.* dumm wie Bohnenstroh
glụpača *abw.* dumme Gans, blöde Kuh
glụpāk Dummkopf *m*
glụpljī *Komp v.* ***glȗp***
glȗpōst (-osti; *ISg* -osti/-ošću) *f* Dummheit *f*; Torheit *f*; ***govọriti ~*** dummes Zeug reden; ***nạpraviti ~*** e-e Dummheit machen
glụšī *Komp v.* ***glȗh***
glȗv → ***glȗh***
gljịv|a Pilz *m*; Schwamm *m*; ***jẹstivā ~a*** eßbarer Pilz; ***ọtrōvnā ~a*** Giftpilz *m*; ***rȃsti kao ~e*** *fig.* wie Pilze aus dem Boden schießen
gljịvice *f/Pl* Spaltpilze *Pl*; Bakterien *Pl*
gmȃz (*Pl* gmạzovi) Kriechtier *n*; Reptil *n*
gmịzati (-žēm) kriechen; *a. fig.* unterwürfig sein
gmịzavac (-āvca) Kriechtier *n*; Reptil *n*; *fig.* Kriecher *m*
gnijẹzditi *7* nisten; sich ein Nest bauen
gnijẹzdo *7* Nest *n*; ***ọsinō ~*** Wespennest *m* (*a. fig.*)
gnộj *3* Eiter *m*; Dung *m*; Mist *m*
gnọjan eitrig
gnọjiti (*Imp* gnộj) **[na-]** düngen; ***~ se*** eitern
gnọjīvo Dünger *m*; Mist *m*; ***ụmjetnō ~*** Kunstdünger *m*
gnụsan dreckig, schmutzig; ek(e)lig, widerlich
gnụsnīk *1* Ekel *n*; ekelhafter Mensch
gnụšati se verabscheuen (*G*/*A*)
gnjȃviti kneten; quetschen; *fig.* belästigen; quälen; ***~ se*** sich quälen
gnjȇčiti **[z-]** drücken; kneten; quetschen; *fig.* quälen; tyrannisieren
gnjȇv (*Pl* gnjȇvi/gnjẹvovi) Ärger *m*; Wut *f*; Zorn *m*; ***iskȃliti ~*** seine Wut auslassen (***na*** *A*/ an *D*); ***pụknuti od ~a*** vor Wut platzen
gnjȇvan ärgerlich; wütend; zornig
gnjịda Nisse *f*; *fig.* Mistkerl *m*
gnjȋl → ***gnjịo***
gnjȋl|ež, gnjilọća Fäulnis *f*; Zersetzung *f*
gnjịo (*LF* gnjīlī) faul; morsch; verdorben
gnjịti (-ijēm) (ver)faulen; verwesen
gộ → ***gộl¹***
gộd *3* Jahrestag *m*; Festtag *m*; (*am Baum*) Jahresring *m*; ***cṛkvenī ~*** Kirchweihfest *n*
gọd: dọkle ~ wie lange auch immer; ***kạd ~*** wann auch immer; ***kọliko ~ tō kọštā*** was (auch) immer das kostet; ***tkọ ~*** wer auch immer
gọdin|a Jahr *n*; ***~ama*** jahrelang; ***~u dạnā*** ein Jahr (lang); ***bịti u ~ama*** in reiferem Alter sein; ***bụdžetskā ~*** Haushaltsjahr *n*; ***Nọvā ~a*** Neujahr *n*; ***plạkati kao ljụtā ~a*** *fig.* Rotz und Wasser heulen; ***prijẹstupnā ~a*** Schaltjahr *n*; ***Stȃrā ~a*** Silvester *n*; ***zȃći u ~e*** *fig.* in die Jahre kommen
gọdišnjāk Jahrbuch *n*
gọdišnjī jährlich; → ***dọba***
gọdišnjica Jahrestag *m*; Jubiläum *n*
gọdīšte Geburtsjahr (*e-s Menschen*) *n*, Jahrgang (*e-r Zeitschrift*) *m*
gọditi [u-] behagen; gefallen; schmecken
gọjan, gọjāzan beleibt; dick; gut genährt
gọjaznōst (-osti; *ISg* -osti/-ošću) *f* Fettleibigkeit *f*
gọjiti [u-] *Kind* aufziehen; *Freundschaft* pflegen; *Pflanzen, Tiere* züchten; ***~ se*** dick werden
gộl¹ nackt, bloß; kahl; ***~ gọlcat*** splitternackt; ***~ i bộs*** nackt und bloß; ***~ā čịnjenica*** *fig.* e-e nackte Tatsache; ***~ā ịstina*** die nackte Wahrheit; ***~īm ọkom*** mit bloßem Auge
gộl² (*Pl* gọlovi) *Sp.* Tor(schuß *m*) *n*
gọlem *6* (riesen)groß; ungeheuer
gọlgeter *Sp.* Torjäger *m*
golịcati kitzeln; *Neugier etc.* auslösen
golịcav kitzlig
golịšav nackt; ungefiedert; unbehaart
gọlman *Sp.* Torwart *m*
golọbrad bartlos
golọbradac (-aca) *fig.* Grünschnabel *m*
golọnog barfuß
golọruk unbewaffnet; mit bloßen Händen
golọtinja Blöße *f*; Nacktheit *f*; *fig.* Armut *f*
gọlūb (*Pl* gọlubovi/gọlūbi) *Zool.* Taube *f*; ***~ listọnoša*** Brieftaube *f*

golụbārnīk Taubenschlag *m*
golụbica → ***gọlūb***
golụbinjī Tauben-
goljęnica Schienbein *n*
gọmbāč *1* Turner *m*
gombaọ̄nica Turnhalle *f*, Gymnastiksaal *m*
gọmil|a Haufen *m*; Masse *f*; Menge *f*; ***~a dṛva*** ein Stapel Holz; ***na ~e*** *od.* ***u ~ama*** haufenweise
gomịlati [na-] (an)häufen; (auf)stapeln; ***~ se*** sich anhäufen
gọmolj Knolle *f*; Knollengewächs *n*
gọnīč *1* Treiber *m*
gọniti [pro-] hetzen; jagen; *Vieh* treiben; verfolgen, j-n antreiben (*zu etw.*)
gọr|a Berg *m*; Gebirge *n*; ***nąšē ~ē lịst*** *fig.* unser Landsmann; ***premjęstati ~e*** *fig.* Berge versetzen; ***rạvnā ~a*** Tafelberg *m*; ***s ~a s dọla*** von allen Seiten
gọr|ak[1] *Adv* (-rko) bitter; herb; ***~kē sụze*** *fig.* heiße Tränen; ***pogụtati ~ku pịlulu*** *fig.* e-e bittere Pille schlucken; ***~kā sọ̄l*** Bittersalz *n*
gọrak[2] *Su* Magenbitter *m*
gorčịna Bitterkeit *f*; Bitternis *f*
gọ̄rd stolz; hochmütig
gọ̄rdōst (-osti; *ISg* -osti/-ošću) *f* Stolz *m*; Hochmut *m*
gọre oben; oberhalb; herauf; hinauf; ***~ dọlje*** auf und ab
gọrī *Komp v.* ***zạo***
gorīv|o Kraftstoff *m*; Brennstoff *m*; *Kfz.* Benzin *n*; ***dṛva za ~a*** Brennholz *n*
gọrjeti (-īm; -rio, -rjela) **[iz-, po-]** (ab-, aus-)brennen; ***~ od żęljē*** *fig.* vor Verlangen brennen
gọrkast ein bißchen bitter
gọrko *Adv v.* ***gọrak[1]***
gọrnjī obere(r); Ober-; → ***čęljūst, kạt, pạluba***
gorọpadan rasend; ungestüm; wild
gorọsječa Abholzen *n*
gorọstas Koloß *m*; Riese *f*
gorọvit bergig, gebirgig
gọrskī Berg-, Gebirgs-
gọrštāk *1* Berg-, Gebirgsbewohner *m*
gọrūćī brennend (*a. fig.*)
gorụšica Senf *m*
gọ̄spa → ***gọspođa***
gọspār *1* Grundherr *m*
gọ̄spin Madonnen-; Marien-
Gọspōd *Rel.* Herr *m*, Gott *m*
gospọda *Pl v.* ***gospọdin***
gospọdār *1* Herr *m*; Gebieter *m*; ***bịti ~ situạcijē*** *fig.* Herr der Lage sein; ***bịti svọ̄j ~*** sein eigener Herr sein
gospodạrica Herrin *f*; Gebieterin *f*; Haushälterin *f*
gospodāriti *5* (be)herrschen; gebieten; wirtschaften; ***~ zęmljōm*** über ein Land herrschen
gospọdārsk|ī, gospọdstven wirtschaftlich, Wirtschafts-; ***~ā pọmōć*** Wirtschaftshilfe *f*; ***~ā refọ̄rma*** Wirtschaftsreform *f*
gospodạ̄rstvo Wirtschaft *f*; Haushalt *m*; Herrschaft *f*; ***nạrodnō ~*** Volkswirtschaft *f*
gospọd|in (*Pl* gọspoda) Herr *m*; ***Štọvanā ~o!*** Sehr geehrte Herren!
gọspodskī herrschaftlich; Herren-
gọspođa Frau *f*; Dame *f*; (Ehe)gattin *f*
gọspođica Fräulein *n*
gọ̄st *3* (*G/Pl* -ī/-ijū) Gast *m*; ***bịti u ~ima*** zu Gast sein; ***nęzvanī ~*** ungebetener Gast; ***pọzvati u ~e*** Gäste einladen; ***stạ̄lan ~*** Stammgast *m*
gostiọnica Gasthaus *n*; Wirtshaus *n*
gostiọničār Gastwirt *m*
gostiọničārka (*DSg* -ki; *GPl* -kī) Gastwirtin *f*
gọstiti [po-] bewirten; ***~ se*** tafeln; vornehm speisen
gostoljụbiv gastfreundlich
gostoljụbivōst (-osti; *ISg* -osti/-ošću) *f* Gastfreundschaft *f*
gostoprịmstvo (*GPl* -ọprīmštāvā/-prịmstvā) Gastfreundschaft *f*
gostọvati (gọstujēm) gastieren; ein Gastspiel geben
gọšća Gast (*weibl.*)
gọtov fertig, beendet; bereit; (*Speisen*) gar; ***~ō jẹlo*** Fertiggericht *n*; ***bịti sạsvim ~*** *fig.* fix und fertig sein; ***u ~u*** in bar
gotovịna Bargeld *n*
gọtovo beinahe, fast; ***prịmiti za ~*** *fig.* für bare Münze nehmen
gọtovōst (-osti; *ISg* -osti/-ošću) *f* Bereitschaft *f*; Bereitwilligkeit *f*; ***bọjevā ~*** *Mil.* Kampfbereitschaft *f*
govẹdār *1* Rinderhirt *m*; Viehtreiber *m*
govedạ̄rstvo (*GPl* govẹdārstāvā/govedạ̄rstvā) Rinderzucht *f*
gọvedina Rindfleisch *n*
gọvedinskī, gọveđī Rinder-; Rinds-
gọ̄vno V Scheiße *f*
gọvōr Sprache *f*; Sprechen *n*; Idiom *n*;

Mundart *f*; Rede *f*; **dãr ~a** Rednergabe *f*; **nije vrijędno ~a** nicht der Rede wert sein; **(nę)prãvnī ~** *Gr.* (in)direkte Rede; **svęčanī ~** Festansprache *f*; **šątrovačkī ~** Gaunersprache *f*; **o tome ni ~a** davon kann nicht die Rede sein

govọr|iti *5* reden; sagen; sprechen; **~iti kao iz knjigē** reden wie ein Buch; **općęnito ~ēći** allgemein gesprochen; **~iti u prīlog** *(D) fig.* sprechen für *(A)*; **tō sām po sębi ~i** *fig.* das spricht für sich

govọrkānje Gerede *n*; Klatsch *m*

govọrkati klatschen; Gerüchte verbreiten

govọrljiv gesprächig; redselig

gọvōrnī sprachlich; Sprach-; Sprech-; Rede-

gọvōrnica Rednertribüne *f*; **jãvnā** *od.* **telęfōnskā ~** Telefonzelle *f*

govọrnīk *1* Redner *m*

gọzba *(GPl* -bī) Festessen *n*; Gastmahl *n*

grạb Weißbuche *f*

grãbež *m od. f* Raub *m*; Plünderung *f*

grabęžljiv raffgierig; Raub-; **~ā ptịca** Raubvogel *m*; **~ā zvijer** Raubtier *n*

grabęžljivōst (-osti; *ISg* -osti/-ošću) *f* Habsucht *f*; Raffgier *f*

grạbežn|ī Raub-; **~ō umọrstvo** *od.* **ubīstvo** Raubmord *m*

grạbiti [z-] an sich reißen; (zusammen)raffen; **~ vọdu** Wasser schöpfen; **~ se** sich reißen (**ọko** *G*/ um *A*)

grạbljati harken; rechen

grạblje Harke *f*; Rechen *m*

grạcīlan feingliedrig; grazil

grąd¹ *4* Stadt *f*; Burg *f*; Schloß *n*; **glãvnī ~** Hauptstadt *f*; **lụ̄čkī ~** Hafenstadt *f*; **stãrī ~** Altstadt *f*

grąd² Grad *n*

grạd³ Hagel *m*; **pạdā ~** es hagelt

grạdīć *1* Städtchen *n*; Kleinstadt *f*

grạdilīšte Baustelle *f*, Bauplatz *m*

grạdina¹ Hagel *m*

grạdina² Garten *m*; Burgruine *f*

grạditelj Architekt *m*; Baumeister *m*; Bauunternehmer *m*

grãditi [sa-] aufbauen; erbauen; errichten; *Frieden* stiften; **~ kụ̄le u zrãku** *fig.* Luftschlösser bauen; **~ se** sich ausgeben (*I*/ für *A*)

grạdīvo Baumaterial *n*, Baustoff *m*; Lehrstoff *m*

grãdnja Bau *m*; Bauen *n*; **nịskā ~** Tiefbau *m*; **vịsokā ~** Hochbau *m*

gradonãčelnīk Bürgermeister *m*

grạdsk|ī städtisch; Stadt-; **~ī ọdbor** Stadtausschuß *m*; **~ā ụprava** Stadtverwaltung *f*

grãđa (Bau-)Material *n*; Materie *f*; *fig.* Baustein *m*; **~ tijela** Körperbau *m*

grạđanin (*Pl* -āni) Bürger *m*; Stadtbewohner *m*; Staatsbürger *m*; **počasnī ~** Ehrenbürger *m*

grạđānka (*DSg* -ki; *GPl* -kī) Bürgerin *f*; Stadtbewohnerin *f*; Staatsbürgerin *f*

građānskī bürgerlich, Bürger-; Zivil-; → **prãvo², rạt**

građą̄nstvo (*GPl* grąđanstāvā/građą̄nstvā) Bürgerschaft *f*; Bürgertum *n*

grãđēnje → **grãdnja**

građevina Bau(werk *n*) *m*, Gebäude *n*

građevịnār *1* Baumeister *m*; Bauunternehmer *m*

grạđevīnskī, -ēvnī Bau-, baulich

grạfičār Graphiker *m*

grạfičkī graphisch

grạfika Graphik *f*

grạfīt *1 Chem.* Graphit *n*; Grafitti *Pl*

grafolọgija Graphologie *f*

grạh (*Pl* grạhovi) Bohne *f*; **bacati ~** *fig.* wahrsagen, aus dem Kaffeesatz lesen

grãj|a Geschrei *n*; Getöse *n*; Lärm *m*; **pọdići ~u** Lärm machen

grą̃knuti (-nēm) (**grạktati**) aufkrächzen; aufschreien; *fig.* anfahren (**na** *A*/*A*)

grạktati (-kćēm) → **grą̃knuti**

grạm Gramm *n*

gramạtičār Grammatiker *m*

gramạtičkī grammati(kali)sch

gramạtika Grammatik *f*

gramọfōn *1* Plattenspieler *m*

gramọfōnsk|ī Plattenspieler-; **~ā plọča** Schallplatte *f*

grạmziv habgierig; **~ za nọ̄vcem** geldgierig

grạn|a Ast *m*; Zweig *m* (*a. fig.*); **dọ̄ći na zęlenū ~u** *fig.* auf e-n grünen Zweig kommen; **pạsti na nịskē** *od.* **zạdnjē ~e** *fig.* auf den Hund kommen; **pọslōvnā ~a** Branche *f*

grạnat verästelt; verzweigt

grạnati se Äste *od.* Zweige treiben

grạnčica kleiner Zweig

grạnic|a Grenze *f*; Grenzlinie *f*; (*a. fig.*); **prijeći ~u** *fig.* es zu weit treiben; **zatvãrānje ~a** Grenzsperre *f*

grạničār Grenzposten *m*

grạničnī angrenzend; Grenz-; grenzwer-

tig; ~ **kạmēn** Grenzstein *m*; ~ **prijẹlaz** Grenzübergang *m*; ~ **slụčāj** Grenzfall *m*
grạničnjāk Grenzstein *m*
grạnje *koll.* Geäst *n*; **sụhō** ~ Reisig *n*
grạšak (-ška) Erbse *f*; **slạtkī** ~ Zuckererbse *f*
gravitạcija Gravitation *f*, Schwerkraft *f*
gṛb Wappen *n*
gṛba Buckel *m*; Höcker *m*
gṛbača Buckel *m*; Rücken *m*
gṛbav buck(e)lig; höck(e)rig; krumm; schief; **~ē nọge** krumme Beine
gṛcati schluchzen; ~ **u sụzama** in Tränen aufgelöst sein
gṛč Krampf *m*; ~ **u žẹlucu** Magenkrampf *m*; Kolik *f*
grčẹvit krampfartig; spastisch
Gṛčkā (*LSg* -kōj) Griechenland *n*
gṛčkī griechisch
gr̄dan garstig; häßlich; gewaltig, riesig
gr̄diti [po-] schimpfen; schelten
gr̄dno *Adv v.* **gr̄dan**
grd|ọba, -ọsijā Ungeheuer *n*, Ungetüm *n*
grẹbēn (*Pl* -eni/-enovi) Gebirgskamm *m*; Grat *m*; Klippe *f*
grẹbenast klippenreich
grẹda Balken *m*; **krọvnā** ~ Sparren *m*
grehọta Sünde *f*
grẹjati → **grijati**
grẹpsti (-bēm; -bao; -ben *6*) **[o-]** (zer)kratzen; ritzen; schaben; ~ **se** sich kratzen (**po līcu** im Gesicht)
grẹšan sündig; sündhaft; → **jạrac**
grẹšk|a Fehler *m*; Vergehen *n*; Verstoß *m*; **~ōm** versehentlich
grẹšnica Sünderin *f*
grẹšnīk Sünder *m*
grẹzati [-nuti] (*im Schnee etc.*) versinken
gṛgljānje Gurgeln *n*
gṛgljati gurgeln
grịckati knabbern; knuspern; ~ **nọkte** an den Fingernägeln kauen
grịjāč *1* Heizgerät *n*; ~ **zrạka** *Tech.* Heißluftpistole *f*
grịjānje Heizen *n*; Heizung *f*; **cẹntrālnō** ~ Zentralheizung *f*
grịjati (ein)heizen; wärmen; ~ **se** sich (er)wärmen
grịjeh (-iịẹha) *7* Sünde *f*; **ịstočnī** ~ Erbsünde *f*; **pạsti u** ~ sündig werden; **smṛtnī** ~ Todsünde *f*
grijẹšiti *5*/*7* sündigen, e-e Verfehlung begehen; e-n Fehler machen
grịnja Milbe *f*
grịpa Grippe *f*
grịsti (grīzēm; -zao; -zen) **[od-, u-, za-]** (ab)beißen; kauen; nagen; *Fisch*: anbeißen; *Gewissen*: quälen; *Zweifel*: nagen; *Insekt*: stechen; ~ **se** sich ärgern
grịva Mähne *f*
grịža *Path.* Durchfall *m*; Kolik *f*
grīžnja Beißen *n*; Grämen *n*; ~ **sạ̄vjesti** Gewissensbisse *Pl*
Gṛk Grieche *m* (*Pl* Gṛci)
Gṛkinja Griechin *f*
gṛkljan Gurgel *f*; Luftröhre *f*
gṛlat sehr laut, lautstark; *fig.* großtuerisch, prahlerisch
gṛlenī guttural, Kehl-; ~ **sụglasnīk** *Gr.* Guttural *m*; Kehllaut *m*
gṛlica Turteltaube *f*
gṛlić (*Flaschen-*)Hals *m*; ~ **mạtericē** *Anat.* Gebärmutterhals *m*
gṛliti [za-] umarmen; um den Hals fallen; ~ **se** sich umarmen
gṛl|o Gurgel *f*; Hals *m*; Kehle *f*; Schlund *m*; (*Vieh*) Stück *n*; **do ~a** *fig.* bis zum Hals; **ịz svega ~a** aus vollem Hals; **riječ mi je zastạjala u ~u** *fig.* mir ist das Wort im Hals steckengeblieben
gr̄m Busch *m*; Gebüsch *n*; Strauch *m*
gṛmjeti (-īm; -mio, -mjela) donnern; krachen
gṛmljavina Donner *m*; Donnern *n*
gr̄mlj|e *n* Gebüsch *n*; Gestrüpp *n*; **u tōm ~u lẹžī zẹc** *fig.* da liegt der Hund begraben
grọb Grab(stätte *f*) *n*; **okrẹ̄nuti se u ~u** *fig.* sich im Grabe umdrehen; **šụ̄tjeti kao** ~ *fig.* schweigen wie ein Grab
grọbār *1* Totengräber *m*; *Zool.* Aaskäfer *m*
grọ̄blje Friedhof *m*; **cṛkvenō** ~ Kirchhof *m*
grọbnī Grabes-, Grab-
grọbnica (Toten-)Gruft *f*; **mạsōvnā** ~ Massengrab *n*; **mọnumentālnā** ~ Mausoleum *n*
grọf Graf *m*; **žīvjeti kao** ~ *fig.* leben wie ein Fürst
grọhot (*schallendes*) Gelächter *n*; (*lautes*) Lachen *n*; **~om se smijati** schallend lachen
grọktati (-kćēm; -ktao) grunzen
grọ̄m *3* Donner *m*; Donnerschlag *m*; ~ **i pạkao!** Donnerwetter!; ~ **te ụbio!** F der

Teufel soll dich holen!; ***kao ~ iz vẹdra nęba*** *fig.* wie ein Blitz aus heiterem Himmel; ***nę̄će ~ u kọprive*** *Sprw.* Unkraut vergeht nicht; ***kao ~om ọšinūt*** *fig.* wie vom Donner gerührt
grọmobrān Blitzableiter *m*
grọš (*Pl* -i/-evi) Groschen *m*
grọteska Groteske *f*
grọteskan grotesk
grọza Schau(d)er *m*, Grauen *n*; ***~ me hvạtā*** mich schaudert es, mir graut es
grọzan grauenvoll; schauderhaft, schrecklich
grọzd (*Wein-*)Traube *f*
grọziti se schaudern, erschauern; sich grauen (*G*/ vor *D*)
grọznica Fieber *n*; ***pọvratnā ~*** Wechselfieber *n*; ***pụ̄tnā ~*** *fig.* Reisefieber *n*; ***rọdīljskā ~*** Kindbettfieber *n*; ***zlạ̄tnā ~*** *fig.* Goldfieber *n*; ***žụ̄tā ~*** Gelbfieber *n*
grọzničav fieberhaft; Fieber-; ***~ plịk*** Fieberbläschen *n*
grọzničavōst (-osti; *ISg* -osti/-ošću) *f* Fiebrigkeit *f*
grọzno *Adv v.* ***grọzan***; ***~ skụ̄po*** *fig.* furchtbar teuer
grozọta Gräßlichkeit *f*; Greueltat *f*
grozọvit grausig, schaurig; ***~ī fịlm*** Horrorfilm *m*
grọ̄žđan (-o) Trauben-
grọ̄žđe (*Wein-*)Trauben *Pl*; ***sụ̄hō*** *od.* ***sụ̄vō ~*** Rosinen *Pl*
grọžđica Rosine *f*
grọžnja Drohung *f*
grụ̄b (*Komp* grụbljī) grob, derb; roh
grubịjān *1* Grobian *m*, Flegel *m*
grụbljī *Komp v.* ***grụ̄b***
grubọća, grụ̄bōst (-osti; *ISg* -osti/-ošću) *f* Grobheit *f*; Roheit *f*
grụda Klumpen *m*; Batzen *m*; ***~ snijega*** Schneeball *m*; ***~ zęmljē*** Erdscholle *f*; ***rọdnā ~*** *fig.* Heimatscholle *f*, Heimaterde *f*
grụdānje Schneeballschlacht *f*
grụdati se sich e-e Schneeballschlacht liefern
grụ̄di *f/Pl* Brust *f*; (*weibl.*) Brüste *Pl*; Busen *m*; ***bịti se u ~ma*** *fig.* sich in die Brust werfen; ***kọkošjē ~*** *Path.* Hühnerbrust *f*
grụ̄dnī Brust-; ***~ kọš*** *Anat.* Brustkorb *m*
grụ̄dnjača *Anat.* Brustbein *n*
grụ̄dnjāk Büstenhalter *m*
grụ̄hati [grụnuti] knallen; krachen; *Kanonen*: donnern
grụmēn → ***grụda***
grụntōvnī Grundbuch-; ***~ ịzvadak*** Grundbuchauszug *m*; ***~ ụred*** Grundbuchamt *n*
grụntōvnica Grundbuch *n*
grụnuti *pf* → ***grụ̄hati***
grụpa Gruppe *f*; ***kr̄vnā ~*** *Med.* Blutgruppe *f*
grupịrati *5 ipf/pf* gruppieren; zusammenstelllen
grụ̄stiti se sich ekeln (*G*/ vor *D*)
grụšati se *Milch etc.*: gerinnen
grụ̑vati → ***grụ̄hati***
gụba *Med.* Aussatz *m*; Lepra *f*; *Bot.* Zunderschwamm *m*
gụbav aussätzig; leprakrank; räudig
gụbavac (-āvca) Aussätzige(r) *m*; Leprakrank(e)r *m*
gụbic|a V Maul *n*, Schnauze *f*; ***dr̥ži ~u*** V halt die Schnauze!
gubịt|ak (-tka; *Pl* -ịci) Verlust *m*, Einbuße *f*; Schaden *m*; *Hdl.* Ausfall *m*; ***~ak i dobịtak*** *Hdl.* Soll und Haben; ***nạnijeti ~ke*** Verluste zufügen; ***pretr̥pjeti ~ak*** e-n Verlust erleiden
gụbiti [iz-] *Gegenstände, Zeit, Geld* verlieren; einbüßen; ***~ glạ̄vu*** *fig.* den Kopf verlieren; ***~ se*** verschwinden; ***gụbi se!*** hau ab!
gụdāč *1* Geigenspieler *m*
gụdāčk|ī Streich-; ***~ā glạzba*** *od.* ***mụzika*** Streichmusik *f*
gụdalačkī Geigen-
gụdalo Geigenbogen *m*
gụ̄djeti (-dīm; -dio, -djela) geigen
gụdura Abgrund *m*; Kluft *f*; Schlucht *f*
gụ̄đēnje Geigen *n*
gụ̄ja Schlange *f*; Natter *f*; ***šarẹnā ~*** *fig.* falsche Schlange
gụjavica Regenwurm *m*
gụka Auswuchs *m*, Geschwulst *f*, Wucherung *f*
gụ̄kati (-čēm) girren; gurren; *Kind*: lallen
gụlikoža *m fig.* Halsabschneider *m*, Wucherer *m*
gụ̄liti [o-] schälen; *Haut* abziehen; *Med.* abschürfen; *fig.* schinden
gụma Gummi *m*; *Kfz.* Reifen *m*; ***~ za brịsānje*** Radiergummi *m*; ***~ za žvạ̄kānje*** Kaugummi *m*; ***rạdijālnā ~*** *Kfz.* Gürtelreifen *m*; ***ụnutrašnjā ~*** Fahrradschlauch *m*

gumb → ***dugme***
gumen (-o) Gummi-
gunđati brummen; knurren; murren
gungula Getümmel *n*; Tumult *m*
gūnj (*Pl* gunjevi) Decke *f*; (*bäuerliche*) Lodenjacke *f*
gūrati **[gurnuti]** schieben; stoßen; drängeln; ***gūrāj!*** Drücken! (*auf Türen*); ~ ***pod nōs*** *fig.* unter die Nase reiben; ~ **se** sich durchdrängeln
gurkati hin- und herschieben
gurnuti → ***gūrati***
gurmān *1* Gourmet *m*, Feinschmecker *m*
gusāk *1* Gänserich *m*
gusār *1* Pirat *m*, Seeräuber *m*
gusariti Seeräuberei betreiben
gusārsk|ī Piraten-, Seeräuber-; ~***ō izdānje*** (*Buch*) Raubdruck *m*; ~***ā radiostanica*** *fig.* Piratensender *m*
gusjenica *Zool.* Raupe *f*; *Tech.* Raupenschlepper *m*
gusj|ī Gänse-; ~***ā ružica*** Gänseblümchen *n*
guska *a. fig.* Gans *f*; ***divljā*** ~ Wildgans *f*
guslār Guslaspieler *m*; Volkssänger *m*
guslati Gusla *od.* Geige spielen
gusle *f*/*Pl* Gusla *f*; (*Streichinstrument mit einer Saite*); ***tō su stārē*** ~ *fig.* das ist ein alter Hut; ***udariti u drugē*** ~ *fig.* andere Saiten aufziehen
gūst (*Komp* gušćī) dicht; dickflüssig, zäh
gustina Dichte *f*, Dicke *f*
gustīš *1* Bodensatz *m*; Dickicht *n*
gustoća → ***gustina***
guš|a Kehle *f*; Hals *m*; *Med.* Kropf *m*; ***do*** ~***ē*** *fig.* bis zum Hals
gušćī *Komp v.* ***gūst***
gušćjī Gänse-
gūšēnje Würgen *n*, Ersticken *n*; *Path.* Atemnot *f*
gūšiti **[u-, za-]** würgen, ersticken; *a. fig.* drosseln; ~ **se** (er)sticken (***u suzama*** in Tränen); schwer atmen
guštēr, -erica Eidechse *f*
gušterača Bauchspeicheldrüse *f*
gutānje Schlucken *n*; ***otežanō*** ~ *Med.* Schluckbeschwerden *Pl*
gutati **[pro-]** schlucken, verschlingen; verschlucken; *fig.* schlucken; sich gefallen lassen
gutljāj Schluck *m*
guz Hinterbacke *f*
guzica Hintern *n*
guzn|ī Gesäß-; ~***ō crijevo*** Mastdarm *m*
gužva (*GPl* -zāvā/-žvī) Getümmel *n*, Gewimmel *n*; *fig.* Schwierigkeiten *Pl*; Ärger *m*
gužvara Käsekuchen *m*
gužvati (gužvān) **[iz-]** zerknittern; zusammenknüllen; ~ **se** *Stoff*: knittern
gvardijān Klostervorsteher *m*
gvint Quintessenz *f*
gvožđen (-o) *sb.* eisern, Eisen-; ~***ā zāvjesa*** *hist.*, *Pol.* Eisener Vorhang
gvožđārnica *sb.* Eisen(waren)laden *m*
gvōžđe *sb.* Eisen *n*; ***kovati*** ~ ***dok je vrūće*** *fig.* das Eisen schmieden, solange es heiß ist; ***lijevenō*** ~ Gußeisen *n*; ***ljutō*** ~ Stahl *m*; ***stārō*** ~ *fig.* altes Eisen
gvožđevit eisenhaltig

H

H h *n*
habati *Kleidung* abtragen; *Maschinen* verschleißen; *Reifen* abfahren; *Schuhe* abtragen; ~ **se** sich verschleißen; *Kleidung*: sich abtragen
hadezeovac (-ōvca) HDZ-ler *m*, Mitglied der HDZ
hajde(mo)! *Int.* los!; auf geht's!; ~ ***de*** meinetwegen
hajdūk *1* Räuber *m*
hājka Hetz-, Treibjagd *f*
hajkāč *1* Treiber *m*
hala Halle *f*; Saal *m*
halabučiti lärmen; schreien
halabuka Geschrei *n*; Lärm *m*
halal; ~ ***ti vjera!*** alle Achtung!
halapljiv gefräßig
halat → ***alāt***
halucinācija Halluzination *f*
halucinirati *5 ipf*/*pf* halluzinieren, Hal-

luzinationen haben
hạlva Halwa *n* (*orient. Süßspeise*)
haljẹtak Kittel *m*
hạljina Kleid *n*; **svẹćenīčkā** ~ Talar *m*
hạm Pferdegeschirr *n*
hạmeticē gänzlich; restlos
hạps F Kittchen *n*
hạpsiti [u-] festnehmen; verhaften
hạpšenīk Häftling *m*
hạrāč *Turz.* Kopfsteuer *f*
hạrambaša *m* Räuberhauptmann *m*
hạrati [pō-] plündern; verwüsten; *Krankheit*: grassieren
hạrfa Harfe *f*
hạringa (*GPl* -gā/-gī) Hering *m*; **sụšenā** *od.* **dịmljenā** ~ Bückling *m*
harmọničan harmonisch
harmọnija Harmonie *f*
harmọnika (*Zieh-*)Harmonika *f*; **ụsnā** ~ Mundharmonika *f*
hạrtija (*Blatt*) Papier *n*; Manuskript *n*; ~ **od vrijẹdnosti** *Hdl.* Wertpapier *n*
hạsura Matte *f*, Fußabtreter *m*
hạuba Haube *f*; Trockenhaube *f*
hạzardnī Hazard-; → **ịgra**
Hẹbrēj *1* Hebräer *m*
hẹbrējskī hebräisch
hegemọnija Hegemonie *f*
hegemonịstičkī hegemonistisch
hẹklāč *1* Häkelnadel *f*
hẹklati häkeln
hẹlij Helium *n*
hẹmija *sb.*; → **kẹmija**
hẹndikepīran behindert
hẹndikepirānōst (-osti; *ISg* -osti/-ošću) *f* Behinderung *f*
hẹrceg Herzog *m*
Hẹrcegovac (-ōvca) Herzegowiner *m*
hẹrcegovačkī herzegowinisch
Hẹrcegovina Herzegowina *f*
hẹrcegōvka (*DSg* -ki; *GPl* -kī) Herzegowinerin *f*
herẹtik Häretiker *m*; Ketzer *m*
hermẹtičan hermetisch
hẹrnija *Med.* (*Eingeweide-*)Bruch *m*
heroịzam (-zma) Heroismus *m*
hẹrōj *1* Held *m*
hẹrōjskī heldenhaft
hịbrīdan hybrid
hịca *GSg v.* **hịtac**
hịdrant Hydrant *m*
hidrạulič|an hydraulisch; ~**nā kọčnica** Hydraulikbremse *f*
hidroavịōn *1* Flugboot *n*
hidrocentrạla Wasserkraftwerk *n*
hịdrogēnskī Hydrogen-, Wasserstoff-
hidroglịser Tragflügelboot *n*
higijẹna Hygiene *f*
higijẹničār Hygieniker *m*
higịjēnskī hygienisch
hịhōt, hihọtānje Gekicher *n*; Gelächter *n*
hihọtati (hịhoćēm) kichern; lachen
hijẹna Hyäne *f*
hijerạrhija Hierarchie *f*
hịljad|a tausend; **na** ~**e** zu Tausenden; → **tịsuća**
hịljadāk etwa tausend
hịljadārka (*GPl* -kī) Tausender *m*
hịmba (*GPl* -mbī) Hinterlist *f*
hịmna Hymne *f*; **dṛžāvnā** *od.* **nạcionālnā** ~ Nationalhymne *f*
hịniti heucheln, sich verstellen
hịp Augenblick *m*; **u** ~**u** im Nu
hiperbọličan hyperbolisch
hiperprodụkcija *Ök.* Überproduktion *f*
hipnotizīrati *5 ipf/pf* hypnotisieren
hipohọndar (-dra) Hypochonder *m*
hipokrịzija Heuchelei *f*
hipotẹka Hypothek *f*
hịpotekārnī hypothekarisch
hipotēza Hypothese *f*
hịr (*Pl* -i/-ovi) Laune *f*
hirọvit launenhaft, launisch
hịrurg *sb.*; → **kịrurg**
histẹričan hysterisch
histẹrija Hysterie *f*
histọričār Historiker *m*
hịstōrij|a Geschichte *f*; **ụ́ći u** ~**u** in die Geschichte eingehen; → **pọvijēst**
histọrījskī historisch; geschichtlich; Geschichts-; → **pọvijestan**
hịtac (hica) Schuß *m*; Schlag *m*
hịt|an eilig; dringend; dringlich; ~**no!** Eilt! (*auf Briefen, Schriftstücken*); ~**nō** **oboljẹnje** akute Erkrankung *f*; ~**nā** **pọmōć** Erste Hilfe; Rettungsdienst *m*
hịtnōst (-osti; *ISg* -osti/-ošću) *f* Dringlichkeit *f*; Eile *f*; **bẹzuslōvnā** ~ *Jur.* unbedingte Dringlichkeit
hitlerọvac (-ōvca) F Nazi *m*
hịtnja Eile *f*
hlạče *f/Pl* Hose *f*; **dẹrati** ~ *fig.* die Schulbank drücken; **isprạšiti** ~ *fig.* die Hosen strammziehen
hlạd Kühle *f*; Schatten *m*
hlạd|an kalt; kühl; ~**nī dọček** kühler Empfang; ~**nī rạt** kalter Krieg; **bịti** ~**nē**

kr̄vī kaltblütig sein; e-n kühlen Kopf bewahren
hlạdetina Sülze *f*; Gallerte *f*
hladiọnīk Kühlschrank *m*
hlạditi kühlen; ~ **se** sich abkühlen; sich erfrischen
hlādno *Adv v.* ***hlạdan***
hladnọća Kälte *f*; Kühle *f*
hladnọkr̄van kaltblütig; gelassen
hladnokr̄vnōst (-osti; *ISg* -osti/-ošću) *f* Kaltblütigkeit *f*; Gelassenheit *f*
hlạdnjača Kühlanlage *f*; *Kfz.* Kühler *m*; *Esb.* Kühlwaggon *m*
hlạdnjāk *1* Kühlschrank *m*, Kühlbox *f*; *Kfz.* Kühler *m* ~ ***za dubọkō smrzạ̄vānje*** Tiefkühltruhe *f*
hladọvina → ***hlạd***
hlạđēnje Kühlung *f*
hlạpjeti (-īm; -io, -pjela) ausdünsten, verdunsten; verdampfen
hl(j)ẹb → ***krụh***
hmẹlj Hopfen *m*
họbi (-ija) Hobby *n*
họbotnica *Zool.* (*See-*)Polyp *m*; Tintenfisch *m*
họću *1. Pers Sg v.* ***htjẹti***
họd *3* Gang *m*; Gehen *n*; Marsch *m*; *Kfz.* Gang *m*; ***prạ̄zan*** ~ *Kfz.* Leerlauf *m*
hồdānje Gehen *n*; Wandern *n*
hồdati, họditi *Lebewesen*: gehen; *Lebewesen, Maschine*: laufen; *Mensch*: schreiten; wandern; ~ ***kao po jạ̄jima*** *fig.* wie auf Eiern gehen
họdnīk Flur *m*; Gang *m*; Korridor *m*; ***tạ̄jnī*** ~ Geheimgang *m*
hodọčasnīk Pilger *m*
hodočạstiti pilgern
hodọčāšće Wallfahrt *f*
họdža *m Turz.* Hodscha *m* (*islam. Geistlicher*)
họkēj Hockey *n*; ~ ***na lẹ̄du*** Eishockey *n*
hokẹjāš Hockeyspieler *m*
Holạndija Holland *n*
họlāndskī holländisch
Họlanđanin (*Pl* -āni) Holländer *m*
Holạnđānka (*DSg* -ki; *GPl* -kī) Holländerin *f*
họlesterol *Chem.* Cholesterin *n*
homọgēn homogen; gleichmäßig
homọnim *Ling.* Homonym *n*
homoseksuạ̄lac (-lca) *2* Homosexuelle(r) *m*
họmoseksuālan homosexuell
honọrār *1* Honorar *n*, Vergütung *f*
honorịrati *5 pf/ipf* honorieren, vergüten
hồr *sb.* → ***kọr***
họrda (*GPl* -ā/-ī) Horde *f*; Schar *f*
họrizontālan horizontal
họrmōn *1* Hormon *n*
hostịlnōst (-osti; *ISg* -osti/-ošću) *f* *Psych.* (*krankhafte*) Feindseligkeit *f*
họtēl *1* Hotel *n*
hotelijēr *1* Hotelier *m*; Hotelbesitzer *m*
hotelijẹ̄rstvo Hotelgewerbe *n*
họtēlskī Hotel-; ~***ō ọsōblje*** Hotelpersonal *n*
họti(mi)cē absichtlich, vorsätzlich
họtimičan absichtlich; willentlich
hrạ̄bar (-bro) tapfer, mutig; kühn; ***lụ̄do*** ~ tollkühn
hrạ̄briti [o-] ermutigen; aufmuntern, ermuntern
hrạ̄brōst (-osti; *ISg* -osti/-ošću) *f* Tapferkeit *f*; Mut *m*; Kühnheit *f*
hrạ̄m Tempel *m*; Gotteshaus *n*
hrạmati (-mljēm/-mām) hinken; humpeln
hrạmben (-o) Nahrungs-
hrạ̄na Nahrung *f*; Kost *f*; Speise *f*; Verpflegung *f*; Futter *n*; ***stọčnā*** ~ Viehfutter *n*; ***tọpovskā*** ~ *fig.* Kanonenfutter *n*
hranạrina Kostgeld *n*, Verpflegungsgeld *n*; Krankengeld *n*
hrạnitelj Ernährer *m*
hrạ̄niti [is-] (er)nähren; verpflegen; *Tiere* füttern; ~ **se** sich ernähren
hrạn(lj)iv nahrhaft
hrạpav rauh; schroff; (*Stimme*) heiser
hrā̈st (*Pl* -ovi) Eiche *f*
hrạstovina Eichenholz *n*
hṛbat (-pta; *Pl* -ptovi) Rücken *m*; Buckel *m*
hr̄čak (*Pl* -čci/-kovi) Hamster *m*; ***spạ̄vati kao*** ~ *fig.* schlafen wie ein Murmeltier
hrẹn Meerrettich *m*
hrẹnōvka (*heißes*) Würstchen *n*
hrịd, hrịdina Felsen *m*; Klippe *f*
hrịdōvka Kreuzotter *f*
hrịpavac (-āvca) Keuchhusten *m*
hrịšćanin *sb.* → ***kr̥šćanin***
hr̄kati (-čēm) schnarchen
hrọm lahm, hinkend
hrọmac (-mca) Lahme(r) *m*; Gelähmte(r) *m*
hrọpac (-pca) *Med.* Rasselgeräusch *n*
hrọptati (-pčēm; -ptao) röcheln
hṛpa Haufen *m*; Stapel *m*; (*v. Menschen*) Gruppe *f*

H

hrptẹnica, -tẹnjača Wirbelsäule *f*
hṛpteničn|ī Wirbelsäulen-; ***~ā mọždina*** Rückenmark *n*
hṛskavica Knorpel *m*
hṛt (*Pl* hṛtovi) Windhund *m*
hrụ̄št (*Pl* -evi) Maikäfer *m*
Hṛvāt *1* Kroate *m*
Hrvạtica Kroatin *f*
Hṛvātskā (*LSg* -ōj) Kroatien *n*
hṛvātskī kroatisch
hṛvātskosrpskī kroatoserbisch
hrvạ̄tstvo Kroatentum *n*
htjẹti (họću *od.* ću; htịo, htjẹla *od. sb.* htẹo, htẹla; *Neg.* nẹ̄ću) wollen; mögen; wünschen; beabsichtigen; (*Hilfsverb*) werden; ***họćeš-nẹćeš*** *od.* ***htịo-nẹhtio*** wohl oder übel; ***što ćeš*** *od.* ***ćẹmo!*** was soll's!; was sollen wir da tun!
hụbav → ***ụbav***
hụ̄d böse; bösartig; schlimm
hụ̄jati brausen; heulen; sausen
hụka Brausen *n*; Getöse *n*; ***bez ~ē i brụkē*** sang- und klanglos; ***mọrskā ~*** Meeresrauschen *n*
hụ̄kati (-čēm) **[-knuti]** brausen; heulen; (*in die Hände*) hauchen
hulahụpka F Nylonstrumpfhose *f*
hụliti lästern
hụlja Schuft *f*, Schurke *m*
hụ̄mak (-mka) Hügel *m*
hụmān (-o) human, menschlich
humạnist(a) Humanist *m*
humanịstičkī humanistisch
hụmanitāran humanitär
humanịzam (-zma) Humanismus *m*
hụmānōst (-osti; *ISg* -osti/-ošću) *f* Humanität *f*
hụmōr *1* Humor *m*; ***pụn ~a*** humorvoll
humorẹska Humoreske *f*
humorịstičan humoristisch
hụnjavica Schnupfen *m*
hụškāč *1* Hetzer *m*; ***rạtnī ~*** Kriegshetzer *m*
hụškānje Hetzen *n*
hụškati (auf)hetzen, aufwiegeln
hvạ̄la Dank *m*; Lob *m*; ***~ Bọgu!*** Gott sei Dank!; ***~ lijẹpā*** danke schön; ***nạ̄jlepšā ~*** besten Dank
hvạlevrijẹ̄dan lobenswert
hvạlisānje Prahlerei *f*
hvạlisati (-šēm) prahlen; ***~ se*** sich rühmen (*I*/*G*)
hvalịsavac (-āvca) Prahler *m*
hvạ̄liti loben; preisen; ***~ se*** sich loben; sich rühmen (*I*/*G*)
hvạlospjev Lobeshymne *f*
hvạ̄ljēnje Loben *n*; Preisen *n*
hvạstati se → ***hvạlisati se***
hvạ̄t (*Pl* -i/-ovi) Klafter *n*; ***čẹtvōrnī ~*** Quadratklafter *m* (= *3,6 m*²)
hvạtāljka Greifwerkzeug *n*; Greifzange *f*; Pinzette *f*; (*bei Tieren*) Greifschwanz *m*
hvạtānje (Er-)Greifen *n*; Fangen *n*
hvạtati (er-)greifen; fangen; fassen; ***~ rịbe*** fischen; ***~ za riječ*** beim Wort nehmen (*G*/*A*); ***~ se*** sich greifen (***za*** *A*/ an *A*); ***mrạ̄k se hvạtā*** die Nacht bricht an; ***sạn me hvạtā*** ich werde schläfrig
hvạtīšte Griff *m*; Stütze *f*

I

I i *n*
i *Kj* und; auch; ***i...i...*** sowohl... als auch...
ịako *Kj* obwohl; wenn auch; wenngleich; selbst wenn
ịći (ịdēm; ịšao, ịšla) gehen; laufen; wandeln; *Maschine*: laufen; ***~ nạbolje*** (***nạgore***) sich zum Besseren (Schlechteren) wenden; ***~ na bụbreg*** *od.* ***na žīvce*** *fig.* j-m auf den Wecker gehen; ***~ kọlima*** mit dem Auto fahren; ***~ nạprijed*** *bzw.* ***nạtrāg*** *Uhr*: vorgehen *bzw.* nachgehen; ***~ nạ rūku*** *fig.* zur Hand gehen; ***~ na*** *od.* ***u šẹ̄tnju*** spazierengehen; ***~ pjẹ̄škē*** zu Fuß gehen; ***~ po*** abholen (*A*/*A*); ***~ s ọčijū*** *fig.* aus den Augen gehen; ***~ s pụ̄ta*** freie Bahn geben, den Weg frei machen; ***~ ụsusret*** entgegengehen; ***~ za*** (*I*) folgen; sich richten nach (*D*); ***ịdē ga kạ̄rta*** er hat Glück beim Kartenspielen; ***ịdi mi dọ̄đi mi***

fig. kreuz und quer durcheinander
idẹāl *1* Ideal *n*; Vorbild *n*; Wunschbild *n*
ịdeālan ideal; vollkommen; ideell
ideạlist(a) Idealist *m*
idealịstičkī idealistisch
idealịzam (-zma) Idealismus *m*
idealizịrati *5 ipf/pf* idealisieren
ịdeālno ideal
idẹja Idee *f*; Einfall *m*; Vorstellung *f*; ~ ***sụmanosti*** *Med.* Wahnidee *f*; ***fịksnā*** ~ fixe Idee
ịdējnī Ideen-; ideell
ịdēm *1. Pers Sg v.* ***ịći***
idẹntičan identisch
identificịrati *5 ipf/pf* identifizieren
identịtēt *1* Identität *f*; ***ustanọviti*** ~ Personalien feststellen
ideọlog Ideologe *m*
ideolọgija Ideologie *f*
ideọloškī ideologisch
ịdila Idylle *f*
idịličan idyllisch
idịot Idiot *m*; Dummkopf *m*; Schwachsinnige(r) *m*
idiotịja, -tịzam (-zma) Idiotie *f*; Blödsinn *m*
idịotskī idiotisch; schwachsinnig
ịdōl *1* Idol *n*; Abgott *m* (*a. fig.*)
idolopoklọ̄nstvo Abgötterei *f*; Götzendienst *m*
ịdūć|ī folgende(r), kommende(r), nächste(r); ***~ē gọdinē*** nächstes Jahr
ịgdje irgendwo
ịgla Nadel *f*; Dorn *m*; Stachel *m*; ~ ***za ubrizgạvānje*** Injektionsnadel *f*; ***plẹtāćā*** ~ Stricknadel *f*; ***sjẹdeti kao na ~ma*** *fig.* wie auf glühenden Kohlen sitzen; ***šịvāćā*** ~ Nähnadel *f*
ịglara Nadelkissen *n*; Nadelbüchse *f*
ịgličast nadelförmig; Nadel-; ***~ō dṛvo*** Nadelbaum *m*
ignorịrati *5 ipf/pf* ignorieren
īgo Joch *n*
ịgra (*GPl* igạrā) Spiel *n*; *sb. a.* Tanz *m*; ~ ***na srẹću*** *od.* ***hạzardnā*** ~ Glücksspiel *n*; ~ ***riječi*** Wortspiel *n*; ~ ***skrịvāča*** Versteckspiel *n*; ***vẹselā*** ~ *Thea.* Lustspiel *n*
ịgrāč Spieler *m*; *sb. a.* Tänzer *m*; ~ ***na žịci*** Seiltänzer *m*; ***nạvālnī*** ~ *Sp.* Angriffsspieler *m*; ***ọbrambenī*** ~ Verteidiger *m*
ịgrāčka Spielzeug *n*; *fig.* Kleinigkeit *f*; *fig.* Kinderspiel *n*
ịgrāčnica Spielbank *f*; Spielhölle *f*
ịgrāć|ī Spiel-; ***~ē kạrte*** Spielkarten *Pl*
ịgralīšte Spielplatz *m*
ịgrānje Spielen *n*; *sb. a.* Tanzen *n*
ịgrānka Tanzveranstaltung *f*; Ball *m*
ịgrati *ein Spiel od. ein Instrument* spielen; *sb. a.* tanzen; ~ ***kạko drụgī svịrā*** *fig.* nach j-s Pfeife tanzen; ~ ***ọtvorenīm kạrtama*** *fig.* mit offenen Karten spielen; ~ ***se*** spielen; (*Kino, Theater*) gespielt werden; ~ ***se žmụ̄rkē*** Blindekuh spielen (*a. fig.*)
ịgrokāz Schauspiel *n*; Theaterstück *n*
ih *G, APl v.* ***ọ̄n, ọno***
ijẹdan irgendeine(r); irgendwer
ijẹ̄kavac (-āvca) Sprecher des ijekavischen Dialekts
ijẹ̄kavskī ijekavisch
ijẹ̄kavština ijekavischer Dialekt
ịkad(a) irgendwann; je(mals); ***bọlje*** ~ ***nẹgo nịkad*** besser spät als nie
ịkakav → ***ijẹdan***
ịkako irgendwie
ịkavac (-āvca) Sprecher des ikavischen Dialekts
ịkavskī ikavisch
ịkavština ikavischer Dialekt
ịkojī irgendeine(r)
ịkona Ikone *f*, Heiligenbild *n*
ịkra Fischrogen *m*; Kaviar *m*
ịkrīšte Laichplatz *m*
ilegạlac (-lca) *2* Illegale(r) *m*; Untergrundkämpfer *m*
ịlegālan illegal
ilegạlnōst (-osti; *ISg* -osti/-ošću) *f* Ungesetzlichkeit *f*; Illegalität *f*
ịli *Kj* oder; ***ịli...ịli*** entweder... oder
Ilịrac (-rca) *2* Illyrer *m*
ịlīrskī illyrisch
ịlovača Lehm(boden *m*) *m*; Ton *m*; Tonerde *f*
iluminạcija Illumination *f*; Festbeleuchtung *f*
ilustrạcija Illustration *f*; (*Zeitschrift*) Illustrierte *f*; *fig.* Veranschaulichung *f*
ilustrịrati *5 ipf/pf*; *sb.* **ịlustrovati** (-ujēm) illustrieren; bebildern; (*durch Beispiele*) veranschaulichen
ịlūzija Illusion *f*; Selbsttäuschung *f*
ịluzōran illusorisch; trügerisch
ịmagināran imaginär
imạnje Grundbesitz *m*; Gut *n*; Habe *f*
ịmati haben, besitzen; ***ịmā*** es gibt; ~ ***na glạvi šẹ̄šīr*** e-n Hut aufhaben; ~ ***na sẹbi*** (*Kleidungsstück*) anhaben; ~ ***na***

pąmēti *od.* **ųmu** bedacht sein (auf *A*); berücksichtigen; **~ pǫsla** zu tun haben (**s** *I*/ mit *D*); **~ pravo** recht haben; **~ prednōst** Vorfahrt haben; **~ pri rųci** zur Hand haben; **~ rądo** gern haben, mögen; **~ svŗha** einen Zweck haben; **~ vǫljē** Lust haben; **do Zągreba imā još dęset kilomętārā** bis Zagreb sind es noch zehn Kilometer; **kǫliko gǫdinā imāš?** wie alt bist du?; **ǫtada imā već 5 gǫdinā** seitdem sind schon 5 Jahre vergangen; **tį imāš poslųšati** du hast zu gehorchen
ime (-mena, *Pl* imęna) Name *m*; Vorname *m*; Eigenname *m*; **dǫznaka u ~ pląćē** Überweisung des Lohnes; **ličnō** *od.* **ǫsobnō ~** Rufname *m*; **pǫrodičnō ~** Familienname *m*; **po ~nu** dem Namen nach; **u ~** im Namen; namens; **u njęgovo ~** in seinem Namen, in seinem Auftrag; **vlastitō ~** Eigenname *m*; **za ~ bǫga** um Gottes willen; **zbīrnō ~** *Gr.* Kollektivum *n*
imęla Mistel *f*
imendān Namenstag *m*
imenica *Gr.* Hauptwort *n*, Substantiv *n*
imenīk Namensverzeichnis *n*; Adreßbuch *n*; **~ rǫbē** Warenverzeichnis *n*; **telęfonskī ~** Telefonbuch *n*
imęnitelj *Math.* Nenner *m*; **ząjednički ~** *a. fig.* gemeinsamer Nenner
imenovānī Genannte(r) *m*
imenovānje Ernennung *f*; Benennung *f*
imenovati (-ujēm) *ipf/pf* (be)nennen; ernennen
imensk|ī Hauptwort-, Nominal-, Substantiv-; **~ā deklinącija** *Gr.* Nominaldeklination *f*
imenjāk Namensvetter *m*
imidž Image *n*
imitīrati *5 ipf/pf* imitieren, nachahmen
imǫvin|a Vermögen *n*; Besitz *m*, Habe *f*; **nępokrētnā ~** Immobilien *Pl*; **pǫkrētnā ~** bewegliches Gut; beweglicher Besitz, Mobilien *Pl*; **stęći ~u** ein Vermögen erwerben
imovīnsk|ī Vermögens-; **uvjeręnje o ~ōm stąnju** Vermögensstandsbescheinigung *f*
imperatīv *Gr.* Imperativ *m*, Befehlsform *f*
imperfekt *Gr.* Imperfekt *n*
imperfektīvan *Gr.* imperfektiv
imperijalistički imperialistisch
imperijalizam (-zma) Imperialismus *m*
imponīrati *5 ipf/pf* imponieren, beeindrucken
import Import *m*, Einfuhr *f*
importīrati *5 ipf/pf*, *sb.* **importovati** (-ujēm) importieren, einführen
impotęncija, -tnōst (-osti; *ISg* -osti/-ošću) *f* Impotenz *f*
impotęntan impotent
impręsija Impression *f*; Eindruck *m*; Empfindung *f*
impresionīzam (-zma) Impressionismus *m*
improvizącija Improvisation *f*
improvizīrati *5 ipf/pf*; *sb.* **improvizovati** (-ujēm) improvisieren
impuls Antrieb *m*; Impuls *m*
imūćan begütert, vermögend, wohlhabend
imūćnōst (-osti; *ISg* -osti/-ošću) *f* Reichtum *m*; Wohlstand *m*
imūn immun
imunitēt *1 Med.*, *Jur.* Immunität *f*
imūtak → **imǫvina**
ināče andernfalls; ansonsten; sonst; im übrigen; **pogǫršati ~ tęškū situąciju** e-e ohnehin schon schwierige Lage noch verschlimmern; **tkǫ ~?** wer (denn) sonst?; **ųči, ~ ćeš pąsti na ispitu** lerne, sonst fällst du bei der Prüfung durch
inačica Abart *f*; Variante *f*
ināt *1* Starrsinn *m*; Trotz *m*; Zank *m*; Streit *m*; **za ~** zum Trotz, aus Trotz
inątiti se *5 ipf/pf* trotzig *od.* starrsinnig sein
incident Vorfall *m*; Zwischenfall *m*
indeks Index *m*; Verzeichnis *n*; **stųdentskī ~** Studienbuch *n*
indīcija Indiz *n*
indiferęntan indifferent, gleichgültig (**pręma** *D*/ gegenüber *D*)
Indija Indien *n*
Indījac (-ījca) Inder *m*
Indijąnac (-nca) *2* Indianer *m*
Indijānka (*DSg* -ki; *GPl* -kī) Indianerin *f*
indijānsk|ī indianisch; Indianer-; **~ō plęme** Indianerstamm *m*
Indījka (*DSG* -ki; *GPl* -kī) Inderin *f*
indījskī indisch
indirēktan indirekt; mittelbar; **~ gǫvōr** *Gr.* abhängige *od.* indirekte Rede
indiskręcija Indiskretion *f*
indiskretan indiskret
individuālan individuell; Individual-

individuạlnōst (-osti; *ISg* -osti/-ošću) *f* Individualismus *f*
indivịduum Individuum *n*
indoẹvrōpskī indoeuropäisch
indụkcija Induktion *f*
indụkcijskī Induktions-
indụstrija Industrie *f*
industrijạlac (-lca) *2* Industrielle(r) *m*
industrijalịzirati *5 ipf/pf* industrialisieren
indụstrījsk|ī Industrie-; ***~ō srędīšte*** Industriezentrum *n*
inęrcija Trägheit *f*
infękcija Infektion *f*
ịnfektīvan ansteckend; Infektions-
ịnfinitīv *Gr.* Infinitiv *m*
inflạcija Inflation *f*, Geldentwertung *f*
informạcija Information *f*; Aufklärung *f*; Nachricht *f*
ịnformatīvan informativ
informịrati *5 ipf/pf* informieren; aufklären; benachrichtigen
infracṛven *6 Phys.* infrarot
ịnfūzija Infusion *f*
inhalạcija Inhalation *f*
inhalịrati *5 ipf/pf* inhalieren
inicijatīva Initiative *f*; Anregung *f*
inicịjātor Initiator *m*
injękcija Injektion *f*, Spritze *f*
inkubạcija *Biol.*, *Med.* Inkubation *f*
inkụbātor Brutapparat *m*, Brutkasten *m*
inkvizịcija Inquisition *f*
inọkos|an einzeln; Einzel-; ***~nī sẹljāk*** Einzelbauer *m*
inọkosnīk → ***inọkosnī sẹljāk***
inostrạnac (-nca) → ***inozẹ̄mac***
inọvjerac (-ērca) Andersgläubige(r) *m*
inọvjēran andersgläubig
inozẹ̄mac (-mca) Ausländer *m*
ịnozēm|an ausländisch; Auslands-; ***~nō zạ̄stupnīštvo*** Auslandsvertretung *f*
inozẹ̄mskī → ***ịnozēman***
inozẹ̄mstvo Ausland *n*; Fremde *f*
inscenịrati *5 ipf/pf* inszenieren
ịnsekt(a) Insekt *n*
inspękcija Inspektion *f*; Inspizierung *f*
ịnspektor Inspektor *m*; Aufsichtsbeamte(r) *m*
inspirạcija Inspiration *f*
inspirịrati *5 ipf/pf* inspirieren; anregen (**za** *A*/ zu *D*); ~ **se** inspiriert werden
instalạcija Installation *f*; Anschluß *m*; Einbau *m*
instalạtēr *1* Installateur *m*
instalịrati installieren; einbauen
instạnca, -ncija *Jur.* Instanz *f*
ịnstinkt Instinkt *m*; Naturtrieb *m*
ịnstinktīvan instinktiv, gefühlsmäßig
institụcija Institution *f*, Einrichtung *f*
instịtūt *1* Institut *n*; Anstalt *f*; *Jur.* (*Rechts-*)Institut *n*
instrụkcija Instruktion *f*; (*Dienst-*)Anweisung *f*; Unterweisung *f*
ịnstruktor Ausbilder *m*; Kursleiter *m*; ***vọzāč-~*** Fahrlehrer *m*
instrụment (*Musik-*, *Meß-*)Instrument *n*; Gerät *n*; Werkzeug *n*; ***ratifikacịonī ~*** *Jur.* Ratifikationsurkunde *f*
ịnstrumentāl *Gr.* Instrumental *m*
ịntegrāl|an integral; vollständig; ***~nī rạčūn*** *Math.* Integralrechnung *f*
integrịtēt *f* Integrität *f*; Unversehrtheit *f*
intelektuạlac (-lca) Intellektuelle(r) *m*; geistig Schaffende(r) *m*
ịntelektuālan intellektuell
inteligęncija Intelligenz *f*
inteligęntan intelligent; (*geistig*) begabt
intęndant Intendant *m*; (*Theater-*, *Rundfunk-*)Leiter *m*
ịntenzīv|an intensiv; gründlich; ***~nā njęga*** Intensivpflege (*im Krankenhaus*)
ịnteres Interesse *n*; *Hdl.* Prozentsatz *m* (*auf Schulden*)
interesạntan interessant
interesịrati se *5 ipf/pf* sich interessieren (**za** *A*/für *A*)
ịnteresnī Interessen-
intęrfōn *1* Wechselsprechanlage *f*
interịjēr *Kfz.* Innenausstattung *f*
internạcija Internierung *f*
internacionạla Internationale *f*
ịnternacionālan international, zwischenstaatlich
ịnternacionalịzam (-zma) Internationalismus *m*
internacionalizịrati *5 ipf/pf* internationalisieren
internacionạlist(a) Internationalist *m*
intęrnist(a) Internist *m*
interpretạcija Interpretation *f*, Auslegung *f*, Deutung *f*
interpretịrati *5 ipf/pf* interpretieren, auslegen, deuten
interpụnkcija *Gr.* Interpunktion *f*, Zeichensetzung *f*
interụrbānskī: ~ ***telęfonskī rạzgovōr*** Ferngespräch *n*
intervęncija Intervention *f*; Einmi-

schung *f*; Vermittlung *f*; **kirurškā ~** *Med.* chirurgischer Eingriff
intervenirati *5 ipf/pf* intervenieren; sich einmischen; vermitteln
intervjū (-ua) Interview *n* (*D*/mit *D*)
intervjuirati *5 ipf/pf* interviewen, befragen
intīman intim; vertraut; **~ prijatelj** enger Freund; F Busenfreund *m*; **~ razgovōr** vertrauliches Gespräch
intonācija *Gr.* Intonation, Satzmelodie *f*
intonirati *5 ipf/pf* intonieren; *ein Lied* anstimmen
intrīga Intrige *f*; Machenschaft *f*
intrigant Intrigant *m*
intrigirati *5 ipf/pf* intrigieren
intuicija Intuition *f*
invalīd *1* Invalide *m*, Arbeits- *od.* Erwerbsunfähige(r); **~ rāda** Arbeitsinvalide *m*; **ratnī ~** Kriegsversehrte(r) *m*
invalidnina Invaliditätsentschädigung *f*; Invalidenrente *f* (*v. a. für Militärpers.*)
invalīdskī Invaliden-; → **mirovina, osigurānje**
invāzija Invasion *f*; *Mil.* Einfall *m*
inventār *1* Inventar *n*; Bestand(sverzeichnis *n*) *m*
inventūra Inventur *f*; Bestandsaufnahme *f*
investicija Investition *f*; Geldanlage *f*; **promašenā ~** Fehlinvestition *f* (*a. fig.*)
investirati *5 ipf/pf* investieren; Geld anlegen
inženjēr *1* Ingenieur *m*
inženjēring *Tech.*, *El.* Engineering *f*
īnje Rauhreif *m*; Reif *m*
iole nur ein wenig; halbwegs; einigermaßen; **imāš li ~ vremena?** hast du wenigstens ein bißchen Zeit?; **kad ~** wenn überhaupt
ipak dennoch; doch; gleichwohl; trotzdem; **dakle ~!** also doch!; **pa ~** doch; trotzdem
Īrac (-rca) Ire *m*
iracionālan irrational
iracionālnōst (-osti; *ISg* -osti/-ošću) *f* Irrationalität *f*
Irāčanin (*Pl* -āni) Iraker *m*
Irāčānka (*DSg* -ki; *GPl* -kī) Irakerin *f*
irāčkī irakisch
Irānac (-nca) Iraner *m*
Irānka (*DSg* -ki; *GPl* -kī) Iranerin *f*
irānskī iranisch
ireālan irreal, unwirklich
ireālnōst (-osti; *ISg* -osti/-ošću) *f* Irrealität *f*
irelevantan irrelevant
iritirati *5 ipf/pf* irritieren
ironičan ironisch
ironija Ironie *f*
Irskā (*L* -kōj) Irland *n*
isceriti se Zähne blecken; Grimassen schneiden
iscigānčiti erbetteln
iscijediti *5/7* (**-cjedīvati**) auspressen; *Wäsche* auswringen; *fig.* ausfragen; ausquetschen
iscijeliti *5/7* (**-cjelīvati**) heilen, gesund machen
iscijeljeti (-īm; -lio, -ljela) *7 pf* ausheilen; gesund werden
iscijepati (iscijepām) *7 pf* zerreißen, zerhacken; zerspalten
iscjedak (-tka) Auszug *m*, Extrakt *m*; *Med.* Ausfluß *m*
iscjedīvati (-eđujēm) → **iscijediti**
iscjeljiv → **izlječiv**
iscjeljīvati (-eljujēm) → **iscijeliti**
iscjenkati erfeilschen; aushandeln
iscjepkati zerstückeln
iscrpan ausführlich; eingehend; erschöpfend; **~ opis** e-e detaillierte Beschreibung
iscrpljen (-o) entkräftet; erschöpft
iscrpljenōst (-osti; *ISg* -osti/-ošću) *f* Erschöpfung *f*
iscrpljīvati (iscrpljujēm) → **iscrpsti**
iscrpnōst (-osti; *ISg* -osti/-ošću) *f* Ausführlichkeit *f*
iscrpsti (-pēm; -pao; -crpen) (**-pljīvati**) entkräften; *Vorräte etc.* erschöpfen
iscūriti *pf* auslaufen; herausfließen
iseknuti se sich die Nase putzen
iseliti *5* (**-ljāvati** *5*) auswandern, emigrieren; (*aus Wohnung*) ausziehen; **~ se** auswandern; übersiedeln
iseljāvati, -ljīvati → **iseliti**
iseljeničkī Auswanderer-
iseljenīk *1* Auswanderer *m*; Emigrant *m*
iseljēnje Auswanderung *f*; Emigration *f*
isfućkati *5 pf* auspfeifen
ishitren (-o) übereilt
ishlāditi (se) *5 pf* kalt werden; sich abkühlen
ishlāpiti *pf* (ishlāpljen) verdampfen; verdunsten
ishod Ausgang *m*; Ergebnis *n*, Resultat

n; ~ **sūnca** Sonnenaufgang *m*
ishodīšte Ausgangspunkt *m*
ishrana Ernährung *f*; Verpflegung *f*; ***dijetālnā*** ~ Diät *f*, Schonkost *f*
ishrāniti *5* (**-anjivati**) ernähren; verpflegen
ishranjīvati (-ānjujēm) → ***ishrāniti***
isijecati *7* → ***isjeći***
isisati (-šēm; *Imp* -sāj/-ši) aussaugen; *fig.* ausbeuten; ~ ***iz prsta*** *od.* ***pṛstijū*** *fig.* aus den Fingern saugen
isisāvati *5* → ***isisati***
isječak (-čka) Ausschnitt *m*; Teil *m od. n*; *Math.* Sektor *m*; ~ ***iz novinē*** Zeitungsausschnitt *m*
isjeći (isiječēm; *Imp* isječi; -kao; -čen) (**isijecati**) aus-, zerschneiden; zerstükkeln
iskākati (iskāčēm) [**-kočiti**] heraus- *od.* hinausspringen; ~ ***iz kožē*** *fig.* aus der Haut fahren; ~ ***iz trāčnīcā*** entgleisen
iskāliti *5 pf Eisen* härten; *Herz* ausschütten; *Wut*, *Zorn* auslassen (***na*** *A*/ an *D*)
iskāpānje Ausgrabung *f*
iskapati[1] ausgraben
iskapati[2] (-pām/-pljēm) (aus-)tropfen; (aus-)richten
iskāpiti *5 pf* austrinken
iskašljati (iskašljēm) (**-ljāvati** *5*) aushusten; ~ ***se*** aushusten; sich räuspern
iskati (ištēm) → ***trāžiti***
iskaz Aussage *f*; Erklärung *f*; ***lažan*** ~ Falschaussage *f*
iskāzati (iskāžēm) aussagen; erklären; *Gnade* erweisen; *Beileid* ausdrücken; ~ ***čāst*** die Ehre erweisen; ~ ***se*** sich ausweisen; sich hervortun (*I*/ durch *A*)
iskazīvati (-kazujēm) → ***iskāzati***
iskaznica Ausweis *m*; Bescheinigung *f*; Zertifikat *n*; ***članskā*** ~ Mitgliedsausweis *m*; ***ličnā*** *od.* ***osobnā*** ~ Personalausweis *m*
iskēsiti *5 pf* blecken; ~ ***zūbe*** Zähne fletschen; ~ ***se*** angrinsen (***na*** *A*/*A*)
iskidati *pf* zerreißen; zerstückeln; ~ ***na komāde*** in Stücke reißen; ~ ***se*** *fig.* sich zerreißen; sich abrackern; ~ ***se poslom*** sich überarbeiten
iskīpjeti (-īm; -pio, -pjela) *pf* überkochen; *Milch*: überlaufen
iskititi (-ćem) ausschmücken; verzieren; ~ ***zāstavama*** beflaggen
isklesati (isklešēm) ausmeißeln; ausstemmen
isklijati *pf* aufkeimen; *Keime* treiben; *poet.* sprießen
isklīziti *pf*, **iskliznuti** *pf* abrutschen; ausrutschen; entgleiten; entschlüpfen; *Zug*: entgleisen
iskliznuti (-nēm; -zao, -zla) *pf* → ***isklīziti***
isključ|an *Tech.* Ausschalt-; ~***nā rečenica*** *Gr.* Adversativsatz *m*
isključen (-o) ausgeschlossen
isključēnje Ausschluß *m*; Ausweisung *f*; *Tech.* Ausschalten *n*
isključiti *5* (**-učivati**) ausschließen; ausschalten; *Licht* löschen; *Motor* abstellen; *Radio* abschalten
isključiv, -o ausschließlich
isključivati (-učujem) → ***isključiti***
iskljuvati (iskljujēm; iskljuvān) *pf* herauspicken; (*mit dem Schnabel*) heraushacken
isknjižba, -žēnje *Jur.* Löschung *f* (*aus dem Grundbuch*)
iskockan (-o) kariert
iskočiti *5* (**-kākati**) herausspringen; hinausspringen; ~ ***iz kožē*** *fig.* aus der Haut fahren; *Zug*: entgleisen
iskomaditi (iskomadān) *pf* zerstückeln
iskon Anbeginn *m*, Anfang *m*; ***od*** ~***a*** von Anbeginn an, von alters her
iskonskī → ***izvōran***
iskop Ausgrabung(stätte *f*) *f*
iskop(āv)ati (iskopan) ausgraben; auskratzen; ausscharren; ~ ***se*** *fig.* sich herausarbeiten (***iz*** *G*/ aus *D*)
iskopčati (iskopčan) *pf*; *Gerät*, *Strom* ausschalten; unterbrechen
iskopina → ***iskop***
iskoprcati se *pf* sich herausstrampeln; F sich herauswursteln (*aus e-r Situation*)
iskorijeniti *5/7* (**-rjenjīvati**) ausrotten; ausmerzen; vernichten
iskoristiti (-šten) (**-šćāvati** *5*) ausnutzen; nutzen; Vorteil ziehen (*A*/ aus *D*); ~ ***prīliku*** e-e Gelegenheit nutzen
iskorjenjīvati (-jenjujēm) → ***iskorijeniti***
iskr|a (*GPl* -kārā/-krī) Funke(n) *m*; ***nemati ni*** ~***ē pameti*** *fig.* keinen Funken Verstand haben
iskraditi se F sich aus dem Staub machen
iskrasti se (-krādēm se) *pf* F sich davonstehlen
iskrcati abladen, ausladen, entladen; *Mar.* löschen; *Fahrgäste* absetzen
iskrcāvānje Ausladung *f*; *Mar.* Aus-

schiffung *f*; *Mar.* Löschung *f*
iskrcạ̄vati *5* → ***iskr̥cati***
iskr̥čiti *5* (**-ạ̄vati** *5*) roden; *Wald* abholzen
ịskren (-o) aufrichtig; freimütig, offen
ịskrenōst (-osti; *ISg* -osti/-ošću) *f* Aufrichtigkeit *f*, Offenheit *f*
iskrẹ̄nuti (ịskrēnēm; *Imp* iskrẹ̄ni, ịskrenūt) (**-tati**) umdrehen; umkehren; völlig verändern; *Arm* verrenken
iskrẹsati (ịskresēm) Funken schlagen
ịskrētati (-ćēm) → ***iskrẹ̄nuti***
ịskričav funkelnd; glitzernd; strahlend (*a. fig.*)
ịskriti funkeln
iskrị̄viti *5* (**-ivljạ̄vati** *5*) krümmen; verdrehen; *Gesicht* verziehen; *Tatsachen, Worte* verdrehen; *Hals* verrenken; **~ se** sich krümmen; sich winden; (**od** *G*/ vor *D*); **~ se od smijẹha** *fig.* sich schieflachen
iskrivljạ̄vati *5* → ***iskrị̄viti***
iskrọjiti *5 pf* zuschneiden; herrichten
iskrsạ̄vati *5* [**ịskrsnuti**] (*plötzlich*) auftauchen; erscheinen
ịskrsnuti *pf* (-nēm; -sao) → ***iskrsạ̄vati***
iskrvạ̄riti (**se**) *5 pf* ausbluten, verbluten (lassen)
iskrvạ̄viti *5* mit Blut besudeln
ịskuh(ạ̄v)ati auskochen; gar kochen
iskụ̄piti (**-upljị̄vati**) begleichen; erlösen; freikaufen; *Pfand* auslösen; *Schuld* begleichen; *Sünden* sühnen
iskupljị̄vati (-kụpljujēm) → ***iskụ̄piti***
ịskusan bewandert; erfahren
iskụ̄siti *5* (**-ušạ̄vati** *5*) e-e Erfahrung machen
iskụ̄stvo (*GPl* ịskūstāvā/iskụ̄stvā) Erfahrung *f*; **stẹći ~** Erfahrungen machen
ịskušati erproben; probieren; versuchen
iskušạ̄vati *5* → ***iskụ̄siti***
iskušẹnica Novizin *f*
iskušẹnīk *1* Novize *m*
iskušẹ̄nje Versuchung *f*; Verlockung *f*; **dọ̄ći u ~** in Versuchung kommen
iskụvati *sb.* → ***iskụhati***
iskvạ̄riti *5 pf* → ***pokvạ̄riti***
islụ̄žiti *5* den Dienst beenden
ịsljednīk Detektiv *m*
ismijati (-ịjēm; ịsmijao; ịsmijān) auslachen; sich lustig machen (*A*/ über *A*); verspotten
ismijạ̄vati *5* → ***ismijati***

ịspaćen (-o) geplagt
ịspad Ausfall *m* (**protiv** *A*/gegen *A*); Beleidigung *f*; Provokation *f*; Ausschreitung *f*
ispạ̄dānje Ausfallen *n*; Unterbleiben *n*; Wegfallen *n*
ịspadati [**-sti**] (her)ausfallen; entfallen; hervorstürzen; **~ iz pạmēti** entfallen; **~ iz rụ̄kē** entgleiten; **~ iz ụpotrebē** außer Gebrauch kommen
ispạ̄liti *5 pf Schüsse* abfeuern; abschießen; losschießen; abbrennen, ausbrennen
ispạ̄rati *5 pf* → ***raspạ̄rati***
ispạrčati zerstückeln; in Stücke teilen
ịspariti (**-ị̄vati**) ausdunsten; ausdampfen; **~ se** verdunsten
isparị̄vati (-ạ̄rujēm) → ***ịspariti***
ịspasti (-dnēm; -pao) → ***ịspadati***
ịspaša Weide(land *n*) *f*
ispạštānje Buße *f*; Büßen *n*; Sühne *f*
ispạ̄štati *5 pf* abbüßen; Buße leisten
ịspatiti *pf* peinigen; quälen; **~ se** sich abquälen
ispạ̄vati se *5 pf* sich ausschlafen
ịspeći (-pẹčēm; *Imp* -pẹci; ịspekao; -pẹčen *6*) (aus)backen; (durch)braten; garbraten; *Schnaps* brennen; *Kaffee* kochen
ispekọtina Brandwunde *f*
ispẹtljati se *pf* sich herauswinden
ispịjati *5* → ***ịspiti***
ispịjen *6* ausgezehrt; hager
ispị̄liti *5 pf* ausfeilen; fertig sägen
ịspipati abtasten; betasten; *fig.* herausbekommen; herausfinden
ispipạ̄vati *5* → ***ịspipati***
ispịrāč *1* Geschirrspülmaschine *f*, Geschirrspüler *m*
ispị̄rānje Ausspülen *n*; Abwaschen *n*; Spülen *n*
ispị̄rati [**ịsprati**] abspülen; ausspülen; *Wäsche* waschen; *Geschirr* spülen; **~ gṛlo** gurgeln; **~ mọzak** *fig.* e-e Gehirnwäsche vornehmen
ispị̄sati (**-isị̄vati**) (ịspīšēm; ịspīsān) ausschreiben; abschreiben; exmatrikulieren; (*aus e-r Liste*) streichen; **~ se** sich exmatrikulieren lassen
ispisị̄vati (-ịsujēm) → ***ispị̄sati***
ịspit Prüfung *f*, Examen *n*; **polạ̄gati ~** sich e-r Prüfung unterziehen, e-e Prüfung machen; **polọ̄žiti ~** e-e Prüfung bestehen **prijamnī ~** Aufnahmeprü-

fung *f*; ***prọpasti na ~u*** in e-r Prüfung durchfallen; ***ụsmenī ~*** mündliche Prüfung; ***zā̩vršnī ~*** Abschlußprüfung *f*
ispitạnīk *1* Prüfling *m*; Kandidat *m*
ịspiti (-jēm) austrinken; ***~ dọ dna*** bis zur Neige austrinken; ***~ nạdušak*** in e-m Zug austrinken
ispitịvāč *1* Prüfer *m*; Forscher *m*
ispitīvānje Untersuchung *f*; Forschung *f*; Prüfung *f*
ịspitnī Prüfungs-
ịspjevati *pf* (ab)singen; ein Lied dichten (***na*** *A*/auf *A*)
isplaćīvati (-ạćujēm) → ***isplā̩titi***
ịsplakati se (-čēm se) *pf* sich ausweinen
ịsplat|a Zahlung *f*; Auszahlung *f*; ***bezgọtovīnskā ~a*** bargeldlose Zahlung; ***dān ~ē*** Zahltag *m*
isplā̩titi *5* (ịsplāćen) (**-aćīvati**) auszahlen; bezahlen; entlohnen; ***~ dūg*** e-e Schuld tilgen; ***~ rạčūn*** e-e Rechnung begleichen; ***~ se*** sich lohnen
ịsplaziti *pf* herauskriechen; *Zunge* herausstrecken
ịsplesti (-ẹtēm; ịspleo; -ẹten *6*) *pf* (*fertig*) stricken; flechten; ***~ se*** sich verstricken
ịsplivati *pf* herausschwimmen; hinausschwimmen; an die Oberfläche kommen; *fig.* e-n Ausweg finden, (*aus Schulden etc.*) herauskommen
isplọviti *5 pf* hinaussegeln; in See stechen
ịspljunuti (-nēm) (**-vati**) ausspucken
ịspljuvak (-ūvka) Speichel *m*, Spucke *f*; *Med.* Auswurf *m*
ispljụvati (ịspljujēm) → ***ịspljunuti***
ispočẹ̄tka von Anfang an; anfangs
ịspod *Präp* (*G*) unter; unterhalb; ***~ cijẹnē*** unter Preis; ***~ rụ̄kē*** *fig.* unter der Hand
ispọdmūkla *Adv* heimtückisch; hinterhältig
ispoljā̩vati *5* [**-pọljiti**] *Mut*, *Bereitschaft* zeigen; zum Vorschein bringen; ***~ se*** zum Vorschein kommen; sich äußern
ispomạgāč *1* Aushilfe *f*; Aushilfskraft *f*
ispomā̩gati (-ọmažēm; *Imp* ispomā̩ži) [**-pọmoći**] aushelfen
ispọmoći (-ọmognēm; -pọmogao) *pf* → ***ispomā̩gati***
ịsporuka Lieferung *f*; Zustellung *f*
isposlọvati (-ọslujēm) *pf* bewirken; erwirken; durchsetzen
ịspostava Zweigstelle *f* (*e-r Bank etc.*)
ịspovijēd (-edi; *ISg* -edi/-eđu) *f* Beichte *f*; Geständnis *n*
ispovijẹdati *5/7* [**-jẹditi**] beichten; Sünden gestehen
ịspovjedn|ī Beicht-; ***~ā tā̩jna*** Beichtgeheimnis *n*
ispovjẹdnīk *1* Beichtvater *m*
ịspraćāj Abschied *m*; Geleit *n*
ịspraćati → ***ịspratiti***
isprā̩šiti *5 pf* abstauben; *fig.* vermöbeln; ***~ glā̩vu*** *fig.* herunterputzen
isprašịvāč *1* Staubsauger *m*; Klopfer *m*
ịsprati (-pẹrēm; -prao; -prān) *pf* → ***ispīrati***
ịspratiti (**-ćati**) (hinaus)begleiten; verabschieden; fortschicken
ịsprava Dokument *n*; Urkunde *f*; Paß *m*; ***pụtnā ~*** Reisepaß *m*; ***vọzāčkā ~*** Führerschein *m*
ịspravak (-āvka) Korrektur *f*; Richtigstellung *f*
isprāvan richtig; korrekt; fehlerfrei
ịspraviti (**-ljati**) ausbessern; berichtigen; *Fehler* korrigieren; *Rücken etc.* gerade machen; ***~ se*** sich korrigieren
ịspravljānje Berichtigen *n*; Korrigieren *n*
isprāvno *Adv* richtig; korrekt
ịspraz|an leer; nichtig; wertlos; ***~nā nạ̄da*** leere *od.* vergebliche Hoffnung
isprā̩zniti (ịsprāžnjen) *5 pf* ausschütten; entleeren; leer machen; räumen; ***~ dzẹp*** *fig.* j-n ausnehmen (*D*/*A*); ***~ mjẹsto*** Platz freimachen; ***~ pụšku*** ein Gewehr entladen; ***~ tạnjūr*** Teller abessen
isprebī̩jati *5 pf* (durch)prügeln; verprügeln; zusammenschlagen
ịspreći (-gnēm) → ***isprẹ̄gnuti***
ịspred *Präp* (*G*) vor (*D*, *A*); ***~ svẹga*** vor allem; ***~ tọga*** davor
isprẹ̄gnuti (ịsprēgnēm; *Imp* -prẹgni; -ẹgao, -ẹgla) *pf Zugtiere* ausspannen, ausschirren
isprẹkīdān (-o) unterbrochen; abgerissen; ***~ō dịsānje*** ungleichmäßige Atmung; ***~īm glā̩som*** mit stockender Stimme; ***~ā lịnija*** *od.* ***cṛta*** unterbrochene Linie (*in Straßenmitte*)
isprekī̩dati *5* (*mehrmals*) unterbrechen
ispremijẹšati *5/7 pf* durchmischen; vermengen
ispremjẹ̄štati *5 pf* (*alles*) umstellen; umräumen
isprẹplesti (-plętēm; -tao; -ten) verstrik-

I

ken; verwickeln; ~ **se** *Ereignisse*: sich verwickeln
ispresiję̂cati *5/7 pf* zerhacken; zerhauen; (*mehrmals*) zerschneiden
ispreskȃkati (-pręskăčēm) (*der Reihe nach*) überspringen
ȉsprešati *pf Früchte* auspressen, ausdrücken
isprȉčati *5* (**-ičȃvati** *5*) erzählen, mitteilen; entschuldigen, rechtfertigen; ~ **se** sich entschuldigen; sich herausreden
ispričȃvati *5* → ***isprȉčati***
ȉspričnica Entschuldigungsbrief *m*
ȉsprije von früher
isprije̩čiti *5/7 pf* (ver-)sperren; unzugänglich machen; ~ **se** sich widersetzen; F sich querlegen; sich widersetzen
ȉsprijeko von der anderen Seite (*G/G*); von drüben; ***gle̩dati*** ~ scheel ansehen
ȉsprika Ausrede *f*; Entschuldigung *f*
ispripovije̩dati *5/7* (**-ǫvjediti**) erzählen; zu Ende erzählen; ganz erzählen; ~ **se** alles erzählen
ispripǫvjediti *5* → ***ispripovije̩dati***
isprǫbati *5* (aus-)probieren, versuchen; *Essen* kosten
isprobȃvati *5* → ***isprǫbati***
isprǫdati alles verkaufen; ausverkaufen
isprodȃvati *5* → ***isprǫdati***
isprǫsiti *5 pf* erbitten; erflehen; ~ ***djęvōjku*** e-m Mädchen e-n (*erfolgreichen*) Heiratsantrag machen
ȉsprsiti *pf* prahlen; sich in die Brust werfen
ȉspružiti *pf* (aus-)strecken; ~ ***pąpke*** V krepieren; ~ ***sve čętiri*** *fig.* alle Viere von sich strecken; ~ **se** sich strecken; ~ ***se pręma pokrivȃču*** *fig.* sich nach der Decke strecken
ȉsprva, -vīce anfangs; zu Beginn; zuerst
ȉspržiti *pf* backen; braten; rösten; *Kaffee* rösten; ~ **se** *Haut*: braun werden
ȉspucān (-o) (*Haut*) rissig
ȉspucati, -pući (-knēm; -kao; -čen) aufplatzen; aufspringen; platzen; zerknallen; ~ **se** *Hände, Lippen*: rissig werden
ispucȃvati *5* → ***ȉspucati***
ȉspuh *Kfz.* Auspuff *m*
ȉspūmpati auspumpen
ȉspuna *Med.* (*Zahn-*)Füllung *f*, Plombe *f*
ȉspuniti (**-njȃvati** *5*) (aus-)füllen; erfüllen; *Bitte* erfüllen; *Formular* ausfüllen; *Vogel* ausstopfen; ~ **se** *Wunsch*: in Erfüllung gehen; *Saal*: sich (*mit Zuhörern*) füllen
ȉspupčen gewölbt; hervorspringend; ~***ā lę̄ća*** Konvexlinse *f*
ȉspupčenōst (-osti; *ISg* -osti/-ošću) *f* Erhebung *f*; Wölbung *f*
ȉspupčiti (se) *pf* (sich) ausbuchten; sich wölben
ȉspust (*Wasser-*)Abfluß *m*
ispųstiti *5* (**-pų̄štati** *5*) ablassen; auslassen; loslassen; *Gelegenheit* versäumen; ~ ***dų̄šu*** *fig.* den Geist aufgeben; ~ ***gnję̄v*** seinen Zorn auslassen (***na*** *L*/an *D*); ~ ***ȉz vīda*** außer Acht lassen; ~***stǫku*** das Vieh (*auf die Weide*) treiben
ȉspuzati (-žēm) *pf* (her-)ausschlüpfen; (heraus-)kriechen
ȉstaći (-knēm; -kao), **-ąknuti (-tịcati)** betonen; *etw. als wichtig* hervorheben; ~ **se** sich hervortun; sich hervorheben (*I*/durch *A*); ~ ***ųsne*** Lippen vorschieben; ~ ***zą̄stavu*** Flagge hissen
ȉstaknutōst (-osti; *ISg* -osti/-ošću) *f* Bedeutsamkeit *f*; herausragende Stellung
ȉstančān (-o) ausgedünnt; *fig.* verfeinert
ȉsteći (-ęčēm; ịstekao) (**-tịcati**) (her-) ausfließen; ab-, auslaufen; *Recht*: erlöschen; *Vertrag*: auslaufen; *Zeit*: verstreichen
istę̄gnuti (ịstēgnēm; ịstegao) (**-tę̄zati**) *Kleidungsstück etc.* (aus)dehnen; *Hals* ausstrecken; ausziehen
istępsti (-ępēm; ịstepao; -tępen *6*) *pf* → ***ȉzbiti***
istęsati (ịstešēm; *Imp* istęši; ịstesao; ịstesān) aushauen; ausmeißeln
istę̄zati (ịstežēm) → ***istę̄gnuti***
ȉstī *Pron* derselbe; der gleiche; ***ję̄dan te*** ~ ein und derselbe; ***to ȉzlazī na*** ~ das läuft auf dasselbe hinaus; ***u*** ~ ***mąh*** im gleichen Augenblick
ȉsticānje Hervorheben *n*; Hervortreten *n*
ȉsticati (-čēm; -cao; -čen) → ***ȉstaći, ȉsteći***
ȉstin|a[1] Wahrheit *f*; Wahre(s) *n*; Gerechtigkeit *f*; ~***i zą volju*** *od.* ~***u govǫrēćī*** ehrlich gesagt; ***čịstā*** ~***a*** reine Wahrheit; ***okolịšati oko*** ~***ē*** Wahrheit verschleiern; ***ǫtići bǫgu na*** ~***u*** *fig.* sterben, dahingehen
ȉstina[2] in Wahrheit; in Wirklichkeit
ȉstinit *Adv* wahr; wahrheitsgetreu

įstinitōst (-osti; *ISg* -osti/-ošću) *f* Richtigkeit *f*; Wahrhaftigkeit *f*; ***sų̄mnjati u ~*** den Wahrheitsgehalt *od.* die Richtigkeit anzweifeln (*G*/von *D*)
istinoljųbiv wahrheitsliebend
įstīnskī wahr; wahrhaftig; reell
įstiskati, -knuti (-knēm; -kao) (**-kīvati**) (her-)ausdrücken; (her-)auspressen; verdrängen
istiskīvati (-įskujēm) → ***įstiskati***
įstjecati (-čēm; -cao; -čen) [**-ći**] (her-)ausfließen; (her-)ausrinnen; *Gas*: ausströmen; *Termin*: verstreichen
įstjeći (-čēm) → ***įstjecati***
įstjerati (aus)treiben; herausjagen; keimen; sprießen; ~ ***dįvljāč*** Wild aufstöbern; ~ ***įz zemljē*** des Landes verweisen; ~ ***na čįstāč*** ins Reine bringen; ~ ***nǫvac*** *fig.* Geld herausschlagen; ~ ***prą̄vdu*** prozessieren; ~ ***stǫku*** Vieh (*auf die Weide*) treiben
istjerįvāč *1* Treiber *m* (*bei der Jagd*); ~ ***dą̄vola*** Exorzist *m*
istjerīvati (-ęrujēm) → ***įstjerati***
įsto ebenso; ~ ***tąko*** genauso; ebenfalls; ***įzlaziti na ~*** aufs gleiche herauskommen; ***jędno ~*** ganz gleich
istǫčiti *5* ausgießen; *Tränen* vergießen
įstočnī[1] östlich; Ost-; ~ ***blǫk*** *hist.* Ostblock *m*
įstočnī[2] Anfangs-, Ur-; ~ ***grijeh*** *Rel.* Erbsünde *f*
įstočnjāčkī morgenländisch; orientalisch
įstočnjāk Morgenländer *m*, Orientale *m*; F Ossi *m*; *Meteor.* Ostwind *m*
istǫdoban gleichzeitig; zur gleichen Zeit
istǫdobnīk Zeitgenosse *m*
istǫdopce *Adv* → ***istǫdoban***
istǫimen (-o) gleichnamig
įstok Osten *m*; Morgenland *n*; ***Blįskī*** (***Srędnjī, Dąlekī***) ♀ *Geogr.* Naher (Mittlerer, Ferner) Osten
istǫkračan *Math.* gleichschenklig
istǫkrvnīk Blutsverwandte(r) *m*
istǫlik gleichförmig; gleich aussehend
įstom *Adv* erst; ~ ***sada*** erst jetzt
istǫmišljenīk Gleichgesinnte(r) *m*
istǫpiti *5 pf* (aus-)schmelzen; einschmelzen; *Fett* auslassen; ~ ***se*** (weg-) schmelzen
istǫredan gleichrangig
istǫrija → ***pǫvijēst***
istǫrodan gleichstämmig
istǫsmjēr|an gleichlaufend; gleich gerichtet; ~***nā strųja*** Gleichstrom *m*; ~***nā ųlica*** Einbahnstraße *f*
įstovār Ausladen *n*; Entladung *f*; *Schiff*: Löschen *n*
istǫvariti (**istovarīvati**) abladen; ausladen; *Schiffsfracht* löschen
istovarīvati (-ąrujēm) → ***istǫvariti***
istǫvjerac (-ērca) Glaubensbruder *m*
istǫvjetan gleichbedeutend; identisch
istǫvremen (-o) gleichzeitig
istǫvrstan (-sno) gleichartig
Įstra Istrien *n*
įstrag|a Untersuchung(sverfahren *n*) *f*; Ermittlung(sverfahren *n*) *f*; ***pokrę̄nuti ~u*** ein Ermittlungsverfahren einleiten (***protiv*** *A*/gegen *A*); ***prǫvesti*** *od.* ***vǫditi ~u*** ein Verfahren durchführen
įstrājan[1] ausdauernd
įstrājan[2] abgenutzt; (*Kleidung*) abgetragen
Įstranin (*Pl* -āni) Istrer *m*
istrąžitelj Forscher *m*; *Jur.* Untersuchungsrichter *m*
istrą̄žiti *5* (**-ažīvati**) erforschen; erkunden, untersuchen
istražįvāč, -ąžilac (-ioca) Forscher *m*
istražīvāčkī Forschungs-, Untersuchungs-; ~***instįtūt*** Forschungsinstitut *n*
istražīvānje Forschung *f*, Untersuchung *f*
istražīvati (-ąžujēm) → ***istrą̄žiti***
įstražnī Ermittlungs-, Untersuchungs-; ~***prįtvor*** Untersuchungshaft *f*; ~***sų̄dac*** Untersuchungsrichter *m*
istṛčati (-īm; įstrčao) hinauslaufen, hinausrennen; ~ ***pred*** (*G*) entgegenlaufen (*D*); ~ ***se*** *fig.* (*unüberlegt*) vorpreschen
istrčą̄vati *5* → ***istṛčati***
įstrći (-gnēm), **-gnuti** (-gnēm) (**-gati**) ausreißen; entreißen; zerreißen
istreblјīvati (-ębljujēm) → ***istrijębiti***
įstrēm *1. Pers Sg v.* ***įstrti***
istrēsati *5* [**-sti**] ausschütteln; ausleeren; ausschütten; ~ ***se*** den Zorn auslassen (***na*** *A*/an *D*); anschnauzen (***na*** *A*/*A*)
įstrēsti (-ęsēm; įstrēsao) *pf* → ***istrēsati***
istrežnję̄nje Ernüchterung *f* (*a. fig.*); Nüchternwerden *n*
įstrgnuti (-gnēm; -gao; -gnut) (**-gati**) (her-)ausreißen; entreißen; ~ ***se*** *Hund*: sich losreißen
istrijębiti *5*/*7* (**-treblјīvati**) ausrotten,

I

vertilgen; vernichten
istṛljati *5 pf* → ***ịstrti***
ịstrošen (-o) abgenutzt, abgetragen; *fig.* erschöpft
istrọšiti *5 pf* abnutzen, verbrauchen; *fig.* erschöpfen; ~ **se** sich abnutzen; sich verausgaben
ịstrti (-trēm; -tro) (ab)reiben; abwischen; abscheuern; ausradieren
istrụgati (ịstrūžēm) abschaben; ausschaben; auskratzen
ịstūći (-ụčēm; *Imp* -ụci; -ūkao) (**-tụkati**) verhauen, verprügeln, durchprügeln
istumạ̄čiti auslegen, deuten, erklären
ịstup (*öffentlicher*) Auftritt *m*; (*politische etc.*) Unruhe *f od.* Aufruhr *m*
istụpati [**-iti** *5*] auftreten; vortreten; (*aus Partei*) austreten; ausfallend werden
istụpiti[1] *pf* → ***istụpati***
istụpiti[2] *pf* abstumpfen; stumpf werden
ịstupnica Austrittserklärung *f* (*aus e-r Partei etc.*)
ịsturen (-o) hervortretend; vorgeschoben; ~ ***pọložāj*** *Mil.* vorgeschobener Posten
ịsturiti *pf* herausschieben; hinausschieben; (her-)ausstrecken; ~ ***glạ̄vu kroz prọ̄zor*** den Kopf aus dem Fenster strecken ~ **se** sich vorschieben
istušịrati se *5* e-e Dusche nehmen
ịsusovac (-ōvca) Jesuit *m*
ịsusovačkī Jesuiten-
isụ̄šiti (**-ušịvati**) austrocknen; trockenlegen; entwässern; ~ **se** eintrocknen; austrocknen; trocken werden
isušịvati (-ụšujēm) → ***isụ̄šiti***
išamạrati (ịšamarān) (*heftig*) ohrfeigen
ịšārān (-o) bekritzelt; verziert
iščạhuriti se *pf Zool. u. fig.* sich entpuppen
iščašẹ̄nje *Med.* Auskugelung *f*; Luxation *f*, Verrenkung *f*
ịščasiti *pf* auskugeln; ausrenken; verrenken
ịšček(ịv)ati abwarten; erwarten
iščekịvati (-ẹkujēm) → ***ịščekati***
iščepṛkati (iščẹprkān) ausscharren; herauskramen; *fig. Geheimnis* herausbekommen
iščẹsljati (iščesljān) auskämmen; durchkämmen
iščesljạ̄vati *5* → ***iščẹsljati***
ịščetkati *pf* ausbürsten
iščezạ̄vati *5* [**ịščeznuti**] verschwinden; vergehen; heimlich weggehen
ịščeznuti (-nēm; -zao/-znuo) *pf* → ***iščezạ̄vati***
iščụpati (ịščupān) *pf* (her)ausreißen; ~ ***kọrijēn*** entwurzeln
ịščuškati *pf* ohrfeigen
išmṛkati (ịšmrčēm) *pf* auspumpen; ~ ***nọs*** sich die Nase putzen
ịšta *Pron* irgend etwas, irgendwas; was auch immer; ***bọlje*** ~ ***nẹgo nịšta*** besser irgendwas als gar nichts
ịštēm *1. Pers Sg v.* ***ịskati***
Itālija Italien *n*
Italijạ̄nac (-nca) *2* Italiener *m*
Italijànka (*DSg* -ki; *GPl* -kī) Italienerin *f*
itd. *Abk.* ***i tạko dạlje*** und so weiter
ịtko (ịkoga) *Pron* irgend jemand, wer auch immer
ịvančica *Bot.* Margerite *f*; Gänseblümchen *n*; Johannisapfel *m*
ịvēr Span *m*, Holzspan *m*; Splitter *m*; *Med.* Kniescheibe *f*; ***nẹ padā*** ~ ***dalẹko od klạdē*** *Sprw.* der Apfel fällt nicht weit vom Stamm
ịverica Spanplatte *f*
ịvica Rand *m*; Kante *f*
ịvičnī Rand-, Saum-
ịvičnjāk Bordstein *m*
ịz *Präp* (*G*) aus (*D*); von (*D*); ~ ***čega*** woraus; ~ ***ljụ̄bavi*** aus Liebe; ~ ***nạ̄vikē*** aus Gewohnheit; ~ ***počẹ̄tka*** von Anfang an; ~ ***pṛvē rụ̄kẹ̄*** aus erster Hand; ***sạ̄stojiti*** ~ ***dva dijẹla*** aus zwei Teilen bestehen; ~ ***svẹga sṛca*** von ganzem Herzen; ~ ***tẹmelja*** von Grund auf; ***znạti*** ~ ***viđẹ̄nja*** j-d vom Sehen kennen
ịza *Präp* (*G*) hinter (*D*), nach (*D*); ~ ***lẹđa*** hinter dem Rücken (*a. fig.*), ~ ***toga*** danach; dahinter
izạberēm *1. Pers Sg v.* ***izạbrati***
izabịrati → ***izạbrati***
izabrạnica Auserwählte *f*
izabrạnīk *1* Auserwählte(r) *m*
izạbrati (-ẹrēm; ịzabrao; ịzabrān) (**-bịrati**) auswählen; aussuchen; wählen; ~ **se** (*A*) sich (*A*) aussuchen
ịzāći, izạ̄ći (ịzāđem) *pf* → ***ịzīći***
izasịpati *5* → ***izạsūti***
izaslạnīk *1* → ***pọslanīk***
izạsūti (ịzaspēm; -suo) (**-sịpati** *5*) ausschütten; ausstreuen
izazịvāč *1* Herausforderer *m*, Provokateur *m*

izazịvāčkī herausfordernd, provokatorisch *od.* provokativ
izazịvānje Herausfordern *n*; Provokation *f*; Aufwiegeln *n*
izazīvati *5* → ***izązvati***
ịzazōv Herausforderung *f*; → ***izazịvānje***
ịzazovan → ***izazịvāčkī***
izązvati (-zọvēm; ịzazvao) herausfordern, provozieren; ~ ***na dvọbōj*** zum Duell fordern
iząžēti[1] (ịzažmēm); *Imp* iząžmi; -žeo) (**-žịmati**) *Wäschestück* auswringen; zusammenfassen
iząžeti[2] (ịzaženjēm) *pf* Ernte einbringen
izažịmati → ***iząžeti***[1]
izbąciti *5* (**-acīvati**) hinauswerfen; herauswerfen; ~ ***iz pạrtijē*** *od.* ***strạnkē*** aus e-r Partei ausschließen; ~ ***iz tạkta*** aus dem Takt bringen (*a. fig.*); ~ ***iz ụpotrebē*** außer Gebrauch setzen; ~ ***nạ ulicu*** auf die Straße setzen
izbacīvati (-ąčujēm) → ***izbąciti***
ịzbaviti (**-ljati**) retten; befreien; ~ ***se*** sich befreien (*G*/von *D*)
izbęčiti *5 pf*: ~ ***ọči*** die Augen aufreißen; anglotzen (***u*** *A*/*A*); ~ ***līce*** das Gesicht verziehen
izbezụmiti *5* (**-umljīvati**) verrückt machen; ~ ***se*** wahnsinnig werden; außer sich geraten
izbęzūmljen (-o) wahnsinnig, verrückt
izbezumljīvati (-ụmljujēm) → ***izbezụmiti***
izbịjāč *1* Stemmeisen *n*, Brecheisen *n*
izbījānje Ausbrechen *n*; Ausschlagen *n*; ~ ***rạta*** Kriegsausbruch *m*
izbījati *5* → ***ịzbiti***
izbijęliti *5*/*7 pf* weiß färben; weiß tünchen; *reg.* weißeln
izbijęljeti (-īm; -lio,-ljela) *pf* weiß werden; blaß werden, verblassen
izbịrāč *1* wählerische Person; ~ ***pri jẹlu*** Feinschmecker *m*
izbīrati → ***iząbrati***
izbịrljiv wählerisch
ịzbiti (-bijēm; *Imp* -bīj; -bio; -bịjen *6*/-bīt) (**-bījati**) ausschlagen; durchbrechen; verprügeln; *Pflanze*: austreiben; ~ ***ịz glāvē*** aus dem Kopf schlagen; ~ ***na jāvu*** publik werden; ~ ***na mṛtvō ịme*** F j-n grün und blau schlagen
izbīvati *5* abwesend sein, fehlen
ịzbjeći (-egnēm; -egao) (**-gāvati** *5*) (ver)meiden (*G*/*A*); ausweichen (*G*/*D*)
ịzbjegnuti (-gnēm; -gao) *pf* → ***ịzbjeći***
izblebẹtati (-ẹbećēm; ịzblebetān) → ***izbṛbljati***
ịzbliza aus der Nähe; ~ ***i izdalẹka*** von nah und fern
ịzbljuvak (-ūvka) *Med.* Auswurf *m*
izbljụvati (ịzbljujēm) *pf* ausspeien, ausspucken; ~ ***se*** sich erbrechen, sich übergeben
ịzbočen (-o) gewölbt; konvex
ịzbočina Ausbuchtung *f*; Rundung *f*; Wölbung *f*
izbọdēm *1. Pers Sg v.* ***ịzbosti***
ịzbor Auswahl *f*, Sortiment *n*, Wahl *f*; ~ ***rọbē*** Warensortiment *n*; ***dān*** ~***a*** Wahltag *m*; ***ịshod*** ~***a*** Wahlausgang *m*; ***nāknadnī*** ~ Nachwahl *f*; ***po svọm*** ~***u*** nach Gutdünken; ***tọk*** ~***a*** Wahlgang *m*; ***vịšestranāčkī*** ~***i*** pluralistische Wahlen
ịzbōrn|ī Wahl-; ~***ī kọtār*** *od.* ***ọkrūg*** Wahlbezirk *m*; ~***ī ọdbor*** Wahlausschuß *m*; ~***ō prāvo*** Wahlrecht *n*
ịzbosti (-bọdēm; -bō, -bọden *6*) (**-bādati** *5*) ausstechen, durchstechen; durchbohren
izbrạnīk *1* → ***izabrạnīk***
ịzbrati (-bẹrēm) *pf* → ***iząbrati***
ịzbrazdan (-o) durchfurcht; gerillt
izbrạzdati *pf*, **izbrạzditi** *5 pf* durchfurchen
izbṛbljati *pf* ausplaudern, ausplappern; ~ ***se*** sich verplappern
ịzbrijati (-brijēm) (**-jāvati** *5*) rasieren
ịzbrisati (-šēm) *pf* (aus)löschen; abwischen; *Schuld* tilgen; *Spuren* verwischen; ~ ***iz pạmeti*** *fig.* vergessen, aus seinem Gedächtnis streichen; ~ ***s līca zẹmljē*** *fig.* vom Erdboden vertilgen
izbrọjiti *5* (**-jati**) abzählen, auszählen; ~ ***nạ prste*** *a. fig.* an den Fingern abzählen; ***njẹgovi su dạni izbrọjanī*** *fig.* seine Tage sind gezählt
ịzbrojiv zählbar
izbụljiti *5 pf* → ***izbęčiti***
izdąci *Pl v.* **izdątak**; Ausgaben *Pl*; Spesen *Pl*
ịzdah (*einmaliges*) Ausatmen *n*; *fig.* letzter Hauch
izdahnụće → ***ịzdah***
izdạhnuti (ịzdahnēm; *Imp* -dạhni; -nuo) (**ịzdisati**) ausatmen; *fig.* sterben
ịzdaja Verrat *m*, Treuebruch *m*; ~ ***dọmovinē*** Landesverrat *m*

ịzdajēm *1. Pers Sg v.* ***izdȃvati***
ịzdajica, -dājnīk Verräter *m*
ịzdājnica Verräterin *f*
izdȃjstvo (*GPl* ịzdājstāvā/izdȃjstvā) Verrat *m*
izdalẹka von fern (her), von weitem; ***ni ~*** bei weitem nicht
ịzdām *1. Pers Sg v.* ***ịzdati***
ịzdanak (-ānka) Sproß *m*; (*Wurzel-*) Trieb
izdȃnje Ausgabe *f*, Publikation *f*, Veröffentlichung *f*, Auflage *f*; ***dọpunjenō ~*** ergänzte Auflage; ***pọsebnō ~*** Sonderausgabe *f*; ***prẹrāđenō ~*** überarbeitete Auflage; ***pȓvō ~*** Erstausgabe *f*
ịzdāšan ergiebig; reichlich; (*Essen*) ausgiebig; (*Mensch*) freigiebig
ịzdāšnōst (-osti; *ISg* -osti/-ošću) *f* Ergiebigkeit *f*; *Hdl.* Rentabilität *f*
izdȃ|tak (-tka; *Pl* -aci) (*finanzielle*) Ausgabe *f*; Auslage *f*; ***~ci*** Unkosten *Pl*; Spesen *Pl*
ịzdati (-dām; -dān) (**-dȃvati**) *Geld* ausgeben; *Geld* auslegen; *Buch* herausgeben, verlegen; *Dokument* ausstellen; *Geduld*: reißen; *Geheimnis* verraten; *Kraft*: versagen; *Wohnung* vermieten; *Verordnung* erlassen; ***~ se*** sich verraten, sich (*seinen Prinzipien*) untreu werden; sich ausgeben (***za*** *A*/für, als *A*)
izdạvāč *1* Herausgeber *m*; Verleger *m*
izdạvāčkī Verlags-
izdȃvati (ịzdājēm) → ***ịzdati***
ịzderān (-o) abgerissen, zerfetzt; zerlumpt
izdẹrati (ịzderēm; *Imp* -dẹri) *pf* zerreißen; zerfetzen; abtragen; ***~ se*** sich zerreißen; anschnauzen (***na*** *A*/*A*)
izderọtina Riß *m*; Rißwunde *f*
ịzdići (-gnēm; -gao, -gla) (**-dizati**) anheben, erhöhen, hochheben; ***~ se*** sich erheben
ịzdignuti (-gnēm; -gao) *pf* → ***ịzdići***
izdiktȋrati *5 ipf*/*pf* (*zu Ende*) diktieren
ịzdisānj|e Ausatmen *n*, Aushauchen *n*; *fig.* Sterben *n*; ***biti na ~u*** in den letzten Zügen liegen
ịzdisati (-šēm) → ***izdạhnuti***
ịzdizati (-žēm) → ***ịzdići***
ịzdrljati *5 pf* eggen; *fig.* kritzeln
izdrọbiti *5 pf* zerbröckeln; zerkrümeln; zerdrücken
izdṛžati (ịzdržīm; ịzdržao) aushalten, ertragen; *Unterhalt* bestreiten; *Gefängnisstrafe* verbüßen
izdržȃvānje Aushalten *n*, Ertragen *n*; *Jur.* Lebensunterhalt(skosten *Pl*) *m*
izdržȃvati *5* → ***izdṛžati***
izdṛžljiv ausdauernd, widerstandsfähig; zäh
izdṛžljivōst (-osti; *ISg* -osti/-ošću) *f* Ausdauer *f*; Haltbarkeit *f*; Zähigkeit *f*
ịzdūbljen (-o) ausgehöhlt; eingedrückt; vertieft
izdubljȋvati (-ụbljujēm) [**ịzdūpsti**] aushöhlen; ausschnitzen; vertiefen
izdȗljiti verlängern, in die Länge ziehen
ịzdūpsti (-dụbēm; -dubao; -dūben) *pf* → ***izdubljȋvati***
izdvȃjati *5* → ***izdvọjiti***
izdvọjiti *5* (**-dvȃjati**) absondern, abtrennen, isolieren; ***~ se*** sich absondern; sich abheben (*I*/durch *A*)
izgȃrānje Verbrennen *n*, Verbrennung *f*
izgȃrati *5 pf* → ***izgọrjeti***
ịzgaziti *pf* austreten, zertreten; *Schuhe* ablaufen
ịzginuti (-nēm; -nuo) *pf* umkommen, zugrundegehen; (*im Krieg*) fallen
izglȃčati (ịzglāčān) *pf* glätten; ***~ glạčalom*** bügeln
ịzgladiti (ịzglađen) (**-ađȋvati**) glätten, glatt machen; *fig.* ausgleichen; *Streit* schlichten
izglạdnio (-njela) ausgehungert
izglạdniti (ịzgladnjen) *pf* aushungern
izglạdnjeti (-nīm; -nio, -njela) *pf* hungrig werden; verhungern
izglạncati aufpolieren
izglạsati (ịzglasān) abstimmen (*A*/über *A*); (*durch Abstimmung*) entscheiden, wählen (***za*** *A*/zu *D*)
izglasȃvati (-ạsujēm) → ***izglạsati***
ịzglēd Aussehen *n*; Aussicht *f*; Anschein *m*; ***bẹz ~a*** aussichtslos; ***ịmati u ~*** in Aussicht haben; ***po ~u*** dem Anschein nach; ***stạviti u ~*** in Aussicht stellen
ịzglēdan gut *od.* hübsch aussehend; aussichtsreich
izglẹdati *5* ausschauen, aussehen; scheinen; ***ịzglēdā kao*** es scheint, daß
izglọdati (ịzglođēm; *Imp* izglọđi; ịzglodao) abnagen, zernagen; abreiben; ***~ se*** sich abnutzen, sich abwetzen
izgnạnīk *1* Verbannte(r) *m*; Vertriebene(r) *m*
izgnȃnstvo (*GPl* ịzgnānstāvā/izgnȃnstvā) Verbannung *f*

izgnati (izgnān) (**-gòniti** *5*) verbannen, vertreiben; (*aus e-m Land*) ausweisen
izgnjáviti *5 pf* zerdrücken; zermürben; *Teig* kneten; *fig.* fertig machen
izgnjéčiti *5 pf* auspressen, ausquetschen, zerquetschen
izgon Ausweisung *f*, Vertreibung *f*
izgònitelj Austreiber *m*; *Rel.* Exorzist *m*
izgòniti *5* → ***izgnati***
izgòrjeti (-īm; -io, -rjela) *pf* abbrennen, niederbrennen, verbrennen; ~ ***u sūncu*** *fig.* in der Sonne schmoren *od.* braten; *Wunde* ausbrennen
izgovárānje Aussprechen *n*; *Gr.* Artikulation *f*
izgovárati *5* [**-govòriti** *5*] aussprechen; ~ **se** vorgeben; sich herausreden, Ausflüchte machen
izgovōr Aussprache *f*, Artikulation *f*; Ausrede *f*, Vorwand *m*; ***imati dòbar*** ~ e-e gute Aussprache haben; ***pod*** ~***om*** unter dem Vorwand; ***prázan*** ~ faule Ausrede
izgovòriti *5* → ***izgovárati***
izgráditi *5* (**-ađívati**) ausbauen; (*fertig*) bauen; errichten; *fig.* ausarbeiten
izgrádnja Ausbau *m*; Aufbau (*a. fig.*); ***stàmbenā*** ~ Wohnungsbau *m*
izgrađívati (-àđujēm) → ***izgráditi***
izgŕditi *5 pf* ausschelten, schimpfen
izgrèben (-o) *5* verkratzt, zerkratzt
izgrēd Ausschreitung *f*, Exzeß *m*
izgrednīk Rabauke *m*, Rowdy *m*
izgrepsti (-ębēm; izgrebao) *pf* auskratzen, verkratzen, zerkratzen
izgristi (-ížēm; izgrizao; izgrižen) (**-grízati** *5*) zerbeißen; zerfressen; zernagen; ~ ***se*** *fig.* sich grämen
izgùbiti *5 pf e-n Gegenstand, Nerven, Zeit* verlieren; *Vermögen* einbüßen; ~ ***gláVu*** *a. fig.* den Kopf verlieren; ~ ***ìgru*** ein Spiel verlieren; ~ ***iz vída*** aus den Augen verlieren; ~ ***na težíni*** an Gewicht verlieren, abnehmen; ~ ***tlò pod nògama*** *fig.* den Boden unter den Füßen verlieren; ~ ***žívot*** ums Leben kommen; ~ **se** sich verlieren; verlorengehen; verschwinden
izgubljen (-o) verloren; desorientiert; hilflos
izgúliti *5 pf* abschälen; abschaben; abziehen
izgùnđati vor sich hin murmeln
izgúrati *5 pf* hinausdrängen, hinausschieben; hinausstoßen
izgùžvati (izgužvān) *pf Papier* zerknüllen; *Stoff* zerknittern
izíći (-íđēm; *Imp* -íđi; -išao, -išla) heraus- *od.* hinausgehen; heraus- *od.* hinauskommen; hervorgehen (**iz** *G*/aus *D*); *Sonne*: aufgehen; ~ ***iz gláVē*** *fig.* vergessen; ~ ***iz tàkta*** *fig.* aus dem Takt geraten; ~ ***nà glās*** berühmt werden; ~ ***na jèdno*** *fig.* auf dasselbe hinauslaufen; ~ ***nàkrāj*** auskommen (**s** *I*/mit *D*); ~ ***na površínu*** auftauchen; ~ ***na vídjelo*** *fig.* ans Licht kommen; ~ ***pred jávnōst*** sich an die Öffentlichkeit wenden; ~ ***u sùsret*** *a. fig.* entgegenkommen
izídati *5* (**-đívati**) (er)bauen, errichten
izigrati (izigrān) *Karte* ausspielen; *Gesetz* umgehen; *fig.* überlisten
izigrávati *5* → ***izigrati***
iziskívati (-iskujēm) erfordern
izjadati (**se**) *pf* sein Leid klagen; (sich) ausjammern
izjahati (-šēm) *pf* ausreiten
izjaloviti se *pf* fehlschlagen, mißlingen; *Hoffnungen* zunichte machen
izjàsniti *5* (**-jašnjávati** *5*) äußern, erklären; ~ **se** sich äußern; sich auslassen (**o** *L*/über *A*)
izjava Erklärung *f*, Äußerung *f*; Aussage *f*; ~ ***ljùbavi*** Liebeserklärung *f*; ~ ***o imovinskōm stánju*** Vermögensstandserklärung *f*; ~ ***o prístanku*** Einwilligungserklärung *f*
izjav|an Aussage *f*; ~***nā rečènica*** *Gr.* Aussagesatz *m*
izjáviti *5* (**-avljívati**) erklären, e-e Erklärung abgeben; aussagen
izjavljívati (-àvljujēm) → ***izjáviti***
izjèdati *5* → ***izjesti***
izjēdēm *1. Pers Sg v.* ***izjesti***
izjednáčiti *5* (**-ačívati**) ausgleichen, gleich machen, gleichstellen
izjednačívati (-àčujēm) → ***izjednáčiti***
izjelica *m, f* F Freßsack *m*, Vielfraß *m*
izjesti (-jēdēm; -jeo) (**-jèdati**) aufessen; *Insekten*: stechen; ~ **se** sich ärgern
izjúriti *5 pf* hinaus- *od.* herausrennen; hinausstürzen; hinausjagen
izjutra morgens; in der Frühe
izlàgāč *1* Aussteller *m*; Referent *n*; Berichterstatter *m*
izlágánje Ausstellen *n*; Auslegung *f*, Interpretation *f*; Darlegung *f*; Ausführung *f*

izlạgati[1] (ịzlāžēm) ausstellen; darlegen, erklären; interpretieren
izlạgati[2] (ịzlāžēm) → ***izlọžiti***
ịzlajati (-jēm) *pf* ausplaudern, ausposaunen
ịzlaz, -zak (-ska) Ausgang *m*; Ausweg *m*; (*Sonne*) Aufgang *m*; ~ ***iz tịska*** (*Buch*) Erscheinen *n*; ~ ***za nụždu*** Notausgang *m*; ***ịmati*** ~ *Mil.* Ausgang haben
izlạziti *5* → ***ịzići***
ịzlāznī Ausgangs-
ịzlaznina Ausfuhrzoll *m*
ịzlažēnje Ausgehen *n*; (*Sonne*) Aufgehen *n*; (*Buch*) Erscheinen *n*
ịzlēći (-ěžēm; *Imp* -ězi; -ēgao; -ěžen) *pf* *Eier* ausbrüten; ~ **se** ausgebrütet werden; ausschlüpfen
ịzlet Ausflug *m*; Exkursion *f*; ***ịći na*** ~ e-n Ausflug machen
ịzletīšte Ausflugsort *m*
ịzletnīčkī Ausflugs-
ịzletnīk Ausflügler *m*
izlijẹčiti *5/7 pf* (aus-)heilen, kurieren (*od G*/von *D*); ~ **se** genesen; gesund werden
izlijẹpiti *5/7* (be)kleben, *Plakat* ankleben; kleben, zusammenkleben
izlijẹvati (se) *5* → ***ịzliti*** (**se**)
ịzlika → ***ịzgovōr***
ịzlišan → ***sụvišan***
ịzliti (-ijēm) (**-lijẹvati**) ausschütten, ausgießen; ~ ***sṛce*** *fig.* sein Herz ausschütten; ~ **se** sich ergießen; ausströmen
ịzliv Abfluß *m*; (*Ab-*)Guß *m*; *Med.* Erguß *m*
ịzlivak (-īvka) → ***ịzliv***
ịzlīzān (-o) abgerieben; abgewetzt
izlị̄zati (ịzlīžēm) *pf* ablecken; auslecken; ~ **se** sich abnutzen; sich abwetzen
ịzlog Schaufenster *n*; Auslage *f* (*im Schaufenster*)
ịzložak (-ška) Ausstellungsstück *n*, Exponat *n*
ịzložb|a (*GPl* -žābā/-žbī) Ausstellung *f*; Schau *f*; ***prirẹ̄diti*** **~u** e-e Ausstellung veranstalten
ịzložben (-o) Ausstellungs-; **~ī** ***prị̄mjerak*** Ausstellungsstück *n*
ịzložen (-o) ausgeliefert; ausgesetzt
izlọ̄žilac (-ioca) → ***izlạgāč***
izlọ̄žīšte Ausstellungsraum *m*
izlọžiti *5/7 pf* ausstellen, zur Schau stellen; auslegen; aussetzen; *Waren* auslegen *od.* ausstellen; (*e-r Gefahr*) aussetzen; *Standpunkt* darlegen; (*dem Gespött*) preisgeben; ~ **se** sich aussetzen (*D*/*D*)
ịzlučak (-čka) *Physiol.* Ausscheidung *f*, Sekret *n*
ịzlučina → ***ịzlučak***
izlụ̄čiti *5* (**-lučị̄vati**) absondern; aussondern; *Flüssigkeit* ausscheiden
izlučị̄vati (-ụčujēm) → ***izlụ̄čiti***
ịzlučnī Ausscheidungs-; ~ ***ọrgān*** *Med.* Ausscheidungsorgan *n*; ~ ***tụrnīr*** *Sp.* Ausscheidungsturnier *n*
izlụ̄djeti (ịzlūdīm; -dio, -diela; ịzlūđen) *pf* → ***polụ̄djeti***
izluftị̄rati *5 ipf*/*pf* *e-n Raum* durchlüften
izlụ̄pati *5 pf* *Teppich* ausklopfen; F verdreschen
izljẹčẹ̄nje Genesung *f*, Heilung *f*
izljẹ̄čiv heilbar
ịzljev → ***ịzliv***
izljụ̄biti *5 pf* abküssen; nacheinander küssen; ~ **se** sich küssen
ịzmaći (-aknēm; -akao) *pf* → ***izmạknuti***
ịzmaglica Nieselregen *m*
ịzmagliti se *pf* *Nebel*: sich lichten
ịzmak Ende *n*; Neige *f*; Schluß *m*; ***na*** **~u** ***živọta*** am Lebensende; ***nọvac je na*** **~u** das Geld geht zu Ende
izmạknuti (ịzmaknēm; *Imp* izmạkni; ịzmakao, -kla) *pf* entfliehen; entweichen, entwischen; (*aus der Hand*) gleiten; *Äußerung*: entschlüpfen; ~ ***kontrọli*** außer Kontrolle geraten; ~ **se** sich entziehen
izmạ̄miti *5* (**-amljị̄vati** *5*) herauslocken; (*salopp*:) *Geld* abluchsen; *Geheimnis etc.* entlocken
izmamljị̄vati (-ạmljujēm) → ***izmạ̄miti***
ịzmazati (-ažēm) *pf* ausmalen; bemalen; beschmieren, beschmutzen; ~ **se** sich schmutzig machen
ịzmēće Findelkind *n*, ausgesetztes Kind
ịzmećēm *1. Pers Sg v.* ***izmẹtati***
ịzmeđu *Präp* (*G*) zwischen, unter (*A*, *D*); ~ ***ọstālōga*** unter anderem
izmẹsti (-mẹtēm; -mẹtao) *pf* ausfegen, auskehren; *fig.* hinauswerfen
ịzmet Kot *m*; Dreck *m*; *fig.* Dreckskerl *m*, Abschaum *m*
izmẹtati (ịzmećēm) → ***izmẹtnuti***
izmẹtnuti (-nēm; -nuo) (**-tati**) hinauswerfen; aussetzen; ~ **se** aus der Art schlagen
ịzmicati (-ičēm) → ***izmạknuti***

izmijeniti *5/7* (**-mjenjivati**) (ab)ändern; austauschen; auswechseln; ~ **lice** von Grund auf umgestalten (*D/A*); ~ **pisma** Briefe wechseln; ~ **se** sich verändern; sich abwechseln (**s** *I*/mit *D*)
izmiješan (-o) (durch)gemischt; vermengt, vermischt
izmiješati *5/7* (durch)mischen, vermischen; ~ **se** sich vermischen
izmiriti *5 pf* (**-irivati**) aussöhnen, versöhnen; *Rechnung* begleichen; ~ **se** sich aussöhnen, sich versöhnen; sich abfinden (*I*/mit *D*)
izmirivati (-irujēm) → ***izmiriti***
izmisliti (**-misljati** *5*) ausdenken, erdenken; ersinnen; erdichten; erträumen
izmišljen (-o) erdacht, erfunden; fingiert; unwahr
izmišljotina Erdichtung *f*, Erfindung *f*; Faselei *f*; Lügengeschichte *f*
izmjena Abänderung *f*, Änderung *f*; (*Wach-*) Ablösung *f*; Abwechslung *f*; Austausch *m*; Umtausch *m*
izmjenič|an abwechselnd, wechselseitig, Wechsel-; ~***nā strūja*** Wechselstrom *m*
izmjenjivati (-mjenjujēm) → ***izmijeniti***
izmjenjivāč *1 Tech.* Wechselrichter *m*; ~ ***toplinē*** *Kfz.* Wärmetauscher *m*
izmjer Messung *f*; Ausmaß *n*; Maß *n*
izmjeriti *pf* abmessen, ausmessen; *Gewicht* abwiegen
izmlātiti *5 pf Getreide* dreschen; *fig.* verprügeln
izmoliti *5 pf* erbitten
izmoren (-o) ermüdet
izmoriti *5 pf* ermüden; zermürben; ~ **se** müde *od.* matt werden
izmotati (**-tāvati** *5*) abwickeln; auswickeln; ~ **se** sich abwickeln; sich abspulen; *fig.* Ausflüchte suchen
izmozgati *5* ausdenken, erfinden; ersinnen
izmožden (-o) ausgemergelt; erschöpft
izmrcvāriti *5 pf* martern; zerfleischen; quälen
izmršāvati *5 pf* sehr abmagern
izmrviti *pf* zerbröckeln, zerkrümeln
izmučen (-o) abgehetzt; abgespannt
izmučiti plagen, schinden; ~ **se** sich abquälen, sich abrackern
izmūdriti *5* ausdenken; austüfteln
izmusti (-ūzēm; -uzao; -zla) melken; *fig.* ausnehmen
iznāći (iznāđēm; -našao, -šla; -ađen) (**-nalaziti**) finden; herausfinden; entdecken
iznad *Präp* (*G*) über (*D*); oberhalb (*G*); ~ ***svega*** über alles
iznājmiti *5 pf* (**-najmljivati** *5*) mieten, pachten; vermieten, verpachten
iznajmljivāč *1* Pachtgeber *m*; Verpächter *m*
iznakāziti *5 pf* → ***unakāziti***
iznāšati *5* → ***iznijēti***
iznemoći (-mognēm; -mogao; -možen) ermatten; ermüden
iznemogao (-glo) ermattet, ermüdet
iznemoglōst (-osti; *ISg* -osti/-ošću) *f* Erschöpfung *f*, Kraftlosigkeit *f*
iznenāda *Adv* plötzlich, überraschend, unverhofft
iznenādan plötzlich, unerwartet
iznenāditi *5* (**-nađivati**) überraschen, überrumpeln; ~ **se** überrascht werden
iznenāđen (-o) überrascht, überrumpelt
iznenāđenōst (-osti; *ISg* -osti/-ošću) *f* Erstaunen *n*, Überraschtsein *n*
iznenađēnje Überraschung *f*
iznenađivati (-ađujēm) → ***iznenāditi***
iznervīrati *5 pf* nervös machen; ~ **se** nervös werden *od.* sein
iznevjeriti *pf* verraten; treulos handeln (*A*/an *D*); ~ **se** treulos *od.* untreu werden
iznijēti (-nesēm; -nio, -nijela; -nesen *6*) (**-nositi, -nāšati**) hinaustragen, herausbringen; *Ansichten* darlegen; *Anzug* abtragen; *Beweise* beibringen; *Bitte* vortragen *od.* vorbringen; *Vorschlag* machen *od.* unterbreiten; ~ ***na glās*** bekannt machen; ~ ***na svijetlo*** ans Tageslicht bringen; ~ ***na velikō zvono*** *fig.* an die große Glocke hängen; ~ ***žīvū glāvu*** *fig.* mit heiler Haut davonkommen
izniknuti (-nēm; -kao) *pf* auskeimen; aufsprießen; hervorkeimen
iznīman Ausnahme-; außergewöhnlich, besondere(r), Sonder-; ungewöhnlich
iznīmka Ausnahme *f*
iznos Betrag *m*, Summe *f*; ~ ***korijena*** *Math.* Wurzel *m*; ***račūn u ~u od*** e-e Rechnung in Höhe von
iznositi *5 pf Betrag, Rechnung*: betragen, sich belaufen *od.* beziffern auf; → ***iznijēti***
iznošen (-o) abgetragen, verschlissen
iznova, -vice von neuem, erneut

iznuda Erpressung *f*, Nötigung *f*
iznudica Zugzwang *m* (*Schach u. fig.*)
iznuditi (**-nuđívati**) abnötigen, erzwingen; *Geld* erpressen
iznuđivāč *1* Erpresser *m*
iznuđívati (-uđujēm) → ***iznuditi***
iznuren (-o) erschöpft
iznuriti *5 pf* ermüden, erschöpft machen
iznūtra von innen heraus; innen, innerlich
iznutrašnjī innerlich, Innen-
iznutrica Eingeweide *Pl*; Innereien *Pl*
izobīlan ergiebig, reichlich; reich (*I*/an *D*)
izobīlj|e Fülle *f* (*I*/an *D*); Überfluß *m*; ***u ~u*** in Hülle und Fülle
izobličāvati *5* → ***izoblíčiti***
izobličenōst (-osti; *ISg* -osti/-ošću) *f* Entstellung *f*; Verunstaltung *f*; Verformung *f*
izoblíčiti *5* (**-bličāvati** *5*) entstellen, verunstalten; *Worte* verdrehen
izobrazba (*GPl* -āzābā/-zbī) Ausbildung *f*; Bildung *f*
izobrāziti *5* (**-bražāvati** *5*) (aus)bilden, schulen
izobražen (-o) ausgebildet
izokola ringsum
izokrēnuti se (izokrēnēm se; -krēnuo se) *pf* kippen; sich völlig verändern
izolācija Isolation *f*; Isolierung *f*; ***toplotnā ~*** Wärmeisolierung *f*
izolātor Isolator *m*
izolīrān (-o) isoliert; abgetrennt; abgedichtet
izolírati *5 ipf*/*pf* abdichten, isolieren; trennen
izopāčiti *5* (**-pačivati**) entstellen; (*sittlich*) verderben; verdrehen; ***~ se*** entarten; (*moralisch*) verdorben sein
izopačívati (-ačujēm) → ***izopāčiti***
izopćiti *5 pf* verbannen, ausstoßen; ausweisen; *Rel.* exkommunizieren
izorati (izorēm; izorān) durchpflügen, umpflügen
izostajati (-jēm) → ***izostati***
izostanak (-ānka) Fehlen *n*, Abwesenheit *f*; Ausbleiben *n*; ***~ iz škōlē*** Fernbleiben von der Schule; Fehltag *m*
izostati (-anēm; -ao, -āla) (**-ajati**) ausbleiben, wegbleiben, fernbleiben; fehlen; ***~ iz škōlē*** der Schule fernbleiben
izostaviti (**-vljati**) auslassen, weglassen
izoštrāvati *5* [**-oštriti** *5*] schärfen; *Messer* schleifen
izrābiti *5* (**-abljívati**) abnutzen; beschädigen; ausbeuten, ausnutzen
izrabljivāč *1* Ausbeuter *m*
izrabljivāčkī Ausbeuter-, Ausbeutungs-
izrabljívānje Ausbeutung *f*
izrabljívati (-rabljujēm) → ***izrābiti***
izračunati (izračunao; izračunān/izračunāt) ausrechnen, berechnen; ***napamēt ~*** im Kopf rechnen
izračunāvati *5* → ***izračunati***
izrada Anfertigung *f*, Ausarbeitung *f*; Erzeugnis *n*; Fertigung *f*, Herstellung *f*
izrāditi *5* (-đen) (**-ađívati**) ausarbeiten, anfertigen; herstellen
izrađevina Erzeugnis *n*
izrađivāč *1* Erzeuger *m*, Hersteller *m*
izrađívati (-ađujem) → ***izrāditi***
Izraēlac (-lca; *GPl* Izraēlācā) *2* Israeli *m*
izraēlskī israelisch
izrana früh, frühzeitig
izraniti (**-njāvati** *5*) verwunden
izraslina Auswuchs *m*; Geschwulst *f*; Knoten *m*, Wucherung *f*
izrastao (-slo) hochgewachsen; groß und schlank
izrāsti (-stēm; -stao, -sla) *pf* auswachsen; hervorwachsen; (*aus Kleidung*) herauswachsen
izraštāj → ***izraslina***
izrāvan direkt, unmittelbar
izravnānje Ausgleich *m*, Begleichung *f*; Schlichtung *f*
izravnati ausgleichen, ebnen; *Rechnung* begleichen; *Streit* schlichten
izravnāvati *5* → ***izravnati***
izrāvniti → ***izravnati***
izrāz Ausdruck *m*; Redewendung *f*; ***~ līca*** Miene *f*; ***dōći do ~a*** zum Ausdruck kommen; ***nāći prikladan ~*** e-n passenden Ausdruck finden
izrazit ausdrucksvoll, ausgeprägt; ***~o*** ausgeprägt, ausgesprochen
izrāziti *5* (**-ažāvati** *5*) ausdrücken, zum Ausdruck bringen; ***~ se*** sich ausdrükken
izražāj → ***izrāz***
izražājan → ***izrazit***
izražāvānj|e Ausdrücken *n*; ***nāčin ~a*** Ausdrucksweise *f*
izražāvati *5* → ***izrāziti***
izreći (-rečēm; -rekao; -rečen *6*) (**-rícati**) aussagen, aussprechen; *Urteil* fällen; *Strafe* verhängen; ***~ se*** sich versprechen

izreka (Aus-)Spruch *m*; Urteilsspruch *m*
izrešetati (izrešetān) *pf* durchlöchern; (*mit Schüssen*) durchsieben
izrēz (*Kleid-*, *Zeitungs-*)Ausschnitt *m*; Scherenschnitt *m*
izrezak (-ska) → ***izrēz***
izrezati (-režēm) (**-žīvati**) ausschneiden, zerschneiden; ausschnitzen; ausmeißeln
izrežīvati (-režujēm) → ***izrezati***
izrībati *5 pf* abreiben; ausreiben; *Boden* scheuern; *fig.* ausschimpfen
izrīcānje Aussprechen *n*, Aussage *f*; ~ ***presudē*** Urteilsspruch *m*
izrīcati (izričēm) → ***izreći***
izričāj → ***izrāz***
izrič|an aussagend; erklärend; ausdrücklich; deutlich; ~***nā rečenica*** *Gr.* Aussagesatz *m*
izričit → ***izrazit***
izrigati *pf* ausspeien; erbrechen
izrijetka ab und zu, hin und wieder
izriti (izrijēm) *pf* (**-rovati**) durchwühlen; herausgraben; *Erde* durchgraben; (*mit Maschine*) ausbaggern
izrod Ausgeburt *f*
izroditi *5* entarten; ***iz toga možē svašta*** ~ da kann alles mögliche dabei herauskommen
izrojiti *pf* ausschwärmen
izroniti *5 pf* auftauchen; plötzlich erscheinen
izrovati (izrujēm) → ***izriti***
izrūčiti *5* (**-učīvati**) aushändigen, ausliefern; übergeben; *Grüße* ausrichten *od.* bestellen
izručīvati (-ručujēm) → ***izrūčiti***
izručnica Lieferschein *m*
izručnīk Überbringer *m*
izrūgati (se) *5* (**-ugīvati**) auslachen, verspotten (*D*/*A*)
izrugīvati (se) (-rugujēm) → ***izrūgati (se)***
izubījati *5 pf* → ***pretūći***
izučāvalac (-aoca) Forscher *m*, Gelehrte(r) *m*
izučāvānje Erforschen *n*; Studieren *n*; (*wissenschaftliche*) Untersuchung *f*
izučāvati *5 pf* → ***izučiti***
izučen (-o) ausgebildet, gelernt; ~ ***zidār*** gelernter Maurer
izučiti *5* (**-čāvati** *5*) (*gründlich*) erlernen; erforschen; *Handwerk* erlernen
izūm Erfindung *f*
izumilac (-ioca) Erfinder *m*
izumīrānje Aussterben *n*
izumīrati → ***izumrijeti***
izumitelj → ***izumilac***
izumjeti (-mijēm; -mio, -mjela) erfinden, erdichten; sich ausdenken
izumljiv erfinderisch
izumrijeti (izumrēm; izumrō, izumrla) (**-mīrati** *5*) aussterben
izūstiti *5 pf* → ***izreći***
izuti (-ujēm; izuven *6*/izūt) (**-ūvati** *5*) *Schuhe* ausziehen
izuvāč *1* Stiefelknecht *m*
izuzēće Ausnehmen *n*; Ausschließen *n*
izuzētak (-tka; *GPl* izuzētākā) → ***iznīmka***
izuzētan → ***iznīman***
izuzēti (izuzmēm; *Imp* izuzmi; izuzeo, -ela; izuzet) (**-uzimati** *5*) ausnehmen; ausschließen
izuzēv(ši) *Präp* (*G*) außer, ausgenommen
izuzimati (-ām/-mljēm) → ***izuzēti***
izvābiti *5 pf* heraus-, hervorlocken
izvadak (-tka) Auszug *m*, Exzerpt *n*
izvaditi *pf* herausziehen, herausnehmen; herausbekommen; *Dokument* ausstellen lassen; *Fahrschein* lösen; *Messer* ziehen; *Reh* ausweiden; *Zahn* ziehen; ~ ***korijen*** *Math.* Wurzel ziehen
izvāđati *5* → ***izvoditi***
izvāgati *5 pf* genau wiegen; *fig.* abwägen
izvāliti *5 pf* (**-aljīvati**) umstürzen, umwerfen; *Äußerung*: herausrutschen; ~ ***oči*** Augen aufreißen; ~ **se** sich ausstrecken
izvāljati *5 pf* herausrollen, herauswälzen; *Teig* ausrollen
izvaljīvati (se) (-aljujēm) → ***izvāliti***
izvan *Präp* (*G*) außerhalb (*G*); außer (*D*); ~ **sebe** außer sich; ~ ***službē*** außer Dienst
izvana (von) außen, draußen
izvanred|an außerordentlich, besondere(r); ungewöhnlich; ~***nē prilike*** besondere Umstände; ~***nī profesor*** außerordentlicher Professor; ~***nō stānje*** Ausnahmezustand *m*; ~***an student*** außerordentlicher Student
izvanzemaljskī außerirdisch; übernatürlich
izvanjskī Außen-, äußerlich
izvarati *pf* → ***prevariti***
izvedba (*GPl* -dābā/-dbī) Ausführung *f*, Durchführung *f*

izvedbenī Ausführungs-, Durchführungs-
izvędem *1. Pers Sg v.* ***izvesti*¹**
izvedęnica *Ling.* Ableitung *f*, Derivat *n*
izvęd(lj)iv ausführbar, durchführbar
izvędriti *5 pf* aufheitern; ~ **se** *Wetter:* aufklaren
izvesti¹ (-vędēm; izveo; -vęden *6*) (**-vọditi**) ausführen; herausbringen; hinausführen; *Verbform u. ä.* ableiten; *Theaterstück* aufführen; *Installationen* durchführen; ~ ***nạ čisto*** *fig.* ins Reine bringen; ~ ***na optužęnīčkū klūpu*** vor den Kadi bringen; ~ ***zākljucak*** e-n Schluß ziehen, folgern
izvesti² (-ęzēm; izvezao; izvęzen *6*) (**-vọziti**) hinausbringen; wegbringen; *Waren* ausführen, exportieren; ~ **se** ausfahren; *Schiff:* auslaufen
izvesti, -vęsti³ (-ęzēm) besticken
izvęzēm *1. Pers Sg v.* ***izvesti*²·³**
izvīd Erkundigung *f*; Ermittlung *f*, Untersuchung *f*
izvidjeti (-īm; -dio, -djela) (**-vīđati** *5*) erkunden, auskundschaften
izvidnica *Mil.* Patrouille *f*, Spähtrupp *m*
izvidničkī Erkundigungs-
izvidnīk *Mil.* Kundschafter *m*, Späher *m*
izviđāč *1* → ***izvidnīk***
izviđāj *Jur.* Strafverfolgung *f*; ~ ***na līcu mjęsta*** *Jur.* Tatbestandsaufnahme *f*
izviđānje Auskundschaften *n*, Erkunden *n*; Untersuchen *n*
izvīđati *5* → ***izvidjeti***
izvijāč *1* Schraubenzieher *m*
izvijēm *1. Pers Sg v.* ***izviti***
izvijęstiti *5/7* (izviješten) (**-vješćīvati**) berichten; Bericht erstatten; informieren; Nachricht übermitteln; ~ **se** sich erkundigen; sich informieren
izvīkati (izvīčēm; *Imp* izvīči; izvīkan) (**-ikīvati**) ausrufen; öffentlich verkünden; ~ **se** anschreien (**na** *A*/*A*)
izvikīvati (-ikujēm) → ***izvīkati***
izvīniti *5* (**-vinjāvati** *5*) entschuldigen; ~ **se** sich entschuldigen, um Verzeihung bitten; ***izvīni(te)!*** Entschuldigung!
izvīnuti (izvīnēm) *pf* verrenken, verstauchen
izvinjāvati (se) *5* → ***izvīniti (se)***
izvirati (-rēm) hervorquellen; hervorsprudeln; *Fluß:* entspringen
izvirnica Guckloch *n*, Spion *m* (*in der Haustür*)
izviti (se) (-jēm) → ***sạviti (se)***
izvīždati (-dīm) *pf* auspfeifen
izvjęsnōst (-osti; *ISg* -osti/-ošću) *f* Gewißheit *f*
izvjestan (-sno) gewiß; ein gewisser
izvjęstilac (-ioca; *GPl* -ilcā); **-vjęstitelj** Berichterstatter *m*; Referent *m*; ***nọvinskī*** ~ Reporter *m*; ***spọrtskī*** ~ Sportreporter *m*
izvješati *pf* behängen
izvjēšće Nachrichten *Pl*
izvješćīvati (-vjęšćujēm) → ***izvijęstiti***
izvjęštāčen (-o) affektiert, gekünstelt, geziert
izvjęštāčenōst (-osti; *ISg* -osti/-ošću) *f* Affektiertheit *f*, geziertes Getue
izvještāj Bericht *m*; *Mil.* Meldung *f*, Rapport *m*; ***pọdnijēti*** ~ Bericht erstatten; ***pręma*** ~***u*** laut Bericht; ***spọrtskī*** ~ Sportreportage *f*
izvještājnī Auskunfts-
izvještāvati *5* → ***izvijęstiti***
izvjetrāvati *5* [**izvjetriti**] aus-, durchlüften; ~ **se** verdunsten; verrauchen
izvježbān (-o) geübt, gewandt, routiniert (**u** *L*/in *D*)
izvježbanōst (-osti; *ISg* -osti/-ošću) *f* Gewandtheit *f*, Routine *f*
izvježb(āv)ati einüben; *Tier* dressieren; ~ **se** Fertigkeit *od.* Gewandtheit erlangen (**u** *L*/in *D*)
izvlāčēnje Ausziehen *n*; Herausziehen *n*; (*Lotterie-*)Ziehung *f*; ***pọsebnō*** ~ Sonderziehung *f*
izvlāčiti *5* → ***izvūći***
izvod Auszug m; Schluß(folgerung *f*) *m*; *Math.* Ableitung *f* (*e-r Funktion*); ~ ***iz mạtičnē knjīgē rọđenīh*** (***vjęnčanīh, ụmrlīh***) Geburts- (Heirats-, Sterbe-) Urkunde *f*
izvọdilac (-ioca), **-ditelj** → ***izvọđāč***
izvọditi *5* → ***izvesti*¹**
izvọdiv → ***izvędiv***
izvọđāč *1* Ausführer *m*; Hersteller *m*; *Thea.* Darsteller *m*; ***grạđevinskī*** ~ Bauunternehmer *m*; Baufirma *f*
izvođęnje Ausführung *f*, Durchführung *f*
izvojęvati (-ọjujēm) *pf* erkämpfen; erringen
izvọljeti (izvolīm; *Imp* izvọli; izvọlio, -ljela) *pf* belieben, geruhen; ***izvọli(te)!*** bitte!; ***kạko god izvọliš*** (***izvọlite***) ganz wie es Dir (Ihnen) beliebt

izvor Quelle *f*, Sprudel *m*; Ursprung *m*; (*a. fig.*); ~ **napājānja** Stromzufuhr *f*; **bogat ~ima** quellenreich; **iz dobro obavještenīh ~ā** aus gut unterrichteten Quellen; **povijesnī ~i** Geschichtsquellen *f*/*Pl*; **termālnī ~** Thermalquelle *f*
izvōran Original-; Quellen-; ursprünglich
izvōrnīk Original *n*, Urfassung *f*; Urschrift *f*
izvorsk|ī Quellen-; **~ā voda** Quellwasser *n*
izvoštiti 5 *pf* wachsen, mit Wachs einreiben
izvoz Ausfuhr *f*, Export *m*; **zābrana ~a** Ausfuhrverbot *n*
izvoziti 5 [**izvesti**] ausführen, exportieren
izvoznī Ausfuhr-, Export-
izvoznica: zemlja ~ Exportland *n*
izvoznīk Exporteur *m*; Exporthändler *m*
izvraćati (-ąćujēm) → **povraćati**
izvrātiti 5 (**izvraćīvati**) → **povrātiti**
izvrći (-gnēm), **-gnuti** (-gnēm; -gao; -žen/-gnūt) (**-vrgāvati** 5) aussetzen, preisgeben; ~ **ruglu** j-n dem Spott aussetzen; ~ **se** sich aussetzen (**opāsnosti** e-r Gefahr)
izvŕnuti (izvŕnēm; izvŕnūt) (**izvrtati**) umdrehen, verdrehen; umstoßen; ~ **činjenice** Tatsachen verdrehen; ~ **se** umfallen; umkippen; *Schiff*: kentern
izvrstan (-sno) ausgezeichnet, hervorragend, vorzüglich
izvrš|an ausübend; Exekutiv-, Vollzugs-; **~nō vijeće** Exekutivrat *m*; **~nā vlāst** *Pol.* Exekutive *f*
izvršāvati 5 → **izvŕšiti**
izvŕšitelj Vollzieher *m*, Vollstrecker *m*; **sudskī ~** Gerichtsvollzieher *m*
izvŕšiti 5 (**-ršāvati**) ausführen, durchführen; erfüllen; vollstrecken; *Attentat* verüben; *Auftrag* ausführen; *Befehl* befolgen; *Inspektion* vornehmen; *Pflicht* erfüllen; *Straftat* verüben *od.* begehen; *Versprechen* einlösen; *Wunsch* erfüllen
izvŕšiv ausführbar; erfüllbar; vollstreckbar
izvŕtānje Verdrehung *f* (*a. fig.*)
izvŕtina Bohrloch *n*, Bohrung *f*
izvŕtjeti (-tīm; -tio, -tjela) *pf* ausbohren; aushöhlen
izvūći (-vūčēm; *Imp* -vūci; izvūkao, -kla; -vučen 6) (**-vlāčiti** 5) herausziehen; hervorziehen; herausbekommen; ~ **batine** Prügel beziehen; ~ **iz džepa** aus der Tasche ziehen; ~ **korist** Nutzen ziehen (**iz** *G*/aus *D*); ~ **kraćī krāj** *fig.* den kürzeren ziehen; ~ **pare** Geld herausschlagen; ~ **tājnu** ein Geheimnis entlocken; ~ **žīvū glāvu** mit heiler Haut davonkommen; ~ **se** sich herausziehen; ~ **se iz neprīlikē** gut davonkommen
iždērati *pf* alles auffressen
iždrebati 5 auslosen
ižeći (-ežēm; -egao) *pf* ausbrennen
ižīvjeti se (-vīm se; -vio se, -vjela se) (**-ljāvati se** 5) sich ausleben
ižvākati (ižvāčēm; *Imp* -vāči; ižvākan) *pf* zerkauen
ižūtjeti (-tīm; -tio, -tjela) *pf* vergilben

J

J j *n*
jā *Pron* ich; ~ **osobno, glāvōm** ich persönlich
jablān Pappel *f*
jabučica Äpfelchen *n*; Apfelbäumchen *n*; *Anat.* Adamsapfel *m*; Backenknochen *m*; Jochbein *n*
jabučnī Apfel-
jabučnjāča Apfelstrudel *m*
jabuk|a Apfel *m*; **~a ne padā daleko od stābla** *Sprw.* der Apfel fällt nicht weit vom Stamm; **~a razdora** *fig.* Zankapfel *m*; **zagristi u kiselū ~u** *fig.* in den sauren Apfel beißen
jabukovača Apfelwein *m*; Apfelschnaps *m*
jačānje Stärkung *f*; Kräftigung *f*; **sredstvo za ~** Stärkungsmittel *n*
jačati [**po-**] kräftigen, stark machen, verstärken; ~ **se** sich stärken, stark werden

jạč|ī *Komp v.* **jạ̄k**; **prạ̄vo ~ēga** das Recht des Stärkeren
jạd Gram *m*, Jammer *m*, Kummer *m*; Elend *n*; Leid *n*; **ljụ̄bāvnī ~i** *iron.* Liebeskummer *m*; **na jędvite ~e** mit Ach und Krach; **pụcati od ~a** *fig.* vor Wut platzen
jạd|an erbärmlich, jämmerlich, kläglich; **~nī žịvot** Jammerleben *n*
jạdati se jammern; (weh-)klagen; sein Leid klagen
jạdičac *Bot.* Herbstzeitlose *f*
jạdikovati (-kujēm) jammern, klagen, lamentieren
jạdikōvka (*GPl* -kī) Klagelied *n*, Gejammer *n*
jạdnica Arme *f*; Unglückliche *f*
jạdnīk *1* Arme(r); armer Kerl; armer Schlucker
Jạdrān Adria *f*
jạdrānskī adriatisch; Adria-
jạgānjac (-ānjca) → **jạnje**
jạglac (-ạca) *Bot.* Primel *f*, Schlüsselblume *f*
jạgm|a Gedränge *n*; (*reißender*) Absatz; **na ~u** reißend
jạgmiti se sich reißen (**oko** *G od.* **za** *I*/um *A*)
jạgnje → **jạnje**
jạgoda Erdbeere *f*
jạgodic|a *Dim v.* **jạgoda**; *Anat.* Fingerbeere *f*; **~e** *f*/*Pl Anat.* Wangen *Pl*
jạhāč *1* Reiter *m*
jạhāć|ī Reit-; **~ē hlạče** Reithose *f*; **~ā vještịna** Reitkunst *f*
jạhalīšte Reitbahn *f*, Reitschule *f*
jạhānje Reiten *n*, Ritt *m*; **~ na vạlovima** *Sp.* Wellenreiten *n*
jạhati (-šēm; *Imp* -ši; -hān) reiten; *fig.* j-n knechten; **~ se** sich reiten lassen
jạhaonica → **jạhalīšte**
jạhta (*GPl* -tī/-tā) Jacht *f*
jạjāšće *Dim v.* **jạ̄je**
jạ̄je (-jeta/-ja) Ei *n*; **~ nạ oko** Spiegelei *n*; **~ na ụmak** weiches Ei; **bịti slịčan kao ~ jạjetu** sich auf's Haar gleichen; **cṛvenō ~** Osterei *n*; **kọkošjē ~** Hühnerei *n*; **kụkavičjē ~** *a. fig.* Kuckucksei *n*
jạ̄jnī Ei(er)-
jạ̄jnīk, -njāk *Anat.* Eierstock *m*
jạjoglāvac (-āvca) *fig.* Eierkopf *m*; *abw.* Intellektuelle(r) *m*
jajọlik eiförmig, oval
jạjovōd *Anat.* Eileiter *m*

jạ̄k kräftig; stark; (*Frost*) streng; (*Regen*) heftig; (*Winter*) hart; (*Wille*) fest; (*Widerstand*) heftig
jạ̄ko *Adv v.* **jạ̄k** stark; sehr
jạkōst (-osti; *ISg* -osti/-ošću) *f* Stärke *f*, Kraft *f*; **~ glạ̄sa** Lautstärke *f*
jạ̄l → **zạ̄vist**
jạ̄lan → **zạ̄vidan**
jạ̄lnōst (-osti; *ISg* -osti/-ošću) *f* → **zạ̄vist**
jạlov unfruchtbar, steril
jạlovōst (-osti; *ISg* -osti/-ošću) *f* Unfruchtbarkeit *f*, Sterilität *f*
jạma Grube *f*; Höhle *f*, Grotte *f*; **grạđevīnskā ~** Baugrube *f*; **lọbanjskā ~** *Anat.* Schädelgrube *f*; **sęptičkā ~** Sickergrube *f*
jạmac, jạ̄mac (-mca; *V* jamče) Bürge *m*
jạmčevina Pfand *n*; Kaution *f*
jạmčiti bürgen, haften; *Grundrecht* garantieren
jạmstv|o (*GPl* jạmstāvā) Bürgschaft *f*, Garantie *f*; Gewähr *f*, Haftung *f*; **drụ̄štvo s ọgraničenīm ~om** *Hdl.* Gesellschaft mit beschränkter Haftung
jạntar Bernstein *m*; **kao ~ žụ̄tī** bernsteingelb
jạnuār Januar *m*
jạnje (-jeta; jạnjād *f*/*koll*) Lamm *n*
jạnjećī Lamm-
jạnjetina Lammfleisch *n*
jạnjiti se *pf* ein Lamm werfen
jạo! *Int* au!; oh je!
Jạpān *1* Japan *n*
Japạ̄nac *2* (*GPl* Jạpānācā) Japaner *m*
Jạpānka (*DSg* -ki; *GPl* -kī) Japanerin *f*
jạpạnskī japanisch
jạra Glut *f*; Hitze *f*
jạrac (jạ̄rca; *Pl* jạ̄rci/jạ̄rčevi) (*Ziegen-*, *Geiß-*)Bock *m*; *Sp.* Pferd *n*; *Mil.*, *hist.* Rammbock *m*; **bạbinī jạ̄rci** Märzschnee *m*; Schneeregen *m*; **dẹrati kao ~** *fig.* brüllen wie am Spieß; **grijẹšnī ~** *fig.* Sündenbock *m*; **stạ̄rī ~** *verä.* alter Bock
jạ̄rak (-rka) (*Straßen-*, *Wasser-*)Graben *m*
jạ̄ram (-rma) *a. fig.* Joch *n*; **~ vọlōvā** Ochsengespann *n*
jạ̄rbol Mast m, Mastbaum *m*; **glạ̄vnī ~** *Mar.* Großmast *m*; **kṛmenī ~** *Mar.* Kreuzmast *m*
jạ̄re (-eta) Kitz *n*; Zicklein *n*
jarẹbica Rebhuhn *n*
jarećī Kitz-; Zicklein-
jạ̄rkī glühend, heiß; (*Farben*) grell

jąruga Schlucht *f*; Graben *m*; Hohlweg *m*
jąsan klar, hell; deutlich; verständlich; **~ *kao dąn od. sųnce*** *fig.* sonnenklar
jąsēn (-ena; *Pl* -eni/-enovi) Esche *f*
jąsenovina Eschenholz *n*
jąsika Espe *f*
jąsle *f*/*Pl* (-slī) Krippe *f*; Futtertrog *m*; ***dję̄tskē ~*** Kinderkrippe *f*
jąsmīn *1* Jasmin *m*
jąsno *Adv* klar, deutlich; hell
jasnọća Klarheit *f*, Deutlichkeit *f*; Verständlichkeit *f* (*e-s Textes o. ä.*)
jąstog Hummer *m*; Languste *f*
jąstrēb (*Pl* -i/-ovi; *G* -ōvā/-ọ̄vā) Habicht *m*; *fig.* Falke *m*; ***~ kokọšār*** *Zool.* Hühnerhabicht *m*
jąstučić Pölsterchen *n*; *Anat.* Bürzel *n*; ***~ zą igle*** Nadelkissen *n*
jąstučnica Kissenbezug *m*
jąstuk Kissen *n*; ***zrą̄čnī ~*** *Kfz.* Airbag *m*
jašịọnica Reitschule *f*; Reitbahn *f*
jąto Schar *f*; (*Insekten, Fische*) Schwarm *m*
jątomice scharenweise
jaūk Schmerzensschrei *m*; Wehklagen *n*
jaụkati (jąučēm; *Imp* jąuči) **[-knuti]** jammern; (weh)klagen; stöhnen
jaụknuti (-nēm) *pf* → ***jaụkati***
jāv|a Wirklichkeit *f*; Wachzustand *m*; ***įzīći na ~u*** ans Tageslicht kommen; ***na ~i*** in Wirklichkeit; im Wachzustand
jāv|an öffentlich; offenkundig; ***~nā kųća*** Bordell *n*; ***~nō mįšljēnje*** öffentliche Meinung *f*
javąšluk Schlamperei *f*, Schlendrian *m*
jāviti **[-ljati]** melden, berichten, mitteilen; anrufen; ***~ se*** sich melden, sich (*zu e-r Prüfung*) anmelden; ***~ se telefọnom*** anrufen
jāvnōst (-osti; *ISg* -osti/-ošću) *f* Öffentlichkeit *f*; ***įzīći od. įzbiti na ~*** ans Tageslicht kommen; ***stūpiti pred ~*** vor die Öffentlichkeit treten; ***uz isključęnja ~i*** unter Ausschluß der Öffentlichkeit
jąvōr (-ọra) Ahorn *m*
jąvorov Ahorn-; ***~ lįst*** *Bot.* Ahornblatt *n*
jāz Abflußkanal *m*; *fig.* Abgrund *m*; Kluft *f*
jązavac (-āvca) Dachs *m*
jązavčār Dachshund *m*, Dackel *m*
jązbina Dachsbau *m*, Dachshöhle *f*
ję̄[1] *3. Pers Sg KF v.* ***bįti***[1]
je[2] *APl v.* ***ọ̄n, ọno***

jęcāj Aufschluchzen *n*; Schluchzer *m*
jęcati schluchzen, wimmern
ję̄čam (-čma) Gerste *f*; ***jąrī ~*** Sommergerste *f*; ***ọljūštenī ~*** Graupe *f*
jęčati hallen; stöhnen
ječmę̄nac (-nca) *Med.* Gerstenkorn *n*
jē̦d Wut *f*, Zorn *m*; ***įzliti ~*** seine Wut auslassen (***na*** *A*/ an *A*)
jędāćī Eß-; ***~ prībor*** Eßbesteck *n*
jędak (-tko) ätzend, beißend; scharf; bissig
jęd|an ein(er), ein(es), eine, eins; ***~an dọ drugōga*** nebeneinander; ***~an drųgōga*** einander; ***~nīh gọdīnā*** gleichaltrig; ***~an į pō(l)*** anderthalb; ***~an jędinī*** ein einziger; ***~an po jędan*** einer nach dem anderen; ***~nōm riječju*** mit e-m Wort; ***sve do ~nōga*** alle ohne Ausnahme; ***sve ~no te įsto*** immer ein und dasselbe; ***za ~an sąt*** in einer Stunde
jedąnaest elf
jedanaestę̄rac (-rca; *GPl* -ęstērācā) *Sp.* Elfmeter *m*
jedąnaestī elfte(r)
jedąnaestorica elf (*Männer*)
jedąnpūt einmal; ***na ~*** auf einmal
jē̦dar (-dro) kernig, markig; prall, stramm
jędēm *1. Pers Sg v.* ***jęsti***
jedịnac (-nca; *V* jędīnče; *GPl* jędīnācā) Einzelne(r) *m*, Einzige(r) *m*, einziger Sohn
jędīnī einzig
jedịnica Einheit *f*; Eins *f* (*Schulnote*); Einzige *f*, einzige Tochter; ***~ mję̄rē*** Maßeinheit *f*
jędīnka Einzelperson *f*, Individuum *n*; Einser *m* (*Bus etc.*)
jędīno allein; bloß; einzig; nur
jedịnstven (-o) einheitlich; einzig(artig)
jedịnstvo Einheit *f*, Einigkeit *f*; ***brątstvo i ~*** *Pol., hist.* Einheit und Brüderlichkeit
jē̦diti se sich ärgern
jednąčēnje Angleichung *f*; Gleichstellung *f*; *Gr.* Assimilation *f*
jednąčiti *5* **[iz-]** ausgleichen; gleichstellen; ***~ se*** sich gleichstellen (*I*/mit *D*)
jędnadžba (*GPl* -džābā/-džbī) *Math.* Gleichung *f*
jędnāk gleich, gleichartig; gleichmäßig; ***~ōm mjęrōm*** gleichermaßen; ***~ē vrijędnosti*** gleichwertig
jędnāko gleich(ermaßen), gleicherweise

jednakọslōžan gleichsilbig
jednąkōst (-osti; *ISg* -osti/-ošću) *f* Gleichheit *f*; Gleichwertigkeit *f*; **znąk ~i** *Math*. Gleichheitszeichen *n*
jednịna *Gr*. Einzahl *f*, Singular *m*
jędno etwa, ungefähr; eine(s); **~ pọla sāta** etwa e-e halbe Stunde; **~m kao nijednōm** einmal ist keinmal
jednọbōjan einfarbig
jednọbožac (-šca) Monotheist *m*
jednọcijēvka einläufiges Gewehr
jednọčīnka *Thea*. Einakter *m*
jednọčlan (-o) *Math*. eingliedrig
jednọdnēvan eintägig, Eintags-
jednọdušan einhellig, einmütig
jednọdušnōst (-osti; *ISg* -osti/-ošću) *f* Einhelligkeit *f*, Einmütigkeit *f*
jednọfāz|an Einphasen-; **~nā strūja** *Phys*. Einphasenstrom *m*
jednọglasan einstimmig
jednọglasnīk *Ling*. Monophtong *m*
jednogọdišnjāk *Zool*. Jährling *m*
jednogọdišnjī einjährig
jednọgrb einhöckrig
jednojęzičnī einsprachig; **~ rjęčnīk** einsprachiges Wörterbuch
jednọkatan einstöckig
jednọkatnica einstöckiges Wohnhaus
jednọkratan einmalig
jednọličan eintönig; ein- *od*. gleichförmig; langweilig
jednọličnōst (-osti; *ISg* -osti/-ošću) *f* Eintönigkeit *f*, Gleichförmigkeit *f*
jednọliko einförmig, eintönig
jędnōm einmal; einst-; **~ za ụvijek** *od*. **svągda** ein für allemal
jednọmjesečnī einmonatig; Einmonats-
jednọobrazan gleichförmig; einheitlich
jednọok einäugig
jednọpreg Einspänner *m*
jednọredan einreihig
jednọrog *Adj* einhörnig; *Subst Zool*. Einhorn *n*
jednọslož|an *Gr*. einsilbig, monosyllabisch
jednọsmjēr|an Einbahn-; **~nā ụlica** Einbahnstraße *f*; **~nā vǭžnja** einfache Fahrt
jednọspōlan eingeschlechtig
jednọstaničan *Bol*. einzellig
jędnostāvan einfach; schlicht
jędnostāvnōst (-osti; *ISg* -osti/-ošću) Einfachheit *f*, Schlichtheit *f*
jednọstran (-o) einseitig
jednọstruk einfach
jednọtjednī einwöchig
jednọtračan einspurig
jednọvjērac (-ērca) Glaubensbruder *m*
jednọvrstan (-sno) gleichartig, homogen
jednọzvūčan gleichklingend, gleichtönend
jēdnjāk Speiseröhre *f*
jedrẹnjāk *1* Segler *m*, Segelboot *n*, Segelschiff *n*
jẹdrēnje Segeln *n*; **~ na dạsci** Windsurfen *n*
jẹdrilica Segelboot *n*; Segelflugzeug *n*
jẹdriličār Segler *m*; Segelflieger *m*
jẹdriličārskī Segel-
jẹdriličārstvo *GPl* (-čārstāvā/-čạrstvā) Segelfliegerei *f*
jẹdriti segeln
jẹdr|o¹ Segel *n*; **pụnīm ~ama** *od*. **nạ sva ~a** *a. fig*. mit vollen Segeln; **spụstiti ~a** *a. fig*. die Segel streichen
jẹdro² Kern *m*
jẹdva kaum, (so) eben, gerade noch; **~ jẹdvicē** mit Mühe und Not; **~ kạd** kaum einmal; **~ štọ** kaum etwas
jẹftin billig, preiswert
jeftinọća Billigkeit *f*
jẹgulja *Zool*. Aal *m*
jḗk Klang *m*, Schall *m*; Echo *n*; *fig*. Schwung *m*; **u ~u mlạdosti** in der Blüte der Jugend; **u pụnōm ~u** in vollem Gang
jẹka Echo *n*, Widerhall *m*
jḗla Tanne(nbaum *m*) *f*
jẹlen *Zool*. Hirsch *m*; **lọpatskī ~** Damhirsch *m*; **sjẹvernī ~** Elch *m*
jẹlena Hirschkuh *f*
jelẹ̄nak (-nka) Hirschkäfer *m*
jẹlenskī, -njī Hirsch-; **~ rọgovi** Hirschgeweih *n*
jẹ li? nicht wahr?
jẹlo Essen *n*, Gericht *n*, Nahrung *f*, Speise *f*; **glą̄vnō ~** Hauptspeise *f*; Hauptnahrung(smittel *n*) *f*; **ọmiljenō ~** Lieblingsspeise *f*; **pọsnō ~** Fastenspeise *f*; **prirẹ̄diti ~** e-e Speise (zu-)bereiten
jẹlovina Tannenholz *n*
jẹlovnīk Speisekarte *f*
jẹnjati (-ją̄vati *5*) nachlassen, schwächer werden; *Feuer*: ausgehen; *Wind*: abflauen
jer *Kj* da, denn, weil

jęsam *1. Pers Sg LF v.* **bịti**[1]
jęsēn (-eni) *f* Herbst *m*; **kąsnā** *od.* **pọznā** ~ Spätherbst *m*
jesẹnas diesen Herbst
jęsēnskī, -ēnjī herbstlich; Herbst-
jęstan (-sno) bejahend, positiv
jęst(e) ja, jawohl; *3. Pers Sg v.* **bịti**[1]
jęste *2. Pers Pl v.* **bịti**[1]
jęsti (jędēm; jẹo, jęla; jęden) **[po-]** (auf)essen; speisen; *Insekten*: stechen; *Rost*: zerfressen; ~ **dọ sita** sich satt essen; ~ **iz rụka** *fig.* j-m aus der Hand fressen; ~ **se** *fig.* sich ärgern
jęstiv eßbar, genießbar; Speise-
jętkalo Ätzmittel *n*
jętko → **jędak**
jętr|a *Anat. u. Kochk.* Leber *f*; **ići na ~u** auf die Nerven gehen; **pęčenā** ~ gebratene Leber
jetrẹnica *Kochk.* Leberwurst *f*
jȇtrica *Dim v.* **jętra**; Lebergericht *n*
jętrva (*GPl* -vā/-vī) Schwägerin *f* (*Ehefrau des Bruders des Mannes*)
jȇza Schauder *m*, Grauen *n*; **hvạtā me** ~ mir läuft ein Schauder über den Rükken
jęzditi galoppieren; *fig.* sich beeilen
jęzero (*Pl* jezęra, *GPl* jezērā) See *m*; **sābirnō** ~ Stausee *m*
jȇzgra (*GPl* jęzgārā/jezgārā/jȇzgrī) (*Atom-*, *Obst-*, *Zell-*)Kern *m*; Hauptinhalt *m*, Wesentliche(s) *n*
jezgrọvit kernig, markig; kurz und bündig
jęzičac (-čca) kleine Zunge, Zünglein *n*; *Anat.* Zäpfchen *n*; *Tech.* (Ventil-)Klappe *f*
jęzič|an Sprach-; Zungen-; **~nō blāgo** Wortschatz *m*; **~nī glās** *Ling.* Zungenlaut *m*, Labiallaut *m*
jęzičār Linguist *m*, Sprachforscher *m*, Sprachwissenschaftler *m*
jęzičav geschwätzig, gesprächig, klatschsüchtig
jęzičāvka Klatschtante *f*, Tratschweib *n*
jęzičina große Zunge
jęzičkī → **jęzičan**
jęzičnica *Anat.* Zungenbein *n*
jęzik Zunge *f*; Sprache *f*; (*Glocken-*) Schwengel *m*; ~ **za zụbe!** F halt's Maul!; **bịti dụga ~a** ein Plappermaul sein; **bịti pọgana ~a** ein loses *od.* böses Mundwerk haben; **gọvornī** ~ Umgangssprache *f*; **isplāziti** ~ die Zunge herausstrecken; **ịzmaći s ~a** *Äußerung*: herausrutschen; **jụnāk na ~u** Maulheld *m*; **kancelạrījskī** ~ Papiersprache *f*; **knjịževnī** ~ Literatursprache *f*; **lọmiti** ~ radebrechen; **mạterinskī** ~ Muttersprache *f*; **znạnōst** *od.* **nạuka o ~u** Sprachwissenschaft *f*; **riječ mi je na vṛh ~a** das Wort liegt mir auf der Zunge; **šạtrovačkī** ~ Slang *m*; **ụgristi se na** ~ *fig.* sich auf die Zunge beißen; **zlī jęzici kạžē ...** böse Zungen sagen ...
jezikoslọ̄vac (-vca; *GPl* -ọslōvācā) *2* Sprachforscher *m*, Sprachwissenschaftler *m*, Linguist *m*
jezikọslōvlje Sprachwissenschaft *f*, Linguistik *f*
jezikọslōvan sprachkundig; sprachwissenschaftlich, linguistisch
jęziv, -zọvit grauenhaft, schauderhaft, schaurig
jezụīt(a) → **ịsusovac**
jȇž (*Pl* jęževi) Igel *m*; **mọrskī** ~ Seeigel *m*; **nạgaziti na ~a** *fig.* Pech haben
jȇziti se [na-] erschauern, schaudern; sich grauen; **jȇžī mi se** ich bekomme e-e Gänsehaut
jọdlati jodeln
jọdnā: ~ **tinktụ̄ra** Jodtinktur *f*
jọgunast eigensinnig, störrisch, trotzig, widerspenstig
jọgunica *m od. f* Trotzkopf *m*
jogụ̄niti se *5* eigensinnig *od.* trotzig sein
jȍj! *Int* o je!
jọrgan Steppdecke *f*
jorgọvān *1* Flieder *m*
jọš noch; ~ **ị to** auch das noch; ~ **jędnom** noch einmal; ~ **k tọmu** obendrein; ~ **mạlo** noch ein wenig
jọvo: ~ **nanọvo** noch einmal von vorn
jubịlēj *1* Jubiläum *n*
jụčē(r) gestern
jučẹra(š)njī gestrig
jụg Süd(en) *m*; **prẹma ~u** südwärts
jugoịstočan südöstlich
jugoịstok Südost(en) *m*
Jugoslạvēn *1* Jugoslawe *m*
Jugoslạvēnka (*DSg* -ki; *GPl* -kī) Jugoslawin *f*
jugoslạvēnskī jugoslawisch
Jugoslọvēn *etc. sb.* → **Jugoslạvēn**
Jugoslạvija Jugoslawien *n*
jụgovina Südwind *m* (*mit Tauwetter*)
jugozāpad Südwesten *m*
jugozāpadan südwestlich

jugozạpadnjāk Südwestwind *m*
jụha Suppe *f*; Brühe *f*; **~ *od krumpīra*** Kartoffelsuppe *f*; **~ *od pọvrća*** Gemüsesuppe *f*; **~ *s rezāncima*** Nudelsuppe *f*; ***krẹpkā* ~** Kraftbrühe *f*
jụli Juli *m*
jụnac (-nca) Jungstier *m*
junāčiti *5* ermutigen, anspornen
jụnāčn|ī, -čk|ī heldenhaft, mutig, tapfer; ***~ō djẹlo*** Heldentat *f*; ***~ī ẹp*** Heldenepos *n*; ***~ō pjẹsništvo*** Heldendichtung *f*; ***~ō plẹme*** *od.* ***kọljeno*** Heldengeschlecht *n*
jụnād *f/koll* Jungvieh *n*
jụnāk *1* Held *m*; ***grọb nẹpoznatōg ~a*** Grabmal des unbekannten Soldaten; **→ *jẹzik***
junạkinja Heldin *f*
junāštvo (*GPl* jụnāštāvā/junāštvā) Heldentum *n*, Tapferkeit *f*; Heldentat *f*
jụnetina Jungrindfleisch *n*
jụni Juni *m*
jụrist(a) Jurist *m*
jụristički juristisch, rechtlich
jụrīš *Mil.* Sturmangriff *m*; ***na* ~** im Sturm; *fig.* auf die Schnelle; ***zauzēti na* ~** *Mil.* erstürmen
jurịšānje Stürmen *n*; Sturmlaufen *n*
jurịšati (be)stürmen
jụrišnī Sturm-; **~ *ọdrēd*** Sturmabteilung *f*
jụriti laufen, rasen, rennen; jagen (*A od.* ***za*** *I/A*)
jụrnuti (-nēm) *pf* loslaufen, losrennen; nachsetzen (***za*** *I/D*); sich stürzen (***na*** *A*/auf *A*)
jụrnjava Laufen *n*, Rennen *n*, Rennerei *f*
jụtārnjī früh, morgendlich, Morgen-
jụtrēnje *Rel.* Mette *f*
jụtr|o¹ Morgen *m*; ***~o svịćē*** der Morgen bricht an; ***dọ ~a*** bis zum frühen Morgen; ***dọbrō ~o!*** guten Morgen!; ***ọd ~a dọ mrāka*** von früh bis spät; ***vịdjeti svọje dọbrō ~*** *fig.* sein blaues Wunder erleben
jụtro² *Flm.* Morgen *m*; ***katạsterskō* ~** Katastermorgen *m* (= *5754 m²*)
jụtrōs heute früh, heute morgen
jụtrošnjī von heute morgen
jụžiti se *unpers* tauen
jụžnī südlich; Süd-
južnoslạvēnskī (*sb.* -slọvēnskī) südslawisch
jụžnjāčkī südländisch
jụžnjāk Südländer *m*; *Meteor.* Südwind *m*
južnjạkinja Südländerin *f*

K

K k *n*
k(a) *Präp* (*D*) zu; an; gegen; nach (*D*)
kabạnic|a Mantel *m*; ***kịšnā ~a*** Regenmantel *m*; ***ọkretati ~u prema vjẹtru*** *fig.* den Mantel nach dem Wind hängen
kạb|ao (-la; *Pl* -lovi) Eimer *m*; ***lijē kạo iz ~la*** *fig.* es gießt in Strömen
kabạrē (-ẹa), **-rēt** *1* Kabarett *n*
kabạretist(a) Kabarettist *m*
kabạretskī Kabarett-, kabarettistisch
kābel Kabel *n*; ***prọdužnī* ~** Verlängerungskabel *n*
kāblovsk|ī Kabel-; ***~ā televīzija*** Kabelfernsehen *n*
kabīna Kabine *f*; Fahrerhaus *n*; **~ *za presvlạ̄čēnje*** Umkleidekabine *f*; ***pịlōtskā* ~** Cockpit *n*; ***telẹfonskā* ~** Telefonzelle *f*
kabịnēt *1* Kabinett *n* (*a. Pol.*); Arbeits- *od.* Dienstzimmer *n*; (*Physik-, Röntgen- etc.*)Raum *m*; *Mar.* Kajüte *f*; ***jẹzičnī* ~** Sprachlabor *n*
kạca Bottich *m*, Faß *n*
kạciga Helm *m*; ***skijāškā* ~** Skihelm *m*; ***zāšitinā* ~** Schutzhelm *m*
kạčār → ***bạčvār***
kạčkēt *1* Schirm-, Sportmütze *f*
kạd, kạda¹ *Adv* wann; **~...~** bald... bald...; **~ *bịko*** wann immer; **~ *kad*** irgendwann; ***-kako* ~** je nachdem; ***nemām* ~** (ich habe) keine Zeit; *Kj temp* als; da; wenn; *kaus* da; weil; *kond* wenn; (*Wunsch*) wenn doch
kạda² (Bade-)Wanne *f*

kȃdar¹ (-dro) fähig *od.* imstande; ***ne biti ~*** außerstande sein
kȃd|ar² (-dra; -drovi) Kader *m*, Führungs- *od.* Nachwuchskräfte *Pl*; (*Film*) Einzelbild *n*; Filmausschnitt *m*; ***nȃstavnī ~ar*** Lehrkörper *m*; ***strụčnī ~ar*** Fachkräfte *Pl*; ***slȗžēnje ~ra*** *Mil.* Wehrpflicht *f*
kạdēt *1* Kadett *m*
kạdetskī Kadetten-
kạdgod wann (auch) immer; manchmal; so oft
kadȋfa Samt *m*
kadịkad(a) dann und wann, manchmal; einst
kadiọnica Weihrauchfaß *n*
kȃditi [o-] Weihrauch abbrennen; *a. fig.* beweihräuchern
kȃdrovsk|ī Personal-, Kader-; ***~ā služba*** Personalreferat *n*, Personalabteilung *f*
kạdšto → ***kạdgod***
kạdulja Salbei *m*
kạfa *sb.* → ***kạva***
kạiš Gurt *m*, Riemen *m*; ***stẹ̄gnuti ~*** *a. fig.* den Riemen *od.* Gürtel enger schnallen
kạišār *1* Riemenmacher *m*, Gürtler *m*; *fig.* Wucherer *m*
kaišạ̄riti *5* prellen, wuchern
kạjak Kajak *m*
kajạkāš *1 Sp.* Kajakfahrer *m*, Kanute *m*
kạjānje Reue *f*; Bedauern *n*
kạjati se (-jēm se) **[pọ-]** bereuen, bedauern
kạjdānka (*GPl* -ki) Notenheft *n*
kạjgana Rührei *n*
kajȋta Kajüte *f*
kȃjkavac (-āvca) Sprecher des kajkavischen Dialekts
kajkȃvština *Ling.* kajkavischer Dialekt
kạjmak Rahm *m*, Sahne *f*; ***sịr s ~om*** *Art* Rahmkäse *m*; ***pọbrati ~*** *fig.* den Rahm abschöpfen
kȃjsija Aprikose(nbaum *m*) *f*
kạjsijača *Bot.* Pfifferling *m*
kạjsijovača Aprikosenschnaps *m*
kạkao (-ạo) Kakao *m*
kạkav (-kvo) was für ein; ***~god*** was auch immer für ein(er); ***~ sam tạkav sam*** so bin ich nun einmal; ***~ tạkav*** so einigermaßen; ***i tẹ ~ ...!*** und was für ein ...!
kạko wie; sobald; da; indem; daß; damit; ***~ da kȃžēm*** wie soll ich sagen; ***~ da ne?*** warum nicht?; ***~ dọšlo, tạko prọšlo*** wie gewonnen, so zerronnen; ***~ gdjẹ*** je nachdem, wo; ***~ gọd*** wie auch immer; ***~ rẹkoh*** wie ich sagte; ***~ sị?*** wie geht's (dir)?; ***~ tạko*** einigermaßen; ***~...tạko...*** sowohl...als auch; ***i tẹ ~!*** und wie!
kakvọća Qualität *f*; ***vṛhūnskā ~*** Spitzenqualität *f*
kạ̄l Dreck *m*, Schmutz *m*
kạlāj Zinn *n*
kạlamiti *Agr.* veredeln
kạ̄lan dreckig, schmutzig
kạ̄lati *Holzscheit etc.* spalten; ***~ se*** sich spalten
kalcifikạ̄cija *Med.* Verkalkung *f*
kạlcīj (-ija) Kalzium *n*
kạldrma Kopfsteinpflaster *n*
kạlem Pfropf- *od.* Veredelungsreis *m*; ***~ fịlma*** Rollfilmspule *f*; ***~ kọ̄nca*** (*Garn-*) Spule *f*
kạlemiti *Agr.* veredeln; impfen
kalẹndār *1* Kalender *m*
kalẹndārskī Kalender-
kạ̄lež Becher *m*; Kelch *m*
kȃlfa (*GPl* -ā/-ī) (*Handwerks-*)Geselle *f*
kalȋbar (-bra) Kaliber *n*; (*Rohr*) lichte Weite
kạlīj (-ija) Kalium *n*
kạ̄liti *Tech. u. fig.* härten
kạlk Pauspapier *n*
kalkulạ̄cija Kalkulation *f*
kalkulȋrati *5 ipf/pf* kalkulieren
kalọrič|an Kalorien-, kalorienreich; ***~nā hrạ̄na*** kalorienreiche Nahrung
kalọričnōst (-osti; *ISg* -osti/-ošću) *f* Kaloriengehalt *m*
kalọ̄rija Kalorie *f*
kạluđer *sb.* Mönch *m*
kạluđerica *sb.* Nonne *f*
kạlup Leisten *m*; Muster *n*, Modell *n*; ***bịti nạ svōj ~*** ein Sonderling sein; ***ljẹvāčkī ~*** Gußform *f*; ***nabȋjati sve po ịstōm ~u*** *fig.* alles über e-n Leisten schlagen
kạlupiti formen, modellieren
kạ̄lj (*Pl* kạljevi) Kachel *f*
kạljača Galosche *f*, Überschuh *m*
kạ̄ljati [o-] beschmutzen; besudeln
kạljev: *~ā pẹć* Kachelofen *m*
kạljuža Pfütze *f*; Schlammgrube *f*; sumpfige Gegend
kạmat|a Zins *m*; ***~e*** Zinsen *Pl*; ***bez ~ē*** zinslos; ***zạ̄teznē ~e*** Verzugszinsen *Pl*

kạmatnī Zins-
kạmēn (*Pl* -eni/-enovi) Stein *m*, Fels(en) *m*; ~ **mudrạ̄cā** Stein der Weisen; ~ **spọticaja** Stein des Anstoßes; ~ **temẹ̄ljac** Grundstein *m*; **bạcati se ~om** (**na** *A*) *fig.* schlecht reden (über *A*); **drạ̄gī** ~ Edelstein *m*; **mlịnskī** ~ Mühlstein *m*; **nạdgrobnī** ~ Grabstein *m*; **pạo je ~ sạ srca** *fig.* j-m fiel ein Stein vom Herzen; **vịnskī** ~ Weinstein *m*
kamẹ̄nac (-nca; *GPl* kạmēnācā) *Med.* (*Nieren-, Blasen-*)Stein *m*; **zụ̄bnī** ~ Zahnstein *m*
kamẹnār *1* → **kamenorẹ̄zac**
kạmenī steinern, Stein-
kamẹnica Auster *f*
kamẹnit steinig, Stein-
kamenọlom Steinbruch *m*
kamenorẹ̄zac (-sca; *V* kạmenorēšče) Steinmetz *m*
kạmenovānje Steinigung *f*
kạmenovati (-ujēm) *ipf/pf* steinigen
kạmēnje Gestein *n*; **drạ̄gō** ~ Edelsteine *Pl*
kạmera Kamera *f*; **fịlmskā** ~ Filmkamera *f*; **jednọokā reflẹksnā** ~ einäugige Spiegelreflexkamera *f*; **vịdeo-**~ Videokamera *f*
kạ̄mfor Kampfer *m*
kạmila Kamel *n*
kamịlica Kamille *f*
kamịōn *1* Lastwagen *m*; ~ **cịstērna** Tankwagen *m*; ~ **za ọdvoz smẹ́ćē** Müllwagen *m*
kạmo wohin; ~ **god** wohin auch immer; ~ **sṛeće** wenn doch nur
kạmoli (*N*) ganz zu schweigen (von *D*)
kạmp Campingplatz *m*
kampạnija Kampagne *f*; *Mil.* Feldzug *m*; **prẹdizbornā** ~ Wahlkampf *m*; **reklạ̄mnā** ~ Werbekampagne *f*
kampịrati *5 ipf/pf* campen, zelten
Kanạ̄da Kanada *n*
kạnādskī kanadisch, Kanada-
Kanạ̄đanin (*Pl* -āni) Kanadier *m*
Kanạđānka (*DSg* -ki; *GPl* -kī) Kanadierin *f*
kạnāl *1* Kanal *m*; **ọdvodnī** ~ Seitengraben *m*; **televịzījskī** ~ Fernsehkanal *m*; **vjẹtrenī** ~ *Tech.* Windkanal *m*
kanạldžija *m* Kanalarbeiter *m*
kanalizịrati *5 ipf/pf* kanalisieren; (*gezielt*) beeinflussen
kanạpe (-ẹa) Kanapee *f*
kanarịnac (-nca) *2* Kanarienvogel *m*
kancẹlār *1* Kanzler *m*; **sạ̄veznī** ~ Bundeskanzler *m*
kancelạ̄rija Büro *n*; (*Anwalts- etc.*) Kanzlei *f*
kancelạ̄rījskī Kanzlei-; ~ **jẹzik** Kanzleisprache *f*
kandịdāt *1* Kandidat *m*, Bewerber *m*
kandidịrati *5 ipf/pf* als Kandidaten aufstellen; ~ **se** kandidieren
kạ̄ndža Kralle *f*; (*Vogel-*)Klaue *f*
kạndžija Peitsche *f*
kạniti beabsichtigen, vorhaben; ~ **se** verzichten (*G*/auf *A*); sich enthalten; ~ **se ćọrava pọsla** F e-e fruchtlose Sache bleiben lassen; ~ **pušẽnja** das Rauchen aufgeben
kạnōn *1* Kanon *m*; (*strenge*) Richtschnur *m*; Kirchenlied *n*
kanonạ̄da Kanonade *f*, Geschützfeuer *n*
kạnonīk Kanonikus *m*, Domherr *m*
kạ̄nta (*Gieß-*)Kanne *f*; ~ **za mlijẹko** Milchkanne *f*; ~ **za bẹnzīn** Benzinkanister *m*; ~ **za smẹće** Mülleimer *m*
kạntār *Turz.* (Balken-)Waage *f*
kantịna Kantine *f*, Speiseraum *m*; **tvọrničkā** ~ Fabrikkantine *f*
kạnuti → **kạpnuti**
kạo wie, als; ~ **da** als ob, als wenn; ~ **i** sowie; (als) auch; ~ **na prīmjer** (wie) zum Beispiel; ~ **štọ** (so) wie
kạos Chaos *n*
kaọtičan, -tičkī chaotisch
kạ̄p *f* Tropfen *m*; *Med.* Schlag(anfall *m*) *m*; ~ **kṝvi** Blutstropfen *m*; ~ **po** ~ tropfenweise; ~ **u mọ̄ru** *fig.* ein Tropfen auf den heißen Stein; ~**i zạ nōs** Nasentropfen *Pl*; **mlạ̄d kao** ~ blutjung
kạp|a Kappe *f*, Mütze *f*; ~**u dọlje** F Hut ab!; ~**a za kụ̄pānje** Bademütze *f*; **dọ́ći pọd** ~**u** *fig.* unter die Haube kommen; **skijaškā** ~ Zipfelmütze *f*; **slụžbenā** ~ Dienstmütze *f*
kapacịtēt *1* Kapazität *f*, Fassungsvermögen *n*; ~**i** *m/Pl* (*industrielle*) Kapazitäten *Pl*
kạpak (-pka) Fensterladen *m*; *Anat.* (*Augen-*)Lid *n*
kạpāljka, -alo Pipette *f*
kạpar (-pra) Mützenmacher *m*
kạpara Anzahlung *f*
kạpati (-pljēm) → **kạpnuti**
kạpavac (-āvca) Tropfstein *m*; *Med.* Tripper *m*

kapẹla *Arch.* Kapelle *f*; (*Musik-*)Kapelle *f*; Band *f*
kapẹlān *1* Kaplan *m*
kạpēlnīk Kapellmeister *m*
kapẹtān *1* Kapitän *m*; *Sp.* (*Mannschafts-*)Kapitän *m*; *Mil.* Hauptmann *m*; ***kọnjičkī ~*** Rittmeister *m*; ***lụ̄čkī ~*** Hafenmeister *m*
kapetạnija Hafenamt *n*
kạpica Käppchen *n*
kạpija (*Haus-*, *Stadt-*)Tor *n*, Einfahrt *f*
kapịlār *1* Kapillargefäß *n*, Kapillare *f*
kạpilārnī Kapillar-
kạpimicē tropfenweise
kapīrati *5 ipf/pf* F begreifen, kapieren
kapịtāl *1* Kapital *n*; ***raspolọživ ~*** verfügbares Kapital
kapitạlist(a) Kapitalist *m*
kapitalịstičkī kapitalistisch
kapitalịzam (-zma) Kapitalismus *m*
kapitulạ̄cija Kapitulation *f*
kapitulīrati *5 ipf/pf* kapitulieren, aufgeben
kạplja (*GPl* kạpāljā/kạpljī) Tropfen *m*; ***kao ~ u̧ mōre*** *fig.* wie ein Tropfen auf dem heißen Stein
kạpljica Tröpfchen *n*; ***dọbrā ~*** *fig.* ein guter Tropfen (*Alkohol*)
kạpnuti (-nēm) **(-ati)** tropfen, tröpfeln
kạponja *m* F Anführer *m*; *fig.* großes Tier
kapricīrati se *ipf/pf* launisch *od.* kapriziös sein; beharren (***na*** *A*/auf *A*)
kạpsula Kapsel *f*; Patronenhülse *f*
kạpula *Kochk.* Schalottenzwiebel *f*
kapụljača Kapuze *f*; Haube *f*
kạpūt *1* Jacke *f*; Mantel *m*; ***kịšnī ~*** Regenmantel *m*; ***kṛznenī ~*** Pelzmantel *m*; ***ọkretati ~ prema vjẹtru*** *fig.* das Mäntelchen nach dem Wind hängen; ***zīmskī ~*** Wintermantel *m*
karạbīn *1*, **-ka** (*Waffe*) Karabiner *m*; Karabinerhaken *m*
karạktēr Charakter *m*
kạraktēran charakterfest, Charakter-
karakterịstičan charakteristisch
karakterịstika Charakteristik *f*; Beurteilung *f* (*im Dienst*, *Militär o.ä.*); *Math.* Kennziffer *f*
karakterīzirati *5 ipf/pf* charakterisieren
karạmbōl *1* Karambolage *f*, Zusammenstoß *m*
karạnfil Nelke *f*
karantẹ̄na Quarantäne *f*
kạrạ̄š *1 Zool.* Karausche *f*
kạrat Karat *n*
kạ̄rati **[is-]** schimpfen, tadeln
karạula Wachposten *m*; Wachturm *m*, Grenzhäuschen *n*
karbọnāt *1* Karbonat *n*
kạrbōn-pạpīr Kohlepapier *n*
karcịnōm *1 Med.* Karzinom *n*
kardịnal *1* Kardinal *m*
kardịnālskī Kardinal-
kardiọgram Kardiogramm *n*
karfiōl *1* Blumenkohl *m*
karijẹ̄r|a Karriere *f*; (***nạ)prạviti ~u*** Karriere machen
karijẹrist(a) Karrierist *m*
kạrika Ring *m*; Kettenglied *n*
karikatụ̄ra Karikatur *f* (*a. fig.*)
karikīrati *5 ipf/pf* karikieren
kạrīrān (-o) kariert
kạritatīvan karitativ
kạ̄rlica *Anat.* Becken *n*
kạ̄rličn|ī Becken-; ***~ā kọ̄st*** Beckenknochen *m*
kạ̄rmine *f/Pl* Leichenschmaus *m*
karnẹvāl *1* Karneval *m*, Fasching *m*
karosẹrija Karosserie *f*
karosẹrist(a) Karosseriebauer *m*
kạ̄rt|a (*GPl* kạrātā) Karte *f*; ***bạcati ~e*** Karten legen; ***člạ̄nskā ~a*** Mitgliedsausweis *m*; ***geọgrafskā ~a*** Landkarte *f*; ***ịgrāćē ~e*** Spielkarten *Pl*; ***lịčnā ~a*** Personalausweis *m*; ***mjẹsečnā ~a*** Monatskarte *f*; ***otvọriti ~e*** *fig.* die Karten auf den Tisch legen; ***pọreskā ~a*** Lohnsteuerkarte *f*; ***pọštanskā ~a*** Postkarte *f*; ***pọvratnā ~a*** Rückfahrkarte *f*; ***ụlaznā ~a*** Eintrittskarte *f*; ***vọ̄znā ~a*** Fahrkarte *f*
kạrtāćī Karten-
kạ̄rtānje Kartenspielen *n*
kạrtara Kartenleserin *f*
kạrtāš *1* Kartenspieler *m*
kạrtašnica Spielhölle *f* (*für Kartenspiele*)
kạ̄rtica Kärtchen *n*; ***krẹditnā ~*** Kreditkarte *f*
kartọgraf Kartograph *m*
kartọgrafskī kartographisch, Kartograph-
kạrtōn *1* Karton *m*, Pappe *f*; ***cṛvenī ~*** *Sp.* rote Karte; ***lịčnī ~*** Personalausweis *m*
kartotẹ̄ka Kartei *f*, Kartothek *f*; ***~ kụpācā*** Kundenkartei *f*
kạ̄s *Sp.* Trab *m*; ***u ~u*** *od.* ***~om*** im Trab

K

kạsa Kasse *f*; Kassenraum *m*; Zahlschalter *m*; **dr̨žāvnā ~** Staatsfinanzen *Pl*; **žẹljeznā ~** Safe *m*; Tresor *m*
kasạba *Turz.* Dorf *n*
kạsāč *1* (*Pferd*) Traber *m*
kạsāčk|ī Trab-, Traber-; **~ā tr̨ka** Trabrennen *n*
kạs|an spät, Spät-; **~nā jẹsēn** Spätherbst *m*; **u ~nē sạte** zu später Stunde
kạsārnā Kaserne *f*
kạsati traben, trotten
kasetọfon Kassettenrecorder *m*
kạsica Sparbüchse *f*
kaskạdēr *1* Stuntman *m*
kạskati trappeln
kạsnije später, nachher, danach
kạsnijī *Komp v.* **kạsan; prije ili ~** früher oder später
kạsniti [ẓa-] (zu) spät kommen, sich verspäten
kạsno (zu) spät
kạsta Kaste *f*
kastrīrati *5 ipf/pf* kastrieren
kạš|a Brei *m*, Grütze *f*, Mus *m*, Püree *n*; **hlạditi ~u** *fig.* e-n Ausweg aus e-r verfahrenen Situation suchen; **krụmpirovā ~a** Kartoffelpüree *n*, Kartoffelbrei *m*
kạšalj (-šlja) Husten *m*; **magarẹćī** *od.* **vẹlikī ~** Keuchhusten *m*; **nạdražājnī ~** Reizhusten *m*; **tọ nije mạčjī ~** *fig.* das ist kein Pappenstiel
kạšast breiig, musartig
kạšika *sb.* Löffel *m*; **~ za jụhu** Suppenlöffel *m*; **mạlā ~** Teelöffel *m*; **zịdārskā ~** Maurerkelle *f*
kạšljati (-ljēm) husten
kašljụcati *5* hüsteln, sich räuspern
kạšnjēnje Verspätung *f*, Zuspätkommen *n*
kạštel Kastell *n*, Zitadelle *f*
kạt Stock(werk *n*) *m*, Etage *f*; **kụća nạ dva ~a** zweistöckiges Haus
katạkōmba Katakombe *f*
katạlog Katalog *m*, Liste *f*
katalogizīrati *5 ipf/pf* katalogisieren
kạtanac (-ānca) Vorhängeschloß *n*
kạtār *1 Med.* Katarrh *m*
katạrinčica *Bot.* Gänseblümchen *n*
kạtārka (*GPl* -kī) (*Schiffs-*)Mast *m*
kạtarza Katharsis *f*, (*seelische*) Reinigung
katạster Kataster *m*, Grundbuch(amt *n*) *n*
katạstersk|ī Kataster-, Grundbuch-; **~ā ćẹlija** Katasterparzelle *f*; **~ī ụrēd** Grundbuch- *od.* Katasteramt *n*; → **jụtro²**
katastrọfa Katastrophe *f*
kạtastrofālan katastrophal
kạtedr|a (*GPl* -dārā/-drī) Lehrstuhl *m*; **ịmati ~u** e-n Lehrstuhl innehaben (**za** *A*/für *A*); **šẹf ~ē** Lehrstuhlinhaber *m*
katedrạla Kathedrale *f*
kategọričan kategorisch, bedingungslos
kategọrija Kategorie *f*, Klasse *f*; **~ zāradē** Lohngruppe *f*; **tẹškā ~** *Sp.* Schwergewicht *n*
kategorizīrati *5 ipf/pf* kategorisieren
katekịzam (-zma) Katechismus *m*
kạtkad(a) hin und wieder, manchmal
kạtnica einstöckiges (*Wohn-*)Haus
katọda *Phys.* Kathode *f*
katolicịzam (-zma) Katholizismus *m*
kạtoličkī katholisch
kạtolik Katholik *m*
kạtran Teer *m*
katranizīrati *5 ipf/pf* teeren
kạtranskī Teer-
kạucij|a Kaution *f*, Bürgschaft *f*; **dạti** *od.* **polọžiti ~u** e-e Kaution leisten *od.* hinterlegen; **pụstiti uz ~u** *Jur.* auf Kaution (*aus der Untersuchungshaft*) entlassen
kạuč Couch *f*, Sofa *n*
kaụčukovac (-ōvca) *Bot.* Gummibaum *m*
kạv|a Kaffee *m*; **bijelā ~a** Milchkaffee *m*; **cr̨nā** *od.* **tụrskā ~a** schwarzer (*türkischer*) Kaffee; **mlịn za ~u** Kaffeemühle *f*; **sprạva za ~u** Kaffeemaschine *f*
kavạlīr *1* Kavalier *m*
kavạna Café *n*, Kaffeehaus *n*
kavạnar Kaffeehausbesitzer *m*
kavạnica kleines Café
kạvenī Kaffee-; **~ prịbor** Kaffeegeschirr *n*
kạvez Käfig *m*; Vogelbauer *m*
kạvg|a (*GPl* -ā/-ī) Streit *m*, Zank *m*; **zạmetnuti ~u** e-n Streit anzetteln
kạvgadžija *m od. f* streitsüchtige Person
kạvgati se sich streiten
kavọpija *m od. f* Kaffeetrinker *m*, *scherzh.* Kaffeetante *f*
kạvovac (-ōvca) Kaffeestrauch *m*
kạzalac (-aoca) Sprecher *m*; **pr̨st ~** Zeigefinger *m*; *Math.* Exponent *m*
kạzalīšnī Theater-; **~ kọmād** Theaterstück *n*; **~ rạsporēd** Theaterprogramm *n*
kạzalīšte Theater *n*, Schauspielhaus *n*;

nārodnō ~ Nationaltheater *n*; ***ulično ~*** Straßentheater *n*
kazalo (*Uhr*) Zifferblatt *n*; (*Bücher*) Inhaltsverzeichnis *n*, Index *m*
kazāljka (*GPl* -kī) (*Uhr*) Zeiger *m*; ***~ gorīva*** *Kfz*. Benzinuhr *f*, Kraftstoffanzeige *f*
kazan (*Dampf- etc.*) Kessel *m*
kāzati (-žem; kazan) (**kazīvati**) sagen, mitteilen; ***kāžū*** *od.* ***kāžē se*** man sagt; ***~ izrijekom*** ausdrücklich sagen; ***~ po dūši*** ehrlich sagen; ***kako se kāžē*** wie man sagt; ***nājblaže kāzano*** gelinde gesagt
kazeta Kassette *f*; ***~ s vrpcom*** Farbband *n* (*bei e-r Schreibmaschine*); ***kompaktnā ~*** Kompaktkassette *f*; ***video-~*** Videokassette *f*
kazīvānj|e (Hören-)Sagen *n*; ***po ~u*** vom Hörensagen; ***po ~u svjedoka*** laut Zeugenaussage
kazīvati (kazujēm) → ***kāzati***
kāzna Strafe *f*, Bestrafung *f*; ***novčanā ~*** Geldstrafe *f*; ***smrtnā ~*** Todesstrafe *f*; ***ugovōrnā ~*** *Hdl*. Vertragsstrafe *f*; → ***izdržati, izreći***
kaznenī Straf-; ***~ bod*** Strafpunkt *m*; ***~ poprāvnī dom*** Strafanstalt *f*; ***~ prostor*** *Sp*. Strafraum *m*; ***~ udarac*** *Sp*. Strafstoß *m*; ***~ zāvod*** Strafanstalt *f*; ***~ zākonīk*** Strafgesetzbuch *n*
kaznionica Strafanstalt *f*
kazniti (**-žnjāvati** *5*) (be-)strafen
kāža Volksmärchen *n*; *fig*. Nachricht *f*
kažiprst Zeigefinger *m*
kažipūt Wegweiser *m*
kažnjāvati *5* → ***kazniti***
kažnjeničk|ī Sträflings-; ***~ō odijēlo*** Sträflingskleidung *f*
kažnjenīk Sträfling *m*
kažnjiv strafbar; ***~ō djelo*** Straftat *f*
kćēr, -ka → ***kćī***
kćī (kćeri; *Pl* kćeri; *GPl* kćerī) Tochter *f*; ***pasjā ~*** F Luder *n*
kē (kea; *Pl* keovi) (*Billard-*)Queue *n*
kēc (*Pl* kēcevi) *a. fig*. As *n*
kecelja Schürze *f*; → ***pregača***
kečap *Kochk*. Ketchup *m*
kefa Bürste *f*
keftati *Hund*: kläffen
kēj (*Pl* kejovi) Kai *m*
kelerabi Kohlrabi *m*
kelj Wirsing *m*; ***~ pupčār*** Rosenkohl *m*
kemičār Chemiker *m*
kemija Chemie *f*
kemījskī chemisch, Chemie-
kemikalije *f/Pl* Chemikalien *Pl*
kemp(ing) Camping *n*
keramičār Keramiker *m*
keramičkī keramisch
keramika Keramik *f*
kes|a Beutel *m*, Geldbörse *f*; Tasche *f*; ***biti praznē ~ē*** *fig*. abgebrannt sein; ***imati debelū ~u*** *fig*. e-e dicke Brieftasche haben
kesica Beutelchen *n*; Tüte *f*
kēsiti: ***~ zūbe*** die Zähne zeigen; ***~ se*** grinsen; angrinsen (***na*** *A*/*A*)
kestēn (-ena) Kastanie(nbaum *m*) *f*; ***divljī ~*** Roßkastanie *f*; ***oplemenjenī ~*** *od.* ***jestivī ~*** Marone *f*
kestenjār *1* Maronenverkäufer *m*
kestenjast, -njav kastanienbraun
kestēnje *n/koll* Kastanien *Pl*; ***vaditi ~ iz vatrē*** *fig*. die Kastanien aus dem Feuer holen (***za*** *A*/für *A*)
kibernetika Kybernetik *f*
kibic *fig*. Kiebitz *m* (*Schach etc.*)
kīcoš Geck *m*, Modenarr *m*
kīcoškī geckenhaft
kič (*Pl* -evi) Kitsch *m*, Schund *m*
kičast kitschig
kičica Pinsel *m*
kīčm|a *Anat*. Wirbelsäule *f*; Rückgrat (*a. fig.*); ***grūdnā ~a*** Brustwirbelsäule *f*; ***imati ~u*** *fig*. Rückgrat haben; ***slabinskā ~a*** Lendenwirbelsäule *f*; ***slomiti ~u*** *fig*. das Rückgrat brechen; ***vrātnā ~*** Halswirbelsäule *f*
kičmen|ī Wirbelsäulen-, Rücken-; ***~ā moždina*** Rückenmark *n*; ***~ī stup*** Wirbelsäule *f*
kičmenjāk *Zool*. Wirbeltier *n*
kićen (-o) geschmückt, verziert; ***~ā gotika*** *Arch*. Spätgotik *f*
kidati[1] [**po-**] (ab)brechen, (zer)reißen; *Blumen* pflücken; ***~ s prošlošću*** *fig*. mit der Vergangenheit brechen; ***~ se*** zerreißen; zerbrechen; ***srce mi se kidā*** *fig*. mir bricht das Herz
kidati[2] [**-dnuti**] ausreißen (*a. fig.*)
kidnepīrati *5 ipf/pf* kidnappen, entführen
kidnuti (-nēm) *pf* → ***kidati***[2]
kifla *Kochk*. Hörnchen *n*
kifōza *Med*. Kyphose *f*, Wirbelsäulenverkrümmung *f*
kīhati (-šēm/-ām) → ***kihnuti***

K

kịhavic|a Niesen *n*; Schnupfen *m*; ***pę-ludnā ~a*** Heuschnupfen *m*; ***nạvūći ~u*** sich e-n Schnupfen holen
kịhnuti (-nēm) (**kịhati**) niesen
kihọtati (se) (kịhoćēm) aus vollem Halse lachen
kịjavica → ***kịhavica***
kịla¹ *Med.* (*Eingeweide-*)Bruch *m*; ***prę-ponskā ~*** Leistenbruch *m*
kila², -lo Kilo(gramm) *n*
kịlav bruchleidend
kịlometar (-tra) Kilometer *m*
kilọte *f*/*Pl* (*Damen-*)Schlüpfer *m*; Kniebundhose *f*
kịm Kümmel *m*
kịmānje Nicken *n*
kịmati [-nuti] (*~ **glạvōm*** mit dem Kopf) nicken
Kīna China *n*
kịnēskī chinesisch
Kịnēskinja Chinesin *f*
Kịnēz *1* Chinese *m*
kịnīn *1 Med.* Chinin *n*
kīno Kino *n*; ***~-prędstava*** Kinovorstellung *f*; ***~-ụlaznica*** Kinokarte *f*
kịnta F Zaster *m*
kīnjēnje Plagerei *f*, Quälerei *f*, Schinderei *f*
kīnjiti (se) (sich) plagen, (sich) quälen
kīp (*Pl* kịpovi) Statue *f*; Skulptur *f*; ***stạjati kao ~*** *fig.* wie versteinert dastehen
kịpār *1* Bildhauer *m*
kipạrstvo Bildhauerei *f*, Bildhauerkunst *f*
kīpećī (*Wasser*) kochend, siedend
kīpjeti (-īm; -pio, -pjela) kochen, sieden, schäumen; (*v. Menschen*) wimmeln; *Leben*: pulsieren; *Meer*: brausen; ***~od bijęsa*** *fig.* vor Wut schäumen; ***ọvāj tękst kīpī gręškama*** *fig.* der Text wimmelt von Fehlern
kīpućī → ***kīpećī***
kịrija *sb.* Miete *f*
kịrurg Chirurg *m*
kirụrgija Chirurgie *f*
kịrurškī chirurgisch, Chirurgen-; ***~ nōž*** Skalpell *n*; ***~ zạhvat*** chirurgischer Eingriff
kiselịna *Chem.* Säure *f*; ***sọ̄(l)nā ~*** Salzsäure *f*
kisęlīš *1* (*sauer eingelegte*) Speise
kịseliti [zạ-] säuern, einsäuern, (*sauer*) einlegen
kịselkast säuerlich
kịsl|ī sauer; ***~ī kụpus*** Sauerkraut *n*; ***~ō lịce*** *fig.* saures Gesicht; ***~ō mliję ko*** Sauermilch *f*; ***~ā vọda*** Mineralwasser *n*
kịseo → ***kịslī***
kiseọnīk, kịsīk *1* Sauerstoff *m*
kīsiti sauer schmecken, e-n sauren Geschmack haben
kịsnuti¹ (-nēm) **[po-]** naß werden
kịsnuti² (-nēm) *pf* **[po-]** sauer werden; *Teig*: aufgehen
kịst Pinsel *m*
kịš|a Regen *m*; ***~a metạkā*** *fig.* Kugelhagel *m*; ***mjęstimičnā ~a*** Strichregen *m*; ***plạkati kao ~a*** *fig.* Rotz und Wassser heulen; ***sịtnā ~a*** Nieselregen *m*; ***sprẹmā se na ~u*** es sieht nach Regen aus; ***trạjnā ~a*** Landregen *m*; → ***kạbao***
kịšan regnerisch, Regen-; → ***kạpūt***
kịšnica Regenwasser *n*
kịšobrān Regenschirm *m*
kišọvit regnerisch; ***~ō vriję me*** Regenwetter *n*; regnerisches Wetter
kịt¹ Wal(fisch) *m*
kịt² (*Fenster-*)Kitt *m*
kịta (*Blumen-*)Strauß *m*, Quaste *f*, Troddel *f*; (*Haar-*)Zopf *f*; *Lit.* Strophe *f*
kịtiti (kịćen) **[ịs-, nạ-]** (aus)schmücken, (ver)zieren, dekorieren; ***~ se*** sich schmücken; ***~ tụđīm pẹ̄rjem*** *fig.* sich mit fremden Federn schmücken
kịtničārka Modistin *f*
kịtnjast verziert, geschmückt; ***~ gọvōr*** *fig.* blumige Rede
kitolọ̄vac(-vca) *2* (*Mensch und Schiff*) Walfänger *m*
kīvan böse, gehässig, haßerfüllt; verbittert; ***bịti ~*** gram sein (***na*** *A*/*D*), sauer sein (auf *A*)
klạckalica Wippe *f*
klạč Klatsch *m*; ***~-nọvinār*** Klatschreporter *m*
klạda Klotz *m*; (*Holz-*)Block *m*; ***glụ̄p kao ~*** *fig.* strohdumm
klạdionica Wettbüro *n*
klạditi se [ọ(p)-] eine Wette eingehen, wetten (***s*** *I* ***za*** *A*/mit *D* um *A*); ***da se klạdimo?*** wollen wir wetten?
klạdiv|o (*Schmiede-*)Hammer *m*; ***bạcānje ~a*** *Sp.* Hammerwerfen *n*
klạ̄nac (-nca) (Eng-)Paß *m*, Schlucht *f*
klạnica Schlachtopfer *n*
klạnjānje Verbeugung *f*, Verneigung *f*; Huldigung *f*; (*islam.*) Gebet *n*
klạnjati se sich verbeugen, sich vernei-

gen; huldigen; beten (*von Moslems gesagt*)
klânje (Ab-)Schlachten *n*, (Ab-)Stechen; *fig*. Blutbad *n*; ***stoka za*** ~ Schlachtvieh *n*
klaonica Schlachthaus *n*, Schlachthof *f*
klapa F Clique *f*
klapati klappen, funktionieren
klarinēt *1* Klarinette *f*
klarinetist(a) *m* Klarinettist *m*
klâs *4* Ähre *f*
klasa Klasse *f*; ***rádnickā*** ~ *Pol*. Arbeiterklasse *f*; ***tō je*** ~ F das ist Klasse; → ***rāzred***
klasat voller Ähren
klasati Ähren treiben
klasicizam (-zma) Klassizismus *m*
klasičan klassisch
klasificirati *5 ipf/pf* klassifizieren
klasifikacija Klassifizierung *f*
klasifikacionī Klassifizierungs-
klasik Klassiker *m*
klasika Klassik *f*
klasn|ī Klassen-; ***~ā svijest*** Klassenbewußtsein *n*
klasnosvijestan (-sno) klassenbewußt
klaštriti beschneiden, kürzen, stutzen
klatārēnje Herumtreiberei *f*; Vagabundieren *n*
klatāriti *5* hin- und herschwingen; ~ ***noge*** die Beine baumeln lassen; ~ ***se*** sich herumtreiben; vagabundieren
klātež *m, f* Gesindel *n*; Vagabunden *Pl*
klati (kǫljēm; klān/klāt) **[za-]** (ab-) schlachten, abstechen, niedermetzeln; *Qualm*: (*in den Augen*) beißen; *Kleidungsstück*: drücken; *Sorgen*: bedrükken, F fertig machen; ~ ***se*** sich (*gegenseitig*) (ab)schlachten *od*. niedermetzeln
klātnica *m* Landstreicher *m*, Herumtreiber *m*
klātno Pendel *n*, (*Glocken*-)Schwengel *m*
klaun Clown *m*
klauzula Klausel *f*, Vorbehalt *m*
klauzūra Klausur(arbeit *f*) *f*
klavīr *1* Klavier *n*; ***svīrati na ~u*** Klavier spielen
klavirist(a) Klavierspieler *m*, Pianist *m*
klavīrskī Klavier-
klecalo Betschemel *m*, Kniebank *f*
klecānje Schlottern *n*, Wanken *n*, Zittern *n*
klecati zittern; *Knie*: schlottern
klēčati (-īm) knien
kleći (-knēm) *pf* → ***kleknuti***
klek Wacholder(baum *m*) *m*
kleknuti (-nēm) (**-čati**) (sich) hinknien *od*. niederknien
klekovača Wacholderschnaps *m*
klempav hängend, Hänge-; ***~ē uši*** Schlappohren *Pl*
klen (*Feld*-)Ahorn *m*
klepećēm *1. Pers Sg v*. ***klepetati***
klepēt Geklapper *n*, Klappern *n*
klepetalo Klapper *f*; Rassel *f*
klepetānje Klappern *n*; Rasseln *n*; *fig*. Geplapper *n*
klepetati (klepećēm) klappern; rasseln; *fig*. plappern
klepetuša Kuhglocke *f*; *fig*. Klatschtante *f*
klepnuti (-nēm) *pf* (einmal) schlagen
kleptomān *1* Kleptomane *m*
klēr Klerus *m*, Geistlichkeit *f*
klerik junger Geistlicher; Theologiestudent *m*
klerikālac (-lca) *2* klerikal Gesinnter
klerikālan klerikal
klerikalizam (-zma) Klerikalismus *m*
klesānje Meißeln *n*; *Stein*: Behauen *n*
klesār *1* Steinmetz *m*
klesati (-šēm) **[is-, u-]** meißeln; *Stein* behauen
klēti (kunēm; klęo, klēla; klēt) **[pro-]** (ver-)fluchen; ~ ***se*** (be-)schwören (*I*/bei *D*); beteuern; schwören; geloben
klētva (*GPl* -ā/-ī) Eid *m*, Schwur *m*; Fluch *m*, Lästerung *f*
klevećēm *1. Pers Sg v*. ***klevetati***
kleveta Verleumdung *f*, (*falsche*) Verdächtigung
klevetati (klevećēm) **[o-]** verleumden; (*zu Unrecht*) verdächtigen, in falschen Verdacht bringen
klevetnīčkī verleumderisch
klevetnīk Verleumder *m*
klic|a Keim(ling) *m*; *Bot*. *a*. Trieb *m*; ***bez ~ē*** keimfrei; ***ugūšiti u ~i*** *fig*. im Keim ersticken
klicati (-čēm) → ***kliknuti***[1]
kliconoša *m Med*. Keimträger *m*
klijalīšte Treibhaus *n*
klijānj|e Keimen *n*; ***doba ~a*** Keimzeit *f*
klijati (-ām/-ēm) → ***kliknuti***[1]
klijent(a) Klient *m*
klijentela Klientel *f*
kliješt|a Beißzange *f*, Kneifzange *f*; *Med*. Zange *f*; ***~a za orahe*** Nußknak-

K

ker *m*; ~ ***za savījānje žịcē*** Drahtzange *f*; ***dọći u ~e*** *fig.* in e-e Zwickmühle geraten
klijetka (*GPl* -tkī) *Med.* Herzkammer *f*
klīk Ausruf *m*
klịka Clique *f*
klịknuti[1] (-nēm) (**-cati, -jati**) keimen, sprießen
klịknuti[2] (-nēm) jubeln, (auf-)jauchzen
klīma *Meteor. u. fig.* Klima *n*; ***~-ụređāj*** Klimaanlage *f*
klimạktērīj Klimakterium *n*, Menopause *f*
klịmati [-nuti] (*mit dem Kopf*) nicken; wackeln; ~ ***se*** wanken; wippen
klimatizạcija Klimatisierung *f*; Klimaanlage *f*
klịmatskī klimatisch
klịmav wackelig, wankend
klịmnuti (-nēm) *pf* → ***klịmati***
klịn Keil *m*; Bolzen *m*; Zapfen *m*; (*Zelt*) Hering *m*; ~ ***se ~om ịzbījā*** *fig.* mit gleicher Münze zurückzahlen; ***ịstjerati ~om*** mit e-m Keil spalten; ***ọbjestiti ọ ~*** *fig.* (*Beruf etc.*) an den Nagel hängen
klịnac (klīnca; *GPl* klịnācā) Stift *m*; Zwecke *f*; kleiner Junge; F Steppke *m*
klịnast keilförmig, Keil-
klịnčanica, -ạnīk Kleiderständer *m*
klịnčič Nelke *f*
klịničkī klinisch; ~ ***cẹntar*** Klinikum *n*
klịnika Klinik *f*
klīp Kolben *m*; Eiszapfen *m*; ~ ***kukụruza*** Maiskolben *m*; ***bạcati ~ove pọd noge*** *fig.* j-m Knüppel zwischen die Beine werfen
klịpan Flegel *m*, Lümmel *m*
klịper (*Flugzeug, Schiff*) Klipper *m*
klịpnjača *Tech.* Kolbenstange *f*
klịpsati (-šēm) sich hinschleppen; trotten (**za** *I*/hinter *D*)
klīs *4* Kegel *m*; (*Dach-*)Schindel *m*; Klippe *f*
klịstīr *1 Med.* Klistier *n*
klịsura Klippe *f*, Felsspitze *f*; (Eng-)Paß *m*
klịšē(j) *1* Druckplatte *f*; *fig.* Klischee *n*
klịzāč *1* Schlittschuhläufer *m*
klịzačkī Schlittschuh-
klịzalīšte Eislaufbahn *f*
klịzānje Gleiten *n*, Rutschen *n*; *Sp.* Schlittschuhlaufen *n*; ***bṛzō*** ~ Eisschnellauf *m*; ***ụmjetničkō*** ~ Eiskunstlauf *m*; ~ ***zẹmljē*** Erdrutsch *m*
klịzati [-nuti] gleiten, (ab-)rutschen; Schlittschuh laufen
klịzak (-sko), **-zav** glatt; rutschig
klịzavica Glatteis *n*
klịzavōst (-osti; *ISg* -osti/-ošću) *f* Glätte *f*
klịznuti (-nēm) *pf* → ***klịzati***
klịzma *Med.* Klistier *n*
klobụčār *1* Hutmacher *m*
klobụčić *Dem. v.* ***klọbūk***; *Bot.* Eisenhut *m*
klọbūk *1* Hut *m*, Mütze *f*; *Zool.* Qualle *f*
klọkan Känguruh *n*
klọkōt Gurgeln *n*
klokọtati (-ọkoćēm) gurgeln; hervorsprudeln
klọniti se (ver-)meiden (*G*/*D*); sich *dem Ende* zuneigen
klọnulōst (-osti; *ISg* -osti/-ošću) *f* Mattigkeit *f*, Müdigkeit *f*; Mutlosigkeit *f*
klọnuo (-lo) erschöpft, matt, müde
klọnuti (-nēm) *pf* ermatten, ermüden; ~ ***dụhom*** *fig.* mutlos werden, den Mut verlieren, den Kopf hängen lassen
klọpav (herab-)hängend; ***~ē ụši*** Schlappohren *Pl*
klọpk|a Falle *f* (*a fig.*); Hinterhalt *m*; ***ịzvūći se ịz ~ē*** sich aus der Schlinge ziehen; ***pạsti u ~u*** *fig.* in e-e Falle tappen; ***pọstaviti ~u*** (*a. fig.*) e-e Falle stellen
klọpoćēm *1. Pers Sg v.* ***klopọtati***
klọpōt Geklapper *n*, Gepolter *n*; *fig.* Geschwätz *n*
klopọtati (klọpoćēm) klappern; poltern; rasseln; *fig.* schwatzen
klọr *Chem.* Chlor *n*
klorọfil *1* Chlorophyll *n*
klȭvn → ***klạun***
klọzet → ***zạhod***
klūb *4* Klub *m*
klụbāš *1* Klubmitglied *n*
klūp|a (*Sitz-*)Bank *f*; ***dẹrati škọlskē ~e*** *fig.* die Schulbank drücken; ***optužẹničkā ~a*** Anklagebank *f*; ***tọkarskā ~a*** Drehbank *f*
klūpčica Bänkchen *n*, Fußbank *f*
klụpko (*GPl* klụbākā; *DPl* -cima) Knäuel *m od. n*; ***mọtati*** ~ ein Knäuel wickeln
klūpskī Klub-
kljạst(av) verkrüppelt; (*Baum*) abgeästet
kljẹnūt (-i) *f Med.* Herzanfall *m*
kljȭva Stoßzahn *m*, Hauer *m*
kljụcati [-cnuti] hacken, picken; *fig.* herumhacken (**na** *A*/auf *D*)

kljụcnuti (-nēm) *pf* → ***kljụcati***
kljȗč (*Pl* -evi) (*a fig.*) Schlüssel *m*; **~ otpịrȃč** Nachschlüssel *m*, Dietrich *m*; **~ od vrȃtā** Hausschlüssel *m*; **~ za šạrafe** *od.* **vījake** Schraubenschlüssel *m*; **dṛžati pod ~em** *fig.* unter Verschluß halten; **glạzbenī** *od.* **nǒtnī ~** Notenschlüssel *m*; **svẹžanj za ~eve** Schlüsselbund *m*
kljụčanica Schloß *n*; Schlüsselloch *n*; *Anat.* Schlüsselbein *n*
kljụčao (-alo) kochend heiß
kljụčār *1* Pförtner *m*; Gefängniswärter *m*
kljụčati sieden, kochen
kljȗčn|ī Haupt-; Schlüssel-; **~ā kọ̄st** *Anat.* Schlüsselbein *n*; **~ī pọložāj** Schlüsselstellung *f*, Schlüsselposition *f*
kljụjēm *1. Pers Sg v.* ***kljụvati***
kljụkati mästen, (voll-)stopfen
kljȗn *4* Schnabel *m*; (*Schiff*) Bug *m*
kljụnast schnabelförmig
kljụnās *1 Zool.* Schnabeltier *n*
kljȗse (kljụseta) Gaul *m*
kljụvati (kljụjēm) picken; *Tier*: hacken
kmẹt *hist.* Leibeigene(r) *m*, Fronbauer *m*
kmẹt(ov)skī leibeigen; unfrei
kmẹtstvo Leibeigenschaft *f*
kmȇza *abw.* Heulsuse *f*
knȇdla *Kochk.* Knödel *m*
knẹginja Fürstin *f*, Prinzessin *f*
knȇz (*Pl* knẹzovi/knẹževi) Fürst *m*; Prinz *m*; **sẹoskī ~** Dorfrichter *m*, Dorfschulze *m*
knȇževina Fürstentum *n*
knȇževsk|ī fürstlich, Fürsten-; **~ō plẹme** Fürstengeschlecht *n*
knụt Knute *f*, Lederpeitsche *f*
knjịg|a Buch *n*; **~a rọđenīh** Geburtsregister *n*; **~a ụmrlīh** Sterberegister *n*; **~a vjẹnčanīh** Heiratsregister *n*; **~a žạlbā** Beschwerdebuch *n*; **brọdskā ~a** *Mar.* Logbuch *n*; **cṛnā ~a** *fig.* schwarze Liste; **džẹpnā ~a** Taschenbuch *n*; **govọriti kạo iz ~ē** wie ein Buch reden; **gụtati ~e** *fig.* Bücher verschlingen; **mịsnā ~a** *Rel.* Meßbuch *n*; **prịručnā ~a** Handbuch *n*; **strụčnā ~a** Fachbuch *n*; **tṛgovačkā ~a** Geschäftsbuch *n*; **unọsiti u ~u** verbuchen; **vọditi ~e** *Hdl.* Bücher führen; **zẹmljišnā ~a** Grundbuch *n*
knjigotịskār *1* Buchdrucker *m*
knjigọveža *m* Buchbinder *m*
knjigọvežnica Buchbinderei *f*
knjigovọdstvo Buchführung *f*
knjigọvođa *m* Buchhalter *m*
knjịškī Buch-, Bücher-; **~ jẹzik** Literatur- *od.* Hochsprache *f*
knjịžār Buchhändler *m*
knjịžara Buchhandlung *f*
knjịžēnje *Hdl.* (Ver-)Buchen *n*
knjižẹtina Wälzer *m*
knjižēvnī → ***knjịškī***
knjižēvnīk Schriftsteller *m*
knjižẹ̄vnōst (-osti; *ISg* -osti/-ošću) *f* Literatur *f*; **lijepā ~** Belletristik *f*
knjịžica Büchlein *n*, Heft *n*; **cṛvenā ~** (*kommunist.*) Parteibuch *n*; **čẹkōvnā ~** Scheckheft *n*; **člạnskā ~** Mitgliedsausweis *m*; **pạrtījskā ~** Parteibuch *n*; **rạ̄dnā ~** Arbeitsbuch *n*; **štẹdnā ~** Sparbuch *n*; **vọ̄jnā ~** Soldbuch *n*
knjịžiti *Hdl.* buchen
knjịžnica Bücherei *f*, Bibliothek *f*; **pọsudbenā ~** Leihbücherei *f*
knjịžničār Bibliothekar *m*
knjịžničārka (*DSg* -ki; *GPl* -kī) Bibliothekarin *f*
knjịžničārskī Bibliothek(ar)s-; Bücherei-
kọ[1] → ***tkọ***
kọ[2] → ***kạo***
koalịcija Koalition *f*
kọ̄b (-i) *f* Schicksal *n*, Los *n*; **dọbrā ~!** Weidmannsheil!
kọ̄bac (-pca) *Zool.* Sperber *m*
kobạciti se strampeln; zappeln
kobajạ̄gi → ***bajāgi***
kọbalt Kobalt *n*
kọ̄ban verhängnisvoll, schicksalhaft; tragisch
kobạsica Wurst *f*; **sȗhā ~** Knackwurst *f*
kobạsičār Wurstmacher *m*, Wursthändler *m*
kọbila Stute *f*; **prịplodnā ~** Zuchtstute *f*
kọbilica *Dem v.* **kọbila**; Stutenfohlen *n*; (*Geige*) Steg *m*; *Med.* Brustbein *n*; (*Schiff*) Kiel *m*; *Zool.* Grashüpfer *m*
kọbiličnī *Anat. vet.* Brustbein-
kọbiljī Stuten-
kọbiti *ein Unglück* vorausahnen
kọbnōst (-osti; *ISg* -osti/-ošću) *f* Fatalität *f*; Unheilbringende(s) *n*
kọca *GSg v.* ***kọtac***
kọck|a (*GPl* -cākā/-ckī) Würfel *m*; *reg.* Knöchel *m*; **~a je pạla** *od.* **je bạ̄čena** *fig.* die Würfel sind gefallen; **bạcati ~e** würfeln; **stạviti na ~e** *fig.* aufs Spiel setzen; **šẹ̄ćer u ~ama** Würfelzucker *m*

kọckānje Würfelspiel *n*
kọckār Würfelspieler *m*
kọckārnica (*Würfel-*)Spielkasino *n*, Spielhölle *f*
kọckast gewürfelt; gekästelt, kariert
kọckati se würfeln; *Glücksspiel* spielen
kọčānj *1* Strunk *m*
kọčēnj|e Bremsen *n*, Bremsvorgang *m*; *fig.* Hemmen *n*; Verlangsamung *f*; ***pūt ~a*** Bremsweg *m*; ***trąg ~a*** Bremsspur *f*; ***uređāj za ~e*** Bremsmechanismus *m*
kọčija Kutsche *f*; (*Pferde-*)Droschke *f*
kočijāš *1* Kutscher *m*
kočijāšk|ī Kutscher-; ***~ō sjẹdīšte*** Kutschbock *m*
kọ̄čiti [u-] (ab-)bremsen; hemmen; steif machen; ***~ se*** *Körperteil*: steif *od.* starr werden; *fig.* stolzieren
kọ̄čnica Bremse *f*; Hemmnis *n*, Hemmschuh *m*; ***čẹljusnā ~*** Backenbremse *f*; ***rụčnā ~*** Handbremse *f*; ***sigūrnosnā ~*** Notbremse *f*
kọ̄čničār Bremser *m*; *fig.* Hemmschuh *m*
kọčopēran lebhaft, rege; wichtigtuerisch
kočopẹ̄riti se *5* sich wichtig machen
kọd[1] *Präp* (*G*) bei; an; nächst, neben; (*D*); ***~ kućē*** zu Hause; ***~ stọla*** bei Tisch; ***~ tę̄ prīlikē*** bei dieser Gelegenheit
kọ̄d[2] Code *m*, Zeichensystem *n*; ***gẹnetskī ~*** genetischer Code
kodificīrati *5 ipf/pf* kodifizieren
kodifikącija Kodifizierung *f*
koegzistẹncija Koexistenz *f*; ***miroljụbivā ~*** *Pol.* friedliche Koexistenz
koegzistīrati *5 ipf/pf* koexistieren
kofẹ̄in *1* Koffein *n*
kojẹgdje hier und da
kojẹkad manchmal, ab und zu
kojekąkav verschiedenartig; beliebig; allerlei
kojẹkako irgendwie, (so) einigermaßen; ***žīvjeti ~*** recht und schlecht leben
kojẹkojī irgendein (*abw.*)
kojẹkuda irgendwohin, wohin auch immer
kojẹšta was (auch) immer, irgendwas, sonstwas; ***govọriti ~*** Unsinn reden
kọjī (*Interrog. -u. Rel. pron*) welcher, der; ***~ god*** welcher (auch) immer, irgendein; ***~ pūt*** manchmal; ***kąko ~*** je nachdem; ***za ~ dąn*** in einigen Tagen; ***za ~h tjędan dąnā*** ungefähr in e-r Woche
kokąīn *1* Kokain *n*
kokąinist(a) Kokainsüchtige(r) *m*
kokẹta Kokette *f*
koketīrati *5 ipf/pf* kokettieren
kokodąkati (-kọdāčēm) **[-knuti]** *Huhn*: gackern; glucksen
kokodąknuti (-kọdāknēm) *pf* → ***kokodąkati***
kọkos Kokospalme *f*
kọkōš (-i; *Pl* -oši; *GPl* -kọšijū) *f* Henne *f*, Huhn *n*; ***~ za jụhu*** Suppenhuhn *n*; ***mọrskā ~*** Perlhuhn *n*; ***kąo pọkislā ~*** *fig.* wie ein begossener Pudel
kokọšār *1* Hühnerzüchter *m*; *Zool.* Hühnerhabicht *m*
kokọšinjāk Hühnerstall *m*
kọkošj|ī Hühner-; ***~ā jụha*** Hühnerbrühe *f*; ***~ā pṛsa*** *a. Med.* Hühnerbrust *f*; ***~ā sljepọća*** Nachtblindheit *f*
kọkōt Hahn *m*; (*Gewehr*) Abzug *m*
kọksara Kokserei *f*
kọktel Cocktail *m*
kọla *n/Pl* Wagen *m*, Auto *n*; *Esb.* Waggon *m*; ***~ za pọkućstvo*** Möbelwagen *m*; ***za ručąvānje*** *Esb.* Speisewagen *m*; ***~ za spasąvānje*** Rettungswagen *m*; ***bọ̄jnā ~*** *Mil.* Kampfwagen *m*; ***mṛtvačkā ~*** Leichenwagen *m*; ***ọklopnā ~*** *Mil.* Panzerwagen *m*; ***ọsobnā ~*** Personenkraftwagen *m*; ***sẹljāčkā ~*** Leiterwagen *m*; ***tẹretnā ~*** Lastkraftwagen *m*; ***tṛkačā ~*** Rennwagen *m*; ***Vẹlikā ~*** *Astr.* Großer Wagen
kolaborącija Kollaboration *f*
kolaboracịonist(a) Kollaborateur *m*
kolaborīrati *5 ipf/pf* kollaborieren
kọlac (kọ̄(l)ca; *Pl* kọ̄(l)ci/kọ̄(l)čevi; *GPl* kọlācā) Pfahl *m*, Pflock *m*; ***nąbiti na ~*** pfählen, auf e-n Pfahl aufspießen; ***ząbiti ~ u zẹmlju*** e-n Pflock in die Erde treiben
kolacionīrati *5 ipf/pf* kollationieren, (*Abschrift u. Urtext*) vergleichen
kọlāč *1* Kuchen *m*; ***~ s kvąscem*** Hefekuchen *m*; ***lịcitārskī ~*** Lebkuchen *m*
koląčārnica Feinbäckerei *f*
kọlājna Medaille *f*; ***~ za ząsluge*** Verdienstmedaille *f*
kọlan (*Sattel-*)Gurt *m*
kọ̄lānje Kreisen *n*; Kreislauf *m*; ***~ kṛvi*** Blutkreislauf *m*; ***~ nọ̄vca*** Geldumlauf *m*
kọlār Wagenmacher *m*, Stellmacher *m*
kolạrija Wagenmacherei *f*
kọ̄lati kreisen, im Umlauf sein; *Blut*: zirkulieren; *Gerüchte*: kursieren

kọlāž Collage *f*; *abw.* Gemisch *n*
kȍlčiti pflöcken, (*mit Pflöcken*) abstecken
kolẹbānje Schwanken *n*, Wanken *n*; Zögern *n*
kolẹbati se schwanken, taumeln; zaudern, zögern; zweifeln (**u** *L*/an *D*)
kolẹbljiv schwankend; unentschlossen, wankelmütig, zögernd
kolẹbljivac (-īvca) Wankelmütige(r) *m*, Zauderer *m*
kolẹbljivōst (-osti; *ISg* -osti/-ošću) *f* Wankelmut *m*
kọleda Koleda *f* (*slaw. Weihnachtsbrauch*)
kọledār Koledasänger *m*
kolẽga *m* Kollege *m*; ***škọlskī*** ~ Schulkamerad *m*
kọlēgīj (-ija) Kollegium *n*, Lehrkörper *m*
kọlegijālan (-lno) kollegial
kolẹkcija Kollektion *f*, Mustersammlung *f*
kolekciọnār Sammler *m*; ~ ***kõvnicā*** Münzsammler *m*; ~ ***pọštanskīh mạrākā*** Briefmarkensammler *m*
kọlektīv Kollektiv *m*
kọlektīv|an kollektiv, gemeinschaftlich; ***~nī ọdmor*** Betriebsurlaub *m*
kolektivizạcija Kollektivierung *f*
kolektivịzam (-zma) Kollektivismus *m*
kolektivịrati *5 ipf/pf* kollektivieren
kọlera *Med.* Cholera *f*
kolẹričan cholerisch
kolẹsa *n/Pl* Räder *Pl*
kolestẹrōl *1 Med.* Cholesterin *n*
kọlhoz Kolchose *f*
kọliba Hütte *f*; ***pạstirskā*** ~ Almhütte *f*
kọlica *n/Pl Dem v.* **kọla**; kleiner Wagen; ***djẹčjā*** ~ Kinderwagen *n*; ***invạlidskā*** ~ Rollstuhl *m*
količịn|a Menge *f*, Quantität *f*; ***po ~i*** mengenmäßig
kọličinskī quantitativ
kọličnīk *Math.* Quotient *m*
kolidịrati *5 ipf/pf* kollidieren
kọlijẽvk|a Wiege *f*; Heimatland *n*; ***od ~ē do grọba*** von der Wiege bis zur Bahre
kọlika *Med.* Kolik *f*
kọlikī *Interr* wie groß; *Relpron* welch (ein)
kọliko wieviel; (*Zeit*) wie lange; ~ ***čẹsto*** wie oft; ~ ***gọd*** wieviel auch immer; ~ ***je sạtī?*** wie spät ist es?; ~ ***mu je gọdinā?*** wie alt ist er?; ~ ***pụta*** wie oft
kȍlnī Fahr-, Wagen-; ~ ***pūt*** Fahrweg *m*
kȍlnīk Fahrweg *m*, Fahrbahn *f*
kọlo (*Pl* kọla/kolẹsa) Rad *n*; Kreis *m*; Reigen(tanz) *m*; ***djẹčjē*** ~ Ringelreihen *n*; ***mlịnskō*** ~ Mühlrad *n*; ***pẹtō*** ~ *fig.* fünftes Rad (*am Wagen*); ***vṛtjeti se u*** ~ sich im Kreise drehen; ***vȑzinō*** ~ Wirrwarr *m*; Chaos *n*
kolọbār *1* Reif *m*, Ring *m*; (*Mond*) Hof *m*; ***~i ịspod ọčijū*** Ringe unter den Augen
kọlodvōr Bahnhof *m*; ***ạutobusnī*** ~ Busbahnhof *m*; ***glạ̄vnī*** ~ Hauptbahnhof *m*; ***tẹretnī*** ~ Güterbahnhof *m*
kọlodvōrskī Bahnhofs-
kọlōkvīj (-ija) Kolloquium *n*
kọlokvijālnī: ~ ***jẹzik*** Umgangssprache *f*
kọlomāst, -māz Wagenschmiere *f*
kolọ̄na Kolonne *f*; ~ ***automobịlā*** Autoschlange *f*; ***pẹtā*** ~ *fig.* die fünfte Kolonne
kọlōnija Kolonie *f*; ***fẹrijālnā*** ~ Feriensiedlung *f*
kọlonijālan kolonial, Kolonie-
kolọnist(a) Siedler *m*
kolonizạcija Kolonisierung *f*
kọlōnjskā: ~ ***vọda*** Kölnisch Wasser *n*
kọlōr-film Farbfilm *m*
kolọrīt *1* Kolorit *n*; Farbgebung *f*; ***lọkālnī*** ~ Lokalkolorit *n*
kọlos Koloß *m*
kọlosijek Geleise *n*, Geleis *n*, Schienen *Pl*; ***širịna ~a*** Spurweite *f*; ***ụskōga ~a*** (*Bahn*) schmalspurig; ***ụ dva ~a*** *fig.* zweigleisig; ***ịzīći iz ~a*** *a. fig.* entgleisen, aus dem Rhythmus kommen
kolotẹčina Radspur *f*, Wagenspur *f*
kọlotūr (*Seil-*)Winde *f*, Rolle *f*
kọlotūrnīk *Phys.* Flaschenzug *m*
kọlovođa *m* Reigenführer *m*; *fig.* Rädelsführer *m*
kọlovōz[1] Radspur *f*; Fahrweg *m*
kọlovōz[2] August *m*
kọlovrāt Spinnrad *n*
kolportạ̄ža Kolportage *f*; Zeitungsvertrieb *m*
kolpọrtẽr *1* Zeitungsverkäufer *m*; *verä.* Kolporteur *m*
kolportịrati *5 ipf/pf* kolportieren; (*mit Zeitungen od. Büchern*) hausieren; *Gerüchte* verbreiten
kọludrica Nonne *f*
kọlūt (*Pl* -lūti/-lutovi) Scheibe *f*; Ring *m*; *El.* Spule *f*; *Sp.* Diskus *m*; *Sp.* Überschlag *m*

K

kọlutast ring- *od.* scheibenförmig
kolụtati drehen, kreisen; ~ ***očima*** mit den Augen rollen; ~ ***se*** sich kräuseln; sich ringeln
kọljāč *1* Schlächter *m*; Mörder *m*
kȍlje[1] *n/koll* Pfahlwerk *n*; ***ogrǻditi ~m*** einpflocken; ***zạbiti ~*** Pfähle einrammen
kọljē[2] Collier *n*; Halskette *f*
kọljēm *1. Pers Sg v.* ***klạti***
kọljen|o *Anat.* Knie(gelenk *n*) *n*; *Tech.* Knie *n*; (*Verwandtschaft*) Abstammung *f*; Generation *f*; Verwandtschaftsgrad *m*; ***~a klęcajū*** die Knie zittern; ***brạtić u drụgōm ~u*** Cousin zweiten Grades; ***do ~a*** knietief; ***na ~ima*** auf den Knien; ***pạsti na ~a*** auf die Knie fallen; ***prelọmiti pręko ~a*** *fig.* übers Knie brechen; ***s ~a na ~o*** von Geschlecht zu Geschlecht
kọma *Med.* Koma *n*
kọmād *1* Stück *n*; ~ ***krụha*** ein Stück Brot; ~ ***po*** ~ Stück für Stück; ~ ***pọkućstva*** Möbelstück *n*; ~ ***zęmljē*** ein Stück Land; ***glạzbenī*** *od.* ***mụzičnī*** ~ Musikstück *n*; ***kạzališnī*** (*sb.* ***pọzorišnī***) ~ Theaterstück *n*; ***plǻća po ~u*** Stücklohn *m*; ***rạzbiti na ~e*** in Stücke hauen
komạdānje Zerstückelung *f*, Zerstückeln *n*
komạdati [ras-] zerstückeln, zerkleinern
komạdić Stückchen *n*, Bissen *m*
kọmānda (*GPl* -ī/-a) *Mil.* Kommando *n*; ***vṛhōvnā*** ~ Oberbefehl *m*
komạndant Kommandant *m*
kọmāndnī Befehls-, Kommando-; ~ ***mȍst*** Kommandobrücke *f*
komā̦r|ac (-rca; *GPl* kọmārācā) Stechmücke *f*, Schnake *f*; ***ụbod ~ca*** Mückenstich *m*
komasǻcija *Jur.* Flurbereinigung *f*
kọmbajn Mähdrescher *m*
kọmbi (-ija) → ***kọmbić***
kọmbić Kombi(wagen *m*) *m*
kombinǻcija Kombination *f*, Verknüpfung *f*
kombịnāt *1* Kombinat *n*; ***poljoprịvrednī*** ~ Landwirtschaftskombinat *n*
kombịnē (-ẹa) Unterrock *m*
kombinẹzōn Overall *m*; Unterkleid *n*
kombinịrati *5 ipf/pf* kombinieren
kọmēdij|a Komödie *f*, Lustspiel *n*; ***ịgrati ~u*** *fig.* Theater spielen: ***pịsac ~ā*** Komödiendichter *m*
komedịjant Komödiant *m*
komedịjāš *1* Komödiant *m*; *abw.* Schmierenkomödiant *m*; *fig.* Spaßvogel *m*, alberner Mensch *m*
komemorạcija Gedenkfeier *f*
komẹntār *1* Kommentar *m*
komẹntātor Kommentator *m*
komentịrati *5 ipf/pf* kommentieren
kọmercijāl|an kommerziell, Handels-; ***~nā škọla*** Handelsschule *f*
komercijalịzirati *5 ipf/pf* kommerzialisieren
komẹsār *1* Kommissar *m*
komesarịjāt *1* Kommissariat *n*
komẹšati se (komẹšao; -ala) **[us-]** sich bewegen; sich empören; *fig.* *Zorn etc.* gären
kọmēt *1* Komet *m*
kọmfōr *1* Komfort *m*, Bequemlichkeit *f*
kọmfōran komfortabel, behaglich, wohnlich
kọmičan komisch, spaßig, ulkig
kọmičār Komiker *m*
kọmika Komik *f*
Kominterna Komintern *f*, Kommunistische Internationale
komịsija Kommission *f*, Ausschuß *m*; ~ ***za žạlbe*** Widerspruchskommission *f*; ***ịstražnā*** ~ Untersuchungskommission *f*
komisiọnār *1* Kommissionär *m*, Geschäftsvermittler *m*
kọmisionī Kommissions-
komịtēt *1* Komitee *n*, Ausschuß *m*; ***cẹntrālnī*** ~ Zentralkomitee *n*
kọmodan bequem
kọmora (*Raum, Institution*) Kammer *f*; *Med.* (*Herz-, Hirn-*)Kammer *f*; ***liječnička*** ~ Ärztekammer *f*; ***tṛgovačkā*** ~ Handelskammer *f*
komọrāč *1 Bot.* Fenchel *m*
kọmōrn|ī Kammer-; ***~ā glạzba*** *od.* ***mụzika*** Kammermusik *f*
kọmōrnīk Kämmerer *m*
kọmovica Tresterschnaps *m*
kọmpaktan kompakt, massiv
kompạnija *Mil.* Kompanie *f*; (*Handels-*)Gesellschaft *f*
komparǻcija Vergleich *m*; *Gr.* Steigerung *f*, Komparation *f*
kọmparativ *Gr.* Komparativ *m*
kọmparativan vergleichend
kompạrtija *Kurzf. f.* kommunistische Partei
kọmpas Kompaß *m*

kompẹndīj (-ija) Kompendium *n*, Handbuch *n*
kompenzā̧cija Kompensation *f*
kompetẹncija Kompetenz *f*; Befugnis *f*
kompetẹntan kompetent
kompjụter Computer *m*; ***kụćnī ~*** Homecomputer *m*; ***lịčnī ~*** Personalcomputer *m*; ***nọsivī ~*** tragbarer Computer, Laptop *m*
kọmpjutorskī Computer-
kọmpleks Komplex *m*; ***~ nịžē*** *od.* ***mạnjē vrijẹdnosti*** *Psych.* Minderwertigkeitskomplex *m*; ***~ zgrạdā*** Gebäudekomplex *m*; ***Ẹdipov ~*** *Psych.* Ödipuskomplex *m*
kọmplet (*vollständiger*) Satz *m* (*an Schlüsseln o.ä.*); (*Herren-*)Anzug *m*; (*Damen-*)Kostüm *n*
kọmpletan komplett, vollständig
kompletīrati *5 ipf/pf* komplettieren, vervollständigen
komplịcīran (-o) kompliziert, verwikkelt
kompliciṛati *5 ipf/pf* komplizieren, erschweren
komplikā̧cija Komplikation *f*
komplịment Kompliment *n*; ***dijẹliti ~e*** Komplimente machen
kompọnenta Komponente *f*; Bestandteil *m*
komponīrati *5 ipf/pf* komponieren
kọmpōt *1* Kompott *n*
kompozịcija Komposition *f*; Anordnung *f*, Zusammenstellung *f*
kompọzītor Komponist *f*
kọmpresor Kompressor *m*; (*Auto*) Gebläse *n*
komprọmis Kompromiß *m*; ***bẹz ~a*** kompromißlos
kompromitīrati *5 ipf/pf* kompromittieren
Komsọmōl *1* Komsomol *m*
kọmšija *m* Nachbar *m*
komšịluk Nachbarschaft *f*
komụna *Pol.* Kommune *f*
komunā̧lac (-lca) *2* Kommunalangestellte(r) *m*
kọmunālān kommunal, Kommunal-; Gemeinde-
komụnālije *f/Pl* Kommunaleinrichtungen *Pl*
komụnār *1 Pol.* Kommunarde *f*
komunikā̧cija Kommunikation *f*, Verständigung *f*

kọmunikatīvan kommunikativ
komunịkē(j) (-ẹ̄ja) Kommuniqué *n*; ***zā̧vršnī ~*** Schlußkommuniqué *n*
komụnist(a) Kommunist *m*
komunịstičkī kommunistisch
komunịzam (-zma) Kommunismus *m*
kọn|ac¹ (kọ̄nca; kọ̄nci; *GPl* kọnācā) Faden *m*, Garn *n*; *fig.* ***~ac rạzgovōra*** Gesprächsfaden *m*; ***dẹbeo ~ac*** grober Zwirn; ***ịdē kạo po ~cu*** *fig.* es läuft wie am Schnürchen; ***prẹsti ~ac*** Garn spinnen; ***vịsjeti o ~cu*** *fig.* an e-m seidenen Faden hängen
kọn|ac² (kọ̄nca; kọ̄nci; *GPl* kọnācā) Ende *n*; ***~ac djẹlo krā̧sī*** Ende gut, alles gut; ***bẹz ~ca i krạja*** unaufhörlich; ***na ~cu ~ācā*** letzten Endes
kọnač|an endgültig, letztlich, schließlich; ***~nā prẹsuda*** *Jur.* Endurteil *n*; ***~nī rezụltāt*** Endergebnis *n*
kọnačište (*Nacht-*)Quartier *n*, Herberge *f*
kọnačiti übernachten
kọnačno *Adv.* letztlich; endgültig
kọnačnōst (-osti; *ISg* -osti/-ošću) *f* Endgültigkeit *f*, Unwiderruflichkeit *f*
kọnak *Turz.* Schloß *n*, Palast *m*; Nachtlager *n*; ***obećati Mạrkove ~e*** *fig.* j-m das Blaue vom Himmel versprechen
koncedīrati *5 ipf/pf* konzedieren, zugestehen
koncentrā̧cija Konzentration *f*
kọncentraciōnī Konzentrations-; ***~ lọgor*** Konzentrationslager *n*
koncentrịrati *5 ipf/pf* konzentrieren
kọncep(a)t Konzept *n*, Entwurf *m*
koncẹpcija Konzeption *f*, Entwurf *m*
kọncerat (-rta) → ***kọncert***
kọncern Konzern *m*
kọncert Konzert *n*; ***žịvī ~*** Live-Konzert *n*
kọncertnī Konzert-; → ***dvorạna***
koncẹsij|a Konzession *f*, Zugeständnis *n*; ***prạviti ~e*** Zugeständnisse machen
kọncīl *1* Konzil *n*
koncipīrati *5 ipf/pf* konzipieren, entwerfen
kọnčan (-o) zwirnen, Zwirn-; ***~ā nịt*** Zwirnsfaden *m*
kọnčanica Fadenkreuz *n*
kondenzā̧cija *Phys.* Kondensation *f*
kondẹnzātor *Phys.* Kondensator *m*
kondẹnzīrān (-o) Kondens-; ***~ō mlijẹko*** Kondensmilch *f*
kondenzīrati *5 ipf/pf* kondensieren
kọndīcija Bedingung *f*, Kondition *f* (*auch bei Gesundheit*)

konditiọnāl *1 Gr.* Konditional *m*, Bedingungsform *f*
kọnditionālan konditionell, *Gr.* Konditional-
kondolẹncija Kondolenz *f*, Beileidsbezeugung *f*
kondolịrati *5 ipf/pf* kondolieren, Beileid bezeugen
kondụktēr *1* Schaffner *m*
konfederạcija Konföderation *f*, Staatenbund *m*
konfẹkcija Konfektion *f*, Fertigkleidung *f*
konfektiọnēr *1* Konfektionär *m*
konferẹncija Konferenz *f*; ~ ***za nọvināre*** *od.* ***za štạmpu*** Pressekonferenz *f*
konferịrati *5 ipf/pf* konferieren
konfẹsija Konfession *f*
kọnfesījskī, -sionālan konfessionell
konfigurạcija Konfiguration *f*, Anordnung *f*, Formgebung *f*
konfiscịrati *5 ipf/pf* konfiszieren, beschlagnahmen
konfiskạcija Konfiszierung *f*, Beschlagnahme *f*
kọnflikt Konflikt *m*
konfrontạcija Konfrontation *f*
konfrontịrati *5 ipf/pf* konfrontieren
kọnfūzan konfus, verwirrt
kọnfuzija Konfusion *f*, Verwirrung *f*
kọngres Kongreß *m*, Tagung *f*
kọničan konisch
konjugạcija *Gr.* Konjugation *f*
kọnkāvan konkav, nach innen gewölbt
konkọrdāt *1* Konkordat *n*
kọnkret|an konkret, anschaulich; ~***nā ịmenica*** *Gr.* Konkretum *n*
konkretizịrati *5 ipf/pf* konkretisieren; verdeutlichen
konkurẹncija Konkurrenz *f*, Wettbewerb *m*
konkụrent Konkurrent *m*
konkurịrati *5 ipf/pf* konkurrieren
kọnkurs Wettbewerb *m*; *Hdl.* Konkurs *m*; Zahlungsunfähigkeit *f*; Stellenausschreibung *f*; ~ ***ljepọtē*** Schönheitswettbewerb *m*; ***nạgradnī*** ~ Preisausschreiben *n*
kọnoba Weinkeller *m*; Weinschenke *f*
kọnobār Kellner *m*; ***glạvnī*** ~ Oberkellner *m*
konobạrica Kellnerin *f*
kọnop Seil *n*, Strick *m*; ***brọdskī*** ~ Schiffstau *n*; ***ịći pod*** ~ *fig.* am Galgen enden
kọnopac (-pca) → ***kọnop***
kọnopār Seilmacher *m*
kọnoplj|a Hanf *m*; ***čụpati*** ~***u*** Hanf rupfen
kọnsekutīv|an konsekutiv; ~***nā rečẹnica*** *Gr.* Konsekutivsatz *m*; ~***nō tumạčēnje*** konsekutives Dolmetschen
konsekvẹncija Konsequenz *f*
konsekvẹntan konsequent, zielstrebig
konsekvẹntnōst (-osti; *ISg* -osti/-ošću) *f* Konsequenz *f*; Zielstrebigkeit *f*
konsọnant *Gr.* Konsonant *m*, Mitlaut *m*
konsọnantskī konsonantisch, Konsonanten-
konspirạcija Verschwörung *f*
konspirạtivac (-īvca) Konspirant; Verschwörer *m*
konspirịrati *5 ipf/pf* e-e Verschwörung anzetteln
konstatạcija Feststellung *f*, Konstatierung *f*
konstatịrati *5 ipf/pf* feststellen, konstatieren
konstelạcija Konstellation *f*
konstitụcija *Med.* Konstitution *f*; *Pol.*, *Jur.* Verfassung *f*
kọnstitucionālan konstitutionell, Verfassungs-
konstituịrati *5 ipf/pf* konstituieren; gründen
konstruịrati *5 ipf/pf* konstruieren
konstrụkcija Konstruktion *f*, Bauart *f*
kọnstruktīvan konstruktiv
kọnstruktor Konstrukteur *m*, Erbauer *m*
kọntakt Kontakt *m*; ***prẹkinuti*** ~ Kontakt abbrechen; ***uspọstaviti*** ~ Kontakt knüpfen
kọntaktn|ī Kontakt-; ~***ā lẹ̄ća*** Kontaktlinse *f*
kọntējner Container *m*
kọntekst (*GPl* kọntēkstā) Kontext *m*
kontịnent Kontinent *m*; ***Stạrī*** ~ Europa *n*
kọntinentālan kontinental, Kontinental-
kontịngen(a)t Kontingent *n*
kọnto (*Pl* konti; *GPl* konta) Konto *n*
kontoạrist(a) *Hdl.* Kontorist *m*
kontraavịōnskī *Mil.* Flugabwehr-
kontrạbānda Schmuggelware *f*
kontracẹpcija *Med.* Empfängnisverhütung *f*
kontradịkcija Widerspruch *m*; ***bịti u*** ~***i*** in Widerspruch sein *od.* stehen
kontrahịrati *5 ipf/pf* kontrahieren

kontrạkcija Kontraktion *f*, Zusammenziehung *f*
kọntranapad Gegenangriff *m*
kọntraobavještājnā: ~ ***slụžba*** Spionageabwehr *f*
kontrarevolụ̄cija Konterrevolution *f*
kọntrast Kontrast *m*, Gegensatz *m*; *Med.* Kontrastmittel *n*
kọntrastn|ī Kontrast-; ~***ō srẹdstvo*** *Med.* Kontrastmittel *n*
kontrọ̄l|a Kontrolle *f*; *Med.* Kontrolluntersuchung *f*; ***izmạ̄knuti ~i*** außer Kontrolle geraten; ***dṛžati pod ~ōm*** unter Kontrolle halten
kontrolịrati *5 ipf/pf* kontrollieren, überwachen; ~ ***se*** sich unter Kontrolle haben
kọntrōlnī Kontroll-; ~ ***ọrgān*** Kontrollbehörde *f*
kontrọlōr *1* Kontrolleur *m*
kontụ̄ra Kontur *f*, Umriß *m*
kọnveksan konvex, nach außen gewölbt
konvẹncija Konvention *f*; *Pol.* Abkommen *n*; ***žẹnēvskā*** ~ Genfer Konvention
kọnvencionālan konventionell; Konventional-; → ***kạ̄zna***
kọnvertibīlan *Hdl.* konvertibel
konverzạ̄cija Konversation *f*
konverzạ̄cījskī Konversations-
konzekvẹncija → ***konsekvẹncija***
kọnzērva Konserve *f*
konzẹrvans Konservierungsmittel *n*
konzervatị̄vac (-vca) *2* Konservative(r) *m*
kọnzervatīvan konservativ; *Med.* erhaltend
konzervạtōrīj (-ija) Konservatorium *n*
konzẹrvatōrskī konservatorisch; ~ ***zạ̄vod*** Amt für Denkmalschutz
konzervịrati *5 ipf/pf* konservieren
kọnzērvn|ī Konserven-; ~***ā kụtija*** Konservendose *f*
kọnzul Konsul *m*
kọnzulārnī konsularisch, Konsular-
konzụlāt *1* Konsulat *n*
konzultịrati *5 ipf/pf* konsultieren; zu Rate ziehen
kọnzūm *1* Konsum *m*, Verbrauch *m*
konzumịrati *5 ipf/pf* konsumieren, verbrauchen
kọnj (*Pl* kọnji; *GPl* kōnjā) Pferd *n*, Roß *n*; (*Schach*) Springer *m*; ~ ***bijẹlac*** Schimmel *m*; ~ ***rịdān*** Fuchs *m*; ***bịti na ~u*** *fig.* aus dem Schneider sein; ***čịstokṝvnī*** ~ Vollblut *n*; ***jạhaćī*** ~ Reitpferd *n*; ***mọrskī*** ~ Walroß *n*; ***pạsti s ~a na mạgārca*** *fig.* vom Regen in die Traufe kommen; ***sjạhati s ~a*** (*vom Pferd*) absitzen; ***tṛkaćī*** ~ Rennpferd *n*; ***ụštrojen*** ~ Wallach *m*; ***ụzjahati na*** ~ aufsitzen
kọnjak Cognac *m*, Weinbrand *m*
kọnjanīčkī Reiter-, Ritt-, Kavallerie-
kọnjanīk Reiter *m*
kọnjanīštvo Kavallerie *f*
kọnjetina Pferdefleisch *n*
kọnjīc Pferdchen *n*, Pony *n*; (*Saiteninstrument*) Steg *m*; (*Schach*) Springer *m*; ***mọrskī*** ~ Seepferdchen *n*
kọnjica Kavallerie *f*
kọnjičkī → ***kọnjaničkī***
konjogọ̄jstvo (*GPl* -gọjstāvā) Pferdezucht *f*, Gestüt *n*
konjọkradica *m* Pferdedieb *m*
kọnjsk|ī Pferde-, Roß-; ~***ā dlạka*** Roßhaar *n*; ~***ā mụha*** *Zool.* Bremse *f*; ~***ā snạ̄ga*** *Phys.* Pferdestärke *f*; ~***ā tṛka*** Pferderennen *n*; ***ịmati ~ī žīvci*** *fig.* Nerven wie Drahtseile haben
konjugạ̄cija *Gr.* Konjugation *f*
konjugịrati *5 ipf/pf* konjugieren
kọnjuh, -jụšār *1* Pferdeknecht *m*
konjunktụ̄ra Konjunktur *f*
kọnjūšnica Pferdestall *m*
kooperạ̄cija Kooperation *f*
kooperatị̄va (*landwirtschaftliche*) Genossenschaft *f*
kọoperatịvan kooperativ; genossenschaftlich
kooperịrati *5 ipf/pf* kooperieren, zusammenarbeiten
koordinạ̄cija Koordination *f*
koordinịrati *5 ipf/pf* koordinieren
kọpāč *1* Gräber *f*, Erdarbeiter *m*; *Tech.* Bagger *m*; ~ ***zlạ̄ta*** Goldgräber *m*
kọpača Schaufel *f*, Spaten *m*
kọpačka *Sp.* Fußballschuhe *Pl*, Stollen *m*
kọpar Dill *m*
kọpati [is-, pre-, za-] graben; (*Bergb.*) abbauen; (*mit den Füßen*) scharren; *fig.* herumkramen; ~ ***grọb*** *fig.* e-e Grube graben
kọpča (*GPl* kōpčī) Schnalle *f*; Spange *f*; Klammer *f*
kọpčati (-čao, -čāla) **[is-, pre-, za-]** (zu)knöpfen; F kapieren
kōpija Kopie *f*, Abschrift *f*; *Fot.* Abzug *m*
kọpile (-eta) *verä.* Bankert *m*

K

kopīrati *5* kopieren
kọpita, -o Huf *m*
kọpitār Huftier *n*
kọplj|e Lanze *f*, Speer *m*; **bạcānje ~a** *Sp.* Speerwurf *m*; **bậciti ~e ụ trnje** *fig.* die Flinte ins Korn werfen; **lọmiti ~e** *fig.* e-e Lanze brechen (**za** *A*/für *A*)
kọpnen|ī Binnen-, Kontinental-, Land-; **~ā vọ̄jska** Landtruppen *Pl*
kọpniti schmelzen; tauen
kọpn|o Festland *n*; **na ~u i nạ mōru** zu Lande und zu Wasser
kọpnjeti (-īm; -nio, -njela) → **kọpniti**
kopṛcati se zappeln; *Kinder*: strampeln
kọprena Schleier *m*; Dunst *m*
kọpriv|a Brennessel *f*; **nẹ̄će grọ̄m u ~e** *Sprw.* Unkraut vergeht nicht
koprịvnjača *Med.* Nesselfieber *n*
kọpūn *Zool.* Kapaun *m*
kọ̄r (*Pl* -ovi) Chor *m*
kọ̄ra (*Baum*) Rinde *f*; (*Brot*) Kruste *f*; (*Obst etc.*) Schale *f*; *Med.* (*Hirn-*)Rinde *f*
korạ̄čati schreiten; **sịtno ~** trippeln
kọrāčnica *Mus.* Marsch *m*
kọrāk *1* Schritt *m*; **~ po ~** Schritt für Schritt; **dṛžati ~** *fig.* Schritt halten; **nạ svakōm ~u** *fig.* auf Schritt und Tritt; **ni za ~** *od.* **ni ~a** keinen Fußbreit; **poduzēti ~e** *fig.* Schritte unternehmen
korạ̄knuti (kọrāknēm) *pf* e-n Schritt tun
kọrāl *1* Choral *m*
kọrālj *1* Koralle *f*
kọrāljnī Korallen-; **~ grẹbēn** Korallenriff *n*
kọrbāč *1* Riemenpeitsche *f*
kọrdōn *1* Kordon *m*, Absperrung *f*
Korẹja Korea *n*
Korẹ̄jac (-jca) *2* Koreaner *m*
Kọrējka (*DSg* -ki; *GPl* -kī) Koreanerin *f*
kọrēj(an)skī koreanisch
korẹkcija → **korektụ̄ra**
kọrektan korrekt, richtig; genau
korektụ̄ra Korrektur *f*, Berichtigung *f*
korelạ̄cija Korrelation *f*
koreọgraf Choreograph *m*
koreogrạfija Choreographie *f*
koreọgrafskī choreographisch
korespondẹncija Korrespondenz *f*
korespọndencījskī Korrespondenz-
korespọndent Korrespondent *m*
korespondīrati *5* *ipf*/*pf* korrespondieren, Korrespondenz führen; (*amtlich*) in Verbindung stehen
kọric|a Rinde *f*, Kruste *f*; (*Messer*) Scheide *f*; (*Buch*)Deckel *m*; **bọriti se za ~u krụha** *fig.* ums Überleben kämpfen
korigīrati *5* *ipf*/*pf* korrigieren, berichtigen; verbessern
kọrijēn (*Pl* -i/-rjenovi) *Bot.*, *Math.* Wurzel *f*; **~ zụ̄ba** Zahnwurzel *f*; **drụgī ~** *Math.* Quadratwurzel *f*; **iz ~a** *fig.* von Grund auf; **ụhvatiti ~** *fig.* Wurzeln schlagen
kọrisnica Nutznießerin *f*; **~ mirọvinē** Rentenbezieherin *f*
kọrisnīk Nutznießer *m*; **~ bọlovānja** Krankengeldbezieher *m*
kọrisno → **kọristan**
kọrisnōst (-osti; *ISg* -osti/-ošću) *f* Nützlichkeit *f*
kọrīst (-i; *ISg* -isti/-išću) *f* Nutzen *m*, Gewinn *m*, Vorteil *m*; **bịti od ~i** von Nutzen sein; **ịzvūći ~** Nutzen ziehen; **u ~** zu(m) Nutzen
kọristan (-sno) nützlich, vorteilhaft
kọristiti (-šćen/-šten) **[is-]** nützen, dienen; von Nutzen sein, Nutzen bringen; **~ dọ̄kaz** e-n Nachweis heranziehen; **~ pẹnziju** e-e Rente beziehen; **~ prịgodōm** e-e Gelegenheit ausnutzen; **~ se** ausnutzen
koristoljụbiv eigennützig; gewinnsüchtig
koristoljụbivōst (-osti; *ISg* -osti/-ošću) *f* Eigennützigkeit *f*; Gewinnsucht *f*
koristọnosan einträglich; nutzbringend
korīšćēnje *Jur.*, *Ök.* Nutzung *f*
kọriti **[u-]** rügen, tadeln (*D*/*A*); Vorwürfe machen
kọrito Trog *m*; (*Schiffs-*)Rumpf *m*; **~ rijẹkē** Flußbett *n*
kọrizma *Rel.* Fastenzeit *f*
korjẹnit gründlich, tiefgreifend; **~ī slọg** *Gr.* Wurzelsilbe *f*
kormịlār *1* *Mar.*, *Sp.*, *fig.* Steuermann *m*
kormilạ̄riti *5* *ipf*/*pf* steuern
kọrmilo Steuer *n*, Ruder *n*; **prịgrabiti ~** *fig.* ans Ruder kommen
kọrner *Sp.* Eckball *m*
kọrnjača Schildkröte *f*
korọ̄na (*Königs-*)Krone *f*; Hof *m* (*um den Mond*)
kọrot|a Trauer *f*; Trauerkleidung *f*; Trauerzeit *f*; **bịti u ~i** Trauer tragen
kọ̄rov Unkraut *n*; **rạ̄sti kạo ~** wuchern; *fig.* emporschießen
korōzija Korrosion *f*
kọrpa → **kọšara**

korpulẹntan korpulent
kọ̄rskī Chor-
kọrteš *Pol.* Agitator *m*
korụpcija Korruption *f*
korvẹt|a *Mil.* Korvette *f*; ***kapẹtān ~ē*** Korvettenkapitän *m*
kọrzo Prachtstraße *f*, Promenade *f*; ***ịći na ~*** e-n Bummel auf der Promenade machen
kọ̄s[1] *Su* (-ovi) Amsel *f*
kọ̄s[2] *Adj* geneigt, schief, schräg; ***~ī kụ̄t*** *Geom.* spitzer Winkel; ***~ī pā̦dež*** *Gr.* obliquer Kasus
kọs|a[1] Haar *n*; ***~a se dịžē*** *fig.* die Haare stehen zu Berge; ***lạk za ~u*** Haarspray *n*; → ***plā̦v***
kọsa[2] Sense *f*; *Geogr.* Bergrücken *m*; (*Gebirgs-*)Kamm *m*
kọsac (-sca; *V* košče) Schnitter *m*, Mäher *m*
kosačica Schnitterin *f*; Mäherin *f*
kọsat behaart; (lang-)haarig
kọsidba (*GPl* -dābā/-dbī) Heuernte *f*; Mähen *n*; *poet.* Mahd *f*
kọsilica Mähmaschine *f*
kọsīr *1* Garten- *od.* Winzermesser *n*
kọsitar (-tra) Zinn *n*
kọsiti [po-] mähen; *fig. Leben* vernichten; töten; *Krankheiten*: dahinraffen
kọsitren (-o) Zinn-; ***~ā čạša*** Zinnbecher *m*
kọsmat behaart; zottig
kọsmos → ***kọzmos***
kọsnī[1] Haar-
kọsnī[2] Knochen-
kọsnuti (-nēm) *pf* (be)rühren; (*innerlich*) nahegehen
kosọpasica *Med.* Haarflechte *f*; Herpes zoster *m*
Kọsovo: *~ pọlje* Amselfeld *n*
kọ̄st (kosti; *ISg* kọsti/kọšću; *GPl* kọstī/kọstijū) *f* Knochen *m*; *Anat.* Bein *n*; ***~ i kọ̄ža*** *fig.* Haut und Knochen; ***kljụ̄čnā ~*** Schlüsselbein *n*; ***prijelom ~ī*** Knochenbruch *m*, Fraktur *f*; ***prsnā ~*** Brustbein *n*; ***pụbičnā ~*** Schambein *n*; ***rịbljā ~*** Gräte *f*; ***slọnovā ~*** Elfenbein *n*
kọstīm *1* Kostüm *n*; Anzug *m*; ***kụpaćī ~*** Badeanzug *m*; ***u Ē̦vinu ~u*** *fig.* im Evakostüm
kostịmīrān (-o) kostümiert, verkleidet; ***~ plẹ̄s*** Maskenball *m*
kostọbolja *Med.* Gicht *f*
kostọjed(ina) *Med.* Karies *f*; Knochenbrand *m*
kostrijẹšiti se [na-] *5/7 Haare*: sich sträuben; *Federn*: sich (auf-)plustern
kọstūr Skelett *n*, Gerippe *n*
kọš (*Pl* -evi) Korb *m*; ***~ za ọtpatke*** Abfallkorb *m*; ***~ za pa̦pīr*** Papierkorb *m*; ***bā̦citi u̦ istī ~*** *fig.* in e-n Topf werfen; ***grụ̄dnī*** *od.* ***prsnī ~*** Brustkorb *m*
kọšar|a Korb *m*; ***dọbiti ~u*** *fig.* e-n Korb bekommen
koša̦rāč *1* Korbflechter *m*
kọšārka (*GPl* -kī) *Sp.* Basketball *m*
koša̦rkāš *1* Basketballspieler *m*
kọšcat (grob)knochig; (*Fisch*) grätenreich
kọšćica Knöchelchen *n*
kọškati se [po-] keifen, zanken
kọšmār Alptraum *m* (*a. fig.*)
kọšnica Bienenkorb *m*
kọštac (-ta̦ca) Ringkampf *m*; ***u̦hvatiti se u ~*** e-e Auseinandersetzung haben (**s** *I*/mit *D*)
kọštan (-o) knöchern, Knochen-; → ***sr̄ž***
kọštati[1] *Preis* kosten
kọštati[2] *Essen* kosten
kọštica (*Obst-*)Kern *m*; Stein *m*
koštụnjav knochig
kọšulj|a Hemd *n*; *Med.* Fruchtblase *f*; ***dọnjā ~a*** Unterhemd *n*; ***lu̦đāčkā ~a*** Zwangsjacke *f*; ***nọćnā*** *od.* ***spa̦vāćā ~a*** Nachthemd *n*; ***poznā̦vati kạo svọju ~u*** *fig.* wie seine Westentasche kennen; ***zmịja skīdā ~u*** die Schlange häutet sich
kọšuljica *Dem v.* ***kọšulja***; (*Schlangen-*)Haut *f*
kọšuta *Zool.* Hirschkuh *f*
kọšutac (-uca) Alpenveilchen *n*
kọta *Geogr.* Geländepunkt *m*, höchste Erhebung
kọtac (kọca) Schweinestall *m*
kọtāč *1* Rad *n*; *Sp.* Fahrrad *n*; ***bịti pētī ~ na̦ kolima*** *fig.* das fünfte Rad am Wagen sein; ***nị̄su svị ~ī na̦ mjestu*** (*D*) *fig.* j-d hat nicht alle Tassen im Schrank; ***prẹdnjī ~*** Vorderrad *n*; ***za̦dnjī ~*** Hinterrad *n*
kotạčić Rädchen *n*; ***zụ̄bnī ~*** *Tech.* Zahnrad *n*
kọtao (-tla; -tlovi) Kessel *m*; ***pā̦rnī ~*** Dampfkessel *m*
kọtār *1* (*Pl* -i/-evi) Bezirk *m*; ***ịzbōrnī ~*** Wahlkreis *m*
kọtārskī Bezirks-; ***~ sụ̄d*** Bezirks- *od.* Landgericht *n*
kotẹrija Klüngel *m*, Sippschaft *f*

kotīrati *5 ipf/pf Finanzen*: e-n Kurs haben; *fig*. hoch im Kurs stehen
kọtiti [o-] *Tiere*: Junge werfen; *Kuh*: kalben
kọtlār *1* Kesselschmied *m*; Kupferschmied *m*
kọtlārstvo Kupferschmiedehandwerk *n*
kọtlet (-lẹta) *Kochk*. Kotelett *n*
kọtlina Talkessel *m*
kotṛljati [do-, ot-, s-] rollen; *~ ọčima* mit den Augen rollen; *~ se* sich wälzen; *Wagen*: rumpeln
kọtūr (*Pl* -i/-ovi) Rolle *f*; (*Wurf*-)Scheibe *f*
kotụrača Flaschenzug *m*
kotụrāljka Rollschuh *m*
kotụrati → ***kotṛljati***
kọtva (*GPl* -tāvā/-tvī) Anker *m*; → ***sịdro***
kộv *3* Beschlag *m*; Prägung *f*; *fig*. (*Menschen*-)Schlag *m*; ***ljũdi stārōga kọva*** Leute vom alten Schlag
kọvāč Schmied *m*; ***svạtko je ~ svọjē sręćē*** *Sprw*. jeder ist seines Glückes Schmied
kovạčija Schmiedehandwerk *n*
kọvāčkī Schmiede-
kovậčnica Schmiede(werkstatt) *f*; ***~ nộvca*** Münzstätte *f*, Prägeanstalt *f*
kọvan (-o) geschmiedet, Schmiede-; ***~ī nọvac*** Hartgeld *n*; ***~ō žęljezo*** Schmiedeeisen *n*
kovạnica *Gr*. Neologismus *m*
kọvati (kụjēm) [s-] schmieden, hämmern; *Geld*, *Worte* prägen; *Komplott* schmieden; *Intrigen* spinnen; ***~ u zvijęzde*** *fig*. über den grünen Klee loben; ***~ žęljezo dọk je vrũće*** *fig*. das Eisen schmieden, solange es heiß ist
kọvčeg (*Pl* kọvčezi) Koffer *m*; Truhe *f*; ***mṛtvačkī ~*** Sarg *m*; ***Nọjev ~*** Arche Noah *f*; ***pũtnī ~*** Reisekoffer *m*
kọver(a)t (Brief-)Umschlag *m*
kọvin|a Metall *n*; ***plemẹnitā ~a*** Edelmetall *n*; ***tęškā ~a*** Schwermetall *n*
kọvinār Metallarbeiter *m*
kovịtlac (-lạca) Wirbel *m*; (*Wasser*) Strudel *m*
kovịtlati [s-] herumwirbeln; ***~ se*** sich umherdrehen, kreiseln
kộvnica Münzstätte *n*, Prägeanstalt *f*
kọvrča Schnörkel *m*; (*Haar*-)Locke *f*
kọvrčast, kọvrčav lockig, gewellt
kovṛčati, -čiti [u-] sich kräuseln, sich locken
kọza (*a. Schimpfw.*) Ziege *f*; ***dịvljā ~*** Gemse *f*; ***i vũk sịt i ~ cijęlā*** *fig*. alle Seiten sind zufrieden
kọzāk *1* Kosak *m*
kọzār *1* Ziegenhirt *m*
kọzēr *1* charmanter Unterhalter
kozẹrija charmante Plauderei
kọzice *f/Pl* Windpocken *Pl*
kọzičav pockennarbig
kọzj|ī Ziegen-, Geiß-; ***~ā brậda*** Ziegenbart *m*; ***~ā kṝv*** *Bot*. Geißblatt *n*; ***natjẹrati u ~i rộg*** *fig*. in die Enge treiben
kozmẹtičār Kosmetiker *m*
kozmẹtičārka Kosmetikerin *f*
kozmẹtičkī kosmetisch
kozmẹtika Kosmetik *f*
kọzmičkī kosmisch; ***~ brộd*** Raumschiff *n*; ***~ prộstor*** Weltraum *m*
kozmonạut, -nạutičar Astronaut *m*
kọzmos Kosmos *m*, Weltall *n*
kọž|a Haut *f*; Leder *n*; (*Tiere*) Fell *n*; Pelz *m*; ***~a mi se jẹžī*** ich bekomme e-e Gänsehaut; ***bịti u svọjōj ~i*** *fig*. in seinem Element sein; ***ịmati dẹbelū ~u*** *fig*. ein dickes Fell haben; ***iskọčiti iz ~ē*** *fig*. aus der Haut fahren; ***ịz ovē ~ē se nẹ možē*** *fig*. hier gibt es keinen Ausweg; ***lẹdenā ~a*** Eisdecke *f*; ***nạbōranā ~a*** runzlige Haut; ***svị smo kṛvāvī pod ~ōm*** *fig*. wir sind alle nur Menschen; ***tvộrnica ~ē*** Lederfabrik *f*; Gerberei *f*
kọžār (-ạra) Pelzhändler *m*; Gerber *m*
kọžara Gerberei *f*; Pelzhandlung *f*
kọžārskī Leder-; Gerber(ei)-
kọžica Häutchen *n*; ***plộvnā ~*** (*Schwimmvögel*) Schwimmhaut *f*
kọžnat ledern, Leder-; ***~ī pọjās*** Ledergürtel *m*
kọžn|ī Haut-; Leder-; ***~ā bọlēst*** Hautkrankheit *f*; ***~ē rukạvice*** Lederhandschuhe *Pl*
kọžuh (*Pl* -si) Pelz(mantel) *m*
krạbulja Maske *f*, Verkleidung *f*; Maskierte(r) *m*
krạbuljnī Masken-; ***~ plẹs*** Maskenball *m*
krạčūn *1* (Tür)Riegel *m*
krạćī *Komp v.* ***krạtak***
krậdēm *1. Pers Sg v.* ***krạsti***
krạdimicē heimlich, verstohlen
krạdljiv diebisch
krạdljivac (-īvca) Dieb *m*
krậdom → ***krạdimicē***
krạđa Diebstahl *m*; ***knjịžēvnā ~*** Plagiat *n*
krạh Bankrott *m*, Zusammenbruch *m*; ***bụrzovnī ~*** Börsensturz *m*

kr̥hīran bankrott, gescheitert
krahīrati *5 ipf/pf* scheitern; zusammenbrechen
krȃj[1] *3* (*Pl* -evi) Ende *n*; Rand *m*; Saum *m*; ***bez ~a i kọ̄nca*** unaufhörlich; ***dọ̄ći ~u*** zum Ende kommen; ***dọđe*** (*D*) ~ etw. nähert sich dem Ende; ***dọvesti do ~a*** zu Ende führen; ***ịzvūći krạćī ~*** *fig.* den kürzeren ziehen; ***jẹdva sạstavljati ~ s ~em*** *fig.* so gerade über die Runden kommen; ***na ~u ~eva*** letzten Endes; ***nẹ se nạzirē ~*** kein Ende in Sicht (*D*/bei *D*); ***pri ~u*** gegen Ende; ***prịvesti ~u*** zu Ende führen; ***učịniti ~*** ein Ende bereiten
krȃj[2] *3* (*Pl* -evi) Gegend *f*, Landschaft *f*; Bezirk *m*; Gebiet *n*; ***rọdnī ~*** Heimat *f*; ***vịnorodnī ~*** Weingegend *f*
krạj[3] *Präp* (*G*) neben; an; (*nahe*) bei (*D*)
krạjina Grenzgebiet *n*
Krạjina *Geogr.* Militärgrenze *f* (*zw. Öster.-Ung. und Türkei*)
krạjnīk *1 Anat.* Mandel *f*, Tonsille *f*
krȃjnōst (-osti; *ISg* -osti/-ošću) *f* Extrem *n*, Äußerste(s) *n*; ***do ~i*** äußerst, in höchstem Maße; ***ịći u ~*** bis zum Äußersten gehen
krȃjnj|ī äußerst, extrem; ***~ē je vrijẹme*** es ist höchste Zeit; ***~ā ljẹvica*** (***dẹsnica***) *Pol.* extreme Linke (Rechte)
krạjolik Landschaft *f*
krȃk (*Pl* krạci/krạkovi) *Geom.* Schenkel *m*; (*Frosch-*)Schenkel *m*; (*Leuchter, Fluß*) Arm *m*; *Zool.* Fühler *m*; (Saug-) Arm *m*
krạkat langbeinig
krȃlj (*Pl* -evi) König *m* (*a. Schach*); ***Svẹtā Trī ~a*** Heilige Drei Könige
krȃlješak (-ška) *Anat.* Wirbel(körper *m*) *m*
krȃlješnica Wirbelsäule *f*; → ***kȉčma***
krȃlješnjāci *Pl* Wirbeltiere *Pl*
krȃljev Königs-
kraljẹvati (krạljujēm) König sein; herrschen
krȃljević Königssohn *m*, Prinz *m*
krȃljevina Königreich *n*; *fig.* Reich *n*
krȃljevskī königlich, Königs-
krȃljēvstvo → ***krȃljevina***; ***~ nẹbeskō*** *Rel.* Himmelreich *n*
krȃlježak (-ška) → ***krȃlješak***
krạljica Königin *f*; (*Schach, Spielkarte*) Dame *f*
krạnovođa *m* Kranführer *m*
krạnjskī *Geogr.* Krajner
krȃsan herrlich, prächtig, schön
krȃsiti [-u] (*a. fig.*) schmücken, schön machen
krasnorjẹčiv redegewandt, eloquent
krasnorjẹčivōst (-osti; *ISg* -osti/-ošću) *f* Redegewandtheit *f*, Eloquenz *f*
krasọta Schönheit *f*, Pracht *f*
krasọtica (*Frau*) Schönheit *f*
krạsta (*Wund-*)Schorf *m*, (*Wund-*)Kruste *f*
krạstača Kröte *f*
krạstav schorfig, krustig
krạstavac (-āvca) Gurke *f*; ***kịselī ~*** Essiggurke *f*; ***salạ̄ta od ~ā*** Gurkensalat *m*
krạsti (krạ̄dēm; krạo) [ụ-] stehlen; ~ ***Bọgu dȃne*** dem lieben Gott die Zeit stehlen; ***~ se*** sich anschleichen
krạš Karst *m*
krạškī Karst-
krạt|ak (-tko) *Komp v.* ***krạći*** kurz; ***~ko i jezgrọvito*** kurz und bündig; ***~kā pạmēt*** schlechtes Gedächtnis; ***~kī spȏj*** *El.* Kurzschluß *m*; ***bịti ~kōg vijẹka*** von kurzer Dauer sein
krạtica Abkürzung *f*, Abbreviatur *f*
krạ̄titi [us-] kürzen; verweigern; ***~ vrijẹme*** die Zeit vertreiben
kratkọća Kürze *f*
kratkomẹtrȃžnī: ***~ fịlm*** Kurzfilm *m*
kratkọročan kurzfristig
krạtkotrājan von kurzer Dauer, vorübergehend
kratkọvidan (*a. fig.*) kurzsichtig
kratkọvidnōst (-osti; *ISg* -osti/-ošću) *f* (*a. fig.*) Kurzsichtigkeit *f*
krạva Kuh *f*; ***~ mụzara*** Melkkuh *f*
kravạta Krawatte *f*, Schlips *m*
krȃviti se [o-] (auf)wärmen; schmelzen; *fig.* auftauen
krạvljī Kuh-; ***~ sịr*** Quark *m*
kr̥calica, -aljka Nußknacker *m*
kr̥cat vollgestopft
kr̥cati[1] [na-, u-] beladen, volladen
kr̥cati[2], **kr̥ckati** knirschen; *Nüsse* knakken
kȑčati (-čīm) röcheln; *Magen*: knurren; *Katze*: schnurren; *Radio*: rauschen
kȑčēnje Roden *n*
kȑčevina Rodung *f*, Lichtung *f*
kȑčiti [is-] roden, (aus)holzen; ***~ pūt*** sich den Weg bahnen (*a. fig.*)
kȑčma Kneipe *f*, Lokal *n*
kȑčmār *1* (Schank-)Wirt *m*, Kneipenbe-

K

sitzer *m*; ***praviti račūn bez ~a*** *fig.* die Rechnung ohne den Wirt machen
krčmarica Wirtin *f*, Kneipenbesitzerin *f*
krdo Herde *f*, Rudel *n*; (*Fische*) Schwarm *m*
kreācija Kreation *f*
kreatīvan kreativ
kreator: ***mōdnī ~*** Modeschöpfer *m*
kreč Kalk *m*; ***žīvī ~*** gebrannter Kalk
krēda Kreide *f*
kredīt *1* Kredit *m*, Darlehen *n*; ***komercijālnī ~*** Handelskredit *m*
kreditīrati *5 ipf/pf* kreditieren, e-n Kredit geben
kredītn|ī Kredit-; ***~ā kārta*** *od.* ***kārtica*** Kreditkarte *f*; ***~o sposoban*** kreditwürdig
krekętati (krękećēm) quaken
krēma Crème *f*, Salbe *f*; ***~ drūštva*** *fig.* die Crème der Gesellschaft
krematōrīj (-ija) Krematorium *n*
kremēn (-ena; -i) Feuerstein *m*; ***zdrav kao ~*** kerngesund
krēnuti (-nēm) (**kretati**) (***rūkōm, nogōm*** *Arm, Bein*) bewegen; in Bewegung setzen, in Gang bringen; *Fahrzeug*: sich in Bewegung setzen; *Teig*: aufgehen; *Wild* aufstöbern; ***~ na bolje*** e-e Wendung zum Besseren nehmen; ***~ na pūt*** sich auf den Weg machen; ***~ vjerōm*** sein Wort brechen; ***~ se*** aufbrechen, sich auf den Weg machen
krepak (-pko) kräftig, rüstig; (*Wein*) stark
krepčī, -pkijī *Komp v.* ***krepak***
krepkōst (-osti; *ISg* -osti/-ošću) *f* Kräftigkeit *f*, Rüstigkeit *f*
krepōst (-osti; *ISg* -osti/-ošću) *f* (*moralische*) Festigkeit *f*
krepostan (-sno) tugendhaft
kresati (-šēm) [**o-, -nuti**] beschneiden; *Stein* meißeln; *Streichholz* anzünden; *Haushalt* kürzen
kresivo Feuerzeug *n*
kresnuti (-nēm) *pf* → ***kresati***
kreštati (-īm) → ***krijeśtati***
kretānje Bewegung *f*; (*Maschine*) Gang *m*
kretati (-ćēm) → ***krēnuti***
kretēn *1* Kretin *m*, Schwachsinnige(r) *m*
krētnja (*GPl* -ā/-ī) Bewegung *f*; Geste *f*
krevēljiti se *5* [**is-**] grinsen, Gesicht verziehen, Grimassen schneiden
krevet Bett *n*; ***brāčnī ~*** Ehebett *n*; Doppelbett *n*; ***pasti u ~*** erkranken; ***poljskī ~*** Feldbett *n*; ***sklopivī ~*** Klappbett *n*
krevetnina Bettwäsche *f*
krevetnī, -skī Bett-
krezub zahnlos, mit Zahnlücken
krh|ak (-hko) brüchig, spröde; zerbrechlich; ***~kā zdrāvlja*** von labiler Gesundheit
krhati [**s-**] brechen; *Zweige*: knicken; ***~ prste*** mit den Fingern knacken
krhotina Scherbe *f*, Splitter *m*
kričalo *m* Schreihals *m*
krīčati (-īm) [**-knuti**] schreien
kričav (*Farbe*) grell
krīgla (Trink-)Krug *m*
krijepiti [**o-**] *7* kräftigen, stärken; ermutigen; ***~ se*** sich stärken; sich erfrischen
krijes *7* Freudenfeuer *n*, Johannisfeuer *n*
krijesnica *7* Glühwürmchen *n*; Wunderkerze *f*
krijeśtati *7* (-īm) kreischen
krijumčār *1* Schmuggler *m*
krijumčāriti *5* schmuggeln
krīk (*Pl* krīci/krīkovi) Schrei *f*; ***posljednjī ~*** *fig.* der letzte Schrei
krika Geschrei *n*
krīknuti (-nēm) *pf* → ***krīčati***
krilat geflügelt, beschwingt; ***~ā riječ*** geflügeltes Wort
krilatica → ***krilatā riječ***
krīlce (-a/-eta) *Dem. v.* ***krīlo***
krīlnī Flügel-
krīl|o Flügel *m* (*a. fig.*); Schwinge *f*; *Mil.* Flanke *f*; (*beim Sitzen*) Schoß *m*; ***~o zgrādē*** Gebäudeflügel *m*; ***dati ~o*** *fig.* Flügel verleihen; ***desnō ~o*** *Sp.* Rechtsaußen; ***plūćnō ~o*** Lungenflügel *m*; ***podrezati ~a*** *fig.* die Flügel stutzen; ***šatorskō ~o*** Zeltbahn *f*
krilonožac (-šca) *Zool.* Flügelfüßler *m*
krimić Krimi(nalroman *m od.* -film *m*) *m*
krimināl *1* Verbrechen *n*; Kriminalität *f*; ***pa to je ~!*** F das ist ja furchtbar
kriminālac (-lca) *2* Verbrecher *m*, Kriminelle(r) *m*
kriminālan kriminell, Kriminal-
kriminalist(a) Kriminalist *m*, Kriminalbeamte(r) *m*
krink|a (*GPl* -ā/-ī) Maske *f*; Larve *f*; ***skinuti ~u*** demaskieren; entlarven
kriomicē heimlich, insgeheim
Krist Christus *m*; ***poslije ~a*** nach Christus
kristāl *1* Kristall *m*; ***bistar*** *od.* ***čist kao ~*** kristallklar

krịstālan kristallen, Kristall-
kristalizącija Kristallisierung *f*
kristalizịrati *5 ipf/pf* kristallisieren
krịška (*DSg* -ci/-ki; *GPl* -šākā/-škī) Scheibe *f*, Schnitte *f* (*Brot etc.*)
krịškōm → **kradimicē**
krịtērīj (-ija) Kriterium *n*
krịti (-jēm; *Imp* krīj; krịven *6*/ krịt) **[pọ-, sạ-]** verbergen, verstecken; verheimlichen; (*vor Wind, Regen*) schützen; **~ se** sich verbergen, sich verstecken (**od** *G*/ vor *D*); **štọ se tu krijē?** was steckt da dahinter?
krịtičan kritisch
krịtičār, -tīk Kritiker *m*
krịtik|a Kritik *f*; **ịspod svạkē ~ē** unter aller Kritik
kritizịrati *5 ipf/pf* kritisieren; *Buch* rezensieren
krīv krumm, schief, schräg; falsch, gefälscht; schuld(ig); irrig; fehlerhaft; **~o ględati** schief ansehen; **~ī nọvac** Falschgeld *n*; **~ō oględalo** Zerrspiegel *m*; **~o razụmjeti** mißverstehen; **~ā ząkletva** *od.* **prịsega** Meineid *m*; **~ī ząključak** Fehlschluß *m*; **bịti ~** schuld sein (*D*/an *D*); **bịti na ~om pūtu** *fig.* auf dem Holzweg sein; **bịti u ~u** unrecht haben; **ni ~ ni dūžan** völlig unschuldig; **progląsiti ~īm** *Jur.* für schuldig erklären
krīva *Math.* Kurve *f*
krịvac (-vca; *V* krīvče) Schuldige(r) *m*; Täter *m*
krivịca Schuld *f*, Verschulden *n*; Fehler *m*
krịvičnī strafbar, Straf-; → **pọstupak, prąvo², ząkonīk**
krivịna Krümmung *f*, Biegung *f*, Kurve *f*
krīviti [is-, o-] krümmen, biegen; beschuldigen, bezichtigen (**za** *A*/*G*); **~ se** sich biegen, sich krümmen
krịvljī *Komp v.* **krīv**
krīvnja → **krivịca**
krīvo *Adv v.* **krīv**; **~ mi je** ich bedauere; **učịniti ~** Unrecht tun
krivoklętstvo (*GPl* -ọklētstāvā/-oklętstvā) Meineid *m*
krivolǫvac (-lōvca) Wilddieb *m*
krivọnog krummbeinig
krivotvọrina Fälschung *f*, Falsifikat *n*
krivotvọritelj Fälscher *m*
krivotvọriti *5 Geld* fälschen; *Tatsachen* verfälschen
krivọvjerac (-ērca) Ketzer *m*, Häretiker *m*
krivọvjērje, -ovjęrstvo Ketzerei *f*, Häresie *f*
krivụdast, -dav geschlängelt, gekrümmt
krivụdati sich schlängeln, sich winden
krịvulja Kurve *f*; krumme Linie
krīza Krise *f*; **~ povjeręnja** Vertrauenskrise *f*
krịzma *Rel.* Firmung *f*
krịzmati *Rel.* firmen
krīž (*Pl* -evi) Kreuz *n* (*a. fig.*); **Cṛvenī ~** Rotes Kreuz; **nọsiti svọj ~** *fig.* sein Kreuz tragen; **rąspēti na ~** kreuzigen
krịžāljka Kreuzworträtsel *n*
krịžąnac (-nca) Mischling *f*
krīžānje *Biol.* Kreuzung *f*; (*Straßen-, Wege-*)Kreuzung *f*
krịžār *1* Kreuzfahrer *m*
križąriti *Mar.* kreuzen
krịžārskī Kreuz-; **~ rạt** Kreuzzug *m*
krīžati [pre-] (durch)kreuzen; *Biol.* kreuzen; **~ račụne** e-n Strich durch die Rechnung machen; **~ se** *Briefe*: sich kreuzen; *Rel.* sich bekreuzigen
krịžić Kreuzchen *n*; **oznąčiti ~om** ankreuzen
krīžnī Kreuz-
krkljąnac (-nca) Gedränge *n*, Gewühl *n*
kṛkljati glucksen; röcheln; *Wasser*: brodeln
krlētka (*DSg* -eci; *GPl* -tākā/-tkī) (Vogel-)Käfig *m*
kr̄ma¹ (*Vieh-*)Futter *n*
kr̄ma² (*Schiff*) Heck *n*
kṛmača Sau *f*; *verä.* Drecksau *f*
kr̄mak (-mka, *Pl* -mci) Eber *m*
kr̄mče (-eta) Ferkel *n*
kr̄miti *Vieh* füttern
kr̄nj beschädigt; unvollständig; verkümmert; Rumpf-; **~ī mjęsec** Mondsichel *f*; **~ā rečęnica** elliptischer Satz
kr̄njiti [o-] beschädigen; beeinträchtigen
kroatịzam (-zma) Kroatismus *m*
kroatizīrati *5 Sprache* kroatisieren
krọčiti *pf* schreiten; gehen
krǫj (*Pl* -evi) *3* (Zu-)Schnitt *m*; (Auf-)Bau *m*
krọjāč *1* Schneider *m*
krojạčica Schneiderin *f*
krọjāčkī Schneider-
krọjāčnica Schneiderei *f*; **~ po mjęri** Maßschneiderei *f*
krọjiti [s-] (zu)schneiden; **~ pląnove** Pläne schmieden
krokọdīl *1* Krokdil *n*

K

krokọdīlsk|ī Krokodils-; **~ē sụze** *fig.* Krokodilstränen *Pl*
krọ̄m *3* Chrom *n*
kromịrati *5 ipf/pf* verchromen
krọmpīr → **krụmpīr**
krọničan chronisch
krọničār Chronist *m*
krọnika Chronik *f*
kronolọgija Chronologie *f*
kronọloškī chronologisch
krọs (*Pl* -ovi) Geländerennen *n*
krọšnja (*GPl* -šānjā/-šnjī) Baumkrone *f*, Wipfel *m*
krọšnjast astreich; verzweigt
krọtak (-tko) sanftmütig, zahm
krọtitelj (*Tier-*)Bändiger *m*
krọtiti [u-] bändigen, zähmen
krọ̄v *3* Dach *n*; *fig.* Heim *n*; **bẹz ~a** obdachlos; **pọkriti ~om** bedachen; überdachen
krọvīšte Dachstuhl *m*
krọ̄vnī Dach-; **~ zābat** Giebel *m*
krovopokrịvāč *1* Dachdecker *m*
krọz *Präp* (*A*) durch (*A*), hindurch; **~ sụze** unter Tränen; **~ tjẹdan dānā** in e-r Woche
kr̥pa Lappen *m*, Lumpen *m*; Tuch *n*; **~ zạ pod** Scheuerlappen *m*; **~ za prạšinu** Staublappen *m*; **blijēd kao ~** *fig.* leichenblaß
kr̥pānje Flicken *n*, Stopfen *n*
krpạrija Flickarbeit *f*; Pfuscharbeit *f*
krpạ̄riti *5* flicken; (an)stückeln
kr̥pati, -iti [o-, za-] ausbessern, flicken; *Strümpfe* stopfen
kr̥sn|ī¹ Tauf-; **~ō ịme** Taufname *m*; Vorname *m*; **~ī kụ̄m** Taufpate *m*; **~ lịst** Taufschein *m*; (*a. f.*) Geburtsurkunde *f*
kr̥sn|ī² Kreuz-; **~ā kọ̄st** Kreuzbein *n*
kr̥st *sb.* Kreuz *n*; → **krīž**
kr̥staća *Anat.* Kreuzbein *n*
krstạrica *Mar.* Kreuzer *m*
krstạ̄riti *5 Mar.* kreuzen
krstiọnica Taufbecken *n*
kr̥stitelj Täufer *m*
kr̥stiti (kr̥šten) taufen; (*a. scherzh. f.*) panschen (*Wein etc.*); **~ se** sich bekreuzigen; sich taufen lassen
krstọbolja *Med.* Kreuzschmerzen *Pl*; Hexenschuß *m*
kr̥š Karst(gebiet *n*) *m*; Fels(en) *m*; Schutt *m*; F Durcheinander *n*
kr̥šan felsig, steinig; (*Mensch*) kräftig gebaut
kr̥šćanin (*Pl* -āni) Christ *m*
kr̥šćānka (*DSg* -ki; *GPl* -kī) Christin *f*
kr̥šćānskī christlich
kršćạnstvo Christentum *n*
kr̥šćēnje → **krštẹ̄nje**
kr̥šēnje Brechen *n*, Bruch *m*; **~ ljụdskīh prạ̄vā** Verletzung der Menschenrechte
kr̥šiti [s-, pre-] brechen, abbrechen; *fig.* verletzen; **~ riječ** das Wort brechen; **~ zạ̄kon** ein Gesetz übertreten
kr̥šten (-o) getauft
krštẹ̄nje Taufe *f*, Taufen *n*
kr̥t(ica) Maulwurfshügel *m*
krućī *Komp v.* **krụ̄t**
krụ̄g *4* Kreis *m*; Runde *f*; Ring *m*; **~ djẹlovānja** Wirkungskreis *m*; **~ ịzbora** Wahlgang *m*; **~ zaọkretānja** *Kfz.* Wendekreis *m*; **pọlārnī ~** Polarkreis *m*; **vr̥tjeti se u ~u** *fig.* sich im Kreise drehen; **zạčāranī ~** *fig.* Teufelskreis *m*
krụh Brot *n*; **bijelī ~** Weißbrot *n*; **dọmāćī ~** hausgemachtes Brot; **kọra ~a** Brotrinde *f*; **krịška ~a** e-e Scheibe Brot; **svạgdašnjī ~** das tägliche Brot
krụ̄liti glucksen; *Magen*: knurren
krụmpīr *1* Kartoffel *f*; **dọbiti ~** *scherzh. Sp.* leer ausgehen, keinen einzigen Punkt holen; **gnjẹ̄čenī ~** Kartoffelpüree *f*; **gụ̄liti ~** Kartoffeln schälen; **pẹčenī ~** Bratkartoffeln *Pl*; **salạ̄ta od ~ā** Kartoffelsalat *m*
krumpịrīšte Kartoffelfeld *n*
krụna Krone *f*; *fig.* Spitze *f*
krụnica Rosenkranz *m*
krụnidba (*GPl* -dābā/-dbī) Krönung *f*
krụniti¹ krönen; **~ se** sich krönen, sich die Krone aufsetzen
krụ̄niti² [o-] abbröckeln; *Mais etc.* entkörnen; *Brot* brechen
krụ̄nskī Kron-; **~ svjẹdok** *Jur.* Kronzeuge *m*
krụnjēnje → **krụnidba**
krụ̄pa Hagel *m*; **pạdā ~** es hagelt
krụ̄p|an korpulent, beleibt; stämmig; stark; grob; **~nō brạšno** Schrotmehl *n*; **~nī ịznos** große Summe; **~nā lạ̄ž** faustdicke Lüge; **~nā ọsoba** stämmige Person; **~nā pọgreška** grober Fehler; **~nē riječi** starke Worte
krụpica Graupe *f*; Grieß *m*
krụšan → **krụšnī**
krụška (*DSg* -ci/-ki; *GPl* -šākā/-škī) Birne *f*; Birnbaum *m*
krụškovac (-ōvca) Birnenlikör *m*

krųškovača Birnenschnaps *m*
krųšn|ī Brot-; **~ā kọšara** Brotkorb *m*; **~ā pę̄ć** Backofen *m*
krụ̄t hart, starr, steif, unbiegsam; (*Gesetz*) streng; (*Nahrung*) fest
krụ̄titi [u-] härten; steif machen; **~ se** hart, steif werden
krụ̄tōst (-osti; *ISg* -osti/-ošću) *f* Härte *f*, Starrheit *f*; Strenge *f*; Unbeugsamkeit *f*
krụ̄ž|an kreisförmig, Kreis-; Ring-; **~nā pīla** *od.* **testęra** Kreissäge *f*; **~nō putovānje** Rundreise *f*; **~nī tọ̄k** Kreisverkehr
krụ̄žēnje Kreisen *n*, Zirkulieren *n*
krụ̄žiti kreisen, zirkulieren
kružok (*lit. od. polit. Arbeits-*)Kreis *m*
kr̄v (*ISg* kr̄vi/kr̄vlju) Blut *n*; **bąciti ~** Blut spucken; **biti od ~i i męsa** aus Fleisch und Blut sein; **dąvalac ~i** Blutspender *m*; **mọdrā** *od.* **plą̄vā ~** *fig.* blaues Blut; **prijeći u ~** *fig.* in Fleisch und Blut übergehen; **rōd po ~i** Blutsverwandtschaft *f*; **trọvānje ~i** Blutvergiftung *f*; **zlą̄ ~** *fig.* böses Blut
kṛvār *Zool. u. fig.* Bluthund *m*
krvą̄rēnje Blutung *f*, Bluten *n*
krvąrina *a. fig.* Blutzoll *m*
krvą̄riti *5* **[is-]** bluten
kṛvāv blutig, Blut-; *fig.* grausam; **~ō djęlo** Bluttat *f*; **~o zaslụ̄žiti** sauer verdienen
krvąvica Blutwurst *f*
kr̄vn|ī Blut-; **~ā grụpa** Blutgruppe *f*; **~ī nęprijatelj** Todfeind *m*; **~ā ọsveta** Blutrache *f*; **~ī tlą̄k** *od.* **prịtisak** Blutdruck *m*; **~ō zr̄nce** *Med.* Blutkörperchen *n*
kṛvnīčkī mörderisch, bestialisch
kr̄vnīk Henker *m*, Scharfrichter *m*; Mörder(in *f*) *m*
krvọločan blutrünstig, mordgierig
krvọpija *m, f* Blutsauger *m*; *fig.* Wucherer *m*
krvoprolịće Blutbad *n*, Gemetzel *n*
kṛvotōk Blutkreislauf *m*
kṛvožēdan → **krvọločan**
kṛzmati zaudern, zögern
kṛznār *1* Kürschner *m*; Pelzhändler *m*
kr̄zno Fell *m*; Pelz *m*
kṛžljav mißgebildet, verkrüppelt
kṛžljaviti [zakṛžljati] verkrüppeln; (*physisch*) zurückbleiben
kụ̄b *Math.* Kubus *m*, Würfel *m*
Kubą̄nac (-nca) *2* Kubaner *m*
Kụbānka (*DSg* -ki; *GPl* -kī) Kubanerin *f*
kụbānskī kubanisch, Kuba-
kụbičnī kubisch, Kubik-
kụbīk *1* Kubikmeter *m*
kụcānje Klopfen *n*; (*Puls*) Schlag *m*; **~ sṛca** Herzklopfen *n*
kụcati [-nuti] klopfen; *Uhr*: ticken; (*an Tür*) anklopfen
kụcavica *Med.* Schlagader *f*
kục|nuti (-nēm) *pf* → **kụcati**; **~nuo je čąs** *fig.* die letzte Stunde hat geschlagen; **~nuti se čąšama** anstoßen
kụče (-eta) Hündchen *n*
kụčina Werg(faser *f*) *n*
kụć|a Haus *n*, *fig.* Heim *n*; **~a ną kolju** Pfahlhaus *n*; **~a ną uglu** Eckhaus *n*; **~a od kąrātā** Kartenhaus *n*; **Bọžjā ~a** Gotteshaus *n*; **izdąvāčkā ~a** Verlagshaus *n*; **ịzvan ~ē** außer Haus; **ją̄vnā ~a** Bordell *n*; **kọd ~ē** zu Haus; **lụ̄dā ~a** *fig.* Tollhaus *n*; **mọntāžnā ~a** Fertighaus *n*; **stąmbenā ~a** Wohnhaus *n*; **vlą̄dārskā ~a** Herrscherhaus *n*; Dynastie *f*; → **dąlek**
kụćanica Haushälterin *f*; Hausfrau *f*
kụćānskī Haushalts-; **~ aparą̄ti** Haushaltsgeräte *Pl*
kụćānstvo (*GPl* kụćānstāvā/kućą̄nstvā) Haushalt *m*
kućąrina Haus- *od.* Gebäudesteuer *f*
kućą̄riti *5* hausieren
kụćedomaćin, kụćegazda → **kućęvlāsnīk**
kućepązitelj Hausmeister *m*
kućęvlāsnīk Hausbesitzer *m*
kụćica Häuschen *n*; *Tech.* Gehäuse *n*; **pụ̄ževā ~** Schneckenhaus *n*
kụćīšt|e Hausgrund *m*; Bauplatz *m*; *Tech.* Gehäuse *n*; (*Kreuzworträtsel*) Kästchen *n*; **bez kụćē i ~a** weder Haus noch Hof haben
kụćn|ī häuslich, Haus-; **~ī brọ̄j** Hausnummer *f*; (*Tel.*) Durchwahl *f*; **~ā pomọćnica** Hausmädchen *n*; **~ī prijatelj** Hausfreund (*a. fig.*); **~ā rądinōst** Heimarbeit *f*; **~ī rę̄d** Hausordnung *f*; **~ī zą̄tvor** Hausarrest *m*
kụd(a) wohin, in welche Richtung; **~ god** *od.* **bịlo ~** wohin auch immer; **~ ịkamo** bei weitem; **hąjdemo ~!** gehen wir irgendwohin!; **nęmati ~** nicht aus noch ein wissen
kụditi [-po-] tadeln
kụdjelja Hanf(faser *f*) *m*

K

kụdrav kraushaarig; lockig
kụfer Koffer *m*; → ***kọvčeg; pụn mi je ~!*** ich habe es satt!, ich habe genug!
kufẹrāš *1* Pendler *m*
kụg|a Pest *f*; ***bjẹžati od*** (*G*) ***kao od ~ē*** (*A*) wie die Pest meiden
kụgin Pest-; ***~ stūp*** *Arch.* Pestsäule *f*
kū̧gla Kugel *f* (*a. Sp.*); Geschoß *n*; ***nẹbeskā ~*** Himmelskugel *f*, Sphäre *f*; ***zemạljskā ~*** Erdkugel *f*
kụglāč *1* Kegler *m*, Kegelsportler *m*
kuglạna Kegelbahn *f*
kụglānje Kegelsport *m*
kụglāš *1 Sp.* Kugelstoßer *m*, Kegler *m*
kụglati se kegeln; ***~ od smijẹha*** *fig.* sich kringeln vor Lachen
kụglični Kugel-; ***~ lẹžāj*** *Tech.* Kugellager *n*
kụhača Kochlöffel *m*
kụhalo Kocher *m*; ***plīnskō ~*** Gaskocher *m*
kụhān (-o) gekocht; gar; ***~ō vīno*** Glühwein *m*; ***ni ~ ni pẹčen*** *fig.* weder Fisch noch Fleisch
kụhānje Kochen *n*
kụhār Koch *m*; ***glạvnī ~*** Chefkoch *m*
kụharica Köchin *f*
kụhati [s-] kochen; sieden; schmoren; ***~ nẹšto*** *fig.* etwas im Schilde führen; ***nẹšto se kụhā*** *fig.* etwas braut sich zusammen
kụhinja Küche *f*
kụhinjsk|ī Küchen-; ***~ō pọsūđe*** Küchengeschirr *n*; ***~ā prẹgača*** Küchenschürze *f*; ***~ā sọl*** Kochsalz
kụja Hündin *f*; (*Schimpfw.*) Miststück *n*
kujụndžija *m* Goldschmied *m*
kụk *m* Hüfte *f*; Hüftgelenk *n*; Hüftknochen *m*
kụk|a (*Wider-*)Haken *m*; Angelhaken *m*; ***dịći ~u i mọtiku*** *fig.* Himmel und Hölle in Bewegung setzen (***na*** *A*/gegen *A*)
kū̧kac[1] (-kca) Käfer *m*; Insekt *n*
kū̧kac[2] (-kca) *Path.* Nagelgeschwür *n*
kụkast hakenförmig, Haken-; ***~ī krīž*** Hakenkreuz *n*; ***~ī nọs*** Hakennase *f*
kụkati jammern, klagen, lamentieren; *Kuckuck*: rufen
kụkavac (-āvca; *GPl* kukạvācā) *fig.* armer Schlucker, armer Hund
kụkavan jämmerlich, kläglich; elend
kụkavica Kuckuck *m*; *fig.* Feigling *m*; Memme *f*
kụkavičj|ī Kuckucks-; ***~ē jạje*** Kuckucksei *n*
kụkavičkī ängstlich, feige
kukavịčluk, -ạvština Feigheit *f*
kụkica *Dim v.* ***kụka***
kū̧kolj *Bot.* (*Korn-*)Rade *f*; Unkraut *f*
kukụljica Kapuze *f*; *Zool.* Kokon *m*
kụkurijēk *Bot.* Nieswurz *f*
kukurị̄kati [-nuti] krähen
kukurị̄knuti (-kụriknēm) → ***kukurīkati***
kukụruz Mais(körner *pl*) *m*
kukụruz|an Mais-; ***~nō brạšno*** Maismehl *n*; ***~nī klīp*** Maiskolben *m*
kukurụzara Maisschnaps *m*
kukụruzīšte Maisfeld *n*
kukuruzọvina Maisstroh *n*
kukụružnjāk Maisbrot *n*
kū̧l|a Turm *m* (*a. Schach*); ***grạditi ~e u zrạku*** *fig.* Luftschlösser bauen; ***kọntrōlnā ~*** *Flgw.* Tower *m*
kụlāk Großbauer *m*; *Hist.* Kulak *m*
kulịs|a Kulisse *f*, Hintergrund *m*; ***ịza ~ā*** *fig.* hinter den Kulissen
kulminị̄rati *5 ipf*/*pf* kulminieren
kụlt Kult *m*; ***~ lịčnosti*** Persönlichkeitskult *m*
kultivị̄rati *5 ipf*/*pf* kultivieren
kultū̧ra Kultur *f*
kụltūran kulturell, Kultur-
kụlučiti *Turz.*, *hist.* Fronarbeit leisten; *fig.* schuften
kụluk *Turz.*, *hist.* Fronarbeit *f*; *fig.* Schwerarbeit *f*, Schufterei *f*
kụljati → ***sụkljati***
kū̧m (*Pl* kụmovi) Pate *m*; ***vjẹnčanī ~*** Trauzeuge *m*
kū̧ma Patin *f*
kū̧mče (-eta) Patenkind *n*
kụmīr *1* (*V*-u/-e) Götze(nbild *n*) *m*, Idol *n*
kū̧miti [o-] zum Paten ernennen; anflehen
kū̧mov Paten-; ***~ā slạma*** Milchstraße *f*
kumọvati (kụmujēm) Pate sein *od.* stehen; *fig.* die Hand im Spiel haben (*D*/bei *D*); ***~ brọdu*** ein Schiff taufen
kū̧na Marder *m*; ***~ bjẹlica*** Steinmarder *m*; ***~ zlạtica*** Edelmarder *m*
kụndačiti *Turz.* mit e-m Gewehrkolben schlagen
kụndak *Turz.* Gewehrkolben *m*
kụnēm *1. Pers Sg v.* ***klẹti***
kụnīć Kaninchen *n*; ***pọkusnī ~*** Versuchskaninchen *n* (*a. fig.*)
kụnjati dösen, schlummern; siechen
kụp[1] Haufen *m*, Stapel *m*
kụp[2] *Sp.* Cup *m*

K

kū̦pa *Math.* Konus *m*; Kegelstumpf *m*
kū̦pac (-pca; *V* kųpče) Käufer *m*, Kunde *m*; Abnehmer *m*
kụpāč *1* (*V* kųpaču) Badegast *m*, Badende(r) *m*
kupạčica Badende *f*
kụpāć|ī Bade-; **~ē gạćice** Badehose *f*; **~ā ką̄da** Badewanne *f*; **~ā kạpa** Bademütze *f*; **~ī kọstīm** Badeanzug *m*
kụpalīšn|ī Bade-, Kur-; **~ā tạksa** Kurtaxe *f*
kụpalīšte Bad(eort *m*) *n*; Strand *m*; **ją̄vnō ~** öffentliches Schwimmbad; **mọrskō ~** Seebad *n*
kụpānj|e Bad(en *n*) *n*; **ịći na ~** zum Baden gehen; **sezǭna ~a** Badesaison *f*; **sū̦hō ~e** *fig.* Leibesvisitation *f*
kupaọnica Badezimmer *n*
kū̦pati (se) [o-] baden, ein Bad nehmen; **~ u znọju** schweißgebadet sein
kụpčev Käufer-
kupạtilo → **kupaọnica**
kupē̦ (-ẹa) (Zug-)Abteil *n*
kū̦pelj *f* Bad(ewasser *n*) *m*; **pą̄rnā ~** Dampfbad *n*
kupina Brombeere *f*; Brombeerstrauch *m*
kụpiti[1] **[s-]** (-pljen) (auf)sammeln, sammeln; zusammentragen; **~ klą̄sje** Ähren lesen; **~ svọje krpice** *fig.* seine Siebensachen packen; **~ se** sich (ver-)sammeln
kū̦piti[2] **(-pọvati)** (ein)kaufen, käuflich erwerben; **~ mą̄ćka ụ vrėći** *fig.* die Katze im Sack kaufen; **~ na ọtplatu** auf Raten kaufen
kū̦pka (*GPl* -kī) → **kū̦pelj**
kū̦pnja (*GPl* -njī) Ankauf *m*, Einkauf *m*; Kauf *m*; **prigodnā ~** günstiger Einkauf
kụpola Kuppel *f*
kụpōn *1* Coupon *m*; Essensmarke *f* (*in Betriebskantinen*)
kupoprọdaja Kauf(vorgang *m*) *m*
kupoprọdājnī Kauf-, Verkaufs-; **~ ụgovor** Kaufvertrag *m*
kupọvānje Einkaufen *n*, Einkauf *m*; Kauf *m*, Anschaffung *f*
kupọvati (kųpujēm) → **kū̦piti**[2]
kupọvina → **kupọvānje**
kụpōvn|ī käuflich, Kauf-; **~ā cijẹnā** *Hdl.* Kaufpreis *m*
kụpus Kraut *n*; Kohl *m*; **crvenī ~** Rotkohl *m*; **kiselī ~** Sauerkraut *n*; → **glạvica**
kụpusnī Kraut-

kū̦ra Kur *f*; **~ mršą̄vljēnja** Abmagerungskur *f*
kurā̦žan mutig
kuriozitēt *1* Kuriosität *f*, Merkwürdigkeit *f*
kụrjāk Wolf *m*
kụrjē: ~ ọko Hühnerauge *n*
kụrs (*Pl* -evi) Kurs *m* (*a. fig.*); Lehrgang *m*; (*Geld*) Wechselkurs *m*
kū̦rva V Hure *f*; *fig.* charakterloser Mensch
kụrvār → **kụrvīš**
kụrvin Huren-; **~ sị̄n** *verä.* Hurensohn *m*
kụrvīš *1* (*V* -u/-e) *verä.* Hurenbock *m*
kụrzīv *1* Kursivschrift *f*
kū̦s Bissen *m*, Häppchen *n*
kuš! *Int* Ruhe!; F Schnauze!
kụšati [po-] kosten, probieren, versuchen; **~ srẹ́ću** *fig.* sein Glück versuchen
kušet-kọla *n*/*Pl Esb.* Liegewagen *m*
kū̦šnj|a Probe *f*, Versuch *m*; Versuchung *f*; **dọvesti u ~u** in Versuchung führen; **kąmēn ~ē** *fig.* Prüfstein *m*; **odọljeti ~i** der Versuchung widerstehen; **stạviti na ~u** auf die Probe stellen
kuštrav → **kụdrav**
kū̦t Ecke *f*; *Math.* Winkel *m*; **bąbljī ~** F (*Schlecht-*)Wetterecke *f*; **mṛtvī ~** *Kfz.* toter Winkel; **prą̄vī ~** rechter Winkel; **stjẹrati ụ ~** *fig.* in die Enge treiben; **tū̦pī ~** stumpfer Winkel
kụtij|a Schachtel *f*, Büchse *f*, Kästchen *n*; **~a za nąkit** Schmuckschatulle *f*; **~a za ụštedu nǭvca** Sparbüchse *f*; **cṛnā ~a** *Flgw.* Flugschreiber *f*; **glą̄sāčkā ~a** Wahlurne *f*; **kạo iz ~ē** *fig.* (*angezogen*) wie aus dem Ei gepellt; **mjẹnjačkā ~** *Kfz.* Getriebekasten *m*
kū̦tnjāk *Anat.* Backenzahn *m*
kụtomjēr *Math.* Winkelmesser *m*
kụvār *sb.* → **kụhār**
kụvati *sb.* → **kụhati**
kuvē̦rta Briefumschlag *m*
kụž|an ansteckend, infektiös; **~nā bọlēst** Infektionskrankheit *f*
kụžiti [za-] anstecken, infizieren; verpesten; kontaminieren; begreifen, F kapieren
kvạčica Häkchen *n*, Öse *f*
kvạčilo *Kfz.* Kupplung *f*
kvạčiti [zạ-] einhaken, koppeln, zusammenkuppeln; (ein)haken; **~ se** sich streiten
kvạdrāt *1* Quadrat *n*; Quadratmeter *m*

kvạdratān quadratisch, Quadrat-
kvạk|a (Tür-)Klinke *f*; Haken *m*; ***ịmati ~u*** *fig*. e-n Haken haben
kvalifịcīrān (-o) qualifiziert; **~ *brạvar*** gelernter Schlosser
kvalificịrati *5 ipf/pf* qualifizieren; **~ *se*** sich qualifizieren, sich befähigen (**za** *A*/zu *D*)
kvalifikạcija Qualifikation *f*; (*Schul-, Berufs-*)Ausbildung *f*; Befähigung *f*
kvạlifikaciōnī, -kạcījskī Qualifikations-; **~ *tẹst*** Eignungsprüfung *f*
kvạlifikovān → ***kvalifịcīrān***
kvạlitatīvan qualitativ
kvalịtēt *1* Qualität *f*
kvalịtētan Qualitäts-; von guter Qualität
kvạntitatīvan quantitativ
kvantịtēt *1* Quantität *f*
kvār Schaden *m*, Beschädigung *f*; Einbuße *f*; *Tech*. Störung *f*; *Kfz*. Panne *f*; ***šụmskī* ~** Waldfrevel *m*; ***ụhvatiti na ~u*** *fig*. auf frischer Tat ertappen
kvāran beschädigt, kaputt, schadhaft; (*Obst*) verdorben
kvārēnje Verderben *n*; Beschädigung *f*; (*Obst*) Fäulnis *f*

kvāriti [po-] verderben (*auch moralisch*); unbrauchbar machen, kaputt machen; *Wein* panschen; **~ *se*** verderben, schlechter werden; (*sittlich*) verderben *itr*
kvạrt Stadtteil *m*
kvạrtāl *1* Quartal *n*, Vierteljahr *n*
kvạrtēt *1 Mus*. Quartett *n*
kvās Hefe *f*
kvāsac (-sca) → ***kvās***
kvạsiti [ọ-] (an)feuchten, befeuchten, benässen
kvāsnī Hefe-
kvịntēt *1 Mus*. Quintett *n*
kvịsling Quisling *m*; Verräter *m*
kvịt quitt; ***i ~ pọsla!*** und damit basta!
kvọcati (-ām/-čēm) glucksen
kvọčka (*GPl* -kī) Glucke *f*, Bruthenne *f*; ***ụmjetnā* ~** Brutkasten *m*
kvōrum Quorum *n*; ***ịmati* ~** beschlußfähig sein
kvọta Quote *f*
kvṛga (*GPl* -gī) Beule *f*; Knollen *m*, Knoten *m*; (*Holz*) Knorren *m*
kvṛgast, -gav knorrig, knotig
kvṛžica Knötchen *n*; *Anat*. Geschmackspapille *f*

L

L l *n*
lạbav lose, locker; schwach, labil
lạbaviti [o-, raz-] lockern; erschlaffen, entspannen
lạbavōst (-osti; *ISg* -osti/-ošću) *f* Schlaffheit *f*, Labilität *f*
labịjāl *1 Gr*. Labial(laut *m*) *m*
lạbijālan labial, Lippen-
lạbīlan labil
labịlnōst (-osti; *ISg* -osti/-ošću) *f* Labilität *f*
labịrint Labyrinth *n*; *Anat*. Innenohr *n*
laborạtōrīj (-ija) Labor *n*
lạbūd (*Pl* -būdi/-budovi) Schwan *m*
lạbuđī Schwanen-; **~ *pjẹv*** *fig*. Schwanengesang *m*
labụrist(a) *m Pol*. Anhänger der Arbeiterpartei

lạćati → ***lạtiti se***
lādan → ***hlādan***
lạdānje Land *n*; Landsitz *m*; Provinz *f*
lạdānjskī ländlich, Land-; Dorf-
lạdica Schublade *f*
lāđ|a Schiff *n*; **~ *za stạnovānje*** Hausboot *n*; ***bọčnā ~a*** *Arch*. Seitenschiff *n*; ***cṛkvenā ~a*** *Arch*. Kirchenschiff *n*; ***kạo da su svẹ ~e potọnule*** *fig*. als wären ihm alle Felle davongeschwommen
lạđār *1* Schiffer *m*; Bootsmann *m*
lạđica Schiffchen *n*; ***tkạlačkā* ~** Weberschiffchen *n*
lạgān (-o) leicht, einfach; langsam; leise; ***~ā rụka*** geschickte Hand
lagạrije *f/Pl* Lügengeschichten *Pl*, Lügengebäude *n*
lạgati (-žēm) **[s-]** lügen, anlügen, belü-

gen (*D*/*A*); **lážē čīm zinē** er lügt, wenn er den Mund aufmacht; **lážē kao za okladu** *od.* **másno lážē** *fig.* j-d lügt wie gedruckt
lagodan behaglich, bequem, gemütlich
lagodnōst (-osti; *ISg* -osti/-ošću) *f* Behaglichkeit *f*, Bequemlichkeit *f*
lagum Mine *f*, Sprengladung *f*; **dići u ~** in die Luft jagen
lahōr (-ora) Brise *f*, Lüftchen *n*
laičkī weltlich, Laien-
laik Weltliche(r) *m*
lajānje Bellen *n*, Kläffen *n*; *fig.* Gekeife *n*
lajati (-jēm) **[-nuti]** bellen, kläffen; *fig.* keifen, geifern
lajav geschwätzig, klatschsüchtig
lajavac (-āvca) Klatschmaul *n*; Lästermaul *n*
lajavica Klatschtante *f*
lajnuti (-nēm) *pf* → **lajati**
lak[1] leicht (*Gewicht u. fig.*); mühelos; leise; sanft; **~o je tebi govoriti** du hast leicht reden; **~a mu zemlja!** möge er in Frieden ruhen!; **~ū nōć** gute Nacht; **~ā žena** *fig.* leichtes Mädchen; **na ~ū rūku** leichthin; leichtfertig
lak[2] Lack *m*; **~ za kosu** Haarspray *m*; **~ za nokte** Nagellack *m*
lakāj *1* (*V* lakāju) Lakai *m*
lākat (-kta; *Pl* -ktovi) Ellbogen *m*; *Längenm.* Elle *f*
lakatn|ī Ellbogen *m*; **~ā kōst** Ellbogenknochen *m*
lākatnjača Ellbogengelenk *n*
lakīran (-o) lackiert
lakīrati *5 ipf/pf* lackieren; *fig.* schönfärben
lako|ca Leichtigkeit *f*; Mühelosigkeit *f*
lakom gierig (**na** *A*/auf *A*); habgierig, habsüchtig
lakomac (-ōmca) Habgierige(r) *m*; Geizhals *m*
lakomislen (-o) leichtsinnig, unvorsichtig
lakomiti se [po-] gierig sein (**na** *A*/nach *D*)
lakomōst (-osti; *ISg* -osti/-ošću) *f* Gier *f*, Habgier *f*; Freßgier *f*
lakonskī lakonisch
lakoūmnōst (-osti; *ISg* -osti/-ošću) *f* Leichtfertigkeit *f*, Leichtsinn *m*
lakovjēran leichtgläubig
lakovjērje Leichtgläubigkeit *f*
lakrdija Posse *f*, Farce *f*; Spaß *m*, Unfug *m*
lakrdijāš *1* (*V* -u/-e) Spaßmacher *m*; Spaßvogel *m*; (*Zirkus*) Clown *m*
lakšī *Komp v.* **lak**[1]
laktāš *1* (*V* -e/-u) Ellbogenmensch *m*; Karrierist *m*
lāla *Turz.* Tulpe *f*
lāmpa → **svjetīljka**
lampiōn *1* Lampion *m*
lan Flachs *m*, Lein *m*
lān|ac Kette *f*; **~ci za snijeg** *Kfz.* Schneeketten *f*; **gorskī ~ac** Bergkette *f*; **pas na ~cu** Kettenhund *m*
lančan (-o) Ketten-; **~ā reakcija** Kettenreaktion *f* (*a. fig.*); **~ī mōst** Hängebrücke *f*; **~ī sistēm rāda** Fließbandarbeit *f*
lančić Kettchen *n*; **sigūrnosnī ~** Sicherheitskette *f* (*an der Haustür*)
lane (-eta) Rehkitz *n*, Hirschkalb *n*
lanen (-o) leinen; Leinen-; **~ā tkanina** Leinen *n*; **~ō ūlje** Leinöl *n*
lani letztes *od.* voriges Jahr
lansīrati *5 ipf/pf* lancieren; *Rakete, Torpedo* abfeuern; *Satellit* in die Umlaufbahn bringen; *Nachricht* lancieren
lanuti (-nēm) *pf* → **odahnuti**
lanjskī letztjährig, vorjährig
lapidāran lapidar; kurz und bündig
lapis Lapis *m*, Höllenstein *m*
lapizīrati *5 ipf/pf Med.* (*mit Höllenstein*) verätzen
laringofōn Kehlkopfmikrophon *n*
lascīvan anstößig, schlüpfrig, unanständig
lascīvnōst (-osti; *ISg* -osti/-ošću) *f* Schlüpfrigkeit *f*, Unanständigkeit *f*
lasersk|ī Laser-; **~ā zraka** Laserstrahl *m*
lasica Wiesel *n*
laska, -ānje Schmeichelei *f*, Schmeicheln *n*
laskati [po-] (um)schmeicheln
laskav schmeichelhaft
laskavac (-āvca) Schmeichler *m*
lāsta, lastavica Schwalbe *f*; **jednā ~ ne čīnī proljeće** *Sprw.* e-e Schwalbe macht noch keinen Sommer
lastavičjī Schwalben-
lastik(a), -tiš Gummiband *n*
laštilo Lack *m*; Schuhkrem *f*; Politur *f*; **~ za auto** Autolack *m*; **~ za parket** Bohnerwachs *n*
laštiti [u-] lackieren; polieren; **~ se** glänzen
latica *Bot.* Blütenblatt *n*; Einsatz *m*; Zwickel *m*

L

latịnac (-nca) Lateinschüler *m*
latịnica Lateinschrift *f*
latịnka Lateinschule *f*
lątīnskī lateinisch, Latein-
ląttiti se (**-ćati se**) in Angriff nehmen (*G*/*A*); herangehen (*G*/an *A*); ~ **ọrūžja** zu den Waffen greifen; ~ **pọsla** sich an die Arbeit machen
lạv Löwe *m*; *fig*. Held *m*; **mọrskī** ~ *Zool*. Seelöwe *m*
lạvāža Lavage *f*; ~ **žẹluca** *Med*. Magenspülung *f*
lạ̄vež Gebell *n*, Gekläff *n*
lạvica Löwin *f*
lạvljī, lạvorskī Löwen-; ~ **dịo** *fig*. Löwenanteil *m*
lạzārkinja *Bot*. Waldmeister *m*
lạ̄ž *f* *3* (*I* -i/-ju) Lüge *f*, Unwahrheit *f*; ~ **gọlā** *od*. **pụkā** ~ glatte Lüge; **u** ~**i su krạtkē nọge** *Sprw*. Lügen haben kurze Beine; **ụtjerati ụ** ~ j-n Lügen strafen
lạžac (-šca; *V* lạšče) Lügner *m*
lạž|an lügenhaft; falsch; unecht
lạžēm *1. Pers Sg. v.* **lạgati**
lạžljiv lügnerisch, verlogen
lạžljivac (-īvca) Lügner *m*
lẹbdjeti (-īm; -dio, -djela) schweben; ~ **prẹd ọčima** *fig*. vor Augen schweben; **nẹšto lẹbdī u zrā̦ku** *fig*. etwas liegt in der Luft
lẹcnuti se (-nēm) *pf itr* aufschrecken
lẹ̄ća *Phys*., *Anat*. Linse *f*; **kọntaktnā** ~ Kontaktlinsen *Pl*
lẹ̄ći[1] (-gnēm *od*. -žēm; *Imp* lẹzi; lẹgao, -gla) (**lijẹgati**) sich hinlegen *od*. niederlegen; *fig*. sich legen, sich beruhigen
lẹ̄ći[2] (-žēm; *Imp* -zi; -gao, -gla) [**iz-**] *Eier* legen; *Eier* ausbrüten; ~ **se** ausschlüpfen
lẹ̄d *3* Eis *n*; Hagel *m*; ~ **se pokrẹ̄nuo** *fig*. das Eis ist gebrochen; **pạdā** ~ es hagelt; **prọbiti** *od*. **rạzbiti** ~ *fig*. das Eis brechen; **nạvesti na tạnak** ~ *fig*. j-n aufs Glatteis führen
lẹd|ana, -ara Kühlhaus *n*
lẹden (-o) eisig, eiskalt, Eis-; ~**ō cvijeće** Eisblume *f*; ~**ā kạva** Eiskaffee *m*; ~**ō mọ̄re** Eismeer *n*; ~**ā svijẹća** Eiszapfen *m*
ledẹnica → **lẹdana**
ledẹnjāk *1* Eiszapfen *m*
lẹdina Anger *m*; Heide *f*
lẹdīšte *Phys*. Gefrierpunkt *m*
lẹditi se [za-] gefrieren; erstarren
ledolọ̄mac (-ọ̄mca) Eisbrecher *m*
lẹ̄đa *n*/*Pl* Rücken *m*; F Buckel *m*; **iza bọžjīh** ~**ā** *fig*. wo sich Fuchs und Hase gute Nacht sagen; **ịza** ~**a** *od*. **za** ~**a** *fig*. hinter dem Rücken; **okrẹ̄nuti** ~**a** *fig*. den Rücken kehren
lẹ̄đnī Rücken-; → **mọždina, plịvānje**
lẹgālan legal, gesetzmäßig
legalizịrati *5 ipf*/*pf* legalisieren
legạ̄lnōst (-osti; *ISg* -osti/-ošću) *f* Legalität *f*
lẹgēnda Legende *f*, Sage *f*; Heiligengeschichte *f*; Erläuterung *f* (*auf e-m Lageplan etc.*)
lẹgendāran legendär, sagenhaft
lẹ̄gija Legion *f*; ~ **strạnācā** Fremdenlegion *f*
legiọnār *1* (*V* -e/-u) Legionär *m*
legitimạ̄cija (*Personal-*)Ausweis *m*; *Jur*. Legitimation *f*
lẹgitīman legitim, rechtmäßig
legitimịrati *5 ipf*/*pf* legitimieren; ~ **se** sich ausweisen
lẹ̄glo (*GPl* lẹ̄gālā/lẹ̄glā) Brut *f*, Wurf *m*; *fig*., *verä*. Brutstätte *f*; Gesindel *n*; ~ **bọlesti** Krankheitsherd *m*
lẹgnuti (-nēm) *pf* → **lẹ̄ći**
legụ̄ra Legierung *f*
lẹja *sb*. Beet *m*
lẹkār *1 sb*. Arzt *m*; → **liječnīk**
lẹkcij|a Lektion *f*; Unterrichtsstunde *f*; **dạti** *od*. **dạ̄vati** ~**u** Stunden geben; **očịtati** *k-u* ~**u** *fig*. j-m die Leviten lesen
lẹksičkī lexikalisch, Wortschatz-
lẹksikōn Lexikon *n*; **žịvī** ~ *fig*. wandelndes Lexikon
lektịra Lektüre *f*, Lesestoff *m*
lektọrāt *1* Lektorat *n*
lẹle *Int* o je!
lelẹ̄kati (lẹlēćēm) [**-knuti**] jammern, klagen
lelụjati se wogen, schwanken
lẹ̄mati → **tụ̄ći**
lẹmeš Pflugschar *f*
lẹmilo Lötkolben *m*
lẹmiti [**za-**] löten
lẹno *hist*. Lehen *n*
lẹ̄nta Ordensband *n*; Kordon *m*
lenjinịzam (-zma) Leninismus *m*
lẹnjīr *1* Lineal *n*
lepẹ̄za Fächer *m*; Wedel *m*; Rad *n* (*vom Pfau*); *fig*. Spektrum *n*
lẹpinja (*Brot-*)Fladen *m*

lepršati flattern; ~ **krilama** mit den Flügeln schlagen
lepršav flatternd
leptir (*Pl* -i/-ovi) Schmetterling *m*, Falter *m*; ~**-kravata** *od.* **mašna** ~ (*Smoking*-)Schleife *f od.* Fliege *f*
leptirica Schmetterlingsweibchen *n*
leš[1] *Geol.* Löß *m*
leš[2] **(-ina)** Aas *n*; Leiche *f*
lešinar Aasgeier *m*
let Flug *m*; **iz ptičjeg** ~**a** aus der Vogelperspektive; **na** ~**u** auf die Schnelle
letač *1* Flieger *m*, Pilot *m*
letak (-tka) Flugblatt *n*
letati löten
leteći fliegend; ~ **tanjur** fliegende Untertasse
letenje Fliegen *n*, Flug *m*
letimice flüchtig, im Vorübergehen
letimičan flüchtig, schnell
letjelica Flugkörper *m*
letjeti (-īm; -tio, -tjela) fliegen; eilen; (*aus dem Betrieb*) rausfliegen; *Funken* sprühen
letva Latte *f*
leukemija Leukämie *f*
leut Laute *f*
ležaj (*Pl* -i/-evi) Lager(stätte *f*) *n*; *Geogr.*, *Tech.* Lager *n*; **kuglični** ~ *Tech.* Kugellager *n*
ležaljka (*LSg* -ci/-ki) Liegestuhl *m*
ležanje Liegen *n*; Lagern *n*
ležarina Lagergebühr *f*
ležati (-īm) liegen, lagern; **taj posao mi leži** *fig.* diese Arbeit liegt mir; **to mi leži na jeziku** *fig.* es liegt mir auf der Zunge
leženje Brüten *n*
ležeran leger, lässig; bequem
ležište *Tech.* Lager *n*; *Geol.* Lagerstätte *f*
li *Fragepartikel* (*unübersetzbar*)
liberal *1* → **liberalac**
liberalac (-lca) *2* Liberale(r) *m*
liberalan liberal
libaralizacija Liberalisierung *f*
liberalizam (-zma) Liberalität *f*
liberalizirati *5 ipf/pf* liberalisieren
liberalnost (-osti; *ISg* -osti/-ošću) *f* Liberalität *f*
lic|e Gesicht *n*, Antlitz *n*; Person *f*; ~**e kuća** Hausfront *f*; ~**em u** ~**e** Auge in Auge; **fizičko** ~**e** *Jur.* natürliche Person; **glavno** ~**e** Hauptperson *f*; **izraz** ~**a** Miene *f*; **na** ~**u mjesta** an Ort und Stelle; **pravno** ~**e** *Jur.* juristische Person; **prvo** ~**e** *Gr.* erste Person
licemjer Heuchler *m*, Scheinheilige(r) *m*
licemjeran heuchlerisch, scheinheilig
licemjerje, licemjerstvo Heuchelei *f*, Scheinheiligkeit *f*
licemjerka (*GPl* -kī) Heuchlerin *f*
licemjerski → **licemjeran**
licenc(ij)a Lizenz *f*
licitacija → **dražba**
licitirati *5 ipf/pf* versteigern
ličan → **osoban**
ličilac (-ioca) Anstreicher *m*
ličinka (*GPl* -ī/-ākā) Larve *f*; Made *f*; *Zool.* Puppe *f*
ličiti[1] ähneln (**na** *A*/*D*)
ličiti[2] anstreichen
lički aus der Lika, Lika-
ličnost (-osti; *ISg* -osti/-ošću) *f* Persönlichkeit *f*
lifrati *ipf/pf* liefern, zustellen
lift Lift *m*; Aufzug *m*
liga (*DSg* -gi; *GPl* -gī) Liga (*a. Sp.*) Bund *m*; Verband *m*; ~ **naroda** Völkerbund *m*
lignit *1* Lignit *m*; Braunkohle *f*
lignja (*GPl* -ānjā/-njī) Tintenfisch *m*
lihva Wucher *m*
lihvar *1* Wucherer *m*
lihvariti *5* Wucher treiben
liječenje *7* Behandlung *f*; **bolničko** ~ stationäre Behandlung
liječiti [iz-] *7* behandeln; heilen; ~ **se** behandelt werden, sich behandeln lassen
liječnica *7* Ärztin *f*
liječnički *7* ärztlich, Arzt-; medizinisch; → **komora, pregled**
liječnik *7* Arzt *m*; ~ **od povjerenja** Vertrauensarzt *m*; ~ **specijalista** Facharzt *m*; **glavni** ~ Chefarzt *m*; **kućni** ~ Hausarzt *m*; **pomoćni** ~ Assistenzarzt *m*
lijegati (-žēm) *7* → **leći**[1]
lijeha *7* Beet *n*
lijek *7* (-ijeka) Arznei *f*, Medikament *n*, Heilmittel *n* (*a. fig.*); ~ **za smirivanje** Beruhigungsmittel *n*; **nema** ~**a** *fig.* es ist kein Kraut gewachsen (*D*/gegen *A*); **piti** ~**ove** Medikamente einnehmen; **pravni** ~ *Jur.* Rechtsmittel *n*
lijen *7* (-o) faul, träge, arbeitsscheu; ~ **kao buba** stinkfaul
lijenčina *7 m, f* Faulenzer *m*, Faulpelz *m*
lijenost *7* (-osti; *ISg* -osti/-ošću) *f* Faulheit *f*, Trägheit *f*
lijep *7* schön, hübsch; nett; niedlich;

hvāla ~*a* danke schön; ***sve je tō*** ~***o i krąsno*** das ist ja alles schön und gut
lijępak *7* (-pka) Leim *m*, Klebstoff *m*; ***ići na*** ~ *fig*. *j-m* auf den Leim gehen; ***ųhvatiti na*** ~ *j-n* reinlegen
lijępiti [na-] *7* (an)kleben, leimen
lijes *7* (*Pl* -ovi/ljęsi) Sarg *m*; ***kąmenī*** ~ Sarkophag *m*
lijęska *7* Haselnuß(strauch *m*) *f*
lijevak *7* (-vka; *Pl* -vci/ljęvkovi) Trichter *m*
lijęvānje Gießen *n*
lijęvati *5/7* → ***lịti***
lijev|ī linke(r); links; ***nạ*** ~***o!*** *Mil.* linksum!
lī̩k (*Pl* -ovi) Gestalt *f*; Bild *n*; Form *f*; Person *f*; *Thea.* Rolle *f*; ***poprī̩miti*** ~ Gestalt annehmen
lịkēr *1* Likör *m*
lịko Bast *m*
lịkovati (lịkujēm) frohlocken, sich freuen (***nad*** *I*/über *A*); triumphieren
lịkōvn|ī bildend; darstellend; Kunst-; ~***ī ọdgoj*** Kunsterziehung *f*; ~***ā ụmjetnōst*** bildende Kunst
likvidạ̄cija Liquidierung *f*; *Hdl.* Liquidation *f*; ~ ***štętē*** Schadensbegleichung *f*
lịkvīdan *Hdl.* liquide, flüssig
likvidī̩rati *5 ipf/pf* liquidieren; *Firma* auflösen
lịm Blech *n*; ***cịnčanī*** ~ Zinkblech *n*; ***valọvitī*** ~ Wellblech *n*
lịmār Klempner *m*, Spengler *m*; ***ạuto-***~ *Kfz.* Karosseriebauer *m*
limạrija Klempnerei *f*; Spenglerei *f*
lịmen (-o) blechern, Blech-; → ***glạzba***
lịmēnka (*GPl* -kī) Blechdose *f*, Konservendose *f*
lī̩mfnī Lymph-; → ***žlijęzda***
lịmūn *1* (*Pl* -i/-ovi) Zitrone *f*
limunạ̄da (*Zitronen-*)Limonade *f*
lịmūnov Zitronen-
lịnč Lynchjustiz *f*
lịnčovati (-ujēm) lynchen
lịneār|an linear; geradlinig; ~***nā jednạdžba*** *Math.* lineare Gleichung
lịngvist(a) *m* Linguist *m*, Sprachwissenschaftler *m*
lingvịstičkī linguistisch, sprachwissenschaftlich
lingvịstika Linguistik *f*, Sprachwissenschaft *f*; ***pọredbenā*** ~ vergleichende Sprachwissenschaft
lī̩nij|a Linie *f*, Strich *m*; Strecke *f*; Richtung *f*; ***avịōnskā*** ~***a*** Fluglinie *f*; ***čụvati*** ~***u*** auf die schlanke Linie achten; ***gęnerālnā*** ~***a*** *fig.* Hauptrichtung *f*; ***ići*** ~***ōm mạnjēg ọtpora*** *fig.* den Weg des geringsten Widerstandes gehen
lịnījsk|ī Linien-; → ***plọvidba***
lịnjāk *1* *Zool.* Schleie *f*
lịpa Linde(nbaum *m*) *f*
lī̩panj (-nja) Juni *m*
lịpov Linden-; ~ ***čaj*** Lindenblütentee *m*
lịpsati (-šēm) (**-sạ̄vati** *5*) verrecken, krepieren
lịptati (-ćēm) strömen; (heraus)fließen
lī̩ra¹ Lyra *f*; Leier *f*
lī̩ra² (*Währung*) Lira *f*
lịričār Lyriker *m*
lịrika Lyrik *f*
lī̩rskī lyrisch
lī̩sac (-sca; *V* lī̩šće) Fuchs *m*; F Schlauberger *m*; ***stạrī*** ~ *fig.* alter Fuchs
lịsica Füchsin *f*
lịsice *f/Pl* Handschellen *Pl*; ***stạviti*** ~ Handschellen anlegen
lịsičjī Fuchs-
lịsičārka *Bot.* Pfifferling *m*
lịsnat belaubt, Laub-; ~***ō tijęsto*** Blätterteig *m*
lịsnī: ~ ***kalęndār*** Abreißkalender *m*
lịsnic|a Brieftasche *f*, Portemonnaie *n*; ***mịnistar bez*** ~***ē*** Minister ohne Geschäftsbereich
lī̩st (*Pl* lịstovi) Blatt *n* (*Bot.*, *Papier*); Brief *m*; Zeitung *f*; *Anat.* Wade *f*; *Zool.* Scholle *f*; Seezunge *f*; ***kṛsnī*** ~ Taufschein *m*; ***nạšē gọrē*** ~ *fig.* Landsmann *m*; ***okrę̄nuo se*** ~ *fig.* das Blatt hat sich gewendet; ***ọrūžnī*** ~ Waffenschein *m*; ***ọtpusnī*** ~ (*Krankenhaus-*)Entlassungsschreiben *n*; ***slụžbenī*** ~ Amtsblatt *n*, Gesetzblatt *n*; ***smọkvin*** ~ *a. fig.* Feigenblatt *n*; ***tọvārnī*** ~ Frachtbrief *m*; ***vję̄čērnī*** ~ Abendblatt *n*; ***vję̄nčānī*** ~ Trauschein *m*
lịst|a Liste *f*, Verzeichnis *n*; ***bịti na cṛnōj*** ~***i*** *fig.* auf der schwarzen Liste stehen
lịstati [pro-] (herum)blättern; *Buch* durchblättern; *Baum*: Blätter treiben
lịstić Blättchen *n*; ***glạsāčkī*** ~ Wahlschein *m*
lịstom (alle) insgesamt, allesamt, sämtliche
listọnoša *m* Briefträger *m*
listopād Oktober *m*
lịstōvnī Blatt-, Brief-; ~ ***pạpīr*** Briefpapier *m*

lịšāj (*Pl* -evi) (*Bot.*, *Med.*) Flechte *f*
lišạvati *5* → ***lịšiti***
lĩšće *n*/*koll* Laub *n*, Blätter *Pl*; ***lọzovō ~*** Weinlaub *n*
lĩšen (-o) beraubt; entledigt
lĩšiti (**lišạvati**) berauben; entziehen, aberkennen (*G*/*A*); ***~ bạštinē*** *od.* ***nạsljedstva*** enterben; ***~ dụžnosti*** seiner Pflicht entbinden, e-s Amtes entheben; ***~ pọslōvnē sposọ̄bnosti*** j-m die Geschäftsfähigkeit entziehen; ***~ slobọdē*** j-n einsperren
lịšnjača *Anat.* Wadenbein *n*
litạnija Litanei *f*; *fig.* eintöniges Gerede
lịtār (-tara) Hundemarke *f*
lịtavskī litauisch
lịterāran literarisch
literatụ̄ra Literatur *f*; ***krạjcāraškā ~*** Schundliteratur *f*; ***strụčnā ~*** Fachliteratur *f*
lịti (-jēm; *Imp* līj; lịo, līla; lịven *6*) (**lijẹvati**) gießen; schütten; → ***kạbao***
lịtica Klippe *f*; Fels(en) *m*
lịtra Liter *m*
lịtren (-o) Liter-; ***~ā bọca*** Literflasche *f*
litụrgija Liturgie *f*
litụrgījskī liturgisch, Liturgie-
lịvac Gießer *m*
lịvada Wiese *f*, Au *f*
lịven *6* gegossen, Guß-
lịvidan livid, blaßblau; (*Lippen*) farblos
lĩzati (-žēm) (**lịznuti**) lecken; *Flammen*: züngeln
lịznuti (-nēm) *pf* → ***lĩzati***
lọčēm *1. Pers Sg. v.* ***lọkati***
logarịtam (-tma) Logarithmus *m*
lọgičan logisch
lọgika Logik *f*
lõgor Lager *m*; ***kọncentraciōnī ~*** Konzentrationslager *n*; ***zarobljẹničkī ~*** Kriegsgefangenenlager *n*
logọrāš *1* Lagerinsasse *f*
lọgorīšte Lager-, Zeltplatz *m*
lõgorovati (-ujēm) lagern, zelten
lõgorskī Lager-
lõj *3* Talg *m*; ***tọ̄ ịdē kạo po ~u*** *fig.* das geht wie geschmiert
lojālan loyal; treu
lojạ̄lnōst (-osti; *ISg* -osti/-ošću) *f* Loyalität *f*; Treue *f*
lojạnica Talgkerze *f*
lõjnī Talg-
lõjtre *f*/*Pl* Leiter *f*; → ***ljẹstve***
lọkāl *1* Lokal *n*, Gaststätte *f*; Räumlichkeit *f*; Laden *m*, Geschäft *n*; ***nọ́ćnī ~*** Nachtlokal *n*
lokalizīrati *5 ipf*/*pf* lokalisieren
lọkālnī Lokal-, lokal
lọkati (-čēm) [**po-**] F saufen, bechern
lọkārda Makrele *f*
lọkatīv *Gr.* Lokativ *m*
lokomotịva Lokomotive *f*
lọkot Vorhängeschloß *n*
lọkva (*GPl* -āvā/-vī) Pfütze *f*, Lache *f*; Tümpel *m*; ***~ kṛvi*** Blutlache *f*
lõm *3* Bruch *m*; *Med.* Fraktur *f*; *Phys.* Brechung *f*
lọmača Scheiterhaufen *m*
lọman (*LF* lõmnī) brüchig; zerbrechlich
lomạtati gestikulieren; rasseln
lọmiti [**s-**] (zer)brechen; ***~ kọplja*** *fig.* e-e Lanze brechen; ***~ pṛste*** mit den Fingergelenken knacken; ***~ se*** *itr* (zer)brechen; splittern; zögern; zweifeln
lọmljava Brechen *n*; Gepolter *n*; Krachen *n*
lọmljēnje (Zer-)Brechen *n*; Brandung *f*
lọmljiv → ***lọman***
lọn|ac (lõnca) Topf *m*; ***~ac za cvijẹće*** Blumentopf *m*; ***~ac za kụhānje*** Kochtopf *m*; ***bịti svạkōm ~cu pọklopac*** *fig.* Hansdampf in allen Gassen sein; ***ịspušnī ~ac*** *Kfz.* Auspufftopf *m*; ***nọ́ćnī ~ac*** Nachttopf *m*; **(s)*tṛpati svẹ u jẹdan ~ac*** *fig.* alles in e-n Topf werfen
lončạnica Topfpflanze *f*
lọnčār *1* Töpfer *m*
lọnčārsk|ī Töpfer-; ***~ā rọba*** Töpferware *f*
lončạrstvo Töpferei *f*, Töpfergewerbe *f*
lọnčić Töpfchen *n*
lọpata Schaufel *f*; Schippe *f*; ***~ zạ smẹće*** Kehrichtschaufel *f*; ***pẹkārskā ~*** Brotschieber *m*
lopạtār *1 Zool.* Damhirsch *m*
lọpatica Schäuflein *n*; Spachtel *f*; *Anat.* Schulterblatt *n*; ***~ za tọrtu*** Tortenheber *m*
lõpōv (-ova) Dieb *m*; Gauner *m*, Schurke *m*
lopọvluk Schurkerei *f*
lõpovskī diebisch, schurkisch
lopọvština → ***lopọvluk***
lọpta (*GPl* -i) Ball *m*; Kugel *f*; ***nọgometnā ~*** Fußball *m*
lọptati se Ball spielen
lọptica Bällchen *n*; ***~ za stọlnī tẹnis*** Tischtennisball *m*
lọs (*Pl* -ovi) Elch *m*

L

losịōn Lotion *f*; ~ **za kọsu** Haarwasser *n*
lọsos Lachs *m*; Salm *m*
lọš schlecht, übel, schäbig; **bịti ~ē srẹće** kein Glück haben; **bịti ~ē vọljē** schlecht gelaunt sein
lộv *3* Jagd *f*; Fang *m*; **ịći ụ ~** auf (die) Jagd gehen
lọvac (lộvca; *V* lộvče) Jäger *m*; *Mil.* Abfangjäger *m*; (*Schach*) Läufer *m*
lọvačkī Jagd-, Jäger-; weidmännisch; **~ dọm** Jagdhütte *f*
lọvina Jagdbeute *f*; Fang *m*; *fig.* Fischzug *m*
lọvīšte Jagdrevier *n*
lọviti [u-] jagen, fangen; **~ rịbu** fischen; **~ u mụtnōm** *fig.* im trüben fischen
lọvōr, -orika Lorbeer(baum *m*) *m*; **~-vijẹnac** Lorbeerkranz *m*; **odmậrati se** *od.* **počịvati se na ~ama** *fig.* sich auf seinen Lorbeeren ausruhen
lọvostāj Schonzeit *f*
lọz|a Rebe *f*; *fig.* Geschlecht *n*, Stamm *m*; *Tech.* Gewinde *n*; **vụ̄ći ~u** abstammen (**od** *G*/von *D*)
lọzīnka (*DSg* -ci/-ki; *GPl* -nkī) Losung(swort *n*) *f*; Parole *f*; Wahlspruch *m*
lộža Loge *f*
lọžāč *1* Heizer *m*
lọžēnje Heizen *n*, Heizung *f*; → **ụ̄lje**
ložiọnica Heizhaus *n*
lọžīti [na-, za-] heizen; feuern
lụbanja Schädel *m*
lubẹnica (*Wasser-*)Melone *f*
lubẹničār Melonenverkäufer *m*, Melonenzüchter *m*
lụbīn *Zool.* Seebarsch *m*
lụckast närrisch, übergeschnappt, verdreht
lụ̄č (*Pl* -evi) *f* Fackel *f*; Kienspan *m*
lụ̄čiti [iz-] absondern, trennen
lụ̄čkī Hafen-; → **kapetạnija**
lučọnoša *m* Fackelträger *m*
lụ̄d dumm, albern, töricht; verrückt; **bịti ~ (za** *I*) *fig.* verrückt sein (nach *D*); **prạviti se ~** sich dumm stellen; → **kụća, srẹća**
lụda → **budạla**
lụdil|o Irrsinn *m*, Wahnsinn *m*; **tộ me dọvodī do ~a** *fig.* das macht mich wahnsinnig
lụ̄dnica Irrenhaus (*a. fig.*)
ludọrija Dummheit *f*, Torheit *f*
lụdōst (-osti; *ISg* -osti/-ošću) *f* Verrücktheit *f*, Torheit *f*

ludọvati (lụdujēm) sich austoben, sich albern verhalten; schwärmen (**za** *I*/für *A*)
lụđačkī Narren-, Irren-; → **kọšulja, pọthvāt**
lụđāk *1* Wahnsinnige(r) *m*, Irre(r) *m*
luđạkinja Wahnsinnige *f*, Irre *f*
lụ̄g[1] (*Pl* lụgovi/lụ̄zi) Hain *m*; Wäldchen *n*
lụ̄g[2] (*Pl* -ovi) Lauge *f*
lụgār *1* Förster *m*
lụk[1] Zwiebel *f*; **bijelī ~** Knoblauch *m*; **ni ~ jẹo, ni ~om mịrisao** *fig.* mit e-r Sache nichts zu tun haben; **pọri-~** Porreezwiebel *f*; **zẹlenī ~** Schalotte(nzwiebel *f*) *f*
lụ̄k[2] *Arch.* Bogen *m* (*a. Waffe*); Bogenlinie *f*; Krümmung *f*
lụ̄k|a Hafen *m*; **doplọviti u ~u** in e-n Hafen einlaufen; **izplọviti iz ~ē** aus e-m Hafen auslaufen; **slọbodnā ~** Freihafen *m*; **zrậčnā ~** Flughafen *n*
lụkav pfiffig, schlau, listig
lụkavac (-āvca) Schlaumeier *m*, Pfiffikus *m*
lụkavōst (-osti; *ISg* -osti/-ošću) *f* List *f*, Kunstgriff *m*
lukậvština → **lụkavōst**
lụkovica Zwiebelknolle *f*
lụksuz Luxus *m*, Prunk *m*
lụksuzan luxuriös, Luxus-, prunkvoll
lụl|a (*Tabak-*)Pfeife *f*; **ni vrijẹditi ni ~ē duhạna** *fig.* keinen Pfifferling wert sein
lụmpovati (-ujēm) e-e Zechtour machen, zechen; F bechern
lụ̄njati (herum)lungern, trödeln, bummeln
lụp|a[1] Lupe *f*; **ụzēti pod ~u** *fig.* unter die Lupe nehmen
lụpa[2]**, -ānje** Geklopfe *n*, Klopfen *n*; Poltern *n*; Schlagen *n*; **~ sṛca** Herzklopfen *n*
lụ̄pati [iz-, po-] klopfen; poltern; schlagen; **~ si glậvu** *fig.* sich den Kopf zerbrechen; **~ nọgama** stampfen
lụpeškī → **lọpovskī**
lupẹtati [iz-] *fig.* *verä.* faseln, leeres Stroh dreschen
lụ̄pež → **lọpōv**
lụpiti[1] *pf* → **lụ̄pati**
lụ̄piti[2] (ab)schälen, enthülsen
lụster Kronleuchter *m*, Lüster *m*
lụ̄talica *m* Herumtreiber *m*, Vagabund *m*; unsteter Mensch; (*Hund*) Streuner *m*
lụ̄tānje Umherirren *n*, Irrfahrt *f*
lụ̄tati [za-] umherirren; sich verirren

lutèrān *1* Lutheraner *m*, Angehöriger der lutheranischen Kirche
luteranac (-ānca) → ***lutèrān***
lutèrānskī lutherisch
lut|ka Puppe *f*; ***~ka na žici*** Marionette *f*; ***imati ~ke u glāvi*** *fig.* Flausen im Kopf haben; ***kazalīste ~ākā*** Puppentheater *n*; ***krojāčkā ~ka*** Schneiderpuppe *f*
lutkica *Dim. v.* ***lutka***; Püppchen *n*
lutnja (*GPl* -a) Laute *f*
lutrij|a Lotterie(spiel *n*) *f*; ***dobītak na ~i*** Lottogewinn *m*
lutrījskī Lotterie-, Lotto-
Lužica Lausitz *f*
Lužičanin (*Pl* -āni) Lausitzer *m*
lužičkī Lausitz-
lužina → ***lūg²***

Lj

Lj lj *n*
ljag|a Makel *m*, Schandfleck *m*; ***bez ~ē*** makellos
lječilīšnī → ***taksa***
lječilīšte Kuranstalt *f*, Kurort *m*
ljèkār → ***liječnīk***
ljekārna Apotheke *f*
ljekārnica Apothekerin *f*
ljekārnīk Apotheker *m*
ljekārstvo Heilkunde *f*, Medizin *f*
ljekovit heilsam, Heil-; ***~ā bīljka*** Heilpflanze *f*; ***~ī izvor*** Heilquelle *f*
ljenčāriti *5* faulenzen
ljenivac (-īvca) Faulenzer *m*, Faulpelz *m*
ljepak (-pko) → ***ljepljiv***
ljepēnka Pappe *f*
ljepilo Kleber *m*, Klebstoff *m*
ljepljiv klebrig, pappig; *fig.* aufdringlich
ljepota Schönheit *f*, Pracht *f*
ljepotica Schönheit *f*; schöne Frau
ljepšī *Komp v.* ***lijep***
ljepušan hübsch, niedlich
ljeskati → ***blīstati***
ljestve (*GPl* -stāvā/-stvī) *f*/*Pl* Leiter *f*; ***švedskē ~*** Sprossenwand *f*
ljestvica Leiterchen *n*; *Mus.* Tonleiter *f*; ***svjetskā ~*** *Sp.* Weltrangliste *f*
lješnjāk Haselnuß *f*
ljeti im Sommer, während des Sommers
ljetina Ernte *f*
ljetn(j)ī sommerlich, Sommer-; → ***prāznīk, rasprodaja, vrijeme***
ljetnikovac (-ōvca) Sommerhaus *n*
ljeto Sommer *m*; *va.* Jahr *n*; ***babljē ~*** Altweibersommer *m*
ljetopīs Jahrbuch *n*, Chronik *f*
ljetopīsac (-sca; *V* ljetopīsče) Chronist *m*
ljetōs dieses Jahr, in diesem Jahr
ljetošnjī diesjährig
ljetovalīšte Urlaubsort *m*, Ferienort *m*
ljetovānje Sommer-, Ferienaufenthalt *m*
ljetovati (-ujēm) den Sommer *od.* die Ferien verbringen
ljevāč *1* Gießer *m*
ljevāk *1* Linkshänder *m*
ljevakinja Linkshänderin *f*
ljevaonica Gießerei *f*
ljevica (*a. Pol.*) Linke *f*; die linke Hand
ljevičār *Pol.* Linke(r) *m*, Linksorientierte(r) *m*
ljevičārskī linksorientiert
ljevoruk linkshändig
ljīljak Fledermaus *f*
ljosnuti (-nēm) *pf* hinplumpsen
ljūba (*V* -o) Gattin *f*; Schatz *m*, Geliebte *f*
ljubak (-pko) anmutig, lieblich
ljubakānje Liebelei *f*, Flirt *m*
ljubakati flirten, den Hof machen
ljūbav Liebe *f*; Leidenschaft *f*; Sympathie *f*; ***~ prema bližnjēmu*** Nächstenliebe *f*; ***~ prema domovini*** Vaterlandsliebe *f*; ***učiniti*** (*D*) ***za ~*** (*D*) zuliebe tun; ***uzvrātiti ~ za ~*** *fig.* mit gleicher Münze heimzahlen; ***voditi ~*** sich lieben
ljubāvn|ī Liebes-; ***~ī pār*** Liebespaar *n*; ***~ī pjesnīk*** Minnesänger *m*; Liebeslyriker *m*; ***~ā veza*** Liebschaft *f*, Liebesbeziehung *f*
ljubāvnica Geliebte *f*, Liebhaberin *f*
ljubāvnīk Geliebte(r) *m*, Liebhaber *m*
ljubazan lieb, liebenswürdig, liebevoll; freundlich, zuvorkommend

Lj

ljụbaznōst (-osti; *ISg* -osti/-ošću) *f* Freundlichkeit *f*, Höflichkeit *f*; Gefälligkeit *f*; ***učịniti* ~** e-n Gefallen tun
ljụbica Veilchen *n*
ljụbičast violett
ljubīmac (-mca; *V* ljụbimče) Liebling *m*; Favorit *m*, Günstling *m*
ljụbitelj Liebhaber *m*; *Sp.* Fan *m*
ljụbiteljica Liebhaberin *f*; *Sp.* Fan *m*
ljȗbiti [po-] lieben, gern haben, mögen; küssen, **~ se** sich lieben; sich küssen
ljȗbljēnje Lieben *n*; Liebkosen *n*, Küssen *n*
ljubọmor(a) Eifersucht *f*
ljụbomōran eifersüchtig
ljubopịtan → ***radọznao***
ljụbōvca → ***ljụbāvnica***
ljụćī *Komp v.* ***ljȗt***
ljȗdi *Pl v.* ***čọvjek*** Leute *Pl*, Menschen *Pl*; Männer *Pl*; ***~ smo!*** F wir werden das schon regeln!, wir werden schon miteinander klarkommen!
ljudọžder Menschenfresser *m*, Kannibale *m*
ljụdsk|ī menschlich, Menschen-, human; ***~ā prȃva*** Menschenrechte *Pl*; ***~ī rọ̄d*** Menschengeschlecht *n*
ljụdstvo Menschheit *f*
ljụljāčka (*GPl* -āčākā/-āčkī) Schaukel *f*; Wippe *f*
ljȗljānje Schaukeln *n*, Wippen *n*
ljȗljati (se) (sich) schaukeln, sich wiegen
ljụpko → ***ljụbak***
ljụpkōst (-osti; *ISg* -osti/-ošću) *f* Anmut *f*, Grazie *f*, Liebreiz *m*
ljụska (*GPl* -ākā/-kī) Schale *f*, Hülle *f*; Hülse *f*; Schuppe *f*
ljụskār Schalentier *n*
ljȗskav schuppig; krustig
ljȗštiti (-šten/-šćen) **[o-]** (ab)schälen; aushülsen; häuten; pellen; **~ se** sich schälen; sich schuppen
ljụštura Schale *f*; (*Muschel-*, *Schnekken-*)Gehäuse *f*
ljȗt zornig, ärgerlich; (*Geschmack*) scharf; (*Schmerz*) beißend; (*Winter*) streng; (*Wunde*) böse; (*Irrtum*) bitter; (*Kälte*) klirrend
ljụtica *Zool.* Giftschlange *f*
ljụtičnī: ~ *pạpīr* Schmirgelpapier *n*
ljutịna Zorn *m*, Wut *f*; Groll *m*, Bitterkeit *f*
ljȗtiti [na-] ärgern, erzürnen, wütend machen; **~ se** sich ärgern
ljȗtnja → ***ljutịna***
ljȗto *Adv v.* ***ljȗt***; **~ *se prevạ̄riti*** sich gewaltig irren
ljụtōst (-osti; *ISg* -osti/-ošću) *f* → ***ljutịna***

M

M m *n*
mạ *Kj* wenn auch, obwohl; aber; **~ *gdję*** wo auch immer, irgendwo; **~ *nẹmōj!*** *Int* nicht doch!, ist nicht möglich!; **~ *štọ*** was (auch) immer; irgendwas; **~ *ụzmi!*** nimm doch!
mạ̄ca Kätzchen *n*; ***vṛbovā* ~** Palmkätzchen *n*
mạč (*Pl* -evi) Schwert *n*; ***dvọsjeklī* ~ *od.* ~ *sa dvije ọštrice*** zweischneidiges Schwert (*a. fig.*); → ***zvẹka***
mạ̄č|ak (-čka; *Pl* -čci/-kovi) Kater *m*; ***bịti zạljūbljen kạo ~ak*** bis über beide Ohren verliebt sein; ***kụpiti ~ka ụ vreći*** *fig.* die Katze im Sack kaufen; ***tọ̄ mọžēš vẹzati ~ku zạ rēp*** *fig.* das kannst du dir an den Hut stecken
mačẹvalac (-vaoca) *Sp.* Fechter *m*
mačẹvānje *Sp.* Fechten *n*
mačẹvati se (mạčujēm se) *Sp.* fechten
mạčjī Katzen-; **~ *kạšalj*** *fig.* Bagatelle *f*
mạčka (*GPl* -čākā/-čkī) Katze *f*; (*abw. f.*) Mädchen *n*
mạčke (-eta) Kätzchen *n*
mạčkica Kätzchen *n*
mạćeha Stiefmutter *f*
mạćehinskī stiefmütterlich (*a. fig.*)
mạći (-knēm) *pf* → ***mạknuti***
mạćuhica *Bot.* Stiefmütterchen *n*
mạda *Kj* obwohl, obgleich; wenn auch
mạdež Muttermal *n*
mạdrac (-ạca) Matratze *f*

Mạdžār *1* (*V* -e/-u) Ungar *m*
Madžạrica Ungarin *f*
Mạdžarskā (*L* -ōj) Ungarn *n*
mạdžarskī ungarisch, Ungarn-
mađiọničār → ***mạgičār***
maẹstrāl *1 Meteor.* Mistral *m*
mạgarac (-ārca) Esel *m*; (*abw.*) ***mạgārče!*** du Esel!
mạgare (-eta) Eseljunges *n*; ***glụ̄p kao ~*** *fig.* dumm wie Bohnenstroh
magarẹ́ćī Esel(s)-; ***~ kạ̄šalj*** Keuchhusten *m*
mạgarica Eselin *f*; (*abw.*) (*dumme*) Kuh *f*
magạzīn *1* Lager *m*
magazịnēr *1* Lagerverwalter *m*
mạgičan magisch; zauberhaft
mạgičār Zauberer *m*, Magier *m*
mạgija Zauberkunst *f*, Magie *f*
mạgistar (-tra) Magister *m*
magịstērīj (-ija) Magisterexamen *n*
magistrạ̄la Fernverkehrsstraße *f*
mạgl|a Nebel *m*; ***hvạtiti ~u*** *fig.* sich aus dem Staub machen
mạglēnka *Kfz.* Nebelscheinwerfer *m*
mạglica leichter Nebel; *Astr.* Nebel *m*
mạgliti se: mẹni se mạglī mir ist schwindlig
maglọvit neblig; *fig.* nebulös
mạgnēt *1* Magnet *m*
magnetịzam (-zma) Magnetismus *m*
magnetịzirati *5 ipf/pf* magnetisieren
magnetọfōn *1* Tonbandgerät *n*
mạgnetsk|ī magnetisch, Magnet-; ***~ā trạka*** Tonband *n*
mạ̄h (*Pl* -ovi) Schwung *m*, Ruck *m*; Augenblick *m*; ***dạti ~a*** e-n Anstoß geben; ***na ~ove*** schubweise; ***u ịstī ~*** gleichzeitig; ***u jẹdan*** *od.* ***pṛvī ~*** auf e-n Schlag; ***u vịše ~ova*** mehrere Male; ***za pṝvī ~*** einstweilen, für's erste
mạhala *Turz.* Stadtviertel *n*
mạ̄hānje Winken *n*, Wedeln *n*
māhati (-šēm) → ***mạ̄hnuti***
mạhnit rasend, toll; wütend
mahnịtati *5* toben, rasen; wüten
mạhnitōst (-osti; *ISg* -osti/-ošću) *f* Wahnsinn *m*; Tollheit *f*
mạ̄hnuti (-nēm) **(-ati)** schwingen; winken; ***~ glạ̄vōm*** den Kopf schütteln; ***~ krịlima*** mit den Flügeln flattern; ***~ rẹ̄pom*** mit dem Schwanz wedeln; ***~ rụ̄kōm*** winken
mạhom sofort, umgehend; gewöhnlich; in der Regel
mạhovina Moos *n*
mạhun|a Hülse *f*, Schote *f*; ***~e*** *f/Pl* grüne Bohnen *Pl*
mạhunast Hülsen-, Schoten-
mạ̄j *3*, **mạj** Mai *m*
mạ̄jčin mütterlich, Mutter-; ***~ dạ̄n*** Muttertag *m*; → ***dụšica, sịn***
mạ̄jčīnskī mütterlich
mạjica (*Sport-*)Trikot *n*; T-Shirt *n*
mạ̄jk|a (*DSg* -ki/-ci; *GPl* -kī/-kā) Mutter *f*; ***čạsnā ~a*** Äbtissin *f*; ***kạo od ~ē rọđen*** splitternackt
mạjmūn Affe *m* (*auch Schimpfwort*) ***čovekọlikī ~*** Menschenaffe *m*
mạjmūnče (-eta) Affenjunge(s) *n*
mạjmunica Äffin *f*, Affenweibchen *n*
majmụnisati (-ụnišēm) *abw.* sich wie ein Affe benehmen, sich äffisch verhalten
mạjmūnskī äffisch (*a. fig.*); Affen-
mạjōr *1 Mil.* Major *m*
mạ̄jskī Mai-
mạ̄jstor Meister *m*; ***nạmjeriti se nạ ~a*** *fig.* seinen Meister finden; ***ọbrtnīčkī ~*** Handwerksmeister *m*
mạ̄jstorskī meisterhaft, Meister-
mạk Mohn *m*; ***dịvljī ~*** Klatschmohn *m*; ***tjẹrati ~ na kọnac*** *fig.* es auf die Spitze treiben
mạkac: ni ~! keine Bewegung!
mạkar *Kj* wenn auch, wenngleich; obwohl; wenigstens; ***~ mạlo*** wenigstens ein bißchen; ***~ što bịlo*** egal, was geschieht; ***~ tko*** irgendjemand
mạkaze *f/Pl Turz.* Schere *f*; ***bạštenskē ~*** *sb.* Gartenschere *f*
Makedọ̄nac (-nca) *2* Makedonier *m*
Makẹ̄dōnija Makedonien *n*; (*auch*) Mazedonien *n*
Makẹdōnka (*DSg* -ki; *GPl* -kī) Makedonierin *f*
makẹ̄dōnskī makedonisch
makinạ̄cija Machenschaft *f*
mạknuti (-nēm; -kao, -kla) **(mịcati)** bewegen, in Bewegung setzen; beseitigen; entfernen, wegrücken; ***ni pṛstom nije mạknuo*** *fig.* er hat keinen Finger krumm gemacht; ***~ se*** sich bewegen; sich rühren; ***nẹmōj se ni ~!*** rühr dich nicht von der Stelle!
mạkov Mohn-; → ***zṛno***
makọvnjača Mohnkuchen *m*
mạksimālan maximal
mạ̄l → ***mạ̄li²***
malạksalōst (-osti; *ISg* -osti/-ošću) *f*

M

Abgeschlagenheit *f*, Mattigkeit *f*
mạlaksao (-alo) abgeschlagen, matt
malạksati (mạlaksām/mạlakšēm) ermüden, ermatten
malạričār Malariakranke(r) *m*
mạlārija Malaria *f*
mạlen *6* klein, winzig; **~ā vrāta** *fig.* Hintertür *f*; **od ~a** von klein auf
malẹ̄nkōst (-osti; *ISg* -osti/-ošću) *f* Kleinigkeit *f*, Bagatelle *f*; **mọjā ~** *fig.* meine Wenigkeit
mạler[1] Maler *m*
mạlēr[2] *1* Unglück *n*; **bijē** (*A*) **~** *j-d* ist ein Pechvogel
malformạ̄cija *Path.* Mißbildung *f*
mạ̄li[1] (-ōga) *Su* Kleine(r) *m*
mạ̄l|i[2] *Adj* klein; winzig; gering, unbedeutend; **~ā prịvreda** Handwerk *n*
mạlina Himbeere *f*
mạlinovac (-ōvca) Himbeersaft *m*
malịšān *1* Kleine(r) *m*, Knirps *m*
mạlo wenig, gering, ein wenig, ein bißchen; **~ kạd** selten; **~ prije** vor kurzem; kurz davor; **~ pọmalo** nach und nach; allmählich; **~ tko** kaum jemand; **trẹbalo je ~** es fehlte nur wenig, beinahe; → **tṛgovina**
mạlobrōjan wenig(e), in geringer Zahl
mạločas kurz vorher, gerade eben
malọdoban → **malọljetan**
malọdobnōst (-osti; *ISg* -osti/-ošću) *f* → **malọljetnōst**
malọdobnīk → **malọljetnīk**
malọdušan kleinmütig, mutlos, verzagt
malọdušnōst (-osti; *ISg* -osti/-ošću) *f* Kleinmut *m*, Mutlosigkeit *f*
malọgradskī kleinstädtisch
malọgrađanin (*Pl* -āni) Kleinstädter *m*; Kleinbürger *m*, Spießbürger *m*
malọgrađanskī kleinbürgerlich; *verä.* spießig
malograđạ̄nština Spießbürgertum *n*
mạlokad selten, dann und wann
malokr̄vnōst (-osti; *ISg* -osti/-ošću) *f* *Med.* Blutarmut *f*, Anämie *f*
malọljetan minderjährig; unmündig
malọljetnica Minderjährige *f*
malọljetnīk Minderjährige(r) *m*
malọljetnōst (-osti; *ISg* -osti/-ošću) *f* Minderjährigkeit *f*
malopọ̄sjednīk Kleinbauer *m*; Kleinpächter *m*
maloprọdaja Einzelhandel *m*
malorjẹčiv wortkarg
malọūman beschränkt, schwachsinnig
malọūmnōst (-osti; *ISg* -osti/-ošću) *f* Geistesschwäche *f*
mạlter Mörtel *m*
maltretị̄rati *5 ipf/pf* malträtieren, mißhandeln
malverzạ̄cija Unterschlagung *f*, Veruntreuung *f*
mạ̄lj (*Pl* mạljevi) Ramme *f*, Rammbock *m*; **kao ~em po glạ̄vi** *fig.* wie ein Blitz aus heiterem Himmel
mạljica Klöppel *m*, Schlegel *m*; **~ za mẹ̄so** Fleischklopfer *m*
mạ̄mac (-mca) Köder *m*
mạ̄miti **[na-, pri-]** ködern, (an)locken; verleiten
mạmūran schlaftrunken, benebelt; verkatert; **bịti ~** e-n Kater haben
mamụrluk (*Alkohol-*)Kater *m*
mạmuze *f/Pl* Sporen *Pl*
mạ̄n|a Fehler *m*, Gebrechen *n*; Makel *m*; **bịti pod ~ōm** behindert sein; **gọvōrnā ~a** Sprachfehler *m*; **tjẹlesnā ~a** Körperbehinderung *f*
mạnastīr Kloster *n*
mandarị̄na, -ịnka Mandarine(nbaum *m*) *f*
mạndāt *1* Mandat *n*, Auftrag *m*; **zapovjedạvajūćī ~** *Pol.* imperatives Mandat
mạndel *Bot.*, *Anat.* Mandel *f*
manẹkēn *1*, **-kēnka** (*DSg* -ki; *GPl* -kī) Mannequin *n*
mạnēvar (-vra) Manöver *n*; *fig.* Kunstgriff *m*; Kniff *m*
manẹ̄varskī *Mil. u. fig.* Manöver-; **~ prọ̄stor** *fig.* Spielraum *m*
manevrị̄rati *5 ipf/pf* manövrieren
mạnēž *1* Manege *f*
mạngup Gauner *m*, Spitzbube *m*
manịfest Manifest *n*
manifestạ̄cija Kundgebung *f*, Demonstration *f*
manifestị̄rati *5 ipf/pf* manifestieren, kundgeben, demonstrieren
mạnija Manie *f*, Besessenheit *f*; **~ gọnjēnja** Verfolgungswahn *m*
manijāk *1* Besessene(r) *m*; *Path.* Wahnsinnige(r) *m*
manikị̄rati *5 ipf/pf* maniküren, (sich) die Fingernägel pflegen
manipụlant (*Maschinen-*)Bediener *m*; Gehilfe *m*
manipulị̄rati *5 ipf/pf* manipulieren

manīr|a Stil *m*; **~e** *Pl* Manieren *Pl*, Benehmen *n*
mạntānje *Path.* Schwindel(gefühl *n*) *m*
mạntija Kutte *f*; Priesterkleidung *f*
mặnjak (-njka) Fehlbetrag *m*, Defizit *n*
mạnje *Komp v.* **malo**; **~ vịše** mehr oder weniger; **nị više nị ~** nicht mehr und nicht weniger (als); **štọ je ~ mogūće** so wenig wie möglich
mạnjī *Komp. v.* **mạlen**
manjịna Minderheit *f*, Minorität *f*; **nạcionālnā ~** nationale Minderheit
mạnjkati [po-] fehlen; mangeln (an *D*); abgehen
mạnjkav fehlerhaft, mangelhaft; unvollkommen; (*Gebiß*) lückenhaft
mạnjkavōst (-osti; *ISg* -osti/-ošću) *f* Fehlerhaftigkeit *f*, Mangelhaftigkeit *f*, Unvollkommenheit *f*
mạpa (*Schreib-*)Mappe *f*; Landkarte *f*
mậr Eifer *m*, Fleiß *m*, Strebsamkeit *f*
mạrama (*Kopf-*)Tuch *m*
mạramica Taschentuch *n*; **plūćnā ~** *Anat.* Rippenfell *n*; **tṛbušnā ~** *Anat.* Bauchfell *n*
mậran fleißig, strebsam
marạtōnsk|ī Marathon-; **~ā tṛka** *Sp.* Marathonlauf *m*
marẽlica Aprikose *f*, *öster.* Marille *f*
margạrīn *1* Margarine *f*
Mạrica *Dim v.* **Mạrija**; **cṛnā ~** *fig.* Grüne Minna
marinịrati *5 ipf/pf* marinieren
mậriti sich kümmern; sich scheren (**za** *A*/um *A*); **nẹ mārī** das macht nichts; **nẹ mārīm zạ tō** das soll mich wenig kümmern
mạrka (*DSg* -ki; *GPl* -kī/-rākā) (*Brief-, Fabrik-, Stempel-*)Marke *f*; (*Währung*) Mark *f*
markịrati *5 ipf/pf* markieren
mạrkīz *1* (*V* -že) Marquis *m*, Markgraf *m*
markịza Marquise *f*; Markgräfin *f*
mạrksist(a) Marxist *m*
marksịstičkī marxistisch
marksịzam (-zma) Marxismus *m*
mạrljiv fleißig; eifrig, emsig
mạrljivōst (-osti; *ISg* -osti/-ošću) Fleiß *m*
mạrmor → **mrạmor**
marseljẽza Marseillaise *f*
mạrš[1] (*Pl* -evi) *Mus., Mil.* Marsch *m*
mạrš[2]**!** *Int.* marsch!
mạršāl *1* Marschall *m*
maršịrati *5 ipf/pf* marschieren
mạrt März *m*
mạrtovskī März-
mậrva (*Zug-*)Vieh *n*; *fig.* ungehobelter Mensch, F Büffel *m*
marvẹnī, -ịnskī Vieh-
marvogộjstvo (*GPl* -gọjstāvā/-gộjstvā) Viehzucht *f*
mạsa Masse *f*; Menge *f*
masậža Massage *f*; **pọdvodnā ~** Unterwassermassage *f*; **vọdenā ~** Wassermassage *f*, Whirlpool *m*
mạsēr *1* (*V* -u) Masseur *m*
mạsērka (*DSg* -ki; *GPl* -kī) Masseuse *f*
masịrati *5 ipf/pf* massieren
mạsīv *1 Geogr.* Massiv *n*
mạsīvan massiv; schwer, wuchtig
mạsk|a (*DSg* -ki/ci; *GPl* -kī) Maske *f*; *Kfz.* Kühlergrill *m*; **mačẹvalačkā ~a**; *Sp.* Fechtmaske *f*; **plịnskā ~ā** Gasmaske *f*; **rọnilačkā ~a** Taucherbrille *f*; **skịnuti ~u** die Maske fallen lassen (*a. fig.*)
maskịrati *5 ipf/pf* maskieren
mạslac Butter *f*; **krụh s ~em** Butterbrot *n*
maslậčak (-čka) *Bot.* Löwenzahn *m*
mạslina Olive(nbaum *m*) *f*
mạslinast olivgrün
mạslinīk Olivenhain *m*
mạslinov Oliven-
mạslo Fett *n*; Schmalz *n*; **tộ je tvọje ~** *fig.* da hast du deine Finger im Spiel
mạsnica Strieme *f*
mạsno *Adv v.* **mậstan**
masnọća Fettigkeit *f*; *Med.* Blutfettwerte *Pl*
mạsōvan massenhaft, Massen-
mậst (-i; *GPl* mậstī) *f* Fett *n*; Schmalz *n*; Salbe *f*; (*Ski-, Bohner-*)Wachs *n*; **bịljnā ~** Pflanzenfett *n*; **živọtīnskā ~** tierisches Fett
mậs|tan (-sno) fett(ig), speckig; Fett-; **~nā mṛlja** Fettfleck *m*
mạstilo Tinte *f*
mậstiti (mậšćen/mậšten) **[u-, za-]** schmalzen; (ein)fetten; schmieren
mašịna Maschine *f*; **~ za mljẹvēnje mẹ̄sa** Fleischwolf *m*; **~ za prậnje rụblja** Waschmaschine *f*; **~ za prậnje sūđa** Geschirrspülmaschine *f*; **šịvāčā ~** Nähmaschine *f*; → **strộj**
mạšta Phantasie *f*
mạštati phantasieren; träumen; schwärmen
mạt matt, glanzlos; (*schach-*)matt; **dạti ~** (*Schach*) matt setzen

M

matematičār Mathematiker *m*
matematičkī, -skī mathematisch
mater *f* → **mati**
materica *Anat.* Gebärmutter *f*
matērija Materie *f*, Stoff *m*
materijāl *1* Material *n*, (*Roh-*)Stoff *m*; Werkstoff *m*
materijalist(a) Materialist *m*
materijalizam (-zma) Materialismus *m*
materijālan materiell, stofflich; Sach-; → **šteta**
materin, -skī mütterlich, Mutter-
matērnica *Anat.* Gebärmutter *f*
mat|i (matere) Mutter *f*; **po ~eri** mütterlicherseits; **rođenā ~i** leibliche Mutter
matica Bienenkönigin *f*; Mutterzelle *f*; *Tech.* Schraubenmutter *f*; **~ hrvātskā** *od.* **srpskā** kroatische *od.* serbische Mutterzelle (*Kulturorganisation*)
matičār Standesbeamte(r) *m*
matičnī standesamtlich; → **knjiga, ured**
matīrati *5 ipf/pf* mattsetzen (*a. fig.*)
matrijarhāt *1* Matriarchat *n*
matūra Reifeprüfung *f*, Abitur *n*; *öster.* Matura *f*
maturant Abiturient *m*
maturantica Abiturientin *f*
maturīrati *5 ipf/pf* die Reifeprüfung *od.* das Abitur ablegen
mauzolēj (-eja) Mausoleum *n*
mazānje Schmieren *n*; *fig.* Schmiererei *f*
mazati (-žēm) **[na-]** (ein)schmieren, einfetten; einölen
mazga (*V* -o) Maulesel *n*, Maultier *n*
māziti (māžen) verwöhnen, verhätscheln; **~ se** sich verwöhnen *od.* verhätscheln lassen
mazivo Schmiermittel *n*
māžēm *1. Pers Sg v.* **mazati**
mažurān *Bot.* Majoran *m*
me *ASg KF v.* **jā**
meci *Pl v.* **metak**
meč (*Pl* -evi) Match *n*, Wettkampf *m*
mećava Schneesturm *m*, Schneetreiben *n*
mećēm *1. Pers Sg v.* **metati**
mēd *3* Honig *m*
medalja Medaille *f*
meden honigsüß, Honig-; **~ī mjesec** Flitterwochen *Pl*
medenjāk *1* Honigkuchen *m*; Lebkuchen *m*
medicina Medizin *f*, Heilmittel *n*, Arznei *f*
medicinār *1* (*V* -e/-u) Mediziner *m*
medicīnskī medizinisch
mēdij Medium *n* (*Phys.*, *Gr.*, *spirituell*)
meditācija Meditation *f*
mediterānskī mediterran; Mittelmeer-
meditīrati *5 ipf/pf* meditieren
mēdo *Hyp v.* **medvjed**; Bärchen *n*; Teddybär *m*
medovina Met *n*
medūza Qualle *f*
medvjed Bär *m*; **bijelī ~** Eisbär *m*; **Mālī ~** *Astr.* Kleiner Bär; **mrkī ~** *Zool.* Braunbär *m*
medvedica Bärin *f*
medvedsk|ī, -veđī Bären-; **~ā usluga** *fig.* Bärendienst *m*
međa Grenze *f*; Markierung *f*; Rain *m*; **zelenā ~** Grünstreifen *m* (*zwischen zwei Fahrbahnen*)
međāš *1* Grenzstein *m*
međaškī, -ašnjī, -anjī Grenz-; **~ sūdac** *Sp.* Linienrichter *m*
među *Präp* (*wohin? A/A; wo? I/D*) zwischen, unter; **~ nama govorēći** *od.* **rečeno** unter uns gesagt; **~ ostalīm** unter anderem
međudržāvnī zwischenstaatlich, international
međugradskī interurban, Überland-; **~ razgovor** Ferngespräch *n*
međuigra Zwischenspiel *n*, Episode *f*
međukat Zwischengeschoß *n*
međuljudskī zwischenmenschlich
međunārodnī international
međunārodnoprāvnī *Jur.* völkerrechtlich
međuovisnost (-osti; *ISg* -osti/-ošću) *f* wechselseitige *od.* gegenseitige Abhängigkeit *f*, Interdependenz *f*
međuprōstor Zwischenraum *m*
međusoban gegen- *od.* wechselseitig
međutīm inzwischen, unterdessen
međuvlāšće *Pol.* Interregnum *n*, Zwischenherrschaft *f*
međuvrijeme Zwischenzeit *f*; Pause *f*
međuzāvisnōst (-osti; *ISg* -osti/-ošću) *f* Interdependenz *f*; gegenseitige Abhängigkeit
megdān *1 Turz.* Kampfplatz *m*; Duell *n*
mehaničār Mechaniker *m*
mehaničkī mechanisch
mehanika *Phys.* Mechanik *f*; **precīznā ~** Feinmechanik *f*
mehanizam (-zma) Mechanismus *f*;

Triebwerk *n*; ~ ***obranē*** *Psych.* Abwehrmechanismus *m*
męk (*Material*) weich; (*Schnaps*) mild; (*Kuchen*) mürbe; (*Person*) sanft, feinfühlig; (*Wasser*) weich, kalkfrei; ~***ō jāje*** weichgekochtes Ei; ~***ā sṛca*** weichherzig; gutmütig; ~***ō vrijęme*** mildes Wetter
mękan → ***męk***
mekoća Weichheit *f*, Zartheit *f*, Milde *f*; Sanftheit *f*; Nachgiebigkeit *f*
męksičkī mexikanisch
Meksikānac (-nca) *2* Mexikaner *m*
Meksikānka (*DSg* -ki, *GPl* -kī) Mexikanerin *f*
mękšati **[s-, u-]** weich machen; ~ ***se*** weich werden
mękšī *Komp v.* ***męk***
mekūšac (-šca; *V* mękušce) Weichtier *n*, Molluske *f*; (*Mensch*) Weichling *m*, Waschlappen *m*
melankoličan melancholisch, schwermütig
melankolija Melancholie *f*, Schwermut *m*
męlem Heilmittel *n*; Balsam *m*; Pflaster *n* (*a. fig.*); ~ ***za dūšu*** *fig.* Balsam für die Seele
melodičan melodisch, wohlklingend
melodija Melodie *f*
męljēm *1. Pers Sg v.* ***mljęti***
memoāri *m/Pl* Memoiren *Pl*
męne *ASg LF v.* ***jā***
męnedžer Manager *m*
męni[1] *DSg LF v.* ***jā***
męnī[2] (-ija) Menü *n*, Speisenfolge *f*
menstruācija *Med.* Menstruation *f*
mentalitēt *1* Mentalität *f*
męnza Mensa *f*, Speisesaal *m*
meridijān *1 Geogr.* Meridian *m*, Längengrad *n*
męritōran maßgeblich, maßgebend; kompetent; berufen
męrmer → ***mrąmor***
męs|an fleischig, Fleisch-; ~***nā konzērva*** Fleischkonserve *f*
męsār *1* (*V* -e/-u) Fleischer *m*, Metzger *m*
męsārskī Fleischer-, Metzger-
męsnat fleischig
męsnī fleischig
męsnica Fleischer- *od.* Metzgerladen *m*
męso Fleisch *n*; ***divljē*** ~ *Med.* wildes Fleisch, Wucherung *f*; ***mljęvenō*** ~ Hackfleisch *n*; ***sūhō*** ~ Rauchfleisch *n*; ***topovskō*** ~ *fig.* Kanonenfutter *n*; ***usoljenō*** ~ Pökelfleisch *n*; ***žilavō*** ~ zähes Fleisch; ***žīvō*** ~ offene Wunde
mesožder (*Tier*) Fleischfresser *m*; (*Mensch*) (*starker*) Fleischesser *m*
męsti (-tēm; męo; -ten *6*) **[po-]** kehren, fegen; stöbern; ~ ***pręd svojīm vrātima*** *fig.* vor seiner eigenen Tür kehren
mešętār *1* → ***posrednīk***
mešetāriti *5* sich als Vermittler *od.* (*Börsen- etc.*)Makler betätigen
męta Ziel *n*
metafora Metapher *f*
metaforičan metaphorisch
mętak (-tka; *Pl* meci) Geschoß *n*; Kugel *f*; ***svjetljēćī*** ~ Leucht(spur)geschoß *n*
mętāl *1* Metall *n*; ***lakī*** ~ Leichtmetall *n*; ***plemenitī*** ~ Edelmetall *n*; ***tēškī*** ~ Schwermetall *n*
mętālā *GPl v.* ***mętla***
metālac (-lca; *V* mętalče; *GPl* mętālāća) Metallarbeiter *m*
mętālan metallisch, Metall-
mętān *1 Chem.* Methan *n*
mętar (-tra) Meter(maß *n*) *n*, *m*; ***kvadratnī*** ~ Quadratmeter *m*
mętati (męćēm; *Imp* męci) → ***mętnuti***
mętēm *1. Pers Sg v.* ***męsti***
meteōr *1* Meteor *m*
meteorolōgija Meteorologie *f*, Wetterkunde *f*
meteorolōškī meteorologisch; ~ ***izvještāj*** Wetterbericht *m*
mętež Wirrwarr *m*, Durcheinander *n*; Tumult *m*
mętīl *1 Chem.* Methyl *n*
mętīlj *1 Med.* Leberegel *m*
mętla (*GPl* mętālā) Besen *m*; ***novā*** ~ ***dobro mętē*** *Sprw.* neue Besen kehren gut
mętnuti (-nēm) **(-tati)** setzen, stellen, (auf-, an-)legen; *Hut* aufsetzen; *Kinder ins Bett* bringen; *Handschellen* anlegen; ~ ***natrāg*** *fig.* zurückstellen; ~ ***oglas u novine*** e-e Anzeige in die Zeitung setzen; ~ ***okove*** Fesseln anlegen; ~ ***u džep*** *fig.* einstecken; stehlen
metōda Methode *f*, Verfahren *n*
mętōdskī methodisch
mętričkī metrisch
mętrika Metrik *f*, Verslehre *f*
metropola Metropole *f*, Hauptstadt *f*
metropolīt *1* Metropolit *m*; (*orthodoxer*) Erzbischof *m*
mętvica Pfefferminze *f*

M

męzimac (-īmca) Liebling *m*; *fig.* Augapfel *m*
mī¹ *Pron* wir
mi² *DSg KF v.* ***jā̧***
mịcati (-čēm) → ***mąknuti***
mićęnīk Bestochene(r) *m*, korrupte Person
mīg *4* Wink *m*; (*Zu-*)Winken *n*; ***dąti ~*** *fig.* j-m e-n Wink geben
mịgati [-gnuti] (zu)winken; (zu)zwinkern
mịgnuti (-gnēm) *pf* → ***mịgati***
mịgoljiti se sich leise rühren; regen
migrę̄na Migräne *f*
mijąukati (-ąučēm) miauen
mijeh (*Pl* mję̄hovi) Blasebalg *m*; Schlauch *m*; Dudelsack *m*
mijēm *1. Pers Sg v.* ***mịti***
mijęn|a *7* Wechsel *m*, Wandel *m*; Phase *f*; ***~a mjęsēca*** Mondphase *f*; ***s ~ē na ų̄štap*** *fig.* alle Jubeljahre
mijęnjati *5/7* (mịjenjān) ändern; (aus)tauschen, (aus)wechseln; *Geld* wechseln; *Blicke* wechseln; *Plätze* tauschen; *Waren* (aus)tauschen; **~ se** sich (ver)ändern; sich abwechseln (***pri*** *I*/bei *D*); *Wetter*: umschlagen
mijęsiti *5/7* (mịješen) **[u-]** kneten
miję̄šalica *7* Mischmaschine *f*; Mixer *m*; ***rų̄čnā ~*** Handrührgerät *n*
miję̄šānje *7* (*Ver-*)Mischen *n*, Rühren *n*; Einmischung *f* (*a. Pol.*)
miję̄šati *5/7* **[po-]** mischen; mengen; rühren; verwechseln; *Tech.* legieren; **~ se** *Flüssigkeiten etc.*: sich (ver)mischen; *fig.* sich einmischen (***u*** *A*/in *A*)
mịkrōb *1* Mikrobe *f*
mịkročip *Tech.* Mikrochip *m*
mịkrofōn Mikrophon *n*
mikroprękidāč *Tech.* Mikroprozessor *m*
mikrọskop Mikroskop *n*
mikrọskopskī mikroskopisch
mịlen (-o) lieb; anmutig
mịlēnīj (-ija) Millenium *n*, Jahrtausend *n*
milicā̧jac (-jca) *2* Milizionär *m*
mịlīcija Miliz *f*; ***nā̧rodnā ~*** Volksmiliz *f*; ***prọ̄metnā*** *od.* ***sąobraćājnā ~*** Verkehrsmiliz *f*
miliciọnār *1* Milizionär *m*
milijārda (*GPl* -ā/-ī) Milliarde *f*
milijūn *1* Million *f*
milijųnāš *1* (*V* -e/-u) Millionär *m*
mịlimetar (-tra) Millimeter *m*
milịna Freude *f*, Vergnügen *n*; Anmut *f*; Grazie *f*; ***dą je ~*** daß es eine (wahre) Freude ist
militarịstičkī militaristisch
militarịzam (-zma) Militarismus *m*
mịliti se gefallen; belieben; freuen; ***nę milī mi se*** ich habe keine Lust
mịlo lieb, lieblich, (an)genehm; ***~ mi je!*** freut mich!
mịlodār Spende *f*, Almosen *n*; Liebesgabe *f*
milọglasan wohlklingend, harmonisch
mịlosrd|an barmherzig; ***~nā sęstra*** Barmherzige Schwester
milọsrđe Barmherzigkeit *f*, Milde *f*
mịlōst (-osti; *ISg* -osti/-ošću) *f* Gnade *f*; Gunst *f*; ***ọstaviti*** *od.* ***prepųstiti na ~ i nęmilōst*** auf Gedeih und Verderb ausliefern; ***Vąšā ~*** Euer Gnaden
milọstinja → ***mịlodār***
mịlostīv(an) gnädig; huldvoll; barmherzig; ***~ī gospọdine!*** gnädiger Herr!
mịlostivōst (-osti; *ISg* -osti/-ošću) *f* Freundlichkeit *f*, Mildtätigkeit *f*
mịlošt|a Zärtlichkeit *f*; Lieblichkeit *f*; ***įme od ~ē*** Kosename *m*
mịlovati (-ujēm) **[po-]** liebkosen; streicheln
milọzvūčan wohltönend, wohllautend, harmonisch
mịlja Meile *f*
mīlje¹ Wonne *f*, Verzückung *f*
mịljē² *1* Milieu *n*
mịljenica Liebling *m*; ***rązmaženā ~*** verzogenes Mädchen
mịljenīk Liebling *m*; Günstling *m*
mịljeti (-īm; -lio, -ljela) kriechen, krabbeln
mịmika Mimik *f*
mịmo¹ *Präp* (*G*) an (*D*) vorbei; neben (*D*); außer (*D*); *fig.* trotz (***svīh mų̄kā*** aller Mühen)
mịmo² daneben; vorüber
mịmoići (-ọiđēm; -ọišao; -ọiđen) **(-ịlaziti)** vorbeigehen, vorbeifahren; *Gesetz etc.* umgehen; *Gesprächsthema* übergehen; **~ se** aneinander vorbeigehen *od.* -fahren; sich verfehlen; *Briefe*: sich kreuzen
mimọ̄za Mimose *f* (*a. fig.*)
mịna Mine *f*; Sprengladung *f*
mịnđuša *Turz.* Ohrring *m*
minęrāl *1* Mineral *n*
mịnerālnī mineralisch, Mineral-; → ***vọda***

minerạlog Mineraloge *m*
mineralọgija Mineralogie *f*
mịni-hạljina Minikleid *n*
mịnimalan minimal, Mindest-; → ***pẹnzija, stą̄ž***
mịnimum Minimum *n*; ~ ***egzistẹncijē*** Existenzminimum *n*
minīrati *5 ipf/pf* verminen
mịnistar (-tra) Minister *m*; ~ ***prẹdsjednīk*** Ministerpräsident *m*
mịnistarskī ministeriell, Minister; ~ ***są̄vjet*** Ministerrat *m*
ministą̄rstvo Ministerium *n*; ~ ***pravọsūđa*** Justizministerium *n*; ~ ***ụnutra(š)njīh pọslovā*** Innenministerium *n*; ~ ***vạnjskīh*** *od.* ***ịnostranīh pọslovā*** Außenministerium *n*
mịni-sụknja Minirock *m*
minobąčāč *1 Mil.* Minenwerfer *m*
minolọ̄vac (-vca) Minensucher *m*; *Mil.* Minensuchboot *n*
mīnsk|ī Minen-; **~ō pọlje** Minenfeld *n*
mịnulī vergangen, verstrichen; ~ ***rạd*** zurückgelegte Beschäftigungszeit, Zeit e-r Betriebszugehörigkeit
mīnus[1] minus, weniger
mīnus[2] Minus *n*, Fehlbetrag *m*
minụ̄ta Minute *f*
mịnuti (-nēm) *pf Zeit*: verstreichen, vergehen; *Frist*: ablaufen; *Regen*, *Wind*: aufhören; ~ **se** vorübergehen; sich kreuzen
mị|o (-lo) lieb, reizend, anmutig; liebenswert; ***vrą̄titi ~lo za drạgo*** *fig.* mit gleicher Münze zurückzahlen
mịomiris Wohlgeruch *m*
mīr Friede(n) *m*; Ruhe *f*, Stille *f*; ***dụšēvnī*** ~ Seelenfrieden *m*; ***iz čịsta ~a*** *fig.* aus heiterem Himmel; ***ọpćī*** ~ *Jur.* Landfrieden *m*; ***ọstaviti u ~u*** in Ruhe lassen; ***pọ̄ći u*** ~ in den Ruhestand gehen; ***sklọpiti*** ~ Frieden schließen
mīran ruhig, still; unbewegt; friedlich, verträglich
mịrāz *1* Mitgift *f*, Aussteuer *f*; Ausstattung *f*
mịrīs Geruch *m*, Duft *m*; Parfüm *m*
mịrīs|an duftend; aromatisch; ***~nā vọda*** Riechwasser *n*
mirịsati (mịrišēm) **[po-, na-]** riechen, duften (**na** *A*/nach *D*); ~ ***na jọš*** *fig.* nach mehr schmecken; ***tọ̄ ne mịrišē na dọbro*** *fig.* da ist etwas faul
mirịsav duftig, aromatisch
mīriti [po-] beruhigen; ~ **se** sich versöhnen; sich abfinden (*I*/mit *D*)
mīrno → ***mīran***
mirnọ́ća Ruhe *f*, Stille *f*
mirnọdopsk|ī in Friedenszeiten; ***u ~ē svṛhe*** zu friedlichen Zwecken
mịro: ***svẹtō*** ~ *Rel.* geweihtes Öl
mirọdija Gewürz *n*; Würze *f*
miroljụbiv friedlich, friedliebend
miroljụbivōst (-osti; *ISG* -osti/-ošću) *f* Friedlichkeit *f*; Verträglichkeit *f*
mirotvọ̄rac (-rca) *2* Friedensstifter *m*
mirọvānje (Aus)Ruhen *n*, Rasten *n*, Rast *f*
mirọvati (mịrujēm) ruhen, ausruhen; rasten; ruhig sein; stillhalten
mirọvina Rente *f*, Pension *f*; ***invạlidskā*** ~ Invalidenrente *f*; Arbeits- *od.* Erwerbsunfähigkeitsrente *f*; ***ọbiteljskā*** *od.* ***pọrodičnā*** ~ Hinterbliebenenrente *f*; ***prịvremenā*** ~ Zeitrente *f*; ***sirọčadskā*** ~ Waisenrente *f*; ***stạračkā*** ~ Altersrente *f*; ***udọvičkā*** ~ Witwenrente *f*
mirọvinskī Renten-, Ruhestands-; → ***ọsnovica***
mịrōvnī Friedens-; → ***ụgovōr***
mịsa *Rel.* Messe *f*; *Rel.* ***mlạdā*** ~ Primiz *f*; ***vẹlikā*** ~ Hochamt *n*
mịsāl *1 Rel.* Meßbuch *n*
mīs|ao (-sli; *ISg* mīšlju) *f* Gedanke *m*, Idee *f*, Einfall *m*; ***~ao vọdīlja*** Leitgedanke *m*; ***cṛnē ~le*** quälende *od.* pessimistische Gedanken; ***dọ̄ći na ~ao*** auf e-n Gedanken kommen; ***glą̄vnā ~ao*** Hauptgedanke *m*; ***nọsiti se*** *od.* ***bạviti se mīšlju*** sich mit dem Gedanken tragen; ***pạsti na ~ao*** *fig.* auf e-n Gedanken kommen
mịsaonī gedanklich; ideell; abstrakt
mịslilac (-ioca) Denker *m*
mịslilačkī Denker-
mịsliti [pọ-] denken (**na** *A od.* **o** *L*/an *A od.* über *A*); meinen, glauben; ~ ***svọje*** sich seinen Teil denken; ***glạsno*** ~ laut denken
mịsteriōzan mysteriös, geheimnisvoll
mịstičan mystisch
mistifịcirati *5 ipf/pf* mystifizieren
mịstika Mystik *f*
mịš (Pl -i/-evi) Maus *f*; ***ịgrati se slijẹpōga ~a*** Blindekuh spielen; ***mọkar*** *od.* ***pọkisao kao*** ~ *fig.* pudelnaß; ***sirọmašan kao cṛkvenī*** ~ *fig.* arm wie e-e Kirchenmaus

M

mịšār Mäusebussard *m*
mịšic|a *Anat.* Muskel *m*; ***dvọglavī ~a*** Bizeps *m*; ***naprẹ̄gnuti ~e*** Muskeln anspannen *od. fig.* sich an die Arbeit machen; ***sṛčanā ~a*** *Anat.* Herzmuskel *m*
mịšičast, -čav muskulös
mịsić Mäuschen *n*; Muskel *m*
mịšjī Maus-, Mäuse-
mịšljēnj|e Denken *n*; Meinung *f*, Ansicht *f*; ***jạvnō ~e*** öffentliche Meinung; ***lịẹkārskō ~e*** ärztliches Gutachten; ***po mọme ~u*** meiner Meinung nach
mišọlōvka (*GPl* -ọlōvākā/-ọlōvkī) Mausefalle *f*
mịt Mythos *m*
mịteser *Med.* Mitesser *m*
mịti (mịjēm; *Imp* mịj; mịo, mịla; mịt/mịven *6*) **[u-]** (sich) waschen; ***rụ̄ka rụ̄ku mijē*** *fig.* e-e Hand wäscht die andere
mịting Meeting *n*; Versammlung *f* (*v. a. Pol.*)
mịtingovati se (-ujēm se) sich zu e-r (*politischen*) Versammlung treffen
mịto Bestechung(sgeschenk *n*) *f*
mitolọgija Mythologie *f*
mitọloškī mythologisch
mitrạljēz *1 Mil.* Maschinengewehr *n*
mịzēran miserabel, charakterlos; elend, jämmerlich
mịzērija Jammer *m*; Not *f*, Elend *n*
mjẹd *f* Messing *n*
mjẹden Messing-
mjẹhūr *1* Blase *f*; ***~ ọd sapụniće*** Seifenblase *f* (*a. fig.*); ***mọkraćnī ~*** *Anat.* Harnblase *f*; ***žụčnī ~*** *Anat.* Gallenblase *f*
mjẹhurić Bläschen *n*; (*Sekt*-)Perle *f*
mjẹnica *Hdl.* Wechsel *m*
mjẹnjāč *1* Geldwechsler *m*; *Kfz.* (*Schalt*-)Getriebe *n*; ***~ s pēt brzịnā*** *Kfz.* Fünfganggetriebe *f*; ***rụčica ~a*** *Kfz.* Schaltknüppel *m*
mjẹnjāčnica Wechselstube *f*
mjẹr|a Maß *n*; Ausmaß *n*; Maßnahme *f*; *Lit.* Metrum *n*; ***~a ọd oka*** Augenmaß *n*; ***~a oprẹ̄znosti*** Vorsichtsmaßnahme *f*; ***~a sigụ̄rnosti*** *Jur.* Sicherheitsmaßregel *f*; ***dẹcimālnā ~a*** Dezimalmaß *n*; ***izgụbiti ~u*** *fig.* (*jedes*) Maß verlieren, etw. übertreiben; ***po ~i*** nach Maß (*a. fig.*); ***podụzēti ~e*** Maßnahmen treffen; ***prẹko ~ē*** über alle Maßen; ***vrạcati ịstōm ~ōm*** *fig.* mit gleicher Münze zurückzahlen
mjẹrāč *1* Vermesser *m*; Meßgerät *n*
mjẹrēnje (Ab)Messen *n*, Vermessung *f*
mjẹrica Scheffel *m*; Schoppen *m*
mjẹrilo Maß *n*; Maßstab *m* (*a. fig.*)
mjẹriti [pọ-, ịz-] (ab)messen, vermessen; *Gewicht* wägen, wiegen; *Land* vermessen; *Worte* wägen; ***~ ịstōm mjẹrōm*** *fig.* mit gleicher Elle messen; ***~ se*** sich messen (***s*** *I*/mit *D*)
mjẹ̄rnīk Feldmesser *m*, Geometer *m*
mjẹrodāvan maßgeblich, ausschlaggebend
mjẹsēc (*GPl* -sẹ̄cī/-sẹ̄cā) *Astr.* Mond *m*; Monat *m*; ***~ima*** monatelang; ***~ se jẹdē*** F der Mond nimmt ab; ***mẹdenī ~*** Flitterwochen *Pl*; ***mlạ̄dī ~*** Neumond *m*; ***pạdajūćī ~*** abnehmender Mond; ***pọmrčina ~a*** Mondfinsternis *f*; ***pụ̄n ~*** Vollmond *m*; ***rạstūći ~*** zunehmender Mond
mjẹsečār Mondsüchtige(r) *m*, Schlafwandler *m*; *fig.* Traumtänzer *m*
mjẹsečev Mond-
mjẹsečina Mondschein *m*, Mondlicht *m*
mjẹsečnī monatlich, Monats-; → ***plạ̄ća, prạ̄nje***
mjẹsečnīk Monatsschrift *f*
mjẹsnī örtlich; Orts-; → ***ụred***
mjestạ̄nce, mjestạ̄šće Plätzchen *n*, Fleckchen *n*; *fig.* Winkel *m*
mjẹstimicē, -mičan stellenweise, vereinzelt
mjẹst|o¹ Platz *m*, Stelle *f*; Ort *m*; Ortschaft *f*; ***~o ispunjẹ̄nja*** *Jur.* Erfüllungsort *m*; ***~o pọd sụ̄ncem*** *fig.* Platz an der Sonne; ***~o stạ̄lnōg bọrāvka*** ständiger Wohnsitz; ***~o za stạjānje*** (***sjẹdēnje***) Steh- (Sitz-)Platz *m*; ***bịrāčkō ~o*** Wahllokal *n*; ***bọ̄lnō ~o*** *fig.* wunder Punkt; ***na lịcu ~a*** an Ort und Stelle; am Tat- *od.* Unfallort; ***na svọ̄m ~u*** am rechten Fleck; an Ort und Stelle; ***ọpćā ~a*** *fig.* Allgemeinplätze *Pl*; ***rạ̄dnō ~o*** Arbeitsplatz *m*; ***rọdnō ~o*** Geburtsort *m*
mjẹsto² *Präp* (*G*) (an)statt; ***~ da*** statt zu
mjẹšalo Mischmaschine *f*
mjẹšạ̄nac (-nca) *2* Mischling *m*
mjẹšavina Mischung *f*, Gemisch *n*
mješọvit gemischt, vermischt, Misch-; ***~ī brạ̄k*** Mischehe *f*; ***~ā rọba*** Gemischtware *f*
mjẹšina Balg *m*
mjẹštanin (*Pl* -āni) Einheimische(r) *m*
mjẹ̄štānka (*DSg* -ki; *GPl* -kī) Einheimische *f*

mlačan lau(warm); *fig.* unentschlossen
mlačī *Komp v.* ***mlak***
mlaćēnje Dreschen *n*; Schlagen *n*; ~ ***praznē slamē*** leeres Gerede, Gewäsch *n*
mlad jung; Neu-; ~ ***kao kaplja*** *od.* ***rosa*** *fig.* blutjung; ~***ō ljeto*** Neujahr *n*; → ***mjesēc, vīno***
mlada, mladēnka (*DSg* -ki, *GPl* -kī) Braut *f*
mladenac (-ēnca) Bräutigam *m*; Jüngling *m*
mladenačkī jugendlich, Jugend-
mladēnci *m/Pl* Brautpaar *n*; junges Ehepaar
mladež[1] Jugend *f*, Nachwuchs *m*
mladež[2] (-i) *f* → ***madež***
mladica Setzling *m*; (*Pflanzen-*)Trieb *m*
mladīć *1* (*V* -u) Jüngling *m*
mladolik jugendlich
mladolikōst (-osti; *ISg* -osti/-ošću) *f* Jugendlichkeit *f*, jugendliches Aussehen
mladōst (-osti; *ISg* -osti/-ošću) *f* Jugend(zeit) *f*; ***od*** ~***i*** von Jugend auf
mladoženja *m* Bräutigam *m*
mlađ (-a/-i) *m od. f* Neumond *m*
mlađi *Komp v.* ***mlad***
mlak → ***mlačan***
mlakonja *m* Schwächling *m*
mlakōst (-osti; *ISg* -osti/-ošću) *f* Lauheit *f*; *fig.* Unentschlossenheit *f*
mlatariti *5 Arme* schlenkern, baumeln; (*mit den Armen*) herumfuchteln
mlatilica Dreschmaschine *f*
mlātiti (mlaćen) [**mlātnuti**] dreschen; *fig.* prügeln, schlagen; ~ ***praznū slamu*** *fig.* leeres Stroh dreschen
mlātnuti (-nēm) *pf* → ***mlātiti***
mlaz (*Pl* mlazovi) (*Licht-, Wasser-*) Strahl *m*
mlaznī Strahl-, Düsen-; ~***pogon*** Düsenantrieb *m*
mlažnjāk *1* Düsenflugzeug *n*
Mleci *m/Pl* (Mletākā) Venedig *n*
Mlećanin (*Pl* -āni) Venezianer *m*
mletačkī venezianisch
mliječ|an milchig, Milch-; ~***nī proizvod*** Milchprodukt *n*; ~***nī pūt*** *Astr.* Milchstraße *f*; ~***nī zūb*** Milchzahn *m*
mlijek|o Milch *f*; ***imati ptičijēg*** ~***a*** alles Erdenkliche besitzen; ***kiselō*** ~***o*** Sauermilch *f*; ***mirisati još na*** ~***o*** *fig.* noch grün hinter den Ohren sein; ***obranō*** ~***o*** entrahmte Milch

mlin Mühle *f*; ~ ***za kavu*** Kaffeemühle *f*
mlinac (-īnca) kleine Mühle, Handmühle *f*; ~ ***za turskū kavu*** Mokkamühle *f*
mlinār Müller *m*
mlinarica Müllerin *f*
mlinārskī Müller-
mlinskī Mühl-; ~ ***kamēn*** Mühlstein *m*
mlio *Part Perf v.* ***mljeti***
mlitav schlaff, schlapp; träge
mlitavac (-āvca) träger *od.* schlaffer Mensch
mlitāviti [**o-**] *5* ermatten, schlaff werden
mlitavōst (-osti; *ISg* -osti/-ošću) *f* Schlaffheit *f*, Trägheit *f*
mlohāviti schlaff, träge werden
mljackati (*beim Essen*) schmatzen; ~ ***jezikom*** mit der Zunge schnalzen (***pri pomisli na*** *A*/beim Gedanken an *A*)
mljekār *1* (*V* -u/-e) Milchmann *m*, Milchhändler *m*
mljekara Milchhandel *m*; Molkerei *f*
mljekarica Milchfrau *f*, Milchhändlerin *f*
mljekārstvo Milchwirtschaft *f*; Molkerei *f*
mljeti (meljēm; mlio, mljela; mljeven *6*) [**sa-**] mahlen; *Korn* schroten
mljevēnje Mahlen *n*
mnogi *Pron* viel; manch(er)
mnogo (*G*) viel, sehr; ~ ***držati*** viel halten (***do*** *G*/von *D*); ~ ***vikē ni za što*** *fig.* viel Lärm um nichts
mnogobōjan vielfarbig, bunt
mnogobožac (-šca) Polytheist *m*
mnogobrōjan zahlreich
mnogočlan vielgliedrig; *Math.* polynom
mnogoglasan vielstimmig, mehrstimmig
mnogogodišnjī vieljährig, langjährig
mnogokūt *Geom.* Vieleck *n*, Polygon *n*
mnogolik vielgestaltig, polymorph
mnogonacionālan multinational, Vielvölker-
mnogostran vielseitig, (*a. Pol.*) multilateral
mnogostruk mehrfach, vielfach
mnogoznačan mehrdeutig; *Ling.* polysem
mnōm *ISg v.* ***ja***
mnoštvo Menge *f*, Vielzahl *f*; Fülle *f* (*G*/an *D*)
množēnje Multiplikation *f*; Vermehren *n*
množina Menge *f*, Vielzahl *f*; *Gr.* Mehrzahl *f*, Plural *m*

množitelj Multiplikator *m*
množiti [u-] vermehren, vervielfältigen; *Math.* multiplizieren
mnjēnje Meinung *f*; → ***mišljēnje***
mobilizācija Mobilisierung *f*; *Mil.* Mobilmachung *f*
mobilizīrati *5 ipf/pf* mobilisieren; *Mil.* mobilmachen
mobīlnōst (-osti; *ISg* -osti/-ošću) *f* Mobilität *f*
močiti (močen) **[u-]** (be)netzen, befeuchten; *Holz* beizen; ~ ***se*** naß *od.* feucht werden
močvara Sumpf *m*; Morast *m*; Ried *m*
mōć (moći; *ISg* moći/moću; *GPl* mōćī) *f* Macht *f*; Kraft *f*; Gewalt *f*; ~ ***nāvikē*** Macht der Gewohnheit; ~ ***prosuđīvānja*** Urteilsvermögen *n*; ~ ***shvaćānja*** Auffassungsgabe *f*; ***bez*** ~***i*** machtlos; kraftlos; ***izvršnā*** ~vollziehende Gewalt; ***kupōvnā*** ~ Kaufkraft *f*; ***vrhōvnā*** ~ Oberherrschaft *f*; Souveränität *f*
moćan mächtig, machtvoll; kräftig; (*Medikament, Gesetz*) wirksam; (*Politiker*) einflußreich
moći[1] (mogu, možēš; mogao, mogla) können, imstande sein, vermögen; ***možē biti*** kann sein; ***nę možē se drugačije*** es geht nicht anders; ***ne*** ~ ***smisliti*** (***na*** *A*) *fig.* j-n nicht ausstehen *od.* riechen können; ***što ja mogu?*** was kann ich dafür?
moći[2] *f/Pl Rel.* Reliquien *Pl*
moćnīk einflußreiche, mächtige Person
mōd|a Mode *f*; ***biti u*** ~***i*** in Mode *od.* modern sein; ***izīći iz*** ~***ē*** unmodern werden; ***po*** ~***i*** nach der Mode
modāl|an Modal-; ~***nī glagol*** *Gr.* Modalverb *n*
mod|ar (-dro) (*himmel-*)blau; ~***rē usnice*** blaue Lippen (*bei Kälte*)
modēran modern, modisch
modernizīrati *5 ipf/pf* modernisieren
mōdla Backform *f*
mōdnī modisch, Mode-
modrica Bluterguß *m*, blauer Fleck; Strieme *f*; ~ ***na oku*** blaues Auge
modrikast bläulich
modriti [iz-] blau färben; ~ ***se*** blau werden
modulācija Modulation *f*; Tonwechsel *m*
modulīrati *5 ipf/pf* modulieren
mogūće möglich; ***sve*** ~ ***i nemogūće*** *fig.* alles mögliche; ***što je prije*** ~ so bald wie möglich
mogūćnōst (-osti; *ISg* -osti/-ošću) *f* Möglichkeit *f*; Wahrscheinlichkeit *f*; ***po*** ~***i*** nach Möglichkeit
mōj (moje, moja) *Posspron* mein (-e, -er, -s); ***moje je*** (***da ...***) ich soll, ich bin (*moralisch*) verpflichtet (*zu + Inf*)
mokar (-kro) naß; feucht; ~ ***do kožē*** pudelnaß
mokraća Harn *m*, Urin *m*
mokraćnī Harn-; → ***mjehūr***
mokrēnje Urinieren *n*, Wasserlassen *n*
mokriti [po-] Wasser lassen, urinieren
mōl[1] *Mus.* Moll *n*
mōl[2] *reg.* (*Hafen-*)Mole *f*
molb|a (*GPl* -ī/mōlbā) Bitte *f*; Ersuchen *n*, Gesuch *n*; Antrag *m*; ***podnijēti*** ~***u*** ein (*schriftliches*) Gesuch einreichen
molećiv bittend, flehend
molitelj Antragsteller *m*; Bittsteller *m*
moliteljica Antragstellerin *f*; Bittstellerin *f*
moliti (-ljen) **[za-]** bitten; flehen; ersehnen; (***za*** *A*/um *A*); ***molīm?*** bitte? (*als Bitte und als Antwort auf ‚hvala'*); ~ ***se*** *Rel.* beten
molitva (*GPl* -tāvā/-tvī) Gebet *n*; ~ ***zahvālnica*** *Rel.* Dankgebet *n*
molitvenīk *1* Gebetbuch *n*
mōljac (-ljca) Motte *f*; ***knjiškī*** ~ *fig.* Bücherwurm *m*
moljakānje Bitten *n*; Betteln *n*
moljakati *5* (an)betteln, (*hartnäckig*) bitten
moljēnje → ***moljakānje***
momačkī Junggesellen-; Burschen-
momak (-mka; *V* momče; *GPl* momākā) Bursche *m*, Junge *m*, Kerl *m*; Junggeselle *m*; *Mil.* Offiziersbursche
momčād (-adi) *f/koll* Mannschaft *f*
moment Moment *m*, Augenblick *m*
monah *sb.* Mönch *m*
monarh Monarch *m*, Alleinherrscher *m*
monarhija Monarchie *f*
monarhist(a) *m* Monarchist *m*
monarhistički monarchistisch
mondēn *1* Playboy *m*; Jet-Setter *m*
monēta Münze *f*; Währung *f*
monetār|an monetär, Währungs-; ~***nī sustav*** *Hdl.* Währungssystem *n*; ***međunārodnī*** ~***nī fond*** Internationaler Währungsfonds *m*
monografija Monographie *f*

monǫpōl *1* Monopol *n*, Alleinhersteller-recht *n*
monopolizīrati *5 ipf/pf* monopolisieren
monoteįstičkī monotheistisch
mǫnotōn monoton, eintönig
montą̄ža Montage *f*; Aufbau *m*; *TV* Bildschnitt *m*
mǫntāžn|ī Montage-; **~ā kųća** Fertighaus *n*
mǫntēr *1* Monteur *m*
montīrati *5 ipf/pf* montieren; aufstellen
mǫnumentālan monumental, gewaltig
mǫra Alp *m*, Alpdrücken *n*; Alptraum *m*
mǫrāl *1* Moral *f*, Sittenlehre *f*
mǫrālan moralisch, sittlich
moralizīrati *5 ipf/pf* moralisieren
mǫrati müssen; sollen
morą̄tōrīj (-ija) Moratorium *n*
mǫrāvka *Bot.* Arnika *f*
mōre Meer *n*; See *f*; ***dębelō ~*** hohe *od.* offene See; ***pąsti u ~e*** über Bord gehen; ***Sjęvērnō ~*** *Geogr.* Nordsee *f*; ***Sredǫzemnō ~*** *Geogr.* Mittelmeer *n*
moreplǭvac (-vca) *2* Seefahrer *m*, Seemann *m*
moręuz Meerenge *f*
mǫrfīj (-ija) Morphium *n*
morfįnist(a) Morphiumsüchtige(r) *m*
morfolǫgija Morphologie *f*, Formenlehre *f*
morfǫloškī morphologisch
mǫriti [u-] morden, töten; quälen, plagen; *Gram*: nagen
mǫrnār *1* (*V* -u/-e) Seemann *m*, Matrose *m*
mornąrica Flotte *f*; ***rątnā ~*** Kriegsflotte *f*; Marine *f*; ***trgovačkā ~*** Handelsflotte *f*
mornąričkī Marine-
mǫrnārskī Seemanns-, Matrosen-
mǫrotrēs Seebeben *n*
mǫrsk|ī Meer(es)-, See-; ***~ā bǫlēst*** Seekrankheit *f*; ***~ā mąčka*** *Zool.* Seekatze *f*; ***~ā ǫbala*** Meeresufer *n*, Küste *f*; ***~ī pąs*** Hai(fisch) *m*
mortalįtēt *1* Mortalität *f*, Sterblichkeit *f*
mǫruna *Zool.* Hausen *m*
mosnī Brücken-
mōst *3* Brücke *f* (*auch im Gebiß*); ***pǫrušiti sve ~ove zą sobom*** *fig.* alle Brücken hinter sich abbrechen; ***vįsēćī ~*** Hängebrücke *f*; ***zapovjędnīčkī ~*** Kommandobrücke *f*
mǫstobrān *Mil.* Brückenkopf *m*
mǫšnice *f/Pl Anat.* Hoden *Pl*
mǫšti *sb.* → ***mǫći²***

mǫtati [s-, na] wickeln; winden; rollen; *Haare* wickeln; *Daumen* drehen; **~ se** herumstreichen, herumlungern
mǫtika Hacke *f*
mǫtīv *1* Motiv *n*, Beweggrund *m*
motivą̄cija Motivation *f*
motivīrati *5 ipf/pf* motivieren
mǫtka (*DSg* -kī; *GPl* -tākā/-tkī) Stange *f*; *Sp.* Stab *m*
mǫtkāš *1 Sp.* F Stabhochspringer *m*
mǫtocikl Motorrad *n*; ***tṛkaćī ~*** Rennmaschine *f*
mǫtokultivātor *Agr.* Motorpflug *m*
mǫtōr *1* Motor *m*; ***čętverocilindričnī ~*** Vierzylindermotor *m*; ***dįselskī ~*** Dieselmotor *m*; ***vąnbrodskī ~*** Außenbordmotor *m*
motǫrist(a) Motorradfahrer *m*
motorįzam (-zma) Motorsport *m*
motorizīrati *5 ipf/pf* motorisieren
mǫtōr|nī, -skī Motor-; ***~nā snąga*** Motorstärke *f*
mǫtritelj, -ilac *sb.* Beobachter *m*; Betrachter *m*; Zuschauer *m*
mǫtriti (mǫtren) beobachten; betrachten; zuschauen
moząik Mosaik *n*
mǫzak (-zga; *Pl* -zgovi) Hirn *n*, Gehirn *n*; ***bįti ųdaren u ~*** *fig.* e-n Knall haben; ***frizīrati ~*** F j-n zur Vernunft bringen; ***mą̄lī ~*** Kleinhirn *n*; ***ptįčjī ~*** *fig.* Spatzenhirn *n*; ***zavṛtjeti ~*** *fig.* den Kopf verdrehen; → ***pǫtres***
mǫzgānje Grübeln *n*, Nachdenken *n*
mǫzgati [pro-] grübeln, nachdenken
mǫzgovina *Anat.* Hirnmasse *f*
mǫžda vielleicht, möglicherweise
mǫždan (-o) Gehirn-, Hirn-; → ***kā̦p; ǫpna***
moždąnica *Anat.* Hirnhaut *f*
mǫždina (*Knochen-*)Mark *n*; ***kįčmenā ~*** *Anat.* Rückenmark *n*
mrą̄č|an dunkel, finster; ***~nī tįpovi*** dunkle *od.* zweifelhafte Gestalten
mrą̄čiti se [s-, za-] dunkel werden, sich verfinstern
mrą̄čnōst (-osti; *ISg* -osti/-ošću) *f* Dunkelheit *f*, Finsternis *f*
mrą̄čnjāk Finsterling *m*
mrąk Dunkelheit *f*, Finsternis *f*; ***dębeo ~*** tiefe Finsternis; ***hvątā se*** *od.* ***pądā ~*** es wird dunkel; ***po ~u*** im Dunkeln
mrąmor Marmor *m*
mrąmoran Marmor-

mrạ̄v (*GPl* -ī/-ạ̄vā) Ameise *f*; ***nạ̄rodā kao ~i*** Scharen von Menschen; ***ni ~a nẹbi pọgazio*** *fig.* er könnte keiner Fliege etwas zuleide tun

mrạ̄vci *m/Pl Med.* Kribbeln *n*; ***podịlazē me ~*** *fig.* mir läuft es kalt den Rücken hinunter

mrạvinjāk Ameisenhaufen *m*

mrạvl|ī Ameisen-; ***~ā kiselịna*** Ameisensäure *f*

mrạz Frost *m*; Reif *m*; ***Djẹd ~*** Weihnachtsmann *m*

mṛcina Aas *n*, Tierkadaver *m*; *fig.* Luder *n*

mrcvạ̄riti *5* **[iz-]** metzeln; quälen; ***~ se*** sich abquälen

mṝčati (-īm) → ***mrạ̄čiti se***

mṛdati [mṛdnuti] wackeln; sich rühren; ***~ glạ̄vōm*** den Kopf schütteln

mṛdnuti (-nēm) → ***mṛdati***

mrẹ̄m *1. Pers Sg v.* ***mrijẹti***

mrẹna¹ *Anat.* Häutchen *n*; *Med.* Star *m*; ***zẹlenā ~*** grüner Star

mrẹna² *Zool.* Barbe *f*

mrẹž|a Netz *n*; ***~a za kupọvinu*** Einkaufsnetz *n*; ***~a za rịbe*** Fischernetz *n*; ***cẹstōvnā ~a*** Straßennetz *n*; ***prọdājnā ~a*** Verkaufsnetz *n*; ***prọ̄metnā*** *od.* ***sạobraćājnā ~a*** Verkehrsnetz *n*; ***ụpasti u ~u*** *fig.* ins Netz gehen *(G/D)*; ***zạtrēsti ~u*** *Sp.* ein Tor erzielen *(Fußball)*

mrẹžast netzartig, netzförmig

mrẹžica Netzchen *n*

mrẹžnica, -njāča *Anat.* Netzhaut *f*

mṛgoditi se [na-] schmollen; die Stirn runzeln

mrijẹstiti se *5/7* laichen

mrijẹti (mrẹ̄m; *Imp* mrị; mṛo, mṝla) *7* **[ụ-]** sterben

mṛk finster; düster; dunkel; ***~ī pọglēd*** finsterer Blick; → ***mẹdvjed, ụgalj***

mṛkva (*GPl* -kāvā/-kvī) Möhre *f*, Mohrrübe *f*, Karotte *f*

mṛlja Fleck *m*, Klecks *m*; Makel *m*

mṝljati [u-] (be)flecken, klecksen; (be)schmutzen

mṛmljati [pro-] murmeln, brumme(l)n; murren

mṛmot Murmeltier *n*

mṝs fettes Essen; Fleischspeise *f*

mṝs|an fett(ig), fleischig; ***~nī dạ̄n*** Fleischtag *m*; ***~nī jẹlo*** Fleischspeise *f*

mṝsiti¹ [o-] fettes Fleisch essen

mṝsiti² [s-] durcheinanderbringen; *Fäden* verwirren; ***~ račụ̄ne*** e-n Strich durch die Rechnung machen

mṛsko → ***mṛzak***

mṛšav mager; hager, dürr; *(Essen)* kärglich; *(Einkommen)* dürftig; ***~ā zẹmlja*** Ödland *n*

mṛšavjeti (-īm; -vio, vjela -vljen) abmagern, mager werden

mṛšavljēnje Abmagerung *f*; ***dijẹta za ~*** Abmagerungsdiät *f*

mṛštiti se → ***mṛgoditi se***

mṛtav (-tvo; *LF* mṝtvī) tot, gestorben; ***~ bọ̄lan*** todkrank; ***~ pijan*** F stockbesoffen; → ***pụ̄halo; strạ̄ža, tišịna***

mṛtvac (-ạca) Tote(r) *m*, Leichnam *m*; ***žịvī ~*** *fig.* lebender Leichnam

mṛtvačk|ī Toten-, Leichen-; ***~ā glạ̄va*** Totenkopf *m*; ***~ī sạnduk*** Sarg *m*

mṛtvāčnica Leichenhalle *f*, Totenkammer *f*

mṛtvil|o Teilnahmslosigkeit *f*; Lethargie *f*; Stillstand *m*; ***do ~a*** *fig.* bis zum Umfallen

mrtvọrođen totgeboren

mrtvorọđēnče (-eta) Totgeburt *n*

mṛv|a Krume *f*; Brosame *f*; ***ni ~ē*** *fig.* nicht die Bohne

mṛviti (mṛvljen) **[s-]** bröseln, krümeln

mṛzak (-sko) verhaßt, zuwider

mṝziti hassen, verabscheuen

mrzọvolja Mißmut *m*, Verdrießlichkeit *f*

mrzọvoljan mürrisch, mißmutig, verdrießlich

mṛžī *Komp v.* ***mṛzak***

mṝžnja Haß *m*; Groll *m*

mụcati [-nuti] stottern; stammeln

mụcnuti (-nēm) *pf* → ***mụcati***

mụcavac (-āvca) Stotterer *m*

mụcnuti (-nēm) *pf* stottern

mụč|an mühsam, mühselig; peinlich; schwierig; ***~nā tišịna*** peinliche Stille

mụčānje Schweigen *n*

mụčati (-īm) schweigen

mụčenica Märtyrerin *f*

mụčenīčkī Marter-; Märtyrer-

mụčenīk Märtyrer *m*

mụčenīštvo Martyrium *n*; Märtyrertum *n*

mụčēnje Marter *f*; Qual *f*, Quälerei *f*; Folter *f*, Tortur *f*

mụčilīšte Folterkammer *f*; Folterbank *f*

mụčiti [nạ-] martern, quälen, foltern; peinigen; ***~ se*** sich quälen, sich plagen; sich abrackern

mũčkī, -e meuchlings; hinterrücks
mučnịna Übelkeit *f*
mụčno → ***mụčan***; ~ ***mi je*** mir ist schlecht
mũćak (-ćka; *Pl* -ćci) *fig*. faules Ei; Windei *n*; ***pọkvaren kao*** ~ *fig*. (*Person*) durch und durch verdorben
mụćkānje Schütteln *n*, Rütteln *n*
mụćkati [-nuti] schütteln, rütteln; *Mund* ausspülen; ~ ***gṛlo*** gurgeln
mụćnuti (-nēm) *pf* → ***mụćkati***
mũdar (-dro) klug; weise; gescheit
mũdo *Anat*. Hoden *m*
mụdrac (-ạca; *V* mụdrače) Weise(r) *m*; Philosoph *m*
mudrịjāš *1* Besserwisser *m*, Rechthaber *m*; F Klugscheißer *m*
mudrọlija Spitzfindigkeit *f*
mụdrōst (-osti; *ISg* -osti/-ošću) *f* Weisheit *f*; Klugheit *f*; → ***zũb***
mudrọvati (mụdrujēm) grübeln, tüfteln; Ausflüchte suchen
mụh|a Fliege *f*; ***ịmati*** ~***e u glȃvi*** *fig*. Flausen im Kopf haben; ***kạo*** ~***a bez glȃvē*** *fig*. wie ein blindes Huhn, kopflos; ***lọviti*** ~***e*** *fig*. Maulaffen feilhalten; ***mọdrā*** ~***a*** blaue Schmeißfliege; ***ọd*** ~***ē nạpraviti slọna*** *fig*. aus e-r Mücke e-n Elefanten machen
muhamedạ̄nac (-nca) *2* Moslem *m*
mụhara *Bot*. Fliegenpilz *m*
muhamẹdānskī moslemisch, mohammedanisch
muhọlōvka (*GPl* -vākā/-vkī) Fliegenfalle *f*, Fliegenpapier *n*
mũk Schweigen *n*, Stille *f*; ~***om mũčati*** kein Sterbenswörtchen sagen; ~***om prijẹ́ći*** stillschweigend übergehen (***pṛeko*** *G*/*A*)
mụk|a Qual *f*; Leid *n*; Mühe *f*; Übelkeit *f*; *Rel*. Passion *f*; ***bẹz*** ~***ē nẹ̄mā nạukē*** *Sprw*. ohne Fleiß kein Preis; ***bẹz pō*** ~***ē*** im Handumdrehen; ***bịti nạ stō*** ~***ā*** in tausend Nöten sein; ***pạklenē*** ~***e*** Höllenqualen *Pl*; ***pọpucati od*** ~***ē*** vor Wut platzen; ***uzạ̄lud sva*** ~***ā*** vergebliche Liebesmühe; ***žȋvā*** ~***a*** ein harter Brocken
mũkao (-klo) dumpf; heiser
muklịna Heiserkeit *f*
mũkom stumm, lautlos
mụkotȓpan duldsam, geduldig
mụktāš *1* Schmarotzer *m*, Parasit *m*
mụktē umsonst, kostenlos, gratis
mụla Maultier *n*
mụlat Mulatte *m*
mụlatkinja Mulattin *f*
mũlj Schlamm *m*; Morast *m*; Schlick *m*; *fig*. Bodensatz *m*; ***žũčnī*** ~ *Med*. Gallengrieß *m*
mũmija Mumie *f*; *fig*. alter Mensch, F "Gruftie" *m*
mụmljati → ***mṛmljati***
mụnicija Munition *f*
mũnj|a Blitz *m*; ***bȓz kao*** ~***a*** *fig*. blitzschnell; ***kao*** ~***ōm ọšinut*** *fig*. wie vom Donner gerührt; ***sijẹvajū*** ~***e*** es blitzt
mụnjovōd Blitzableiter *m*
mụrina *Zool*. Muräne *f*
mụsav schmutzig, dreckig
mụsavac (-āvca) Schmutzfink *m*
muslịmān *1* Moslem *m*
muslịmānka (*DSg* -ki; *GPl* -kī) Moslemin *f*
muslịmānskī moslemisch
mũsti (mūzēm; mũzao, mũzla; mũzen) **[pọ-]** melken; *fig*. aussaugen, ausnehmen
mụšica Mücke *f*; *fig*. Laune *f*, Caprice *f*; (*Visier*) Korn *n*
mụšičav launenhaft, kapriziös
muškạ̄rac (-rca) *2* Mann *m*, Mannsbild *n*
mụšk|ī männlich, maskulin (*a. Gr.*); ~***ā snạ̄ga*** Manneskraft *f*
muškọbanja Mannweib *n*
mụškōst (-osti; *ISg* -osti/-ošću) *f* Männlichkeit *f*; Mannhaftigkeit *f*
mũšl Waschbecken *n*
muštẹrija *m od. f* Kunde *m*; Kundin *f*
mụštikla Zigarettenspitze *f*
mũt|an trübe; matt; unklar; (*a. fig.*); ***lọviti u*** ~***nome*** *fig*. im trüben fischen
mũtež Bodensatz *m*
mũtiti (-ćen) **[pro-, za-]** trüben; *fig*. intrigieren; ***mũtī mi se pred ọčima*** mir wird schwindlig
mụva *sb*. → ***mụha***
mũza Muse *f*
mụzara Milchkuh *f*
mũzēm *1. Pers Sg v.* ***mũsti***
mụzēj *1* Museum *n*
mụzējskī Museums-
muzicịrati *5 ipf*/*pf* musizieren
mụzičār Musiker *m*
mụzičkī Musik-; ~ ***instrụment*** Musikinstrument *n*
mụzika Musik *f*; ***mạčjā*** ~ Katzenmusik *f*; ***zạ̄bavnā*** ~ Unterhaltungsmusik *f*

M

mụzikālan musikalisch
mụzlica Melkeimer *m*, Melkkübel *m*
mȕž (*Pl* mụževi) (*Ehe-*)Mann *m*, (*Ehe-*) Gatte *m*
mụžār *1* Mörser *m*
mụžjāk *Zool.* Männchen *n*; Hahn *m*

N

N n *n*
nạ *Präp* (*wohin? A*/*A*; *wo? L*/*D*); **~ nọge** auf die Beine!; **~ pọklōn** als Geschenk; **~ pọla pȕta** auf halbem Wege; **~ prīmjer** zum Beispiel; **~ srẹ́ću** zum Glück; **~ tȃj nȃčin** auf diese Weise; **~ vrijẹme** zur rechten Zeit; rechtzeitig; **~ zdrȃvlje!** zum Wohl!
nạ! *Int.* da!; nimm!
nabạcati (nạbacān) (**-īvati**) (*nach und nach*) aufwerfen; *Mörtel* auftragen; *Frage* aufwerfen; *Schuld* abwälzen
nabȃciti *5* (**-acīvati**) → **nabạcati**
nabacīvati (-bạcujēm) → **nabȃciti**
nabȃdati *5* → **nạbosti**
nabạsati (**na** *A*) *zufällig* treffen (*A*); stoßen (auf *A*)
nạbaviti (**-vljati**) anschaffen, beschaffen, erwerben; auftreiben
nạbāvka (*DSg* -ci; *GPl* -vkī) Anschaffung *f*, Erwerb *m*; Kauf *m*
nabạvljāč *1* (*V* -u) Einkäufer *m*; Lieferant *m*
nabạvljāčkī, nạbāvnī Lieferungs-; Anschaffungs-; Konsum-
nạbavljati → **nạbaviti**
nạbāvn|ī Einkaufs-, Liefer-; **~ā cijẹna** *Hdl.* Einkaufspreis *m*
nabịjāč *1* Ramme *f*; Ladestock *m*; **~ cijẹnā** Preistreiber *m*
nabījānje Schlagen *n*, Hämmern *n*
nabịjati *5* → **nạbiti**
nabȋrati *5* → **nạbrati**
nạbiti (-ijēm; nạbio) (**-bījati**) stampfen, rammen; vollstopfen; *Preise* hochtreiben; *Gewehr* laden; **~ na kọlac** pfählen; **~ rọgove** *fig.* Hörner aufsetzen; **~ se** sich (*in e-n Bus etc.*) zwängen
nạbōj *El.*, *Mil.* Ladung *f*; Geschoß *n*
nạbōjnjača *Mil.* Patronengurt *m*, Patronentasche *f*
nạboljē zum Besseren; **zdrȃvlje ịdē ~** gesundheitlich wird's besser
nạbor Falte *f*, Runzel *f*
nạbōrān faltig, runzlig
nabọrati *5 pf* → **nạbrati**
nạbosti (-bọdēm; -bo, -bola; -bọden *6*) (**-bȃdati**) anstechen, aufstechen; anspießen, aufspießen; auf eine Gabel spießen; **~ se** sich stechen
nạbožan gläubig, fromm
nabrȃjānje Aufzählen *n*, Aufzählung *f*
nabrȃjati *5* → **nabrọjiti**
nạbrān (-o) faltig; gefaltet; runzelig, verschrumpelt; (*Früchte*) geerntet, gelesen
nạbrati (-bẹrēm; -brao; -brān) (**-bịrati**) pflücken, ernten; falten, in Falten legen; *Stirn* runzeln; *Mund* spitzen; *Vorräte* hamstern; *Rock* plissieren
nabr̥bljati se F sich ausquatschen, nach Herzenslust quasseln
nạbreklina, nabreknȕće Schwellung *f*
nabrẹ̑knuti (-nēm) (**-ekīvati**) anschwellen; aufquellen; strotzen (*I*/vor *D*)
nabrọjiti *5 pf* aufzählen
nabrụ̑siti *5 pf* schleifen, schärfen, wetzen
nạbr̄zo schnell, F auf die Schnelle
nabȕbati *5 pf* einbüffeln, einpauken
nạbubriti *pf* → **nabrẹ̑knuti**
nạbuhlōst (-osti; *ISg* -osti/-ošću) *f* Aufgedunsenheit *f*
nạbuhniti (-nēm; -buhao, -buhla) *pf* anlaufen; anschwellen
nạbujak (-ūjka) *Kochk.* Auflauf *m*
nabụjati → **bụjati**
nạbusit barsch, aufbrausend; grob
nạbusitōst (-osti; *ISg* -osti/-ošću) *f* Barschheit *f*; Grobheit *f*
nạcifrati se *pf* → **nạčičkati**
nȃcij|a Nation *f*; (*Staats-*)Volk *n*; **Ujedịnjenē ~e** *sb.* Vereinte Nationen *Pl*
naciјẹ̑diti *5 Zitrone* auspressen
nạcionālan national, National-

nacionạlist(a) Nationalist *m*
nacionalịstički nationalistisch
nacionalịzam (-zma) Nationalismus *m*
nacionalizịrati *5 ipf/pf* nationalisieren, verstaatlichen
nạcist(a) *Pol.* Nazi *m*
nacịzam (-zma) *Pol.* Nazismus *m*; Nationalsozialismus *m*
nạcrt Skizze *f*, Plan *m*, Entwurf *m*; ~ ***grạda*** Stadtplan *m*; ***zạkonski*** ~ Gesetzesentwurf *m*
nạcrtati *pf* entwerfen; skizzieren; aufzeichnen
nạčas für einen Augenblick
nạčekati se *pf* übermäßig lange warten
nạčel|an grundsätzlich, im Grundsatz; ***~nō pịtānje*** Grundsatzfrage *f*
nạčelnīk Vorsteher *m*, Leiter *m*; ***grạdskī*** ~ Bürgermeister *m*
nạčelno → ***nạčelan***
načẹl|o Grundsatz *m*, Prinzip *n*; ***iz ~a*** aus Prinzip
nạčēti (-čnēm; -čeo; -čēt) (**-činjati**) anfangen; *Brot* anschneiden; *Flasche* anbrechen; *Faß* anzapfen; *Thema* anschneiden; *Reserven*, *Ersparnisse* angreifen
nạčičkati *pf* sich schmücken, sich herausputzen
nạčin Art *f*; Weise *f*; *Gr.* Modus *m*; ***ịzjavnī*** ~ *Gr.* Indikativ *m*, Wirklichkeitsform *m*; ***kạkav je tō ~?*** was ist denn das für eine Art *od.* für ein Benehmen? ***nạ svakī*** ~ auf jeden Fall; ***nị na kojī*** ~ auf keinen Fall; ***pọgodbenī*** ~ *Gr.* Konjunktiv *m*, Möglichkeitsform *f*; ***zạpovjednī*** ~ *Gr.* Imperativ *m*, Befehlsform *f*
načịniti *5 pf* anfertigen; machen; leisten; ausführen; *Schaden* anrichten; *Karriere* machen; *Grimasse* schneiden; ~ ***psịnu*** *fig.* ein Schnippchen schlagen
nạčinjati (-jēm) → ***nạčēti***
nạčnēm *1. Pers Sg v.* ***nạčēti***
nạčrčkati *pf* (hin)kritzeln
nạčuditi se *pf* sich wundern; staunen
nạču|ti (-ujēm) hören, vernehmen; ***~o sam*** mir ist zu Ohren gekommen
nạći (-đēm; nạšao, nạšla; -đen) (**-ịlaziti**) finden; (an)treffen; ausfindig machen; ~ ***nạ smrt*** umkommen; ~ ***ụtjehu*** Trost finden; ~ ***za pọtrebno*** für notwendig erachten; ~ **se** sich befinden; sich treffen (**s** *I*/mit *D*); ~ ***se ụ čudu*** bestürzt sein, in Verlegenheit geraten
naćụliti *5 pf Ohren* spitzen
nạd *Präp* (*wohin?A*/*A*; *wo? I*/*D*) über, oberhalb; ***pjẹsma ~ pjẹsmama*** *Rel.* Hohes Lied
nạd|a Hoffnung *f*; ***gọjiti ~u*** Hoffnung hegen; ***polạgati ~u*** e-e Hoffnung setzen (***u*** *A*/auf *A*); ***prạznā ~a*** trügerische Hoffnung
nadahnụće Eingebung *f*, Inspiration *f*
nadạhnuti (nạdahnēm; -dạhnuo; nạdahnūt) (**-dahnjịvati**) inspirieren; begeistern
nadahnjịvati (-dạhnjujēm) → ***nadạhnuti***
nadalẹko bei weitem, weitaus; ~ ***i našịroko*** weit und breit; ausführlich, weitschweifig (*erzählen*)
nạdaljē weiter(hin); ***od...~*** seit...
nạdāren (-o) begabt, talentiert
nạdārenōst (-osti; *ISg* -osti/-ošću) *f* Begabung *f*
nadạriti *5 pf* beschenken; e-e Stiftung gründen
nadạsve überaus; über alles
nạdati se¹ *pf* hoffen (*D*/auf *A*)
nạdati se²: ~ ***ụ bijeg*** sein Heil in der Flucht suchen
nạdbiskup Erzbischof *m*
nadbiskụpija Erzbistum *n*
nạdbubreg *Anat.* Nebenniere *f*
nadglạsati überstimmen
nadglasạvati *5* → ***nadglạsati***
nạdgled → ***nạdzor***
nadglẹdati *5* beaufsichtigen, überwachen
nạdglednīk Aufseher *m*, Kontrolleur *m*
nạdgradnja *Arch.*, *Phil.* Überbau *m*
nạdgrobnī Grab-, Leichen-; ~ ***spọmenīk*** Grabstein *m*
nạdići¹ (-gnēm; -gao) → ***nạdignuti***
nạdići² (-iđēm; -išao) (**-ịlaziti**) übersteigen, überbieten; *fig.* in den Schatten stellen
nạdignuti (-gnēm; -gao) aufheben; ein wenig hochheben; *Holz:* sich werfen
nadịgrati *5 pf* überspielen; beim Tanzen übertreffen
nadijẹvati (nạdijevām) *7* → ***nadjẹnuti***
nadịlaziti → ***nadići²***
nạdimak (-īmka) Spitzname *m*
nạdimati se (-ām se/-imljēm se) (**-imljịvati se**) sich (auf)blähen
nadimljịvati se (-ịmljujēm se) → ***nạdimati se***

N

nạdirānje Vordringen *n*, Vorstoß *m*
nạdirati (-ēm) vordringen, vorstoßen
nadīviti se *5 pf* sich wundern, staunen
nạdizati (-ižēm) → ***nạdignuti***
nạd-ja *Phil.*, *Psych.* Über-Ich *n*, Super-Ego *n*
nadjạčati (nạdjačān) (**-čīvati**) überwältigen, überwinden, besiegen, bezwingen
nadjẹnuti (nạdjenēm; nạdjenūt/nadjẹven) *Braten* spicken; *Huhn etc.* füllen; *Faden* einfädeln; *Mantel* überwerfen; **~ *ịme od. nạdimak*** e-n Spitznamen geben
nạ̄djev *Kochk.* Füllung *f*
nadjẹven (-o) *Kochk.* (*Huhn etc.*) gefüllt
nạdlaktica Oberarm *m*
nạdlanica Handrücken *m*
nạ̄dleštvo (*zuständige*) Behörde *f*; Amt *n*; Dienststelle *f*
nạ̄dležan zuständig; befugt; kompetent
nạ̄dležnōst (-osti; *ISg* -osti/-ošću) *f* Zuständigkeit *f*; Befugnis *f*; Kompetenz *f*; *Jur.* Instanz *f*; ***na dạljnjū ~*** zur zuständigen Veranlassung
nadlijẹtati (nạdlijećēm) *7* überfliegen
nạdljudskī übermenschlich
nadmašạ̄vati (-ašujēm) [**-iti**] übertreffen; überragen (*I*/an *D*)
nạdmēm *1. Pers. Sg v.* ***nạduti***
nadmạ̄šiti *5 pf* → ***nadmašạ̄vati***
nadmašīvati (-ạšujēm) → ***nadmašạ̄vati***
nạdmećēm se *1. Pers. Sg v.* ***nadmẹtati se***
nadmẹtānje Wettbewerb *m*; Wettkampf *m*
nadmẹtati se (nạdmećēm se) [**-nuti se**] wetteifern; konkurrieren; rivalisieren; (*bei e-r Versteigerung*) bieten
nadmẹtnuti se (-nēm se) *pf* → ***nadmẹtati se***
nạdmōć (-oći; *ISg* -oći/oću) *f* Überlegenheit *f*; Übermacht *f*
nạdmoćan überlegen; übermächtig
nạdmorsk|ī See-, Meeres-; ***~ā visịna*** Seehöhe *f*, Meeresspiegel *m*
nadmụ̄driti *5* (**-udrīvati**) überlisten, übertölpeln
nadmudrīvati (-ụdrujēm) → ***nadmụ̄driti***
nadnạ̄ravan → ***natprīrodan***
nạdnica Tageslohn *m*; Arbeitslohn *m* (*bei Saisonarbeit*)
nạdničār Tagelöhner *m*; Saisonarbeiter *m*
nạdno *Präp* (*G*) am Boden; ***~ strạnicē*** am Seitenende
nạdōći (-dođēm; -šao) (**-dọlaziti**) herankommen, herbeikommen; hinzuströmen; *Fluß*: steigen; *Teig*: aufgehen
nadọdati (**-dạ̄vati**) hinzufügen, hinzugeben; ***~ rụku*** die Hand reichen, hilfreich zur Seite stehen
nadogrạ̄diti *5* (**-ađīvati**) anbauen, aufbauen
nadogrạ̄dnja *Arch.* Anbau *m*, Aufbau *m*
nadograđīvati (-ạđujēm) → ***nadogrạ̄diti***
nạdohvat: ***~ rụkē*** zur Hand; in Reichweite
nạdoknad|a Entschädigung *f*, Ersatz *m*; Vergütung *f*; ***~a lịčnōg dọhotka*** Lohnersatzleistung *f*; ***~a štẹtē*** Schadensersatz *m*; ***~a trọškōvā*** Kostenerstattung *f*; ***~a za prẹtrpljenī bọ̄l*** Schmerzensgeld *n*; ***~a za vrijẹme bọlovānja*** Krankengeld *n*; ***~a za vrijẹme nezạ̄poslenosti*** Arbeitslosengeld *n*; ***zahijẹvati ~u štẹtē*** e-n Schadensersatzantrag stellen
nadọknaditi (**-đīvati**) ersetzen; nachholen; *Kosten* erstatten
nadoknađīvati (-ạđujēm) → ***nadọknaditi***
nadọlaziti → ***nạdōći***
nadolijẹvati *5/7* (**-dọliti**) nachfüllen, nachgießen
nadọliti (nạdolijēm) → ***nadolijẹvati***
nạdolje hinunter, abwärts
nadọmak *Präp* (*G*) nahe bei (*D*)
nadọmetak (-ētka) Beifügung *f*, Zusatz *m*, Anhang *m*
nadọmetati (-ọmećēm) [**-nuti**] hinzusetzen, hinzufügen, dazugeben
nadọmetnuti (-nēm) *pf* → ***nadọmetati***
nadọmjestak (-ska; *Pl* -sci) Ersatz *m*
nadọmjestiti (-šćen) (**-štati**) ersetzen; *Geld* zurückzahlen; *Jur.* kompensieren
nadoplaćīvati (-ạćujēm) → ***nadoplạ̄titi***
nadoplạ̄titi *5* (**-aćīvati**) nachzahlen, zuzahlen; e-n Zuschlag zahlen
nadọpuniti (**-javạ̄ti** *5*) → ***dọpuniti***
nadovẹzati (-ọvezēm) (**-ezīvati**) verknüpfen; *fig.* anknüpfen; *Thema* weiterführen
nadozīdati (-ọzīđēm) → ***doziđīvati***
nạdražāj Reiz *m*; Stimulierung *f*
nadrạ̄žiti *5* (**-ažīvati**) reizen, aufreizen; stimulieren
nadražīvati (-ạžujēm) → ***nadrạ̄žiti***

N

nadrạžljiv reizbar
nạdrealizam (-zma) Surrealismus *m*
nạdriliječnīk, -ljekār *verä.* Kurpfuscher *m*
nadrljati *5 pf* aufkritzeln; *fig.* sich etw. einbrocken
nadrọbiti *5 pf* einbrocken; krümeln; *fig.* faseln, Unsinn reden
nạdsatnīk *Mil.* Major *m*
nạdstōjnīk Vorsteher *m*; Hausmeister *m*; (*in e-m Kloster*) Abt *m*
nạdstranāčkī *Pol.* überparteilich
nạdstrešnica Vordach *n*
nạdšumār Oberförster *m*
nạdugačko: ~ ***i nạširoko*** *fig.* lang und breit
nadūh(ạv)ati → ***nạduti***
nadūšak in e-m Atemzug (*etw. sagen*); in einem Zug (*austrinken*)
nạdūt aufgeblasen, aufgebläht; (*Stil*) schwülstig
nạduti (nạdmēm; nạduo) (**-duhạvati**) aufblasen; *fig.* aufbauschen
nạdūtōst (-osti; *ISg* -osti/-ošću) *f* Aufgeblasenheit *f*, Hochmut *m*, Arroganz *f*
nadūvati *sb. v.* ***nadūhati***
nadvīkati (nạdvičēm) (**-īvati**) überschreien
nadvikīvati (-ịkujēm) → ***nadvīkati***
nadvịsiti *5* (**-isīvati**) überragen, übertreffen (*I*/in *D*)
nadvisīvati (-ịsujēm) → ***nadvịsiti***
nadvlạdati *5* (**-adīvati**) überwältigen; überwinden; bezwingen
nadvladīvati (-ạdujēm) → ***nadvlạdati***
nạdvojvoda *m* Erzherzog *m*
nadvojvọtkinja Erzherzogin *f*
nạdvožnjāk Überführung *f*; Viadukt *n*
nadzemạljskī, nạdzemnī oberirdisch, überirdisch
nạdzirānje → ***nạdzor***
nadzir(āv)ati beaufsichtigen, bewachen
nạdzor Aufsicht *f*, Überwachung *f*; Kontrolle *f*; Aufsichtsbehörde *f*
nādzōrn|ī Aufsichts-, Kontroll-; ***~ō vijeće*** Aufsichtsrat *m*
nādzōrnīk Aufseher *m*; Inspektor *m*; ~ ***bazēna*** Bademeister *m*
nạdzvūčnī Überschall-
nadžīvjeti (-īm; -vio, -vjela) (**-ljāvati** *5*) überleben; überdauern
nafta Erdöl *n*
naftạlīn *1 Chem.* Naphtalin *n*; ***iz ~a*** *fig.* aus der Mottenkiste
nạftnī Erdöl-
naftọnosan erdölhaltig
naftọvod Pipeline *f*
nāg nackt; bloß; (*Draht*) blank
nagādati se *5* → ***nagọditi se***
nāgao (-glo) hastig, eilig; heftig, hitzig, aufbrausend, übereilt; (*Ereignis*) plötzlich, unerwartet; (*Person*) hitzig, aufbrausend
nạgaziti aufstampfen; auftreten; ~ ***nạ žūlj*** *fig.* auf die Hühneraugen treten
nāgib Neigung *f*, Gefälle *n*; (Ab)Hang *m*
nagībati (se) → ***nạgnuti (se)***
nạginjati (-jēm) **(se)** → ***nạgnuti (se)***
nagladọvati (-ạdujēm) lange hungern
nạglās laut
nāglasak (-ska) Betonung *f* (*a. fig.*); Akzent *m*; ***stạviti ~ (na*** *A*) *fig.* e-e Sache betonen, Wert legen (auf *A*); ***ụzlaznī (sịlaznī)*** ~ *Gr.* steigender (fallender) Akzent
naglạsiti *5* (**-ašāviti** *5*) betonen (*a. Gr.*)
naglạvcē kopfüber
nạgledati se sich satt sehen (*G*/an *D*)
nāgliti (über)eilen; schnell handeln
nạglo → ***nāgao***
nạglōst (-osti; *ISg* -osti/-ošću) *f* Eile *f*, Hast *f*; Jähzorn *m*
nạglūh, -ūv *sb.* schwerhörig
nạgluhōst (-osti; *ISg* -osti/-ošću) *f*, **-vōst** *f sb.* Schwerhörigkeit *f*
nạgnati (**-gọniti**) antreiben; nötigen, zwingen; ~ ***ụ bijeg*** in die Flucht schlagen
nagnūće Neigung *f*, Schrägung *f*; *fig.* Neigung *f* (*D*/zu *D*)
nạgnuti (-nēm; -gnuo/-gao, -gla) (**-ginjati**) neigen; beugen; schräg stellen; ~ **se** sich neigen, sich (vor)beugen
nạgodba (*GPl* -dābā/-dbī) Abkommen *n*, Abmachung *f*; *Jur.* Vergleich *m*
nagọditi se *5 pf* übereinkommen; e-n Kompromiß *od.* Vergleich schließen
nagomịl(āv)ati anhäufen, ansammeln; aufstapeln; ~ **se** sich ansammeln; sich (auf)türmen
nāgon Trieb *m*, Antrieb *m*; ~ ***na pọvraćānje*** Brechreiz *m*; ~ ***samoodržānja*** *Psych.* Selbsterhaltungstrieb *m*; ***po ~u*** instinktiv; ***spōlnī*** ~ Geschlechtstrieb *m*
nāgonskī instinktiv; Trieb-
nạgore¹ schlechter; ***ịći*** ~ sich verschlechtern

nạgore² hinauf, aufwärts
nagọrjeti (-īm; -io, -jela) (**-ijẹvati** *5*) anbrennen; Feuer fangen
nagovạ̄rānje Überredung *f*, Zureden *n*; Anstiftung *f*
nagovạ̄rati *5* → ***nagovọriti***
nagọvijest (-i; *ISg* -sti/-šću) *f* → ***nạgovještāj***
nagovijẹstiti *5/7* (**-vješćīvati**) ankündigen; andeuten; vorhersagen
nagovješćị̄vati (-jẹšćujēm) → ***nagovijẹstiti***
nạgovještāj Ankündigung *f*; Anspielung *f*; Vorgeschmack *m*
nạgovōr (-ora) Anrede *f*; Zureden *n*, Überredung *f*
nagovọriti *5* (**-vạ̄rati** *5*) zureden; überreden; anstiften, verleiten
nạ̄grada Belohnung *f*, Prämie *f*; Preis *m*; Honorar *n* (*für e-n Anwalt*); ***bọžičnā ~*** Weihnachtsgratifikation *f*; ***ụtješnā ~*** Trostpreis *m*
nagrạ̄diti *5* (**-ađị̄vati**) belohnen, entlohnen; vergüten, honorieren
nagrađị̄vati (-ạđujēm) → ***nagrạ̄diti***
nạ̄gradnī Preis-; ~ ***nạtječāj*** Preisausschreiben *n*
nagr̄diti *5* (**-rđị̄vati**) verunstalten, entstellen; beschimpfen
nagrđị̄vati (-ṛđujēm) → ***nagr̄diti***
nạgristi (-ị̄zēm; -zao, -zla; nạgrizen) (**-grīzati**) anbeißen, annagen; *Chem.* korrodieren, ätzen
nạgrizan ätzend
nagrị̄zati *5* → ***nạgristi***
nagr̄nuti (nạgr̄nēm) *pf* → ***nạgrtati***
nạgrtati (-rćēm) [**-gr̄nuti**] anhäufen, ansammeln; aufstapeln; *Jacke* überwerfen
nahẹ̄riti *5 pf* krümmen, neigen, schief stellen; ~ **se** schief stehen
nạhlada Erkältung *f*
nahlạ̄diti se *5* (nạhlāđen) (**-ađị̄vati se**) sich erkälten
nahlađị̄vati se (-ạđujēm se) → ***nahlạ̄diti se***
nạhoče (-eta) Findelkind *n*
nạhođēnj|e Belieben *n*, Ermessen *n*; ***prẹma ~u*** nach Ermessen
nahrạ̄niti *5* (**-anjị̄vati**) füttern, zu essen geben; ~ **se** sich satt essen; seinen Hunger stillen
nahranjị̄vati (-ạnjujēm) → ***nahrạ̄niti***
nạhrupiti *pf* herbeistürzen, hereinstürzen
nạhušk(ạ̄v)ati aufhetzen, aufwiegeln
nahvạ̄liti *5 pf* übermäßig loben; über den grünen Klee loben; ~ **se** ausreichend loben
nạići (-iđēm; -išao, -šla) (**nạilaziti**) (an)treffen; begegnen (**na** *A/D*); ~ ***na razumjẹ̄vānje*** auf Verständnis stoßen
nạigrati se *5 pf* nach Herzenslust spielen *od.* tanzen
nạilaziti → ***nạići***
nạime nämlich; denn
nạīvac (-vca) naiver Mensch, *abw.* Naivling *m*; naiver Maler
naīv|an naiv; ***~nā ụmjetnōst*** naive Kunst
nāj- *Präfix f. Sup*
nạ̄jam (-jma; *Pl* -jmovi) Miete *f*; Pacht *f*; ***dạti u ~*** vermieten; verpachten; ***ụzēti u ~*** mieten; pachten
nạ̄jamn|ī Miet-; Pacht-; ***~ā kọla*** Mietwagen *m*; ***~ī rạ̄dnīk*** Lohnarbeiter *m*; ***~ī ụgovōr*** Mietvertrag; Pachtvertrag *m*
nạjamnīk Mieter *m*; Pächter *m*; *Mil.* Söldner *m*
najamnịna Miete *f*; Pachtgeld *n*, Pachtzins *m*
najạ̄viti *5* (**-aljị̄vati**) anmelden; kundtun; melden
najavljịvāč *1* (*V* -u) (*TV etc.*) Ansager *m*; Sprecher *m*; Conférencier *m*
najavljị̄vati (-ạvljujēm) → ***najạ̄viti***
nạ̄jbližī *Sup v.* ***blīz***
nạ̄jboljī *Sup v.* ***dọbar***
nạ̄jbržī *Sup v.* ***br̄z***
nạ̄jčešćī *Sup v.* ***čẹst¹***
nạ̄jdāljī *Sup v.* ***dạlek***
nạ̄jdraže *Sup v.* ***drạg***
nạ̄jdūljī, -dūžī *Sup v.* ***dụg***
najẹdnōm auf einmal; plötzlich, unerwartet
nạjesti se (-jedēm se; -jeo se) *pf* sich satt essen
nạjezda Andrang *m*; *Mil.* Einfall *m*; Invasion *f*
najẹ̄žiti se *5 pf* e-e Gänsehaut bekommen; schaudern
nạ̄jgore *Sup v.* ***zạo***
nạ̄jjače *Sup v.* ***jạ̄k***
nạ̄jkasnije spätestens; *Sup v.* ***kạsno***
nạ̄jkraćī *Sup v.* ***krạtak***
nạjlon Nylon *n*
nạjlōnke *f/Pl* F Nylonstrümpfe *Pl*
nạ̄jljepšī *Sup v.* ***lijep***
nạ̄jmanjē mindestens; wenigstens; *Sup v.* ***mạlo***; ***ni ~*** nicht im geringsten

nājmanjī *Sup v.* ***mąlen***
nājmilijī liebste(r, -s), Lieblings-
nājmiti *pf* → ***iznājmiti***
nājmlađī *Sup v.* ***mlād***
najmodāvac (-vca) *2* (*V* -vče) Vermieter *m*; Verpächter *m*
najmoprīmac (-mca) *2* (*V* -če) → ***nąjamnīk***
nājnovijī *Sup v.* ***nọv***
nājprije (zu)erst; zunächst
nājrādije *Sup v.* ***rądo***
nājranije *Sup v.* ***rąno***
nājstarijī *Sup v.* ***stār*** [1]
najūriti *5* fortjagen, verjagen; ~ ***s pọsla*** F *j-n* feuern
nājvećī *Sup v.* ***vęlik***
nājviše *Sup v.* ***mnọgo***
nājvišī *Sup v.* ***vịsok***
nājzād endlich; schließlich; zuletzt
nakąlamiti *pf* aufpfropfen; anstückeln
nąkana Absicht *f*, Vorhaben *n*
nakāniti (se) *5 pf* beabsichtigen, vorhaben; sich entschließen (zu + *Inf*); sich vornehmen (zu + *Inf*)
nąkapati (-pljēm) *pf* einträpfeln; eintropfen (lassen); eingeben
nąkapnica Zisterne *f*, Wasserspeicher *m*
nąkarada Spottbild *n*, Zerrbild *n*; Karikatur *f*
nakāšlj(āv)ati sich räuspern; hüsteln
nākaza Monstrum *n*, Scheusal *n*, Monster *n*
nākazan (-o) entstellt, mißgestaltet, verunstaltet
nakēziti se angrinsen; *Hund*: Zähne fletschen
nąkićen (-o) aufgeputzt, F aufgedonnert
nakinđūriti se *5 pf* F sich auftakeln, sich herausputzen
nąkiseliti *pf* einsäuern
nākit Schmuck *m*; Schmuckstück *n*
nąkititi (se) *pf* (nąkićen) (sich) schmükken; verzieren
nāklada Verlag *m*, Verlagshaus *n*; Auflage *f* (*e-s Druckerzeugnisses*)
nākladnī Verlags-; ~ ***zāvod*** Verlagsanstalt *f*; Verlagshaus *n*
nākladnīk Verleger *m*, Herausgeber *m*
naklāpati *5* faseln, schwatzen
nāklon[1] *Su* Verbeugung *f*, Verneigung *f*; Knicks *m*
nāklon[2] *Adj* geneigt; zugetan; gewogen
naklọniti se *5 pf* sich verbeugen, sich verneigen
nāklonōst (-osti; *ISg* -osti/-ošću) *f* Wohlwollen *n*; Zuneigung *f* (***prema*** *L*/gegenüber *D*)
nąklonjen geneigt, zugetan, wohlwollend
nąknada → ***nądoknada***
nąknadnī nachträglich, Nachtrags-; Ersatz-; ~ ***ịzbori*** Nachwahlen *Pl*
nąkon *Präp* (*G*) nach (*D*); ~ ***što*** *Kj* nachdem; ~ ***tọga*** danach
nakọpati *5* (**-opāvati** *5*) ausgraben; ~ ***si na glāvu*** *fig.* sich aufbürden
nakostriješiti se *5/7* sich sträuben; sich aufplustern (*a. fig.*)
nąkosutra → ***prekọsutra***
nąkovanj (-vnja) *Anat.*, *Werkzeug* Amboß *m*; Zündhütchen *n* (*bei e-r Feuerwaffe*)
nąkrāj *Präp* (*G*) am Ende; am Rande; ***nije mi ~ pąmēti*** das fällt mir im Traum nicht ein
nakrc(āv)ati beladen; vollpacken
nąkresān (-o) angeheitert, benebelt, beschwipst
nakręsati se (nąkresēm se) *pf* sich e-n Rausch antrinken
nąkrīv schief; schräg
nakrīviti *5* (**-krivljīvati**) schief *od.* schräg stellen *od.* setzen; seitwärts neigen; *Kopf* schief halten, *Hut* schräg aufsetzen
nakrivljīvati (-ịvljujēm) → ***nakrīviti***
nąkupina Ansammlung *f*; Anhäufung *f*
nąkupiti *pf* anhäufen; ansammeln; ~ **se** sich ansammeln
nakupọvati (-ụpujēm) (*allmählich*) aufkaufen, zusammenkaufen
nąkvasiti (-šen) *pf* anfeuchten, befeuchten; einweichen; ~ **se** naß werden
nalāgati[1] (nąlāžēm) → ***nalọžiti***[1]
nalągati[2] (nąlažēm) *pf* belügen, anlügen
nālaz Fund *m*, Fundgegenstand *m*; *Med.* Befund *m*
nąlazīšte Fundort *m*, Fundstelle *f*; *Geol.* Lager *n*
nąlaznīk Finder *m*
nālet Anlauf *m*; Anflug *m*; ~ ***vjętra*** (*Wind-*)Bö *f*
nalętjeti (-tīm; -tio, -tjela) *pf* anlaufen; *Flugzeug*: anfliegen; (*auf etw.*) aufprallen; zufällig anwesend sein
nāličiti[1] ähneln, gleichen (***na*** *A*/*D*)
nalīčiti[2] *5* anstreichen; Make-up auflegen, sich schminken

N

nȃlīčje Kehrseite *f*; *fig.* Schattenseite *f*
nalijȩpiti *7 pf* ankleben, aufkleben
nalijȩvati *5/7* → ***nąliti***
nąlijevo links; nach links; *Mil.* linksum!
nȃlik ähnlich; ***bįti*** ~ ähnlich sein (**na** *A/D*)
nąliti (-ijēm; -lio, -ila; -lįven *6*) (**-lijȩvati**) nachgießen; *Tee* aufgießen
nȃliv Aufguß *m*
nȃlivpero Füllfederhalter *m*, Füller *m*
nȃlog Auftrag *m*; Anordnung *f*; Befehl *m*; ***įsplatnī*** ~ Zahlungsauftrag *m*; ***po*** ~***u*** im Auftrag; ~ ***za hapšȩ̄nje*** *Jur.* Haftbefehl *m*
nalǫžiti¹ *5* (**-lągati**) beauftragen (*k-u A*/*j-n* mit *D*)
nalǫžiti² *Feuer* (an)machen; *Ofen* schüren
naljepljįvati (-ȩpljujēm) → ***nalijȩ̄piti***
nąljepnica Etikett *n*; Aufkleber *m*; Schildchen *n*
naljų̄titi (nąljūćen) *5 pf* erzürnen, aufbringen; ~ ***se*** böse *od.* zornig werden
nąmaći (-knēm) *pf* → ***namąknuti***
namą̄kati (nąmačēm) *pf* → ***namǫčiti***
namąknuti (nąmaknēm; nąmakao, -kla) *pf* anschaffen; auftreiben; *Schlinge etc.* anlegen
namą̄miti *5* (**-amljįvati**) anlocken, verlocken; verführen, verleiten
namamljįvati (-ąmljujēm) → ***namą̄miti***
namą̄tati *5* → ***namǫtati***
nąmaza|ti (-ažēm) *pf* (ein)schmieren; beschmieren; einfetten, einölen; ***įdē kao*** ~***no*** *fig.* es läuft wie geschmiert
nąmesti (-ȩtēm; -eo) zusammenfegen; *Blätter* zusammentreiben
nȃmet Abgabe *f*; Steuer *f*; Gebühr *f*
namȩtati (nąmećēm) [**-tnuti**] beladen; aufladen; auferlegen; ~ ***se*** sich aufdrängen; zudringlich sein
namȩtljiv aufdringlich, lästig
namȩtljivac (-īvca) zudringliche Person, aufdringlicher Kerl
nąmetničkī parasitär, schmarotzerhaft
nȃmetnīk Parasit *m*, Schmarotzer *m*
namȩtnuti (-nēm) *pf* → ***namȩtati***
namigįvati (-įgujēm) [**-gnuti**] (zu)zwinkern; kokettieren
namįgnuti (-nēm; -gao, -gla) → ***namigįvati***
namijȩ̄niti *7* (**namjenjįvati**) bestimmen (*AD*/*A* für *D*); beabsichtigen; *Buch* widmen; ***tǭ je tȩbi namijȩnjeno*** das ist für dich gedacht
nȃmira Quittung *f*, Belegschein *m*
namīriti *5* (**-irįvati**) begleichen; vergüten; ~ ***racūne*** Rechnungen begleichen (*a. fig.*)
namirįvati (-įrujēm) → ***namīriti***
nąmirnice *f*/*Pl* Lebensmittel *Pl*, Nahrungsmittel *Pl*; ***žįvežnē*** ~ Grundnahrungsmittel *Pl*
nąmjena Bestimmung *f*, Anwendung *f*
namjenjįvati (-ȩnjujēm) → ***namijȩniti***
nąmjer|a Absicht *f*, Vorhaben *n*; Plan *m*; ***ǫmesti*** ~***e*** Pläne vereiteln; ***s nȃjboljōm*** ~***ōm*** in bester Absicht
nąmjēr|an absichtlich, vorsätzlich; ~***nā rečȩnica*** *Gr.* Finalsatz *m*
namjerą̄vati beabsichtigen; planen
nąmjeriti *pf* zielen (**na** *A*/auf *A*); *Waffe* richten (auf *A*); ~ ***se*** sich (*zufällig*) treffen; stoßen (**na** *A*/auf *A*)
nąmjērno → ***nąmjēran***
nąmjesnīk Statthalter *m*; Regent *m*
nąmjestiti (-šten) (**-ȩ̄štati**) (auf)stellen; einsetzen; (nieder)legen; unterbringen; ordnen; *Arbeiter etc.* einstellen; *Autoreifen* montieren; *Bett* machen; *Brille* aufsetzen; *Gelenk* einrenken; *Tisch* decken; *Wohnung* möblieren; *Zimmer* aufräumen; F *auch*: übervorteilen, übers Ohr hauen; ~ ***se*** e-e Stelle bekommen; sich einrichten
nąmjesto *Präp* (*G*) (an)statt (*G*); für (*A*)
nąmještāj Möbel(stück *n*) *n*; Einrichtung *f*
namjȩ̄štāljka (*GPl* -ljkī) Betrug *m*, Übervorteilung *f*
namjȩ̄štati *5* → ***nąmjestiti***
nąmješten möbliert
namještȩnica Angestellte *f*
namještȩnīk *1* (*V* -č) Angestellte(r) *m*
namlą̄titi *5 pf Getreide* dreschen; *fig.* verprügeln; ~ ***pąre*** *fig.* Geld scheffeln
namǫčiti *5 pf* anfeuchten; einweichen
namǫliti *5 pf* erbitten
nąmot(āj) *Tech.*, *El.* Wicklung *f*; (*Film-*, *Tonband-*)Spule *f*
namǫtati (**-tāvati** *5*) aufrollen; aufspulen; aufwickeln
namrgoditi se Stirn runzeln; ein mürrisches Gesicht machen
namrgođen, nąmršten grimmig, mürrisch
nąmučiti (**se**) (sich) plagen, sich abmühen; sich schwertun (*I*/mit *D*)
nąnijeti (-nȩsēm; -nio, -njela; nanȩsen *6*/

nạnijet) **(-nositi)** heranbringen; zusammentragen; *Schmerz, Wunde* zufügen; ***nạnjelo ga ovạmo*** *fig.* es hat ihn hierher verschlagen
nanịšaniti *pf* zielen
nanīzati (nạnižēm) aufreihen; auffädeln
nậnos Ablagerung *f*; Anschwemmung *f*; ~ ***snijẹga*** Schneewehe *f*
nanọsiti *5* → ***nạnijeti***
nạnovo aufs neue, von neuem; ***Jọvo*** ~ alles von vorn!
nạnjušiti *pf* aufspüren, ausschnüffeln; *fig.* wittern
naọblačen (-o) bewölkt, wolkig
naoblậčiti se *5 pf* sich bewölken
nạobrazba (*GPl* -zbī) Bildung *f*; Ausbildung *f*; Unterweisung *f*; ***fakụltetskā*** ~ Hochschulausbildung *f*
naobrậziti *pf* bilden; ausbilden, schulen
naọbrāžen (aus)gebildet; geschult
nạočāle *f/Pl* Brille *f*; ~ ***za rọnjēnje*** Taucherbrille *f*; ***skijaškē*** ~ Skibrille *f*; ***sụnčanē*** ~ Sonnenbrille *f*; ***zậštitnē*** ~ Schutzbrille *f*
nạočāri → ***nạočāle***
nạočit stattlich, ansehnlich
nạočārka (*GPl* -kī) *Zool.* Brillenschlange *f*
nạočnjāci (*GPl* -ākā) *m/Pl* Scheuklappen *Pl*
nạoko scheinbar; vermeintlich
nạokolo ringsum; umher; ***stạjati*** ~ herumstehen
nạopāk verkehrt; umgekehrt; ***svẹ ịdē*** ~ alles geht schief
nạoružān (-o) bewaffnet (*I*/mit *D*)
naorụž(ậv)ati bewaffnen; ausrüsten
naọštriti *5* schärfen; schleifen
naọvāmo: *od ...* ~ (*zeitlich*) von ... bis heute, bis jetzt
nậpad Überfall *m*; Angriff *m*, Attacke *f* (*a. fig.*); (*Fechten*) Hieb *m*; *Med.* Anfall *m*; ***srčanī*** ~ Herzattacke *f*
napạdāč *1* Angreifer *m*, Aggressor *m*; *Sp.* Stürmer *m*
napạdāčkī aggressiv, angriffslustig
nạpadāj → ***nậpad***
nậpadan → ***upạdljiv***
nạpadati → ***nạpasti***[1]
napậjati *5* → ***napọjiti***
napakọstiti *5 pf* boshaft sein (*D*/zu *D*)
nạpamēt auswendig; → ***naučiti***
nậpasnīk Quälgeist *m*; Verführer *m*
nậpast (-i; *ISg* -sti/-šću) *f* Versuchung *f*, Verlockung *f*; ***prạvā*** ~ *abw.* e-e richtige Plage
nạpasti[1] (-dnēm; -pao; -padnūt) **(-padati)** überfallen, angreifen
nạpāsti[2] (-ạsēm) *pf* weiden, grasen lassen
nạpastovati (-stujēm) belästigen
nạpeći (-ẹčēm) *pf* → ***ịspeći***
nạpēt gespannt, straff; (*Buch*) spannend; *Path.* (*Muskeln*) verspannt; (*nervlich*) angespannt
nạpēti (-pnēm; -peo, -ela) **(-pịnjati)** (an)spannen, anziehen, straffen; *Gewehr* spannen; *Augen* anstrengen
nạpētōst (-osti; *ISg* -osti/-ošću) *f* Anspannung *f*; Spannung *f* (*a. Pol.*); Straffheit *f*
nậpici *Pl v.* ***nậpitak***
napījati zuprosten (*D*/*D*)
nạpinjati (-jēm) → ***nạpēti***
nạpipati *pf* ertasten
napịsati (nạpišēm) *pf* aufschreiben, niederschreiben; *Artikel* verfassen
nạpismeno schriftlich
nậpitak (-tka; *Pl* -ici) Getränk *n*, Trank *m*
nạpiti (-ijēm; -io, -ila; nạpit) *pf* zu trinken geben; betrunken machen; ~ ***se*** sich betrinken; (***kao mậjka*** *od.* ***spụžva*** *od.* ***zẹmljā*** F sich sinnlos besaufen)
nậpjev Melodie *f*, Lied *n*, Gesang *m*
naplaćīvati (-ạčujēm) → ***naplậtiti***
nạplata, -ćīvānje Begleichung *f*; Einkassieren *n*; Inkasso *n*; Vergütung *f*
nậplatak (-tka) *Kfz.* Felge *f*
naplậtiti *5* (-ćen) **(-aćīvati)** kassieren; *Schulden* eintreiben; entgelten, belohnen; vergelten (*k-u* ***za*** *A*/*j-m A*); ~ ***se*** sich lohnen
nạplaviti *pf* anschwemmen
napọjiti *5* **(-pậjati)** tränken, zu trinken geben; *Tech.* speisen
nậpōjnica Trinkgeld *n*
nạpokōn *Adv* endlich
nạpola halb, zur Hälfte
nạpolje heraus, hinaus
nạpomena Anmerkung *f*, Bemerkung *f*
napomẹ̄nuti (-ọmenēm) **(-ọminjati)** bemerken; erwähnen
napọminjati (-jēm) → ***napomẹ̄nuti***
nậpon Spannung *f*; *fig.* Blüte *f*; Vollkraft *f*; ***vịsokī*** ~ *El.* Hochspannung *f*; *Med.* (*Stuhl-, Harn-*)Drang *m*; ***u*** ~***u snậgē*** *fig.* in voller Blüte

N

nȃpor Anstrengung *f*; Mühe *f*
nȃpor|an anstrengend, mühevoll; ~**no** ***rȃditi*** hart arbeiten
nạpōse einzeln; für sich, separat; besonders; insbesondere
naposljȇtku endlich
nạpram *Präp* (*L*) gegenüber (*D*)
nạpras|an plötzlich, unerwartet; ~***nā smṛt*** unnatürlicher *od.* gewaltsamer Tod
nạprasit aufbrausend, jähzornig
naprȃšiti bestäuben; pudern; *fig.* durchprügeln
nạprava Anlage *f*, Vorrichtung *f*; Gerät *n*; ***klimatizȃcījskā*** ~ Klimaanlage *f*
nạpraviti *pf* machen, tun, anfertigen; herstellen; *Schaden* anrichten; *Dummheit* machen; ~***budȃla*** zum Narren halten (**od** *G*/*A*)
nạprćen → ***nạprtiti***
naprȇći (-gnēm; -gao) *pf* → ***naprȇgnuti***
naprẹčac *Adv* auf der Stelle, sofort; plötzlich
nạpredak (-tka; *Pl* -eci) Fortschritt *m*; Erfolg *m*, Gedeihen *n*; Fortkommen *n*
nạpredan fortschrittlich, progressiv
nạpredovānje Fortschreiten *n*; Fortkommen *n*; (*berufliche*) Beförderung *f*
nạpredovati (-dujēm) fort-, voranschreiten; (*im Beruf*) befördert werden
naprȇgnuti (nạprēgnēm; naprẹgnuo/nạprēgao) (**-zati**) anstrengen; anspannen; Anstrengungen machen; *Augen* anstrengen; *Ohren* spitzen; *Körper* anspannen; ~ **se** sich anstrengen; sich bemühen
nạprijed *Adv* vorwärts; voran
nạprosto einfach; geradezu; ***prọsto***-~ schlechterdings
nạprotīv dagegen; im Gegenteil, hingegen
nạprslina Riß *m*
nȃprstak (-tka), **-šnjāk** Fingerhut *m* (*a. Bot.*)
nạprtiti (-ćen) *pf* aufladen
napṛtnjača Rucksack *m*; Rückentrage *f*; ***škọlskā*** ~ Schulranzen *m*
nȃpȗčiti *5 pf* → ***nasẹliti***
nȃpūhān (-o) aufgeblasen, aufgebläht; *fig.* prahlerisch
napȗhati (nạpūšēm) (**-puhȃvati** *5*) aufblasen, aufblähen; ~ **se** *fig.* sich aufblasen; prahlen
napȗhnuti (nạpuhnēm) *pf* → ***napȗhati***
nạpuklina Riß *m*, Sprung *m*; (*am Schiff*) Leck *n*
nạpuknuti (-nēm; -kao) *pf* aufspringen; platzen; e-n Riß bekommen
nȃpuljskī *Geogr.* neapolitanisch
nạpūmpati *pf* aufpumpen
nạpuniti (**-jȃvati** *5*) (auf)füllen; (voll-) stopfen; *Gewehr* laden; *Lebensjahr* vollenden; ~ ***dụpkōm*** bis zum Rand füllen; ~ ***glȃvu*** F den Kopf vollschwatzen
napụstiti *5* (nạpušten) (**-ȗštati**) verlassen; aufgeben, preisgeben; ~ ***lȗku*** *Mar.* auslaufen; ~ ***prȃvu*** auf ein Recht verzichten; ~ ***zẹmljīšte*** *Jur.* ein Grundstück auflassen; ~ ***vọdu*** Wasser (*in die Badewanne*) einlaufen lassen
nạpušten (-o) verlassen, aufgegeben
napȗtiti *5 pf* → ***upȗtiti***
nạpuvati *etc. sb.* → ***napȗhati*** *etc.*
nȃr Granatapfel(baum *m*) *m*
naračụnati aufrechnen, berechnen
nạramac (-āmka) Bündel *n*; Päckchen *n*
nạramenice *m*/*Pl* Hosenträger *Pl*
nạrȃnča, *sb.* **-dža** (*GPl* -āčā/-ādžā *od.* -ā/-ī) Orange *f*
nạrȃnčast, -džast orange(farbig)
nạrȃsti (-ạstēm; -stao, -sla) *pf* (an)wachsen; heranwachsen; *Bart*: sprießen; *Flüsse*: anschwellen; *Wasser*: steigen; *Tage*: länger werden; *Teig*: aufgehen; *Steuern*: erhöht werden
nạraštāj Nachwuchs *m*; Geschlecht *n*; Generation *f*
nȃrav (-i; *ISg* -i) *f* Natur *f*, Wesen *n*, Charakter *m*; **po** ~**i** dem Wesen nach
nȃrav|an natürlich, echt, naturgetreu
nȃravno *Adv* natürlich, selbstverständlich
nȃredan folgend, kommend, nächst
nȃredba (*GPl* -dbī/-dābā) Anordnung *f*; Befehl *m*; Verordnung *f*, Erlaß *m*
naredbodȃvac (-vca) *2* Auftraggeber *m*; Befehlshaber *m*
narẹ̑diti *5* (**-eđīvati**) anordnen, befehlen; verordnen; bestimmen
naređīvati (-ẹđujēm) → ***narẹ̑diti***
nȃrezak (-ska) (*Wurst*) Aufschnitt *m*
nạrezati (-žem) *pf* anschneiden, aufschneiden
narịcati (nạrīčēm) (**-rjẹ̑ći**) jammern, wehklagen
narịkača Klageweib *n*
nạrinuti (-nēm) *pf* aufdrängen, aufzwingen; ~ **se** sich aufdränge(l)n

nȃrječje Mundart *f*, Dialekt *m*
narjȇći (-ęčēm; -ekao, -kla) → ***narīcati***
narkọmān *1* Rauschgiftsüchtige(r) *m*, Drogensüchtige(r) *m*
narkomạnija Rauschgiftsucht *f*, Drogensucht *f*
narkọtik Rauschgift *n*, Droge *f*
narkǭza Narkose *f*; ***lọkālnā ~*** örtliche Betäubung; ***ọpćā ~*** Vollnarkose *f*
nȃročit besonder(er), außergewöhnlich(er); ***~o*** *Adv* besonders, insbesondere
nȃrod Volk *n*; Nation *f*; ***seọba ~ā*** Völkerwanderung *f*
nȃrod|an volkstümlich; Volks-, National-; ***~nā bȃnka*** Nationalbank *f*; ***~nā pjẹsma*** Volkslied *n*; ***~nī blạgdan*** *od.* ***prāznīk*** Nationalfeiertag *m*; ***~nā repụblika*** Volksrepublik *f*; ***~nō sveụčilīšte*** *od.* ***~nī univerzịtēt*** *Art* Volkshochschule *f*
narodnooslobọdilačk|ī Volksbefreiungs-; ***~ā bọrba*** Volksbefreiungskampf *m*
nȃrodnōst (-osti; *ISg* -osti/-ošću) *f* Nationalität *f*; Volks-, Staatszugehörigkeit *f*
nạručāj (*offene*) Arme *Pl*; Armvoll *m*; ***prịmiti*** *od.* ***ụzēti u ~*** in die Arme nehmen
narụ̄čiti *5* (**-učīvati**) bestellen, anfordern
naručịvati (-ụčujēm) → ***narụ̄čiti***
nȃrūčje Umarmung *f*
nȃrudžb|a (-džābā/-bī) Bestellung *f*; Auftrag *m*; ***po ~i*** auf Bestellung
narudžbẹnica Bestellschein *m*; Bestellbuch *n*
narụ̄gati se *pf* sich lustig machen (*D*/über *A*)
nạrukvica Armband *n*
nạrušen (-o) zerstört; (*Gesundheit*, *Ehe*) zerrüttet
nạrušiti (**-šạ̄vati** *5*) stören; zerstören; *Gesetz* verletzen; *Ruhe*, *Ordnung* stören; *Vertrag*, *Frieden* brechen
nȃs (*enkl.* nąs) *APl*, *GPl v.* ***mī*¹**
nạsad Plantage *f*
nasạ̄diti *5* (**-ađịvati**) anpflanzen; *Park* anlegen; *fig.* zum Besten halten; veralbern; ***bịti krịvo nạsāđen*** *fig.* schlecht gelaunt sein
nasađịvati (-ąđujēm) → ***nasạ̄diti***
nasamạ̄riti *5 pf fig.* anschmieren, verulken
nạsāmo allein; unter vier Augen
nạsaticē *Adv* hochkant
nasẹliti *5* (**-ljạ̄vati** *5*) ansiedeln; *Land* besiedeln; *Menschen* ansiedeln, kolonisieren; ***~ se*** sich ansiedeln, ansässig werden
nȃsēlje, nạseobina Ansiedlung *f*
nạseljen (-o) besiedelt, bevölkert; ***~ō mjẹsto*** besiedelte Ortschaft
naseljẹnīk *1* (*V* -če) Siedler *m*
nȃsīl|an gewaltsam; gewalttätig; Gewalt-, tyrannisch; ***~no*** *Adv* mit Gewalt
nȃsilnīk (*V* -če) Gewalttäter *m*; Gewaltherrscher *m*, Tyrann *m*
nȃsīlje Gewalt *f*; Gewaltherrschaft *f*, Tyrannei *f*
nȃsip Damm *m*, Deich *m*; Wall *m*; ***žẹljeznički ~*** Bahndamm *m*
nạsipati, -ạ̄vati *5* → ***nạsūti***
nạsititi (-sićen) *pf* sättigen; ***~ se*** satt werden
nạsitno fein; winzig
nạsjeckati *pf* → ***nạsjeći***
nạsjeći (-siję̄čēm -sjekao; -siječen) *pf* klein hacken; anschneiden, einschneiden
nạsjesti (-dnēm; -sjeo), **-sjedati** *pf* scheitern, stranden; übel ankommen; *fig.* auf den Leim gehen
nȃskoro (als)bald, demnächst
nȃslada Genuß *m*, Vergnügen *n*; Behagen *n*
naslạ̄diti se *5* (**-ađịvati se**) (*I*) schwelgen (in *D*); genießen; sich ergötzen (*I*/an *D*)
nasladịvati se (-ąđujēm se) → ***naslạ̄diti se***
nȃslaga Schicht *f*, Lage *f*; Anhäufung *f*; *Med.* Belag *m*
naslạ̄gati (nąslažēm) aufhäufen; (auf-)schichten; (auf)türmen
nạslanjati → ***naslọniti***
naslijẹditi *5*/*7* (**-sljeđịvati**) beerben, (er-)erben
nạslikati *pf* abbilden, aufzeichnen; ***kao nạslikān*** bildhübsch
nȃslon Lehne *f*; (*Rücken-*, *Kopf-*)Stütze *f*; ***~ za brạ̄du*** Kinnstütze *f* (*an der Geige*); ***~ za nọge*** Fußstütze *f*
naslọniti (se) *5* (**nạslanjati se**) sich anlehnen (**uz, na** *A*/an *A*); (sich) aufstützen (auf *A*)
naslọnjāč *1* Lehnstuhl *m*, Lehnsessel *m*; ***plẹtenī ~*** Korbstuhl *m*

N

nạslov Titel *m*, Überschrift *f*; Anrede *f*; Anschrift *f*, Adresse *f*; ***glạvnī ~*** Schlagzeile *f*; ***prịglāvnī ~*** *Typ.* Kolumnentitel *m*
naslọviti *5 pf* benennen; e-n Titel geben; *Brief* adressieren; *Buch* betiteln
nạslovnīk Adressat *m*, Empfänger *m*
naslućịvati (-ụćujēm) [**naslụtiti** *5*] (er-)ahnen, vermuten; vorausahnen
nạsljed|an erblich; vererbt; Erb-; ***~nō prạvo*** Erbrecht *n*
nạsljednica Erbin *f*
nạsljednīk Erbe *m*; Nachfolger *m*; *Kfz.* Nachfolgemodell *n*
nạsljedovati (-ujēm) nachahmen; nachmachen
nạsljedstv|o Erbe *m*, Erbschaft *f*, Nachlaß *m*; ***lịšiti ~a*** enterben; ***lọvac na ~o*** Erbschleicher *m*; ***prạvo na ~o*** *Jur.* Erbanspruch *m*
nạsljeđe (*kulturelles etc.*) Erbe *n*
nasljeđịvānje Erben *n*, Vererben *n*; Vererbung *f*
nasmạgati (nạsmāžēm) auftreiben, erschwingen
nasmịjati (nạsmijēm; nạsmijao; nạsmijān) (**-ạvati** *5*) zum Lachen bringen; **~ se** lachen; anlachen (*D*/*A*)
nasmiješiti se *5/7 pf* lächeln
nạsmjehnuti se (-nēm se) *pf* (an)lächeln (*D*/*A*); zulächeln
nasọliti *5 pf* (ein)salzen; pökeln
naspạvati se *5 pf* sich ausschlafen
nạspēm *1. Pers Sg v.* ***nạsūti***
nạspjeti *unpers* ***nạspijē*** *Wunsch, Verlangen*: überkommen, übermannen; ***štọ mu je nạspjelo?*** was ist in ihn gefahren?
nạsred *Präp* (*G*) inmitten (*G*); mitten in (*D*); in der Mitte (*G*)
nasr̄nuti (nạsr̄nēm) (**nạsrtati**) angreifen; überfallen (***na*** *A*/*A*)
nạsrt(āj) Angriff *m*; Überfall *m*; Vorstoß *m*
nạsrtati (-sr̄ćēm) → ***nasr̄nuti***
nasr̥tljiv zudringlich; streitsüchtig, angriffslustig
nasr̥tljivac (-īvca) Raufbold *m*; zudringlicher Kerl
nasr̥tljivōst (-osti; *ISg* -osti/-ošću) *f* Zudringlichkeit *f*; Zanksucht *f*, Angriffslust *f*
nạstajati (-jēm) → ***nạstati***
nạstamba (*GPl* -bī) (*Feuerwehr etc.*) Mannschaftsunterkunft *f*; (*Zoo*) Tierhaus *n*
nạstanak (-ānka) Beginn *m*
nastạniti se *5 pf* (**-anjīvati se**) sich ansiedeln *od.* niederlassen
nạstānjen (-o) wohnhaft, ansässig
nạstati (-anēm; -stao) (**-stajati**) entstehen, beginnen; einsetzen; *Nacht*: anbrechen; *Streit*: aufkommen
nạstav|a Unterricht *m*, Schulung *f*; ***dọpisnā ~a*** Fernunterricht *m*, Fernstudium *n*; ***dọdatnā ~a*** Zusatzunterricht *m*; ***ọbaveznā ~a*** Schulpflicht *f*
nạstavak (-āvka) Fortsetzung *f*, Folge *f*; *Gr.* Endung *f*; Suffix *n*; *Tech.* Muffe *f*; ***~ za usisạvānje*** (*Staubsauger*) Saugvorsatz *m*
nạstaviti (**-vljati**) fortsetzen; fortführen; verlängern; wiederaufnehmen
nạstavn|ī Lehr-, Unterrichts-; ***~ō ọsōblje*** Lehrkörper *m*
nạstavnica Lehrerin *f*
nạstavnīk Lehrer *m*
nạstojānje Bestreben *n*
nạstojati (-īm) streben, trachten; (***na*** *L*; ***oko*** *G*/nach *D*); sich Mühe geben
nạstojnica Leiterin *f*, Vorsteherin *f*; ***~ kụćē*** Hausmeisterin *f*
nạstōjnīk Leiter *m*, Vorsteher *m*; ***~ kụćē*** Hausmeister *m*
nastrạdati *5 pf* verunglücken, e-n Unfall erleiden; *fig.* scheitern
nạstran (-o) eigentümlich, sonderlich, verschroben; ***~ čọvjek*** Sonderling *m*
nạstranōst (-osti; *ISg* -osti/-ošću) *f* Seltsamkeit *f*, Verschrobenheit *f*
nạstrojen veranlagt; gestimmt
nạstrojenōst (-osti; *ISg* -osti/-ošću) *f* Stimmung *f*, Laune *f*; Gemütsart *f*
nạstup Auftreten *n*, Erscheinen *n*; Benehmen *n*; (*Dienst-*)Antritt *m*; (*Bühnen-*)Auftritt *m*
nastụpati *5* [**-iti** *5*] sich betragen, sich benehmen; beginnen; *Ereignis*: eintreten; *Heer*: vorrücken; *Thea.* auftreten; *Amt* antreten
nạstupnī Antritts-
nasụkati (nạsūčēm) *pf* aufspulen; zwirnen; **~ se** *Schiff*: stranden; *fig.* auflaufen, scheitern
nạsumcē zufällig, aufs Geratewohl
nạsuprot *Präp* (*D*) gegenüber (*D*); ***~ tọmu*** demgegenüber

nȃsušnī: ~ ***krụh*** *od. sb.* ***hlẹb*** tägliches Brot
nạsūti (-spēm; -suo, -sūla; -sūt) (**-sipati**) (auf)schütten; (auf)gießen; bestreuen; *Loch* zuschütten; *Tee* aufgießen
nȃš unser
nạšaliti se *pf* scherzen, spaßen, sich e-n Spaß erlauben (**s** *I*/mit *D*)
nȃširoko breit; weitschweifig; ~ ***i nȃdaleko*** weit und breit
nȃškī *Adv* von uns; ***govọriti*** ~ unsere Sprache sprechen
nạštampati → ***nạtiskati***
nạtaći, -knuti (-knēm; -kao) (**nạticati**) anstecken, aufstecken; aufspießen; *Ring* anstecken; *Bajonett* aufpflanzen; *Hut* aufsetzen; ~ ***na kọlac*** pfählen
natȃkati (nạtāčēm) → ***natọčiti***
natalịtēt *1* Natalität *f*, Geburtenrate *f*
natȃpati → ***natọpiti***
nạtarēm *1. Pers Sg v.* ***nạtrti***
nạtāroš Notar *m*
nạtašte nüchtern, auf nüchternen Magen
nạtčovjek (*Pl* nạtljudi) Übermensch *m*, Supermann *m*
nạtećen (-o) (an)geschwollen
nạteći[1] (-knēm; -kao) (**-ticati**) (an-) schwellen; dick werden
nạteći[2] → ***natẹ̄gnuti***
natẹ̄gnuti (nạtēgnēm; *Imp* -tẹgni; natẹgnuo/nạtēgao; nạtēgnūt) (**-tẹ̄zati**) (an)spannen; straffziehen; *Muskel* zerren; *Schraube* anziehen; *Saiten* aufziehen; *Bogen, Gewehr* spannen; ~ ***za ụho*** am Ohr ziehen
nạticati (-čēm) → ***nạtaći***
nạtiskati *pf* drucken, abdrucken; vollstopfen
nạtjecānje Wettbewerb *m*; ***nạgradnō*** ~ Preisausschreiben *n*
natjẹcatelj (Wett-)Bewerber *m*, Konkurrent *m*; *Sp.* (*Wettkampf-*)Teilnehmer *m*
nạtjecati se (-tječēm se) sich bewerben (***za*** *A*/um *A*); konkurrieren, wetteifern
nạtječāj Bewerbung *f*; Wettbewerb *m*; ~ ***rȃdnōg mjẹsta*** Stellenausschreibung *f*
nạtjerati (**-īvati**) zwingen, nötigen; (an-) treiben; *Angst* einjagen; ~ ***do smijẹha*** zum Lachen bringen
natjerīvati (-tjẹrujēm) → ***nạtjerati***
nạtkoljenica Oberschenkel *m*
nạtkonobar Oberkellner *m*
natkrịliti *5* (**-ilịīvati**) überflügeln
natkrilịīvati (-ịljujēm) → ***natkrịliti***
nạtkriti (-ijēm; nạtkrīt/natkrịven *6*) (**-krịvati** *5*) (be)decken; überdecken
nạtmuren (-o) (*Wetter*) bewölkt, trüb; (*Person*) mürrisch, verdrießlich
nạtō hierauf; darauf
natọčiti *5* (**-tȃkati**) einschenken, eingießen
natọpiti *5* (**-tȃpati**) bewässern; einweichen; imprägnieren
natọvaren (-o) beladen
natọvariti (**-īvati**) belasten; bepacken; *Wagen* beladen; *Ware* aufladen; *fig. Pflicht* aufbürden
natovarīvati (-ạrujēm) → ***natọvariti***
nȃtpis Aufschrift, Überschrift *f*; Inschrift *f*; (*Firmen-, Straßen-*)Schild *n*; ***nȃdgrobnī*** ~ Epitaph *n*, Grabinschrift *f*
nạtpolovič|an: ~***nā većịna*** *Pol.* absolute Mehrheit
natprịrodan übernatürlich
natprọsječan überdurchschnittlich
nạtrāg zurück; rückwärts; ***ịći*** ~ rückwärts gehen; e-n Rückschritt machen (*a. fig.*)
natrạške rückwärts; nach hinten; ***parkīrati*** ~ rückwärts einparken
nȃtražnī, -ažnjāčkī rückschrittlich, reaktionär
nȃtražjnāk Rückschrittler *m*, Reaktionär *m*
nạtrēm *1. Pers Sg v.* ***nạtrti***
nȃtrija Natrium *n*
natr̄ljati *5* → ***tr̄ljati***
natrpati (**-ȃvati** *5*) vollstopfen; überfüllen; anhäufen; *Gepäck* verstauen
nạtrti (-trēm/-tarēm; -tro, -tr̄la) abreiben; massieren; ~ ***mạšću*** einkremen
natrụniti *5 pf* anfaulen; morsch werden
natụcati *5* → ***nạtuknuti***; *Sprache* radebrechen
nạtucēnje *Med.* Prellung *f*
nạtuknica Stichwort *n*, Kennwort *n*
nạtuknuti (-nēm) *pf* andeuten, anspielen (auf *A*)
natụr|a Natur *f*; ***dȃvānje u*** ~***i*** Naturalleistung *f*
naturālan natürlich
naturalịstickī naturalistisch
naturalịzam (-zma) Naturalismus *m*
nạučan wissenschaftlich; gelehrt
naučẹnjāk *1* (*V* -če) Wissenschaftler *m*
naụčiti *5* (er)lernen; lehren (*k-a A*/*j-n A*);

N

unterweisen, instruieren; ~ ***nąpamēt*** auswendig lernen; ~ ***kǫnja na jąhānje*** Pferd einreiten; ~ ***se*** sich gewöhnen (***na*** *A*/an *A*)

nąučnīk Wissenschaftler *m*; Lehrling *m*

nąuditi *pf* schaden, Schaden zufügen

nąuk (*a. moralische*) Lehre *f*; Doktrin *f*; Lehrzeit *f*; ***bįti u ~u*** in der Lehre sein (***kod*** *G*/bei *D*)

nąuk|a Wissenschaft *f*; Lehre *f*; ***prįmjenjenē ~e*** angewandte Wissenschaften; ***bez mūkē nęmā ~ē*** *Sprw.* ohne Fleiß kein Preis

nąukovānje Lehrzeit *f*

naūljiti *5 pf* einölen

nąum Vorsatz *m*, Absicht *f*; → ***nąmjera***

nąumiti beabsichtigen, vorhaben; sich etw. vornehmen

nąušnic|a Ohrring *m*; ***vįseće ~e*** Ohrgehänge *n*

naųštrb *Präp* (*G*) zu Lasten; zu Schaden (*G*)

nąutičk|ī See-, Meeres-; ***~ā mįlija*** Seemeile *f*

naųtika Nautik *f*, Schiffahrtskunde *f*

naųžiti se (nąužijem se) (**-ījvati se** *5*) auskosten, reichlich genießen

nāvala Ansturm *m*, Andrang *m*; *Mil.* Angriff *m*; *Sp.* Sturm *m*

navąliti *5* (**-aljīvati**) sich (heran)drängen, andrängen; anstürmen; angreifen; losgehen (***na*** *A*/auf *A*); herbeiströmen; ~ ***pįtanjima*** mit Fragen überschütten; ~ ***se*** herbeiströmen

nąvečē(r) abends; am Abend

nąvesti[1] (-vędēm; *Imp* -vędi; -veo; -vęden *6*) (**-vǫditi**) anführen, angeben, zitieren; vorbringen; veranlassen; verleiten; ~ ***na tąnak lęd*** *fig.* aufs Glatteis führen

nąvesti[2] (-ęzēm; -vezao, -vezla; -vęzen *6*) (**-vęzati**) herbeifahren, heranfahren

nąvići (-iknēm; -ikao, -kla) → ***nąviknuti***

navįjāč *1* (*V* -ču) *Sp.* Fan *m*; Schlachtenbummler *m*

navījati *5* → ***nąviti***

navijęstiti *5* (**-vješćįvati**) verkünden; ankündigen; *Krieg* erklären

navješćįvati (-ęšćujēm) → ***navijęstiti***

nāvik|a Gewohnheit *f*; ***čǫvjek od ~ē*** Gewohnheitsmensch *m*; ***iz ~ē*** aus Gewohnheit; ***prijęći u ~u*** zur Gewohnheit werden

navikāvati (se) *5* → ***nąviknuti (se)***

nąviknuti se (-knēm; -kao) (**-kāvati** *5*) (**se**) (sich) gewöhnen (***na*** *A*/an *A*); sich zur Gewohnheit machen

navįkula *Rel.* Weihrauchschiffchen *n*

nąvirati (-ēm) (hervor)quellen

nąviše aufwärts, empor; ***od...~*** von ... aufwärts

nąviti (-ijēm; -io; -vīt/-vįjen) (**-vījati**) aufwinden; aufspulen; *Uhr* aufziehen; *Gitarre etc.* bespannen; ***govǫriti kao navįjeno*** *fig.* wie aufgezogen reden

navještęnje *Rel.* Mariä Verkündigung *f*

navląčiti → ***nąvūći***

nāvlaka Bezug *m*, Überzug *m*; ***ųdskā ~*** *Anat.* Vorhaut *f*; (*im Gebiß*) Jacket-Krone *f*

nąvlažiti *pf* anfeuchten

nāvod Angabe *f*; Belegstelle *f*; Zitat *n*

navǫditi *5* → ***nąvesti***[1]

nāvodnī angeblich, vorgeblich; scheinbar; ~ ***znąk*** → ***nāvodnīk***

nāvodnīk Anführungszeichen *n*

nāvodno *Adv* angeblich

navodnjāvānje Berieselung *f*; ***ųređāj za ~*** Berieselungsanlage, Bewässerungsanlage *f*

nąvođēnje Angeben *n*, Anführen *n*; ~ ***dǫkazā*** *Jur.* Beweisführung *f*

nāvoj (*Schrauben-*)Gewinde *n*

nąvraćati → ***navrątiti***

nąvrat: ***u vįše ~a*** mehrmals; öfter

navrątiti *5* (**nąvraćati**) (hin)leiten; lenken; (hin)führen

nąvrh *Präp* (*G*) obenauf, obenan; ~ ***jęzika*** *fig.* auf der Zungenspitze

navŗšiti *5* (**-ršąvati** *5*) vollenden, vollbringen; ~ ***pedęset gǫdinā*** fünfzig Jahre alt werden; ~ ***se*** *Zeitraum*: voll werden; sich erfüllen; ***dąnas se navŗšavajū dęset gǫdina ǫd njęgove smŗti*** heute sind es zehn Jahre seit seinem Tode

nąvūći (-ųčem; -vūkao, -kla; -vųčen *6*) (**-vląčiti**) *Schuhe* anziehen; *Mantel* überziehen; ~ ***bolēst*** sich e-e Krankheit zuziehen; ~ ***mŗžnju*** sich Haß zuziehen; *Kleid* anziehen; ~ ***se*** *Himmel*: sich bedecken

nązād zurück

nązadak (-tka; *Pl* -avi) Rückschritt *m*; Rückfall *m*

nązadan rückschrittlich, reaktionär

nązadnjāk Rückschrittler *m*, Reaktionär *m*

nązadovati (-adujēm) zurückgehen (*a. Geschäft*); rückwärtsgehen
nązdravica Trinkspruch *m*, Tischrede *f*
nązdraviti (**-vljati**) zuprosten; ~ ***u zdrąvlje*** *k-a* auf j-s Gesundheit anstoßen
nazdrąvničār Festredner *m*
nązēpsti (-zębēm; -zēbao) *pf* sich erkälten
nązirati (-ēm) ahnen, erahnen; vermuten; undeutlich sehen
nậziv Name *m*, Bezeichnung *f*; Titel *m*; ~ ***zęmljīštē*** Flurname *m*; ***strųčnī*** ~ Terminus *m*
nazīvati *5* → ***nązvati***
nậzīvlje Terminologie *f*
nậzivnīk *Math.* Nenner *m*; ***svęsti na ząjednički*** ~ (*a. fig.*) auf e-n gemeinsamen Nenner bringen
nąznačen (-o) angezeigt, indiziert; (*Krankheitszeichen*) angedeutet
naznậčiti *5* (**-ačīvati**) *Straßennamen* bezeichnen; bestimmen; anmerken; notieren; *Weg* markieren
naznačīvati (-ącujēm) → ***naznậčiti***
nąznaka Bezeichnung *f*; Anmerkung *f*; Notiz *f*
nązočan anwesend; *Adv* zugegen
nậzor Anschauung *f*; Ansicht *f*
nązovī falsch, Pseudo-; sogenannt, ~ ***mậjstor*** Pfuscher *m*
nązrijēti (-nązrēm) → ***nązirati***
nązvati (-zovēm; -zvao, -āla) (**-zīvati**) nennen, bezeichnen (*I*/als *A*); anrufen; ~ ***pogrešan brộj*** sich verwählen
nąžalōst leider, bedauerlicherweise
nąžao zuleide; (**u**)**čịniti** ~ (*D*) zuleide tun (*D*); kränken (*A*)
naždęrati se (nąžderēm se) *pf* sich satt fressen
nažụ̄jati (**se**) *5 pf* (sich) wundreiben
nę nein; ~ ***dā mi se*** ich habe keine Lust; ***kąko da*** ~? wieso denn nicht?, aber sicher doch!; ~ ***i nịkada!*** nie und nimmer!; ***zậr*** ~? nicht wahr?
nęaktīvan inaktiv, untätig
nębesa Himmel *m*; ***ųzdići u*** ~ *fig.* in den Himmel heben; → ***nębo***
nębesk|ī himmlisch, Himmels-; ~***ō cậrstvo*** Himmel(s)reich *n*; ~***ī svod*** Himmelsgewölbe *n*
nębītan unwesentlich; *Jur.* unbeachtlich
nęb|o (*Pl* nebęsa) Himmel *m*; ***bịti u dęvetōm*** ~***u*** *fig.* im siebten Himmel sein; ***pod vędrīm*** ~***om*** unter freiem Himmel; ***s*** ~***a pa u rębra*** F Knall und Fall; ***ųzdizati do*** ~***a*** *fig.* j-n in den Himmel heben
nęboder Wolkenkratzer *m*
nebonoša *m Rel.* Baldachinträger *m*
nębriga Sorglosigkeit *f*, Leichtsinn *m*; *Jur.* Fahrlässigkeit *f*
nębrižan sorglos, unbekümmert
nębrižljivōst (-osti; *ISg* -osti/-ošću) → ***nębriga***
nębrojen unzählig
nębūdan unaufmerksam
nębulōzan nebulös
nęčastan (-sno) ehrlos; unwürdig
nęčijī *Pron* jemandes, (irgend-)eines
nęčist unrein; unsauber, schmutzig
nečistoća Unreinheit *f*, Unsauberkeit *f*; Schmutz *m*
nęčitak (-tko), **-čịtljiv** unleserlich, unlesbar
nęčovječan unmenschlich
nęčūjan unhörbar, geräuschlos
nečųven *6* unerhört; beispiellos; unglaublich
nęćak (*V* -će) Neffe *m*
nećąkinja Nichte *f*
nēćati se ablehnen; sich verweigern
nęćkati se [**po-**] zögern, unentschlossen sein; sich zieren
nēću ich will nicht
nędača Mißgeschick *n*
nędaleko unweit, nicht weit
nędāvn|ī kürzlich; ~***o*** neulich, vor kurzem
nędijeljen (-o) ungeteilt, ganz; ~***ā pažnja*** ungeteilte Aufmerksamkeit
nędīrnūt unberührt
nędjelatan untätig; wirkungslos, unwirksam
nędjelo Untat *f*, Greueltat *f*; Verbrechen *n*
nędjelj|a Sonntag *m*; *sb.* Woche *f*; ~***ōm*** sonntags; ***Cvjętnā*** ~***a*** *Rel.* Palmsonntag *m*; ***Vęlikā*** ~***a*** *Rel.* Karwoche *f*
nedjęljiv unteilbar
nędjēljnī sonntäglich, Sonntags-; *sb.* wöchentlich, Wochen-
nędjēljno *sb.* wöchentlich, pro Woche
nędjēljnīk *sb.* Wochenblatt *n*
nędoglēdan unabsehbar; unendlich
nedokāzān unbewiesen
nedokųčiv unergründlich; unerforschlich; unerfindlich

N

nędolazak (-ska) *Jur.* Nichterscheinen *n*
nedọličan ungehörig, unschicklich
nedọličnōst (-osti; *ISg* -osti/-ošću) *f* Ungehörigkeit *f*, Unschicklichkeit *f*
nedọnošče (-eta) Frühgeburt *f*
nedopęčen (-o) nicht fertig gebacken *od.* gebraten; *fig.* unausgegoren
nedopụstiv, -dọpušćen (-o) unerlaubt, nicht statthaft
nedọrāstao (-slo) halbwüchsig; *Jur.* minderjährig; *fig.* unreif
nedọsljedan inkonsequent
nedọsljednōst (-osti; *ISg* -osti/-ošću) *f* Inkonsequenz *f*
nedọstajati (-jēm) **[-ati]** (*G*) fehlen; mangeln (an *D*); abgehen; alle sein *od.* werden
nedostặtak (-tka; *Pl* -āci) Mangel *m*; Fehlbetrag *m*; **~ u pọstupku** *Jur.* Verfahrensmangel *m*; **~ zrặka** *od. sb.* **vạzduha** *Med.* Lufthunger *m*
nędostātan unzureichend; ungenügend
nędostati (-anēm) → ***nedọstajati***
nedọstižan unerreichbar
nedộstōjan unwürdig, würdelos
nedọstupan unerreichbar; unzugänglich; (*Mensch*) verschlossen
nedọtjerān (-o) unfertig, roh; ungepflegt, nachlässig
nedọumica Unsicherheit *f*; Unentschlossenheit *f*; Zweifelsfall *m*
nędovōljan unzureichend; ungenügend (*auch Schulnote*); unbefriedigend
nedọvršen (-o) unfertig, unvollendet
nedọzrelōst (-osti; *ISg* -osti/-ošću) *f* Unreife *f*
nedọzreo (-elo) unreif
nedọzvoljen (-o) → ***nedopụstiv***
nedruželjụbiv ungesellig
nędūžan unschuldig, schuldlos
nedvọjben (-o) zweifellos, unzweifelhaft
nedvọjbenōst (-osti; *ISg* -osti/-ošću) *f* Gewißheit *f*
nedvọsmislen unzweideutig, eindeutig
nedvọsmislenōst (-osti; *ISg* -osti/-ošću) *f* Unzweideutigkeit *f*; Eindeutigkeit *f*
neefịkasnōst (-osti; *ISg* -osti/-ošću) *f* Ineffizienz *f*, Wirkungslosigkeit *f*
negặcija Negation *f*, Verneinung *f*
nęgatīvan negativ
nęgātor|an verneinend; **~nā tụžba** *Jur.* Unterlassungsklage *f*
nęgda(šnjī) → ***nękada(šnjī)***
nęgdje irgendwo
nęgo *Kj* sondern; (*nach Komp*) als; **~ što?** was sonst?
nęgodovānje Mißbilligung *f*; Mißmut *m*
nęgodovati (-ujēm) mißbilligen; tadeln
negostoljụbiv ungastlich
nehạj, -at Gleichgültigkeit *f*; Nachlässigkeit *f*, Sorglosigkeit *f*; *Jur.* Fahrlässigkeit *f*; **ubộjstvo** (*sb.* **ubīstvo**) **iz ~a** *Jur.* fahrlässige Tötung
nehājan, -ātan nachlässig; sorglos; *Jur.* fahrläsig
nęhoti(m)cē *Adv* unwillkürlich; unabsichtlich
nęhotimičan unabsichtlich, ungewollt
nęhotimičnōst (-osti; *ISg* -osti/-ošću) *f* Unabsichtlichkeit *f*
nęhumān (-o) inhuman
neimặština Armut *f*, Elend *n*; Mangel *m*
neiscjẹljiv → ***neizljęč(lj)iv***
neịscrpan, -pljiv unerschöpflich
neịskāzān (-o) unaussprechlich; unermeßlich
nęiskren (-o) unaufrichtig, verlogen, falsch
nęiskrenōst (-osti; *ISg* -osti/-ošću) *f* Unaufrichtigkeit *f*, Falschheit *f*
neịskusan unerfahren; ungeschickt
neịspāvān (-o) unausgeschlafen, schläfrig
neịspītān (-o) ungeprüft; unerforscht
neispụn(l)jiv unerfüllbar; nicht ausfüllbar
nęistina Unwahrheit *f*
nęistinit unwahr; lügenhaft
neịstrāžen (-o) unerforscht
neizbẹriv unwählbar
neịzbježan, -jęživ unvermeidlich; unabwendbar
neizdṛž(lj)iv unerträglich, untragbar
neizljęč(lj)iv unheilbar
nęizmjēran unermeßlich
neizọbražen (-o) ungeschult, ungebildet; nicht ausgebildet; unkultiviert
nęizostāvan unausbleiblich, unumgänglich
nęizrāvan mittelbar, indirekt
neizręčiv unaussprechlich; (*Schmerz etc.*) unsagbar
neizụčen (-o) ungelernt
neizvẹd(lj)iv unausführbar, undurchführbar
nęizvjestan (-sno) ungewiß; unbestimmt

neizvję̄štačen (-o) ungekünstelt; offen, freimütig
nęizvježbān (-o) ungeübt, nicht eingeübt
neizvŗšiv → ***neizvęd(lj)iv***
nęjāk schwach, kraftlos; ***~ō dijęte*** Kleinkind *n*
nęjākōst (-osti; *ISg* -osti/-ošću) *f* Schwäche *f*, Kraftlosigkeit *f*
nęjasan unklar, undeutlich; verschwommen
nejasnọća Unklarheit *f*; Undeutlichkeit *f*
nęjednāk ungleich; verschieden
nejednąkōst (-osti; *ISg* -osti/-ošću) *f* Ungleichheit *f*
nejęstiv nicht eßbar, ungenießbar
nęka *Kj* daß; damit; ***~ bụdē!*** von mir aus!; ***~ dǭđē*** er soll kommen; ***~ ką̄žē što họćē*** soll er doch sagen, was er will
nękad(a) einst, einmal; seinerzeit
nękadašnjī ehemalig, einstig
nękak|av (-kvo) irgendein; ein gewisser
nękākvo irgendwie
nękamo irgendwohin
nękažnjen (-o) unbestraft; ungeahndet; *Jur.* nicht vorbestraft
nekąžnjiv nicht strafbar
nękī *Pron* (irgend)ein; ***~h*** (+ *Zahlwort*) etwa, circa; ***~ dąn*** unlängst; ***~ pụ̄t*** manchmal
nęko *sb.* → ***nętko***
nękoliko (*G*) mehrere (*Pl*); einige (*Pl*); ein paar (*Pl*)
nękorektan unkorrekt
nękorīstan (-sno) nutzlos, unnütz
nękovan (-o) ungeprägt; nicht geschmiedet; ***~ō željezo*** Gußeisen *n*
nękretnica *Astr.* Fixstern *m*
nekretnịna Immobilie *f*, Liegenschaft *f*, Grundstück *n*; ***pọsrednīk za prōmet ~ma*** Immobilienmakler *m*
nękud(a) *sb.* nirgendwohin
nękuhān (-o), **-kụvān** (-o) *sb.* ungekocht; roh
nękultūran kulturlos; ungebildet
nekvalifịcīrān (-o), **-kvạlifikovān** (-o) *sb.* ungelernt, ohne Ausbildung
nęlagodan unbehaglich, unpäßlich
nęlagodnōst (-osti; *ISg* -osti/-ošću) *f* Unbehaglichkeit *f*, Unpäßlichkeit *f*
nęlikvīdnōst (-osti; *ISg* -osti/-ošću) *f* *Hdl.* Zahlungsunfähigkeit *f*
nęljubazan unfreundlich
nęljubaznōst (-osti; *ISg* -osti/-ošću) *f* Unfreundlichkeit *f*
nęljudskī → ***nęčovječan***
nę̄mā (*G*) es gibt nicht *od.* kein; es ist kein (*N*) da; es fehlt; ***~ ga ọvdje*** er ist nicht hier
nęmān (-i; *ISg* -i) *f* Ungeheuer *f*, Ungetüm *n*
nę̄mānje Fehlen *n*, Abwesenheit *f* (*G*/ von *D*)
nęmār Nachlässigkeit *f*; Vernachlässigung *f*
nęmāran nachlässig, liederlich; sorglos
nemąrnōst (-osti; *ISg* -osti/-ošću) *f* → ***nęmār***
nę̄mati nicht haben; fehlen; → ***nę̄mā***
nęmilicē schonungslos; gnadenlos; rücksichtslos
nęmilosr̄dan unbarmherzig, grausam
nęmilosrdnōst (-osti; *ISg* -osti/-ošću) *f* Unbarmherzigkeit *f*, Grausamkeit *f*
nęmilostiv ungnädig
nęminōvan unumgänglich, unvermeidlich
nęmi|o (-ilo) unlieb(sam); unangenehm; peinlich; ***ịći od ~ōga do nędragōga*** *fig.* von Pontius zu Pilatus laufen
nęmīr Unruhe *f*, Ruhelosigkeit *f*; Besorgtheit *f*; Aufruhr *m*, Tumult *m*
nęmīran unruhig, ruhelos; ängstlich; (*Kind*) zappelig; (*Meer*) bewegt; (*Zeiten*) stürmisch
nęmōć (-oći; *ISg* -oći) *f* Schwäche *f*, Kraftlosigkeit, Machtlosigkeit *f*; *fig.* Ohnmacht *f*
nęmoćan kraftlos, machtlos; schwach
nęmoćnīk schwacher *od.* kraftloser Mann; Invalide *m*
nęmodēran unmodern, veraltet
nęmogūć(an) unmöglich
nemogụ̄ćnōst (-osti; *ISg* -osti/-ošću) *f* Unmöglichkeit *f*
nęmōj(te)! *Int* nicht!; nein!; ***~ to učịniti!*** mach das nicht!; ***ma ~!*** (*bei Erstaunen*) was du nicht sagst!
nęmorāl Unmoral *f*, Unsittlichkeit *f*
nęnadan unverhofft; plötzlich, unerwartet
nenąd̄ležan nicht zuständig; unbefugt; nicht kompetent
nęnādmašan (-o) unübertroffen
nenadmąšiv unübertrefflich
nenadoknądiv, nenadomję̄stiv unersetzlich; (*Schaden*) irreparabel
nenąglāšen (-o) unbetont; nicht akzentuiert

N

nenamętljiv unaufdringlich
nenāmjeran unabsichtlich
nenąmješten (-o) unmöbliert
nęnaoružan (-o) unbewaffnet; nicht gerüstet
nenaplątiv unbezahlbar
nenąpūćen (-o), **-seljen** (-o) unbewohnt; unbesiedelt
nenąviknūt, -vikao (-klo) ungewohnt
nenāzočan abwesend
nęobavezen unverbindlich; fakultativ; ~ ***prędmet*** Wahlfach *n*
neobąviješten (-o) nicht unterrichtet, uninformiert
neobavljen unverrichtet; ~***a pǫsla*** *fig.* unverrichteterdinge
neobązriv rücksichtslos
nęobičan außergewöhnlich, ungewöhnlich; seltsam, befremdend; ~ ***vęlik*** ungemein groß
nęobičnōst (-osti; *ISg* -osti/-ošću) *f* Ungewöhnlichkeit *f*
neobjąšnjiv unerklärlich; unergründlich
neǫbjāvljen (-o) unveröffentlicht, nicht publiziert
neǫbojen (-o) ungefärbt
neǫboriv unwiderlegbar; unumstößlich; *Jur.* (*Beweis etc.*) unwiderlegbar
neǫbrāđen (-o) unbearbeitet; (*Feld*) brach(-liegend)
neǫbrazovān (-o) ungebildet
neǫbrijān (-o) unrasiert
nęobuzdān (-o) ungezügelt, ungebändigt
neočękīvān (-o) unerwartet, unvermutet
nęočišćen (-o) ungereinigt, ungesäubert
neodgǫd(lj)iv unaufschiebbar
neǫdgojen (-o) ungezogen, unerzogen
neodgonętljiv unlösbar; (*Schrift*) unlesbar
nęodgovōran unverantwortlich, verantwortungslos
neodgovǫrnōst (-osti; *ISg* -osti/-ošću) *f* Unverantwortlichkeit *f*, Verantwortungslosigkeit *f*
nęodlōžan unverzüglich, unaufschiebbar
nęodlučan unentschlossen; (*Spielergebnis, Person*) unentschieden
nęodlučnōst (-osti; *ISg* -osti/-ošću) *f* Unentschlossenheit *f*; Unentschiedenheit *f*
neodobrąvānje Mißbilligung *f*
neodǫljiv unwiderstehlich
neǫdrēđen (-o) unbestimmt; ungewiß; vage; ~ ***čląn*** *Gr.* unbestimmter Artikel; ~***ā ząmjenica*** *Gr.* Indefinitpronomen, unbestimmtes Fürwort
neǫdrēđenōst (-osti; *ISg* -osti/-ošću) *f* Unbestimmtheit *f*; Unklarheit *f*
neǫdvisan → ***neǫvisan***
neodvǫjiv untrennbar
nęofašizam (-zma) Neofaschismus *m*
neogrąničen unbegrenzt, unbeschränkt
neǫkāljān (-o) makellos, unbefleckt
nęokrētan ungeschickt, unbeholfen (*a. fig.*)
neologįzam (-zma) *Ling.* Neologismus *m*
neǫmiljen (-o) unbeliebt
nęōnskī Neon-
nęopās|an ungefährlich, gefahrlos; ***učįniti bǫmbu*** ~***nōm*** e-e Bombe entschärfen
neǫpažen (-o) unbemerkt
nęophōd|an unentbehrlich; unerläßlich, dringend; unvermeidlich; ~***no*** *Adv* unbedingt nötig; unumgänglich
neophǫdnōst (-osti; *ISg* -osti/-ošću) *f* Unentbehrlichkeit *f*, Unumgänglichkeit *f*; Dringlichkeit *f*
neopįsiv unbeschreiblich
neǫplođen (-o) unbefruchtet
neopǫziv unwiderruflich
nęoprān (-o) ungewaschen
neǫprāvdan (-o) ungerechtfertigt; unentschuldigt; ~ ***izǫstanak*** unberechtigtes *od.* unentschuldigtes Fernbleiben
nęoprēzan unvorsichtig; unbesonnen
neopręznōst (-osti; *ISg* -osti/-ošću) *f* Unvorsichtigkeit *f*; Unbesonnenheit *f*
neoprǫstiv unverzeihlich, unentschuldbar
nęopskr̄bljen (*sozial*) unversorgt
nęorgānskī *Chem.* anorganisch
nęosigurān (-o) unversichert; ungesichert
neosjętljiv unempfindlich
neǫskvr̄njen (-o) unbefleckt
neoslǫbođen (-o) geknechtet, unterdrückt
nęosnovān (-o) unbegründet, grundlos
nęospōran unbestritten, unbestreitbar; *Jur.* unstreitig

N

nęosposobljen (-o) unqualifiziert; inkompetent
neostvąr(lj)iv unausführbar, nicht realisierbar
neosvǫjiv uneinnehmbar
nęǫštećen (-o) unbeschädigt
nęotesān (-o) unbehauen; *fig.* ungeschliffen; unhöflich
neotklǫnjiv unabwendbar; **~ī slųčāj** *Jur.* höhere Gewalt
nęotrōvan (-o) ungiftig
neotųđiv unveräußerlich
neǫvisan unabhängig, selbständig, frei
neǫvisnōst (-osti; *ISg* -osti/-ošću) *f* Unabhängigkeit *f* (*a. Pol.*); Selbständigkeit *f*, Freiheit *f*
neǫvlāšćen (-o) unberechtigt, unbefugt
nęozbīljan leichtfertig, leichtsinnig; leichtlebig
neǫzlijeđen (-o) unversehrt, unverletzt
neǫženjen (-o) (*Mann*) unverheiratet, ledig
nępāran (*Zahl*) ungerade; unpaarig
nepąrtījskī parteilos
nepątvoren (-o) unverfälscht; echt; rein
nepąžljiv unaufmerksam, unachtsam; *Jur.* fahrlässig
nepąžnja Unaufmerksamkeit *f*, Unachtsamkeit *f*; *Jur.* Fahrlässigkeit *f*
nępce (*GPl* -bācā/-nępca) Gaumen *m*
nępčanī Gaumen-, Palatal-
nępismen *Adj* schreibunkundig; *Su* Schreibunkundige(r) *m*, Analphabet *m*
nępismenōst (-osti; *ISg* -osti/-ošću) *f* Analphabetismus *m*
neplįvāč *1* Nichtschwimmer *m*
nęplodan unfruchtbar; unergiebig (*a. fig.*)
nęplōvan nicht schiffbar, nicht (*mit dem Schiff*) befahrbar
nępobītan unwiderlegbar
nepobjędiv unbesiegbar, unbezwingbar
nępoćūdan unerwünscht
nępodesan ungeeignet, unpassend
nepǫdijeljen (-o) ungeteilt
nepǫdmīren (-o) (*Rechnung*) unbezahlt; (*Schuld*) ungetilgt
nepodmįtljiv unbestechlich
nepodmįtljivōst (-osti; *ISg* -osti/-ošću) *f* Unbestechlichkeit *f*
nepodnǫšljiv unerträglich; unausstehlich
nepodnǫšljivōst (-osti; *ISg* -osti/-ošću) *f* Unerträglichkeit *f*; Unausstehlichkeit *f*
nepodǫpština Unfug *m*, Schabernack *m*
nępogoda Unwetter *n*; *vera.* Unfall *m*; **prįrodnā** *od.* **ęlementārnā ~** Naturkatastrophe *f*
nępogodan ungünstig; unpassend
nepogręš(lj)iv unfehlbar
nepogręš(lj)ivōst (-osti; *ISg* -osti/-ošću) *f* Unfehlbarkeit *f*
nepǫjmljiv unbegreiflich, unverständlich
nepokoljęb(lj)iv unerschütterlich; unbeugsam
nępokōran ungehorsam
nępokrēt|an regungslos, unbeweglich; bewegungsunfähig; (*Patient*) bettlägerig; *fig.* ungelenk; **~nā imǫvina** Immobilienvermögen *n*; Liegenschaften *Pl*
nępokretnōst (-osti; *ISg* -osti/-ošću) *f* Unbeweglichkeit *f*; Bettlägerigkeit *f*
nepǫkvāren (-o) unverdorben
nepokvąr(lj)iv unverderblich; *fig.* unbestechlich
nepǫmičan regungslos, unbeweglich
nepǫmičnōst (-osti; *ISg* -osti/-ošću) *f* Regungslosigkeit *f*, Unbeweglichkeit *f*
nepomįrljiv unversöhnlich
nepomįrljivōst (-osti; *ISg* -osti/-ošću) Unversöhnlichkeit *f*
nepǫmūćen (-o) ungetrübt
nepǫpisan (-o) nicht eingetragen; (*Buch*) nicht katalogisiert
nepoprąv(lj)iv unverbesserlich
nępopulāran unpopulär, unbeliebt
nepopųstljiv unnachgiebig, unerbittlich
nepopųstljivōst (-osti; *ISg* -osti/-ošću) *f* Unnachgiebigkeit *f*; Unerbittlichkeit *f*
nępos1ūh Ungehorsam *m*
nępos1ūšan ungehorsam
nęposredan unmittelbar, direkt
nepǫstignūt unerreicht
nępostojān (-o) unbeständig; (*Wetter*) wechselhaft; (*Mensch*) wankelmütig
nępošten (-o) unehrlich, unredlich; unfair; **~ā ųtakmica** *Jur.* unlauterer Wettbewerb
nepoštęnjāk *1* Schurke *m*; Lump *m*
nepoštovąnje Mißachtung *f*
nepǫtpun unvollständig; unvollkommen
nepǫtpunōst (-osti; *ISg* -osti/-ošću) *f* Unvollständigkeit *f*
nępotreban unnötig; unnütz
nępouzdān (-o) unzuverlässig
nępouzdānōst (-osti; *ISg* -osti/-ošću) *f* Unzuverlässigkeit *f*

N

nepovjerẹ̄nje Mißtrauen *n*; ***izglạsanō ~*** *Pol.* Mißtrauensvotum *n*
nepovjẹrljiv mißtrauisch, argwöhnisch (***prema*** *L*/gegen *A*)
nẹpovōljan ungünstig; (*Urteil, Bescheid*) abschlägig
nepọvratan unwiderbringlich; nicht wiedergutzumachen
nepovrẹd(lj)iv unverletzlich
nepọvrijeđen (-o) unverletzt, unversehrt
nẹpoznanica *Math. u. fig.* Unbekannte *f*
nẹpoznāt unbekannt
nepoznạ̄vānje Unkenntnis *f*
nẹpozvān ungeladen; unaufgefordert
nẹpožēlj|an unerwünscht; ***~nō lịce*** Persona non grata (*Diplomatie*)
nẹprāvda Unrecht *n*; Ungerechtigkeit *f*; *Jur.* Unbilligkeit *f*
nẹprāvedan ungerecht, unrecht; *Jur.* unbillig
nepravẹdnōst (-osti; *ISg* -osti/-ošću) *f* Ungerechtigkeit *f*; *Jur.* Unbilligkeit *f*
nẹpravīlan unregelmäßig; irregulär
nẹpravīlnōst (-osti; *ISg* -osti/-ošću) *f* Unregelmäßigkeit *f*; Irregularität *f*
neprẹčišćen (-o) ungereinigt; (*Problem*) ungelöst; ***~ō ūlje*** Rohöl *n*
nepredvịd(lj)iv unvorhersehbar
neprẹdviđen (-o) unvorhergesehen, unerwartet
nẹpreglēdan unübersichtlich; (*Kurve*) nicht einsehbar
neprẹ̄glednōst (-osti; *ISg* -osti/-ošću) *f* Unübersichtlichkeit *f*
nẹprekīdan ununterbrochen, dauernd; stetig, kontinuierlich
neprẹlazan unübersteigbar; *Gr.* intransitiv; (*Krankheit*) nicht ansteckend
nepremọstiv unüberbrückbar
neprẹstan (-o) → ***nẹprekīdan***
neprẹsūšan unversiegbar, unerschöpflich
nepretvọriv unübertragbar; *Hdl.* nicht konvertierbar
neprevọd(lj)iv unübersetzbar
neprevọd(lj)ivōst (-osti; *ISg* -osti/-ošću) *f* Unübersetzbarkeit *f*
neprihvạtljiv unannehmbar
nẹprijātan unangenehm, unbehaglich; unbequem
nẹprijatelj (*GPl* -ēljā/-ẹ̄ljā) Feind *m*; ***zạklētī ~*** Erbfeind *m*
neprijatẹljskī feindlich; feindselig
neprijatẹ̄ljstvo Feindschaft *f*; Feindseligkeit *f*; ***~ prẹma strạ̄ncima*** Ausländerfeindlichkeit *f*
nẹprijạ̄tnōst (-osti; *ISg* -osti/-ošću) *f* Unbehaglichkeit *f*; Unannehmlichkeit *f*
nẹprijạ̄zan unfreundlich, unwirsch
neprịkladan ungeeignet, unpassend
neprikrịven (-o) unverhüllt, unverhohlen
neprilagọđen (-o) nicht angepaßt (*D*/an *A*)
neprị̄ličan ärgerlich; mißlich; ungelegen; ungehörig
neprị̄lik|a Ungelegenheit *f*, Verlegenheit *f*; F Klemme *f*; ***dọvesti u ~u*** in Verlegenheit bringen; ***ịzvūći iz ~ē*** aus der Patsche helfen (*G*/*D*)
nẹprimjetan, -jẹtljiv unmerklich, nicht zu bemerken
nẹpriprāvan unvorbereitet
neprị̄rodan unnatürlich; *fig.* gekünstelt
neprị̄siljen (-o) ungezwungen; zwanglos
neprịstōjan unanständig, anstößig
neprịstran (-o) unparteiisch, unbefangen
neprịstranōst (-osti; *ISg* -osti/-ošću) *f* Unparteilichkeit *f*, Objektivität *f*
neprịstupačan unzugänglich; *fig.* verschlossen, zurückhaltend
neprị̄sutan abwesend; ***~ dụhom*** geistesabwesend
neprobạvljiv unverdaulich
neprobạvljivōst (-osti; *ISg* -osti/-ošću) *f* Unverdaulichkeit *f*
neprọbitačan unvorteilhaft
neprọ̄bōjan undurchdringlich
neprocjẹniv un(ab)schätzbar; unermeßlich
neprọdoran → ***neprọ̄bōjan***
neprọlazan unvergänglich; unbefahrbar
neprọmišljen (-o) unüberlegt, unbesonnen
neprọmišljenōst (-osti; *ISg* -osti/-ošću) *f* Unüberlegtheit *f*, Unbesonnenheit *f*
nepromjẹn(lj)iv unveränderlich; invariabel; *Gr.* indeklinabel
nepromọčan, -čiv wasserdicht, wasserfest
neprọ̄pisan vorschriftswidrig
nepropụst(lj)iv undurchlässig
nẹprovīdan, -zīran undurchsichtig
neprụ̄žānje: ***~ pọmoći*** *Jur.* unterlassene Hilfeleistung

nępun nicht ganz; knapp
nepųšāč *1* (*V* -ču) Nichtraucher *m*
nęracionālan irrational
nęrād Nichtstun *n*, Faulenzerei *f*
nęrādnīk Faulenzer *m*, Nichtstuer *m*
nęrado *Adv* ungern; unwillig
nerąnjiv unverwundbar
neraspǫložen (-o) verstimmt, mißgestimmt; unpäßlich
neraspoložęnje Verstimmtheit *f*, Mißgestimmtheit *f*; Unpäßlichkeit *f*
nęrāst Eber *m*; ***dįvljī*** ~ Keiler *m*
nerastąvljiv untrennbar
nerastǫp(lj)iv → ***nerastvǫr(lj)iv***
nerastvǫr(lj)iv *Chem.* unlöslich
nęrāvan uneben; (*Weg*) holprig; (*Person*) unstet
nęravnomjēran ungleichmäßig
nerązborit unvernünftig, unbesonnen; unverständlich
nerazdjęljiv → ***nedjęljiv***
nerazdruž(lj)iv untrennbar, unzertrennlich
nerazdvǫjiv → ***nerazdrųž(lj)iv***
nęrazgovijetan undeutlich; unklar
nerazjąšnjiv → ***neobjąšnjiv***
nerązmjer Mißverhältnis *n*, Disproportion *f*
nerązmjēran unverhältnismäßig
nerazǫriv unzerstörbar
nerazrjęšiv unlösbar
nęrazūman unvernünftig
nęrazumljīv unverständlich
nerazvijen (-o) unterentwickelt, unentwickelt; ***~ē zęmlje*** *f/Pl* Entwicklungsländer *Pl*
nęrc Nerz *m*
nęreālan irreal
nęrēd Unordnung *f*; Durcheinander *n*, Chaos *n*; ***~i*** *m/Pl* Aufruhr *m*
nęriješen (-o) ungelöst; *Sp.* unentschieden
nerjęšiv un(auf)lösbar
nęrodan unfruchtbar
nęrotkinja unfruchtbare Frau
nęrv Nerv *m*; ***įći na ~e*** *fig.* auf die Nerven gehen
nervīrati *5 ipf/pf* auf die Nerven gehen, nervös machen; ~ ***se*** sich aufregen
nervǭza Nervosität *f*
nęrvōzan nervös
nęsamostālan unselbständig
nęsamostālnōst (-osti; *ISg* -osti/-ošću) *f* Unselbständigkeit *f*
nęsanica Schlaflosigkeit *f*
nęsarādnje *Jur.* mangelnde Mitwirkung
nesąvjesnōst (-osti; *ISg* -osti/-ošću) *f* Gewissenlosigkeit *f*
nesąvjestan (-sno) gewissenlos; nachlässig
nesavlądiv unüberwindlich
nesąvršen unvollkommen
nesębičan (-o) uneigennützig, selbstlos
nesębičnōst (-osti; *ISg* -osti/-ošću) *f* Uneigennützigkeit *f*; Selbstlosigkeit *f*; Altruismus *m*
nęsēm *1. Pers Sg v.* ***nęsti***
neshvątljiv unverständlich; unbegreiflich
nęsigūran (-o) unsicher, ungewiß
nesigųrnōst (-osti; *ISg* -osti/-ošću) *f* Unsicherheit *f*, Ungewißheit *f*
nesimętričan asymmetrisch
nęsklād Mißklang *m*, Mißhelligkeit *f*
nęskladan mißhellig, unharmonisch
nęsklon abgeneigt; ***bįti*** ~ mißbilligen (*D/A*)
nęskroman unbescheiden
nęskromnōst (-osti; *ISg* -osti/-ošću) *f* Unbescheidenheit *f*
neslągānje Unstimmigkeit *f*, Zwist *m*
nęslān (-o) ungesalzen, salzlos; *fig.* abgeschmackt
nęsloga Uneinigkeit *f*, Zwietracht *f*
neslǫm(lj)iv unzerbrechlich; *fig.* unerbittlich
nęsložan uneinig, uneins; zwiespältig
nęslūćen (-o) ungeahnt
nęslužben (-o) inoffiziell; außerdienstlich; privat
nęsmiljen (-o) unbarmherzig
nęsmišljen (-o) unbedacht, unüberlegt
nęsmotren (-o) unbedacht
nesnalążljiv ungeschickt; schwerfällig
nęsnosan unerträglich
nesnǫšljiv unduldsam, intolerant
nęsocijālan unsozial
nęsolīdan unsolide
nespǫjiv unvereinbar
nęspokōjan unruhig
nespokǫjnōst (-osti; *ISg* -osti/-ošću) *f*, **-ǫjstvo** *sb.* Ruhelosigkeit *f*; Bangigkeit *f*
nęsporan *Jur.* unstreitig
nęsporazūm Mißverständnis *n*
nęsposoban unfähig; untauglich; ~ ***za privredīvānje*** erwerbsunfähig; ~ ***za rād*** arbeitsunfähig; ~ ***za vǫjsku*** wehr(dienst)untauglich

N

nesposọbnōst (-osti; *ISg* -osti/-ošću) *f* Unfähigkeit *f*; Untauglichkeit *f*; ***prọfesionālnā ~*** Berufsunfähigkeit *f*
nesposọbnjāk *verä.* unfähiger Mensch
nẹspreman unvorbereitet
nẹspretan ungeschickt, unbeholfen, linkisch
nẹspretnōst (-osti; *ISg* -osti/-ošću) Ungeschicklichkeit *f*
nesprẹtnjāk Tolpatsch *m*, Tölpel *m*
nesrạvnjiv unvergleichlich
nesrạ̄zmjer Mißverhältnis *n*, Disproportion *f*
nẹsreć|a Unglück *n*; Unheil *n*; Pech *n*; Unfall *m*; ***elẹmentārnā*** *od.* ***prị̄rodnā ~a*** Naturkatastrophe *f*; ***gụrnuti u ~u*** *tr* ins Unglück stürzen; ***na ~u*** unglücklicherweise; ***sạobraćājnā ~a*** Verkehrsunfall *m*
nẹsrećan, -tan *sb.* unglücklich; traurig, niedergeschlagen
nẹsrećnīk Unglücksrabe *m*, Pechvogel *m*
nẹsrēđen (-o) ungeordnet, ungeregelt; sprunghaft, konfus
nẹsrēđenōst (-osti; *ISg* -osti/-ošću) *f* Unordnung *f*; Verwirrung *f*
nẹsretnīk *sb.* → ***nẹsrećnīk***
nẹstajati (-jēm) → ***nẹstati***
nẹstālan unbeständig, unstet
nẹstālnōst (-osti; *ISg* -osti/-ošću) *f* Unbeständigkeit *f*
nẹstanak (-ānka) Verschwinden *n*; Verlust *m*; Fehlen *n*
nẹsta|o (-alo) verschwunden; ***proglạ̄siti ~īm*** j-n als verschollen erklären
nẹstašan neckisch; übermütig
nẹstašica Mangel *m*; Knappheit *f* (*G*/an *D*)
nestạšluk Schabernack *m*, Unfug *m*
nẹstati (-nēm) (**-jati**) verschwinden, abhanden kommen; *Vorräte*: ausgehen
nẹsti (nẹsēm; nẹsao) *Eier* legen; *Fische*: laichen
nestrpljẹ̄nje Ungedud *f*
nestṛpljiv ungeduldig
nestṛplivōst (-osti; *ISg* -osti/-ošću) → ***nestrpljẹ̄nje***
nestrụčnjāk *1* Nichtfachmann *m*, Laie *m*
nẹstvāran unwirklich, irreal
nesụglasan uneinig
nesụglasica Unstimmigkeit *f*; (*Meinungs-*)Differenz *f*
nesụglasnōst (-osti; *ISg* -osti/-ošću) *f* Uneinigkeit *f*
nesụmnjiv unzweifelhaft; zweifellos; unbestritten
nesụvisao (-slo) unzusammenhängend
nesụvremen (-o) unzeitgemäß, unmodern
nẹsvijēst (-i; *ISg* -sti/-šću) *f* Ohnmacht *f*, Bewußtlosigkeit *f*; ***pạsti u ~*** in Ohnmacht fallen
nẹsvjestan (-sno) *Psych.* unbewußt
nẹsvjestica *Med.* (*kurze*) Bewußtseinstrübung *f*; Schwächeanfall *m*
nẹsvrstān (-o) *Pol.* blockfrei; ungebunden
nẹsvrstānōst (-osti; *ISg* -osti/-ošću) *f* *Pol.* Blockfreiheit *f*
nẹsvr̄šen (-o) unvollendet, unfertig; ***~ī glạgolskī vị̄d*** *Gr.* unvollendeter Verbalaspekt
neškọdljiv unschädlich
nẹšto[1] (nẹčega) *Pron* etwas; was; ***tọ̄ ~ znạ̄čī!*** das will etwas heißen!
nẹšto[2] *Adv* (*G*) etwas (*N od. A*), ein wenig (*N od. A*)
nẹtačan *sb.* ungenau; unpünktlich
nẹtačnost (-osti; *ISg* -osti/-ošću) *f sb.* → ***nẹtočnōst***
nẹtaknūt unberührt
nẹtaktan taktlos
nẹtko (nẹkoga) *Pron* jemand; irgendwer
nẹtočan ungenau; unpünktlich
nẹtočnōst (-osti; *ISg* -osti/-ošću) *f* Ungenauigkeit *f*; Unpünktlichkeit *f*
nẹtom *Kj zeitl.* sobald; kaum; gerade (erst)
nẹtopīr Fledermaus *f*
nẹtremicē regungslos, unbeweglich
neụčtiv unhöflich
nẹudānā, -ātā (*Frau*) unverheiratet, ledig
nẹudoban unbequem, ungemütlich
nẹudobnōst (-osti; *ISg* -osti/-ošću) *f* Unbequemlichkeit *f*, Ungemütlichkeit *f*
neugạsiv unauslöschlich
neụglađen ungeschliffen; *fig.* ungehobelt
nẹuglēdan unansehnlich; unscheinbar
nẹugodan unangenehm, unbehaglich; peinlich; widrig
nẹugodnōst (-osti; *ISg* -osti/-ošću) *f* Unannehmlichkeit *f*; Widrigkeit *f*, Verdruß *m*
nẹuk unwissend; ungebildet; ungeschult; unerfahren
nẹukōst (-osti; *ISg* -osti/-ošću) *f* Unwissenheit *f*; Unerfahrenheit *f*

neukroćen (-o) ungezähmt, ungebändigt
neukrot(lj)iv unbezähmbar, nicht zu bändigen
neukūsan geschmacklos, abgeschmackt
neuljepšan (-o) ungeschönt; unverblümt
neuljudan unartig; unhöflich
neumītan unerbittlich; unabwendbar
neumjeren (-o) unmäßig, maßlos
neumjerenōst (-osti; *ISg* -osti/-ošću) *f* Unmäßigkeit *f*, Maßlosigkeit *f*
neumjesnōst (-osti; *ISg* -osti/-ošću) *f* Unschicklichkeit *f*, Ungehörigkeit *f*
neumjestan (-sno) unangebracht, unpassend
neumoljiv unerbittlich
neumōran unermüdlich
neuništiv unverwüstlich
neuobičajen (-o) unüblich, ungebräuchlich
neupadljiv unauffällig
neupakirān (-o) **-upakovān** (-o) *sb.* unverpackt
neupaljiv nicht entzündbar, feuerfest
neuporab(lj)iv unbrauchbar
neupored(lj)iv unvergleichlich
neupotreb(lj)iv unbrauchbar, unbenutzbar
neuprāvan mittelbar, indirekt; ~ ***govōr*** *Gr.* indirekte Rede
neupućen (-o) uneingeweiht, nicht unterrichtet; unbewandert
neuputan unzweckmäßig, unpassend
neuračunljiv unzurechnungsfähig
neurasteničan neurasthenisch, nervenschwach
neurastenija Neurasthenie *f*, Nervenschwäche *f*
neuravnotēžen unausgeglichen
neuredan unordentlich, liederlich, schlampig; (*Haare*) ungekämmt
neurednōst (-osti; *ISg* -osti/-ošću) *f* Unordnung *f*, Nachlässigkeit *f*; Schlamperei *f*; *Jur.* Ordnungswidrigkeit *f*
neurēđen (-o) ungeordnet, ungeregelt; (*Wohnung*) unmöbliert
neusiljen (-o) ungezwungen; ungeniert
neuspjeh Mißerfolg *m*, Fehlschlag *m*
neuspješan erfolglos, unwirksam
neustāvan *Pol.*, *Jur.* verfassungswidrig
neustraš(lj)iv unerschrocken, furchtlos; kühn
neustraš(lj)ivōst (-osti; *ISg* -osti/-ošću) *f* Furchtlosigkeit *f*; Kühnheit *f*
neutaž(lj)iv (*Hunger*) unstillbar; (*Durst*) unlöschbar; (*Wunsch*) unerfüllbar
neutješan, -š(lj)iv untröstlich
neutrālac (-lca) *2* Neutrale(r) *m*
neutrālan neutral; unbeteiligt
neutralizam (-zma) Neutralität *f*
neuvažēnje Nichtbeachtung *f*
nevaljalac (-ljālca), **-ānac** (-ānca) *2* Taugenichts *m*; Lump *m*
nevaljan (-o), **-ao** (-alo) schlecht; wertlos; ungültig; ungezogen
nevaljānost (-osti; *ISg* -osti/-ošću) *f* Nichtsnutzigkeit *f*; Ungültigkeit *f*
nevāžan unwichtig, unbedeutend
nevāžēći (*Gesetz etc.*) ungültig
nevēzān (-o) ungebunden, frei
nevid(lj)iv unsichtbar
nevid(lj)ivōst (-osti; *ISg* -osti/-ošću) *f* Unsichtbarkeit *f*
neviđen (-o) ungesehen; noch nie dagewesen, unerhört
nevīn schuldlos, unschuldig; keusch; harmlos
nevinōst (-osti; *ISg* -osti/-ošću) *f* Schuldlosigkeit *f*, Unschuld *f*; Keuschheit *f*
nevisok eher klein, recht klein
nevjenčan (-o) unverheiratet, ledig
nevjera Untreue *f*, Treulosigkeit *f*
nevjēran untreu, treulos; verräterisch; ungläubig
nevjerica Zweifel *m*
nevjērnica Treulose *f*; Ungläubige *f*
nevjērnīk Treulose(r) *m*; Ungläubige(r) *m*
nevjērnōst (-osti; *ISg* -osti/-ošću) *f* → ***nevjera***
nevjerojatan, -vatan *sb.* unglaublich; unglaubhaft; unwahrscheinlich
nevjerojatnōst (-osti; *ISg* -osti/-ošću) *f*, **-vatnōst** *sb.* *f* Unwahrscheinlichkeit *f*
nevjesta Braut *f*
nevješt ungeschickt, unbeholfen; unerfahren; ungeübt; ***praviti se*** ~ sich dumm stellen
nevolj|a Not *f*, Elend *n*, Drangsal *f*; ***za ~u*** zur Not
nevōljan elend, notleidend
nevōljko unwohl
nevōljnīk Unglückliche(r) *m*, Elende(r) *m*
nevrijedan wertlos

N

nȩvrijeme (nȩvremena) Unwetter *n*; Gewitter *n*
nezaborȃvak (-āvka) *Bot.* Vergißmeinnicht *n*
nȩzaborāvan unvergeßlich; unvergessen; denkwürdig
nȩzadovōljan unzufrieden; mürrisch
nezadȍvoljen unbefriedigt
nȩzadovoljnīk unzufriedener Mensch
nezadovȍljstvo (*GPl* -ǫljstāvā) Unzufriedenheit *f*
nezadr̨ž(lj)iv unaufhaltsam
nȩzahvālan undankbar
nezahvȃlnōst (-osti; *ISg* -osti/-ošću) *f* Undankbarkeit *f*
nezainterȩsīrān desinteressiert, uninteressiert
nezȃkonit ungesetzlich, gesetzwidrig; (*Kind*) unehelich
nezȃkonitōst (-osti; *ISg* -osti/-ošću) *f* Ungesetzlichkeit *f*, Illegalität *f*
nezȃkonje Gesetzlosigkeit *f*
nezamịsliv, -šljiv undenkbar
nezamjȩn(l)jiv unersetzlich
nezạpāmčen (-o) undenkbar; unerhört
nezạpažen (-o) unbemerkt
nezạposlen (-o) arbeits-, erwerbslos
nezạposlenōst (-osti; *ISg* -osti/-ošću) *f* Arbeitslosigkeit, Erwerbslosigkeit *f*; ***stọpa ~i*** Arbeitslosenquote *f*
nezạsićen *Chem.* ungesättigt
nezȃsitan unersättlich
nezȃsitnost (-osti; *ISg* -osti/-ošću) *f* Unersättlichkeit *f*, Habgier *f*
nezȃslūžen (-o) unverdient
nezȃvisan unabhängig; selbständig
nezȃvisnōst (-osti; *ISg* -osti/-ošću) *f* Unabhängigkeit *f*; Selbständigkeit *f*
nȩzbrinūt (*sozial*) nicht abgesichert
nȩzdrav ungesund
nȩzgoda Unfall *m*; Panne *f*; Ungeschick *n*; Ungelegenheit *f*; ***~ pri rȃdu*** *od.* ***na pọslu*** Arbeitsunfall *m*; ***sạobraćājnā ~*** Verkehrsunfall *m*
nȩzgodan ungelegen; unbequem; unpassend
nȩzgrāpan schwerfällig, plump
nȩzgrāpnōst (-osti; *ISg* -osti/-ošću) *f* Schwerfälligkeit *f*, Plumpheit *f*
nȩznalica *m, f* Ignorant *m*, Nichtswisser *m*; Dummkopf *m*
nȩznān (-o) unbekannt; ***~ī jụnāk*** der Unbekannte Soldat
neznȃnac (-nca; -če) *2* Unbekannte(r) *m*
neznȃnje Unkenntnis *f*, Unwissenheit *f*
nȩznātan unbedeutend; unscheinbar; geringfügig
nȩzrelōst (-osti; *ISg* -osti/-ošću) *f* Unreife *f*; Unerfahrenheit *f*
nȩzreo (-elo) unreif; unerfahren; ***~ mọmak*** F Grünschnabel *m*
nȩzvān (-o) ungeladen; unaufgefordert
nȩželjen unerwünscht
nȩženja *m* (*alter*) Junggeselle *m*
ni *Kj* nicht; nicht einmal; ***ni...ni*** weder...noch; ***~ pȩt ~ šȩst*** *fig.* im Handumdrehen; ***~ za što*** um *od.* für nichts
nịcati (-čēm), **nịći** → ***nịknuti***
nịčicē nieder; zu Boden; ***pạsti ~*** auf die Knie fallen
nịčij|ī *Pron* niemandes, zu niemandem gehörig; ***~ā zȩmlja*** *fig.* Niemandsland *n*
nịgdje nirgends, nirgendwo
nijạnsa Nuance *f*
nijansịrati *5 ipf/pf* nuancieren
nijȩčan *7* verneinend; (*Antwort*) ablehnend
nijȩdan (-dnog) keiner, niemand; ***~ pūt*** keinmal
nijȩkati (niječēm) *7* verneinen, leugnen; abstreiten
nijem *7* stumm; ***~ā tišịna*** Totenstille *f*
Nijȩmac (-mca; *V* -če) *2/7* Deutsche(r) *m*
nijȩmjeti *7* (-im; -mio, -mjela) verstummen, stumm werden
nịkad(a) nie(mals)
nịkakav (-kvo) kein(erlei); ***~ čǫvjek*** schlechter Mensch, Schuft; ***na ~ nȃčin*** in keiner Weise
nịkāko keinesfalls; gar nicht; ***kạko si? ~!*** wie geht's? schlecht!
nịkamo nirgendwohin
nikovān (-o) vernickelt
nịknuti (-knēm; -knuo/-kao) **(-cati)** keimen; aufgehen; (hervor)sprießen
nịko *sb.* niemand
nikǫgović *abw.* (*Mensch*) Nichts *m*, Niemand *m*
nịkojī kein(er); niemand
nịkud(a) *sb.* nirgendwohin
nịmalo nicht im geringsten
nịotkud(a) nirgendwoher
nịpošto *sb.* → ***nịkāko***
nịsam ich bin nicht; → ***biti***
nịskī → ***nịzak***
nišạdor *Chem.* Ammoniak *n*
nịšān *1* Ziel(scheibe *f*) *n*; (*Gewehr*) Visier *n*

N

nišāniti [na-] zielen (**na** *A*/auf *A*)
nịšta (ničega) *Pron* nichts; **bọlje ịšta nẹgo** ~ besser als nichts; **nijē ọn nị za šta** er ist zu nichts zu gebrauchen; **tō nijē** ~ macht nichts
ništạrija *m,f* Nichtsnutz *m*, Taugenichts *m*
nịštāv(an) nichtig; nichtsnutzig; ungültig; wertlos
nịštav(n)ost (-osti; *ISg* -osti/-ošću) *f*, **-ạvilo** Nichtigkeit *f*
nịštica Null *f* (*Ziffer u. fig.*)
nịštiti [u-] zerstören, vernichten
nīt *f* Faden *m*; **cṛvenā** ~ *fig.* roter Faden; **vịsjeti o (tạnkōj)** ~**i** *fig.* an e-m (seidenem) Faden hängen
nịti *Kj* → **ni**
nịtko (nịkoga) niemand
nịtkov Schuft *f*, Schurke *m*
nivelīrati *5 ipf/pf* nivellieren, gleichmachen
nịvō (-ọa) *m* Niveau *n*, Stand *m*; (*Geräusch-*, *Wasser-*)Pegel *m*
nīz[1] (*Pl* nịzovi) Reihe *f*, Serie *f*; Schnur *f*; (*Perlen-*)Kette *f*
niz[2] *Präp* (*A*) (ab)wärts; hinab; herab; ~ **vọdu** stromabwärts
nịzak (-sko) niedrig, flach
nịzati (-žēm) **[na-]** (auf)reihen, (auf)fädeln
nịzbrdica Abhang *m*; Gefälle *n*
nịzbrdo bergab; **pọšla kọla** ~ *fig.* es geht bergab
nizịna Niederung *f*; Ebene *f*, Tiefebene *f*
Nịzozemskā (*L* -ōj) Niederlande *Pl*, Holland *n*
nịzozemskī holländisch
nịzvodno flußabwärts, stromabwärts
nịžī *Komp v.* **nịzak**
no[1] *Kj* aber; also
no[2] → **nẹgo**
nōć (nọći; *ISg* nọći/nọću) *f* Nacht *f*; **lạkū** ~**!** gute Nacht!; **u** ~**i**, **po** ~**i** nachts; **prẹko** ~**i** über Nacht, plötzlich; → **dọba**
nọćas heute nacht
nọćašnjī von heute nacht
nọćēnje Übernachtung *f*
nọćīšte Nachtlager *n*
nọćiti [pre-] übernachten, die Nacht verbringen
noćịvati (nọćujēm) → **nọćiti**
nọćn|ī nächtlich, Nacht-; ~**ā ptịca** *fig.* Nachtschwärmer *m*; ~**ā slụžba** Nachtdienst *m*; ~**ā smjẹna** Nachtschicht *f*; ~**ī stọlić** Nachttisch *m*
nọ́ću nachts, in der Nacht
nọ|ga (*DSg* -zi; *GPl* nọgū/nōgā) Bein *n* (*auch v. Tisch, Stuhl*), Fuß *m*; *Zool.* Lauf *m*; ~**ge klẹcajū** die Beine schlottern; **bịti na dọbrōj** ~**zi** auf gutem Fuß stehen (**s** *I*/mit *D*); **gụbiti tlo pod** ~**gama** *fig.* den Boden unter den Füßen verlieren; **od mạlīh** ~**gū** von klein auf; **pọdmetnuti** ~**gu** *fig.* ein Bein stellen; **s** ~**gu** auf der Stelle, flugs; **stạjati na vlạstitīm** ~**gama** *fig.* auf eigenen Füßen stehen; **stọjnā** ~**ga** Standbein *n*; **svịnjskā** ~**ga** Eisbein *n*; **ụstati lijẹvōm** ~**gōm** *fig.* mit dem linken Fuß aufstehen; **žīvjeti na vẹlikōj** ~**zi** *fig.* auf großem Fuß leben
nọgavica Hosenbein *n*
nọgomet Fußball *m*
nogomẹtāš *1* Fußballspieler *m*
nọgometn|ī Fußball-; ~**ā ụtakmica** Fußballspiel *n*
nōj (*Pl* -evi) *Zool.* Strauß *m*
nọk|at (-kta) (*Finger-*, *Zehen-*)Nagel *m*; **dogọrjeti do** ~**ata** *fig.* unter den Nägeln brennen; **ni kọliko je cṛna pod** ~**tom** *fig.* nicht das Schwarze unter dem Nagel
nọkaut *Sp.* Knockout *m*
nọktīšte *Anat.* Nagelbett *n*
nọmād *1* Nomade *m*
nọminālan nominal-; Nominal-
nọminatīv *Gr.* Nominativ *m*
nọrm|a Norm *f*; **prebạ̄citi** ~**u** e-e Norm übererfüllen
nọrmālan normal
nọrmīran (-o) normiert, Norm-
Nọrvēškā (*L* -ōj) Norwegen *n*
nọrveškī norwegisch
Norvẹžanin (*Pl* -āni) Norweger *m*
Norvẹžānka (*D* -ki; *GPl* -kī) Norwegerin *f*
nōs *3* (*Pl* -ovi) Nase *f*; **dịći** ~ *fig.* die Nase hoch tragen; **dọbiti po** ~**u** *fig.* e-n Rüffel bekommen; **gụ̄rati pọd** ~ *fig.* unter die Nase reiben; **lạ̄žnī** ~ Pappnase *f*; **ọbjesiti** ~ *fig.* ein langes Gesicht machen; **ọdnijeti ịspred** ~**a** vor der Nase wegschnappen; **pạdati nạ** ~ *fig.* auf die Nase fallen; **vịdjeti pọ** ~**u** *fig.* an der Nase ansehen; **vụ̄ći zạ** ~ *fig.* an der Nase herumführen
nọsāč *1* (*V* -u) (*Gepäck- etc.*)Träger *m*; ~ **aviọ̄na** *Mil.* Flugzeugträger *m*

N

nọsati → ***nọsiti***
nọsēć|ī tragend; Trage-; **~ā** schwanger
nọsila *n/Pl* (*Trag-*)Bahre *f*; ***mṛtvačkā ~*** Totenbahre *f*
nọsilac (-ioca) Träger *m*; ***~ fụnkcijē*** Funktionsträger *m*; ***~ nāgradē*** Preisträger *m*; ***~ osigurạ̄nja*** Versicherungsträger *m*
nọsioc → ***nọsilac***
nọsiti tragen; *Phys.* leiten; *Eier* legen; *Gewinn* (ein)bringen; *Kanone*: Schußweite haben; *Früchte* tragen; ***~ dijẹte*** schwanger sein; ***~ sạ sobom*** mitbringen; ***~ se*** sich tragen; sich kleiden; ***nọsi se!*** scher dich weg!
nọsivōst (-osti; *ISg* -osti/-ošću) *f Tech.* Tragfähigkeit *f*; (*Schiff*) Tonnage *f*
nọsnī Nasen-; → ***kọ̄st, šupljịna***
nosọrog *Zool.* Nashorn *n*
nọ̄šnja Tracht *f*; ***nạrodnā ~*** Volkstracht *f*
nọ̄ta Note *f*
nọ̄tes Notizbuch *n*
notīrati *5 ipf/pf* notieren, vormerken
nọ̄tnī Noten-; ***~ stạ̄lež*** Notenständer *m*
nọv neu; ***Nọvā gọdina*** Neujahr *n*; ***~ī vijek*** Neuzeit *f*; ***~ nọvcat*** nagelneu
nọvac (nọ̄vca; *GPl* nọvācā) Geld *n*; ***gọtov ~*** Bargeld *n*; ***kọvān ~*** Münze *f*; ***pạpīrnī ~*** Papiergeld *n*, Scheine *Pl*; ***sịtan ~*** Kleingeld *n*; ***ụzimati za gọtov ~*** *fig.* etw. für bare Münze nehmen
novạ̄čēnje *Mil.* Musterung *f*
novạ̄čiti *5* mustern
nọvčan (-o) Geld-, finanziell; → ***kạ̄zna, pọmōć***
novčạnīk Geldschein *m*
nọvčārka Geldbeutel *m*, Geldtasche *f*
novẹla *Lit.* Novelle *f*
novẹlist(a) *m Lit.* Novellist *m*
nọvēmbar (-bra) November *m*
nọvinār Journalist *m*
nọvinārskī journalistisch, Journalisten-
novinạ̄rstvo (*GPl* novịnarstāvā/novinạ̄rstva) Journalistik *f*
nọvine *f/Pl* Zeitung *f*; ***dnẹ̄vnē ~*** Tageszeitung *f*; ***slụžbenē ~*** Amtsblatt *n*; ***tjẹdnē ~*** Wochenzeitung *f*
nọvinskī Zeitungs-, Presse-; ***~ člạ̄nak*** Zeitungsartikel *m*; ***~ ọglas*** Zeitungsanzeige *f*, Zeitungsannonce *f*; ***~ pạpīr*** Zeitungspapier *n*
nọvīnstvo (*GPl* -āvā) Pressewesen *n*
nọvo Neue(s) *n*; ***štọ ịmā ~?*** was gibt's Neues?
novogọdišnjī Neujahr(e)s-
novogrạ̄dnja Neubau *m*
novopẹčenī *iron.* frischgebacken
novorọđēnče (-eta) Neugeborene(s) *n*
nọvōst (-osti; *ISg* -osti/-ošću) *f* Neuigkeit *f*; Neuheit *f*
novotạrija Neuerung *f*
nọzdrva Nasenloch *n*; Nüster *f*
nọ̄ž (*Pl* -evi) Messer *n*; ***~ za bạcānje*** Wurfmesser *n*; ***~ za rịbu*** Fischmesser *n*; ***~ za sịr*** Käsemesser *n*; ***džẹpnī ~*** Taschenmesser *n*; ***jẹlenjī ~*** *Jgd.* Hirschfänger *m*; ***kụhinjskī ~*** Küchenmesser *n*; ***stạviti ~ pọd grlo*** *fig.* das Messer an die Kehle setzen
nọžār *1* Messerschmied *m*
nọžić Messerchen *n*; Taschenmesser *n*
nọžnī Fuß-, Bein-; → ***kọ̄čnica, pạlac***
nudịstičk|ī Freikörper-; ***~ā plạ̄ža*** FKK-Strand *m*
nụditi [po-] (an)bieten; darbieten; offerieren; ***~ mạnje*** unterbieten; ***~ vịše*** überbieten
nudịzam (-zma) Freikörperkultur *f*
nụ̄đati → ***nụditi***
nụkleāran nuklear, Kern-
nụl|a Null *f*; ***pạsti na ~u*** *fig.* alles verlieren
nụlt|i Null-; ***~ā tọčka*** *fig.* Nullpunkt *m*
numerīrati *5 ipf/pf* numerieren
nụtarnjī → ***ụnutrašnjī***
nụz *Präp* (*A*) → ***ụz***
nụzgrēdan nebensächlich, belanglos; sekundär
nụznalaz *Med.* Nebenbefund *m*
nụzproizvod Nebenprodukt *n*
nụzprostorija Nebenraum *m*
nụzzārada Nebenverdienst *m*
nụžd|a Not *f*; Notfall *m*; ***ịzlaz za ~u*** Notausgang *m*; ***krạ̄jnā ~a*** Notstand *m*; ***u slụčāju ~ē*** im Notfall; ***vṛšiti ~u*** seine Notdurft verrichten; ***~a zạ̄kon mijẹnjā*** *Sprw.* Not kennt kein Gebot
nụž|an nötig, notwendig; ***nije ~no!*** nicht nötig! → ***ọbrana***
nụžnīk Toilette *f*, Klosett *n*
nụžno *Adv* notwendigerweise
nụžnōst (-osti; *ISg* -osti/-ošću) *f* Notwendigkeit *f*

N

Nj

nj nj *n*
nj *ASg* (*enkl*) *v.* **ọ̄n, ọno**[1]
njẹdra *n*/*Pl* Busen *m*
njẹga Pflege *f*; Fürsorge *f*; ~ ***zdrȃvlja*** Gesundheitspflege *f*; ***ịntensīvnā*** ~ Intensivpflege *f*; ***kụ́ćnā*** ~ häusliche Pflege; ***tjẹlesnā*** ~ Körperpflege *f*; ***pọtrebno je tụ̄đā*** ~ es besteht Pflegebedürftigkeit
njẹgov *Pron* sein
njẹgovatelj (*Kranken-*)Pfleger *m*; Betreuer *m*
njẹgovati (-ujēm) pflegen; *Maschine* warten; *Blumen* züchten; *Kind* aufziehen
Njẹmačkā (*L* -ōj) Deutschland *n*; ***Sậvezna Repụblika*** ~ Bundesrepublik Deutschland *f*; ***Demọkratskā Repụblika*** ~ *hist*. Deutsche Demokratische Republik *f*
njẹmačkī deutsch
Njẹmica Deutsche *f*
njẹmāk *1* Stumme(r) *m*
njẹ̄n, njẹ̄zin *Pron* ihr (*gehörig*)
njẹž|an zart, zärtlich, sanft; mild; fein; schwach; ~***nī pọ̄l*** das schwache Geschlecht
njẹžnōst (-osti; *ISg* -osti/-ošću) *f* Zärtlichkeit *f*; Innigkeit *f*
njịhalo Pendel *n*
njịhāljka Schaukel *f*, Wippe *f*
njịhati (se) (njịšēm (se) (sich) schaukeln, (sich) wiegen
njịhov *Pron* ihr (*Pl v.* **njẹgov, njẹ̄(zi)n**)
njịva Feld *n*, Acker *m*
njụ̄h Geruch *m*, Geruchssinn *m*
njụ̄šiti [o-] riechen; wittern; schnüffeln; *Wild*: wittern
njụ̄š|ka (*GPl* -kī) Schnauze *f*; V Fresse *f*; ***dạti po*** ~***ci*** F eins auf die Fresse geben
njụškalo *fig*. Schnüffler *m*
njụškati (herum)schnüffeln, (herum-) spionieren
njụtn *Phys*. Newton *n*

O

o o *n*
o *Präp* (*Wohin? A*/*A*; *Wo? L*/*D*) an, auf; gegen; über; um, bei; ~ ***pọdnē*** gegen Mittag; ~ ***svọ̄m trọšku*** auf eigene Kosten; ~ ***tome*** darüber; ***ọbjesiti*** ~ ***klịn*** *fig*. an den Nagel hängen; ***rậdī se*** ~ (*L*) es handelt sich um (*A*); ***sve ọvisī o*** (*L*) alles hängt von (*D*) ab; ***ụdariti glāvōm*** ~ ***zịd*** *fig*. mit dem Kopf gegen die Wand rennen
o! *Int* o!
oậza Oase *f* (*a. fig.*)
ọba → ***ọbadva***
ọbād *Zool*. Bremse *f*, Stechmücke *f*
ọbadvā (-dvạju) *m*, *n*, **-dvije** (-dvạju) *f* beide
ọbadvoje (-dvọ̄ga) *n* beide (*Männer u. Frauen*), **-dvọjica** beide (*nur Männer*)
ọbal → ***ọbao***
ọbala Küste *f*; Ufer *n*; Strand *m*; ***Ạzūrnā*** ~ *Geogr*. Cote d'Azur
ọbālnī Küsten-, Ufer-; → ***plọvidba***
obạmirati (-ēm) **[-mrijeti]** absterben; erstarren
obạmrijeti (ọbamrēm; ọbamrō, -mr̄la) *pf* → ***obạmirati***
obạmrlōst (-osti; *ISg* -osti/-ošću) *f* Abgestorbenheit *f*; Paralyse *f* (*a. fig.*); Koma *n*
ọbao (-blo) rundlich; oval
obạrāč *1* Abzug(shebel *m*) *m*; Drücker *m* (*Gewehr*)
obậrati → ***obọriti***
obạsipati → ***obạsūti***
obạsj(ậv)ati bestrahlen; bescheinen
obạsūti (ọbaspēm; ọbasuo; ọbasūt) **(-sipati)** bestreuen; überschütten (*I*/mit *D*); ~ ***pọklonima, psọvkama*** *fig*. mit

Geschenken, Schimpfworten überschütten
obavez|a Verpflichtung *f*, Pflicht *f*; Verbindlichkeit *f*; ***izmīriti ~e*** Verbindlichkeiten begleichen; ***poreskā ~a*** Steuerpflicht *f*; ***vōjnā ~a*** Wehrpflicht *f*
obavez|an¯ verbindlich, obligatorisch; Pflicht-; ***~nā lektīra*** Pflichtlektüre *f*; ***~no na nāknadu*** ersatzpflichtig; ***~an školskī prēdmet*** Pflichtfach *n*
obavēzati (-avēžēm) verpflichten, zur Pflicht machen; **~ se** sich verpflichten; sich etw. zur Pflicht machen
obavezīvati (-ezujēm) → ***obavēzati***
obavījati → ***obaviti***[1]
obavijest (-sti; *ISg* -sti/-šću) *f* Benachrichtigung *f*, Nachricht *f*; Mitteilung *f*
obavijestiti (-avješten) *5/7* (**-štāvati** *5*) benachrichtigen, unterrichten, verständigen (***o*** *L*/über *A*)
obavješćīvati (-escujēm) → ***obavijestiti***
obaviti[1] (**-vījati**) umschlingen; umwickeln; **~ se ručnikom** sich in ein Handtuch einwickeln
obaviti[2] (**-vijati**) erledigen; *Arbeit etc.* verrichten *od.* ausführen
obavještājac (-jca; *V* -če) *2* Geheimagent *m*, Geheimdienstler *m*
obavještājn|ī: ***~ā služba*** Nachrichtendienst *m*, Geheimdienst *m*
obavještāvati *5* → ***obavijestiti***
obavještēnje → ***obavijest***
obavljānje Ausführung *f*, Erledigung *f*; Verrichtung *f*
obavljati → ***obaviti***[2]
obazirati se (-ēm se) [**-zreti se**] sich umsehen, sich umschauen; berücksichtigen; Rücksicht nehmen (***na*** *A*/auf *A*); ***ne se ~ ni na što*** auf nichts Rücksicht nehmen
obazreti se (obazrēm se) *pf* → ***obazirati se***
obazriv rücksichtsvoll; umsichtig
obdān tagsüber
obdanīšte: ***dječjē ~*** Kinderhort *m*, Kindertagesstätte *f*
obdāren (-o) begabt, talentiert (***za*** *A*/zu *D*); beschenkt (*I*/mit *D*)
obdārenōst (-osti; *ISg* -osti/-ošću) Begabung *f*, Talent *n*
obdāriti (**-arīvati**) beschenken, e-e Schenkung vornehmen
obdarīvati (-arujēm) → ***obdāriti***
obdukcija Obduktion *f*
obećān (-o) versprochen; → ***zemlja***
obećānje Versprechen *n*, Zusage *f*; ***gaziti ~*** sein Versprechen brechen; ***ispuniti ~*** sein Versprechen halten; ***zāvjetnō ~*** Gelöbnis *n*
obećati (**-āvati** *5*) versprechen; zusagen, zusichern; **~ *māzno na prāzno*** *fig.* leere Versprechungen machen
obescijeniti *5* (obescijenjen) entwerten; (*im Wert*) herabsetzen; *fig.* geringschätzen
obeshrābriti *5/7* (**-abrīvati**) entmutigen
obeshrabrīvati (-abrujēm) → ***obeshrābriti***
obesnāžiti *5 pf* entkräften
obeščastiti *pf* (obeščašćen) (**-ščašćāvati** *5*) entehren; schänden
obešćēnje Entehrung *f*; Schändung *f*
obeštecēnje Entschädigung *f*; ***ratnō ~*** Kriegsreparationen *Pl*
obeštetiti (-ećen) (**-šćīvati**) entschädigen
obezbijediti *5/7* sichern, sicherstellen; sorgen (*A*/für *A*); versorgen (***k-u*** *A*/*A* mit *D*)
obezbijeđen (-o) gesichert; Sicherheits-
obezglavljen (-o) kopflos
obezobraziti se *pf* unverschämt werden
obīčāj Brauch *m*, Sitte *f*; Gewohnheit *f*; ***imati ~*** die (An)Gewohnheit haben; ***izāći iz ~a*** nicht mehr gebraucht werden *od.* aus der Gewohnheit kommen; ***loš ~*** Unsitte *f*; ***po ~u*** nach (der) Gewohnheit; gewohnheitsmäßig; ***ogriješiti o ~e*** gegen die Sitten verstoßen; ***prijeći u ~*** zur Gewohnheit werden; ***uvesti u ~*** etw. (*als Gewohnheit*) einführen
običāj|an gebräuchlich, gewöhnlich; üblich; Gewohnheits-; ***~nō odijelo*** Alltagsanzug *m*; ***~nō prāvo*** *Jur.* Gewohnheitsrecht *n*
običāvati *5* die Gewohnheit haben, zu tun pflegen
obično gewöhnlich, üblicherweise; zumeist
obīći (-īđēm; -išao, -šla) (**-ilaziti**) umgehen; umfahren; herumgehen (*A*/um *A*); *Freund etc.* besuchen; *Stadt etc.* absuchen (***po*** *L*/nach *D*); **~ *cijeli svijet*** *fig.* in der ganzen Welt herumkommen; **~ *spomenike*** e-e Sightseeing-Tour machen, Sehenswürdigkeiten besichtigen

obījati → **ọbiti**; ~ **tụđē prągove** *fig.* Klinken putzen gehen
ọbijest (-i; *ISg* -esti/-ešću) *f* Übermut *m*, Hochmut *m*
ọbijestan (-sno) übermütig, hochmütig
ọbīlan, -lat reichhaltig; (*Ernte*) ertragreich; (*Essen*) opulent
obịlazak (-ska) Rundgang *m*; Rundfahrt *f*
obịlaziti → **ọbīći**
ọbilovati (-ujēm) im Überfluß haben (*I*/*A*); reich sein (*I*/an *D*)
ọbīlje Überfluß *m*, Fülle *f* (*I*/an *D*)
obịlježen gekennzeichnet, markiert; *fig.* gezeichnet (**od** *G*/von *D*)
obịlježiti (**-ežīvati**) kennzeichnen, markieren; *Buchstelle* anstreichen; *Grenzen* abstecken
obilježīvati (-ẹžujēm) → **obịlježiti**
obịljēžje Kennzeichen *n*, Merkmal *n*
ọbīm → **obụjam**
ọbirati (-ēm) → **ọbrati**
ọbistiniti se *pf* sich bewahrheiten, sich als wahr herausstellen; (*wirklich*) eintreffen
obītelj (*I* -ji/-ju) *f* Familie *f*
obīteljskī familiär (*a. fig.*); Familien-
ọbiti (-ijēm; obijen *6*) (**-ijati**) *Tür*, *Kasse* aufbrechen; gewaltsam öffnen
objąsniti *5* (**-šnjāvati** *5*) erklären, erläutern; *Text* interpretieren; ~ **se** e-e Aussprache haben; **objąsnilo mi se** mir ist klargeworden
objašnjẹnje Erklärung *f*, Erläuterung *f*
objąšnjiv erklärbar, erklärlich
ọbjava Bekanntmachung *f*, Verlautbarung *f*; Veröffentlichung *f*; Ankündigung *f*; Ansage *f*; *Rel.* Offenbarung *f*; **vọjnīčkā** ~ Reisedokument *n* (*für e-n Soldaten od. entlassenen Kriegsgefangenen*)
objāviti *5* (**-avljīvati**) bekanntgeben, verkünden; ansagen; ~ **knjịgu** Buch veröffentlichen; *Krieg* erklären; ~ **se** sich offenbaren
ọbje → **ọbadvā**
ọbjed → **rụčak**
objẹdovati (ọbjedujēm) → **rụčati**
objedịniti → **ujedịniti**
ọbjek(a)t (-kta) Objekt *n*, Gegenstand *m*; *Gr.* Objekt *n*; ~ **rązgovora** Gesprächsthema *n*; **prąvī** (**nẹprāvī**) ~ *Gr.* direktes (indirektes) Objekt; **spọrtskī** ~**i** *m*/*Pl* Sportanlagen *Pl*
ọbjektīvan objektiv, sachlich
objektịvnost (-osti; *ISg* -osti/-ošću) *f* Objektivität *f*
objelodāniti (**-danjīvati**) veröffentlichen, publizieren; bekanntmachen
objelodanjīvati (-dạnjujēm) → **objelodāniti**
objẹručkē mit beiden Händen; *fig.* mit offenen Armen
ọbjesiti *pf* (auf)hängen; henken; einhängen; ~ **slụšalicu** den (Telefon-)Hörer auflegen; ~ **glāvu, nọs**; ~ **se** sich aufhängen *od.* sich erhängen
objeśẹnjak *1* (*V* -če) Schelm *m*, Schlingel *m*, Galgenvogel *m*
ọblāčan bewölkt
oblāčiti se[1] [**ọbūći se**] sich anziehen, sich kleiden
oblāčiti se[2] [**na-**] sich bewölken
oblāgati (ọblažēm) → **oblọžiti**
ọblā|k (*Pl* -ci) Himmel *m*; **cṛnī -ci** dunkle Wolken (*a. fig.*); **dịći u** ~**ke** *fig.* über den grünen Klee loben; **prọlom** ~**kā** Wolkenbruch *m*; **žīvjetu u** ~**cima** *fig.* über den Wolken schweben
oblakọder *sb.* Wolkenkratzer *m*
ọblāsnī territorial; Bezirks-, Gebiets-
ọblāst (-sti; *ISg* -sti/-šću) *f* Verwaltungsbezirk *m*, Verwaltungsgebiet *n*; **ọpćinskā** ~ Gemeindebehörde *f*
oblẹtjeti (-īm; -tio, -tjela) (**-lijẹtati**) *pf* umfliegen; *Mond etc.*: umkreisen; *fig.* *e-e Person* umschwärmen
oblijẹpiti (ọblijepljen) *7* (**-ljẹpljīvati**) bekleben
ọblīk (*Pl* -ci) Form, *f*; Gestalt *f*; Aussehen *n*; **dṛžāvnī** ~ Staatsform *f*; **poprīmiti** ~ Gestalt annehmen; **u** ~**u** (*G*) in der Form (*G*, von *D*)
ọblikovati (-ujēm) formen, gestalten
oblịna Rundung *f*
ọblīš *Zool.* Steinbutt *m*
ọbliti (-ijēm; -io, -īla; -ịven *6*) (**-īvati** *5*) überfluten; übergießen; **bịti oblịven znọjem** schweißgebadet sein
oblīzati (-žēm) (**-izīvati**) ablecken
oblizīvati (-lịzujēm) → **oblīzati**
ọbližnjī nahegelegen; benachbart; umliegend
ọblog Umschlag *m*, Wickel *m*; **hlādnī** ~ kalter Umschlag; *fig.* kalte Dusche; **stạviti** ~ e-n Umschlag machen
ọbloga Überzug *m*; Verkleidung *f*; Verschalung *f*

ọbložen (*Zunge*) belegt
oblọžiti *5* (**-lạgati**) belegen; bedecken; (*mit Holz*) täfeln, verschalen; *Kleid* füttern; auslegen (*I*/mit *D*); *~ **zịdove tapętima*** ein Zimmer tapezieren
obljeplj̄ịvati (-ljęplјujēm) → ***oblijępiti***
ọbljetnica Jahrestag *m*, Gedenktag *m*
ọbljuba → ***snọšāj***
obljụ̄biti *5* (ọbljūbljen) begatten; Geschlechtsverkehr ausüben (*A*/mit *D*); *vera.* liebgewinnen
ọbljūbljen beliebt
ọbmana Betrug *m*, Schwindel *m*; Täuschung *f*
obmạ̄nuti (ọbmānēm; ọbmānūt) (**-anj̄ịvati**) betrügen, beschwindeln; irreführen
obmanj̄ịvati (-ạnjujēm) → ***obmạ̄nuti***
obnạ̄rodovati (-ujēm) (**-đ̄ịvati**) *Gesetz etc.* veröffentlichen
obnạ̄vljanje → ***ọbnova***
obnạ̄vljati *5* → ***obnọviti***
obnẹmoći (-gnēm; -gao, -gla) *pf* ermatten, kraftlos werden; dahinsiechen
obnẹvidjeti (-īm; -dio, -djela) *pf* erblinden, blind werden
obnijẹmiti *7 pf* verstummen
ọbnova Erneuerung *f*; Wiederherstellung *f*, Restauration *f*; *Jur.* Wiederaufnahme *f*
obnọviti *5* (**-nạ̄vljati** *5*) erneuern; *Gebäude* restaurieren; *Verfahren* wiederaufnehmen; *Tech.* wiederholen
ọbōd Hutrand *m*, Hutkrempe *f*; *Tech.* Flansch *m*
obogać̄ịvati (-ạćujēm) → ***obọgatiti***
obọgatiti (obọgaćen) (**-ć̄ịvati**) anreichern; bereichern; *Wissen*, *Wortschatz* erweitern; *~* **se** sich bereichern (*I*/an *D*); reich werden
obojạdisati (-šēm) *pf* → ***obọjiti***
ọbojak (-ōjka) Fußlappen *m*
ọboje → ***ọbadvoje***
ọbojen (-o) gefärbt; ***~ī mẹtāl*** Buntmetall *n*
obọjica → ***obadvọjica***
obọjiti *5 pf* anstreichen; färben; tünchen
ọbol Obolus *n*; (*kleine*) Geldspende *f*
oboljẹ̄nje Erkrankung *f*
obọljeti (-īm; -lio, -ljela) (**-ljẹvati** *5*/*7*) erkranken (***od*** *G*/an *D*); krank werden
ọborina *Meteor.* Niederschlag *m*
obọriti *5* (**obạ̄rati** *5*) fällen, (um)stürzen; *Blick* niederschlagen; *Baum* fällen; *Behauptungen* widerlegen; *Flugzeug* abschießen; *Kopf* senken; *Person* zu Fall bringen; *Preise* senken; *Regierung* stürzen; *Schuld* abwälzen (***na*** *A*/auf *A*); ***~ na ịspitu*** bei e-r Prüfung durchfallen lassen; *~* **se** (***na*** *A*) sich stürzen (auf *A*); herfallen (über *A*)
oborụ̄žati se *pf* → ***naorụžati se***
obọstran (-o) beid(er)seitig; gegenseitig
obọstranōst (-osti; *ISg* -osti/-ošću) *f* Beiderseitigkeit *f*; Gegenseitigkeit *f*
obožạvalac (-aoca) → ***obožạvatelj***
obožạ̄vānje Anbetung *f*, Vergötterung *f*
obožạvatelj Bewunderer *m*, Verehrer *m*
obožạ̄vati *5* vergöttern, anbeten; bewundern, verehren
ọbračūn Abrechnung *f* (*a. fig.*); Verrechnung *f*; *Hdl.* Rechnungsabschluß *m*; ***fịzičkī ~*** Handgreiflichkeiten *Pl*
obračụnati (**-ạ̄vati** *5*) abrechnen, verrechnen; ***fịzičko ~*** handgreiflich werden
ọbraćati se → ***obrạ̄titi se***
ọbrāćenīk *1* Bekehrte(r) *m*; *Rel.* Konvertit *m*
ọbrada Bearbeitung *f*; *Agr.* Bebauung *f*; Bestellung *f*; *Med.* (gründliche) Untersuchung *f*; ***~ podạ̄tākā*** Datenverarbeitung *f*; ***~ tẹkstōvā*** *EDV* Textverarbeitung *f*
ọbradba (*GPl* -dbī) → ***ọbrada***
obrạ̄diti *5* (**-ađ̄ịvati**) bearbeiten; *Boden* bebauen *od.* bestellen
ọbradovati (-dujēm) erfreuen, e-e Freude machen; *~* **se** sich freuen (*D*/über *A*)
obrađ̄ịvānje → ***ọbrada***
obrađ̄ịvati (-ạđujēm) → ***obrạ̄diti***
ọbramben (-o) Abwehr-, Verteidigungs-
ọbran|a Verteidigung *f*, Abwehr *f*; Schutz *m*; ***bez ~ē*** schutzlos; ***mehanịzam ~ē*** *Psych.* Abwehrmechanismus *m*; ***nụžnā ~a*** Notwehr *f*; ***obćenạ̄rodnā ~a*** *Mil.* allgemeine Volksverteidigung; ***protuavịōnskā ~a*** *Mil.* Luftabwehr *f*
obrạ̄niti *5 pf* verteidigen; abwehren; *~* **se** sich verteidigen; sich wehren
ọbrāstao (-slo) bewachsen, umwachsen (*I*/mit *D*)
ọbrāsti (-ạ̄stēm; ọbrastao, -sla) (**-rạstati**) bewachsen; überwuchern
ọbrat Wendung *f*; Wende *f*; Umkehr *f*
ọbrat|an umgekehrt, entgegengesetzt; ***~nī prạvac*** Gegenrichtung *f*

obrati (oberēm; obrao, -āla; obrān) (ab)pflücken; *Trauben* lesen; *Milch* abrahmen
obrātiti *5* (**obraćati**) bekehren; ~ ***pažnju*** (***na*** *A*) die Aufmerksamkeit lenken (auf *A*); ~ ***leđa*** den Rücken zuwenden; ~ **se** sich wenden (*D*/an *A*); konvertieren
obratnīk *Geogr.* Wendekreis *m*
obraz Backe *f*, Wange *f*; Gesicht *n*; Ehre *f*; ***bāciti ~ pod noge*** *fig.* sein Gesicht verlieren; ***bucmastīh ~a*** pausbäckig; ***imati ~a*** *fig.* die Stirn *od.* die Frechheit haben; ***nēmati ~a*** *fig.* keine Ehre im Leib haben; ***upalī ~i*** eingefallene Wangen
obrazac (-sca; *Pl* -sci) Vordruck *m*, Formblatt *n*; Muster *n*; *Gr.* Paradigma *n*; ***popuniti*** ~ ein Formblatt ausfüllen
obrazina Maske *f*
obrazlāgati (-razlažēm) → ***obrazložiti***
obrazložēnje Erklärung *f*, Begründung *f*
obrazložiti *5* (**-lāgati**) begründen, erklären; motivieren
obrazovān (-o) (aus)gebildet; kultiviert
obrazovānje (Aus)Bildung *f*; Unterweisung *f*; Schulung *f*; ~ ***odraslīh*** Erwachsenenbildung *f*; ***dopunskō*** ~ Zusatzausbildung *f*; ***steći*** ~ e-n (Aus-)Bildungsabschluß erzielen; ***stručnō*** ~ Berufsausbildung *f*; ***usmjerenō*** ~ Fachausbildung *f*, fachgerichtete Ausbildung
obrazovati (-ujēm) (aus)bilden, unterrichten; schulen; formen; *Ausschuß etc.* bilden
obrēd Gottesdienstordnung *f*; Ritual *n*; Ritus *m*, Zeremonie *f*
obrednī Ritual-; Zeremonie-
obrezati (-žēm) (**-rezīvati**) beschneiden; *Baum* abästen *od.* stutzen
obrezīvānje Beschneidung *f*; Abästung *f*
obrezīvati (-rezujēm) → ***obrezati***
obrijati (-jēm) rasieren; ~ ***na sūho*** *fig.* j-n gehörig einseifen, übers Ohr hauen; ~ **se** sich rasieren
obrīs Umriß *m*; Kontur *f*; ***u glāvnīm ~ima*** in groben Zügen
obrisāč *1* Wischtuch *n*; ~ ***za noge*** Fußmatte *f*
obrisati (-šēm; -sān) abwischen, wegwischen; *Fußboden* wischen; ~ ***nōs*** sich die Nase putzen
obr̄nuti (obr̄nēm) (**obrtati**) (um)drehen; (um)wenden; *Kopf* wenden; *Schlüssel* umdrehen; ~ **se** sich drehen; rotieren; ***okrēni-obr̄ni*** *fig.* das kann man drehen und wenden, wie man will
obrnutosmjēran gegenläufig, gegensinnig
obrok Portion *f*; Ration *f*; Mahlzeit *f*; *Med.* Dosis *f*; *Hdl.* Rate *f*
obronak (-ōnka) (Ab)hang *m*
obroniti se *5* (**-onjāvati se** *5*) *Erde*: abrutschen
obrstiti (-obršćen) *pf* abgrasen, abweiden; abfressen
obrt Gewerbe(betrieb *m*) *n*, Handwerk(sbetrieb *m*) *n*; *Hdl.* Umsatz *m*
obrtāj *Tech.* Drehung *f*, Umdrehung *f*
obrtānje Drehen *n*, Kreisen *n*; Wendung *f*
obrtati (-rćēm) → ***obr̄nuti***
obrtnī Dreh-; Umlauf-; Umsatz-; → ***porez***
obrtnica Gewerbeschein *m*
obrtnīčk|ī gewerblich, Gewerbe-; ***~ā škola*** Gewerbeschule *f*; ***~ō udružēnje*** Gewerbeverband *m*; ***~ā zādruga*** Handwerksgenossenschaft *f*
obrtnīk Handwerker *m*; Gewerbetreibende(r) *m*
obrūbiti *5* (**-ubljīvati**) (um)säumen, einsäumen; umranden
obrubljīvati (-ubljujēm) → ***obrūbiti***
obrūč Reif(en *m*) *m*; *fig.* Einkreisung *f*; (*Belagerungs-*)Ring *m*; ~ ***bureta*** Faßreifen *m*
obrukati (se) *pf* (sich) bloßstellen; (sich) lächerlich machen
obrv|a Augenbraue *f*; ***namrštiti ~e*** Augenbrauen hochziehen
obučāvati *5* [**-učiti** *5*] unterrichten; unterweisen; ausbilden (***u*** *A*/in *A*)
obuća *n*/*Pl* Schuhe *Pl*, Schuhwerk *n*; ~ ***za kūpānje*** Badeschuhe *Pl*
obućār *1* Schuhmacher *m*, Schuster *m*
obūći (-ūčēm; obūkao, -kla; -učem *6*) (**oblāčiti se**) (an)kleiden; bekleiden; ~ **se** sich anziehen, sich einkleiden
obuhvaćati [**-titi**] umfassen, umfangen; *fig.* einschließen, beinhalten
obūjam (-jma) Umfang *m*, Volumen *n*
obūjmiti *5 pf* → ***obuhvaćati***
obuka Unterricht *m*; Unterweisung *f*; Schulung *f*; ~ ***uz pomōc kompjutora*** *od.* ***racunala*** computerunterstützter Unterricht; ***prēdvōjnīčkā*** ~ vormilitärische Ausbildung
obustava Einstellung *f*; Beendigung *f*; ~ ***rāda*** Arbeitsniederlegung *f*, Streik *m*

O

obųstaviti (**-vljati**) einstellen, beendigen; *Geld* einbehalten *od.* abziehen; *Arbeit* niederlegen
ǫbuti (-ujēm; -uo; -ūt/-ųven *6*) (**-ūvati** *5*) *Schuhe* anziehen
obųzdati (**-dāvati** *5*) zügeln, bändigen; bezähmen
obųzēti (ǫbuzmēm; ǫbuzēt) (**-zīmati**) umfassen; umklammern, umschlingen; *Schrecken etc.*: erfassen; ***ǫbuzēt mīslima*** gedankenversunken
ǫbveza → ***ǫbaveza***
ǫbvezan → ***ǫbavezan***
obvęzati → ***obavęzati***
ǫbveznica *Hdl.* Schuldschein *m*, Schuldbrief *m*
ǫbveznīk (*Steuer-, Militär-*)Pflichtige(r) *m*
obvęzujućī: ~ ***mąndāt*** *Pol.* imperatives Mandat
obzīdati *5 pf* ummauern
ǫbzīr Rücksicht *f*; Berücksichtigung *f*: ***bęz ~a*** (***na*** *A*) ohne Rücksicht (auf *A*); ungeachtet (*G*); ***dǫći u ~*** in Betracht kommen; ***s ~om*** (***na*** *A*) mit Rücksicht (auf *A*); in Bezug (auf *A*); angesichts (*G*); ***tǫ nę dolazī u ~!*** das kommt nicht in Betracht *od.* in Frage; ***uzēti u ~*** Rücksicht nehmen (auf *A*); in Betracht ziehen
ǫbzīran rücksichtsvoll; aufmerksam
ǫbzor Horizont *m* (*a. fig.*); Rundschau *f* (*als Zeitschriftentitel*)
ǫca *GSg v.* ***ǫtac***
ǫcariniti *pf* verzollen
ǫcat (ǫcta) Essig *m*
ocęān *1* Ozean *m*; ***Tịhī ~*** *Geogr.* der Stille Ozean
ocijęditi *5/7* (**ocjeđīvati**) (durch)seihen; filtern, filtrieren
ocijęniti *5/7* (**ocjenjīvati**) (ab)schätzen, beurteilen; zensieren; *Lit.* rezensieren
ocjeđīvati (-ęđujēm) → ***ocijęditi***
ǫcjen|a Bewertung *f*, Beurteilung *f*; (Ab)Schätzung *f*; Wertung *f*; (*Schul-*)Note *f*, Zensur *f*; *Lit.* Rezension *f*; ***po mǫjōj ~i*** meiner Meinung nach
ocjęnitelj, -jnīvač (*V* -ču) *1 Lit.* Rezensent *m*; *Jur.* Schätzer *m*
ocjenjīvati (-ęnjujem) → ***ocijęniti***
ocjepljēnje, -pljīvanje Spaltung *f*; Trennung *f*
ocoubīca *m* Vatermörder *m*
ocŗniti *5* (**ocrnjīvati**) schwarz machen, schwarz färben; *fig.* anschwärzen
ocŗnjeti (-īm; -nio, -njela) *pf* schwarz werden
ocrnjīvati (-cŗnjujēm) → ***ocŗniti***
ǫcrtati (**-āvati** *5*) umreißen; beschreiben; schildern; ~ ***se*** sich abzeichnen; sich abheben
ocrvęnjeti (-īm; -nio, -njela) *pf* erröten
ǫcten (-o) essigsauer
ocvąsti (-ątēm; ǫcvao) (**ocvjętati**) verblühen
ǫčāj Verzweiflung *f*, Hoffnungslosigkeit *f*; ***pąsti u ~*** verzweifeln
ǫčājan verzweifelt, Verzweiflungs-
ǫčāj(āv)ati verzweifeln
ǫčājničkī → ***ǫčājan***
ǫčājnīk Verzweifelte(r) *m*, verzweifelter Mensch
ǫčāran (-o) bezaubert; fasziniert, entzückt
očąrati *5* (**-arāvati** *5*) bezaubern; faszinieren, verzücken
očekīvānje (Ab-)Warten *n*, Erwartung *f*
očekīvati (-ękujēm) (ab)warten; erwarten; entgegensehen
očęličiti *pf* stählen; *fig.* abhärten
Očęnāš *Rel.* Vaterunser *n*; ***znąti kao ~*** wie am Schnürchen hersagen können
očešati (očešēm) kratzen; *Pferd* striegeln
očęšljati *5 pf* (aus)kämmen; ~ ***se*** sich kämmen
ǫčetkati *pf* abbürsten
ǫčev zum Vater gehörend, Vater-
ǫčevi *NPl v.* ***ǫtac***
očevīdac (-īca; *V* -ce) *2* Augenzeuge *m*
očevīdan offensichtlich, offenkundig; sichtlich
ǫčevina väterliches Erbe
ǫči *Pl v.* ***ǫko***[1]
ǫčic|a (*Lauf-*)Masche *f*; *Tech.* Öse *f*; ***dįgnuti ~u*** e-e Masche aufheben
očiglēdan offensichtlich; augenscheinlich
ǫčīnskī väterlich, Vater-
ǫčīnstv|o Vaterschaft *f*; ***osporāvānje ~a*** Leugnung der Vaterschaft; ***utvrđivānje ~a*** Feststellung der Vaterschaft
ǫčistiti (ǫčišćen) *pf* säubern, reinigen, putzen
ǫčit offenkundig; unverkennbar
ǫčitānje Deutung *f*; Auswertung *f*
očitati *pf* (ab)lesen; ~ ***mǫlitvu*** ein Gebet sprechen; ~ ***bųkvicu*** *fig.* die Leviten lesen

očitovati (-ujēm) *ipf/pf* offenbaren; erklären
očnī Augen-; → ***kapak, šupljina***
očnjāk *1* Eckzahn *m*
očūh (*Pl* -usi) Schwiegervater *m*
očupati (očupan) *pf* (ab)rupfen; (ab-)zupfen
očuvati *5 pf* bewahren, erhalten; behüten
očvrsnuti (-nēm) (**-ršćavati** *5*) erstarken; sich festigen
od *Präp* (*G*) (*örtl.*) von (*D*); aus (*D*); (*zeitl.*) seit (*D*); von (*D*) an; (*Ursache*) vor (*D*); (*Material*) aus (*D*); (*bei Komp*) als (*N*); ~ ***davninē*** von alters her; ~ ***gnjeva*** aus Wut; ~ ***sada*** von nun an; ~ ***toga*** davon; daher
odabirati (-ēm) [**-brati**] (aus)wählen, erwählen; auslesen
odabrān (-o) auserwählt, ausgewählt; erlesen
odabranica Auserwählte *f*
odabranīk Auserwählte(r) *m*
odabrati (-berēm; odabrao; odabrān) → ***odabirati***
odagnati (odagnēm) (**odgoniti**) vertreiben, verjagen
odahnuti (odahnēm; odahnuo) aufatmen (*a. fig.*); einatmen; Atem holen; ~ ***dūšōm*** *fig.* aufatmen
odaja Gemach *n*; Raum *m*
odāklē woher, von wo
odān ergeben; loyal; ~ ***kao pas*** *fig.* treu ergeben; ~ ***píći*** dem Trunk ergeben
odānde von dort(her)
odānōst (-osti; *ISg* -osti/-ošću) *f* Ergebenheit *f*; Loyalität *f*
odapēti (odapnēm; odapeo, -ēla; odapēt) (**-pinjati**) abspannen; *Pfeil* abschießen; *Waffe* abdrücken; *fig.* abkratzen
odar (-dra) (*Toten-*)Bahre *f*; Sterbelager *n*
odaslati (-šaljēm; odaslao) (**-šiljati**) → ***poslati***
odašiljāč *1 Rdf.* Sender *m*
odašiljati (-ēm) → ***poslati***
odati (odām; odān) (**odāvati**) verraten; *Geheimnis* ausplaudern; *Ehre* erweisen; ~ ***se píću*** dem Trunk verfallen
odātle daher; von da; ***odātle slijedī*** daraus folgt
odāvati (odajēm) → ***odati***
odāvdē, odāvlē von hier (aus); von da
odāvna, -vno längst; seit langer Zeit
odaziv → ***odzīv***
odazivati se (odazivām/odazivljēm) [**odazvati se**] *Einladung etc.* Folge leisten *od.* nachkommen
odazvati se (-zovēm se; odazvao se) *pf* → ***odazivati se***
odbāciti *5* (**-acivati**) abwerfen; wegwerfen; abweisen, zurückweisen; *Theorie, Plan* verwerfen; *Erbe* ausschlagen; *Kredit* verweigern; *Menschen* zurückweisen; *Med.* abstoßen
odbacivānje Abwerfen *n*; Verwerfen *n*; *Med.* Abstoßung(sreaktion *f*) *f*
odbacivati (-acujēm) → ***odbāciti***
odbijajūćī *Jur.* anspruchsablehnend
odbijānje Ablehnung *f*, Zurückweisung *f*; Verweigerung *f*; Abziehen *n*; Subtraktion *f*; ~ ***svjetlosti*** Lichtreflexion *f*
odbijati *5* [**-biti**] ablehnen; abschlagen; *Angriff* abwehren; zurückschlagen; *Antrag* ablehnen; *Ball* zurückschlagen; *Licht* reflektieren; (*vom Gehalt*) abziehen; ~ **se** abprallen
odbiti (-ijēm; *Imp* -bīj; odbijen *6*) *pf* → ***odbijati***; ***obīj mu na mlādōst!*** F du mußt ihm seine Jugend (*als Entschuldigung*) anrechnen!
odbjeći (-gnēm) *pf*, **-gnuti** (-gnēm) *pf* → ***pobjeći***
odbljesak (-ska) Widerschein *m*, Reflex *m*
odbōjka (*GPl* -kī) *Sp.* Volleyball *m*
odbojkāš (*V* -šu) *1* Volleyballspieler *m*
odbōj|an abweisend; abstoßend; unfreundlich; ~***nī udār*** *Sp.* Befreiungsschlag *m*
odbōjnīk Puffer *m*; *Kfz.* Stoßstange *f*
odbor Ausschuß *m*; ~ ***za doček*** Empfangskomitee *n*; ***ispitnī*** ~ Prüfungsausschuß *m*; ***izbōrnī*** ~ Wahlausschuß *m*; ***nādzōrnī*** ~ Aufsichtsrat *m*; ***nārodnī*** ~ *Pol.* Volksausschuß *m*; ***uprāvnī*** ~ Verwaltungsausschuß *m*
odbōrnīk Ausschußmitglied *n*
odbrājati *5* [**-brojiti** *5*] abzählen, aufzählen; *Sp.* auszählen; ***odbrojānī su mu dāni*** *fig.* seine Tage sind gezählt
odbrana → ***obrana***
odbrusiti *5 pf* abschleifen, wegschleifen; *fig.* e-e scharfe Antwort geben, *j-n* anfahren
odębljati (odebljao) *pf* zunehmen, dick werden

O

odẹrati (ọderēm) *pf* abreißen; *Fell* abziehen; *Haut* abschürfen
odgā̤đati *5* → ***odgọditi***
odgā̤jati *5* → ***odgọjiti***
ọdgoda Aufschub *m*, Verzögerung *f*; ~ ***plā̤ćānja*** *Hdl.* Zahlungsaufschub *m*
odgọditi *5* (**-gā̤đati** *5*) aufschieben, hinausschieben; verschieben; *Sitzung* vertagen; ~ ***ụnedoglēd*** *fig.* auf die lange Bank schieben
ọdgōj Erziehung *f*; Bildung *f*; (*Tiere*) Zucht *f*; ***fịzičkī*** *od.* ***tjẹlesnī*** ~ Sportunterricht *m*
ọdgojen (-o) erzogen
odgọjitelj Erzieher *m*; (*Tiere*) Züchter *m*
odgojitẹljica Erzieherin *f*; (*Tiere*) Züchterin *f*
odgọjiti *5* (**-gā̤jati** *5*) erziehen; *Kind* großziehen; *Tiere*, *Pflanzen* züchten
odgonẹ̄tati (-ām/-ćēm) [**-nuti**] enträtseln, entziffern; *Rätsel* lösen
ọdgonētka (*GPl* -ātākā/-tkī) (*Rätsel*) Lösung *f*
odgonẹ̄tnuti (-gọnētnēm) *pf* → ***odgonẹ̄tati***
odgọniti *5* (**odạgnati**) vertreiben, verjagen; fortjagen
odgovā̤rajūćī entsprechend, adäquat
odgovā̤ra|ti *5* → ***odgovọriti***; ***štọ ti ne*** ~? was paßt dir denn nicht?
ọdgovor Antwort *f*, Erwiderung *f*; *Jur.* Einlassung *f*; ***nẹpovōljan*** ~ e-e abschlägige Antwort; ***mọlimo za*** ~ um Antwort wird gebeten
ọdgovōran verantwortlich
odgovọriti *5* (**-govā̤rati** *5*) (be)antworten, erwidern, entgegnen; verantwortlich sein (**za** *A*/für *A*)
odgovọ̄rnōst (-osti; *ISg* -osti/-ošću) *f* Verantwortung *f*; *Jur.*, *Hdl.* Haftung *f*; ~ ***za nedostā̤tke*** *Jur.* Mängelhaftung *f*; ***na mọju*** ~ auf meine Verantwortung; ***ọbjektīvnā*** ~ *Jur.* Gefährdungshaftung *f*; ***podjẹljenā*** ~ *Jur.* gemeinschaftliche Haftung; ***pọzvati na*** ~ zur Rechenschaft ziehen; ***sọlidārnā*** ~ *Jur.* gesamtschuldnerische Haftung; → ***osigurā̤nje***
ọdgristi (-ịžēm; ọdgrizao, -zla) (**-grīzati** *5*) abbeißen, wegbeißen
odgṛnuti (ọdgṛnēm) (**ọdgrtati**) abdekken; aufdecken; *Vorhang* wegziehen
ọdgrtati (-grćēm; -grtao) → ***odgṛnuti***
odgṳ̄rati *5* [**ọdgurnuti**] abstoßen, wegstoßen; wegschieben
ọdgurnuti (-nēm; -gurao) → ***odgṳ̄rati***
odịgrati *5* (**-ā̤vati** *5*) zu Ende spielen; ~ **se** sich abspielen, sich ereignen
odijẹliti *5*/*7* *pf* abtrennen; absondern
odijẹlo *7* (*Herren-*)Anzug *m*; ~ ***po mjẹri*** Maßanzug *m*; ***gọtovō*** ~ Konfektion *f*; ***rā̤dnō*** ~ Arbeitsanzug *m*
odijẹvati (**se**) *5*/*7* (sich) anziehen; (sich) bekleiden
ọdio (ọdjela) → ***ọdjel***
ọdisati (-išēm) (auf)atmen; ausatmen; riechen (*I*/nach *D*)
ọdista wirklich, tatsächlich
ọdjahati (-šēm) *pf* fortreiten, wegreiten
ọdjava Abmeldung *f*; Absage *f*
odjā̤viti *5* (**-aljī̤vati**) abmelden; absagen; ~ ***se*** sich abmelden
odjavljī̤vati (-jạvljujēm) → ***odjā̤viti***
ọdjavnica Abmeldebescheinigung *f*
ọdjeća Kleidung *f*; ***dọnjā*** ~ Unterwäsche *f*
odjedạnpūt auf einmal, mit e-m Mal
ọdjedriti *pf* absegeln
ọdjek Widerhall *m*, Echo *n*; *fig.* Anklang *m*; ***nạići na*** ~ *fig.* Anklang finden *od.* (*gut*) ankommen
odjekī̤vati (-jẹkujēm) [**-jē̤knuti**] widerhallen, nachhallen; widerklingen
odjē̤knuti (ọdjēknēm; -jẹknuo) → ***odjekī̤vati***
ọdjel Abteilung *f*; Abteil *n*; ~ ***za kạdrove*** Personalabteilung *f*
ọdjeljnī Abteilungs-
ọdjeljak (-ēljka) *Esb.* Abteil *n*; Abschnitt *m*, Sektion *f*
odjeljẹ̄nje Abteilung *f*; Station *f*; ***bolẹsničkō*** ~ Krankenstation *f*
odjeljī̤vati (-ẹljujēm) → ***odijẹliti***
ọdjēvnī (Be)Kleidungs-
odjṳ̄riti *5* *pf* wegrennen, davonlaufen
odlạgalīšte Deponie *f*
odlā̤gānje Ablegen *n*; Ablagerung *f*; Aufschub *m*; Verschiebung *f*
odlā̤gati (ọdlāžēm) → ***odlọžiti***
odlā̤nuti *unpers* leichter werden; aufatmen; ***odlā̤nulo mi je*** *fig.* mir ist ein Stein vom Herzen gefallen
ọdlazak (-ska) Abfahrt *f*, Abreise *f*, Aufbruch *m*; *Esb.* Abfahrt *f*
ọdlaziti abfahren, abreisen, aufbrechen
ọdlažēnje → ***ọdlazak***
odlẹtjeti (-īm; -tio, -tjela) (**odlijẹtati**) *7* *pf* abfliegen, wegfliegen

odležan (*Fleisch etc.*) abgehangen; abgelagert
odležati (-īm) (**-ežávati** *5*) *Strafe* verbüßen; *fig.* absitzen
odličan ausgezeichnet, hervorragend, vorzüglich
odlijepiti *5/7* (**-lijepljivati**) *Geklebtes* ablösen
odlijetati (-ćēm) → ***odletjeti***
odlijevati *5/7* → ***odliti***
odlika Vorzug *m*; Auszeichnung *f*; *Zool.* Abart *f*
odlikāš (*V* -šu) *1* ausgezeichneter Schüler, Schüler mit ausgezeichneten Noten
odlikovānje Auszeichnung *f*; **~ za *hrābrōst*** Tapferkeitsmedaille *f*
odlikovati (odlikujēm) *ipf/pf* auszeichnen; *Orden* verleihen; **~ se** sich auszeichnen (*I*/durch *A*)
odliti (-ijēm) (**-ijevati** *5/7*) abgießen; abschütten; wegschütten; *Skulptur* gießen
odlivak (-īvka) Abguß *m*
odlomak (-ōmka) Abschnitt *m*; Bruchstück *n*
odlomiti *5* (**-lāmati** *5*) *tr* abbrechen; **~ se** *itr* abbrechen
odložiti *5* (**-lāgati** *5*) ablegen, weglegen; *Termin* vertagen; *Waffen* niederlegen
odlučan entschlossen; energisch, resolut; entscheidend
odlūčiti *5* (**-učívati**) entscheiden, beschließen; e-n Entschluß fassen; **~ se** sich entscheiden
odlučívati (-učujēm) → ***odlūčiti***
odlūčnōst (-osti; *ISg* -osti/-ošću) *f* Entschlossenheit *f*
odlučujūćī entscheidend
odluk|a Entscheidung *f*, Entschluß *m*; Beschluß *m*; (*amtlicher*) Bescheid *m*; ***donijeti ~u*** e-n Beschluß fassen; e-n Bescheid erlassen
odljepljívati (-epljujēm) → ***odlijepiti***
odljev(ak) → ***odlivak***
odmaći (-knēm; -kao) *pf* → ***odmaknuti***
odmagati (odmāžēm) → ***odmoći***
odmagliti *5 pf* ausreißen; *fig.* sich aus dem Staub machen
odmāh sofort; umgehend, unverzüglich
odmahívati (-ahujēm) → ***odmāhnuti***
odmāhnuti (odmāhnēm) (**-mahívati**) abwinken; **~ *glāvōm*** den Kopf schütteln
odmaknuti (odmaknēm; *Imp* odmakni; -kao) (**odmicati**) wegrücken, fortrücken; fortschieben; ***vrijeme je već odmaklo*** die Zeit ist schon fortgeschritten
odmāmiti *5* (**-amljívati**) weglocken; *Kunden etc.* abwerben
odmamljívati (-amljujēm) → ***odmāmiti***
odmaralīšte Ruheplätzchen *n*; Erholungsheim *n*
odmārati (se) → ***odmoriti (se)***
odmātati *5* → ***odmotati***
odmazda (*GPl* -ā/-ī) Vergeltung(smaßnahme *f*) *f*
odmet Abfall *m*; ***tō nije na ~*** *fig.* das ist nicht von Pappe
odmetnīk Abtrünnige(r) *m*; Rebell *m*
odmetnuti (-nēm) *pf* weglegen; **~ se** abtrünnig werden; fahnenflüchtig werden
odmicati (-čēm) → ***odmaknuti***
odmijeniti *5/7* (**-mjenjívati**) ablösen; abwechseln
odmjena (*Wach-*)Ablösung *f*
odmjenjívati (-enjujēm) → ***odmijeniti***
odmjerávati *5* → ***odmjeriti***
odmjeren (-o) bemessen; gleichmäßig; abgewogen; ***~īm korākom*** gemessenen Schrittes
odmjerenōst (-osti; *ISg* -osti/-ošću) *f* Abgewogenheit *f*; Gleichmäßigkeit *f*
odmjeriti (**-ávati** *5*) (ab)messen, bemessen; *Fleisch*, *Mehl* abwiegen; *Worte* wägen; **~ *od glāvē do pētē*** *fig.* von Kopf bis Fuß mustern
odmoći (-gnēm; -gao) (**-māgati**) hinderlich sein, im Weg stehen
odmor Erholung(spause *f*) *f*; Rast *f*; (*Schule*, *Theater*) Pause *f*; ***godišnjī ~*** (*Jahres-*)Urlaub *m*; ***kolektívnī ~*** Betriebsurlaub *m*; ***podnēvnī ~*** Mittagspause *f*; ***porodājnjī ~*** Mutterschutz *m*, Schwangerschaftsurlaub *m*
odmoriti se *5* (**-mārati se** *5*) sich erholen, sich ausruhen
odmotati (odmotān) (**-ātati** *5*, **-tāvati** *5*) abwickeln; aufrollen
odmrsiti *5* (odmršen) (**-ršávati** *5*) entwirren
odmrzávati *5* [**odmrznuti**] auftauen; *Eis*, *Schnee*: schmelzen
odmrznuti (-nēm; -nuo) *pf* → ***odmrzávati***
odnároditi se (**-arođívati se**) sich seinem Volk entfremden; sein Volk verleugnen
odnarođívati se (-ođujēm se) → ***odnároditi se***

O

ọdneklē, -nekud von irgendwo, irgendwoher
ọdnesti (-nẹsēm) → ***ọdnijeti***
ọdnijeti (-nẹsēm; -nio, -nijela; -nẹsen *6*/-net) (**-nọsiti**) forttragen; wegbringen; wegschleppen; wegnehmen; ~ ***pọbjedu*** den Sieg davontragen; ~ ***sạ sobom*** mitnehmen; ***kao rụkōm odnẹseno*** (*Krankheit*) wie weggeblasen
ọdnos Verhältnis *n*; Beziehung *f*; ~ ***snāgā*** Kräfteverhältnis *n*; ***bịti u dọbrim ~ima*** auf gutem Fuß stehen (**s** *I*/mit *D*); ***prạvnī ~*** *Jur*. Rechtsstellung (**prema** *L*/gegenüber *od*. zu *D*); ***rạdnī ~*** Beschäftigungsverhältnis *n*; ***vlạsnīčkī ~i*** *m*/*Pl* Eigentumsverhältnisse *Pl*
odnọsiti *5* → ***ọdnijeti***; ~ **se** sich beziehen (**na** *A*/auf *A*)
ọdnosn|ī bezüglich; relativ; ***~nā rečẹnica*** *Gr*. Relativsatz *m*; ***~nā zạmjenica*** *Gr*. Relativpronomen *n*
ọdnosno beziehungsweise
ọdnošāj Beischlaf *m*, Geschlechtsverkehr *m*
odobrạvānje Billigung *f*, Genehmigung *f*; Zustimmung *f*; Beifall *m*
odobrạvati *5* → ***odọbriti***
odobrẹnje Genehmigung *f*, Erlaubnis *f*; ~ ***za vr̄šēnje djẹlatnosti*** Gewerbeschein *m*
odọbriti *5* (**-brạvati** *5*) billigen, genehmigen, erlauben (***k-u*** *A*/*j-m A*); zustimmen; bewilligen; *Nachlaß* gewähren; ~ ***ịznos račụnu*** e-n Betrag gutschreiben
odobrovọljiti *pf* → ***udobrovọljiti***
ọdojak (-ọjka) Ferkel *n*; ~ ***na rạžnju*** Spanferkel *n*
ọdoka ungefähr; (in) etwa
odolijẹvati *7* (ọdolijevām) (**odọljeti**) *Versuchung* widerstehen; entgegenstehen; *Angriff* abwehren
odomạćiti se (**-aćīvati se**) sich einleben, heimisch werden
odomaćīvati se (-ạćujēm se) → ***odomạćiti se***
ọdondā seither, seitdem
odọnud von dorther
ọdora *vera*. Uniform *f*
odọstrag(**a**) von hinten
odọvud(**a**) von hier, von da
odọzdō(**l**) von unten (her); unterhalb
odọzgo(**l**) von oben (her); oberhalb
odrạditi (**-adīvati**) abarbeiten
odradīvati (-ạđujēm) → ***odrạditi***
ọdrasli (-īh) *m*/*Pl* Erwachsene *Pl*
ọdrāstao (-slo) erwachsen
ọdrāsti (-rạstēm; -stao, -sla) (**-stati**) erwachsen werden, heranwachsen
ọdraz Widerschein *m*, Widerspiegelung *f* (*auch Phil*.); Reflex *m*
odrạziti *5* (ọdrāžen) (**-ažạvati** *5*) reflektieren, zurückstrahlen; ~ **se** sich widerspiegeln
ọdrečan verneinend, negativ
ọdreći (ọdreknēm/odrẹčēm; -rekao) (**-rịcati**) absagen; verleugnen; *Schuld* leugnen; *Hilfe* verweigern; *Freundschaft* aufkündigen; ~ **se** verzichten (*G*/auf *A*); entsagen (*G*/*D*); ~ ***se prijẹstola*** abdanken
ọdred *Mil*. Abteilung *f*; Kommando *n*
ọdredba (*GPl* -ā/-ī) Bestimmung *f*; Verfügung *f*, Verordnung *f*
ọdredīšte Bestimmungsort *m*
odrẹditi *5* (**-eđịvati**) bestimmen, verordnen, verfügen; *Medikament* verordnen; *Preis* festsetzen; *Sitzung* anberaumen
ọdrēđen (-o) bestimmt; ***~ī ọblīk*** *Gr*. bestimmte Form; ***u ~o vrijẹme*** zu e-r bestimmten Zeit
određịvati (-ẹđujēm) → ***odrẹditi***
ọdreka Verzicht *m* (*G*/auf *A*)
ọdrezak (-ska) Abschnitt *m*, Koupon *m*; Schnitzel *m*; ***bẹčkī ~*** *Kochk*. Wiener Schnitzel
ọdrezati (-žēm; -zān) (**-zịvati**) abschneiden, wegschneiden; *Haar* stutzen
odrezịvati (-ẹzujēm) → ***ọdrezati***
odrịcānje Verzicht(en *n*) *m*, Entsagen *n*
odrịcati se (ọdričēm se) → ***ọdreći se***
odrijẹšiti *5*/*7* (**-rješịvati**) aufbinden, losbinden; *Knoten* lösen; *Jur*. freisprechen; ~ ***od grijẹha*** Sünden vergeben (*A*/*D*)
ọdrinuti (-nēm) *pf* abstoßen, wegstoßen
odrješẹ̄nje Freisprechung *f*; *Jur*. Freispruch *m*; ~ ***grijẹha*** *Rel*. Absolution *f*
ọdrješit entschlossen; entschieden; resolut
odrješịvati (-rjẹšujēm) → ***odrijẹšiti***
ọdrod Ausgeburt *f*, Mißgeburt *f*; *Pol*. Renegat *m*
odrọditi se *5* (**-địvati se**) aus der Art schlagen; *Pol*., *Rel*. abtrünnig werden
odrodịvati se (-ọđujēm se) → ***odrọditi se***
ọdron Geröll(halde *f*) *n*; ~ ***brda*** Bergrutsch *m*; ~ ***kạmēnja*** Steinschlag *m*; ~ ***zẹmljē*** Erdrutsch *m*

odrọniti *5* (**-jāvati** *5*) abrutschen; (**se** sich) loslösen
ọdr̄pān (-o) zerfetzt, zerlumpt
odrpạnac (-nca; V -če) *2* schäbig *od.* in Lumpen gekleideter Mensch
odrụbiti *5* (**-ubljịvati**) abschlagen; abhacken; ~ ***glạvu*** köpfen
odrubljịvati (-ụbljujēm) → ***odrụbiti***
odr̥vati se (-ēm se; ọdrvao, -āla) *pf* widerstehen; aushalten, ausharren
održạvānje Erhaltung *f*, Instandhaltung *f*; Bestehenbleiben *n*
odr̥žati (-īm; ọdržao, -āla; ọdržān) (**-žạvati** *5*) halten, erhalten, aufrechterhalten; *Gleichgewicht* halten; *Fristen* einhalten; *Ruhe* bewahren; *Sitzung* abhalten; *Gebräuche* aufrechterhalten; *Wort* halten; ~ **se** sich halten, sich behaupten; *Veranstaltung*: stattfinden; ***lijẹpo si se odr̥žala!*** du hast dich gut gehalten!
ọdsad(a) von nun an
odsẹliti se *5* (**-ljạvati se** *5*) fortziehen; wegziehen; auswandern
odsijẹcati *5/7* → ***ọdsjeći***
odsijẹvati *5/7* → ***odrạziti***
ọdsječak (-čka) Abschnitt *m*; (*im Text*) Absatz *m*; *Math.* (*Kreis-*)Segment *n*
ọdsjeći (-sijẹčēm; -sjekao, -kla; -sjẹčen *6*) (**-sijẹcati**) abschneiden; abhacken; (ab)trennen (**s** *G*/von *D*)
odsjẹdati *5* → ***ọdsjesti***
ọdsjek Abschnitt *m*; Abteilung *f*; Sektion *f*; ***vrẹmenskī*** ~ Zeitabschnitt *m*
ọdsjesti (-sjēdnēm; -sjeo, -sjela) (**-sjẹdati**) (*im Hotel*) absteigen; (*vom Pferd*) absitzen; *Sp. Ball*: im Tor landen
odskạkati (ọdskāčēm), **-skakịvati** (-skakujēm) [**-skọčiti**] abspringen; *Projektil*: abprallen; zurückprallen; (*zur Seite*) wegspringen
odskọčiti *5 pf* → ***odskạkati***
ọdskočn|ī Sprung-; ~***ā dạska*** *Sp. u. fig.* Sprungbrett *n*
ọdskok (*Pl* -ci) Absprung *m*; Abprall *m*
ọdskora seit kurzer Zeit; vor *od.* seit kurzem
odslụžiti *5* (**-užịvati**) abdienen; *Militärdienst* ableisten
ọdstajao (-lo) (*Bier etc.*) abgestanden
odstạjati (-stọjīm) → ***odstọjati***
ọdsto *sb.* vom Hundert, Prozent *n*
odstōjānje Abstand *m*; Entfernung *f*
odstọjati (-īm) (*e-e Zeitlang*) stehen; längere Zeit stehen
ọdstrag(a) → ***odọstrag(a)***
odstrạniti *5* (**-anjịvati**) beseitigen, entfernen; *Schaden* beheben
odstranjịvati (-ạnjujēm) → ***odstrạniti***
ọdstup, -ụpānje Rücktritt *m*; *Mil.* Rückzug *m*
odstụpati *5* [**-piti** *5*] abtreten; zurücktreten; sich zurückziehen; ~ ***od prạvila*** von e-r Regel abweichen; ~ ***od ụgovora*** von e-m Vertrag zurücktreten
ọdstupnica Rückzug *m*
ọdsudan ausschlaggebend, entscheidend
odsụkati (ọdsūčēm; -sụkao; ọdsūkan) (**-sukạvati** *5*) *Mar.* abdrehen
ọdsustvo *sb.* Urlaub *m*
ọdsutan abwesend; ~ ***dụhom*** geistesabwesend
ọdsutnōst (-osti; *ISg* -osti/-ošću) *f* Abwesenheit *f*
odsvịra|ti abspielen; zu Ende spielen; ~***lo im je*** *fig.* sie haben ausgespielt
odšarạfiti *5* (**-aljịvati**) abschrauben, losschrauben
odšarafljịvati (-ạfljujēm) → ***odšarạfiti***
odšẹtati *5 pf* e-n Spaziergang machen (**do** *G*/zu *D*)
ọdštampati *pf* (ab)drucken
odštećịvati (-ẹćujēm) → ***ọdštetiti***
ọdšteta Entschädigung *f*; Ersatz *m*; Schadensersatz *m*; ~ ***za pretr̥pljenī bọl*** Schmerzensgeld *n*; ***rạtnā*** ~ Reparation *f*
ọdštetiti (ọdštećen) (**-ćịvati**) entschädigen; ersetzen
ọdštetnī (*Schadens-*)Ersatz-; ~ ***zạhtjev*** Schadensersatzantrag *m*
odšụljati se *5 pf* fortschleichen, davonschleichen
odụčiti (se) *5* (**-čạvati se** *5*) sich abgewöhnen (**od** *G*/*A*); verlernen (**od** *G*/*A*)
odụdarati [**-iti**] (**od** *G*) abstechen (von *D*); sich abheben (von *D*)
odugovlạčiti *5* hinauszögern, verzögern; *fig.* in die Länge ziehen
odụljiti *5 pf* verlängern
odụmirati (-ụmirēm) [**-rijeti**] absterben
odụmrijeti (ọdumrēm; ọdumro, -r̄la) → ***odụmirati***
odụpirati se (-ēm se) [**-prijeti se**] sich widersetzen, sich entgegenstemmen; standhalten
odụprijeti se (ọduprēm se) → ***odụpirati se***
ọdūran ekelhaft, scheußlich, widerwärtig

O

odụstajati (-ēm) [**-stati**] Abstand nehmen (**od** *G*/von *D*); ablassen; verzichten (auf *A*); *Plan* aufgeben; *Klage* zurückziehen; (*vom Kauf*) zurücktreten
odụstati (-ụstanēm; -ụstao) *pf* → ***odụstajati***
ọduš|ak (-ška) Atemzug *m*; Atempause *f*; ***dạti sębi ~ka*** *fig.* seinem Herzen Luft machen
odušẹviti *5* (**-evljạ̄vati** *5*) begeistern (*G I od.* **za**/*A* für *A*); hinreißen; **~ se** sich begeistern
odụševljen (-o) begeistert, hingerissen
oduševljḗnje Begeisterung *f*, Enthusiasmus *m*; Schwärmerei *f*
ọduzēt gelähmt; *fig.* paralysiert (*I*/durch *A*)
odụzēti (ọduzmēm; *Imp* -ụzmi; ọduzeo; ọduzēt) (**-zimati**) wegnehmen; beschlagnahmen; entziehen; *Math.* subtrahieren; *Recht* entziehen; **~ vịd** blenden; **~ žịvot** töten; **~ se** gelähmt sein
ọduzētōst (-osti; *ISg* -osti/-ošću) *f Med.* Lähmung *f*
odụzimānje Abnehmen *n*; Wegnehmen *n*; **~ kṛvi** Blutentnahme *f*
odū̧žiti se *5 pf* e-e Schuld begleichen; sich erkenntlich zeigen, sich revanchieren
odvạ̄đati *5* → ***odvọditi***
odvạ̄jānje Absondern *n*; Loslösung *f*; Trennung *f*; (*Weg*) Abzweigung *f*
odvạ̄jati *5* → ***odvọjiti***
odvạ̄liti *5 pf* (**-aljī̧vati**) abwälzen; wegrollen; wegreißen; *Gelenk* verrenken
ọdvāljen (-o) (*Gelenk*) verrenkt
ọdvāžan mutig, tapfer
odvạ̄žiti se *5* (**-ažī̧vati se**) wagen; Mut fassen
odvažī̧vati se (-ạ̄žujēm se) → ***odvạ̄žiti se***
odvạ̄žnōst (-osti; *ISg* -osti/-ošću) *f* Mut *m*, Tapferkeit *f*; ***gụbiti ~*** kleinmütig werden
ọdveć → ***ọdviše***
odvẹdēm *1. Pers Sg v.* ***ọdvesti***[1]
odvẹslati *pf* davonrudern, wegrudern
ọdvesti[1] (-vẹdēm; *Imp* -vẹdi; -veo, -vela; -vẹden *6*) (**-vọditi**) wegführen; wegbringen, (*an e-n Ort*) bringen; *Wasser* ableiten; ***dalęko bị nās ọdvelo*** das würde zu weit führen; ***kạmo će tộ jọš ~?*** wohin soll das noch führen?
ọdvesti[2] (-vẹzēm; ọdvezao, -vezla; -vẹzen *6*) (**-vọziti**) wegfahren *tr*, fortfahren *tr*; (*an e-n Ort*) fahren; **~ se** wegfahren *itr*, fortfahren *itr*
odvẹ̄zati (ọdvēžēm; *Imp* -vẹ̄ži; ọdvezao, -vezla; ọdvezān) (**-vezī̧vati**) aufbinden, aufschnüren; losmachen; **~ *jęzik*** *fig.* seinem Mundwerk freien Lauf lassen
odvezī̧vati (-vẹzujēm) → ***odvẹ̄zati***
odvijạ̄č *1* Schraubenzieher *m*
odvī̧jati *5* → ***ọdviti***
odvikạ̄vati *5* → ***ọdviknuti***
ọdviknuti (-nēm; -kao; -nūt) (**-ạ̄vati** *5*) abgewöhnen; **~ se** sich abgewöhnen (*G*/*A*); **~ *od pụšēnja*** sich das Rauchen abgewöhnen
ọdvišē (viel) zu viel
ọdviti (-ijēm; *Imp* -vī̧j; -vio, -vila; vịjen) (**-vī̧jati** *5*) abwinden; abwickeln, loswickeln; losschrauben; lockern
ọdvjetnīčkī (*Rechts-*)Anwalts-
ọdvjetnīk (*V* -če) (*Rechts-*)Anwalt *m*
odvlạ̄čiti *5* → ***ọdvūći***
ọdvod Ableitung *f*, Abfluß *m*; **~ *dịma*** Rauchabzug *m*
odvọditi *5* → ***ọdvesti***[1]
ọdvodnī Ableitungs-, Abfluß-
odvodnjạ̄vānje Entwässerung *f*
ọdvojak (-ōjka) Abzweigung *f*; *Esb.* Nebenlinie *f*
odvạ̄jati *5* → ***odvọjiti***
ọdvojen (-o) getrennt, separat; ***žī̧vjeti ~o*** getrennt leben
odvọjiti *5* (**-ạ̄jati** *5*) absondern, (ab)trennen; lostrennen; (*Geld*) abzweigen; **~ se** sich absondern; sich loslösen; *Weg*: abzweigen
ọdvoz Abfuhr *f*; Wegfahren *n*; **~ *smẹća*** Müllabfuhr *f*
odvọziti *5* → ***ọdvesti***[2]
ọdvraćati → ***odvrạ̄titi***
ọdvratan abstoßend, ekelhaft, widerlich
odvrạ̄titi *5* (ọdvrāćen) (**ọdvraćati**) (*G* **od** *G*); abhalten (*A* von *D*); abraten (*A* von *D*); abbringen (*A* von *D*); *Angriff* abwehren; *Gefahr* abwenden; *Gruß* erwidern
ọdvrātnōst (-osti; *ISg* -osti/-ošću) *f* Abscheu *m*; Ekel *m*
odvŗ̄nuti (ọdvr̄nēm; *Imp* odvŗ̄ni) (**ọdvrtati**) abschrauben; herausschrauben; abdrehen, losdrehen
odvṛtạ̄č *1* Schraubenzieher *m*
ọdvrtati (-čēm) → ***odvŗ̄nuti***
ọdvūći (-vụ̄čēm; *Imp* -vụ̄ci; -vūkao,

O

-vūkla; -vųčen *6*) (**-vlą̄čiti** *5*) wegziehen; wegschleppen; wegbringen; *Kunden* abspenstig machen; *Mitarbeiter* abwerben; *Vorhang* zur Seite ziehen; *Wagen* abschleppen; ~ **se** sich fortschleppen; sich dahinschleppen (*a. fig.*)
ọdzād(a) (da)hinten
ọdzdraviti (**-ljati**) e-n Gruß erwidern
ọdzīv Widerhall *m*, Echo *n*; *fig.* Anklang *m*; **įmati ~a** *fig.* Anklang finden
odzį̄vati se *5* [**ọdzvati se**] widerhallen; reagieren (**na** *A*/ auf *A*)
ọdzvati se (-zọvēm se) *pf* → **odzį̄vati se**
odzvọniti *5 pf* zu Ende läuten, ausläuten; **odzvọnilo je** *fig.* das letzte Stündlein hat geschlagen (*D*/*G*)
ọdžačār *Turz.* Kaminkehrer *m*
ọdžāk *Turz.* *1* Kamin *m*
ọfenzīvan offensiv; Offensiv-
ofịcīr (*V* -u/-e) *1* Offizier *m*
ofịcīrskī Offiziers-; ~ **čị̄n** Offiziersrang *m*
ọfsajd *Sp.* Abseits *n*
ọgaditi (**-gađį̄vati**) verekeln, verleiden; ~ **se** (an)ekeln; ekelhaft werden
ọganj (-gnja; *Pl* -gnji/-gnjevi) Feuer *n*
ọgāvan → **ọdūran**
ọgāvnōst (-osti; *ISg* -osti/-ošću) *f* Ekel *m*, Abscheulichkeit *f*; Häßlichkeit *f*
ogiblję̄nje *Kfz.* Straßenlage *f*
oglądnjeti (-īm; -nio, -njela) *pf* hungrig werden, Hunger bekommen
ọglas Anzeige *f*, Annonce *f*, Inserat *n*; Bekanntmachung *f*; (*Anschlags-*)Zettel *m*; ~ **o prọdaji** Verkaufsanzeige *f*; **obją̄viti** ~ e-e Anzeige veröffentlichen, eine Anzeige aufgeben
oglą̄siti *5* (ọglāšen) (**-ašą̄vati** *5*) bekanntgeben; e-e Anzeige aufgeben, annoncieren; ~ **se** sich erklären, e-e Erklärung abgeben (**o** *L*/zu *D*)
ọglāsn|ī Anzeigen-, Annoncen-; **~ā plọča** Anschlagbrett *n*, Schwarzes Brett; **~ī stū̧p** Litfaßsäule *f*
ọglasnīk Anzeigenblatt *n*; Anzeigenteil *m*
oglašą̄vati *5* → **oglą̄siti**
ọglēd Muster *n*; (*Ansichts-*)Modell *n*; Probe *f*; Essay *m*; **na** ~ zur Ansicht
oględalo Spiegel *m*; *Kfz.* (*Rück-*)Spiegel *m*; **krį̄vō** ~ Zerrspiegel *m* (*a. fig.*)
ọglę̄dati (**-edą̄vati** *5*) besehen, beschauen; mustern; ~ **se** sich umsehen; sich umdrehen
ọglēdn|ī Versuchs-, Probe-
oglọbiti *5* (ọglobljen) *pf* e-e Geldstrafe verhängen (*A*/über *A*); *j-n* um sein Geld prellen
oglọdati (ọglođen) *pf* abnagen
oglū̧pjeti (-īm; -pio, -pjela) verdummen, dumm werden
oglū̧šiti *5* (**-ušį̄vati**) taub werden; ~ **se** sich taub stellen (**na** *A*/gegenüber *D*)
oglušį̄vati (-ųšujēm) → **oglū̧šiti**
ọgnojak (-ōjka) *Med.* Abszeß *m*
ognọjiti *5 pf* eitern; ~ **se** eitrig werden
ọgnjen (-o) feurig, heiß; **2ā zęmlja** *Geogr.* Feuerland *n*
ọgnjīšte Herd *m*, Feuerstätte *f*; *fig.* Brennpunkt *m*; *fig.* heimischer Herd
ogọliti *5 pf* entblößen
ogọljeti (ọgolīm; ogọlio, -ljela) nackt *od.* kahl werden
ogorčą̄vati *5* → **ogọrčiti**
ọgōrčen (-o) verbittert; unzufrieden; (*Kampf*) erbittert
ọgōrčenōst (-osti; *ISg* -osti/-ošću) *f* Verbitterung *f*; Enttäuschung *f*; Erbitterung *f*
ogọrčiti *5* (**-čą̄vati** *5*) verbittern; erbittern
ogovārānje Verleumden *n*, Diffamieren *n*; Klatsch *m*
ogovą̄rati *5* [**-gọvoriti** *5*] verleumden, diffamieren; klatschen (*A*/über *A*)
ọgrada Zaun *m*, Einzäunung *f*, Umzäunung *f*; Hecke *f*; **zą̄štitnā** ~ Leitplanke *f*
ogrą̄diti *5* (**-ađį̄vati**) umzäunen, einzäunen, mit e-r Hecke *od.* e-m Zaun umgeben; ~ **se** sich verwahren (**od** *G*/gegen *A*)
ograđį̄vati (-ąđujēm) → **ogrą̄diti**
ọgranak (-ānka) Abzweigung *f*; *fig.* Zweig *m*
ograničą̄vati → **ogrąničiti**
ogrąničen (-o) beschränkt (*a. fig.*); eingeengt; begrenzt; limitiert; → **jąmstvo**
ogrąničenōst (-osti; *ISg* -osti/-ošću) *f* Beschränktheit *f* (*a. fig.*); Begrenztheit *f*
ograničę̄nje Einschränkung *f*, Begrenzung *f*; ~ **brzịnē** Geschwindigkeitsbegrenzung *f*
ogrąničiti (**-čą̄vati** *5*) beschränken, einschränken, begrenzen; abgrenzen; ~ **se** sich einschränken; sich beschränken (**na** *A*/auf *A*)
ogrąnuti (ọgranē) *unpers pf* aufgehen; erscheinen

ogrebọtina Kratzer *m*, Schramme *f*, (*Haut*-)Abschürfung *f*

ọgrebsti (-ębēm; ọgrebao; -ęben *6*) (auf)kratzen; (auf)schürfen; **~ se** sich kratzen

ọgreznuti (-nēm; -zao, -zla) eintauchen; untergehen; *fig*. besudeln, beflecken (*I*/mit *D*)

ọgrijati (-jēm) *pf* erwärmen, warm machen; **~ se** sich (er)wärmen

ogriјęšiti se *5*/*7 pf* sich vergehen (**o** *A*/an *D*); verstoßen (gegen *A*)

ọgrjev Brennmaterial *n*, Brennstoff *m*

ọgrlica Halskette *f*; Halsband *n*; Halsschmuck *m*

ogr̄nuti (ọgr̄nēm; *Imp* ogr̄ni; ogr̄nuo) (**ọgrtati**) umhüllen; *Mantel* umhängen; *Erde* aufhäufeln

ọgrōman riesig, ungeheuer, Riesen-

ogṛtāč *1* Mantel *m*; Umhang *m*; **kịšnī ~** Regenmantel *m*

ọgrtati (-rćēm; -rtao) → **ogr̄nuti**

ogūliti *5 pf* abschälen; *Haut* abschürfen; *Kartoffel* schälen *od.* pellen; *fig*. schröpfen, ausnehmen

ohlạditi *5* (**ohlađīvati**) (ab)kühlen, kalt werden lassen; **~ se** kalt werden; *Gefühle*: erkalten

ohlađīvati (-ạđujēm) → **ohlạditi**

ọhol stolz, hochmütig

ohọliti se *5* stolz *od.* hochmütig sein

ọholōst (-osti; *ISg* -osti/-ošću) *f* Stolz *m*, Hochmut *m*

ohrabrẹ̄nje Ermutigung *f*, Aufmunterung *f*

ohrạbriti *5* (**-abrīvati**) ermutigen, Mut machen; aufheitern; **~ se** Mut fassen; sich zusammenreißen

ohrabrīvati (-ạbrujēm) → **ohrạbriti**

ojạčati *pf* erstarken, stark werden

ọjaditi *pf* betrüben; Kummer bereiten

ọjađen betrübt; kummervoll

ọjanjiti se *pf* lammen, ein Lamm werfen

ojunạčiti se *5 pf* Mut fassen

okạjānje Sühne *f*; Buße *f*

ọkajati (-jēm) (**-ajạvati**) sühnen, büßen

okạljati *5 pf* besudeln, beschmutzen; *fig*. entehren

ọkameniti se versteinern, zu Stein werden; *fig*. wie versteinert dastehen

ọkamenjen (-o) versteinert (*a. fig.*)

ọkamina *Geol.*, *Biol.* Versteinerung *f*; Fossil *n*

okạniti se *5 pf* verzichten (*G*/auf *A*); aufgeben; **okạni mi se** laß mich in Ruhe

okạpānje Umgraben *n*; *fig*. Scherereien *Pl*

okạpati *5* → **okọpati**

okarakterizīrati *5 ipf*/*pf* charakterisieren

ọkat mit großen Augen

ọkce Wabe *f*; Masche *f*; (*Würfel*) Auge *n*

okịdāč *1 Fot.* Auslöser *m*; (*Gewehr*) Abzug *m*

okilạviti *pf Med.* e-n Bruch bekommen

ọkititi *pf* (-ćen) (aus)schmücken, verzieren

okīvati *5* → **okọvati**

ọklad|a Wette *f*; **dọbiti ~u** e-e Wette gewinnen; **za ~u** um die Wette

ọkladiti se *pf* wetten, e-e Wette eingehen

oklạgija *Turz.* Nudelholz *n*

ọklaštriti *pf* behauen; beschneiden; *fig*. benachteiligen

oklevẹtati (-ẹvećem; -evẹtao) *pf* verleumden

oklijẹvānje *7* Zaudern *n*, Zögern *n*

oklijẹvati *5*/*7* zaudern, zögern

ọkliznuti se (-nēm se) *pf* ausrutschen, ausgleiten

ọklop Panzer *m*; Rüstung *f*; kugelsichere Weste; **lẹdenī ~** Eisdecke *f* (*im Meer*)

ọklopljen (-o) gepanzert, Panzer-

ọklopn|ī gepanzert, Panzer-; **~ā kọla** Panzerwagen *m*; **~ā krstạrica** Panzerkreuzer *m*; **~ī vlạk** Panzerzug *m*

oklọpnjača Panzerschiff *n*

ọklopnjāk Panzerwagen *m*

ọkno (*GPl* ọkānā/ǭknā) Fenster *n*, Fensterscheibe *f*; *Bgb.* Schacht *m*

ọko[1] (*Pl* ọči; *GPl* ọčijū) Auge *n*; **bạciti ~ na** (*A*) *fig*. ein Auge auf (*A*) werfen; **gọlīm ~m** mit bloßem Auge; **ịdi mi s ọčijū** geh mir aus den Augen; **ịgrati ọcima** mit den Augen zwinkern (*kokettieren*); **izbẹčiti ọči** *fig*. sich die Augen aus dem Kopf schauen; **kụrjē ~** *Med.* Hühnerauge *n*; **lẹbdjeti prẹd ọčima** *fig*. vor Augen schweben; **mạčjē ~** (*Fahrrad*) Rückstrahler *m*; **ne skīdati ~** *fig*. kein Auge lassen (**s** *G*/von *D*); **ọd oka** bildschön; **raskolạčiti ọči** große Augen machen; **slijẹpō ~** *Anat.* Schläfe *f*; **u čẹtiri ọka** *fig*. unter vier Augen; **ụdariti ụ oči** *fig*. ins Auge fallen; **vịdjeti po ọčima** *fig*. an der Nasenspitze ablesen; **zạmazati ọči** *fig*. Sand in die Augen streuen; **zlọ̄ ~** *fig*. böser Blick

ọko² *Präp* (*G*) um (*A*) herum; etwa, circa
ọkolic|a Umwelt *f*; ***zȃštita ~ē*** Umweltschutz *m*
okolịn|a, ọkolin|a Umwelt *f*; Umgebung *f*, Milieu *n*; ***zagađīvānje ~ē*** Umweltverschmutzung *f*; ***zȃštita ~ē*** Umweltschutz *m*
okolịšati e-n Umweg machen; *fig*. Ausflüchte machen
ọkōlnī umgebend, umliegend, benachbart
okọ̄lnōst (-osti; *ISg* -osti/-ošću) *f* Umstand *m*; ***ọlakotnā*** *od*. ***olakšȃvajūćā ~*** *Jur*. mildernder Umstand; ***ọtegotnā*** *od*. ***otežȃvajūćā ~*** *Jur*. erschwerender Umstand; ***prẹma ~ima*** den Umständen entsprechend
ọkolo → ***ọko²***; *Adv* herum, umher; ~ ***naọkolo*** ringsum
ọkomica Senkrechte *f*, Vertikale *f*
ọkomit senkrecht, vertikal
okọmiti se *5 pf* herfallen (***na*** *G*/über *A*); angreifen
okọnčati (ọkončao, -āla) *pf* beenden
okọpati (ọkopao; -āla) *pf* (**-ȃvati** *5*) umhacken; umgraben
okọpnjeti (ọkopnī) *unpers pf* auftauen; (zer)schmelzen
okọrio (-rjelo) hartherzig, verstockt
okọristiti se *pf* Nutzen ziehen (*I*/aus *D*)
ọkosnica Gerippe *n*; *fig*. Grundgerüst *n*; Skizze *f*
okoštȃvānje *Med*. Verknöcherung *f*
okọtiti *5* (ọkoćen) → ***kọtiti***
ọkov Beschlag *m*; (Ein-)Fassung *f*; ***~i*** *m*/*Pl* Fesseln *Pl*; Handschellen *Pl*; Ketten *Pl*
ọkovān (-o) gefesselt
okọvati (ọkujēm) (**-īvati**) fesseln; (ein-)fassen
okọvratnīk → ***ọvratnīk***
ọkrajak (-ājka) Zipfel *m*; Rand *m*, Saum *m*; (*Brot*-)Kanten *m*
ọkrasti (-ȃdēm; ọkrao; ọkraden) bestehlen
ọkrečiti *pf* übertünchen
okrẹ̄nuti (ọkrēnēm; *Imp* okrẹ̄ni; ọkrēnūt) (**ọkretati**) (um)drehen; (um-)wenden; *Schlüssel etc*. umdrehen; *Geld* in Umlauf bringen; ~ ***lịst*** *fig*. das Blatt wenden; ~ ***nạbolje*** zum Besseren wenden; ~ ***sve nạglavcē*** *fig*. alles auf den Kopf stellen; ~ ***se*** sich umdrehen; kehrtmachen; *Wind*: sich drehen; ***dọk se ne okrẹ̄nēš*** *fig*. im Handumdrehen
ọkrepa, -pljẹ̄nje Erfrischung *f*; Stärkung *f*; Labsal *f*
ọkrēt, -āj Wendung *f*, Drehung *f*
ọkretāč Rotor *m*, Schiffsschraube *f*; Propeller *m*
ọkretan flink, gewandt; Dreh-
ọkretānje (Um-)Drehung *f*; Wenden *n*; Drehbewegung *f*; *Tech*. Rotation *f*
ọkretati (ọkrećēm) → ***okrẹ̄nuti***
ọkretnica Drehscheibe *f*
ọkrētnōst (-osti; *ISg* -osti/-ošću) *f* Geschicklichkeit *f*, Gewandtheit *f*; Gelenkigkeit *f*
okrijẹpiti se *5*/*7 pf* sich erfrischen; sich stärken
ọkrīlje Schutz *m*; Schirmherrschaft *f*
okrịviti *5 pf* (**-ivljịvati**) beschuldigen, bezichtigen (**za** *A*/*G*)
okrivljẹnīk (*V* -če) *1* Beschuldigte(r) *m*, Angeklagte(r) *m*
okrivljịvati (-ịvljujēm) → ***okrịviti***
okr̄njiti *5* (**okrnjịvati**) abbrechen; stutzen; verstümmeln; *Recht* beschneiden
okrnjịvati (-ṛnjujēm) → ***okr̄njiti***
ọkrpati *pf* (aus)flicken; ausbessern
ọkršāj Gefecht *n*, Scharmützel *n*
ọkrūg Kreis *m*; (*Verwaltungs*-)Bezirk *m*; (*Kirche*) Diözese *f*
ọkrūgao (-uglo) rund, kreisförmig; ~ ***stọ̄*** *fig*. runder Tisch
okrụglica *Kochk*. Knödel *m*
okrụ̄niti *5 pf* krönen; (*mit Federn*) schmücken; ~ ***svọ̄j rạ̄d ụspjehom*** *fig*. seine Arbeit mit e-m Erfolg krönen
ọkrūtan grausam, brutal
okrụ̄tnōst (-osti; *ISg* -osti/-ošću) *f* Grausamkeit *f*, Brutalität *f*
okrụ̄žiti (**-užīvati**) einkreisen; umrunden
okružīvati (-ụžujēm) → ***okrụ̄žiti***
ọkrūžje → ***ọkrūg***
ọkrūžnī Kreis-, Bezirks-; ~ ***grạ̄d*** Kreisstadt *f*; → ***sụd¹, tụžilac***
ọkružnica Rundschreiben *n*
ọkrznuti (-nēm) *pf* streifen, leicht berühren
ọksīd *1* Oxyd *n*
oksidīrānje, -ȃcija *sb*. *Chem*. Oxydation *f*
oksidīrati *5 ipf*/*pf Chem*. oxydieren
ọktōbar (-bra) Oktober *m*
ọktōbarskī Oktober-
ọkučnica *Geol*. Ergänzungsfläche *f*, Hausfläche *f*

ọkujēm *1. Pers Sg v.* ***okọvati***
ọkuka Biegung *f*; Kurve *f*
okụlist(a) *m* Augenarzt *m*
ọkup (*Massen-*)Versammlung *f*; ***bịti na ~u*** versammelt sein
okūpati se *5 pf* → ***kūpati se***
ọkupiti (okūpljati) versammeln; ansammeln; *Truppen* zusammenziehen
okūpljānje Versammlung *f*; Ansammlung *f*
okūpljati *5* → ***ọkupiti***
ọkus Geschmack *m*; ***bẹz ~a*** geschmacklos; ***ịmati ~ (po*** *L*) schmecken (nach *D*)
ọkusiti (-šati) *Essen etc.* kosten; (*an Getränk*) nippen; *Kräfte* messen; ***~ srẹću*** *fig.* sein Glück versuchen
ọkužen (-o) angesteckt; verseucht, verpestet
okūžiti (-užīvati) anstecken; verseuchen, verpesten
okužīvati (okụžujēm) → ***okūžiti***
okvalificịrati se *5* e-e Ausbildung machen (***za*** *A*/zu *D*)
ọkvasiti *pf* → ***kvạsiti***
ọkvīr *1* Rahmen *m* (*a. fig.*); Umrahmung *f*; (*Uhr-*)Gehäuse *n*; *fig.* Bereich *m*
ọlabaviti (-vio, -vjela; -vljen) *pf* lockern, losmachen
ọlajati (-jēm) (**-ạvati** *5*) verleumden, diffamieren
ọlako leichtfertig, leichthin; ***~ shvạtiti*** *fig.* auf die leichte Schulter nehmen
ọlakotan leicht; erleichternd; → ***okọ̄lnōst***
olakšạ̄nje Erleichterung *f*, Linderung *f*
olạkšati (-ạ̄vati *5*) erleichtern; *Schmerzen* lindern
ọlakšica Privileg *n*, Sonderrecht *n*; ***pọreznā ~*** Steuervergünstigung *f*
oličạ̄vati *5* → ***olịčiti***
oličẹ̄nje Bemalung *f*, Anstrich *m*; Verkörperung *f*
olịčiti *5 pf* tünchen, anstreichen; verkörpern
oligạrhija Oligarchie *f*
olịmpījskī olympisch (*Spiele etc.*)
olịnjati se *pf Zool.* sich mausern; *fig.* schäbig werden
ọ̄loš Gesindel *n*, Pack *n*; (*Ware*) Ausschuß *m*
ọlōvan bleiern, Blei-
ọlōvka Bleistift *m*; ***kẹmījskā ~*** Kugelschreiber *m*
ọlovo Blei *n*
ọltār *1* Altar *m*
olụ̄ja Gewitter *n*; Unwetter *n*; Sturm *m*; ***~ se dịžē*** *od.* ***se sprẹmā*** ein Gewitter zieht auf
ọlupin|a Hülse *f*, Schale *f*; ***~e*** *f/Pl* Wrack *n*
oljụ̄štiti *5 pf* → ***ljụ̄štiti***
omạ̄citi (se) Junge (*Kätzchen*) werfen
ọmaći, omạknuti (ọmaknēm; ọmakao/ ọmaknuo) (**ọmicati**) abgleiten, abrutschen; ausrutschen, entgleiten; *Äußerung*: herausrutschen; ***nọge mu se ọmakle*** er hat das Gleichgewicht verloren; *fig.* entgehen
ọmaglica Schwindel(anfall *m*) *m*; ***~ me hvạtā*** mir ist schwindlig
omạknuti (-knēm) *pf* → ***ọmaći***
ọmalen (-o) ziemlich klein
omalovažạ̄vati *6* [**-ovạ̄žiti** *5*] geringschätzen; mißachten; unterschätzen
ọmama Betäubung *f*; Benommenheit *f*; Rausch *m*
omạ̄miti *5* (ọmāmljen) (**-amljīvati**) betäuben; verlocken, anlocken
omamljịvati (-ạmljujēm) → ***omạ̄miti***
omạmljūjuć|ī betäubend, Betäubungs-; ***~ē srẹdstvo*** Betäubungsmittel *n*
omamnī → ***omạmljūjućī***
ọmara Schwüle *f*
omạ̄stiti *5 pf* einfetten; *fig.* profitieren, ***~ bṝk*** *fig.* sich den Bauch vollschlagen
ọmaška → ***pọgreška***
ọ̄mča Schlinge *f*; Öse *f*; ***vịsī mi ~ oko vrạ̄ta*** *fig.* mir droht e-e Gefahr
omẹđiti *5 pf* abgrenzen, begrenzen
omẹkšati (-ạ̄vati *5*) aufweichen, erweichen; weich werden
omekšịvāč *1 Chem.* Weichmacher *m*; Weichspüler *m*; ***~ vọdē*** Wasserenthärter *m*
ọmēsti (-ẹ̄tēm; ọmeo; -ẹ̄ten) (**-mẹ̄tati**) verhindern, vereiteln; *Pläne* durchkreuzen; *Verkehr* behindern
omẹ̄tati *5* → ***ọmēsti***
ọmiljen (-o) beliebt
ọmiljeti (-īm; -lio, -ljela) *pf* beliebt werden; gefallen; Anklang finden
omirịsati (-šēm) *pf* → ***mirịsati***
ọmjer Verhältnis *n*, Maß *n*, Relation *f*; Anteil *m*
ọmladina Jugend *f*, junge Leute *Pl*
omladịnac (-nca; *V* -če) *2* Jugendliche(r) *m*; *Pol.* Angehörige(r) der Parteijugend; *Sp.* Angehörige(r) der Juniorenmannschaft

omlạdīnka (*DSg* -ki; *GPl* -kī) Jugendliche *f*; junges Mädchen; *Pol.* Angehörige der Parteijugend; *Sp.* Angehörige der Juniorenmannschaft
ọmladīnskī Jugend-; ~ **sạ̄vez** *Pol.* Jugendverband *m*
omlitạ̄viti *pf* → **mlitạ̄viti**
omogućạ̄vati *5* [-**ụćiti** *5*] ermöglichen
omọrika Fichte(nbaum *m*) *f*
ọmorina Schwüle *f*
ọmot Hülle *f*; Verpackung *f*; (*Brief*-) Umschlag *m*
omọtāč *1* Hülle *f*; **ọzōnskī** ~ Ozonschicht *f*; **stạničnī** ~ Zellmembran *f*
omọtati (-**ạ̄vati** *5*) einwickeln, umwickeln; (*in Papier*) einpacken, umhüllen
ọmotnica Briefumschlag *m*
ọmraziti *pf* verhaßt machen; sich verfeinden
ọmražen (o-) verhaßt, unbeliebt
ọmrknuti, -mrći (-knēm; -knuo/-kao) (-**kạ̄vati** *5*) verdunkeln, verfinstern
omr̄siti se *5 pf* Fleisch (*an Fasttagen*) essen
ọmršavjeti (-īm; -vio, -vjela) *pf* abmagern, abnehmen
ọmrznuti (-nēm; -znuo/-zao) *pf* → **ọmraziti**
ōn *Pron* er
ọna[1] *Pron* sie
ona[2] *Pron n/Pl v.* **ọno**[1]
ọnāj, ọna, ọno *Dempron* jener, derjenige
onạkav (-kvo) solch ein, so ein; ein derartiger
onạkō so, auf diese Weise; **i** ~ auch so
ọnāmo (dort)hin; ~ **i nạtrāg** hin und zurück
ọndā damals; dann, sodann; **a šta** ~? und was dann?
ọndašnjī damalige(r)
ondulạ̄cija Ondulation *f*; **trạ̄jnā** ~ Dauerwelle *f*
ondulī̦rati *5 ipf/pf* ondulieren; ~ **se** sich Dauerwellen machen lassen
ọne *NAPl v.* **ọna**
onẹčistiti *pf* verunreinigen, schmutzig machen
onemogụ̄ćiti *5* (-**ućạ̄vati** *5*) unmöglich machen; vereiteln, zum Scheitern bringen; ruinieren
oneraspolọžiti *5 pf* verstimmen, deprimieren
onesposọbiti *5* (-**bljạ̄vati** *5*) unfähig machen; *Mil.* außer Gefecht setzen; ~ **za bọrbu** kampfunfähig machen; ~ **za rạ̄d** arbeitsunfähig machen
onesvijẹstiti se *5/7* (-**vještạ̄vati se** *5*, -**vješćī̦vati**) ohnmächtig werden, in Ohnmacht fallen, das Bewußtsein verlieren
onẹsviješten (-o) ohnmächtig, bewußtlos
onesvješćī̦vati se (-ẹšćujēm se) → **onesvijẹstiti se**
ọni *Pl v.* **ōn**
onijẹmjeti *7 pf* → **nijẹmjeti** *7*
ọnizak (-sko) ziemlich klein
ọnkraj *Präp* (*G*) jenseits; (*G*) ~ **brạvē** hinter Gittern
ọno[1] *Pron* es
ọno[2] *Dempron* jenes
onọlik so groß, von dieser Größe; solch ein; ~**o** so viel
ọnud(a) dort(herum); dort vorüber
onjụ̄šiti *5 pf* beschnüffeln
opạčina Frevel(tat *f*) *m*
ọpadānje[1] Abnahme *f*, Rückgang *m*; Abfall *m*
ọpadānje[2] Verleumden *n*, Anschwärzen *n*
ọpadati → **ọpasti**
ọpāk böse, bösartig; frevelhaft; ~**ā bọlēst** bösartige Krankheit (*Krebs*); ~ **jẹzik** F Lästermaul *n*
ọpākōst (-osti; *ISg* -osti/-ošću) *f* Bösartigkeit *f*, Lasterhaftigkeit *f*; Boshaftigkeit *f*
opạ̄liti *5* (-**aljī̦vati**) (ab)feuern, abschießen; abbrennen, verbrennen; *Waffe* abfeuern; *Wäsche* versengen; ~ **nạ gōl** *Sp.* auf das Tor schießen; ~ **pljụsku** e-e Ohrfeige geben
ọpāljen (-o) (*sonnen*-)gebräunt
opamẹ̄titi *5* (opạmēćen) zur Vernunft bringen; ~ **se** zur Vernunft kommen
ọpan|ak (-anka; *Pl* -ci) Opanke *f*, Riemenschuh *m*; **izdẹrati** ~**ke** *fig.* sich die Hacken ablaufen; **ịzīći iz** ~**ka** *fig.* bäuerlicher Herkunft sein, vom Land sein; (*auch*:) sich von Rückständigkeit befreien
opạnčār Opankenmacher *m*
oparẹ̄nje Verbrühung *f*
ọpapriti pfeffern; ~ **jẹzik** *fig.* sich den Mund verbrennen
opạ̄rati *pf* (auf)trennen; abtrennen
ọparen (-o) *Part v.* **ọpariti**; **ọtići kao** ~ wie ein geölter Blitz davonrennen

O

ọpariti *pf* (ab)brühen; ~ **se** sich verbrühen; *fig.* sich die Finger verbrennen
opạsāč *1* Gürtel *m*, Gurt *m*; Riemen *m*
ọpāsan[1] gefährlich; ~ ***po žịvot*** lebensgefährlich
ọpasān[2] gegürtet, mit e-m Gürtel versehen; *fig.* umgeben
ọpasati (-šēm) **(-sịvati)** (um)gürten, umschnallen; *fig*, umgeben, einfassen; ~ **se** sich e-n Gürtel anlegen
opasịvati (-ạsujēm) → ***ọpasati***
ọpaska (*GPl* -kī) Anmerkung *f*, Fußnote *f*
opạsnōst (-osti; *ISg* -osti/-ošću) *f* Gefahr *f*, Bedrohung *f*; Risiko *n*; ~ ***od pọžara*** Brandgefahr *f*; ***bịti u*** **~*i*** in Gefahr sein; ***izlọžiti se*** **~*i*** sich e-r Gefahr aussetzen; ***ịzvan*** **~*i*** außer Gefahr; ***u slụčāju*** **~*i*** bei Gefahr
ọpasti (-dnēm; -pao) **(ọpadati)** zurückgehen, abnehmen, sinken; *Blätter*: abfallen; *Gesundheit*: schlechter werden; *Preise*: sinken; *Moral*: verkommen; *Wasserspiegel*: sinken
ọpat Abt *m*
ọpatica Äbtissin *f*
opạtija Abtei *f*
ọpaziti (-žen) **(-ạžati)** (be)merken, erblicken; beobachten; erkennen
opạžānje Wahrnehmen *n*, Beobachten *n*
opạžati *5* → ***ọpaziti***
ọpcij|a Option *f*; ***prạvo*** **~*ē*** *Hdl.*, *Jur.* Optionsrecht *n*
općẹnit allgemein(gültig)
ọpćeobrazōvnī (*Schule*) allgemeinbildend; (*Lexikon*) enzyklopädisch
ọpć|ī (all)gemein, (All)Gemein-; **~*ē dọbro*** (All-)Gemeinwohl *n*; **~*ī pọtop*** *Rel.* Sintflut *f*; **~*ā pọvijēst*** Universalgeschichte *f*
ọpćina Gemeinde *f*, Kommune *f*; ***grạdskā*** ~ Stadtgemeinde *f*; ***sẹoskā*** ~ Dorfgemeinde *f*
ọpćinār Gemeindemitglied *n*
ọpćinsk|ī Gemeinde-, Kommunal-; **~*ā vijẹ́ćnica*** (*Gemeinde-*)Rathaus *n*
ọpćiti verkehren; umgehen
ọpeći (-pẹčēm; ọpekao, -kla; -pẹčen *6*) verbrennen; versengen; ~ **se** sich verbrennen; ~ ***pṛste*** *fig.* sich die Finger verbrennen
ọpeka Backstein *m*; Ziegelstein *m*
ọpeklina, opẹkotina Brandwunde *f*, Verbrennung *f*; ***sụnčanā*** ~ Sonnenbrand *m*
ọpera Oper *f*; Opernhaus *n*
operạcija Operation *f* (*Med.*, *fig.*); *Mil.* Truppenbewegung *f*
operạcījsk|ī, ọperaciōn|ī Operations-; **~*ā dvorạna*** Operationssaal *m*
operịrati *5 ipf/pf* operieren
ọpernī Opern-; → ***pjẹvāč***
operụšati (ọperušan) *pf* → ***perụšati***
ọpēt wieder, abermals, erneut; trotzdem; ***vẹć*** ~ schon wieder
ọpetovan (-o) wiederholt
ọpetovati (-ujēm) wiederholen
ophọditi *5* umgehen; ~ **se** sich benehmen
ọphodnica *Astr.* Planet *m*
ophọdnja *Mil.* Streife *f*, Patrouille *f*
ọpica Affe *m*
opịjati se → ***ọpiti se***
ọpīljci *m/Pl* (*Feil-*)Späne *Pl*
ọpip Tastsinn *m*
ọpipati **(-pạvati** *5*) betasten, befühlen; *Med.* palpieren; ~ ***tẹrēn*** das Terrain sondieren (*a. fig.*)
opịpljiv tastbar; fühlbar
ọpirati se (-rēm se) **[ọprijēti se]** sich widersetzen; sich sträuben; Widerstand leisten
ọpis Beschreibung *f*, Schilderung *f*; Darstellung *f*; ***lịčnī*** ~ Personenbeschreibung *f*
ọpisan beschreibend; darstellend
opīsati (ọpīšēm) **(-isịvati)** beschreiben, schildern, darstellen; *Umlaufbahn etc.* beschreiben; ***tọ se nẹ mọže*** ~ *fig.* das spottet jeder Beschreibung
opisịvanje → ***ọpis***
opisịvati (-ịsujēm) → ***opīsati***
ọpiti (ọpijēm; -io, -īla; -it) **(opịjati)** berauschen; betrunken machen; ~ **se** sich betrinken
ọpklada *etc.* → ***ọklada*** *etc.*
opkọliti *5* **(-ljạvati** *5*) einkreisen; umringen, umzingeln; *Festung* einschließen
opkoljẹ̄nje Einkreisung *f*; Blockade *f*
ọpkop Schanze *f*, Wall *m*
ọplakati[1] (-čēm) **(-kịvati)** beweinen, betrauern
oplạkati[2] (-čēm) **[-knuti]** (ab)spülen
oplakịvati (-ạkujēm) → ***ọplakati***[1]
oplạknuti (-nēm; -nuo/-kao) → ***oplạkati***[2]
ọplata Verschalung *f*, Verkleidung *f*; Furnier *n*

oplemẹniti *5* (**-njīvati**) veredeln; *Bot.* pfropfen
oplemenjīvati (-ẹnjujēm) → ***oplemẹniti***
ọplesti (-ẹtēm; ọpleo; -ēten *6*) *pf* umflechten; umstricken
oplọditi *5* (**-đīvati**) befruchten, besamen
oplọdnja, -đīvanje Befruchtung *f*, Besamung *f*
oplođīvati (-ọđujēm) → ***oplọditi***
oplọviti *5 pf* umsegeln; (*mit dem Schiff*) umfahren
ọpljačkati *pf* berauben, ausplündern
ọpljeniviti *pf* verschimmeln
ọpna *Anat.* Membrane *f*, Häutchen *n*; ***glạsōvnā*** ~ Stimmmband *n*; ***mọždanā*** ~ Hirnhaut *f*; ***plịvāćā*** ~ Schwimmhaut *f*; ***plṹćnā*** ~ Brustfell *n*; ***ụšnā*** ~ Trommelfell *n*
ọpōj|an betäubend; berauschend, Rausch-; ***~nā drọga*** Rauschmittel *n*; Rauschgift *n*; ***~nō srẹdstvo*** → ***~nā drọga***
ọpojen (-o) betäubt; berauscht; narkotisiert
opọjiti *5 pf* betäuben; berauschen; narkotisieren
ọpomena Ermahnung *f*; Verwarnung *f*; *Jur.*, *Hdl.* Mahnung *f*; *Jur.* Abmahnung *f*
opomẹ̄nuti (-ọmenēm) (**-ọminjati**) (er-) mahnen, verwarnen; zurechtweisen
opọminjati (-jēm) → ***opomẹ̄nuti***
oponạ̄šati *5* nachahmen, nachmachen; imitieren
oponịrati *5 ipf*/*pf* opponieren
ọpor (-o), **ọpōran** herb, bitter
opọravak (-āvka) Erholung *f*, Genesung *f*; Rekonvaleszenz *f*
oporạvilīšte Erholungsheim *n*, Sanatorium *n*
opọraviti se (**-vljati se**) sich erholen, genesen
oporạ̄vljānje → ***opọravak***
oporavljẹnīk *1 Med.* Rekonvaleszent *m*
ọpōrba *Pol.* Opposition *f*
ọpōrbenī oppositionell, Oppositions-
opọreći (-rẹčēm; *Imp* -rẹci; -rekao, -rekla; -rẹčen *6*) (**-ricati**) widerrufen; leugnen
oporezạnīk (*V* -če) *1* Steuerpflichtige(r) *m*
oporẹziv besteuerbar; steuerpflichtig
oporezīvānje Besteuerung *f*, Versteuerung *f*
oporezīvati (-ẹzujēm) besteuern, versteuern
opọrezovati (-ujēm) → ***oporezīvati***
oporịcati (-čēm) → ***opọreći***
ọporōst (-osti; *ISg* -osti/-ošću) *f* Herbheit *f*, Sprödigkeit *f*
ọportūn opportun
oportụnist(a) Opportunist *m*
oportunịstičkī opportunistisch
oportunịzam (-zma) Opportunismus *m*
ọporučan testamentarisch
oporụčitelj Erblasser *m*
oporṹčiti (**-učịvati**) vererben, vermachen
oporučīvati (-ụčujēm) → ***oporṹčiti***
ọporuk|a Testament *n*, Vermächtnis *n*; ***načịniti ~u*** Testament machen; ***opọzvati ~u*** Testament widerrufen
opovrgạ̄vati *5* → ***opọvrgnuti***
opọvrgnuti, -vrći (-gnēm; -gnuo/-gao; -vrgnūt) (**-vrgạ̄vati**) widerlegen; widerrufen; leugnen
opozịcija Opposition *f*
opozịcījskī oppositionell, Oppositions-
ọpozīv Widerruf *m*, Dementi *n*; *Pol.* Abberufung *f*
opozīvati *5* [**-ọzvati**] *Botschafter* abberufen; *Bestellung* zurücknehmen; *Erklärung* widerrufen; *Beschluß* aufheben
opọzvati (-zọvēm; ọpozvao) → ***opozīvati***
oprạ̄šiti *5* (**-ašịvati**) abstauben; Staub wischen; *Bot.* bestäuben
oprašịvati (-ạšujēm) → ***oprạ̄šiti***
oprạ̄štānje Verzeihen *n*, Vergeben *n*
oprạ̄štati (se) *5* → ***oprọstiti (se)***
ọprati (opẹrēm; ọprao; ọprān) *pf* abwaschen, abspülen; *fig.* reinwaschen
ọpravak (-āvka) Ausbesserung *f*; Instandsetzung *f*, Reparatur *f*
ọprāvdān (-o) berechtigt, gerechtfertigt; ~ ***izọstanak*** entschuldigtes Fehlen; ~ ***rạ̄zlog*** triftiger Grund
ọprāvdanōst (-osti; *ISg* -osti/-ošću) *f* Berechtigung *f*
opravdạ̄nje Rechtfertigung *f*
ọprāvdati (**-avdạ̄vati** *5*) rechtfertigen; verantworten; entschuldigen; ~ **se** sich rechtfertigen
ọprečan gegenteilig, entgegengesetzt, konträr
ọprečnōst (-osti; *ISg* -osti/-ošću) *f* Gegensätzlichkeit *f*, Kontrast *m*
opredijẹliti *5*/*7 pf* bestimmen (**za** *A*/für

O

A od. zu *D*); verwenden (zu *D*); festsetzen; ~ **se** sich entscheiden (**za** *A*/für *A*); sich orientieren (an *D*)
opredjeljęnje Bestimmung *f*; Verwendung *f*
opredjeljịvati (-ęljujēm) → ***opredijęliti***
ọpre|ka Gegensatz *m*, Kontrast *m*; ***bịti u ~ci*** im Gegensatz stehen (***prema*** *D*/zu *D*)
ọprema Ausstattung *f*, Ausrüstung *f*; ~ ***brọda*** Takelung *f*; ***dọdātnā*** ~ *Kfz*. Sonderausstattung *f*; Extras *Pl*
oprȩ̄mati *5* [**-iti** *5*] ausstatten, ausrüsten
ọprēz Vorsicht *f*; Umsicht *f*; ***bịti na ~u*** auf der Hut sein
ọprēzan vorsichtig; wachsam; umsichtig
oprȩ̄znōst (-osti; *ISg* -osti/-ošću) *f* → ***ọprēz***
ọprijeti se (ọprēm se; ọpro, -rla) → ***ọpirati se***
ọprōbān (-o) erprobt
ọprost Verzeihung *f*; (*Steuer*-)Befreiung *f*; *Rel.* Ablaß *m*; *Rel.* Absolution *f*; *vera. f.* ***ọproštāj***
oprọstiti *5* (**-ā̧štati**) verzeihen, vergeben; entschuldigen; *Strafe*, *Schuld* erlassen; ***oprọstite!*** *sb.* Entschuldigung!; ~ **se** sich verabschieden
oprọstiv verzeihlich
ọproštāj Abschied *m*, Lebewohl *n*; Verzeihen *n*, Vergeben *n*; ***pọsljednjī*** *od.* ***zą̄dnjī*** ~ letztes Geleit
ọproštājnī Abschieds-
oproštȩ̄nje Verzeihung *f*, Vergebung *f*
ọpruga *Tech.* Feder *f*; ***lịsnatā*** ~ Blattfeder *f*
ọpružan federnd; elastisch
opružiti (**-ų̄žati**) ausdehnen; ausstrecken; ~ **se** sich ausdehnen
ọpsada Belagerung *f*, Blockade *f*
ọpsadnī Belagerungs-
ọpseg Umfang *m*; Ausmaß *n*
ọpsežan umfangreich
opsjȩ̄dati *5 pf* → ***ọpsjesti***
ọpsjednūt besessen (*I*/von *D*)
ọpsjena Vortäuschung *f*, Vorspiegelung *f*; Illusion *f*
ọpsjeniti (**-njịvati**) (ver)blenden; vortäuschen
opsjenjịvati (-ęnjujēm) → ***ọpsjeniti***
ọpsjesti (**-ȩ̄dati**) belagern, *fig.* bedrängen
ọpskrba Verpflegung *f*, Versorgung *f*
opskr̄biti *5* (**-rbljịvati**) verpflegen, versorgen (*I*/mit *D*)
opskrbljịvati (-ṛbljujēm) → ***opskr̄biti***
opslų̄žiti *5* (**-užịvati**) bedienen
opslužịvati (-ųžujēm) → ***opslų̄žiti***
opsọvati (ọpsujēm) *pf* e-n Fluch ausstoßen
ọpstanak (-ānka) Dasein *n*; Bestand *m*; Existenz *f*
ọpstati (-anēm; -ao) (**-ọjati**) bestehen; dasein, existieren
opstọjati (-jīm) → ***ọpstati***
opstọ̄jnōst (-osti; *ISg* -osti/-ošću) *f* Bestehen *n*; Dasein *n*, Existenz *f*
opstrụkcija Obstruktion *f*; *Med.* (*Arterien*-)Verschluß *m*
ọpšīran ausführlich; umfangreich; weitschweifig
opšịrnōst (-osti; *ISg* -osti/-ošću) *f* Ausführlichkeit *f*; Weitschweifigkeit *f*
ọpšiti (-ijēm; -ịven *6*) (**-ịvati** *5*) umnähen; umsäumen
ọpšt- *sb.* → ***ọpć-***
optęrećen (-o) belastet
opterećȩ̄nje → ***optęrećenōst***
optęrećenōst (-osti; *ISg* -osti/-ošću) *f* Belastung *f*
opterećịvati (-ęćujēm) → ***optęretiti***
optęretiti (**-ćịvati**) belasten; beladen
ọpticāj (*Geld*-)Umlauf *m*; Kreislauf *m*
ọpticati (-čēm) (um)kreisen; zirkulieren; *Geld*: in Umlauf sein
ọpticār Optiker *m*
ọptičkī optisch; → ***vą̄rka***
ọptika Optik *f*
optịmist(a) Optimist *m*
optimịstičkī optimistisch
optimịzam (-zma) Optimismus *m*
ọptjecāj, -cati → ***ọpticāj, -cati***
ọptok (*Blut*-)Kreislauf *m*
optṛčati (-īm; ọptṛčao) (**-ā̧vati** *5*) umlaufen
ọptužb|a Anklage *f*; Anschuldigung *f*; ***bịti pọd ~ōm*** unter Anklage stehen; ***pọdići ~u*** Anklage erheben (***protiv*** *A*/gegen *A*)
ọptūžen (-o) angeklagt
optužęnica Angeklagte *f*, Beschuldigte *f*
optužęničkī Angeklagten-; Anklage-; → ***klų̄pa***
optužęnīk (*V* -če) *1* Angeklagte(r) *m*; Beschuldigte(r) *m*
optų̄žiti *5* (**-užịvati**) anklagen; anschuldigen, beschuldigen
optužịvati (-ųžujēm) → ***optų̄žiti***
ọptužnica Anklageschrift *f*
opunọmoćen (-o) bevollmächtigt

opunomoćẹnīk (*V* -će) *1* Bevollmächtigte(r) *m*, Beauftragte(r) *m*; Prozeßbevollmächtigte(r) *m*
opunomọ́ćiti *5* bevollmächtigen
opustošẹ̄nje Verwüstung *f*
opụstošiti (**-ustošạ̄vati** *5*) verwüsten
ọpušak (-ška; *Pl* -šci) (*Zigaretten-*) Stummel *m*
ọpušten (-o) entspannt, gelockert
ọrāč (*V* -ču) *1* Pflüger *m*
ọrah (*Pl* -si) Nußbaum *m*; Walnuß *f*; ***tvr̄d*** ~ *fig*. harte Nuß
ọrahovača Walnußschnaps *m*
ọrahovina Walnußholz *n*
orạnica Acker *m*
ọrānje Ackern *n*, Pflügen *n*
ọrao (ọrla, *Pl* ọrlovi) Adler *m*; ~ ***lẹšinār*** Aasgeier *m*; ***sū̩rī*** ~ Steinadler *m*
ọrati (-ēm) ackern, pflügen; ***ni ọrao ni kọpao*** *fig*. er hat sich kein Bein ausgerissen
oraspolọžiti aufmuntern
ordinạ̄cija (*ärztliches*) Sprechzimmer *n*
ọrgān *1 Anat*. Organ *n*; Behörde *f*
organizạ̄cija Organisation *f*; ***ọsnōvnā ~ ụdrūženōg rạ̄da*** *hist*. Grundorganisation der Assoziierten Arbeit
organizạ̄cījskī, -cịōnī Organisations-
organizīrati *5*, **-ịzovati** *sb. ipf/pf* organisieren
ọrgānskī organisch
ọrgija Orgie *f*
orgịjati Orgien feiern
orgụljās *1* Organist *m*, Orgelspieler *m*
orgụljati Orgel spielen
ọrgulje *f/Pl* Orgel *f*
orībati *5* abreiben; abscheuern
origịnāl 1 Original *n*
ọriginālan original, Original-; originell
originạ̄lnōst (-osti; *ISg* -osti/-ošću) *f* Originalität *f*
orịjāš (*V* -u) *1* Riese *m*
ọrijent Orient *m*
orijentạ̄cija Orientierung *f*
orijentạ̄lac (-alca, *V* -če; *GPl* -ẹntālācā) Orientale(r) *m*, Orientbewohner *m*
orijẹntālskī orientalisch, morgenländisch
orijentīrati se *5*, **-ẹntisati se** *sb*. sich orientieren
ọriti se [za-] widerhallen; (er)schallen
ọrkān *1* Orkan *m*
ọrkestar (-stra) Orchester *m*
orkestrạ̄cija Orchestrierung *f*
ō̩rlov, ō̩rlovskī Adler- *m*
ọ̄rma Pferdegeschirr *n*
ọrmār *1* Schrank *m*; Kommode *f*; ~ ***za odijẹlo*** Kleiderschrank *m*; ***ụgrā́đenī*** ~ Einbauschrank *m*
ormạrić Schränkchen *n*; Schrankelement *n* (*bei Anbauwänden*); ***nọ́ćnī*** ~ Nachtkästchen *n*
orọčiti *pf* befristen
orọnulōst (-osti; *ISg* -osti/-ošću) *f* Schwäche *f*; Altersschwäche *f*; (*Haus*) Baufälligkeit *f*
orọnuo (-lo) (alters)schwach, gebrechlich; (*Haus*) baufällig
orọsiti *5* (**-šạ̄vati** *5*) benetzen; berieseln; *Fenster*: beschlagen
ọrtāk (*V* -če) *1 Hdl*. Teilhaber *m*, Kompagnon *m*; Mittäter *m*, Komplize *m*
ortọdoksan *Rel*. orthodox
ortogrạfija Orthographie *f*, Rechtschreibung *f*
ortọpēd *1* Orthopäde *m*
ortọpēdskī orthopädisch
ọrūđe Werkzeug *n*, Gerät *n*; *Mil*. Geschütz *n*
orumẹnjeti (-īm; -nio, -njela) *pf* erröten
ọružān (-o) bewaffnet; ~***ē snạ̄ge*** Streitkräfte *Pl*
oružạna Zeughaus *n*
orụža|ti (se) [na-] (sich) bewaffnen; (sich) ausrüsten (*I*/mit *D*)
ọ̄rūžj|e Waffe *f*; ***lạtiti se*** ~***a*** zu den Waffen greifen; ***nạ̄valnē*** ~***e*** Angriffswaffe *f*; ***ọbrambenō*** ~***e*** Abwehrwaffe *f*; ***vạtrenō*** ~***e*** Schußwaffe *f*
ọ̄rūžnī Waffen-
ọ̄s *f* (*GPl* -ī) Achse *f*
ọsa Wespe *f*
osạkaćen (-o) verstümmelt
osạkatiti *pf* verkrüppeln, verstümmeln
ọsam acht
osamdẹsēt achtzig
osamdẹsētī achtzigste(r)
osamdesetogọdišnjāk Achtzigjährige(r) *m*
ọsāmljen (-o) einsam, vereinsamt; einzeln
ọsāmljenōst (-osti; *ISg* -osti/-ošću) *f* Einsamkeit *f*
osạmnaest achtzehn
osạmnaestī achtzehnte(r)
osamostạliti se *5 pf* sich selbständig machen; selbständig werden
ọsamstō achthundert

O

osamstōtī (-ōga) achthundertste(r)
osebūjan eigentümlich; merkwürdig, seltsam; bezeichnend, charakteristisch
osebūjnōst (-osti; *ISg* -osti/-ošću) *f* Eigentümlichkeit *f*; Besonderheit *f*; Charakteristikum *n*
osedlati (osedlān) (**-āvati** *5*) satteln
oseka Ebbe *f*
osigurāč *1 El.* Sicherung *f*; (*bei Waffen*) Sicherung *f*
osigūran (-o) versichert
osigurānīk (*V* -če) *1* Versicherte(r) *m*
osigurānje Versicherung *f*; ~ ***kućanstva*** Hausratversicherung *f*; ~ ***od krađē*** Diebstahlversicherung *f*; ~ ***protiv nezgoda*** *od.* ***nesreće*** Unfallversicherung *f*; ~ ***protiv požāra*** Feuerversicherung *f*; ~ ***prtljāga*** Reisegepäckversicherung *f*; ***bolničkō*** ~ Krankenversicherung *f*; ***mirovinskō*** ~ Rentenversicherung *f*; ***obaveznō*** ~ Pflichtversicherung *f*; ***penzījskō*** ~ Rentenversicherung *f*; ***socijālnō*** ~ Sozialversicherung *f*; ***životnō*** ~ Lebensversicherung *f*
osiguratelj Versicherer *m*
osigurati (**-āvati** *5*) sichern; versichern; ***ponovo*** ~ rückversichern; ~ ***se*** sich versichern
osigurāvajūćī Versicherungs-; ~***ē drūštvo*** Versicherungsgesellschaft *f*; ~***ī zāvod*** Versicherungsanstalt *f*
osijedjeti (-īm; -dio, -djela) *7* ergrauen
osiliti *pf* → ***siliti***
osim *Präp* (*G*) außer (*D*); ausgenommen (*N*); ~ ***toga*** außerdem
osinjāk Wespennest *n*; ***dīrnuti u*** ~ *fig.* in ein Wespennest stechen
osip (*Haut-*)Ausschlag *m*
osipati → ***osūti***
osiromašiti (**-īvati**) verarmen, arm werden
osiromašīvati (-āšujēm) → ***osiromašiti***
osjećāj Empfindung *f*, Gefühl *n*; Sinn *m* (***za*** *A*/für *A*); ~ ***manjē vrijednosti*** Minderwertigkeitsgefühl *n*
osjećājan gefühlvoll; feinfühlig
osjećānje → ***osjećāj***
osjećati [**-titi**] fühlen, empfinden, spüren, wahrnehmen; ~ ***se*** sich fühlen
osjenčānje Schattierung *f*, Nuance *f*
osjetilo Sinnesorgan *n*
osjetiti *pf* → ***osjećati***
osjetljiv empflindlich, feinfühlig, sensibel
osjetljivōst (-osti; *ISg* -osti/-ošću) *f* Empfindlichkeit *f*, Sensibilität *f*
osjetn|ī Sinnes-; fühlbar, merklich; ~***ī orgān*** Sinnesorgan *n*; ~***ō poboljšānje*** merkliche (Ver-)Besserung
oskoruša Eberesche *f*
oskudan kärglich; spärlich; dürftig
oskudica Mangel *m* (*G*/an *D*); Not *f*; Entbehrung *f*
oskudijevati *5/7* Mangel leiden (***u*** *L*/an *D*); entbehren; fehlen
oskudnōst (-osti; *ISg* -osti/-ošću) *f* → ***oskudica***
oskvrnuti (-nēm; -nuo; -njen) (**-rnjīvati**) schänden; entweihen
oskvrnjīvati (-rnjujēm) → ***oskvrnuti***
oslabiti (**-bljīvati**) (ab)schwächen
oslabjeti (-im; -bio, -bjela) schwächer werden, abnehmen, sich verringern
oslabljīvati (-abljujēm) → ***oslabiti***
osláditi *5* (**-ađīvati**) (ver)süßen; ~ ***se*** Süßes essen, naschen
oslađīvati (-ađujēm) → ***osláditi***
oslanjati se → ***osloniti se***
oslić Seehecht *m*
oslijepiti *5/7 pf* blenden, blind machen
oslijepjeti *5/7* (-īm; -pio, -pjela) *pf* blind werden, erblinden
oslobāđati *5* → ***osloboditi***
oslobodilačk|ī Freiheits-, Befreiungs-; ~***ā borba*** Befreiungskampf *m*
osloboditelj Befreier *m*
osloboditi *5* (**-bāđati** *5*) befreien, freilassen; erlösen; *Lehrling* freisprechen; ~ ***se*** sich befreien (*G*/von *D*); sich entledigen
oslobođen (-o) befreit; ~ ***carinē*** zollfrei
oslobođēnje Befreiung *f*, Freilassung *f*; Freispruch *m*
oslon → ***oslonac***
oslonac (-ōnca) Stütze *f*; Halt *m*
osloniti se *5* (**oslanjati se**) sich stützen (***na*** *A*/auf *A*); sich (an)lehnen (an *A*); sich verlassen (auf *A*)
osloviti *5* (**-ljāvati** *5*) anreden, ansprechen
osluškīvāč *1* Horcher *m*, Lauscher *m*
osluškīvati (-uškujēm) [**oslušnuti**] (be)lauschen, horchen
oslušnuti (-nēm) *pf* → ***osluškīvati***
osmānskī, -manlījskī osmanisch; Osmanen-
osmatrāčnica: ***lovačkā*** ~ Hochsitz *m*
osmērac (-ērca) (*Boot*) Achter *m*; *Lit.* Achtsilber *m*

osmero acht Personen (*Männer und Frauen*)
osmerokūt *Math.* Achteck *n*
osmerostruk achtfach
ōsmī (-ōga) achte(r)
osmica Acht *f*; Achter *m* (*Bus, Spielkarte*)
osmijeh Lächeln *n*
osmina Achtel *n*
osmjehīvati se (-ehujēm se) [**osmjehnuti se**] (an)lächeln, zulächeln; schmunzeln
osmjehnuti se (-nēm se) *pf* → ***osmjehīvati se***
osmjeliti se *pf* wagen; Mut fassen
osmo achtens
osmogodišnj|ī achtjährig; ***~ā škōla*** (*achtklassige*) Grundschule *f*
osmorica acht (*Männer*)
osmoškōlac (-lca; *V* -če) *2* Grundschüler *m*
osmrtnica Todesanzeige *f*
osnāžiti *5* (**-ažīvati**) (be)kräftigen, bestärken
osnažīvati (-āžujēm) → ***osnāžiti***
osnī Achsen-
osnivāč (*V* -ču) *1* Gründer *m*; Stifter *m*
osnivāčk|ī Gründungs-; ***~ā skupština*** Gründungsversammlung *f*
osnīvānje Gründung *f*, Stiftung *f*
osnīvati *5* [**-ovati**] (be)gründen, stiften; errichten, einrichten
osnov|a Grundlage *f*, Fundament *n*, Basis *f*; Plan *m*; *Gr.* Stamm *m*; ***bez ~ē*** grundlos, ohne Grundlage; ***na ~i*** aufgrund (*G*/*G*); auf der Grundlage (*G*/*G*)
osnōv|an begründet; gegründet; Grund-; ***~nī oblīk*** *Gr.* Grundform *f*; ***~nā škōla*** Grundschule *f*
osnovati (osnujēm) *pf* → ***osnīvati***
osnovica (*Steuer- etc.*) Bemessungsgrundlage *f*
osnūtak (-tka) Gründung *f*, Stiftung *f*
osob|a Person *f*; Persönlichkeit *f*; ***~a siromašnōg stānja*** bedürftige Person; ***fizičkā ~a*** *Jur.* natürliche Person; ***po ~i*** pro Person; ***prāvnā ~a*** *Jur.* juristische Person
osob|an persönlich, Personen-; Personal-; → ***dohodak, kola, vlāk***
osoben (-o) eigenartig, besondere(r)
osobenjāk *1* Sonderling *m*
osobina Eigenschaft *f*, Charakteristikum *n*
osobit besondere(r); eigenartig; vorzüglich, außerordentlich; ***s ~īm štovānjem*** mit vorzüglicher Hochachtung
osobito *Adv* besonders, insbesondere; hauptsächlich; zumal
osobitōst (-osti; *ISg* -osti/-ošću) *f* Besonderheit *f*; Eigentümlichkeit *f*
osōblje Personal *n*, Belegschaft *f*; (*Flugzeug-*)Besatzung *f*
osoliti *5 pf* → ***soliti***
osōran schroff, barsch; abweisend
osovina Achse *f*; Achswelle *f*; Radachse *f*
ospice *f*/*Pl* Masern *Pl*; ***vodenē ~*** *Med.* Windpocken *Pl*, Wasserpocken *Pl*
ospičav maserkrank
osporāvānje Ableugnen *n*, Bestreiten *n*
osporiti (**-āvati** *5*) bestreiten, in Abrede stellen; verleugnen; *Recht*: streitig machen; *Bescheid* anfechten
osposobiti *5* (**-bljāvati** *5*) befähigen, qualifizieren; **~ se** sich qualifizieren (**za** *A*/zu *D*)
osposobljen (-o) befähigt, qualifiziert; geeignet
osramoćen (-o) beschämt; entwürdigt; bloßgestellt
osramoćīvati (-oćujēm) → ***osramotiti***
osramotiti *5* (**-ćīvati**) beschämen; bloßstellen; diskreditieren; **~ se** sich blamieren
osrednjī mittelmäßig, mittlere(r); leidlich, ziemlich; Mittel-, Durchschnitts-
ostajati (-jēm) → ***ostati***
ostāl|ī übrige(r), restliche(r); ***između ~ōga*** unter anderem
ostanak (-ānka) Verbleib *m*; Dableiben *n*
ostariti *pf* alt machen
ostarjeti (-īm; -rio, -rjela) *pf* altern, alt werden
ostā|tak (-tka; *Pl* -ci; *GPl* ostātākā) (Über)Rest *m*, Rückstand *m*, Überbleibsel *m*; ***posmrtnī ~ci*** die sterblichen Überreste
ostati (-nēm) (**-ājati**) (ver)bleiben; übrigbleiben; verharren; zurückbleiben; **~ *būdan*** wachbleiben; **~ *prāznīh rūkū*** *fig.* leer ausgehen; **~ *pri*** (*L*) *fig.* festhalten (an *D*); ***ne ~ ništa dužan*** *fig.* nichts schuldig bleiben; ***tō ostajē među nama*** das bleibt unter uns
ostava Speisekammer *f*, Vorratsraum *m*; Abstellraum *m*

ọstavina → ***ọstāvština***
ọstavinskī Nachlaß-; → ***sụ̄d***
ọstaviti (**-vljati**) (ab)lassen, belassen; verlassen, zurücklassen; *Vermögen* hinterlassen; ~ ***na cjẹdilu*** *fig.* im Stich lassen; ~ ***po strạ̄ni*** *fig.* ausklammern; ~ ***na sẹbi*** *Mantel* anlassen; ***ọstavi tọ̄!*** laß das!; ~ **se** *Gewohnheit* ablegen
ọstāvk|a Abdankung *f*, Demission *f*, Rücktritt *m*; ***pọdnijeti ~u*** zurücktreten
ọstavljati → ***ọstaviti***
ọstāvština Nachlaß *m*, Erbe *m*, Erbschaft *f*
ọsti *f/Pl* → ***ọstve***
ọstrāg, -ạ̄ga (da)hinten; rückwärts
ọstrići (-ị̄žēm; ọstrigao; ostrị̄žen) (**-izati**) (ab)scheren; *Haare etc.* abschneiden
ọstriga Auster *f*
ọstruga Sporn *m*
ostrụ̄gati (ọstrūžēm; -ụ̄gao) *pf* → ***strụ̄gati***
ọstrvo *sb.* Insel *f*
ostvarẹ̄nje Verwirklichung *f*, Realisierung *f*; Geltendmachung (*e-s Anspruchs*)
ostvạ̄riti *5* (**-arị̄vati**) verwirklichen, realisieren; *Einkommen* erzielen; *Ansprüche* geltend machen; *Macht* ausüben
ostvarị̄vati (-ạrujēm) → ***ostvạ̄riti***
ọstve *f/Pl* Harpune *f*
ọsud|a Urteil *n*; Verurteilung *f*; ***izreći ~u*** Urteil fällen; ***smṛtnā ~a*** Todesurteil *n*; ***ụ̄slovnā ~*** *Jur.* bedingte Verurteilung
osụ̄diti *5* (**-uđị̄vati**) verurteilen; aburteilen; Urteil fällen; ~ ***na smṛt*** zum Tode verurteilen
ọsuđen (-o) verurteilt
osuđẹnica Verurteilte *f*
osuđẹničkī Sträflings-
osuđẹnīk *1* Verurteilte(r) *m*; Sträfling *m*
osuđị̄vati (-ụđujēm) → ***osụ̄diti***
osụđujūćī *Jur.* anspruchszuerkennend
osuječị̄vati (-jẹćujem) → ***osụjetiti***
osụjetiti (**-uječị̄vati**) verhindern, vereiteln; zunichte machen
osụmnjičiti *pf* → ***sụmnjičiti***
osụ̄šiti *5 pf* → ***sụ̄šiti***
ọsūti (ọspēm; ọsuo, -ūla; ọsūt) (**ọsipati**) bestreuen; sprenkeln; überschütten (*I*/mit *D*); *Hautbläschen*: ausbrechen; ~ **se** *Med.* e-n Ausschlag bekommen; *Himmel* sich bedecken (*I*/mit *D*)
osvạjāč (*V* -u) *1* Eroberer *m*
osvạjāčkī Eroberungs- (*Krieg*, *Feldzug*)
osvạ̄jānje Eroberung *f*, Erobern *n*
osvạ̄jati *5* → ***osvọjiti***
osvanụ̄će Tagesanbruch *m*
osvạnuti (ọsvanēm) (**-njị̄vati**) *Tag*: anbrechen, dämmern; unerwartet erscheinen
osvanjị̄vati (-ạnjujēm) → ***osvạnuti***
osvećị̄vati (-ẹćujēm) → ***osvẹ̄titi***
ọsveta Rache *f*, Vergeltung *f*; ***kṝvnā ~*** Blutrache *f*
osvẹ̄titi (se) *5* (**-ećị̄vati**) (sich) rächen, Rache nehmen
osvẹtljiv rachsüchtig
osvẹtljivac (-īvca) → ***osvẹtnīk***
ọsvetnica Rächerin *f*
ọsvetnīčkī Rache-; ~ ***čị̄n*** Racheakt *m*
ọsvetnīk Rächer *m*; rachsüchtiger Mensch
osvetoljụbiv rachedurstig
osvijẹstiti (ọsvješten/-šćen) *5/7* (**osvješćị̄vati**) zum Bewußtsein *od.* zur Besinnung kommen; ~ **se** zum Bewußtsein *od.* zur Besinnung kommen
osvijẹtliti *5/7 pf* beleuchten; *Fot.* belichten; *fig.* aufklären
ọsvīt Morgendämmerung *f*
osvị̄tak (-tka) → ***ọsvīt***
osvjedočẹ̄nje Überzeugung *f*; Glaube *m*
osvjedọčiti se *5* (**-čạ̄vati se** *5*) sich überzeugen (**u** *A*/von *D*)
osvješćị̄vati (-ẹšćujēm) → ***osvijẹstiti***
osvjẹtlati erhellen; polieren; ~ **(*si*) *ọbraz*** *fig.* sich die Ehre geben
osvježẹ̄nje Erfrischung *f*; Auffrischung *f*
osvježị̄vati (-ẹžujēm) [**ọsvježiti**] erfrischen; erholen, beleben; ~ **se** sich erfrischen
osvjẹžujūćī erfrischend
osvọjiti *5* (**-ạ̄jati**) erobern, einnehmen
osvṝnuti se (ọsvr̄nēm se) (**ọsvrtati se**) sich umsehen, sich umschauen, zurücksehen
ọsvrt Rückblick *m*, Rückschau *f*; *Lit.* Rezension *f*
ọsvrtati se (-rćem se) → ***osvṝnuti se***
ošạmariti *pf* ohrfeigen, e-e Ohrfeige geben
ošạmućen (-o) betäubt
ọšepaviti *pf* erlahmen
ọšinuti (-nēm; -ūt) e-n (*Peitschen-*) Schlag versetzen; ***kao grọmom ọšinūt*** *fig.* wie vom Donner gerührt

ošīšati *5 pf Haare* (ab)schneiden
ọšit Zwerchfell *n*
ọštar (-tro) scharf; spitz; (*Klima*) rauh; (*Ton*) grell, schrill; (*Geruch*) beißend; (*Licht*) grell; (*Krankheit*) akut; ~ ***kų̄t*** *Math.* spitzer Winkel
ọštećen (-o) beschädigt, schadhaft
oštećẹnīk *1 Jur.* Geschädigte(r) *m*
oštẹćenōst (-osti; *ISg* -osti/-ošću) *f*, **-ẹ̄nje** Beschädigung *f*, Schaden *m*
oštećị̄vati (-ćujēm) → ***ọštetiti***
ọšteta Beschädigung *f*
ọštetiti (**-ćị̄vati**) beschädigen; schaden; benachteiligen; abnutzen; ~ **se** sich beschädigen; sich abnutzen
ọštriti schärfen; schleifen; *Bleistift* spitzen
oštrọūman scharfsinnig
oštrọūmnōst (-osti; *ISg* -osti/-ošću) *f* Scharfsinn *m*
oštrọvidnōst (-osti; *ISg* -osti/-ošću) *f* Scharfblick *m*
ọšug(ạ̄v)iti *pf* → ***šụgati***
ọtac (ọca; *V* ọče; *Pl* ọčevi; *GPl* ọčēvā/otạ̄cā) Vater *m*; ***ịspljūnutī*** ~ ganz der Vater; ~ ***pọrodicē*** Familienoberhaupt *n*
ọtāčēm *1. Pers Sg v.* ***otạ̄kati***
ọtad(ā) seitdem, seither
ọtadžbina *sb.* Vaterland *n*
otạ̄jstvo Geheimnis *n*; *Rel.* Mysterium *n*; ***Svẹ̄tō*** ~ *Rel.* Sakrament *n*
otạ̄kati (ọtāčēm) → ***otọčiti***
otạnčati *pf* dünner werden
otạ̄palo *Chem.* Lösungsmittel *n*
otạ̄pati *5* → ***otọpiti***
otạrasiti se *pf* sich entledigen (*G*/*G*)
ọtarēm *1. Pers Sg v.* ***ọtrti***
otcijẹpiti *5/7* (**otcjeplị̄vati**) (ab)spalten, abtrennen; loslösen; ~ **se** sich trennen *od.* loslösen (**od** *G*/von *D*)
otcjepljẹ̄nje Trennung *f*; Abspaltung *f*; Loslösung *f* (*a. Pol.*)
otčẹpiti *5* (**-pljị̄vati**) entkorken
otčeplị̄vati (-ẹpljujēm) → ***otčẹpiti***
otẹčen (-o) *6* (an)geschwollen
ọteći (-tẹknēm/-tẹčēm; -tekao, -kla; -tẹčen *6*) (**ọticati, ọtjecati**) (an)schwellen, aufschwellen; *Wasser*: abfließen
otegnų̄će (*zeitliche*) Verlängerung *f*, Verzögerung *f*
otẹ̄gnuti (ọtēgnēm; otẹ̄gnuo, -gla/ọtēgao, -gla; ọtēgnūt) (**otẹ̄zati**) (aus-) strecken, (aus)dehnen; verzögern; ~ ***pạ̄pke*** V ins Gras beißen; ~ **se** sich strecken, sich recken; sich hinziehen
ọtegotan erschwerend; → ***okọ̄lnōst***
ọteklina *Med.* Schwellung *f*, Geschwulst *f*
ọtesati (-šēm) *pf Stein etc.* behauen
ọtēti (ọtmēm; ọteo; ọtēt) (**ọtimati**) wegnehmen; entreißen; rauben; *Flugzeug*, *Kind* entführen; *Schiff* kapern; ~ ***riječ iz ų̄stā*** *fig.* das Wort aus dem Mund nehmen; ~ **se** sich losmachen (*a. fig.*); sich losreißen (*a. fig.*)
otẹ̄zānje Zögern *n*; Verzögerung *f*, Aufschub *m*
otẹ̄zati (ọtēžēm) → ***otẹ̄gnuti***
otežạ̄vajų̄ćī erschwerend; → ***okọ̄lnōst***
othrạ̄niti *5* (**-anjị̄vati**) aufziehen; ernähren; aufzüchten
othranjị̄vati (-ạnjujēm) → ***othrạ̄niti***
ọticao (-alo) (auf)gedunsen, angeschwollen
ọtīći (ọtīđēm/ọđēm; *Imp* otị̄đi; ọtišao, -šla) (**ọdlaziti**) fortgehen, weggehen, abfahren; *Truppen*: abziehen; *Zug*: abgehen; abholen (**po** *A*/*A*); ~ ***nạ pūt*** verreisen; ~ ***nẹtrāgom*** spurlos verschwinden; ~ ***predalẹ̄ko*** *fig.* zu weit gehen; ~ ***ų zrāk*** in die Luft fliegen, explodieren
otịmāč (*V* -u) *1* Räuber *m*; Erpresser *m*
otimạčina, -ị̄mānje Raub *m*; Erpressung *f*
ọtimati (ọtimām/ọtimljēm) → ***ọtēti***
ọtipkati *pf* abtippen
otịrāč *1* Wischlappen *m*; Fußmatte *f*
ọtirati (-ēm) → ***ọtrti***
ọtisak (-ska) Abdruck *m*; Abzug *m*, Kopie *f*; *Med.* Abstrich *m*; ~ ***pṛstījū*** Fingerabdruck *m*; ***pọsebnī*** ~ Sonderdruck *m*
otiskị̄vati (-ịskujēm) [**ọtisnuti**] abstoßen, wegstoßen; wegdrücken, wegschieben, verdrängen; (ab)drucken
ọtisnuti (-nēm) *pf* → ***otiskị̄vati***
ọtjecānje Abfließen *n*, Abfluß *m*
ọtjecati (-čēm) → ***ọteći***
ọtjerati *pf* fortjagen, wegjagen; vertreiben; *Angestellte* entlassen; (*aus e-m Land*) ausweisen; *fig.* den Laufpaß geben; ~ ***u lụdilo*** *fig.* j-n zum Wahnsinn treiben
ọtkad(a) seit(dem); seit wann?
ọtkako seit(dem)
ọtkāz Kündigung *f*; Absage *f*; ***dạti*** ~ kündigen; ***mọmentālnī*** ~ fristlose

O

Kündigung *f*; ***pǫdnijeti*** ~ Kündigung einreichen; ***rǫk*** ~***a*** Kündigungsfrist *f*
otkązati (ọtkāžēm) (**-azịvati**) (auf)kündigen; absagen; *Zimmer* abbestellen; *Bestellung* widerrufen; *Arbeitsverhältnis, Wohnung* kündigen; ~ ***poslų̄šnōst*** Gehorsam verweigern
otkazīvati (-ązujēm) → ***otkązati***
ọtkaznī Kündigungs-; → ***rǫk***
otkīdānje Abbrechen *n*; Abreißen *n*
otkịdati *5* [**ọtkinuti**] abbrechen; losbrechen; abreißen, losreißen; ~ ***ǫd svǫjīh ų̄stā*** *fig.* sich vom Munde absparen
ọtkinuti (-nēm) *pf* → ***otkīdati***
ọtklanjati [**-ọniti** *5*] ablehnen, zurückweisen; *Geschenk* ausschlagen; *Verantwortung* ablehnen; *Verdacht* ablenken; ~ **se** abweichen
otklọnjiv abwendbar
otkljųčati (**-učąvati** *5*) aufschließen
otkǭčiti *5* (**-očīvati**) aufschließen; *Waffe* entsichern; *Bremse* lösen
otkọpati (**-ąvati** *5*) aufgraben; abgraben
otkọpčati (**-ąvati** *5*) aufknöpfen, abschnallen; losmachen
ọtkos (*Rauch-*)Schwaden *m*
otkotṛljati *pf* abrollen, fortrollen
otkrīće Entdeckung *f*, Enthüllung *f*
ọtkriti (-ijēm; -ịven *6*) (**-īvati** *5*) aufdecken, entdecken; enthüllen; offenbaren; *Denkmal* enthüllen; *Herz* ausschütten; ~ ***kąrte*** *fig.* die Karten auf den Tisch legen; ~ **se** sich aufdecken
otkrịven *6* aufgedeckt, entdeckt
ọtkucāj Schlag *m*
ọtkucati (**-ąvati** *5*) *Uhr*: schlagen; (*mit Schreibmaschine*) abtippen
ọtkud(ā) woher, von wo
ọtkup Loskauf *m*; *Hdl.* Ablösung *f*; Einlösung *f*; Zurückkauf *m*
otkụpitelj Abnehmer *m* (*e-r Ware*); *Rel.* Erlöser *m*
otkų̄piti *5* (**-upljīvati**) abkaufen, loskaufen; einlösen
otkupljīvati (-ųpljujēm) → ***otkų̄piti***
ọtkupnī Kauf-
otkupnịna Lösegeld *n*, Erpressungssumme *f*
ọtmica Entführung *f*, Kidnapping *n*
ọtmičār Entführer *m*, Kidnapper *m*
ọtmjen (-o) vornehm, nobel
ọtočānin (*Pl* -āni) Inselbewohner *m*, Insulaner *m*
ọtočānka (*D* -kl; *GPl* -kī) Inselbewohnerin *f*
otọčiti *5 pf* abzapfen; abziehen
ọtǒčje *n/koll* Inselgruppe *f*
ọtok[1] Insel *f*
ọtok[2] → ***ọteklina***
ọtopina *Chem.* Lösung *f*
otọpiti *5* (**-tąpati** *5*) schmelzen; (auf)tauen; (auf)lösen
ọtpa|dak (-tka, *Pl* -aci) Abfall *m* (*a. fig.*); ~***ci*** Müll *m*, Kehricht *m*
ọtpadānje Abfallen *n*, Wegfallen *n*; Abtrünnigwerden *n*
ọtpadati → ***ọtpasti***
ọtpadn|ī Abfall-; ~***ē vǫde*** Abwasser *n*
ọtpadnīčkī verräterisch, treulos
ọtpadnīk Verräter *m*, Treulose(r) *m*; Renegat *m*
ọtpasti (-dnēm; -ao, -āla; -dnūt) (**-dati**) abfallen, wegfallen; (*anteilmäßig*) entfallen; abtrünnig werden
otpīliti *5 pf* absägen
otpịrāč *1* Dietrich *m*, Nachschlüssel *m*
ọtpis (*Steuer-*)Abschreibung *f*; Löschung *f*
otpīsati (ọtpīšēm; ọtpīsān) (**-isīvati**) *Schuld, Steuer* abschreiben
otpisīvati (-ịsujēm) → ***otpīsati***
ọtpiti (-ijēm) *pf* abtrinken
ọtpjevati *pf* absingen, zu Ende singen; *fig. Gedicht etc.* runterleiern
otplaćīvati (-ąćujēm) → ***otplątiti***
ọtplata Abzahlung *f*; Rate *f*, Teilzahlung *f*
otplątiti *5* (ọtplāćen) (**-aćīvati**) abzahlen; *Schuld* tilgen; ~ ***u ọbrocima*** in Raten zahlen
otplọviti *5 pf Schiff*: abfahren, ablegen
otpǒčēti (ọtpočnēm; ọtpočeo, -ēla; ọtpočet) (**-pǭčinjati**) anfangen, beginnen
otpọčinuti (-ọčinēm) (**-čīvati**) sich ausruhen, rasten
otpọčinjati (-jēm) → ***otpǭčēti***
otpočīvati *5* → ***otpǫčinuti***
ọtpor Widerstand *m*; ***prų̄žati*** ~ Widerstand leisten; ***slǫmiti*** ~ Widerstand brechen
ọtpōran widerstandsfähig; ausdauernd; zäh
ọtpornīk *El.* Widerstand *m* (*Gerät*)
otpǭrnōst (-osti; *ISg* -osti/-ošću) *f* Widerstandsfähigkeit *f*, Zähigkeit *f*
ọtporuka (Rück-)Antwort *f*

otpǫslati (-šaljēm) *pf* abschicken, wegschicken
otpošĩljānje Absenden *n*, Verschicken *n*
otpǫzdraviti → ***ǫdzdraviti***
ǫtpratiti (-ćen) (**-ćati**) begleiten; ~ ***kųći*** nach Hause bringen
ǫtpravak (-āvka) Ausfertigung *f* (*e-s Schriftstücks*)
ǫtpraviti (**-vljati**) → ***otprẹ̄miti***
ǫtprāvnīk Agent *m*; Vertreter *m*; ~ ***pǫslōvā*** Geschäftsträger *m*
ǫtprēma Versand *m*, Beförderung *f*; (*Zug-*, *Gepäck-*)Abfertigung *f*
otprẹ̄miti *5* (**-ati**) befördern, verschikken; abfertigen
ǫtprēmnī Versand-, Spediteur(s)-
ǫtprēmnīk Spediteur *m*; Absender *m*
ǫtprēmnica Versandschein *m*
otpremnịna (*GPl* -īnā) Versandgebühr *f*; *Jur*. Abfindung *f*
ǫtpremnīštvo Versandgeschäft *n*, Spedition(sfirma) *f*
ǫtprije von früher, seit früher
otprịlikē *Adv* ungefähr, etwa
otpų̄hnuti (ǫtpūhnēm) *pf* wegblasen, fortblasen; fortwehen
ǫtpusn|ī Entlassungs-; **~*ō pịsmo*** Entlassungsbrief *m*
ǫtpusnica Entlassungsschein *m*, Entlassungsurkunde *f*
ǫtpust Entlassung *f*; Abschied *m*
otpųstiti *5* (ǫtpušten) (**-ų̄štati** *5*) entlassen, freilassen; verabschieden
otpų̄titi *5 pf* absenden; ~ **se** sich begeben; hingehen
otputǫvati (-ųtujēm) *pf* abfahren, wegfahren; abreisen, verreisen
ǫtpuzati (-žēm) *pf*, **-ų̄ziti** *pf* wegkriechen
ǫtrāg, -ą̄ga hinten; rückwärts
ǫtr̄cān (-o) abgenutzt; schäbig, abgewetzt; **~*ā frą̄za*** abgedroschene Phrase
otṛcati *5* (**-rcą̄vati** *5*) abnutzen; abwetzen; verschleißen; ~ **se** sich abnützen
otr̄čati (-īm; ǫtrcao, -āla) (**-ą̄vati** *5*) davonrennen, davonlaufen, wegrennen
ǫtrēm *1. Pers Sg v.* ***ǫtrti***
otrẹ̄sati *5* → ***ǫtrēsti***
ǫtresit barsch, schroff, kurz angebunden
ǫtrēsti (-rẹ̄sēm; -ẹ̄sao, -ẹ̄sla) (**-ēsati**) abschütteln, losschütteln; ~ **se** sich losreißen *G*/von *D*); sich entledigen (*G*/*G*); anschnauzen (**na** *A*/*A*)
ǫtrgati [-gnuti] abreißen, losreißen; ~ **se** sich losreißen
ǫtrgnuti (-nēm; -nuo/-gao, -gla; -gnūt) *pf* → ***ǫtrgati***
otrijẹzniti se *5*/*7 pf* (ǫtriježnjen) nüchtern werden
ǫtrov Gift *n*; ***bǫjnī*** ~ Giftgas *n*
ǫtrōvan giftig, Gift-
otrovą̄nje Vergiftung *f*
otrǫvati (ǫtrujēm; ǫtrovao, -āla) *pf* vergiften
ǫtrōvnica Giftschlange *f*
ǫtrti (ǫtrēm/ǫtarēm; ǫtro, -r̄la) (**ǫtirati**) abreiben; abwischen; *Tisch* abwischen
ǫtrujēm *1. Pers Sg v.* ***otrǫvati***
ǫtud(ā) dorther, von dort
otuđẹ̄nje Entfremdung *f*; *Jur*., *Hdl*. Veräußerung *f*
otų̄điti *5* (**-uđịvati**) entfremden; *Jur*. veräußern; ~ **se** sich entfremden
otuđịvānje → ***otuđẹ̄nje***
otuđịvati (-ųđujēm) → ***otų̄điti***
otų̄piti *5* (**-upljịvati**) (ab)stumpfen, stumpf machen
otų̄pjeti (-īm; -pio, -pjela) *pf* stumpf werden; *fig*. abstumpfen
otupljịvati (-ųpljujēm) → ***otų̄piti***
otvąrāč *1* (*Dosen-*)Öffner *m*
otvą̄rānje Öffnen *n*; Eröffnung *f*
otvą̄rati *5* → ***otvǫriti***
ǫtvor Öffnung *f*; Loch *n*
ǫtvoren (-o) offen; (*Farbe*) hell; *fig*. freimütig; **~*ā rąna*** klaffende Wunde
ǫtvorenōst (-osti; *ISg* -osti/-ošću) *f* Offenheit *f*, Aufrichtigkeit *f*
otvorẹ̄nje Eröffnung *f*
otvǫriti *5* (**-vą̄rati** *5*) öffnen, aufmachen; eröffnen; *Augen*, *Buch* aufschlagen; *Licht*, *Radio* andrehen; *Taschenmesser* aufklappen; *Mund* aufsperren; *Schirm* aufspannen; *Verhandlungen* aufnehmen; *Konto*, *Geschäft* eröffnen; ~ ***bǫlovānje*** krankschreiben (**od** *G*/ab *D*); ~ ***šịrom*** weit öffnen; ~ ***vątru*** Feuer eröffnen; ~ **se** sich öffnen, aufgehen
ǫtvrdnuti (-nēm) *pf* verhärten, hart werden
ǫvā *Dempron* → ***ǫvāj***
ovą̄cija Ovation *f*
ǫvāj (**-ā, -ō**) dieser, -e, -es; ***ǫvō i ǫnō*** dies und das
ovąkav (-kvo) solch ein, ein solcher; ***na*** ~ ***nāčin*** auf diese Weise, auf so e-e Weise
ovąko so, auf diese Weise; ~ ***ili onąko*** so oder so

O

ọvālan oval
ọvāmo (hier)her; herbei, heran; ~ – ***onạmo*** hin und her
ọ̄van (-vna; *Pl* ọvnovi) (*Schaf-*)Bock *m*; Widder *m*; Hammel *m* (*a. fig.*)
ovapnjẹ̄nje Verkalkung *f* (*a. Med.*)
ọ̄vca (*GPl* ovạ̄cā) Schaf *n*; ***cṝnā*** ~ *fig.* schwarzes Schaf; ***krọtak kạo*** ~ *fig.* sanft wie ein Lamm
ọvčār (*V* -u) *1* Schäfer *m*
ọvčạ̄rskī Schäfer-; → ***pạs***[1]
ọvčetina Schaffleisch *n*
ọvčjī Schafs-; ~ ***sịr*** Schafskäse *m*
ọvdašnjī hiesig
ọvdje hier, da; ~ ***i ọndje*** hier und da
ọvećī ziemlich groß
ọvīme hiermit
ọvisan abhängig (***o*** *L*/von *D*)
ọvisiti abhängen, abhängig sein (***o*** *L*/ von *D*)
ọvisnīk Abhängige(r) *m*, Süchtige(r) *m*; ~ ***od drọ̄gē*** Drogensüchtige(r) *m*
ọvisnōst (-osti; *ISg* -osti/-ošću) *f* Abhängigkeit *f*; Suchtkrankheit *f*
ọviti (-ijēm; -io, -ịla; -ịjen *6*) (**-ijati** *5*) umwinden; umwickeln; umranken
ovjekọvječiti *pf* verewigen
ọvjeriti (**-rạ̄vati** *5*) beglaubigen, bescheinigen; verifizieren
ovjerọviti *5 pf* → ***ọvjeriti***
ọvjes *Tech.* Aufhängung *f*; ***pojedịnačnī*** ~ ***kotạ̄ča*** *Kfz.* Einzelradaufhängung *f*
ovlạ̄dati *5 pf* bewältigen, meistern; bezwingen (*I*/*A*)
ovlạ̄stiti *5* (**-ašćịvati**) ermächtigen, bevollmächtigen, berechtigen
ọvlāš *Adv* nachlässig
ovlašćịvati (-ạšćujēm) → ***ovlạ̄stiti***
ọvlāšten (-o) bevollmächtigt, ermächtigt, berechtigt
ovlaštẹ̄nje Bevollmächtigung *f*, Ermächtigung *f*; Befugnis *f*; ***za grạ̄dnju*** Baugenehmigung *f*
ọvlažiti *pf* befeuchten, benetzen
ọvlaživāč: ~ ***zrạ̄ka*** Luftbefeuchter *m*
ọvnećī Hammel-
ọvnetina Hammelfleisch *n*
ọvō *Dempron* → ***ọvāj***
ovogọdišnjī diesjährig
ọvōj (-oja) Umschlag *m*; Hülle *f*; ***zạ̄štitnī*** ~ Schutzumschlag *m*
ovọlik so groß; ~***o*** so viel
ọvratnīk Kragen *m*
ọvrha *Jur.* Pfändung *f*; Zwangsvollstreckung *f*
ovrhọditelj Gerichtsvollzieher *m*
ọvuda hierher
ozạ̄koniti (-njen) (**ozakonjạ̄vati** *5*) legalisieren
ozạ̄riti *5* (ọzaren) (**-arạ̄vati** *5*) bestrahlen; beleuchten
ọzbīlj|an ernst(haft), ernstlich; ***ụzēti za*** ~ ernst nehmen
ozbịljnōst (-osti; *ISg* -osti/-ošću) *f* Ernst(haftigkeit *f*) *m*
ọzdōl(a) von unten; unten
ọzdraviti (**-ljati**) genesen, gesund werden; heilen, gesund machen
ozdravljẹ̄nje Genesung *f*
ọzēbao (-blo) erfroren; (*vor Kälte*) erstarrt
ọzeblina *Med.* Frostbeule *f*
ozelẹnjeti (ozẹlenim; -nio, -njela) (**-njạ̄vati** *5*) grün werden
ọzēpsti (-ẹbēm; ọzēbao, -bla) (er)frieren; vor Kälte erstarren; sich erkälten
ọzgō(ra) oben(auf)
ozịdati *5 pf* ummauern
ọzīmī Winter-; ~ ***ụsjev*** Wintersaat *f*
ozlijẹditi *5*/*7* (**-ljeđịvati**) verletzen, verwunden; ~ ***se*** sich verletzen
ozloglạ̄siti *5* (**-glašạ̄vati** *5*) in Verruf bringen
ozlọglāšenōst (-osti; *ISg* -osti/-ošću) *f* Verruf *m*
ozlojẹ̄diti *5 pf* erzürnen, erbosen
ozlọvoljen (-o) verärgert; gereizt
ọzljed|a Verletzung *f*, Wunde *f*; ***zadọbiti*** ~***u*** verletzt werden, sich e-e Verletzung zuziehen
ozljeđenīk Verletzte(r) *m*
ozljeđịvati (-ẹđujēm) → ***ozlijẹditi***
označạ̄vati *5* [**-nạ̄čiti** *5*] bezeichnen; kennzeichnen, markieren; (*mit e-m Zeichen*) versehen; *Preis* angeben; *Weg* abstecken; ~ ***brọ̄jkama*** numerieren
označịvati (-ạčujēm) → ***označạ̄vati***
ọznaka Kennzeichen *n*, Merkmal *n*
oznọjiti se *5 pf* schwitzen; ins Schwitzen kommen
ọzōn *1* Ozon *n*
ọzōnsk|ī Ozon-, ~***ī omọtāč*** Ozonschicht *f*; ~***ā rụpa*** Ozonloch *n*
ozračẹ̄nje *Med.* Bestrahlung *f*
ozrạ̄čiti *5* (**-ačịvati**) bestrahlen
ozračịvati (-ạčujēm) → ***ozrạ̄čiti***

ǫzrāčje Atmosphäre *f*, Luftraum *m*; Umwelt *f*
ǫzvati se (-ǫvēm se) *pf* → ***odazīvati se***
ǫzrāčje Atmosphäre *f*; Luft *f*
ožalǫstiti *5 pf* betrüben, traurig machen; ~ **se** traurig werden
ožąlošćen (-o) betrübt, traurig
ǫžbukati *pf Haus* verputzen
oždrijębiti (se) *5/7 pf* ein Fohlen werfen; *itr Fohlen*: zur Welt kommen
ǫžeći (-ęžēm; *Imp* -ęzi; -ęgao, -gla; -zen *6*) *pf* anbrennen; versengen; ~ **se** sich verbrennen
ożędnjeti (ǫžednīm; -ędnio, -njela) *pf* durstig werden; Durst bekommen
ožęniti *5 pf Mann* verheiraten; ~ **se** *Mann*: heiraten; sich vermählen
ǫženjen (*Mann*) verheiratet
ǫžiljak (-īljka) Narbe *f*
ǫžiljkast narbig, vernarbt
ožīviti *5* (ǫživljen) (**-ivljąvati** *5*) beleben (*a. fig.*); ins Leben rufen
ožīvjeti (ǫživīm; -vio, -vjela) *pf* aufleben
oživotvǫriti *5 pf* bewerkstelligen; realisieren; zustande bringen
ǫžujak (-ūjka) März *m*
ǫžūjsk|ī März-; Märzen-; ~**ō pīvo** Märzenbier *n*
ožųtjeti (-īm; -tio, -tjela) *pf* gelb werden; *Papier*: vergilben

P

p p *n*
pą *Kj* und; doch; aber; nun; dann; so; ~ ***da!*** aber ja!; ~ ***ipak*** und doch; ~ ***ǫnda*** und dann; ~ ***ręci!*** nun sag doch schon!; ~ ***štǫ ǫnda?*** und was dann?; ~ ***tǭ nije lijepo ǫd tebe!*** das ist aber (gar)nicht schön von dir!; ~ ***tǭ nije mǫgūće*** das ist doch nicht möglich
pąbirak (-rka) Nachlese *f*, Nachernte *f*
pąbirčiti nachlesen, nachernten; (*übriggebliebene*) Ähren sammeln; *fig.* zusammenstoppeln
pāci *Pl v.* ***pātak***
Pacįfik Pazifik *m*
pacifikācija Befriedung *f*; Beruhigung *f*
pacįfist(a) *m* Pazifist *m*
pacifįzam (-zma) Pazifismus *m*
pacįjent(a) *m* Patient *m*
pacijęntica, *sb.* **-kinja** Patientin *f*
pącka (*D* -ki; *GPl* -kī) Klecks *m*; Fleck *m*
pąckati klecksen, schmieren
pącov → ***štąkor***
pąčati se sich einmischen (***u*** *A*/in A)
pąče[1] (-eta) Entlein *n*
pąče[2] (ja) sogar; vielmehr
pąčetina Entenfleisch *n*
pačetvǫrina *Geom.* Parallelogramm *n*
pąčjī Enten-; ~ ***hǭd*** Entengang, watschelnder Gang
pąd Fall *m*, Gefälle *n*; Sturz *m*; (Ab)Sinken *n*; ~ ***cijęnā*** Sinken der Preise; ~ ***fųnkcijē*** *Med.* Funktionseinbußen *Pl*; ~ ***temperatųrē*** Temperaturrückgang *m*
pądati → ***pąsti***[1]
pądavica *Med.* Fallsucht *f*, Epilepsie *f*
pądavičār Epileptiker *m*
pądež *Gr.* Fall *m*, Kasus *m*
pądnēm *1. Pers Sg. v.* ***pąsti***[1]
pądina (*Berg-*)Hang *m*, Gefälle *n*
pądobrān Fallschirm *m*
padobrąnac (-nca) *2* Fallschirmspringer *m*, Fallschirmjäger *m*
pąhuljast flockig
pahųljica Flaum *m*; (*Schnee-*)Flocke *f*
pąk dann; aber, jedoch
pąkao (-kla) Hölle *f*; ***grǫm i*** ~! zum Donnerwetter!
pąkēt *1* Paket *n*
pąketić Päckchen *n*
pakįrati *5 ipf/pf* (ver)packen
pąklen|ī höllisch, Höllen-; ~***ā bųka*** Höllenlärm *m*; ~***ī strǫj*** Zeitbombe *f*
pąkosnīk boshafter Kerl; Neidhammel *m*
pąkōst (-osti; *ISg* -osti/-ošću) *f* Bosheit *f*, Gehässigkeit *f*; Neid *m*
pąkostan (-sno) boshaft, gehässig; hämisch
pąkostiti [na-] schaden; bösartig handeln (*D*/an *D*)

P

pạkovati (-ujēm) → ***pakīrati***
pạkt (*Pl* -ovi) Pakt *m*, Bündnis *n*; ~ ***o nenạpādanju*** Nichtangriffspakt *m*
paktīrati *5 ipf/pf* paktieren; gemeinsame Sache machen
pạlac (pālca) Daumen *m*; ***nọžnī*** ~ große Zehe *f*
pạlača Palast *m*; Palais *n*
palačịnka (*D* -ki; *GPl* -kī) Pfannkuchen *m*; *öster.* Palatschinken *m*
pạlata → ***pạlača***
palạtāl *1 Gr.* Palatal(laut) *m*
palatalizạcija *Ling.* Palatalisierung *f*
pạlčic Däumling *m*
pạlēnta Polenta *f*, Maisbrei *m*
palẹta Palette *f* (*a. fig.*); ~ ***mjẹ̄rā*** e-e Palette an Maßnahmen
pā̦lež Brandstiftung *f*; Brand *m*
pạlica Stab *m*, Stock *m*; ***bịskupskā*** ~ Bischofsstab *m*; ***dirịgentskā*** ~ Taktstock *m*; ***gụmenā*** ~ Schlagstock *m*
pạlidr̄vce Streichholz *n*
pạlikuća Brandstifter *m*
pạlija Brechstange *f*
palīr *1* Polier *m*
pā̦liti **[za-]** (an)zünden; schießen, feuern; *Med.* ätzen; *Sonne*: brennen, sengen; ***tọ̄ nẹ pālī vịše!*** *fig.* das zieht nicht mehr!; ***pā̦li!*** Feuer!; ~ ***se*** *Licht*: angehen
pā̦lma Palme(nbaum *m*) *f*
pạlmīk *1* Palmenhain *m*
pạluba (*Schiffs*-)Deck *n*
palụcati flackern; züngeln
pạljba Beschuß *m*; (*Gewehr-*, *Kanonen-*)Feuer *n*
pā̦ljēnje Zündung *f*
pạljevina Brandgeruch *m*
pạljiv brennbar
pạmćēnje Gedächtnis *n*, Erinnerungsvermögen *n*; ***dugọ̄ročnō*** ~ Langzeitgedächtnis *n*; ***kratkọ̄ročnō*** ~ Kurzzeitgedächtnis *n*
pạmēt (-i; *ISg* -ću) *f* Verstand *m*; Vernunft *f*; ***bịti pri ~i*** bei Vernunft sein, seine fünf Sinne beisammen haben; ***dọvesti*** (***k***) ***~i*** zur Vernunft bringen; ***krạtkā*** ~ kurzes Gedächtnis; ***ne bịti pri ~i*** nicht ganz bei Trost sein; ***nije mu ni nạ krāj ~i*** er denkt nicht im Traum daran; (***tu***) ***stạjē*** ~ *fig.* da bleibt einem die Spucke weg
pạmet|an gescheit, klug; vernünftig; ***~nā glā̦va*** ein heller Kopf; ***~an nijī pọpūštā*** *fig.* der Klügere gibt nach
pametnjā̦ković Besserwisser *m*, Neunmalkluge(r) *m*
pạmflēt *1* Pamphlet *n*
pā̦mtiti **[za-]** sich merken, im Gedächtnis behalten
pạmtivijek: ***od ~a*** seit Menschengedenken
pạmučan Baumwoll-
pạmuk Baumwolle *f*
pạncer, -cīr *1* Panzer *m*; (*Ritter*-)Rüstung *f*
pạncīrka Panzerweste *f*, schußsichere Weste
pạndūr *1 hist.* Pandur *m*, (*bewaffneter*) Leibdiener *m*; *verä. f.* Polizist *m*
pā̦ndža (*GPl* -ā/-ī) Kralle *f*, Klaue *f*; ***bịti u ~ma*** (*G*) in den Klauen (*G*) sein
pạničan panisch; bestürzt
pạničār Panikmacher *m*
pạnika Panik *m*
panīrati *5 ipf/pf Kochk.* panieren
pansịōn → ***penzịōn***
panslavịzam (-zma) *hist.* Panslawismus *m*
pantalọ̄ne *f/Pl reg.* → ***hlạče***
pantẹịzam (-zma) Pantheismus *m*
pā̦ntljaka → ***vṛpca***
pạntljičār Bandwurm *m*
pantomịma Pantomime *f*
pantomịmičār Pantomime *m*
pā̦nj (*Pl* -i/-evi) Klotz *m*; Stumpf *m*; ***pijan kao*** ~ *fig.* stockbesoffen; ***stạjati kao*** ~ *fig.* dastehen wie ein Ölgötze
pā̦pa Papst *m*
papā̦! *Int* Tschüs!
papạgāj *1* → ***pạpiga***
pā̦p|ak (-pka) Klaue *f*; Huf *m*; ***otẹ̄gnuti ~ke*** F ins Gras beißen
pạpar (-pra) Pfeffer *m*; → ***bịber***
pạpērje Flaum *m*; Daune *f*
pạpiga Papagei *m*; ***govọriti kao*** ~ reden wie ein Wasserfall
pā̦pinskī Papst-
papīr *1* Papier *n*; ~ ***sve podnọsī*** *fig.* Papier ist geduldig; ~ ***s šmịrglōm*** Sandpapier *n*; ~ ***za kopīrānje*** Kopierpapier *n*; ~ ***za pạkovānje*** Packpapier *n*; ***vrijẹdnosnī*** ~ *Hdl.* Wertpapier *n*
papịrnat, papīrnī Papier-
papịrnica Papierhandlung *f*, Schreibwarenhandlung *f*
pạpkāri *m/Pl* Huftiere *Pl*
pạprāt Farnkraut *n*

pąpren (-o) gepfeffert (*a. Preise*); scharf; (*Witz*) derb, zotig
pąprenjāk *1* Pfefferkuchen *m*
pąprika Paprika(schote *f*) *m*
pąpriti [za-] pfeffern; (*mit Pfeffer*) würzen
pąpuč|a Pantoffel *m*; *Tech.* Schuh *m*; ***biti pod ~ōm*** *fig.* unter dem Pantoffel stehen
pąpučār Pantoffelmacher *m*; *fig.* Pantoffelheld *m*
pār¹ (*Pl* pąrovi) Paar *n*; Pärchen *n*; *Sp.* Paarung *f*; ***brȃčnī ~*** Ehepaar *n*
pặr² (*Zahl*) gerade
pặr³ einige, ein paar
pąr|a¹ Dampf *m*; Dunst *m*; Schwaden *m*; ***pųnōm ~ōm*** *fig.* mit Volldampf
pąr|a² Para *m* (*Münze*); ***~e*** *f*/*Pl* Geld *n*; ***~e na sŷnce!*** Geld raus!; ***biti pūn ~ā*** Geld wie Heu haben; ***mlątiti ~e*** Geld scheffeln; ***ne vriję̄diti ni prebijenē ~ē*** *fig.* keinen roten Heller wert sein
parądajz → ***rȃjčica***
parądigma (*GPl* -ī/-ā) Paradigma *n*
paradịrati *5 ipf*/*pf* paradieren
pąrādnī Parade-
parądoks Paradox *n*
paradọksālan paradox; widersinnig
parafịrati *5 ipf*/*pf Jur.* paraphieren
parafrȃza Paraphrase *f*
parafrazịrati *5 ipf*/*pf* paraphrasieren
parągraf Paragraph *m*
paragrafịzam (-zma) *fig.* Paragraphenreiterei *f*
paralęla Paralelle *f*
paralęlan parallel
paralęlnōst (-osti; *ISg* -osti/-ošću) *f* Parallelität *f*
paralịza Paralyse *f*
pąrametar (-tra) Parameter *m*
paranọičan paranoid
paranọik Paranoiker *m*
pārati [o-] (auf)trennen; schlitzen; *Leiche* sezieren; *Licht*: (*in Augen*) stechen; ***sṛce se pārā*** *fig.* j-m zerreißt *od.* bricht das Herz
parąvān *1* Wandschirm *m*, spanische Wand ***tọ je sąmo ~*** *fig.* das ist nur vorgeschoben
parązīt *1* Parasit *m*, Schmarotzer *m*
pąrba *vera.* Prozeß *m*; Streit *m*
parcęla Parzelle *f*, Grundstück *n*
parcelạcija Parzellierung *f*
parcelịrati *5 ipf*/*pf* parzellieren
pặrče (-eta) *sb.* Stück *n*; Teil *n*
pąrdōn *1* Verzeihung *f*, Pardon *m*
pąrēnje Paarung *f*; Brunst *f*
pąrfēm *1* Parfüm *n*
parfimęrija Parfümerie *f*
parfimịrati *5 ipf*/*pf* parfümieren
parịrati *5 ipf*/*pf Schlag*, *Hieb* parieren
pąriškī pariserisch, Pariser-
parịtēt *1* Parität *f*
pąriti¹ [po-] brühen; dämpfen; sieden; *Wäsche* laugen
pāriti² [s-] paaren
Parịžanin (*Pl* -āni) Pariser *m*
Parịžānka (*D* -ki; *GPl* -kī) Pariserin *f*
pąrk Park *m*; ***vọznī ~*** Fuhrpark *m*
pąrkēt *1* Parkett(boden *m*) *n*
parkịralīšte Parkplatz *m*
parkịrānj|e Parken *n*; ***zābrana ~a*** Parkverbot *n*
parkịrati *5 ipf*/*pf* parken
pąrkometar (-tra) Parkuhr *f*
parląment Parlament *n*
parlamentąrac (-rca; *V* -če) *2* Parlamentarier *m*
pąrlamentāran parlamentarisch
parlamentarịzam (-zma) Parlamentarismus *m*
pārni¹ (*Zahl*) gerade
pặrn|ī² Dampf-; ***~ō grijānje*** Dampfheizung *f*; ***~ī kọtao*** Dampfkessel *m*; ***~ā kųpelj*** Dampfbad *n*; ***~ī strọ̄j*** Dampfmaschine *f*
pặrnic|a Prozeß *m*; Rechtsstreit *m*; Gerichtsverfahren *n*; ***dọbiti ~u*** e-n Prozeß gewinnen; ***izgųbiti ~u*** e-n Prozeß verlieren; ***krịvičnā ~a*** Strafprozeß *m*; ***vọditi ~u*** e-n Prozeß führen
pặrničiti se e-n Prozeß führen, prozessieren
pặrničnī Prozeß-; ***~ punọmoč*** Prozeßvollmacht *f*; → ***pọstupak, sūd¹***
pąrnjāk *1* Altersgenosse *m*, Gleichaltrige(r) *m*
pąrobrōd Dampfer *m*, Dampfschiff *n*
parobrodąrstvo Dampfschiffahrt *f*
parọdija *Lit.* Parodie *f*
parodịrati *5 ipf*/*pf* parodieren
pąrōg (-oga) → ***pąrožak***
pąroh (*Pl* -si) (*orthodoxer*) Priester *m*
parọhija (*orthodoxe*) Pfarrei *f*
parọ̄la Parole *f*; Losung *f*
pąromjēr *Tech.* Dampfmesser *m*
pąrostrōj Dampfmaschine *f*
pąrožak (-ška) Zacke *f*, Zinke *f*; (*Geweih*) Ende *n*

P

pạrtēr *1* Parterre *n*, Erdgeschoß *n*
partịcīp *1 Gr.* Partizip *n*; **~ prọšlī** Partizip Perfekt *n*; **~ sạdašnjī** Partizip Präsens *n*
participạ̄cija Teilhabe *f*, Teilnehmen *n*; Eigenbeteiligung *f* (*an Krankheitskosten*)
participịrati *5 ipf/pf* partizipieren, teilhaben (**u** *L*/an *D*)
partịcipnī, -pskī *Gr.* partizipial
pạrtija Partei *f*; Partie *f*
partịjac (-jca, *V* -če) *2* F Parteimitglied *n*
partịkula *Gr.* Partikel *f*
pạrtikulāran partikulär
partikularịzam (-zma) Partikularismus *m*
partitụ̄ra Partitur *f*
partịzān *1* Partisan *m*
partịzānka (*D* -ki; *GPl* -kī) Partisanin *f*
pạrtner Partner *m*; Mitspieler *m*
pạrtnerica Partnerin *f*; Mitspielerin *f*
pạs[1] (psą; *GPl* pạ̄sā) Hund *m*; **mọrskī ~** Hai(fisch) *m*; **ọvčārskī ~** Schäferhund *m*
pạ̄s[2] Gürtel *m*; Gurt *m*; *Anat.* Taille *f*
pạsati (-šem) **[o-]** *Schwert* umgürten
pạsemenik *Anat.* Nebenhoden *m*
pạsīv *Gr.* Passiv *n*
pạsīvan passiv
pasivịtēt *1*, **-ịvnōst** *f* (-osti; *ISg* -osti/-ošću) Passivität *f*
pạsjī Hunde-
pạsmina Rasse *f*; Schlag *m*; Gattung *f*
pạ̄soš (*Reise-*)Paß *m*
pạsta (*GPl* -ī/-ā) Paste *f*; **~ za cịpele** Schuhcreme *f*; **~ zạ zūbe** Zahncreme *f*
pạsti[1] (-dnēm; pạo, pạla) **(-dati)** fallen, hinfallen; durchfallen; zu Boden stürzen; *Preise*: sinken; *Flugzeug*: abstürzen; **~ mṛtav** tot umfallen; **~ na ịspitu** bei einer Prüfung durchfallen; **~ nạ niskē grạ̄ne** *fig.* auf den Hund kommen; **~ nạ pamēt** *od.* **~ nạ ūm** einfallen; in den Sinn kommen; **~ nịčicē** auf die Knie fallen; **~ pọd stečāj** in Konkurs gehen; bankrott gehen; **~ u ọči** *fig.* in die Augen fallen; **~ u rạtu** im Krieg fallen; **~ u rọbstvo** in Gefangenschaft geraten; **~ u zạborāv** in Vergessenheit geraten; **~ u zạgrljāj** (*einander*) in die Arme fallen; **kịša pạdā** es regnet; **snijeg pạdā** es schneit
pạ̄sti[2] (pạ̄sēm; pạ̄sao, -sla) **[po-]** weiden, äsen
pạstīr (*V* -e/-u) *1* Hirte *m*, Schäfer *m*; **dụhōvnī ~** Seelenhirte *m*
pạstirče (-eta) Hirtenjunge *m*
pạstor Pastor *m*
pạstorak (-ōrka) Stiefsohn *m*
pạstōrče (-eta) Stiefkind *n*
pạstōrka Stieftochter *f*
pạstrva, *sb.* **pạstrmka** Forelle *f*
pạstūh *1*, **-ūv** *sb. 1* (*Zucht-*)Hengst *m*
pạsūlj *sb.* (*weiße*) Bohne *f*; **sṛpskī ~** serbische Bohnensuppe *f*
pạ̄ša[1] Weide *f*
pạ̄ša[2] *Turz.* Pascha *m* (*hist. u. fig.*)
pašạ̄nac (-nca; *V* -nče) *2* Schwager *m* (*Ehemann d. Schwägerin*)
pạ̄ščād *f/koll* (*kleine*) Hunde *Pl*
pạšče (-eta) Welpe *m*
pašẹnog → **pašạ̄nac**
pạšnjāk Weideplatz *m*, Weideland *n*
paštẹ̄ta Pastete *f*
pạ̄tak (-tka; *Pl* paci) Enterich *m*; **Pạjo ♀** Donald Duck
pạtent Patent *n*; Reißverschluß *m*; **prijạ̄viti ~** ein Patent anmelden; **ụrēd za ~e** Patentamt *n*
patentịrati *5 ipf/pf* patentieren
patẹtičan pathetisch
patẹtičnōst (-osti; *ISg* -osti/-ošću) *f*, **-tika** Pathos *n*
pạtike *f/pl* Tennisschuhe *Pl*
pạtiti (-ćen) **(se)** leiden; (sich) quälen, sich abmühen
pạtka (*D* -ki; *GPl* -tākā/-tkī) Ente *f*; **dịvljā ~** Wildente *f*
patlịdžān *1*: **cṛnī ~** Tomate *f*; **mọdrī ~, cṛnī ~** Aubergine *f*
pạtnica Dulderin *f*, Leidende *f*
pạtnīk Dulder *m*; Leidender *m*
pạtnja (*GPl* -ī/-ā) Leiden *n*, Qual *f*, Pein *f*, Schmerz *m*
patolọgija Pathologie *f*
patọloškī pathologisch
patrịjarh Patriarch *m*
pạtrijarhālan patriarchalisch
patrijạrhāt *1* Patriarchat *n*
patrijạršija Patriarchengebiet *n*, Patriarchensitz *m*
patrịot(a) Patriot *m*
patriotịzam (-zma) Patriotismus *m*
patrịotskī patriotisch
patṛljak (-ljka) (*Amputations-*)Stumpf *m*
patrọ̄la Patrouille *f*, Spähtrupp *m*, Streife *f*

patrolịrati *5 ipf/pf* patrouillieren, Streife gehen
pạtrōn *1* Patron *m*, Schutzherr *m*
patrọna Patrone *f*
patrọnāt *1* Patronat *n*
patrọnāžnī → ***sẹstra***
patụljak (-ljka; *V* -če) *2* Zwerg *m*, Knirps *m*
pạtuljast Zwerg-; ***~ō vọće*** Zwergobst *m*
pạtvoren (-o) nachgemacht, gefälscht; (*Wein*) gepanscht
pạtvorina Fälschung *f*, Falsifikat *n*
pạtvoriti fälschen, nachmachen; *Wein* panschen
pạučina Spinngewebe *n*
pạučinast hauchdünn, hauchfein
pạūk Spinne *f*; F *f*. Abschleppwagen *m* (*f. Falschparker*)
pạūn Pfau *m*
pạušāl *1* Pauschale *f*, Pauschalbetrag *m*
pạuza Pause *f*
pauzịrati *5 ipf/pf* pausieren, e-e Pause machen; vorübergehend aufhören
pavịljōn *1* Pavillon *m*
pạvlaka → ***vṛhnje***
pạzār *1 Turz.* Basar *m*, Markt *m*; Kauf(geschäft *n*) *m*; ***nọsiti svọju kọžu na ~*** *fig.* seine Haut zu Markte tragen
pạzikuća Hausmeister *m*
pạzitelj Aufseher *m*, Aufpasser *m*
pạziti (***na*** *A*) achten (auf *A*); aufpassen; bedacht sein (auf *A*); beachten; ***~ se*** sich hüten (*G*/vor *D*); freundlich miteinander umgehen; ***pạzi!*** Vorsicht!
pạzuho Achselhöhle *f*
pậž (*Pl* -evi) Page *m*
pạžljiv aufmerksam; vorsichtig; sorgfältig
pạžljivōst (-osti; *ISg* -osti/-ošću) *f* Aufmerksamkeit *f*; Vorsicht *f*; Sorgfalt *f*
pạžnj|a Aufmerksamkeit *f*; Sorgfalt *f*; Wachsamkeit *f*; Vorsicht *f*; ***obrạ̄titi ~u*** Aufmerksamkeit lenken (***na*** *A*/auf *A*)
pčẹla Biene *f*; ***~ krạljica*** Bienenkönigin *f*; ***~-rạdilica*** Arbeitsbiene *f*
pčelạriti *5* Bienen züchten
pčelạrstvo Bienenzucht *f*, Imkerei *f*
pčẹlinjāk Bienenhaus *n*; Bienenstock *m*
pčẹlinjī Bienen-
pẹcāč *1* Angler *m*
pẹcānje Angeln *n*
pẹcār *1* (*Branntwein-*)Brenner *m*
pẹcara (*Branntwein-*)Brennerei *f*
pẹcati **[u-]** angeln
pẹcīvo Gebäck *n*, Backwaren *Pl*; Brötchen *n*; Semmel *f*
pẹckānje Necken *n*, Sticheln *n*; *Med.* stechender Schmerz
pẹckati **[-nuti]** necken, sticheln, stänkern; *Wunde*: jucken
pẹcnuti (-nēm) *pf* → ***pẹckati***
pẹčālba Lohnarbeit in der Fremde
pẹčalbār Gastarbeiter *m*, Fremdarbeiter *m*
pečalbạriti *5* in der Fremde arbeiten
pẹčat Siegel *n*; Stempel *m*; ***ọtisnuti svọ̄j ~*** *fig.* seinen Stempel aufdrücken
pẹčatati **[za-]** versiegeln; stempeln
pẹčātnī Siegel-; → ***vọsak***
pẹčen (-o) gebraten, Brat-; gebacken, Back-; *Tech.* gebrannt; ***dọbro ~*** *fig.* gewieft
pečẹnica Bratwurst *f*; Braten *m*
pẹčēnka (*D* -ki; *GPl* -kī) Braten *m*
pečẹnjāk gerösteter Maiskolben
pečẹnjara Backofen *m*
pẹčēnje Braten *m*; Backen *n*; Rösten *n*; *Tech.* Brennen *n*; ***jạnjećē ~*** Lammbraten *m*
pẹčūrka Champignon *m*
pậć (pẹći; *Pl* peći) *f* Ofen *m*; ***kạljevā ~*** Kachelofen *m*; ***mịkrovālnā ~*** Mikrowellenherd *m*; ***plịnskā ~*** Gasofen *m*; ***vịsokā ~*** *Tech.* Hochofen *m*
pẹćār (*V* -u/-e) *1* Ofensetzer *m*, Ofenmacher *m*
pẹći (pẹčēm; pẹkao, -kla; pẹčen *6*) **[ịs-]** backen; braten; *Ziegel*, *Schnaps* brennen; *Sonne*: stechen; *Wunde*: brennen; *Haut*: jucken
pẹćica kleiner Ofen; ***mịkrovālnā ~*** Mikrowellenherd *m* → ***pậć***
pẹćina Grotte *f*, Höhle *f*; Fels(en) *m*
pẹćnica Bratröhre *f*; Backröhre *f*
pedạgog Pädagoge *m*, Erzieher *m*
pedagọgija Pädagogik *f*, Erziehungswesen *n*
pedạgošk|ī pädagogisch; ***vịšā ~ā škọ̄la*** pädagogische Hochschule
pẹdāl *1* Pedal *n*
pẹdalj (-dlja) Spanne *f*; ***ni ~*** *fig.* keinen Fußbreit
pẹdant Pedant *m*
pedạntan pedantisch, kleinlich
pedantẹrija, -ạntnōst (-osti; *ISg* -osti/-ošću) *f* Pedanterie *f*
pẹ̄der F Schwule(r) *m*; *verä.* Blödmann *m*

P

pedẹsēt fünfzig
pedẹsēti fünfzigste(r)
pedesetogọdnišnjāk Fünfzigjährige(r) *m*
pedesetogọdišnjica fünfzigster Jahrestag
pedijạtrija Pädiatrie *f*, Kinderheilkunde *f*
pedịkēr *1* Fußpfleger *m*
pedikịrati *5 ipf/pf* pediküren
pẹ̄gla → ***glạčalo***
pẹ̄glati → ***glạčati***
pẹh Pech *n*; ***ịmati*** ~ *fig.* Pech haben
pẹhār *1* Becher *m*; Pokal *m*; ***prẹlaznī*** ~ *Sp.* Wanderpokal *m*
pẹhārnīk *hist.* Mundschenk *m*
pẹjoratīvan pejorativ
pẹjsmejker *Med.* Herzschrittmacher *m*
pẹjsāž *1* Landschaft *f*
pejsạžist(a) *m* Landschaftsmaler *m*
pẹkār Bäcker *m*
pẹkara, -ārnica Bäckerei *f*; Backstube *f*
pẹkmez Mus *n*, Marmelade *f*
pẹlena Windel *f*, Wickeltuch *n*
pẹlin *Bot.* Wermut *m*
pelịnkovac (-ōvca) Wermutwein *m*; Wermut *m*
pelịvān *1* Seiltänzer *m*; Kunstspringer *m*
pẹlūd Blütenstaub *m*, Pollen *m*
pẹnāl *1 Hdl.* Strafe *f*; *Sp.* Elfmeter *m*; Strafstoß *m*
pẹndrek Gummiknüppel *m*
penicịlīn *1* Penizillin *n*
pẹnzija Rente *f*; → ***mirọvina***
pẹnzījskī Renten-; → ***mirọvinskī***
penzịōn *1* Pension *f*; Fremdenheim *n*
penziọnēr (*V* -u) *1* Rentner *m*
penziọnērka (*D* -ki; *GPl* -kī) Rentnerin *f*
penzionịrati *5 ipf/pf* pensionieren, verrenten
pẹnjāč (*V* -u) *1* Kletterer *m*
penjạčica Kletterin *f*; *Bot.* Kletterpflanze *f*
pẹnjati se (-jēm se) [**pọpēti se**] steigen; klettern; *Berg* besteigen
Pepẹ̄lnica *Rel.* Aschermittwoch *m*
pepẹljara Aschenbecher *m*
pepẹljast aschfahl
pepẹljav Aschen-; ~***ā stạza*** Aschenbahn *f*
Pepẹljuga Aschenputtel *n*
pẹpeo (-ela) Asche *f*
pẹrāč *1* (*Auto- etc.*)Wäscher *m*
pẹrāćī Wasch-; → ***sạpūn***
pẹrād *f/koll* Geflügel *n*
perạdār *1* Geflügelzüchter *m*; Geflügelhändler *m*
peradạ̄rstvo Geflügelzucht *f*
perạ̄j|a Flosse *f*; ***gụmenē*** ~***e*** Schwimmflossen *Pl*
pẹrčīn *1* Haarflechte *f*
pẹrēc *1* Brezel *f*
pẹrfekt *Gr.* Perfekt *n*
pẹrfektan perfekt, vollkommen
pẹrfektīvan *Gr.* perfektiv, vollendet; → ***vịd***
pergạment Pergament *n*
perifẹrija Peripherie *f*
pẹrika Perücke *f*
pẹrina Federdecke *f*, Federbett *n*
perịod Periode *f*, Zeitabschnitt *m*
periọ̄da Periode *f*; *Med.* Menstruation *f*
periọdičnī, -kī periodisch
periọdičnōst (-osti; *ISg* -osti/-ošću) *f* Periodizität *f*, regelmäßige Wiederkehr
peripẹtije *f/Pl* (*finanzielle etc.*) Probleme *Pl*
pẹriš Taschenmesser *n*
pẹrivōj Park(anlage *f*) *m*
pẹrjan Feder-, aus Federn
pẹrjanica Federbusch *m*, Helmbusch *m*
pẹ̄rje *n/koll* Federn *Pl*; Gefieder *n*; ***kịtiti se tūđīm*** ~***m*** *fig.* sich mit fremden Federn schmücken
perkụsija *Med.* Perkussion *f*, Beklopfen *n*
pẹ̄rla Perle *f*
pẹrnat gefiedert, Feder-; ~***ā žịvād*** Federvieh *n*
pẹro Feder *f*; ***ịmati lạkō*** ~ e-e flotte Feder haben; ***spịrālnō*** ~ Spiralfeder *f*
pẹrolak federleicht; ~***ā kategọrija*** *Sp.* Federgewicht *n*
pẹrōn *1* Bahnsteig
pẹrorēz Taschenmesser *n*
pẹrovođa *m* Protokollführer *m*, Schriftführer *m*
persọnāl *1* Personal *n*, Belegschaft *f*
pẹrsonālnī Personal-; ~ ***ọdio*** Personalabteilung *f*
personificịrati *5 ipf/pf* personifizieren
personifikạcija Personifizierung *f*
perspektịva Perspektive *f*; ***ptịčjā*** ~ *fig.* Vogelperspektive *f*; ***žạbljā*** ~ *fig.* Froschperspektive *f*
pẹrspektīvan perspektivisch
pẹ̄ršin, -šun Petersilie *f*

perụnika Schwertlilie *f*
perụšati [o-] rupfen; Federn ausreißen; *fig.* ausnehmen
perụšina Maisstroh *n*
pẹruška Federwisch *m*; ***lạk kạo ~*** federleicht
pẹrūt *f* Schuppe *f*
pẹrvērzan pervers
pervẹrzija Perversion *f*
Pẹrzija Persien *n*
Perzijạ̄nac (-ạ̄nca, *V* -če) *2* Perser *m*
Perzijạ̄nka (*D* -ki; *GPl* -kī) Perserin *f*
pẹrzījskī persisch
perzistīrati *5 ipf/pf* persistieren, andauern
pesịmist(a) *m* Pessimist *m*
pesimịstičan pessimistisch
pesimịzam (-zma) Pessimismus *m*
pẹsnic|a Faust *f*; ***stịsnuti ~u*** Faust ballen
pẹ̄st (-i) *f* → ***pẹsnica***
pẹstić *Bot.* (*Blüten-*)Stempel *m*
pẹškīr *1 sb.* Handtuch *n*
pẹ̄t fünf; ***ni ~ ni šẹ̄st*** ohne zu zögern *od.* mir nichts, dir nichts
pẹ̄ta Ferse *f*, Hacke *f*; (*Schuh-*)Absatz *m*; ***Ạhilōvā ~*** *fig.* Achillesferse *f*
pẹtāk¹ *1* fünfjähriger Junge; Fünftkläßler *m*
pẹ̄tak² (-tka, *Pl* -ci) Freitag *m*; ***Vẹlikī ~*** Karfreitag *m*
pẹtēljka (*GPl* -kī) Stengel *m*; (*Blatt-*) Stiel *m*
petẹ̄rac (-rca) *Lit.* Fünffüßler *m*
pẹtero fünf (*Männer u. Frauen*); ***~ djẹca*** fünf Kinder
peterọkrak *Adj* fünfzackig; *Su* fünfzackiger (*kommunistischer*) Stern
peterọkūt Fünfeck *n*
peterọstruk fünffach
pẹ̄tī fünfte(r)
pẹ̄ti se (pẹnjēm se) → ***pẹnjati se***
pẹtica¹ Fünfer *m*; Fünf *f*
pẹ̄tica² kleine Ferse; kleiner Absatz (*am Schuh*)
petīcija Petition *f*
pẹtina Fünftel *n*
pẹtlja Schlinge *f*; Schleife *f*; Masche *f*
petljạ̄nac (-nca; *V* -če) *2* Intrigant *m*; Stümper *m*
petljạnija Intrigen *Pl*
pẹtljati stümpern, pfuschen; ***~ se*** sich einmischen
pẹtnaēst fünfzehn
petnaẹ̄stak (-tka) etwa fünfzehn
pẹtnaestī fünfzehnte(r)
pẹ̄tnī Fersen-; ***ịz ~h žīla*** aus Leibeskräften
pẹtobōj *Sp.* Fünfkampf *m*
petọdnēvnī fünftägig
petogọdišnjī fünfjährig, Fünfjahres-
petọljetka *Ök.* Fünfjahresplan *m*
petọrica fünf (*Männer*)
pẹtoro → ***pẹtero***
petorọčlan (-o) fünfgliedrig
petorọkatica fünfstöckiges Haus
petorọkrak → ***peterọkrak***
petorọkūt → ***peterọkūt***
petorọstruk → ***peterọstruk***
petoškōlac (-lca) *2* Fünftkläßler *m*
petrọlēj Petroleum *n*
petrọlējka Petroleumlampe *f*
petrọlējskī Petroleum-
pẹ̄tsto fünfhundert
pẹ̄tstogọdišnjica Fünfhundertjahrfeier *f*, fünfhundertster Jahrestag
pẹ̄tstotī fünfhundertste(r)
pīć|e Getränk *n*; *poet.* Trank *m*; ***bẹzalkohōlnō ~e*** alkoholfreies Getränk; ***bịti ọdān ~u*** dem Trunk verfallen; ***žẹstokō ~e*** hartes Getränk
pidžạ̄ma Pyjama *m*, Schlafanzug *m*
pịgmēj (-ẹja) Pygmäe *m*
pịjaca Marktplatz *m*; ***bụvljā ~*** Flohmarkt *m*
pịjāćī Trink-
pịjan (-o) betrunken; ***~ kạo čẹp*** F stockbesoffen
pijạ̄nac (-nca; *V* -če) *2* Trinker *m*, Säufer *m*
pijančẹ̄vānje Saufgelage *n*
pijančevati (-čujēm) zechen, trinken
pijạnist(a) *m* Pianist *m*
pijạ̄no Piano *m*, Klavier *n*
pijạ̄nstvo Trunkenheit *f*; F Suff *m*
pịjavica Blutegel *m*
pijēnka (*Trink-*)Gelage *n*
pijẹs|ak (-ska) *7* Sand *m*; Kies *m*; *Med.* (*Nieren- etc.*) Grieß *m*; ***bạ̄citi ~ak ụ oči*** *fig.* Sand in die Augen streuen; ***grạ̄diti na ~ku*** *fig.* auf Sand bauen; ***gūrati glạ̄vu u ~ak*** *fig.* den Kopf in den Sand stecken; ***sịpati ~ak ụ mōre*** *fig.* Eulen nach Athen tragen
pijẹtao (-tla; *Pl* -tli/-lovi) *7* Hahn *m*
pijẹtēt *1* Pietät *f*
pijẹvac (-vca) *7* → ***pijẹtao***
pijụckati nippen

pijūk Spitzhacke *f*
pijūkati (pijūčēm) **[-knuti]** piepen, piepsen
pik¹ Groll *m*; ***imati ~*** Groll haben *od.* hegen (***na*** *A*/gegen *A*); auf dem Kieker haben
pik² (*Spielkarte*) Pik *n*
pikantan *Kochk. u. fig.* pikant
pikīrati *5* stechen; *Flgw.* im Sturzflug anpeilen; *fig.* auf dem Kieker haben (***na*** *A*/*A*)
pikov Pik-; ***~ā dāma*** Pikdame *f*
piktije *f*/*Pl* Sülze *f*
pīla Säge *f*; ***lančanā ~*** Kettensäge *f*; ***ručnā ~*** Handsäge
pilāna Sägewerk *n*; Sägemühle *f*
pilāv *1 Kochk.* Pilaw *m* (*Hammelfleisch u. Reis*)
pile (-eta) Küken *n*; Hühnchen *n*, Hähnchen *n*
pilećī Hühner-
pilēnce (-eta) Küken *n*
piletina Hühnerfleisch *n*
piličār Geflügelzüchter *m*; Geflügelhändler *m*
pīliti [is-] sägen; schneiden; *Metall* feilen
pilōt *1* Pilot *m*; *Mar.* Steuermann *m*; Lotse *m*
pilotina Sägespäne *Pl*, Sägemehl *n*
pilotīrati *5 ipf*/*pf Flugzeug* steuern; *Mar.* lotsen
pilotskī Piloten-
pilovina → ***pilotina***
pilula Pille *f*; ***~ protiv bolōvā*** Schmerztablette *f*; ***~ za spāvānje*** Schlaftablette *f*; ***gōrkā ~*** *fig.* bittere Pille; ***kontracepcījskā ~*** Antibabypille *f*
piljār *1* (*kleiner*) Obst- *od.* Gemüsehändler *m*
piljarica Obst- *od.* Gemüsehändlerin *f*; Marktfrau *f*
piljevina Sägemehl *n*
pīljiti [u-] anstarren; starren (***u*** *A*/auf *A*)
pingvīn *1* Pinguin *m*
pīnija Pinie *f*
piōn *1* Bauer *m* (*im Schachspiel*)
pionīr *1* Pionier *m*
pīpa, pīpac (-pca) Wasserhahn *m*, Zapfhahn *m*
pīpak (-pka) *Zool.* Fühler *m*, Tentakel *m od. n*
pipānje (Be-)Tasten *n*, Fühlen *n*
pipati (be-)tasten, (be-)fühlen; greifen
pipav unbeholfen, linkisch
pipavōst (-osti; *ISg* -osti/-ošću) *f* Unbeholfenheit *f*, Ungeschicklichkeit *f*
pipničārka (*GPl* -kī) Schankkellnerin *f*
pir *4* Hochzeitsfeier *f*
piramīda Pyramide *f*
pirāt *1* Pirat *m*
pirē (-ea) Püree *n*; ***~ od krumpira*** Kartoffelpüree *n*
pirinač (-īnča) → ***rīža***
pīriti [-nuti] blasen, wehen
pirjānī geschmort, gedünstet
pīrnuti (-nēm) *pf* → ***pīriti***
pirotehničār Pyrotechniker *m*
pirotehničkī pyrotechnisch
pirotehnika Pyrotechnik *f*
pirovati (pirujēm) Hochzeit feiern; *fig.* schlemmen, prassen
pīsac (-sca; *V* -šče; *GPl* pīsācā) Schriftsteller *m*; Verfasser *m*, Autor *m*
pisāč *1 Tech.* Schreiber *m*; Drucker *m*; ***~ na igle*** *EDV* Nadeldrucker *m*; ***daleko-~*** Fernschreiber *m*; ***laserskī ~*** Laserdrucker *m*
pisaćī Schreib-; → ***strōj***
pisak (-ska) *Mus.* Mundstück *n*
pisāljka (*GPl* -kī) Griffel *m*; Schreibgerät *n*; (*Blei-*)Stift *m*
pisamce kleiner Brief, Briefchen *n*
pisānka (*GPl* -kī) (*Schreib-*)Heft *n*
pisānje Schreiben *n*; ***papīr za ~*** Schreibpapier *n*
pisār (*V* -u/-e) *1* Schreiber *m*, Abschreiber *m* (*in e-m Amt*)
pisārna, -nica Schreibstube *f*, Kanzlei *f*
pīsati (-šēm) **[na-]** schreiben; aufschreiben; notieren; ***crno*** *od.* ***loše se pīšē*** es ist schlecht bestellt (*D*/um *A*)
piskati zischen
piskav zischend, Zisch-; schrill; ***~ī suglasnici*** *Gr.* Zischlaute *Pl*
pismen (-o) schreibkundig; schriftlich; ***biti ~*** schreibkundig sein; ***~ī ispit*** schriftliche Prüfung
pismena *n*/*Pl* Buchstaben *Pl*, Lettern *Pl*
pismenōst (-osti; *ISg* -osti/-ošću) *f* Lese- und Schreibfähigkeit *f*; Schreibkunst *f*
pismo (*GPl* -āmā) Brief *m*, Schreiben *n*; Schrift *f*; ***akreditīvnō ~*** Beglaubigungsschreiben *n*; ***cehovskō ~*** Zunftbrief *m*; ***ekspresnō ~*** Eilbrief; ***glāva ili ~?*** Kopf oder Zahl?; ***mrtvačkō ~*** Totenschein *m*; ***otpusnō ~*** Entlassungssungsbrief *m*; ***preporučenō ~*** Einschreibebrief *m*; ***sli-***

P

jẹpō ~ Wasserzeichen *n*; Blindenschrift *f*; ***Svẹ̄tō ~*** Heilige Schrift; ***zạložnō ~*** Pfandschein *m*
pismọnoša *m* Briefträger *m*
pịsnuti (-nēm) *pf* (sich) mucksen; ***ni ~!*** keinen Mucks!
pisọār *1* Pissoir *m*
pịsta Piste *f*; *Flgw.* Rollbahn *f*
pịšati V pissen
pịšljiv wurmig, madig; ***ni vrijẹditi ni ~a bọba*** *fig.* keinen Pfifferling wert sein
pịštalica, -āljka (*Triller-*)Pfeife *f*
pȉštati pfeifen
pịštav → ***pịskav***
pịštōlj *1* Pistole *f*
pịta Blätterteigkuchen *m*
Pitạgorin *Math.* pythagoreisch; ***~ pọučak*** pythagoreischer Lehrsatz
pịt|ak (-tko) trinkbar, Trink-; süffig; ***~kā vọda*** Trinkwasser *n*
pȉtalac (-aoca) Fragesteller *m*, Fragende(r) *m*
pȉtalica Frageràtsel *n*
pȉtānje¹ Frage *f*, Anfrage *f*; ***~ poverẹ̄nja*** *Pol.* Vertrauensfrage *f*; ***pọstaviti ~*** e-e Frage stellen; ***spọ̄rnō ~*** strittige Frage
pịtānje² Füttern *n*; Mästen *n*
pȉtati¹ **[ụ-]** fragen, anfragen (bei *D*); nachfragen (**za** *A*/nach *D*)
pịtati² füttern; mästen
pịti (-jēm; pịo, pīla; pịt/pijen *6*) **[pọ-]** trinken; zechen; *Medikamente* einnehmen; ***~ nạdušak*** in e-m Zug austrinken; ***~ u zdrạ̄vlje*** (*G*) auf die Gesundheit (*G*) trinken
pịtom gezähmt, zahm; zutraulich
pịtomac (-ōmca) Zögling *m*
pitọmiti *5* **[pri-]** zähmen, zahm machen
pịtomōst (-osti; *ISg* -osti/-ošću) *f* Zahmheit *f*, Zutraulichkeit *f*
pịvara (Bier-)Brauerei *f*
pivạ̄rstvo Brauereiwesen *n*
pȉvnica (Bier-)Lokal *n*
pȉvničār Kellermeister *m*
pȉvo Bier *n*; ***svjẹtlō ~*** helles Bier *n*; ***tạmnō ~*** dunkles Bier
pivọpija *m* Biertrinker *m*
pivọvara → ***pịvara***
pȉvskī Bier-
pịzm|a Haß *m*; Groll *m*; Aufsässigkeit *f*; ***ịmati ~u*** e-n Groll haben *od.* hegen (**na** *A*/gegen *A*)
pịzmen (-o) aufsässig; gehässig; rachsüchtig
pjẹga (*D* -gi) Fleck *m*; Leberfleck *m*; Sommersprosse *f*; ***slijẹpā ~*** *Anat.* blinder Fleck; ***sụnčanā ~*** *Astr.* Sonnenfleck *m*
pjẹgast, -av fleckig, gesprenkelt; sommersprossig
pjẹgavac (-āvca) Flecktyphus *m*
pjẹna Schaum *m*; (*bei Wellen*) Gischt *f*
pjẹnast schaumig
pjẹniti se schäumen (*a. fig.*); *Sekt*: prikkeln
pjenụ̄šac (-šca) Schaumwein *m*
pjenụšav schaumig, Schaum-; ***~ō vịno*** Schaumwein *m*
pjeskọvit sandig
pjẹskulja Sandboden *m*
pjẹsma Gedicht *n*; Gesang *m*, Lied *n*; ***~ budụ̄ćnosti*** *fig.* Zukunftsmusik *f*; ***~ nad ~ma*** *Rel.* das Hohelied; ***jụnāčkā ~*** Heldengedicht *n*; ***nạ̄rodnā ~*** Volkslied *n*; ***stạ̄rā ~*** *fig.* (*immer wieder*) das alte Lied *od.* die alte Leier
pjẹsmarica Liederbuch *n*
pjẹsničkī dichterisch, poetisch
pjẹsnīk Dichter *m*, Poet *m*
pjẹsnīštvo Dichtkunst *f*, Poesie *f*
pješạ̄čēnje Wanderung *f*; Fußmarsch *m*
pješạ̄čiti *5* zu Fuß gehen; wandern, marschieren
pjẹ̄šāčk|ī Fußgänger-; ***~ī prijẹlaz*** Fußgängerüberweg *m*; Zebrastreifen *m*; ***~ā zọ̄na*** Fußgängerzone *f*
pješạdija *Mil.* Infanterie *f*
pjẹšāk (*V* -če) *1* Fußgänger *m*; Bauer *m* (*im Schachspiel*)
pjẹ̄ščan (-o) sandig, Sand-
pješčạnica Sandboden *m*, Sanderde *f*
pjẹšicē, -škē zu Fuß
pjẹ̄v Gesang *m*, Singen *n*
pjẹvāč (*V* -ču) *1* Sänger *m*; *Zool.* Singvogel *m*; ***ụličnī ~*** Straßensänger *m*
pjevạčica Sängerin *f*
pjẹvāčkī Sänger-; Gesangs-
pjẹvānje Singen *n*; Gesang *m*
pjẹvati **[ot-]** singen; dichten
pjẹvica Singvogel *m*
pjevụckati, -ụ̄šiti *5* vor sich hinsummen, trällern
plạč Weinen *n*; Gejammer *n*, Jammern *m*; ***brịznuti ụ ~*** in Tränen ausbrechen; ***grčẹvit ~*** Weinkrampf *m*
plạčan → ***plạčljiv***
plạčidrūg Leidensgefährte *m*

P

plạčljiv weinerlich, rührselig
plạčljivac (-īvca) Heuler *m*; Plärrer *m*, Schreihals *m*
plạčljivica Heulsuse *f*
plạ̄ća Lohn *m*, Gehalt *n*, Entgelt *n*, Vergütung *f*; ***mịnimālnā*** ~ Mindestlohn *m*
plạ̄ćānje Zahlen *n*, Bezahlung *f*; Vergütung *f*; ~ ***u gọtovu*** Barzahlung *f*; ***dọpunskō*** ~ Nachzahlung *f*; ***ọbročnō*** ~ Ratenzahlung *f*
plạ̄ćati → ***plạ̄titi***
plạ̄ćenīčk|ī Söldner-, ~***ē čẹte*** Söldnertruppen *Pl*
plạ̄ćenīk Söldner *m*
plạ̄ćevn|ī Zahlungs-; ~***ā nesposọ̄bnōst*** Zahlungsunfähigkeit *f*
plạ̄d|anj (-dnja; *Pl* -dnji/-dnjevi) (*Eß*-) Teller *m*; ***dọbiti kạo na*** ~***nju*** *fig*. etw. (*ohne eigene Leistung*) auf dem Tablett serviert bekommen
plạfōn *1* Zimmerdecke *f*
plagịjāt *1* Plagiat *n*
plagịjātor Plagiator *m*
plagīrati *5 ipf/pf* plagiieren, ein Plagiat begehen
plạh scheu, schüchtern, ängstlich; heftig, glühend; ~***ā kịša*** leichter Regen; ~ ***nārav*** hitzige Natur
plạhōst (-osti; *ISg* -osti/-ošću) *f* Scheu *f*, Schüchternheit *f*; Ängstlichkeit *f*; Heftigkeit *f*
plahọvit mutwillig; übermütig
plạhta (*GPl* -ī/-ā) Leintuch *n*, Laken *n*, Bettuch *n*
plạkāt *1* Plakat *n*
plạkati[1] (-čēm) weinen, flennen; (**za** *I*/um *A*); ~ ***kao ljụtā gọdina*** F Rotz und Wasser heulen
plạ̄kati[2] (-čēm) spülen; ausschwemmen
plakatīrati *5 ipf/pf* plakatieren
plakẹta Plakette *f*
plamẹ̄ćak (-ćka) → ***plamīćak***
plạmēn[1] (-ena) Flamme *f*; ***bạcāč*** ~***ā*** Flammenwerfer *m*
plạmēn[2] *Adj* Flammen-; Feuer-, feurig
plamẹnac (-nca) *Zool*. Flamingo *m*
plamẹnīk *1* Brenner *m*
plạmenit → ***plạmēn***[2]
plamīčak (-čka) Flämmchen *n*
plạmsati flackern
plạmtjeti (-tīm; -tio, -tjela) flammen, lodern; lichterloh brennen; ~ ***gnjẹ̄vom*** *fig*. vor Wut schäumen
plạ̄n Plan *m*; ~ ***grạ̄da*** Stadtplan *m*; ***grạđēvnī*** ~ Bauplan *m*; ***na pṛvōm*** ~***u*** im Vordergrund; ***petogọdišnjī*** ~ *Ök*. Fünfjahresplan *m*; ***pọtisnuti u drụgī*** ~ *fig*. in den Hintergrund schieben
plạndīšte Ruheplatz *m*; Raststätte *f*
plạndovati (-dujēm) faulenzen, nichtstun
plạnēt *1*, **-ẹ̄ta** Planet *m*
plạnetārīj (-ija) Planetarium *n*
plạnētskī Planeten-
planịna Berg *m*; ~***e*** Gebirge *m*
planịnac (-nca) Bergbewohner *m*
planịnār (*V* -u/-e) *1* Bergsteiger *m*, Alpinist *m*; *Mil*. Gebirgsjäger *m*
planinạ̄riti *5* bergsteigen
planịnārskī Bergsteiger-; Berg-
planinạ̄rstvo Bergsteigen *n*, Alpinistik *f*
plạnīnčica Trollblume *f*
plạnīnskī Gebirgs-, gebirgig
planīrānje Planung *f*, Planen *n*; Planieren *n*
planīrati *5 ipf/pf* planen; e-n Plan haben; *Gelände* einebnen
plạ̄nsk|ī Plan-; ~***ā prịvreda*** Planwirtschaft *f*
plạnuti (-nēm; -nuo, -nūla) *pf* auflodern, aufflammen, entflammen; aufflackern; *fig*. auffahren; *Krieg*: entbrennen *Feuer*: ausbrechen; (*an den Wangen*) *Röte*: ins Gesicht schießen
plasīrati *5 ipf/pf* plazieren; unterbringen; *Kapital* anlegen; ~ **se** sich plazieren; e-n Platz (*in der Tabelle*) einnehmen
plạsmān *1* Plazierung *f*; ~ ***kapitạ̄la*** Kapitalanlage *f*
plạ̄st (*Heu*-)Schober *m*
plạstičan plastisch, anschaulich; Plastik-
plạstičnōst (-osti; *ISg* -osti/-ošću) *f* Plastizität *f*, Anschaulichkeit *f*
plạstika Plastik *f*; Kunststoff *m*
plạšiti [ụ-] (er)schrecken; ängstigen, Angst einjagen; ~ **se** sich ängstigen (*G*/vor *D*), sich fürchten vor (*G*/vor *D*)
plạšljiv furchtsam, ängstlich, scheu; verzagt
plạšljivac (-īvca) Feigling *m*, Angsthase *m*
plạšljivōst (-osti; *ISg* -osti/-ošću) *f* Feigheit *f*; Furcht *f*; Ängstlichkeit *f*
plạ̄št (*Pl* -evi) Mantel *m*; Umhang *m*; ~ ***mọ̄tora*** *Kfz*. Motorhaube *f*; ***ọlōvnī*** ~ Bleimantel *m* (*in Kernkraftwerk*); ***ọzōnskī*** ~ Ozonschicht *f*

P

plȃta *sb.* → ***plȃća***
plȃtežnī → ***plȃtnī***
plȃtiti (plȃćen) (**-ćati**) (be)zahlen; vergüten; *Auslagen* vergüten; *Zinsen* abzahlen
plạtiv zahlbar; (*Wechsel*) fällig
plạtnār *1* Leinwarenhändler *m*; Leinenweber *m*
plạtnara Leinenweberei *f*
plạtnen (-o) leinen, aus Leinen
plȃtn|ī Zahlungs-; **~ā *bilạnsa*** Zahlungsbilanz *f*
plȃtno Leinen *n*, Leinwand *f*
plạtō (-oa) *m* Plateau *n*
plạtōnskī platonisch
plȃv blau; (*Haare*) blond
plȃvac (-vca) Bimsstein *m*; dalmatinischer Rotwein
plạvēt (-i; *ISg* -ti/-ću) *f* Azurblau *n*, Himmelblau *n*
plạvetan tiefblau
plạvetnīk Salbei *m*
plavẹtnilo Tiefblau *n*, Azurblau *n*
plạvičast bläulich
plạvilo Waschblau *n*; Tiefblau *n*, Azurblau *n*
plȃviti[1] blau färben
plạviti[2] begießen; besprengen; *Holz* abflößen
plȃvjeti (-īm; -vio, -vjela) blau werden, sich blau färben; **~ se** blau sein; blau schimmern
plạv(ōj)ka, -uša Blondine *f*
plavọok blauäugig
plạziti kriechen, krabbeln; **~ *jęzik*** Zunge herausstrecken
plȃža (*Bade-*)Strand *f*; ***nudịstičkā* ~** FKK-Strand *m*
plebịscīt *1* Plebiszit *n*, Volksabstimmung *f*
plęća *f* (*GPl* plȩ̄ća) *Anat*. Schultern *Pl*
plęćat breitschultrig
plęćka *Anat*. Schulterblatt *n*
pledīrati *5 ipf/pf* plädieren
pledoạjē (-ea) *m* Plädoyer *n*
plęh Blech *n*
plęme (-ena; *Pl* -ęna) (*Volks-*)Stamm *m*; Geschlecht *n*
plęmenīk Stammesmitglied *n*
plęmenit edel, edelmütig, großmütig; adelig; **~*ī plīn*** *Chem.* Edelgas *n*
plęmenitōst (-osti; *ISg* -osti/-ošću) *f* Edelmut *m*, edle Gesinnung
plęmenskī Stammes-
plęmīć (*V* -u) *1* Adelige(r) *m*; Edelmann *m*
plęmīćkī adelig, Adels-; **~ *stȃlež*** Adelsstand *m*
plęmstvo Adel(sstand *m*) *m*
plęnārn|ī Plenar-; **~*ā sjędnica*** Plenarsitzung *f*
plȩ̄s *4* Tanz *m*; (*Tanz-*)Ball *m*
plęsāč *1* (*V* -u) Tänzer *m*
plesạčica Tänzerin *f*
plȩ̄sati (-šēm) tanzen; **~ *kạko nętko svīrā*** *fig.* nach j-s Pfeife tanzen
plȩ̄snī Tanz-
plęsti (-tēm; plęo, plȩ̄la; plęten *6*) **[ọ-, ụ-]** flechten; stricken; köppeln; *Kranz* winden; **~ se** *fig.* sich einmischen; ***plętē se jęzik*** sich verhaspeln
plętāč (*V* -u) *1* Stricker *m*; Flechter *m*
plętać|ī Strick-; **~*ā igla*** Stricknadel *f*
pletẹnica (*Gebäck*) Zopf *m*
plętēnje Flechten *n*; Stricken *n*
plętēm *1. Pers Sg v.* ***plęsti***
pleter Geflecht *n*, Flechtwerk *n*
plętilja Flechterin *f*; Strickerin *f*
plętīvo Strickarbeit *f*; Strickzeug *n*; Flechtarbeit *f*
plīčịna Untiefe *f*, Furt *f*; Sandbank *f*
plịćī *Komp v.* ***plịtak***
plijen (*Pl* pljęnovi) Beute *f*; Raub *f*
plijẹniti (plijenīm; plijenjen) **[za-]** *7* erbeuten; rauben; (*gerichtlich*) pfänden
plijesan (-sni) *f 7* Schimmel(pilz *m*) *m*
plijevēm *1. Pers Sg v.* ***pljẹti***
plijẹviti (plijevljen) **[o-]** *7* jäten
plịk *4 Med.* Blase *f*, Pustel *f*
plịma Flut *f* (*a. fig.*)
plịn Gas *n*; ***ọtrovnī* ~** Giftgas *n*; ***ịspūšnī* ~*ovi*** Abgase Pl; ***zęmnī* ~** Erdgas *n*
plịnara Gaswerk *n*
plịnomjēr Gasuhr *f*
plinọvit gasförmig
plịnsk|ī Gas-; **~*ā mạska*** Gasmaske *f*
plịo *Part Perf v.* ***pljẹti***
plịsē (-ea) Plissee *n*
plisīrati *5 ipf/pf* plissieren
plịskavica *Zool.* Delphin *m*
plịš Plüsch *m*
plịt|ak (-tko) (*Komp* plịći) seicht, flach; *fig.* oberflächlich; **~*kā pạmēt*** kurzes Gedächtnis; **~*kō znȃnje*** oberflächliches Wissen
plitkọća, plịtkost (-osti; *ISg* -osti/-ošću) *f* Seichtheit *f*; *fig.* Oberflächlichkeit *f*
plitkọūman (*geistig*) beschränkt

P

plịvāč (*V* -u) *1* Schwimmer *m*
plivạčica Schwimmerin *f*; ***ptịca ~*** Schwimmvogel *m*
plịvāčk|ī, -āć|ī Schwimm-; ***~ī bạzēn*** Schwimmbecken *n*; ***~ō, ~ē nạtjecānje*** Wettschwimmen *n*
plịvalīšte Schwimmbad *n*
plịvānje Schwimmen *n*; ***lệđnō ~*** Rükkenschwimmen *n*; ***pṛsnō ~*** Brustschwimmen *n*
plịvaonica → ***plịvalīšte***
plịvati schwimmen; ***~ u nọvcu*** *fig.* im Geld schwimmen
plọča Tafel *f*, Platte *f*; ***gramọfōnskā ~*** Schallplatte *f*; ***oblọžiti ~ma*** täfeln; ***ọglasnā ~*** Anschlagtafel *f*, schwarzes Brett; ***rạzvodnā ~*** *Tech.* Schalttafel *f*; ***škọlskā ~*** Schultafel *f*
plọčica Täfelchen *n*, Plättchen *n*; (*Tür-*)Schild *n*; ***kerạmičkā ~*** Fliese *f*; Kachel *f*
plọčnīk Bürgersteig *m*, Pflaster *n*
plọ̑d *3* Frucht *f*; Leibesfrucht *f*; *fig.* Ertrag *m*, Produkt *n*; Resultat *n*
plọd|an fruchtbar, ertragreich; ergiebig; ***~nō zẹmljīšte*** Nutzfläche *f*
plọditi Früchte tragen; ***~ se*** sich fortpflanzen; sich vermehren
plọdnica *Anat.* Mutterkuchen *m*, Plazenta *f*; *Bot.* Fruchtknoten *m*
plọdnōst (-osti; *ISg* -osti/-ošću) *f* Fruchtbarkeit *f*, Ergiebigkeit *f*
plodọnosan fruchtbringend, ergiebig, ertragreich
plodọtvoran fruchtbar
plodoužīvānje *Jur.* Nutzungsrecht *n*
plọha *Geom.* Fläche *f*; (*Sitz-, Arbeits-*)Fläche *f*
plọ̄mba Plombe *f*
plombīrati *5 ipf/pf* plombieren
plọsnat flach; platt
plọšta Pfütze *f*, Lache *f*
ploštịna *Geom.* Flächeninhalt *m*; Oberfläche *f*
plọ̑t *3* Zaun *m*, Umzäunung *f*, Einfriedung *f*; ***dṛžati se*** (*G*) ***kao ~a*** *fig.* sich stur klammern (an *A*)
plọtūn *1* Salve *f*; ***pọčasnī ~*** Ehrensalut *m*
plọ̄vak (-vka; *Pl* -vci) Schwimmer *m* (*Angel etc.*); Boje *f*
plọ̄v|an (*Fluß etc.*) schiffbar; ***~nā kọža*** Schwimmhaut *f*
plọvidba (*GPl* -dābā/-dbī) Schiffahrt *f*; ***dụgā ~*** Überseeschiffahrt *f*; ***ọbālnā ~*** Küstenschiffahrt *f*
plọviti (*zu Wasser*) fahren; schiffen; (*auf dem Wasser*) treiben
plọ̄vka (*D* -ki; *GPl* -kī) Ente *f*
plọ̑vnōst (-osti; *ISg* -osti/-ošću) *f* Schiffbarkeit *f*
plụ̑ća *n/Pl* Lunge *f*; ***čẹličnā ~*** eiserne Lunge
plụ̑će *n* Lungenflügel *m*
plụ̑ćn|ī Lungen-; ***~ā mạramica*** Lungenfell *n*
plụg Pflug *m*
plụrāl *Gr.* Plural *m*
plụskvamperfekt *Gr.* Plusquamperfekt *n*
plụtača Boje *f*, Seetonne *f*
plụtati schwimmen; (*im Wasser*) treiben
plụto Kork *m*
plutokrạ̑cija Plutokratie *f*
plụtonīj Plutonium *n*
plụžiti pflügen, ackern
plụžnī Pflug-
pljạčka (*GPl* -kī) Plünderung *f*; Raub *m*; Beute *f*; ***~ bạ̑nkē*** Bankraub *f*
pljạčkāš *1* Plünderer *m*
pljạčkati **[o-]** plündern; rauben; *Bank* berauben
pljẹnidba (*GPl* -dābā/-dbī) *Jur.* Pfändung *f*; Beschlagnahme *f*
pljẹnovi *Pl v.* ***plijen***
pljệsak (-ska) Beifall *m*, Applaus *m*
pljẹskati (-kām/-ščēm) **[-nuti]** *Beifall* klatschen, applaudieren; ***~ po lệđima*** e-n Klaps auf den Rücken geben
pljẹskavica *Kochk.* Hackbraten *m*
pljẹsniv schimmelig, verschimmelt; muffig
pljẹsniti schimmeln, Schimmel ansetzen
pljẹsnuti (-nēm) *pf*; ***~ rụ̑kōm ọ rūku*** in die Hände klatschen; → ***pljẹskati***
pljẹšiv kahl
pljẹti (plijẹvēm; plio, plīla; plẹven *6*) jäten; Spreu vom Weizen trennen
pljẹv|a Spreu *f*; ***imati nọvca kao ~e*** *fig.* Geld wie Heu haben
pljệviti → ***pljẹti***
pljevljẽnje Jäten *n*
pljụcati, -ckati [-nuti] (*wiederholt*) ausspucken; ausspeien
pljụjēm *1. Pers Sg v.* ***pljụvati***
pljụnūt: ***~ī ọtac*** F ganz der Vater
pljụnuti (-nēm) *pf* (aus)spucken, ausspeien; anspucken (***na*** *A*/*A*)

pljū̜sak (-ska) Platzregen *m*, Gewitterschauer *m*
pljụsk|a (*GPl* -sākā) Ohrfeige *f*; ***opā̜liti ~u*** F e-e knallen; e-e scheuern
pljụskati[1] **[-nuti]** plätschern; (*mit Wasser*) bespritzen *od.* benetzen; *Regen*: peitschen
pljụskati[2] **[-nuti]** ohrfeigen
pljụskavica Wellenschlag *m*
pljụsnuti (-nēm) *pf* → ***pljụskati***[1+2]
pljū̜štati (-īm) *Regen*: gießen, prasseln
pljụvačka, -čnjāk Speichel *m*
pljụvāčnī Speichel-
pljụvāčnica, -vaọnica Spucknapf *n*
pljụvati (pljụjēm) → ***pljụnuti***
pneumạtič|an pneumatisch; ***~nī čękīć*** Preßlufthammer *m*
pneumạtik *Kfz.* Reifen *m*
pneumạtika Pneumatik *f*
po *Präp örtlich* (*L*) an (*D*); auf (*D*); durch (*A*); über (*D*); ***~ cijelōm tijẹlu*** am ganzen Körper; ***~ kọpnu*** zu Lande; ***šẹ̄tati ~ grā̜du*** (*ziellos*) in der Stadt spazierengehen; *zeitlich* (*L*) nach (*D*); an (*D*); bei (*D*); ***~ dā̜nu*** tagsüber; ***~ dọlasku*** nach (der) Ankunft; ***~ ịsteku rọka*** nach Ablauf der Frist; ***~ člā̜nu ...*** nach Paragraph ...; (***poznā̜vati***) ***~ glā̜su*** an der Stimme (erkennen); ***~ ịmenu*** dem Namen nach; ***~ kọjī pū̜ta*** ab und zu; ***~ mā̜jci*** mütterlicherseits; ***~ malo*** allmählich, langsam; ***~ ọbičaju*** gewohnheitsmäßig; ***~ pẹ̄ti pū̜t*** zum fünften Mal; ***~ prī̜lici*** ungefähr, circa; ***~ rẹ̄du*** der Reihe nach; ***~ svạku cijẹnu*** um jeden Preis; ***~ svọjōj prī̜lici*** wahrscheinlich; ***~ zā̜konu*** nach *od.* laut Gesetz; ***~ zvā̜nju*** von Beruf; ***ịći ~*** (*A*) abholen; ***jẹdan ~ jẹdan*** einer nach dem anderen; ***prọdati ~ stọ mạrākā*** zu (je) hundert Mark verkaufen; ***tọ̄ se razụmijē ~ sẹbi*** das versteht sich von selbst
pobạcati *pf tr* wegwerfen; hinwerfen
pobā̜citi *5 pf* e-e Fehlgeburt haben; abtreiben
pọbačāj Fehlgeburt *f*; Abort *m*
pobī̜jati *5* → ***pọbiti***[1]
pobijẹditi *5/7* (pọbijeđen) (**pobjeđịvati**) siegen, e-n Sieg erringen *od.* davontragen
pobijẹliti *5/7 pf* weißen, weiß tünchen; bleichen
pobijẹljeti (-īm; -lio, -ljela) *7 pf* weiß werden; erbleichen
pobịlježiti *pf* → ***bịlježiti***
pobī̜rati *5* → ***pọbrati***
pọbiti[1] (-ijēm) (**-bī̜jati**) einschlagen, einrammen; widerlegen, bestreiten; *Preise*: drücken; *Urteil, Bescheid* anfechten
pọbiti[2] (-ijēm) *pf* (*mehrere hintereinander*) niederschlagen; töten **~ se** sich schlagen
pọbjeći (-gnēm; -egao, -gla) *pf* (ent)fliehen, flüchten; entkommen; davonlaufen, durchbrennen; ***~ nā̜vrat nā̜nos*** *fig.* Hals über Kopf davonrennen
pọbjed|a Sieg *m*; ***izvojẹvati ~u*** e-n Sieg erringen
pobjẹditelj → ***pobjẹdnīk***
pọbjedničkī siegreich; Sieg
pọbjednīk Sieger *m*
pobjedọnosan siegreich, triumphierend
pobjeđịvati (-ẹđujēm) → ***pobijẹditi***
pọbjegnuti (-nēm; -gao) *pf* → ***pọbjeći***
pobjẹsniti *5 pf* wütend machen
pobjẹsnjeti (-īm; -nio, -njela) *pf* wütend werden; in Wut geraten
poblijẹditi *5/7 pf* bleich machen; bleichen
poblijẹdjeti (-īm; -dio, -djela) *7 pf* erblassen, erbleichen, blaß werden
pọbliže näher; genauer; Nähere(s) *n*
pọbočan seitlich, Seiten-
pọbočkē seitlich, seitwärts
pọbočnica *Mil.* Flanke *f*
pọbočnīk *Mil.* Adjutant *m*
pọbogu *Int* um Gottes willen
pobọjati se (-jīm se) (**-jā̜vati se** *5*) sich ängstigen, sich fürchten
pobolijẹvati *5/7* kränkeln
poboljšā̜(vā)nje (Ver-)Besserung *f*
pobọljšati (**-šā̜vati** *5*) verbessern; **~ se** sich bessern; besser werden
pọbōrničkī bahnbrechend
pọbōrnīk Verfechter *m*, Vorkämpfer *m*
pọbožan fromm, andächtig
pobọ̄žnōst (-osti; *ISg* -osti/-ošću) *f* Andacht *f*; Frömmigkeit *f*
pobọžnjāk (*V* -če) *1* Frömmler *m*, Scheinheilige(r) *m*
pọbrati (-bẹrēm; -brao, -āla; -brān) (**-bī̜rati**) einsammeln; auflesen; aufklauben; abpflücken; *Steuern* eintreiben
pọbratim Duzfreund *m*; F Busenfreund *m*
pọbratimiti (-imljen) *pf* → ***pọbratiti***
pọbratīmskī brüderlich; innig; vertraut

P

pọbratīmstvo Bruderschaft *f*; (*enge*) Freundschaft *f*
pọbratiti (-aćen) [**-imiti**] verbrüdern; ~ **se** sich verbrüdern
pọbr̄đe Bergland *n*
pọbrinuti se (-nēm se) *pf* (**za** *A*) sorgen (für *A*); Sorge tragen (für *A*); sich kümmern (um *A*)
pobr̥kati *5 pf* durcheinanderbringen, verwirren; ~ ***račūne*** e-n Strich durch die Rechnung machen; ~ **se** sich irren
pobrọjati (-jīm) *pf*, [**-iti**] *5 pf* abzählen; aufzählen
pobr̄stiti (pọbr̄šćen) *pf Blätter, Zweige* abrupfen; abfressen
pọbud|a Anregung *f*; Antrieb *m*, Ansporn *m*; ***iz vlạstite ~ē*** aus eigenem Antrieb
pobūditi *5* (**-uđīvati**) anregen, anspornen; erwecken; *Tech.* erregen; *Zweifel* wecken
pobuđīvati (-ụđujēm) → ***pobūditi***
pọbuna Empörung *f*; Aufstand *m*, Aufruhr *m*; Meuterei *f*
pobūniti *5* (**-unjīvati**) aufwiegeln, aufrühren; in Aufruhr versetzen; ~ **se** sich empören; sich erheben; meutern
pobunjẹnīčkī aufrührerisch
pobunjẹnīk (*V* -če) *1* Aufrührer *m*, Aufständische(r) *m*; Meuterer *m*
pobunjīvati (-ụnjujēm) → ***pobūniti***
pọcijepanōst (-osti; *ISg* -osti/-ošću) *f* Zwietracht *f*; Gespaltenheit *f*, Zerrissenheit *f*
pocijẹpati → ***cijẹpati***
pocikīvati (-ịkujēm) [**-īknuti**] (auf)-jauchzen
pocīknuti (pọcīknēm) *pf* → ***pocikīvati***
pọcjepkanōst (-osti; *ISg* -osti/-ošću) *f* → ***pọcijepanōst***
pọcjepati *pf* → ***pocijẹpati***
pọcrkati (**-ạvati** *5*) verenden; verrecken
pocr̄niti *5 pf* (an)schwärzen, schwarz färben
pocr̄njeti (-īm; -nio, -njela) *pf* schwarz werden; dunkel werden; (*von der Sonne*) braun werden
pọcr̄psti (-r̄pēm; -pao, -pla) *pf* auspumpen
pocrvẹniti *5 pf* → ***crvẹniti***
pocrvẹnjeti (-īm; -nio, -njela) *pf* → ***crvẹnjeti***
pọčāst *f* Ehrung *f*; Ehrerbietung *f*
pọčas|tan (-sno) Ehren-; ehrenamtlich; ***~nī člạn*** Ehrenmitglied *n*; ***~nī dọktor*** Ehrendoktor *m*; ***~nī građanin*** Ehrenbürger *m*; ***~nā strạža*** Ehrenwache *f*
počạstiti *5* (pọčašćen) *pf* beehren, die Ehre erweisen; bewirten
počẹci *Pl v.* ***počẹtak***
pọčekati *pf* abwarten, kurz warten
počẹlo Grundstoff *m*, Element *n*
počerụpati se *pf* sich in die Haare geraten
počẹšati (pọčešēm) *pf* kratzen; *Hund* kraulen; *Pferd* striegeln
počẹšljati (**se**) *5 pf* (sich) kämmen
počẹt|ak (-tka; *Pl* -ēci; *GPl* pọčētākā) (*Krieg etc.*) Anfang *m*, Beginn *m*; Ursprung *m*; Ausbruch *m*; *poet.* Anbeginn *m*; ***bịti na sạmom ~ku*** noch in den Anfängen stecken; ***iz ~ka*** von Anfang an; ***na ~ku, u ~ku*** anfangs; ***od ~ka do krạja*** von Anfang bis Ende; ***svạkī ~ak je tẹžak*** *Sprw.* aller Anfang ist schwer; ***svẹ iz ~ka*** das Ganze noch mal von vorn
pọčet|an beginnend, Anfangs-; ***~nō slọvo*** Anfangsbuchstabe *m*
pọčēti (-čnēm; -čeo, -ēla; pọčēt) (**-činjati**) anfangen, beginnen; anbrechen; ansetzen; in Angriff nehmen; ~ ***izdalẹka*** weit ausholen
pọčetnī → ***počẹtan***
pọčetnica Fibel *f*; (*erstes*) Lesebuch *n*; Anfängerin *f*
pọčetnīčkī Anfänger-
pọčetnīk Anfänger *m*; Neuling *m*
počẹtvorọstručiti *pf* vervierfachen
pọčevšī beginnend; ~ ***od*** seit (*G/D*)
pọčinak (-īnka) Rast *f*, Ruhe *f*; Feierabend *m*; ***vječnī ~*** *fig.* ewige Ruhe
počịnitelj, počịnilac (-ioca) Täter *m*; Urheber *m*; ~ ***krịvičnōg djẹla*** Straftäter *m*
počịniti (**počīnjati**) machen, tun; vollbringen; *Schaden* anrichten; ~ ***samoubōjstvo*** Selbstmord begehen
pọčinuti (-nēm) (**-čīvati**) rasten, (aus)ruhen
počinjati[1] (-jēm) → ***pọčēti***
počīnjati[2] (-jēm) → ***počịniti***
pọčistiti (-šćen) → ***čịstiti***
počịvalīšte Ruheplatz *m*; Ruhestätte *f*; ***pọsljednjē ~*** *fig.* letzte Ruhestätte
počịvāljka Sofa *n*; Couch *f*
počīvati *5* → ***počinuti***
pọčnēm *1. Pers Sg v.* ***pọčēti***

počovjẹčiti humanisieren
počụpati *pf* ausrupfen; ausreißen; ~ **se** sich in die Haare geraten
pọčuti (-ujēm) kurz zuhören
pȍći (pȍđēm; pọšao, -šla) (**pọlaziti**) (los)gehen, weggehen, aufbrechen, sich auf den Weg machen; ~ ***kụći*** nach Hause gehen *od.* aufbrechen; ~ ***krī̦vīm pụ̄tem*** auf die schiefe Bahn geraten; ~ ***nạopāko*** mißlingen, schiefgehen; ***nẹ ~ za rụkōm*** schiefgehen; ~ ***nạ pūt*** e-e Reise antreten; ~ ***nạ strānu*** austreten; ~ ***po stạ̄rōm*** wie gehabt laufen; ~ ***ụ škọ̄lu*** mit den Schulbesuch beginnen, in die Schule kommen; ~ ***za*** (*A*) heiraten (*von der Frau*); ~ ***za*** (*I*) folgen, hinter (*D*) hergehen; ~ ***za rụkōm*** gelingen
pọćudan angenehm
pọd[1] *Präp* (wohin? *A*/*A*; wo? *I*/*D*) *örtl.* unter; *zeitl.* gegen (*A*/*A*); ~ ***jẹsen*** gegen den Herbst, kurz vor dem Herbst; ~ ***ịzgovōrom*** unter dem Vorwand; ~ ***prijẹtnjōm*** unter Androhung; ~ ***ụvjetom*** *od.* ***ụslovom*** unter der Bedingung; ~ ***zạ̄kup*** *od.* ***nạ̄jam*** in Pacht
pọ̄d[2] *3* (Fuß-)Boden *m*
podạ̄ci *Pl v.* ***podạ̄tak***
pọdalek ziemlich weit
pọdalje etwas weiter
pọdanak (-ānka) Wurzelstock *m*
pọdānica weiblicher Untertan; Leibeigene *f*
pọdānīčkī untertänig, Untertanen-
pọdānīk Untertan *m*; Leibeigene(r) *m*
pọdānīštvo Untertanengeist *m*, Hörigkeit *f*
pọdao (-dlo) niederträchtig, hämisch; schändlich
podạ̄riti *5* (**-darī̦vati**) beschenken
podarī̦vati (-ạrujēm) → ***podạ̄riti***
podạstirati (-ēm) → ***podạstrijeti***
podạstrijeti (pọdastrēm; -stro, -strla) unterbreiten; vorlegen; *Gesuch* einreichen
pọ̄dāšan freigebig
podạ̄|tak (-tka; *Pl* -ci; *GPl* pọdātākā) Angabe *f*; **~ci** *m*/*Pl* Daten *Pl*; ***līčnī ~ci*** Angaben zur Person (*i. e. Formular*); ***ọbrada ~tākā*** Datenverarbeitung *f*; ***zạ̄štita ~tākā*** Datenschutz *m*
pọdātan biegsam; geschmeidig; *fig.* anpassungsfähig
pọdati (-dām) (**-dạ̄vati**) geben, reichen; verteilen; ~ **se** sich hingeben *od.* ergeben
podạtljiv → ***pọdātan***
pọdātnōst (-osti; *ISg* -osti/-ošću) *f* Geschmeidigkeit *f*; Flexibilität *f*; Freigiebigkeit *f*
podạ̄vati (pọdājēm; -avao) → ***pọdati***
podạ̄viti *5* (**-vljati** *5*) erwürgen, erdrosseln; ertränken; ~ **se** ertrinken
pọdāvno ziemlich lange her
podbạ̄citi *5* (**-acī̦vati**) mißlingen, mißraten, fehlschlagen
podbacī̦vati (-ạcujēm) → ***podbạ̄citi***
podbạdāč (*V* -u) *1* Hetzer *m*, Aufwiegler *m*; Anstifter *m*; Provokateur *m*
podbạ̄dati *5* [**-bọsti**] (auf)hetzen, aufwiegeln; anstacheln
podbịjāč *1*, **-ịjalo** Stemmeisen *n*; Meißel *m*
podbī̦jati *5* [**pọdbiti**] stemmen; ~ ***nọge*** *fig.* sich die Hacken ablaufen
pọdbiti (-ijēm; -io, -īla; -ijen *6*/-īt) → ***podbī̦jati***
podbọčiti *5 pf* spreizen; stemmen; (unter)stützen; ~ **se** die Arme in die Seiten stützen
pọdbosti (-bọdēm; -pọdbō, -bọla; -bọden *6*) *pf* → ***podbạ̄dati***
podbrạdača Kopftuch *n*; *Mil.* Sturmriemen *m*
pọdbradak (-tka) Doppelkinn *n*
pọdbradnīk (*Kinder*-)Lätzchen *n*
pọdbrēzje *n*/*koll* → ***pọdgōrje***
podbrụsiti *5 pf*: ~ ***pẹ̄te*** *fig.* Fersengeld geben
pọdbuhao (-hlo) (auf)gedunsen, (auf)gebläht
pọdbuhlōst (-osti; *ISg* -osti/-ošću) *f* (Auf)Gedunsenheit *f*
pọdbuhnuti (-nēm; -hao, -hla) *pf* sich aufblähen
pọdebeo ziemlich dick
pọderān (-o) zerrissen, zerfetzt; (*Kleidung*) abgerissen
poderạ̄nac (-anca; *V* -če) *2* abgerissen *od.* zerlumpt herumlaufender Mensch; Lumpenkerl *m*
podẹrati (pọderēm; pọderao, -āla; pọderān) *pf* → ***dẹrati***
poderọtina Riß *m*, Loch *n* (*in Kleidung etc.*)
pọdesan geeignet, passend, zweckmäßig
pọdesiti (pọdešen) (**-dešạ̄vati** *5*) (*den Gegebenheiten*) anpassen; einstellen; einrichten; ***sve je tạko pọdesio da***

P

stįgnē na vrijęme er hat alles so eingerichtet, daß er rechtzeitig kommt
pǫdgorac (-gōrca) Vorgebirgsbewohner *m*
pǫdgōrje Vorgebirge *n*
podgovą̄rati *5* **[-vǫriti]** aufreizen, anstacheln
podgrą̄diti *5* **(-ađīvati)** unterbauen; stützen
pǫdgrādnja Unterbau *m*; Ausbau *m*
podgrađīvati (-ąđujēm) → ***podgrą̄diti***
pǫdgrijati (-jēm) **(-ją̄vati** *5*) aufwärmen; ~ ***stą̄rē idę̄je*** *fig.* alte Ideen aufwärmen
pǫdgristi (-īzēm; pǫdgrizao, -zla; -grįzen *6*) **(-grīzati** *5*) unterhöhlen; untergraben
pǫdići[1] (-īđēm; -įšao, -įšla) **(-įlaziti)** *Blut*: unterlaufen; *Schauer*: überlaufen
pǫdići[2] (-gnēm; -gao, -gla) → ***pǫdignuti***
pǫdignuti (-gnēm; -gao, -gla) **(pǫdizati)** erheben, aufheben, emporheben; aufrichten; abheben; *Armee* aufstellen; *Blockade* aufheben; *Damm* aufwerfen; *Gebäude* errichten; *Haus* bauen; *Protest*, *Stimme* erheben; ~ ***cijęne*** Preise erhöhen; ~ ***djęcu*** Kinder großziehen; ~ ***nǫvac*** Geld abheben; ~ ***ǫptužbu*** Anklage erheben; ~ ***pąklenu vīku*** *fig.* e-n Höllenlärm machen; ~ ***pā̄rnicu*** e-n Prozeß anstrengen; ~ ***prą̄šinu*** Staub aufwirbeln (*a. fig.*); ~ ***rę̄p ų vis*** *fig.* die Nase hochtragen; ~ ***u nębesu*** *fig.* in den Himmel heben; ~ ***se*** sich erheben; *Wind*: aufkommen
pǭdīj (-ija) Podium *n*
podijęliti (pǫdjeljen) *7* **(-djeljīvati)** → ***dijęliti***
podįlaziti → ***pǫdići***[1]
podįvljati *pf* verwildern, verrohen; scheu werden
podįzā̄č *1 Tech.* Heber *m*; ***elęktrōnskī ~i stąkla*** *Kfz.* elektrische Fensterheber
pǫdizānje (An-)Heben *n*; Aufstellen *n*; Errichten *n*; Erbauen *n*
pǫdizati (-žēm) → ***pǫdignuti***
podją̄riti *5* **(-jarīvati)** (auf)reizen, aufstacheln
podjarīvati (-ąrujēm) → ***podją̄riti***
podją̄rmiti *5* **(-armljīvati)** unterjochen, unterwerfen
podjarmljīvati (-jąrmljujēm) → ***podją̄rmiti***
pǫdjednāk gleichmäßig, gleichförmig; übereinstimmend
pǫdjednākōst (-osti; *ISg* -osti/-ošću) *f* Gleichheit *f*; Übereinstimmung *f*
pǫdjela (Auf-)Teilung *f*; Austeilung *f*; Erteilung *f*; Verteilung *f*
podjeljīvati (-jęljujēm) → ***podijęliti***
podję̄tinjiti *pf* kindisch werden
pǫdlac (-ąca) niederträchtiger Kerl, Schurke *m*
pǫdlačkī niederträchtig, tückisch
podlą̄gati (pǫdlāžēm) **[-lǫžiti]** unterlegen; unterstellen
pǫdlaktica Unterarm *m*
pǫdlaktiti se *pf* sich auf die Ellbogen stützen
pǫdlanica Handfläche *f*
pǫdlaštvo Niederträchtigkeit *f*
pǫdleći (-ęgnēm; -egao/-egnuo, -gla) **(-lijęgati** *7*) (*e-m Gesetz etc.*) unterliegen; besiegt werden; (*Verletzungen*) erliegen; ~ ***ųtjecaju*** e-m Einfluß unterliegen
pǫdlegnuti *pf* → ***pǫdleći***
podlijęgati (pǫdliježēm) *7* → ***pǫdleći***
podlijęvati → ***pǫdliti***
pǫdlistak (-tka) Feuilleton *n*
pǫdliti (-ijēm; -io, -īla; -įven *6*) **(-lijęvati** *7*) begießen, übergießen; ~ ***se*** sich ergießen
pǫdliv *Med.* Bluterguß *m*
pǫdlo *Adv* niederträchtig, heimtückisch
pǫdloga Unterlage *f*; Untergrund *m*; Basis *f*, Grundlage *f*; ***pję̄šćanā ~*** (*Tennis*) Sandboden *m*
pǫdlōst (-osti; *ISg* -osti/-ošću) *f* Niedertracht *f*; Gemeinheit *f*; Tücke *f*
pǫdložan untergeben; untertänig; ergeben
podlǫžiti *5* **(-lą̄gati)** unterlegen; unterstellen; unterjochen; ~ ***vątru*** Feuer machen
pǫdložnīk Untertan *m*, Untergebene(r) *m*
pǫdložnōst (-osti; *ISg* -osti/-ošću) *f* Unterordnung *f*; Unterwürfigkeit *f*
pǫdmaći, -ąknuti (-aknēm; *Imp* -ąkni; -ąknuo/-akao, -kla; -nūt) **(-micati)** darunterstellen; darunterrücken; herschieben
pǫdmazati (-žēm) **(-mazīvati)** schmieren; (ein)ölen; *Auto* abschmieren; *fig.* bestechen
podmazīvati (-ązujēm) → ***pǫdmazati***
pǫdmętā̄č *1* Untersetzer *m*; (*Schreib-*) Unterlage *f*; ~ ***za pīvo*** Bierdeckel *m*

pọdmetati (pọdmećēm) [**-metnuti**] unterschieben; unterlegen; unterstellen; *Absicht* unterstellen; ~ ***nọgu*** ein Bein stellen; ~ ***pọžār*** Brand legen
pọdmetnuti (-nēm; -nuo, -nula) *pf* → ***pọdmetati***
pọdmicati (-čēm) → ***pọdmaći, -mạknuti***
podmicịvānje Bestechung *f*
podmigịvati (podmịgujēm) [**pọdmignuti**] zublinzeln
pọdmignuti (-gnēm; -gao, -gla) *pf* → ***podmigịvati***
podmirẹnje Begleichung *f*
podmịriti *5* (**-irịvati**) begleichen, bestreiten; *Schulden* tilgen; *Bedarf* decken
podmirịvati (-ịrujēm) → ***podmīriti***
podmịtiti *5* (pọdmīćen) bestechen
podmịtljiv bestechlich, korrupt
podmịtljivōst (-osti; *ISg* -osti/-ošću) *f* Bestechlichkeit *f*, Korruption *f*
pọdmladak (-tka) → ***pọmladak***
podmlạditi, -ađịvati →***pomlạditi, -ađịvati***
pọdmōrnica Unterseeboot *n*
pọdmōrničkī Unterseeboot(s)-
pọdmorskī Untersee-
pọdmūkao (-klo) (heim)tückisch, hinterlistig; heuchlerisch
pọdmuklica *m* heimtückischer Mensch; Heuchler *m*
pọdmūklōst (-osti; *ISg* -osti/-ošću) *f* (*Heim-*)Tücke *f*; Verschlagenheit *f*
pọdnā: ~ ***ọplata*** Fußbodenbelag *m*
podnạjam (-jma; *Pl* -jmovi) Untermiete *f*
podnạjmiti *5* (**-ajmljịvati**) zur Untermiete wohnen
podnajmljịvati (-nạjmljujēm) → ***podnạjmiti***
podnạjmnīk Untermieter *m*
podnạrednīk Unteroffizier *m*
podnạslov Untertitel *m*
podnạšati *5* → ***pọdnijeti***
pȍdne Mittag *m*; ***prije*** *od.* ***dọ*** ~ vormittag(s); ***pọslije*** *od.* ***po*** ~ nachmittag(s); ***u*** ~ mittags, zu Mittag
pọdnēblje Klima *n*
pọdnesak (-ska) *Jur.* Eingabe *f*
pȍdnēvnī Mittags-
pȍdnēvnica Meridian *m*, Mittagskreis *m*
pọdnica Grundlage *f*; Grundfläche *f*; Basis *f*
pọdnijeti (-nẹsēm; -nio, -nijela; -nẹsen *6*/-njet) [**-nọsiti**] ertragen, erdulden; aushalten, ausstehen; einreichen, unterbreiten; *Schmerzen* ertragen; *Rücktritt*, *Gesuch* einreichen; *Bericht*, *Strafanzeige* erstatten; *Klage* erheben; *Widerspruch*, *Berufung* einlegen; *Referat* halten
pọdnos Tablett *n*
podnọsilac (-ioca) → ***podnọsitelj***
podnọsitelj Antragsteller *m*
podnọsiti *5* (-šen) → ***pọdnijeti***
pọdnošēnje Ertragen *n*, Erdulden *n*; Einreichen *n*, Unterbreiten *n*
podnọšljiv erträglich; leidlich, passabel
podnọšlivōst (-osti; *ISg* -osti/-ošću) *f* Erträglichkeit *f*; (*Medikament*) Verträglichkeit *f*; Toleranz *n*
pọdnožak (-ška) Fußbank *f*, Schemel *m*
pọdnōžje (*Berg-*)Fuß *m*; Sockel *m*; Postament *n*
pọdoba Gestalt *f*; Erscheinung *f*
pọdoban geeignet, tauglich; fähig, tüchtig; ***bịti*** ~ sich eignen (**za** *A*/für *A*)
pọdobnōst (-osti; *ISg* -osti/-ošću) *f* Fähigkeit *f*, Tauglichkeit *f*
podọbriti verbessern; ~ **se** sich verbessern
pọdobro ziemlich gut; ganz gut
pọdočnjāk Augenring *m*
pọdodbor Unterausschuß *m*
pọdoficīr Unteroffizier *m*
podọjiti *5 pf Kind* stillen; *Kuh* melken
pọdoknica Ständchen *n*
pọdōlje Tallandschaft *f*
podọrati (pọdorēm) *pf* unterpflügen
pọdosta ziemlich viel; genug
podozrẹnje Verdacht *m*, Argwohn *m*
podozrijẹvati *5*/*7* mißtrauen, argwöhnen
podọzriv verdächtig; argwöhnisch, mißtrauisch
pọdrāsti (-ạstēm; pọdrastao; -asla) *pf* (*ziemlich*) wachsen; groß werden
podrạzdio (-djela) Unterabteilung *f*
podrạzred Unterklasse *f*
podrazumijẹvati *5*/*7* [**-ụmjeti**] verstehen (***pod*** I/unter *D*); meinen; ***tọ se podrazụmijevā*** das versteht sich (doch)
pọdražāj (An-)Reiz *m*, Reizung *f*
pọdražājn|ī Reizungs-, Reiz-; ~***ō srẹdstvo*** Reizmittel *n*
podražạvalac (-aoca) → ***podražạvatelj***
podražạvatelj Nachahmer *m*, Imitator *m*

P

podražāvati *5* → ***podrąžiti¹***
podrąžiti¹ *5* (**-ažāvati**) imitieren, nachahmen
podrąžiti² *5* (**-ažīvati**) (an)reizen; erregen
podražīvati (-ąžujēm) → ***podrąžiti²***
podrąžljiv reizbar; erregbar
podrąžujūćī Reiz-; Erregungs-; reizend; erregend
podrẹditi *5* (**-eđīvati**) unterordnen; unterstellen
pọdrēđen (-o) untergeordnet; ***~ā rečęnica*** *Gr.* Nebensatz *m*
pọdrēđenōst (-osti; *ISg* -osti/-ošću) *f* Unterordnung *f*; Gehorsam *m*
podređīvati (-ęđujēm) (zu)stutzen, abschneiden; ***~ krīla*** die Flügel stutzen (*a. fig.*)
podrhtāvati *5* zittern; *Licht*: flackern
pọdrig(īvānje) Aufstoßen *n*, Rülpsen *n*
podrigīvati se (-įgujēm se) [**pọdrignuti**] aufstoßen, rülpsen
pọdrignuti (-nēm) *pf* → ***podrigīvati se***
podrijęmati *5/7 pf* (*ein bißchen*) (ein)schlummern
podrijętlo *7* Abstammung *f*, Herkunft *f*; Ursprung *m*
pọdriti (-ijēm) (**-īvati** *5*) untergraben, unterwühlen; unterhöhlen (*a. fig.*)
pọdroban ausführlich; eingehend, bis ins kleinste
pọdrobnōst (-osti; *ISg* -osti/-ošću) *f* Einzelheit *f*, Detail *n*; Genauigkeit *f*
podrọniti *5 pf* untertauchen
podrọvati (pọdrujēm) → ***pọdriti***
podrpati *5 pf* (zer)reißen
pọdršk|a Unterstützung *f*; Stütze *f*; ***dąti ~u*** unterstützen; ***uskrątiti ~u*** Unterstützung versagen
pọdrtina Ruine *f*; Wrack *n* (*a. fig.*)
podrūbiti *5 pf* einsäumen, umranden
pọdrūčje Bereich *m*, Gebiet *n*
pọdručnī territorial; regional; Gebiets-
podrụgati se *5* (**-ugīvati se**) verspotten, verhöhnen (*D*/*A*); spotten (*D*/über *A*)
podrugīvānje Spöttelei *f*, Stichelei *f*
podrugīvati se (-ụgujēm se) → ***podrụgati se***
podrụgljiv spöttisch, höhnisch
podrụgljivōst (-osti; *ISg* -osti/-ošću) *f* Hohn *m*; Spott *m*; Gespött *n*
pọdrum Keller *m*; ***grądskī ~*** Ratskeller *m*
podrụmār *1* Kellermeister *m*
podrumārstvo (*GPl* -ụmarstāvā/-umąrstvā) (*Wein-*)Kellerei *f*
pọdruštviti *pf* vergesellschaften
pọdružnica Filiale *f*; Zweigstelle *f*
podrẓati (-īm) (**-āvati** *5*) unterstützen; stützen; beistehen; aufrechterhalten
podržāviti *5* (**-avljīvati**) verstaatlichen
podržavljīvati (-ąvljujēm) → ***podržāviti***
podržavljẹ̄nje Verstaatlichung *f*
pọdsedlica Satteldecke *f*
podsekrętār (*V* -e/-u) *1* Untersekretär *m*
podsijęcati *5/7* → ***pọdsjeći***
pọdsjećati → ***pọdsjetiti***
pọdsjeći (-ijęčēm; *Imp* -sijęci; -sjękao, -kla; -sjęčen *6*) (**-sijęcati** *5/7*) abhaken; stutzen; beschneiden; *Baum* abästen; ***~ krīla*** Flügel stutzen (*a. fig.*); ***~ rọgovē*** *fig.* in die Knie zwingen (*D*/*A*)
pọdsjedānje Belagerung *f*, Umzingelung *f*
pọdsjedati [**-sjesti**] belagern; einschließen; umzingeln
pọdsjesti (-dnēm; -sjeo, -sjela; -sjednūt) *pf* → ***pọdsjedati***
pọdsjetiti (**-ćati**) erinnern (***na*** *A*/an *A*); ermahnen; ***~ se*** sich erinnern (*G*/an *A*)
pọdsjetnica Stichwort *n*, Schlagwort *n*
pọdsjetnīk Notizbuch *n*
podskakīvati (-ąkujēm) [**-skọčiti** *5*] hüpfen; springen
pọdsmijeh (*ironisches*) Lächeln *n*; Belächeln *n*; ***izlọžiti ~u*** dem Gespött preisgeben
podsmijehīvati se (-ęhujēm se) [**pọdsmjehnuti se**] lächeln; spötteln (*D*/über *A*)
pọdsmjehnuti se (-nēm se) *pf* → ***podsmijehīvati se***
pọdstaći, -stąknuti (-knēm; -kao, -kla; -knūt) (**pọdsticati**) anregen (***na*** *A*/zu *D*); anspornen; aufhetzen (***protiv*** *A*/gegen *A*); *Feuer* anfachen
pọdstanār Untermieter *m*
pọdstanārka (*D* -ki; *GPl* -kī) Untermieterin *f*
pọdstava (*Kleider-*)Futter *n*; Polsterung *f*
pọdstaviti (-vljen) (**-vljati**) *Kleid* füttern; wattieren
pọdsticāj Reiz *m*; *fig.* Anreiz *m*, Ansporn *m* → ***pọticāj***
pọdsticati (-čēm) → ***potąknuti***
pọdstreći (-knēm; -kao, -kla) *pf* → ***pọdstreknuti***

pọdstrek → ***pọticāj***
podstrẹkāč (*V* -ču) *1* Anstifter *m*; Aufwiegler *m*
pọdstreknuti (-knēm; -kao, -kla) (**-ạ̄vati** *5*) anstiften (***na*** *A*/zu *D*); anspornen (zu *D*); anfeuern
pọdstrići (-ị̄žem; -igao, -gla) (**-strị̄zati** *5*) abschneiden; stutzen; *Schaf* scheren; *Haar* stutzen
pọdstrig Tonsur *f*
podstrị̄zati *5* → ***pọdstrići***
pọdsudnōst (-osti; *ISg* -osti/-ošću) *f Jur*. Gerichtsstand *m*
pọdsuknja Unterrock *m*
pọdsvijest (-i; *ISg* -esti/-ešću) *f* Unterbewußtsein *n*
pọdsvjestan (-sno) unterbewußt
pọdšav (*Kleider*-)Saum *m*
podšị̄šati *5 pf Haar* stutzen; *Schaf* scheren; ~ **se** sich die Haare schneiden lassen
pọdtājnīk stellvertretender Geschäftsführer
podučạ̄vati *5* [**-ụčiti** *5*] unterweisen, unterrichten (*A* ***o*** *L*/*A* in *D*)
pọdudāran übereinstimmend, identisch
pọdudarati se übereinstimmen, sich decken (***u*** *L od.* ***po*** *L*/in *D*)
pọdug(ačak) ziemlich lang, recht lang
podụhvaćati → ***podụzēti***
pọduhvat → ***pọthvāt***
podụhvatiti → ***podụzēti***
pọduk|a Unterricht *m*; ***izvūći*** ~***u*** *fig*. e-e Lehre ziehen (***iz*** *G*/aus *D*)
podupịrāč *1* Stütze *f*, Strebe *f*; Kippständer *m* (*bei Fahrrad*)
podụpirati (-ēm) [**-prijeti**] unterstützen; fördern; stützen; ~ **se** sich stützen (***o*** *L*/auf *A*) (*a. fig.*)
podụprijeti (pọduprēm; pọdupro, -rla; pọduprt) *pf* → ***podụpirati***
pọdūšje *Rel*. Seelenmesse *f*
poduzẹ̄će Unternehmen *n*, Betrieb *m*; ***trgọvinskō*** ~ Handelsunternehmen *n*
pọduzētan unternehmungslustig; wagemutig
podụzēti (pọduzmēm; pọduzeo, -ēla; pọduzēt) (**-imati**) unternehmen; in Angriff nehmen; ~ ***mjẹre*** Maßnahmen ergreifen
pọduzetnīk Unternehmer *m*
pọduzētnōst (-osti; *ISg* -osti/-ošću) *f* Unternehmungslust *f*, Unternehmungsgeist *m*
podụzimati → ***podụzēti***
pọdužē *Adv* ziemlich lange
podvạ̄jati *5* → ***podvọjiti***
podvạ̄liti *5* (**-alj̄ịvati**) unterschieben; betrügen (*D*/*A*)
pọdvarak (-ārka) *Kochk*. Sauerkraut mit gedünstetem Fleisch
pọdveče(r) abends, gegen Abend
pọdvesti[1] (-vẹdēm; -veo, -vela; -vẹden *6*) (**-vọditi**) führen (***pod*** *A*/unter *A*); (ver)kuppeln; *fig*. subsumieren (***pod*** *A*/unter *A*)
pọdvesti[2] (-ẹzēm; pọdvezao, -ezla; -vẹzen *6*) (**-vọziti**) (***pod*** *A*/unter *A*) fahren
pọdveza → ***pọdvezica***
podvẹ̄zati (pọdvēžēm) **-ezị̄vati**) unterbinden; *Ader* abbinden
podvẹzēm *1. Pers Sg v.* ***pọdvēsti***[2]
pọdvezica Strumpfband *n*; Hosenband *n*
podvezị̄vati (-ẹzujēm) → ***podvẹ̄zati***
pọdvēžēm *1. Pers Sg v.* ***podvẹ̄zati***
pọdvīg Heldentat *f*; (*hervorragende*) Leistung *f*
podvị̄jati *5* → ***pọdviti***
podvị̄knuti (pọdvīknēm; -knuo) *pf* (auf)jauchzen
podvị̄nuti (-ṇēm) *pf* umschlagen, einschlagen; *Ärmel* aufkrempeln; ~ ***rẹ̄p*** den Schwanz einziehen
pọdviti (-ijēm) *pf* → ***podvị̄nuti***
podvlạ̄čiti *5* → ***pọdvūći***
podvọdāč *1* Kuppler *m*
pọdvod|an Unterwasser-; sumpfig, morastig; ~***nī rịbolov*** Unterwasserfischerei *f*
podvọditi *5* → ***pọdvesti***[1]
podvọđāč *1* Kuppler *m*
pọdvojen (-o) geteilt; zwiespältig; uneinig
pọdvojenōst (-osti; *ISg* -osti/-ošću) *f* Zwiespalt *m*; Uneinigkeit *f*
podvọjiti *5* (**-dvạ̄jati** *5*) entzweien; spalten; ~ **se** sich entzweien
pọdvoljak (-ōljka) Doppelkinn *n*
pọdvorba Bedienung *f*; Wartung *f*
podvọriti *5* bedienen; warten; aufwarten (*I*/mit *D*)
pọdvornīk (*Amts- od. Gerichts-*)Diener *m*; ***škọlskī*** ~ Schulhausmeister *m*
podvostručạ̄vati *5* → ***podvọstručiti***
podvọstručiti (**-ị̄vati** *od.* **-ạ̄vati**) verdoppeln

P

podvostručịvati (-ụčujēm) → ***podvọstručiti***
pọdvoz Beförderung *f*, Transport *m*
podvọziti (pọdvožen) → ***pọdvesti²***
podvoznịna Transportgebühr *f*, Frachtgeld *n*
pọdvožnjāk Unterführung *f*
pọdvrći, -gnuti (-gnēm; -vrgao, -gla; -gnūt) (**-gạvati** *5*) (*e-r Untersuchung, Kritik*) unterziehen; unterwerfen; unterordnen; ***bịti pọdvrgnūt*** unterworfen sein; unterliegen
pọdvrsta Unterart *f*, Untergattung *f*
pọdvūći (-ūčēm; pọdvukao, -kla; -vụčen *6*) (**-vlạčiti** *5*) unterstreichen; betonen, hervorheben; ~ **se** unterschlüpfen
podzạkup Untermiete *f*
podzạkupac (-pca) Untermieter *m*
podzạkupnik → ***podzạkupac***
podzapovjẹdnīk *1* Unterbefehlshaber *m*
pọdzem|an unterirdisch, Untergrund-; ***~nī svijet*** Totenreich *n*; ***~nā vọda*** Grundwasser *n*; ***~nā žẹljeznica*** U-Bahn *f*
pọdzēmlje *Myth. u. fig.* Unterwelt *f*
podzịdati *5 pf* untermauern; unterbauen
pọdžeći (-žẹžēm; pọdžegao, -gla) *pf* anzünden, entzünden
pođọniti *5 pf* → ***đọniti***
pođụbriti *5 pf* → ***đụbriti***
poẹma Poem *n*, Gedicht *n*; *fig.* Lobeshymne *f*
pọēn *1 Sp.* Punkt *m*
poẹnta Pointe *f*
poẹtičan poetisch
poẹtičnōst (-osti; *ISg* -osti/-ošću) *f* Poesie *f*, Poetische(s) *n*
poẹtika Poetik *f*
poetizịrati *5 ipf/pf* poetisieren
pọētskī → ***poẹtičan***
pọēzija Poesie *f*, Dichtkunst *f*, Dichtung *f*
pọfušati *pf* verpfuschen, vermurksen
pọgača Fladen(brot *n*) *m*
pogađāč *1* Rater *m*, Ratender *m*
pogạđanje Raten *n*; Zielen *n*
pogạđati *5* → ***pogọditi***
pọgān¹ (-i; *ISg* -i) *f* Kot *m*; Schmutz *m*, Dreck *m*
pọgan² *Adj* unrein, schmutzig; böse; ~ ***jẹzik*** V ungewaschenes Maul
pọganin (*Pl* -ani) Heide *m*, Ungläubige(r) *m*
pọganiti beschmutzen, verunreinigen; entweihen
pọganskī heidnisch, gottlos; schändlich
pọgānstvo, pogạnština Heidentum *n*
pogạsiti *5 pf* (pọgāšen) (aus)löschen
pọgaziti *pf* (pọgažen) zertreten; (*mit dem Auto*) überfahren; ~ ***ọbraz*** Ehre verlieren; ~ ***riječ*** sein Wort brechen; ~ ***zạkon*** Gesetz übertreten
pogdjẹdje, pogdjẹkojī → ***ponẹgdje, ponẹkojī***
pọgībao (-bli; *ISg* -bli) *f* Gefahr *f*
pogịbati *5* → ***pọginuti***
pogịbelj (-i; *ISg* -i) *f* → ***pọgībao***
pọgibeljan gefährlich, gefahrvoll; halsbrecherisch
pọgībija Untergang *m*, Verderben *n*
pọginuti (-nēm) *pf* umkommen, ums Leben kommen; ~ ***od glạdi*** verhungern
pọgladiti *pf* streicheln, liebkosen
poglạvār (*V* -u/-e) *1* Oberhaupt *n*; Vorsteher *m*; ***dr̄žāvnī*** ~ Staatsoberhaupt *n*
poglavạrstvo Behörde *f*, Verwaltung *f*; Obrigkeit *f*; ***grạdskō*** ~ Stadtverwaltung *f*
pọglavica Häuptling *m*; *abw.* Anführer *m*
pọglāvlje Abschnitt *m*; Kapitel *n*
pọglavnīk *hist.* Führer *m* (*A. Pavelić*)
pọglēd Blick *m*; Anblick *m*; Ansicht *f*; Aussicht *f*; Hinsicht *f*; ***na pr̄vī*** ~ auf den ersten Blick; ***okrụžiti ~om*** Blick schweifen lassen (**po** *L*/über *A*); ***u ~u*** hinsichtlich (**na** *A*/*G*); ***u nẹkōm ~u*** in mancher Hinsicht; ***u svạkōm ~u*** in jeder Hinsicht
pọgledati¹ *pf* ansehen, anblicken; hinsehen; Blick richten (*A*/auf *A*); (*im Buch*) nachschlagen; ~ ***ịspod ọka*** *od.* ***krịvīm ọkom*** scheel *od.* von der Seite ansehen; ~ ***krọz prste*** *fig.* ein Auge zudrücken; ~ **se** sich ansehen
pọgledati² (**se**) (sich) kurz ansehen (**na** *A*/*A*); nachschauen (**za** *I*/*D*)
pọgnati *pf* antreiben
pognọjiti *5 pf* düngen, misten
pọgnūt gebeugt; krumm; ***~ē glạvē*** gesenkten Hauptes
pọgnuti (-nēm) *pf* beugen; ~ **se** sich bücken
pọgodak (-tka; *Pl* -ci) Treffer *m*; ***pụn*** ~ Volltreffer *m* (*a. fig.*)
pọgodan günstig; passend
pọgodb|a (*GPl* -dābā/-dbī) Übereinstimmung

kunft *f*; Vereinbarung *f*, Abmachung *f*; Bedingung *f*; **pọd ~ōm** unter der Bedingung
pọgodben|ī Bedingungs-; **~ā rečẹnica** *Gr*. Bedingungssatz *m*, Konditionalsatz *m*
pogọditi *5* (pọgođen) (**-gậđati** *5*) erraten; treffen; **~ se** übereinkommen, (handels-)einig werden
pọgodnōst (-osti; *ISg* -osti/-ošću) *f* Begünstigung *f*, Vorrecht *n*, Privileg *n*
pọgodovati (-dujēm) begünstigen (*D*/*A*); passen (*D*/zu *D*)
pọgođen (-o) getroffen; betroffen; abgemacht!
pōgon Betrieb *m*; Antrieb *m*; *Tech*. Getriebe *n*; **~ na prẹdnje kotậčē** *Kfz*. Frontantrieb *m*; **stạviti u ~** in Betrieb setzen
pōgonsk|ī Betriebs-; (An-)Triebs-; **~ō gọrīvo** Treibstoff *m*; **~ī trọškovi** Betriebskosten *Pl*
pọgorje Gebirgsgegend *f*
pogorjẹlac (-lca) *2* Brandgeschädigte(r) *m*
pogọrjeti (-īm; -rio; -rjela) *pf* abbrennen; verbrennen
pogoršậnje Verschlechterung *f*; Verschlimmerung *f*
pogọršati (se) (**-šậvati** *5*) (sich) verschlechtern; (sich) verschlimmern
pogospọditi se *5 pf* den großen Herrn spielen
pogọstiti *5* (pọgošćen) bewirten, aufwarten
pogọtovo, -vu zumal, besonders; erst recht; **~ ne** schon gar nicht
pọgovōr Nachwort *n*, Epilog *m*; Einwand *m*; **bẹz ~ā** ohne Einwände; unbestreitbar
pọgrabiti *pf* ergreifen, (er)fassen; packen
pọgranič|an (an)grenzend, anliegend; Grenz-; **~nī prộmet** Grenzverkehr *m*; **mạlī ~nī prộmet** kleiner Grenzverkehr
pọgrbiti se *pf* buckelig werden
pọgrda Beleidigung *f*, Beschimpfung *f*, Schmähung *f*
pọgrd|an schimpflich, schmählich; Schimpf-; **~nā rịječ** Schimpfwort *n*
pogr̄diti *5* (**-rđīvati**) beleidigen, beschimpfen; verunglimpfen
pogrđīvati (-ṛđujēm) → **pogr̄diti**
pọgreb Begräbnis *n*, Beerdigung *f*, Bestattung *f*; **zvọniti na ~** *fig*. den Untergang einläuten
pọgrebn|ī Begräbnis-, Bestattungs-; Leichen-; **~ā gọzba** Leichenschmaus *m*; **~ā pọvōrka** Leichenzug *m*
pogrebnịna Begräbniskosten *Pl*; Sterbegeld *n*
pọgrebsti (-ębēm; pọgrebao, -bla) *pf* (*ein wenig*) kratzen; scharren
pọgrešan falsch, fehlerhaft; ungenau
progrẹšiv fehlbar
pogrẹšivōst (-osti; *ISg* -osti/-ošću) *f* Fehlbarkeit *f*
pọgrešk|a Fehler *m*, Irrtum *m*; Makel *m*; Defekt *m*; **bẹz ~ē** fehlerlos; makellos; **tịskārskā** *od.* **štạmpārskā ~a** Druckfehler *m*
pọgrijati (-jēm) *pf* (auf)wärmen
pogrijẹšiti *5/7 pf* e-n Fehler machen; sich irren; fehlgehen
pọgrūžen (-o) niedergedrückt, niedergeschlagen
pọguban schädlich, verderblich; gefährlich
pogụbiti¹ *5 pf* hinrichten; umbringen
pogụbiti² *5 pf* (*alles nacheinander*) verlieren
pogubljẹ̄nje Hinrichtung *f*; Ermordung *f*
pọguren (-o) bucklig; gebeugt
pọgurnuti (-nēm) *pf* (an)schieben; schubsen; **~ se** sich vordränge(l)n
pogụ̄šiti *5 pf* erwürgen; ersticken
pọhabān (-o) abgenutzt, schäbig; (*Kleidung*) abgetragen
pọhabati *pf* abnutzen, abtragen
pohạđāč (*V* -u) *1* Besucher *m*
pohậđati *5* → **pohọditi**
pọhan (-o) *Kochk*. paniert
pọhanac (-ānca) *Kochk*. paniertes Huhn
pọhapsati (-pšen) *pf* verhaften, festnehmen; sicherstellen
pọhara Verheerung *f*; Verwüstung *f*; Plünderung *f*
pọhariti *pf* verheeren; verwüsten; (aus)plündern, berauben
pọhati *Kochk*. paniert braten
pọhitati, -hitjeti (-īm; -tio, -tiela) → **požụ̄riti**
pọhlepa Begierde *f*; Gier *f*, Habsucht *f*
pọhlēpan (be)gierig, habsüchtig
pọhlepnīk gieriger Mensch
pọhlēpnōst (-osti; *ISg* -osti/-ošću) *f* Gier *f*, Begierde *f* (**za** *I*/nach *D*)

P

pọhod Besuch *m*; *Mil.* Heereszug *m*
pohọditi *5 pf* besuchen, e-n Besuch machen
pọhota Lüsternheit *f*, Wollust *f*; V Geilheit *f*
pọhotan, -ọtljiv lüstern, wollüstig; V geil
pohọtljivac (-īvca), **-nīk** Lüstling *m*
pọhrana Verwahrung *f*, Aufbewahrung *f*; ~ ***rụčnē prtljạgē*** Handgepäckaufbewahrung *f*
pohrạniti *5* (**-anjịvati**) verwahren, aufbewahren; hinterlegen
pohranjịvati (-ạnjujēm) → ***pohrạniti***
pọhrliti *pf* sich beeilen; sich stürzen
pohrvāćen (-o) kroatisiert
pohrvạtiti *5 pf* kroatisieren; ~ **se** kroatisch werden; Kroate werden
pọhvāl|a Lob(rede *f*) *n*; Belobigung *f*; ***vrijẹdan ~ē*** lobenswert
pọhvalan lobenswert, löblich
pohvạliti *5* (**-aljịvati**) loben, belobigen, Lob spenden; ~ **se** sich rühmen (*I*/mit *D*); prahlen
pohvaljịvati (-ạljujēm) → ***pohvạliti***
pọhvālnica Belobigungsurkunde *f*
poịgrati *5 pf* ein wenig tanzen; ein wenig spielen
pọimānje Auffassung *f*; Verständnis *n*
pọimati auffassen; verstehen
poimẹncē namentlich, mit Namensnennung
poimẹničan namentlich, Namens-
poịspadati *pf* (*sukzessive*) herausfallen; ausfallen
poisprekịdati *5 pf* (*in mehrere Stücke*) zerbrechen
poistovećịvati (-ẹćujēm) [**-istọvjetiti**] gleichsetzen; identifizieren
poizdalẹka, -ịzdalje aus einiger Entfernung
pọ̄j Singen *n*
pọ̄jac (-jca) Sänger *m* (*im Kirchenchor*)
pojạčalo *Tech.* Verstärker *m*
pojačạnje Verstärkung *f*; Hilfe *f*
pojạčati (pọjačan) (**-ạvati** *5*) (ver)stärken; festigen
pojạgmiti se *pf* sich reißen (**za** *A*/um *A*)
pọjahati (-šēm) *pf* (*auf ein Pferd*) aufsitzen; ausreiten
pọ̄j|am (-jma) Begriff *m*; Vorstellung *f*; ***bịti ~am zạ sebe*** *fig.* ein seltsamer Vogel sein; ***nẹmati ~ma*** keine Ahnung *od.* keinen Schimmer haben
pọjās (*Pl* -jasi/-jasevi) Gürtel *m*, Gurt *m*; *Geogr.* Zone *f*; ~ ***za hẹrniju*** *Med.* Bruchband *n*; ~ ***za spasạvānje*** Rettungsring *m*
pọjata Scheune *f*, Schuppen *m*
pọjati (-jēm) singen (*in der Kirche*)
pọjava Erscheinung *f*; Phänomen *n*; Ereignis *n*; *Thea.* Auftritt *m*
pojạviti se *5* (**-ljịvati se**) erscheinen; auftreten; auftauchen
pojavljịvati se (-ạvljujēm se) → ***pojạviti se***
pọjedēm *1. Pers Sg v.* ***pọjesti***
pojedịnac (-nca; *V* -nče) *1* Einzelne(r) *m*, Individuum *n*; ***sụdac ~*** *Jur.* Einzelrichter *m*
pojedịnačan einzeln, vereinzelt
pojedịnačnōst (-osti; *ISg* -osti/-ošću) *f* Einzigartigkeit *f*
pojedịncē *Adv* einzeln
pojedịnōst (-osti; *ISg* -osti/-ošću) *f* Einzelheit *f*, Detail *n*; ***ụći u ~i*** ins Detail gehen
pojednostạviti *5 pf* vereinfachen
pojednostavljịvati (-ạvljujēm) → ***pojednostạviti***
pojednostavljẹnje Vereinfachung *f*
pojeftịniti *5 pf* verbilligen; billiger werden
pọjesti (-edēm; -jeo, -jela) *pf* aufessen; verzehren, verspeisen; ~ **se** *fig.* sich verzehren
pọjīšte Tränke *f*; Trog *m*
pọjiti (pọjēn) [**na-**] tränken, zu trinken geben; *Land* bewässern
pọjmiti begreifen; fassen; verstehen
pọjmljiv begreiflich, verständlich
pọjmōvnī begrifflich; abstrakt
pojụriti *5 pf* losrennen, losstürzen
pokạditi *5 pf* (pọkāđen) räuchern; *fig.* beweihräuchern
pọkajānje Reue *f*; Buße *f*
pọkajati se (-jēm se) bereuen, Reue empfinden; Buße tun
pọkājnica Büßerin *f*
pọkājnīčkī reuig, Büßer-
pọkājnīk Büßer *m*
pọkāl *1* Pokal *m*; ***prẹlaznī ~*** *Sp.* Wanderpokal *m*
pọkapati[1] (-pljēm) *pf* beträufeln; tröpfeln
pokạpati[2] *5* → ***pokọpati***
pokạrati *5 pf* schelten, tadeln, (aus)schimpfen; ~ **se** sich streiten
pokạtkad → ***pọnekad***

pokatọličiti *pf* katholisieren; **~ se** katholisch werden
pọkaz|an hinweisend; **~nā zạ̄mjenica** *Gr.* hinweisendes Fürwort, Demonstrativpronomen *n*
pokạzatelj Indikator *m*; Index *m*
pokạ̄zati (pọkāžēm) (**-azīvati**) zeigen; (auf)weisen; bekunden; **~ zụ̄be** *fig.* Zähne zeigen; **~ se** sich zeigen; sich herausstellen; **~ se vrijẹdnīm** sich bewähren
pokazīvāč *1 Tech.* (An-)Zeiger *m*; **~ smjẹra** *Kfz.* Blinker *m*
pokazīvati (-ạzujēm) → **pokạ̄zati**
pọkaznica *Rel.* Monstranz *f*
pọkāžēm *1. Pers Sg v.* **pokāzati**
pọkćērka Adoptivtochter *f*, Pflegetochter *f*
pokẹrāš *1* Pokerspieler *m*
pọkidati *pf* → **kịdati**¹
pokịpjeti (-īm; -pio, -pjela) *pf Kochk.* überlaufen
pọkisnuti (-nēm; -sao, -sla) *pf* naß werden; **~ dọ kožē** bis auf die Haut naß werden
pọklade *f*/*Pl* Fasching *m*, Karneval *m*
pọklanjati → **poklọniti**
poklạ̄pati → **poklọpiti**; **~ se** sich decken; übereinstimmen; identisch sein
pọklati (-koljēm; -klao, -klāla) *pf* (ab)schlachten; abstechen, niedermetzeln
pọkleknuti (-nēm) *pf* niederknien, auf die Knie fallen; (*a. fig.*) in die Knie gehen (**pred** *I*/vor *D*)
pọklīč, -klīk Freudenruf *m*, Jauchzer *m*; Jubelschrei *m*
pọkliknuti (-nēm) laut (auf)jubeln, aufschreien
poklịsār (*V* -u/-e) *1* Botschafter *m*; **pạpīnskī ~** Nuntius *m*
pọklōn Geschenk *n*, Gabe *f*; *Jur.* Schenkung *f*; Verbeugung *f*, Verneigung *f*
poklọ̄nac *Rel.* Votivbild *n*
poklọnīk *1* Anhänger *m*; Verehrer *m*; *Rel.* Pilger *m*
poklọniti *5* (**pọklanjati**) (ver)schenken, ein Geschenk machen; **~ se** sich verbeugen; sich verneigen
pọklōnstvo Abordnung *f*
pọklopac (-pca) Deckel *m*; *Kfz.* Motorhaube *f*
poklọpiti *5* (**-klạ̄pati**) (zu)decken; bedecken; stülpen
pọkōj Ruhe *f*, Rast *f*; **vjẹčnī ~** *fig.* ewige Ruhe
pọkojī wenige, einige
pọkōjnī verstorben
pọkōjnica Verstorbene *f*, Verblichene *f*
pọkōjnīk Verstorbene(r) *m*, Verblichene(r) *m*
pokolẹbati (pọkolebān) *pf* schwanken; verunsichern; **~ se** wanken; schwanken; unsicher werden
pọkolj Blutbad *n*; Massaker *n*; Gemetzel *n*
pọkoljēm *1. Pers Sg v.* **pọklati**
pokoljẹ̄nje Geschlecht *n*, Generation *f*; Nachwuchs *m*
pọkop Begräbnis *n*, Beerdigung *f*, Beisetzung *f*
pokọpati (pọkopan) (**-ạ̄vati** *5*) begraben, beerdigen, beisetzen; *fig.* (*mit Argumenten etc.*) erdrücken
pọkora Buße *f*; **~ i sramọta** Schimpf und Schande
pọkōran unterwürfig, untertänig, gehorsam
pokọriti *5* (**-ạ̄vati** *5*) unterwerfen, bezwingen; unterjochen; **~ se** sich unterwerfen; sich fügen
pọkōrnica Büßerin *f*
pọkornīčkī bußfertig, Buß-
pọkōrnīk Büßer *m*
pokọ̄rnōst (-osti; *ISg* -osti/-ošću) *f* Unterwürfigkeit *f*, Gehorsam *m*, Demut *f*
pokọsiti *5* (pọkošen) abmähen, niedermähen; *Tod*: dahinraffen
pọkosnica *Anat.* Knochenhaut *f*
pokraćẹnica Abkürzung *f*; Kurzwort *n*
pokraćīvati (-ạćujēm) → **pokrạ̄titi**
pọkrāj *Präp* (*G*) neben (*D*, *A*); bei (*D*); längs (*G*); entlang (*D*, *A*); **~ tọga** daneben
pọkrajina Provinz *f*; *vera.* Gegend *f*; **Autọnomskā** ♀ **Vojvọdina** Autonome Provinz Vojvodina
pọkrajīnskī provinziell-, Provinz-
pọkrājnī seitlich; Neben-
pọkrasti (-ạ̄dēm; pọkrao, -āla; pọkrađen) stehlen; bestehlen
pokrạ̄titi *5* (pọkrāćen) (**-aćīvati**) (ab)-kürzen; verkürzen; *Haar* stutzen
pọkrečiti *pf* tünchen; (*mit Kalk*) weißen
pọkrećēm *1. Pers Sg v.* **pokrẹ̄tati**
pokrẹ̄nuti (pọkrēnēm; *Imp* -krẹni) (**pokrẹ̄tati**) bewegen, in Gang setzen;

fig. anregen, veranlassen; *Motor* anlassen; *Zeitschrift* herausbringen; *Tech.* antreiben; ~ ***pårnicu*** e-n Prozeß anstrengen; ~ ***pĩtānje*** e-e Frage aufwerfen; ~ **se** sich in Bewegung setzen
pọkrepa Stärkung *f*
pokrẹpati *pf* (*massenhaft*) verrecken, krepieren
pọkrēt Bewegung *f*; ***rạdnīčkī*** ~ Arbeiterbewegung *f*
poktrẹtāč (*V* -u) *1* Anstifter *m*; Urheber *m*; *Tech.* Starter *m*, Anlasser *m*
pokrẹtāčk|ī Trieb-; ***~ā sịla*** Triebkraft *f*
pọkrēt|an beweglich, bewegbar; verlegbar; mobil; ***~nī bụbreg*** *Med.* Wanderniere *f*; ***~nā imọvina*** bewegliches Vermögen, Immobilie(n *Pl*) *f*; ***~nī mộst*** Zugbrücke *f*; ***~nā stọlica*** Drehstuhl *m*; ***~nē stepẹnice*** Rolltreppe *f*
pọkretānje Bewegen *n*, Bewegung *f*; Anregung *f*, Veranlassung *f*
pokrẹ̄tati (-ęćēm) → ***pokrẹ̄nuti***
pokrẹtljivōst (-osti; *ISg* -osti/-ošću) *f* Beweglichkeit *f*
pọkretnịna bewegliches Gut
pokrịće *Hdl.* Deckung *f*; ~ ***trọškōvā*** Bestreiten der Kosten
pọkriti (-ijēm) (**-ịvati**) (be)decken, verdecken; zudecken; verschleiern, verhüllen; *Karte* stechen; ~ **se** sich zudecken
pokrịvāč *1* (*Bett-*)Decke *f*; Hülle *f*; ~ ***za stộl*** Tischdecke *f*; ~ ***krọvovā*** Dachdekker *m*
pokrīvati *5* → ***pọkriti***
pọkrov → ***pokrịvāč; mṛtvačkī*** ~ Leichentuch *n*
pokrọvitelj Schutzherr *m*, Schirmherr *m*; Sponsor *m*
pokrovitẹ̄ljstvo Schirmherrschaft *f*, Patronat *n*
pọkrpati *pf* flicken; ausbessern
pokṛstiti *5* (pọkršten) (**-štạ̄vati** *5*) taufen; ~ **se** getauft werden; das Christentum annehmen
pokrštẹnīk *1* Getaufte(r) *m*
pokrštẹ̄nje Taufe *f*
pọkucati *pf* anklopfen; ~ ***na vrạ̄ta*** *fig.* (*mit e-r Bitte*) anklopfen (*D*/bei *D*)
pokụćār Hausierer *m*
pọkućstvo (*GPl* -stāvā) Möbelstück *n*; Möbel *n*/*Pl*; Hausrat *m*
pọkuditi *pf* tadeln, rügen
pọkūnjen (-o) niedergeschlagen; kleinlaut; verzagt
pọkūnjenōst (-osti; *ISg* -osti/-ošću) *f* Niedergedrücktheit *f*; Verzagtheit *f*
pokụ̄njiti *5 pf* bedrücken, traurig machen; ~ **se** niedergeschlagen sein, den Kopf hängen lassen
pọkupiti *pf* auflesen, aufsammeln; ~ **se** sich davonmachen
pokupọvati (-kụpujēm) *pf* aufkaufen; (*alles*) zusammenkaufen
pọkus Versuch *m*, Probe *f*; Experiment *n*; *Thea.* Probe *f*
pọkusnī Versuchs-, Probe-; ~ ***kụnīć*** Versuchskaninchen *n*
pọkušāj Versuch *m*; Probe *f*; ~ ***ubộjstva*** Mordversuch *m*
pọkušati (**-ạ̄vati** *5*) versuchen; probieren; *Speise* kosten
pokušạvalīšte Versuchsanstalt *f*
pọkvāren (-o) verdorben, schlecht; schadhaft; kaputt
pọkvārenōst (-osti; *ISg* -osti/-ošću) *f* Verdorbenheit *f*, Verkommenheit *f*
pokvarẹnjāk *1* verdorbener Mensch; Wüstling *m*
pokvạ̄riti *5 pf* verderben; verpfuschen, verhunzen; schädigen; ~ ***račụ̄ne*** e-n Strich durch die Rechnung machen; ~ **se** *Lebensmittel*: verderben
pokvạrljiv verderblich
pọkvasiti (-šen) *pf* anfeuchten, befeuchten; benetzen
pộl[1] Pol *m*
pộl[2] *sb.* Geschlecht *n*
pọla halb; ~ ***gọdinē*** e-e halbe Stunde; ***na*** ~ zur Hälfte; ***u*** ~ ***cijẹnē*** zum halben Preis
polạgāč *1 Jur.* Hinterleger *m*; ~ ***ịspita*** Prüfling *m*; ~ ***račụna*** *Hdl.* Rechnungsleger *m*
polạgān (-o) langsam, gemächlich
polạ̄gānje Legen *n*; *Jur.* Hinterlegung *f*; ~ ***kạucijē*** Hinterlegung e-r Kaution; ~ ***zạ̄kletvē*** Eidesleistung *f*
polạ̄gati (pọlāžēm) → ***polọžiti***[1]
polạ̄ko langsam; sacht, gemächlich; ***sạmo ~!*** immer mit der Ruhe!
pọlakomiti se gierig *od.* habsüchtig sein; erpicht sein (***na*** *A*/auf *A*)
pọlakše *Komp. v.* ***polạ̄ko***
polarizạ̄cija Polarisierung *f*
pọlārn|ī Polar-; ~ ***krụ̄g*** *Geogr.* Polarkreis *m*
pọlārnica *Geogr.* Polarkreis *m*; *Astr.* Polarstern *m*

pǫlārnīk *Geogr.* Polarkreis *m*
pǫlaskati *pf* schmeicheln; Komplimente machen
pǫlazak (-ska) Abfahrt *f*, Abreise *f*; Aufbruch *m*; (*Schiff*) Auslaufen *n*; (*Schule etc.*) Besuch *m*
pǫlaz|an Ausgangs-, Anfangs-; **~nā tąčka** *od.* **tǫčka** *sb.* Ausgangspunkt *m*
pǫlazīšte *Flgw.* Terminal *m*, Abflughalle *f*; Ausgangspunkt *m*
pǫlaziti → **pǭći**
pǫlaznīk Besucher *m*; (*Kurs-*)Teilnehmer *m*
pǫleći, -egnuti (-egnēm; -egao, -gla) (**-ijęgati** *7*) *itr* hinlegen, niederlegen; sich (hin)legen, sich niederlegen; *Getreide*: lagern
pǫledica Glatteis *n*
pǫleđin|a Rückseite *f* (*e-s Formulars*); **na ~i** auf der Rückseite
pǫlegnuti *pf* → **pǫleći**
polęmičan polemisch
polęmičār Polemiker *m*
polęmika Polemik *f*
polemizi̧rati *5 ipf/pf* polemisieren
pǫlen *Bot.* Pollen *f*, Blütenstaub *m*
pǫlēt Schwung *m*; Aufschwung *m*
pǫlētan schwungvoll, schwunghaft
poletą̄rac (-rca) *2* Nestflüchter *m*; *fig.* Nesthäckchen *n*
polętjeti (-īm; -tio, -tjela) (**-lijętati** *7*) auffliegen, hochfliegen; abfliegen, wegfliegen
pǫlica¹ Gestell *n*; Regal *n*
pǫlica² (*Versicherungs-*)Police *f*
policą̄jac (-jca; *V* -e) *1* Polizist *m*
poli̧cija Polizei *f*
poli̧gōn *1* Vieleck *n*; *Mil.* Truppenübungsplatz *m*
polijęgati (pǫliježēm) *7 pf* → **lijęgati**
polijętati (pǫlijećēm) *7* → **polętjeti**
polijęvati *5/7* → **pǫliti**
polikli̧nika Poliklinik *f*
pǫlip Polyp *m*
poli̧rati *5 ipf/pf* polieren
pǫliti (-ijēm; -io, -īla; -iven) (**-lijęvati**) begießen; besprengen; beschütten; **~ hlądnōm vǫdōm** *fig.* e-e kalte Dusche verpassen
poli̧tičār Politiker *m*
poli̧tik|a Politik *f*; **tjęrati ~u** Politik treiben, sich mit Politik befassen
politizi̧rati *5 ipf/pf* politisieren
pǫlitra Halbliterflasche *f*
poli̧vati *5* → **pǫliti**
poli̧ven (-o) begossen; **kao ~** *fig.* wie ein begossener Pudel
pǭlnī *sb.* → **spǭlnī**
pǭ(l)noćka (*GPl* -kī) *Rel.* Mitternachtsmesse *f*; Mette *f*
polǫkati (pǫločēm) *pf* F aussaufen, leersaufen
polǫmiti *5 pf* → **lǫmiti; ~ nǫge** *fig.* sich die Hacken ablaufen (**za** *I*/nach *D*)
pǫlōv|an (halb) abgetragen; gebraucht; **~nā kǫla** Gebrauchtwagen *m*
polǫvica Hälfte *f*; **bǫljā ~** *fig.* bessere Hälfte
polǫvičan halb; halbwegs, mittelmäßig
polǫvičnōst (-osti; *ISg* -osti/-ošću) *f* Halbheit *f*; Mittelmäßigkeit *f*
polǫvina → **polǫvica**
polǫviti¹ *5* **[pre-]** halbieren
polǫviti² (pǫlovljen) *pf* (ein)fangen
pǫložāj Lage *f*; Stellung *f*; Position *f*; Situation *f*; **čǫvjek od ~a** ein einflußreicher Mensch; **kǫma ~** *Med.* stabile Seitenlage
polǫžiti¹ *5* (**-lą̄gati**) legen; hinlegen, niederlegen; *Eid*, *Gelübde* ablegen; *Grundstein* legen; *Reben* setzen; *Rechenschaft* ablegen; *Waffen* strecken; **~ i̧spit** (nur *pf*) Prüfung bestehen
polǫžiti² *5 pf* verheizen, verbrennen
pǫlubōg Halbgott *m*
polubǫginja Halbgöttin *f*
pǫlubrat (*Pl* -ća) Halbbruder *m*; Stiefbruder *m*
pǫlucipela Halbschuh *m*
polū̧čiti *5* (**-uči̧vati**) erreichen, erlangen, bekommen
poluči̧vati (-ųčujēm) → **polū̧čiti**
polū̧djeti (-īm; -dio, -djela) verrückt werden, wahnsinnig werden; **~ za** (*I*) nach (*D*) verrückt sein; **da polū̧dīš!** es ist zum Wahnsinnigwerden!
pǫludnēvnī Halbtags-; **~ pǫsao** Halbtagsarbeit *m*
pǫluga Hebel *m*; (*Gold-*)Barren *m*
pǫluglas (*Pl* -ovi) *Gr.* Halbvokal *m*; *Mus.* Halbton *m*
polugǫdišnjī halbjährlich; halbjährig
polugǫdīšte Halbjahr *n*; Semester *n*
pǫlukat Zwischengeschoß *n*
pǫlukrūg (*Pl* -ovi) Halbkreis *m*
pǫlukrūžan halbkreisförmig
pǫlukr̄v|an Halbblut-; **~nī kǫnj** Halbblut *n* (*Pferd*)

P

polukųgla Halbkugel *f*
pǫlulučan halbbogenförmig
pǫlumastan (-sno) *Typ.* halbfett
pǫlumjesēc Halbmond *m*
pǫlumjesečnī halbmonatlich; halbmonatig
pǫlumjesečnīk Halbmonatszeitschrift *f*
pǫlumrāk Halbdunkel *n*; Zwielicht *n*
polumr̥tav (-tvo) halbtot; zu Tode erschöpft
pǫlunāg halbnackt
poluosǫvina *Tech.* Spurstange *f*
pǫluostrvo *sb.* → ***pǫluotok***
pǫluotok (*Pl* -ci) Halbinsel *f*
poluǫtvoren (-o) halboffen
polųpati *5 pf* zerschlagen, zertrümmern; zerbrechen *tr*; ~ **se** zerbrechen *itr*
polupịjan (-o) angeheitert, beschwipst, halb betrunken
polupịsmen (-o) ungebildet
pǫluprij ečnīk Halbmesser *m*; Radius *m*
poluproịzvod Halbfabrikat *n*
pǫlusan (-sna) Halbschlaf *m*
pǫlusezōna *Sp.* Saisonhälfte *f*
pǫlusestra Halbschwester *f*; Stiefschwester *f*
pǫlusjena Halbschatten *m*
polusluẓben (-o) halbamtlich
pǫlusprat *sb.* → ***pǫlukat***
polụtān *1* Zwitter *m*; Mischling *m*
polụtār *1 Geogr.* Äquator *m*
pǫlutē|žak (-ško) halbschwer; ***~škā kategǫrija*** *Sp.* Halbschwergewicht *n*
pǫlutka (*D* -ki; *GPl* -kī) Halbkugel *m*; *Geogr.* Hemisphäre *f*; ***lijęvā*** *Sp.* Halblinke(r) *m* (*Stürmer*); ***dęsnā*** ~ *Sp.* Halbrechte(r) *m* (*Stürmer*)
pǫluton *Mus.* Halbton *m*; *fig.* Nuance *f*
poluvrijęme (-vremena; *Pl* -vremęna) *7 Sp.* Halbzeit *f*
pǫluvuna Mischwolle *f*
Pǫljāk (*V* -če) *1* Pole *m*
Poljąkinja Polin *f*
poljąna → ***pǫlje***; Flachland *n*
pǫljār *1* Feldhüter *m*
pǫlje Feld *n*, Flur *f*; *fig.* Gebiet *n*; ***bǫjnō*** ~ Schlachtfeld *n*; ***kụkuruznō*** ~ Maisfeld *n*; ***nąći na plǫdnō*** ~ *fig.* auf fruchtbaren Boden fallen; ***vịdnō*** ~ *Med.* Gesichtsfeld *n*
pǫljeće → ***polugǫdīšte***
poljępšati (pǫljepšan) (**-ąvati** *5*) verschöne(r)n
poljodję̄lac (-lca; *V* -če) *2* Landwirt *m*, Bauer *m*
poljodję̄lstvo Ackerbau *m*, Landwirtschaft *f*
poljoprịvreda Landwirtschaft *f*
poljoprịvredan landwirtschaftlich, Landwirtschafts-; → ***zą̄druga***
poljoprịvrednīk Landwirt *m*, Bauer *m*
Pǫljskā (*LSg.* -ōj) Polen *n*
pǫljskī[1] polnisch
pǫljskī[2] Feld-, Land-; ~ ***cvijet*** Feldblume *f*; ~ ***pụ̄t*** Feldweg *m*
pǫljubac (-pca) Kuß *m*; ***dobą̄citi*** ~ e-n Kuß zuwerfen
poljų̄biti *5 pf* → ***ljųbiti***
poljų̄ljati *5 pf* → ***ljų̄ljati***
pǫmaći (-knēm; -kao/knuo, -kla) (**-micati**) → ***pomąknuti***
pomą̄da Pomade *f*; Salbe *f*
pomągāč (*V* -u) *1* Helfer *m*, Gehilfe *m*; ***srędnjī*** ~ *Sp.* Libero *m*
pomagąčica Helferin *f*, Gehilfin *f*
pomągalo Hilfsmittel *m*; ***ortǫpēdskō*** ~ orthopädisches Hilfsmittel
pomą̄gati (pǫmāžēm) → ***pǫmoći***
pomahnịtao (-alo) wahnsinnig; rasend, toll
pǫmājka (*D* -ci) Pflegemutter *f*; Adoptivmutter *f*
pomąknuti (pǫmaknēm; pǫmakao, -kla; -knūt) (**pǫmicati**) (ver)rücken, wegrücken; verschieben; *Uhr* vorstellen; ~ **se** sich bewegen
pǫmalo langsam, allmählich; ***mąlo*** ~ nach und nach
pǫmama Raserei *f*, Tobsucht *f*
pǫmāman rasend; toll
pomą̄miti se *5* (**-amljịvati se**) toll werden, rasend werden; gierig werden (**za** *I*/auf *A*)
pomamljịvati se (-mąmljujēm se) → ***pomą̄miti se***
pomanjką̄nje Ermangelung *f*, Mangel *m* (*G*/an *D*)
pomą̄njkati *pf* mangeln (*G*/an *D*)
pǫmą̄st (-āsti; *ISg* -āsti/-āšću) *f* Salbe *f*; Ölung *f*; ***ządnjā*** *od.* ***pǫsljednā*** ~ *Rel.* letzte Ölung
pomą̄stiti *5* (pǫmāšćen/pǫmāšten) *pf* → ***mą̄stiti***
pomazą̄nje Weihung *f*; (*Priester-*)Weihe *f*
pomaząnīk geweihter Priester

pọmazati (-žēm) (**-zi̯vati**) salben, ölen; (ein)schmieren
pomazi̯vati (-ązujēm) → ***pọmazati***
pọmesti¹ (-ętēm; pọmeo, -ela; -ęten *6*) (**-mę̄tati**) *pf* (aus)kehren, zusammenfegen, fegen; ~ ***pręd svọjim vrą̄tima*** *fig*. vor seiner eigenen Tür kehren
pọmēsti² (-ētēm; -eo, -ēla; -ę̄ten *6*) (**-ę̄tati**) verwirren, aus der Fassung bringen; ~ ***se*** durcheinander kommen
pomętāč (*V* -u) *1* (*Straßen-*)Kehrer *m*
pomętati¹ (pọmećēm) → ***pọmēsti²***
pomętati² (hin)stellen; legen; setzen
pomę̄tnja Irrtum *m*; Konfusion *f*
pọmfrit Pommes frites *Pl*
pọmicati (-čēm) → ***pomąknuti***
pọmičan beweglich; verschiebbar; verstellbar; ~ ***krō̦v*** Schiebedach *n*
pọmičnōst (-osti; *ISg* -osti/-ošću) *f* Beweglichkeit *f*; Verschiebbarkeit *f*
pọmije *f*/*Pl* Abwaschwasser *n*
pomiję̄šati *5*/*7* *pf* (ver)mischen, vermengen; aufrühren; verwechseln, durcheinanderbringen
pomilovą̄nje Begnadigung *f*; Straferlaß *m*
pọmilovati (-ujēm) *pf* begnadigen; e-e Strafe erlassen; streicheln
pọmirba (*GPl* -bī) Versöhnung *f*, Aussöhnung *f*
pomirę̄nje Versöhnung *f*, Aussöhnung *f*
pomiri̯sati (-mi̯rišēm) *pf* beriechen
pomi̯riti *5* *pf* → ***mi̯riti***
pomi̯rljiv versöhnlich
pọmīs|ao (-sli; *Isg* -šlju) *f* Gedanke *m*; Einfall *m*, Idee *f*; ***pri są̄mōj ~li*** schon bei dem (bloßen) Gedanken; ***ni ~li ọ tome*** das kommt überhaupt nicht in Frage
pọmisliti (-šljen) (**-i̯šljati** *5*) denken; sich vorstellen; auf den Gedanken kommen
pọmladak (-tka) Nachwuchs *m*, Nachwuchskraft *f*
pomlą̄diti *5* (**-ađi̯vati**) verjüngen; ~ ***se*** sich verjüngen; wieder jung werden
pomlađi̯vati (-ąđujēm) → ***pomlą̄diti***
pọmno *Adv* sorgfältig; sorgsam
pomnọžiti *5* *pf* → ***mnọžiti***
pọmōć (-oći; *ISg* -oću) *f* Hilfe *f*, Beistand *f*; Beihilfe *f*; Hilfestellung *f*, Unterstützung *f*; (*Schulfach*) Nachhilfe *f*; ~ ***za tų̄đū njęgu i*** ~ Pflegegeld *n*, Pflegebeihilfe *f*; ***hi̯tnā*** ~ Erste Hilfe; ***rą̄zvojnā*** ~ Entwicklungshilfe *f*; ***sọcijālnā*** ~ Sozialhilfe *f*; ***ų ~!*** zu Hilfe!

pọmoći (-gnēm; *Imp* -ọzi; -gao, -gla; -gnut) (**-mą̄gati**) helfen; beistehen
pọmoćnī Hilfs-; ~ ***glą̄gol*** *Gr*. Hilfsverb *n*
pọmoćnica Gehilfin *f*, Helferin *f*; Gesellin *f*; ***kų̄ćnā*** ~ Hausgehilfin *f*
pọmoćnīk (*V* -če) *1* Gehilfe *m*, Helfer *m*; ~ ***di̯rektora*** stellvertretender Direktor; ***zą̄nātskī*** ~ Handwerksgeselle *f*
pọmoću *Präp* (*G*) mit Hilfe von (*D*); mittels (*G*)
pọmōd|an modisch, modern; ***~nī li̯st*** Modezeitschrift *f*
pomọdārka (*D* -ki; *GPl* -kī) Modepuppe *f*
pomọdreti (-īm, -io, -ela) *pf* blau werden, blau anlaufen
pomọdriti *5* *pf* → ***mọdriti***
pomọkriti *5* *pf* → ***mọkriti***
pọmōl: *na* ~ *od*. ***na ~u*** in Sicht
pomọliti *5* *pf* *Kopf* herausstrecken; ~ ***se¹*** erscheinen, auftauchen
pomọliti se² *5* *pf* beten, ein Gebet sprechen
pọmor (*Massen-*)Sterben *n*; Seuche *f*
pọmorac (-ōrca) Seemann *m*, Seefahrer *m*
pomọrandža *sb*. → ***nạrānča***
pomọriti *5* *pf* (*in großer Zahl*) töten, umbringen
pọmorsk|ī Meer(es)-, See-; Marine-; ***~ā si̯la*** Seemacht *f*
pọmōrstvo Seewesen *n*, Schiffahrt *f*
pọmpōzan pompös
pomračę̄nje Verfinsterung *f*, Verdunklung *f*; ***Sụnčevō*** ~ *Ast*. Sonnenfinsternis *f*
pomrą̄čiti *5* *pf* verfinstern, verdunkeln; verdüstern
pomi̯rčati (-īm) *pf* finster werden, sich verfinstern
pọmrčina *Astr*. Finsternis *f*
pọmrijeti (pọmrēm; -mro, -mrla) *pf* dahinsterben; (aus)sterben
pomr̄siti *5* *pf* verwirren; verwickeln; ~ ***račų̄ne*** *fig*. e-n Strich durch die Rechnung machen
pọmū̆čenōst (-osti; *ISg* -osti/-ošću) *f* Verwirrung *f*, Konfusion *f*
pọmučiti se *pf* sich etwas Mühe geben, sich ein bißchen anstrengen
pọmusti (-ų̄zēm; -uzao, -zla; -zen *6*) *pf* → ***mų̄sti***
pomų̄titi *5* (-ćen) trüben; verdunkeln; ~ ***se*** sich trüben; ***pąmēt se pomų̄tila*** die Sinne haben sich getrübt (*D*/bei *D*)

P

pomụ̄tnja Verwirrung *f*; Irrtum *m*
pọnājprije zuallererst
pọnājviše am allermeisten; zum allergrößten Teil
ponạmjestiti (**-ēštati** *5*) unterbringen; stellen; *Wohnung* einrichten
ponaọsob → ***pọsebno***
ponạ̄šānje Benehmen *n*, Betragen *n*, Verhalten *n*
ponạ̄šati se *5* sich benehmen, sich verhalten
ponạ̄vljati *5* → ***ponọviti***
ponẹdjeljak (-ēljka) Montag *m*
ponẹgdje stellenweise, hier und da
pọnekad manchmal, bisweilen, dann und wann
pọnekī mancher; einige
pọnekojī (so) mancher
ponẹstajati (-jē) [**-stati**] ausgehen, zu Ende *od.* zur Neige gehen (*nur 3. Pers.*)
ponẹstati (-anē; -stao, -stala) → ***ponẹstajati***
pọnešto etwas, ein wenig
pọnicati (-čēm) → ***pọnići***
pọnići, -knuti (-knēm; -kao/-knuo, -kla; -knūt) (**-nicati**) sprießen, aufsprießen; ~ ***pọgledom*** die Augen niederschlagen; ***nịkom*** ~ den Kopf hängen lassen
ponijẹmčiti *5/7 pf* eindeutschen, verdeutschen; germanisieren
pọnijeti (-nẹsēm; -nio, -njela; -nijet/-nẹsen *6*) *pf* mitnehmen; mittragen; hinbringen; *Früchte* tragen *od.* bringen; schwanger werden; ***đạvo ga pọnio!*** der Teufel soll ihn holen; ~ **se** sich benehmen; stolz sein
pọniknuti (-knēm; -kao/-knuo, -kla; -knūt) → ***pọnići***
pọnirati (-ēm) versinken; versickern
pọnịštiti (**-nịštạ̄vati** *5*) vernichten; *Jur. Urteil* aufheben *od.* annullieren
pọnīzan untertänig; demütig
ponịziti *5* (**-izạ̄vati** *5*) erniedrigen, demütigen; entwürdigen; ~ **se** sich erniedrigen
ponịznōst (-osti; *ISg* -osti/-ošću) *f* Demut *f*, Untertänigkeit *f*
poniżẹ̄nje Erniedrigung *f*, Demütigung *f*
pọ̄noć (-i) Mitternacht *f*
pọ̄noćka Christmette *f*
pọnor Abgrund *m* (*a. fig.*), Schlund *m*
pọnōrnica *Geogr.* Karstfluß *m*
pọ̄nos Stolz *m*; Hochmut *m*
pọ̄nosan, -sit stolz, hochmütig
ponọsiti se *5* stolz sein (*I*/auf *A*); prahlen (*I*/mit *D*)
pọnošen (-o) (*Kleidung*) abgetragen
pọnōvan wiederholt, abermalig
ponọviti *5* (**-nạ̄vljati** *5*) wiederholen; erneuern
pọnovo *Adv* wiederholt; erneut, abermals
pọnuda Angebot *n*, Offerte *f*; ~ ***i potrạ̄žnja*** *Hdl.* Angebot und Nachfrage; ***pọsebnā*** ~ Sonderangebot *n*
ponụdilac (-ioca) → ***ponụđač***
pọnuditi (-đen) (**-địvati**) (an)bieten, offerieren; ein Angebot machen; ~ **se** sich anbieten; sich bereit erklären
ponụđač *1 Hdl.* Anbieter *m*; Bieter *m* (*bei e-r Versteigerung*)
ponuđịvati (-ụđujēm) → ***pọnuditi***
pọnukati *pf* veranlassen (*A* ***na*** *A*/*A* zu *D*); bewegen (zu *D*)
pọnutrica Eingeweide *Pl*
pọnjava → ***plạhta***
ponjụ̄šiti *5 pf* → ***njụ̄šiti***
pọočim Pflegevater *m*; Adoptivvater *m*
poọdmak|ao (-lo) fortgeschritten; vorgerückt; ***u*** ~***līm gọdinama*** in fortgeschrittenem Alter
poọdrasti (-stēm; -stao, -sla) *pf* → ***ọdrāsti***
poọ̄štriti *5 pf* verschärfen; ~ **se** schärfer werden
pọp (*Pl* -ovi) (*orthodoxer*) Priester *m*; Pope *m*
pọpadati *pf* (*der Reihe nach*) herunterfallen, abfallen
popạdija die Frau des Popen
popạ̄liti *5 pf* verbrennen, niederbrennen; abbrennen; (ver)sengen
pọpar|a *Kochk.* Panadesuppe *f*, Brühe mit Weißbroteinlage; ***skụhati*** ~***u*** *fig.* e-e (schöne) Suppe einbrocken (*D*/*D*)
pọparen (-o) verbrüht; *fig.* niedergeschlagen
pọpariti *pf* abbrühen; verbrühen
pọpartist(a) Pop-Künstler *m*
pọpaša Weidegebühr *f*
pọpēti (pọpnēm; -eo, -ēla; -et) hochheben; ~ **se** hinaufklettern (***na*** *A*/ auf *A*); besteigen (*A*); ersteigen (*A*); ~**se** (*D*) ***na glạ̄vu*** *fig.* j-m auf den Wecker gehen
pọpijevka (*D* -ci; *GPl* -vākā/-vkā/-vkī) (lyrisches) Lied *n*; Weise *f*
pọ̄pis Liste *f*; Verzeichnis *n*; ~ ***stạ-***

P

novnīstva *od.* **pučānstva** Volkszählung *f*; ~ **zaoštāvštinē** Nachlaßverzeichnis *n*
popīsati (pòpīšēm) (**-īvati**) aufschreiben, aufzeichnen; katalogisieren, verzeichnen; vormerken
popisīvati (-ịsujēm) → **popīsati**
popịšati se *pf* V sich in die Hosen pinkeln
pọpiti (-ijēm) *pf* → **pịti**; ~ **jẹdnu** e-n heben; ~ **na dụšak** auf e-n Zug austrinken
pọplašiti *pf* → **pląšiti**
pọplava Überschwemmung *f*, Überflutung *f*, Hochwasser *n*
pọplaviti[1] (-vljen) *pf* überschwemmen, überfluten
poplạviti[2] *5 pf* blau färben
poplạvjeti (-īm; -vio, -vjela) *pf* blau werden; *Gesicht*: blau anlaufen
poplavljẹnīk *1* Hochwassergeschädigte(r) *m*
pọplāvnī Überschwemmungs-, Hochwasser-
pọplēn *1* Popeline *f*
pọpločati *pf* beflastern; (*mit Platten*) belegen; austäfeln; kacheln
pọplućnica *Anat.* Lungenfell *n*, Pleura *f*
pọplūn Steppdecke *f*
pọpljačkati *pf* (*völlig*) ausrauben
pọpljesniviti *pf* verschimmeln; modrig werden
popljụvati (pọpljujēm) *pf* → **pljụvati**
pọpnēm *1. Pers Sg v.* **pọpēti**
popọditi *5* (pọpođen) dielen; parkettieren
popọ̄dne (-eva) Nachmittag *m*
popọ̄dnēvnī Nachmittags-
pọpola zur Hälfte; **dijẹliti** ~ in zwei Hälften teilen
pọpovskī Popen-, Priester-
pọpratn|ī Begleit-; ~**ō pịsmo** Begleitbrief *m*
pọpratnica Begleitbrief *m*; Geleitwort *n*
pọpravak (-āvka) Ausbesserung *f*; Verbesserung *f*; Korrektur *f*; Reparatur *f*
poprạvilīšte Besserungsanstalt *f*, Erziehungsheim *n*
pọpraviti (**-ljati**) (aus)bessern, verbessern; *Fehler*, *Diktat* korrigieren; *Gerät* reparieren; *Gesundheit* wiederherstellen; *Haar* kämmen; *Krawatte* zurechtrücken; ~ **se** sich bessern
poprạvljāč (*V*-u) *1* Ausbesserer *m*, Korrektor *m*
pọpravljānje Ausbessern *n*, Korrigieren *n*; Reparieren *n*
pọpravljati → **pọpraviti**
poprạvljiv verbesserungsfähig; reparabel
pọprāvn|ī Besserungs-; ~**ī ịspit** Nachprüfung *f*; **kạznenī** ~**ī dọ̄m** Strafanstalt *f*, Gefängnis *f*
pọpreč|an quer; Quer-; ~**nā ụlica** Querstraße f
poprīčati *5 pf* sich ein wenig unterhalten
poprijẹčiti *5 pf* quer stellen; ~ **ọči** finstere Blicke zuwerfen
pọprijeko quer; schräg; **glẹdati** ~ *fig.* schief ansehen; **ụzduž i** ~ kreuz und quer
poprīmiti *5 pf* annehmen, übernehmen; ~ **ọblīk** Gestalt *od.* Form annehmen
pọprīšte Schauplatz *m*; Kampfplatz *m*
pọprsje Büste *f*
poprskati *5* [**pọprsnuti**] besprenkeln; bespritzen
pọprsnuti (-nēm) *pf* → **poprskati**
pọpržiti *pf* rösten; braten; grillen; *Brot* toasten
pọpucati (zer)platzen; zerspringen; *Munition* verschießen; ~ **od smijẹha** *fig.* vor Lachen platzen
pọpūdbina Reisekosten *Pl*, Reisespesen *Pl*
pọpulāran populär
popularizīrati *5 ipf*/*pf* populär machen; popularisieren
populạrnōst (-osti; *ISg* -osti/-ošću) *f* Popularität *f*
populịzam (-zma) *Pol.* Populismus *m*
pọpuna Auffüllen *n*; Vervollständigen *n*
pọpuniti (**-njạvati** *5*) vervollständigen; auffüllen; *Formular*, *Lücke* ausfüllen
pọpust (*Preis-*)Nachlaß *m*, (*Preis-*)Ermäßigung *f*; Rabatt *m*
popụstiti *5* (pọpušten) (**-ụ̄štati** *5*) *Disziplin*, *Kraft*, *Sturm etc.*: nachlassen; *Forderungen* nachgeben
popụstljiv nachgiebig, nachsichtig; flexibel
popụstljivōst (-osti; *ISg* -osti/-ošću) *f* Nachgiebigkeit *f*, Nachsichtigkeit *f*; Flexibilität *f*
pọpušiti *pf* zu Ende rauchen, fertig rauchen
popūštānje Nachlassen *n*; Nachgeben *n*; Abflauen *n*; Lockerung *f*
popūštati *5* → **popụstiti**

pọput *Präp* (*G*) wie; ähnlich wie
pọraba Gebrauch *m*; → ***ụpotreba***
pọradi *Präp* (*G*) wegen (*G*)
porạ̄diti *5 pf* sich bemühen (**na** *L*/um *A*); sich anstrengen; sich befleißigen (*G*)
pọramenice *f/Pl* Hosenträger *Pl*
pọraniti *pf* früh aufbrechen
pọrāst Zuwachs *m*; (An)Steigen *n*; Erhöhung *f*; Vermehrung *f*
pọrāsti (-ạ̄stēm; pọrāstao, -sla) → ***rạ̄sti***
pọratn|ī Nachkriegs-; ***~ō dọba*** Nachkriegszeit *f*
poravnạ̄nje Ausgleich *m*; Ebnen *n*; Schlichtung *f*, Schlichten *n*; *Jur.* Vergleich *m*; ***vạnsudskō ~*** außergerichtlicher Vergleich
porạvnati (**-nạ̄vati** *5*) ausgleichen; ebnen; schlichten; *Streit* beilegen; *Verlust* wettmachen; *Jur.* e-n Vergleich herbeiführen; **~ se** sich ausgleichen
porạ̄vniti *5* (**-avnjị̄vati**) → ***porạvnati***
poravnjị̄vati (-ạvnjujēm) → ***porạvnati***
pọrāz Niederlage *f*, Schlappe *f*; ***pretṝpjeti ~*** e-e Niederlage *od.* Schlappe erleiden
pọrāzan niederschmetternd, vernichtend
porazbị̄jati *5 pf* (*alles nacheinander*) zertrümmern, zerschlagen
porazbolijẹvati *5/7 pf* (*einer nach dem andern*) erkranken
porazdijẹliti *5/7 pf* (*alles nach und nach*) verteilen; verschenken
porazgovạ̄rati se *5*, **-govọriti se** *5* sich (kurz) unterhalten; sich besprechen; ***mị ćemo se još ~!*** wir sprechen uns noch! (*als Drohung*)
porạ̄ziti *5* (**-ažạ̄vati** *5*) besiegen; überwinden; **~ *dọ nogu*** vernichtend schlagen
porạzmjestiti se *pf* verschiedene Plätze einnehmen, sich auf verschiedene Plätze setzen
pọrcija Portion *f*
porcụlān *1* Porzellan *n*
porcụlānskī Porzellan-; **~ *prị̄bor*** Porzellangeschirr *n*
porẹbric|a Rippenfell *n*; ***ụpala ~ē*** Rippenfellentzündung *f*
pọreći (-ẹčēm/pọreknēm; *Imp* porẹci; pọrekao, -kla; -rẹčen *6*) (**-rị̄cati**) widerrufen; verleugnen; bestreiten, abstreiten; leugnen
pọred *Präp* (*G*) neben (*D*); bei (*D*); nebst (*D*); **~ *tọga*** außerdem

pọredak (-tka; *Pl* -eci) Ordnung *f*; Reihenfolge *f*; ***dṛžāvnī ~*** Staatsordnung *f*; ***gụšćjī ~*** *fig.* Gänsemarsch *m*; ***prạ̄vnī ~*** Rechtsordnung *f*; ***ụstāvnī ~*** verfassungsmäßige Ordnung
porẹ̄dati *5 pf* (an)ordnen, aneinanderreihen
pọredba (*GPl* -dābā/-dbī) Vergleich *m*, Komparation *f*
pọredben (-o) vergleichend, komparativ; ***~ā rečẹnica*** *Gr.* Vergleichssatz *m*, Komparativsatz *m*
pọrediti (**-đị̄vati**) → ***uspor ẹ̄diti***
pọreknuti (-nēm; -kao, -kla) → ***pọreći***
pọremećāj Störung *f*
porẹmećen (-o) gestört; (*Gesundheit, Ehe*) zerrüttet
porẹmetiti *pf* → ***rẹmetiti***
pọreskī *sb.* → ***pọreznī***
pọrez Steuer *f*; **~ *na dạrove*** Schenkungssteuer *f*; **~ *na dọhodak*** Einkommenssteuer *f*; **~ *na imọvinu*** Vermögenssteuer *f*; **~ *na prọ̄met*** Umsatzsteuer *f*; **~ *na vị̄šak vrijẹdnosti*** Mehrwertsteuer *f*; **~ *na zẹmljīšte*** Grundsteuer *f*
pọrezati (-ežēm) (**se**) *pf* (sich) schneiden
pọrezn|ī Steuer-; ***~ā kategọrija*** Steuerklasse *f*; ***~ī ọbveznīk*** Steuerpflichtige(r) *m*; ***~ā olạkšica*** Steuernachlaß *m*; ***~ā prijava*** Steuererklärung *f*; ***~ī sạ̄vjetnīk*** Steuerberater *m*; ***~ī ụred*** Finanzamt *n*; ***~ā ụtaja*** Steuerhinterziehung *f*
pọreznīk Steuerbeamte(r) *m*
porezọtina Schnittwunde *f*
porezọvnīk *1* Steuerzahler *m*, Steuerpflichtige(r) *m*
porị̄cati (pọrīčēm) → ***pọreći***
porijẹkl|o *7* Abstammung *f*; Herkunft *f*; Ursprung *m*; ***bịti ~ om*** (***iz*** *G*) aus (*D*) stammen
pọriluk Porree *m*; Lauch *m*
porinụ̄će *Mar.* Stapellauf *m*
pọrinuti (-nēm; -nuo, -nula; -nūt) (**-ị̄vati** *5*) wegstoßen; *Schiff* vom Stapel lassen
pọ̄riv Impuls *m*; Antrieb *m*
pọrjẹ̄čje Flußgebiet *n*
pọrječkati se *pf* sich streiten; in e-n Wortwechsel geraten
pornogrạfija Pornographie *f*
pornọgrafskī pornographisch
porọbiti *5 pf* (aus)plündern, berauben
pọroci *Pl v.* ***pọrok***
pọročan anrüchig, lasterhaft

P

poročnōst (-osti; *ISg* -osti/-ošću) *f* Anrüchigkeit *f*, Lasterhaftigkeit *f*
porod Geburt *f*; Entbindung *f*, Niederkunft ; ***od ~a do pokrova*** *fig.* von der Wiege bis zur Bahre
porodic|a Familie *f*; ***član ~ē*** Familienangehörige(r) *m*
porodičnī Familien-; ***~ odmor*** Mutterschaftsurlaub *m*; → ***imē, mirovina***
porọditi *5 pf* gebären, zur Welt bringen
porọdīlja Wöchnerin *f*
porọdīljskī → ***groznica***; ***~ odmor*** → ***porodičnī ~***
porođāj Geburt *f*, Niederkunft *f*
porođājn|ī Geburts-; ***~ē muke*** Geburtswehen *Pl*
porok (*Pl* -ci) Laster *n*, Makel *m*
porota Schwurgericht *n*, Schöffengericht *n*
porotnīčkī Schöffen-; Schwur-
porotnīk (*Pl* -ci) Schöffe *m*, Beisitzer *m*; Geschworene(r) *m*
porōzan durchlässig; porös
porọznōst (-osti; *ISg* -osti/-ošću) *f* Durchlässigkeit *f*; Porosität *f*
pōrta Pforte *f*
portāl *1* Portal *n*
portạbl tragbares TV-Gerät
portfelj (-fẹlja) Brieftasche *f*; ***ministar bez ~a*** Minister ohne Geschäftsbereich
portīr *1* Pförtner *m*, Portier *m*
portrēt *1* Porträt *n*
portretīrati *5 ipf/pf* porträtieren
Portugāl Portugal *n*
Portugạlac (-lca; *V* -lče) *2* Portugiese *m*
Portugālka (*D* -ki; *GPl* kī) Portugiesin *f*
portugālskī portugiesisch
porub Saum *m*, Besatz *m*; Verbrämung *f*
porụbiti *5 pf* → ***rụbiti***
porụčati *5 pf* das Mittagessen beenden
porụčitelj, -ilac (-ioca) *sb.* Besteller *m*
porụčiti *5* (**-učīvati**) bestellen; *Grüße* ausrichten lassen
poručīvati (-ụčujēm) → ***porụčiti***
poručnīk *Mil.* Leutnant *m*
porudžbenica → ***narudžbenica***
poruga (*D* -zi) Spott *m*, Hohn *m*, Verhöhnung *f*
porụgati se *5 pf* verspotten (*D*/*A*), verhöhnen (*D*/*A*), sich lustig machen (*D*/ über *A*)
porugljiv höhnisch, spöttisch
poruka (*D* -ci) Botschaft *f*, Mitteilung *f*; Meldung *f*
porumẹniti *5 pf* röten, rot färben
porumẹnjeti (-īm; -nio, -njela) *pf* erröten, rot werden; ***~ do ušijū*** bis über die Ohren rot werden
porušiti *pf* zerstören, demolieren, niederreißen; *Gebäude* abreißen; *Hoffnungen, Ruf* zerstören; ***~ sve mostove za sobōm*** *fig.* alle Brücken hinter sich abbrechen; ***~ se*** einstürzen; zusammenbrechen
porụžniti *5 pf* häßlich machen, verunstalten
porụžnjeti (-īm; -nio, -njela) häßlich werden
porvati se (-rvēm se; porvao, -āla) *pf* ringen, raufen
posada Besatzung *f*; Mannschaft *f*; Crew *f*
posạditi *5* (**-ađīvati**) (an)bauen; (an)pflanzen; *Pflanzen* setzen
posađīvati (-ađujēm) → ***posạditi***
pos|ao (-sla; *Pl* -slovi) Arbeit *f*; Geschäft *n*; Angelegenheit *f*; Werk *n*; Leistung *f*; ***bạciti se na ~ao*** sich an die Arbeit machen; ***crnačkī ~ao*** schwere Arbeit, Plackerei *f*; ***imati puno ~la*** viel zu tun haben; ***tọ je drugī ~ao*** das steht auf e-m anderen Blatt; ***unutārnjī*** *od.* ***-trašnji ~ovi*** *Pol.* innere Angelegenheiten *Pl*
poseb|an abgesondert, getrennt; speziell; besondere(-r, -s), Sonder-; → ***izdạnje, vlạk***
posebno insbesondere; besonders
posebicē *Adv* besonders, gesondert, getrennt
posẹgnuti (posẹgnēm; posēgao, -gla; -gnūt) (**posezati**) langen, greifen (***za*** *I*/nach *D*)
posesīvan *Gr.* possessiv, besitzanzeigend
posestrima Adoptivschwester *f*; F Busenfreundin *f*
posezati (-žēm) → ***posẹgnuti***
posijati (-jem) *pf* säen; *Saat* anbauen
posije *f*/*Pl* Kleie *f*
posijẹčēm *7 1. Pers Sg v.* ***posjeći***
posijẹditi *5*/*7* (posijeđen) *pf* grauhaarig machen
posijẹdjeti *5*/*7* (-īm; -dio, -djela) *pf* grauhaarig werden, ergrauen
posinak (-īnka) Pflegesohn *m*; Adoptivsohn *m*
posisati (-sišēm) *pf* aufsaugen; einsaugen

P

posīviti *5 pf* grau machen, grau färben
posīvjeti (pọsīvīm; -vio, -vjela) *pf* grau werden, ergrauen
pọsjećen (-o) besucht; belebt
pọsjeći (posiję̄čēm; *Imp* posiję̄ci; pọsjekao, -kla; pọsječen) *pf* niederhauen, umhauen; fällen; schneiden; **~ se** sich schneiden
posjećīvati (-ęćujēm) → ***posję̄titi***
pọsjed Besitz *m*, Eigentum *n*; ***dọ̄ći u ~*** in den Besitz kommen (von *D*); ***smę̄tānje ~a*** *Jur.* Besitzstörung *f*; ***ụzēti u ~*** *Jur.* in Besitz nehmen
pọsjedati *pf* (*alle*) sich (hin)setzen, die Plätze einnehmen
pọsjednēm *1. Pers Sg v.* ***pọsjesti***
pọsjednīk Besitzer *m*
pọsjedovati (-dujēm) besitzen, im Besitz sein (von *D*)
pọsjedovnī Besitz-
pọsjeklina, -kọtina Schnittwunde *f*
pọsjesti (-jednēm; -sjeo, -ēla; pọsjednūt) (**-sjedati**) sich (*der Reihe nach*) hinsetzen; *tr* hinsetzen
pọsjet Besuch *m*; ***ịći u ~*** besuchen (*G*/*A*)
posję̄tilac (-ioca) → ***posję̄titelj***
posję̄titelj Besucher *m*
pọsjetiti (-sję̄ćen) (**-ćīvati**) besuchen, e-n Besuch abstatten; aufsuchen
pọsjetnica Visitenkarte *f*
poskạ̄kati (pọskāčēm; -skạ̄kao, -ala) (**-akīvati**) abspringen; hineinspringen
poskakīvati (-ạkujēm) (*nur ipf*) hüpfen
poskīdati *5 pf* (*nacheinander*) herunterholen; abnehmen
pọskočica Kololied *n* (*Tanzlied*)
poskọčiti *5* (**-skạ̄kati**) aufspringen; hochspringen
pọskočnica → ***pọskočica***
pọskok (*kleiner*) Luftsprung *m*; *Zool.* Hornviper *f*
poskụ̄piti *5* (pọskupljen) (**-upljīvati**) verteuern, Preise anheben
poskụ̄pjeti (pọskūpīm; -pio, -pjela) *pf* sich verteuern, teurer werden
poskuplję̄nje Verteuerung *f*, Preiserhöhung *f*
poskupljīvati (-ụpljujēm) → ***poskụ̄piti***
pọslanica Epistel *f*, Hirtenbrief *m*, Sendschreiben *n*
pọslanīk Gesandte(r) *m*, Botschafter *m*; ***nạ̄rodnī ~*** Abgeordnete(r) *m*
pọslanīštvo Gesandtschaft *f*, *Pol.* Botschaft *f*
poslạ̄nstvo Mission *f*; Abordnung *f*; → ***pọslanīštvo***
poslạ̄nje Sendung *f*; Mission *f*
pọslastica Süßigkeit *f*, Leckerbissen *m*; Nachtisch *m*
pọslastičār Konditor *m*
pọslastičārna Konditorei *f*
pọslati (-šaljēm; -slao, -slāla; -slān) *pf* schicken, senden; entsenden; abschikken, fortschicken; übersenden; (ab)holen lassen (**po** *A*/*A*)
pọslije *Präp* (*G*) nach (*D*); ***~ pọ̄dne*** nachmittags; am Nachmittag; ***~ tọga*** danach; *Adv* nachher, später; hinterher
poslijepọ̄dne (-eva; *Pl*-evi) Nachmittag *m*
poslodạ̄vac (-vca; *V*-če) *2* Arbeitgeber *m*
poslopriīmac (-mca; *V*-če) *2* Arbeitnehmer *m*
pọslōv|an geschäftlich; Geschäfts-; ***~nī čọvjek*** Geschäftsmann *m*; ***~nā grạ̄na*** Geschäftszweig *m*; ***~ā jedịnica*** Niederlassung *f*; ***~ō putọvānje*** Geschäftsreise *f*; ***~nī rụ̄čak*** Arbeitsessen *n*; ***~ē vẹze*** Geschäftsverbindungen *Pl*
poslọvānje Geschäftsbetrieb *m*; Geschäftsführung *f*
poslọvati (pọslujēm) handeln; Geschäfte treiben; sich betätigen
pọslovi *Pl v.* ***pọsao***
pọslovica Sprichwort *n*
pọslovičan sprichwörtlich
pọslōvnica Geschäftsstelle *f*; Büro *n*
pọslōvnīk Geschäftsordnung *f*; Dienstvorschrift *f*
pọslovođa *m* Betriebsleiter *m*; (*Bau-*) Polier *m*
pọsluga Dienstpersonal *n*, Bedienung *f*
pọslūh Gehorsam(keit *f*) *m*
pọslūšan gehorsam, folgsam; gefügig
pọslušati gehorchen (*A*/*D*); folgen (*D*); anhören, zuhören
poslụ̄šnōst (-osti; *ISg* -osti/-ošću) *f* Gehorsamkeit *f*
poslụžāvnīk Servierteller *m*, Tablett *n*
poslụžitelj Diener *m*; Kellner *m*
poslụ̄žiti *5* (**-užīvati**) (be)dienen; servieren; *Speise* auftragen; ***čīme mọgu ~?*** womit kann ich dienen?; **~ se** sich bedienen; ***~ se prīlikōm*** e-e Gelegenheit beim Schopf packen
poslužīvati (-ụžujēm) → ***poslụ̄žiti***
pọsljedic|a Folge *f*; Folgeerscheinung *f*; ***prạ̄vnē ~e*** *Jur.* Rechtsfolgen *Pl*

P

pọsljedič|an nachfolgend, konsekutiv; **~nā rečẹnica** *Gr.* Konsekutivsatz *m*
pọsljednjī letzte(r)
pọsmijeh Lächeln *n*; (*Hohn-*)Gelächter *n*
pọsmrče (-eta) Nachgeborene(r) *m*, *f*
pọsmrt|an Toten-; Nach-; post(h)um; **~nī gọvōr** Nachruf *m*, Nekrolog *m*; **~nī ọglas** Todesanzeige *f*
posọliti *5 pf* → **sọliti**
pọspān (-o) schläfrig, verschlafen
pospạnac (-ạnca), **pọspānka** *fig.* Schlafmütze *f*
pọspati (-īm) einschlafen
pọspīm *1. Pers Sg v.* **pọspati**
pọspješiti *pf* beschleunigen; antreiben; fördern; **~ kọrāke** Schritte beschleunigen
pọspješnica → **pọžūrnica**
pọsprdan spöttisch
posprẹmati *5* [**-iti** *5*] aufräumen, in Ordnung bringen; *Tisch* abräumen; *Bett* machen
posrạmiti *5 pf* beschämen, blamieren; **~ se** sich schämen
posrạnac (-ạnca) V Scheißkerl *m*; Hosenscheißer *m*
pọsrati (-serēm) *pf* V bescheißen, vollscheißen; **~ se** V sich in die Hosen scheißen
pọsrbiti (-bljen) serbisieren, zum Serben machen
posrebrạvati *5* [**-ẹbriti** *5*] versilbern
pọsred *Präp* (*G*) inmitten (*G*), mitten in (*D*)
pọsrednī mittelbar, indirekt
pọsrednīk Vermittler *m*; Unterhändler *m*; *Hdl.* Makler *m*
pọsrednīštvo Vermittlung *f*
pọsredno indirekt, mittelbar
pọsredovānje Vermitteln *n*, Vermittlung *f*
pọsredovati (-ujēm) vermitteln
posrijẹdi *7 Präp* (*D*) zwischen (*D*); *Adv* **štọ je ~?** worum handelt es sich?
posr̥kati (pọsr̄ćēm; -srkao) *pf* (auf)-schlürfen; schlürfend austrinken
posr̥nuti (pọsr̄nēm) (**pọsrtati**) stolpern, straucheln (*a. fig.*)
pọsrtāj Fehltritt *m* (*a. fig.*); Stolpern *n*, Straucheln *n*
pọsrtati (-rćēm) → **posr̥nuti**
pọ̄st *3* Fasten(zeit *f*) *n*
pọstaja Station *f*; Haltestelle *f*

pọstajati (-jēm) → **pọstati**
postạkliti *5 pf* verglasen
pọs|tan (-sno) Fasten-; **~nī dạni** Fastentage *Pl*
pọstan|ak (-ānka) Entstehung *f*, Beginn *m*; Eintreten *n*; **knjịga ~ka** *Rel.* Genesis *f*
postạnje → **pọstanak**
pọstarati se[1] alt werden, altern
pọstarati se[2] sich kümmern (**za** *A od.* **o** *L*/um *A*); sorgen (für *A*)
pọstati (-anēm; -stao) (**-stajati**) werden, entstehen
pọstava Aufstellung *f*; (*Kleider-*) Futter *n*
pọstaviti (**-vljati**) (auf)stellen; hinstellen; anstellen; setzen; *Beamte*, *Vormund* ernennen; *Erben* einsetzen; *Falle*, *Frage* stellen; *Frist* setzen; *Hinterhalt* legen; *Rekord* aufstellen; **~ se** sich aufstellen
pọstāvka (*GPl* -āvākā/-vkī) Grundsatz *m*; Postulat *n*; Voraussetzung *f*
pọstdiplōmskī Postgraduierten-
pọstelj|a Bett *n*; Schlafstelle *f*; **rasprẹmiti ~u** das Bett machen
pọsteljica *Dem v.* **pọstelja**; *Anat.* Mutterkuchen *m*
posteljịna Bettwäsche *f*, Bettzeug *n*
pọstepen (-o) stufenweise, allmählich
pọstepenōst (-osti; *ISg* -osti/-ošću) *f* Abstufung *f*, Stufenfolge *f*
pọsticāj → **pọdsticāj**
pọstići (-gnēm; -gao, -gla; -gnūt) (**pọstizati**) erreichen, erlangen; *Erfolg* erzielen; *Rekord* aufstellen; *Unglück*: heimsuchen; *Sp. Tor* erzielen
postịditi *pf* beschämen
postịdjeti (pọstīdīm; -dio, -djela) *pf* sich schämen
postignụće Erlangen *n*, Erzielen *n*; Errungenschaft *f*
pọstignuti (-gnēm; -gao, -gla) → **pọstići**
pọstiti fasten
pọstizati (-žēm) → **pọstići**
postịžljiv erreichbar, erzielbar
pọsto vom Hundert, Prozent
pọstoci *Pl v.* **pọstotak**
pọstojān (-o) beständig; standhaft, ausdauernd; **~ nạ mrazu** frostbeständig; **~ ụ vatri** feuerfest
pọstojānōst (-osti; *ISg* -osti/-ošću) *f* Beständigkeit *f*, Ausdauer *f*
postọjānje (Da-)Sein *n*, Existenz *f*

postojati (-īm) bestehen, sein, existieren
postōjbina Heimatland *n*; Geburtsort *m*
postojēćī bestehend, existierend
postolār Schuhmacher *m*, Schuster *m*
postolārija Schusterei *f*, Schuhmacherwerkstatt *f*
postolārskī Schuhmacherei-, Schuster-
postōlje Gestell *n*, Ständer *m*
postotak (-tka; *Pl* -oci) Prozent *n*, Hundertstel *n*
postotan ...prozentig, prozentual, Prozent-
postrādati *5 pf* → ***strādati***
postrancē seitlich, seitwärts; abseits
postrići (-īžēm; -igao, -gla) (**-strīzati**) scheren; abscheren
postrijeljati *5/7 pf* → ***strijeljati***
postrojāvati *5* → ***postrojiti***
postrojēnje *Tech.* Anlage *f*
postrojiti *5* (**-jāvati** *5*) in Reih und Glied aufstellen; *Truppen* aufstellen; ~ ***se*** sich in Reih und Glied aufstellen
postrūgati (postrūžēm; -strūgao) *pf* abkratzen, abschaben; abschürfen
postulāt *1* Postulat *n*
postupak (-pka) Verfahren *n*; Verfahrensweise *f*; Vorgehen *n*; Behandlung *f*; *Tech.* Verfahren; ~ ***opominjānja*** Mahnverfahren *n*; ~ ***za utvrđīvānje prāva*** *Jur.* Feststellungsverfahren *n*; ***disciplīnskī*** ~ Disziplinarverfahren *n*; ***hitan*** ~ Eilverfahren *n*; ***izvršnī*** ~ Vollstreckungsverfahren *n*; ***krivičnī*** ~ Strafverfahren *n*; ***sudskī*** ~ Gerichtsverfahren *n*; ***vanparničkī*** ~ *Jur.* Beschlußverfahren *n*; ***vodī se*** ~ ein Verfahren ist anhängig; ***žalbenī*** ~ Berufsverfahren *n*
postūpati *5* [**-iti** *5*] verfahren, vorgehen; umgehen (**s** *I*/mit *D*)
postupālnī *Med.* nachentzündlich
posuda Gefäß *n*; Behälter *m*
posudba (*GPl* -bī) Anleihe *f*, Darlehen *n*; (Ver-)Leihen *n*
posudben (-o) Leih-
posūditi *5* (**-uđīvati**) leihen; ausleihen, verleihen
posūđe Geschirr *n*
posuđenica *Ling.* Lehnwort *n*
posuđīvati (-uđujēm) → ***posūditi***
posūmnjati *pf* zweifeln (***na*** *A od.* **o** *L*/an *D*); bezweifeln (*A*); Verdacht hegen *od.* schöpfen
posustati (-ustanēm; -ustao) *pf* müde werden, ermüden
posūšiti *5 pf* → ***sūšiti***
posūti (pospēm; -suo, -sūla; -sūt) (**-sipati**) bestreuen; überschütten (*I*/mit *D*)
posvaditi (**-vađati**) entzweien; e-n Streit entfachen; ~ ***se*** sich (zer)streiten
posve ganz, ganz und gar; völlig; durchaus
posvećīvati (-ećujēm) → ***posvētiti***
posveta Widmung *f*; Weihe *f*, Weihung *f*
posvētiti *5* (**-ećīvati**) widmen; weihen; ~ ***pažnju*** Aufmerksamkeit widmen; ~ ***za svećenīka*** zum Priester weihen; ~ ***u posao*** einarbeiten; ~ ***se*** sich widmen
posvijetliti *5/7 pf* leuchten
posvjedočiti *5 pf* bezeugen; bescheinigen, beglaubigen
posvōjan *Gr.* possessiv, besitzanzeigend
posvōjče (-ojčeta) Pflegekind *n*; Adoptivkind *n*
posvojiti *5 pf* adoptieren, an Kindes Statt annehmen; sich aneignen
posvud(a) überall, allerorts; allenthalben
pošalica Scherz *m*, Spaß *m*; Scherzlied *m*
pošaliti se *pf* → ***šaliti se***
pošāst (-i) *f* Seuche *f*, Epidemie *f*
pošiljāc *1* (Ab-)Sender *m*
pošiljalac (-aoca) → ***pošiljāc***
pošīljka (*Post*-)Sendung *f*
poškakljati ein wenig kitzeln
pošljūnčiti *pf* mit Kies *od.* Schotter aufschütten
pošt|a Post *f*; Postamt *n*; ~***ōm*** per Post
poštansk|ī Post-; ~***ā marka*** Briefmarke *f*; ~***ī pretinac*** Postfach *n*; ~***ī sanduk*** Briefkasten *m*; ~***ā štedionica*** Postsparkasse *f*; ~***ī ured*** Postamt *n*
poštāpalica *Gr.* Füllwort *n*
poštār Briefträger *m*, Postbote *m*
poštarina Porto *n*, Postgebühr *f*
pošted|a Schonung *f*; ***dobiti*** ~***u*** krankgeschrieben werden
poštēdjeti (poštēdīm; -ēdio, -ēdjela) *pf* → ***štēdjeti***
pošten *6* ehrlich; redlich; verläßlich; ~***ā riječ*** Ehrenwort *n*
poštenjāk *1* Ehrenmann *m*; ehrlicher Mensch
poštēnj|e Ehrlichkeit *f*, Ehrbarkeit *f*; ~***a mi!*** bei meiner Ehre!
poštīvati *5* → ***poštovati***
pošto[1] *Kj* (*temp*) nachdem; (*kaus*) da, weil

pošto² wieviel kostet?; **~-poto** um jeden Preis
poštonoša *m* Briefträger *m*, Postbote *m*
poštovalac (-aoca; *V* -aoče) *2* Verehrer *m*
poštovān (-o) geehrt, geschätzt, geachtet; **~ā gospodo!** (*Brief*) Sehr geehrte Herren!
poštovānje (Hoch-)Achtung *f*, Verehrung *f*; Ehrfurcht *f*; **s ~m** (*Brief*) hochachtungsvoll
poštovati (pǫštujēm) ehren, achten; respektieren, schätzen; **~ zākone** die Gesetze einhalten
pošumiti (pǫšumljen) **(-ljīvati)** bewalden, aufforsten
pošumljīvati (-ųmljujēm) → **pǫšumiti**
pǫtaći (pǫtaknēm; pǫtakao, -kla) → **potąknuti**
pǫtaj|a Versteck *n*; Verborgenheit *f*; Heimlichkeit *f*; **iz ~ē** meuchlings
pǫtājan geheim; heimlich; verborgen
pǫtajicē, -ājno *Adv* heimlich; geheim
potąknuti (pǫtaknēm; -kao, -kla; -nūt) **(pǫticati)** anregen, anspornen; antreiben; *Feuer* schüren *od.* anfachen; *Frage* aufwerfen
pǫtamān *Adv* **svę įdē ~** alles geht nach Wunsch; alles läuft, wie es soll
potamāniti *5 pf* → **tamāniti**
potāmnjeti (-īm; -nio, -njela) *pf* → **tąmnjeti**
pǫtanko eingehend, ausführlich, bis ins Detail
pǫtankōst (-osti; *ISg* -osti/-ošću) *f* Einzelheit *f*; Ausführlichkeit *f*
potānjiti *5 pf* → **tānjiti**
potāpati *5* → **potǫpiti**
pǫtapšati (-šēm) *pf* (be)tätscheln; **~ pǫ ramenu** auf die Schulter klopfen
potcijęniti *5/7* **(-cjenjīvati)** unterschätzen; geringschätzen
potcikīvati (-įkujēm) **[-cīknuti]** (auf)jauchzen; (auf)jubeln
potcīknuti (pǫtcīknēm) *pf* → **potcikīvati**
potcjenjīvati (-ęnjujēm) → **potcijęniti**
pǫtcrtati **(-āvati** *5*) unterstreichen; *fig.* hervorheben
potčiniti *5* **(-njāvati** *5*) unterwerfen
pǫtčinjenōst (-osti; *ISg* -osti/-ošću) *f* Unterwerfung *f*, Unterordnung *f*
pǫteći¹ (-ęčēm; pǫtekao, -kla) **(pǫtjecati)** hervorquellen, hervorfließen; herrühren (**iz** *G*/von, aus *D*) abstammen; **~ ų pomōć** zu Hilfe eilen
pǫtēći², -tęgnuti (potęgnēm; pǫtēgao, -gla) **(-tęzati)** *Schraube* anziehen; (*aus e-r Tasche*) hervorziehen, *Seil* (an)spannen; *Messer* zücken; (*zum Schlag etc.*) ausholen; *itr* e-n Zug nehmen *od.* e-n großen Schluck nehmen; **~ iz džępa** aus der Tasche ziehen; *fig.* hart arbeiten, zupacken
potęncija *Med.*, *Math.* Potenz *f*
potencijāl *1* Potential *n*
potencīrati *5 ipf/pf* potenzieren, zur Potenz erheben
potęntan potent
potęntnōst (-osti; *ISg* -osti/-ošću) *f* Potenz *f*
poteškǫća Schwierigkeit *f*; Beschwerde *f*
pǫtēz Strich *m*, Linie *f*; (*Schach-*)Zug *m*; (*Schwert-*)Hieb *m*; **u glāvnīm ~ima** *fig.* in großen Zügen
potęzati (pǫtēžēm) → **pǫtēći²**
pǫtēžak (-ško) ziemlich schwer *od.* schwierig
pǫthodnīk Unterführung *f*
pothrāniti *5* **(-anjīvati)** zu essen geben; mästen; *fig.* nähren
pǫthrānjen (-o) unterernährt
pothranjīvati (-ąnjujēm) → **pothrāniti**
pǫthvāt Unternehmen *n*, Unterfangen *n*
pǫthvatan → **pǫthvatljiv**
pǫthvatiti (se) unternehmen; wagen
pǫthvatljiv unternehmungslustig
pǫticāj Antrieb *m*, Anregung *f*; Anstoß *m*; **na vląstitī ~** aus eigenem Antrieb
pǫticati (-čēm) → **potąknuti**
pǫtiljak (-īljka) Hinterkopf *m*; Nacken *m*, Genick *n*
pǫtīsak (-ska) Schub *m*, Stoß *m*
potiskīvati (-įskujēm) → **pǫtisnuti** zurückdrängen, verdrängen; zurückschieben
pǫtisnuti (-nēm; nuo/-kao, -sla) *pf* → **potiskīvati**
pǫtisnūt verdrängt; unterdrückt
pǫtīšten (-o) niedergeschlagen, bedrückt; verzagt
pǫtīštenōst (-osti; *ISg* -osti/-ošću) *f* Niedergeschlagenheit *f*; Verzagtheit *f*
pǫtjecati (-čēm) → **pǫteći**
pǫtjera Verfolgung(sjagd *f*) *f*
pǫtjerati **(-īvati)** (an)treiben; nachjagen (**za** *I*/*D*); nachsetzen (*D*); vertreiben; anspornen
potjerīvati (-ęrujēm) → **pǫtjerati**

pọtjernica Steckbrief *m*; F (*Post-*)Suchantrag *m*
potkazịvāč *1* Denunziant *m*
potkị̄vati *5* → ***potkọvati***
pọtkoljenica *Anat.* Unterschenkel *m*
potkọljenke *f/Pl* Kniestrümpfe *Pl*
potkontịnent Subkontinent *m*
pọtkop *Bgb.* Stollen *m*
potkọpati (**-pạ̄vati** *5*) untergraben, unterhöhlen; (*a. fig.*) unterwühlen
pọtkova Hufeisen *n*
pọtkovān (-o): ***bịti*** ~ *fig.* beschlagen sein (***u*** *L*/in *D*)
potkọvati (pọtkujēm) (**-kị̄vati**) *Pferd* beschlagen
pọtkovičast hufeisenförmig
pọtkožan unter der Haut befindlich; *Med.* subkutan
pọtkožiti se *pf* dick werden, zunehmen; reich werden
pọtkožje *Anat.* Unterhaut *f*
pọtkožnjāk Furunkel *n*
potkraćị̄vati (-ạćujēm) → ***potkrạ̄titi***
pokrạ̄dati *5 wiederholt* stehlen; → ***pọtkrasti***
pọtkrāj *Präp* (*G*) gegen Ende (*G*)
pọtkrasti (-ạ̄dēm; -ao, -āla; -ađen) (**-krạ̄dati**) (be)stehlen; ~ **se** sich heranschleichen; *Fehler*: unterlaufen
potkrạ̄titi *5 pf* → ***pokrạ̄titi***
pọtkrepa Bekräftigung *f*, Bestärkung *f*; Beweis *m*
potkreplji̇̄vati (-ẹpljujēm) → ***potkrijẹpiti***
potkrẹsati (pọtkrešēm) (**-ạ̄vati** *5*) stutzen, beschneiden; ~ ***krị̄la*** Flügel stutzen (*a. fig.*)
potkrijẹpiti *5/7* stärken, kräftigen; bekräftigen; ~ **se** sich (*mit e-m Imbiß*) stärken
pọtkrōvlje Dachgeschoß *n*; Dachzimmer *n*
pọtkućnica (*zum Haus gehörendes*) Grundstück *n*; (*im Grundbuch eingetragene*) Hausfläche *f od.* Ergänzungsfläche *f*
potkụ̄piti *5* (**-uplji̇̄vati**) bestechen, erkaufen
potkuplji̇̄vati (-ụpljujēm) → ***potkụ̄piti***
potkụpljiv bestechlich, käuflich, korrupt
potkụpljivōst (-osti; *ISg* -osti/-ošću) *f* Bestechlichkeit *f*, Korruption *f*
pọtlačenōst (-osti; *ISg* -osti/-ošću) *f* Unterdrücktsein *n*
potlạ̄čitelj Unterdrücker *m*, Gewaltherrscher *m*
pọtlačiti (**-čị̄vati**) unterdrücken, unterjochen
potlačị̄vati (-ạčujēm) → ***pọtlačiti***
potlẹušica Kate *f*; (*armselige*) Hütte *f*
pọtmuo (-ulo) dumpf; stumpf
pọtočnī Bach-
pọtočnica *Bot.* Vergißmeinnicht *n*
pọtok Bach *m*; ~ ***sụ̄zā*** *fig.* Meer von Tränen
pọtom danach, nachher; dann
pọtomak (-ōmka) Nachkomme *m*; Sprößling *m*
potọ̄mstvo Nachkommenschaft *f*
potọnuti (pọtonēm) *pf* (ver)sinken, untergehen
pọtonjī nächste(r); letzte(r)
pọtop Überschwemmung *f*; *Rel.* Sintflut *f*
potọpiti *5* (**-tạ̄pati** *5*) versenken; eintauchen; überschwemmen; ~ **se** *Schiff*: untergehen; *Mensch*: ertrinken
pọtpadati → ***pọtpasti***
potpạ̄liti *5* (**-alji̇̄vati**) anzünden, entzünden; in Brand setzen *od.* stecken; *fig.* entfachen
potpạlūblje Unterdeck *n*
potpaljịvāč *1* Brandstifter *m*, Brandleger *m*
potpalji̇̄vati (-ạljujēm) → ***potpạ̄liti***
potpạsāč *1* Bruchband *n*, Leibbinde *f*
pọtpasti (-dnēm; -pao, -āla) (**-padati**) zufallen (***pod*** *A/D*); unterstehen; zugehören
pọtpetica (Schuh-)Absatz *m*
potpị̄riti *5* (**-irị̄vati**) anfachen; (an)schüren; entfachen
potpirị̄vati (-ịrujēm) → ***potpị̄riti***
pọtpis Unterschrift *f*, Namenszug *m*; Bildunterschrift *f* (*Zeitung etc.*)
pọtpisanī Unterzeichnete(r) *m*, Unterfertigte(r) *m*
potpị̄sati (pọtpīšēm) (**-isị̄vati**) unterschreiben, unterzeichnen
potpisị̄vati (-ịsujēm) → ***potpị̄sati***
pọtpisnīk Unterzeichner *m*, Unterschreiber *m*
potplaćị̄vati (-ạćujēm) → ***potplạ̄titi***
pọtplat (*Schuh-*)Sohle *f*
potplạ̄titi *5* (**-aćị̄vati**) bestechen, korrumpieren
potpomạgāč (*V* -u) *1* Helfer *m*; Unterstützer *m*, Förderer *m*
potpomạ̄gati (-pọmāžēm) [**-pọmoći**] helfen (*A/D*); aushelfen (*I*/mit *D*); unterstützen, fördern

P

potpọmoći (-gnēm; -gao, -gla) → ***potpomāgati***
pọtpora Unterstützung *f*; Stütze *f*, Rückhalt *m*; Beistand *m*; Subvention *f*
pọtpōranj (-rnja) *Tech.* Stütze *f*; Stützbalken *m*; Strebepfeiler *m*
pọtpōrnī Unterstützungs-
pọtporučnīk *Mil.* Unterleutnant *m*
potprāšiti *5* (**-ašīvati**) (*ein wenig*) bestreuen; bestäuben
potprašīvati (-ąšujēm) → ***potprāšiti***
pọtpredsjednīk Vizepräsident *m*
pọtpukōvnīk *Mil.* Oberstleutnant *m*
pọtpun vollkommen, vollständig, völlig; ~ ***glụh*** stocktaub
pọtpuniti (**-njāvati** *5*) vervollständigen; vervollkommnen
pọtpuno, -ọma völlig, ganz, gänzlich
pọtraga Nachforschung *f* (**za** *I*/nach *D*); Ermittlung *f*; Suche *f*; Verfolgung *f*
pọtrajati (-jēm) *pf* e-e gewisse Zeit dauern, andauern; weitergehen
pọtratiti *pf* → ***trątiti***
potrāžiti *5* (**-ažīvati**) → ***trāžiti***
potražīvānje (*Geld*-)Forderung *f*
potrāžnja *Hdl.* Nachfrage *f*; → ***pọnuda***
potrbuškē bäuchlings, auf dem Bauch
potrbušnica *Med.* Bauchfell *n*
potrčati (-īm; pọtrčao, -āla) *pf* nachlaufen (**za** *I*/*D*); zu laufen *od.* rennen anfangen
pọtreb|a Bedürfnis *n*; Notwendigkeit *f*; Bedarf *m*; Erfordernis *n*; ***~a za snọm*** Schlafbedürfnis *n*; ***po ~i*** nach *od.* bei Bedarf; ***prijękā ~a*** unumgängliche Notwendigkeit; ***u slụčaju ~ē*** sofern erforderlich
pọtreban notwendig, nötig; erforderlich; ***mẹni je ~*** ... ich benötige ...
pọtrebit bedürftig; arm
pọtrebitōst (-osti; *ISg* -osti/-ošću) *f* Bedürftigkeit *f*; Armut *f*
pọtrēm *1. Pers Sg v.* ***pọtrti***
potręēpština Bedarfsartikel *m*, Gebrauchsartikel *m*; Zubehör *m*
pọtres Erdbeben *n*; Erschütterung *f*; ~ ***mọzga*** Gehirnerschütterung *f*
pọtrēsan erschütternd
potręsati *5* → ***pọtrēsti***
pọtrēsti (-ēšēm; -trēsao, -sla; -tręsen) (**-tręsati**) erschüttern; (auf)schütteln; (*seelisch*) erschüttern
pọtrgati *pf* → ***tṛgati***
pọtrgnuti (-nēm; -trgao, -gla) (**-trzati**) zücken; herausziehen; *Messer* zücken; *Frage* aufwerfen
pọtrnuti (-nēm) *pf* → ***ụtrnuti***
potrọstručiti *pf* verdreifachen
potrọšāč *1* Verbraucher *m*, Konsument *m*
pọtrọšāčk|ī Verbraucher-; ***~ā zādruga*** Konsumgenossenschaft *f*
pọtrošak (-ška) Verbrauch *m*; (*Geld*-) Ausgabe *f*
potrọšiti *5 pf* verbrauchen, konsumieren; verzehren; *Geld* ausgeben; *Kräfte* verzehren; *Zeit* aufwenden
potrọšnj|a Verbrauch *m*; ~ ***gọrivē*** Kraftstoffverbrauch *m*; → ***rọba***
potṛpati *pf* hineinstopfen
potṛpjeti (-īm; -pio, -pjela) *pf* (*e-e Weile*) aushalten, erdulden
pọtrti (pọtrēm/pọtarēm; *Imp* pọtri/pọtari; pọtro, -r̄la) *pf* zertreten, zerstampfen; *Nerven* zerrütten
potrụditi se *5 pf* sich bemühen, sich Mühe geben
potụcalo *m* Landstreicher *m*; Strolch *m*
potụcati se *5* herumstreunen, sich herumtreiben
pọtūći (-ụčēm; pọtūkao, -kla; -tụčen *6*) *pf* niederschlagen, zusammenschlagen; vernichten; *Sp.* besiegen; *Rekord* überbieten; ~ ***dọ nogū*** e-e vernichtende Niederlage beibringen; ~ **se** sich prügeln; aneinandergeraten
pọturica *m* islamisierter Christ; *fig.* Renegat *m*
potụžiti se *5 pf* sich beschweren (**na** *A*/über *A*); sich beklagen (über *A*)
potvọriti (**-vārati**) (*zu Unrecht*) beschuldigen; bezichtigen; verleumden
pọtrvda Bestätigung *f*; Bekräftigung *f*; Bescheinigung *f*; *Rel.* Firmung *f*; ~ ***o prijemu pọšīljkē*** Posteinlieferungsschein *m*
pọtvrdan bejahend, affirmativ
potvṛditi *5* (**-rđīvati**) bestätigen; bekräftigen; bejahen; bescheinigen, beglaubigen; *Gesetz* verabschieden; *Vertrag* ratifizieren; ~ **se** sich erweisen (**kao** *N*/als *N*)
poubījati *5 pf* (*der Reihe nach*) umbringen
pọūčak (-čka) Lehrsatz *m*; Theorem *n*
pọučan lehrreich; lehrhaft; didaktisch
poučāvati *5* → ***poụčiti***
pọučenōst (-osti; *ISg* -osti/-ošću) *f* Bildung *f*; ***ọpćā*** ~ Allgemeinbildung *f*

P

poučiti *5* (**-učávati** *5*) belehren; unterrichten (*A* **u** *L*/*A* in *D*); unterweisen; Unterricht erteilen *od.* geben (**u** *L*/in *D*)
poudati (**-dávati**) (*alle Töchter*) verheiraten
pougljeniti *pf* verkohlen
pouk|a Belehrung *f*; Unterweisung *f*; Lehre *f*; Unterricht *m*; **izvūći ~u** *fig.* e-e Lehre ziehen (**iz** *G*/aus *D*)
poumirati (-umirēm) *pf* (da)hinsterben; aussterben
pouzdān (-o) zuverlässig, verläßlich; vertrauenswürdig
pouzdanīk *1* Vertrauensperson *f*, Vertrauensmann *m*; Gewährsmann *m*
pouzdāno *Adv* gewiß, bestimmt; sicher
pouzdānōst (-osti; *ISg* -osti/-ošću) *f* Verläßlichkeit *f*, Zuverlässigkeit *f*; Zuversicht *f*
pouzdati se (**-dávati se**) sich verlassen (**u** *A*/auf *A*); vertrauen (*D*); *fig.* rechnen (mit *D*)
poudávati se (-uzdajēm se) → ***pouzdati se***
pouzéće (*Post*) Nachnahme *f*; **~m** per Nachnahme
povaditi *pf* → ***vaditi***
povāliti *5* (**-valjīvati** *5*) niederwerfen; niederlegen; *Bäume* fällen; **~ se** sich hinstrecken; sich hinlegen
povaljīvati (-aljujēm) → ***povāliti***
povazdan den ganzen Tag, den lieben langen Tag; tagtäglich
povečerati *pf* das Abendbrot aufessen *od.* beenden
povečērje *Mil.* Zapfenstreich *m*
povećalo Vergrößerungsglas *n*, Lupe *f*
povećānje Vergrößerung *f*, Zunahme *f*; Steigerung *f*; (*Preise*) Erhöhung *f*
povećati (**-ávati** *5*) vergrößern, vermehren; steigern; *Lohn* erhöhen; *Produktion* steigern; **~ se** sich vergrößern; sich vermehren
povećī etwas größer
povelik ziemlich groß
povelja Urkunde *f*, Dokument *n*; *hist.* Charta *f*, Bulle *f*
povenuti (-nēm) *pf* verwelken, verdorren
poveseliti se *5 pf* fröhlich werden; sich erfreuen
povesti[1] (-ēdēm; -veo, -ela; -ēden *6*) (**-voditi**) mitführen, mitnehmen; anführen; *Prozeß* anstrengen; *Untersuchung* einleiten; *Verhandlungen* aufnehmen; **~ kolo** Reigen eröffnen; Tanz anführen; **~ računa** sich kümmern (**o** *L*/um *A*); **~ riječ** ein Gespräch eröffnen; **~ se** nacheifern (**za** *I*/*D*); sich nach (*D*) richten
povesti[2] (-ezēm; -vezao, -zla; -vezen *6*) (**-voziti**) *tr* fahren; im Wagen *od.* Auto mitnehmen
pōvez (*Wund-*)Verband *m*; (*Buch-*)Einband *m*
povezača Kopftuch *n*
povezanōst (-osti; *ISg* -osti/-ošću) *f* Verbundenheit *f*; Verbindung (*a. fig.*) (*G* i *G*/zwischen *D* und *D*); Bindung *f*
povēzati (povēžēm; *Imp* -povēži) (**-ezīvati**) verbinden; zusammenbinden; *Buch* einbinden; *Schuhe* zubinden; **~ se** sich verbinden; in Verbindung treten
povezīvati (-ezujēm) → ***povēzati***
povījati *5* → ***poviti***
povijēst (-ēsti; *ISg* -ēsti/-ēšću) *f* Geschichte *f*; **kotač ~i** *fig.* Rad der Geschichte; **ūći u ~** in die Geschichte eingehen
povijestan (-sno) geschichtlich, historisch
povijuša Schlingpflanze *f*, Kletterpflanze *f*
povik (Auf-)Schrei *m*; Ruf *m*
povīkati (povīčēm) (**-ikīvati**) aufschreien; e-n Schrei ausstoßen; schreien; **~ iz svēg glāsa** aus vollem Hals schreien; anschreien (**na** *A*/*A*)
povikīvati (-ikujēm) → ***povīkati***
povīknuti (povīknēm; -vikao, -kla) → ***povīkati***
povīriti *5* hervorgucken; (*verstohlen*) gucken, schauen
povīsiti *5* (povīsen) (**-isīvati; -išávati** *5*; **-šīvati**) *Preise* erhöhen; *Produktion* steigern
povisīvati (-isujēm) → ***povīsiti***
povišávati *5* → ***povīsiti***
povišēnje Erhöhung *f*; Anhebung *f*; (*Produktion*) Steigerung *f*
povišica (*Lohn-*)Erhöhung *f*; (*Schuh-*) Einlage *f*
povišīvati (-išujēm) → ***povīsiti***
poviti (-ijēm; -io, -īla; -vijen *6*) (**-ijati**) biegen; einwickeln; *Kind* wickeln; *Wunde* verbinden; **~ se** sich winden
povjerávānje Betrauen *n*

povjerāvati *5* → ***povjẹriti***
povjerẹnīk *1* Vertraute(r) *m*; Vertrauensmann *m*; *Sp*. Betreuer *m*
povjerenīštvo Kommission *f*, Ausschuß *m*; Vermittlung *f*; ~ ***rāda*** Arbeitsvermittlung *f*
povjerẹnj|e Vertrauen *n*, Zutrauen *n*; ***u ~u*** im Vertrauen; ***vrijędan ~a*** vertrauenswürdig
povjẹrilac (-ioca), **-itelj** *Hdl*. Gläubiger *m*
pọvjeriti (**-āvati** *5*) anvertrauen; betrauen (*A*/mit *D*); *Kind der Mutter* zusprechen; ~ ***se*** sich anvertrauen
povjẹrljiv vertraulich; verläßlich; (*Tier*) zutraulich
povjẹrljivōst (-osti; *ISg* -osti/-ošću) *f* Vertraulichkeit *f*; Verläßlichkeit *f*; Zutraulichkeit *f*
pọvjerovati (-rujēm) *pf* glauben, Glauben schenken; vertrauen
pọvjesiti *pf* → ***pọvješati***
pọvjesnica → ***pọvijēst***
pọvjesničār Historiker *m*, Geschichtswissenschaftler *m*
pọvješati *pf* aufhängen
povjetārac (-rca; *GPl* -ẹtārācā) Windhauch *m*; Lüftchen *n*, (leichte) Brise *f*
povlāčēnje Zurückziehen *n*; *Mil*. Rückzug *m*; Herumschleppen *n*
povlāčiti *5* [**pọvūći**] (ein)ziehen; zurückziehen; (*an den Haaren od. der Kleidung*) ziehen, zerren; *Beschwerden*: abklingen; *Klage* zurückziehen; *e-e Linie* ziehen; *seine Worte* zurücknehmen; ~ ***zą sobom pọsljedice*** Folgen nach sich ziehen; ~ ***se*** sich zurückziehen; ~ ***se ụ sebe*** *fig*. sich abkapseln
povlāditi *5* (**-ađīvati**) zustimmen; Beifall spenden, klatschen
povlađīvānje Zustimmung *f*, Beifall *m*; Anerkennung *f*
povlađīvati (-ąđujēm) → ***povlāditi***
pọvlaka (Gedanken-)Strich *m*; Schleppe *f* (*am Kleid*)
pọvlastica Sonderrecht *n*, Privileg *n*; ***cąrinskā*** ~ Zollvergünstigung *f*
povlāstiti *5* (**-vlašćīvati**) begünstigen, privilegieren
povlašćīvati (-ąšćujem) → ***povlāstiti***
pọvlāšten (-o) privilegiert, bevorzugt
pọvod Anlaß *m*, (Beweg-)Grund *m*; Veranlassung *f*; ***dąti*** ~ Anlaß geben (*D*/zu *D*)
pọvodac (-oca) (*Hunde-*)Leine *f*
pọvodan wasserreich; Überschwemmungen ausgesetzt
pọvodanj (-dnja) Flut *f*; Hochwasser *n*
povọditi se *5* [**pọvesti se**] sich richten (***za*** *I*/nach *D*); nachahmen (*A*)
povọdljiv fügsam; anpassungsfähig
pọvodom (*G*) anläßlich (*G*); bezüglich (*G*)
pọvoj Verband *m*, Binde *f*; Windel *f*; ***nąlaziti se jọš u ~u*** *od*. ***~ima*** *fig*. noch in den Windeln stecken; ***od ~a*** von klein an
pọvōjče (-eta) Wickelkind *n*
pọvōlj|an günstig; ***~nō rješẹ̄nje*** positiver Bescheid, Bewilligungsbescheid *m*
pọvōrka (*GPl* -rākā/-rkī) (*Fest-*, *Trauer-*)Zug *m*
pọvraćānje Erbrechen *n*; Rückgabe *f*; ***srędstvo za*** ~ Brechmittel *n*
pọvraća|ti → ***povrątiti***; ~ ***mi se*** ich muß mich übergeben
pọvrat Rückgabe *f*; ***u ~u*** wiederholt; ***uz*** ~ leihweise
pọvratak (-tka; *Pl* -aci) Rückkehr *f*; Rückweg *m*; *Med*. Rückfall *m*
pọvrat|an Rück-, rückbezüglich; ***~nī glągol*** *Gr*. reflexives Verb; ***~nā grọznica*** *Med*. Wechselfieber *n*; ***~nā kārta*** *Esb*. Rückfahrkarte *f*
povrątiti *5* (**pọvraćati**) zurückgeben, zurückerstatten; zurücksenden; (*auf seinen Platz*) zurückstellen; *Vertrauen* wiederherstellen; *Med*. erbrechen; ~ ***se*** zurückkommen, heimkehren, wiederkommen; wieder zu sich kommen
pọvratnica (*Post*) Rückschein *m*
pọvratnīk Heimkehrer *m*, Rückwanderer *m*; *Astr*. Wendekreis *m*; *Tech*. Rücktaste *f* (*an Schreibmaschine*); ***zakąsnjelī*** ~ Spätheimkehrer *m*
pọvrāz Strick *m*; (*Angel- etc.*)Schnur *f*; Henkel *m*, Griff *m*
pọvrćār Gemüsehändler *m*
pọvrćārka (*D* -ki; *GPl* -kī) Gemüsehändlerin *f*
povrćąrstvo Gemüseanbau *m*; Gemüsehandel *m*
pọvrće Gemüse *n*
pọvreda Verletzung *f*, Wunde *f*; ~ ***pọstupka*** *Jur*. Verfahrensfehler *m*; ~ ***zākona*** Verletzung e-s Gesetzes; ***pọdleći ~ama*** seinen Verletzungen erliegen; ***tẹ̄škā tjẹlesnā*** ~ *Jur*. schwere Körperverletzung

povręd(lj)iv verletzbar, verletzlich, verwundbar
povređívati (-ęđujēm) → ***povrijęditi***
pọvremen (-o) zeitweilig; periodisch
pọvrh *Präp* (*G*) über (*D*); oberhalb (*G*); ~ ***tọga*** überdies
povrijęditi *5/7* (**-vređívati**) verletzen, verwunden; kränken; *Gesetz* übertreten; ~ ***se*** sich verletzen
povrijęđenī *7* Verletzte(r) *m, f*
pọvršan oberflächlich; (*Bekanntschaft*) flüchtig
pọvršin|a Oberfläche *f*; Flächeninhalt *m*; ~***a mọra*** Meeresspiegel *m*; ***dōći na ~u*** *fig.* zutage treten; ***stąmbenā ~a*** Wohnfläche *f*
pọvršīnskī Flächen-; ~ ***kōp*** *Bgb.* Tagebau *m*
pọvršnōst (-osti; *ISg* -osti/-ošću) *f* Oberflächlichkeit *f*; Flüchtigkeit *f*
pọvrtār → ***pọvrćār***
povrtlą̄rstvo → ***povrćą̄rstvo***
pọvrtnica Rettich *m*
pọvrtnjāk Gemüsegarten *m*
povų̄ci-potę̄gni mit Ach und Krach
povų̄čen (-o) zurückgezogen, zurückhaltend; verschlossen; introvertiert
povų̄čenōst (-osti; *ISg* -osti/-ošću) *f* Zurückgezogenheit *f*, Introvertiertheit *f*
pọvūći (-ų̄čēm; *Imp* -vų̄ci; -pọvūkao, -kla; -vučen) → ***povlą̄čiti***
pōz|a Pose *f*; ***stąviti se u ~u*** sich in Positur setzen
poząbaviti se sich unterhalten; sich beschäftigen (*I*/mit *D*); sich befassen (mit *D*)
pozabọraviti (**-vljati**) (allmählich) vergessen
pozą̄di *Präp* → ***strą̄ga***
pọzadin|a Hintergrund *m*; Hinterland *n*; ***ọstati u ~i*** *fig.* im Hintergrund bleiben
pọzajmica (An)Leihe *f*, Darlehen *n*
pozą̄jmiti *5* (**-ajmljívati**) leihen, ausleihen, borgen
pozajmljęnica *Ling.* Lehnwort *n*
pozajmljívati (-ąjmljujēm) → ***pozą̄jmiti***
pọzajmn|ī Leih-; ~***ā knjịžica*** Leihbücherei *f*
pozą̄koniti *pf* legitimieren; für gesetzlich erklären; *Kind* als ehelich erklären
pozakonję̄nje Legitimierung *f*
poząspati (-īm) *pf* (*nacheinander*) einschlafen
pozatvą̄rati *5 pf* (*nacheinander*) zumachen; einsperren
pozą̄vidjeti (-īm; -dio, -djela) *pf* beneiden (*D* ***na*** *L*/*A* um *A*)
pọzdrāv Gruß *m*; Willkommen *n*, Willkommensgruß *m*; ***izrų̄čiti*** ~ e-n Gruß ausrichten; ***Pọzdrāv Gọ̄spi, Gọ̄spin Pọzdrāv*** *Rel.* Ave Maria
pọzdraviti (**-vljati**) grüßen, begrüßen; grüßen lassen; willkommen heißen; *fig.* begrüßen; ~ ***se*** sich begrüßen
pozdravlją̄nje Begrüßung *f*
pozdravlję̄nje *Rel.* Ave Maria *n*
pozelęniti *5 pf* grün färben, grün anstreichen
pozelęnjeti (-īm; -nio, -njela) grün werden; (er-)grünen; ~ ***od jęda*** *fig.* sich grün und gelb ärgern
pozịcija Position *f*, Stellung *f*, Lage *f*
pọziciōn|ī Positions-; ~***ō svjętīljka*** Positionslicht *n*
pozịrati *5* posieren
pọzitīv *Gr.* Grundstufe *f*, Positiv *m*
pọzitīvan positiv, bejahend; Positiv-
pozitivịzam (-zma) Positivismus *m*
pō̧ziv Ruf *m*; Aufruf *m*, Vorladung *f*; Einberufung *f* (*in die Armee*); Beruf *m*; ~ ***na sų̄d*** gerichtliche Vorladung *f*; ***odązvati se ~u*** e-r Einladung *od.* Vorladung Folge leisten; ***po ~u*** von Beruf; ***telęfōnskī*** ~ Telefonanruf *m*
pozịvati *5* → ***pọzvati***
pōzivnī *Ruf-*; ~ ***brọ̄j*** Rufnummer *f*
pọzīvnica Einladungskarte *f*
pọzlāćen (-o) vergoldet
pozlaćę̄nje Vergolden *n*
pozlaćịvati (-ąćujēm) → ***pozlą̄titi***
pọzlata Vergoldung *f*
pozlą̄titi *5* (**-aćịvati**) vergolden
pozlijęditi *5/7* (**-ljeđívati**) verletzen, verwunden; *fig.* kränken; ~ ***stą̄rū rąnu*** *fig.* alte Wunden aufreißen; ~ ***se*** sich verletzen
pọzliti *pf* übel werden; ***pọzlilo mu je*** ihm ist schlecht geworden
pọznanica → ***znąnica***
pọznanīk → ***znąnac***
pozną̄nstvo Bekanntschaft *f*; ***ịmati vęlikō*** ~ e-n großen Bekanntenkreis haben; ***sklọpiti*** ~ Bekanntschaft schließen; ***vęze i*** ~ gute Beziehungen, *fig.* „*Vitamin B*"
pọznāt bekannt, berühmt; ***dọbro*** ~ wohlbekannt

poznati (**-ävati**) kennen; erkennen (**po** *L*/an *D*); **~ u prste** *fig.* durch und durch kennen; **~ kao svoj džep** *fig.* wie seine Westentasche kennen
poznāto bekannt; **kako je ~** bekanntlich; wie allgemein bekannt ist
poznavalac (-aoca) Kenner *m*
poznavānje Kennen *n*, Kenntnis *f*; **~ ljūdī** Menschenkenntnis *f*; **~ mjestā** Ortskenntnis *f*; **~ robē** Warenkunde *f*
poznavatelj → **poznavalac**
poznavati (poznajēm) → **poznati**
pozno *sb.* spät
pozobati (pozobljēm) *pf* aufpicken
pozor Aufmerksamkeit *f*, Achtung *f*; **~!** Achtung!
pozōran aufmerksam, achtsam; vorsichtig
pōzorišnī *sb.* → **kazalīšnī**
pōzorīšte *sb.* **kazalīšte**
pozōrnic|a Bühne *f*; Schauplatz *m*; **ljetnā ~a** Freilichtbühne *f*; **stupiti na političkū ~u** *fig.* die politische Bühne betreten
pozornōst (-osti; *ISg* -osti/-ošću) *f* Aufmerksamkeit *f*; Achtung *f*; **izazvati ~** Aufmerksamkeit auf sich lenken; **pokloniti ~** Aufmerksamkeit schenken; **skrenuti ~** Aufmerksamkeit ablenken (**s** *G*/von *D*)
pozvān (-o) geladen, eingeladen; gerufen; aufgefordert; **osjećati se ~** sich berufen fühlen
pozvati (-zovēm; -zvao, -āla) (**-zīvati**) (her)rufen; berufen; einladen, vorladen; (auf)fordern; *Mil.* einberufen; **~ na megdan** zum Duell herausfordern; **~ na odgovōrnōst** zur Rechenschaft *od.* zur Verantwortung ziehen; **~ na rēd** zur Ordnung rufen; **~ na strānu** zur Seite nehmen; zur Seite rufen; **~ u goste** einladen; **~ u pomōć** zu Hilfe rufen; **~ u vōjsku** in die Armee einberufen; **~ se** sich berufen (**na** *A*/auf *A*)
pozvoniti *5 pf* → **zvoniti**
požaliti (**se**) *pf* → **žaliti** (**se**)
požanjēm *1. Pers Sg v.* **požeti**
požār Feuer *n*, Brand *m*; Feuersbrunst *f*
požarīšte Brandstätte *f*
požārnī Feuer-
požārnīk Feuerwehrmann *m*
požderati (požderēm) *pf* → **žderati**
požderūh (*V* -še) *1* Vielfraß *m*
požeći (-žežēm; -žegao, -gla; -žežen *6*) (**-žigati**) verbrennen; niederbrennen
požēljan wünschenswert, erwünscht
poželjeti (-īm; -lio, -ljela) *pf* → **željeti**
poženiti *5 pf* (*nacheinander od. alle*) Söhne verheiraten
požeti (-žanjēm/-žnjēm; -žeo/-žnjeo; -žnjeven *6*) *pf* abernten, die Ernte einbringen; **~ uspjeh** Erfolg ernten
poživinčen (-o) grausam, verroht
požīviti *pf* leben lassen, am Leben erhalten; **Bōg te požīvio!** Gott behüte Dich!
poživjeti (poživīm; -vio, -vjela) *pf* (*für einige Zeit*) leben
požnjeti (-žnjēm/-žanjēm) *pf* → **požeti**
požrtvovān opferbereit, opferwillig; aufopfernd
požuda Begierde *f*, Gier *f* (**za** *I*/nach *D*); Lüsternheit *f*
požudan (be)gierig; begehrlich; lüstern
požudnōst (-osti; *ISg* -osti/-ošću) *f* → **požuda**
požūriti *5* (**-urīvati**) beschleunigen; antreiben, drängen; **~ se** sich beeilen
požurīvati (-urujēm) → **požūriti**
požūrnica Erinnerungsschreiben *n*, Mahnbrief *m*
požūtiti *5 pf* gelb färben *od.* tünchen
požūtjeti (požūtīm; -tio, -tjela) *pf* gelb werden; (*Blätter etc.*) vergilben
prababa Urgroßmutter *f*; Ahnfrau *f*
prabīće Urwesen *n*
pračovjek (*Pl* -ljudi) Urmensch *m*
praćakati se zappeln
praćka (*GPl* -ćākā/-ćkī) Schleuder *f*
pradāvn|ī uralt; vorzeitlich; **~ō doba** die graue Vorzeit
pradjed (*Pl* -i/-ovi) Urgroßvater *m*; Urahne *m*
pradomovina Urheimat *f*
prag Schwelle *f*; **~ na vrātima** Türschwelle *f*; **željeznički ~** Eisenbahnschwelle *f*; **biti na ~u** an der Schwelle stehen (*G*/zu *D*); **čistiti pred svojīm ~om** *fig.* vor seiner eigenen Tür kehren
pragmatičan pragmatisch
pragmatizam (-zma) Pragmatismus *m*
prāh Staub *m*, Pulver *n*; **bacati ~ u oči** *fig.* Sand in die Augen streuen; **mlijeko u ~u** Milchpulver *m*; **pretvoriti** *od.* **satrti u ~ i pepeo** in Schutt und Asche legen
prahistorija *sb.* → **prapovijēst**
praizvedba Uraufführung *f*
prajezik Ursprache *f*

P

prąkolijekva *fig.* Urheimat *f*
prąkršćānskī urchristlich
prąksa Praxis *f*
praktic̨īrati *5 ipf/pf* praktizieren
prąktičan praktisch, zweckmäßig
prąktičār Praktiker *m*
prąktičnōst (-osti; *ISg* -osti/-ošću) *f* Brauchbarkeit *f*, Zweckmäßigkeit *f*
prālja Wäscherin *f*
prąljudi *Pl v.* **prąčovjek**
prąma *Präp* (*L*) → **pręma**
prąmac (-mca) Bug *m*
prąmājka Urmutter *f*, Stammutter *f*
prąmen Büschel *n*; (*Haar-*)Strähne *f*
prąngija *Mil.* Mörser *m*
prānje Waschen *n*, Wäsche *f*; **~ mǫzgōvā** *fig.* Gehirnwäsche *f*; **mję-sečnō ~** *Med.* Monatsblutung *f*; **strōj za ~ rūblja** Waschmaschine *f*
praǫnica Waschküche *f*; Wäscherei *f*
prąonik Waschbecken *n*
prąotac (-oca) Stammvater *m*, Urvater *m*; Ahne *m*
prąporac (-orca) Schelle *f*, Glöckchen *n*; Kuhglocke *f*
prąpovijēst *f* (-ēsti; *ISg* -ēsti/-ēšću) Urgeschichte *f*
prąprababa Ururgroßmutter *f*
prąpradjed Ururgroßvater *m*
prąpraunuk Ururenkel *m*
prąs → **pǫriluk**
prāsac (-sca; *V* prašče) Schwein *n*; *fig.* Saukerl *m*, schweinischer Mensch
prąsak (-ska) Knall *m*, Krach *m*
prāse (prąseta) Ferkel *n*
prąsetina Schweinefleisch *n*; Schweinebraten *m*
prąsica Sau *f*
prąsjedilac (-ioca) Ureinwohner *m*
prąskalica Knallkörper *m*
prąskānje Knallen *n*, Krachen *n*; Prasseln *n*, Geknister *n*
prąskati [-snuti] knallen, knattern; prasseln, knistern
prąskav prasselnd; knatternd; Knall-
prąskavac (-āvca) *Bgb.* Knallgas *n*
praskǫzorje Morgendämmerung *f*
prąsnuti (-nēm) → **prąskati**; **~ ų smijeh** laut loslachen, in Gelächter ausbrechen
prąstanovnīk Ureinwohner *m*
prąstar uralt; steinalt
prąsvijēt Urwelt *f*
prāšak (-ška) Staub *m*, Pulver *n*; **~ za prānje rūblja** Waschpulver *n*; **bącati ~ ų oči** *fig.* Sand in die Augen streuen; **(pǫ)dįći ~** *fig.* Staub aufwirbeln
prąšin|a Staub *m*; **kŗpa za ~u** Staubtuch *n*
prąšiti stauben; Staub aufwirbeln
prąšnīk *Bot.* Staubgefäß *n*
prāštānje Verzeihen *n*, Vergeben *n*
prąštati verzeihen, vergeben; **~ se** sich verabschieden
prąšuma Urwald *m*
prąti (pęrēm; prao, -āla) **[o-]** (**se** sich) waschen; *fig.* rechtfertigen; *Geschirr* spülen; **rūka rūku pęrē** *fig.* e-e Hand wäscht die andere
prątilac (-ioca) Begleiter *m*, Begleitperson *f*; *Astr.* Trabant *m*
prątilica Begleiterin *f*
prątiti [is-] begleiten, geleiten; nachfolgen; mitkommen (*A*/mit *D*); **~ kao sjęna** auf Schritt und Tritt folgen; **sręća prątī** (*A*) das Glück ist (*D*) hold
prątnj|a Begleitung *f*, Begleitperson *f*; **u ~i** in Begleitung
prąunuk Urenkel *m*
prąunuka Urenkelin *f*
prąuzor Archetyp *m*; Prototyp *m*
prąv (*LF* prāvī) recht; richtig; echt; gerade; aufrecht; **~ā čąs** der rechte Augenblick; **~ō čųdo** wahres Wunder; **~ā lūdnica** *fig.* das reinste Irrenhaus; **~ī prijatelj** wahrer Freund; **~ prąvcat** *fig.* waschecht; ganz richtig
prąva *Math.* Gerade *f*
prą|vac (-vca) Gerade *f*; Richtung *f*; **ų tōm ~vcu** in dieser Richtung (*a. fig.*)
prąvāš *1* Mitglied *od.* Anhänger der Kroatischen Partei des Rechts (*HSP*)
prąvcat: prav ~ waschecht
prāvd|a Gerechtigkeit *f*; Recht *n*; **dijęliti** *od.* **krǫjiti ~u** Recht sprechen; Gerechtigkeit üben; **kązati po ~i** offen und ehrlich sagen; **ministąrstvo ~ē** Justizministerium *n*; **tjęrati ~u** prozessieren
prāvdānje Zank *m*, Streit *m*; Rechthaberei *f*; Rechtfertigung *f*
prāvdāš *1* Streitsüchtige(r) *m*, Rechthaber *m*
prāvdati se zanken, streiten; prozessieren; sich rechtfertigen; **~ za cąrevu brādu** *fig.* um des Kaisers Bart streiten
prąvdoljūblje Gerechtigkeitsliebe *f*, Gerechtigkeitssinn *m*
prąvedan gerecht, rechtschaffen

prạvednōst (-osti; *ISg* -osti/-ošću) *f* Gerechtigkeit *f*, Rechtschaffenheit *f*
prạvica Recht *n*; Gerechtigkeit *f*; Privileg *n*, Vorrecht *n*
prạvičan gerecht, billig
prạvila *n*/*Pl* Satzung *f*, Statut *n*
prạvīlan regelmäßig; regelrecht; vorschriftsmäßig; normal; korrekt
prạvīlnīk (Dienst-)Vorschrift *f*; Geschäftsordnung *f*
prạvīlno richtig, korrekt
prạvilnōst (-osti; *ISg* -osti/-ošću) *f* Richtigkeit *f*; Vorschriftsmäßigkeit *f*; Korrektheit *f*
prạvil|o Regel *f*; Vorschrift *f*; **~o ịgrē** Spielregel *f*; **~o trọjnō** *Math.* Dreisatzregel *f*; **drẓati se ~a** die Vorschriften beachten; **nẹpīsanō ~o** *fig.* ungeschriebenes Gesetz; **ogriję̄šiti se o ~o** gegen die Regeln verstoßen; **po ~u** in der Regel; **prȃvnō ~o** *Jur.* Rechtsnorm *f*; → **prạvila**
prạviti [nạ-] machen; erzeugen; bilden; bereiten; anfertigen; errichten; **~** (*A*) **budạlōm** *od.* **od** (*G*) **budạlu** zum Narren halten (*A*); **~ drụ̄štvo** Gesellschaft leisten; **~ od mụhē slọna** *fig.* aus e-r Mücke e-n Elefanten machen; **~ se budạla** sich dumm stellen; **~ se vȃžan** sich wichtig machen
prạvljēnje Erzeugung *f*; Herstellung *f*; Anfertigung *f*; Bereitung *f*
prȃvn|ī rechtlich, Rechts-; **~ī lijek** Rechtsbehelfsbelehrung *f*; **~ā ọsoba** *od.* **~ō līce** *Jur.* juristische Person; **~ā pọmōć** Rechtshilfe *f*; **~ō stȃnje** Rechtsstand *m*
prȃvnīk Jurist *m*, Rechtskundige(r) *m*
prạvo¹ geradeaus, direkt; recht; **~ zdrạvo** schnurgerade; schnurstracks; **ạko ćẹmo ~** im Grunde genommen; **nị̄šta mu nije ~** man kann ihm nichts recht machen; **kạko je ~ i poštẹno** wie es recht und billig ist
prȃv|o² Recht *n*; Rechtswissenschaft *f*; Berechtigung *f*; Befugnis *f*; **~o azīla** Asylrecht *n*; **~a čọvjeka** Menschenrechte *Pl*; **~o glȃsa** *Jur.* Stimmrecht *n*; **~o jạčēg** das Recht des Stärkeren; Faustrecht *n*; **~o na mirọvinu** Rentenanspruch *m*; **~o svojịnē** Eigentumsrecht *n*; **ạktīvnō ~o glȃsa** aktives Wahlrecht; **bịti u ~u** im Recht sein; **grạđanskō ~o** Zivilrecht *n*; **ịmati ~o** recht haben; **jȃvnō ~o** öffentliches Recht; **krịvičnō ~o** Strafrecht *n*; **ljụdskā ~a** Menschenrechte *Pl*; **međunȃrodnō ~o** Völkerrecht *n*; **po ~u i pravịci** *od.* **s pụ̄nim ~m** mit Fug und Recht; **pọrodičnō ~o** Familienrecht *n*; **ụprāvnō ~o** Verwaltungsrecht *n*
pravobrạnitelj Staatsanwalt *m*
prạvodōban rechtzeitig; termingerecht
prạvokūt Rechteck *n*
prạvokūtan rechtwinklig
prạvokūtnīk Rechteck *n*
pravọmoćan rechtskräftig
pravọmoćnōst *f* (-osti; *ISg* -osti/-ošću) Rechtskraft *f*
prạvopīs Rechtschreibung *f*, Orthographie *f*
prạvopīsnī orthographisch, Rechtschreib-
prạvorijēk Rechtsprechung *f*; Urteilsspruch *m*
pravoslȃvac (-vca; *V* -vče; *GPl* -ọslāvācā) Orthodoxe(r) *m*
pravọslāvan orthodox
pravọslāvlje Orthodoxie *f*; orthodoxe Kirche
prạvosnāžan rechtskräftig
prạvosnāžnōst (-osti; *ISg* -osti/-ošću) *f* Rechtskraft *f*, Rechtsgültigkeit *f*
pravọsuđe Rechtspflege *f*; Justiz *f*; Gerichtsbarkeit *f*
pravovạljān rechtskräftig, rechtsgültig
pravovạljānōst (-osti; *ISg* -osti/-ošću) *f* Rechtskraft *f*, Rechtsgültigkeit *f*
pravovjẹ̄rac (-jērca) *Rel.* Orthodoxe(r) *m*
prạvovjēran *Rel.* orthodox
prạvovjērje *Rel.* Orthodoxie *f*
prạvovjērnik *Rel.* Orthodoxe(r) *m*, orthodoxer Christ
prạvovremeno rechtzeitig, zur rechten Zeit; termingerecht
prȃz|an leer, gehaltlos; (*Ähre*, *Nuß*) taub; **~nī họd** *Tech.* Leerlauf *m*; **bịti ~nōg džẹpa** kein Geld haben; **hịtac u ~no** *fig.* ein Schlag ins Wasser; **ọstati ~īh rụ̄kū** das Nachsehen haben; **skọk u ~no** (*GPl* -kī) *fig.* Sprung ins Ungewisse
praziluk Porree *m*
prȃzničan festtäglich; Feiertags-
prȃznī|k Feiertag *m*; Festtag *m*; **škọlskī ~ci** Schulferien *Pl*
praznịna Leere *f*, Lücke *f*; **zȃkonskā ~** Gesetzeslücke *f*

prązniti [**is-**] leeren, entleeren; evakuieren; ~ **se** sich (ent)leeren
praznoća → ***praznina***
praznoglavac (-āvca) *fig.* Hohlkopf *m*
praznoruk mit leeren Händen
praznovati (-ujēm) feiern; ein Fest feiern
praznovjerac (-vjērca) abergläubischer Mensch
praznovjēran abergläubisch
praznovjērje Aberglaube *m*
praživotinje *f*/*Pl* Urtiere *Pl*, Urtierchen *Pl*
prāžnjēnje Entleeerung *f*; (*Batterie*) Entladen *n*
prčiti se sich brüsten
prčkati herumstochern; panschen
prćast stumpf; aufgestülpt; ~ ***nōs*** Stupsnase *f*
prćija Mitgift *f*, Aussteuer *f*
prćiti *Nase* rümpfen
prdac (prca) F Furz *m*
prdjeti (-im; -dio, -djela) *pf* furzen
prebāciti *5* (**-acīvati**) hinüberwerfen, überwerfen; *Beine* übereinanderschlagen; *Leichnam* überführen; *Mantel* überwerfen; *Norm, Plan* übererfüllen; *Personen* (*mit e-r Fähre*) übersetzen; ~ ***cīlj*** *fig.* über das Ziel hinausschießen; ~ ***kolima*** *e-e Person* mit dem Auto (*an e-n Ort*) bringen
prabacīvānje Überwerfen *n*; Überschlagen *n*; *Sp.* Überschlag *m*; Übersetzen *n* (*mit e-r Fähre*)
prebacīvati (-acujēm) → ***prebāciti***
prebačaj (Norm-)Übererfüllung *f*
preberēm *1. Pers Sg v.* ***prebrati***
prebijati → ***prebiti***
prebijen *6* gebrochen; ***nēmati ni ~ē parē*** keinen roten Heller haben; ***osjećati se kao*** ~ sich wie zerschlagen fühlen
prebirati [**-brati**] (aus)lesen; (aus)sortieren; ~ ***po gitāri*** auf der Gitarre spielen
prebiti (-jēm; -bijen *6* -bit) (**-bijati**) brechen, zerbrechen; *Ansprüche etc.* aufrechnen, kompensieren; ~ ***na mrtvō ime*** *fig.* grün und blau prügeln
prebivalīšte Wohnsitz *m*, Wohnort *m*; Aufenthaltsort *m*
prebīvati *5* wohnen; verweilen
prebjeći (-gnēm) (**-gāvati** *5*) (*zum Feind*) überlaufen; (*über die Grenze*) fliehen
prebjeg(lica) *m* Überläufer *m*, Deserteur *m*; Flüchtling *m*
prebjegāvati *5* → ***prebjeći***
prebjegnuti (-nēm; -gao, -gla) *pf* → ***prebjeći***
prebogat sehr reich, zu reich; steinreich
prebojadisati (-išēm) *pf* übermalen; überstreichen
prebolijevati *5*/*7* [**-oljeti**] genesen; *Krankheit* überstehen; *fig.* verschmerzen
preboljeti (-īm; -lio, -ljela) *pf* → ***prebolijevati***
prebrājati *5* → ***prebrojiti***
prebrati (-berēm) *pf* → ***prebirati***
prebroditi *pf* übersegeln; (*mit dem Schiff*) überfahren; *fig.* überwinden
prebrod(lj)iv (*Gewässer*) schiffbar; *fig.* überwindbar
prebrojāvati *5* → ***prebrojiti***
prebrojiti *5* (**-jāvati** *5*) (ab)zählen, aufzählen; nachzählen
prebrzo zu schnell; übereilt, verfrüht
prebujati (-īm) *pf* überströmen
precedens Präzedenzfall *m*
preci *Pl v.* ***predak***
precijeniti *5*/*7* (**-cjenjīvati**) überschätzen, überbewerten
precīzan präzise, genau
precizionī Präzisions-, Fein-
precizīrati *5 ipf*/*pf* präzisieren
precīznōst (-osti; *ISg* -osti/-ošću) *f* Präzision *f*, Genauigkeit *f*
precjena, -njīvānje Überschätzen *n*; Überbewertung *f*
precjenjīvati (-enjujēm) → ***precijeniti***
precrtati (**-āvati** *5*) durchstreichen, ausstreichen; durchpausen
precvasti (-atēm) (**-cvjetati**) verblühen
preča *Sp.* Reck *n*
prečac (-čca) Abkürzung *f*
prečaga Sprosse *f*, Querbalken *m*; *Anat.* Zwerchfell *n*
prečas|tan (-sno) ehrwürdig, hochwürdig; ~***nī*** Hochwürden
preči *Komp v.* ***prijek***
prečistiti (-čišćen) (**-šćāvati** *5*) reinigen, säubern; läutern; filtrieren; raffinieren; *Buch* überarbeiten
prečka (Tor-)Querlatte *f*; *Sp.* Reck *n*
prečuti (-ujēm) *pf* überhören, nicht hören
prećēm *1. Pers Sg v.* ***pretati***
preći (-eđēm) *pf* → ***prijeći***
prećutan *sb.* → ***prešutan***
prećūtati *sb.* → ***prešūtjeti***

P

prẹd *Präp* (*Wo? I/D; Wohin? A/A*) vor; angesichts (*G*); ~ **večer** gegen Abend; **ịći** *od.* **dộći** ~ (*A*) abholen (*A*)
prẹdāh Atempause *f*; **bẹz ~a** pausenlos, ununterbrochen
predạhnuti (prẹdahnēm) *pf* aufatmen; Atem holen, Luft holen
prẹdaja Übergabe *f*; Abgabe *f*; Überreichung *f*, Zustellung *f*; *fig.* Überlieferung *f*
prẹdājnī Übergabe-; Überlieferungs-
prẹdājnīk Sender *m*, Sendegerät *n*
prẹdak (-tka; *Pl* -eci) Vorfahr *m*, Ahn(e) *m*
prẹdān (-o) übergeben, abgegeben; ergeben; enthusiastisch
predạniti *5 pf* den Tag verbringen, tagsüber bleiben
prẹdānōst (-osti; *ISg* -osti/-ošću) *f* Hingabe *f*
prẹdatelj Absender *m*
prẹdati (-dajēm; -dao, -dāla) (**-dạvati** *5*) übergeben; abgeben; *Post* aufgeben; *Geschenk*, *Diplom* überreichen; *Gesuch* einreichen; (*beim Schachspiel*) aufgeben; ~ **ọrūžje** die Waffen strecken; sich ergeben; ~ **ọstāvku** zurücktreten; ~ **se** (*nur ipf*) *Studienfach* lehren; sich (*e-m Laster*) ergeben
prẹdatnica (*Post*, *Gepäck*) Aufgabeschein *m*
predạvāč *1* (*V* -u) Vortragende(r) *m*; Dozent *m*
predạvānje Vortrag *m*; Vorlesung *f*
predavaọnica Lehrsaal *m*, Hörsaal *m*; Vortragsraum *m*
predạvati (prẹdājēm) vortragen; e-n Vortrag halten; e-e Vorlesung halten; → **prẹdati**
predbạciti *5* (**-acịvati**) vorwerfen; Vorwürfe machen
predbacịvati (-ạcujēm) → **predbạciti**
prẹdbilježba (*GPl* -bī) Vormerkung *f*; Vorbestellung *f*, Reservierung *f*
predbịlježiti *pf* vormerken, vorbestellen; *Platz* belegen *od.* reservieren
prẹdēm *1. Pers Sg v.* **prẹsti**
prẹdēnje Spinnen *n*; (*Katze*) Schnurren *n*
predestịnīrān (-o) prädestiniert; vorherbestimmt
prẹdgovōr Vorwort *n*; Vorrede *f*, Einleitung *f*
prẹdgovōrnīk Vorredner *m*
prẹdgrāđe Vorstadt *f*, Vorort *m*
prẹdigra Vorspiel *n*; Präludium *n*
predịkāt *1* Prädikat *n*
prẹdio (-djēla) *m* Landstrich *m*, Gegend *f*; Region *f*, Bereich *m*
prediọnica Spinnerei *f*
prẹdispit Vorprüfung *f*
prẹdistraga Voruntersuchung *f*
prẹdīvan wunderbar; wunderschön, herrlich
prẹdīvo Gespinst *n*
prẹdjel → **prẹdio**
prẹdjelo Vorspeise *f*
predlạgāč *1* (*V* -u) Antragsteller *m*
predlạ̄gānjē Vorschlagen *n*; Beantragen, Antragstellung *f*; ~ **dọkaza** *Jur.* Beweisantritt *m*
predlạgati (prẹdlāžēm) → **predlọžiti**
prẹ̄dlog → **prijẹdlog**
prẹdložak (-ška; *Pl* -šci) Vorlage *f*; Muster *n*, Modell *n*
predlọžiti *5* (**-lạgati**) vorschlagen, beantragen; e-n Vorschlag machen; *Jur.* beantragen
prẹ̄dmet, prẹdmet Gegenstand *m*; Sache *f*; Objekt *n*; Ding *n*; (*Unterrichts*-)Fach *n*; Thema *n*; (*im Brief*) Betreff *n*; *Gr.* Satzgegenstand *m*, Objekt *n*; **dṛžati se ~a** bei der Sache *od.* beim Thema bleiben; **skạ̄kati s ~a na ~** von e-m Thema zum anderen springen; **spọrednī ~** (*Schule*) Nebenfach *n*; **udạljiti se od ~a** vom Thema abweichen
prẹdmetak (-tka; *Pl* -eci) *Gr.* Präfix *m*, Vorsilbe *f*
prẹdmetn|ī Sach-; **~ō kạzalo** Sachregister *n*, Sachverzeichnis *n*
prẹdnacrt: ~ **zạ̄kona** Gesetzesentwurf *m*
prẹdnaobrazba Vorbildung *f*
prẹdnōst (-osti; *ISg* -osti/-ošću) *f* Vorteil *m*; Vorzug *m*; Vorrang *m*, Priorität *f*; Vorfahrt *f*; **dạti** ~ den Vorzug geben
prednjạčiti *5* vorangehen; (an)führen; ~ **dọbrīm prịmjerom** mit gutem Beispiel vorangehen
prẹdnjāk Vordermann *m*; Vorarbeiter *m*; Vorturner *m*
prẹdnjī vorderer, Vorder-; ~ **kọtāč** *Kfz.* Vorderrad *n*; ~ **pộgon** *Kfz.* Vorderradantrieb *m*
prẹdobar zu gut; herzensgut
predọbiti (prẹdobijēm) *pf* (*durch Zureden für etw.*) gewinnen

P

predočāvati *5* → ***predočiti***
predočēnje Vorzeigen *n*; Vorlegen *n*; Vergegenwärtigen *n*, Präsentieren *n*
predočiti *5* (**-āvati** *5*) vorzeigen; vorweisen; vergegenwärtigen, präsentieren; *Folgen etc.* vor Augen halten, vergegenwärtigen; ~ **se** (*A*) sich vorstellen (*A*)
predodrēditi *5* (**-eđīvati**) vorherbestimmen; vorbestimmen
predodređīvati (-eđujēm) → ***predodrēditi***
predodžb|a (*GPl* -džābā/-džbī) Vorstellung *f*; Begriff *m*; ***mōć ~ē*** Vorstellungskraft *f*
predomisliti se (**-mīšljati se** *5*) sich etw. anders überlegen, sich (anders) besinnen
predosjećāj, -osjećānje (Vor-)Ahnung *f*; Vorgeschmack *m*
predosjećati [**-titi**] vorausahnen, e-e Vorahnung haben
predpenzija Vorruhestand *m*
predračun (*Kosten-*)Voranschlag *m*
predradnīk Vorarbeiter *m*
predrādnja Vorarbeit *f*
predrag zu lieb; sehr lieb; allerliebst
predrāsuda Vorurteil *n*, Voreingenommenheit *f*
predratnī Vorkriegs-
predsezōna Vorsaison *f*
predsjedānje Vorsitz *m*; ***pod ~m*** unter dem Vorsitz
predsjedatelj → ***predsjednīk***
predsjedati (**-sjedāvati** *5*) Vorsitz führen; *Versammlung, Sitzung* leiten
predsjednica Vorsitzende *f*; Präsidentin *f*
predsjednīk Präsident *m*; Vorsitzende(r) *m*; Vorstand *m*; ~ ***državē*** Staatsoberhaupt *n*
predsjednīštvo Vorsitz *m*; Präsidium *n*; Leitung *f*
predsoblje Vorzimmer *n*; Vorraum *m*, Diele *f*
predstav|a Vorstellung *f*; Aufführung *f*; ***~a je završenā*** *fig.* das Spiel ist aus; ***nemōj napraviti takvū ~u!*** *fig.* mach nicht so ein Theater!
predstaviti (**-avljati**) vorstellen; bekannt machen (*A D*/*A* mit *D*); darstellen; vorführen, spielen; ~ **se** sich vorstellen *od.* sich bekanntmachen
predstāvka (*GPl* -kī) Eingabe *f*, Gesuch *n*
predstavljāč *1* (*V* -u) Darsteller *m*; Schauspieler *m*
predstavljati → ***predstaviti***
predstāvnīčkī *Pol.* Repräsentanten-; ~ ***dōm*** Repräsentantenhaus *n*
predstāvnīk Vertreter *m* (*e-r Firma*); Repräsentant *m*; ***nārodnī*** ~ Volksvertreter *m*
predstāvnīštvo Vertretung (*e-r Firma*); ***diplomatskō*** ~ diplomatische Vertretung *f*
predstojati (-jī) *unpers* bevorstehen; *Übel*: drohen
predstojećī bevorstehend, künftig; (*Übel*) drohend
predstōjnīk (Amts-)Vorsteher *m*; *Rel.* Abt *m*
predstrāža *Mil.* Vorposten *m*, Vorhut *f*
predšasnik *vera.* Vorgänger *m*; Vorredner *m*
predškolskī Vorschul-, vorschulisch
predugovor *Jur.* Vorvertrag *m*
predūjam (-ūjma) Vorschuß *m*; ***zatrāžiti*** ~ um e-n Vorschuß bitten
predūjmiti *5 pf* vorwegnehmen; *Geld* vorstrecken
predumišljāj Vorbedacht *m*; Absicht *f*; *Jur.* Vorsatz *m*; ***s ~em*** vorsätzlich
predusresti (-sretnēm; -sreo, -srela) (**-tati**) verhindern, vereiteln
predusretati (-srećēm; -etao) → ***predusresti***
predūvjet Vorbedingung *f*; Voraussetzung *f*
preduzēće *sb.* → ***poduzēće***
preduzeti *sb.* → ***poduzēti***
predvājati *5* → ***predvojiti***
predvečē(r) gegen Abend, in der Dämmerung
predvečērje Vorabend *m*, Dämmerung *f*
predvid(lj)iv voraussehbar; voraussichtlich
predvidjeti (-īm; -dio, -djela; -viđen) (**-vīđati** *5*) voraussehen; vorhersehen
predvodnīk Anführer *m*; ***ōvan*** ~ Leithammel *m*
predvojiti *5 pf* halbieren; entzweibrechen
predvojnīčkī vormilitärisch; → ***obuka***
predvōrje Vorhalle *f*; Flur *m*
predzadnjī vorletzter
predzīđe Vormauer *f*, Schutzmauer *f*; Bollwerk *n* (*a. fig.*)

P

prẹdznāk Vorzeichen *n*, Omen *n*
predznạ̄nje Vorkenntnisse *Pl*, Vorwissen *n*
prẹdživot Vorleben *n*
prẹđa Garn *n*; Gespinst *n*; Netz *n*
prẹđašnjī vorübergehend; vorig
prẹđi *m*/*Pl* Ahnen *Pl*, Vorfahren *Pl*
prẹfārbati übermalen; übertünchen
preferị̄rati *5 ipf*/*pf* bevorzugen
prẹfiks *Gr*. Präfix *n*, Vorsilbe *n*
prẹfrigān (-o) schlau; listig, verschlagen
prẹgač|a Schürze *f*; ***vịsiti na ~i*** *fig*. zur Last fallen
prẹgalac (-gaoca) Enthusiast *m*
prẹgaziti *pf* durchwaten; überschreiten; *Menschen* überfahren; *Gesetz* übertreten; ***prẹgazilo je*** (*A*) ***vrijẹme*** *fig*. die Zeit ist über (*A*) hinweggegangen
prẹgīb Beuge *f*; Gelenk *n*; Falz *m*; ~ ***kọljena*** Kniekehle *f*
pregị̄bati (prẹgibām/-bljēm) **[prẹ̄gnuti]** biegen, umbiegen; ~ ***se*** sich biegen; sich krümmen
prẹ̄glas → ***prijẹglas***
prẹ̄gled Überblick *m*; Übersicht *f*; Durchsicht *f*; *Med*. Untersuchung *f*; ~ ***mẹsa*** Fleischbeschau *f*; ~ ***umrlōg*** Leichenschau *f*; ***cạrinskī*** ~ Zollkontrolle *f*; ***spọrtskī*** ~ Sportschau *f*; ***tạbelārnī*** ~ tabellarischer Überblick
prẹ̄gledan übersichtlich, übersehbar
prẹgledati (**-dạ̄vati** *5*) durchsehen; sichten; besichtigen; *Med*. untersuchen; *Zeitung etc*. überfliegen
pregledạ̄vānje Durchsicht *f*; Besichtigung *f*; *Med*. Untersuchung *f*; *Mil*. Musterung *f*
prẹ̄glednōst (-osti; *ISg* -osti/-ošću) *f* Übersichtlichkeit *f*, Überschaubarkeit *f*
pregnụ̄će Strebsamkeit *f*, Streben *n*; Eifer *m*
prẹgnuti (-gnēm) *pf* streben (***na*** *A*/nach *D*); sich (*eifrig*) bemühen (um *A*)
pregọrjeti (-īm; -ọrio, -ọrjela) verbrennen; ausbrennen; *Sicherung*: durchbrennen; *fig*. verschmerzen; überwinden
pregovạrāč *1* (*V* -u) Unterhändler *m*
pregovạ̄rānje Verhandlung *f*; Verhandeln *n*
pregovạ̄rati *5* verhandeln (***o*** *L*/über *A*)
prẹgovori *m*/*Pl* Verhandlungen *Pl*
prẹgrada Schranke *f*; Trennwand *f*; Sperre *f*; ***nọsnā*** ~ *Anat*. Nasenscheidewand *f*
prẹgradak (-tka; *Pl* -aci) Fach *n*; Abteilung *f*; Verschlag *m*; Postfach *n*; *Mar*. Schotte *f*
pregrạ̄diti *5* (**-ađị̄vati**) abteilen; abzäunen; *Haus* umbauen
pregrạ̄dnja Umbau *m*
pregrađị̄vati (-ạđujēm) → ***pregrạ̄diti***
prẹgrijati (-ijēm) (**-jạ̄vati** *5*) überhitzen; überheizen
pregrijạ̄vānje Überhitzen *n*, Überhitzung *f*; Überheizen *n*
prẹgristi (-grị̄zēm; -grizao, -zla) (**-ị̄zati** *5*) durchbeißen; zerbeißen
prẹgršt *f* Handvoll *f*
prẹhlada Erkältung *f*; Schnupfen *m*
prehlạ̄diti se *5* (**-hlađị̄vati se**) sich erkälten; sich e-e Erkältung holen
prẹhlāđen (-o) erkältet, verkühlt
prehlađị̄vati se (-ạđujēm se) → ***prehlạ̄diti se***
prẹhrambenī Nahrungs-, Lebensmittel-
prẹhrana Ernährung *f*, Nahrung *f*; Verpflegung *f*
prehrạ̄niti *5* (**-hranjị̄vati**) nähren, ernähren; Unterhalt gewähren; ~ ***se*** sich ernähren
prẹimenovānje Umbenennung *f*
preimụ̄ćstvo → ***prẹdnōst***
preinạ̄čiti *5* (**-ačị̄vati**) (ab)ändern; umformen; umändern; umgestalten
preinačị̄vati (-ạčujēm) → ***preinạ̄čiti***
prẹinaka Veränderung *f*; Abänderung *f*; Umgestaltung *f*
preispị̄tati *5* (**-itị̄vati**) überprüfen; nachprüfen, kontrollieren
preispitị̄vānje Überprüfung *f*, Kontrolle *f*
preispitị̄vati (-ịtujēm) → ***preispị̄tati***
prẹjāk zu stark, sehr stark
prẹjasan (zu) grell; durchdringend
prẹjasnōst (-osti; *ISg* -osti/-ošću) *f* (*Eure*) Durchlaucht *f*
prejẹ̄dati se *5* → ***prẹjesti se***
prẹjeftin zu billig
prẹjesti se (-jedēm se; -jeo se, -jela se) (**-jẹ̄dati se**) sich überessen, sich den Magen überladen
prekạ̄liti *5* (**-kaljị̄vati**) abhärten, stählen (*a. fig.*)
prẹkāljen (-o) gehärtet; gestählt (*a. fig.*)
prẹkāljenōst (-osti; *ISg* -osti/-ošću) *f* Härte *f*; Robustheit *f*; Zähigkeit *f*
prekaljị̄vati (-ạljujēm) → ***prekạ̄liti***

P

prekȩ̄pānje Umgraben *n*; Durchwühlen *n*; Durchstöbern *n*; Auflockerung *f* (*des Bodens*)
prekȩ̄pati *5* → ***prekọpati***
prȩkasno *Adv* zu spät
prȩkīd Unterbrechung *f*; Abbruch *m*; (*Feuer*, *Verhandlungen*) Einstellung *f*; (*Vertrag*) Auflösung *f*; ***bȩz ~a*** ohne Unterbrechung
prekịdāč *1 El.* Unterbrecher *m*; Schalter *m*; ***mịkro-~*** *EDV* Mikroprozessor *m*
prekīdati *5* → ***prȩkinuti***
prȩkinuti (-nēm) (**-kīdati**) unterbrechen, abrechen; abreißen; einstellen; ***~ dạh*** den Atem anhalten; ***~ vȩzu*** die Verbindung *od.* die Beziehungen abbrechen; ***~ se od pọsla*** sich abrackern; ***~ se od smijȩha*** *fig.* sich kranklachen
prekīpjeti (prȩkīpīm; -īpio, -īpjela) *pf Wasser*, *Milch*: überlaufen, überschäumen; ***prekīpjelo mi je*** *fig.* die Galle lief mir über
prȩkjuče(r) vorgestern
prȩkjučera(š)njī vorgestrig
prȩklāni vor zwei Jahren
prȩklanjati → ***preklọniti***
prȩklanjskī vorvorjährig
preklȩ̄pānje *El.* Umschalten *n*; Zusammenlegen *n*; Zusammenfalten *n*
preklȩ̄pati *5* → ***preklọpiti***; *nur ipf* plaudern; ***~ i cr̄no i bijȩlo*** über Gott und die Welt reden
prȩklati (-koljēm; -klao, -klala) *pf* abschlachten, abstechen
prȩklinjānje Beteuerung *f*; Beschwören *n*; Anflehen *n*
prȩklinjati (-njēm; -njao, -njala) beschwören; anflehen; ***~ se*** beteuern, hoch und heilig versichern
preklọniti *5* (**prȩklanjati**) *Kopf* beugen; *Zweig* biegen; ***~ se*** sich verbeugen
prȩklop Klappe *f*; Schalter *m*
preklọpiti *5* (**-klȩ̄pati** *5*) umklappen; zusammenklappen, zusammenlegen; *Strom* umschalten
prȩklopnī zusammenklappbar, Klapp-; überlappend; ***~ bịcikl*** Klappfahrrad *n*; ***~ čạmac*** Faltboot *n*; ***~ krọv*** Klappverdeck *n*; ***~ nṑž*** Klappmesser *n*
prȩko *Präp* (*G*) über (*A*); gegen (*A*); wider (*A*); ***~ dȩ̄na*** tagsüber; ***~ prijạtelja*** über e-n Freund, durch Vermittlung e-s Freundes; ***~ pȗta*** gegenüber; ***~ rēda*** außer der Reihe; ***~ vọljē*** wider Willen; ***prijȩ́ći ~*** (*G*) sich über (*A*) hinwegsetzen
prekobȩ̄citi se *5 pf* sich überschlagen; e-n Purzelbaum schlagen
prȩkobrōjan überzählig
prȩkoljēm *1. Pers Sg v.* ***prȩklati***
prekomandīrati *5 ipf*/*pf* Mil. versetzen
prȩkomjēr|an maßlos; schrankenlos; übermäßig; überdrüssig; ***~nā dọza*** Überdosis *f*
prekomjȩ̄rnōst (-osti; *ISg* -osti/-ošću) *f* Maßlosigkeit *f*, Übermaß *n*
prȩkomorskī überseeisch, Übersee-
prȩkonṓć über Nacht
prekookȩ̄anskī Übersee-
prekọpati (**-ȩ̄vāti** *5*) umgraben; umhakken; *Erde* auflockern; *fig.* durchwühlen; durchstöbern
prekopȩ̄vānje Umgraben *n* (*Erde*); *fig.* Durchwühlen *n*
prekopȩ̄vati *5* → ***prekọpati***
prekoramȩnice *f*/*Pl* Hosenträger *Pl*
prekorȩ̄čiti *5* (**-ačīvati**) überschreiten; übertreten; ***~ nužnū ọbranu*** *Jur.* Notwehrüberschreitung begehen; ***~ ovlaštȩ̄nja*** die Befugnisse überschreiten
prȩkoran tadelnd; vorwurfsvoll
prekorȩ̄vati *5* → ***prekọriti***
prȩkorēdan außerordentlich, außergewöhnlich
prekọriti *5* tadeln, schimpfen; zurechtweisen; bemängeln
prekọsutra übermorgen
prekọvati (prȩkujēm) umschmieden; *Münzen* umprägen
prekọvremen: *~ī rạ̄d* Überstunden *Pl*; ***rạ̄diti ~o*** Überstunden machen
prekrȩ̄jati *5* → ***prekrọjiti***
prȩkrāsan wunderschön; herrlich, prächtig, wundervoll, entzückend
prekrȩ̄titi verkürzen; ***~ svọje mụke*** seinen Qualen ein Ende bereiten
prekr̥cati (**-ȩ̄vati** *5*) umladen; verladen; überladen
prekrȩ̄nuti (prȩkrēnēm) (**-ȩ̄tati**) umkehren; umdrehen; umwenden
prȩkret → ***preọkrēt***
prekrȩ̄tati (prȩkrēćēm) → ***prekrȩ̄nuti***
prȩkretnic|a Drehpunkt *m*; Wendepunkt *m* (*a. fig.*); ***na ~i stọljeća*** um die Jahrhundertwende
prȩkriti (-ijēm) (**-īvati** *5*) bedecken, überdecken; verdecken
prekrīžiti *5 pf* kreuzen; *Pläne* durchkreuzen; *Wort* durchstreichen; *Beine*

übereinanderschlagen; *Wunsch etc.* abschreiben; ~ **se** sich bekreuzigen
prȩkrīžje Kreuzweg *m*; *fig.* Scheideweg *m*
prekrǫjiti *5* anders *od.* neu zuschneiden; umgestalten; umformen
prekr̥stiti *sb. pf* → ***prekrīžiti***
prȩkršāj Vergehen *n*, Verstoß *m*; (*Gesetzes-*)Übertretung *f*; *Sp.* Foul *n*; ~ ***riječi*** Wortbruch *m*; ***učiniti*** ~ sich e-n Verstoß zuschulden kommen lassen
prekr̥šilac (-ioca) → ***prekr̥šitelj***
prekr̥šitelj Rechtsverletzer *m*, Gesetzesübertreter *m*; Schuldige(r) *m*; ~ ***blokādē*** Blockadebrecher *m*; ~ ***riječi*** Wortbrüchige(r) *m*
prekr̥šiti *5 pf Gesetz* übertreten; *Eid, Wort, Vertrag* brechen
prekrštāvati *5* → ***prekr̥stiti***
prekrštȩnīk *1* Umgetaufte(r) *m*, Bekehrte(r) *m*
prȩkrupa (*Weizen-*)Schrot *m*/*n*; Graupe *f*; Grütze *f*
prȩksinōč vorgestern abend
prȩksutra übermorgen
prȩksutrašnjī übermorgig
prȩkucati (**-ạvati**) (*mit der Schreibmaschine*) abtippen
prȩkuhati (**-ạvati** *5*) abkochen; aufkochen; auskochen; überkochen
prȩkūp Abkauf *m*, Aufkauf *m*; Vorkauf *m*
prȩkupac (-pca) Aufkäufer *m*; Wiederverkäufer *m*; Zwischenhändler *m*
prekųpiti *5* (**-upljīvati**) aufkaufen, abkaufen; (*als Zwischenhändler*) einkaufen
prekupljīvati (-ųpljujēm) → ***prekųpiti***
prȩlac (-lca) (*Seiden- etc.*)Spinner *m*; ***dųdov*** ~ *Zool.* Seidenraupe *f*
prelạmati *5* → ***prelǫmiti***
prelāt *1* Prälat *m*
prȩlaz(ak) → ***prijȩlaz(ak)***
prȩlazan → ***prijȩlazan***
prȩlaziti → ***prijȩći***
prelažȩnje (Hin-)Übergehen *n*, Überschreiten *n*; Überqueren *n*; Umsteigen *n*
prelȩtjeti (prȩletīm; -tio, -tjela) (**-lijȩtati** *7*) überfliegen; hinüberfliegen; *fig. Zeitung etc.* überfliegen
prȩlijep zu schön; wundervoll
prelijȩtati (prȩlijećēm) *7* → ***prelȩtjeti***
prelijȩvānje Schillern *n* (*von Farben*); Umgießen *n*; Übergießen *n*
prelijȩvati *7* → ***prȩliti***; ~ ***se*** *Farben*: schillern; *Wasser*: überlaufen
prelịstati (**-ạvati** *5*) durchblättern
prȩliti (ijēm) (**-lijȩvati**) übergießen; umgießen; überschütten
prȩ̄liv → ***prȩljev***
prȩ̄lo Spinnstube *f*; Spinnabend *m*
prȩ̄lom → ***prijȩ̄lom***
prelǫmiti (**-lạmati** *5*) (um)brechen; zerbrechen; (um)knicken, falten; *Druckbogen* umbrechen; ~ ***štạp*** *fig.* den Stab brechen (***nad*** *I*/über *D od. A*); ~ ***se*** zerbrechen
prȩlja Spinnerin *f*
prȩljev (*Schokoladen- etc.*)Überguß *m*
prȩljub(a) Ehebruch *m*
prȩljubnica Ehebrecherin *f*
prȩljubnīčkī ehebrecherisch
prȩljubnīk Ehebrecher *m*
prȩma *Präp* (*L*) nach (*D*); gegen (*A*); in Richtung (*G*); gegenüber (*D*); gemäß (*D*); entsprechend (*D*); laut (*D*); zufolge (*D*); ~ ***mȩni*** mir gegenüber; ~ ***pǫtrebi*** nach Bedarf; ~ ***prǫpisu*** nach Vorschrift, vorschriftsmäßig; ~ ***tǫme*** demzufolge; ***ljūbav*** ~ ***živǫtinjama*** Tierliebe *f*; ***trị*** ~ ***jȩdan*** *Sp.* 3:1
prȩ̄m|ac (-mca) (Mit-)Bewerber *m*, Rivale *m*; ***nȩ̄mā mu*** ~***ca*** ihm ist keiner gewachsen
premạ̄ći (prȩmāknēm; -kao) → ***premạ̄knuti***
premạ̄knuti (prȩmāknem; -kao) (**-mịcati**) wegrücken; wegstellen; verschieben; ~ ***se*** *unpers* zu Ende gehen
prȩmalen (-o) zu klein, zu winzig
prȩmalo *Adv* zu wenig, unzureichend
premạ̄miti *5* (**-amljīvati**) verlocken, herbeilocken
premamljīvati (-ạmljujēm) → ***premạ̄miti***
prȩmašiti (**-šīvati**) übertreffen; (*I*/an *D*); überbieten; *Norm* übererfüllen
premašīvati (-ạšujēm) → ***prȩmašiti***
prȩ̄maz (*Brot*) Aufstrich *m*; (*Farbe*) Anstrich *m*
prȩmazati (-žēm) (**-zīvati**) überschmieren; überstreichen; übertünchen
premazīvati (-ạzujēm) → ***prȩmazati***
prȩmda *Kj* obwohl, obgleich; wenn auch
premetạčina Hausdurchsuchung *f*
premȩtati (prȩmećēm) → ***prȩmetnuti***
prȩmetnuti (-nēm) (**-mȩtati**) durchsu-

P

chen; durchstöbern; durcheinanderwerfen; *Gr.*, *Mus.* invertieren, umstellen; ~ **se** e-n Purzelbaum schlagen
prẹ̄mija Prämie *f*; Belohnung *f*; Preis *m*; ~ ***osigurạ̄nja*** Versicherungsprämie *f*
premịjēr *1 Pol.* Premierminister *m*
premijẹ̄ra Premiere *f*, Erstaufführung *f*
preminụ̄će Hinscheiden *n*, Ableben *n*
premị̄nuti (prẹmīnēm) *pf* entschlafen, dahinscheiden; sterben
prẹ̄mio (-ilo) liebste(r, -s), heißgeliebte(r, -s)
prẹ̄misliti (-ị̄šljati *5*) bedenken; erwägen; überlegen; ~ **se** es sich anders überlegen
premịšljāč *1* Grübler *m*, nachdenklicher Mensch
premịšljānje Nachdenken *n*, Erwägen *n*
premị̄šlati *5* → ***prẹ̄misliti***
premjerạ̄vānje Vermessung *f*
premjerạ̄vati *5* → ***prẹ̄mjeriti***
prẹ̄mjeriti (-**ạ̄vati** *5*) vermessen, ausmessen; nachmessen
prẹ̄mjestiti (-**ẹ̄štati**) versetzen; *Möbel* umstellen; *Beamten* versetzen; *Reifen* auswechseln
premjẹstiv versetzbar; verstellbar; umstellbar
prẹ̄mještāj Versetzung *f*; Umstellung *f*; Verlegung *f*
prẹ̄mještati →***prẹ̄mjestiti***
prẹ̄mještēnje → ***prẹ̄mještāj***
premlạ̄titi *5* durchprügeln, grün und blau schlagen
prẹ̄mnogo (viel) zu viel, allzuviel
prẹmōć (-oći) *f* Übermacht *f*; Überlegenheit *f*
prẹmoćan überlegen (*I*/an *D*); übermächtig
prẹmoren (-o) übermüdet
prẹmorenōst (-osti; *ISg* -osti/-ošću) *f* Übermüdung *f*
premọriti se *5 pf* übermüdet sein; sich überarbeiten
premọstiti *5* (-**šćị̄vati**) überbrücken; *Hindernisse*, *Schwierigkeiten* überwinden
prẹmostiv überbrückbar
premošćị̄vati (-ọšćujem) → ***premọstiti***
premoštẹ̄nje Überbrücken *n*
premọtati (-**ạ̄vati** *5*) umwickeln; *Tonband* zurückspulen
premụ̄čati *pf* verschweigen
prẹmudar überklug; F neunmalklug; ***Sọlomon*** ~ Salomon der Weise
prẹnāgao (-glo) übereilt, überhastet
prenạ̄gliti se *5 pf* (sich) übereilen, (sich) überhasten
prenạkićen (-o) (*mit Verzierungen*) überladen
prẹnapēt überspannt; überdehnt
prenạpēti (prẹnapnēm; -peo, -ēla; -pēt) (-**pịnjati**) überdehnen, überspannen; *fig.* übertreiben, auf die Spitze treiben
prẹnapētōst (-osti; *ISg* -osti/-ošću) *f* Überspannung *f*; Überanstrengung *f*
prenaprẹ̄ći se → ***prenaprẹ̄gnuti se***
prenaprẹ̄gnuti se (-ạprēgnēm se; -nạpregao se/-naprẹ̄gnuo se, -gla se) (-**prẹ̄zati se**) sich überanstrengen; sich überarbeiten
prenạpūčen (-o) über(be)völkert
prenạpūčenōst (-osti; *ISg* -osti/-ošću) *f* Überbevölkerung *f*
prenạseljen (-o) zu dicht besiedelt, über(be)völkert
prenạseljenōst (-osti; *ISg* -osti/-ošću) *f* Über(be)völkerung *f*; zu dichte Besiedlung
prenạsititi *pf* (-sićen) übersättigen
prenạ̄šanje → ***prẹnošēnje***
prenạ̄šati *5* → ***prẹnijeti***
prẹnatrpān (-o) überfüllt; übervoll; zum Bersten voll
prẹnatrpānōst (-osti; *ISg* -osti/-ošću) *f* Überfüllung *f*, Überladung *f*; Überhäufung *f*
prenatṛpati (-**ạ̄vati** *5*) überfüllen, überladen; vollstopfen
prenemạ̄gānje Getue *n*; Ziererei *f*; Zimperlichkeit *f*
prenemạ̄gati se (-nẹmāžēm se) sich zieren, sich gekünstelt benehmen; zimperlich sein
prenemọći (-nẹmognēm) *pf* ohnmächtig werden; zusammenbrechen
prenerạ̄ziti *5* (-**ažạ̄vati** *5*) in Erstaunen versetzen; befremden; ~ **se** betroffen *od.* bestürzt sein
prenẹrāžen (-o) betroffen; fassungslos; konsterniert; verdutzt
prenẹrāženōst (-osti; *ISg* -osti/-ošću) *f* Betroffenheit *f*, Fassungslosigkeit *f*
prenẹsen (-o) übertragen; bildlich; ***u ~ōm smị̄slu*** im übertragenen Sinne
prẹnijeti (-nẹsēm; -nio, -njela; -nijet/-nẹsen *6*) (-**nọsiti**) hinübertragen, hinüberbringen; *Erreger*, *TV-Sendung*

übertragen; *Eigentum* (*auf den Sohn*) übertragen; *Geld* transferieren; *Aufenthaltsort* verlegen; ~ **se** sich übertragen; *Schall*: sich fortpflanzen; ~ **se dụhom** sich geistig versetzen (**u** *A*/in *A od.* nach *A*)
prẹ̄nizak (-sko) zu niedrig
prẹnóćīšte Herberge *f*; Nachtquartier *n*, Nachtlager *n*
prenọ́ćiti *5* (**-ćị̄vati**) übernachten, die Nacht verbringen
prenoćị̄vati (ọćujēm) → ***prenọ́ćiti***
prẹ̄nos → ***prijẹnos***
prenọsilac (-ioca) Überträger *m*
prenọsiti *5* → ***prẹ̄nijeti***
prenọsiv → ***prenọšljiv***
prẹnošēnje Übertragen *n*, Übertragung *f*; Verlegung *f*; Beförderung *f*
prenọšljiv übertragbar; verlegbar, versetzbar; **~ā bọlēst** übertragbare Krankheit; **~ī kọmpjutor** tragbarer Computer
prẹ̄nosnica *Tech.* Getriebe *n*
prẹ̄nuti se (-nēm se) *pf* (*erschreckt*) auffahren, aufschrecken; zu sich kommen; **~ izą sna** aus dem Schlaf auffahren; ***ni trẹnē ni prẹnē*** F er gibt kein Lebenszeichen von sich, er rührt sich nicht
prẹobīlan überreichlich, überschwenglich
prẹobīlje Überfluß (*I*/an *D*)
preoblạ̄čēnje Umkleiden *n*; ***kabīna za ~*** Umkleidekabine *f*
preoblạ̄čiti *5* → ***preọbūći***
preoblị̄čiti *5 pf* umformen; umgestalten; verformen
preọblikovati (-kujēm) *ipf*/*pf* → ***preoblị̄čiti***
preobraćẹ̄nje Bekehrung *f*; Sinneswandel *m*
preọbraćati [**-ạ̄titi** *5*] bekehren, umstimmen; ~ **se** zu e-m anderen Glauben übertreten
prẹobrazba Umbildung *f*; Umgestaltung *f*; Metamorphose *f*, Verwandlung *f*
preọbraziti (**-žạ̄vati** *5*) umgestalten; umbilden; umformen; verwandeln; ~ **se** sich (um)wandeln
prẹobražāj → ***prẹobrazba***
preobražạ̄vānje Umgestaltung *f*, Umwandlung(svorgang *m*) *f*; Verwandlung *f*
preọbražēnje → ***preobražạ̄vānje***; *Rel.* Verklärung *f*
preọbūći (-ū̧čēm; *Imp* -ụci; -ọbūkao, -kla; -bụčen *6*) (**-oblạ̄čiti**) umkleiden; ~ **se** sich umkleiden, sich umziehen
preọbuti (-ọbujēm; -buo, -ūla; -but/-bụven *6*) (**-ụ̄vati**) Schuhe wechseln, andere Schuhe anziehen
preobụ̄vati *5* → ***preọbuti***
preodgạ̄jānje Umerziehung *f*
preodgạ̄jati *5* → ***preodgọjiti***
preodgọjiti *5* (-ọdgojen) (**-gạ̄jati** *5*) umerziehen
preodijẹvati *5*/*7* → ***preọbūći***
preọdjenuti (-ọdjenēm) → ***preọbūći***
preokrẹ̄nuti (-ọkrēnēm) (**-krẹ̄tati**) umkehren; umdrehen, (um)wenden; umwälzen; umstülpen; umstimmen; *Worte* verdrehen
prẹokrēt Umschwung *m*; Wendung *f*, Wende *f*
preokrẹ̄tati (-ọkrēćēm) → ***preokrẹ̄nuti***
preokupạ̄cija Überlastung *f*; Voreingenommenheit *f*; *Psych.* übersteigerte Selbstbeobachtung
preopterećị̄vati (-ẹćujēm) → ***preoptẹretiti***
preoptẹrećenōst (-osti; *ISg* -osti/-ošću) *f*, **-ćẹ̄nje** Überlastung *f*, Überbürdung *f*; Überbeanspruchung *f*
preoptẹretiti (-tẹ̄rećen) (**-ećị̄vati**) überlasten; überbeanspruchen; ~ **se** sich (*mit Arbeit*) überlasten
preọrati (prẹorēm) (**-ạ̄vati** *5*) aufackern, umackern, umpflügen; durchackern
preorijentạ̄cija Umstellung *f*; Reorganisation *f*
preorijentị̄rati *5 ipf*/*pf* umstellen; reorganisieren; ~ **se** sich umstellen
preosjẹtljiv überempfindlich
preosjẹtljivōst (-osti; *ISg* -osti/-ošću) *f* Überempfindlichkeit *f*
preọstajati (-ọstajēm) → ***preọstati***; ***ne preọstajē mi drụgo*** ich habe keine andere Wahl
preọstanēm *1. Pers Sg v.* ***preọstati***
preọstao (-alo) restlich, verblieben, Rest-
preostạ̄|tak (-tka; *Pl* -aci) Rest *m*, Überrest *m*; **~ci** *Pl* Abfall *m*
preọstati (-ọstanēm; -stao, -ala) (**-ạ̄jati**) übrigbleiben, übrig sein
preosvọjiti *5 pf* zurückerobern
prẹoštar (-tro) zu scharf; *fig.* zu heftig; zu hart
preọtēti (prẹotmēm; prẹoteo, -ēla;

P

prȩotēt) (**-ǫtimati**) wegnehmen; an sich reißen; beschlagnahmen; ~ **mậh** die Oberhand gewinnen
preotĩmānje (*widerrechtliche*) Wegnahme *f*; Raub *m*
preǫtimati → ***preǫtēti***
prȩ̄pad Überfall *m*; Überrumpelung *f*; ***osvǫjiti*** *od.* ***ǫtēti na*** ~ überrumpeln (*durch e-n Überfall*)
prȩpadati [**-dnuti**] überfallen, überrumpeln; erschrecken
prȩpadnuti (-nēm) → ***prȩpadati***
prȩpapriti *pf* zu stark pfeffern
praparạndija *hist.* Lehrerseminar *n*
prepạrāt *1* Präparat *n*
prȩpāst (-āsti; *ISg* -āsti/-āšću) *f* Schrekken *m*, Entsetzen *n*
prȩpasti (-ạdnēm; -pao, -pāla; -pạdnūt) *pf* erschrecken *tr*; ~ **se** erschrecken *itr*; vom Schrecken erfaßt werden
prȩpatiti *pf* (-aćen) ertragen; überstehen; erdulden
prepȩčen (-o) überbacken; (*Schnaps*) doppelt gebrannt
prepečēnac (-nca) Zwieback *m*
prepečȩnica doppelt gebrannter Schnaps
prȩpeći (-pȩčēm; *Imp* -pȩci; -pekao, -kla; -pȩčen *6*) *Fleisch* zu stark braten; *Kuchen* zu lange backen; *Schnaps* doppelt brennen
prȩpelica Wachtel *f*
prȩpeličār Wachtelhund *m*, Vorstehhund *m*
prepịliti *5 pf* durchsägen; durchfeilen
prepịrāč *1* (*V* -u) streitsüchtiger Mensch
prȩpirati se (-irēm se) sich streiten, e-n Wortwechsel haben
prȩpīrka (*GPl* -ārākā/-rkī) Zank *m*, Streit *m* (**oko** *G*/um *A*); Wortwechsel *m*
prȩpis → ***prijȩpis***
prepĩsati (prȩpīšēm) (**-isĩvati**) abschreiben; *Arznei* verschreiben; *Besitz* überschreiben; ~ ***nạčisto*** ins Reine schreiben
prepisịvāč *1* Abschreiber *m*
prepisĩvānje → ***prijȩpis***
prepisĩvati (-ịsujēm) → ***prepĩsati***
prȩ̄piska (*GPl* -skī) Korrespondenz *f*, Briefwechsel *m*, Briefverkehr *m*
prȩ̄pjev Nachdichtung *f*, freie Übersetzung e-s Gedichtes
prȩpjevati nachdichten
preplaćĩvati (-ạćujēm) → ***preplậtiti***
preplạnuo (-ulo) (*sonnen-*)gebräunt
preplạnuti (prȩplanēm) *pf* bräunen; (*von der Sonne*) braun werden
prȩplašiti *pf tr* erschrecken; einschüchtern, in Angst versetzen; ~ **se** *itr* erschrecken
prȩplata Überzahlung *f*
preplậtiti *5* (-aćen) (**-aćĩvati**) zu viel bezahlen, überzahlen
prȩplaviti (-vljen) *pf* überschwemmen, überfluten; überströmen
prȩplesti (-plȩtēm; prȩpleo, -ēla; -lȩten *6*) (**prȩpletati**) verflechten; einflechten; durchschlingen; umstricken; ~**se** sich verflechten (*a. fig.*)
prȩpletati (-plećēm) → ***prȩplesti***
prȩplitati → ***prȩplesti***; ~ ***nǫgama*** das Tanzbein schwingen
prȩplivati *pf* durchschwimmen
preplǫviti *5 pf Schiff*: durchfahren
prepolǫviti *5 pf* halbieren
prȩpona Hindernis *n*; *Sp.* Hürde *f*; *Anat.* Leiste(nbeuge *f*) *f*
prepọnāš *1 Sp.* Hürdenläufer *m*
prȩponīzan kriecherisch
prȩporōd Wiedergeburt *f*; Renaissance *f*
preporọditelj Erneuerer *m*
preporọditi *5* (**-rậđati** *5*) erneuern; wiederherstellen, regenerieren; ***ọsjećati se kao prepọrođen*** sich wie neugeboren fühlen; ~ **se** wiedergeboren werden
preporụ̄čati *5* → ***preporụ̄čiti***
prepọrūčen (-o) (*Postsendung*) eingeschrieben; ***pọslati*** ~**o** per Einschreiben senden
preporụ̄čiti *5* (**-učĩvati**) empfehlen, raten; *Postsendung* einschreiben; ~ **se** sich empfehlen, sich verabschieden
preporụčljiv empfehlenswert
prȩporuka Empfehlung *f*; Fürsprache *f*, Referenz *f*
prepotȩntan überheblich, anmaßend
prepotȩntnōst (-osti; *ISg* -osti/-ošću) *f* Überheblichkeit *f*, Anmaßung *f*
prepozịcija *Gr.* Präposition *f*, Verhältniswort *n*
prepọznati (prȩpoznao; -āla; prȩpoznāt) (**-nậvati**) wiedererkennen; identifizieren; erkennen (**po** *L*/an *D*)
prepoznậvānje Erkennen *n*; Identifizierung *f*
prepoznậvati (-pọznajēm) → ***prepọznati***
prȩpraviti (-vljen) (**-vljati**) (um)ändern; umarbeiten

prepręden (-o) versponnen; *fig.* pfiffig, gewitzt, gerissen
prepręđenōst (-osti; *ISg* -osti/-ošću) *f* Pfiffigkeit *f*; Verschlagenheit *f*
prepredęnjāk *1* (*V* -če) Pfiffikus *m*; Schlaumeier *m*
prępreka Hindernis *n*; ***tŗka s ~ama*** *Sp.* Hindernislauf *m*
preprīčati *5* (**-ičāvati** *5*) nacherzählen; *Geschichte* wiedergeben
prepričāvānje Nacherzählung *f*; Wiedergabe *f*
prepričāvati *5* → ***preprīčati***
preprijęčiti *5*/*7* (**-čāvati** *5*) verhindern; *Weg* versperren
pręprodaja Weiterverkauf *m*, Wiederverkauf *m*; Zwischenhandel *m*
preprodati (pręprodao, -āla; pręprodān/pręprodāt) (**-dāvati**) weiterverkaufen, wiederverkaufen
preprodavāč *1* (*V* -u) Wiederverkäufer *m*, Zwischenhändler *m*
preprodāvati (-odajēm) → ***preprodati***
prępući (-knēm; -knuo/-kao, -kla) zerplatzen; zerbrechen; bersten
prępuknuti (-knēm; -knuo/-kao, -kla) → ***prępući***
prępun zu voll; übervoll, überfüllt
prępuniti (**-njāvati** *5*) überfüllen; überladen; *Maß* überschreiten
prepustiti *5* (-šten) (**-ūštati** *5*) überlassen; abtreten; ***~ sudbini*** dem Schicksal überlassen
prepūštānje Überlassen *n*; Abtretung *f*
prepūštati *5* → ***prepustiti***
preračunati (**-āvati** *5*) umrechnen; ***~ se*** sich verrechnen
pręrada Verarbeitung *f*; Umarbeitung *f*; Bearbeitung *f* (*Buch*) Überarbeitung *f*
pręradba (*GPl* -dbī) → ***pręrada***
prerāditi *5* (**-ađīvati**) umarbeiten; *Buch* überarbeiten; *Rohstoffe* verarbeiten; *Wasser* aufbereiten
prerađęvina Fabrikat *n*, Produkt *n*, Erzeugnis *n*
prerađīvānje Umarbeitung *f*; Verarbeitung *f*; Überarbeitung *f*; *Wassser*: Aufbereitung *f*
prerađīvati (-ađujēm) → ***prerāditi***
pręran (-o) zu früh, zu zeitig, vorzeitig
pręraspodjela Umverteilung *f*
pręrāstao (-slo) ausgewachsen; verblüht
prerāstati *5* [**-āsti**] auswachsen; (*aus e-m Kleidungsstück*) herauswachsen; in der (*Körper*-)Größe einholen; *fig.* sich auswachsen (***u*** *A*/zu *D*); überragen; *Bot.* verblühen
prerāsti (-rāstēm; -stao, -āla) *pf* → ***prerāstati***
prērez Schnitt *m*; Durchschnitt *m*; Querschnitt *m*
pręrezati (-žēm) (**-zīvati**) durchschneiden; zerschneiden
prerezīvati (-ęzujēm) → ***pręrezati***
prērija Prärie *f*
pręrisati (-šēm) *pf* nachzeichnen, abzeichnen
prerisīvānje Nachzeichnen *n*; ***pąpīr za ~*** Durchschlagpapier *n*
pręriti (-ijēm) (**-rīvati** *5*) durchwühlen; umwühlen; *fig.* durchstöbern
prerīvati (pręrujēm) *pf* → ***pręriti***
prerušāvati *5* → ***pręrušiti***
pręrušiti (**-āvati**) maskieren, verkleiden; ***~ se*** sich verkleiden
pręsa Presse *f*, Kelter *f*
pręsadak (-tka; *Pl* -aci) *Med.* Transplantat *n*
presāditi *5* (**-ađīvati**) *Pflanze* umsetzen; verpflanzen (*a. Med.*); umpflanzen
pręsadnica Pflänzling *m*, Setzling *m*
presađīvati (-ađujēm) → ***presāditi***
presąhnuti (pręsahnēm; presąhnuo/pręsahao, -hla) *pf* versiegen, vertrocknen; austrocknen
presavījati *5* → ***presąviti***
presąviti (pręsavijēm) (**-savījati** *5*) (um)biegen; falten
pręsbirō (-oa) Nachrichtenagentur *f*
presędān *1* Präzedenzfall *m*; ***bęz ~a*** beispiellos
presędlati (**-āvati** *5*) umsatteln
presęliti *5* (**-ljāvati** *5*) *tr* umziehen; umquartieren; ***~ se*** *itr* umziehen, Wohnung wechseln
preseljāvānje Übersiedeln *n*, Umquartieren *n*
preseljāvati *5* → ***presęliti***
preseljęnīk *1* Übersiedler *m*, Umsiedler *m*
pręsićen (-o) übersättigt (*a. fig.*)
pręsićenōst (-osti; *ISg* -osti/-ošću) *f* Übersättigung *f*
pręsijati (-sijēm) (**-sijāvati** *5*) (durch-)sieben
presijęcati *5*/*7* → ***pręsjeći***
presiječēm *1. Pers Sg v.* ***pręsjeći***

P

prȩsipati [**-sūti**] umschütten; umgießen; überschütten; ~ ***įz šūpljēg ų prāzno*** *fig.* leeres Stroh dreschen, Phrasen dreschen
prȩsit übersatt
prȩsitan zu winzig
prȩsjećīšte *Geom.* Schnittpunkt *m*
prȩsjeći (-sijȩčēm; prȩsjekao, -kla; -sjȩčen *6*) (**-siječati** *7*) durchschneiden, durchtrennen; *Gespräch* abbrechen; *Rückzug* abschneiden; ~ ***kȃrte*** (*Spiel-*) Karten abheben; ~ ***riječ*** Wort abschneiden; ~ ***u kǫrijenu*** im Keim ersticken
prȩsjedānje Umsteigen *n*
prȩsjedati [**-sjesti**] umsteigen (*in ein anderes Fahrzeug*)
presjȩditi, -sjȩdjeti (-īm; -dio, -djela) *pf* e-e Zeitlang sitzen
prȇsjek Durchschnitt *m*; Querschnitt *m*
prȩsjesti (-sjednēm; -sjeo, -sjela; -sjednūt) → ***prȩsjedati***; ~ ***u grlu*** *fig.* im Hals steckenbleiben; schlecht bekommen
preskȃkati (prȩskāčēm) → ***preskǫčiti***
preskakīvati (-ąkujēm) → ***preskǫčiti***
preskǫčiti *5* (**-kakīvati, -kȃkati**) überspringen (*a. fig.*); über (*A*) hüpfen; auslassen
prȩskok Sprung *m* (über *A*); *Sp.* Bockspringen *n*
prȩskūp zu teuer; (*Preis*) überhöht
prȩslab zu schwach
presladak (-dko) zu süß, überzuckert
preslȃditi *5* (-đen) (**-ađīvati**) zu stark süßen, zu süß machen
preslȃgati (prȩslāžēm) → ***preslǫžiti***
prȩslān (-o) zu stark gesalzen, versalzen; ~***ē cijȩne*** *fig.* gepfefferte Preise
prȩslica Spindel *f*; Spinnrocken *m*
prȩslikati (**-ąvati** *5*) abmalen, abzeichnen; nachbilden; durchpausen; ~ ***se*** *fig.* sich widerspiegeln
preslojąvānje Umschichten *n*
preslojąvati *5* umschichten
preslǫžiti *5* (**-slȃgati**) umlegen; umschichten; neu ordnen
preslųšānje → ***preslušąvānje***
prȩslušati (**-ąvati** *5*) verhören, vernehmen, e-m Verhör unterziehen
preslušąvānje Verhör *n*, Vernehmung *f*; ***unąkrsnō*** ~ Kreuzverhör *n*
presǫliti *5* (**-ljąvati**) versalzen
prȩspati (-īm) (**-ąvati** *5*) verschlafen; durchschlafen
prȩspēm *1. Pers Sg v.* ***prȩsūti***
prespǫjiti *5 pf* (*telefonisch*) verbinden
prȩsresti (-sretēm/-sretnēm: -sreo, -ela; -sretnūt) (**-sretati**) entgegenkommen (*A*/*D*); *Mil. Flugzeug* abfangen
presrȩtāč *1 Mil.* Abfangjäger *m*
prȩsretan überglücklich
prȩsretati (-ećēm) → ***prȩsresti***
prȩstajati (-jēm) → ***prȩstati***
prȩstan|ak (-ānka) Einstellen *n*, Unterbrechen *n*; Aufhören *n*, Beendigung *f*; ~***ak brȃka*** Auflösung der Ehe; ***bȩz*** ~***ka*** unaufhörlich
prȩstar zu alt, überaltert
prȩstarjeti (-īm; -io, -jela) *pf* zu alt werden; veralten
prȩstati (-anēm; -stao, -ala) (**-stajati**) aufhören (**s** *I*/mit *D*); beenden; haltmachen; *Arbeit* einstellen; *Anspruch auf Rente etc.*: wegfallen; *Regen*: aufhören; ***prȩstani s tīme!*** hör auf damit!
prȩsti (prȩ̄dēm; prȩo, -ȩla; prȩden *6*) *Wolle etc.* spinnen; *Katze*: schnurren
prȩstići (-stignēm; -gnuo/-gao, -gla) (**-stizati**) überholen (*a. fig.*); übertreffen (*I*/an *D*); überbieten (an *D*)
prȩstignuti (-gnem; -gnuo/-gao, -gla) → ***prȩstići***
prȩstizati (-žēm) → ***prȩstići***
prȩstīž *1* Prestige *n*
prestolonąsljednīk Thronfolger *m*
prȩstrašiti *pf* erschrecken, Angst einjagen *od.* machen (*A*/*D*); ~ ***se*** *itr* erschrecken
prȩstrog zu streng; zu hart (*nur fig.*)
prestrǫjiti (**-ąvati**) **se** *pf Kfz.* sich einordnen
prȩstupak (-pka) Vergehen *n*, Übertretung *f*; Zuwiderhandlung *f*
prȇstupan → ***prijȩstupan***
prestųpati *5* [**-ųpiti** *5*] übertreten, überschreiten; *Gesetz* verletzen *od.* übertreten
prȇstupnīk → ***prijȩstupnīk***
prȩsud|a *Jur.* Urteil *n*, Urteilsspruch *m*; ~***a zbog izǫstānka*** *Jur.* Versäumnisurteil *n*; ***dǫnijeti*** ~***u*** Urteil erlassen; ***įzreći*** ~***u*** Urteil fällen *od.* aussprechen; ***izvr̄šiti*** ~***u*** Urteil vollstrecken; ***kǫnačnā*** ~***a*** *Jur.* Endurteil *n*; ***obrazlǫžiti*** ~***u*** Urteil begründen; ***pobījati*** ~***u*** Urteil anfechten; ***ųkinuti*** ~***u*** Urteil aufheben
prȩsudan entscheidend; ausschlaggebend

presụditi 5 (-đen) (**-uđịvati**) (ab)urteilen; Urteil fällen *od.* aussprechen; verurteilen (**na** *A*/zu *D*)
presuđịvati (-ụđujēm) → ***presụditi***
presụšiti *5* (**-ušịvati**) *itr* versiegen; verdorren; *tr* dörren
prẹsūti (prẹspēm; -suo, -sūla) → ***prẹsipati***
prẹsvet allerheiligst
prẹsvijetao (-tlo) zu hell
presvlạ̄čēnje Überziehen *n*; Umkleiden *n*
prevlạ̄čiti *5* → ***prẹsvūći***
prẹsvlaka Bettwäsche *f*; Überzug *m*; Schonbezug *m*
presvọditi *5 pf Arch.* überwölben
prẹsvođen (-o) *Arch.* überwölbt
prẹsvūći (-ūčem; *Imp* -ụci; -ukao, -kla; -ụčen *6*) (**-svlạ̄čiti**) überziehen; umziehen; *Betten* (*frisch*) überziehen; *Sessel* überpolstern; **~ se** sich umziehen
prẹša¹ (*Frucht-*)Presse *f*, Kelter *f*
prẹša² Eile *f*, Hast *f*
prẹširok zu weit; zu breit
prẹštāmpati (**-ampạ̄vati** *5*) abdrucken, nachdrucken
preštampạ̄vānje Abdrucken *n*, Nachdruck *m*
preštampạ̄vati *5* → ***prẹštampati***
prešućịvati (-ụćujēm) → ***prešụ̄tjeti***
prẹšutan stillschweigend
prešụ̄tjeti (prẹšūtīm; -tio, -tjela; -šūćen) (**-ćịvati**) verschweigen, verheimlichen
pretạ̄kati (prẹtāčēm) → ***pretọčiti***
prẹtanak zu dünn; zu schlank
pretạ̄pānje Umschmelzen *n*; Verschmelzen *n*; Einschmelzen *n*; Umgießen *n*
pretạ̄pati *5* → ***pretọpiti***
prẹtati (prẹćēm) [**za-**] *Glut* mit Asche bedecken
prẹteča *m* Vorläufer *m*, Vorgänger *m*; *fig.* Wegbereiter *m*
prẹteći (-teknēm/-tẹčēm; *Imp* -teci; -tekao, -kla; -tẹčen *6*) (**-ticati**) *Fahrzeug*: überholen; zuvorkommen (*A*/*D*); übertreffen; vorgreifen; *itr* übrigbleiben; *Flüssigkeit*: überlaufen
prẹteg Übergewicht *n*; *fig.* Übermacht *f*
pretẹ̄gnuti (prẹtēgnēm; -gnuo/-gao, -gla) (**-tẹ̄zati**) überwiegen; überdehnen; *fig.* den Ausschlag geben
prẹtek Überfluß *m*; **ịmati na ~(u)** im Überfluß haben
prẹtenciōzan anspruchsvoll; selbstgefällig, anmaßend
pretẹretiti *pf* → ***preoptẹretiti***
pretẹrit *Gr.* Präteritum *n*
pretẹ̄zati (prẹtēžēm) → ***pretẹ̄gnuti***
prẹtēžak (-ško) zu schwer; zu schwierig
prẹtežan überwiegend, vorwiegend
prẹthistōrija *sb.* → ***prẹtpovijēst***
prẹthodan vorhergehend, vorausgehend, Vor-
prethọditi *5* vorangehen, vorausgehen
prẹthodnica *Mil.* Vorhut *f*; Vorgängerin *f*; **zvijẹzda ~** *Astr.* Leitstern *m*
prẹthodnīk Vorgänger *m*; Vorläufer *m*; ***prạ̄vnī ~*** *Jur.* Rechtsvorgänger *m*
prẹticati (-ičēm) → ***prẹteći***
prẹtijesan zu eng
prẹtinac (-īnca) Fach *n*; Abteilung *f*; Lade *f*; **~ za dụbokō hlạ̄đēnje** Tiefkühlfach *n*; ***pọštanskī ~*** Postfach *n*
prẹtio (-ilo) fett; korpulent
prẹtipkati (**-ạ̄vati** *5*) abtippen; (*mit*/*auf der Schreibmaschine*) abschreiben
prẹtīsak (-ska) Abdruck *m*, Nachdruck *m*
prẹtiskati (**-ạ̄vati** *5*/**-ịvati**) abdrucken, nachdrucken
pretiskịvati (-ịskujēm) → ***prẹtiskati***
prẹtjecānje Überholen *n*, Überholvorgang *m*
prẹtjecati (-čēm) → ***prẹteći***
prẹtjerān (-o) übertrieben; übermäßig; übersteigert; überschwenglich; (*Person*) überspannt
prẹtjeranōst (-osti; *ISg* -osti/-ošću) *f* Übertriebenheit *f*, Maßlosigkeit *f*
prẹtjerati (**-ịvati** *5*) übertreiben, aufbauschen; *fig.* aufschneiden
pretjerạ̄vānje, -ịvanje Übertreiben *n*; Aufschneiden *n*
pretjerịvati (-ẹrujēm) → ***prẹtjerati***
pretkạ̄zati (prẹtkāžēm) (**-azịvati**) vorhersagen; voraussagen, prophezeien
pretkazịvati (-ạzujēm) → ***pretkạ̄zati***
prẹtklijetka *Anat.* (*Herz*) Vorhof *m*
prẹtkomora *Anat.* (*Herz*) Vorkammer *f*
prẹtkrāj *Präp* (*G*) am Ende (*G*); gegen Ende (*G*)
pretọčiti *5* (**-tạ̄kati**) umgießen; umfüllen; abfüllen
pretọpiti *5* (**-tạ̄pati** *5*) umschmelzen; umgießen
prẹtovār Umladen *n*; Verladen *n*
pretọvariti (**-ịvati**) umladen; verladen; überladen; überlasten

P

pretovarịvati (-ạrujēm) → ***pretọvariti***
prẹtovārnī Umlade-; Verlade-
pretplaćịvati (-ạćujēm) → ***pretplạ̄titi***
prẹtplāćen (-o) abonniert; ***bịti*** ~ im Abonnement beziehen (**na** *A/A*)
prẹtplata Abonnement *n*
pretplạ̄titi *5* (**-aćịvati**) vorausbezahlen; abonnieren
prẹtplatnīk Abonnent *m*
pretpọsljednjī vorletzter
pretpọstaviti (-vljen) (**-vljati**) voraussetzen, annehmen, vermuten; bevorzugen, vorziehen
prẹtpostāvka (*GPl* -vākā/-vkī) Voraussetzung *f*, Vermutung *f*, Annahme *f*
pretpọstavljati → ***pretpọstaviti***
pretpọstavljenī (-ōga) Vorgesetzte(r) *m*
pretpọtopan vorsintflutlich
prẹtpovijēsnī vorgeschichtlich
prẹtpovijēst (-i) *f* Vorgeschichte *f*
prẹtprānje (*Waschmaschine*) Vorwäsche *f*
prẹtprošl|ī vorvergangen; ***~ō vrijẹme*** *Gr.* Plusquamperfekt *n*, Vorvergangenheit *f*
prẹtraga Durchsuchung *f*; Untersuchung *f*; *Mil.* Auskundschaftung *f*
pretrạ̄žiti *5* (**-ažịvati**) untersuchen; durchsuchen; durchstöbern; *Mil.* auskundschaften
pretražịvānje → ***prẹtraga***
pretṛčati (-īm) (**-ạ̄vati** *5*) durchrennen, durchlaufen; laufen über (*A*); *fig.* überlaufen (*zu e-r anderen Partei*)
prẹ̄tres Durchsuchung *f*; (*Haus-*) Durchsuchung *f*; (*Gerichts-*)Verhandlung *f*; ***ụzēti u*** ~ erörtern, besprechen
pretrẹsānje → ***prẹ̄tres***
pretrẹsati *5* [**-ẹsti**] durchsuchen, untersuchen; besprechen, erörtern; *Bett* aufschütteln
pretrẹ̄sti (-sēm; -sao, -sla) → ***pretrẹsati***
prẹtrgnuti (-nēm; -gnuo/-gao, -gla) (**-trzati**) zerbrechen *tr*; abbrechen *tr*; ~ **se** *itr* brechen; zerbrechen; ***nije se prẹtrgao od pọsla*** *fig.* er hat sich nicht überanstrengt
prẹtrpān (-o) überfüllt; überladen; überhäuft
prẹtrpānōst (-osti; *ISg* -osti/-ošću) *f* Überfüllung *f*; Überladung *f*; Überhäufung *f*
pretṛpati (**-ạ̄vati** *5*) überfüllen; überladen; überhäufen

pretṛpjeti (-īm; -io, -jela; prẹtrpljen) erleiden, erdulden, ertragen, aushalten; überstehen; *Verluste, Niederlage, Schiffbruch* erleiden; ~ ***krạh*** bankrott gehen
prẹtūči (-ụ̄čēm; *Imp* -tụci; -tukao, -kla; -tụčen *6*) durchprügeln; *Spielkarte:* stechen; ~ ***na mṛtvō ịme*** *fig.* grün und blau schlagen
pretụrati *5* → ***prẹturiti***
prẹturiti (**-ụrati**) hinüberschieben; umstürzen; überstehen; ~ ***prẹko glạ̄vē*** hinter sich bringen
pretvạrāč *1* Umformer *m*; *Tech.* Transformator *m*; *fig.* Heuchler *m*
pretvạ̄rānje Umgestalten *n*, Umwandlung *f*; Umformen *n*; Heuchelei *f*, Verstellung *f*
pretvạ̄rati (se) → ***pretvọriti (se)***
prẹtvorba (*GPl* -bī) Verwandlung *f*, Umwandlung *f*; Wandlung *f*; Metamorphose *f*
prẹtvorica *m* Heuchler *m*
pretvọriti *5* (**-vạ̄rati** *5*) verwandeln; umgestalten; umformen; ~ ***u djẹlo*** in die Tat umsetzen; ~ ***u prạ̄h i pẹpeo*** *fig.* in Schutt und Asche legen; ~ **se** sich verwandeln; ~ ***se u ụho*** *fig.* die Ohren spitzen
pretvạ̄rati se (*nur ipf*) sich verstellen
prẹtvrd zu hart
prẹudaja Wiederverheiratung *f* (*von e-r Frau*)
preụdati se (**-dạ̄vati se**) *Frau:* wieder heiraten
preudạ̄vati se (-ụdajēm se) → ***preụdati se***
preụdesiti (-šen) (**-dešạ̄vati** *5*) umgestalten; umformen; abändern
preụraniti *pf* zu früh kommen
preụranjen (-o) verfrüht
preurẹ̄diti *5* (-ụrēđen) (**-eđịvati**) umordnen; reorganisieren; neu gestalten
preuređẹ̄nje Umordnung *f*; Neuordnung *f*; Reorganisation *f*
preuređịvati (-ẹđūjēm) → ***preurẹ̄diti***
preustrojạ̄vati *5* → ***preustrọjiti***
preustrojẹ̄nje Umänderung *f*; Neuordnung *f*
preustrọjiti *5* (**-jạ̄vati** *5*) umändern; neu ordnen; neu einrichten; rekonstruieren
preụstrōjstvo → ***preustrojẹ̄nje***
preuvelịčati (**-ạ̄vati** *5*) übertreiben; aufbauschen; prahlen

pręuzak (-sko) zu schmal; zu eng
preuzęće Übernahme *f*
pręuzētan überheblich, anmaßend
preųzēti (pręuzmēm; pręuzeo, -ēla; pręuzēt) (**preųzimati**) übernehmen; *Gefahr* auf sich nehmen; *Amt* übernehmen; ~ ***odgovǫrnōst*** die Verantwortung übernehmen (**za** *A*/für *A*)
pręuzētōst (-osti; *ISg* -osti/-ošću) *f* Überheblichkeit *f*; Anmaßung *f*
preuzimāč *1* Übernehmer *m*; Empfänger *m*
preųzimānje Übernahme *f* (*Amt*, *Verantwortung etc.*)
preuzimatelj → ***preuzimāč***
preųzimati → ***preųzēti***
preųzvišnī erhaben, ehrwürdig
preųzvīšenōst (-osti; *ISg* -osti/-ošću) *f*: ***Vąšā*** ~ Eure Eminenz
prevąđati → ***pręvesti***[1]
pręvag|a Übergewicht *n*; *fig.* Ausschlag *m*; ***dǫbiti*** **~u** Oberhand gewinnen (**nad** *I*/über *A*)
prevagīvati (-ągujēm) → ***prevągnuti***
prevągnuti (pręvāgnēm; *Imp* -vągni; pręvāgao, -gla) (**-agīvati**) überwiegen; übertreffen; den Ausschlag geben
prevąliti *5* (**-aljīvati**) umwerfen, umkippen *tr*; umstoßen; umlegen; umwälzen; *Weg* zurücklegen; ~ ***pręko glāvē*** etw. durchmachen *od.* durchstehen; ~ ***se*** umfallen; umstürzen *itr*
prevaljīvati (-ąljujēm) → ***prevąliti***
pręvara → ***prijęvara***
prevąrant Betrüger *m*; Schwindler *m*
pręvariti (**-īvati**) betrügen, beschwindeln; hintergehen, täuschen; ~ ***vrijęme*** sich die Zeit vertreiben; ~ ***se*** sich täuschen, sich irren; ~ ***se u račųnu*** sich verrechnen (*a. fig.*); *fig.* j-s Rechnung geht nicht auf
prevązīći (-īđēm; -išao, -šla) → ***nadmąšiti***
pręvāžan sehr wichtig, überaus wichtig
prevędēm *1. Pers Sg v.* ***pręvesti***[1]
prevęncija *Med.* Vorbeugung *f*; *Jur.* Präventation *f*; ***gęnerālnā*** **~a** Generalprävention *f*
pręventīvan vorbeugend, präventiv
pręvesti[1] (-vędēm; -veo, -vela; -vęden *6*) (**-vǫditi** *5*) überführen, hinüberführen, hinüberleiten; (*in e-e andere Sprache*) übersetzen; (*am Arbeitsplatz u. Mil.*) befördern; ~ ***žędna pręko vǫdē*** *fig.* hinters Licht führen
pręvesti[2] (-vęzēm; -vezao, -zla; -vęzen) (**-vǫziti**) hinüberfahren; transportieren, befördern; (*mit e-r Fähre*) übersetzen
prevęzati (pręvēžēm) *pf* verbinden; einbinden
prevęzēm *1. Pers Sg v.* ***pręvesti***[2]
pręvidjeti (-īm; -dio, -djela; -viđen) (**-vīđati** *5*) übersehen, nicht bemerken; nicht beachten
previjalīšte *Mil.* Ambulanz *f*
pręvijān (-o) schlau, durchtrieben; → ***previjati***
previjąnac (-nca; *V* -nče) *2* Schlauberger *m*, Schlaumeier *m*
previjati *5* → ***pręviti***; ~ **se** sich krümmen (*vor Lachen od. Schmerzen*)
pręvinuti (-nēm) verbiegen, umbiegen; *Med.* verrenken
previrāč *1* Ferment *n*; Hefe *f*
pręvirānje Gären *n*, Gärung *f*; Sieden *n*
pręvirati (-rēm) aufwallen; *Milch*: überlaufen; *Saft*: gären
pręvisok zu hoch
pręvišē zu viel; zu sehr
pręviti (-ijēm) (**-vījati**) biegen, umbiegen; umwickeln; *Papier* falten; *Wunde* verbinden; *Kind* wickeln
prevląčiti *5* → ***pręvūći***
prevląđati *5* (**-ađīvati**) Überhand nehmen; die Oberhand gewinnen; vorherrschen; überwiegen
prevlađīvati (-ąđujēm) → ***prevląđati***
pręvlaka Überzug *m*, Bezug *m*; *Geogr.* Landenge *f*; ***ząštitnā*** ~ Schutzschicht *f*
pręvlāst (-āsti; *ISg* -āsti/-āšću) *f* Vorherrschaft *f*; Übermacht *f*; Oberhand *f*
prēvod → ***prijęvod***
prevǫdilac (-ioca) Übersetzer *m*
prevǫdilačkī Übersetzer-
prevǫditelj Übersetzer *m*
prevǫditi *5* → ***pręvesti***[1]
prevǫd(lj)iv übersetzbar
prevǫdljivōst (-osti; *ISg* -osti/-ošću) *f* Übersetzbarkeit *f*, Übertragbarkeit *f*
pręvođēnje Übertragen *n*; Übersetzen *n* (*in e-e andere Sprache*); Überführen *n*; (*am Arbeitsplatz*) Beförderung *f*; ~ ***u vįšī čīn*** *Mil.* Beförderung *f*; ~ ***u vįšī rązred*** Versetzung in e-e höhere Klasse
prēvoz → ***prijēvoz***
prevǫzāč *1*, **-ozilac** (-ioca) Spediteur *m*
prevǫziti *5* (-žen) → ***pręvesti***[2]

P

prȩ̄vozan → ***prijȩvozan***
prevoznịna Fahrgeld *n*, Transportkosten *Pl*
prȩvraćati [-atati] umkehren; umwenden; umdrehen; ~ ***ọčima*** mit den Augen rollen *od.* die Augen verdrehen
prȩvrāt Umsturz *m*; Staatsstreich *m*
prevrậtiti *5 pf* → ***prevr̄nuti***
prȩvratnīk Umstürzler *m*; Putschist *m*; Aufrührer *m*
prȩvreti (-rīm) *pf* gären; noch einmal kochen; *itr* überkochen; *Suppe*: überlaufen
prevr̄nuti (prȩvr̄nēm) (**prȩvrtati**) umdrehen, umwenden; umwerfen; ~ ***džȩpove*** j-m die Taschen leeren (*berauben*); ~ ***svȩ tụmbē*** alles durcheinander bringen; ~ ***se*** umstürzen; *Boot*: kentern; *Wein*: sauer werden
prevr̄šiti *5* (**-ršậvati** *5*) überschreiten; überfüllen; ~ ***mjȩru*** *fig.* das Maß überschreiten; es zu weit treiben
prȩvrtati (-vrćēm) → ***prevr̄nuti***
prevr̦tljiv wankelmütig, unbeständig; launisch
prevr̦tljivac (-īvca) launischer Mensch
prevr̦tljivōst (-osti; *ISg* -osti/-ošću) *f* Launenhaftigkeit *f*; Unbeständigkeit *f*
prȩvúći (-ụ̄čēm; *Imp* -ụ̄ci; prȩvūkao, -kla; -vụčen *6*) (**-vlậčiti** *5*) hinüberziehen; *Kissen etc.* überziehen; hinüberschleppen; ~ ***lạkom*** lackieren, mit Lack überziehen
prezạdūžen (-o) überschuldet
prezadụ̄žiti se *5* (**-užīvati se**) sich verschulden, große Schulden machen
prezadužịvati se (-ụžujēm se) → ***prezadụ̄žiti se***
prezạposlen (-o) mit Arbeit überlastet, überbeschäftigt
prezạposlenōst (-osti; *ISg* -osti/-ošću) *f* Arbeitsüberlastung *f*
prȩzati¹ fürchten (**od** *G/A*); sich fürchten (vor *D*); *Pferd*: scheuen; ***nȩ ~ nị od čega*** *fig.* vor nichts zurückschrecken
prȩ̄zati² (prȩ̄žēm) *Pferde* einspannen
prȩzent *Gr.* Präsens *n*
prezentị̄rati *5 ipf/pf* präsentieren, vorlegen; vorzeigen
prȩzȩ̄psti (-zȩbēm; -zȩbao, -bla) *pf* erfrieren
prezervạtīv *1* Präservativ *n*, Kondom *n*
prȩzid Trennwand *f*
prezị̄dati (prȩzīdām/prȩzīđem) *pf* umbauen; ummauern; durch e-e Wand trennen
prȩzime (-ena; *Pl* -ȩna) Familienname *m*, Zuname *m*
prezị̄miti *5 pf* überwintern
prȩzīr Verachtung *f*, Geringschätzung *f*
prȩzīran verächtlich, geringschätzig
prȩzirānje → ***prȩzīr***
prȩzirati (-rēm) → ***prȩzreti¹***
preznọjiti se *5* (*übermäßig*) schwitzen
prȩzrelōst (-osti; *ISg* -osti/-ošću) *f* Überreife *f*
prȩzreo (-elo) überreif; zu reif
prȩzreti¹ (-ēm) (**-zirati**) verachten; mißachten, geringschätzen
prȩzreti² (-īm) *pf* zu reif werden
prȩžaliti *pf* verschmerzen
prežđȩrati se (prȩžđerēm se) F sich überfressen
prȩžgān (-o) eingebrannt; ~***ā jụ̄ha*** Einbrennsuppe *f*
prežịgosati (-šēm) *pf* überstempeln
prežịvāč *1 Zool.* Wiederkäuer *m*
prežị̄vati *5* wiederkäuen
prežị̄vjeti (prȩžīvīm; -io, -jela; -življen) (**-vljậvati** *5*) überleben, fortleben; überdauern; *Krankheit* überstehen
prežvậkati (prȩžvāčēm) *pf* durchkauen
pr̦gav mürrisch; reizbar; hitzig, jähzornig
pr̦hak (-hko) (*Kuchen*) mürbe; (*Boden*) locker
pr̄hnuti (-nēm) (**pr̄hati**) aufflattern; herumhuschen
pr̦hūt (*Kopf-*)Schuppe *f*
pri *Präp* (*L*); bei (*D*); an (*D*); nahe bei (*D*); *temp* während (*G*); ~ ***krạju*** am Ende; ~ ***svijȩći*** bei Kerzenlicht; ~ ***tọme*** dabei; ***bịti ~ nộvcu*** (*viel*) Geld haben; ***bịti ~ pạmēti*** bei Verstand sein; ***bịti ~ svijesti*** bei Bewußtsein sein; ***ịmati ~ sȩbi*** bei sich *od.* dabei haben; ***tȩško mi je ~ dụ̄ši*** mir ist schwer ums Herz
priậnjānje Anhaften *n*; Anhänglichkeit *f*; Beflissenheit *f*
priậnjati *5* → ***priọniti***
pribạdača Stecknadel *f*
pribậdati *5* → ***prịbosti***
prịbaviti (**-vljati**) verschaffen, beschaffen; besorgen, herbeibringen; *Beweis* erbringen; *Dokument* beibringen; *Zustimmung* einholen
prịbavljāč Erwerber *m*; Empfänger *m*
pribị̄jati *5* → ***prịbiti***

prịbilješka (*GPl* -žākā/-škī) Anmerkung *f*, Notiz *f*
pribịlježiti (**-ạvati** *5*) notieren; vormerken; anmerken, vermerken, verzeichnen
pribịrati *5* → ***prịbrati***
prịbiti (-ijēm) (**-bījati** *5*) anschlagen; annageln; befestigen
pribīvati *5* anwesend *od.* zugegen sein
prịbjeći (-gnēm; -gnuo/-gao, -gla) (**-bjegạvati** *5*) Zuflucht nehmen (*D*/zu *D*); flüchten (zu *D*); zulaufen; zueilen
prịbjegnuti → ***prịbjeći***
prịbježīšte Zufluchtsort *m*, Zufluchtsstätte *f*
prịbližan annähernd, ungefähr
približạvānje Annähern *n*, Annäherung *f*; Nahen *n*
približạvati *5* → ***priblīžiti***
približẹnje → ***približạvānje***
priblīžiti *5* (**-ạvati** *5*/**-īvati**) annähern; heranbringen; ~ **se** sich (an)nähern; nahekommen; anrücken
približīvati (-ịžujēm) → ***priblīžiti***
prịbor Zubehör *n*; Gerät *n*; (*Jagd-*, *Angel-*)Ausrüstung *f*; ~ ***za jẹlo*** Besteck *n*; ~ ***za pīsānje*** Schreibzeug *n*
prịbosti (-bọdēm; -bō, -bọla; -bọden *6*) (**-bạdati** *5*) anstecken; anheften
pribrạjati *5* → ***pribrọjiti***
prịbrān (-o) ruhig; gefaßt; gesammelt
prịbrati (-bẹrēm; -brao, -āla; -brān) (**-birati**) (an)sammeln; ~ ***svọje mīsli*** seine Gedanken zusammennehmen; ~ **se** sich fassen; sich beruhigen; sich zusammennehmen
pribrọjiti *5* (**-brạjati** *5*) hinzuzählen, dazuzählen, addieren
prịbrōjnīk *Math.* Summand *m*
prịč|a Erzählung *f*; Märchen *n*; Sage *f*; ***bạbljē*** *od.* ***bạpskē*** ~***ē*** dummes Gerede; ***dụgā*** ~***a*** *fig.* e-e lange Geschichte; ***kạo u*** ~***i*** traumhaft; märchenhaft; ***lọvačkē*** ~***ē*** Jägerlatein *n*; ***pọsebnā*** ~***a*** *od.* ~ ***zạ sebe*** *fig.* ein Kapitel für sich; ***stạrā*** ~***a*** *fig.* alter Hut; ***tō je drụgā*** ~***a*** das ist etwas anderes
prịčalica, -alo *m* Schwätzer *m*
prịčati [**is-**] erzählen; plaudern; reden; ~ ***kao navijen*** reden wie ein Wasserfall; ~ ***Mạrkove kọnake*** blauen Dunst vormachen (*D*/*D*); ***prịčā se*** es heißt, man sagt
prịček → ***dọček***
prịčekati (**-īvati**) (ab)warten; sich gedulden
pričekīvati (-ẹkujēm) → ***prịčekati***
prịčest *f* *Rel.* Abendmahl *n*
pričẹstiti se *5* Abendmahl empfangen
pričịni|ti *5* (**-njạvati** *5*/**-njati** *5*) *Schaden* verursachen *od.* anrichten; ~***ti se*** (er-)scheinen; ~***lo mi je ọpasno*** das schien mir gefährlich zu sein; ~***lo ti se sạmo*** das kam dir nur so vor
pričịnjati *5*, **-njạvati** *5* → ***pričịniti***
prịčuti (-ujēm) *pf* undeutlich hören; zu hören glauben
prịčuva Vorrat *m*; Reserve *f*
pričụvati *5 pf* (*eine Wẹile*) hüten *od.* aufbewahren
pričvr̄stiti *5* (**-ršćīvati**) befestigen; festmachen; anheften
pričršćīvati (-r̥šćujēm) → ***pričvr̄stiti***
prīći (-īđēm; -ịšao,-šla) (**prịlaziti**) herantreten; hinzutreten; herankommen; hinzukommen; (*e-r Partei*) beitreten; ~ ***pọslu*** sich an die Arbeit machen
prịdati (**-dạvati**) dazugeben; dazufügen; beifügen; ~ ***znạčēnje*** Bedeutung beimessen (*D*/*D*)
pridạvati (prịdajēm) → ***prịdati***
prịdići, -dignuti (-ignēm; -igao, -gla) *pf* aufheben; aufhelfen; ~ **se** sich erheben; aufstehen; sich aufraffen
pridijẹliti *5*/*7* (**-djeljīvati**) zuteilen; zusprechen; zurechnen
pridjẹnuti (-nēm) (**-dijẹvati** *5*/*7*) anfügen, anheften; *Orden* anlegen
prịdjev *Gr.* Adjektiv *n*, Eigenschaftswort *n*
prịdjevak (-ēvka) Spitzname *m*
pridọbiti (prịdobijēm) (**-bīvati** *5*) gewinnen; erreichen; erwerben
prịdōći (-dọđēm; -dọšao, -šla) (**-dọlaziti**) hinzukommen, dazukommen; hinzutreten
pridọdati (**-dạvati**) → ***dọdati***
pridodạvati (-ọdajēm) → ***dodạvati***
pridọlaziti → ***prịdōći***
pridọnijeti (-nẹsēm; -nio, -njela) (**-nọsiti** *5*) beitragen (*D*/zu *D*); herbeibringen
prịdošlica *m*,*f* Ankömmling *m*; Neuangekommene(r) *m od. f*
pridrijẹmati *5*/*7* ein Nickerchen machen
pridrụžiti se *5* (**-žīvati se**) sich anschließen; sich zugesellen
prịdržāj *Jur.* Vorbehalt *m*; ***s*** ~***em*** *od.* ***uz*** ~ mit Vorbehalt

P

pridržati (-īm) (**-āvati** *5*) halten, stützen; unterstützen; *Tür* aufhalten; ~ **kapūt** j-m in den Mantel helfen; ~ **sva prāva** sich alle Rechte vorbehalten; ~ **se** sich halten an (*G*/*A*); befolgen (*G*/*A*); ~ **se propisa** Vorschriften befolgen
pridvorica *m od. f verä.* Hofschranze *f*; Kriecher *m*
priganica Omelette *n*
prigibānje Bücken *n*, Beugen *n*
prigibati *5* → **prignuti**
priglavak (-āvka) gestrickter Pantoffel
priglēdānje Beaufsichtigen *n*, Aufsicht *f*
prigledati (**-ēdati** *5*) beaufsichtigen; kontrollieren; nachsehen, nachprüfen
priglūh schwerhörig
priglūp dümmlich, ziemlich dumm
priglūv *sb.* → **priglūh**
prignati (-gonēm) → **prigoniti**
prignuti (-gnēm) (**-ībati** *5*) *Knie* beugen; *Kopf* neigen; ~ **se** sich verbeugen; sich vorbeugen
prignjēčiti *5* (**-īvati**) quetschen
prignječīvati (-ečujēm) → **prignjēčiti**
prigod|a Gelegenheit *f*, Anlaß *m*; **koristiti se ~ōm** e-e Gelegenheit nützen *od.* beim Schopf packen; **tōm ~ōm** bei dieser Gelegenheit
prigodōm anläßlich
prigod|an gelegentlich, Gelegenheits-; **~nā kūpnja** Gelegenheitskauf *m*; **~nī rād** Gelegenheitsarbeit *f*
prigoniti *5* [**-gnati**] her(an)treiben
prigōrje Vorgebirge *n*
prigospodāriti *5 pf* erwirtschaften; gewinnen
prigotoviti (**-vljati** *5*) anfertigen, herstellen; vorbereiten; *Essen* zubereiten
prigovārati *5* → **prigovoriti**
prigovōr Einwand *m*, Beanstandung *f*; *Jur.* Widerspruch *m*, Einspruch *m*; Vorwurf *m*; **bez ~a** tadellos; einwandfrei; **nēmā ~a** es ist nichts auszusetzen (*D*/an *D*); **staviti ~** beanstanden (*D*/*A*); **uložiti ~** *Jur.* Widerspruch einlegen (**protiv** *A*/gegen *A*); **usvojiti ~** *Jur.* e-r Einrede stattgeben
prigovoriti *5* (**-vāriti** *5*) tadeln, kritisieren, beanstanden; Einspruch erheben
prigrabiti an sich reißen, an sich raffen
prigrāditi *5* (**-ađīvati**) anbauen, dazubauen
prigrādnja Anbau *m*
prigrađīvati (-ađujēm) → **prigrāditi**
prigrijati (-jēm) (**-āvati** *5*) aufwärmen; *Sonne*: heiß scheinen
prigristi (-īzēm; -izao, -izla) *pf* e-n Imbiß zu sich nehmen, e-e Kleinigkeit essen
prigrliti *pf* umarmen; *fig.* sich (*e-r Sache*) annehmen
prigūšen (-o) gedämpft; (*Geräusch*) unterdrückt
prigūšiti *5* (**-ušīvati**) *Geräusch* dämpfen; *Stimme* verhalten; *Gefühle* unterdrükken; *Tech.* drosseln
prigušivāč *1 Tech.* (*Schall-*, *Stoß-*) Dämpfer *m*
prigušīvati (-ušujēm) → **prigūšiti**
prihod Einkommen *n*; Einnahme *f*; Einkünfte *Pl*; **čistī ~** Nettoeinkommen *n*; **sporednī ~** Nebeneinkommen *n*
prihrāniti *5* (**-anjīvati**) (er)nähren
prihranjīvati (-anjujēm) → **prihrāniti**
prihvāćati *5* → **prihvatiti**
prihvāt Annahme *f*; Aufnahme *f*
prihvatiti (-vaćen) (**-ćati** *5*) annehmen, billigen; ergreifen; aufnehmen; entgegennehmen, empfangen; *Antrag*, *Wechsel* annehmen; *Gesetz* verabschieden; ~ **mišljēnje** j-s Meinung teilen; ~ **objeručkē** mit beiden Händen ergreifen; ~ **se** sich festhalten (*G*/an *D*); ergreifen; ~ **se djela** *od.* **posla** ans Werk *od.* an die Arbeit gehen; ~ **se jela** zu essen beginnen; ~ **se orūžje** zu den Waffen greifen
prijam, prijāmnī → **prijem, prijemnī**
prijašnjī früher, vorig, vormalig
prijātan angenehm; behaglich, gemütlich; (*Mensch*) freundlich
prijatelj Freund *m*
prijateljica Freundin *f*
prijateljskī freundschaftlich, Freundschafts-
prijatēljstvo Freundschaft *f*; **prisnō ~** enge *od.* innige Freundschaft; **sklopiti ~** Freundschaft schließen
prijati behagen, gefallen; zusagen; *Essen*: schmecken
prijātno angenehm; **~!** guten Appetit!
prijav|a Anmeldung *f*; Anzeige *f*; **krivičnā ~a** *Jur.* Strafanzeige *f*; **podnijeti ~u** Anzeige erstatten; **poreskā ~a** Steuererklärung *f*
prijāviti *5* (**-avljīvati**) anmelden; *Straftat* anzeigen; angeben; ~ **se** sich (an-) melden; ~ **za riječ** sich zu Wort melden
prijavljīvati (-avljujēm) → **prijāviti**

P

prijavljivāč *1* Anmelder *m*; Anzeiger *m*; Informant *m*
prijāvnī Melde-, Anmelde-; → **ured**
prijāvnica Anmeldeformular *n*, Meldeschein *m*; Meldestelle *f*
prijāzan freundlich, liebenswürdig; gefällig
prijāznōst (-osti; *ISg* -osti/-ošću) *f* Freundlichkeit *f*, Liebenswürdigkeit *f*; Gefälligkeit *f*
prije *Präp* (*G*) vor (*D*); *Kj* ~ (**nego**) ehe, bevor; ~ **ili kasnije** früher oder später; ~ **svega** vor allem; ~ **toga** davor; **čas** ~ vor kurzem; **malo** ~ vorhin, soeben; **što** ~ so bald wie möglich
prijębōj (-oja) *7* Trennwand *f*, Scheidelinie *f*
prijęčēnje Hindern *n*; Hemmen *n*; Hinderung *f*
prijęčiti *5/7* **[s-]** hindern, verhindern; stören (*G* **u** *L*/*A* bei *D*)
prijęčnica *7* Querlatte *f*, Querbalken *m*
prijęčnik[1] *7* → **prijęčnica**
prijęčnik[2] *7* → **prōmjer**
prijęćēnje *7* Drohung *f*
prijęći (-ijeđēm; pręšao, -šla; prijeđen) *7* (**prelaziti**) hinübergehen, hinüberlaufen; überqueren; umsteigen; *Grenze* passieren; ~ **na strānu** (*G*) sich auf die Seite (*G*) stellen; ~ **na stvār** zur Sache kommen; ~ **svakū mjęru** es zu weit treiben, jegliches Maß überschreiten; ~ **šutkē** stillschweigend übergehen (**pręko** *G*/*A*); ~ **u krv** *fig*. in Fleisch und Blut übergehen; ~ **u mīslima** in Gedanken durchgehen; ~ **u nāviku** zur Gewohnheit werden; **prijęđimo pręko toga!** F Schwamm drüber!
prijędlog *7* Vorschlag *m*; Antrag *m*; Angebot *n*; *Gr*. Präposition *f*, Verhältniswort *n*; **podnijeti** ~ e-n Vorschlag unterbreiten *od*. e-n Antrag stellen; **povūći** ~ e-n Vorschlag zurückziehen; **prįmiti** ~ e-n Vorschlag annehmen; **zākonskī** ~ Gesetzesvorlage *f*
prijędložnī *7* präpositional
prijęglas *7* *Gr*. Umlaut *m*
prijęgor *7* Verzicht *m*; Entsagung *f*
prijek *7* quer; Quer-; ~**ā potreba** unumgängliche Notwendigkeit; ~**ī pūt** Querweg *m*; ~**īm pūtem** querfeldein; ~**ī sūd** Standgericht *n*; **i** ~**o i uzdūž** kreuz und quer
prijęko *7* drüben; gegenüber
prijękor *7* Vorwurf *m*; Tadel *m*, Rüge *f*
prijękoran *7* vorwurfsvoll; anklagend; tadelnd
prijęlaz(ak) Übergang *m*; Überfahrt *f*; Übertritt *m*; ~ **pręko prūgē** Bahnübergang *m*; **granični** ~ Grenzübergang *m*
prijęlaz|an *7* Übergangs-; *Gr*. transitiv; ~**nā bolēst** ansteckende Krankheit
prijęlom *7* Bruch *m* (*a*. *Med*.); Umbruch *m*; Wendung *f*
prijęlōmnī *7* entscheidend; kritisch
prijem *7* Annahme *f*; Empfang *m* (*a*. *TV etc*.); (*Post*-)Eingang *m*
prijemnī *7* Empfangs-; Aufnahme-; ~ **aparat** Empfangsgerät *n*; ~ **ispit** Aufnahmeprüfung *f*
prijemnica Empfangsschein *m*
prijēmnīk Empfänger *m* (*a*. *Radio*)
prijęnos *7* (*Radio*, *TV*) Übertragung *f*; (*Buchführung*) Übertrag *m*; (*Geld*) Transfer *m*; *Tech*. Übersetzung *f*
prijęnosan *7* übertragbar, Übertragungs-
prijępad *7* Überfall *m*
prijępis *7* Abschrift *f*; Zweitschrift *f*; Kopie *f*; **ovjeren** ~ beglaubigte Abschrift
prijepōdne (-dneva) Vormittag *m*
prijepōdnēv|an vormittäglich, Vormittags-; ~**nā prędstava** Vormittagsvorstellung *f*
prijępōr|an *7* streitig, strittig, Streit-; ~**nō pītanje** Streitfrage *f*
prijeratnī Vorkriegs-
prijęs|an *7* ungekocht; (*Fleisch*) roh; ~**nā lāž** faustdicke Lüge
prijęstōl → **prijęstōlje**
prijęstōlnī *7* Thron-
prijęstōlnica *7* Hauptstadt *f*; Residenzstadt *f*
prijestolonāsljednīk Thronfolger *m*, Thronerbe *m*
prijęstōlje Thron *m*, Thronsessel *m*; **dōći na** ~ Thron besteigen
prijęstup *7* *Jur*. Übertretung *f*, Vergehen *n*; *Sp*. Überschreitung *f* (*e-r Spiellinie*)
prijęstup|an *7*: ~**nā godina** Schaltjahr *n*
prijęstupnīk *7* (*Gesetzes*-)Übertreter *m*; Missetäter *m*
prijęteć|ī *7* drohend, bedrohlich, Droh-; ~**ō pīsmo** Drohbrief *m*
prijętiti *5/7* **[za-]** drohen, bedrohen
prijętnj|a (*GPl* -njā/-njī) *7* Drohung *f*,

P

Bedrohung *f*; Androhung *f*; **pod ~ōm silē** unter Gewaltandrohung *f*
prijęvara *7* Betrug *m*; Trug *m*, Täuschung *f*; **lāž i ~** Lug und Trug; **zlọbnā ~** *Jur.* arglistige Täuschung
prijęvaran *7* betrügerisch, trügerisch
prijęvod *7* Übersetzung *f*; (*sprachliche*) Übertragung *f*
prijęvod|an *7* Übersetzungs-
prijęvoj *7 Gr.* Ablaut *m*; *Geogr.* Gebirgssattel *m*
prijȇvoz *7* Beförderung *f*, Transport *m*; Überfahrt *f*; **~ brọdom** Verschiffung *f*; **~ ọsobā** Personenverkehr *m*; **~ ụmr̄log** Leichenüberführung *f*
prijęvoz|an *7* Transport-, Fracht-; **~nō srędstvo** Transportmittel *n*; **~nī trọškovi** Frachtkosten *Pl*
prijevremen (-o) *7* vorzeitig
prijevremenōst *7* (-osti; *ISg* -osti/-ošću) *f* Vorzeitigkeit *f*
pr̄ikaz Darstellung *f*, Besprechung *f*, Rezension *f*; Bericht *m*; **krạtak ~** Abriß *m*
prịkaza Erscheinung *f*; Trugbild *n*; Gespenst *n*; Phantom *n*
prikạ̄zānje[1] → **prịkaza**
prikạ̄zānje[2] Mysterienspiel *n*
prikạ̄zati (prịkāžēm) (**-azīvati**) darstellen; vorstellen, präsentieren; *Buch* besprechen *od.* rezensieren; *Film* vorführen; *Theaterstück* aufführen; **~ u tạ̄mnōj** *od.* **cr̄nōj bọji** in den schwärzesten Farben schildern; **~ se** sich zeigen; sich erweisen (*I*/als *N*)
prikazịvāč *1* Filmvorführer *m*; Rezensent *m*
prikazīvānje Aufführung *f*, Darstellung *f*; Vorführung *f*
prikazīvati (-ązujēm) → **prikạ̄zati**
prịkladan geeignet; passend; angemessen
prịkladnōst (-osti; *ISg* -osti/-ošću) *f* Angemessenheit *f*; Brauchbarkeit *f*; Zweckmäßigkeit *f*
prịklanjati → **priklọniti**
prịklati (-koljēm; -klao, -āla) *pf* abschlachten, abstechen; **~ ịspod rẹpa** V aufs Kreuz legen
priklijęštiti *5/7 pf* einzwängen, (ein-) quetschen
priklọniti *5* (**-klạ̄njati** *5*) zuwenden, zuneigen; **~ ụho** *fig.* sein Ohr leihen; **~ se** sich neigen
priklọpiti *5 pf* zudecken; zusammenlegen
prịključak (-čka; *Pl* -čci) Anschluß *m*, Verbindung *f*; **telẹfōnskī ~** Telefonanschluß *m*; **žẹljeznički ~** Bahnanschluß *m*
prịkolica Anhänger *m*, Beiwagen *m*; **stạmbenā ~** Wohnwagen *m*
prịkoljēm *1. Pers Sg v.* **prịklati**
prikọpčati (**-ạ̄vati** *5*) zuknöpfen; anknöpfen; *Wagen* anhängen
prikọvati (prịkujēm) *pf* annageln; annieten; anschlagen; **ọstati kao prịkovān** *fig.* wie erstarrt dastehen
prịkrāćen (-o) verkürzt; benachteiligt
prikraćīvati (-ąćujēm) → **prikrạ̄titi**
prịkraj|ak (-ājka) (*Schlupf-*)Winkel *m*; Nische *f*; **iz ~ka** *fig.* von der Seite (her); abseits
prịkrasti se (-ạ̄dēm se; -krao se) sich heranschleichen
prikrạ̄titi *5* (prịkrāćen) (**-aćīvati**) (ver-) kürzen; benachteiligen, schädigen; **~ dụgō vrijęme** die Zeit vertreiben
prịkriti (-ijēm) (**-īvati** *5*) (ver)decken, bedecken; verschleiern; bemänteln; **~ se** sich verstecken
prịkrpati (-īm; -pljen) anflicken, anstükkeln; **~ se** *fig.* sich aufdränge(l)n
prịkucati (**-ạ̄vati** *5*) annageln; anschlagen
prikụ̄čiti *5* (**-učīvati**) annähern, nahe bringen; **~ se** sich nähern
prikučīvati (-ụčujēm) → **prikụ̄čiti**
prịkujēm *1. Pers Sg v.* **prikọvati**
prịkupiti (-pljen) (**-ụ̄pljati** *5*) (an)sammeln; zusammenbringen; zusammenziehen
prikụpljāč *1* Sammler *m*
prikụ̄pljati *5* → **prịkupiti**
prịkvačiti anhängen; anheften, anklammern
prilạ̄gānje Beifügen *n*, Beilegen *n*; Beisteuern *n*
prilạ̄gati (prịlāžēm) → **prilọžiti**
prilagọditi *5* (-lągođen) (**-đīvati**) anpassen; **~ se** sich anpassen
prilagọdljiv anpassungsfähig; fügsam
prilagọdljivōst (-osti; *ISg* -osti/-ošću) *f* Anpassungsfähigkeit *f*; Fügsamkeit *f*
prilagođęnje, -đīvānje Anpassen *n*, Anpassung *f*; Eingewöhnung *f*
prilagođīvati (-ọđujēm) → **prilagọditi**
pr̄ilaz Zugang *m*; Zufahrt *f*
prịlazak (-ska) → **pr̄ilaz**
prịlaziti → **prīći**
pr̄ilazn|ī Zufahrts-; **~ā cęsta** Zufahrtsstraße *f*

prịleći, -legnuti (-gnēm; -gao, -gla) (**-lijẹgati** *7*) sich (kurz) hinlegen; anliegen; *Montageteile*: passen, sitzen; **~ sṛcu** *fig.* am Herzen liegen

prilẹtjeti (-īm; -tio, -tjela) (**-lijẹtati** *7*) zufliegen; herbeieilen; **~ ụ pomōć** zu Hilfe eilen

prịležnica Beischläferin *f*; Liebhaberin *f*

prịležnīk Beischläfer *m*; Liebhaber *m*

prịležnīštvo *vera.* Konkubinat *n*; Fwilde Ehe

prīlič|an beträchtlich, bedeutend; ziemlich; leidlich; **~nā svọta** e-e beträchtliche Summe

prīličiti ähnlich sein, ähneln; sich gehören; **ne prīličī se** das gehört sich nicht

prilijẹpiti *5/7* (**-plj̄ivati**) ankleben; aufkleben; anleimen; **~ ćụšku** *od.* **zạušnicu** (*D*) *fig. j-m* eine kleben; **~ se** kleben, haften; **~ se kạo čīčak** sich wie e-e Klette hängen (**uz** *G*/an *A*)

prilijẹtati (prịlijećēm) *7* → **prilẹtjeti**

prilijẹvati *5/7* → **prịliti**

prīli|ka Gelegenheit *f*; Umstand *m*; Anlaß *m*; Anschein *m*; Gestalt *f*; **~ke** *f/Pl* Umstände *Pl*; **drụgōm ~kōm** ein andermal; **iskọristiti ~kōm** e-e Gelegenheit wahrnehmen *od.* nutzen; **lijẹpā kao ~ka** bildhübsch; **na svū ~ku** höchstwahrscheinlich; **od ~kē do ~kē** dann und wann; **pọ svōj ~ci** allem Anschein nach; **pọvōljnā ~ka** günstige Gelegenheit; **propụstiti ~ku** e-e Gelegenheit verpassen; **pṝvōm ~kōm** bei der erstbesten Gelegenheit; **slịka i ~ka** Ebenbild *n*; **u tạkvīm ~kama** unter diesen Umständen; **žīvjeti u dọbrīm ~kama** in guten Verhältnissen leben

prịlikōm *Präp* (*G*) anläßlich (*G*)

prịliti (prịlijēm) (**-lijẹvati** *5/7*) hinzugießen, dazugießen; aufgießen

prīliv Flut *f*; Zufluß *m*, Zustrom *m* (*a. fig.*)

prīlog Beilage *f*, Anlage *f*; Beiblatt *n*; *Gr.* Adverb *n*, Umstandswort *n*; **dọbrovōljan ~** freiwilliger (*Spenden-*)Beitrag *m*; **pọsebnī ~** Sonderbeilage *f* (*in e-r Zeitung*); **tọ gọvorī u ~** (*G*) das spricht für (*A*); **ịći u ~** (*D*) zum Vorteil gereichen (*D*); **u ~u** anbei, in der Anlage

prịloškī *Gr.* adverbial

prịložak (-ška; *Pl* -šci) Zugabe *f*

prilọžiti *5* (**-lạ̄gati**) beilegen, beifügen; beisteuern

prịljepak (-pka) Schönheitspflaster *m*

priljẹpčiv *Med.* ansteckend

priljepljīvati (-ẹpljujēm) → **prilijẹpiti**

prịlježan fleißig; emsig

prịlježnōst (-osti; *ISg* -osti/-ošću) *f* Fleiß *m*; Emsigkeit *f*

priljụ̄biti se (**-ubljīvati se**) sich anschmiegen (**uz** *A*/an *A*); sich eng anschließen (an *A*)

priljubljīvati se (-ụbljujēm se) → **priljụ̄biti se**

priljubljīvānje Anschmiegen *n*; Anschließen *n*

prịmaći (-maknēm; -knuo/-kao, -kla) (**-micati**) nähern, näher rücken; heranschieben; **~ se** näher kommen

primạknuti → **prịmaći**

prịmalac (-aoca) Empfänger *m*, Erwerber *m*; (*Darlehens-*)Nehmer *m*

prịmalja Geburtshelferin *f*, Hebamme *f*

primạ̄miti *5* (**-amljīvati**) anlocken, herbeilocken; anziehen

primạmljiv verlockend; verführerisch

primamljīvati (-ạmljujēm) → **primạ̄miti**

primạmljivōst (-osti; *ISg* -osti/-ošću) *f* Anziehungskraft *f*; Verlockung *f*

prịmānj|e Annahme *f*, Empfang *m*; **~a** Einkommen *n*, Bezüge *Pl*; **sọba za ~e** Empfangszimmer *n*; **~a za opskrbljīvānje** Versorgungsbezüge *Pl*

prīmati → **prīmiti**

primẹtati (prịmećēm) [**-nuti**] hinzugeben, dazugeben; zulegen; zufügen

prịmetnuti (-nēm) *pf* → **primẹtati**

prịmicānje Herannahen *n*, Heranrücken *n*; Annäherung *f*

prịmicati (-ićēm) → **prịmaći**

primīci *Pl v.* **primītak**

primijẹniti *5/7* (**-mjenjīvati**) anwenden; applizieren

prịmijenjen (-o) angewendet, angewandt

primijẹšati *5/7* (**-mješạ̄vati** *5*) beimischen, beimengen

primijẹtiti *5/7* (**-mjećīvati**) bemerken, anmerken; einwenden

primirịsati (-mịrišēm) *pf* riechen (*D*/an *D*); **nị ne ~** *fig.* keine Ahnung haben (**od** *G*/von *D*)

primīriti *5 pf* beruhigen, beschwichtigen; **~ se** sich beruhigen, ruhig werden

prīmīrje Waffenstillstand *m*

prịmīsao (-sli; *ISg* -sli/-šlju) *f* Hintergedanke *m*

primịtak (-tka; *Pl* -ịci) Empfang *m*, Annahme *f*; (*Geld*-)Einnahme *f*
prịmiti *5* (**-ati**) (an)nehmen, entgegennehmen; aufnehmen; empfangen; bekommen, erhalten; *Amt*, *Pflicht* übernehmen; *Gehalt*, *Rente* beziehen; *Wechsel* akzeptieren; *Verpflichtung* eingehen; ~ ***hlądno*** kühl empfangen; ~ ***k sṛcu*** zu Herzen nehmen; ~ ***k znąnju*** zur Kenntnis nehmen; ~ ***na pọsao*** (*zur Arbeit*) anstellen; ~ ***nọvo za gọtovo*** für bare Münze nehmen; ~ ***rąšīrenīh rụ̄kū*** mit offenen Armen empfangen; ~ ***za šąlu*** auf die leichte Schulter nehmen; ~ ***se pọsla*** sich an die Arbeit machen
prịmitīvan primitiv
primjećịvati (-jęćujēm) → ***primijętiti***
prịmjedba (*GPl* -dābā/-dbī) Bemerkung *f*, Anmerkung *f*; Einwendung *f*; Fußnote *f*
prịmjena Anwendung *f*, Verwendung *f*
primjęn(l)jiv anwendbar
primjęnljivōst (-osti; *ISg* -osti/-ošću) *f* Anwendbarkeit *f*, Verwendbarkeit *f*
primjenjịvati (-ęnjujēm) → ***primijęniti***
prịmjer Beispiel *n*; Vorbild *n*; ***dąvati*** ~ ein gutes Beispiel geben; ***na*** ~ zum Beispiel; ***prednjąčiti dọbrīm*** **~*om*** mit gutem Beispiel vorangehen; ***škọlskī*** ~ Musterbeispiel *n*; ***ụzēti za*** ~ sich zum Vorbild nehmen
prịmjerak (-ērka) Exemplar *n*; Musterstück *n*; Einzelstück *n*; (*Schriftstück*) Ausfertigung *f*
prịmjeran musterhaft, mustergültig; Muster-
prịmjeren (-o) angemessen; passend; entsprechend; adäquat
prịmjerenōst (-osti; *ISg* -osti/-ošću) *f* Angemessenheit *f*; Entsprechung *f*; Adäquatheit *f*
prịmjesa Beimischung *f*; Zutat *f*; Zusatz *m*
prịmjetan → ***primjętljiv***
primjętljiv bemerkbar, merklich
primjętljivōst (-osti; *ISg* -osti/-ošću) *f* Bemerkbarkeit *f*, Wahrnehmbarkeit *f*
prịmka Empfangsschein *m*, Empfangsbestätigung *f*
primoprędaja *Hdl.* Übergabe *f*, Übernahme *f*
prịmorac (-ōrca) Küstenbewohner *m*
primọ̄rati *5* (**-orą̄vati** *5*) zwingen, nötigen
primorą̄vānje Zwang *m*; *Jur.* Nötigung *f*
prịmōrje Küstenland *n*
prịmorka (*D* -ki; *GPl* -kī) Küstenbewohnerin *f*
prịmōrskī Küsten-; See-
prinądležan zuständig; befugt; kompetent
prinądležnōst (-osti; *ISg* -osti/-ošću) *f* Zuständigkeit *f*; Befugnis *f*; Kompetenz *f*; **~*i*** *Pl* Bezüge *Pl*, Einkünfte *Pl*
prịncīp *1* Prinzip *n*
prịncipijēlan prinzipiell, grundsätzlich; prinzipientreu
prịnijēti (-nęsēm; -nio, -njela; -nęsen *6*) (**-nọsiti**) beitragen; (*D*/zu *D*), beisteuern; Opfer darbringen
prịnos Beitrag *m*; Gabe *f*, Opfergabe *f*
prinọsilac (-ioca) Geber *m* (*e-r Spende*)
prinọsiti *5* → ***prịnijēti***
prinọšēnje Darbringung *f*; Beisteuerung *f*
prịnova Neugeborene(s) *n*; Neuerwerb *m*; Neuerung *f*
prịnuda Zwang *m*; *Jur*. Nötigung *f*
prịnud|an zwingend; zwangsweise; Zwangs-; **~*nā mjęra*** Zwangsmaßnahme *f*; **~*nī rąd*** Zwangsarbeit *f*; → ***slijętānje***
prịnuditi (-đen) (**-địvati**) zwingen, nötigen
prịnudnōst (-osti; *ISg* -osti/-ošću) Zwangscharakter *m*
prinuđịvati (-ụđujēm) → ***prịnuditi***
prịnjušiti [**-ụ̄šiti**] (be)schnüffeln, (be-)schnuppern
priọniti (prịonēm) (**-ąnjati**) anhaften (***za*** *A*/an *D*); kleben; ~ ***na pọsao*** sich an die Arbeit machen
priopćęnje Mitteilung *f*, Benachrichtigung *f*
priọpćiti *5* (**-ćịvati**) mitteilen; benachrichtigen; wissen lassen
priopćịvati (-ọpćujēm) → ***priọpćiti***
priọpšt- *sb.* → ***priọpć-***
priorịtēt *f* Priorität *f*, Vorrang *m*
prịpadajūćī dazugehörig; entsprechend
prịpadānje Zugehörigkeit *f*; Angehörigkeit *f*
prịpadati → ***prịpasti***
prịpadnica Angehörige *f* (*e-r Gruppe*); Mitglied *n*; Anhängerin *f*
prịpadnīk Angehörige(r) *m*; Mitglied *n*; Anhänger *m*
prịpadnōst (-osti; *ISg* -osti/-ošću) *f* Zu-

P

gehörigkeit *f*, Angehörigkeit *f*; Mitgliedschaft *f*; ***nạcionālnā ~*** Volkszugehörigkeit *f*
pripạjānje Annexion *f*, Eingliederung *f* (*e-s Territoriums*)
pripạjati *5* → ***pripọjiti***
pripạliti *5* (**-aljīvati**) anzünden
pripaljīvati (-ạljujēm) → ***pripạliti***
prịpasiti (-šēm) (**-sīvati**) umgürten; umschnallen
pripasīvati (-ạsujēm) → ***prịpasiti***
prịpasti (-adnēm; -pao, -ala) (**-pạdati** *5*) zufallen; zuteil werden; dazugehören; (*e-r Gruppe*) angehören; *Recht*: zustehen
prịpaziti aufpassen (***na*** *A*/auf *A*); achtgeben; beachten; vorsichtig sein
prịpeći (-pẹčēm; -pekao, -kla) anbraten; *Sonne*: heiß brennen
prịpeka (*drückende*) Hitze *f*
pripịsati (prịpīšēm) (**-isīvati**) zuschreiben; dazuschreiben; *Bedeutung* beimessen
pripisīvati (-ịsujēm) → ***pripịsati***
prịpīt angetrunken; beschwipst
pripitọmiti *5* (**-mljạvati** *5*) zähmen, zahm machen; bändigen; ***~ se*** zahm werden
prịpitōst (-osti; *ISg* -osti/-ošću) *f* Angetrunkensein *n*
prīpjev Refrain *m*, Kehrreim *m*
prīplod Zuwachs *m*, Vermehrung *f*; Züchtung *f*
pripojẹ̄nje Anschluß *m*; (*Gebiets-*)Aneignung *f*, Annexion *f*
pripọjiti (**-pạjati** *5*) anschließen; annektieren
pripomạgati (-pọmāžēm) → ***pripọmoći***
prịpomena Anmerkung *f*; Notiz *f*
pripomẹ̄nuti (-pọmēnēm) *pf* anmerken; erwähnen
prịpomōć (-oći; *ISg* -oći/-oću) *f* (*finanzielle*) Unterstützung *f*, Beihilfe *f*
pripọmoći (-pọmognēm; -pọmogao, -gla) (**-mạgati**) beistehen, helfen, unterstützen
pripọslati (-pọšaljēm) *pf* zusenden, einsenden, zuschicken
pripovijẹdānje *7* Erzählen *n*
pripovijẹdati *5/7* (**-ọvjediti**) erzählen; berichten
prịpovijēst (-esti; *ISg* -esti/-ešću) *f*, **-vjetka** Erzählung *f*; Geschichte *f*
pripovjẹdāč *1* (*V* -ču) Erzähler *m*
pripovjẹdāčkī erzählerisch, Erzähler-
pripọvjediti → ***pripovijẹdati***
prịprava Vorbereitung *f*; Vorkehrung *f*; Zubereitung *f*
prịprāv|an vorbereitet; bereit; ***~nō stạnje*** *Mil.* Mobilmachung *f*
prịpraviti (-vljen) (**-vljati**) vorbereiten; zubereiten; bereiten
prịpravljānje Vorbereitung *f*; Zubereitung *f*
prịpravljati → ***prịpraviti***
prịprāvnica Praktikantin *f*; (*Lehramts-*) Kandidatin *f*; (*Gerichts-*)Assessorin *f*
prịprāvnīk Praktikant *m*; (*Lehramts-*) Kandidat *m*; (*Gerichts-*)Assessor *m*
priprạvnōst (-osti; *ISg* -osti/-ošću) *f* Bereitschaft *f*; Bereitwilligkeit *f*
prịprega Hilfsgespann *n*
prịprema Vorbereitung *f*; Vorkehrung *f*; *Tech.* Vorbehandlung *f*
prịprēman bereit, vorbereitet; (*Speise*) zubereitet; Vorbereitungs-; → ***ụređāj***
priprẹ̄mānje Vorbereitung *f*; Zubereitung *f*
priprẹ̄mati *5* [**-iti** *5*] vorbereiten; *Speise* zubereiten; ***~ se*** (sich) vorbereiten
prịprost schlicht, einfach; unbefangen; einfältig; treuherzig
prịpucati *pf* zu schießen anfangen; Schüsse wechseln
prīpust Zulassung *f*, Zutritt *m*; *Zool.* Begattung *f*
pripụstiti *5* (**-ụ̄štati** *5*) zulassen; vorlassen; *Zool.* begatten lassen
pripụ̄štānje → ***prīpust***
pripụ̄štati → ***pripụstiti***
prịpūz *verä.* Kriecher *m*, Schleimer *m*
priračụnati (**-ạvati** *5*) dazurechnen; einkalkulieren
prịraslica *Med.* Gewächs *n*, Verwachsung *f*
prīrast Zuwachs *m*; Vermehrung *f*; Zunahme *f*; Vergrößerung *f*; ***~ stanovnīštva*** Bevölkerungszuwachs *m*
prịrastao (-slo) angewachsen; vermehrt
prịrāsti (-ạstēm; prịrāstao, -sla) (**-rạstati**) anwachsen; zuwachsen; zunehmen; ***~ k sṛcu*** ans Herz wachsen
prịraštāj → ***prīrast***
prịredba (*GPl* -dābā/-dbī) Veranstaltung *f*; Darbietung *f*
prirẹditi *5* (**-eđīvati**) *Essen* zubereiten; *Feier* ausrichten; *Fest* veranstalten
priređịvāč *1* Veranstalter *m*

P

priređivānje Vorbereitung *f*; Zubereitung *f*; Zubereiten *n*
priređivati (-ęđujēm) → ***prirēditi***
prirepak (-pka) Anhängsel *n*; *fig.* Schmarotzer *m*
prīrez (*Steuer-*)Zuschlag *m*, Umlage *f*
prīrod Ertrag *m*; Ernte *f*
prīrod|a Natur *f*; Wesen *n*; ***dati u ~i*** in Naturalien bezahlen; ***prēdmet hitnē ~ē*** eilig; dringend; ***iz ~ē stvāri*** *od.* ***po ~i stvāri*** in der Natur der Sache; ***mrtvā ~a*** *Mal.* Stilleben *n*; ***nežīvā ~a*** unbelebte Natur; ***žīvā ~a*** belebte Natur
prīrod|an natürlich, naturgemäß, naturgetreu, Natur-; ***~nā pojava*** Naturerscheinung *f*; ***~nā stvār!*** natürlich!, selbstverständlich!; ***~nā smrt*** natürlicher Tod
prīrodno natürlich, selbstverständlich
prīrodnōst (-osti; *ISg* -osti/-ošću) *f* Natürlichkeit *f*; Urwüchsigkeit *f*
prirodnjāk *1* Naturforscher *m*
prirodopis Naturkunde *f*
prirodopīsac (-sca) Naturforscher *m*
prirođen (-o) angeboren; ***~ā mana*** Geburtsfehler *m*; ***~ā sklonōst*** Erbanlage *f*
prirođēnje Einbürgerung *f*
prīrok *Gr.* Prädikat *n*, Satzaussage *f*
prirubnica *Tech.* Flansch *m*
prīruč|an handlich, Hand-; ***~nā knjižica*** Präsenzbibliothek *f*
prīručnīk Handbuch *n*
prisan innig, eng; (*Verwandter*) nah → ***prijatēljstvo***
priseban besonnen, gefaßt; geistesgegenwärtig
prisebnōst (-osti; *ISg* -osti/-ošću) *f* Besonnenheit *f*; Geistesgegenwart *f*
prisēći (-ēgnēm; -sēgao, -gla) (**-sęzati**) schwören; beeiden
priseg|a Eid *m*, Schwur *m*; ***krīvā ~a*** Meineid *m*; ***prekršiti ~u*** Eid brechen
prisęgnuti (prisēgnēm) *pf* → ***prisēći***
prisęzati (prisēžēm) → ***prisēći***
prisežnīk *Jur.* Geschworene(r) *m*
prisil|an Zwangs-; Gewalt-; ***~nī rād*** Zwangsarbeit *f*; ***~nō spūštānje*** *Flgw.* Notlandung *f*
prisiliti (**-ljāvati** *5*) zwingen (**na** *A*/zu *D*); nötigen; Druck ausüben; **~ se** sich zwingen
prisiljen (-o) gezwungen; erzwungen
prisjećati se → ***prisjetiti se***
prisjedati → ***prisjesti***[1]
prisjednīk *Jur.* Beisitzer *m*
prisjesti[1] (-sjednēm; -sjeo, -ēla) (**-sjedati**) sich (*e-e Weile*) setzen
prisjesti[2] (-sjednē; -sjelo) *nur unpers* übel bekommen; *Bissen*: im Hals stekken bleiben
prisjetiti se (**-sjećati se**) sich erinnern (*G*/an *A*)
priskākati (priskāčēm) → ***priskočiti***
priskočiti *5* (**-kākati**) herbeispringen, herbeieilen; ***~ u pomōč*** zu Hilfe eilen
priskrbiti *5* (**-rbljīvati**) verschaffen, beschaffen, besorgen
priskrbljīvati (-rbljujēm) → ***priskrbiti***
prislanjati [**-oniti** *5*] anlehnen (**na, uz** *A*/an *A*); *Leiter* anlegen
prisluškīvānje (Be-)Lauschen *n*, Horchen *n*
prisluškīvati (-uškujēm) belauschen, horchen; *Telefon* abhören
prislušnī Abhör-; ***~ uređaj*** Abhöranlage *f*
prisnōst (-osti; *ISg* -osti/-ošću) *f* Innigkeit *f*; Intimität *f*
prispijevati *5*/*7* → ***prispjeti***
prispjēće Ankunft *f*; *Hdl.* Fälligkeit *f*
prispjeti (-ijēm; -pio, -pjela) (**-pijevati** *5*) (*rechtzeitig*) ankommen; eintreffen; *Obst*: reifen; *Schiff*: einlaufen; *Zahlung*: fällig werden
prispodoba Vergleich *m*; Gleichnis *n*; Metapher *m*
pristajānje Einwilligen *n*, Einwilligung *f*; (*Schiff*) Anlegen *n*; (*Flugzeug*) Landung *f*
pristajati (-jēm) [**-stati**] zustimmen, einwilligen; sich eignen; *Kleid*: passen; (*gut*) stehen
pristalica *m, f* Anhänger(in *f*) *m*, Parteigänger(in *f*) *m*
pristalōst (-osti; *ISg* -osti/-ošću) *f* Nettigkeit *f*; Eleganz *f*
pristanak (-ānka) Einwilligung *f*, Zustimmung *f*; Jawort *n*
pristanīšte (Schiffs-)Anlegeplatz *m*, Hafen *m*, Anlegestelle *f*
pristao (-alo) gefällig; hübsch; nett; (*Antwort*) treffend
pristaša *m, f* → ***pristalica***
pristati (-anēm; -stao, -ala) → ***pristajati***
pristaviti (**-vljati**) *Essen, Wasser* aufsetzen
pristōjan schicklich; wohlerzogen, anständig; ordentlich

P

pristojati se (-jī se) *nur unpers* sich gehören, sich schicken
prīstōjba Gebühr *f*; Taxe *f*; Abgabe *f*
prīstōjnōst (-osti; *ISg* -osti/-ošću) *f* Anstand *m*, Anständigkeit *f*; Höflichkeit *f*
pristran (-o) voreingenommen, parteiisch
pristranōst (-osti; *ISg* -osti/-ošću) *f* Voreingenommenheit *f*, Parteilichkeit *f*
prīstup Zutritt *m*, Zugang *m*; Eintritt *m*; Beitritt *m* (*zu e-r Partei etc.*)
pristupačan zugänglich; erreichbar; (*Mensch*) zugänglich, aufgeschlossen
pristupačnōst (-osti; *ISg* -osti/-ošću) *f* Zugänglichkeit *f*, Aufgeschlossenheit *f*
prīstupan Eingangs-; Einleitungs-
pristūpati *5* [**-ūpiti** *5*] herantreten (*D*/an *A*); beitreten (**u** *A*/*D*); sich nähern
pristupnica Beitrittserklärung *f*
pristupnina Eintrittsgebühr *f*; Beitrittsgebühr *f*
prisustvo → ***prisutnōst***
prisustvovati (-stvujēm) *sb.* anwesend sein (*D*/bei *D*); dabeisein
prisutan anwesend, zugegen; ~ ***duhom*** geistesgegenwärtig
prisutnōst (-osti; *ISg* -osti/-ošću) *f* Anwesenheit *f*, Beisein *n*; ~ ***duha*** Geistesgegenwart *f*; ***u mojōj ~i*** in meiner Gegenwart
prisvājati *5* → ***prisvojiti***
prīsvōjan *Gr.* possessiv, besitzanzeigend
prisvojiti (**-ājati** *5*) sich aneignen; Besitz ergreifen (von *D*); sich bemächtigen (*G*)
prišapnuti (prišapnēm; *Imp* prišapni) (**-tāvati** *5*) zuflüstern
prišarāfiti *5 pf* anschrauben; festschrauben
prišipetlja *f*, *m* Anhängsel *m*; *fig.* Klette *f*
prišiti (-ijēm) annähen; anheften; ~ ***šamar*** e-e Ohrfeige verpassen; *fig.* (*etw. Nachteiliges*) anhängen
prišivak (-īvka) Spitzname *m*
prīšt (*Pl* -evi) Eiterblase *f*; Geschwür *n*
prištav eitrig, geschwürig
prišteda Ersparnis *f*
prištedjeti (prištedīm; -dio, -djela) (**-đivati**) ersparen
prištеđevina → ***prišteda***
prištеđivati (-eđujēm) → ***prištedjeti***
prištić *Dim v.* ***prīšt***
prištinuti (prištīnēm) *pf* einquetschen, einzwicken
prišuljati se sich (*unbemerkt*) heranschleichen
prišunjati se *5* → ***prišuljati se***
pritajiti (**-ajivati**) verheimlichen; verhehlen; ~ ***se*** sich verleugnen lassen
priteći[1] (-tečēm/priteknēm; pritekao, -kla) (**-ticati**) herbeieilen; (hin)zuströmen; ~ ***u pomōć*** zu Hilfe eilen *od.* kommen
priteći[2], **-ēgnuti** (pritegnēm; -tegao, -gla) (**-tēzati**) zuziehen; *Schraube* anziehen; *Saite* spannen; ~ ***remēn*** den Gürtel enger schnallen; *Schraube* anziehen
pritega *Mar.* Ballast *m*
pritēgnuti (-pritegnēm) *pf* → ***priteći***[2]
pritēzānje Anziehen *n*; Zusammenziehen *n*
pritēzati (pritēžēm) → ***priteći***[2]
pritijesniti *5/7 pf fig.* unter Druck setzen; bedrängen; bedrücken
pritisak (-ska) Druck *m*; Bedrängnis *f*; ***činiti*** *od.* ***izvŕšiti*** ~ *fig.* Druck ausüben; ***krvī*** ~ Blutdruck *m*
pritiskīvati (-iskujēm) → ***pritisnuti***
pritiskivāč *1* Briefbeschwerer *m*
pritisnī Druck-; ~***ō dugme*** Druckknopf *m*
pritisnuti (-nēm) (**-skīvati**) *Knopf etc.* drücken; *Sorgen*: bedrücken; ~ ***na trg*** auf e-n Platz drängen *od.* zuströmen
pritjecanje Zufließen *n*, Zuströmen *n*; Zustrom *m*, Zufluß *m*
pritjerati (**-āvati** *5*) herantreiben; herbeijagen
pritješnjāvati *5* → ***pritijesniti***
prītka Pflock *m*, Stange *f*
prītok(a) Nebenfluß *m*; Zufluß *m*
pritom dabei; hierbei
pritrčati (-īm) *pf* herbeilaufen; hinlaufen; zulaufen
pritužba (*GPl* -žābā/-žbī) Beschwerde *f*, Einspruch *m*
prītvor (*Untersuchungs-*)Haft *f*; ***kućnī*** ~ Hausarrest *m*
pritvorenīk *1* Häftling *m*
pritvoriti *5* (**-tvārati** *5*) *Tür*, *Fenster* anlehnen; *Person* in Gewahrsam nehmen; verhaften
priučāvati *5* → ***priučiti***
priučiti *5* (**-āvati** *5*) gewöhnen (**na** *A*/an *A*); angewöhnen; ~ ***se*** sich gewöhnen; sich eingewöhnen
priuštiti *5* (priušten) *pf* gönnen; erlau-

P

ben; ***ne moći si*** ~ (*A*) sich (*A*) nicht leisten können
priuzdržāj *Jur.* Vorbehalt *m*
privāt|an privat, Privat-; ***~nā imovina*** Privateigentum *n*; ***~nī život*** Privatleben *n*
privātnīk Privatperson *f*; Privatunternehmer *m*; Privatier *m*
privatnoprāvnī privatrechtlich
privesti[1] (-vedēm; priveo, -vēla; -eden *6*) (**-voditi**) hinzuführen, herbeiführen; (*dem Richter*) vorführen; ~ ***kraju*** zu Ende führen *od.* bringen; ~ ***pamēti*** zur Vernunft bringen
privesti[2] (-vezēm; -vezao, -zla; -vezen *6*) (**-voziti**) herbeifahren
privēzati (privēžēm) (**-ezīvati**) (an)binden; anknüpfen; festmachen; *Hund* anleinen
privezīvati (-ezujēm) → ***privēzati***
privići (-knēm) *pf* → ***priviknuti***
prīvid Erscheinung *f*, Trugbild *n*, Illusion *f*
prīvid|an scheinbar, Schein-; ***~nī brak*** Scheinehe *f*; ***~nā smrt*** Scheintod *m*
prividjeti (-īm; -dio, -djela) *pf* aufpassen; ~ ***se*** e-e Erscheinung *od.* Illusion haben
privīdnōst (-osti; *ISg* -osti/-ošću) *f* Schein *m*, Anschein *m*; Trugbild *n*
priviđēnje Erscheinung *f*, Vision *f*
privijati *5* → ***privīnuti***
privikāvati *5* → ***priviknuti***
priviknuti (-knēm; -kao, -kla; -knut) (**-kāvati**) gewöhnen; ~ ***se*** sich gewöhnen (***na*** *A*/an *A*); sich *etw.* angewöhnen
privilēgīj, -ēgija Privileg *n*, Vorrecht *n*
privilegīrati *5 ipf*/*pf* privilegieren
privīnuti (privīnēm) *pf Person* umarmen; *Zweig etc.* zu sich herbiegen, an sich ziehen; ~ ***na grūdi*** *fig.* ans Herz *od.* die Brust drücken
priviti (-ijēm) *pf* → ***privīnuti***
privīriti *5* (**-irīvati** *5*) (*verstohlen*) schauen; *fig.* seine Nase hineinstecken (***u*** *A*/ in *A*)
privjesak (-ska) Anhängsel *n*; (*Halsketten-*)Anhänger *m*
privjesiti anhängen
privlāč|an anziehend; verlockend; (*Person*) attraktiv; ***~nā snāga*** *Phys.* Anziehungskraft *f*
privlāčiti *5* → ***privūći***
privlačiv → ***privlāčan***
privlāčnōst (-osti; *ISg* -osti/-ošću) *f* Anziehungskraft *f*; Reiz *m*; Attraktivität *f*
privoditi *5* → ***privesti***[1]
privola Einwilligung *f*, Zustimmung *f*; Billigung *f*
privoljeti (privolīm; -olio, -voljela) (**-lijevati** *5*/*7*) zustimmen (***na*** *A*/*D*); genehmigen (*A*)
privoziti *5* → ***privesti***[2]
privreda Wirtschaft *f*, Ökonomie *f*; ***nārodnā*** ~ Volkswirtschaft *f*; ***mālā*** ~ Gewerbebetrieb *m*; ***plānskā*** ~ Planwirtschaft *f*; ***tržišnā*** ~ Marktwirtschaft *f*
privred|an Wirtschafts-; ***~nō čudo*** Wirtschaftswunder *n*; ***~nā grāna*** Wirtschaftszweig *m*
privrednīk Geschäftsmann *m*; (*selbständig*) Erwerbstätige(r) *m*
privređīvati → ***privrijediti***
privremen (-o) vorläufig, einstweilig; zeitweilig, vorübergehend; provisorisch; ***~ā mirovina*** Zeitrente *f*; ***~ī zāvōj*** Notverband *m*
privrijediti *5*/*7* (**-vređīvati**) erwerben, erwirtschaften; *Geld, Lebensunterhalt* verdienen
privržen (-o) anhänglich, ergeben, treu
privrženōst (-osti; *ISg* -osti/-ošću) *f* Anhänglichkeit *f*; Hingebung *f*; Treue *f*
privūći (-ūčem; *Imp* -vūci; -vūkao, -kla; -učen *6*) (**-vlāčiti** *5*) heranziehen; anziehen; *fig.* verlocken; *Aufmerksamkeit* auf sich ziehen; ~ ***se*** sich (*unbemerkt*) anschleichen
prīzeman ebenerdig, Parterre-
prīzēmlje Erdgeschoß *n*, Parterre *n*
prizemljiti *5* (**-mljīvati**) *Flgw.* landen; *fig.* auf den Boden (*der Realität*) holen
prizemljīvati (-emljujēm) → ***prizemljiti***
prizemnica Bungalow *m*
prizīdati *5 pf* anbauen
prīziv *Jur.* Berufung *f*; ***uložiti*** ~ Berufung einlegen
prizīvati *5* → ***prizvati***
prizīvnī: ~ ***sūd*** Berufungsgericht *n*
priznanica Quittung *f*; Bescheinigung *f*
priznānje (Ein-)Geständnis *n*; Anerkennung *f*; *Jur.* Anerkenntnis *f*; ***iznuditi*** ~ Geständnis erzwingen; ***steći*** ~ Anerkennung finden; ***odati*** ~ Anerkennung zollen
priznat anerkannt
priznati (**-āvati**) (ein)gestehen, beken-

P

nen; zugeben; anerkennen, gelten lassen; ~ ***se krīvīm*** sich schuldig bekennen
priznāvānje → ***priznānje***
priznāvati (prịznājēm) → ***prịznati***
prīzor Anblick *m*; *Thea.* Auftritt *m*; Szene *f*
prịzvati (-zọvēm; -zvao, -ala) (**-zīvati**) herbeirufen, herrufen, zu sich rufen; *vera. Jur.* Widerspruch einlegen; *Geister* beschwören; ~ ***ụ pomōć*** zu Hilfe rufen
prịzvūk (*Pl* -ci) Nebenton *m*; Beiklang *m*
prižāriti *5 pf nur unpers Sonne*: heiß scheinen, (herunter)brennen
priželjkīvati (-ęljkujēm) sich sehnen (*A*/nach *D*), herbeisehnen
prižęniti *5 pf* einheiraten
prịženja *m* Eingeheiratete(r) *m*
pṛkos Trotz *m*, Starrsinn *m*
pṛkosan trotzig, starrsinnig; störrisch
pṛkositi trotzen
pṝljati beschmutzen, schmutzig machen
pṛljav schmutzig, dreckig; → ***rūblje***
pṛljavac (-āvca) Schmutzfink *m*
prljāvština Schmutz *m*, Dreck *m*
pṛnja Fetzen *m*, Lumpen *m*
prōb|a (*GPl* -ī/-ā) Probe *f*; Versuch *m*; Anprobe *f*; ***gęnerālnā ~a*** *Thea. u. fig.* Generalprobe *f*; ***rọbnā ~a*** *Hdl.* Warenprobe *f*; ***stạviti na ~u*** *fig.* auf die Probe stellen
probādānje Stechen *n*; *Med.* Stechschmerz *m*
probādati *5* → ***prọbosti***
prōbati *ipf/pf* versuchen, probieren; *Speise* kosten; *Theaterstück* proben; *Kleid* anprobieren
prọbava Verdauung *f*
prọbāvnī Verdauungs-
prọbaviti (**-vljati**) verdauen; *Zeit* verbringen
probạvljiv verdaulich
prọbdjeti (-īm; -dio, -djela) *pf Nacht* durchwachen; Totenwache halten
probećāriti se *5 pf* verkommen, verwahrlosen
probęrēm *1. Pers Sg v.* ***prọbrati***
probījati *5* → ***prọbiti***
probịrāč *1* (*V* -u) wählerischer Mensch, Feinschmecker *m*; ***on nije*** ~ er ist kein Kostverächter
probīrati → ***prọbrati***
probịrljiv wählerisch
prọbisvijet Landstreicher *m*, Herumtreiber *m*
probīci *Pl v.* ***probītak***
prọbitačan nützlich, nutzbringend; förderlich; vorteilhaft
prọbitačnōst (-osti; *ISg* -osti/-ošću) *f* Nützlichkeit *f*; Gewinn *m*
probītak (-tka; *Pl* -īci) Gewinn *m*; Vorteil *m*; Nutzen *m*
prọbiti (-ijēm) (**-ijati**) durchschlagen, durchbrechen, durchhauen; *Fenster* einschlagen; *Flüssigkeit*: durchsickern; *Reifen*: platzen; *Schweiß*: ausbrechen; *Zähne*: durchbrechen; ~ **se** sich durchschlagen (***krọz žịvot*** durchs Leben)
prọblēm *1* Problem *n*; ***nęmā ~ā!*** kein Problem!
problemạtičan problematisch
problemạtičnōst (-osti; *ISg* -osti/-ošću) *f* Problematische(s) *n*
problemạtika (*L* -ci) Problematik *f*
problijędjeti (-īm; -dio, -djela) *7 pf* erbleichen, bleich werden, blaß werden; ~ ***kạo kṛpa*** leichenblaß werden
prōbnī Probe-, Versuchs-; ~ ***bạlōn*** *fig.* Versuchsballon *m*; ~ ***prīmjerak*** Versuchsstück *n*
probọdēm *1. Pers Sg v.* ***prọbosti***
prōboj (-oja) Durchbruch *m*, Durchstoß *m*; Ausbruch *m* (*aus Gefängnis*)
probōj|an durchdringend, durchschlagend, Durchschlag(s)-; ***~nā snāga*** Durchschlagskraft *f*
prọbosti (-bọdēm; -bō; -bōla) (**-bādati** *5*) durchstechen; durchstoßen; ~ ***pọglēdom*** *fig.* mit Blicken durchbohren
prọbrati (-berēm; -brao) (**-bīrati** *5*) auswählen, auslesen; sichten; ***prọbrānō drūštvo*** *fig.* erlesene Gesellschaft
probūditi *5* (prọbūđen) (**-uđīvati**) (auf-)wecken, erwecken; ~ **se** aufwachen, wach werden
probuđīvati (-uđujēm) → ***probūditi***
proburāziti *5 pf* durchstechen; *Bauch* aufschlitzen
probūšiti *5 pf* → ***būšiti***
procedūra Prozedur *f*
prọcent, -cenat (-nta) Prozent *n*
prọcentnī prozentig
prọces Prozeß *m*, Rechtsstreit *m*
procęsija Prozession *f*
procijęditi *5/7* (**-cjeđīvati**) filtern, durchseihen; ~ ***krọz zūbe*** *fig.* mühsam hervorstoßen, stammeln

P

procijęniti *5/7* (**-cjenjīvati**) (ab)schätzen; einschätzen; bewerten; *Kosten* veranschlagen; *Person* beurteilen
procijępiti *5/7* (**-cjepljīvati**) *Holz* spalten
procjeđīvati (-ęđujēm) → ***procijęditi***
pr̨ocjemba → ***pr̨ocjena***
pr̨ocjena Bewertung *f*, Schätzung *f*, Abschätzen *n*; Veranschlagung *f*; Einschätzung *f*
procjęnitelj (*Kunst- etc.*)Schätzer *m*; Taxator *m*
procjęn(l)jiv (ab)schätzbar
procjęnskī abschätzbar; Schätz-
procjenjīvānje Abschätzen *n*, Schätzen *n*; Veranschlagen *n*
procjenjīvati (-cjęnjujēm) → ***procijęniti***
pr̨ocjep Spalte *f*, Spalt *m*; *fig.* Zwiespalt *m*
procūriti (**-urīvati**) durchrinnen; durchsickern (*a. fig.*)
pr̨ocvasti (-ątēm; -vao) (**-cvjętati**) aufblühen, erblühen (*a. fig.*); sich entfalten
pr̨ocvat Erblühen *n*; Blüte *f* (*a. fig.*); ***u ~u*** in voller Blüte
procvjętati → ***pr̨ocvasti***
pr̨očačkati *pf* herumstochern
pr̨očēlnīk Vorstand *m*, Obmann *m*
pr̨očēlje Stirnseite *f*, Vorderseite *f*, Fassade *f*, Front *f*
pročęšljati *pf* durchkämmen (*a. fig.*)
pr̨očistiti (**-šćāvati** *5*) säubern, reinigen, putzen
pročįtati *pf* (ver)lesen; durchlesen
pr̨očuti se (-jē se) *pf nur unpers* verlauten; erfahren; berühmt werden
proćąskati *5 pf* ein wenig plaudern
pr̨oći (-ōđēm; *Imp* -ōđi; -ǫšao, -ǫšla) (**-laziti**) vorbeigehen; (***kr̨aj*** *G*/an *D*); vorübergehen; vergehen; verfließen; verrinnen; *Grenze* überschreiten; *Krankheit*: verlaufen, vergehen; *Orte* durchreisen; *Zeiten*: vorübergehen; *Lernstoff* durchgehen, durcharbeiten; ***~ na įspitu*** Prüfung bestehen; ***~ kr̨oz glāvu*** durch den Kopf gehen; ***pr̨ōđi mi se!*** laß mich in Ruhe!
pr̨odaj|a Verkauf *m*, Veräußerung *f*; Vertrieb *m*; ***~a ną malo*** Einzelhandel *m*; ***~a ną veliko*** Großhandel *m*; ***na ~u*** zu verkaufen
pr̨odājnī Verkaufs-; ***~ cęntar*** Einkaufszentrum *n*
pr̨odati (**-dāvati**) verkaufen, veräußern; ***~ na bụbanj*** *od.* ***na drąžbi*** versteigern; ***~ se*** sich verkaufen
prodąvāč *1* Verkäufer *m*; Händler *m*; ***tr̨govačkī ~*** Einzelhandelsverkäufer *m*
prodavąčica Verkäuferin *f*
prodąvalac (-aoca) → ***prodąvāč***
prodavaǫnica Laden *m*, Geschäft *n*; Verkaufsraum *m*
prodāvati (pr̨odajēm) → ***pr̨odati***
prodęrati (pr̨oderēm) *pf* durchreißen; zerreißen; ***~ se*** *itr* durchreißen; *fig.* anschreien (***na*** *A*/*A*)
proderǫtina Rißstelle *f*, Riß *m*
pr̨odik|a Predigt *f*; ***čįtati ~u*** *fig.* die Leviten lesen
pr̨odiran → ***pr̨odōran***
pr̨odirati (-rēm) → ***pr̨odrijeti***
pr̨ōdor *Mil.* Durchbruch *m*
pr̨ōdoran (*Stimme*) durchdringend; (*Ton*) schrill; (*Geruch*) scharf
pr̨odrēm *1. Pers Sg v.* ***pr̨odrijeti***
prodrijęmati *5/7 pf* ein wenig schlummern
pr̨odrijeti (pr̨odrēm; pr̨odro, -dr̄la) (**-dirati**) durchdringen; durchbrechen; vordringen
pr̨odrmati *pf* durchschütteln; aufrütteln; aufschütteln
prodūbiti *5* (**-ubljīvati**) vertiefen (*a. fig.*); tiefer eindringen
produbljęnje Vertiefung *f*
produbljīvati (-ụbljujēm) → ***prodūbiti***
producent Produzent *m*, Hersteller *m*
producīrati *5 ipf*/*pf* produzieren, herstellen
produhovljen (-o) durchgeistigt, beseelt
produkcija Produktion *f*, Erzeugung *f*, Herstellung *f*
pr̨odukovati (-ujēm) *sb.* → ***producīrati***
pr̨oduktīvan produktiv; schöpferisch; ergiebig
produktīvnōst (-osti; *ISg* -osti/-ošću) *f* Produktivität *f*
produljęnje → ***produžęnje***
prodūljiti → ***prodūžiti***
pr̨odūpsti (-ūbēm; -dubao, -bla; -dụben *6*) *pf* → ***prodūbiti***
produžęnje Verlängerung *f*; Verzögerung *f*; Aufschub *m*
produžętak (-tka; *Pl* -ęči) Verlängerung *f* (*a. Sp.*)
prodūžiti *5* (**-užīvati**) *Visum etc.* verlängern; verschieben; dehnen; *Gespräch* fortsetzen

P

produžịvati (-ụžujēm) → ***prodụ̄žiti***
prọđa *Hdl.* Absatz *m*
profẹsija Beruf *m*
profesionạlac (-lca) *2 Sp.* Profi *m*
prọfesionāl|an professionell; Berufs-; ***~nā bọlēst*** Berufskrankheit *f*; → ***nesposọ̄bnōst***
prọfesor Professor *m*; (*Mittelschul-*) Lehrer *m*
prọfil *1* Profil *n*, Seitenansicht *f*
profilạksa Prophylaxe *f*, Vorbeugung *f*
profịniti *5 pf* verfeinern; fein *od.* feiner machen
prọfinjen (-o) verfeinert; fein; feinfühlend
prọfinjenōst (-osti; *ISg* -osti/-ošću) *f* Verfeinerung *f*; Feinfühligkeit *f*; Feingefühl *n*
prọfit Gewinn *m*; Nutzen *m*; Profit *m*
profịtēr *1* Profitmacher *m*; ***rạtnī ~*** Kriegsgewinnler *m*
profitịrati profitieren, Gewinn machen; Vorteil haben, Nutzen ziehen
prọfućkati *pf* vergeuden, verschwenden; verprassen
progạ̄njānje Verfolgung *f*
progạ̄njati *5* → ***progọniti***
prọgāz Engpaß *m*; Engstelle *f*
prọglās Bekanntmachung *f*, Verlautbarung *f*; Verkündigung *f*
proglạ̄siti *5* (-šen) (**-ašạ̄vati** *5*) bekanntmachen; *Gesetz* verkünden; verlautbaren; proklamieren; ernennen (*I*/zu *D*); ***~ krịvīm*** schuldig sprechen
proglašạ̄vānje, -šẹ̄nje Proklamierung *f*, Bekanntmachung *f*; Verkündigung *f*
proglašạ̄vati *5* → ***proglạ̄siti***
prọgledati *pf* (hin)durchschauen, (hin-) durchsehen; die Augen öffnen; ***~ krọz prste*** *fig.* ein Auge zudrücken (*D*/bei *D*)
proglọđati (prọglođēm) *pf* durchnageln
prọgnanīk Verbannte(r) *m*; Vertriebene(r) *m*
prognạ̄nstvo → ***progọnstvo***
prọgnati (**-ọniti** *5*) vertreiben; verbannen; (*aus e-m Land*) ausweisen; (*des Landes*) verweisen
prognọ̄za Prognose *f*, Vorhersage *f*; ***~ vrẹmena*** Wettervorhersage *f*
prognozịrati *5 ipf/pf* prognostizieren, vorhersagen
prọgon Verfolgung *f*; Bann *m*, Ächtung *f*
progọnilac (-ioca) → ***progọnitelj***
progọnitelj Verfolger *m*
progọniti (**-gạ̄njati** *5*) verfolgen; ächten; nachjagen (*A*/*D*)
progọnstv|o Exil *n*; ***žịvjeti u ~u*** im Exil leben
progovạ̄rati *5* [**-govọriti** *5*] zu sprechen beginnen, das Wort ergreifen; *Kleinkind*: zu sprechen anfangen
prọgram Programm *n*; Plan *m*; Vorhaben *n*; ***kọmpjutorskī ~*** Computerprogramm *n*; ***nạ̄stavnī ~*** Lehrplan *m*
prográmatskī programmatisch
progrạmēr *1 EDV* Programmierer *m*
programịrānje Programmieren *n*, Programmierung *f*
programịrati *5 ipf/pf* programmieren
prọgramskī programmatisch; Programm-; ***~ kọrāk*** *EDV* Programmschritt *m*
prọgres Progreß *m*, Fortschritt *m*
progrẹsija Progression *f*
prọgresīvan progressiv, fortschrittlich
prọgristi (-ịzēm; -izao, -zla) (**-grịzati** *5*) durchbeißen; *Säure*: sich durchfressen
progrụšati se *Milch*: gerinnen
progụnđati *pf* in seinen Bart brummeln
progụ̄rati *5 pf* durchschieben; (hin-) durchdrücken; ***~ se*** sich durchdränge(l)n, sich vordrängeln
progụtati *pf* (ver)schlucken; verschlingen; hinunterschlucken; ***~ riječi*** gebannt jedes Wort verfolgen
prọhlādan ziemlich kalt, frisch
prọhodan begehbar, passierbar
prohọ̄dati *5 pf Kind*: zu laufen beginnen; ***~ nọgē*** sich die Beine vertreten
prọhtjeti se (-htijē se/-htjednē se) *pf* Lust bekommen; wünschen; wollen
prọhtjev Lust *f*, Verlangen *n*, Gelüst *n*
prohụ̄jati (-jīm) *pf* vorbeisausen, vorbeieilen
proịgrati *5* (**-ạ̄vati** *5*) verspielen, verscherzen
proịsteći (-tẹčēm/-teknēm; -tekao, -kla; -tẹčen) (**-tjecati**) → ***proịzīći***
proịstjecati (-ēčēm) → ***proịzīći***
proịzīći (-ịzīđēm; -ịzišao, -šla) (**-laziti**) herkommen, abstammen; resultieren, folgen; ***ịz toga proịzlazī*** daraus folgt
proịzvesti (-vẹdēm; -ịzveo, -ela; -vẹden *6*) (**-vọditi**) erzeugen, herstellen, produzieren; hervorbringen; *Eindruck* hervorrufen
proịzvod Erzeugnis *n*, Produkt *n*

P

proizvod|an Herstellungs-, Produktions-; **~nā cijena** Herstellungspreis *m*, Erzeugerpreis *m*
proizvodilac (-ioca), **-ditelj** → ***proizvođač***
proizvōdnja Produktion *f*, Herstellung *f*, Erzeugung *f*
proizvođač *1* (*V* -ču) Erzeuger *m*, Hersteller *m*, Produzent *m*
proizvōljan willkürlich, eigenmächtig
prōja Hirse *f*
projahati (-šem) *pf* vorbereiten; durchreiten
projedēm *1. Pers Sg v.* ***projesti***
projedriti *pf* vorbeisegeln; durchsegeln
projekcija Projektion *f*
projekt Projekt *n*; Entwurf *m*
projektīl *1* Projektil *n*, Geschoß *n*; *Mil.* Rakete *f*
projektor Projektor *m*
projesti (-jedēm; -jeo, -ela; -jeden) (**-jedati**) *Säure*: zerfressen
projezditi *pf* → ***projahati***
projicīrati *5 ipf/pf* projizieren
projuriti *5 pf* vorbeirennen, vorbeilaufen; vorbeieilen
prokapati[1] (-ām/-pljēm) (**-pljīvati**) zu tropfen *od.* tröpfeln beginnen
prokāpati[2] *5* → ***prokopati***
prokārtati *pf* (*beim Kartenspiel*) verlieren; **~ se** Kartenspieler sein
prokasati *pf* (*mit dem Pferd*) vorbeitraben
prokāzati (prokāžēm) (**-azīvati**) anzeigen; denunzieren
prokazīvati (-azujēm) → ***prokāzati***
prokisao[1] (-slo) völlig durchnäßt
prokisao[2] (-slo) (*Milch*) sauer
prokisīvati (-isujēm) → ***prokisnuti***[1]
prokisnuti[1] (-nēm) (**-sīvati**) durchnässen; durchregnen; **~ do kožē** bis auf die Haut naß werden
prokisnuti[2] (-nēm) (**-sīvati**) *Milch*: sauer werden, e-n Stich bekommen
proklēt verflucht, verdammt
proklēti (-kunēm; -kleo, -ēla; -ēt) (**-klinjati**) verfluchen, verwünschen
proklētinja verwunschener Ort; verwunschene Person
prokletnīk Verfluchte(r) *m*, Fluchbeladene(r) *m*
proklētstvo Fluch *m*; Verdammung *f*, Verwünschung *f*; **~!** verflucht nochmal!
proklijati (**-jāvati** *5*) (auf)keimen, hervorkeimen
proklinjati → ***proklēti***
proklīnjānje → ***proklētstvo***
prokljuvati (prokljujēm) *pf* aufpicken
proknjižiti *pf* verbuchen; **~ u knjigu** in ein Buch eintragen
prokockati *pf* (*a. fig.*) verspielen; beim (*Würfel-*)Spiel verlieren
prokop Durchbruch *m*; Kanal *m*; Tunnel *m*
prokopati (**-pāvati** *5*) durchgraben; durchstechen; durchbrechen
prokrčiti *5* (**-rčāvati** *5*) *Wald* roden; *Weg* bahnen; **~ sebi pūt** *fig.* seinen Weg machen; sich durchsetzen
prokrijumčāriti *5 pf* durchschmuggeln; **~ se** sich durchschmuggeln
prokrstāriti *pf* durchkreuzen, durchstreifen
prokrvljen (-o) durchblutet
prokuhati (**-āvati** *5*) abkochen; durchkochen
prokunēm *1. Pers Sg v.* ***proklēti***
prokurvati *pf* prostituieren; **~ se** zur Hure werden; *fig.* moralisch verkommen
prokušān (-o) bewährt, erprobt
prokušati (**-āvati** *5*) (er)proben, auf die Probe stellen
prolāmati *5* → ***prolomiti***
prōlaz Durchgang *m*, Durchfahrt *f*; (*Straßen-*)Unterführung *f*; **gorskī ~** Gebirgspaß *m*; **na ~u** auf der Durchreise
prōlazan vergänglich; vorübergehend; (*Weg*) passierbar
prolaziti → ***prōći***
prolaznica Passantin *f*, Durchreisende *f*
prolaznīk Passant *m*, Durchreisende(r) *m*
prolaznina Durchgangsgebühr *f*; Wegegebühr *f*, Transitgebühr *f*
prolaznōst (-osti; *ISg* -osti/-ošću) *f* Vergänglichkeit *f*; (*Weg*) Passierbarkeit *f*
proletarijāt *1* Proletariat *n*
proletēr *1* (*V* -u) Proletarier *m*
proletērskī proletarisch
proletjeti (proletīm; -tio, -tjela) (**-lijetati** *7*) vorbeifliegen, vorüberfliegen; durchfliegen
prolijeniti se *7* faul *od.* träge werden
prolijetati (prolijećēm) *7* → ***proletjeti***
prolistati *pf Baum*: Blätter treiben; *Buch* durchlesen
proliti (-ijēm) (**-lijevati** *5/7*) vergießen, ausgießen; verschütten

prǭliv → ***prǭljev***
prǫlom Durchbruch *m*; Bresche *f*; Einsturz *m*; ~ ***ǫblākā*** Wolkenbruch *m*
prolǫmiti *5* (**-lāmati** *5*) *Wand* durchbrechen; *Schweigen* brechen; ~ **se** bersten; *itr* durchbrechen
prǫljeće Frühling *m*, Frühjahr *n*
proljępšati se *pf* schöner *od.* hübscher werden
prǫljetnī Frühlings-, Frühjahrs-
prǭljev *Med.* Durchfall *m*, Diarrhoe *f*
prǫmaći (-knēm; -kao, -kla) (**-micati**) vorrücken; (*im Beruf*) befördern
promaknų̄će Vorrücken *n*; Beförderung *f*
promąknuti (prǫmaknēm; prǫmakao, prǫmakla) → ***prǫmaći***
prǫmašāj Fehlschuß *m*; *fig.* Fehlschlag *m*
prǫmašiti (-īvati) *Ziel* verfehlen; danebenschießen; fehlschlagen; ~ ***profęsiju*** *fig.* den Beruf verfehlen; ~ ***vrąta*** *Sp.* am Tor vorbeischießen
promašīvati (-ašujēm) → ***prǫmašiti***
promątrāč *1* (*V* -u) Beobachter *m*, Betrachter *m*; Zuschauer *m*
promątrāčnica Beobachtungsstation *f*; Warte *f*
promātrānje Beobachten *n*, Betrachten *n*
promātrati *5* [**-mǫtriti** *5*] beobachten, betrachten
prǫmećūran geschäftig, regsam; gewandt, geschickt
prǭmet (*Straßen-*, *Waren-*, *Geld-*)Verkehr *m*; Betrieb *m*; *Hdl.* Umsatz *m*; ~ ***strąnācā*** Parteienverkehr *m*; ***jąvnī*** ~ Straßenverkehr *m*; (***mąlī***) ***pogrąničnī*** ~ (*kleiner*) Grenzverkehr; ***rǫbnī*** ~ Güterverkehr *m*; ***stąviti u*** ~ in Umlauf bringen; ***trąnzitnī*** ~ Transitverkehr *m*
promętalo Verkehrsmittel *n*
prǫmet|an verkehrsreich, belebt; Verkehrs-, Betriebs-; ~***nā nęsreća*** Verkehrsunfall *m*; ~***nī znąk*** Verkehrszeichen *n*
prǭmetnica Verkehrsweg *m*
prǭmetnīk Verkehrspolizist *m*; Zugabfertiger *m*
prǫmicati (-čēm) → ***prǫmaći***
prǫmičba *vera.* Propaganda *f*; Schmuggel
promijęniti *5/7* (**-mjenjīvati**) (ver)ändern, umändern; umtauschen; umwandeln; *Geld* wechseln; ~ **se** sich (ver)ändern; *Wetter*: umschlagen
promijęsiti *5/7 pf* durchkneten
promijęšati *5/7* (**-šāvati** *5*) (durch)mischen, umrühren
prǫmil Promille *n*
prǫmīsao (-sli; *ISg* -īsli/-īšlju) *f* Vorsehung *f*
prǫmisliti (**-mīšljati** *5*) bedenken, überlegen; erwägen, durchdenken
promīšljānje Nachdenken *n*, Überlegen *n*; Überlegung *f*, Erwägen *n*
promīšljati *5* → ***prǫmisliti***
prǫmišljen (-o) überlegt, besonnen; bedacht
prǫmišljenōst (-osti; *ISg* -osti/-ošću) *f* Bedachtsamkeit *f*, Umsicht *f*
prǫmjena (Ver)Änderung *f*, Abänderung *f*; Wechsel *m*, Wandel *m*
promjęn(l)jiv veränderlich, wechselhaft
promjęn(l)jivōst (-osti; *ISg* -osti/-ošću) *f* Veränderlichkeit *f*, Wandelbarkeit *f*; Wechselhaftigkeit *f*
promjenjīvati (-mjęnjujēm) → ***promijęniti***
prǭmjer Durchmesser *m*, Kaliber *n*
promjerāvati *5* [**prǫmjeriti**] abmessen; durchmessen
prǫmljeti (-meljēm) *pf* durchmahlen
promǫčiti *5 pf* durchnässen; durchrinnen
promǫčiv undicht; wasserdurchlässig
promǫliti *5* (**-māljati** *5*) durchstecken; herausstecken
promǫtriti *5* (**-mātrati** *5*) besehen, betrachten; bedenken
promovīrati *5 ipf/pf* promovieren
prǫmozgati genau überlegen; durchdenken
promŗmljati *pf* in den Bart brummen, murmeln
prǫmrzlina Frostbeule *f*; Erfrierung *f*
prǫmrznuti (-nēm; -znuo/-zao, -zla) *pf* durchfrieren
prǫmućkati *pf* durchschütteln; ***prije ųpotrebē*** ~ (*Medikament etc.*) vor Gebrauch schütteln
prǫmūkao (-klo) heiser; rauh
prǫmūklōst (-osti; *ISg* -osti/-ošću) *f* Heiserkeit *f*
promųknuti (prǫmūknēm; -mųknuo/ prǫmūkao, -kla) *pf* heiser werden, sich heiser sprechen
promųmljati *pf fig.* vor sich hin brumme(l)n

P

prọnāći (-nāđēm; -ašao, -šla; -nāđen) (**-nạlaziti**) (auf)finden, ausfindig machen; ermitteln; entdecken; erfinden
pronalạzāč *1* (*V* -u) Erfinder *m*; Entdecker *m*
pronạlazak (-ska) Erfindung *f*; Entdekkung *f*
pronạlaziti → ***prọnāći***
prọnevjera Veruntreuung *f*, Unterschlagung *f*
pronevjẹritelj Veruntreuer *m*, Unterschlager *m*
pronẹvjeriti (**-erạ̄vati** *5*) veruntreuen, unterschlagen
prọnicati (-ičēm) → ***prọniknuti***
prọnicav durchdringend; scharfsinnig
prọnicavōst (-osti; *ISg* -osti/-ošću) *f* Scharfsinnigkeit *f*; Findigkeit *f*
prọnići (-iknēm; -kao/-knuo) (**-nicati**) → ***prọniknuti***
prọnijēti (-nẹsēm; -nio, -njela; -nẹsen *6*) (**-nọsiti**) hindurchtragen; vorbeitragen; *Gerücht* verbreiten
prọniknuti (-knēm; -kao/-knuo) (**-nicati**) durchdringen; *Flüssigkeit*: durchtränken; Sachverhalt durchschauen; *Bot.* hervorkeimen; ~ ***u sṛž problẹ̄ma*** *fig.* zum Kern des Problems vordringen
pronọsiti *5* → ***prọnijēti***
prọnjušiti *pf*, **-škati** *pf abw.* (*durch Spionieren*) herausfinden
prọpadānje Verfall *m*; Verderben *n*; Zugrundegehen *n*; Niedergang *m*
prọpadati → ***prọpasti***
propạgānda Propaganda *f*; Werbung *f*
propạgāndnī Propaganda-; Werbe-
propagạndist(a) *m Pol.* Propagandist *m*; *Hdl.* Werbefachmann *m*
propagīrati *5 ipf/pf* propagieren; werben
prọpalica *m*, *f* Nichtsnutz *m*, verkommener Mensch *m*; Asoziale(r) *m*
prọpān *1* Propangas *n*
prọpa|o (-palo) verkommen; heruntergekommen; gescheitert; ***~lā egzistẹncija*** *fig.*, *abw.* verkrachte Existenz; ***~lā stvạ̄r*** hoffnungslose Sache
propạ̄rati *5 pf* aufschlitzen, aufschneiden; zerschlitzen; *Ton*: gellen
prọpāst (-āsti; *ISg* -āsti/-āšću) *f* Untergang *m*; Zusammenbruch *m*; Verderben *n*; ***sṛljati u ~*** ins Verderben rennen
prọpasti (-adnēm; -pao, -ala; -adnūt) (**-padati**) untergehen, zugrunde gehen; verfallen; verderben; versinken; scheitern; (*bei e-r Prüfung*) durchfallen; ***kạo da je ụ zemlju prọpao*** er ist wie vom Erdboden verschwunden; ***pīši prọpalo*** *fig.* das kannst du in den Wind schreiben
prọpatati *pf* (durch)leiden, durchmachen
propẹ̄lo Kruzifix *n*, Kreuz *n*
prọperēm *1. Pers Sg v.* ***prọprati***
prọpēti (-pnēm) (**-pinjati**) anspannen; ***~ nạ krīž*** kreuzigen; ***~ se*** sich aufbäumen; sich aufrichten; *Pferd*: sich aufbäumen
prọ̄pis Vorschrift *f*; Satzung *f*; Norm *f*; ***dṛžati se ~a*** sich an die Vorschriften halten; ***prạ̄vnī ~*** Rechtsvorschrift *f*; ***prẹma ~u*** laut Vorschrift; ***sạobraćājnī ~ī*** Verkehrsregeln *Pl*; ***vạžećī ~*** geltende Vorschriften
propīsati (prọpīšēm) (**-isīvati**) vorschreiben, anordnen; *Medikament* verschreiben
prọ̄pisan vorschriftsmäßig; verbindlich
propisīvati (-ịsujēm) → ***propīsati***
propītati *5* (**-itīvati**) nachfragen; sich erkundigen (**o** *L*/nach *D*); *Schulstoff* abfragen
propitīvati (-ịtujēm) → ***propītati***
propitkīvati (-ịtkujēm) → ***propītati***
prọpjevati *pf* zu singen anfangen; zu dichten anfangen
prọpla|kati (-čēm) *pf* zu weinen beginnen, in Tränen ausbrechen; ***i kạmēn bi ~kao*** *fig.* zum Steinerweichen
prọplamšāj Aufflammen *n* (*a. fig.*)
prọplanak (-ānka) (*Wald-*)Lichtung *f*
propọrcija Proportion *f*, Verhältnis *n*
prọporcionālan proportional, verhältnismäßig
proportionạlnōst (-osti; *ISg* -osti/-ošću) *f* Proportionalität *f*, Verhältnismäßigkeit *f*
prọpovijed Predigt *f*
propovijẹdati *5/7* predigen
propovijedaọnica Kanzel *f*
propovijẹdnīk *7* Prediger *m*
propozīcija Vorschlag *m*; Angebot *n*
prọprati (-erēm) (*Geschirr*) spülen, (*Wäsche*) waschen
prọpuh Durchzug *m*, Luftzug *m*
propụ̄hati (prọpūšēm) (**-uhīvati**) durchblasen, durchwehen
propuhīvati (-ụhujēm) → ***propụ̄hati***

prọpusnica Passierschein *m*, Transitschein *m*
prọpust¹ Durchlaß *m*, Durchgang *m*
prọpust² Versäumnis *n*; Unterlassung *f*
propụstiti *5* (-ọpušten) (**-ū̧štati** *5*) durchlassen; einlassen; vorbeilassen; *Gelegenheit* versäumen; *Boot*: leck sein, lekken
proputovā̧nje Durchreise *f*
proputọvati (-ụtujēm) *pf* durchreisen, bereisen
prọračūn Berechnung *f*; (*Kosten-*)Voranschlag *m*
prọračunat *Part v.* ***proračụnati***; berechnend, eigennützig
proračụnati (**-ā̧vati** *5*) berechnen; *Kosten* veranschlagen
proračunā̧vānje Berechnen *n*, Berechnung *f*; Veranschlagen *n*
prorā̧diti *5* (-đen) (**-rađī̧vati**) *Maschine*: in Gang gesetzt werden; *Fabrik*: in Betrieb gesetzt werden; *Buch* durcharbeiten
prorađī̧vati (-ą̄đujēm) → ***prorā̧diti***
prọrājtati verbummeln; *Geld* verschleudern
prọrašten (-o) (*Fleisch*) durchwachsen
prọreći (-rẹčēm/prọreknēm; prọrekao, -kla; -rečen *6*) (**-rị̄cati**) voraussagen, vorhersagen; prophezeien, weissagen
prọ̄red *Typ*. Zeilenabstand *m*
prorešẹtati (*mit Geschossen*) durchsieben, durchlöchern; *fig*. auf Herz und Nieren prüfen
prọ̄rez Schnitt *m*; Spalte *f*; Schlitz *m*; Riß *m*
prọrezati (-ežēm) (**-zī̧vati**) durchschneiden; aufschlitzen
prorezī̧vati (-ẹzujēm) → ***prọrezati***
prorị̄cānje Voraussage *f*, Prophezeiung *f*
prorị̄cati (prọrīčēm) → ***prọreći***
prorijẹditi *5/7* (prọrijeđen) (**-rjeđī̧vati**) *Wald* lichten; *Flüssigkeit* verdünnen
prorjeđī̧vati (-ẹđujēm) → ***prorijẹditi***
proročą̄nstvo (*GPl* -rọčanstāvā/-čą̄nstvā) Prophezeiung *f*, Weissagung *f*
prọročište Orakel *n*
prọrok Prophet *m*
prọrokovati (-ujēm) *sb*. → ***prorị̄cati***
prorọvati (prọrujēm) durchwühlen; *Berg* durchbrechen; *Damm* durchstechen; *Tunnel* bohren
prọs|ac (-sca) Brautwerber *m*, Freier *m*; ***ići u ~ce*** um ein Mädchen werben
prọsidba (*GPl* – dābā/-dbī) Brautwerbung *f*
prọsijati¹ (-ijēm) (**-sijā̧vati** *5*) durchseihen, durchsieben
prosịjati² *5* (**-sijā̧vati** *5*) durchscheinen; *Sonne*: zu scheinen beginnen
prosijẹcati *5/7* → ***prọsjeći***
prosijẹčēm *1. Pers Sg v.* ***prọsjeći***
prọsijed (*Haare*) angegraut; graumeliert, grauhaarig
prọsilac (-ioca) Bittsteller *m*
prọsinac (-īnca) Dezember *m*
prosị̄nuti (prọsīnēm) *pf* → ***prosịjati²***
prọsipati (-sipām/-sipljēm) → ***prọsūti***
prọsiti [**is-**] betteln; um die Hand e-s Mädchens anhalten
prosjā̧čēnje Betteln *n*, Bettelei *f*
prosjā̧čiti *5* betteln, schnorren
prọsjāčkī Bettel-, Bettler-; ***~ štā̧p*** Bettelstab *m*
prọsjāk Bettler *m*
prosjąkinja Bettlerin *f*
prọsječan durchschnittlich; mittelmäßig; Durchschnitts-
prọsjeći (-sijẹčēm; -sjẹčen *6*) (**-sijẹcati** *5/7*) durchschneiden; durchhauen
prọsjed → ***prọsijed***
prosjẹditi, -sjẹdjeti (-īm; -dio, djela) *pf* e-e Zeitlang sitzen
prọsjek Durchschnitt *m*
prọsjeka Schneise *f*
proskị̄tati se *5* sich herumtreiben, herumstrolchen
prọslava Feier *f*
prọslaviti (**-vljati**) feiern, feierlich begehen
proslijẹditi *5/7* (**-sljeđī̧vati**) *Weg* fortsetzen; *Brief etc*. weiterleiten (*D*/an *A*)
prọslov Prolog *m*; Antrittsrede *f*
prosljeđī̧vati (-ẹđujēm) → ***proslijẹditi***
prọso Hirse *f*
prọspati (-pīm) (**-pā̧vati** *5*) durchschlafen
prọspekt, -kat (-kta) Prospekt *m*
prọspēm *1. Pers Sg v.* ***prọsūti***
prosperị̄rati *5 ipf*/*pf* prosperieren, gedeihen
prosperịtēt *1* Prosperität *f*, Wohlstand *m*
prọst einfach, gemein; grob, roh; derb, ordinär; (*Zahl*) einfach, (*Benehmen*) flegelhaft; ***~īm ọkom*** mit bloßem Auge; ***~ā rečẹnica*** *Gr*. einfacher Satz

prostačina *m* Flegel *m*, Lümmel *m*
prostački gemein, flegelhaft; ordinär
prostak *1* Rüpel *m*, Grobian *m*
prostakluk, -aštvo Gemeinheit *f*; Grobheit *f*
prostirač *1* (*Bett-*)Vorleger *m*; Fußmatte *f*
prostiranje Ausbreiten *n*, Erstrecken *n*, Ausdehnen *n*
prostirati (-rēm) → ***prostrijeti***
prostitucija Prostitution *f*
prostituirati se *5 ipf*/*pf* sich prostituieren
prostitutka (*GPl* -kī) Prostituierte *f*
prosto *Adv* einfach; geradezu, schlechthin
prostodušan offenherzig, freimütig; unbefangen, naiv, schlicht
prostodušnōst (-osti; *ISg* -osti/-ošću) *f* Offenherzigkeit *f*, Unbefangenheit *f*; Schlichtheit *f*, Naivität *f*
prostonarodan volkstümlich
prostor Raum *m*; Platz *m*; Weite *f*; **~ za kretanje** *fig*. Spielraum *m*; **kaznenī ~** *Sp*. Strafraum *m*; **stambenī ~** Wohnraum *m*; **svemīrskī ~** Weltall *n*; **zračnī ~** Luftraum *m*; **životnī ~** Lebensraum *m*
prostoran räumlich, Raum-
prostorija Räumlichkeit *f*; Raum *m*; Zimmer *m*; **poslōvnā ~** Geschäftsraum *m*
prostornōst (-osti; *ISg* -osti/-ošću) *f* Räumlichkeit *f*, Ausdehnung *f*
prostoručan freihändig
prostota Gemeinheit *f*, Bosheit *f*; Unhöflichkeit *f*
prostran (-o) geräumig, weit; ausgedehnt
prostranōst (-osti; *ISg* -osti/-ošću) Geräumigkeit, (*räumliche*) Weite
prostranstvo *Geogr*. Raum *m*
prostreljivati (-ēljujēm) → ***prostrijeliti***
postrijeliti *5*/*7* (**-streljivati**) durchschießen; **~ glavu** e-e Kugel durch den Kopf jagen; **~ očima** mit Blicken durchbohren
prostrijeti (-strēm; -stro, -trla; -strt) (**-stirati**) ausbreiten; entfalten; *Tisch* decken; *Bett* machen; **~ se** *Gelände*: sich erstrecken
prostrujati *pf* durchströmen
prosuda, -sudba (*Wert-*)Urteil *n*; Bewertung *f*, Einschätzung *f*
prosuditi *5* (**-uđivati**) beurteilen; ermessen; abschätzen
prosuđivānj|e Beurteilung *f*; Ermessen *n*; **moć** *od.* **sposobnōst ~a** Urteilsfähigkeit *f*
prosuđivati (-uđujēm) → ***prosuditi***
prosuti (-spēm; -suo, -ula) (**-sipati**) ausschütten, verschütten; ausgießen; ausstreuen; **~ novac** mit Geld um sich werfen
prosviječen (-o) aufgeklärt; gebildet
prosviječenōst (-osti; *ISg* -osti/-ošću) Aufgeklärtheit *f*; Bildung *f*; Zivilisation *f*
prosvijetiti *5*/*7* (**-svjećivati**) aufklären; bilden; kultivieren
prosvijetliti *5*/*7* (**-svjetljivati**) erleuchten; durchleuchten; **~ pamēt** zur Vernunft bringen (*D*/*A*)
prosvirati *5 Musikstück* durchspielen; **~ metak kroz glavu** e-e Kugel durch den Kopf jagen
prosvjećivānje Aufklärung *f*; Bildung *f*; Kultivieren *n*
prosvjećivati (-ećujēm) → ***prosvijetiti***
prosvjed Protest *m*, Einspruch *m*
prosvjednī Protest-
prosvjedovati (-dujēm) protestieren, Protest einlegen
prosvjet|a Bildung *f*; Unterrichtswesen *n*; **ministarstvo ~ē** Kultusministerium *n*
prosvjetār *1* im Bildungsbereich Tätiger, Lehrer *m*
prosvjetitelj Aufklärer *m*
prosvjetiteljstvo (*Epoche*) Aufklärung *f*
prosvjetnī Bildungs-; **~ radnīk** Erzieher *m*; Lehrer *m*
prošaptati (prošapćēm) *pf* flüstern
prošaputati (-šapućēm) → ***prošaptati***
prošetati se *5 pf* e-n Spaziergang machen
proširenje, -širivānje Erweiterung *f*; **~ srca** *Med*. Herzerweiterung *f*
proširiti *5* (**-irivati**) erweitern; ausdehnen; verbreitern; verbreiten; *Kleidungsstück* weiter machen; **~ se** sich verbreiten; *Gerücht*: umgehen
proširivānje → ***proširenje***
proširivati (-irujēm) → ***proširiti***
prošiti (-ijēm; -īt/-iven *6*) (**-šivati** *5*) durchnähen, durchsteppen
prošl|ī vergangen; vorig; **~ē godinē** voriges Jahr; **~ō vrijeme** *Gr*. Vergangenheit *f*
prošlogodišnjī vorjährig, letztjährig

pròšlōst (-osti; *ISg* -osti/-ošću) *f* Vergangenheit *f*; Vorzeit *f*
pròšnja Bitte *f*; Flehen *n*, Bettelei *f*
pròštac (-šca) (*Zaun*-)Pfahl *m*; ***pasti kao* ~** hinplumpsen wie ein Mehlsack; ***prav kao* ~** kerzengerade
proštenīšte Wallfahrtsort *m*
proštēnje Wallfahrt *f*; Kirchweihfest *m*; ***ići na* ~** e-e Wallfahrt machen
prošúljati se *5 pf* sich durchschleichen; vorbeischleichen
prošúmiti, -jeti (-īm; -mio, -mjela) *pf* vorbeirauschen, vorüberbrausen
prošúpljiti *5 pf* → ***probúšiti***
pròšvercati *pf* durchschmuggeln
pròtaći (-taknēm) → ***protàknuti***
protàknuti (pròtaknēm; -akao/-aknuo, -kla) (**-ticati**) durchstrecken; durchstoßen
pròteći[1] (-ęčēm/pròtegnēm; -tekao, -kla) (**-tjecati, -ticati**) durchfließen, durchströmen; verfließen; *Demonstration etc.*: verlaufen; *Zeit*: vergehen; *Frist*: verstreichen
pròtēći[2] (-ęgnem; -tēgao, -gla) (**-tèzati**) (er)strecken; ausdehnen; **~ *noge*** sich die Beine vertreten; **~ *se*** sich erstrecken; *Schmerz*: ausstrahlen
protègljiv dehnbar
protègljivōst (-osti; *ISg* -osti/-ošću) *f* Dehnbarkeit *f*
protègnuti (-ęgnēm *etc.*) → ***pròtēći***[2]
protekao (-klo) vergangen; abgelaufen
protèkcija Protektion *f*, Begünstigung *f*
protekciònāš *1* (*V* -u) Günstling *m*
pròtektor Gönner *m*
protektòrāt *1* Protektorat *n*, Schirmherrschaft *f*; Schutzgebiet *n*
pròtest Protest *m*, Einspruch *m*; ***uložiti* ~** Protest einlegen
protestantìzam (-zma) Protestantismus *m*
protèstantskī protestantisch
protestírānje Protestieren *n*
protestírati *5 ipf*/*pf* protestieren, Protest einlegen
pròtestnī Protest-; **~*ā nòta*** Protestnote *f*
protèza Prothese *f*
protèzati (pròtēžēm) → ***pròtēći***[2]
protežírati *5 ipf*/*pf* protegieren, begünstigen
pròticati (-čēm) → ***pròteći***[1]
pròtimba → ***suprotnōst***
pròtiskati (**-kívati**) durchschieben; durchpressen; *Obst* auspressen; *Worte* herauspressen; **~ *se*** sich (hin)durchzwängen
protiskívati (-įskujēm) → ***pròtiskati***
pròtisnuti (-nēm; -tisnuo/-tiskao, -kla) → ***pròtiskati***
pròtiv *Präp* (*G*) gegen (*A*); wider (*A*); **~ *čèga?*** wogegen?; **~ *tòga*** dagegen; ***bìti* ~** dagegen sein; ***nèmām nìšta* ~** ich habe nichts dagegen; ***za i* ~** das Für und Wider
protīv|an entgegengesetzt, gegensätzlich, konträr; ***u* ~*nōm slùčāju*** widrigenfalls, andernfalls
protivdužosnī pflichtwidrig
protíviti se *5* [**us-**] sich widersetzen; entgegentreten; sich weigern
pròtivlijek Gegenmittel *n* (*D*/für *od.* gegen *A*)
protívljēnje Widersetzen *n*, Widerstreben *n*; Widerstand *m*
protivnīčkī gegnerisch, feindlich, Gegen-
protīvnīk Gegner *m*; Gegenspieler *m*; Widersacher *m*, Konkurrent *m*
pròtivnīštvo Gegnerschaft *f*; Rivalität *f*
protívnōst (-osti; *ISg* -osti/-ošću) *f* Gegensatz *m*; Gegensätzlichkeit *m*, Kontrast *m*; ***bìti u* ~*i*** in Gegensatz stehen (**s** *I*/zu *D*)
protivòbrana → ***pròtuobrana***
protivòtrov → ***pròtuotrov***
protívština → ***protívnōst***
pròtivu → ***pròtiv***
pròtivu- → ***pròtu-***
pròtjecati (-ečēm) → ***pròteći***[1]
protjeràník *1* Vertriebene(r) *m*, Verbannte(r) *m*
pròtjerati (**-ívati**) vertreiben, verjagen; (*aus e-m Land*) ausweisen
protjerívānje Vertreibung *f*; Ausweisung *f*; Verbannung *f*
protjerívati (-ęrujēm) → ***pròtjerati***
pròtkati (**-tkívati**) durchwirken, durchweben
pròtočan Durchlauf-; → ***bòjler***
pròtok Durchfluß *m*, Durchlauf *m*
pròtokol Protokoll *n*
pròtokolārnī protokollarisch
protokolírati *5 ipf*/*pf* protokollieren, zu Protokoll nehmen
protŕčati (-īm) (**-ávati** *5*) durchlaufen; vorbeilaufen
pròtrēm *1. Pers Sg. v.* ***pròtrti***

P

protrẹsati *5* **[-sti]** durchrütteln, durchschütteln
protrẹsti (-ẹsēm) *pf* → ***protrẹsati***
protr̄ljati *5* **[prọtrti]** abreiben; durchreiben; massieren; ~ ***se ọči*** sich die Augen reiben
protr̄nuti (prọtr̄nēm) *pf* erstarren (***od strạha*** vor Angst)
prọtrti (-trēm) → ***protr̄ljati***
protuavịōnskī Flugabwehr-
protudọ̄kaz Gegenbeweis *m*
protudrẓavan staatsfeindlich, subversiv
prọtugrad|an: ~***nā zāštita*** Hagelschutz *m*
prọtuha *m*, *f* (*D* -hi) Landstreicher *m*, Vagabund *m*
protukandịdāt *1* Gegenkandidat *m*
protumạ̄čiti *5* (-ụmāčen) *pf* erklären, erläutern; darlegen; interpretieren; dolmetschen; *Theaterrolle* spielen
prọtumjera Gegenmaßnahme *f*
protunạ̄log Gegenauftrag *m*
protunạ̄pad(aj) Gegenangriff *m*
protunạ̄ravan → ***protuprịrodan***
prọtuoklopnī *Mil.* Panzerabwehr-
prọtuobrana Gegenwehr *f*
prọtuotrov Gegengift *n*
prọtupotpis *Hdl.*, *Jur.* Gegenzeichnung *f*
protuprijẹdlog Gegenvorschlag *m*
protuprịrodan widernatürlich
protụ̄rati *5* → ***prọturiti***
protureformạ̄cija Gegenreformation *f*
proturevolụ̄cija Konterrevolution *f*
prọturiti (**-tụ̄rati** *5*) durchschieben; (hin)durchzwängen; *fig.* unterschieben
protụrječan widerspruchsvoll, widersprechend, widersprüchlich
protụrječiti widersprechen; in Widerspruch stehen (*D*/zu od. mit *D*)
prọturjēčje Widerspruch *m*; ***ọštrō*** ~ krasser Widerspruch (**sa** *A*/ zu *D*)
protuslọviti *5* widersprechen
protuslọvlje → ***prọturjēčje***
prọtustranka (*D* -ki; *GPl* -kī) Gegenpartei *f*
protutẹnkovskī Panzerabwehr-
protutẹ̄ža Gegengewicht *n* (*a. fig.*)
prọtutužba *Jur.* Gegenklage *f*
protuụdarac (-ārca) Gegenschlag *m*, Gegenstoß *m*
protuụ̄stavan verfassungswidrig
prọtuva *sb.* → ***prọtuha***
prọtuvrijednōst (-osti; *ISg* -osti/-ošću) *f* Gegenwert *m*
protuzạ̄konit gesetz(es)widrig, widerrechtlich, illegal
protuzạ̄konitōst (-osti; *ISg* -osti/-ošću) *f* Gesetz(es)widrigkeit *f*, Widerrechtlichkeit *f*, Illegalität *f*
proučạ̄vati *5* → ***proụčiti***
proụčiti *5* (**-čạ̄vati** *5*) erforschen, durchforschen; studieren; durcharbeiten
proụzročiti → ***ụzročiti***
prọ̄va *Mar.* Bug *m*
provạ̄đati *5* → ***prọvesti***[1]
prọvala Einbruch *m*; Durchbruch *m*; (*Vulkan-*)Ausbruch *m*; (*Gefühls-*)Ausbruch *m*; (*Bank-*)Einbruch *m*; ~ ***ọblākā*** Wolkenbruch *m*
provạlija Abgrund *m*, Kluft *f*
provạ̄liti *5* (**-aljīvati**) einbrechen; durchbrechen; *Tür* aufbrechen; ***nẹbo se provạ̄lilo*** *fig.* es gießt wie aus Eimern; ~ ***se*** einstürzen
prọvāln|ī Einbruchs-; ~***ā krạđa*** Einbruchsdiebstahl *m*
prọvālnīk Einbrecher *m*
provaljīvati (-ạljujēm) → ***provạ̄liti***
provạ̄riti *5 pf Speisen* verdauen
prọvedba (*GPl* -dbī) Durchführung *f*, Ausführung *f*; Vollstreckung *f*
provẹd(lj)iv durchführbar; vollstreckbar
provẹd(lj)ivōst (-osti; *ISg* -osti/-ošću) *f* Durchführbarkeit *f*; Vollstreckbarkeit *f*
provedrạ̄vati se *5* → ***provẹdriti se***
provẹdriti (**-ạ̄vati**) **se** *Himmel*, *Miene*: sich aufheitern, sich aufhellen
provesẹliti se *5 pf* sich amüsieren, sich vergnügen
prọvesti[1] (-ẹdēm; -eo, -ela; -vẹden *6*) (**-vọditi** *5*) durchführen; vollführen; vorbeiführen (***pọkrāj*** *G*/an *D*); *Zeit* verbringen; *Plan*, *Beschluß* durchführen *od.* ausführen; *Leitungen* installieren; ~ ***dọkaz*** Beweis führen; ~ ***u djẹlo*** in die Tat umsetzen; ~ ***u žịvot*** in die Tat umsetzen *od.* ins Leben rufen; ***dọbro se*** ~ sich gut amüsieren
prọvesti[2] (-ẹzēm; -ezao, -zla; -ẹzen *6*) (**-vọziti** *5*) vorbeifahren, vorüberfahren (***pọkrāj*** *G*/an *D*)
prọvīdan, provīdnōst[1] (-osti; *ISg* -osti/-ošću) → ***prọzīran, prozịrnōst***
provịdnōst[2] (-osti; *ISg* -osti/-ošću) *f* Vorsehung *f*; ***božạnskā*** ~ göttliche Vorsehung

provịncija Provinz *f*
provincijạlac (-lca) *2* Provinzbewohner *m*; F Hinterwäldler *m*
prọvincijālan provinziell, Provinz-
provincijalịzam (-zma) Provinzialismus *m*
provīriti (**-irịvati**) hervorgucken; hervorragen; hervorlugen
provirịvati (-ịrujēm) → ***provīriti***
prọvīzija Provision *f*, Vermittlungsgebühr *f*
prọvizōran provisorisch, vorläufig
prọvjera (Über-)Prüfung *f*; *Tech. a.* Probe *f*; Test *m*
provjerạvati *5* → ***prọvjeriti***
prọvjeriti (**-ạvati** *5*) nachprüfen, überprüfen
provjetrạvati *5* → ***prọvjetriti***
prọvjetriti (**-trạvati** *5*) (durch)lüften, auslüften
provlạčiti *5* → ***prọvūći***
provocịrati *5 ipf*/*pf* provozieren; herausfordern
provodạdžija *m* Heiratsvermittler *m*; Kuppler *m*
provodạdžīnica Heiratsvermittlerin *f*; Kupplerin *f*
provọditi *5* → ***prọvesti***[1]; *El.* leiten (*nur ipf*)
prọvodnīk *Tech.*, *El.* Leiter *m*
provođẹnje Durchführen *n*, Ausführen *n*; Durchführung *f*; (*Zeit*) Verbringen *n*
provokạcija Provokation *f*
provọkātor Provokateur *m*
prọvoz Durchfahrt *f*; Transit *m*
provọziti *5* → ***prọvesti***[2]
prọvreti (-īm; -eo/-io) sieden; aufkochen
provrijẹdniti se *5*/*7 pf* fleißig *od.* arbeitsam werden
prọvrtāč Bohrer *m*
prọvrtati (-vrćēm) [**-vrtjeti**] durchbohren; *Brunnen* graben
prọvūći (-vụčēm; -vūkao, -kla; -vụčen *6*) (**-vlạčiti** *5*) durchziehen, durchschleppen; vorbeischleppen; ~ ***kroz ụši*** *fig.* unter die Nase reiben; ~ **se** durchschlüpfen; sich durchschleichen, sich durchwinden (*a. fig.*)
prōza Prosa *f*
prozạičan prosaisch
prozạik Prosadichter *m*, Prosaiker *m*
prọzēpsti (-zẹbēm; -zēbao, -bla) *pf* durchfrieren; sich erkälten
prọzīran durchsichtig, transparent
prọzirati (-ēm) → ***prọzreti***
prozịrnōst (-osti; *ISg* -osti/-ošću) *f* Durchsichtigkeit *f*, Transparenz *f*
prōziv, prozịvānje (*namentlicher*) Aufruf *m*
prozịvati *5* → ***prọzvati***
prozīvka → ***prōziv***
proznọjiti se *5 pf* durchschwitzen
prōzor Fenster *n*; Luke *f*; ***krōvnī*** ~ Dachfenster *n*, Oberlicht *n*; ***kucati na*** ~ *fig.* unmittelbar bevorstehen, „an die Tür klopfen"; ***slijepī*** ~ Blindfenster *n*; ***tạvanskī*** ~ Dachfenster *n*
prozọrčić Fensterchen *n*; Luke *n*; Schiebefenster *n* (*am Postschalter*)
prōzorsk|ī Fenster-; ***~ī kạpak*** Fensterladen *m*; ***~ō stạklo*** Fensterglas *n*; Fensterscheibe *f*
prozọvēm *1. Pers Sg v.* ***prọzvati***
prọzrāčan durchsichtig, transparent
prozrạčiti *5* (**-ačịvati**) auslüften, durchlüften
prozračịvati (-ạčujēm) → ***prozrạčiti***
prọzrāčnōst (-osti; *ISg* -osti/-ošću) *f* Durchsichtigkeit *f*, Transparenz *f*
prọzreti (-zrēm; -reo/-rio; -rēt) (**-zirati**) *Menschen* durchschauen; *Sache* ergründen
prozụjati (-jīm) *pf* vorbeischwirren; vorbeisummen
prọzvati (-zọvēm; -zvao, -āla) (**prozịvati** *5*) aufrufen; nennen; e-n Spitznamen geben
proždẹrati (prọžderēm) *pf* → ***proždrijeti***
prọždirati (-rēm) → ***prọždrijeti***
prọždrijeti (prọždrēm; prọždro, -dr̄la; prọždr̄t) (**-ždirati**) verschlingen, auffressen; fressen
proždrḷjiv gefräßig
proždrḷjivac (-īvca) Vielfraß *m*; V Freßsack *m*
proždrḷjivōst (-osti; *ISg* -osti/-ošću) *f* Gefräßigkeit *f*, Freßgier *f*
prọžēt durchdrungen, durchtränkt
prọžēti (prọžmēm; -žeo, -ēla; -ēt) (**-žimati**) durchdringen, durchtränken
prọžimati (-ām/-mljēm) → ***prọžēti***
prožịvjeti (prọživīm; -vio, -vjela) (**-ljạvati** *5*) durchleben; durchmachen; überstehen
prožvạkati (prọžvāčēm) *pf* durchkauen (*a. fig.*); zerkauen
pr̄p|a Schlacke *f*; ***bịti u ~i*** *fig.* in der Patsche sitzen

pṛpošan vorlaut; keck; frech
pṛs|a *n/pl* Brust *f*; Busen *m*; ***biti se*** *od.* ***udariti se u ~a*** sich in die Brust werfen; ***boriti se ~a u ~a*** Mann gegen Mann kämpfen; ***būsati se u ~a*** sich an die Brust schlagen, sich reumütig zeigen; ***dati*** **(*djetetu*)** ***~a*** (*dem Kind*) die Brust geben; ***kokošjā ~a*** Hühnerbrust *f*; ***uhvatiti se za ~a*** e-e Rauferei anzetteln
pṛsāš *Sp.* Brustschwimmer *m*
pṛsat (*Mann*) breitbrüstig, mit e-m kräftigen Brustkorb; (*Frau*) vollbusig
pṛsi → ***pṛsa***
pṛskalica Zerstäuber *m*
pȓskati **[-nuti]** spritzen; besprengen; (zer)stäuben; *Funken*: sprühen
pṛsluk Weste *f*, Wams *n*; Büstenhalter *m*
pṛsnī Brust-; → ***koš***
pṛsnuti[1] (-nēm; -snuo, -rsla) *pf* (zer)platzen, bersten, springen
pȓsnuti[2] (-nēm; -snuo, -r̄sla) → ***pȓskati***
pṛsobrān Brustwehr *f*; Schutzwall *m*
pṛst (*GPl* -ī/-ijū/pr̄stā) Finger *m*; Zehe *f*; ***~e da līžēš!*** da wirst du dir alle (zehn) Finger danach lecken!; ***~e k sebi!*** Finger weg!; ***biti čistīh ~ijū*** *fig.* e-e saubere Weste haben; ***dobiti po ~ima*** *fig.* eins auf die Finger kriegen; ***gledati kroz ~e*** *fig.* ein Auge zudrücken (*D*/bei *D*); ***gōl kao ~*** arm wie e-e Kirchenmaus; ***imati dugē ~e*** *fig.* lange Finger haben; ***imati širokē ~e*** verschwenderisch sein; ***isisati iz ~ijū*** *fig.* sich aus den Fingern saugen; ***mālī ~*** kleiner Finger; ***ne dodīrnuti*** *od.* ***taknuti ~om*** kein Haar krümmen; ***opeći ~e*** *fig.* sich die Finger verbrennen; ***paziti na ~e*** *fig.* auf die Finger sehen; ***poznāvati u ~e*** durch und durch kennen; ***sām kao ~*** mutterseelenallein; ***stati na ~e*** *fig.* *j-m* das Handwerk legen; ***zabādati*** *od.* ***zavlāčiti svoje ~e*** *fig.* seine Nase hineinstecken
pṛstēn (-ena; *Pl* -i/-enovi) Ring *m*, Reif *m*; ***vjenčanī ~*** Ehering *m*
pȓšić Pulverschnee *m*
pȓšiti nieseln; (*leicht*) schneien
pȓšljen *Anat.* Wirbel *m*, Wirbelkörper *m*
pȓšut (*roher, geräucherter*) Schinken *m*
pṛtiti e-n Weg (*durch den Schnee*) bahnen
pṛtljāg, -āga Gepäck *n*; ***ručnī*** **(*-nā*)** ***~*** Handgepäck *n*
pṛtljānje Stümperei *f*, Pfuscherei *f*; Schwatzen *n*
pṛtljati stümpern, pfuschen; schwatzen
pṛtljāžnica Gepäckschein *m*
pṛtljāžnīk *Kfz.* Kofferraum *m*; *Esb.* Gepäckraum *m*
prūće *n/koll* Reisigbündel *n*
prūd Sandbank *f*, Düne *f*
prug *Esb.* Strecke *f*; (*Bahn-*)Linie *f*; *Sp.* Strecke *f*; (*Papier, Land*) Streifen *m*
prugast gestreift
Prus Preuße *m*
prūt Rute *f*, Gerte *f*
prūžānje Anbieten *n*; Reichen *n*; (*Hilfe-*)Leistung *f*; Strecken *n*, Dehnen *n*
prūžati → ***pružiti***
pružiti **(prūžati)** strecken, ausstrecken; reichen; leisten; *Beweis* anbieten; *Leistung, Schutz* gewähren; ***~ jezik*** seiner Zunge freien Lauf lassen; ***~ otpor*** Widerstand leisten; ***~ prīliku*** Gelegenheit geben; ***~ prīmjer*** als (gutes) Beispiel dienen; ***~ rūku*** *fig.* die Hand reichen; ***~ se*** sich strecken; sich (aus)dehnen; ***~ se prema pokrivāču*** *fig.* sich nach der Decke strecken
pruživ dehnbar; federnd, elastisch; Feder-
pṛvāk *1* (*V* -če) *Sp.* Meister *m*, Erste(r) *m*; Anführer *m*
pṛvenac (-ēnca) Erstlingswerk *n*; Erstgeborene(r) *m*
prvenstven (-o) Haupt-; wichtig(st)
prvenstveno *Adv* in erster Linie
prvēnstvo Vorrang *m*; Vorrecht *n*; Vorfahrt *f*; *Sp.* Meisterschaft *f*
pȓv|ī erste(r); Erst-; ***~ī grijeh*** Erbsünde *f*; ***~ōm prīlikōm*** bei der ersten (besten) Gelegenheit; ***~ī mrāk*** Abenddämmerung *f*; ***~ā pomōć*** Erste Hilfe; ***~ī pūt*** das erste *od.* zum ersten Mal; ***imati ~ū riječ*** *fig.* den Ton angeben; ***iz ~ē rūkē*** *fig.* aus erster Hand; ***nije u ~ōj mlādosti*** er ist nicht mehr der Jüngste; ***od ~ē rūkē*** auf Anhieb; ***u ~ī māh*** im ersten Moment; ***u ~ōm plānu*** *fig.* im Vordergrund; ***u ~ōm rēdu*** in erster Linie; ***za ~ō vrijeme*** fürs erste
pṛvo erstens; zuerst
prvobitan ursprünglich, urtümlich, Original-
prvobitnōst *f* (-osti; *ISg* -osti/-ošću) Ursprünglichkeit *f*, Originalität *f*
prvobōrac (-rca) *2* Vorkämpfer *m*; Bahnbrecher *m*; *hist.* Kämpfer der ersten Stunde (*im Volksbefreiungskrieg*)
prvoklasan erstklassig

P

prvoligāš *1 Sp.* Erstligist *m*
prvorązredan erstklassig, erstrangig
prvorązrednōst (-osti; *ISg* -osti/-ošću) *f* Erstklassigkeit *f*, Erstrangigkeit *f*
prvorǫdstvo Erstgeburt *f*
prvorǫđenī erstgeborene(r)
prvorođęnac (-nca) *2* Erstgeborene(r) *m*
prvorǫđēnče (-eta) erstgeborenes Kind
prvǫrotkinja Erstgebärende *f*
prvǫstepenī *Jur.* erstinstanzlich
prvǫstōln|ī Dom-; **~ā cȓkva** Domkirche *f*
prvosvęćenīk, *sb.* **-štenīk** *Rel.* Erzpriester *m*; Hohepriester *m*
prvoškǭlac (-lca) *2* Erstkläßler *m*
prvotīmac (-mca) *2 Sp.* Stammspieler *m*, Spieler der ersten Auswahl
pṛvotisak (-ska) *Typ.* Erstdruck *m*
pṛvotnī ursprünglich, anfangs
prvotužęnī (-ōga) *Jur.* Erstbeklagte(r) *m*
pṛženica Toast *m*
pṛžēnje Rösten *n*
pṛžiti (-žen) rösten; braten
pṛžilica Toaster *m*
pṛžolica Rostbraten *m*
psąlam (-lma) Psalm *m*
psąltīr *1* Psalter *m*
psęć|ī hündisch, Hunde-, Hunds-; **~ī dąni** Hundstage *Pl*; **~ā vrućịna** F Affenhitze *f*
psętānce (-nca/-eta) Hündchen *n*; Schoßhund *m*
psęto Hund *m* (*abw. f. e-e Person*); Köter *m*
psịha Psyche *f*, Seele *f*
psịhičkī psychisch, seelisch
psihịjātār (-tra) Psychiater *m*, Nervenarzt *m*
psihǫlog (*Pl* -zi) Psychologe *m*
psihologịja Psychologie *f*
psihǫloškī psychologisch
psihǫpāt *1* Psychopath *m*
psihoterąpija Psychotherapie *f*
psihǭza Psychose *f*
psịkati (-čēm) zischen, zischeln
psịn|a Rüde *m*; *verä.* Köter *m*; **nąpraviti** *od.* **načịniti ~u** e-n Streich spielen
psǫvāč *1* (*V* -u) Flucher *m*; Lästerer *m*; F Schandmaul *n*
psǫvati (psụjēm) fluchen, schimpfen; lästern
psǭvka (*GPl* -vākā/-vkī) Fluch *m*; Schimpfwort *n*; Lästerung *f*; **mąsnā ~** deftiger Fluch
pšęnica Weizen *m*
pšęničan Weizen-
ptịca Vogel *m*; **~ grąbljivica** *Zool.* Greifvogel *m*; **~ pjevąčica** Singvogel *m*; **~ sęlica** Zugvogel *m*; **fīnā ~** F sauberes Früchtchen; **nǫćnā ~** *fig.* Nachtfalter *m*; Nachtmensch *m*; **riję̄tkā ~** F komischer Vogel *od.* Kauz
ptịčār Vogelfänger *m*; Vogelhändler *m*; *Zool.* Hühnerhund *m*
ptịčijī Vogel-
pūb (*Pl* pụbovi) Bube *m* (*Kartenspiel*)
pubęrtēt *1* Pubertät *f*
pubęrtētskī Pubertäts-
publicịrati *5 ipf/pf* publizieren, veröffentlichen
publịcist(a) *m* Publizist *m*, Journalist *m*
publicịstičkī publizistisch, journalistisch
publicịtēt *1* Publizität *f*
pụblika Publikum *n*; Zuhörer *Pl*
publikąčija Publikation *f*, Veröffentlichung *f*
pūcanj (-cnja; *Pl* -cnjevi) Schuß *m*; Knall *m*; **~ u prązno** *fig.* Schuß in den Ofen
pụcati [pụći] schießen, feuern; knallen; bersten, (zer)platzen; *Saite*: springen; **~ od smiję̄ha** *fig.* platzen vor Lachen
pụce (-eta/-ęta) Knopf *m*
puckętati knattern; *Regen*, *Feuer*: prasseln; *Peitsche*: schnalzen
pụcnjava Schießerei *f*, Schießen *n*
pụč (*Pl* -evi) Putsch *m*; **vǭjnī ~** Militärputsch *m*
pūčanin (*Pl* -āni) Mann aus dem Volk
pūčānka (*D* -ki; *GPl* -kī) Frau aus dem Volk
pučąnstvo Bevölkerung *f*; Bürgerschaft *f*
pụčina hohe See
pūčkī volkstümlich; Volks; → **škǭla**
pučkoškǭlac (-lca) *2* Volksschüler *m*
pučkǫškōlskī Volksschul-
pụći (-knēm; -kao, -kla) *pf* → **pụcati**
pụdār *1 vera.* Winzer *m*
pūder Puder *m*; **dję̄čjī ~** Babypuder *m*
pụh *Zool.* Ziesel *n*, Zieselmaus *f*; **spąvati kao ~** schlafen wie ein Murmeltier
pụhāč *1* (*Glas-*)Bläser *m*
pūhati (-am/-šem) **[-nuti]** blasen, wehen; pusten; → **rǫg**
pūhalo: mȓtvō ~ F fauler Sack
pųk (*gemeines*) Volk *n*; *Mil.* Regiment *n*

P

pȕkī rein; ~ *slȕčāj* reiner Zufall
pȕknuti (-knēm; -kao, -kla) → *pȕcati*
pȕkotina (Erd-)Spalte *f*; Ritze *f*; Kluft *f* (*a. fig.*)
pukȍvnījskī Regiments-
pȕkōvnīk Oberst *m*
pȕmpa Pumpe *f*
pȕmpica *Med.* Atemhilfe *f*
pȕn voll, prall; beleibt; (*Busen*) üppig; *~ō dȍba* Volljährigkeit *f*; *~īm jȩ̏drima fig.* mit voller Kraft; ~ *mjȩ̏sēc* Vollmond *m*; *~ōm prȃvom* mit Fug und Recht; ~ *pȕncat* F gerammelt voll; ~ *je sȩ̏be fig.* von sich eingenommen sein; *~ā je glȃva* er hat den Kopf voll (*G*/von *D*); *~ē rȕke pȍsla* alle Hände voll zu tun haben; *ų ~ōm jȩ̏ku fig.* in voller Blüte
pȕnac (-nca; *V* -nče) Schwiegervater *m* (*Vater d. Ehefrau*)
pȕnč Punsch *m*
pȕnđa (*Haar-*)Knoten *m*
pȕnica Schwiegermutter *f* (*Mutter d. Ehefrau*)
pȕniti [nạ-] füllen; laden; *Pfeife* stopfen; *Gewehr* laden
pȕnkcija *Med.* Punktion *f*
pȕnobrōjan vollständig, vollzählig; komplett
punȍća Fülle *f* (*Stimme, Körper*)
punȍglavac (-āvca) Kaulquappe *f*
pȕnokr̄van vollblütig, Vollblut-
pȕnokr̄vnōst (-osti; *ISg* -osti/-ošću) *f* Vollblütigkeit *f*
punȍljetan volljährig
punȍljetnica Volljährige *f*
punȍljetnīk Volljährige(r) *m*
punȍljetnōst (-osti; *ISg* -osti/-ošću) *f* Volljährigkeit *f*
pȕnomāst|an: *~nī sịr* Vollfettkäse *m*
punȍmōć(je) Vollmacht *f*, Bevollmächtigung *f*, Ermächtigung *f*
punȍmoćnīk Bevollmächtigte(r) *m*
pȕnoprāvan rechtmäßig
pȕnoprāvnōst (-osti; *ISg* -osti/-ošću) *f* Rechtmäßigkeit *f*
pȕnovāžan vollgültig (*rechtlich*) gültig
pȕnovažnōst (-osti; *ISg* -osti/-ošću) *f* (*rechtliche*) Gültigkeit *f*
pȕnovrijedan vollwertig
pȕnjač *1 Tech.* Lader *m*; *tȕrbo-~ Kfz.* Turbolader *m*
pȕnjen (-o) gefüllt; *~ē pȁprike* gefüllte Paprika
pųnjēnje Füllen *n*, (*Flaschen*) Auffüllen *n*; Abfüllen *n*
pȕp *Bot.* Knospe *f*; Keim *m*
pȕpak (-pka) *Anat.* Nabel *m*
pȕpavac (-āvca) Wiedehopf *m*
pȕpčan (-o) Nabel-; *~ā vȓpca* Nabelschnur *f*
pupčạnica Nabelschnur *f*
pȕpčast gewölbt, bauchig; konvex
pȕpiti [na-] sprossen, keimen
pȕpoljak (-ōljka) *Bot.* Knospe *f*
pȕra¹ Maisbrei *m*, Polenta *f*
pȕra² Truthenne *f*, Pute *f*
pųrān *1* Truthahn *m*, Puter *m*
pųrist(a) *m* Purist *m*
puritạ̄nac (-nca) Puritaner *m*
purịtānskī puritanisch, sittenstreng
pųst¹ Filz *m*
pȕst² wüst, öde, leer; einsam, verlassen; *~ā žȩ̏lja fig.* frommer Wunsch
pųstara Grassteppe *f*; Heide *f*
pȕstinja Wüste *f*; Einöde *f*
pȕstinjačkī einsiedlerisch, einsam
pȕstinjāk Einsiedler *m*
pųstiti (-šten) (**pȕštati**) lassen; herauslassen; loslassen; zulassen; *pųsti!* laß das!; *pųsti to dọ meni!* überlaß das mir!; ~ *brạ̄du* sich e-n Bart wachsen lassen; ~ *dųšu fig.* den Geist aufgeben; ~ *kọrāk fig.* e-n Schritt zulegen; ~ *kọrijēn* Wurzeln schlagen (*a. fig.*); ~ *na mīru* in Ruhe lassen; ~ *u prọdaju* für den Verkauf freigeben; ~ *u slobọdu* freilassen *od.* entlassen; ~ *nạ volju* freie Hand lassen; ~ *vọdu* urinieren; *ne ~ ọko* kein Auge lassen (**s** *G*/von *D*)
pustọlov Abenteurer *m*
pustọlōv|an abenteuerlich; *~nī dọpust* Abenteuerurlaub *m*; *~nō ịgralīšte* Abenteuerspielplatz *m*; *~nī rọmān* Abenteuerroman *m*
pustolọvin|a Abenteuer *n*; *žȩlja za ~ōm* Abenteuerlust *f*
pųstopāšan zügellos, ausgelassen
pustọpašnōst (-osti; *ISg* -osti/-ošću) *f* Zügellosigkeit *f*, Ausgelassenheit *f*
pųstōš *f* (Ein-)Öde *f*; Wildnis *f*
pųstošēnje Verwüstung *f*, Zerstörung *f*, Verheerung *f*
pųšāč *1* (*V* -u) Raucher *m*
pušạčica Raucherin *f*
pųšćanī Gewehr-, Flinten-
pųšēnje Rauchen *n*, Qualmen *n*
pųšiti [pọ-, zạ-] *Zigarette etc.* rauchen;

P

~ se *itr Kamin*: rauchen, qualmen; *Suppe*: dampfen
pųšk|a Gewehr *n*, Flinte *f*, Büchse *f*; **~a dvọcijevka** Doppelflinte *f*; **bịti ~ōm pọd nozi** Gewehr bei Fuß stehen; **tā ~a nę pālī** *fig*. das ist ein Schlag ins Wasser
puškār Büchsenmacher *m*, Waffenschmied *m*
puškạrati e-e Schießerei veranstalten
pųškomēt Schußweite *f*, Reichweite *f*
puškomitrạljēz *1* Maschinengewehr *n*
pųšljiv wurmig; madig; → **bǭba**
pųšnica Räucherkammer *f*; Darre *f*
pụ̄štānje Lassen *n*, Loslassen *n*, Auslassen *n*; **~ kṛvi** Aderlaß *m*
pụ̄štati → **pųstiti**
pụ̑t[1] (*Pl* pųtevi/pųtovi) Weg *m*; Straße *f*; Strecke *f*; **bịti na ~u** im Weg sein; im Wege stehen; **dạti se nạ ~** sich auf den Weg machen; **ịći ~em nājmanjēg ọtpora** *fig*. den Weg des geringsten Widerstandes gehen; **ịći svọjīm ~em** seinen Weg gehen *od*. seinen Lauf nehmen; **ịzvesti na ~** großziehen; **krịžnī ~** *Rel*. Kreuzweg *m*; *fig*. Leidensweg *m*; **Mliječnī ~** *Astr*. Milchstraße *f*; **plǭvnī ~** Wasserstraße *f*; **pręko ~a** gegenüber; **prekrịžiti ~eve** Pläne durchkreuzen (*D*/*G*); **s ~a!** aus dem Weg!; **slųžbenī ~** Dienstreise *f*; **sręṭan ~!** glückliche Reise!; **svạdbenī ~** Hochzeitsreise *f*; **uklọniti s ~a** aus dem Weg räumen (*G*/*A*); **ųz ~** nebenbei, beiläufig **ųzēti ~ pọd noge** *fig*. sich auf die Socken machen; **vječnī ~** das letzte Geleit; **vjęnčanī ~** Hochzeitsreise *f*; **zaobịlaznīm ~em** auf Umwegen; **zrạ̄čnī ~** Luftweg *m*
pųt[2] Hautfarbe *f*, Gesichtsfarbe *f*, Teint *m*; Sinnlichkeit *f*; **~ ī kṝv** *fig*. Fleisch und Blut
pųt[3] *Präp* (*G*) in Richtung (*G*), nach (*D*)
pụ̑t[4], **pụ̄ta** mal, Mal; **drųgī ~** zweites Mal *od*. nächstes Mal; **ịdūćī ~** nächstes Mal; (**po**) **kọjī ~** manchmal; **nękī ~** manchmal; **ọvāj ~** dieses Mal; **svạkī ~** jedes Mal
pụtanja *Astr*. Umlaufbahn *f*
pụtar → **mạslac**
putạrina Wegegeld *n*, Maut *f*
putẹ̄ljak (-ljka) (schmaler) Fußweg, Pfad *m*
pụ̄tem *Präp* (*G*) durch (*A*), über (*A*), mittels (*G*)
pụten (-o) sinnlich, fleischlich, lüstern; V geil
pụtenōst (-osti; *ISg* -osti/-ošći) *f* Sinnlichkeit *f*, Begierde *f*; V Geilheit *f*
pụ̄titi *Weg* weisen
pụ̑tnī Reise-; Wander-
pụ̄tnica Reisende *f*; Reisepaß *m*
pụ̑tnīčkī Reise-; Passagier-; Wander- → **tǭrba**; **ųred**; **vlạ̄k**
pụ̄tnīk Reisende(r) *m*; Passagier *m*; Fahrgast *m*; Fluggast *m*; **slijępī ~** blinder Passagier; **tṛgovačkī ~** Handelsreisende(r) *m*
pụtokāz Wegweiser *m*
pụtopīs Reisebeschreibung *f*, Reisebericht *m*
pụtopisac (-īsca) Reiseschriftsteller *m*
putọvānje Reise *f*, Reisen *n*; Wanderung *f*
putọvati (pụtujēm) reisen, e-e Reise machen; **~ svijẹtom** die Welt bereisen
pụtovnica Reisepaß *m*
pụtovođa *m* Reiseführer *m* (*Buch und Person*)
pụtujūć|ī Wander-; **~ē kạzalīšte** Wanderbühne *f*; → **bụbreg**
pụzānje Kriechen *n*, Schleichen *n*; (*Kleinkind*) Krabbeln *n*
pụzati (-žēm) kriechen, schleichen; *Kleinkind*: krabbeln; *Efeu*: klettern
pụzavac (-āvca) Kriechtier *n*, Reptil *n*; *fig*. Kriecher *m*, Schleimer *m*
pụ̄ž (*Pl* -evi) Schnecke *f*; **bạlavī ~** Nacktschnecke *f*; **ịći** *od*. **vụ̄ći se kao ~** im Schneckentempo gehen
pụ̄žev Schnecken-; **~ā kụćica** Schnekkenhaus *n*
pụžnica *Zool*. kleine Schnecke *f*; *Anat*. (*Ohr-*)Schnecke *f*

R

R r *n*
rabạrbar(a) Rhabarber *m*
rạbat Rabatt *m*, Preisnachlaß *m*
rạbijātan rabiat, grob
rạbin Rabbiner *m*
rȃbiti gebrauchen, benutzen, verwenden
rȃbljen (-o) gebraucht, Gebraucht-; **~ā knjịga** antiquarisches Buch; **~ā kọla** Gebrauchtwagen *m*
rạbota (Schwerst-)Arbeit *f*; *hist.* Fronarbeit *f*; *fig.* faule Sache
rabọtati (schwer) arbeiten; *hist.* fronen
rạbotnica (Schwer-)Arbeiterin *f*; *hist.* Fronarbeiterin *f*
rạbotnīk (Schwer-)Arbeiter *m*; *hist.* Fronarbeiter *m*
rạ̄cija (*Polizei-*)Razzia *f*
rạcionālan rationell; zweckmäßig; rational, vernunftgemäß
racionalịstičkī rationalistisch
racionalịzam(-zma) Rationalismus *m*
racionalị̄zirati *5 ipf/pf* rationalisieren
rạcionalnōst (-osti; *ISg* -osti/-ošću) *f* Rationalität *f*
racionịrānje Rationierung *f*; Rationieren *n*
racionịrati *5 ipf/pf* rationieren, (*planmäßig*) einteilen
rạčic Krabbe *f*
rạčijī Krebs-
rạčilo Krebsfangnetz *n*
rȃčiti se Lust haben; **ne rȃčī mi se** (+*Inf*) ich habe keine Lust (*zu*+*Inf*)
rạčūn *1* Rechnung *f*; (*Bank-*)Konto *n*; Zeche *f* (*im Gasthaus*); Rechenschaft *f*; **~ vjerojȃtnosti** *Math.* Wahrscheinlichkeitsrechnung *f*; **blokịrati ~** Konto sperren; **dạti ~** Rechenschaft ablegen; **ịmati čịst ~** im Reinen sein (**s** *I*/mit *D*); **ispọstaviti ~** Rechnung ausstellen; **ịzvod ~a** Kontoauszug *m*; **na ~** auf Rechnung *od.* auf Kosten (*G*/*G*); **ne ịći** (*D*) **u ~** *fig.* (*D*) nicht in den Kram passen; **ọtvorenī ~** laufendes Konto; **pokvȃriti ~e** *fig.* e-n Strich durch die Rechnung machen; **polọžiti ~** Rechenschaft ablegen; **rạditi zạ svōj ~** zum eigenen Nutzen tun; auf die eigene Kappe nehmen; **štẹdnī ~** Sparkonto *n*; **tẹkūćī ~** Girokonto *n*; **uplȃtiti na ~** auf ein Konto einzahlen; **vọditi ~a** Rechnung tragen (**o** *L*/*G*); sich kümmern (um *A*); **zȃvršnī ~** Bilanz *f*; **zȃključnī ~** Schlußabrechnung *f*→ **krčmār**
račụnalo Rechner *m*, Rechenmaschine *f*; **elektrọničkō ~** Computer *m*; **logarịtamskō ~** Rechenschieber *m*
račụnānje Rechnen *n*, Rechnung *f*
račụnār *1* (*V* -u) Rechnungsführer *m*; Rechnungsprüfer *m*; *EDV* Rechner *m*
račụnati [iz-] rechnen, berechnen; *fig.* rechnen (**na** *A*/mit *D*); sich verlassen (auf *A*); **~ nạpamēt** im Kopf rechnen
račụnajūćī rechnend; **~ i njẹga** ihn mit(ein)gerechnet; **~ od dạnas** von heute an gerechnet
račụndžija *m, f* Rechenkünstler(in *f*) *m*; berechnender Mensch
račụnic|a Rechenbuch *n*; *fig.* Rechnung *f*; **nạ̄ći svọju ~u** *fig.* auf seine Rechnung kommen
računoispịtāč *1* (*V* -u) Rechnungsprüfer *m*
računovọdstvo Rechnungsführung *f*
računọvođa *m* Rechnungsführer *m*
rạčūnsk|ī Rechnungs-, Rechen-; **~ī cẹntar** Rechenzentrum *n*; **~ā gọdina** Rechnungsjahr *n*; **~ā pọgreška** Rechenfehler *m*; **~ī strọj** Rechenmaschine *f*; *EDV* Rechenanlage *f*
rạčva Gabel *f*
rạčvānje Gabelung *f*; (*Weg*) Abzweigung *f*
rạčvast gabelig, gabelartig, Gabel-
rạčvati se sich gabeln
rạčve *f/Pl* Heugabel *f*
rạd¹ (*Pl* rạdovi) Arbeit *f*; Werk *n*; Schaffen *n*; **~ na tẹkūćōj vṛpci** Fließbandarbeit *f*; **ạkordnī ~** Akkordarbeit *f*; **fịzičkī ~** körperliche Arbeit; **kịdati se od ~a** *fig.* sich abrackern; **kụćnī ~** Heimarbeit *f*; **nȃjamnī ~** Lohnarbeit *f*; **nọćnī ~** Nachtarbeit *f*; **prẹkovremenī ~** Überstunden *Pl*; **prịnudan** *od.* **prịsīlan ~** Zwangsarbeit *f*; **rụčnī ~** Handarbeit *f*; **stụdent ịz ~a** vom Betrieb delegierter (*Vollzeit-*)Student; **stụdent ụz ~** Abendstudent *m*; externer (*neben der Berufsausübung studierender*) Student; **tṝžište ~a** Arbeitsmarkt *m*; **ụdrūženī ~**

hist., *Ök.* assozierte *od.* vereinte Arbeit; **zậštita ~a** Arbeitsschutz *m*
rạd² bereit, gewillt; **~ bih** (+*Part Akt*) ich würde gern (+*Inf*)
rạdarist(a) *m* Radartechniker *m*
rạden → **rạdin**
rạdi *Präp* (*G*) wegen (*G*); um (*G*) willen; **~ čęga** weshalb; **~ męne** meinetwegen; **~ prậvdē** der Gerechtigkeit halber; **~ tọga** deshalb; deswegen
rạdīj (-ija) Radium *n*
radijậcija Strahlung *f*
rạdijāl|an Radial-; **~nā gụma** *Kfz.* Gürtelreifen *m*
radijātor Heizkörper *m*
rạdijē *Komp v.* **rạdo**; lieber
rạdikālan radikal
radikalịzam (-zma) Radikalismus *m*
rạdilica *Zool.* (**pčęla-~**) Arbeitsbiene *f*; *Tech.* Kurbelwelle *f*
rạdilīšte Bauplatz *m*, Baustelle *f*
rạdin (-o) arbeitsam; fleißig
rạdinōst (-osti; *ISg* -osti/-ošću) *f* Arbeitsfreude *f*; Fleiß *m*; **kụćnā ~** Heimindustrie *f*
rậdi|o (-ija) Radio *n*, Radiogerät *n*; Rundfunk *m*; **na ~ju** im Radio; **stịšati ~o** Radio leise(r) stellen
radioạktīvan radioaktiv
radioaktīvnōst (-osti; *ISg* -osti/-ošću) *f* Radioaktivität *f*
radioamạtēr *1* Funkamateur *m*
rạdio-apạrāt *1* Radio(gerät) *n*
rạdio-drạma Hörspiel *n*
rạdio-emịsija Rundfunksendung *f*, Hörfunksendung *f*
rādiofọnija Sprechfunk *m*
rạdio-ịgra → **rạdio-drạma**
radiokazetọfon Radiorekorder *m*
radiọlōg *1* Radiologe *m*, Röntgenarzt *m*
radiolọgija Radiologie *f*
radiọloškī radiologisch
rạdio-mehạničār Rundfunkmechaniker *m*
radiọnica Werkstatt *f*; **~ za pọprāvke** Reparaturwerkstatt *f*; **sẹrvisnā ~** Vertragswerkstatt *f*
rạdio-odašịljāč *1* Rundfunksender *m*
rạdio-prijēmnīk Rundfunkempfänger *m*
rạdio-prijẹnos Rundfunkübertragung *f*
rạdio-spịker Rundfunksprecher *m*
rạdio-stạnica *sb.* → **rạdio-odašịljāč**
rạdio-tẹhničār Rundfunktechniker *m*
rạdio-telẹfōn Funktelefon *n*; Funksprechgerät *n*
rạdio-terạpija Radiotherapie *f*, Strahlenbehandlung *f*
rādio-ụređāj Funkgerät *n*
rạdio-vẹza Funkverbindung *f*
rạdio-vijest *f* Rundfunkmeldung *f*
rạdist(a) *m* Funker *m*
rạdiša *m* fleißiger Mensch
rậditi [**u-**] arbeiten; machen, tun; handeln; wirken; *Maschine*: laufen; *Handwerk* betreiben; **~ na cr̄no** schwarzarbeiten; **~ o glậvi** nach dem Leben trachten (*D*/*D*); **~ prẹko kọljena** *fig.* oberflächlich arbeiten; **rậdi se** (**o** *L*) es handelt sich (um *A*)
rậdnī Arbeits-, Werk-; → **dận, knjịžica; mjẹsto¹; ọdnos; stậž; vrijẹme**
rậdnica Arbeiterin *f*, Arbeitnehmerin *f*
rậdničkī Arbeiter-
rậdnīk Arbeiter *m*, Arbeitnehmer *m*; **kvalifịcīrānī ~** gelernter Arbeiter; Facharbeiter *m*; **nekvalifịcīrānī ~** ungelernter Arbeiter; **pọlukvalifịcīrānī ~** angelernter Arbeiter; **sọcijālnī ~** Sozialfürsorger *m*; **strụčnī ~** Sachbearbeiter *m*; **znạnstvenī ~** Wissenschaftler *m*
rậdnīštvo Arbeiterschaft *f*, Arbeitnehmerschaft *f*
rậdnja Handlung *f*; Arbeit *f*; **~ romậna** Romanhandlung *f*; **advọkatskā ~** *Jur.* Anwaltshandlung *f*; **dọktorskā ~** Dissertation *f*, Doktorarbeit *f*; **nedozọvljenā ~** *Jur.* unerlaubte Handlung; **prậvnā ~** Rechtshandlung *f*; **zậnatskā ~** Handwerksbetrieb *m*
rạdo *Adv* gern
rạdosnī → **rạdostan**
rạdōst (-osti; *ISg* -osti/-ošću) *f* Freude *f*; **bịti izvạn sebe od ~i** vor Freude außer sich sein
rạdostan (-sno) fröhlich, froh (**zbọg** *G*/ über *A*); erfreulich
rạdovati se (-dujēm se) sich freuen (*D*/ über *A*)
radọznalac (-aoca) Neugierige(r) *m*, neugieriger Mensch
radọznalōst (-osti; *ISg* -osti/-ošću) *f* Neugierde *f*; Wißbegierde *f*
radọznao (-alo) neugierig; wißbegierig
rạdšta weswegen
rậđanj|e Gebären *n*; Entbindung *f*; Geburt *f*; *fig.* Zeugung *f*: **~e sụnca** Son-

R

nenaufgang *m*; **kontrǫla ~a** Geburtenkontrolle *f*
rậđati [rǫditi] gebären, entbinden; *Tiere*: Junge werfen; *Baum*: Früchte hervorbringen; **~ se** geboren werden
rạfāl (*Gewehr-*, *Geschütz-*)Salve *f*; (*Geschoß-*)Garbe *f*
rafinẹrija Raffinerie *f*
rafịnīrān (-o) (*Öl*, *Zucker*) raffiniert; *fig.* raffiniert, durchtrieben
rafịnīrānōst (-osti; *ISg* -osti/-ošću) *f* Gerissenheit *f*, Durchtriebenheit *f*
rafinịrati *5 ipf*/*pf Öl*, *Zucker* raffinieren
rạga (*D* -gi; *GPl* rāgā) (Schind-)Mähre *f*, Klepper *m*
rạgbi *Sp.* Rugby *n*
rạgū (-ua) *Kochk.* Ragout *n*
rạhal (-hlo) (*Boden*) locker; porös
rahịtis Rachitis *f*
rạhliti auflockern
rậj *3* Paradies *n*
rạja¹ *hist.* Rajah *m* (*nichtmoslemische Schicht unter Türkenherrschaft*); *fig.* bettelarmes Volk
rạja² *Zool.* Zitterrochen *m*
rậjčica Tomate *f*
Rạjna *Geogr.* Rhein *m*
rajȫn *1* Bezirk *m*
rậjskī paradiesisch, Paradies-
rạk (*Pl* -ci/-kovi) *Zool.*, *Med.* Krebs *m*; *Med.* Karzinom *n*; **~ na plŷćima** Lungenkrebs *m*; **mọrskī ~** Hummer *m*; **nạpredovati kao ~** im Krebsgang gehen
rạka Grab *n*; Gruft *f*
rạket → **rẹket**
rakẽta Rakete *f*; Feuerwerkskörper *m*; **~ za srẹdnje ụdāljenosti** Mittelstreckenrakete *f*; **dalekọmetnā ~** Langstreckenrakete *f*
rạketnī Raketen-
rạkija Schnaps *m*, Branntwein *m*; **ljụtā ~** starker Schnaps
rạkijāš *verä.* Schnapsbruder *m*
rakịjašnica Schnapsbude *f*
rạkijic|a Schnäpschen *n*; **ịdemo na ~u** trinken wir ein Schnäpschen
rạkovica *Zool.* Krabbe *f*
rạl Ral *n* (*Flm.*, *5760 m²*)
rạlica (*kleiner*) Pflug *m*; Schneepflug *m*
rạlo Pflugeisen *n*
rạlje *f*/*Pl* Rachen *m*, Schlund *m*
ramạzān *1 Rel.* Ramadan *m*
rạme (-ena; *Pl* -ẹna) Schulter *f*; Achsel *f*; **~ uz ~** Schulter an Schulter *f*; **glẹdati prẹko ~na** von oben herab ansehen (**na** *A*/*A*); **nọsiti glậvu na ~nima** *fig.* unter den Lebenden weilen; **slẹgnuti ~nima** mit den Achseln *od.* Schultern zucken; **šịrokīh ~nā** breitschultrig
rạmen|ī Schulter-; **~ā kộst** Schulterblatt *n*
ramẹnic|a *Mil.* Schulterklappe *f*; **~e** *f*/*Pl* Hosenträger *Pl*
rậmpa Rampe *f*; (*schräge*) Auffahrt *f*
rạn (-o) (*LF* rạnī) früh(zeitig), Früh-, vorzeitig; **~ā gọtika** Frühgotik *f*
rạn|a Wunde *f* (*a. fig.*), Verletzung *f*; **dịrnuti** (**stậrū**) **~u** *fig.* an e-e alte Wunde rühren; **ọtvorenā** *od.* **žịvā ~a** offene *od.* klaffende Wunde
rậnac (-nca) Ranzen *m*; Rucksack *m*
rạnč (*Pl* -evi) Ranch *f*
randẹvū (-ua) Rendezvous *n*, Verabredung *f*
rạng Rang *m*, Stufe *f*; **~-lịsta** Rangliste *f*; Tabelle *f* (*a. Sp.*)
rạnijī *Komp v.* **rạno**
rạnilac (-ioca) Frühaufsteher *m*
rạnilica Frühaufsteherin *f*
rạniti¹ (**-njāvati** *5*) verwunden; verletzen
rạniti² [**u-**] früh *od.* zeitig aufstehen; **tkọ rạno rạnī, dvije srẹće grạbī** *Sprw.* Morgenstund' hat Gold im Mund
rạnljiv → **rạnjiv**
rạno *Adv* → **rạn**; **~ rạniti** sehr früh aufstehen
ranžịrati *5 ipf*/*pf* rangieren
rạnjav wund; wundgerieben
ranjậvati *5* → **rạniti¹**
rạnjenica Verwundete *f*
rạnjenīk Verwundete(r) *m*
rạnjiv verwundbar, verletzbar; *fig.* empfindlich
rạnjivōst (-osti; *ISg* -osti/-ošću) *f* Verwundbarkeit *f*, Verletzbarkeit *f*; *fig.* Empfindlichkeit *f*
rạport *Mil.* Rapport *m*, Meldung *f*
rarịtēt *1* Rarität *f*, Seltenheit *f*
rạs|a Rasse *f*; **od ~ē** *fig.* klasse, super
rậsad *m* Setzling *m*; Sämling *m*
rậsadīšte → **rậsadnīk**
rasậditi *5* (**-ađịvati**) *Bot.* verpflanzen, umpflanzen
rậsadnīk Baumschule *f*
rasađịvati (-ađujēm) → **rasậditi**
rasạhnuti se (rạsahnēm se) *pf* → **rasụšiti se**

R

ràsan rassig; Rasse(n)-
ràsap (-spa) Zerfall *m*; Untergang *m*, Verderben *n*
rascijèpati *5/7*, **-cijèpiti** *5/7* (**-cjepljīvati**) zerhacken; zerspalten; spalten (*a. fig.*)
ràscjep Teilung *f*; Spaltung *f* (*a. fig.*)
ràscjepka Splint *m*
ràscjepkanōst (-osti; *ISg* -osti/-ošću) *f* Zersplitterung *f*; Uneinigkeit *f*
rascjepljīvati (-èpljujēm) → ***rascijèpati***
ràscvasti se (-cvàtēm se; -cvao, -āla) (**-cvjètati se**) aufblühen, erblühen
rascvìtliti *5 pf* betrüben, bekümmern
rascvjètati se → ***ràscvasti se***
rasèdlati (**-edlàvati** *5*) absatteln
rasèliti *5* (**-ljàvati** *5*) *tr* umsiedeln, übersiedeln; entvölkern; ~ ***se*** auswandern, emigrieren
raseljàvānje Aussiedlung *f*; Umsiedlung *f*; ***prìsīlnō*** ~ Zwangsumsiedlung *f*, Zwangsaussiedlung *f*
raseljàvati *5* → ***rasèliti***
rasformìrati *5 Firma, Gruppierung* auflösen
rashlàditi *5* (**-ađìvati**) abkühlen, auskühlen; ~ ***se*** sich abkühlen; sich erkälten
ràshladnī kühlend, Kühl-; ~ ***ùređāj*** Klimaanlage *f*; Kühler *m*
rashlađìvānje Abkühlung *f*
rashlađìvati (-àđujēm) → ***rashlàditi***
ràshod (*finanzielle*) Ausgabe *f*; Zahlung *f*
ràshodovati (-ujēm) *ipf/pf* (*steuerlich*) abschreiben
ràsica *abw.* (*Menschen-*)Schlag *m*
ràsijān (-o) zerstreut, zerfahren
ràsijanōst (-osti; *ISg* -osti/-ošću) *f* Zerstreutheit *f*, Zerfahrenheit *f*, Geistesabwesenheit *f*
ràsijati (**-ijàvati** *5*) ausstreuen, zerstreuen; säen
rasijècati *5/7* → ***ràsjeći***
rasijèčēm *1. Pers Sg v.* ***ràsjeći***
rasìpāč *1* (*V* -u) → ***ràsipnīk***
ràsip|an verschwenderisch; ~***nā lèća*** Zerstreuungslinse *f*
ràsipati → ***rasūti***
ràsip(āv)ānje Zerstreuen *n*, Ausstreuen *f*; Verschwendung *f*
ràsipnīčkī verschwenderisch
ràsipnīk Verschwender *m*, Prasser *m*
ràsipnōst (-osti; *ISg* -osti/-ošću) *f* Verschwendungssucht *f*; Verschwendung *f*
rasìstičkī rassistisch
rasìzam (-zma) Rassismus *m*
ràsjeći (-sijèčēm; *Imp* -sijèci; -sjekao, -kla; -sjèčen) (**-sijècati** *5/7*) zerschneiden; zerhacken; (*mit e-m Beil*) zerhauen
ràsjed *Geol.* Verwerfung *f*, Erdspalte *f*
ràsjek(lina) Spalt *m*, klaffender Riß *m*
ràsjelina → ***ràsjed***
ràsjesti se (-sjednēm se; -sjeo se) *Geol.* sich verwerfen
ràskajati se (-jēm se) *pf* bereuen, Reue empfinden
raskàlāšan (-o) ausschweifend; ausgelassen; liederlich
raskàlāšnīk Wüstling *m*; Lump *m*
raskàlāšenōst (-osti; *ISg* -osti/ošću) *f* Zügellosigkeit *f*; Liederlichkeit *f*; Unzucht *f*
raskalàšiti se *5* sittenlos werden, einen unsittlichen Lebenswandel führen
ràskid (*Vertrags-*)Bruch *m*; Abbruch *m* (*diplomat. Beziehungen*)
ràskidānje → ***ràskid***
raskìdati *5* [**ràskinuti**] brechen; lösen; zerreißen; *Haut* aufreißen; *Ketten* sprengen; *Vertrag* brechen; ~ ***se*** zerbrechen
ràskinuti (-nēm) *pf* → ***raskìdati***
rasklàpānje Zerlegen *n*; Öffnen *n*, Entfalten *n*
rasklàpati *5* → ***rasklòpiti***
ràsklimān (-o) wackelig, lose; (*Schraube*) locker
ràsklimati lockern, locker machen; ~ ***se*** locker werden
rasklòpiti *5* (**-klàpati** *5*) auseinandernehmen; *Maschine* zerlegen; *Schirm* aufspannen; *Buch* aufschlagen; ~ ***se*** sich entfalten; aufgehen
ràsklopn|ī Schalt-; ~***ī ormàrić*** *Tech.* Schalttafel *f*; ~***ī ùređāj*** *Tech.* Schaltanlage *f*
raskokodàkati (-kòdāčēm) *pf* (*dauernd*) gackern; *fig.* (*dauernd*) quatschen
ràskol Spaltung *f*; ***cȑkvenī*** ~ Schisma *n*
raskolàčiti *5 pf*: ~ ***òči*** große Augen machen; Augen aufreißen
raskòliti *5 pf* spalten
ràskōlničkī abtrünnig; schismatisch
ràskōlnīk Ketzer *m*; Abtrünnige(r) *m*; Schismatiker *m*
ràskōlnīštvo Schisma *n*, Ketzerei *f*

raskomądati *pf* → ***komądati***
raskomộtiti se *5* (**-omoćịvati se**) es sich bequem machen
raskộpati (**-ậvati** *5*) ausgraben; aufgraben
raskộpčati (**-ậvati** *5*) aufknöpfen
raskộračen breitbeinig
raskorậčiti se *5 pf* Beine spreizen *od.* grätschen
rąskorāk *Sp.* Grätsche *f*; *fig.* Unstimmigkeit *f*, Diskrepanz *f*; ***ići u ~*** nicht in Einklang stehen (**s** *I*/mit *D*)
rậskoš (-i) *f* Prunk *m*, Luxus *m*
rậskošan prunkvoll, luxuriös, Luxus-, Pracht-
rậskošnīk Genießer *m*; Lebemann *m*
raskộvati (rąskujēm) *pf* losschmieden
raskrậjati *5* → ***raskrộjiti***
rąskrālj (*Pl* -evi) Exkönig *m*
raskrậljiti *5 pf* entthronen
raskrậviti *5* (**-vljīvati**) auftauen; schmelzen
raskravljịvati (-ąvljujēm) → ***raskrậviti***
raskṛčiti *5* (**-čịvati**) ausroden; *Wald* lichten; *fig.* aufräumen
raskrệčiti *5 pf* → ***raskorậčiti se***
raskrịliti *5* (**-iljậvati** *5*) *Flügel, Arme* ausbreiten; ***rąskrīljenīh rộkū*** mit offenen Armen
rąskrīnkati *pf* entlarven, bloßstellen
rąskriti (-ijēm) (**-ịvati** *5*) aufdecken; *Dach* abdecken; *fig.* aufklären; enthüllen
raskrịvānje Aufdecken *n*, Abdecken *n*; *fig.* Enthüllen *n*
raskrịvati *5* → ***rąskriti***
raskrojậvati *5* [**-ộjiti**] zuschneiden; zerschneiden
raskrộjiti (**-ậjati**) (*Stoff*) zuschneiden
rậskrsnic|a Scheideweg *m*; ***bịti na ~i*** *fig.* am Scheideweg stehen
raskṛstiti se *5 Umgang etc.* abbrechen; brechen (**s** *I*/mit *D*)
rậskršće → ***rậskrsnica***
raskrvậriti *5 pf* blutig machen; mit Blut beschmieren
rąskućiti (**-ịvati**) sein Haus *od.* sein Vermögen verwirtschaften
raskućịvati (-ųćujēm) → ***rąskućiti***
rąskuhati (**-uhậvati** *5*) zerkochen
rąskuštrān (-o) zerzaust, ungekämmt
rậskužba (*GPl* -žābā/-žbī) Entseuchung *f*; Desinfektion *f*
rąskužiti (**-ịvati**) entseuchen, desinfizieren
raskužịvānje → ***rậskužba***
raskužịvati (-ųžujēm) → ***rąskužiti***
rậskužn|ī Entseuchungs-, Desinfektions-; ***~ō srędstvo*** Desinfektionsmittel *n*
rąskvasiti *pf* aufweichen, durchweichen; durchnässen
rąslina Gewächs *n*; Pflanze *f*
rąslinstvo, -īnje Flora *f*, Pflanzenwelt; Vegetation *f*
raslojậvati *5* aufgliedern; in seine Bestandteile auflösen
rąsnī → ***rąsan***
rąsōl Salzlake *f*, Pökellake *f*
rąspačān (-o) ausverkauft; (*Buch*) vergriffen
raspậčati (**-ačậvati**) *5* (aus)verkaufen; vertreiben; zirkulieren lassen
rậspad Zerfall *m*; Untergang *m*, Ruin *m*; Zusammenbruch *m*; (*Leiche*) Verwesung *f*
rąspadānje → ***rậspad***
rąspadati se → ***rąspasti se***
raspądljiv (leicht) verderblich
raspakịrati *5 ipf*/*pf* auspacken
rąspakovati (-ujēm) *sb.* → ***raspakīrati***
raspậliti *5* (**-aljịvati**) anzünden; anfachen; entzünden, entfachen; entflammen; **~ se** sich entzünden; *fig.* aufbrausen
raspaljịvati (-ąljujēm) → ***raspậliti***
raspąljiv reizbar, jähzornig
raspậrati *5 pf* auftrennen; zertrennen; zerschlitzen
rasparčati → ***raskomądati***
raspậriti *5* (**-arịvati**) ein Paar (*Schuhe, Menschen*) trennen
rąspasati se (-šēm se) (**-ịvati se**) den Gürtel abnehmen
raspasịvati se (-ąsujēm se) → ***rąspasati se***
rąspasti se (-dnēm; -pao, -ala; -dnūt) (**-padati**) zerfallen, auseinanderfallen; sich zersetzen, verwesen; *Gestein*: verwittern
raspẹčatiti (-čaćen) *pf* entsiegeln
raspệće Kreuzigung *f*
raspệlo Kruzifix *n*
rąspēm *1. Pers Sg v.* ***rąsūti***
rąspēti (-pēm; -peo, -ēla; -ēt) (**-pinjati**) kreuzigen, ans Kreuz schlagen
raspẹtljati (**-tljậvati** *5*) aufknüpfen; *Faden* entwirren
rąspikuća *m, f verä.* Verschwender *m*

raspīliti *5 pf* zersägen
rąspinjānje Kreuzigung *f*, Kreuzigen *n*
rąspinjati (-njēm) → ***rąspēti***
raspīriti *5* (**-irīvati**) anfachen; entfachen; *Haß* schüren
raspirīvati (-ịrujēm) → ***raspīriti***
rąspis Rundschreiben *n*; Ausschreibung *f*
raspīsati (rąspīšēm) (**-isīvati**) *Wettbewerb, Wahlen* ausschreiben; *Preis, Belohnung* aussetzen
raspisīvānje Ausschreibung *f* (*Stelle, Wahlen*)
raspisīvati (-ịsujēm) → ***raspīsati***
raspītati se *5* (**-itīvati se**) nachfragen; sich erkundigen (**o** *L*/ nach *D od.* über *A*)
raspitīvati se (-ịtujēm se) → ***raspītati se***
raspitkīvati se (-ịtkujēm) herumfragen
rąspjevati se aus voller Kehle singen; zu singen anfangen
rąsplakati (-čēm) *pf* j-n zum Weinen bringen; ~ **se** in Tränen ausbrechen
rasplạmsati (**-sāvati** *5*) anfachen, entfachen; schüren; ~ **se** entflammen, auflodern; *fig.* wütend werden; ~ **se u** ***skąndal*** sich zu e-m Skandal auswachsen
rąsplesti (-plętēm; -pleo, -plela; -pleten *6*) (**-pletati**) entflechten, entwirren; *Geheimnis* aufklären; ~ **se** sich auflösen, sich entwirren
rąsplet (Auf-)Lösung *f*; Entwirrung *f*; Entflechtung *f*
rąspletati (-ećēm) → ***rąsplesti***
rasplīnuti se (rąsplīnēm se) (**-plinjāvati se** *5*) verdampfen; sich auflösen; zerfließen; *Illusionen*: verfliegen; *Hoffnung*: zunichte werden
rasplịnjāč *1 Kfz.* Vergaser *m*
rasplinjāvati se *5* → ***rasplīnuti se***
rąsplod Zucht *f*; Züchtung *f*
rąsplodīšte Baumschule *f*
rasplọditi se *5* (**-đīvati se**) sich fortpflanzen, sich vermehren
rąsplodnī Zucht-
rasplođịvāč *1* Züchter *m*
rasplođīvānje Fortpflanzung *f*, Vermehrung *f*
rasplođīvati se (-ọđujēm se) → ***rasplọditi se***
raspodijęliti *5/7* (**-djeljīvati**) austeilen, verteilen; einteilen; zuweisen
rąspodjela Verteilung *f*, Aufteilung *f*; Zuteilung *f*
raspodjelīvati (-djęljujēm) → ***raspodijęliti***
rąspojasān (-o) ungezügelt; unbeherrscht; (*Hose*) offen
rąspojasānōst (-osti; *ISg* -osti/ -ošću) *f* Ungezügeltheit *f*; Unbeherrschtheit *f*
raspolāgānj|e Verfügung *f*; Disposition *f*; Bereitstellen *n*; ***bịti na ~u*** zur Verfügung stehen
raspolāgati (-ọlāžēm) verfügen (*I*/ über *A*); disponieren
raspolọviti *5* (**-ljāviti** *5*) halbieren
raspọložen (-o) gut gelaunt, guter Laune; geneigt sein; gesinnt sein (***pręma*** *D*/*D*); ***bịti lọše*** ~ schlecht gelaunt sein
raspoložēnj|e Laune *f*, Stimmung *f*; Verfügung *f*, Disposition *f*; ***bịti u ~u*** in Stimmung sein; → ***raspolāgānje***
raspolọžiti *5 pf* in gute Laune *od.* Stimmung versetzen
raspolọživ verfügbar
raspolọživōst (-osti; *ISg* -osti/-ošću) *f* Verfügbarkeit *f*
rąspon Spannweite *f* (*a. fig.*); Spannungsfeld *n*
rąspop Expriester *m*
rąsporēd Anordnung *f*; Einteilung *f*; (*Unterrichts-*)Programm *n*; Zuweisung *f* (*e-s Arbeitsplatzes*); ~ ***sātī*** Stundenplan *m*
rasporēditi *5* (-pọrēđen) (**-eđīvati**) einteilen; anordnen; verteilen; organisieren; ~ ***na rądnō mjęsto*** e-n Arbeitsplatz zuweisen
raspoređīvati (-ęđujēm) → ***rasporēditi***
rasporezịvati (-ęzujēm) besteuern
raspọriti *5* (**-pārati** *5*) aufschlitzen; *Naht* auftrennen
raspọslati (-pọšaljēm) (**-šiljati**) verschicken; versenden
raspọšiljati (-jēm) → ***raspọslati***
raspọznati (**-āvati**) unterscheiden; erkennen, identifizieren
raspoznāvānje Unterscheiden *n*; Erkennen *n*, Identifizieren *n*
raspoznāvati (-pọznajēm) → ***raspọznati***
rąspra (*GPl* -prī) Streit *m*, Streitigkeit *f*, Zwist *m*
raspraš̄ivac (-īvca) Sprühdose *f*
rąsprava Abhandlung *f*, Erörterung *f*; Diskussion *f*; *Jur.* Verhandlung *f*; ***glāvnā*** ~ *Jur.* Hauptverhandlung *f*

R

ra̧spraviti (**-vljati**) verhandeln; erörtern, diskutieren
ra̧spravljānje Erörterung *f*, Diskussion *f*
ra̧spravljati → ***ra̧spraviti***
ra̧sprećēm *1. Pers Sg v.* ***rasprȩtati***
ra̧spreći (-gnēm; -gao, -gla) → ***rasprȩ̄gnuti***
rasprȩ̄dati *5* → ***ra̧spresti***
rasprȩ̄gnuti (-gnēm; -gao, -gla) (**-zati**) *Pferde* ausspannen, ausschirren
ra̧sprema, -ȩmānje (*Schiff*) Abtakeln *n*; (*Tisch*) Abräumen *n*
rasprȩ̄mati *5* [**-ȩmiti** *5*] *Zimmer* aufräumen; *Tisch* abdecken; *Schiff* abtakeln; *Bett* machen; *Koffer* auspacken
ra̧spresti (-ȩtēm) *pf* entwirren; *Wolle* kämmen
rasprȩtati (ra̧sprećēm) *Feuer* schüren
rasprȩ̄zati (ra̧sprēžēm) → ***rasprȩ̄gnuti***
raspŗ̄čati se *5 pf* sich lang und breit auslassen (**o** *L*/ über *A*)
ra̧sprodaja Ausverkauf *m*, Räumungsverkauf *m*; ***ljȩtnā ~*** Sommerschlußverkauf *m*
ra̧sprodān (-o) ausverkauft, vergriffen
rasprọdati (**-dā̧vati**) ausverkaufen
rasprodā̧vati (-prọdājēm) → ***rasprọdati***
rasprọstirānje Ausbreitung *f*; Erstrekken *n*; (*Schall-*)Fortpflanzung *f*
rasprọstirati (-rēm) → ***rasprọstrijeti***
rasprọstraniti (-stranjen) (**-stranjā̧vati** *5*) ausbreiten, verbreiten
rasprọstranjenōst (-osti *ISg* -osti/ -ošću) *f* Ausbreitung *f*, Verbreitung *f*
rasprọstrijeti (ra̧spostrēm; -stro, -str̄la; -str̄t) (**-stirati**) ausbreiten, verbreiten; entfalten; **~ se** sich ausdehnen
raspŗ̄skati *5* (**-rskā̧vati** *5*) versprühen, zerstäuben
rasprskịvāč *1* Zerstäuber *m*; (*Rasen-*)Sprenger *m*
ra̧sprsnuti se (-nēm; -nuo) zerspringen; (**-kā̧vati se**) zerplatzen, explodieren; *Fenster*: zersplittern; *Funken*: zerstieben
raspŗ̄šiti *5 pf* zerstäuben; *Menschenmenge*, *Zweifel* zerstreuen
raspršịvāč Zerstäuber *m*; Spray *n*
ra̧spucān (-o) zerrissen; (*Haut*) rissig
ra̧spucati se → ***ra̧spuknuti se***
rā̧spūće Kreuzweg *m*; Scheideweg *m*; Seitenweg *m*
ra̧spući se (-knēm se) → ***ra̧spuknuti se***
ra̧spuklina Sprung *m*, Spalt *m*
ra̧spuknuti se (-knēm se; -pukao/-puknuo, -pukla) (**-pucati**) zerspringen, zerbersten; *Haut*: rissig werden
rā̧spust Ferien *Pl*; **~ *sā̧bora*** Parlamentsauflösung *f*
raspụstiti *5* (**-pụ̄štati** *5*) auflösen, entlassen; *Schüler* verabschieden; *Truppen* entlassen; *Parlament* auflösen; **~ se** sich auflösen; auseinandergehen
ra̧spušten (-o) ausgelassen; unbeherrscht, zügellos; (*Haare*) aufgelöst; (*Lebenswandel*) ausschweifend
raspuštȩnica Geschiedene *f*; Hure *f*
raspuštȩnīk *1* Geschiedene(r) *m*; Wüstling *m*
ra̧spuštenōst (-osti; *ISg* -osti/ -ošću) *f* Ausgelassenheit *f*, Zügellosigkeit *f*; Liederlichkeit *f*
rasŗ̄diti *5* (-srđen) *pf* → ***sŗ̄diti***
rā̧st Wuchs *m*, Wachstum *m*; Gestalt *f*; ***vịšeg ~a*** groß(gewachsen)
ra̧stajānje Scheidung *f*; Scheiden *n*; Trennung *f*
ra̧stajati se (-jēm se) → ***ra̧stati se***
rastā̧kati (ra̧stāčēm) → ***rastọćiti***
rastā̧liti *5 pf* (ein)schmelzen; verschmelzen; *Tech.* verhütten
ra̧stanak (-ānka) Abschied *m*, Trennung *f*
rastā̧njiti *5* (**-anjī̧vati**) dünner machen, verdünnen
rastā̧pati *5* → ***rastọpiti***
ra̧stati se (-tanēm se; -tao se) (**-stajati se**) sich trennen; sich scheiden lassen
rā̧stava Trennung *f*; Scheidung *f*; **~ *brā̧ka*** Ehescheidung *f*
ra̧staviti (**-vljati**) trennen; zerlegen; *Ehe* scheiden; **~ se** sich trennen; → ***ra̧zvesti se***
ra̧stavljānje Trennen *n*, Trennung *f*; Zerlegen *n*; **~ *riječi na slọgove*** Silbentrennung *f*
ra̧stavljen (-o) zerlegt; getrennt; geschieden
rā̧stavnī *Gr.* (*Konjunktion*) disjunktiv
ra̧stēći (-ȩgnēm) → ***rastȩgnuti***
rastȩgljiv dehnbar, elastisch; **~ *pọjam*** *fig.* dehnbarer Begriff
rastȩgljivōst (-osti; *ISg* -osti/ -ošću) *f* Dehnbarkeit *f*, Elastizität *f*
rastȩgnuti (ra̧stēgnēm; rastȩ̄gnuo / ra̧stēgao, -gla; ra̧stēgnut) (**-tȩzati**) deh-

R

nen; spannen; strecken; ~ **se** sich strekken
rạstepsti (-ẹpēm; -epao, -pla) *pf* zerstreuen; zersprengen; *Geld* vergeuden
rasterećẹnje Entlastung *f*; Erleichterung *f*
rasterićịvati (-ẹćujēm) → ***rastẹretiti***
rastẹretiti (-ẹrećen) (**-ćịvati**) entlasten (*G*/ von *D*); erleichtern
rastẹ̄zānje (Aus-)Dehnen *n*; Strecken *n*
rastẹ̄zati (rạstēžēm) → ***rastẹ̄gnuti***
rastẹžljiv, -tẹžljivōst → ***rastẹgljiv, -tẹgljivōst***
rạ̄sti (-stēm; -stao, -sla) [**nạ-**] wachsen; zunehmen; *Wasser, Preise*: steigen; *Teig*: aufgehen; *Tage*: länger werden; ***rạ̄stū mu zạzubice*** *fig.* ihm läuft das Wasser im Mund zusammen
rạstīnje → ***rạslīnje***
rạstjerati (**-ịvati**) auseinandertreiben, auseinanderjagen; verjagen
rastjerịvati (-ẹrujēm) → ***rạstjerati***
rastọčiti *5* (**-tạ̄kati**) *Flüssigkeit* umfüllen; *Maschine* zerlegen *od.* abbauen; *Holz* zerfressen
rastojạ̄nje Abstand *m*, Entfernung *f*
rạstopina *Chem.* Lösung *f*
rastọpiti *5* (**-tạ̄pati** *5*) *Salz etc.* (auf)lösen; *Metall* schmelzen; *Eis* auftauen; *Fett* auslassen; ~ **se** schmelzen; sich auflösen
rastọp(lj)iv schmelzbar; löslich
rastọvariti (**-ịvati**) entladen, abladen; entlasten
rastovarịvati (-ạrujēm) → ***rastọvariti***
rastṛčati se (-īm se) (**-čạ̄vati se** *5*) (*nach allen Seiten*) auseinanderlaufen
rạstrći (-gnēm *etc.*) → ***rạstrgnuti***
rastrẹ̄sati *5* → ***rạstrēsti***
rastrẹ̄sen (-o) zerstreut, zerfahren
rastrẹ̄senōst (-osti; *ISg* -osti/-ošću) *f* Zerstreutheit *f*, Zerfahrenheit *f*
rạstrēsti (-trẹsēm, -sao, -sla) (**-ẹ̄sati**) durchschütteln; beuteln; ~ **se** sich zerstreuen
rastrežnjịvati (-ẹžnjujēm) → ***rastrijẹzniti***
rạstrgati *pf* → ***rạstrgnuti***
rạstrgnuti (-gnēm; *3. Pers Pl* -rgnū/-ržē; -gnuo/-gao, -gla; -gnūt) (**-zati**) zerreißen; zerstückeln; ~ **se** *itr* zerreißen, zerbrechen; ~ ***se od pọsla*** bis zum Hals in Arbeit stecken
rastrijẹzniti *5/7* (**-trežnjịvati**) ernüchtern, nüchtern machen; ~ **se** nüchtern werden
rastṝkati se (rạstṝčēm se) → ***rastṛčati se***
rastṝljati *5 pf* verreiben; *Creme* einreiben; verwischen
rạstrojen (-o) zerfahren, zerrüttet; ***dụšēvno*** ~ geistesgestört
rạstrojenōst (-osti; *ISg* -osti/-ošću) *f* (*nervliche*) Zerrüttung *f*; Zerfahrenheit *f*; ***dụšēvnā*** ~ Geistesstörung *f*
rạ̄strošan verschwenderisch, verschwendungssüchtig
rastrọ̄šiti *5 pf* verschwenden, vergeuden
rạ̄strošnīk Verschwender *m*
rạstrovati (-trujēm) (**-ovạ̄vati** *5*) entgiften, dekontaminieren
rạstrti (-trēm; -tro, -tr̄la) *pf* → ***rastṝljati***
rastrụ̄biti (**-ubljịvati**) ausposaunen
rastrubljịvati (-ụbljujēm) → ***rastrụ̄biti***
rạstucati *pf* → ***rạstūći***
rạstūći (-tụčēm; -ukao, -kla; -učen) *pf* zerstoßen; zerstampfen
rastumạ̄čiti *5 pf* erklären, erläutern; auslegen
rastụ̄rati *5*, **rạsturiti** (**-rịvati**) verstreuen, zerstreuen; *Nachricht* verbreiten; *Flugblätter* verteilen; *Versammlung* auflösen
rasturịvati (-ụrujēm) → ***rastụ̄rati***
rastụ̄žiti *5* (**-užịvati**) betrüben; kränken; in Trauer versetzen; ~ **se** traurig sein
rastvạrāč *1 Chem.* Lösungsmittel *n*
rastvạ̄rānje Auflösung *f*; Zersetzen *n*; Zerfallen *n*
rastvạ̄rati *5* → ***rastvọriti***
rạ̄stvor *Chem.* Lösung *f*
rastvọriti *5* (**-tvạ̄rati** *5*) öffnen, aufmachen; (*chemisch*) auflösen; *Kiste* aufklappen; ~ ***jạ̄z*** Zwietracht säen; ~ ***sṛce*** sein Herz öffnen
rạsudan vernünftig
rasụ̄diti *5* (**-uđịvati**) (be)urteilen; (*genau*) unterscheiden; ermessen
rasuđịvati (-ụđujēm) → ***rasụ̄diti***
rasụ̄lo Zerfall *m*; Auflösung *f*; Ruin *m*
rasụ̄šiti *5* (**-ušịvati**) austrocknen *tr*; ~ **se** austrocknen *itr*; verdorren
rạsūti (-spēm; -suo; -ūla; -sūt) (**-sipati**) zerstreuen, verstreuen; *Geld* verschwenden; *Flüssigkeit* verschütten
rasvijẹtliti *5/7* (**-svjetljịvati**) beleuchten; erhellen; *Fot.* belichten; *fig.* erhellen

R

rąsvjeta Beleuchtung *f*
rasvjetlj̄ivati (-vjętljujēm) → ***rasvijętliti***
rąsvjetnī Beleuchtungs-, Leucht-; Licht-; ~ ***plīn*** Stadtgas *n*
raščęšljati *5* (**-šljąvati** *5*) durchkämmen, auskämmen
rąščistiti (-čišćen) (**-ščąvati** *5*) reinigen; bereinigen; ~ ***račūne*** *fig.* ins Reine kommen (**s** *I*/ mit *D*)
rąščlamba (*GPl*-bā/-bī) Zergliederung *f*
raščląniti *5* (**-anj̄ivati**) zergliedern; zerteilen; analysieren
raščlanj̄ivati (-ąnjujēm) → ***raščląniti***
rąščupān (-o) zerzaust, zerrauft
rąščupanko Strubbelkopf *m*; ***Jąnko*** ♀ *m* Struwwelpeter *m*
raščųpati (**-pāvati** *5*) zerraufen, zerzausen; *Wolle, Federn* auseinanderzupfen; *Gewebe*: ausfransen
rąščuti se (-ujēm se) *pf* bekannt werden; *Gerücht*: sich verbreiten
rąširen (-o) verbreitet, ausgedehnt
raš̄iriti *5* (**-ir̄ivati**) ausbreiten, verbreiten; *Beine* spreizen; *Gerücht* verbreiten; *Wissen* erweitern; ~ **se** sich ausbreiten; sich verbreiten
rašir̄ivati (-įrujēm) → ***raš̄iriti***
rąšljast gabelig, gabelförmig
rąšlje *f*/*Pl* (*Heu-*)Gabel *f*; ***vįline*** ~ Wünschelrute *f*
rąštimān (-o) (*Klavier*) verstimmt
rąt (*Pl* -ovi) Krieg *m*; ~ ***žīvącā*** *fig.* Nervenkrieg *m*; ***grąđanskī*** ~ Bürgerkrieg *m*; ***hlądnī*** ~ kalter Krieg; ***kọpnenī*** ~ Landkrieg *m*; ***objąviti*** ~ Krieg erklären; ***oslobọdilačkī*** ~ Befreiungskrieg *m*; ***osvąjāčkī*** ~ Eroberungskrieg *m*; ***pọmorskī*** ~ Seekrieg *m*; ***sụhozemnī*** ~ Landkrieg *m*; ***svętī*** ~ heiliger Krieg; ***svjętskī*** ~ Weltkrieg *m*
rąta *Hdl.* Rate *f*
rątār *1* Ackerbauer *m*, Landwirt *m*
rątārskī Ackerbau-, Land-
ratąrstvo Ackerbau *m*, Landwirtschaft *f*
ratific̄irati *5 ipf*/*pf Jur.* ratifizieren
ratifikącija *Jur.* Ratifizierung *f*
rątīšte Kriegsschauplatz *m*; Kampfgebiet *n*
rątnī Kriegs-; Feld-; → ***hųškāč, pọšta, stąnje; sųd***[1]***; zarobljęnīk, zlọčinac***
rątničkī kriegerisch, Krieger-
rątnīk Krieger *m*, Kämpfer *m*
rątobōran kriegslustig, militant; streitlustig
ratobǭrnōst (-osti, *ISg*- osti/-ošću) *f* Kampfbereitschaft *f*, Angriffslust *f*
rątovānje Krieg(s)führung *f*, Kriegführen *n*
rątovati (-ujēm) Krieg führen
rąudi (-ija) Rowdy *m*
rąv|an (*Linie, Weg*) gerade; (*Land*) eben; flach; (*Eigenschaften*) ebenbürtig; ***bįti ~an*** ebenbürtig *od.* gewachsen sein; ***nẹmā mu ~nōga*** es gibt keinen, der ihm gewachsen ist; ***svę je mu ~no*** ihm ist alles egal; → ***stọpalo***
rąvnalo Lineal *n*; Reißschiene *f*
rąvnatelj Leiter *m*, Vorsteher *m*, Direktor *m*; ***gląvnī*** ~ Generaldirektor *m*
ravnatęljstvo Leitung *f*, Direktion *f*
rąvnati [**iz-, po-**] ebnen; ausgleichen; nivellieren; *Uhr* stellen; *fig. Weg* ebnen
ravnįca *Geogr.* Ebene *f*, Flachland *n*
ravnįn|a *Geom.* Fläche *f*; Ebene *f*; ***u ~i*** auf gleicher Höhe (**s** *I*/ mit *D*)
rąvniti → ***rąvnati***
rąvno *Adv* gerade, geradeaus; direkt
ravnọdnevica *Astr.* Tagundnachtgleiche *f*
ravnọdušan gleichgültig, teilnahmslos
ravnọdušnōst (-osti; *ISg* -osti/ošću) *f* Gleichgültigkeit *f*, Teilnahmslosigkeit *f*
rąvnomjēran (-o) gleichmäßig
rąvnomjernōst (-osti; *ISg* -osti/ošću) *f* Gleichmaß *n*, Ebenmaß *n*
rąvnoprāvan gleichberechtigt
ravnoprąvnōst (-osti; *ISg* -osti/ošću) *f* Gleichberechtigung *f*
ravnotęž|a Gleichgewicht *n*; ***gųbiti ~u*** Gleichgewicht verlieren (*a. fig.*)
razab̄irati (-rēm) [**-ząbrati**] erkennen; *Geräusch* vernehmen; (*e-m Text*) entnehmen; ~ **se** vernehmen; hören; zu sich kommen
raząbrati (-berēm; -brao, -āla; -brān) → ***razab̄irati***
razągnati (**razgọniti** *5*) auseinanderjagen, auseinandertreiben
rązan verschieden, verschiedenartig, unterschiedlich
raząpeti (rązapnēm; -apeo, -ela; -zapēt) (**-pinjati**) spannen; *Schirm* aufspannen; *Zelt* aufschlagen; ~ ***na krįž*** ans Kreuz schlagen
raząpinjati (-jēm) → ***raząpeti***
raząrāč *1 Mar.* Zerstörer *m*
raząrāčkī zerstörerisch
raząrānje Zerstören *n*; Zerstörung *f*

razā̧rati *5* → ***razǫriti***
razą̧sipati (-pām/-pljēm) → ***rąsūti***
razą̧slati (razą̄šaljēm/rązašljēm) (**-šiljati**) verschicken, versenden; absenden, abschicken
razą̧stirati (-rēm) [**-strijeti**] → ***rasprǫstrijeti***
razą̧strijeti (rązastrēm; -stro, -strla; -strt) → ***rasprǫstrijeti***
razą̧sūti (rązaspēm; *Imp* -ząspi; -suo, -sūla; -sūt) (**razą̧sipati**) verstreuen, zerstreuen
razą̧šiljati (-jēm) → ***razą̧slati***
razą̧znati (**-ā̧vati**) erkennen; unterscheiden; wahrnehmen
razaznā̧vati (-ąznājēm) → ***razą̧znati***
razbą̧cati, -bā̧citi *5* (**-bacī̧vati**) herumwerfen; in verschiedene Richtungen werfen; ~ ***nǭvcem*** mit Geld um sich werfen; ~ ***riječima*** Phrasen dreschen
razbacī̧vati (-ącujēm) → ***razbą̧cati***
razbą̧rušen (-o) (*Haare*) zerzaust
razbarū̧šiti *5* (**-ušī̧vati**) *Haare* zerzausen
razbarušī̧vati (-ųšujēm) → ***razbarū̧šiti***
razbą̧štiniti (**-njā̧vati** *5*) enterben
rązbibriga Zeitvertreib *m*
razbijā̧č *1* (*V* -u) Rowdy *m*, Rabauke *m*, Schläger *m*; (*Werkzeug*) Ramme *f*; ***mā̧lī*** ~ Stößel *m*
razbī̧jati *5* → ***rązbiti***; ~ ***sę̄bi glā̧vu*** *fig.* sich den Kopf zerbrechen
razbī̧rati *5* → ***razabī̧rati***
razbistrā̧vati *5* [**-bį̄striti** *5*] *Situation* klären; ~ **se** *Wetter*: sich aufheitern; *fig.* sich aufklären
rązbiti (-ijēm; *Imp* -bīj; -bijen *6*/ -bit) (**-bī̧jati** *5*) zerbrechen, zerschlagen, zerschmettern; *Tür* aufbrechen; *Fenster* einschlagen; *Feind* schlagen; *Pläne* vereiteln; *Hoffnungen* zerschlagen; ~ ***lę̄d*** *fig.* Eis brechen; ~ **se** sich zerschlagen; zerbrechen *itr*; *Schiff*: zerschellen; *Wellen*: sich brechen
rązbjeći se (-bjegnēm se) → ***razbję̄žati***
rązbjegnuti (-gnēm; -gao/-gnuo, -gla) → ***razbję̄žati se***
razbję̄sniti *5* (-šnjen) (**-šnjā̧vati**) in Wut versetzen, wütend machen
razbję̄snjeti se (-nīm se; -nio, -njela) *pf* in Wut geraten, wütend werden
razbję̄žati se (-žīm se) (**-žā̧vati se** *5*) auseinanderlaufen, in alle Richtungen laufen

razblā̧žiti *5* (**-ažī̧vati**) *Getränk* verdünnen; verwässern; mildern; dämpfen; beruhigen
razblažī̧vati (-ąžujēm) → ***razblā̧žiti***
rā̧zbluda Wollust *f*, Unzucht *f*
rā̧zbludan wollüstig, unzüchtig
rā̧zbludnica liederliches Frauenzimmer
rā̧zbludnīk Wüstling *m*
rā̧zbōj (-oja) Webstuhl *m*; *Sp.* Barren *m*
rą̄zbojīšte Schlachtfeld *n*, Kampfplatz *m*
rā̧zbōjiničkī räuberisch, Räuber-, Raub-
rā̧zbōjnīk Räuber *m*; ***drųmskī*** ~ Straßenräuber *m*; ***mǫrskī*** ~ Seeräuber *m*
rā̧zbōjnīštvo (*GPl* -štāvā/-štvā) Straßenraub *m*; Raubüberfall *m*
rā̧zbōjstvo → ***rā̧zbōjnīštvo***
razbolijęvati *5/7* → ***razbǫljeti***
razbǫljeti (-īm; -lio, -ljela) (**-lijęvati** *5*) erkranken (**od** *G*/ an *D*)
rā̧zbor Vernunft *f*; Verstand *m*
rązborit vernünftig; klug; besonnen
rązboritōst (-osti; *ISg* -osti/-ošću) *f* Vernunft *f*; Klugheit *f*; Besonnenheit *f*
razbrā̧jati *5* → ***razbrǫjiti***
rązbrati (-berēm) → ***razą̧brati***
razbrǫjiti *5* (**-brā̧jati** *5*) abzählen
razbųbnjati *pf fig.* herumposaunen, ausposaunen
razbū̧diti *5* (**-uđī̧vati**) aufwecken; erwecken; ~ **se** aufwachen
razbuđī̧vati (-ųđujēm) → ***razbū̧diti***
razbųktati se → ***razbųktjeti se***
razbųktjeti se (rązbuktīm se; -tio se, -tjela se) *pf* aufflammen, entflammen; auflodern; *Kampf*, *Leidenschaft*: entbrennen
rązdaleko ziemlich weit auseinander
rązdaljina Entfernung *f*, Abstand *m*
razdā̧nilo: ~ ***je*** der Tag ist angebrochen
rązdati (**-dā̧vati**) verschenken, austeilen
razdā̧vati (rązdajēm) → ***rązdati***
razdę̄rati (rązderēm) [**rązdrijeti**] zerreißen, zerfetzen; ~ **se** zerrissen werden; anschreien (**na** *A*/*A*)
razdę̄rotina Rißwunde *f*
razdijęliti *5/7* (**-djeljī̧vati**) (zer)teilen; aufteilen; austeilen, verteilen; *Haar* scheiteln
rā̧zdio (-djela) Abteilung *f*; Abteil *n*
rązdioba Teilung *f*, Aufteilung *f*; Einteilung *f*; ~ ***pǫsla*** Arbeitsteilung *f*
rązdirati → ***razdę̄rati***

R

rāzdjel → ***rązdio***
rązdjeljak (-ēljka) (*Haar-*)Scheitel *m*
razdjęljiv teilbar, trennbar
razdjeljı̄vati (-djęljujēm) → ***razdijęliti***
razdjęljivōst (-osti; *ISg* -osti/-ošću) *f* Teilbarkeit *f*, Trennbarkeit *f*
rązdoblje Zeitraum *m*, Zeitabschnitt *m*, Periode *f*
rązdor Zwietracht *f*, Zerwürfnis *n*; ***sijati*** ~ Zwietracht säen
rązdragān (-o) entzückt, verzückt; hocherfreut
rązdragānōst (-osti; *ISg* -osti/-ošću) *f* Entzückung *f*, Verzückung *f*
razdrągati *5 pf* erfreuen, entzücken; ~ **se** entzückt *od.* glückselig sein
rązdrāžen (-o) gereizt; aufgeregt
rązdrāženōst (-osti; *ISg* -osti/-ošću) *f* Gereiztheit *f*; Aufregung *f*, Erregung *f*
razdrąžiti *5* (**-ažı̄vati**) reizen; aufreizen; aufregen; erregen; ~ **se** sich aufregen
razdrąživ → ***razdrąžljiv***
razdražı̄vati (-ąžujēm) → ***razdrąžiti***
razdrąžljiv reizbar, erregbar
razdrąžljivōst (-osti; *ISg* -osti/-ošću) *f* Reizbarkeit *f*; Erregbarkeit *f*
rązdrijeti (-drēm; -dro, -drla; -drt) → ***razdęrati***
razdrijęmati se *5/7 pf* munter werden
rązdrmati (**-mąvati** *5*) aufrütteln; lokker machen; ~ ***sąvjest*** Gewissen wachrütteln; ~ **se** locker werden
razdrǫbiti *5* (rązdrobljen) *pf* zerbröckeln, zerkrümeln; zerkleinern; ~ **se** zerbröckeln *itr*
razdrųžiti *5* (**-užı̄vati**) *Freundschaft* auflösen; ~ **se** sich trennen (*von e-m Freund*)
razdųžiti *5* (**-užı̄vati**) *j-m* Schulden erlassen; ~ **se** seine Schulden begleichen *od.* bezahlen
razdužı̄vati (-ųžujēm) → ***razdųžiti***
razdvąjati *5* [**-dvǫjiti 5**] trennen; absondern; spalten; ~ **se** sich absondern
rązdvojen (-o) getrennt; abgesondert; einzeln
rązdvojenōst (-osti; *ISg* -osti/-ošću) *f* Getrenntsein *n*; Absonderung *f*
razdvǫjiti *5* → ***razdvąjati***
razgąliti *5* (**-aljı̄vati**) entblößen; *Herz* ausschütten; ~ **se** sich erquicken
razgaljı̄vati (-ąljujēm) → ***razgąliti***
rązgaziti (-žen) *pf* zertreten; *Schuhe* ablaufen
razgı̣bati *5* (**-ibąvati**) *5*) *Muskeln* lokkern; ~ **se** sich lockern; Lockerungsübungen machen
razgląbati *5* [**-glǫbiti** *5*] zergliedern, zerlegen; analysieren; ausführlich erzählen
rązglas Lautsprecher *m*
razgląsiti *5* (**-ašąvati** *5*) bekanntgeben, bekanntmachen, verlautbaren; ~ **se** bekannt werden; *Nachricht*: sich verbreiten
rązglasnī Lautsprecher-; ~ ***ųređāj*** Lautsprecheranlage *f*
razglašąvati *5* → ***razgląsiti***
rązglāšenōst (-osti; *ISg* -osti/-ošću) *f* Publizität *f*
razględati *5* (**-edąvati** *5*) betrachten; *Stadt* besichtigen
rązglednica Ansichtskarte *f*; ***mrtvačkā*** ~ Sterbebild *n* (*an Wänden etc. angebracht*)
razglǫbiti *5 pf* → ***razgląbati***
razgnjęčiti *5 pf* zerdrücken; zerquetschen
razgnjęviti *5 pf* erzürnen, wütend machen; ~ **se** wütend werden
razgolićąvati *5* → ***razgǫliti***
razgolićęnje Entblößung *f*; *fig.* Bloßstellung *f*
razgolı̣ti (se) *5* (sich) entkleiden; (sich) entblößen
razgǫniti *5* → ***razągnati***
razgorijęvati se *5/7* (**-gǫrjeti se**) entbrennen; entflammen (*a. fig.*); aufflammen (*a. fig.*)
razgǫrjeti se (-rīm se; -rio se, -rjela se) → ***razgorijęvati se***
razgoropąditi se *5 pf* wütend werden, in Wut geraten
razgorǫpađen (-o) wütend, rasend, aufgebracht
razgovąrati *5* (**-vǫriti** *5*) sprechen (**s** *I*, **o** *L*/ mit *D*, über *A*); reden; ~ **se** sich unterhalten
rązgovijetan deutlich, klar; verständlich
rązgovjetnōst (-osti; *ISg* -osti/-ošću) *f* Deutlichkeit *f*, Klarheit *f*; Verständlichkeit *f* (*der Aussprache*)
rązgovōr Gespräch *n*, Konversation *f*; Rede *f*; ***međųgradskī*** ~ Ferngespräch *n*; ***mjęsnī*** ~ Ortsgespräch *n*; ***ǫ tome nęmā ~a*** davon kann keine Rede sein; ***sı̣tan*** ~ belangloses Gespräch

R

rązgovōr|an gesprächig, Gesprächs-; **~nī jęzik** Umgangssprache *f*
razgovǫrljiv gesprächig, redselig
razgovǫrljivōst (-osti; *ISg* -osti/-ošću) *f* Gesprächigkeit *f*, Redseligkeit *f*
rązgrabiti (**-bljīvati**) *Ware* schnell aufkaufen; **~ na jągmu** F weggehen wie die warmen Semmeln
razgrabljīvati (-ąbljujēm) → **rązgrabiti**
razgrạditi *5* (-đen) (**-ađīvati**) *Zaun* abbauen; *Gebäude* abreißen; zerstören
razgrađīvati (-ąđujēm) → **razgrạditi**
razgrąnati se (**-ạvati se** *5*) sich verzweigen (*a. fig.*); sich verästeln, sich gabeln
rązgranātōst (-osti; *ISg* -osti/-ošću) *f* Verzweigung *f*; Verästelung *f*
razgranạvati se *5* → **razgrąnati se**
razgrąničiti (**-čạvati** *5*) abgrenzen, demarkieren
rązgrebsti (-ębēm; -ebao, -ebla) (**-ęba-ti**) *Pickel etc.* aufkratzen
rązgrijati (-jēm) (**-jạvati** *5*) durchheizen, durchwärmen
rązgristi (-īzēm; -izao, -zla; -grižen *6*) (**-grīzati** *5*) zerbeißen
razgr̄nuti (rązgr̄nēm; razgr̄nuo, razgr̄nula; razgr̄nut) (**rązgrtati**) *Verschüttetes* aufdecken *od.* abdecken; *Erde* auseinanderscharren; wegscharren; *Schnee* schippen
rązgrtati (-ćēm) → **razgr̄nuti**
rązīći se (-īđēm se; -išao se, -išla se) (**-ịlaziti se**) auseinandergehen, auseinanderlaufen; *Ehepaar*: sich trennen; *Wolken*: sich verziehen; *Meinungen*: auseinandergehen; *Parlament*: sich auflösen; *Nebel*: sich lichten; *Verlobung*: aufgelöst werden
rązigrān (-o) bester Laune
razịlazak (-ska; *Pl* -sci) Auseinandergehen *n*; Trennen *n*; Auflösung *f*; Meinungsverschiedenheit *f*
razịlaziti se *5* → **rązići se**
razịlažēnje → **razịlazak**
rązina Höhenlage *f*, Niveau *n*; **~ mǫrē** Meeresspiegel *m*; **~ vǫdē** Wasserstand *m*
rązjāđen (-o) betrübt, bekümmert
razjạpiti *5 pf Mund* weit aufreißen
rązjāren (-o) erbost, wütend; aufgebracht
rązjārenōst (-osti; *ISg* -osti/-ošću) *f* Erbostheit *f*, Wut *f*
razjạriti se *5* (**-arīvati se**) in Wut geraten, wütend werden
razjarīvati se (-ąrujēm se) → **razjạriti se**
razjąsniti *5* (-jašnjen) (**-jašnjạvati** *5*) erklären, erläutern; verdeutlichen; *Mißverständnis* klären
razjašnẹnje Erklärung *f*, Erläuterung *f*; Aufschluß *m*
razjąšnjiv erklärlich, erklärbar
razjẹdati *5* [**-jesti**] zerfressen; *Metall*: korrodieren; *Geol.* erodieren
razjedịniti *5* (**-njạvati** *5*) spalten; *fig.* entzweien
razjẹditi *5* (rązjseđen) *pf* → **jẹditi se**
rązjesti (-jedēm) *pf* → **razjẹdati**
razjụriti *5* (**-urīvati**) auseinanderjagen, auseinandertreiben
razjurīvati (-jụrujēm) → **razjụriti**
razlạgānje Erklärung *f*, Erläuterung *f*; Darlegung *f*; (*Maschine*) Demontage *f*
razlạgati (rązlāžēm) → **razlǫžiti**
razlạmati *5* → **razlǫmiti**
rạzlaz → **razịlazak**
rązleći se (-ežē se *od.* -egnē se) → **razlijęgati se**
razlętjeti se (-tīm se; -tio se, -tjela se) (**-lijętati se** *7*) auseinanderfliegen; zerstieben
razlịčak (-čka; *Pl* -čci) Kornblume *f*
rạzličan verschieden, verschiedenartig, unterschiedlich
rạzličit → **rạzličan**
rạzličitōst (-osti; *ISg* -osti/-ošću) *f* Verschiedenheit *f*, Verschiedenartigkeit *f*; Mannigfaltigkeit *f*
rạzličnōst (-osti; *ISg* -osti/-ošću) → **rạzličitōst**
razlijęgati se *7 nur unpers* (rązlijеžē se) [**rązleći se**] widerhallen; tönen
razlijętati se (rązlijećēm se) *7* → **razlętjeti se**
razlijęvānje *7* Vergießen *n*; Ausschütten *n*
razlijęvati *5/7* → **rązliti**
rạzlik|a Unterschied *m* (**ịzmeđu** *G* i *G*/zwischen *D* und *D*); Differenz *f*; **prąviti ~e** Unterschiede machen; **za ~u od** (*G*) im Unterschied zu (*D*)
rązlikovati (-ujēm) unterscheiden; **~ se** sich unterscheiden (**od** *G*/ von *D*); sich abheben; *Meinungen*: abweichen
rązliti (-ijēm; *Imp* -īj; -ịven *6*) (**-lijęvati** *5/7*) vergießen; ausgießen, ausschütten; **~ se** zerfließen; *Flüssigkeit*: überlaufen; *Fluß*: über die Ufer treten

R

rązlog (*Pl* -zi) Ursache *f*; Grund *m* (*D*/ für *A*); Anlaß *m*; ***držāvnī*** ~ Staatsraison *f*; ***imati sto ~ā*** *fig.* tausend Gründe haben; ***nąvesti*** ~ e-n Grund anführen; ***pǫbiti*** ~ ein Argument widerlegen; ***prāvnī*** ~ Rechtsgrund *m*; ***s ~om*** zu *od.* mit Recht
rązlomak (-ōmka) *Math.* Bruch *m*; ***dęcimālnī*** ~ Dezimalbruch *m*; ***prāvī*** ~ *Math.* echter Bruch; ***svęsti na zajednīčkī*** ~ *fig.* auf den gleichen Nenner bringen
razlọmiti *5* (-mljen) (**-lāmati** *5*) (zer)brechen, entzweibrechen
rązložan vernünftig; verständig; rational
razlọžiti *5* (**-lāgati** *5*) erklären; begründen; *Maschine* abmontieren
razlūčiti *5* (**-učīvati**) absondern, trennen; unterscheiden
razlučiv trennbar; unterscheidbar
razlučīvati (-ųčujēm) → ***razlūčiti***
razlūpati *5* → ***lūpati***
razljūtiti *5 pf* erzürnen; ~ **se** wütend machen
rązmaći (-knēm) → ***razmąknuti***
rązmah Schwung *m*; Antrieb *m*; Elan *m*
razmāhati se (rązmāšēm se) *pf* in Schwung geraten
rązmak Abstand *m*, Entfernung *f*; Zwischenraum *m*; ***vręmenskī*** ~ Zeitspanne *f*
razmąknuti (rązmaknēm; rązmakao/ -mąknuo, -ąkla; -ąknūt) (**rązmicati**) auseinanderrücken, auseinanderschieben;: ~ **se** auseinanderrücken
razmātati → ***razmǫtati***
razmātrānje Betrachtung *f*, Erwägung *f*; Reflexion *f*
razmātrati *5* → ***razmǫtriti***
rązmazati (-žēm) *pf* verstreichen; verschmieren; verwischen
rązmaziti *5 pf* verhätscheln, verwöhnen; *Kind* verziehen; ~ **se** verweichlicht werden
rązmāžen (-o) verwöhnt, verhätschelt, verzogen; verweichlicht
rązmāženōst (-osti; *ISg* -osti/-ošću) *f* Verwöhntheit *f*; Verweichlichung *f*
rązmēđe Grenzlinie *f*; Grenzgebiet *n*
razmęđiti (**-međīvati**) abgrenzen
razmeđīvati (-ęđujēm) → ***razmęđiti***
razmęksati (**-šāvati**) *5*) erweichen, weich machen
razmekšīvāč *1 Chem.* Weichmacher *m*; (*für Waschmaschine*) Weichspüler *m*
razmętāč *1* Prahler *m*, Angeber *m*
razmętati (rązmećēm) [**rązmetnuti**] auseinandernehmen; zerlegen; ~ ***kārte*** Karten legen (*als Orakel*); ~ **se** (*nur ipf*) prahlen, aufschneiden (*I*/ mit *D*)
razmętljiv prahlerisch, protzig, großtuerisch
razmętljivac (-īvca) → ***razmętāč***
rązmetnīk Verschwender *m*, Prasser *m*
rązmetnuti (-nēm) *pf* → ***razmętati***
rązmicati (-ičēm) → ***razmąknuti***
razmijęniti *5*/*7* (**-mjenjīvati**) *Geld* wechseln; *Meinungen* austauschen; *Rollen* tauschen
razmimọīći se (-mịmoiđēm se; -ọišao, -ọišla) (**-ilaziti**) auseinandergehen (*a. fig.*)
razmimoilažēnje Auseinandergehen *n*; Meinungsverschiedenheit *f*
razminīrati *5 ipf*/*pf* e-e Mine entschärfen
rązmirica Zwistigkeit *f*, Zwist *m*; Streit *m*, Streitigkeit *f*; Uneinigkeit *f*
rązmisliti (**-mišljati** *5*) bedenken (**o** *L*/*A*); nachdenken (über *A*); überlegen
razmīšljānj|e Bedenken *n*; Erwägen *n*; Überlegung *f*; ***nąkon zręlōg ~a*** nach reiflicher Überlegung; ***rọk ~a*** Bedenkzeit *f*
razmīšljati *5* → ***rązmisliti***
rāzmjena Austausch *m*; Wechsel *m*; Umtausch *m*; ~ ***mīslī*** Gedankenaustausch *m*; ~ ***nōvca*** Geldwechsel *m*; ~ ***rọba*** Warenaustausch *m*; ***trgovinskā*** ~ Handelsaustausch *m*
razmjenjīvati (-ęnjujēm) → ***razmijęniti***
rāzmjer Verhältnis *n*, Proportion *f*; Größenverhältnis *n*; (*Landkarte*) Maßstab *m*; ***uzimati nęslūćenē ~e*** *fig.* ungeahnte Ausmaße annehmen
rązmjer|an proportional, anteilmäßig; ***ọbrnuto ~no*** umgekehrt proportional
razmjerāvati *5* → ***rązmjeriti***
rązmjeriti (**-āvati** *5*) abmessen; abwägen
rązmjestiti (-mješten) (**-ēštati** *5*) verschieben; verlegen; *Möbel* aufstellen
rązmještāj Verlegung *f*; Versetzung *f* (*am Arbeitsplatz*); (*räumliche*) Anordnung *f*
razmjēštati *5* → ***rązmjestiti***
razmnožāvānje *Biol.* Vermehrung *f*; Vervielfältigung *f* (*von Schriftstücken*)

R

razmnožāvati *5* → ***razmnožiti***
razmnožiti *5* (**-žāvati** *5*) *Biol.* vermehren; *Schriftstücke* vervielfältigen; ~ **se** sich vermehren; *Anzahl*: zunehmen
razmočiti *5 pf* durchnässen; aufweichen
razmotati (**-tāvati** *5*) aufwickeln; aufrollen; *Segel* setzen
razmotriti *5* (**-mātrati** *5*) erwägen; in Betracht ziehen; bedenken; *Frage* erörtern *od.* prüfen
razmrsiti *5* (**-ršāvati** *5*) *Knäuel* entwirren; *Haar* aufknoten; *Knoten* aufknüpfen
razmrsiv entwirrbar
razmrskati *5* (**-rskāvati** *5*) zermalmen; zerschmettern; zersplittern
razmršāvati *5* → ***razmrsiti***
razmrviti (-mrvljen) *pf* zerbröseln, zerkrümeln, zerbröckeln
razmućīvati (-ućujēm) → ***razmútiti***
razmútiti *5* (razmūćen) (**-ućīvati**) verrühren; verquirlen
raznāšānje → ***raznošēnje***
raznāšati *5* → ***raznijeti***
raznēti → ***raznijeti***
raznī (*mst. Pl*) verschieden(e), verschiedenartig(e); → ***rāzan***
raznijēti (-nesēm; -nio, -nijela; -nesen *6*) (**-nositi** *5*, **-našati** *5*) verbreiten; zerstreuen; auseinanderreißen; *Gerücht* verbreiten; *Krankheit* verschleppen; *Nachricht* verbreiten; *Post*, *Waren* austragen; *Wind*: *Blätter* aufwirbeln; *Explosion*: *Fuß etc.* abreißen
rāzno → ***rāzan***
raznobōj|an mehrfarbig, verschiedenfarbig; **~nī tisak** Mehrfarbendruck *m*
raznoimen (-o) mit verschiedenen Namen; *Math.* ungleichnamig
raznoličan verschiedenartig, vielfältig
raznoličnōst (-osti; *ISg* -osti/-ošću) *f* Verschiedenartigkeit *f*, Mannigfaltigkeit *f*; Vielfalt *f*
raznolik, -kōst → ***raznoličan, -nōst***
raznosāč *1* (*V* -u) (*Zeitungs-*)Austräger *m*; ~ **poštē** Briefträger *m*
raznosilac (-ioca) → ***raznosāč***
raznositi *5* → ***raznijeti***
raznostran (-o), **-straničan** *Geom.* ungleichseitig
raznošēnje Austragen *n* (*von Zeitungen*)
raznovrsnōst (-osti; *ISg* -osti/-ošću) *f* Verschiedenartigkeit *f*, Vielfalt *f*, Heterogenität *f*; Mannigfaltigkeit *f*
raznovrstan (-sno) verschiedenartig, heterogen; mannigfaltig
raznježen (-o) verweichlicht; gerührt
raznježenōst (-osti; *ISg* -osti/-ošću) *f* Verweichlichung *f*; Rührung *f*
raznježiti *5* (**-žāvati** *5*) verwöhnen, verweichlichen; ~ **do sūzā** zu Tränen rühren; ~ **se** verwöhnt werden; gerührt sein
razoblīčiti *5* (**-ičāvati** *5*) verunstalten, entstellen
razočārān (-o) enttäuscht
razočārānōst (-osti; *ISg* -osti/-ošću) *f* Enttäuschung *f*; Ernüchterung *f*
razočārati *5* (**-arāvati** *5*) enttäuschen; ernüchtern; ~ **se** enttäuscht werden
razodijevati *5/7* [**-odjenuti**] entkleiden (**se** sich)
razodjenuti (-nēm) *pf* → ***razodijevati***
razonoda Zeitvertreib *m*, Spaß *m*
razonoditi se (**-nodīvati se**) sich ablenken; Spaß haben; sich die Zeit (*angenehm*) vertreiben
razonodīvati se (-nođujēm se) → ***razonoditi se***
razorāč *1 Mil.* Zerstörer *m*
rāzor|an zerstörend, Zerstörungs-; umstürzlerisch; destruktiv; **~nā sila** Sprengkraft *f*
razorati (razorēm) (**-rāvati** *5*) *Acker* umpflügen
razorēnje Zerstörung *f*; Zersetzung *f*
razoriti *5* (**-ārati** *5*) zerstören, verwüsten; vernichten; *Gesundheit* zerrütten
razoružānje Abrüstung *f*; Entwaffnung *f*
razoružati (**-žāvati** *5*) entwaffnen; abrüsten
razoružāvānje → ***razoružānje***
razotkriti (razotkrijēm) (**-krīvati** *5*) aufdecken; enthüllen (*a. fig.*); entblößen; *Geheimnis* lüften; ~ **se** sich entblößen
razračunati (**-nāvati** *5*) durchrechnen; ~ **se** sich auseinandersetzen (**s** *I*/ mit *D*); abrechnen (**s** *I*/ mit *D*)
razrāditi *5* (**-adīvati**) durcharbeiten; (*gründlich*) ausarbeiten
razradīvati (-ađujēm) → ***razrāditi***
razrāsti se (-āstēm se; -stao se, -sla se) (**-ašćīvati se**) (*üppig*) wachsen; *Baum*: sich verzweigen; *Getreide*: auswachsen
razrašćīvati se (-āšćujēm se) → ***razrāsti se***

R

rązred (*Bahn*, *Schule*) Klasse *f*; Abteilung *f*; **plaćevnī ~** Lohngruppe *f*
rązred|an Klassen-; **~nā lutrija** Klassenlotterie *f*; **~nī učitelj** Klassenlehrer *m*
rązredba Klassifikation *f*
razrēditi *5* (rązrēđen) (**-eđīvati**) einteilen; einordnen, klassifizieren
rązrednica Klassenbuch *n*; Klassenlehrerin *f*
rązrednīk Klassenlehrer *m*
razređīvānje Einordnen *n*, Einordnung *f*; Einteilung *f*, Klassifizierung *f*
razređīvati (-ęđujēm) → ***razrēditi***
rązrez[1] Schlitz *m*; Schnitt *m*; Spalt *m*
rązrez[2]**: ~ poreza** Steuerbemessung *f*
rązrezati (-žēm) (**-zīvati**) aufschneiden, durchschneiden, zerschneiden; **~ porez** Steuer bemessen
razrezīvānje → ***rązrez***[1]
razrezīvati (-ęzujēm) → ***rązrezati***
razrijęditi *5/7* (-rijeđen) (**-rjeđīvati**) *Getränk* verdünnen; *Wald* lichten
razrijęšiti *5/7* (**-rješīvati**) lösen, auflösen; **~ brąk** Ehe auflösen; **~ dūžnosti** j-n des Amtes entheben; **~ ugovōr** e-n Vertrag aufheben
razrjeđīvati (-ęđujēm) → ***razrijęditi***
razrješīvati (ęšujēm) → ***razrijęšiti***
razrješąvati *5* → ***razrijęšiti***
razrješęnje Lösung *f*, Auflösen *n*; Aufbinden *n*; Losmachen *n*; *Rel.* Absolution *n*
razrjęšiv lösbar; (*Vertrag*) auflösbar
rązrješnica Entlassungsschein *m*; Abberufungsschreiben *n*
razrogąčiti *5*: **~ oči** Augen weit aufreißen, große Augen machen
rązrok schielend
razrovati (rązrujēm) zerwühlen; durchwühlen
rązrušiti (**-šīvati**) niederreißen, einreißen; zerstören, in Trümmer schlagen
rązudba (*GPl* -dābā/-dbi) *Med.* Leichenöffnung *f*, Obduktion *f*
razūditi (-ūđen) *Leiche* öffnen
razulāren (-o) zügellos, undiszipliniert
rązulja *Tech.* Wasserwaage *f*; *Bot.* Libelle *f*
rązūm Verstand *m*; Vernunft *m*; **privesti ~u** zur Vernunft bringen; **zdrav ~** gesunder Menschenverstand
rązūman verständig, vernünftig; klug
razumijevānje *7* Verständnis *n*; Auffassung *f*
razumijevati *5/7* → ***razumjeti***
razumjeti (-umijēm; -umio, -umjela) (**-umijevati** *5/7*) verstehen, (*geistig*) erfassen, begreifen; **da se razumijemo!** damit wir uns (richtig) verstehen!; **krīvo ~** mißverstehen; **tō se razumijē sāmo po sebi!** das versteht sich (doch) von selbst!; **~ se** sich verstehen; **~ se (u** *A*) etw. verstehen (von *D*), bewandert sein (in *D*)
razumljiv verständlich, begreiflich; deutlich
razumljivōst (-osti; *ISg* -osti/-ošću) *f* Verständlichkeit *f*
rązūmno → ***rązūman***
rązūmnōst (-osti; *ISg* -osti/-ošću) *f*; Klugheit *f*; Besonnenheit
razuvjerąvati *5* [**-vjeriti**] j-n vom Gegenteil überzeugen; e-s Besseren belehren; **~ se** sich e-s Besseren belehren lassen
rązuzdān (-o) ausgelassen; zügellos, ausschweifend
rązuzdanac (-ānca) ausgelassenes *od.* übermütiges Kind; (*Erwachsener*) Wüstling *m*
razuzdanīk → ***rązuzdanac***
rązuzdānōst (-osti; *ISg* -osti/-ošću) *f* Ausgelassenheit *f*; Zügellosigkeit *f*
razuzdati se *pf* ausgelassen sein; sich gehen lassen; ein ausschweifendes Leben führen
razuzlati *pf* aufknoten, aufknüpfen
rązvaditi (**-vąđati** *5*) *Streitende* trennen
rązvalin|a Ruine *f*; **~e** Trümmer *Pl*
razvąliti *5* (**-aljīvati**) zerstören, niederreißen, demolieren; *Tür* aufbrechen; *Mund* aufsperren; **~ se** sich ausstrekken
razvąžāc *1* (*V* -u) Fuhrmann *m*
razvąžati *5* → ***rązvesti***[1]
razvędēm *1. Pers Sg v.* ***rązvesti***[3]
razvęden getrennt; (*Ehepaar*) geschieden; (*Küste*) gegliedert
razvedrąvānje Aufheiterung *f*; Aufhellung *f*
razvedrąvati *5* → ***razvędriti***
razvędriti *5* (**-drąvati** *5*) aufhellen, aufklaren; **~ se** *Miene*: sich aufhellen; *Himmel*: sich aufheitern
razvedrīvānje → ***razvedrąvānje***
razveseliti *5* → ***veseliti***
razveseljąvati *5* → ***veseliti***
rązvesti[1] (-vęzēm; -vezao, -zla; -vezen *6*)

R

(**-vo̧ziti**) *Waren* ausfahren; ~ ***kući*** (*mehrere Personen nacheinander*) nach Hause fahren
ra̧zvesti² (-vȩzēm) *pf* (*beim Erzählen*) weit ausholen
ra̧zvesti³ (-vȩdēm; -veo, -ēla; -vȩden *6*) (**-vo̧diti**) trennen, scheiden; ~ ***se*** sich scheiden lassen
razvȩzati (ra̧zvēžēm) (**-ezi̍vati**) aufbinden, losbinden, aufschnüren; ~ ***jȩzik*** seiner Zunge freien Lauf lassen
ra̧zvȩzēm *1. Pers Sg v.* ***ra̧zvesti*** [1,2]
ra̧zvi̧ci *Pl v.* ***razvi̧tak***
ra̧zvidjeti (-īm; -dio, -djela; -đen) (**-vīđati** *5*) durchsehen, genau betrachten, prüfen, ergründen
razvijāč *1 Fot.* Entwickler *m*; Nudelholz *n*
razvi̧jānje Entwickeln *n* (*a. Fot.*); Entfalten *n*; Evolution *f*
razvi̧jati¹ *5* → ***ra̧zviti***
ra̧zvijati² (-ijēm) (**-jā̧vati** *5*) auseinanderwehen; *Getreide* worfeln
razvi̧jen *6* entwickelt; kräftig gebaut; ***lijepo*** ~ gut gebaut, wohlgestaltet
razvi̧jenōst (-osti; *ISg* -osti/-ošću) *f* Entwicklung *f*; Entfaltung *f*
ra̧zvīkān (-o) berüchtigt
razvi̧kati se (ra̧zvīčēm se) zu schreien anfangen, losbrüllen; aufbrausen
razvi̧tak (-tka; -vi̧ci; *GPl* ra̧zvītākā) Entwicklung *f*, Werdegang *f*, Verlauf *m*, Entfaltung *f*
ra̧zviti (-ijēm; -io, -īla; -i̧jen *6*) (**-vi̧jati** *5*) *Film* entwickeln; *Fahne* aufrollen; *Teig* ausrollen; *Segel* hissen; *Paket* auswickeln; ~ ***se*** sich entwickeln; sich entfalten
razvjȩnčati se *pf* sich scheiden lassen
razvlā̧čēnje Ausdehnen *n*, Dehnen *n*; Verschleppen *n* (*e-s Prozesses*)
razvla̧stiti *5* (**-vlašći̧vati**) enteignen; entmachten
razvlašći̧vati (-a̧šćujēm) → ***razvla̧stiti***
rā̧zvod (*Ehe-*)Scheidung *f*; ***pri̧stati na*** ~ in die Scheidung einwilligen; ***trā̧žiti*** ~ die Scheidung verlangen *od.* beantragen
razvo̧diti *5* → ***ra̧zvesti³***
rā̧zvodn|ī *Tech.* Steuer-, Schalt-; **~ā ka̧pā** *Kfz.* Verteilerkappe *f*; **~ā plo̧ča** Schalttafel *f*; **~ī vȩntīl** Steuerventil *m*
rā̧zvodnīk *El., Tech.* Verteiler *m*; *Mil.* Gefreite(r) *m*; (*Kino etc.*) Platzanweiser *m*
razvo̧dniti *5* (ra̧zvodnjen) (**-njā̧vati** *5*) verwässern; verdünnen
razvo̧đāc *1* (*V* -u) Platzanweiser *m* (*Kino etc.*)
rā̧zvođe *Geogr.* Wasserscheide *f*
rā̧zvōj (-oja) Entwicklung *f*; ***zȩmlja u ~u*** Entwicklungsland *n*
razvojā̧čiti *5 pf* entmilitarisieren
rā̧zvōjnī Entwicklungs-
razvo̧ziti *5* → ***ra̧zvesti¹***
ra̧zvrāt Ausschweifung *f*, Sittenlosigkeit *f*, Unsittlichkeit *f*
ra̧zvrātan ausschweifend, sittenlos, unsittlich, zuchtlos
ra̧zvratnīk Wüstling *f*
ra̧zvratnōst (-osti; *ISg* -osti/-ošću) *f* → ***ra̧zvrāt***
ra̧zvrći (-gnēm) *pf* → ***ra̧zvrgnuti***
ra̧zvrgnū̧će (*Ehe etc.*) Auflösung *f*, Annullierung *f*
ra̧zvrgnuti (-gnēm; -gnuo/-gao, -gla; -gnut) *pf* annullieren; *Verlobung* auflösen
razvŗstati (**-āvati** *5*) ordnen, einteilen; sortieren; klassifizieren
razvū̧čen → ***ra̧zvū̧ći***
ra̧zvū̧ći (-ū̧čem; *Imp* -vū̧ci; -vūkao, -kla; -vū̧čen) (**-vlā̧čiti** *5*) *Gummiband, Vorhänge* auseinanderziehen; *Feder* ausdehnen; *Miene* verziehen; *Prozeß* verschleppen; *Tisch* ausziehen
rā̧ž (ra̧ži) *f* Roggen *m*
ra̧žaliti *pf* betrüben, traurig machen; Kummer bereiten (*D*); ~ ***se*** traurig werden
ražalo̧stiti *5* (-žalošćen) *pf* → ***ra̧žaliti***
rā̧žanj (-žnja) (*Braten-*)Spieß *m*; ***sprȩ̄miti ~, a zȩc u̧ šumi*** *fig.* die Rechnung ohne den Wirt machen
ražā̧riti *5 pf* anschüren; *Glut* anfachen; *fig.* zur Weißglut bringen; ~ ***se*** glühend werden; *fig.* (*vor Wut*) zu kochen beginnen
ra̧žen (-o) Roggen-; Korn-; **~ī kru̧h** Roggenbrot *m*
ra̧žnjići *m/Pl Kochk.* Fleischspießchen *Pl*
ražvā̧kati (ra̧žvāčēm) *pf* zerkauen
ŗđa Rost *m*; *Bot.* Brandpilz *m*; *fig.* Schurke *m*, Schuft *m*
ŗđati [**za-**] rosten, Rost ansetzen
ŗđav rostig, verrostet; *fig.* schlecht, schlimm
reagi̍rati *5 ipf/pf* reagieren (***na*** *A*/ auf *A*)

reąkcija Reaktion *f*; **ląnčanā ~** Kettenreaktion *f* (*Phys. u. fig.*)
reakcionār *1* (*V* -u) Reaktionär *m*
reakcionāran reaktionär
reakcionI Reaktions-; **~ā turbīna** *Tech.* Reaktionsturbine *f*
reaktīv|an Reaktiv-, Rückstoß-; **~nī motor** Rückstoßmotor *m*; **~nī pogon** *Flgw.* Düsenantrieb *m*
reaktor Reaktor *m*
reālac (-lca; *V* reālče) Realschüler *m*
reālan real, sachlich, wirklichkeitsnah
realist(a) *m* Realist *m*
realističan, -ičkī realistisch, wirklichkeitsnah
realizācija Realisierung *f*, Verwirklichung *f*
realizam (-zma) Realismus *m*
realizīrati *5 ipf/pf* realisieren, verwirklichen; *Film* drehen
reālka (*GPl* -kī) Realgymnasium *n*
reālnī → **reālan**
reālnōst (-osti; *ISg* -osti/-ošću) *f* Realität *f*, Wirklichkeit *f*
rebrast rippenförmig; gerippt; Well-
rebrenice *f*/*Pl* Jalousie *f*
rebr|o (*GPl* -bārā/rēbrā) *Anat.* Rippe *f*; *Bot.* Blattader *f*; *Kochk.* Rippenstück *n*; **broje mu se ~a** er ist spindeldürr; **s neba pa u ~a** urplötzlich; Knall und Fall; **smekšati ~a** *fig. j-m* das Fell gerben
recenzent(a) Rezensent *m*
recenzija Rezension *f*
recenzīrati *5 ipf/pf* rezensieren; *Buch* besprechen
recepcija (*Hotel-*)Rezeption *f*; Übernahme *f* (*von Begriffen etc.*); Empfangsbüro *n*
recept Rezept *m*
recesija *Ök.* Rezession *f*
reči *Pl v.* **rēdak**
recidīv *1 Med.* Rezidiv *n*, Rückfall *m*
reciklāža *Tech.* Recycling *n*
reciklīrānī *Tech.* Recycling-
reciklīrati *5 ipf/pf* recyceln
reciprocitēt *1* Reziprozität *f*, Wechselseitigkeit *f*
recipročan reziprok, wechselseitig
recipročnōst (-osti; *ISg* -osti/-ošću) *f* → **reciprocitēt**
recitācija Rezitation *f*
recitīrati *5 ipf/pf* rezitieren
rečenica *Gr.* Satz *m*; Spruch *m*; **glāvnā ~** Hauptsatz *m*; **pogodbenā ~** Konditionalsatz *m*; **prostā ~** einfacher Satz; **sporednā ~** Nebensatz *m*; → **tvorba**
reći (rečēm/-knēm; *3. Pers Pl* rekū; *Imp* reci; -kao, -kla; -čen *6*) sagen; sprechen; mitteilen; **~ čisto i bistro** klipp und klar sagen; **~ u oči** *fig.* ins Gesicht sagen; **~ svoje** seine Meinung sagen; **~ zbogom** Lebewohl sagen; **rečeno-učinjeno** gesagt-getan; **rekla-kazala** Gerede *n*, Klatsch *m*; **bolje ~** besser gesagt; **da rečēm . . .** sagen wir mal . . .; **iskreno rečeno** ehrlich gesagt; **između nās rečeno** unter uns gesagt; **lako je ~** leicht gesagt; **među nama rečeno** unter uns gesagt; **što će ~** das heißt; **što ne rečēš!** *iron.* was du nicht sagst!; **tako ~** sozusagen; **tko bi to rekao!** sag bloß!
rēd (*Pl* redovi) Reihe *f*, Reihenfolge *f*; Ordnung *f*, Anordnung *f*; *Rel.* Orden *m*; (*Text-*)Zeile *f*; **~a radi** der Ordnung halber; **~ riječī** *Gr.* Wortfolge *f*; **~ vožnja** Fahrplan *m*, **~ letēnja** Flugplan *m*; **biti na ~u** an der Reihe sein, dran sein; **biti od ~a** Anstand haben; **biti u ~u** in Ordnung sein; **biti u prvīm ~ovima** *Mil.*, *fig.* an vorderster Front stehen; **čekati u ~ovima** Schlange stehen; **dnēvnī ~** Tagesordnung *f*; **doći na ~** an die Reihe *od.* dran kommen; **ići u ~** (*G*) zu (*D*) gehören; **ići u ~ovima od tri** in Dreierreihen gehen; **i tako ~om** und so weiter; **kako je ~ i običāj** wie es sich gehört; **kućnī ~** Hausordnung *f*; **na tebi je ~** du bist dran; **načiniti ~** (*a. fig.*) Ordnung schaffen; **po ~u** der Reihe nach; **poslōvnī ~** Geschäftsordnung *f*; **preko ~a** außer der Reihe; **prvōga ~a** erstrangig; **svi od ~a** alle ohne Ausnahme; **u prvōm ~u** vor allem, in erster Linie; **u ~u** in Ordnung; **ući preko ~a** sich vordrängeln; **uvučen ~** *Typ.* eingerückte Zeile, Absatz *m*; **vōznī ~** Fahrplan *m*; **zbiti ~ove** Reihen schließen (*a. fig.*)
rēdak (-tka; *Pl* reči) Zeile *f*, Linie *f*
redąkcija (*Zeitungs-*)Redaktion *f*; Redigierung *f*; **~ starocrkvenoslavēnskōg jezika** *Ling.* Redaktion der altkirchenslavischen Sprache
redaktor Redakteur *m*
redār *1* (*V* -u) Ordner *m* (*Schulklasse, Kundgebung*); → **redarstvenīk**

redạrstvenī Ordner-; Polizei-
redạrstvenīk (*V* -če) Polizist *m*
redạrstvo Polizei *f*
rẹdatelj Regisseur *m*, Spielleiter *m*; Redakteur *m*
rẹ̄dati → ***rẹ̄đati***
redigīrati *5 ipf/pf* redigieren
rẹ̄diti (-đen) **[u-]** *Haare* ordnen; *Flachs* hecheln; (*zum Priester*) weihen; ~ ***se*** sich herrichten; *Rel.* Priesterweihe empfangen
rẹ̄dnī Ordnungs-; ~ ***brọ̄j*** Ordnungszahl *f*
rẹ̄dom, rẹdomicē der Reihe nach, nacheinander
rẹdoslijed Reihenfolge *f*
rẹdōv|an regelmäßig, ordnungsgemäß; ordentlich: ~***nī prọfesor*** ordentlicher Professor; ~***nō škọlovānje*** ordentliche Schulausbildung
redọvnica Ordensschwester *f*, Nonne *f*
redọvnīčkī Ordens-, Kloster-
redọvnīk *1* (*V* -če) Mönch *m*, Ordensbruder *m*
reducīrati *5 ipf/pf* reduzieren, herabsetzen
redụkcija Reduktion *f*, Reduzierung *f*, Verminderung *f*
redụkcījskī, rẹdukciōnī Reduktions-
rẹduša Ordnerin *f*
rẹ̄đati [na-, po-] reihen; anreihen; aufreihen, aneinanderreihen
rẹ̄đēnje *Rel.* Priesterweihe *f*
refẹrāt *1* Referat *n*, Bericht *m*, Vortrag *m*
refẹrent Sachbearbeiter *m*; Berichterstatter *m*; ~ ***za kạdrove*** Personalreferent *m*
referīrati *5 ipf/pf* referieren, vortragen
rẹfleks Reflex *m*; ***ụvjetnī*** ~ *Psych.* bedingter Reflex
reflẹksija Reflexion *f*; Nachdenken *n*
rẹfleksīvnī *Gr.* reflexiv, rückbezüglich
rẹflektor Reflektor *m*; Scheinwerfer *m*; ***parạbolnī*** ~ *TV* Parabolantenne *f*
rẹfōrma Reform *f*
reformạcija *hist.* Reformation *f*
reformīrati *5 ipf/pf* reformieren, erneuern
rẹfrēn *1* Refrain *m*, Kehrreim *m*
refundạcija *Hdl.* Rückerstattung *f*
rẹgāl *1* Regal *n*
regenerạcija Regeneration *f*, Wiederauffrischung *f*, Erneuerung *f*
regenerīrati *5 ipf/pf* regenerieren, auffrischen, erneuern
rẹgija Region *f*, Gebiet *n*; Bereich *m*
rẹgionālan regional, Gebiets-
regionalịzam (-zam) Regionalismus *m*
rẹgistar (-tra) Register *n*, Verzeichnis *n*
rẹgistarsk|ī Register-; ~***ī brọ̄j*** *Kfz.* amtliches Kennzeichen; ~***ā tạblica*** *Kfz.* Nummernschild *n*
registrạcija Registrierung *f*; Eintragung *f*; *Kfz.* Zulassung *f*
registratụ̄ra Registratur *f*; Archiv *n*
registrīrati *5 ipf/pf* registrieren, eintragen; bemerken, wahrnehmen
rẹgres Regreß *m*; *fig.* Rückschritt *m*; *Hdl.* Sonderzahlung *f* (*zum Gehalt*); ***prạ̄vo na*** ~ Regreßanspruch *m*; Ersatzanspruch *m*
rẹgresīvan regressiv, rückschrittlich
rẹgrūt *1 Mil.* Rekrut *m*; *fig.* Neuling *m*
regrutạcija *Mil.* Rekrutierung *f*; (*Truppen-*)Aushebung *f*
regrutīrati *5 ipf/pf* rekrutieren (*Mil. u. fig.*); ~ ***se*** sich rekrutieren
regulạcija Regulation *f*, Regulierung *f*
rẹgulāran regulär, regelmäßig; gesetzmäßig; ordnungsgemäß
regụlātor Regulator *m*; *Tech.* Regler *m*
regulīrati *5 ipf/pf* regulieren, regeln; ordnen; *Fluß* begradigen; *Fotoapparat, Uhr* einstellen; *Rechtsanspruch* regeln; *Wehrdienst* ableisten
rehabilitạcija *Med.* Rehabilitation *f*; *Jur.* Rehabilitierung *f*
rehabilitạcījskī Rehabilitations-, Reha-
rehabilitīrati *5 ipf/pf Med., Jur.* rehabilitieren
rekapitulạcija Rekapitulation *f*, Wiederholung *f*, Zusammenfassung *f*
rekapitulīrati *5 ipf/pf* rekapitulieren, wiederholen, zusammenfassen
rẹkcija *Gr.* Rektion *f*
rẹket Tennisschläger *m*
reklạ̄ma Reklame *f*, Werbung *f*
reklamạcija Reklamation *f*; Beschwerde *f*
reklamīrati[1] *5 ipf/pf* reklamieren, *Ware* beanstanden
reklamīrati[2] *5 ipf/pf* Reklame machen (*A*/ für *A*)
rẹklāmnī Reklame-; Werbe-; ~ ***prẹ̄dmet*** Werbeartikel *m*
rekonstruīrati *5 ipf/pf* rekonstruieren; nachbilden; wiederherstellen
rekonstrụkcija Rekonstruktion *f*, Re-

konstruierung *f*; Nachbildung *f*; Wiederaufbau *m*
rekonvalescęncija Rekonvaleszenz *f*
rekonvalęscent Rekonvaleszent *m*, Genesende(r) *m*
rękord Rekord *m*; Bestleistung *f*; ***postaviti*** ~ e-n Rekord aufstellen; ***svjętskī*** ~ Weltrekord *m*; ***tűći*** *od.* ***nadmąšiti*** ~ e-n Rekord brechen
rękord|an Rekord-; ***u ~nom roku*** (*a. fig.*) in Rekordzeit
rekǫrdēr *1* (*V* -u) Rekordhalter *m*; *Sp.* Meister *m*; → ***vįdeo-~***
rekreạcija Erholung *f*; Erfrischung *f*
rekvirịrati *5 ipf/pf* requirieren, beschlagnahmen
rekvizįtēr *1* (*V* -u) *Thea.* Requisitenverwalter *m*
relạcija Relation *f*, Verhältnis *n*; Entfernung *f*, Strecke *f*, Abstand *m*
ręlatīvan relativ, bezüglich; verhältnismäßig
relatįvnōst (-osti; *ISg* -osti/-ošću) *f* Relativität *f*
ręlēj *1 El.* Relais *n*
ręligija Religion *f*, Glaube *f*
ręligījskī Religions-
ręligiōzan religiös, gläubig, fromm
relịkvija *Rel.* Reliquie *f*
ręljef (-ęfa) Relief *n*
ręljef|an reliefartig, Relief-; ***~nī tįsak*** *Typ.* Reliefdruck *m*
ręmek-djęlo Meisterwerk *n*
ręmēn (-ena) Riemen *m*; Gürtel *m*; ***pǭgonskī*** ~ Treibriemen *m*; ***stęgnuti*** ~ *fig.* den Gürtel enger schnallen
ręmenac (-ēnca) Riemchen *n*; Schnürsenkel *m*
remęnār *1* Riemenmacher *m*; Gürtelmacher *m*
remęnica Riemenscheibe *f*
ręmetiti (-ećen) **[po-]** stören; unterbrechen
ręmī (-ija) *Adj* Remis *n*
ręmi *m* Rommé *n*
remịza Wagenschuppen *m*
remizịrati *5 ipf/pf* remis *od.* unentschieden spielen (*Schach*)
ręmont Reparieren *n*; (*Auto etc.*) Überholen *n*
remǫrkēr *1 Mar.* Schlepper *m*, Schleppdampfer *m*
ręnde Hobel *m*
ręndgen Röntgenapparat *m*
rendgenizịrati *5 ipf/pf* röntgen
rendgenǫlog Röntgenologe *m*, Röntgenfacharzt *m*, Radiologe *m*
rendgenolǫgija Röntgenologie *f*, Radiologie *f*, Strahlenkunde *f*
ręndgenov, -nskī Röntgen-; ~ ***snịmak*** Röntgenaufnahme *f*
ręndisati [na-] hobeln
renesạnsa Renaissance *f*
renǫmē (-ęa) Renommee *n*, Leumund *m*; Wertschätzung *f*
renǫmīrān (-o) renommiert, angesehen, geschätzt
renovịrati *5 ipf/pf* renovieren, instandsetzen
rę̄nta Rente *f*; → ***mirǫvina***
ręntabīlan rentabel, gewinnbringend; ertragreich
rentabįlnōst (-osti; *ISg* -osti/-ošću) *f* Rentabilität *f*
reoperạcija *Med.* Nachoperation *f*
reorganizạcija Reorganisation *f*, Neuorganisation *f*, Umorganisation *f*
reorganizịrati *5 ipf/pf* reorganisieren, umorganisieren
reosigurạnje *Hdl.* Rückversicherung *f*
rę̄p (*Pl* rępovi) Schwanz *m*, Schweif *m*; (*Hund*) Rute *f*; ***mąhati ~om*** mit dem Schwanz wedeln; ***nęmati ni ~a ni glạvē*** *fig.* weder Hand noch Fuß haben; ***stạjati u ~u*** Schlange stehen
rępa Rübe *f*; ***šęćērnā*** ~ Zuckerrübe *f*
reparạcije *f/Pl* (*Kriegs-*)Reparationen *Pl*, Wiedergutmachung *f*, Entschädigung *f*
reparịrati *5 ipf/pf* reparieren
rępatica Komet *m*, Schweifstern *m*
repatrijạcija Repatriierung *f*, Wiedereinbürgerung *f*
repertǫār *1* Repertoire *n*
repetịcij|a Wiederholung *f*; ***dạvati ~e*** Nachhilfestunden geben
repetịrati *5 ipf/pf* wiederholen; *Unterrichtsstoff* repetieren; *Gewehr* neu laden
rępica Raps *m*
rępīšte Rübenfeld *n*
ręplika Replik *f*, Erwiderung *f*, Gegenrede *f*; *Thea.* Stichwort
reportạža Reportage *f*
repǫrtēr *1* Reporter *m*
repręsālije *f/Pl* Repressalien *Pl*; Druckmittel *Pl*
reprezentạcij|a Repräsentation *f*; *Sp.*

Auswahl(mannschaft *f*) *f*; ***dṛžavnā ~a*** Nationalmannschaft *f*; ***nije za ~u*** F den kann man nicht herzeigen
reprezentatịvac (-vca) *2 Sp.* Nationalspieler *m*
rẹprezentatīvan repräsentativ
reprezentịrati *5 ipf/pf* repräsentieren; vertreten; *e-n Wert* darstellen
reproducịrati *5 ipf/pf* reproduzieren, nachbilden, wiedergeben; **~ se** *Biol.* sich fortpflanzen
reprodụkcija Reproduktion *f*, Nachbildung *f*, Wiedergabe *f* (*durch Druck*); Vervielfältigung *f*
rẹprodukcījskī Reproduktions-
repụbličkī Republik-
repụblika Republik *f*; ***nạrodnā ~*** Volksrepublik *f*; ***sạveznā ~*** Bundesrepublik *f*
republikạnac (-nca) *2* Republikaner *m*
republịkanskī republikanisch
reputạcija Reputation *f*, (*guter*) Ruf *m*
rẹ̄sa Franse *f*, Quaste *f*; *Bot.* (*Weiden-*)Kätzchen *n*
rẹsica *Anat.* Gaumenzäpfchen *n*; ***ụšnā ~*** Ohrläppchen *n*
rẹ̄siti [u-] zieren, schmücken
rẹskati [iz-] *Holz* schnitzen; prickeln
rẹskī scharf; (*Wein*) herb; (*Apfel*) sauer
rẹskōst (-osti; *ISg* -osti/-ošću) *f* Schärfe *f*; (*Wein*) Herbe *f*; (*Apfel*) Säure *f*
rẹsōr *1* Ressort *n*, Amtsbereich *m*, Zuständigkeitsbereich *m*
respektịrati *5 ipf/pf* respektieren, achten
restaurạcija[1] Restauration *f*, Wiederherstellung *f*
restaurạcija[2] Restaurant *n*
restaurịrati *5 ipf/pf* restaurieren; *Kunstwerk* ausbessern
restọrān *1* Restaurant *n*, Gaststätte *f*; **~ *drụštvenē prẹhrambē*** Betriebsrestaurant *n*
restrịkcija Restriktion *f*, Einschränkung *f*
rẹsursi *m/Pl* Ressourcen *Pl*; (*Rohstoff-*)Quellen *Pl*
rẹš knusprig, frisch (*Gebäck*)
rešẹtār *1* Siebmacher *m*
rešẹtati [iz-] sieben, durchsieben; *fig.* (*in e-r Prüfung*) ausquetschen; (*mit Geschossen*) durchlöchern
rẹšẹ̄t|ka Gitter *n*; (*Feuer-*)Rost *m*; ***ịza ~ākā*** *fig.* hinter Gittern
rešẹto Sieb *n*; Getreidesieb *n*; ***stạviti*** *od.* ***ụzēti na ~*** *fig.* auf Herz und Nieren prüfen
rẹšō (-oa; *Pl* -oi) (*Elektro-*, *Gas-*)Kocher *m*
retardịrati *5 ipf/pf* (*geistig*) zurückbleiben
retọričkī rhetorisch, rednerisch
rẹtrospektīvan retrospektiv, rückschauend
retrọvīzor *Kfz.* Rückspiegel *m*
retušịrati *5 ipf/pf* retuschieren
rẹuma Rheuma *n*
reumạtičan rheumatisch
reumạtičār Rheumatiker *m*, Rheumakranke(r) *m*
reumatịzam (-zma) Rheumatismus *m*
rẹ̄van eifrig; beflissen, strebsam
rẹvanš Revanche *f*, Rache *f*
revanšịrati se *5 ipf/pf* sich revanchieren, sich rächen
revạnšist(a) *m* Revanchist *m*
rẹvati (-ēm) *Esel*: schreien
rẹvēr *1* (*Sakko*) Revers *n*; Umschlag *m* (*e-s Mantels*)
rẹvers *Hdl.* Verpflichtungserklärung *f*, Revers *n*; (*Münze*) Rückseite *f*
revidịrati *5 ipf/pf* revidieren; überprüfen; e-r Revision unterziehen
rẹvija Revue *f*; Zeitschrift *f*
rẹvīr *1* (*Jagd-*)Revier *n*
revịzija Revision *f* (*a. Jur.*); Korrekturlesen *n* (*vor Drucken*)
rẹ̄vnōst (-osti; *ISg* -osti/-ošću) *f* Eifer *m*, Strebsamkeit *f*
revnọvati (rẹvnujēm) eifern, eifrig sein
rẹvolt Revolte *f*; Empörung *f*; Aufruhr *f*
revoltịrati *5 ipf/pf* revoltieren, sich auflehnen, sich empören
revolụcija Revolution *f*, Umsturz *m*
revolụcījskī Revolutions-
revoluciọnār *1* (*V* -u/-e) Revolutionär *m*, Umstürzler *m*
rẹvolucionāran revolutionär
rẹ̄z (*Pl* rẹzovi) Schnitt *m*; Kerbe *f*; ***cạrskī ~*** *Med.* Kaiserschnitt *m*
rẹzāč *1 Tech.* Schneider *m*
rẹzak (-sko) (*Wein*) herb, prickelnd; (*Ton*) schrill; (*Apfel*) säuerlich
rezạnac (-nca; *Pl* -nci) Nudel *f*
rẹzati (-žēm) **[nạ-]** schneiden; schnitzen; kerben; (*in Kupfer*) stechen
rẹzbār *1* (*Holz-*)Schnitzer *m*; Kupferstecher *m*; Graveur *m*
rezbạrija Schnitzerei(handwerk *n*) *f*, Schnitzarbeit *f*; Gravur *f*

R

rezbǭriti *5* schnitzen, kerben; gravieren
rẹzbārsk|ī Schnitz-; **~ā pīla** Laubsäge *f*
rezbǭrstvo Holzschneidekunst *f*; Schnitzerei *f*
rẹzērva Reserve *f*, Vorrat *m*, Rücklage *f*; *Sp*. Ersatzmann *m*, Ersatzspieler *m*
rezervǭcija Reservierung *f*, Vormerkung *f*; Buchung *f*; **~ mjẹsta** Platzreservierung *f*
rezẹrvāt *1* Reservat *n*, Naturschutzgebiet *n*; *Jur*. Vorbehalt *m*
rezẹrvīrān (-o) reserviert; (*Platz*) besetzt; (*Hotelzimmer*) belegt; (*Person*) zurückhaltend, kühl
rezervīrati *5 ipf/pf* reservieren; *Zimmer etc.* vorbestellen; *Jur*. *Recht* vorbehalten
rezẹrvist(a) *m Mil*. Reservist *m*
rẹzērvnī Reserve-, Ersatz-; **~ dịo** Ersatzteil *n*; **~ ofịcīr** Reserveoffizier *m*
rezervọār *1* Reservoir *n*; (*Wasser-*)Speicher *m*; *Kfz*. Tank *m*
rezidẹncija Residenz *f*, Regierungssitz *m*; Residenzstadt *f*
rezignǭcija Resignation *f*
rezignịrati *5 ipf/pf* resignieren
rezịmē (-ea) Resümee *n*, Zusammenfassung *f*; Fazit *n*
rezimịrati *5 ipf/pf* resümieren, zusammenfassen
rezistẹncija Widerstand *m*; **pạsīvnā ~** passiver Widerstand
rezolūcija Resolution *f*, Beschluß *m*
rẹzolūtan resolut, entschlossen
rẹzōn *1* Vernunft *f*, Einsicht *f*
rẹzotina Schnitt *m*, Schnittwunde *f*; Schramme *f*; Spalt *m*
rezụltāt *1* Resultat *n*, Ergebnis *n*; Erfolg *m*
rezultịrati *5 ipf/pf* resultieren; sich ergeben (**iz** *G*/ aus *D*)
rȩ̄žanj (-žnja; *Pl* rȩ̄žnji/rẹžnjevi) (*Brot-*) Schnitte *f*; (*Wurst-*)Scheibe *f*; *Anat*. Lappen *m*
rȩ̄žati (-īm) *Hund*: knurren, die Zähne fletschen
rẹžēm *1. Pers Sg v.* **rẹzati**
rẹžija Regie *f*, Spielleitung *f*
rẹžījsk|ī Regie-; **~ē pọslove** (*Bau*) Regiearbeiten *Pl*; **~ī trọškovi** Verwaltungskosten *Pl*
rẹžīm *1* Regime *n*; **higijēnsko-dijẹtetskī ~** *Med*. vorbeugend-diätische Lebensweise
režịsēr *1* (*V* -u) Regisseur *m*
rịba Fisch *m*; **krụ̄pnā ~** *fig*. großer *od.* dicker Fisch; **mọrskā ~** Seefisch *m*; **slatkọvodnā ~** Süßwasserfisch *m*; **zdrạv kao ~** *fig*. kerngesund
rịbānje[1] → **ribǭrēnje**
rịbānje[2] Scheuern *n*, Reiben *n*
rịbār *1* Fischer *m*, Angler *m*
ribǭrēnje Fischfang *m*, Fischerei *f*
rịbarica Fischerin *f*, Fischverkäuferin *f*
ribǭriti *5* fischen
rịbārnica Fischhalle *f*, Fischmarkt *m*, Fischhandlung *f*
rịbārskī Fischerei-; Fisch-
ribǭrstvo Fischereiwesen *n*
rịbati[1] *dial.* fischen
rȋbati[2] [**o-, na-**] reiben, scheuern
rịbica *Dim v.* **rịba**; Fischlein *n*; **zlǭtnā ~** Goldfisch *m*
rịbīč[1] Angler *m*
rịbīč[2] *1* (*kleiner*) Muskel *m*
rịbīz, -īzla Johannisbeere *f*
rịblj|ī Fisch-; **~ā jǭja** Fischrogen *m*; **~ē ụ̄lje** Lebertran *m*
rịbnjāk Fischteich *m*
rịbolōv Fischfang *m*
ribolọ̄vac (-vca) *2* (*V* -če) Angler *m*, Fischer *m*
rịdati jammern, schluchzen, (weh)klagen
rȋđ rothaarig; (*Pferd*) fuchsrot
riđọbrad rotbärtig
riđọkos rothaarig
rịđōvka Kreuzotter *f*
rịf (*Maß*) Elle *f*
rịgati [**-gnuti**] rülpsen, aufstoßen; **~ vạtru** Feuer speien (*Vulkan*)
rịgnuti (-nēm) *pf* → **rịgati**
rịgorōzan rigoros, hart, streng
rịječ (-ijěči; *ISg* -čju/-či) *7* Wort *n*; Rede *f*; Gespräch *n*; Vokabel *f*; **~ je o** (*L*) es geht um (*A*); **~ stạjē ụ grlu** das Wort bleibt im Hals stecken; **bẹz ~i** wortlos; (*unter e-m Bild*) ohne Worte; **bịti od ~i** sein Wort halten; **čạsnā ~** Ehrenwort *n*; **dạti ~** sein Wort geben; **drụgīm ~ima** mit anderen Worten; **dṛžati ~** Wort halten; **dṛžati za ~** beim Wort nehmen; **fọnd ~ī** *Ling*. Wortschatz *m*; **ịgra ~ima** Wortspiel *n*; **ịmati ~i** e-n Wortwechsel haben (**s** *I*/mit *D*); **ịzmaknula mi je ~** mir ist eine Äußerung rausgerutscht; **izvẹdenā ~** *Gr*. abgeleitetes Wort; **izvṝnuti ~** das Wort im Mund umdre-

hen; ***jędnōm ~ju*** *fig.* mit einem Wort; ***kṛšiti ~*** sein Wort brechen; ***mậsnā ~*** grobes *od.* unflätiges Wort; ***nę gụbiti ni ~i*** kein Wort verlieren (***o*** *L*/über *A*); ***ọstati bez ~i*** sprachlos sein; ***pọgaziti ~*** sein Wort brechen; ***slọženā ~*** *Gr.* zusammengesetztes Wort, Kompositum *n*; ***strậnā ~*** Fremdwort *n*; ***škr̄t na ~ima*** wortkarg; ***tvọrba ~ī*** *Gr.* Wortbildung *f*; ***u jędnū ~*** mit e-m Wort; ***ụ pola ~*** mitten im Wort; ***ụkrštenē ~i*** Kreuzworträtsel *n*; ***ulętjeti ụ ~*** *fig.* ins Wort fallen; ***ụvodnā ~*** Eröffnungsrede *f*; ***ụzēla je ~*** (*D*) es hat j-m die Sprache verschlagen; ***zậliha ~i*** Wortschatz *m*; ***zalọžiti ~*** sein Wort geben; ***žȋvā ~*** gesprochenes Wort

rijęčca *Dim v.* ***riječ***; *Gr.* Partikel *f*

riječn|ī *7* Fluß-; ***~ō kọrito*** Flußbett *n*

rijędak (-tko) *7* selten, rar; (*Haar*) schütter; (*Luft, Suppe*) dünn

rijęditi *5/7* **[pro-, raz-]** *Wald* lichten; (*Baumkrone*) auslichten; *Flüssigkeit* verdünnen

rijęk|a *7* Fluß *m*; Strom *m*; ***nịz ~u*** flußabwärts; ***~ ljụ̄dī*** *fig.* Menschenstrom *m*; ***ụz ~u*** flußaufwärts

rijеšenōst (-osti; *ISg* -osti/-ošću) *f* Entschlossenheit *f*

riję́šiti *5/7* (**-šậvati** *5*) lösen, auflösen; entbinden (*koga G* / j-n von *D*) *Angeklagten* freisprechen; *Aufgabe, Rätsel* lösen; *Gesuch* erledigen; **~ se** sich entscheiden; loswerden (*G*/*A*)

rijętk|ī *7* → ***rijędak***; ***~o kad*** selten (einmal)

rijętkōst *7* (-osti; *ISg* -osti/-ošću) *f* Seltenheit *f*, Rarität *f*

rịka, -ānje Gebrüll *n*, Brüllen *n*; (*Hirsch*) Röhren *n*

rȋkati (-čēm) **[-knuti]** brüllen; *Hirsch*: röhren

rȋkavac (-āvca) Keuchhusten *m*

rȋknuti (-nēm) → ***rȋkati***

rịlo Rüssel *m*

Rȋm Rom *n*

rȋma Reim *m*

Rȋmljanin (*Pl* -āni) Römer *m*

Rȋmljānka (*D* -ki; *GPl* -kī) Römerin *f*

rịmovati (-mujēm) *ipf*/*pf* reimen; **~ se** sich reimen

rȋmskī römisch

rịng *Sp.* (*Box-*)Ring *m*

rinọlog Rhinologe *m*, Arzt für Nasenheilkunde

rȋntati sich abrackern

rịnuti (-nēm) *pf* stoßen, wegstoßen; wegschieben; *Schiff* vom Stapel laufen lassen

rịs Luchs *m*

rịsāč *1* (*V* -u) Zeichner *m*

rịsaćī|ī Zeichen-; ***~ā dạska*** Zeichenbrett *n*; Reißbrett *n*

rịsānka (*GPl* -kī/-kā) Zeichenheft *n*

rịsānje Zeichnen *n*

rịsati (-šēm) **[nạ-]** zeichnen

riskạntan riskant, gefährlich, gewagt

riskȋrati *5 ipf*/*pf* riskieren, wagen

rȋt[1] Ried *n*; Sumpflandschaft *f*

rịt[2] V Arsch *m*

rịtam (-tma) Rhythmus *m*

rȋtati se → ***rịtnuti se***

rịti (-jēm; *Imp* rȋj; rịven *6*) wühlen; graben

rịtmičan, -čkī rhythmisch

rịtnuti se (-nēm se) (**-tati**) *Pferd*: ausschlagen

ritụāl *1* Ritual *n*, Ritus *m*

rịvāl *1* Rivale *m*; Nebenbuhler *m*

rịvālka (*D* -ki; *GPl* -kī) Rivalin *f*

rịvati schieben, drängen; **~ se** sich vordrängen

rịzičan → ***riskạntan***

rịzik Risiko *n*

rịznica Schatzkammer *f*; *fig.* Hort *m*

rịzničār Schatzmeister *m*, Kassenwart *m*

rȋža Reis *m*

rję́čit beredt, redegewandt, eloquent (*Beispiel*) überzeugend

rję́čitōst (-osti; *ISg* -osti/-ošću) *f* Beredsamkeit *f*, Eloquenz *f*

rję́čkānje Wortgefecht *n*, (*verbaler*) Streit *m*

rję́čkati se streiten, sich ein Wortgefecht liefern

rję́čnī Fluß-; → ***plọvidba***

rję́čnīk Wörterbuch *n*; Wörterverzeichnis *n*, Glossar *n*; Wortschatz *m*

rjẹ́đī *Komp v.* ***rijętkī***

rješậvati *5* → ***riję́šiti***

rješę́nje Lösung *f* (*e-r Aufgabe*); (*amtlicher*) Beschluß *m*; (*amtlicher*) Bescheid *m*; Entscheidung *f*

rję́š(lj)iv lösbar

rję́š(lj)ivōst (-osti; *ISg* -osti/-ošću) *f* Lösbarkeit *f*

rọb Sklave *m*; ***rạditi kao ~*** *fig.* arbeiten wie ein Pferd

rọba Ware *f*; *Hdl.* Artikel *m*; **~ *šịrokē***

R

potrọšnjē Massenbedarfsartikel *Pl*; ***brzọvoznā*** ~ Eilgut *n*; ***kọmadnā*** ~ Stückgut *n*; ***krạtkā*** ~ *Hdl*. Kurzwaren *Pl*

rọbija Zuchthaus(strafe *f*) *n*; Zwangsarbeit *f*

robịjāš *1* (*V* -u) Zuchthäusler *m*, Sträfling *m*

rọbinja Sklavin *f*

rọbiti [po-, za-] rauben, plündern; *Bank* ausrauben

rȍblje *m*/*Pl* Sklaven *m*/*Pl*; ***trgọvānje ~m*** Sklavenhandel *m*; ***trgọvānje bijelīm ~m*** Mädchenhandel *m*

rọbn|ī Waren-, Güter-; ***~ā kụća*** Warenhaus *n*

rọbot Roboter *m*

robọvānje Sklaverei *f*

rọbovati (-ujēm) in Sklaverei leben; untertan sein; *fig*. frönen

robọvlāsnik Sklavenhalter *m*

rọčīšte Termin *m*; Gerichtsverhandlung *f*

rȍd (rọda; *Pl* rọdovi) Geschlecht *n* (*a. Gr*.); Abstammung *f*; Herkunft *f*; *Bot*., *Zool*. Art *f*; Stamm *m*; Frucht *f* (*an Obstbaum*); ***bịti*** ~ verwandt sein (*D*/mit *D*); ***mụškī*** (***srędnjī, žęnskī***) ~ *Gr*. männliches (sächliches, weibliches) Geschlecht; ***rọđenī*** ~ Blutsverwandte(r) *m*

rȍda Storch *m*

rọdan fruchtbar, ergiebig, ertragreich

rọdbina Verwandtschaft *f*, Verwandte *Pl*; Sippe *f*

rọdbinsk|ī verwandt, verwandtschaftlich, Verwandtschafts-; ***u ~ōj vęzi*** verwandt

rọdica → ***rođạkinja***

rọdilīšte Entbindungsstation *f*; Entbindungsheim *n*

rọdīlja Wöchnerin *f*

rọditelj Elternteil *m*; Erzeuger *m*, Vater *m*; ***~i*** *m*/*Pl* Eltern *Pl*

rọditeljskī elterlich; Eltern-

rọditi (-đen) (**rậđati**) gebären, entbinden; zur Welt bringen; ~ ***se*** geboren werden; zur Welt kommen

rọdnī Geburts-; ~ ***lịst*** Geburtsurkunde *f*

rọdnica Vagina *f*

rọdoljūb Patriot *m*

rodoljụ̄bac (-pca) → ***rọdoljūb***

rọdoljuban, -ljụ̄biv patriotisch

rodoljụbivōst (-osti; *ISg* -osti/-ošću) *f*

rodọljūblje Patriotismus *m*, Vaterlandsliebe *f*

rọdoljụ̄pka Patriotin *f*

rọdom gebürtig (**iz** *G*/aus *D*)

rodọpis → ***rọdoslōvlje***

rodoskvṛnilačkī blutschänderisch

rodoskvrnụ̄će Blutschande *f*, Inzest *m*

rọdoslōvlje Genealogie *f*, Familienforschung *f*

rọdoslōvn|ī Stammbaum-; ***~ā knjịga*** (Familien-)Stammbuch *n*

rọđā|k Verwandte(r) *m*, Familienangehörige(r) *m*; ***~ci*** *m*/*Pl* Verwandtschaft *f*

rođạkinja Verwandte *f*

rọđen (-o) geboren; ~ ***brạt*** leiblicher Bruder; ***~o ịme*** Vorname *m*; ***mȫj ~ī!*** mein Liebster!

rọđendān Geburtstag *m*; ***prọslava ~a*** Geburtstagsfeier *f*

rọđḗnje Geburt *f*, Entbindung *f*

rȍg (*Pl* rọgovi/rọzi) Horn *n*; (*Dach*-)Sparren *m*; ***~ovi*** *m*/*Pl* Geweih *n*; ***dụ̄hati*** *od*. ***pụ̄hati u ịstī*** ~ *fig*. ins gleiche Horn blasen; ***lọvačkī*** ~ *Mus*. Jagdhorn *n*; ***nạbiti ~ove*** *fig*. Hörner aufsetzen; ***prọdati ~ za svijẹ́ću*** *fig*. hinters Licht führen

rọgāč *1 Zool*. Hirschkäfer *m*; *Bot*. Johannisbrotbaum *m*

rọgat gehörnt; ***~ā mrạva*** Hornvieh *n*

rogobọriti *5* brummen, murren; lärmen

rȍgonja (*großgehörnter*) Ochse *f*; *fig*. gehörnter Ehemann

rọgōvlje Geweih *n*

rọgož Schilf *n*, Röhricht *n*

rọgožār Schilfflechter *m*

rọgožina Schilfmatte *f*

rọgulje *f*/*Pl* Heugabel *f*; Forke *f*

rogụ̄šiti *5* **[na-]** plustern, sträuben; *Ohren* spitzen; ~ ***se*** sich sträuben

rȍj *3* (*Pl* rọjevi) (Insekten-)Schwarm *m*

rọjidba Ausschwärmen *n*

rọjiti se *Bienen*: ausschwärmen

rọk (*Pl* -ovi) Frist *f*, Termin *m*; ~ ***ịsporukē*** *Hdl*. Lieferfrist *f*; ~ ***plậćanja*** *Hdl*. Zahlungsfrist *f*; ~ ***za ọtkaz*** Kündigungsfrist *f*; ***gạrantnī*** ~ Garantiezeit *f*; ***ịspitnī*** ~ Prüfungstermin *m*; ***produžḗnje*** (***produljḗnje***) ***~a*** Fristverlängerung *f*; ***u ~u od*** innerhalb von; ***vọ̄jnī*** ~ Militärdienst *m*

rọkōt → ***rọktānje***

rọkōvnīk Terminkalender *m*, Notizbuch *n*

roktānje Grunzen *n*
roktati (-kćēm) *Schwein*: grunzen
roleta Rolladen *m*, Rollo *n*
román *1* Roman *m*; ***pustolōvnī*** ~ Abenteuerroman *m*
romanca Romanze *f*
romanički romanisch
romanika Romanik *f*
romanistika Romanistik *f*
romanisirati *5 ipf/pf* in Romanform verfassen
romanopīsac (-sca *2*) Romanschriftsteller *m*
románskī romanisch
romantičan romantisch
romantičār Romantiker *m*
romantičkī → ***romantičan***
romantik → ***romantičār***
romantika Romantik *f*
romantizam (-zma) Romantizismus *m*
romb Rhombus *m*, Raute *f*
rombičan rhombisch
rominjānje Rieseln *n*, Plätschern *n*, Sprudeln *n*
rominjati rieseln; *Quelle*: sprudeln; *Bach*: rauschen
romobil (*Kinder-*, *Motor-*)Roller *m*
romōn *1* Rauschen *n*, Murmeln *n* (*e-s Baches*)
romoniti *5 Gewässer*: rauschen, murmeln, plätschern
rōnac (-nca; *V* -nče) *Zool.* Taucher *m* (*Wasservogel*)
ronilac (-ioca) (*Sport-*)Taucher *m*
ronilačkī Taucher *m*
roniti [u-, za-] tauchen, untertauchen; *Tränen* vergießen; *Ufer* wegspülen
ropkinja Sklavin *f*
ropotarija Gerümpel *n*, Trödel *m*, Kram *m*, Krempel *m*
ropotārnic|a Rumpelkammer *f*; ***biti za ~u*** *fig.* zum alten Eisen gehören
ropskī sklavisch
ropstvo Sklaverei *f*; Knechtschaft *f*
roptati (-ćēm) murren, brummen
rosa Tau *m*; ***mlād od. svjež kao ~*** *fig.* taufrisch; blutjung
rosan betaut, mit Tau benetzt
rositi [o-] betauen; *Regen*: nieseln; sprühen
rosulja Tauregen *m*, Sprühregen *n*
rošāda (*Schach*) Rochade *f*
rōštīlj *1* (*Brat-*)Rost *m*; Grill *m*; ***peći na ~u*** grillen
rotācij|a Rotation *f*; ***sistēm ~ē*** Rotationssystem *n* (*bei der Ämtervergabe*)
rotacionī, -ījskī Rotations-, Dreh-
rotīrati *5 ipf/pf* rotieren
rotiti se [u-] sich verschwören; sich auflehnen
rotkva Rettich *m*
rotkvica Radieschen *n*
rōv *3* Schacht *m*, Stollen *m*; *Bgb.* Mine *f*; *Mil.* Schützengraben *m*
rovār *1* (*V* -u/-e) Aufwiegler *m*, Hetzer *m*
rovārēnje Aufhetzen *n*, Aufwiegeln *n*
rovāriti *5* aufwiegeln, hetzen; Ränke schmieden
rovāš *1* Einschnitt *m*, Kerbe *f*
rovāšiti *5* (ein)kerben; (*mit e-r Kerbe*) markieren
rovati (rujēm) → ***riti***
rovit (*Ei*) weich (*gekocht*)
rōvka Spitzmaus *f*
rozeta Rosette *f*
rožić *Kochk.* Hörnchen *n*
rožnāt aus Horn bestehend; hörnern
rožnica *Anat.* Hornhaut *f*
rt (*Pl* -ovi) Kap *n*; Vorgebirge *n*
rūb *4* Rand *m*, Saum *m*; Kante *f*; Besatz *m*; ***na ~u propasti*** am Rande des Verderbens
rūbac (-pca) (*Kopf-*, *Hals-*)Tuch *n*; Taschentuch *n*
rubača Hemd *n*
rūbalj Rubel *m*
rubenina → ***rūblje***
rubīn *1* Rubin *m*
rūbiti [po-] (ein)säumen; *Papier* falzen
rūblje Wäsche *f*; ***donjē ~*** Unterwäsche *f*; ***iznositi prljavō ~*** *fig.* schmutzige Wäsche waschen
rūbnī Rand-; ***~ kamēn*** Bordstein *m*
rubrika Rubrik *f*, Spalte *f*; Sparte *f*
rūčak (-čka; *Pl* -čkovi) Mittagessen *n*, Mittagsmahl *n*
rūčānje Speisen *n*; ***kola za ~*** *Esb.* Speisewagen *m*
rūčati (-čāvati *5*) speisen; zu Mittag essen
ručāvānje → ***rūčānje***
ručāvati *5* → ***rūčati***
ruče *f/Pl Sp.* Barren *m*
ručica Händchen *n*; → ***ručka***
rūčje *Anat.* Handgelenk *n*
ručka (*D* -ki; *GPl* -kī) Handgriff *m*; Henkel *m*; (*Messer*) Heft *n*; ***~ od fotēlja*** Armlehne *f*; ***tōnskā ~*** Tonarm *m* (*Plattenspieler*)

R

rųčnī Hand-; → ***kǫčnica, pŗtljāga, rąd, sąt¹, tǫrbica***
rųčnīk *1* Handtuch *n*
rųda, rųdača Mineral *n*, Erz *n*
rųdār *1* (*V* -u) Bergmann *m*, Bergarbeiter *m*, Hauer *m*
rųdārsk|ī Berg-; Bergbau-; ***~ā svjętīljka*** Grubenlampe *f*
rudąrstvo Bergbau *m*, Hüttenwesen *n*
rųdast kraus(haarig), lockig
rųdimentāran rudimentär
rudįna Rasen *m*; Anger *m*
rųditi (rūđen) [**za-**] rötlich färben
rųdjeti (-īm; -dio, -djela) [**za-**] rötlich werden, sich rötlich färben
rųdnī Erz-, Mineral-
rųdnīk Bergwerk *n*, Grube *f*, Zeche *f*; ***zlątnī ~*** Goldgrube *f* (*a. fig.*)
rųdnjāk Deichselpferd *n*
rųdo Deichsel *f*, Wagenstange *f*; ***įći*** *od.* ***tŗčati*** *od.* ***lętjeti pręd ~*** vorlaut sein; voreilig handeln
rųdogōrje Erzgebirge *n*
rųdokōp → ***rųdnīk***
rudǫkos kraushaarig
rudǫvit erzhaltig
rųg → ***rųglo***
rųgāč *1* (*V* -u) Spötter *m*, Lästermaul *n*
rųgalac (-aoca) → ***rųgāč***
rųgalica Spottlied *n*; Schmährede *f*
rųgalo → ***rųgāč***
rųgānje Spotten *n*, Verspotten *n*; Spöttelei *f*
rųgati se verspotten, auslachen, verhöhnen (*D*/*A*)
rųgl|o Spott *m*, Gespött *n*; Schande *f*; ***izlǫžiti ~u*** dem Gespött preisgeben
rugǫba Scheusal *n*; Fratze *f*, Zerrbild *n*; Häßlichkeit *f*
rųho Gewand *n*, Kleid *n*
ruįna → ***rųševina***
ruinįrati *5 ipf*/*pf* ruinieren
rųjan¹ *Sub* (-jna) September *m*
rųj|an² *Adv* (*gelblich*) rot, rötlich; ***~nō vįno*** Roséwein *m*
rųjanskī September-
rų|ka Hand *f*; Faust *f*; Arm *m*; ***~ke k sębi!*** F Pfoten weg!; ***~ke ųvīs!*** Hände hoch!; ***~kōm ǫ rūku*** im Handumdrehen; ***~ke ną srce*** Hand aufs Herz; ***bįti dūgīh ~kā*** *fig.* lange Finger haben; ***bįti įzvan ~kē*** außer Reichweite sein; ***bįti na svǫjū ~ku*** eigen sein; ***bįti pri ~ci*** zur Hand *od.* von Nutzen sein; ***bįti u ~ci*** (*G*) in der Hand (*G*) sein; ***brąniti se ~kama i nǫgama*** sich mit Händen und Füßen wehren; ***ęvo mǫjē ~kē!*** meine Hand drauf!; ***įći ną ~ku*** *fig.* zur Hand gehen; ***įći ~ku pǫd ~ku*** Hand in Hand gehen; ***įmati pri ~ci*** zur Hand haben; ***įmati pųnē ~ke pǫsla*** alle Hände voll zu tun haben; ***įmati slǫbodnē ~kē*** *fig.* freie Hand haben; ***įmati u ~kama*** *fig. etw. od. j-n* in der Hand haben; ***įspod ~kē*** *fig.* unter der Hand; ***įz drugē ~kē*** *fig.* aus zweiter Hand; ***izmąknuti iz ~kē*** *a. fig.* aus der Hand gleiten; ***jęsti iz ~kē*** *fig.* aus der Hand fressen; ***kąljati ~ke*** *fig.* sich die Hände schmutzig machen; ***ną bŗzū ~ku*** auf die Schnelle; ***ną lakū ~ku*** leichtfertig; ***na svǫju ~ku*** auf eigene Faust; ***ǫbjema ~kama*** mit vollen Händen; ***ǫd pŗvē ~kē*** erstklassig; ***ǫd srednjē ~kē*** mittelmäßig; ***odmąhnuti ~kōm*** abwinken; ***ǫprati ~ke*** seine Hände in Unschuld waschen; ***ǫstati prąznīh ~kū*** leer ausgehen; ***pąsti*** (*D*) ***u ~ke*** (*D*) in die Hände fallen; ***pǫći za ~kōm*** leicht von der Hand gehen; ***poklǫniti ~ku*** sein Jawort geben; ***prekŗstiti ~ke*** *fig.* Däumchen drehen; ***prǫdūženā ~ka*** *fig.* verlängerter Arm; ***prųžiti ~ku*** die Hand reichen; ***rąšīrenīh ~ku*** *fig.* mit offenen Armen; ***slǫbodnōm ~kōm*** freihändig; ***u jędnū ~ku*** einerseits; ***u nąjboljū ~ku*** bestenfalls; ***u nąjmanjū ~ku*** mindestens; ***ų nekū ~ku*** irgendwie; ***ų srednjū ~ku*** durchschnittlich; ***urąditi od ~kē*** aus Gefälligkeit tun (*komu A*/*j-m A*); ***zą pŗvū ~ku*** fürs erste; ***zaprǫsiti ~ku*** um *j-s* Hand anhalten; ***žįvjeti od svǫjīh ~kū*** von seiner Hände Arbeit leben
rųkat langarmig
rųkāv *1* Ärmel *m*; ***~ rijękē*** Flußarm *m*; ***ǫstati krątkīh ~ā*** leer ausgehen; ***sįpati kao iz ~a*** *fig.* aus den Ärmeln schütteln
rukąvac (-vca) Nebenarm *m* (*e-s Flusses*); *Tech.* Zapfen *m*
rukąvic|a Handschuh *m*; ***bąciti ~u*** den (*Fehde-*)Handschuh hinwerfen
rukąvičār Handschuhmacher *m*
rukąvičārnica Handschuhgeschäft *n*
rukǫdjelac (-ēlca) Handarbeiter *m*; Kunsthandwerker *m*
rųkohvāt Handgriff *m*; Halter *m*
rųkoljūb Handkuß *m*
rųkomēt *Sp.* Handball(spiel *n*) *m*

R

rukomętāš *1* (*V* -u) Handballspieler *m*
rųkopīs Handschrift *f*; Manuskript *n*; ***kancęlārījskī ~*** gestochene (*Hand-*) Schrift
rųkopīsnī handschriftlich, Handschrift(en)-
rukopolą̄gānje (*orthodoxe*) Priesterweihe *f*
rukotvǫrin|a Handarbeit *f*; ***ną̄rodnē ~e*** *Pl* Volkskunstartikel *Pl*
rukǫvalac (-vaoca) Bediener *m od.* Führer *m* (*e-r Maschine*); ***~ bęnzīnskē stąnicē*** Tankwart *m*
rųkovānje Handhabung *f* (*I*/*G*); Führen *n* (*e-r Maschine*); Leiten *n*; Handschlag *m*, Händeschütteln *n*
rukǫvatelj → ***rukǫvalac***
rukǫvati (rųkujēm) handhaben (*I*/*A*); führen, leiten; ***~ strǫjēm*** e-e Maschine bedienen; ***~ se*** sich die Hand geben, sich die Hände schütteln
rųkovēt (-i) *f* Handvoll *f*; ***~ cvijeća*** Blumenstrauß *m*
rukovǫdēćī leitend, führend
rukovǫdilac (-ioca) → ***rukovǫditelj***
rukovǫditelj Leiter *m*, Führer *m*; (*Spitzen-*)Funktionär *m*
rukovǫditi *5* leiten (*I*/*A*), führen; ***~ se*** sich leiten lassen (*I*/von *D*)
rukovǫdstvo (*GPl* -ǫvodstāvā) Leitung *f*, Führung *f*
rukovođęnje Führung *f*, Leitung *f*; Lenkung *f*
rukǫznak Handzeichen *n* (*e-s Schreibunkundigen*)
rųksak Rucksack *m*
rųlati *Flgw.* rollen
rulęta Roulette *n*
rųln|ī: ***~ā stąza*** *od.* ***pįsta*** *Flgw.* Rollbahn *f*
rųlja *verä.* Haufen *m*, Horde *f*, Pöbel *m*
rųm Rum *m*
rųmen¹ *Adj 6* rosig; (*Wangen*) rot
rųmēn² *Sub f* Röte *f*; ***jųtārnjā ~*** Morgenrot *n*; ***večērnjā ~*** Abendrot *n*
rumęnilo Rouge *f*, Schminke *f*; → ***rųmēn²***
rumęniti *5* **[na-]** röten, rot färben; rot schminken, Rouge auftragen
rumęnjeti (-īm; -nio, -njela) **[po-]** rot werden, erröten; ***~ se*** rot sein
rųmenkast rötlich
Rųmūnija Rumänien *n*
Rųmūnj *1* (*V* -u) Rumäne *m*
Rųmūnjka (*D* -ki; *GPl* -kī) Rumänin *f*
rųmūn(j)skī rumänisch
Rųmūnjskā → ***Rųmūnija***
rųnda Runde *f*
rų̄niti abbeeren
rų̄no Vlies *n*; Schaffell *n*
rųnolīst *Bot.* Edelweiß *n*
rųnjast, -av zottelig, zottig; struppig
rųpa Loch *n*; Lücke *f*; (*Schiffs-*)Leck *n*; Grube *f*; ***dęvētā ~ na svįrali*** *fig.* fünftes Rad am Wagen; ***gų̄jinā ~*** *fig.* Wespennest *n*; ***pę̄tā*** *od.* ***posljednjā ~*** *fig.* das fünfte Rad am Wagen; ***ųdārnā ~*** Schlagloch *n* (*a. d. Straße*)
rųpčaga großes Loch
rųpčić *Dim v.* ***rų̄bac***; Taschentuch *n*
rųpica *Dim v.* ***rųpa***; Löchlein *n*; Knopfloch *n*
rųpičast, -čav löcherig, durchlöchert
rųs¹ rotblond, rot
Rųs ² Russe *m*
rųsālka *Myth.* Wassernixe *f*, Wassernymphe *f*
Rųsija Rußland *n*
rųskī russisch
Rųskīnja Russin *f*
rųsvāj *1* Wirrwarr *n*, Durcheinander *n*; Radau *m*
rųšēnje Zerstören *n*, Zertrümmern *n*; (*Gebäude*) Abbruch *m*, Niederreißen *n*
rųšēv|an baufällig; ***~nō kąmēnje*** Steinbruch *m*
rųševina Ruine *f*; Trümmer *Pl*
rųšilac (-ioca) Zerstörer *m*; Vernichter *m*; ***~ mīra*** Friedensstörer *m*
rųšilačkī zerstörerisch, vernichtend; destruktiv; Zerstörungs-; Vernichtungs-
rųšiti [rąz-, pǫ-] zerstören; *Gebäude* abreißen, niederreißen; ***~ se*** **[s-]** zusammenbrechen
rųta¹ *Bot.* Raute *f*
rųta² (*Marsch-*)Route *f*
rutįnīrān (-o) routiniert, erfahren; geübt
rųtīnskī routinemäßig, Routine-
rųtvica *Bot.* Raute *f*
rųzmarīn *Bot.* Rosmarin *m*
rų̄ž (*Pl* -evi) Lippenstift *m*; (*Wangen-*)Rouge *f*
rų̄ž|a Rose *f*; ***svjętajū mu rų̄že*** *fig.* ihm ist das Glück hold; ***nęmā ~ē bez tr̄njā*** *Sprw.* keine Rose ohne Dornen
rų̄žan häßlich, garstig; (*Gewohnheit, Ruf*) schlecht
rųžica *Dim v.* ***rų̄ža***; Röslein *n*, Röschen

R

n; (*Wein*) Roséwein *m*, Schillerwein *m*
rụžičast rosig (*a. fig.*); rosa(farben)
rụžični Rosen-; **~ gṛm** Rosenbusch *m*
rụžičnjāk Rosengarten *m*
rụ̄žin Rosen-; **~ō ụ̄lje** Rosenöl *n*
ružịrati *5 ipf/pf* Rouge auftragen; Lippen (rot) schminken
rụ̄žiti [na-] schelten, (aus)schimpfen, rügen; *Person, Sache* herabsetzen
rụžmarīn → ***rụzmarīn***
rụ̄žno → ***rụ̄žan***
ružnọća Häßlichkeit *f*, Abscheulichkeit *f*, Garstigkeit *f*
ṛvāč *1* (*V* -u) *Sp.* Ringer *m*, Ringkämpfer *m*
ṛvāčkī Ringer-
ṛvalīšte *Sp.* Ring *m*, Matte *f* (*f. Ringkämpfer*)
ṛvānje Ringen *n*; Ringkampf *m*; *fig.* Rauferei *f*
ṛvati se (ṛvēm se; *Imp* ṛvi se; ṛvao se, -āla se) **[na-]** ringen; *fig.* raufen
ṛzānje Wiehern *n*, Gewieher *n*
ṛzati (ržēm) *Pferd*: wiehern

S

S s *n*
s, sa *Präp* (*I*) mit (*D*); (*G*) von (*D*) herunter; **~ bṛda ~ dọla** kreuz und quer (*erzählen*); **~ čęga** wodurch; **~ nọva** von neuem; **~ počętka** von Anfang an; **~ tịme** damit, wobei
sabijāč *1 Tech.* Verdichter *m*, Kompressor *m*
sabịjalo Stampfer *m*
sabịjati *5* → ***sạbiti***
sabijenōst (-osti; *ISg* -osti/-ošću) *f Tech.* Verdichtungsgrad *m*
sabịrāč *1* (*V* -u) Sammler *m*
sabịralīšte Sammelplatz *m*, Sammelpunkt *m*
sabịrānje Sammeln *n*; Ansammeln *n*, Anhäufen *n*; *Math.* Addieren *n*
sabịrati (sạbirēm) → ***sạbrati***
sạbirnī Sammel-
sạbiti (-ijēm; -bịjen *6*) (**-bịjati** *5*) verdichten, komprimieren, zusammenpressen; stopfen; *Vieh* zusammentreiben
sạblāst (-asti; *ISg* -āsti/-āšću) *f* Gespenst *n*; Spuk *m*
sạblāstan (-sno) gespenstisch, gespensterhaft, geisterhaft
sạblāzan (-zni; *ISg* -žnju) *f* Ärgernis *n*; Skandal *m*; *Rel.* Blasphemie *f*
sablạzniti (-žnjen) (**-blažnjạvati** *5*) Anstoß erregen; **~ se** Anstoß nehmen (an *D*)
sablạžnjiv anstößig; skandalös
sạblj|a Säbel *m*; ***mọrskā ~a*** *Zool.* Schwertfisch *m*; ***zvęckati ~ōm*** mit dem Säbel rasseln (*a. fig.*)
sạbljast säbelförmig, säbelartig; Säbel-; ***~ē nọge*** O-Beine *Pl*
sạbōj *1* Gedränge *n*
sạ̄bor Landtag *m*; Volksvertretung *f*; Abgeordnetenhaus *n*; *Rel.* Konzil *n*, Synode *f*; ***≗ Repụblikē Hṛvātskē*** das Parlament der Republik Kroatien
sạ̄born|ī synodal; ***~ā cṛkva*** Domkirche *f*, Kathedrale *f*
sạ̄bornica Tagungssaal *m*; Abgeordnetensaal *m*
sạ̄bornīk Parlamentsabgeordnete(r) *m*
sạ̄borovati (-ujēm) tagen, e-e Tagung abhalten
sạ̄borskī Parlaments-
sabotạ̄ža Sabotage *f*
sabọtēr *1* Saboteur *m*
sabotẹ̄rstvo Sabotagetätigkeit *f*
sabotịrati *5 ipf/pf* sabotieren
sạbrān (-o) gesammelt, (*seelisch*) gefaßt, konzentriert; ***~ā djęla*** *Lit.* gesammelte Werke
sạbranōst (-osti; *ISg* -osti/-ošću) *f* (*geistige*) Sammlung *f*; (*seelische*) Fassung *f*; Konzentration *f*
sạbrati (-berēm; *Imp* -beri) (**-bīrati**) sammeln, *Menschen* versammeln; *Inhalt* zusammenfassen; *Gedanken* konzentrieren; *Kräfte* sammeln; **~ se** sich (*geistig*) sammeln; sich konzentrieren; *Menschen*: sich versammeln

sąčekati *pf* abwarten; erwarten; *Ball* auffangen
sąčma Schrot *n*
sąčmarica Schrotflinte *f*
sačų̄vati *5 pf* bewahren, aufbewahren, erhalten, behüten; ***Bǫže sąčuvaj!*** Gott behüte!
sąće (*Honig-*)Wabe *f*
sąćast wabenartig, wabenförmig
są̂ći (-đēm) → ***sįći***
sąd(ā) jetzt, nun, nunmehr, gegenwärtig; ~ ***įli nįkad*** jetzt oder nie; ~ ***ǫvo***, ~ ***ǫno*** mal dies, mal das
sąda(š)nj|ī jetzig, gegenwärtig; ~***ē vrijęme*** *Gr.* Gegenwart *f*, Präsens *n*
sądašnjica Gegenwart *f*, die heutige Zeit
sądašnjōst (-osti; *ISg* -osti/-ošću) *f* → ***sądašnjica***
sadęrati (sąderēm) (**sądirati**) herunterreißen; *Fell* abziehen
sądilac (-ioca) → ***sąditelj***
sądirati (-rēm) → ***sadęrati***
sądist(a) *m* Sadist *m*
sadįstičkī sadistisch
sąditelj Pflanzer *m*
są̂diti (-đen) **[po-]** pflanzen, *Pflanze* setzen, anbauen
sadįzam (-zam) Sadismus *m*
sądnica Setzling *m*, Steckling *m*, Pflänzling *m*
sądr|a Gips *m*; ***zą̄voj od*** ~***ē*** Gipsverband *m*
sądrenī Gips-; ~ ***strǫp*** Stuckdecke *f*
sądrēnje Stuckarbeit *f*; Vergipsen *n*
sądriti gipsen; vergipsen
sądržāj Inhalt *m*, Gehalt *m*; Inhaltsverzeichnis *n*; ~ ***ąlkohola u kṛvi*** Blutalkoholspiegel *m*; ***krątak*** ~ (*kurze*) Inhaltsangabe *f*
sądržajān inhaltsreich; gehaltvoll
sadržą̄jnōst (-osti; *ISg* -osti/-ošću) *f* Inhaltsreichtum *m*
sadṛžati (-īm) (**-ą̄vati** *5*) enthalten; beinhalten; umfassen, einschließen
sądržina Inhalt *m*, Gehalt *m*, Volumen *n*
sądužnīk Mitschuldner *m*; ***sǫlidārnī*** ~ Gesamtschuldner *m*
są̂džija *m Turz.* → ***ųrār***
są̂đēnje Pflanzen *n*, Setzen *n*, Legen *n* (*v. Bohnen*)
safalą̄da Zervelatwurst *f*
safīr *1* Saphir *m*
są̂g Teppich *m*; ***pǫkretnī*** ~ *Sp.* Laufband *n*
sagą̄rati *5* → ***sagǫrjeti***
sagībānje Beugen *n*, Bücken *n*
sagįbati (sągibām/sągibljēm) → ***sągnuti***
sagįbljiv biegsam
sąginjānje → ***sagībānje***
sąginjati (-njēm) → ***sągnuti***
sąglasan, -nōst *sb.* → ***sųglasan, -nōst***
saglą̄siti *sb.* → ***suglą̄siti***
sągledati (**-dą̄vati** *5*) *Ende, Problem* absehen *od.* überschauen
sągnati (-ām/sąženjēm) (**-gǫniti** *5*) hineintreiben; *Vieh* zusammentreiben
sągnuti (-nēm; -gnuo/-gao, -gla) (**sagībati**) *Kopf* beugen *od.* senken; ~ ***se*** sich bücken, sich ducken
sągnjio (-ilo) faul, morsch, verwest
sągnjiti (-njijēm; -njīt) (**-njį̄vati** *5*) verwesen, verfaulen
sagǫniti *5* → ***sągnati***
sagorijęvānje *7* Verbrennen *n*, Abbrennen *n*; ***mǫtor s ųnutrašnjīm*** ~***m*** Verbrennungsmotor *m*
sagorijęvati *5/7* → ***sagǫrjeti***
sagǫrjeti (sągorīm; -rio, -rjela) (**-gorijęvati** *5/7*) verbrennen, abbrennen
sagǫrljiv brennbar
sągovōrnīk *sb.* → ***sųgovōrnīk***
sagrą̄diti *5* (sągrāđen) (**-ađį̄vati**) erbauen, aufbauen, errichten
sagrađį̄vati (-ąđujēm) → ***sagrą̄diti***
sagrešę̄nje Versündigen *n*, Sündigen *n*
sagrešį̄vati (-ęšujēm) → ***sagriję̄šiti***
sagriję̄šiti *5/7* (**-grešį̄vati**) sündigen, e-e Sünde begehen
sahąrīn *1* Saccharin *n*, Süßstoff *m*
sąhat → ***są̄t'***
sąhnuti (-nēm; -hnuo/-hao) *pf* trocknen; vertrocknen; *Pflanze*: verwelken; *Mensch*: siechen
sąhrana Beerdigung *f*, Beisetzung *f*, Bestattung *f* → ***čų̄vānje***
sahrą̄niti (sąhrānjen) (**-anjį̄vati**) beerdigen, begraben, bestatten; aufbewahren; ~ ***sebe*** *fig.* in sein Verderben rennen
sahranjį̄vati (-ąnjujēm) → ***sahrą̄niti***
są̄jam (-jma; *Pl* -jmovi) Markt *m*; *Hdl.* Messe *f*; *Rel.* Kirmes *f*; ~ ***ųzorākā*** Mustermesse *f*
są̄jamskī Markt-, Messe-
sąjla Drahtseil *n*
sąjmīšte Marktplatz *m*, Messeplatz *m*, Messegelände *f*

sạkaćēnje Verstümmeln *n*, Verkrüppeln *n*
sạkat verstümmelt, verkrüppelt
sạkatiti (-aćen) **[o-]** zum Krüppel machen, verstümmeln
sạkatōst (-osti; *ISg* -osti/-ošću) *f* Verkrüppelung *f*, Lähmung *f*
sạko (-ọa) Sakko *n*, Herrenjackett *n*
sạkrālan sakral, heilig
sạkramantālan sakramental
sakrịstān *1* → ***crkvẹnjāk***
sakrịstija Sakristei *f*
sạkriti (-ijēm; -īt/-iven *6*) (**-ịvati**) verstecken; verbergen; verheimlichen; **~ se** sich verstecken
sakrịvānje Verstecken *n*; Verbergen *n*; Verheimlichen *n*
sakrịvati *5* → ***sạkriti***
sạksija Blumentopf *m*
saksọfōn *1* Saxophon *n*
saksofọnist(a) *m* Saxophonspieler *m*
Saksọnac (-nca) *2* Sachse *m*
Saksọnija Sachsen *n*
Sạksōnka (*D* -ki; *GPl* -kī) Sächsin *f*
sạkupiti (**-kụpljati** *5*) sammeln, ansammeln, versammeln; *Früchte* zusammenlesen; **~ se** sich versammeln
sakụpljāč *1* (*V* -u) Sammler *m*; **~ *kọvnicā*** Münzsammler *m*
sakụplānje Sammeln *n*, Zusammensammeln *n*
sakụpljati *5* → ***sạkupiti***; **~ *bọdove*** *fig.* sich lieb Kind machen (**kod** *G*/bei *D*)
sạla Saal *m*
salạma Salami *f*
salạmura Salzlake *f*, Pökel *m*
sạlāš Gehöft *n*
salạta Salat *m*; **~ *glavạtica*** Kopfsalat *m*; **~ *od krumpịra*** Kartoffelsalat *m*; ***mijẹšanā* ~** gemischter Salat
saldịrati *5 ipf*/*pf Hdl.* saldieren, (*eine Rechnung*) ausgleichen, abschließen
sạldo (*Pl* -i) Saldo *n*
salẹnjāk *1* Schmalzkrapfen *m*
salẹtjeti (sạletīm; -tio, -tjela) (**-lijẹtati**) bestürmen, bedrängen; (*mit Fragen*) überhäufen
salijẹtati (sạlijećēm) *7* → ***salẹtjeti***
salijẹvati *5*/*7* → ***sạliti***
sạliti (-ijēm) (**-lijẹvati** *5*/*7*) gießen, eingießen, schmelzen
sạlitra Salpeter *m*
salịven *6* gegossen; **kạo ~** *fig.* wie angegossen

sạl|o Schmalz *n*, Fett *n*; ***žịvjeti od tụđēga* ~*a*** *fig.* auf fremde Kosten leben
salōn *1* Salon *m*; ***mọdnī* ~** Modesalon *m*
sạlva Salve *f*; ***pọčasnā* ~** Ehrensalut *m*
sậm¹ selbst, selber; allein; einsam; **~ *sạmcat*** mutterseelenallein; ***od* ~*ē zlọbē*** aus reiner *od.* purer Bosheit; ***tọ se razụmijē* ~ *po sẹbi*** das versteht sich (wohl) von selbst; ***u* ~*om cẹntru*** mitten im Zentrum; ***već* ~*ā pọmisao*** schon *od.* allein der Gedanke
sam² *1. Pers Sg v.* ***bịti¹*** (*KF*)
sậmac (-mca) *2* Junggeselle *m*, Alleinstehende(r) *m*; *Zool.* (*Vogel-*)Männchen *n*; *Sp.* (*Boot*) Einer *m*
sạmačkī Junggesellen-
sạmār *1* Saumsattel *m*
samạrdžija *m* Sattler *m*
sạmcat → ***sậm¹***
sạmica Alleinstehende *f*; (*Gefängnis*) Einzelzelle *f*; *Zool.* (*Vogel-*)Weibchen *n*
sạmilōst (-osti, *ISg* -osti/-ošću) *f* Mitleid *n*, Mitgefühl *n*; Erbarmen *n*
sạmilostan (-sno) mitleidig, mitfühlend, teilnahmsvoll
sạmljeti (-meljēm; -mlio, -mjela; -mljẹven *6*) *pf* mahlen, vermahlen, verschroten; *Fleisch* hacken; *fig. Feind* zermalmen
sạmo nur, bloß, lediglich; ***ne* ~ ... *nẹgo i* ...** nicht nur ..., sondern auch ...
samọbitnōst (-osti, *ISg* -osti/-ošću) *f* Ursprünglichkeit *f*, Eigenständigkeit *f*
samọća Einsamkeit *f*; Einöde *f*, Abgeschiedenheit *f*; Zurückgezogenheit *f*
samodopạdljiv selbstgefällig
samodopạdljivōst (-osti, *ISg* -osti/-ošću) *f* Selbstgefälligkeit *f*
samodọprinos Kommunalabgabe *f*
samodrạžac (-ršca) *2* Alleinherrscher *m*, Autokrat *m*
samodrạžačkī autokratisch, alleinherrschend
samọglasnīk *Gr.* Selbstlaut *m*, Vokal *m*
samọhran (-o) alleinstehend, selbstversorgend; **~*ā mậjka*** alleinerziehende Mutter
samohvạla Eigenlob *n*, Selbstlob *n*
samohvạlisav selbstherrlich, selbstgefällig
samokrịtičan selbstkritisch
samokrịtičnōst (-osti, *ISg* -osti/-ošću) *f* Fähigkeit zur Selbstkritik
samokrịtika Selbstkritik *f*

S

samoljụbiv selbstsüchtig, egoistisch
samoljụblje Egoismus *m*, Selbstsucht *f*
samọnikao (-klo) urwüchsig, bodenständig
samọniklōst (-osti, *ISg* -osti/-ošću) *f* Urwüchsigkeit *f*, Bodenständigkeit *f*
samoọbmana Selbsttäuschung *f*, Illusion *f*
samoobožā̤vānje Selbstvergötterung *f*
samoọbrana Selbstverteidigung *f*, Selbstschutz *m*
samoobrazovā̤nje Selbstunterricht *m*
samoodređḛnje, -đīvānje Selbstbestimmung *f*; ***prā̤vo na ~*** *Pol.* Selbstbestimmungsrecht *n*
samoodrīcānje Selbstverleugnung *f*
samoodržā̤nje Selbsterhaltung *f*; ***nā̤gon na ~*** *Psych.* Selbsterhaltungstrieb *m*
samookịdāč *1 Fot.* Selbstauslöser *m*
samooplođḛnje, -đīvānje *Biol.* Selbstbefruchtung *f*
samoprašīvānje *Biol.* Selbstbestäubung *f*
samoopredeljḛnje *sb.* → ***samoodređḛnje***
samoosakaćḛnje Selbstverstümmelung *f*
samopọmōć (-oći; *ISg* -oću) Selbsthilfe *f*
samoponižā̤vānje Selbsterniedrigung *f*
samopọsluga, -žīvānje Selbstbedienung(sladen *m*) *f*
samopouzdā̤nje Selbstvertrauen *n*
samopožrtvovā̤nje Selbstaufopferung *f*
samoprijḛgor *7* Selbstverleugnung *f*, Selbstaufopferung *f*
samoprijḛgoran *7* selbstaufopfernd
samoprijḛvara *7* Selbstbetrug *m*
samosažalḛnje Selbstmitleid *n*
sạmostālan selbständig, unabhängig; *Pol.* autonom
samostā̤lnōst (-osti, *ISg* -osti/-ošću) *f* Selbständigkeit *f*, Unabhängigkeit *f*; *Pol.* Autonomie *f*
sạmostān Kloster *n*
sạmostānskī klösterlich, Kloster-
sạmosvijēst (-i; *ISg* -sti/-šću) *f* Selbstbewußtsein *n*
sạmosvjestan (-sno) selbstbewußt
samosvladā̤vānje Selbstbeherrschung *f*
sạmotan, -tničkī einsam; verlassen
sạmotok (*Wein*) Ausbruch *m*
samoubīstvo *sb.* → ***samoubọ̄jstvo***
samoụbilačkī selbstmörderisch
samoụbojica *m*, *f* Selbstmörder(in *f*) *m*
samoubọ̄jstvo Selbstmord *m*; ***učịniti ~*** Selbstmord begehen
samọuk Autodidakt *m*
samoụprava Selbstverwaltung *f*
samoụpravljānje Selbstverwaltung *f*
samoụprāvn|ī selbstverwaltet; ***2ā Ịnteresnā Zạjednica*** *hist.*, *Hdl.* Selbstverwaltete Interessengemeinschaft (*Behörden*)
samoụsluga → ***samopọsluga***
samoụvjeren (-o) selbstbewußt; eingebildet
samọvānje Alleinsein *n*; Abgeschiedenheit *f*
samọvati (sạmujēm) allein leben; zurückgezogen leben
samọvlāđe Autokratie *f*; Willkürherrschaft *f*; Absolutismus *m*
samọvlasnīk (*Pl* -ci) Alleinbesitzer *m*; Alleininhaber *m*
samọvolja Eigenwille *m*; Willkür *f*; Eigenmächtigkeit *f*
sạmovōljan eigenwillig; willkürlich; eigenmächtig
sạmozvān (-o) *iron.* selbsternannt
samọživ → ***samoljụbiv***
sạmrt (-i; *ISg* -rću) *f* Tod *m*; ***na ~i*** auf dem Totenbett; → ***smṛt***
sạmrtan → ***smṛtan***
sạmūr *1 Zool.* Zobel *m*
sạn (snạ; *Pl* snọvi/snị) Schlaf *m*, Traum *m*; ***~ hvạtā*** (*G*) die Augen fallen (*D*) zu; ***~ pravẹdnika*** *fig.* Schlaf des Gerechten; ***họdati ụ snu*** schlafwandeln; ***kao ụ snu*** *fig.* wie im Schlaf; ***ni ụ snu*** *fig.* nicht (*einmal*) im Traum; ***spạvati tvṛdīm snọm*** tief *od.* fest schlafen; ***zạnijēti ụ ~*** einnicken; ***zīmskī ~*** Winterschlaf *m*; *fig.* Dornröschenschlaf *m*
sanā̤cija Heilung *f*, Sanierung *f*; ***~ grā̤da*** Stadtsanierung *f*
sanạtorīj (-ija) Sanatorium *n*, Heilanstalt *f*
sandụčić *Dim v.* ***sạnduk***
sạnduk Kiste *f*; Truhe *f*; ***mṛtvačkī ~*** Sarg *m*; ***pọštanskī ~*** Briefkasten *m*; ***tọvārnī ~*** (*LKW*) Ladefläche *f*
sangvịničan sanguinisch, lebhaft, temperamentvoll
sangvịnik Sanguiniker *m*, lebhafter, temperamentvoller Mensch

S

sạnijēti (-nęsēm; -nio, -njela) (**-nositi**) herunterbringen, herbeitragen, zusammentragen
sanịrānje → ***sanạcija***
sanịrati *5 ipf/pf Betrieb* sanieren; *Krankheit, Wunde* heilen
sạnitār|an sanitär, Sanitär-; ***~nī ụredāji*** sanitäre Anlagen
sanịtēt *1 Mil.* Sanitäter *m*; Gesundheitspersonal *n* (*beim Militär*)
sanịtetskī Sanitäts-
sạnkcija *Pol.* (*Wirtschafts-*)Sanktion *f*; *Jur.* Strafsanktion *f*; Genehmigung *f* (*durch übergeordnete Behörde*)
sanktionịrati *5 ipf/pf* sanktionieren, bestätigen; gutheißen
sạnljiv → ***sạnjiv***
sạ̄nta Eisscholle *f*; Eisberg *m*
sạ̄njānje Träumen *n*; Träumerei *f*; Schwärmen *n*
sạnjār *1* (*V* -u) Träumer *m*, Schwärmer *m*
sạ̄njati träumen (**o** *L*/von *D*); **~ *sạn*** e-n Traum haben (*a. fig.*)
sạnjiv schläfrig, verschlafen, schlaftrunken
sạ̄njkānje Schlittenfahren *n*, Rodeln *n*
sạ̄njke *f/Pl* Schlitten *m*
sạobraćāj Verkehr *m*; Verkehrswesen *n*; **~ *na cęstama*** Straßenverkehr *m*; ***avịōnskī* ~** Flugverkehr *m*; ***pọ̄štanskī* ~** Postverkehr *m*; ***prạvila ~a*** Verkehrsregeln *Pl*; ***pụ̄tničkī* ~** Personenverkehr *m*; ***tẹretnī* ~** Güterverkehr *m*
saobraćạ̄jac (-ājca) Verkehrspolizist *m*
sạobraćājn|ī Verkehrs-; ***~ī čvọ̄r*** Verkehrsknotenpunkt *m*; ***~ā nẹsreća*** Verkehrsunfall *m*; ***~ī znạ̄k*** Verkehrszeichen *n*
saobraćạ̄jnica Verkehrsader *f*; Verkehrsweg *m*
sạobraćati *Zug, Bus*: verkehren
saọne *f/Pl* → ***saọnice***
saọnice *f/Pl* Schlitten *m*
saọnīk Schlittenbahn *f*, Rodelbahn *f*
saopćạ̄vānje Kommunikation *f*; Mitteilung *f*; Verständigung *f*
saopćạ̄vati *5* → ***saọpćiti***
saopćẹ̄nje Mitteilung *f* (*D*/an *A*), Meldung *f*, Kommuniqué *n*
saọpćiti *5* (**-ćạ̄vati** *5*) mitteilen, melden; benachrichtigen, informieren
sạosjećaj, -sjećati *sb.* → ***sụosjećāj***
sạ̄pa Atem *m*, Hauch *m*; Dampf *m*
sạpēt (*Person*) gehemmt
sạpēti (-pnēm) (**-pinjati**) (an)spannen; (enger) schnallen; knöpfen; straffen
sạ̄pi *f/Pl* Kruppe *f* (*beim Pferd*)
sapịnjača Riemen *m*, Senkel *m*
sạpinjati (-jēm) → ***sạpēti***
saplẹsti (-ętēm) *pf* → ***splẹsti***
sạpletati (-ećēm) → ***splẹtati***
sạ̄pnica *Tech.* Düse *f*
sapọtpis, -sati *sb.* → ***supọtpis***
sạpnēm *1. Pers Sg v.* ***sạpēti***
sạpūn *1* Seife *f*; **~ *za brijānje*** Rasierseife *f*; ***brijati bez ~a*** *fig.* das Fell über die Ohren ziehen (*G*/*D*)
sapụnati [**na-**] einseifen
sapụnica Seifenwasser *n*, Seifenschaum *m*
sạputnik *sb.* → ***sụputnīk***
sạ̄ra Stiefelschaft *m*
sạrādnīk *sb.* → ***sụrādnīk***
sarạ̄dnja *sb.* → ***surạ̄dnja***
saradịvati (-ạđujēm) *sb.* → ***suradịvati***
sạrāj *1 Turz.* Serail *n*
sạrdela Sardelle *f*
sardịn|a Sardine *f*; ***zbijenī kao ~e*** eng *od.* dichtgedrängt wie die Sardinen
sạrdūn *1* Hering *m*
sarkạstičan sarkastisch
sarkạzam (-zma) Sarkasmus *m*
sarkọfāg *1* Sarkophag *m*
sạ̄rma *Kochk.* Kohlroulade *f*, Krautwickel *m*
Sạs → ***Saksọ̄nac***
sạ̄sa Anemone *f*, Windröschen *n*
Sạskinja → ***Sạksōnka***
sasijẹcati *5/7* → ***sạsjeći***
sạsjeći (-ijęčēm, -sjekao, -kla) (**-sijẹcati** *5/7*) zerschneiden, zerstückeln, *Zweige* aushauen
saslušạ̄nje *Jur.* Verhör *n*, Vernehmung *f*; ***unạkrsnō* ~** Kreuzverhör *n*
sạslušati (**-ạ̄vati** *5*) *Jur.* verhören, anhören
saslušạ̄vānje → ***saslušạ̄nje***
sạsma → ***sạsvīm***
sạspēm *1. Pers Sg v.* ***sạsūti***
sạstajalīšte Treffpunkt *m*, Sammelplatz *m*
sạstajati se (-jēm se) → ***sạstati se***
sạstanak (-ānka) Zusammenkunft *f*, Treffen *n*, Sitzung *f*; Versammlung *f*; Rendezvous *n*
sạstati (-anēm; -stao, -ala) (**-ajati**) treffen, begegnen; **~ *se*** sich treffen, sich

versammeln; *Flüsse*: zusammenfließen; *Gremium*: tagen
sậstav Zusammensetzung *f*, Gestaltung *f*, Aufbau *m*, Struktur *f*, Gefüge *n*; (*Schul-*)Aufsatz *m*; **~ mọmčādi** *Sp.* Mannschaftsaufstellung *f*; **~ tụžbē** Abfassung e-r Klageschrift
sạstavak (-āvka) Naht *f*; (*schriftlicher*) Aufsatz *m*; Essay *m*
sạstavina Bestandteil *m*
sạstaviti (**-vljati**) zusammenstellen, zusammensetzen, zusammenfügen; *Brief* aufsetzen; *Maschine* zusammensetzen *od.* -bauen; *Plan* entwerfen; *Protokoll* aufnehmen; *Rechnung* erstellen; *Schriftstück* verfassen; **~ se** zusammenkommen; **sạstavljati krậj s krạjem** *fig.* (*finanziell*) so gerade über die Runden kommen
sastạvljāč *1* (*Buch*) Verfasser *m*; (*Musik*) Komponist *m*
sạstavljānje Zusammenstellen *n*, Zusammensetzen *n*; Abfassen *n*
sạstavljati → **sạstaviti**
sậstavnī wesentlich; integrativ; integrierend; **~ dịo** Bestandteil *m*
sạstići *sb.* → **sụstići**
sậstojak (-ōjka; *Pl* -ōjci) Bestandteil *m*
sậstojati se (-jīm se) bestehen (**od** *G*/aus *D*), zusammengesetzt sein (aus *D*)
sậstojina Bestand *m*; Bestandteil *m*, Ingredienz *f*
sastrụ̄gati (sạstrūžēm) *pf* abkratzen, wegkratzen, abschaben
sasụ̄šiti se *5 pf* austrocknen, ausdörren
sasụ̄ti (sạspēm; -suo) (**-sipati**) ausschütten, ausgießen; eingießen; **~ piję̣sak u ọči** *fig.* Sand in die Augen streuen; **~ pọgrde** mit Schimpfworten überschütten (**na** *A*/*A*); **~ zụ̄be ụ grlo** F die Schnauze einschlagen
sasvīm *Adv* völlig, vollkommen, ganz; **~ pọgrešno** grundfalsch
sašiti (-ijēm; -šit/-šịven *6*) (**-šịvati** *5*) zusammennähen
sật[1] (sạtovi/sậti) Uhr *f*; Stunde *f*; **dậvati ~ove** (*Unterrichts-*)Stunden geben; **gụbiti ~e** Zeit verlieren; **nạviti ~** Uhr aufziehen; **rụčnī ~** Armbanduhr *f*; **sịtnī ~i** Stunden nach Mitternacht; **znạti koliko je ~i** *fig.* wissen, was die Uhr geschlagen hat
sật[2] → **sạće**
sạtarēm *1. Pers Sg v.* **sạtrti**

satẹlīt *1* Satellit *m*; Begleiter *m* (*a. scherzh.*); **telekomunikạcījskī ~** Nachrichtensatellit *m*
satẹlitskī Satelliten-
sạtēn *1* Satin *m*
sạtīr *1* Satyr *m*
satịra *Lit.* Satire *f*
sạtirati (-rēm) → **sạtrti**
satịričan satirisch
satịričar (*V* -u/-e) Satiriker *m*
satịričkī → **satịričan**
satịrīk → **satịričar**
sạtirsk|ī Satyr-; **~ā ịgra** Satyrspiel *n*
satisfạkcija Satisfaktion *f*, Genugtuung *f*
sạtjerati (**-ịvati**) eintreiben; (*v. a. Vieh*) zusammentreiben, heruntertreiben; **~ u tję̣snac** *fig.* in die Enge treiben
satjerịvati (-ẹrujēm) → **sạtjerati**
sạtkati *pf* zusammenweben
sậtnī Uhr(en)-, Stunden-
sậtnica[1] Stundenlohn *m*
sậtnica[2] Stundenplan *m*
sạtnīk *Mil.* Kapitän *m*
sậtnina → **sậtnica**[1]
sạtrti (-trēm/-terēm; *Imp* sạtri/satạri sạtro, -trla; -trt/-trven *6*) (**-tịrati**) zerreiben, zerschmettern (*a. fig.*); vernichten
sạučenica, -nīk *sb.* → **sụučenica, -nīk**
sạučesnīk, -stvovati *sb.* → **sụučesnīk, -stvovati**
sạučešće Mitgefühl *n*; Beileid *n*; → **sažaljẹ̄nje**
sạv (svạ, svẹ; *G* svẹga) all(er); ganz(er), vollständig; **~ i jẹdan** *fig.* durch die Bank; **~ ị sva** *fig.* alles mögliche; **Svị Svẹtī** *Rel.* Allerheiligen *n*; **svẹ u svẹmu** alles in allem; **u ~ mạh** aus Leibeskräften
Sậva *Geogr.* Save *f*
sậvez Bund *m*, Bündnis *n*, Union *f*, Verband *m*, Allianz *f*; **~ nậroda** Völkerbund *m*; **~ ọmladinē** *hist.* Jugendverband *m*; **sịndikālnī ~** Gewerkschaftsbund *m*
sậvezn|ī Bundes-; **~ā skụpština** (*Jugoslawisches*) Bundesparlament *n*; **~ō vijẹće** *7* Bundesrat *m*
sậvezničkī Bündnis-, Alliierten-
sậveznīk Verbündete(r) *m*, Alliierte(r) *m*
savịjāč *1 Tech.* Falzer *m*; *Anat.* (*Muskel-*)Beuger *m*

savịjača *Kochk.* Strudel *m*
savịjānje Biegen *n*; Beugen *n*; (*Papier*) Falzen *n*; (*Rücken*) Krümmen *n*
savịjati *5* → **sạviti**
sạviti (-ijēm; -vio, -vīla; -vit/-vịjen *6*) (**-vịjati** *5*) biegen; beugen; krümmen; zusammenlegen; *Haken* krümmen; *Papier* falten; *Wäsche* zusammenlegen; *Zigarette* drehen; **~ se** sich krümmen (**od bọlovā** vor Schmerzen)
savịtljiv biegsam, geschmeidig; *fig.* flexibel
savịtljivōst (-osti; *ISg* -osti/-ošću) *f* Biegsamkeit *f*, Geschmeidigkeit *f*; Flexibilität *f*
sậvjesnī → **sậvjestan**
sậvjesnōst (-osti; *ISg* -osti/-ošću) *f* Gewissenhaftigkeit *f*, Gründlichkeit *f*
sậvjest *f* Gewissen *n*; **~ grīžē** *od.* **pẹčē** (*G*) *fig. j-d* hat Gewissensbisse; **bẹz ~i** gewissenlos; **mịrnē ~i** ruhigen Gewissens
sậvjestan (-sno) gewissenhaft, genau, gründlich
sậvjet Ratschlag *m*, Rat *m* (*auch Gremium*); **grạdskī ~** Stadtrat *m*; **po ~u** auf Anraten; **rạdničkī ~** Arbeiterrat *m*, Betriebsrat *m*
sậvjetnīk (*Titel*) Rat *m*; Ratgeber *m*, Berater *m*, **dvọrskī ~** Hofrat *m*; **pọreznī ~** Steuerberater *m*; **tṛgovačkī ~** *hist.* Kommerzienrat *m*; **vọ̄jnī ~** Militärberater *m*
savjetodậvac (-vca) *2* Ratgeber *m*, Berater *m*
sạvjetodāvnī beratend; **sa ~m glậsom** mit beratender Stimme
sậvjetovalīšte Beratungsstelle *f*
sậvjetovānje Beraten *n*; Beratung *f*, Besprechung *f*
sậvjetovati (-tujēm) raten, beraten, e-n Rat geben; **~ se** sich beraten
sạvkolik ganz, gänzlich; all
savlậd|ati, -ạvānje, -ạvati → **svlậdati, -dậvānje, -āvati**
sạvremen (-o) *sb.* → **sụvremen**
sạvršen (-o) vollendet, vollkommen, perfekt
sạvršenōst (-osti; *ISg* -osti/-ošću) *f* Vollkommenheit *f*, Vollendung *f*, Perfektion *f*
savršẹ̄nstvo → **sạvršenōst**
sazịdati *5 pf* erbauen, errichten
sậziv Einberufung *f* (*Parlament*)
sazịvānje → **sậziv**
sazịvati *5* → **sạzvati**
saznậnje Erkenntnis *f*; Einsicht *f*
sạznati (**-ậvati**) erfahren; erkennen
saznậvati (sạznajēm) → **sạznati**
sazọvēm *1. Pers Sg v.* **sạzvati**
sạzreo (-elo) reif; gereift
sạzreti (-rēm/-rīm; -zreo/-zrio) (**-zrijẹvati** *5/7*) reif werden, heranreifen; *Kind*: heranwachsen
sạzvati (-zọvēm; -zvao, -āla) (**-zịvati**) zusammenrufen; *Parlament* einberufen
sạzvijẹ̄žde *Astr.* Sternenhaufen *m*
sạzvuk *Mus.* Akkord *m*
sạžaliti se bedauern (**nad** *I*/*A*) bemitleiden; sich erbarmen (*G*)
sažaljẹ̄nj|e Mitleid *n*, Mitgefühl *n*, **vrijẹdan ~a** bedauernswert
sạžeći (-ẹžēm; -egao, -gla; -žẹžen *6*) (**-žịmati**) verbrennen, abbrennen, niederbrennen
sạženēm *1. Pers Sg v.* **sạgnuti**
sạžēt kurz gefaßt, zusammengefaßt, gedrängt; *Bericht*: kurz, gedrängt
sažẹ̄tak (-ētka; *Pl* -ēci) Zusammenfassung *f*
sạžēti (-žmēm; -žeo, -ēla; -žēt) (**-žịmati**) zusammenfassen, sich kurz fassen; **~ ramẹnima** mit den Achseln zucken
sažimānje Zusammenfassen *n*, Zusammenfassung *f*; *Gr.* Konstruktion *f*
sažịmati (-ām/-ịmljēm) → **sạžēti**
sažịvjeti se (sạžīvīm se; -vio se, -vjela se) (**-življậvati se** *5*) sich einfühlen, sich einleben, sich akklimatisieren, sich gewöhnen (**s** *I*/an *A*)
sạžmēm *1. Pers Sg v.* **sạžēti**
sažvậkati (sạžvāčēm) *pf* (zer)kauen
scẹn|a Szene *f*; Bühne *f*; **naprậviti ~u** *fig.* e-e Szene machen
scẹnārịj (-ija) Szenarium *n*
scenẹrija Szenerie *f*; Bühnendekoration *f*
scenọgraf Bühnenbildner *m*
scenogrạfija Bühnenbild *n*
scẹ̄nskī Bühnen-, Szenen-
se *Refl. pron* (*enkl*) sich; man
sẹānsa Seance *f*; (*spiritistische*) Sitzung *f*
sẹbe *Refl. pron betonte Form G, A* sich; *D* sẹbi; *I* sọbom; **bịti vạn ~** außer sich sein; **razụmijē sạm po sẹbi** das versteht sich von selbst; **sạmo po sẹbi** an und für sich; **smijati se ụ sebi** sich ins Fäustchen lachen

sebeljubiv → ***sębičan***
sębičan egoistisch, eigensüchtig, selbstsüchtig
sębičnōst (-osti; *ISg* -osti/-ošću) *f* Egoismus *m*, Selbstsucht *f*
sębičnjāk Egoist *m*
secęsija Sezession *f*, Abtrennung *f*
secīrānje Leichenöffnung *f*, Sezieren *n*
secīrati *5 ipf/pf* sezieren, e-e Leiche öffnen
sędam sieben
sedamdęsēt siebzig
sedamdesetogodišnjāk Siebzigjährige(r) *m*
sedamdesetogodišnjī siebzigjährig
sedamdesetogodišnjica siebzigjähriges Jubiläum; siebzigster Jahrestag
sedamnaest siebzehn
sedamnaestī siebzehnte(r)
sedamnaestogodišnjī siebzehnjährig
sędamstō siebenhundert
sedamstogodišnjī siebenhundertjährige(r)
sędamstōtī siebenhundertste(r)
sędef Perlmutt *n*
sedīment Sediment *n*
sedimentācija Sedimentation *f*, Ablagerung *f*; ~ ***krvi*** *Med.* Blutsenkung *f*
sędimentāran sedimentär
sedimentīrati se *5 pf* sich ablagern
sędlār *1* (*V* -u) Sattler *m*
sędlast sattelförmig, sattelartig
sędlati [o-] satteln, Sattel auflegen
sędlo (*GPl* -dālā) Sattel *m*; ***gorskō*** ~ Gebirgspaß *m*
sedmērac (-rca) Heptameter *m*, siebenfüßiger Vers
sędmero sieben (*Männer und Frauen*)
sedmerokatnica siebenstöckiges Haus
sedmerokut Siebeneck *n*
sędmī siebte(r)
sędmica Sieben *f* (*Ziffer*; *Spielkarte*); *sb.* Woche *f*
sędmičnī *sb.* wöchentlich, Wochen-
sedmogodišnjī siebenjährig
sedmomjęsečnī siebenmonatig, Siebenmonats-
sedmoljetnī siebenjährig
sędmoro → ***sędmero***
sedmoškōlac (-lca) *2* Siebtkläßler *m*
sęgment Segment *n*, Abschnitt, Teilstück
segmentācija Segmentierung *f*
sęgnuti (-gnēm; -gao, -gla) (**sęzati**) langen, reichen (***do*** *G*/bis *D*), sich erstrecken (auf *A*)
seizmičkī seismisch
sēja, sēka Schwesterchen *n*
sękcija Sektion *f*, Abschnitt *m*, Abteilung *f*
sekīrati *5 ipf/pf* ärgern, belästigen; ~ **se** sich ärgern, sich aufregen
sekrętār *1* (*V* -u/-e) Sekretär *m*
sekretārica Sekretärin *f*
sekretarijāt *1* Sekretariat *n*
sęks Sex *m*
sęksuālan sexuell, Sexualitäts-
sękta Sekte *f*
sęktaškī sektiererisch
sękundāran sekundär, zweitrangig
sekundīrati *5 ipf/pf* sekundieren, j-n unterstützen; j-m beipflichten
sekutić *Anat.* Schneidezahn *m*
sekvęla Folge(erscheinung *f*) *f*
sekvęncija Sequenz *f*
sęlce → ***sęoce***
sēle → ***sēja***
selękcija Selektion *f*, Auslese *f*
sęlica: ***ptica*** ~ Zugvogel *m*
sęlidba (*GPl* -dābā/-dbī) Übersiedlung *f*; Auswanderung *f*; ~ ***ptīcā*** Vogelzug *m*
selīšte Siedlungsstätte *f*, Ansiedlungsplatz *m*
sęliti (se) [pre-] übersiedeln, umsiedeln, auswandern
sęl|o Dorf *n*, Land *n* (*als Ggs. zu Stadt*); ***na*** ~***u*** auf dem Land; ***špānskā*** ~***a*** *fig.* böhmische Dörfer
sęlskī → ***sęoskī***
sęljāčk|ī bäuerlich, Bauern-; ~***ō gospodārstvo*** Bauernhof *m*; ~***ī rat*** *hist.* Bauernkrieg *m*; ~***ā stranka*** *hist.*, *Pol.* Bauernpartei *f*; ~***ā zādruga*** Landwirtschaftsgenossenschaft *f*
sęljāk *1* Bauer *m*; Dorfbewohner *m*
seljakinja Bäuerin *f*; Dorfbewohnerin *f*
seljakuša *abw.* Bauerntrampel *n*
seljanin (*Pl* -āni) Dorfbewohner *m*
sęljānka (*D* -ki; *GPl* -kī) Dorfbewohnerin *f*
seljāštvo Bauernschaft *f*; Bauerntum *n*
seljēnje Umsiedeln *n*, Wegzug *m*
sęm *Präp* (*G*) → ***osim***
sęmafōr *1* Verkehrsampel *f*; Eisenbahnsignal *n*; *Sp.* Anzeigetafel *f*
sęmestar (-tra) Semester *n*, (*Studien-*) Halbjahr *n*
sęmestrālan Semester-

S

seminār *1* Seminar *n*; Kurs *m*; Priesterseminar *n*
seminarist(a) *m* (*Priester-*)Seminarist *m*
sėminārskī Seminar-
sėmitskī semitisch
sėnāt *1* Senat *m*; ***sudbenī*** ~ Richterkollegium *n*
sėnātor Senator *m*
sėnātskī Senats-
sėndvič Sandwich *n*
sėnf Senf *m*; ***blāgī*** ~ milder Senf
sėnīlan senil, greisenhaft
senīlnōst (-osti; *ISg* -osti/-ošću) *f* Senilität *f*
sėntimentālan sentimental, rührselig
senzācija Sensation *f*; *Psych.* Empfindung *f*
sėnzacionālan sensationell
sėnzāl *1* (*Börsen-*)Makler *m*
sėnzibīlan sensibel, empfindsam, feinfühlig
senzibīlnōst (-osti; *ISg* -osti/-ošću) *f* Sensibilität *f*, Empfindsamkeit *f*, Feinfühligkeit *f*
sėnzitīvan sensitiv, empfindlich
seoba (*Völker-*)Wanderung *f*; Umzug *f*; Übersiedlung *f*; ~ ***nārodā*** *hist.* Völkerwanderung *f*
sėoce (-ca/-ceta) *Dim v.* ***sėlo***
sėoskī dörflich, Dorf-; ländlich, Land-, ~ ***knēz*** *hist.* Dorfschulze *m*
separācija Separation *f*, Absonderung *f*
separāt *1 Typ.* Sonderdruck *m*
sėparātan separat, Separat-, einzeln; Sonder-
separatist(a) *m* Separatist *m*
separatističkī separatistisch
separatizam (-zma) Separatismus *m*
separīrati *5 ipf/pf* separieren, absondern, trennen
sėpija → ***sipa***
sėpsa *Med.* Sepsis *f*, Blutvergiftung *f*
sėptēmbar (-bra) September *m*
sėptēmbarskī September-
sėptičan septisch
serenāda Serenade *f*
sērija Serie *f*, Reihe *f*, Folge *f*
sērījskī Serien-
sėriōzan seriös, gediegen, ernsthaft
serpentīna Serpentine *f*, (*Straßen-*)Kehre *f*
servijėta Serviette *f*
servīrati *5 ipf/pf* servieren

servīs[1] *1* Service *m*, Kundendienst *m*; (*Tennis*) Aufschlag *m*
servīs[2] *1* Service *n*, Tafelgeschirr *n*
sėstr|a (*V* -o; *GPl* -ārā) Schwester *f*; ***brąća i ~a*** Geschwister *Pl*; ***čąsnā ~a*** Ordensschwester *f*; ***mėdicinskā ~a*** Krankenschwester *f*; ***pątronāžnā ~a*** Betreuungsschwester *f*
sėstrica Schwesterchen *n*
sėstrična Nichte *f*
sėstrić Neffe *m*
sėstrin (-o) Schwester-, der Schwester gehörend
sėstrīnskī schwesterlich
sėstrīnstvo Schwesternschaft *f*
sėvdāh *1 Turz.* Liebe *f*; Liebeskummer *m*
sevdalinka (*GPl* -nkī/-nākā) (*bosnisches*) Liebeslied
sėzati (-žēm) → ***sēgnuti***
sezōna Saison *f*; ***mṛtvā*** ~ *fig.* Sauregurkenzeit *f*; ***pųnā*** ~ Hauptsaison *f*
sėzōnskī saisonal, Saison-; ~ ***rādnīk*** Saisonarbeiter *m*
sfinga (*GPl* -gā/-gī) Sphinx *f*
shėma Schema *n*, Muster *n*, Entwurf *m*
shematičan schematisch
shematīzirati *5 ipf/pf* schematisieren
shodan zweckmäßig, passend, angebracht
shodno *Präp* (*G*) gemäß (*D*), laut (*D*)
shodnōst (-osti; *ISg* -osti/-ošću) *f* Zweckmäßigkeit *f*, Zweckdienlichkeit *f*
shṛvati → ***sṛvati***
shvaćānje Auffassen *n*; Auffassung *f*; Begreifen *n*, Verstehen *n*
shvaćati → ***shvątiti***
shvątiti (-ćen) (**-ćati**) begreifen, auffassen, verstehen; ***krīvo*** ~ mißverstehen; ***olako*** ~ auf die leichte Schulter nehmen; ***tėško*** ~ schwer von Begriff sein
shvątljiv faßlich, faßbar, verständlich, begreiflich
si *Refl.pron* (*unbetonte Form zu* ***sebi*** (*D*)) sich
sibilant *Gr.* Sibilant *m*, Zischlaut *m*
Sibīr *1* Sibirien *n*
Sibīrac (-rca) *2* Sibirier *m*
Sibīrija → ***Sibīr***
sibīrskī sibirisch
Sicīlija Sizilien *n*
sići (sīđēm; sišao, -šla) (**silaziti**) absteigen, herabsteigen, heruntersteigen; aussteigen; heruntergehen; (*von Pferd,*

Wagen, Fahrrad) absteigen; (*aus Bahn, Bus*) aussteigen; ~ **s̨ ụ̄ma** *fig*. aus dem Sinn gehen; **pọmoći** ~ herunterhelfen
sịćūšan winzig, sehr klein; *fig*. kleinlich
sịdrenjāk Ankertau *n*; Ankerkette *f*
sịdrēnje Ankern *n*
sịdro (*GPl* -dārā) Anker *m*; **bạ̄citi** ~ vor Anker gehen; **dịći** ~ Anker lichten
sịfilis Syphilis *f*
sifilịtičan syphilitisch
sifilịtičar Syphilitiker *m*
sịfōn *1* Syphon *n*
sịga Tropfstein *m*, Sinter *m*
sịgnāl *1* Signal *n*, Zeichen *n*
signalịzirati *5 ipf/pf* signalisieren
signatụra Signatur *f*
sịgnifikantan signifikant, bedeutsam
sịgūr|an sicher, zuverlässig
sịgūrno sicher, gewiß, bestimmt
sigụrnosn|ī Sicherheits-, Sicherungs-, **~ā brạva** Sicherheitsschloß *n*; **~ī pọjās** *Kfz*. Sicherheitsgurt *m*
sigụrnōst (-osti; *ISg* -osti/-ošću) *f* Sicherheit *f*, Gewißheit *f*; **slụžba ~i** Sicherheitsdienst *m*
sịjāč *1* Sämann *m*
sijạčica Säerin *f*; Sämaschine *f*
sịjaći Sä-
sịjalica *sb*. Glühbirne *f*
sịjānje[1] Säen *n*; Anbau *m*
sịjānje[2] Leuchten *n*, Glänzen *n*
sijạ̄set Unmenge *f*, Masse *f*
sịjati[1] (-jēm) **[po-]** säen; anbauen; *Mehl* sieben; *fig*. *Zwietracht* säen
sịjati[2] → **sjạti**
sịječanj (-čnja) Januar *m*
sijẹ̄čēm *1. Pers Sg v*. **sjẹ́ći**
sịjed *7* (*Haar*) grau, weiß
sijẹdjeti (-īm; -dio, -djela) *7 Haare*: grau, weiß werden
sịjen|o (*Pl* siję̄na) Heu *n*; **plạ̄št ~a** Heuschober *m*
sijẹvānje *7* Blitzen *n*, Wetterleuchten *n*
sijẹvati *5/7* blitzen, leuchten, wetterleuchten
sijẹvnuti (sịjevnēm) *7 pf* aufblitzen, aufleuchten; **mị̄sao sijẹvnuo krọz glāvu** ein Gedanke schoß durch den Kopf
sịktati (-kćēm) zischen
sịl|a Kraft *f*, Macht *f*, Stärke *f*; **~a zā̆štitnica** Schutzmacht *f*; **grụ̄ba ~a** rohe Gewalt; **ịz svīh ~ā** aus Leibeskräften; **kọnjskā ~a** *Kfz*. Pferdestärke *f*; **nije ~ē** es eilt nicht; **nạ̄pēti sve ~e** alle Kräfte anspannen; **obrạmbenā ~a** Wehrmacht *f*; **osọvinskē ~e** *hist*. Achsenmächte *Pl*; **prịrodnā ~a** Naturgewalt *f*; **rạ̄dnā ~a** Arbeitskraft *f*; **svọ̄m ~ōm** mit aller Kraft; **vẹlikā ~a** *Pol*. Großmacht *f*; **vịšā ~a** *Jur*. höhere Gewalt
sị̄lan stark; (*Wind*) heftig; (*Reichtum*) immens; (*Licht*) grell
sịlazak (-ska) Abstieg *m*, Herabsteigen *n*
sịlazan (ab)fallend, absteigend
sịlaziti → **sị́ći**
sịlažēnje → **sịlazak**
sịledžija *m* Gewalttäter *m*; Raufbold *m*
silẹsija Unmenge *f*, Masse *f*
sịliti (-ljen) **[pri-]** zwingen, nötigen, drängen; ~ **se** sich zwingen
sị̄lnica *Phys*. Kraftlinie *f*, Feldlinie *f*
sị̄lničkī gewalttätig, gewaltsam, tyrannisch
sịlnīk Gewaltherrscher *m*, Tyrann *m*, Despot *m*
sị̄lno *Adv* gewaltig; heftig; kraftvoll
silogịzam (-zma) Syllogismus *m*
sịlōm mit Gewalt, unter Zwang, zwangsweise
sịlovānje Vergewaltigung *f*, Notzucht *f*
sịlovati (-ujēm) vergewaltigen; Gewalt antun
silọvit gewalttätig, gewaltig, wuchtig
siluẹta Silhouette *f*
simbiọ̄za Symbiose *f*
sịmbōl *1* Symbol *n*, Sinnbild *n*
simbọličan, -čkī symbolisch
simbọlika Symbolik *f*
simbolịzam (-zma) Symbolismus *m*
simbolizị̄rati *5 ipf/pf* symbolisieren
simetrạ̄la Symmetrieachse *f*
simẹtričan symmetrisch
simẹtrija Symmetrie *f*
simfọničār Symphoniker *m*
simfọnija Symphonie *f*
simfọnījskī symphonisch; Symphonie-
simpạtičan sympathisch
simpạtija Sympathie *f*; **ọvā je cụra mọja** ~ *fig*. dieses Mädchen ist mein Schwarm
simpatịzēr *1* (*V* -u) Anhänger *m*, Sympathisant *m*
simpatizị̄rati *5 ipf/pf* sympathisieren
sịmpōzīj Symposium *n*, Tagung *f*
sịmptōm *1* Symptom *n*, Anzeichen *n*, Merkmal *n*
simptomạtičan symptomatisch
simụlant Simulant *m*

simulịrati *5 ipf/pf* simulieren, *Krankheit* vortäuschen
simụltān (-o) simultan, gleichzeitig
simụltānka (*Schach*) Simultanspiel *n*
simultạ̄nōst (-osti; *ISg* -osti/-ošću) *f* Simultaneität *f*, Gleichzeitigkeit *f*
sīn (*Pl* sịnovi/sịni) Sohn *m*; ***kụčkin*** *od.* ***pạsjī*** ~ *verä.* Hundesohn *m*; ***kūrvin*** ~ *verä.* Hurensohn *m*; ***mājčin*** *od.* ***mạ̄min*** ~ Muttersöhnchen *n*; ***nezạkonit*** ~ unehelicher Sohn; ***rọtkvin*** ~ Angsthase *m*; ***zạ̄konit*** ~ ehelicher Sohn
sịnak (sīnka; *V* sịnko/*poet.* sịnče) *Dim v.* ***sīn*** Söhnchen *n*
sindikạlist(a) *m* Gewerkschafter *m*
sindikalịzam (-zma) Syndikalismus *m*, Gewerkschaftsbewegung *f*
sịndikālnī gewerkschaftlich, Gewerkschafts-
sindịkāt *1* Gewerkschaft *f*
sịngulār *Gr.* Singular *n*, Einzahl *f*
sịngulāran singulär, vereinzelt
sinhrọničan synchron, gleichzeitig verlaufend
sinhrọnija Synchronie *f*
sinhronizạ̄cija Synchronisierung *f*
sinhronizịrati *5 ipf/pf* synchronisieren
sịnōć gestern abend
sịnoćnjī von gestern abend
sịnōd *1* (*orthodoxe*) Synode *f*
sịnodālan synodal
sinọnīm *1* Synonym *n*
sinọniman synonym
sinọptičan synoptisch
sinọptičār Meteorologe *m*
sinọptičk|ī: ***~ā kạrta*** Wetterkarte *f*
sinọ̄vac (-vca) *2* Neffe *m*
sịnovskī Sohnes-
sintẹtičan synthetisch, Kunst-; ***~nā vlạ̄kna*** Kunstfaser *f*
sintẹtičkī → ***sintẹtičan***
sintẹtika Kunststoff *m*
sintetizịrati *5 ipf/pf* synthetisieren
sintẹ̄za Synthese *f*
sịnuti (-nēm) *pf* aufleuchten; *Sonne*: zu scheinen beginnen; *Gesicht*: (*vor Freude*) strahlen; ***sịnulo je*** (*D*) ***prẹd ọčima*** *fig.* j-m ist ein Licht aufgegangen
sịnj|ī blaugrau, gräulich; ***kạo ~ā kụkavica*** *fig.* wie ein Häufchen Elend
sịpa Tintenfisch *m*
sịpak (-pko) mürbe, bröckelig; locker
sịpati (-ām/-pljēm; *Imp* -paj/-plji) schütten, verschütten; streuen, ausstreuen; *Wein* einschenken; ***~ kạo iz rukạ̄va*** *fig.* aus dem Ärmel schütteln; ***~ pijẹsak ụ oči*** *fig.* Sand in die Augen streuen; ***~ ūlje u vạtru*** *fig.* Öl ins Feuer gießen; ***~ vạtru*** schießen, feuern; ***sịpā kạo iz kạbla*** *fig.* es gießt in Strömen
sīpiti *nur unpers Regen*: nieseln, tröpfeln
sịr (*Pl* -evi/-ovi) Käse *m*; ***ọvčjī*** ~ Schafskäse *m*; ***pạškī*** ~ Pager (*Schafs*-)Käse *m*; ***svjẹžī*** *od.* ***mlạ̄dī*** ~ Quark(käse *m*) *m*
sịrār *1* (*V* -u) Käsehändler *m*
sirạ̄rstvo Käserei *f*
sịrast käsig
sịrće (-eta) Essig *m*
sirẹ̄na Sirene *f*; Nebelhorn *n*; Hupe *f*
sịriti se *Milch*: gerinnen; verkäsen, zu Käse werden
sīrnica Quarkkuchen *m*; Käsekuchen *m*
sịrnjača Käsestrudel *m*
sịročād *f/Pl* Waisen *Pl*, Waisenkinder *Pl*
sirọče (-eta; *V* sịroče) Waise *f*, Waisenkind *n*
sirọmāh *1* (*V* -še) Arme(r) *m*, Mittellose(r) *m*
sirọmašan arm, ärmlich; mittellos; (*Mahlzeit*) kärglich, dürftig
sirọmašiti **[o-]** arm werden, verarmen
sirọmaškī → ***sirọmašan***
siromạ̄štvo Armut *f*; Mittellosigkeit *f*
sirọta Waise *f*, Waisenkind *n*
sirọtica Arme *f*, Verlassene *f*
sirọtinja Armut *f*; arme Leute *Pl*
sirọtīnjsk|ī Armen-, Waisen-; ***~ī dọ̄m*** Armenhaus *n*; ***~ā hrạ̄na*** Armenspeisung *f*; ***~ō ljẹto*** Altweibersommer *m*
sịrotīšte Armenhaus *n*; Waisenhaus *n*
sirotọvati (-ọtujēm) in Armut leben
sịrov roh, Roh-; frisch; unreif; unbearbeitet; ***~ā hrạ̄na*** Rohkost *f*
sirọvina Rohstoff *m*, Rohmaterial *n*; Rohprodukt *n*
sịrup Sirup *m*; ***pọput ~a*** sirupartig
sịrutka → ***sụrutka***
sịs|a Brust *f*, Busen *m*; ***dạti djẹtetu ~u*** e-m Kind die Brust geben; ***ọdbiti od ~ē*** *Kind* abstillen
sịsalica Pumpe *f*; Saugpumpe *f*; Saugröhrchen *n*, Pipette *f*
sisāljka → ***sịsalica***
sịsānje Saugen *n*, Lutschen *n*
sịsār *1* Säugetier *n*
sịsat vollbusig
sịsati (-sām/-šēm) **[ụ-]** saugen, lutschen; ***~ pạlac*** am Daumen lutschen

sisavac (-āvca) *Zool.* Säugetier *m*, Säuger *m*
sistēm *1* System *n*, Gliederung *f*, Ordnungsprinzip *n*; Staatsform *f*
sistematičan systematisch, geordnet, planmäßig
sistematika Systematik *f*
sistematizācija Systematisierung *f*
sistematizīrati *5 ipf/pf* systematisieren
sistematskī → ***sistematičan***
sit satt, gesättigt, ***biti ~*** satt sein; *fig.* satt haben (*G/A*), überdrüssig sein (*G*)
sit|an fein; feinkörnig; klein, winzig; Klein-; ***~nō blāgo*** Kleinvieh *n*; ***~an novac*** Kleingeld *n*; ***~nā riba*** *fig.* kleiner Fisch; ***~nā roba*** *fig.* Lappalien *Pl*
sitār Siebmacher *m*
sitast siebartig, Sieb-
sititi (sićen) **[za-]** sättigen, satt machen
sitnarija (*mst Pl*) Kleinkram *m*, Kleinigkeiten *Pl*
sitnica Kleinigkeit *f*, Bagatelle *f*, Lappalie *f*
sitničār Kleinhändler *m*, Krämer *m*, *fig.* Haarspalter *m*, Pedant *m*
sitničarija Krämerladen *m*
sitničāriti *5* Kleinhandel betreiben; *fig.* kleinlich *od.* pedantisch sein
sitničav kleinlich; engstirnig
sitničavōst (-osti; *ISg* -osti/-ošću) *f* Kleinlichkeit *f*, Pedanterie *f*
sitnina, sitnīš *1* Kleingeld *n*, Münzen *Pl*
sitniti **[u-]** zerkleinern, verkleinern; ***~ novac*** *Geld in Kleingeld* umwechseln
sitno *Adv* fein, klein
sitnoća Winzigkeit *f*
sitnozor Mikroskop *n*
sitnozrn, -zrnast feinkörnig, kleinkörnig
sito Sieb *n*; ***proći kroz ~ i rešeto*** *fig.* viel durchgemacht haben; mit allen Wassern gewaschen sein; ***staviti na ~ i rešeto*** *fig.* auf Herz und Nieren prüfen
sitōst (-osti; *ISg* -osti/-ošću) *f* Sattheit *f*
situacij|a Situation *f*, Sachlage *f*, Lage *f*; ***biti gospodār*** *od.* ***mājstor ~ē*** *fig.* Herr der Lage sein
situacījskī Situations-; ***~ plān*** Lageplan *m*
situīran (-o) situiert
situīrati *5 ipf/pf* unterbringen; ***~ se*** e-e (*berufliche*) Position einnehmen
sīv grau, aschgrau; → ***eminencija***
sīvac (-vca) graues Tier (*Esel*); Grauschimmel *m*
sivilo Grau *n*
sivkast gräulich
sivkomaslinast olivgrün, graugrün
sīvonja *m* grauer Esel; grauer Ochse; ***raditi kao ~*** arbeiten wie ein Pferd
sizati (-žēm) → ***sezati***
sižē (-ea) Sujet *n*; (*literarischer*) Stoff *m*
sjahati (-šēm) (**-īvati**) (*vom Pferd*) absteigen, absitzen
sjāj Glanz *m*; Schimmer *m*, Schein *m*; Pracht *f*, Prunk *m*; ***u punōm ~u*** *fig.* in voller Pracht
sjāj|an glänzend, schimmernd; strahlend; prachtvoll, prunkvoll; Glanz-; ***~nī uspjeh*** glänzender *od.* brillanter Erfolg
sjājiti se glänzen, strahlen (*a. fig.*)
sjājno *Adv* glänzend, ausgezeichnet, hervorragend
sjati (sjām) *Sonne*: scheinen; *Sterne*: funkeln; *Augen*: glänzen; ***~ od sreće*** vor Glück strahlen; ***~ se*** glänzen, strahlen, schimmern
sjatiti se *Menschen*: zusammenströmen, sich scharen
sjecīšte *Geom.* Schnittpunkt *m*
sjeckalica Hackmesser *m*; Fleischwolf *m*
sjeckati **[i-]** kleinhacken, zerhacken; schnitzeln
sječa Fällen *n*, Holzschlag *m*; (*Wald*) Hau *m*, Schlag *m*; *fig.* Gemetzel *n*
sječivo Klinge *f*; Schneide *f*; Hackgerät *n*
sječka Häcksel *m*, Schnittstroh *n*
sječkalica Häckselmaschine *f*
sjećānje Erinnerung *f*, Gedenken *n*, Gedächtnis *n*
sjećati (se) → ***sjetiti (se)***; ***koliko se sjećām*** soweit ich mich erinnere
sjeći (siječēm; sjekao, -kla; sječen) **[po-]** hacken, hauen; *Baum* fällen; *Brot* schneiden; *Holz* hacken; *Spielkarte* abheben; ***~ se*** sich schneiden; sich verletzen; *Briefe*: sich kreuzen; *Geom. Linien etc.*: sich (*über-*)schneiden
sjedalica Sitz *m*; Sitzplatz *m*
sjedalo → ***sjedalica***; ***stražnjē ~*** Rücksitz *m*
sjedati → ***sjesti***
sjedećī sitzend, im Sitzen
sjedine *f/Pl* graue *od.* weiße Haare
sjedīniti *5* (sjedīnjen) (**-njāvati** *5*) vereinen, einigen, vereinigen; *poet.* einen

sjȩdīnjen (-o) vereint, vereinigt; *Ẽ* ***Dŗžave Amȩrikē*** Vereinigte Staaten von Amerika
sjedinjȩ̄nje Vereinigung *f*, Verbindung *f*, Zusammenschluß *m*
sjȩdīšte (*Regierungs-*)Sitz *m*; Wohnort *m*
sjȩditi sitzen; ~ ***iza brạvē*** *od.* ***iza rešȩtākā*** *fig.* hinter Gittern sitzen; ~ ***kạo na įglama*** wie auf glühenden Kohlen sitzen; ~ ***na*** *od.* ***įzmeđu dvije stọlice*** *fig.* zwischen zwei Stühlen sitzen; ~ ***skŗštenīh rụ̄kū*** *fig.* die Hände in den Schoß legen
sjȩdjeti (-īm; -dio, -djela) → ***sjȩditi***
sjȩdnēm *1. Pers Sg v.* ***sjȩsti***
sjȩdnic|a Sitzung *f*, Versammlung *f*; Tagung *f*; ***dįći ~u*** Sitzung aufheben
sjȩdnuti (-nēm) *pf* → ***sjȩsti***
sjedọbrad graubärtig
sjedọglav, -ọkos grauhaarig
sjȩkāč *1* Stemmeisen *n*; ***mọtor-~*** Motorsäge *f*
sjȩkira Axt *f*; Beil *n*; ***pįjan kao ~*** *scherzh.* stockbesoffen; ***rạtnā ~*** Kriegsbeil (*a. fig.*)
sjȩkirīšte Axtstiel *m*; Beilgriff *m*
sjȩkotina Schnittwunde *f*
sjȩkutić *Anat.* Schneidezahn *m*
sjȩme (-mena; *Pl* -mȩna) Same(n) *m*; *fig.* Geschlecht *n*; ***bạ̄citi ~ mŗ̄žnjē*** Haß säen
sjemȩnār *1* Samenhändler *m*, Samenzüchter *m*
sjemȩnārnica Samenhandlung *f*
sjemeništạ̄rac (-rca) *Rel.* Seminarist *m*, Seminarschüler *m*
sjȩmenīšte (*Priester-*)Seminar *m*
sjȩmēnka Samenkorn *n*
sjemȩnjača Samenpflanze *f*
sjȩmēnje Saatgut *n*, Pflanzensamen *m*; Sämerei *f*
sjȩn|a Schatten *m*; Schattenbild *n*; ***bįti ~a*** (*G*) *fig. j-m* wie ein Schatten folgen; ***bįti u ~i*** (*G*) *fig.* im Schatten (*von j-m/etw.*) stehen; ***pọtisnuti u ~u*** *fig.* in den Schatten stellen
sjȩnara Heuboden *m*
sjȩnast schattenhaft; schattig
sjȩnčati [o-] schattieren; schraffieren
sjȩnčiti → ***sjȩnčati***
sjȩnica[1] *Zool.* Meise *f*
sjȩnica[2] (*Garten-*)Laube *f*; Laubhütte *f*
sjȩnīk *1* Heuboden *m*; Scheune *f*
sjȩnilo Lampenschirm *m*
sjȩniti Schatten geben *od.* spenden
sjȩ̄nka → ***sjȩna***
sjenọkos Mahd *f*, Heuschnitt *m*, Heuernte *f*
sjenọkoša (Heu-)Wiese *f*
sjenọvit schattig, schattenreich
sjȩsti (-dnēm; *Imp* sjȩdni; sjȩo, -ela) (**-dati**) sich setzen, sich hinsetzen, Platz nehmen; *Pferd, Thron* besteigen; ~ ***nạ dupe*** F von den Socken sein, verblüfft sein; ~ ***nạ glāvu*** F auf den Wecker gehen, auf die Nerven gehen
sjȩta Wehmut *f*, Schwermut *m*, Melancholie *f*
sjȩtan wehmütig, schwermütig, melancholisch
sjȩtilo Sinnesorgan *n*; ~ ***ụkusa*** Geschmackssinn *m*; ~ ***ọpipa*** Tastsinn *m*
sjȩtiti se (-ćati se) sich erinnern (*G*/an *A*), sich besinnen (auf *A*), gedenken (*G*); ***sjȩti se nas!*** denk an uns!
sjȩtva Saat *f*, Aussaat *f*
sjȩvēr Norden *m*
sjevȩ̄rac (-ērca) *2* Nordwind *m*; Nordländer *m*
sjȩvērnī nördlich, Nord-; → ***jȩlen, zvijȩzda***
sjȩvērnica Magnetnadel *f*
sjȩverno... Nord-
sjevȩ̄rnjača Polarstern *m*
sjevȩrnjạ̄čkī nordländisch
sjevȩrnjāk *1* → ***sjevȩ̄rac***
skạkāč *1* Springer *m* (*a. Schach*)
skạkānje Springen *n*, Hüpfen *n*
skakaọnica (*Wassersport*) Sprungbrett *n*, Sprungturm *m*; (*Ski*) Sprungschanze *f*
skạ̄kati (-čēm) **[skọčiti]** springen, hüpfen; *Preise*: steigen; ~ ***po glạ̄vi*** *fig.* auf der Nase herumtanzen; ~ ***s prȩ̄dmeta na prȩ̄dmet*** von e-m Thema zum anderen springen
skạkavac (-āvca) Heuschrecke *f*, Grashüpfer *m*
skakụtati (skạkućēm) hüpfen, herumhüpfen; herumtanzen; *Ball*: (*auf dem Boden*) aufspringen
skạ̄la Skala *f*; *Mus.* Tonleiter *f*
skạlpel Skalpell *n*
skalụpiti *pf* zusammenschustern, pfuschen
skạlje *f/Pl* (*GPl* skāljā) Holzspäne *Pl*, Hobelspäne *Pl*

skąmeniti se *pf* versteinern, zu Stein werden; ***ostati kao skąmenjen*** *fig.* wie versteinert dastehen
skąndāl *1* Skandal *m*; Ärgernis *n*
skandalīzirati *5 ipf*/*pf* zu e-m Skandal machen; **~ se** Anstoß nehmen (an *D*)
skąndalōzan skandalös
Skandinąvac (-vca) *2* Skandinavier *m*
Skandinávija Skandinavien *n*
Skandinávka (*D* -ki; *GPl* -kī) Skandinavierin *f*
skandinávskī skandinavisch
skandīrati *5 ipf*/*pf* skandieren
skąniti se *pf* sich entschließen
skanjīvati se (-ąnjujēm se) zaudern, zögern
skąpati (-ām/-pljēm) (**-pāvati** *5*) *Tiere*: umkommen, sterben; *fig.* verschmachten; **~ *od glādi*** verhungern
skąut Pfadfinder *m*
skęč (*Pl* -evi) Sketch *m*
skęla Fähre *f*; Fährboot *n*
skęlār *1* (*V* -u) Fährmann *m*
skęle *f*/*Pl* (*Bau-*)Gerüst *n*
skęledžija *m* Fährmann *m*
skęlet Skelett *n*
skępsa Skepsis *f*, Zweifel *f*
skepticizam (-zma) Skeptizismus *m*
skęptičan skeptisch
skęptik Skeptiker *m*
skica Skizze *f*; Entwurf *m*
skicīrati *5 ipf*/*pf* skizzieren, entwerfen
skīčati (-īm) schreien; quieken
skīdānje Herunternehmen *n*, Abnehmen *n*; Ablegen *n*; (*Rahm*) Abschöpfen *n*; (*Kleidung*) Ausziehen *n*
skīdati → ***skinuti***
skija Ski *m*
skijānje Skilaufen *n*, Skifahren *n*; **~ *na vodi*** Wasserski *n*
skijāš *1* (*V* -u) Skiläufer *m*
skijašica Skiläuferin *f*
skijāškī Ski-; ***~ō odijęlo*** Skianzug *m*
skijati se Ski fahren *od.* laufen
skije *f*/*Pl* Skier *Pl*; **tęrenskē ~** Langlaufskier *Pl*
skinuti (-nēm) (**skīdati**) herabnehmen, abnehmen; abstreifen; *Buch* (*vom Regal*) herunternehmen; *Jacke*, *Mantel* ablegen; *Brille*, *Deckel*, *Hut* abnehmen; *Kleidung*, *Schuhe* ausziehen; *Haut*, *Fell* abziehen; **~ *kąjmak*** *fig.* den Rahm abschöpfen; **~ *s fųnkcijē*** des Amtes entheben; **~ *s vrąta*** *fig.* vom Hals schaffen; ***ne ~ oko*** nicht aus den Augen lassen (**s** *G*/*A*); **~ se** sich ausziehen
skitānje Herumstreichen *n*, Herumstrolchen *n*, Landstreicherei *f*
skitati se (-tām se/-ćēm se) herumstrolchen, herumstromern, sich herumtreiben; vagabundieren
skitnica *m*/*f* Landstreicher(in *f*) *m*; Strolch *m*, Vagabund(in *f*) *m*
skitničkī vagabundierend, umherziehend, Vagabunden-
skląd Einklang *m*, Übereinstimmung *f*; *Mus.* Akkord *m*; ***biti u ~u*** in Einklang stehen **s** *I*/mit *D*); ***dovesti u ~*** in Einklang bringen; ***u ~u s propisama*** gemäß *od.* nach den Vorschriften; ***u ~u sa zākonom*** gesetzeskonform
sklądan ebenmäßig, gleichmäßig; in Einklang stehend; einträchtig, harmonisch
sklądānje *Mus.* Komponieren *n*
sklądatelj Komponist *m*
sklądati komponieren, vertonen
sklądba (*GPl* sklądbī/sklądābā) *Mus.* Komposition *f*
sklądīšnī Lager-
sklądištār Lagerist *m*; Lagerverwalter *m*, Lagermeister *m*
sklądīšte Lager *n*, Lagerhaus *m*; Vorratsraum *m*; Depot *n*, Magazin *m*
sklądnōst (-osti; *ISg* -osti/-ošću) *f* Einklang *m*, Harmonie *f*, Wohlklang *m*
skląnjānje Wegräumen *n*; *Gr.* Deklination *f*, Beugung *f*
skląnjati → ***skloniti***; *Gr.* beugen, flektieren
sklāpānje Zusammensetzen *n*; (*Geschäft*) Abschluß *m*; **~ *brāka*** Eheschließung *f*; **~ *mīra*** Friedensschluß
sklāpati → ***sklopiti***
sklępati *pf* zusammenpfuschen; *verä.* zusammenbasteln
sklerotičan sklerotisch, *Med.* verhärtet (*von Gewebe*), sklerotisch
sklerōza Sklerose *f*, Verkalkung *f*
skliskōst (-osti; *ISg* -osti/-ošću) *f* Glätte *f*
sklizāč *1* → ***klizāč***
sklizak (-sko) glatt, rutschig, schlüpfrig
sklizāljka Gleitbahn *f*, Rutschbahn *f*
sklīziti se (-žēm se) → ***skliznuti se***
sklizavica Glatteis *n*
skliznuti se (-nēm se; -nuo se) (**sklīziti**

S

se) rutschen, gleiten; *Auto*: ins Schleudern geraten; *Zug*: entgleisen
sklọn (-o) geneigt, gewogen, wohlwollend; ***bịti*** (*k-u*) ***sklọn*** *j-m* gewogen sein; ***bịti ~ bọlestima*** anfällig für Krankheiten sein; ***bịti ~ pịću*** e-n Hang zum Trinken haben
sklọnidba *Gr.* → ***sklạnjānje***
sklọnīšte Unterkunft *f*; Zufluchtsort *m*; Luftschutzkeller *m*; *Mil.* Unterstand *m*
sklọniti (**sklạ̄njati**) verstecken, verbergen; wegräumen; veranlassen, bewegen (***na*** *A*/ zu *D*) ~ **se** sich verstecken, sich verbergen; ***sklọni mi se s ọčijū!*** geh mir aus den Augen!
sklọnōst (-osti; *ISg* -osti/-ošću) *f* Neigung *f* (*D*/zu *D*), Vorliebe *f* (für *A*); Hang *m* (zu *D*); Gewogenheit *f*; Veranlagung *f* (für *A*)
sklọnuti (-nēm) *pf* → ***sklọniti***
sklọp Gefüge *f*, Verbindung *f*; Struktur *f*; ***rečęničnī ~*** *Gr.* Satzgefüge *n*; ***u ~u*** *fig.* im Rahmen (*G*/*G*)
sklọpiti (-pljen) (**sklạ̄pati**) zusammensetzen, montieren; falten; schließen; *Abmachung* treffen; *Augen* schließen; *Buch* zuklappen; *Bekanntschaft* schließen; *Geschäft* tätigen *od.* abschließen; *Hände* falten; *Maschine* montieren; *Ehe*, *Frieden*, *Bündnis*, *Vertrag*, (*Jur.*) *Vergleich* schließen
sklọpiv zusammenklappbar; zerlegbar; Falt-, Klapp-; ***~ī stọlac*** Klappstuhl *m*; ***~ā vrạta*** Falttür *f*
sklọpka (*D* -ci; *GPl* -kī) *El.* Schalter *m*
sklụpčati *pf* aufwickeln; ~ **se** sich zusammenrollen; sich zusammenkauern
skljọ̄kati se zusammenbrechen; *Med.* kollabieren
skọčiti (**skạ̄kati**) (hoch)springen, aufspringen; (*vor Schreck*) auffahren; (*vom Wagen*) abspringen; *Preise*: steigen; ***~ ụ grād*** *fig.* mal schnell in die Stadt gehen; ***~ izą sna*** aus dem Schlaf hochfahren; ***~ kao ọparen*** *fig.* wie von der Tarantel gestochen aufspringen; ***~ u ọči*** *fig.* ins Auge springen
skọjevac (-ēvca) *hist.* SKOJ-Mitglied *n* (*kommunist. Jugendverband*)
skọjēvka (*D* -ki; *GPl* -kī) *hist.* weibliches SKOJ-Mitglied
skọk (*Pl* -ovi) Sprung *m*, Satz *m*; ***~ s mọtkom*** Stabhochsprung *m*; ***~ ụdālj*** Weitsprung *m*; ***~ ụvīs*** Hochsprung *m*; ***~ u prạ̄zno*** *fig.* Sprung ins Ungewisse; ***dọ̄ći nạ ~*** *fig.* auf e-n Sprung vorbeikommen; ***kọnjskī ~*** (*Schach*) Rösselsprung *m*
skọknuti (-nēm) *fig.* e-n Sprung *od.* e-n Abstecher machen (***do*** *G*/zu *D*); e-n Sprung machen
skọnčati (**-čạ̄vati** *5*) sterben; **~ se** seinem Leben ein Ende setzen
skọpčan (-o) verknüpft (*a. fig.*); verbunden; zusammengekoppelt
skọpčati (**-čạ̄vati** *5*) verknüpfen, verbinden; zusammenkoppeln; F kapieren
skọr (*Pl* -ovi) Meßwert *m*; *Sp.* Punktzahl *f*
skọrašnjī baldig; (kurz) bevorstehend; neulich, kürzlich
skọrjeti se (-ī se; -rio se; -rjela se) *nur unpers* trocken werden; verkrusten
skọro bald, alsbald, demnächst; kürzlich, unlängst; beinahe, fast
skọrojević *scherzh.* Emporkömmling *m*, Neureiche(r) *m*
skorọstek *verä.* Neureiche(r) *m*
skorọteča *m* Eilbote *m*
skorpịōn *1* Skorpion *m*
skọrup Sahne *f*, Rahm *m*; ***skịdati ~*** *fig.* die Rosinen herauspicken
skọt Vieh *n*; Bestie *f* (*a. fig.*); Brut *f*
skọtnā (*nur f*) (*Tier*) trächtig
skotṛljati *pf* → ***kotṛljati***
skọvati (skụjēm; *Imp* skūj) *pf* schmieden; *Münze* prägen; *Komplott* schmieden; *fig. Ausdruck* prägen
skọvrčati (-īm) *pf* kräuseln, ringeln; lokken
skrạ̄ćen (-o) gekürzt; verkürzt; abgekürzt; ***~ō rạdnō vrijęme*** verkürzte Arbeitszeit
skraćęnica *Ling.* Abkürzung *f*
skraćę̄nje Abkürzung *f*; Kürzung *f*, Verkürzung *f*
skraćị̄vati (-ącujēm) → ***skrạ̄titi***
skrahịrati *5 pf* (*wirtschaftlich*) zusammenbrechen, bankrott gehen
skrạja am Rand, von der Seite (her); ***~-nạkrāj*** *fig.* von A bis Z
skrạ̄jnī äußerste(r); letzte(r); extrem
skrạ̄jnōst (-osti; *ISg* -ost/-ošću) *f* Äußerste(s) *n*, Extrem *n*; ***ịći u ~*** ins Extrem verfallen
skrạ̄titi (-ạ̄ćen) (**-aćị̄vati**) kürzen, abkürzen, verkürzen; ***~ razlọmak*** *Math.* Bruch kürzen; ***~ vrijęme*** sich die Zeit

S

vertreiben (*I od.* **u** *L*/mit *D*); **~ zą glāvu** *fig. j-n* e-n Kopf kürzer machen
skȓb (-i; *ISg* -blju) *f* Sorge *f*; Fürsorge *f*; Betreuung *f*; **sọcijālnā ~** Sozialfürsorge *f*
skȓban zuvorkommend, fürsorglich, besorgt
skȓbiti (se) sorgen (**za** *A*/für *A*); Sorge tragen (für *A*); sich kümmern (um *A*)
skrbnīk *Jur.* Vormund *m*; Pfleger *m*; Treuhänder *m*
skrbnīštvo Vormundschaft *f*; Pflegschaft *f*
skrẹ̄nuti (-nēm) (**-tati**) ablenken; abschwenken; abweichen; *Fahrzeug*: abbiegen; *Schiff*: abdrehen; *Gedanken*; *Aufmerksamkeit*; *Gespräch* lenken (**na** *A*/auf *A*); **~ pạmẽću** wahnsinnig werden; **~ s prȁvōga pȕta** vom rechten Weg abweichen
skrẹsati (-šēm) *pf Baum* abästen; *fig.* schimpfen; **~ ịstinu u lȋce** die Wahrheit ins Gesicht schleudern
skrẹ̄tānje Ablenken *n*, Ablenkung *f*; Abweichung *f*; Abschwenken *n*
skrẹ̄tati (-ćēm) → **skrẹ̄nuti**
skrẹ̄tnica *Esb.* Weiche *f*
skrẹ̄tničār *Esb.* Weichensteller *m*
skṛhati *pf* zerbrechen; *Widerstand* brechen; **~ vrạ̄t** das Genick *od. fig.* das Rückgrat brechen; **~ se** *itr* brechen, zerbrechen
skripta *n*/*Pl* Skripten *Pl*
skriti (-ijēm) *pf* → **sạkriti**
skrịvāč: ịgra ~a Versteckspiel *n* (*a. fig.*)
skrȋvānje → **sakrȋvānje**
skrȋvati *5* → **sạkriti**
skrivẹćkē *Adv* versteckt, insgeheim
skrịven (-o) verborgen, versteckt; geheim; latent
skrȋviti verschulden; *Schaden* anrichten; (*schuldhaft*) verursachen
skrịžāljka Tabelle *f*; Zahlentafel *f*; Kreuzworträtsel *n*
skṛletan scharlachrot
skrọb → **škrọb**
skrọjen (-o) *Part v.* **skrọjiti; dọbro ~** *fig.* gut gebaut
skrọjiti *pf Anzug*, *Kleid* zuschneiden
skrọman bescheiden, genügsam, anspruchslos, einfach; (*Lohn*) gering; (*Essen*) kärglich
skrọmnōst (-osti; *ISg* -ost/-ošću) *f* Bescheidenheit *f*, Genügsamkeit *f*, Anspruchslosigkeit *f*
skrọvīšte Versteck *n*, Schlupfwinkel *m*
skrọvit heimlich, verborgen, geheim; (*Ort*) abgeschieden
skrọvitōst (-osti; *ISg* -ost/-ošću) *f* Verborgenheit *f*, Heimlichkeit *f*; (*Ort*) Abgeschiedenheit *f*
skrọz durch; durchgängig, durchgehend; **~ glȗp** F saudumm; **~ nạskroz** durch und durch
skṛpati, -iti *pf* zusammenflicken, zusammenstückeln
skṛstiti (-šten) (**-štati**) *Arme*, *Beine* verschränken; → **sjẹditi**
skṛšen (-o) *Part v.* **skṛšiti**
skṛšiti *pf* brechen, zerbrechen; zermalmen; zerschmettern; **~ pṛste** *fig.* die Hände ringen
skrȕćen (-o) steif, erstarrt; fest; hart; (*Milch*) geronnen
skrućȋvānje Erstarren *n*; Starrwerden *n*; (*Milch*) gerinnen
skrućȋvati (-ụćujēm) → **skrȕtiti**
skrụpula Skrupel *m*
skrȗšen (-o) reuig, reumütig; zerknirscht; bußfertig; niedergeschlagen
skrȗšenōst (-osti; *ISg* -osti/-ošću) *f* Reumütigkeit *f*, Zerknirschtheit *f*, Niedergeschlagenheit *f*; Bußfertigkeit *f*
skrȗšiti se *pf* reumütig sein, Reue empfinden, bereuen
skrȕtiti (-ūćen) (**-ućȋvati**) erstarren lassen; steif *od.* starr machen; **~ se** erstarren; starr *od.* steif werden
skrȕtnuti se (-nēm se) *pf* → **skrȕtiti se**
skụcati (**-ạ̄vati** *5*) zusammenklopfen; zusammenhämmern; **~ pạre** *fig.* Geld zusammenkratzen
skučạ̄vati *5* → **skȕčiti**[1]
skȕčen (-o) beschränkt, beengt; (*Wissen*) begrenzt
skȕčiti[1] (**-učạ̄vati** *5*) einschränken; beengen, beschränken
skụčiti[2] *pf* ein Haus erwerben
skụhati *pf* kochen, abkochen; **~ pọparu** *fig.* e-e Suppe einbrocken
skụlptor Bildhauer *m*
skulptụ̄ra Skulptur *m*; Bildwerk *n*; Bildhauerei *f*; Bildhauerkunst *f*
skụp[1] Ansammlung *f*, Anhäufung *f*; Gruppe *f*; Zusammenkunft *m*, Kongreß *m*, Tagung *f*; *Math.* Menge *f*
skȗp[2] *Adj* teuer, kostspielig

skụpa zusammen, gemeinsam; ***sve ~*** alles zusammen
skȗpac (-pca; *V* -pče) → ***škṛtac***
skụpina Gruppe *f*, Anhäufung *f*, Menge *f*; ***u ~ma*** gruppenweise
skụpiti (-pljen) (**skȗpljati**) ansammeln, sammeln, versammeln, zusammenbringen; *Spenden*, *Geld* sammeln; *Material* (*für ein Buch etc.*) zusammentragen; *Augenbrauen* zusammenziehen; ***~ sve nịti*** *fig*. alle Fäden in der Hand halten; ***~ se*** sich ansammeln; sich versammeln; *Gewebe*: einlaufen, eingehen; *Mensch*: sich zusammenkauern
skụpljȃč *1* Sammler *m*
skupljạčica Sammlerin *f*
skȗpljȃnje Sammeln *n*; Versammeln *n*; Zusammenziehen *n*; Eingehen *n*
skȗpljati → ***skụpiti***
skụpljen (-o) (*Geld*) gesammelt; (*Volk*) versammelt; (*Stoff*, *Kleidungsstücke*) eingelaufen, eingegangen
skụpljī *Komp v.* ***skȗp²***
skụpnī gemeinsam, gemeinschaftlich, kollektiv, Gesamt-
skupọcjen (-o) kostbar, wertvoll; kostspielig
skupọcjenōst (-osti; *ISg* -oati/-ošću) *f* Kostbarkeit *f*
skupọća Teuerung *f*, Preissteigerung *f*
skụpština *sb.* Versammlung *f*; *Pol.* Parlament *n*; ***glȃvnā ~*** Hauptversammlung *f*, Generalversammlung *f*
skụpštinār Versammlungsteilnehmer *f*; Parlamentsangehörige(r) *m*
skụpštinskī Parlaments-
skụša Makrele *f*
skȗt Saum *m*; Schleppe *f*; (*Rock-*)Schoß *m*; ***nọsiti ~e*** *fig*. katzbuckeln (**za** *I*/vor *D*); ***pọkupiti ~e*** *fig*. seine Siebensachen packen; ***ụhvatiti se za ~*** (*G*) *fig*. sich unter den Schutz (*G*) stellen
skutọnoša *m* Schleppenträger *m*
skụter Motorroller *m*
skụvati *sb.* → ***skụhati***
skvạsiti (-šen) *pf* anfeuchten, benetzen; durchnässen
skvịčati (-īm) *pf* winseln; quieken; jammern
skvṛčiti se *pf* sich krümmen; einschrumpfen
skvȓniti (**skvrnjȃvati** *5*) beschmutzen, besudeln; beflecken, verunreinigen; entweihen, schänden

S

slạb schwach, mager, kraftlos; (*Mahlzeit*) kärglich, bescheiden; (*Appetit*) schlecht; ***~ glạgol*** *Gr*. schwaches Verb; ***~o mị je*** mir ist schlecht; ***~ā strȃna*** *fig*. schwache Seite; ***~ō zdrȃvlje*** zarte Gesundheit; ***bịti ~ na jęziku*** nichts für sich behalten können, alles ausplaudern; ***bịti ~o plȃćen*** schlecht bezahlt werden
slạbašan schwächlich; matt
slạbīć *1* (*V* -u) Schwächling *m*
slạbina *Anat.* Leiste *f*, Flanke *f*, Weiche *f*
slạbinskī Lenden-, Weichen-; → ***kịčma***
slạbiti (-bljen) [**o-**] schwächen, abschwächen, entkräften; *fig*. vermindern; ***~ se*** schwach werden
slạbjeti (-īm; -bio, -bjela) → ***slạbiti***
slạbljēnje Schwächung *f*, Abschwächung *f*, Erschlaffung *f*
slạbo → ***slạb***; ***~ prọ́ći*** schlecht wegkommen; ***~ se pịšē*** es steht schlecht (*D*/um *A*)
slabọća (*Körper-*)Schwäche *f*
slạbokȓvan *Med.* blutarm, anämisch
slabokȓvnōst (-osti; *ISg* -osti/-ošću) *f* *Med.* Blutarmut *f*, Anämie *f*
slạbōst (-osti; *ISg* -osti/-ošću) *f* Schwäche *f*, Mattigkeit *f*, Kraftlosigkeit *f*; *fig*. Schwäche *f* (**prema** *L*/für *A*)
slạboūman schwachsinnig, geisteskrank
slạboumnīk Schwachsinnige(r) *m*; Geisteskranke(r) *m*
slạboumnōst (-osti; *ISg* -osti/-ošću) *f* Schwachsinn *f*; Geistesschwäche *f*
slabụnjav schwächlich, zart; gebrechlich
slabụnjavōst (-osti; *ISg* -osti/-ošću) *f* Schwäche *f*; Zartheit *f*; Gebrechlichkeit *f*
slạčica Senf *m* (*a. Bot.*)
slạd Malz *n*
slą|dak (-tko; *Komp* slạđī) süß; gezukkert; ***~tkī žịvot*** süßes Leben, Dolce vita; → ***smṛt, vọda***
slađīć *1* Süßholz *n*, Lakritze *f*
slȃditi (**zaslađịvati**) süßen; versüßen; zuckern
slȃdn|ī Malz-; ***~ō pịvo*** Malzbier *m*; ***~ī šęćer*** Malzzucker *m*
sladokȗsac (-sca; *V* -šće) *2* Feinschmecker *m*, Gourmet *m*
sladọkusan feinschmeckerisch
slạdolēd (*Speise-*)Eis *n*

sladolẹdār *1* (*V* -u) Eisverkäufer *m*
slạdor Zucker *m*
sladọstrastan (-sno) sinnlich, leidenschaftlich
sladụnjav süßlich, süß; *fig.* kitschig
slạ̄đēnje (Ver-)Süßen *n*
slạđī *Komp v.* **slạdak**
slạgāč *1* (*V* -u) (*Schrift-*)Setzer *m*
slạgalica Puzzle *n*
slạ̄gānje (Auf-)Schichten *n*, Zusammensetzen *n*, Stapeln *n*; Übereinstimmung *f*, Einigkeit *f*; *Typ.* Setzen *n*; *Gr.* Kongruenz *f*
slạgār *1* (*V* -u) (Schrift-)Setzer *m*, Typograph *m*
slạgārskī *Typ.* Setz-, Setzer-; ~ **ormạrić** Setzkasten *m*
slạ̄gati¹ (-žēm) → **slọžiti**; ~ **se** übereinstimmen, sich vertragen, einig sein, einverstanden sein
slạgati² (-žēm) *pf* → **lạgati**
slạjd *Fot.* Dia *n*
slạlom *Sp.* Slalom *m*; *fig.* Slalomkurs *m*
slạm|a Stroh *n*, Streu *f*; **ịmati ~u u glạ̄vi** strohdumm sein; **Kumọvskā ℒa** *Astr.* Milchstraße *f*; **mlạtiti prạznū ~u** *fig.* leeres Stroh *od.* Phrasen dreschen
slạman → **slạmnat**
slạmarica Strohsack *m*
slạ̄mati → **slọmiti**
slạmčica *Dim v.* **slạma**
slạmica *Dim v.* **slạma**
slạ̄mk|a (*GPl* -kī) Strohhalm *m*; **hvạtiti se ~ē** *od.* **za ~u** *fig.* sich an e-n Strohhalm klammern; **vụ̄ći ~u** ein Los ziehen (*mittels zweier Grashalme*)
slạmnat strohig, Stroh-; **~ī krọ̄v** Strohdach *n*; **~ā ụdovica** Strohwitwe *f*
slạmnjača Strohsack *m*
slạ̄n (-o) gesalzen, salzig; (*Preise*) gepfeffert; (*Witz*) schlüpfrig; **~ō jẹzero** Salzsee *m*; **~ī rọšćić** Salzstange *f*; **ni ~o ni pạpreno** *fig.* nichts Halbes und nichts Ganzes
slạna (*Rauh-*)Reif *m*
slạnīk *1* Salzfaß *n*, Salzstreuer *m*
slanịna Speck *m*; **mẹsnā ~** durchwachsener Speck
slạninast speckig, fettig
slanọća Salzgehalt *m*, Salzigkeit *f*
slạnōst (-osti; *ISg* -osti/-ošću) *f* → **slanọća**
slạ̄nje Schicken *n*, Senden *n*; Sendung *f*
slạ̄p (*Pl* slạpovi) Wasserfall *m*

slạ̄st (-i; *ISg* -āsti/-āšću) *f* Genuß *m*; Wollust *f*, Wonne *f*; **ịći ụ ~** schmecken *od.* behagen; **plịvati** *od.* **žī̦vjeti u ~i i lạ̄sti** in Saus und Braus leben; **u ~!** *reg.* Guten Appetit!
slạ̄stan (-sno) wohlschmeckend, delikat, lecker; genußreich
slạstica Süßigkeit *f*; (*süßes*) Gebäck *n*; Leckerbissen *m*
slạstičār Konditor *m*
slạstičārna, -ārnica Konditorei *f*
slạti (šaljēm) → **pọslati**
slạtina Salzquelle *f*, Salzbrunnen *m*
slạtkīš *1* → **slạstica**
slạtko¹ (-kōga) Konfitüre *f*
slạtko² → **slạdak**
slatkọća Süße *f*; Zuckergehalt *m*
slatkorjẹ̄čiv schmeichelnd; süßlich (*sprechend*); (*Mensch*) Süßholzraspler *m*
slatkọvodn|ī Süßwasser-; **~ā rịba** Süßwasserfisch *m*
slạv|a Ruhm *m*, Ehre *f*; Berühmtheit *f*; Ruf *m*, Ansehen *n*; Fest *n*; **~a Bọgu!** Gott sei Dank!; **~a i dīka** Ruhm und Ehre; **ovjẹnčati se ~ōm** zu Ruhm gelangen; **slạviti ~u** Namenstag feiern
slạ̄van berühmt, glorreich, ruhmreich
Slạvēn *1* Slawe *m*
Slạvēnka (*D* -ki; *GPl* -kī) Slawin *f*
slạvenosrpskī *Ling.* slawenoserbisch
slạvenskī slawisch
slavẹ̄nstvo Slawentum *f*
slạvičan ruhmsüchtig, ehrgeizig
slạvin|a (*Wasser-*, *Gas-*)Hahn *m*; **ọdvrnuti** (**zạ̄vrnuti**) **~u** *fig.* den Geldhahn aufdrehen (zudrehen)
slạvist(a) *m* Slawist *m*
slavịstičkī slawistisch
slavịstika Slawistik *f*
slạvitelj Lobredner *m*, Anhänger *m*
slạviti [prọ-] feiern, preisen, rühmen
slạ̄vlje Feierlichkeit *f*, Feier *f*, Fest *n*
slạvljenica Jubilarin *f*; Gefeierte *f*
slạvljenīk Jubilar *m*; Gefeierte(r) *m*
slạvljēnje Feiern *n*, Feier *f*; Verherrlichung *f*; Glorifizierung *f*
slạ̄vno → **slạ̄van**
slavodọbitan ruhmreich, siegreich, triumphierend
slavodọbitnīk Siegreiche(r) *m*, Triumphator *m*
slavọhlepan ruhmsüchtig, ehrgeizig
slavọhlepnōst (-osti; *ISg* -osti/-ošću) *f* Ruhmsucht *f*, Ehrgeiz *m*

slạvolūk Triumphbogen *m*, Siegestor *n*
slavoljụbiv → ***slavọhlepan***
Slavọ̄nac (-nca) *2* Slawonier *m*
Slạvōnija Slawonien *n*
Slạvōnka (*D* -ki; *GPl* -kī) Slawonierin *f*
slạvōnskī slawonisch
slạvospjev Festgesang *m*, Lobgesang *m*, Hymne *f*; ***pjẹvati ~e*** *fig*. Lobeshymnen singen
slạvūj *1* Nachtigall *f*
slạžiti se einverstanden sein, sich einverstanden erklären
slẹ́ći (-gnēm) → ***slẹgnuti***
slẹditi (-đen) (**-đạ̄vati**) gefrieren, vereisen, gefrieren lassen; **~ se** *itr* vereisen, zu Eis werden; **~ se od strạ̄ha** vor Angst erstarren
slẹđ (*Pl* -evi) Hering *m*
sleđạ̄vati *5* → ***slẹditi***
slẹđen (-o) vereist, gefroren
slẹgnuti (-gnēm, -gao, -gla) (**slijẹgati**): ***~ ramẹnima*** mit den Achseln zucken; **~ se** *Gebäude*: sich setzen; *Wind*: sich legen; *Menschenmenge*: zusammenströmen
slẹt Zusammenkommen *n*, Zusammentreffen *n*, Zusammenkunft *f*
slẹtjeti (-tīm, -tio, -tjela) (**slijẹtati**) herabfliegen, herunterfliegen; *Flugzeug*: landen; **~ se** *Menschenmenge*: sich ansammeln
slezẹna *Anat*. Milz *f*
slịč|an ähnlich (*D*/*D*), analog; ***tō mu je ~no!*** das sieht ihm ähnlich!; → ***jạ̄je***
slịčica *Dim v.* ***slịka***
slịčiti ähnlich sein, ähneln
slịčnōst (-osti; *ISg* -osti/-ošću) *f* Ähnlichkeit *f*
slijed (-ijẹda; *Pl* sljẹdovi) *7* Folge *f*; Reihenfolge *f*; Reihe *f*; Spur *f*, Fährte *f*; ***ịći gụ̄šćīm ~om*** im Gänsemarsch gehen
slijẹdēćī *7* folgend, nächst; nachstehend; kommend
slijẹditi *5*/*7* (**slijẹdovati**) folgen, nachfolgen, nachgehen, *Spur* verfolgen; ***ọtuda slijedī*** daraus folgt
slijẹgati (sliježēm) *7* → ***slẹgnuti***
slijep *7* blind, blindlings; ***~ za bọje*** farbenblind; → ***mịš, pịsmo, ụlica***
slijẹpac (-pca) *2*/*7* Blinde(r) *m*; ***dṛžati se*** (*G*) ***kao ~ plọta*** sich (stur) an (*A*) klammern
slijẹpiti[1] *5*/*7* (**-plịvati**) zusammenkleben; zusammenkleistern; zusammenleimen
slijẹpiti[2] *5*/*7* [**o-**] blind machen, blenden
slijepljen (-o) *7* verklebt, zusammengeklebt; geblendet
slijẹtānje *7* Landen *n*, Landung *f*; ***prịnudnō ~*** Notlandung *f*
slijẹtati (slijećēm) *7* → ***slẹtjeti***
slijev (-ijẹva; *Pl* sljẹvovi) *7* → ***slịv***
slijeva *7* von links
slijẹvānje *7* Verschmelzung *f* (*von Tönen, Farben*)
slijẹvati *5*/*7* → ***slịti***
slịk (*Pl* -ovi) Reim *m*
slịk|a Bild *n*, Abbildung *f*; Gemälde *f*; Porträt *n*; Fotografie *f*; ***~a i prịlika*** Ebenbild *n*; ***~a mṛtvē prịrodē*** *Mal*. Stilleben *n*; ***dọbiti ~u*** e-e Vorstellung bekommen (***o*** *L*/von *D*); ***kṛvnā ~a*** Blutbild *n*; ***lijep kao ~a*** bildschön; ***nạšla ~a prịliku*** sie haben sich gesucht und gefunden
slịkānje Malen *n*; Malerei *f*; Fotografieren *n*
slịkār Maler *m*
slịkārskī Malerei-
slikạ̄rstvo Malerei *f*
slịkati *ipf*/*pf* malen, fotografieren; **~ se** sich fotografieren lassen; sich gegenseitig fotografieren
slikọvit malerisch, pittoresk; bildlich, bildhaft; ***~o prikạ̄zati*** bildlich darstellen
slikọvitōst (-osti; *ISg* -osti/-ošću) *f* Bildlichkeit *f*, Anschaulichkeit *f*; Malerische(s) *n*
slikọ̄vnica Bilderbuch *n*
slịn|a Speichel *m*, Geifer *m*; F Rotz *m*; ***sijedē*** *od*. ***cụrē ~e*** *fig*. das Wasser läuft *j-m* im Mund zusammen
slịnav schleimig, geifrig; F rotzig
slịnavac (-āvca) *fig*. Speichellecker *m*, *verä*. Schleimer *m*
slịnāvka Maul- und Klauenseuche *f*
slịniti geifern, Schleim *od*. Speichel absondern; *Kind*: sabbern
slịnōvnica *Anat*. Speicheldrüse *f*
slịstiti (slišćen) *pf* vernichten; *Geld* vergeuden
slịti (slijēm, slio, slịla; slịven) (**slijẹvati** *5*/*7*) zusammengießen, verschmelzen; **~ se** verschmelzen
slịtina Legierung *f*, Metallmischung *f*
slịv (*Pl* slịvovi) Zusammenfluß *m*; Stromgebiet *n*; Einzugsgebiet *n*
slịvati → ***slịti***

S

slịvnīk Abflußloch *n*; (*Küche*) Ausguß *m*
slobọd|a Freiheit *f*; **~a krẹtānja** *Jur.* Freizügigkeit *f*; **~a sastạjānja** Versammlungsfreiheit *f*; **~a štạmpē** Pressefreiheit *f*; **lịšiti ~ē** der Freiheit berauben; **pųstiti na ~u** freilassen
slọbod|an frei, unabhängig; ledig; Frei-; **~nā lųka** Freihafen *m*; **~nīm ọkom** mit bloßem Auge; **~nā rųka** *fig.* freie Hand; **~nō vrijẹme** Freizeit *f*; **~nī zịdār** Freimaurer *m*; **je li ~no?** ist (dieser Platz) frei?
slobọdār *1* (*V* -u) Freigeist *m*; Freiheitsliebende(r) *m*; *Pol.* Liberale(r) *m*
slobodnozịdārskī freimaurer-
slobodoljųbiv freiheitsliebend
slọbodoūman freisinnig, freigeistig, liberal
slobodọūmlje Freisinnigkeit *f*, Freidenkerei *f*, Liberalismus *m*
slobọština Sonderrecht *n*, Privileg *n*
slọg *Gr.* Silbe *f*; *Typ.* Satz *m*; *Arch.* (*Bau-*)Stil *m*; *Agr.* Beet *n*; **dijẹljēnje na ~ove** *Gr.* Silbentrennung *f*
slọ|ga Eintracht *f*; Einigkeit *f*; Einhelligkeit *f*; **žīvjeti u ~zi** gut auskommen (**s** *I*/mit *D*)
slọgotvōran *Gr.* silbenbildend
slọ̄j *3* Schicht *f*; *Geol.* Ablagerung *f*, Sediment *n*; *Bgb.* Flöz *m*
slojẹvit Schicht
slojẹvitōst (-osti; *ISg* -osti/-ošću) *f* Schichtung *f*
slọm (*Pl* -ovi) Bruch *m*; Zusammenbruch *m*; *Med.* Fraktur *f*; *Hdl.* Bankrott *m*
slọmiti (-īm/-mljēm) (**slạmati**) brechen, zerbrechen, zerschlagen; *Tür* aufbrechen; *Widerstand* brechen; **~ krīla** *fig.* Flügel stutzen; **~ rųku** sich den Arm brechen; **~ ọkove** *fig.* Fesseln abstreifen; **~ zųbe** *fig.* sich die Zähne ausbeißen (**na** *L*/an *D*)
slọmljen (-o) gebrochen; zerbrochen; geknickt; *fig.* zusammengebrochen
slọmljiv zerbrechlich
slọn Elefant *m*; *fig.* Tolpatsch *m*, Trampel *n*; **čịniti od mųhē ~a** *fig.* aus e-r Mücke e-n Elefanten machen
slọnov Elefanten-; **~ā kọ̄st** Elfenbein *n*
Slọvāčkā (*L* -ōj) Slowakei *f*
slọvāčkī slowakisch
Slọvāk *1* (*V* -če) Slowake *m*
Slovạkinja Slowakin *f*
Slọvēn *1 sb.* Slawe *m*
Slovẹnac (-nca; *V* -nče) Slowene *m*
slovẹnačkī *sb.* slowenisch
Slovẹnija Slowenien *n*
Slovēnka (*D* -ki; *GPl* -kī) Slowenin *f*; *sb. a.* Slawin *f*
slọvēnskī slowenisch; *sb. a.* slawisch
slọviti gelten; bekannt sein (**kao** *N*/als *N*)
slọv|o Buchstabe *m*, *Typ.* Letter *f*; Rede *f*; **jẹdnīm ~om** mit e-m Wort; **ni ~a** kein Sterbenswörtchen; **od ~a do ~a** Wort für Wort, wortwörtlich; **pọsmrtnō ~o** Grabrede *f*; **štạmpanō ~o** Druckschrift *f*
slọž|an einträchtig; einig; einhellig; einmütig; **~nī kao jẹdan** *fig.* wie ein Mann
slọžen (-o) zusammengesetzt, komplex; kompliziert; geschichtet, gestapelt; (*Frage*) verwickelt; **~ā rečẹnica** *Gr.* zusammengesetzter Satz; **~ ī pọsao** komplexe Tätigkeit
složẹnica Zusammensetzung *f*; *Gr.* Kompositum n
slọženōst (-osti; *ISg* -osti/-ošću) *f* Komplexität *f*, Vielschichtigkeit *f*
slọžiti (**slạgati**) *Wäsche* zusammenlegen; *Maschine* zusammensetzen; *Bücher im Regel* aufstellen; *Holz* aufschichten; (*nach Größe*, *Farbe*) ordnen; *Gedicht* verfassen; *Zeitungsseite* setzen; **~ se** sich einigen; *Gr.* kongruieren
slọživ zusammenlegbar; zusammenklappbar
slọživōst (-osti; *ISg* -osti/-ošću) *f* Eintracht *f*; Einigkeit *f*
slųčāj (*L* -āju/ạju; *Pl* -čāji/-čajevi) Fall *m*; Vorfall *m*; Zufall *m*; **ni u kọjēm ~u** auf (gar) keinen Fall; **od ~a do ~a** von Fall zu Fall; **ọsigurānī ~** Versicherungsfall *m*; **pųkī ~** reiner Zufall; **u nạjboljēm** (**nạjgorjēm**) **~u** bestenfalls (schlimmstenfalls); **u prọtīvnōm ~u** widrigenfalls; **ų svakōm ~u** in jedem Fall, jedenfalls; **zạ svakī ~** für alle Fälle; **žạlīm ~!** F tut mir leid!
slųčājno zufällig, durch Zufall; **ni ~** auf (gar) keinen Fall
slučạjnōst (-osti; *ISg* -osti/-ošću) *f* Zufälligkeit *f*
slų̄čiti se → **dogọditi se**
slų̄ga (*V* -o; *GPl* slugū/slų̄gā) *m* Diener *m*; Knecht *m*
slų̄h, slųh Gehör *n*, Gehörsinn *m*; Hör-

S

vermögen *n*; ***įmati ǫštar*** ~ ein feines Gehör haben (*a. fig.*)
slụšāč *1* (*V* -u) Hörer *m*; Zuhörer *m*
slụšalac (-aoca) → ***slụšatelj***
slụšalica Telefonhörer *m*; Hörrohr *n*, Stethoskop *n*
slụšānje Hören *n*; Zuhören *n*; Lauschen *n*; Gehorchen *n*
slušaọnica Hörsaal *m*
slụšatelj Hörer *m*; Zuhörer *m*
slušatẹ̄ljstvo Hörerschaft *f*; Zuhörerschaft *f*, Publikum *n*
slụšati [po-] hören, zuhören, anhören; gehorchen; *Rat* befolgen; *Befehl* Folge leisten; ~ ***nạ po uha*** *fig.* mit halbem Ohr hinhören
slụškinja Dienerin *f*; Dienstmädchen *n*; Magd *f*
slụšnī Gehör-; ~ ***kạnāl*** *Anat.* Gehörgang *m*
slụ̄titi (-ćen) **[nạ-]** ahnen, mutmaßen, vermuten; ***tộ slụ̄tī nạ zlo!*** das läßt Böses ahnen!
slụ̄z (-i) *f* Schleim *m*; ***nọsnā*** ~ Nasenschleim *m*; F Rotz *m*
slụzav schleimig, verschleimt, Schleim-
slụzavōst (-osti; *ISg* -osti/-ošću) *f* Verschleimung *f*
slụziti schleimen, Schleim absondern
slụ̄znica Schleimhaut *f*
sluzọkoža → ***slụ̄znica***
slụžāvka (*GPl* -kī) Hausgehilfin *f*, Zugehfrau *f*; Magd *f*
slụžb|a (*GPl* -bī) Dienst *m*, Amt *n*; Stelle *f*; Dienststelle *f*; Anstellung *f*; ***~a bọžjā*** Gottesdienst *m*; ***~a ọsobnīh dohọdākā*** Lohnstelle *f*; ***~a za kạdrovskē pọslove*** Personalstelle *f*; ***jạ̄vnā ~a*** öffentlicher Dienst; ***kọntraobavještājnā ~a*** Spionageabwehrdienst *m*; ***nastụ̄piti ~u*** den Dienst antreten; ***ọbavještājnā ~a*** Nachrichtendienst *m*; ***vộjnā ~a*** Militärdienst *m*; ***zahvạ̄liti na ~i*** den Dienst quittieren
slụžben (-o) dienstlich, amtlich, Dienst-, Amt-; ***~ī lịst*** Amtsblatt *n*; ***~ī pụ̄t*** Dienstweg *m*; ***~ō putovạ̄nje*** Dienstreise *f*; ***~ā rạ̄dnja*** Amtshandlung *f*; ***po ~ōj dụ̄žnosti*** von Amts wegen
slụžbenica (*Bank etc.*) Angestellte *f*; (*Behörde*) Bedienstete *f*, Beamtin *f*
slụžbenīk (*Bank etc.*) Angestellte(r) *m*; (*Behörde*) Bedienstete(r) *m*; Beamte(r) *m*
slụžbeno dienstlich, amtlich; offiziell; von Amts wegen
slụžbenōst (-osti; *ISg* -osti/-ošću) *f* Dienstbarkeit *f*; Förmlichkeit *f*; Formalität *f*; *Jur.* Nutzungsrecht *n*
službodạ̄vac (-ạ̄vca) *2* Dienstgeber *m*
službọvati (slụžbujēm) dienen; amtieren, ein Amt ausüben
slụ̄žēnje Dienen *n*; Bedienen *n*; Bedienung *f*; Aufwarten *n*; Gebrauch *m*
slụžinčād *f* Dienerschaft *f*
slụžitelj (*Amts-*)Diener *m*
slụ̄žiti [od-, po-] dienen; bedienen; *Messe* lesen; *Militärdienst* ableisten; ~ ***na čạst*** zur Ehre gereichen; ~ ***strạstima*** seinen Leidenschaften frönen; ***čīme mọgū ~?*** womit kann ich dienen?
sljẹdba (*GPl* -bī) Sekte *f*
sljẹdbenica Anhängerin *f*, Parteigängerin *f*
sljẹdbenīk Anhänger *m*, Parteigänger *m*
sljẹdovi *Pl v.* ***slijed***
sljẹdovati (-dujēm) → ***slijẹditi***
sljẹme (-ena; *Pl* -ẹna, *GPl* -ẹ̄nā) First *m*, Dachfirst *m*; Bergrücken *m*, Gebirgsrücken *m*
sljẹpačk|ī Blinden-; ***~ō pịsmo*** Blindenschrift *f*
sljẹpār *1* (*V* -u/-e) Betrüger *m*; Gaukler *m*, Taschenspieler *m*
sljepạrija Betrügerei *f*, Schwindel *m*, Taschenspielerei *f*
sljepạ̄riti schwindeln, betrügen, vorgaukeln
sljẹpica Blinde *f*
sljẹpīć *1 Zool.* Blindschleiche *f*
sljẹpilo Blindheit *f*
sljeplị̄vati (sljẹpljujēm) → ***slijẹpiti***[1]
sljepọća Blindheit *f*; ***nọćnā*** ~ Nachtblindheit *f*
sljepọočica *Anat.* Schläfe *f*
sljẹz (*Pl* -ovi) *Bot.* Malve *f*
sljụ̄biti (-ubljị̄vati) zusammenfügen, vermengen; ~ **se** sich anschmiegen, sich vereinigen
sljụbljịvati (-ụbljujēm) → ***sljụ̄biti***
sljụ̄štiti *pf* (ab)schälen
smạći (-knēm) → ***smạknuti***
smạ̄gati (smạ̄žēm) → ***smọći***
smạk: ~ ***svijẹta*** Weltuntergang *m*
smaknụ̄će Hinrichtung *f*
smạknuti (-knēm, -kao, -kla; -knūt) **(smịcati)** entfernen; (*aus seinem Ge-*

S

dächtnis) löschen; hinrichten, exekutieren
smalaksalnōst (-osti; *ISg* -osti/-ošću) *f* Schwäche *f*, Erschöpfung *f*
smalākšati (smalakšēm) *pf* → ***malaksati***
smānjen (-o) verkleinert, vermindert, reduziert
smanjēnje → ***smanjīvānje***
smānjiti (**smanjīvati**) verkleinern, vermindern; herabsetzen, reduzieren; *Ausgaben* kürzen; *Produktion* drosseln; *Schmerzen* erleichtern; ~ ***za glāvu*** um e-n Kopf kürzer machen; ~ **se** kleiner *od.* geringer werden; *Kräfte*: nachlassen; *Gewebe*: einlaufen
smanjīvānje Verkleinerung *f*, Verminderung *f*; Herabsetzung *f*, Reduktion *f*
smanjīvati (-anjujēm) → ***smānjiti***
smātati → ***smotati***
smātrati betrachten; ansehen (*I*/als *A*), halten (*I*/für *A*); ~ **se** sich halten (*I*/für *A*), gelten (als *N*)
smazati (-žēm) *pf* verzehren, verschlingen, (restlos) aufessen
smeć|e Müll *m*, Kehricht *m*; Mist *m*; ***kānta za ~e*** Mülleimer *m*; ***vreće za ~e*** Müllsack *m*; ***odvoz ~a*** Müllabfuhr *f*
smeđ braun
smeđast bräunlich
smeđokos braunhaarig, brünett
smejavac (-āvca) Lachgas *n*
smekšati (**-šāvati** *5*) erweichen, weich machen; ~ ***rebra*** *fig. j-m* das Fell gerben; ~ **se** weich werden; *fig.* sich erweichen lassen
smeljēm *1. Pers Sg v.* ***smljeti***
smesti[1] (-etēm; -eo, -ēla; -eten) (**smētati**) verwirren, in Verlegenheit bringen; ~ **se** den Faden verlieren, in Verlegenheit bringen
smesti[2] (-etēm, -eo, -ēla; -eten) *pf* zusammenkehren, abkehren, abfegen
smet (*Pl* -ovi) Schneewehe *f*; Mist *m*; Unrat *m*; *fig.* Gesindel *n*, Pöbel *m*
smētānje Stören *n*, Hindern *n*, Hinderung *f*; ~ ***posjeda*** *Jur.* Besitzstörung *f*
smētati[1] stören, hindern, hemmen, hinderlich sein; beeinträchtigen; ***teškā hrāna ga smētā*** er verträgt keine schwere Nahrung; ***to ništa ne smētā!*** das macht nichts!
smetati[2] (-ćēm) → ***smetnuti***
smeten (-o) verwirrt, konfus, zerfahren, bestürzt
smetenōst (-osti; *ISg* -osti/-ošću) *f* Verwirrung *f*, Konfusion *f*, Zerfahrenheit *f*, Bestürztheit *f*
smetenjāk *1* (*V* -če) Wirrkopf *m*
smetlīšte Kehrrichthaufen *m*; Misthaufen *m*; Müllhalde *f*
smetnuti (-nēm; -nuo, -nula) (**smetati**) abschaffen; wegnehmen; *Blick* abwenden; ~ ***s ūma*** vergessen, entfallen
smētnja Störung *f*, Hindernis *n*, Hemmnis *n*; *Jur.* Hinderungsgrund *m*
smežurān (-o) schrumpelig, runzelig
smežurati (**-rāvati**) **se** zusammenschrumpfen, einschrumpfen, runz(e)lig werden
smicalica Kniff *m*, Trick *m*, Schwindel *m*
smijāč *1* (*V* -u) Lacher *m*
smijānje Lachen *n*
smijati se (-ijēm se) [**na-**] lachen, belachen, belächeln; auslachen; ~ ***u sebe*** sich ins Fäustchen lachen; ***debelo*** ~ aus vollem Halse lachen; ***lako je tebi*** ~ du hast gut lachen; ***potājno*** ~ sich ins Fäustchen lachen; ***slatko*** ~ herzhaft lachen
smijeh (-eha; *Pl* smjehovi/smijesi) *7* Lachen *n*, Gelächter *n*; ***cijepati se od*** ~ sich vor Lachen schütteln; ***crknuti*** *od.* ***kidati se*** *od.* ***puknuti od ~a*** *fig.* sich (fast) totlachen; ***grohotan*** ~ schallendes Gelächter; ***prasnuti u*** ~ loslachen, in Gelächter ausbrechen; ***vāljati se od ~a*** *fig.* sich kugeln vor Lachen
smijeniti *5/7* (smijenjen) (**smjenjīvati**) abwechseln; ablösen; (*von e-m Amt*) abberufen
smiješak (-ška, *Pl* -šci) *7* Lächeln *n*
smiješati *5/7* *pf* mischen, vermischen, vermengen, verquicken
smiješiti se [**na-**] *7* belächeln (*D*/*A*), lächeln (über *A*), zulächeln (*D*)
smiješno *7* lächerlich, lachhaft, komisch
smiješnost (-osti; *ISg* -osti/-ošću) *f* *7* Lächerlichkeit *f*
smijuckānje Lächeln *n*, Schmunzeln *n*
smijuckati se schmunzeln, lächeln; verstohlen lachen; kichern
smiliti se sich erbarmen (*D*/*G*), bemitleiden, Mitleid haben (mit *D*)
smilovānje Erbarmen *n*, Mitleid *n*
smilovati se (-lujēm se) → ***smiliti se***
smīlje Strohblume *f*

smion (-o) kühn, wagemutig, beherzt, verwegen, dreist; *fig.* gewagt
smionōst (-osti; *ISg* -osti/-ošću) *f* Kühnheit *f*, Beherztheit *f*, Verwegenheit *f*
smiren ruhig, gesetzt
smireno *Adv* getrost
smirenōst (-osti; *ISg* -osti/-ošću) *f* Ruhe *f*, Gesetztheit *f*
smīriti (**smirīvati**) beruhigen, besänftigen; mildern; *Hunger* stillen; *Schmerz* lindern; *Streit* beilegen, schlichten; *Land* befrieden; ~ **se** sich beruhigen; *Schmerz*, *Krankheit*: abklingen; *Wind*: nachlassen
smirīvānje Beruhigen *n*, Beruhigung *f*, Abklingen *n*
smirīvati (smirujēm) → ***smīriti***
smīs|ao (-sla; *Pl* -sli) Sinn *m*, Bedeutung *f*; Verständnis *n*; ***imati* ~*la*** Sinn *od.* Verständnis haben (***za*** *A*/für *A*); ***tō nęmā* ~*la*** das ist sinnlos; ***u dōslovnōm* ~*lu riječi*** im wahrsten Sinne des Wortes; ***u prenęsenōm* ~*lu*** im übertragenen Sinn; ***u užēm* ~*lu*** im engeren Sinn
smisliti (-šljen) (**smīšljati**) ausdenken, ersinnen, erdichten; *Ausrede* erfinden; ***nę mọgū ga*** ~ ich kann ihn nicht ausstehen
smisljen (-o) erdacht, ausgedacht; ~***o – učinjeno*** gesagt – getan; ***stojī kao*** ~***o*** *Kleidungsstück*: sitzt wie angegossen
smjęl (-o) → ***smion***; ~***o*** kühn, tapfer
smjęlōst (-osti; *ISg* -osti/-ošću) *f* → ***smionōst*** *f*
smjęna Wechsel *m*, Ablösung *f*; (*Arbeits-*)Schicht *f*; ***dānjā*** ~ Tagesschicht *f*; ***nọćnā*** ~ Nachtschicht *f*
smjęnjiv auswechselbar, ablösbar
smjenjīvānje Ablösen *n*, Ablösung *f*; Abwechslung *f*
smjenjīvati (-ęnjujēm) → ***smijęniti***
smjęr Richtung *f*, Trend *m*, Tendenz *f*; ~ ***pūta*** Reiseziel *n*; ***matematičkī*** ~ (*Schule*) mathematische Richtung
smjēran demütig; bescheiden, anspruchslos
smjērati (**-erāvati** *5*) bezwecken, beabsichtigen, (ab)zielen (***na*** *A*/ auf *A*), vorhaben, im Sinn haben; ***visoko*** ~ *fig.* hoch hinaus wollen
smjērnica Richtlinie *f*, Leitlinie *f*, Verhaltensmaßregel *f*
smjērnōst (-osti; *ISg* -osti/-ošću) *f* Bescheidenheit *f*, Anspruchslosigkeit *f*; Demut *f*
smjęsa Mischung *f*, Gemisch *n*, Gemenge *f*, Mixtur *f*
smjęsta *Adv* sofort, sogleich, auf der Stelle
smjęstiti (smjęšten) (**smjēštati**) unterbringen, aufstellen; ~ **se** sich einrichten, sich einquartieren
smjęškānje Schmunzeln *n*, Lächeln *n*
smjęškati se schmunzeln, lächeln, verstohlen lachen
smjęštāj Unterkunft *f*, Unterbringung *f*; Lage *f*, Position *f*
smjęštājnī Unterbringungs-; ~ ***kapacitēt*** Bettenkapazität *f* (*in e-m Hotel*)
smjēštati → ***smjęstiti***
smjęšten (-o) untergebracht, angeordnet, plaziert
smjęti (smijēm; smio, smjęla) dürfen, wagen, sich getrauen; ***tō se*** (***nę***) ***smijē*** das ist (nicht) erlaubt
smląčiti (-čen) *pf* lau *od.* lauwarm machen, erwärmen
smlątiti (-ćen) (**-aćīvati**) verprügeln, durchprügeln, verdreschen
smlaviti *pf* zermalmen; vernichten; pulverisieren
smljęti (smęljēm; smlio, -ila; -ęven *6*) → ***samljeti***
smoci *Pl v.* ***smotak***
smọčiti[1] *pf* anfeuchten, naß machen, befeuchten, benetzen
smọčiti[2] *pf* würzen; *Brot* eintunken
smọčnica Speisekammer *f*, Vorratskammer *f*
smọći (-gnēm; *Imp* smogni; -gao/-gnuo, -gla) *pf* auftreiben, beschaffen; *Kraft*, *Geld*, *Zeit* aufbringen
smọg Smog *m*, Luftverschmutzung *f*
smōk *3* Beilage *f*; Gewürz *n*
smọkv|a Feige *f*; ***dọbiti*** ~***u*** *fig.* in die Röhre gucken; ***pọslati u*** ~***e*** (*A*) *fig. j-n* dorthin wünschen, wo der Pfeffer wächst
smọkvīk *1* Feigengarten *m*
smọkvin Feigen-; → ***līst***
smọl|a Pech *n*, Harz *n*; ***imati*** ~***u*** F *fig.* Pech haben
smọlast harzig, harzreich; pechartig
smọtak (-tka, *Pl* -oci) Bündel *n*; (*Garn-*)Rolle *f*; (*Woll-*)Knäuel *n*/*m*
smọtati (**-tāvati** *5*) zusammenwickeln, zusammenrollen; einwickeln

S

smọtra Besichtigung *f*, Schau *f*; *Mil.* Musterung *f*; (*literarische*) Rundschau *f*
smọtren (-o) besonnen, behutsam, sorgsam, vorsichtig
smọtrenōst (-osti; *ISg* -osti/-ošću) *f* Besonnenheit *f*, Behutsamkeit *f*, Sorgsamkeit *f*, Vorsicht *f*
smọtriti *pf* bemerken, erblicken
smotų̄ljak (-ljka; *GPl* smọtūljākā) Verpackung *f*; (*Geld-*)Rolle *f*
smrą̄čiti se (-ačīvati se) *mst unpers* dunkel, finster werden; ***smrą̄čī se pręd ọčima*** (*D*) es wird *j-m* schwarz vor Augen
smračīvati se (-ąčujēm se) → ***smrą̄čiti se***
smrą̄d (*Pl* -ądovi) Gestank *m*
smrą̄dan stinkend, übelriechend
smrą̄diti verpesten, mit Gestank erfüllen; verunreinigen; ~ ***svọje gnijęzdo*** *fig.* sein Nest beschmutzen
smrḉi (-knēm) → ***smrknuti***
smr̄dež Gestank *m*
smrdjeti (-īm, -dio, -djela) stinken, übel *od.* schlecht riechen; ***tō̧ smr̦dī na jǫš*** F das schmeckt nach mehr
smrdljiv stinkend, übelriechend; muffig, faulig
smręka Fichte *f*
smrękinja Wacholder *m*
smrękovača Wacholderstock *m*; Wacholderbranntwein *m*
smrękovina Wacholderholz *n*
smrką̄vati se 5 *nur unpers* **(-nuti se)** dunkel *od.* finster werden, Nacht werden; *Mensch*: *Stirn* runzeln; ***smr̦klo mi je pred ọčima*** mir wurde schwarz vor Augen; ***dok jędnom ne smr̦knē drų̄gom ne svą̄nē*** *Sprw.* solang einer nicht verliert, kann der andere nicht gewinnen
smr̦knuti se (-nēm se; -knuo se/-kao se, -kla se) *pf* → ***smrką̄vati se***
smr̦siti (-ršen) *pf* → ***mr̄siti²***
smr̄skati *pf* zermalmen, zertrümmern, zerschmettern, zersplittern, zerschlagen; ~ **se** zertrümmert *od.* demoliert werden
smr̦šavjeti (-īm; -vio, -vjela) *pf Mensch*: mager *od.* dünn werden, abmagern
smr̦t (-i; *I* smr̦ću) *f* Tod *m*, Hinscheiden *n*, Ableben *n*; ***bijelā*** ~ Erfrierungstod *m*; ***bi̦ti na*** **~i** im Sterben liegen; ***bi̦ti*** (*D*) ~ *fig.* (*j-m*) auf den Tod verhaßt sein; ***do ~i uvriję̄diti*** (***ųplašiti***) *fig.* *j-n* tödlich beleidigen (zu Tode erschrecken); ***glą̄dnā*** ~ Hungertod *m*; ***grąđanskā*** ~ Verlust der bürgerlichen Ehrenrechte; ***nąsilnā*** ~ gewaltsamer Tod; ***ną ~ ųmoran*** todmüde; ***prīrodnā*** ~ natürlicher Tod; ***razbǫljeti se na*** ~ todkrank werden; ***slątkā*** ~ Erfrierungstod *m*; ***slų̄čāj ~i*** Todesfall *m*; ***snąšla ga je*** ~ ihn hat der Tod ereilt
smr̦t|an sterblich; tödlich, Todes-; ***~nā*** (***čąsa***) ***je dǫšla*** *fig.* das letzte Stündlein hat geschlagen; ***~nā kązna*** Todesstrafe *f*; ***~nī nęprijatelj*** Todfeind *m*; ***~nā pǫgibao*** Lebensgefahr *f*; ***~nī slų̄čāj*** Todesfall *m*; ***~no ząljūblen***(***a***) *fig.* bis über beide Ohren verliebt sein
smr̦tnīk Sterbliche(r) *m*; ***ọbičan*** ~ *fig.* gewöhnlicher Sterblicher
smr̦tnōst (-osti; *ISg* -osti/-ošću) *f* Sterblichkeit(srate *f*) *f*
smrtọnosan tödlich, todbringend
smrtō̧vnica Totenschein *m*
smr̦viti *pf* → ***mr̦viti***
smr̦zao (-zlo) erfroren; gefroren
smrzą̄vānje Erfrieren *n*, Erfrierung *f*; Gefrieren *n*; (*Gewässer*) Zufrieren *n*; ***škrįnja za dųbokō*** ~ Tiefkühltruhe *f*
smrzą̄vati 5 → ***smr̦znuti***
smr̦zavica Frost *m*; Glatteis *n*
smr̦znuti (-nēm; -znuo/-zao, -zla; -nut) **(-zą̄vati** 5) *Lebensmittel* einfrieren, tiefkühlen; ~ **se** *itr* gefrieren, zufrieren; (*vor Kälte*) erstarren
smr̦zotina Frostbeule *f*
smų̄čānje → ***skijānje***
smųčār *1* → ***skijāš***
smųčārskī → ***skijāškī***
smų̄čati se → ***skijati se***
smųčiti se *pf nur unpers* schlecht *od.* übel werden (*D*/*D*)
smųčke *f*/*Pl* → ***skije***
smų̄ćen (-o) wirr, verwirrt, kopflos, zerfahren, außer Fassung
smųćenōst (-osti; *ISg* -osti/-ošću) *f* Verwirrtheit *f*, Verwirrung *f*, Konfusion *f*
smućīvati (-ųćujēm) → ***smų̄titi***
smųćkati *pf* zusammenmischen, *Flüssigkeit* durchmischen
smų̄diti [o-] sengen, versengen
smų̄đ (*Pl* -evi) *Zool.* Natter *f*; Äskulapschlange *f*
smųšen (-o) → ***smų̄ćen***

smušenōst (-osti; *ISg* -osti/-ošću) → ***smućenōst***
smušenjāk *1* (*V* -če) Wirrkopf *m*
smūtiti (-ćen) (**-ućīvati**) verwirren, durcheinanderbringen; *Wasser* trüben
smutljivac (-īvca) Intrigant *m*
smūtnja (*GPl* -ā/-ī) Verwirrung *f*, Verwicklung *f*, Konfusion *f*; Intrige *f*
snabdijevānje *7* Versorgung *f*; Belieferung *f*; Nachschub *m*; Ausstatten (*I*/mit *D*)
snabdijevati *5*/*7* [**snabdjeti**] versorgen (*I*/mit *D*); versehen (mit *D*) ~ ***se*** sich versorgen
snabdjeti (-ijēm; -dio, -djela) → ***snabdijevati***
snabdjevāč *1* Versorger *m*; Lieferant *m*
snabdjeven *6* versorgt (*I*/mit *D*), versehen, ausgestattet
snāći (-đēm; *Imp* -āđi; snašao, -šla) (**snalaziti**) betreffen; *Krankheit*: heimsuchen; *Tod*, *Unglück*: ereilen; ~ ***se*** sich zurechtfinden
snā|ga Kraft *f*, Stärke *f*; Wucht *f*; *Tech.* Leistung *f*; ***biti na ~zi*** *Gesetz*: in Kraft sein; ***biti u punōj ~zi*** im Vollbesitz seiner Kräfte sein; ***dōći na ~gu*** *Gesetz*: in Kraft treten; ***iz svē ~gē*** aus Leibeskräften; ***konjskā ~ga*** *Kfz*. Pferdestärke *f*; ***oružānē ~ge*** *Mil.* Streitkräfte *Pl*; ***privlačnā ~ga*** *Phys.* Anziehungskraft *f*; ***rādnā ~ga*** Arbeitskräfte *Pl*; ***staviti van ~ gē*** außer Kraft setzen; ***tjelesnā ~ga*** Körperkraft *f*; ***životnā ~ga*** Lebenskraft *f*, Vitalität *f*
snaha (*D* -hi/-si; *V* -o) Schwiegertochter *f*; Schwägerin *f*
snajper Präzisionsgewehr *n*
snajperist(a) *m* Scharfschütze *m*
snalaziti (se) → **snāći (se)**
snalāžljiv findig, pfiffig, schlau, einfallsreich; geschickt, gewandt
snalāžljivōst (-osti; *ISg* -osti/-ošću) *f* Findigkeit *f*, Einfallsreichtum *m*; Geschicklichkeit *f*, Gewandtheit *f*
snāša junge Frau; *Dem. v.* ***snaha***
snāšati → ***snijeti***
snātriti träumen, phantasieren, *fig.* Luftschlösser bauen
snāžan kräftig, kraftvoll, stark, gewaltig; stämmig, rüstig; wuchtig; *fig.* (*Argument*) überzeugend
snāžnōst (-osti; *ISg* -osti/-ošću) *f* Stärke *f*, Kraft *f*; Wucht *f*
snebiti se (-ijēm se) → ***snebīvati se***
snebīvati se *5* verblüfft *od.* erstaunt *od.* schockiert sein; ~ ***od čuda*** aus dem Staunen nicht mehr herauskommen
snen (-o) verschlafen, schläfrig
snerūkē *Adv* unpassend, unhandlich; außer Reichweite
snijeg (*Pl* snjegovi/snijezi) *7* Schnee *m*; ***bijel kao ~*** schneeweiß, blütenweiß; ***lanjskī ~*** *fig.* Schnee von gestern; ***pada ~*** es schneit; ***zaleđenī ~*** Harsch *m*; → ***gruda, mećava, pahuljica, ralica***
snijet (-i; *L* -i) *f 7* (*Getreide-*)Brand *m*, Brandpilz *m*
snijeti *7* (snesēm; *Imp* snesi; snio, snijela; snijet/snesen *6*) (**snositi**) herunterbringen, heruntertragen; *Eier* legen; *Kosten*, *Folgen* tragen
snijēžiti *7 nur unpers* schneien
sniježnica *7* Schneegrube *f*, Schneewasser *n*; *Bot.* Schneehuhn *n*
snimāč *1* (*V* -u) → ***snimatelj***
snimak (-mka; *Pl* -mci) *Fot.* Aufnahme *f*, Foto *n*, Lichtbild *n*
snīmānje Herunternehmen *n*, Herabnehmen *n*; (*Film-*)Aufnahme *f*, (*Ton-*)Aufzeichnung *f*
snimatelj Kameramann *m*
snimati [**-iti**] *Film*, *Schallplatte* aufnehmen; *Land* vermessen
snīmiti (-mljen) *pf* → ***snīmati***
snimka (*L* -mci) Foto(grafie *f*) *n*, Bild *n*; (*Film-*, *Tonband-*)Aufnahme *f*
snīvati träumen; ~ ***vječnī san*** den ewigen Schlaf schlafen
snīziti (-žen) (**-ižāvati** *5*) herabsetzen; *Preise*, *Kosten* senken, herabsetzen; *Stimme* senken
snižāvānje, -žēnje Herabsetzung *f*; (*Preis*)Senkung *f*; (*Kosten-*)Minderung *f*; (*Produktions-*)Rückgang *m*
snižāvati *5* → ***snīziti***
snobovskī snobistisch
snop (*Pl* -ovi) Garbe *f*, Bündel *n*, Büschel *m*
snositi → ***snijeti***
snōšāj Beischlaf *m*, Geschlechtsakt *m*
snōšljiv erträglich; duldsam, tolerant
snōšljivōst (-osti; *ISg* -osti/-ošću) *f* Erträglichkeit *f*; Duldsamkeit *f*, Toleranz *f*
snovi *Pl v.* ***san***
snovati (snujēm) planen, beabsichtigen; *Garn* spinnen; *Ränke*, *Intrigen* schmie-

den; ~ **o glȃvi** *fig.* an den Kragen wollen
snȗbiti (*um ein Mädchen, um Wählerstimmen*) werben
snȗbljēnje (*Braut-*)Werbung *f*; *Pol.* Propaganda *f*
snụbok (-ọka; *V* snụboče) (*Braut-*)Werber *m*
snụžden (-o) bekümmert, bedrückt, niedergeschlagen, traurig
snụžditi se *pf* betrübt *od.* traurig werden
snjęgović Schneemann *m*
snjegọvit schneereich
Snjegụljica Schneewittchen *n*
snjętljiv rostig; brandig; brandfleckig
snjęž|an Schnee-; **~nā grụdica** Schneeball *m*; **~nī pokrịvāč** Schneedecke *f*
snježạnica Schneewasser *n*
sȏ (-la) → **sȏl**
sọb (*Pl* -ovi) Ren(tier *n*) *n*
sọba Zimmer *n*, Stube *f*, Bude *f*; ~ **s nạmještajem** möbliertes Zimmer; **dnęvnā** ~ Wohnzimmer *n*; **rȃdnā** ~ Arbeitszimmer *n*; **spạvaćā** ~ Schlafzimmer *n*; **tạvanskā** ~ Dachzimmer *n*, Mansarde *f*
sọbār Kammerdiener *m*
sọbarica Zimmermädchen *n*
sọbica Zimmerchen *n*
sọbnī Zimmer-, Raum-
sọboslikār Anstreicher *m*, Maler *m*
sọcijālan sozial, gesellschaftlich, Sozial-, Gesellschafts-; → **skȓb**
socijaldemọkrat(a) *m* Sozialdemokrat *m*
socijaldemọkratskī sozialdemokratisch
socijạlist(a) Sozialist *m*
socijạlistkinja Sozialistin *f*
socijalizạ̄cija Sozialisierung *f*
socijalịzam (-zma) Sozialismus *m*
socijalizīrati *5 ipf*/*pf* sozialisieren, vergesellschaften
sociọlog(a) Soziologe *m*
sociolọgija Soziologie *f*
sociọloškī soziologisch
sọčan saftig, saftreich; üppig
sọčīvo *Bot.*, *Anat.*, *Phys.* Linse *f*
sọčnōst (-osti; *ISg* -osti/-ošću) *f* Saftigkeit *f*; Üppigkeit *f*
sȏda Soda *n*; **~-vọda** Sodawasser *n*
sọftvēr *EDV* Software *f*
sȏj (-evi) *3* Art *f*; Gattung *f*; Schlag *m*; Rasse *f*; (*Bakterien-*)Stamm *m*; **bịti istōg ~a** *fig.* vom gleichen Schlag sein
sojẹnica Pfahlbau *m*
sȏk (-ovi) *3* Saft *m*; **bẹz ~a** *fig.* ohne (jeden) Pfiff; **vọćnī** ~ Obstsaft *m*
sọkāk *1 Turz.* Gasse *f*, Gäßchen *n*
sọkna Socke *f*
sọkōl Falke *m*; *fig.* Held *m*; ~ **iz vrạnina gnijẹzda** *iron.* Feigling *m*, Memme *f*
sokọlār *1* Falkner *m*
sokọliti [o-] ermutigen, anspornen
sọkolov Falken-
sȏl (sọli; *I* sọli/sọlju) *f* Salz *n*; **ịmati ~i u glȃvi** *fig.* Grütze im Kopf haben; **kụhinjskā** ~ Kochsalz *n*
sọl|ad (-lda) *Turz.*, *hist.* Kupfermünze *f*; **nẹ̄mati nị ~da** *fig.* keinen roten Heller haben
solạna Salzgrube *f*; Saline *f*
sọlār *1* (*V* -u) Salzhändler *m*; Salzsieder *m*
sọlarīj Solarium *n*
sọldāt *1* Soldat *m*
sọldātskī soldatisch, Soldaten-
sọlīdan solide, fest; gediegen; charakterfest, zuverlässig
sọlidār|an solidarisch, gemeinschaftlich; **~nā odgovọ̄rnōst** *Hdl.*, *Jur.* gesamtschuldnerische Haftung *f*
solidarizīrati se *5 ipf*/*pf* sich solidarisieren, sich solidarisch erklären (**s** *I*/mit *D*)
solịdnōst (-osti; *ISg* -osti/-ošću) *f* Solidität *f*, Festigkeit *f*; Gediegenheit *f*, Zuverlässigkeit *f*
sọlika Graupeln *Pl*, Graupelschauer *m*
sọlist(a) *m* Solist *m*
solịtēr *1* (*Wohn-*)Hochhaus *m*; (*Edelstein*) Solitär *m*
sọliti [pọ-, ụ-] salzen; einsalzen, pökeln; ~ **pạmēt** schulmeistern, (unnütze) Ratschläge erteilen
sȏlnī Salz-
sọlstīcīj Sonnenwende *f*
solụcija *Chem.* Lösung *f*
solvẹntan solvent, zahlungsfähig
solvẹntnōst (-osti; *ISg* -osti/-ošću) *f* Solvenz *f*, Zahlungsfähigkeit *f*
sọljēnka (*D* -ki/-ci; *GPl* -nākā/-nkī) Salzstreuer *m*
sọm *Zool.* Wels *m*
sọnant *Gr.* Sonant *m*
sonạ̄ta Sonate *f*
sọ̄nda Sonde *f*

sondirati *5 ipf/pf* sondieren (*a. fig.*)
sonet Sonett *n*
sonōran sonor, klangvoll, volltönend
soprān *1* Sopran(stimme *f*) *m*
sopranist(a) *m* Sopransänger *m*
sopranistica Sopransängerin *f*
sopstven (-o) *sb.* → ***vlastit***
soptati (-pćēm) keuchen, schwer atmen, nach Luft schnappen
sōrta (*GPl* -tā/-tī) Sorte *f*
sortirati *5 ipf/pf* sortieren, auslesen
sōs Soße *f*; ***biti u ~u*** *fig.* in der Tinte *od.* Patsche sitzen
sotona (*V* sotone/sotono) Satan *m*, Teufel *m*
sōva Eule *f*
sovjet, sōvjet Sowjet *m*
sovjetskī, sōvjetskī sowjetisch, Sowjet-; ♀ ***Sāvez*** *hist.* Sowjetunion *f*
sovuljaga Nachteule *f*, Uhu *m*
spacionirati *5 ipf/pf Typ.* spationieren
spadati [spasti] herunterfallen, fallen; gehören (***u*** *A*/zu *D*); ***~ u nādležnōst*** (*G*) in *j-s* Zuständigkeit *od.* Kompetenz fallen
spadnēm *1. Pers Sg v.* ***spasti***[1,2]
spahija *m Turz., hist.* Grundherr *m*, (*Groß-*)Grundbesitzer *m*
spājalica (*Büro-*)Klammer *m*
spājānje Verbindung *f*, Verknüpfung *f*; Koppelung *f*; Zusammenlegung *f*; Verquickung *f*
spājati → ***spojiti***
spakirati *5 ipf/pf* zusammenpacken; *Gepäck* packen; einwickeln
spāliti (-ljen) **(-aljivati)** verbrennen; *Dorf* niederbrennen; *Leiche* einäschern
spaljivānje Verbrennen *n*; Niederbrennen *n*; Einäscherung *f*
spaljivati (-aljujēm) → ***spāliti***
spanāć *1 sb.* → ***špināt***
spāran schwül, drückend heiß
sparina Schwüle *f*
spāriti[1] **(-arivati)** paaren, vereinigen; ***~ se*** *Tiere*: sich paaren
spariti[2] **(-rivati)** verbrühen, abbrühen
sparivati (-arujēm) → ***spāriti***[1]
sparivati (-arujēm) → ***spariti***[2]
sparog Spargel *m*
sparūšiti se *5 pf* (*von der Sonne*) austrocknen, verdorren
spās Rettung *f*; Heil *n*, Erlösung *f*; Befreiung *f*; ***vōjskā ~a*** Heilsarmee *f*
spasāvānj|e Retten *n*, Rettung *f*; Bergung *f*; ***pojās za ~e*** Rettungsring *m*; ***troškovī ~a*** Bergungskosten *Pl*
spasāvati *5* → ***spāsiti***
spāsen (-o) geborgen, gerettet
spasēnje Rettung *f*, Erlösung *f* (*a. Rel.*), Seligkeit *f*
spasilac (-ioca) → ***spasitelj***
spasitelj Retter *m*; *Rel.* Erlöser *m*, Heiland *m*
spasiteljica Retterin *f*
spasiteljka (*GPl* -kī/-kā) → ***spasiteljica***
spāsiti (-šen) **[spāsti]** retten, bergen; erlösen, befreien; ***~ (golū) kožu*** das nackte Leben retten; ***~ se*** sich retten, sich befreien
spasonosan heilbringend; heilsam
Spasovo (*Christi*) Himmelfahrt *f*
spasti[1] (-dnēm; spao, -āla) **(-dati)** herabfallen, herunterfallen; *Preise*: sinken; *Temperaturen*: fallen *od.* sinken; ***~ na niskē*** *od.* ***tankē grāne*** *fig.* auf den Hund kommen; ***~ na prosjačkī štāp*** *fig.* an den Bettelstab kommen *od.* geraten; ***~ s konja na magārca*** sich mit weniger zufrieden geben müssen; ***~ u istu kategoriju*** zur gleichen Kategorie gehören
spāsti[2] (-dnēm) *pf* → ***spāsiti***
spavāč *1* (*V* -u) Schläfer *m*
spavaćī schlafend, Schlaf-; → ***kola, soba***
spavaćica Nachthemd *n*
spāvānj|e Schlafen *n*, Schlaf *m*; ***sredstvo za ~e*** Schlafmittel *n*; ***uhvatiti na ~u*** *fig.* unvorbereitet erwischen, ohne Vorwarnung treffen, F kalt erwischen
spavaonica Schlafzimmer *n*, Schlafraum *m*
spāvati schlafen; ***~ kao top*** *od.* ***kao zāklān*** *fig.* schlafen wie ein Murmeltier; ***~ kao zēc*** *fig.* e-n leichten Schlaf haben; ***ići ~ s kokošima*** *fig.* mit den Hühnern schlafen gehen
spaziti *pf* erblicken, bemerken
specificirati *5 ipf/pf* spezifizieren; (*einzeln*) aufzählen
specifičan spezifisch
specifičnōst (-osti; *ISg* -osti/-ošću) *f* Eigenart *f*, Eigentümlichkeit *f*, Spezifikum *n*
specifikācija Spezifizierung *f*; Auflistung *f*
specijālan speziell, spezial, Spezial-, Sonder-

specija̧list(a) *m* Spezialist *m*, Fachmann *m*; ***liječnīk*** ~ Facharzt *m*
specijali̧tēt *1* Spezialität *f*, Besonderheit *f*; Fachgebiet *n*
specijalizā̧cija Spezialisierung *f*
specijalizī̧rati se sich spezialisieren; sich (*beruflich*) fortbilden
specijā̧lnōst (-osti; *ISg* -osti/-ošću) *f* → ***specijali̧tēt***
spȩ́ći (-čēm, -kao, -kla; -ȩčen *6*) *pf* backen, braten; *Branntwein, Ziegel* brennen
spȩktakulāran spektakulär, aufsehenerregend
spȩktar (-tra) Spektrum *n*
spȩktrālan spektral
spekulā̧cija Spekulation *f*
speku̧lant(a) *m* Spekulant *m*
spȩkulatīvan spekulativ
spekulī̧rati *5 ipf/pf* spekulieren, rechnen (auf *A*)
spȩrēm *1. Pers Sg v.* ***spra̧ti***
spȩtljati (-ā̧vati *5*) (*ineinander*) verknüpfen, verschlingen; verwickeln; *fig.* vermurksen, verpfuschen
spi̧ker (*Radio, TV*) Ansager *m*, Sprecher *m*
spi̧kerica (*Radio, TV*) Ansagerin *f*, Sprecherin *f*
spikī̧rati *5 ipf/pf* (*TV-Sendung*) ansagen
spi̧lja Höhle *f*, Grotte *f*
spi̧ljskī Höhlen-, Grotten-
spirā̧la Spirale *f*
spi̧rāl|an spiralförmig, Spiral-; ***~nā o̧pruga*** Spiralfeder *f*
spiriti̧zam (-zma) Spiritismus *m*
spī̧s Schriftstück *n*, Akte *f*, Urkunde *f*, Dokument *n*; ***prȩma podā̧cima u ~u*** nach Aktenlage; ***rijȩšiti ~*** e-e Akte erledigen
spi̧sak (-ska; *Pl* -skovi) Verzeichnis *n*, Liste *f*; ***cr̄nī ~*** *fig.* schwarze Liste; ~ ***i̧splatā zā̧radē*** Lohnliste *f*
spi̧satelj Schriftsteller *m*, Autor *m*
spisatȩljica Schriftstellerin *f*, Autorin *f*
spi̧skati *pf* vergeuden, verschwenden, verprassen
spjȩ̄v (*Pl* -ovi) Dichtung *f*; Gedicht *n*; Gesang *m*
spjȩvati *pf* dichten, ein Gedicht verfassen
spla̧čine *f/Pl* Spülwasser *n*; Abwaschwasser *n*
spla̧kati (-čēm) → ***splā̧knuti***
splā̧knuti (-nēm) *pf* (**-kati**) abspülen, abwaschen
spla̧snuti (-nēm) (**-šnjā̧vati** *5*) abnehmen, abflachen, zusammenschrumpfen, schwinden (*a. fig.*)
splā̧v (-i) *f* Floß *n*
spla̧vār *1* (*V* -u) Flößer *m*
splavā̧riti *5* flößen
splȩćēm *1. Pers Sg v.* ***splȩtati***
splȩsti (-ȩtēm, -eo, -ela; -ȩten *6*) (**-ȩtati**) verflechten, verstricken, verschlingen, verwickeln; *Kranz* flechten; *Menschen* verwirren; ~ **se** sich verstricken (**u** *A*/in *A*)
splȩt (*Pl* -ovi) Geflecht *n*; Knoten *m*; (*Fuß-*)Rist *m*
splȩtati (-ȩćēm) → ***splȩsti***
splȩtkār *1* (*V* -u) Intrigant *m*
spletkā̧riti *5* intrigieren
splȩtkāš *1* (*V* -u) → ***splȩtkār***
Spli̧ćanin (*Pl* -āni) Bewohner von Split
Spli̧ćānka (*D* -ki; *GPl* -kī) Bewohnerin von Split
splo̧snuti, splјo̧šnuti (-nēm) *pf tr* abflachen, verflachen; ~ **se** *itr* abflachen, flach werden
spljō̧šten (-o) abgeflacht; eingedellt
spljō̧štiti (**-štā̧vati** *5*) abflachen, abplatten; eindrücken; flachdrücken
spočitā̧vati *5* **[-o̧čitnuti]** vorwerfen, Vorhaltungen *od.* Vorwürfe machen
spo̧čitnuti (-nēm) *pf* → ***spočitā̧vati***
spo̧doba Gestalt *f*, Erscheinung *f*
spō̧j *3* (*Pl* -evi) Verbindung *f*, Verknüpfung *f*; Kontakt *m*; Naht *f*; ***do̧biti ~*** (*mit e-m Telefonanruf*) durchkommen; ***kȩmījskī*** ~ chemische Verbindung; ***kra̧tkī ~*** *El.* Kurzschluß *m*; ***krī̧vī ~*** Trugschluß *m*; *Tel.* falsch verbunden; ***rea̧kcija kra̧tkōg ~a*** *Psych.* Kurzschlußreaktion *f*
spo̧jen (-o) verbunden, gekoppelt
spo̧jiti (spā̧jati) verbinden, verknüpfen; zusammenfügen; zusammenkoppeln; verquicken; *Metalle* verlöten; (*zu e-r Legierung*) verschmelzen; *Raumschiff*: andocken; ~ **se** sich zusammenschließen
spo̧jiv vereinbar, kompatibel
spo̧jivōst (-osti; *ISg* -osti/-ošću) *f* Vereinbarkeit *f*, Verträglichkeit *f*, Kompatibilität *f*
spō̧jka (*GPl* spo̧jākā/spō̧jkī) Verbindungsstück *n*; Band *n*; *Tech.* Kupplung *f*; *Sp.* Mittelfeldspieler *m*

spọ̄jnica *Tech.* Kupplung *f*; Muffe *f*; *Anat.* Band *n*; ~ ***riječi*** Bindestrich *m*
spọkōjan gelassen, ruhig; getrost; beruhigt
spokọ̄jnōst (-osti; *ISg* -osti/-ošću) *f* Ruhe *f*; Gelassenheit *f*
spọ̄l *3* (*Pl* -ovi) Geschlecht *n*; *Gr.* Genus *n*; ***jạ̄kī*** ~ das starke Geschlecht; ***lịepšī*** ~ das schöne Geschlecht; ***mụškī*** (***srẹdnjī, žẹnskī***) ~ *Gr.* männliches (sächliches, weibliches) Geschlecht
spọ̄ln|ī geschlechtlich, Geschlechts-; ~***ā dọzrelōst*** Geschlechtsreife *f*; ~***ī nạ̄gon*** Geschlechtstrieb *m*; ~***ī općẹ̄nje*** Geschlechtsverkehr *m*; ~***ī ọrgān*** Geschlechtsorgan *n*
spolọvilo Geschlechtsteil *n*
spọlja *Adv* äußerlich, von außen
spọljašnjī äußere(r), äußerliche(r)
spọ̄ljn|ī äußere(r), auswärtig, Außen-
spọmēn (-ena) Andenken *n*, Gedenken *n*; Erinnerung *f*; ~***-dạ̄n*** Gedenktag *m*; ~***-obịlježje*** Mahnmal *n*; ~***-plọča*** Gedenktafel *f*; ***ne bịti vrijẹdno*** ~***a*** nicht der Rede wert sein
spọmenār Stammbuch *n*
spọmenica Denkschrift *f*; Gedenkmünze *f*
spọmenīk Denkschrift *f*, Memorandum *n*; Gedenkmünze *f*; ~ ***pạlīm bọ̄rcima*** Kriegerdenkmal *n*
spọmenūt erwähnt, genannt, besagt; ***gọre*** ~ obenerwähnt, obengenannt
spomẹ̄nuti (spọmēnēm; -nuo, -nula; -nūt) (**spọminjati**) erwähnen, nennen; *Thema* berühren; ~ **se** gedenken; denken (an *A*)
spọminjānje Erwähnen *n*, Erinnern *n*, Gedenken *n*
spọminjati (-jēm) → ***spomẹ̄nuti***
spọna Klammer *f*; Schließe *f*; Spange *f*; *Ling.* Kopula *f*; ~ ***upravljạ̄ča*** *Kfz.* Lenkstange *f*
spọntān (-o) spontan
spọntanōst (-osti; *ISg* -osti/-ošću) *f* Spontaneität *f*
spọnzor *Sp.* Sponsor *m*
spọpadati → ***spọpasti***
spọpasti (-dnēm; -pao) (**-padati**) erfassen, fassen, anfassen, packen; befallen, ergreifen; *Grauen*: überkommen; ~ ***ụ gušu*** an der Kehle packen; ***štọ te spọpalo?*** was ist (denn) mit dir los?
spọr[1] *Adj* langsam, träge, gemächlich; ~***ī ạkcent*** *Gr.* kurzsteigender Akzent
spọr[2] *Su* Streit *m*; ***izrạvnati*** ~ e-n Streit schlichten; ***prạ̄vnī*** ~ Rechtsstreit *m*
sporạdičan sporadisch, vereinzelt
spọ̄r|an strittig, umstritten; *Jur.* streitig; ~***nō pịtānje*** Streitfrage *f*
spọrazūm Verständigung *f*, Übereinkommen *n*, Einverständnis *n*, Einvernehmen *n*; *Hdl.* Vertrag *m*; *Pol.* Abkommen *n*; ***sklọpiti*** ~ e-n Vertrag schließen; ***u*** ~***u*** im Einvernehmen, einvernehmlich (**s** *I*/mit *D*)
spọrazūmno *Adv Jur.* einvernehmlich
sporazụmāš *1* (*V* -u) *verä.* Kompromißler *m*
sporazumạ̄štvo *verä.* Kompromißlertum *n*
sporazumijẹvānje *7* Verständigung *f*, Einigung *f*
sporazumijẹvati se *5/7* → ***sporazụmjeti se***
sporazụmjeti se (-ụmijēm se; -ụmio se, -ụmjela se) (**-mijẹvati se** *5/7*) sich verständigen, sich einigen (**u** *L*/in *D*)
spọrēd|an nebensächlich; Neben-; ~***nī prịhod*** Nebeneinkommen *n*; ~***nā rečẹnica*** *Gr.* Nebensatz *m*; ~***nā strụka*** (*Studium*) Nebenfach *n*; ~***nā stvạ̄r*** Nebensache *f*; ~***nā ụlica*** Seitenstraße *f*; ~***nō zanịmānje*** Nebenbeschäftigung *f*
spọro *Adv* langsam, bedächtig, träge
spọrōst (-osti; *ISg* -osti/-ošću) *f* Langsamkeit *f*, Gemächlichkeit *f*, Trägheit *f*
spọrt Sport *m*; ***bạviti se*** ~***om*** Sport treiben; ***bọrilačkī*** ~ Kampfsport *m*; ***mọmčādskī*** ~ Mannschaftssport *m*; ***tạkmičārskī*** ~ Leistungssport *m*
spọrtāš *1* (*V* -u) Sportler *m*; ***vṛhūnskī*** ~ Spitzensportler *m*
sportạšica Sportlerin *f*
spọrtskī sportlich, Sport-
spọsoban fähig, tüchtig, geeignet, tauglich; ~ ***zạ rād*** arbeitsfähig; ~ ***zạ vōjnū slụžbu*** militärdiensttauglich; ***krẹditno*** ~ kreditwürdig; ***pọslōvno*** ~ geschäftsfähig; ***prạ̄vno*** ~ rechtsfähig
sposọ̄bnōst (-osti; *ISg* -osti/-ošću) *f* Fähigkeit *f*, Tüchtigkeit *f*; Tauglichkeit *f*, Eignung *f*; ***krẹditnā*** ~ Kreditwürdigkeit *f*; ***prạ̄vnā*** ~ Rechtsfähigkeit *f*; ***rạ̄dnā*** ~ Arbeitsfähigkeit *f*; ***vọzāčkā*** ~ Fahrtüchtigkeit *f*
spọtaći se (-taknēm se) → ***spotạknuti se***

S

spotąknuti se (-ǫtaknēm se; -otąkao se/ spotąknuo se) (**spǫticati se**) stolpern, straucheln (*a. fig.*) (**na, o** *L*/über *A*)
spǫticānj|e Stolpern *n*, Straucheln *n*; ***kąmēn ~a*** *fig.* Stein des Anstoßes
spǫticati se (-čēm se) → ***spotąknuti se***
spǫznaja, -ānje Erkenntnis *f*
spǫznajnī Erkenntnis-
spǫznati (**-nāvati**) erkennen, wahrnehmen, zu der Erkenntnis gelangen
spoznāvati (-ǫznajēm) → ***spǫznati***
sprąm(a) *Präp* (*G*) → ***prema***
sprąskati *pf* vergeuden, verprassen
sprąt *sb.* Stock(werk *n*) *m*, Geschoß *n*, Etage *f*
sprąti (spęrēm; sprān) *pf* abwaschen; *Makel* wegwaschen
spräva (*GPl* sprāvā) Gerät *n*, Vorrichtung *f*, Apparat *m*, Instrument *f*
sprąviti (-vljen) (**-vljati**) zubereiten, herrichten
sprdačina Spott *m*, Hohn *m*, Spöttelei *f*, Spaß *m*
spṛdati se spotten (*D*/über *A*), auslachen (*A*), verspotten (*A*)
sprečąvānje Hindern *n*; Hindernis *n*, Hemmnis *n*; ***~ nęsrecā*** Unfallverhütung *f*
sprečąvati *5* → ***sprijęčiti***
spręći (-ęgnēm) → ***sprẹ̄gnuti***
spręga Gespann *n*, Gefährt *n*; *Gr.* Konjugation *f*
sprẹ̄gnuti (-gnēm; -gnuo/-gao, -gla; -gnūt) (**-zati**) *Pferde* einspannen
spręj Spray *n*
spręjati sprayen
spręma Vorbereitung *f*, Ausstattung *f*, Ausrüstung *f*; Aussteuer *f*; ***strụčnā ~*** Berufsausbildung *f*
spremąčica Reinemachefrau *f*, Zugehfrau *f*
spręman bereit, fertig; vorbereitet, einsatzbereit; ***~ za pụ̄t*** reisefertig, reisebereit; ***bịti ~ nạ sve*** auf alles gefaßt sein
sprẹ̄mānje Bereiten *n*; Vorbereitung *f*; Zubereitung *f*; Rüsten *n*; Ausrüsten *n*; Aufräumen *n*; ***vęlikō ~*** Großreinemachen *n*
sprẹ̄mati [-iti] bereiten; fertigmachen; *Bett* machen; *Essen* zubereiten; *Falle* stellen; *Zimmer* aufräumen; **~ se** sich vorbereiten (***na*** *A*/auf *A*); *Gewitter*: aufziehen
spręmīšte Aufbewahrungsraum *m*, Vorratsraum *m*; Magazin *n*; ***vatrǫgāsnō ~*** Feuerwehrhaus *n*
sprẹ̄miti (-mljen) → ***sprẹ̄mati***
spręmnica Speisekammer *f*, Vorratskammer *f*
spręmnōst (-osti; *ISg* -osti/-ošću) *f* Bereitschaft *f*, Bereitwilligkeit *f*; Fähigkeit *f*
sprętan geschickt, gewandt, flink, behende; (*Gegenstand*) handlich
sprętnōst (-osti; *ISg* -osti/-ošću) *f* Geschicklichkeit *f*, Gewandheit *f*; Geschick *n*; Handlichkeit *f*
sprẹ̄zānje *Gr.* Konjugation *f*
sprẹ̄zati (-žēm) *Gr.* konjugieren → ***sprẹ̄gnuti***
sprężn|ī: ***~ā stǫka*** Zugtier *n*
sprijatęljiti se *5* (-ąteljen) sich anfreunden, sich befreunden, Freundschaft schließen
sprijęčen *7* (-o) verhindert
sprijęčiti *5/7* (**sprečąvati** *5*) hindern, verhindern; abhalten (**od** *G*/von *D*), hemmen; *Unglück* verhindern
sprijeda *7* vorn(e)
sprịnt Sprint *m*, Kurzstreckenlauf *m*
sprịntati sprinten
sprịnter Kurzstreckenläufer *m*, Sprinter *m*
sprịnterice *f*/*Pl Sp.* Laufschuhe *Pl* (*mit Spikes*)
sprovąđati *5* → ***sprǫvesti***
sprǫvesti (-vędēm; -veo, -vela; -vęden *6*) (**-vǫditi, -vąđati**) *Plan* durchführen; *Zeit* verbringen; (*zum Schutz*) begleiten, eskortieren; **~ *u djęlo*** *od.* ***žįvot*** in die Tat umsetzen
sprǫvod Begräbnis *n*; Leichenzug *m*; Trauerzug *m*; Begleitung *f*, Geleit *f*
sprovǫditi *5* (-ǫvođen) → ***sprǫvesti***
sprǫvodnī Begleit-; ***~ lịst*** Begleitschein *m*; Paketkarte *m*; Zustellschein *f*
sprǫvodnica → ***sprǫvodnī lịst***
sprǫvodnīk Begleiter *m*; *Phys.* Leiter *m*
sprǫvođenje Begleitung *f*; Durchführung *f*
spṛtljati *pf* F verpfuschen, vermurksen
sprụ̄d Sandbank *f*
sprudǫvit reich an Sandbänken
spṛva zuerst, als erstes
spṛžiti (-žen) *pf* → ***pṛžiti***
spụ̄st (*Pl* spụstovi) Gefälle *n*; *Sp.* Abfahrt(slauf *m*) *f*, Schußfahrt *f*
spustiti (-šćen) (**spụ̄štati**) herablassen,

S

herunterlassen; *Preise* senken; *Segel* streichen; *Lot*, *Senkrechte* fällen; *Stimme* dämpfen; ~ ***brọd ụ mōre*** Schiff vom Stapel lassen; ~ ***krīla*** *fig.* Flügel hängen lassen; ~ ***nạ zemlju*** *fig.* auf den Boden (*der Realität*) herunterholen; ~ **se** sinken, niedergehen; *Flugzeug*: landen; *Erde* sich senken; *Nacht* hereinbrechen; *Schiff*: vom Stapel laufen

spūštānje Herablassen *n*, Senken *m*; Landung *f*; ~ ***brọda ụ mōre*** Stapellauf *m*; ~ ***žẹluca*** *Med.* Magensenkung *f*; ***prịnudnō*** ~ *Flgw.* Notlandung *f*

spūštati (se) → ***spụstiti (se)***

spụtān (-o) gefesselt, gebunden; *fig.* gehemmt; ***bịti*** **~*īh rụ̄kū*** *fig.* machtlos sein, die Hände sind (j-m) gebunden

spụtānōst (-osti; *ISg* -osti/-ošću) *f* Gebundensein *n*; *fig.* Gehemmtheit *f*

spụtati (**-tạvati** *5*) fesseln; hemmen; *Pferde* ankoppeln, zusammenbinden

spụ̄tnīk Sputnik *m*

spụzati (-žēm) (**spụ̄ziti**) herabkriechen; herabgleiten; hinabrutschen

spụžva (*GPl* -žāvā/-žvī) Schwamm *m*

spụ̄žvast schwammartig, schwammig; ***~ā gụma*** Schaumgummi *m*

srạb → ***svrạ̄b***

sračụnati (**-ạ̄vati** *5*) *pf* zusammenrechnen, zusammenzählen, addieren; ausrechnen

srạ́ćka, -kavica V Dünnschiß *m*

srạ̄m Scham *f*, Verschämtheit *f*; ~ ***te bịlo!*** schäme dich!; ***nẹ̄mati ni ~ ni ọbraza*** keine Ehre *od.* Scham im Leib haben

srạ̄man schändlich, schmählich, schmachvoll

sramẹžljiv verschämt, schamhaft; schüchtern, ängstlich

sramẹžljivōst (-osti; *ISg* -osti/-ošću) *f* Schamgefühl *n*; Schüchternheit *f*

srạ̄miti se [po-] sich schämen (*G*/wegen *G od. G*), schüchtern sein

sramọćēnje Schänden *n*, Schändung *f*

sramọt|a Schande *f*, Schmach *f*; ***~a i grehọta*** Schimpf und Schande; ***bịti na ~u*** zur Schande gereichen

srạmotan schändlich, schmählich, schmachvoll; ehrlos, skandalös

sramọtiti (srạmoćen) **[o-]** beschämen, schänden, zum Gespött machen

srạ̄nje V Scheißen *n*; ~! V Scheiße!

srạ̄sti (-stēm; -stao, -sla) (**-šćịvati**) zusammenwachsen, verwachsen; *Wunde*: (ver)heilen

srašćịvati (-ąšćujēm) → ***srạ̄sti***

srạti (sẹrēm) **[pọ-]** V scheißen

srạ̄vniti (-njen) (**-avnjịvati**) ebnen, einebnen; gleichmachen; *Text* vergleichen, kollationieren; ~ ***sa zẹmljōm*** dem Erdboden gleichmachen

sravnjẹ̄nje Vergleichen *n*

sravnjịvati (-ąvnjujēm) → ***srạ̄vniti***

srạ̄z *4* Zusammenstoß *m*, Zusammenprall *m*

srạ̄ziti se zusammenstoßen, aufeinanderprallen, zusammenprallen

srạ̄zmjer → ***rạ̄zmjer***

srạ̄zmjeran → ***rạ̄zmjeran***

Sṛbija Serbien *n*

Srbijạ̄nac (-nca) Serbe *m* (*im eigentlichen Serbien wohnend*)

Srbịjānka (*D* -ki; *GPl* -kī) Serbin *f* (*im eigentlichen Serbien wohnend*)

srbịjānski serbisch (*auf das eigentliche Serbien bezogen*)

Sṛbin (*Pl* Sṛbi) Serbe *m*

srbīzam (-zma) *Ling.* Serbismus *m*

srbọvati (-ujēm) (*demonstrativ*) serbisch sein

sṛc|e Herz *n*; *fig.* Kern *n*; *fig.* Wesen *n*; ***~e ịgrā*** (***od rạdosti***) das Herz hüpft (vor Freude); ***~e je pạlo u pẹ̄te*** *fig.* das Herz ist in die Hose gerutscht; ***~ mọje!*** mein Schatz!; ***bịti bẹz ~a*** herzlos sein; ***bịti dọbra ~a*** gutherzig sein; ***bịti*** (*D*) ***po ~u*** nach j-s Geschmack sein; ***čịtavīm ~em*** von ganzem Herzen; ***dịrnuti u ~e*** ans Herz rühren, zu Herzen gehen; ***iskạ̄liti ~e*** sein Herz ausschütten; ***ịz svega ~a*** von ganzem Herzen; ***lụ̄pānje ~a*** Herzklopfen *n*; ***ọtvorena ~a*** offen und ehrlich; ***prẹko ~a*** widerwillig; ***prịmati k ~u*** sich zu Herzen nehmen; ***rụ̄ku nạ ~e!*** Hand aufs Herz!; ***slọmiti ~e*** *fig.* das Herz brechen; ***stẹ̄žē mi se ~e*** mein Herz verkrampft sich; ***tẹ̄ška ~a*** schweren Herzens; ***zẹčjē ~e*** *fig.* Angsthase *m*

srcọlik herzförmig

sṝč → ***sṝž***

sṛčan (-o) beherzt, mutig, tapfer

sṛčanī Herz-; → ***kạ̄p, mạ̄na***

sṛčanōst (-osti; *ISg* -osti/-ošću) *f* Beherztheit *f*, Mut *m*, Wagemut *m*

sṝčēm *1. Pers Sg v.* ***sṝkati***

sṛčika Mark *n* (*bei Pflanzen*); *fig.* Kern *m*

sr̨dačan herzlich, innig, warmherzig, liebevoll
sr̨dačnōst (-osti; *ISg* -osti/-ošću) *f* Herzlichkeit *f*, Warmherzigkeit *f*
sr̨dela Sardine *f*
sr̨dit ärgerlich, böse, erzürnt, wütend
sr̄diti (sr̨đen) (**rasr̄diti**) erzürnen, zornig machen, wütend machen; **~ se** sich ärgern (**na** *A*/über *A*)
sr̄ditōst (-osti; *ISg* -osti/-ošću) *f* Ärger *m*, Grimm *m*, Zorn *m*
sr̨djela *reg.* → **sr̨dela**
srdobolja *Med.* Ruhr *f*
sr̨džba (*GPl* -bī/-žābā) Zorn *n*, Ärger *m*, Wut *f*
srębren (-o) silbern, Silber-; **~ā lisica** Silberfuchs *m*
srebrnina Silberzeug *n*; Silberbesteck *n*; Silbergeschirr *n*
srebrnjāk *1* Silbermünze *f*, Silberling *m*
srębro Silber *n*; **žīvō ~** Quecksilber *n*
sręć|a Glück *n*; Glücksfall *m*; Heil *n*, Wohl *n*; **biti jądnē** *od.* **lošē** *od.* **bąbinē ~ē** Pech haben, ein Pechvogel sein; **biti lūd od ~ē** ganz verrückt vor Glück sein; **kąmo lijępe ~ē!** so Gott will!; **na ~u** auf gut Glück, aufs Geratewohl; **pokušati ~u** sein Glück versuchen; **u ~i i nęsreći** in guten wie in schlechten Tagen
sręćka (*GPl* -ākā/-kī) (Lotterie)Los *n*, Lotterieschein *m*
sręćkom *Adv* glücklicherweise, zum Glück
sręćkovīć Glückspilz *m*
sręd *Präp* (*G*) inmitten (*G*), mitten in (*D*)
sredin|a Mitte *f*; Mittelweg *m*; Milieu *n*, Umgebung *f*; **nąsred ~ē** genau in der Mitte; **zlątnā ~a** *fig.* die goldene Mitte
sręīšnj|ī Mittel-, Zentral-; **~ā linija** *Sp.* Mittellinie *f*; **~ī prǫblēm** Schlüsselproblem *n*; **~ā uprava** Zentralverwaltung *f*
sręīšnjica Zentrale *f*, Hauptstelle *f*
sredīšte Mittelpunkt *m*, Zentrum *n*
sręditi (-đen) (**-eđīvati**) ordnen; *Geschäfte* regeln; *Zimmer* aufräumen; F (*im Sport etc.*) besiegen
sręnjī mittlere(r), Mittel-; durchschnittlich; *Gr.* sächlich; → **rǫd, stąlež, vijek**
sręnjo- mittel-
srednjoęvropskī mitteleuropäisch
srednjoprųgāš *Sp.* Mittelstreckenläufer *m*
srednjoškōlac (-lca) *2* Mittelschüler *m*
sredǫvječan mittleren Alters, in mittleren Jahren
sredǫzēmnī mediterran, Mittelmeer-
Sredǫzēmlje Mittelmeerländer *Pl*, Mittelmeerraum *m*
sręstv|o (*GPl* sredstąvā) Mittel *n*; **~o za kontracępciju** Verhütungsmittel *n*; **~o za odleđīvānje** Enteisungsmittel *n*; **~o za spąvānje** Schlafmittel *n*; **~o za umirēnje** Beruhigungsmittel *n*; **ne birati ~a** in der Wahl seiner Mittel nicht zimperlich sein; **ljekǫvitō ~o** Heilmittel *n*; **nǫvčanā ~a** Geldmittel *Pl*; **ǫpōjnō ~o** Betäubungsmittel *n*; **proizvodnō ~o** Produktionsmittel *n*; **prǫmetnō ~o** Verkehrsmittel *n*
sręđen (-o) geordnet, geregelt; (*Mensch*) gesetzt, besonnen
sręđenōst (-osti; *ISg* -osti/-ošću) *f* Gesetztheit *f*, Besonnenheit *f*
sređīvānje Ordnen *n*, Regeln *n*
sređīvati (-eđujēm) → **sręditi**
Sręm *Geogr.* → **Srijem**
sręskī bezirklich, Bezirks-
sręsti (-tnēm, -eo, -ela) (**-tati**) begegnen, (an)treffen; **~ se** sich treffen
sręt|an glücklich, beglückt, glückselig; **~nū Nǫvū gǫdinu!** ein glückliches Neues Jahr!; **biti ~nē rūkē** *fig.* e-e glückliche Hand haben
srętnīk Glückskind *n*, Glückspilz *m*
sręno: ~! viel Glück!
sręz (*Pl* -ovi) *hist.* Bezirk *m*, Kreis *m*
sręzati (-žēm) (**-zīvati**) zerschneiden, zuschneiden
srezīvati (-ęzujēm) → **sręzati**
sr̄h → **sr̄si**
sricānje Buchstabieren *n*
sricati (-čēm) buchstabieren
srijęd|a *7* Mittwoch *m*; Mitte *f*; **Čistā ~a** *Rel.* Aschermittwoch *m*; **izīći** *od.* **izlaziti na ~u** *fig.* ans Tageslicht kommen; **iznijeti na ~u** *fig.* an den Tag bringen; **nąsred ~ē** genau in der Mitte; **po ~i je** (*N*) es handelt sich um (*A*); **Vęlikā ~a** Mittwoch in der Karwoche
Srijem (-ęma) *7 Geogr.* Sirmien *n*
Srijęmac (-mca) *2/7* Sirmier *m*
Srijemka (*D* -ki; *GPl* -kī) *7* Sirmierin *f*
srijęmskī *7* sirmisch
sr̄kati (-čēm) *pf* schlürfen; nippen
sr̄knuti (-nem) *pf* → **sr̄kati**
sr̨ljati rennen, sich stürzen (auf *A*); ~ u

S

propāst ins Verderben rennen, ins Unglück rennen
sȓna Reh *n*
sr̥nećī Reh-; ***~ē bọjē*** rehbraun; ***~ē mȩso*** Rehfleisch *n*; Rehbraten *m*
sr̥netina Rehbraten *m*
sȓnuti (-nēm) *pf* hineinrennen, überstürzen; sich stürzen (***na*** *A*/ auf *A*)
srọčiti kongruieren, übereinstimmen; *Brief, Gedicht* verfassen
srọčnōst (-osti; *ISg* -osti/-ošću) *f* Übereinstimmung *f*, Kongruenz *f*
srọdan verwandt
srọditi se (-đȃvati se *5*) sich (eng) anschließen (**s** *I*/an *A*), sich (*D*) zugesellen
srọdničkī verwandtschaftlich, Verwandtschafts-
srọdnōst (-osti; *ISg* -osti/-ošću) *f* (*geistige*) Verwandtschaft *f*, Affinität *f*
srọdstv|o Verwandtschaft *f*; ***bịti u ~u*** verwandt sein (**s** *I*/mit *D*); ***bịti u ~u po žȩnidbi, ụdaji*** verschwägert sein
srȏk *3* (-ovi) Reim *m*
srọzati (-ozȃvati *5*) herabrollen, heruntersetzen; *Strümpfe*: herunterrutschen; *fig.* herabwürdigen
sȓp (*Pl* sr̥povi) Sichel *f*
sȓpanj (-pnja) Juli *m*
sȓpanjskī Juli-
Sr̥pkinja Serbin *f*
sr̥pskī serbisch
srpskohr̥vātskī *Ling.* serbokroatisch
sr̥pstvo Serbentum *n*
sȓsi (sȓhā) *m*/*Pl* Schauer *m*, Schauder *m*; Frösteln *n*; ***prọlazē me ~*** mir läuft es kalt über den Rücken
sr̥tati (-ćēm) rennen, sich stürzen
srụ̑čiti (-učȋvati) *Wasser* (aus)schütten; ***~ se*** herabstürzen, zusammenströmen; *Regen*: strömen; *fig. Unheil*: hereinbrechen
sručȋvati (-ụčujēm) → ***srụ̑čiti***
srụšiti *pf* → ***rụšiti***
sr̥vati (-ām/-ēm) *pf* überwältigen, besiegen, niederschlagen
sȓž (-i) *f* Mark *n*; Kern *m*; Wesentliche(s) *n*; ***kọštanā ~*** Knochenmark *n*; ***pọkvāren do ~i*** *fig.* bis ins Mark verdorben; ***ụ̄ći u ~*** *fig.* zum Wesentlichen e-r Sache vordringen
stạbīlan stabil, beständig
stabilizȃcija Stabilisierung *f*
stabilizȃcījskī Stabilisierungs-
stạbilizātor Stabilisator *m*
stabilizȋrati *5 ipf*/*pf* stabilisieren
stabȋlnōst (-osti; *ISg* -osti/-ošću) *f* Stabilität *f*, Beständigkeit *f*
stạ̄b|lo Baumstamm *m*; Baum *m*; Stamm *m*; ***geneạloškō ~lo*** Stammbaum *m*; ***od ~ālā nȩ vidjeti šụmu*** *fig.* den Wald vor lauter Bäumen nicht sehen
stạbljika *Bot.* Stengel *m*
stạcionāran stationär
stạ̑dīj Stadium *n*; Zustand *m*; Entwicklungsstufe *f*
stā̆čēm se *1. Pers Sg v.* ***stạ̄kati se***
stạ̑dion Stadion *n*
stạdo Herde *f*
stagnȃcija Stagnation *f*, Stockung *f*
stagnȋrati *5 ipf*/*pf* stagnieren, stillstehen
stạja Stall *m*; ***kạo ~*** *abw.* wie im Schweinestall
stạjačica stehendes Gewässer; *Astr.* Fixstern *m*
stạjaćī stehend
stạjalīšn|ī Stand-; ***~ō svjȩtlo*** *Kfz.* Standlicht *n*
stạjalīšte Stand *m*; Standpunkt *f*, Auffassung *f*; Haltestelle *f*
stạjānje[1] Stehen *n*; ***mjȩsto za ~*** Stehplatz *m*
stạjānje[2] Anhalten *n*, Stehenbleiben *n*
stạjati[1] (stọjīm; *Imp* stȏj; stạjao, -āla) stehen; halten; kosten; *Kleidung*: passen, stehen; *Verkehr*: ruhen; *Uhr*: stehen; *Zeit*: stillstehen; ***~ dọbro (lọše)*** gut (schlecht) dastehen (*a. fig.*); ***~ na pụ̄tu*** im Weg stehen (*a. fig.*); ***~ po strạni*** abseits stehen (*a. fig.*); ***kọliko tọ̄ stọjī?*** wieviel kostet das?; ***tọ̄ će te skụ̄po ~*** das wird dich teuer zu stehen kommen; ***tọ̄ nȩ stojī*** das stimmt nicht
stạjati[2] (-ajēm) → ***stạti***
stạ̑jskī Stall-
stạ̄kati se (-čēm se) zusammenfließen, ineinanderfließen
staklạna Glasfabrik *f*, Glashütte *f*, Glasbläserei *f*
stạklār *1* (*V* -u) Glaser *m*; Glasbläser *m*; Glashändler *m*
stạklara → ***staklạna***
staklạrija Glaswaren *Pl*; → ***stạklārnica***
stạklārnica *f* Glashandlung *f*, Glaserei *f*
stạklast glasig, glasartig, Glas-; ***~ī pạpīr*** Schmirgelpapier *n*; ***~ī pọglēd*** gläserner Blick
stạklen (-o) gläsern, Glas-; ***~ō vlạ̄kno***

Glasfaser *f*; ***stąjati na ~īm nǫgama*** *fig.* auf tönernen Füßen stehen
staklęnīk *1* Glashaus *n*, Treibhaus *n*
stąklēnka (*Glas-*)Flasche *f*
stąklo (*GPl* -kąla) Glas *n*; ***neslǫmljivō ~*** bruchsicheres Glas; ***prǭzorskō ~*** Fensterglas *n*; ***sekųrīt-~*** Sicherheitsglas *n*
staklopųhāč Glasbläser *m*
staklorę̄zac (-sca) *2* Glaser *m*
stą̄lak Gestell *n*; ***~ za bicįkle*** Fahrradständer *m*; ***~ za nǭte*** Notenständer *m*; ***~ za slįku*** Staffelei *f*
stą̄l|an ständig, beständig, dauernd; Dauer-; ***~nō bǫravīšte*** ständiger Wohnsitz; ***~nī gǭst*** Stammgast *m*; ***~nī prīhod*** festes Einkommen; ***~nō vrijęme*** beständiges Wetter
stą̄leškī Standes-, Stände-
stą̄lež (*sozialer*) Stand *m*, Klasse *f*; Kaste *f*; Berufsgruppe *f*; ***srędnjī ~*** Mittelstand *m*
stą̄lno *Adv* ständig, stets, dauernd
stą̄lnōst (-osti; *ISg* -osti/-ošću) *f* Beständigkeit *f*, Dauerhaftigkeit *f*, Stetigkeit *f*; Beharrlichkeit *f*
stą̄ložen (-o) gesetzt, besonnen, maßvoll; ruhig
stą̄loženōst (-osti; *ISg* -osti/-ošću) *f* Gesetzheit *f*, Besonnenheit *f*, Ruhe *f*
stą̄ložiti se *pf* sich beruhigen; gesetzt *od.* ruhig werden; *Teilchen*: sich setzen
stąmben|ī Wohnungs-, Wohn-; ***~ā izgrą̄dnja*** Wohnungsbau *m*; ***~ī ųgovōr*** Mietvertrag *m*; ***~ī ųred*** Wohnungsamt *n*; ***~ā zgrąda*** Wohnhaus *n*
stą̄n (*Pl* stąnovi) Wohnung *f*, Unterkunft *f*, Quartier *n*, Behausung *f*; ***~ u pǫtkrōvlju*** Mansardenwohnung *f*; ***glą̄vnī ~*** *Mil.* Hauptquartier *n*; ***nąmještenī ~*** möblierte Wohnung; ***tką̄lačkī ~*** Webstuhl *m*
stąnār *1* Mieter *m*; (*Haus-*)Bewohner *m*
stanąrina Miete *f*; Wohngeld *n*
stąnārka (*D* -ki; *GPl* -kī) Mieterin *f*
stąnārsk|ī Miet-, Mieter-; ***~ō prą̄vo*** Mietrecht *n*
stąndard Standard *m*; *Tech.* Norm *f*; ***žįvotnī ~*** Lebensstandard *m*
standardizą̄cija Standardisierung *f*, Normierung *f*
standardizį̄rati *5 ipf/pf* standardisieren, vereinheitlichen, normieren
stąndardn|ī Standard-, Norm-; ***~ā įzvedba*** Standardausführung *f*
stąnēm *1. Pers Sg v.* **stąti**
stąnica Haltestelle *f*, Station *f*, *sb. a.* Bahnhof *m*; *Biol.* Zelle *f*; ***~ mįlīcijē*** Milizposten *m*; ***~ za hįtnū pǫmōć*** Erste-Hilfe-Station *f*; ***bęnzinskā ~*** Tankstelle *f*; ***meteorǫloškā ~*** Wetterstation *f*; ***trąmvājskā ~*** Straßenbahnhaltestelle *f*
stąnični|ī Stations-; Zell-; ***~ā jęzgra*** *Biol.* Zellkern *m*; ***~ō tkį̄vo*** Zellgewebe *n*
stanįōl *1* Stanniol *n*, Alufolie *f*
stą̄nka (*D* -ci; *GPl* -kī) Pause *f*, Rast *f*
stanodą̄vac (-vca) *2* (*Wohnungs-*)Vermieter *m*
stanǫvānj|e Wohnen *n*, Bewohnen *n*; ***mjęsto ~a*** Wohnsitz *m*
stanǫvati (-ąnujēm) wohnen, bewohnen; wohnhaft sein
stanǫvīšt|e Standpunkt *m*, Ansicht *f*, Auffassung *f*; ***stąjati na ~u*** auf e-m Standunkt stehen, e-e Auffassung vertreten; ***s ǫvog ~a*** unter diesem Gesichtspunkt gesehen
stanǫvit gewisse(r), bestimmte(r)
stanǫvnica Einwohnerin *f*; Bewohnerin *f*
stanǫvnīk *1* (*V* -če) Einwohner *m*; Bewohner *m*; (*Heim-*)Insasse *m*
stanovnį̄štvo Bevölkerung *f*, Einwohnerschaft *f*
stą̄nj|e Zustand *m*; Lage *f*, Sachlage *f*; Situation *f*, Umstände *Pl*; ***~e pripr***ą̄***vnosti*** Alarmbereitschaft *f*; ***bįti u drųgōm ~u*** in anderen Umständen sein; ***bįti u ~u*** in der Lage sein; ***įmovinskō ~e*** Vermögensverhältnisse *Pl*; ***įznīmnō ~e*** Ausnahmezustand *m*; ***įzvanrednō ~e*** Ausnahmezustand *m*; ***pǫrodičnō ~e*** Familienstand *m*; ***pǫtvrda o įmovinskōm ~u*** Vermögensstandsbescheinigung *f*; ***pǫvraćāj u prijašnjē ~*** *Jur.* Wiedereinsetzung in den vorigen Stand; ***prą̄vnō ~e*** Rechtslage *f*; ***rątnō ~e*** Kriegszustand *m*; ***zdrąvstvenō ~*** Gesundheitszustand *m*; ***žąlosnō ~e*** Elend *n*, Armut *f*
stą̄njiti (-njen) (**-anjį̄vati**) verdünnen, dünner machen; ***~ se*** dünner werden; *Säule*: sich verjüngen
stanjį̄vati (-ąnjujēm) → ***stą̄njiti***
stąp Butterfaß *n*
stą̄pati → ***stǫpiti***
stąpka (*GPl* -pākā/-pkī) Stengel *m*, (*Blatt-*)Stiel *m*

S

star[1] (*LF* stārī) alt, betagt; **~ā kokoš** *verā.* alte Schachtel; **~ī līsac** *fig.* alter Fuchs; **~ī vijek** Altertum *n*, Antike *f*; **~ī Zākon** *od.* **Zāvjet** Altes Testament; **ostajē svę po ~om** es bleibt alles beim alten; **pod ~e dāne** auf die alten Tage
stār[2] (*Film-*, *Schlager-*)Star *m*
starac (stārca) Alte(r) *m*; Greis *m*
starački Alters-, Greisen-; → **dōm**
starānje Sorgen *n*, Sorge *f*, Fürsorge *f*
staralac (-aoca) → **staratelj**
staratelj Vormund *m*, Fürsorger *m*; *Jur.* Pfleger *m*
starateljstvo Vormundschaft *f*, Pflegschaft *f*; **staviti pod ~** *Jur.* unter Vormundschaft stellen
starati se [po-] sich kümmern (**o** *L*/um *A*), sorgen (für *A*); sich bemühen (um *A*), trachten (nach *D*)
starčić Alterchen *n*
starēnje Altern *n*, Altwerden *n*
staretinār *1* Trödler *m*; Antiquitätenhändler *m*
staretinārnica Trödelladen *m*; Antiquitätengeschäft *n*
stārež (-i) *f* Trödel *m*, Altwaren *Pl*, Plunder *m*, (alter) Kram
stārī[1] *Adj* → **star**[1]
stāri[2] *Su* F Alte(r) *m*; Vater *m*; (*Ehe-*)Mann *m*
stārī[3] *m*/*Pl* alte Leute, Ahnen *Pl*
starica Greisin *f*, Alte *f*, alte Frau
starin|a Altertum *n*; Altertümlichkeit *f*; Antiquität *f*; **od ~ē** von alters her
starinskī altertümlich, altmodisch, antik
starješina *m* Vorgesetzte(r) *m*, Vorsteher *m*; **~ obītelji** Familienoberhaupt *n*; **seoskī ~** Dorfschulze *m*
starjeti (-īm; -rio, -rjela) **[o-]** alt werden, altern
starocrkvenoslavenskī altkirchenslawisch
starodrēvan altertümlich, uralt
starofrajlinskī F verschroben, altjüngferlich
staromōdan altmodisch
starosjedilac (-ioca) Ureinwohner *m*; Einheimische(r) *m*; Eingeborene(r) *m*
staroslavēnskī altslawisch
starōst (-osti; *ISg* -osti/-ošću) *f* Alter *n*; **dubokā ~** hohes Alter; **pod ~** F alt; **umrijeti od ~i** an Altersschwäche sterben

start Start *m*; **pogrešan ~** *Sp.* Fehlstart *m*
startati starten
starter *Kfz.* Anlasser *m*
startnī Start-
starudija → **stārež**
stās (*Pl* stasovi) Wuchs *m*; Gestalt *f*, Statur *f*, Figur *f*; **zbijenōg ~a** (von) untersetzter Statur
stasit gut gewachsen, stattlich
stati (stanēm; *Imp* stani; stao, -ala) (**stajati**) stehenbleiben, anhalten, haltmachen; aufhören, stagnieren; beginnen, anfangen (zu + *Inf*); Platz haben (**u** *A*/in *D*); *Raum*, *Gefäß*: fassen; *Regen*: aufhören; *Uhr*: stehenbleiben; *Atem*: stocken; **~ na noge** *fig.* j-n auf die Füße treten; **~ na stanovīšte** einen Standpunkt vertreten; **~ na svoje noge** sich auf die eigenen Füße stellen, selbständig werden; **~ nakrāj** ein Ende bereiten (*D*/*D*); **~ u rēd** sich anstellen; **nije mi stalo do** (*G*, *Inf*) ich habe keine Lust (auf *A*, zu + *Inf*); **nije sve stalo u ormāru** im Schrank hatte nicht alles Platz; **tō je da ti pamēt stanē** *fig.* das ist zum Verrücktwerden
statičan, -čkī statisch
statika Statik *f*
statist(a) *m* Statist *m*
statističār Statistiker *m*
statističārka (*D* -ki; *GPl* -kī) Statistikerin *f*
statistika Statistik *f*
statīv *1* Stativ *n*, Gestell *n*, Ständer *m*
statīva *Sp.* Torpfosten *m*
stātua Statue *f*
stātus Status *m*; **~ kvō** Status quo *m*
stav (*Pl* -ovi) Stellung *f*, Körperhaltung *f*; Stellungnahme *f*
stavak (stāvka) Absatz *m*, Passus *m*; *Mus.* Satz *m*
staviti (-ljen) (**-vljati**) (hin)setzen, (hin)stellen, (hin)legen; *Hut* aufsetzen; *Veto* einlegen; *Falle* stellen; *Komma*, *Punkt* setzen; **~ do znānja** in Kenntnis setzen, wissen lassen; **~ iza bravē** hinter Gitter bringen; **~ izvan snāgē** außer Kraft setzen; **~ na čelo** an die Spitze stellen; **~ na kocku** aufs Spiel setzen, riskieren; **~ na raspolāgānje** zur Verfügung stellen; **~ na srce** *fig.* ans Herz legen; **~ u pōgon** in Betrieb setzen; **~ u prōmet** in Umlauf bringen; **~ u prvī**

plān an erste Stelle setzen, in den Vordergrund stellen; ~ **se** sich setzen; sich stellen; ~ **se u vęzu** sich in Verbindung setzen
stȃvka (*GPl* -vākā/-vkī) (*Text-*)Absatz *m*; (*Text-*)Abschnitt *m*; *Hdl.* (*Buchungs-*)Posten *m*
stąvljānje Stellen *n*; Setzen *n*; Versetzen *n*; ~ **u pōgon** Inbetriebnahme *f*
stąvljati → **stąviti**
stȃvnja *Mil.* Musterung *f*, Rekrutierung *f*
stąz|a Pfad *m*, Weg *m*; Fußweg *m*; *Sp.* Bahn *f*; **ąutobusnā ~a** Busspur *f*, Fahrspur für Busse; **bicikl̦ističkā ~a** Radfahrweg *m*; **pǫletno-slętnā ~a** Start- und Landebahn *f*; **ịći ųtīrtīm** *od.* **ųgazenīm ~ama** *fig.* ausgetretene Pfade gehen; **ną dųgū ~u** langfristig; **znąti ~e i pǫgaze** *fig.* jeden Weg und jeden Steg kennen
stȃž (*Pl* stąževi) Dienstzeit *f*; Dienstjahre *Pl*; Beschäftigungszeit *f*; ~ **osigurąnja** Versicherungszeit *f*; ~ **za ǫdgoj djęteta** Kindererziehungszeiten *Pl*; **liječničkī ~** Arztpraktikum *n* (*für die Erlangung der Approbation*); **mịnimālnī ~** Mindestversicherungszeit *f*; **rȃdnī ~** Beschäftigungszeit *f*
stažịrati *5 ipf/pf* ein Praktikum ableisten, den Vorbereitungsdienst (*als Arzt od. Anwalt*) leisten
stąžist(a) *m* Famulus *m*, Pflichtassistent *m*
stęčāj (*Pl* -evi) Konkurs *m*, Bankrott *m*; **bịti pod ~em** bankrott sein; **dǫći** *od.* **pąsti pod ~** bankrott gehen; **najȃviti** *od.* **otvǫriti ~** Konkurs anmelden *od.* eröffnen *od.* erklären
stęčājn|ī Konkurs-; **~ā mąsa** Konkursmasse *f*; **~ī pǫstupak** Konkursverfahren *n*; **~ī uprąvitelj** Konkursverwalter *m*
stečajęvina Konkursmasse *f*
stęčevina *Jur.* Zugewinn *m*
stȩ́ćak (-ćka; *Pl* -ćci) Bogomilengrabstein *m*
stęći¹ (-knēm; -kao, -kla; -čen/-gnūt) (**stjęcati**) *Kenntnisse*, *Ruhm*, *Reichtum* erwerben; *Gunst*, *Eindruck* gewinnen; *Erfahrungen* sammeln; *Hoffnung* schöpfen; ~ **pąmēt** zur Vernunft kommen; ~ **uvjerēnje** zur Überzeugung kommen; ~ **zȃsluge** sich verdient machen (**za** *A*/um *A*)
stęći² (-gnēm) → **stȩ̄gnuti**
stęga Zucht *f*, Disziplin *f*; (*Schraub-*) Zwinge *f*
stęgno (*GPl* stȩ̄gnā) Oberschenkel *m*
stȩ̄gnuti (-gnēm; *Imp* stȩ̄gni; -gnuo/-gao, -gla; -gnūt) (**-zati**) zusammenziehen, zusammenschnüren; einschnüren; zusammenpressen; einklemmen; *Zähne* zusammenbeißen; *Schraube* anziehen; *fig.* einschränken; ~ **kąiš** *od.* **ręmēn** *fig.* den Gürtel enger schnallen; ~ **se** sich zusammenschnüren; *fig.* sich einschränken
stęgnutōst (-osti; *ISg* -osti/-ošću) *f Med.* Beklommenheit *f*
stęknēm *1. Pers Sg v.* **stęći¹**
stenogrąfija Stenographie *f*, Kurzschrift *f*
stenǫgrafskī Stenographie- *f*
stenǫgrafkinja Stenographin *f*
stenotịpistica Stenotypistin *f*
stęnjati (-jēm) **[pro-]** stöhnen, ächzen
stęonā: ~ **krąva** trächtige Kuh
stępa Steppe *f*
stępēn → **stųpanj**
stępenast stufenförmig, stufenartig
stepęnica Treppe *f*; Stufe *f*; **pǫkrētnā** *od.* **pǫmičnā ~** Rolltreppe *f*; **vijugastā ~** Wendeltreppe *f*
stępenīšte → **stųbīšte**
stępskī Steppen-
stęrati (-ēm) ausbreiten, *Bett* decken ~ **se** sich erstrecken, sich ausbreiten
stereofǫnija Stereophonie *f*
stęreo-stųp Stereoturm *m*
stereọtipan stereotyp
stęrīlan steril
sterilizącija Sterilisierung *f*, Unfruchtbarmachung *f*; Sterilisation *f*, Entkeimung *f*
sterilizịrati *5 ipf/pf* sterilisieren, entkeimen; unfruchtbar machen
sterịlnōst (-osti; *ISg* -osti/-ošću) *f* Sterilität *f*, Keimfreiheit *f*; Unfruchtbarkeit *f*
stęsati (-šēm; -sān) *pf* zimmern; behauen
stȩ̄zāljka (*GPl* -kī) *El.* Klemme *f*; Zwinge *f*
stȩ̄zati (-žēm) → **stȩ̄gnuti**
stȩ̄znīk Korsett *n*, Mieder *n*
stịcaj → **stjęcąj**
stịcānje → **stjęcānje**
stịcati (-čēm) → **stjęcati**

S

stịći (-gnēm; -gao, -gla; -gnūt) (**-zati**) ankommen, eintreffen; einholen; ereilen, erreichen; *Post*: eingehen; *Unglück*: heimsuchen, ereilen; *Zug* erreichen; ***dalęko** ~ fig.* es weit bringen; ***ne** ~* keine Zeit haben

stīd Scham *f*, Schamgefühl *n*; ***gọrjeti od** ~**a** fig.* vor Scham in den Erdboden versinken; ***nėmati ni** ~**a ni ọbraza*** keine Scham im Leib haben

stīd|an schamhaft, Scham-; ~***nī brežūljak** Anat.* Venushügel *m*; ~***nā kọst** Anat.* Schambein *m*; ~***nē ụsne** Anat.* Schamlippen *Pl*

stịdjeti se (-īm se; -dio se, -djela se) sich schämen (*G*/*G od.* vor *D*)

stịdljiv schamhaft, schüchtern, scheu

stịdljivac (-īvca) verschämter *od.* schamhafter *od.* schüchterner Mensch

stịdljivōst (-osti; *ISg* -osti/-ošću) *f* Schamhaftigkeit *f*, Verschämtheit *f*, Schüchternheit *f*

stīdnica *Anat.* Scham *f*

stịgnuti (-gnēm) → ***stịći***

stịh (*Pl* -ovi) Vers *m*; ***slọbodnī** ~* freier Vers; ***vėzānī** ~* gebundener Vers

stịhija Naturgewalt(en *Pl*) *f*, Naturkraft *f*, Urgewalt *f* (*a. fig.*)

stịhījskī elementar, Element-; Natur-; spontan, planlos

stihoklępac (-pca) *2 verä.* Dichterling *m*, Verseschmied *m*

stihotvọ̄rac (-rca) *2* Verskünstler *m*, Poet *m*

stihotvọ̄rstvo Verskunst *f*; Verslehre *f*, Metrik *f*

stịjeg (*Pl* stjęgovi) *7* Fahne *f*, Flagge *f*, Banner *n*; ***na pọ̄(l)** ~**a*** auf halbmast

stijęna *7* Fels *m*, Felswand *f*; Steinwand *f*, Mauer *f*; ***čvṝst kao** ~* charakterfest; ***hlądan kao** ~* (*Mensch*) eiskalt; ***pọdvodnā** ~* Riff *n*

stịjenka (*GPl* -kī) *7 Anat.* (*Gefäß-*)Wand *f*; ~ ***tṛbuha*** Bauchdecke *f*

stịjenj (*Pl* stjęnjevi) *7* Docht *m*, Kerzendocht *m*

stijęnjak (-njka) Lunte *f*

stijęnje *7* Felsen *Pl*, Gestein *n*, dicke Mauern

stijęsniti *5*/*7* (**stješnjāvati** *5*) einengen, beengen; zusammendrücken

stịješnjen *7* eingeengt, eingeschränkt, beengt

stịješnjenōst *7* (-osti; *ISg* -osti/-ošću) *f* Eingeschränktheit *f*, Beengtheit *f*

stịl (*Pl* stịlovi/stịlovi) (*Kunst-*, *Bau-*)Stil *m*; ***slọbodan** ~ Sp.* Freistil *m*; ***u vęlikōm** ~**u** fig.* in großem Stil

stilịstičkī stilistisch

stilịstika Stilistik *f*, Stillehre *f*

stilizīrati *5 ipf*/*pf* stilisieren

stịlsk|ī Stil-; ~***ō pọkućstvo*** Stilmöbel *Pl*

stimulącija Stimulierung *f*, Anregen *n*, Reizen *n*

stịmulans Stimulans *n*, Anregungsmittel *n*

stimulīrati *5 ipf*/*pf* stimulieren, anregen, reizen; ermuntern

stinūće *Med.* Koagulum *n*, Blutgerinnsel *n*

stịnuti se (-nēm se) *pf Schmalz*, *Fett*: gerinnen, erstarren

stipęndija Stipendium *n*

stipęndist(a) *m* Stipendiat *m*

stịpsa *Bot.* Alaun *m*

stīsak (-ska) Druck *m*, Zusammendrükken *n*; ~ ***rụkē*** Händedruck *m*

stịs|ka Gedränge *f*, Andrang *m*; (*finanzielle*, *zeitliche*) Klemme *f*; ***bịti u** ~**ci*** in der Klemme sein

stīskati (-ām/-šćēm) → ***stịsnuti***

stịsnuti (-nēm) (**stīskati**) drücken, zusammendrücken, zusammenpressen, zusammendrängen, zusammenballen, beengen; *Faust* ballen; *Zähne* zusammenbeißen; *Sorgen*: drücken, plagen; ***nę** ~ **ọka*** kein Auge zumachen; ~ ***se*** *Wäsche*: einlaufen, eingehen; *fig.* sich einschränken

stịšati (**-āvati** *5*) besänftigen, beruhigen, beschwichtigen; ~ ***se*** sich beruhigen, nachlassen, sich legen

stịzati (-žēm) → ***stịći***

stjęcāj Zusammentreffen *n* (*von Ereignissen*, *Umständen*)

stjęcānje Erwerben *n*, Erwerb *m*, Gewinn *m*; *Geom.* Konvergenz *f*

stjęcati (-čēm) → ***stịći***

stjęčīšte Sammelpunkt *m*, Knotenpunkt *m*

stjegọnoša *m*, *f* Fahnenträger(in *f*) *m*, Bannerträger(in *f*) *m* (*a. fig.*)

stjęnica Wanze *f* (*auch Abhörgerät*); ***dọsadan kao** ~* lästig, aufdringlich

stjeničav verwanzt, voller Wanzen

stjenọvit felsig

stjęrati (**-īvati**) heruntertreiben, herabtreiben, herabjagen

S

stjerīvati (-ęrujēm) → ***stjęrati***
stješnjāvati *5* → ***stijęsniti***
stjuardęsa Stewardeß *f*
stląčiti *pf* komprimieren, zusammendrücken
stǭ¹ hundert; ~ ***mu đąvola*** *od.* ***grǫmovā!*** zum Donnerwetter!; ***bįti na ~ mųkā*** in tausend Nöten sein; ~ ***pųta*** *fig.* hundertmal, x-mal
stǭ² → ***stǭl***
stǫčār Viehzüchter *m*
stočāriti *5 ipf/pf* Viehzucht betreiben
stǫčārskī Viehzucht-
stǫčārstvo Viehzucht *f*
stǫčn|ī Vieh-; ***~ī fǫnd*** Viehbestand *m*; ***~ā hrąna*** Viehfutter *n*
stǭg (*Pl* stǫgovi) (*Heu*-)Schober *m*
stǫga daher, deshalb, darum
stogǫdišnjāk Hundertjährige(r) *m*
stogǫdišnjī hunderjährig
stogǫdišnjica Hundertjahrfeier *f*
stoicįzam (-zma) Stoizismus *m*; *fig.* Gleichmut *m*
stǫičkī stoisch, gleichmütig
stǫik Stoiker *m*
stǭj¹: *~!* halt! stehenbleiben!
stǭj² *Sp.* ~ ***na rųkama*** Handstand *m*
stǫjēćī stehend; ***dǫbro*** ~ gut situiert, wohlhabend
stojęćkē, -ćki *Adv* stehend
stǫjīm *1. Pers Sg v.* ***stąjati¹***
stǫka Vieh *n*; Rind *n*; ~ ***za kląnje*** Schlachtvieh *n*; ***rǫgatā*** ~ Hornvieh *n*; ***sįtnā*** ~ Kleinvieh *n*
stǫkuča(nka) Klatschtante *f*
stǫkučanin (*Pl* -āni) Klatschmaul *n*
stǭl *3* (*Pl* -ovi) Tisch *m*, Tafel *f*; ~ ***za blągovānje*** Eßtisch *m*; ~ ***za izvlačęnje*** Ausziehtisch *m*; ***ǫkruglī*** ~ *fig.* runder Tisch; ***pįsāćī*** ~ Schreibtisch *m*; ***pǫstaviti*** *od.* ***prǫstrijēti*** ~ den Tisch decken; ***svąliti pǫd*** ~ *fig.* j-n unter den Tisch trinken; ***zą ~om*** am Tisch
stǫlac (-ōlca) Sessel *m*; Stuhl *m*
stǫlār *1* (*V* -u) Tischler *m*, Schreiner *m*
stoląrija Tischlerei *f*, Schreinerei *f*
stǫlarskī Tischlerei-, Schreinerei-
stǫlica Stuhl *m*; Sessel *m*; *Med.* Stuhlgang *m*; Lehrstuhl *m* (***za hrvatskū filolǫgiju*** für kroatische Philologie), ~ ***za njīhānje*** Schaukelstuhl *m*; ***sklǫpivā*** ~ Klappstuhl *m*; ***Svętā*** ~ Heiliger Stuhl
stǭln|ī Tisch-, Tafel-; → ***cŗkva, tęnis, vįno***
stolnotenįsāč *1* Tischtennisspieler *m*
stǫlnjāk Tischdecke *f*
stolǫvati (stǫlujēm) *Fürst*: residieren
stǫljeće Jahrhundert *n*
stǫljetan Hundertjahr-, Jahrhundert-
stǫmačnī *sb. Med.* Magen-
stǫmak *sb.* Magen *m*
stomatolǫgija Zahnmedizin *f*
stǫnoga (*D* -gi; *GPl* -gī) *Zool.* Tausendfüßler *m*
stǫpa (*altes Längenmaß*; *Vers*-, *Zins*-)Fuß *m*; ~ ***neząposlenosti*** Arbeitslosenquote *f*; ~ ***dǫprinosa*** Beitragssatz *m*; ***ąmortizaciōnā ~a*** Abschreibungsquote *f*; ***diskǫntnā*** ~ Diskontsatz *m*; ***įći u ~ma*** auf Schritt und Tritt folgen (***za*** *I/D*); ***pǭći ~ma*** (*G*) *fig.* in j-s Fußstapfen treten
stǫpalo *Anat.* Fuß *m*; ***rąvno*** *od.* ***spųštenō*** ~ Plattfuß *m*
stǫperica → ***štǫperica***
stopīrati *5 ipf/pf Fahrzeug* anhalten; per Anhalter fahren
stǫpiti (stąpiti) *tr* schmelzen, verschmelzen; ~ ***se*** *itr* zusammenschmelzen, verschmelzen
stǫpliti erwärmen; warm werden
stopǫstotnī hundertprozentig, ganz, völlig
stǫpūt hundertmal
stornīrati *5 ipf/pf* stornieren, annullieren, rückgängig machen
stǫstruk hundertfach
stǫšca *GSg v.* ***stǫžac***
stǭtī hundertste(r); ***po*** ~ ***pųt*** zum hundertsten *od.* zum x-ten Mal
stǫtica Hundert *f*, Hunderter *m* (*auch Geldschein*)
stǫtin|a hundert; ***na ~e*** zu Hunderten
stǫtinka (*GPl* -nākā/-nkī) Hundertstel *n*
stotįnjak an die hundert, ungefähr hundert
stotįnjārka (*Geldschein*) Hunderter *m*
stǫvarīšte Lager *n*, Lagerplatz *m*, Magazin *n*; Abladestelle *f*
stǫvariti (-īvati) abladen, ausladen
stovarīvati (-ąrujēm) → ***stǫvariti***
stǫžac (-šca) Kegel *m*, Konus *m*
stǫžast kegelförmig, konisch
stǫžēr Türangel *f*; Drehpunkt *m*; *Geogr.* Pol *m*; *Mil.* Stab *m*
stǫžērnīk Polarkreis *m*; *Rel.* Kardinal *m*
strąćara (*armselige*) Hütte *f*
strąćiti *pf* vergeuden, verprassen

strȃdalac (-aoca) Verunglückte(r) *m*; Leidende(r) *m*, Dulder *m*
strȃdānje Leiden *n*, Leid *n*, Erdulden *n*; Verunglücken *n*
strȃdati **[na-]** (*tödlich*) verunglücken; leiden
strȃga hinten, rückwärts, im Hintergrund; *Mar.* achtern
strȃh *4* Angst *f*, Furcht *f*, Schrecken *m*; **~ i trẹpet** Angst und Schrecken; **bẹz ~a i mȃnē** ohne Furcht und Tadel; **bịti u ~u** Angst haben; **nẹ̄mā ~a!** keine Angst!; **ọbuzeo** *od.* **ụhvatio je** (*A*) **~** der Schreck fuhr j-m in die Glieder; **ụtjerati ~** Angst einjagen
strahopoštovȃnje Ehrfurcht *f*, Respekt *m*
strahọta Schrecken *m*, Schrecknis *n*; Grauen *n*
strahọvānje Furcht *f*, Angst *f*
strahọvati (-ạhujēm) Angst haben (**nad** *I*/vor *D*; **za** *A*/um *A*); fürchten
strahọvit schrecklich, furchtbar, entsetzlich; ungeheuer; gewaltig
strahọvitōst (-osti; *ISg* -osti/-ošću) *f* Schreckliche(s) *n*, Furchtbare(s) *n*, Entsetzliche(s) *n*
strahovlȃda Schreckensherrschaft *f*, Tyrannei *f*
strạn (-o) fremd; fremdländisch, ausländisch; unbekannt; **~ī jẹzik** Fremdsprache *f*; **~ō tijelo** Fremdkörper *m*
strȃn|a (*Vorder-*, *Hinter-*)Seite *f*; *a. fig.* Seite *f*; Gegend *f*; Richtung *f*; **bịti na ~i** (*G*) auf j-s Seite sein; **drụgā ~a mẹdaljē** *fig.* die Kehrseite der Medaille; **drẓati se po ~i** *fig.* sich fernhalten; **glẹdati sa ~ē** verachten, geringschätzen; **ịći na ~u** austreten, Notdurft verrichten; **pọzvati na ~u** beiseite rufen, zur Seite nehmen; **prijeći na ~u** (*G*) *fig.* auf j-s Seite überwechseln; **pụstiti po ~i** *fig.* links liegenlassen; **s jẹdnē ~ē. . .s drugē ~ē** einerseits . . . andererseits; **slạbā ~a** *fig.* schwache Seite, wunder Punkt; **šạlu nạ ~u** Spaß beiseite; **ụgovōrnā ~a** *Jur.* Vertragspartei *f*
strȃnac (-nca) Fremde(r) *m*, Ausländer *m*; **prȃvo ~ā** *Jur.* Ausländerrecht *n*
strạnačkī parteilich, Partei-; Fremden-
strạnica (*Buch-*)Seite *f*; **nạslovnā ~a** Titelseite *f*
strānka (*GPl* -ạnākā) *Pol.*, *Jur.* Partei *f*; Mandant *m* (*e-s Anwalts*); **nạrodnā ~** Volkspartei *f*; **ọpōrbenā ~** Oppositionspartei *f*; **vlȃdinā ~** Regierungspartei *f*
strạnkinja Fremde *f*, Ausländerin *f*
strạnputic|a Seitenweg *m*; *fig.* Irrweg *m*; **pọ̄ći ~ōm** vom rechten Weg abweichen; **zạ̄ći na ~u** auf Abwege geraten
strạsno → **strạstan**
strạ̄st (-i, *ISg* -sti/-šću) *f* Leidenschaft *f*
strạs|tan → **strạstven**; **~nā Sẹdmica** *Rel.* Karwoche *f*
strạstven (-o) leidenschaftlich, begierig
strạstvenōst (-osti; *ISg* -osti/-ošću) *f* Leidenschaftlichkeit *f*
strȃšan furchtbar, fürchterlich, grauenhaft, entsetzlich, schrecklich
strạšēnje Ängstigen *n*; Schrecken *m*
strạšilo Schreckgestalt *f*, Schreckgespenst *n*; **~ za ptịce** Vogelscheuche *f*
strạšiti **[u-]** ängstigen, erschrecken, schrecken; **~ se** ängstlich sein, sich fürchten
strạšljiv ängstlich, furchtsam, feige, zaghaft
strạšljivac (-īvca) Angsthase *f*, Hasenfuß *m*, Feigling *m*
strạšljivōst (-osti; *ISg* -osti/-ošću) *f* Ängstlichkeit *f*, Feigheit *f*, Furchtsamkeit *f*
strȃšno *Adv* schrecklich, furchtbar, fürchterlich
strạtēg *1* (*V* -že) Stratege *m*
stratẹgija Strategie *f*
stratẹgījskī, strạteškī strategisch
strạtīšte Schafott *n*, Richtplatz *m*
strạtiti (-aćen) verschleudern, vergeuden, verprassen
strạva (*panischer*) Schreck *m*, Entsetzen *n*, Panik *f*
strạvičan grauenhaft, schrecklich, entsetzlich, panisch
strȃž|a Wache *f*, Wachposten *m*; **bịti na ~i** Wache halten *od.* schieben; **bịti na mṛtvōj ~i** (*a. fig.*) auf verlorenem Posten sein *od.* stehen; **pọčasnā ~a** Ehrenwache *f*; **štrạjkaškā ~a** Streikposten *m*; **tjẹlesnā ~a** Leibwache *f*, Leibgarde *f*
strạžār *1* (*V* -u) Wächter *m*, Wachmann *m*, Wärter *m*; **nọćnī ~** Nachtwächter *m*; **zȃtvorskī ~** Gefängniswärter *m*; **žẹljeznički ~** Bahnwärter *m*
strażȃriti *5* Wache stehen *od.* halten
strạžȃrnica Wachstube *f*; Wachturm *m*

S

stražiti → ***stražāriti***
stražnj|ī hintere(r), Hinter-; letzte(r); **~ī** ***motōr*** Heckmotor *m*; **~ō** ***sjedalo*** Rücksitz *m*
stražnjica Gesäß *n*, F Hintern *m*
strčati se (-īm se) *pf* zusammenlaufen, zusammenrennen
strći (-gnēm) *pf* → ***strgnuti***
streha Vordach *n*; Traufe *f*
strelica Pfeil *m*
strelimicē pfeilschnell, blitzschnell
streličār Bogenschütze *m*
strelīšte → ***streljana***
strelovit pfeilschnell
streljāč *1* (*V* -u) Schütze *m*, Bogenschütze *m*
streljāčkī Schützen-; **~** ***jārak*** Schützengraben *m*
streljana Schießplatz *m*, Schießstand *m*, Schießbude *f*
streljānje Erschießen *n*, Erschießung *f*
streljīvo Munition *f*
stremēn (-ena) Steigbügel *m*, Steigriemen *m*; ***držati*** **~** *fig.* den Steigbügel halten
strēmiti trachten (*D*/nach *D*), (er)streben
strēmljēnje Streben *n*, Trachten *n*
strēpiti zittern, bangen (**za** *A*/um *A*)
strēpjeti (-īm; -pio, -pjela) → ***strēpiti***
strēpnja Zittern *n*, Bangen *n*, Bangigkeit *f*, Sorge *f*
strēsati [**-sti**] abschütteln; schütteln; rütteln; (aus)gießen; *Joch, Ketten* abschütteln; **~** ***s vrāta*** sich vom Hals schaffen
strēsti (-ēsēm; -ēsao, -ēsla) → ***strēsati***; **~** ***se*** zusammenfahren
strgati *pf* abreißen, wegreißen
strgnuti (-nēm, -gao, -gla, -gnūt) *pf* → ***strgati***
strīc (*Pl* -evi) Onkel *m* (*Vatersbruder*)
strīčević Cousin *m* (*Sohn e-s Onkels väterlicherseits*)
strići (strīžēm; *Imp* -īzi; -igao, -gla; -žen *6*) [**o-**] *Haare, Bart* stutzen; *Schafe* scheren; *Rasen* mähen; **~** ***ušima*** *Pferde*: Ohren aufstellen
strijela *7* Blitz *m*; Pfeil *m*; ***brz kao*** **~** blitzschnell; ***pojūriti kao*** **~** wie ein (geölter) Blitz davonschießen
strijelac (-lca) *7* Schütze *m*; Bogenschütze *m*; *Sp.* (*Tor-*)Schütze *m*
strijeljānje *7* Schießen *n*; Erschießung *f*
strijeljati *5*/*7* [**u-**] schießen; erschießen; **~** ***očima*** *fig.* mit Blicken durchbohren (***na*** *G*/*A*)
striktan strikt, streng, genau
strina Tante *f* (*Frau des Onkels väterlicherseits*)
strip Comicstrips *Pl*
striptīz Striptease *m*
striptizērka (*D* -ki; *GPl* -kī) Stripteasetänzerin *f*
strka (*Menschen-*)Auflauf *m*, Gedränge *n*
strkati se (-čēm) *pf* → ***strčati se***
strm steil, abschüssig, schroff; senkrecht
strmēn (-i) *f* → ***strmina***
strmenit → ***strm***
strmina Steile *f*, Steilhang *m*, (*Fels-*)Abhang *m*; Böschung *f*
strmoglavcē kopfüber
strmoglāviti *5 pf* kopfüber hinabstürzen; **~** ***se*** sich (kopfüber) hinabstürzen
strmōst (-osti; *ISg* -osti/-ošću) *f* Steilheit *f*, Abschüssigkeit *f*
strnīšte Stoppelfeld *n*
strō *Part Perf v.* ***strti***
strōfa Strophe *f*
strog streng, hart; (*Verbot*) strikt; **~o** ***povjerljivo*** streng vertraulich; **~o** ***uzēv***(***ši***) streng genommen
strogōst (-osti; *ISg* -osti/-ošću) *f* Strenge *f*, Härte *f*
strōj *3* (*Pl* -evi) Maschine *f*; Triebwerk *n*; (*Uhr-*)Werk; *Mil.* Linie *f*; **~** ***za prānje posuda*** Geschirrspülmaschine *f*; **~** ***za prānje rūblja*** Waschmaschine *f*; **~** ***za računavānje*** Rechenmaschine *f*; ***pakleni*** **~** *fig.* Höllenmaschine *f*; ***pisāćī*** **~** Schreibmaschine *f*; ***pisāćī*** **~** ***s memorijōm*** Speicherschreibmaschine *f*; ***pisāćī*** **~** ***s izmenljivōm kūglōm*** Kugelkopfschreibmaschine *f*; ***šivaćī*** **~** Nähmaschine *f*
strojāč *1* (*V* -u) Gerber *m*
strojār *1* (*V* -u) Maschinist *m*; ***glāvnī*** **~** Maschinenmeister *m*
strojārnica Maschinenraum *m*, Maschinenhalle *f*
strojārskī Maschinen-; **~** ***inženjēr*** Maschinenbauingenieur *m*
strojārstvo Maschinenbau *m*
strōjn|ī maschinell, Maschinen-; **~ō** ***ūlje*** Maschinenöl *n*
strōjnica Maschinengewehr *n*
strojobravār Maschinenschlosser *m*

S

strọjopīs Maschinenschreiben *n*, Maschinenschrift *f*
strojopisạčica Maschinenschreiberin *f*
strojoslạgār *1* (*V* -u/-e) *Typ.* Schriftsetzer *m*, Typograph *m*
strọjovođa *m* Lokomotivführer *m*
strȍp Zimmerdecke *f*
stropọ̄štati se herabstürzen, herunterfallen; zusammenbrechen
strovạ̄liti *5* (**-valjīvati**) hinunterstürzen, umkippen; **~ se** abstürzen, umkippen *itr*
strovaljīvati (-ạljujēm) → ***strovạ̄liti***
strọžī *Komp v.* ***strọg***
strpati *pf* hineinpferchen; (*in einem Raum*) zusammenpferchen; **~ u džep** in die Tasche stecken; **~ u zạ̄tvor** ins Gefängnis stecken
strpjeti se (-pīm se; -pio se, -pjela se) *pf* sich gedulden, Geduld haben
strpljẹ̄nje Geduld *f*
strpljiv geduldig, langmütig
strpljivōst (-osti; *ISg* -osti/-ošću) *f* Geduld *f*, Langmut *f*; Nachsicht *f*; ***ọstavljā me ~*** mir reißt der Geduldsfaden
stršiti hervorragen, emporragen, sich emporheben
stršljēn (-ena; *Pl* -eni/-enovi) Hornisse *f*
strti (stạrēm/strẹ̄m; strọ̄, strlā) zerkrümeln, zerbröckeln; *fig.* vernichten, ausrotten
strųč|an sachkundig, fachmännisch, fachlich, Fach-; ***~nī ịzrāz*** Fachausdruck *m*; ***~nō mịšljēnje*** Gutachten *n*; ***~nā rạ̄dnā snạ̄ga*** Fachkräfte *Pl*; ***~nī rạ̄dnīk*** Sachbearbeiter *m*; → ***udružẹ̄nje***
strųčnōst (-osti; *ISg* -osti/-ošću) *f* fachliche Eignung; Fachkenntnis *f*
strųčnjạ̄čkī fachmännisch, Sachverständigen-
strųčnjạ̄k Fachmann *m*, Experte *m*, Sachverständige(r) *m*
strȗg (*Pl* -ųgovi) Hobel *m*; Drehbank *f*
strųgạ̄ljka (*GPl* -kī) Schabeisen *n*
strȗgānje Schaben *n*; Kratzen *n*; Hobeln *n*; Schrubben *n*
strȗgati (-žēm) [**is-**] schaben; kratzen; *Fußboden* schrubben; *Fingernägel* feilen; *Holz* sägen; (*an der Hobelbank*) drehen
strųgnuti (-nēm) *pf* weglaufen, Reißaus nehmen
strųgotine *f/Pl* (*Holz-*, *Eisen-*, *Säge-*) Späne *Pl*
strȗj|a *Wasser, El.*: Strom *m*; Strömung *f*; ***istọsmjērnā ~a*** Gleichstrom *m*; ***ịzmjeničnā ~a*** Wechselstrom *m*; ***jạ̄kā ~a*** Starkstrom *m*; ***plịvati prọtiv ~ē*** *fig.* gegen den Strom schwimmen
strȗjānje Strömen *n*, Strömung *f*, Zirkulation *f*
strȗjati (-jīm) strömen, zirkulieren
strųjomjēr Strommesser *m*, Stromzähler *m*
strȗk (*Pl* -ųkovi) Stengel *m*, Strunk *m*, Halm *m*; *Anat.* Taille *f*
-struk -fach
strųka Fach *n*, Berufsgebiet *n*, Branche *f*
strųkovnī: ***~ sạ̄vez*** Gewerkschaft *f*
struktųra Struktur *f*, Gefüge *n*
strųn|a Saite *f*; Roßhaar *n*; ***bịti kao nạpētā ~a*** *fig.* aufs äußerste gereizt sein; ***ųdariti u krīvē ~e*** *fig.* ins Fettnäpfchen treten
strųnuti (-nēm) *pf* verfaulen, vermodern, verwesen
strųnjača Matratze *f*; *Sp.* (*Sprung-*) Matte *f*
strvina Aas *n*, Tierkadaver *m*
strvinār Aasgeier *m*
stȗb → ***stȗp***
stųb|a Treppenstufe *f*; ***~e*** Treppe *f*; ***pọmičnē ~e*** Rolltreppe *f*
stųbīšte Treppenhaus *n*
stųblina *Tech.* Walze *f*, Zylinder *m*
stubọkom durchaus, durchweg(s); gründlich, von Grund auf
stųcati → ***stȗći***
stȗći (-čēm; *Imp* stųci; -ȗkao, -kla; -ųčen *6*) (**stųcati**) zerstampfen, zerstoßen, pulverisieren
stųdēn[1] *f Su* Kälte *f*, Frost *m*
stųden[2] (-ẹna) *Adj* kalt, frostig
stųdenac (-nca) Brunnen *m*; Quelle *f*, *poet.* Born *m*
stųdenī (-ōga) November *m*
stųdent Student *m*, Hochschüler *m*
stųdentica, *sb.* **-entkinja** Studentin *f*, Hochschülerin *f*
stųdentskī studentisch, Studenten-; ***~ dọ̄m*** Studentenwohnheim *n*
stȗdīj Studium *n*
stȗdija Studie *f*, Abhandlung *f*
stȗdije *f/Pl* (*Hochschul-*)Studium *n*
stȗdījskī Studien-
stȗdio (-ija; *Pl* -iji) Studio *n*, Atelier *n*; ***TV-~*** Fernsehstudio *n*
studīrati *5* *ipf/pf* studieren

stụ̄djeti (-ī; -dio, -djela) *nur unpers* kalt sein
stụ̄p (*Pl* -ovi) Säule *f*, Pfeiler *m*; Pfosten *m*, Pfahl *m*; *fig.* Stütze *f*; **~ sramọtē** Schandpfahl *m*, Pranger *m*; **mụzičkī ~** Stereoturm *m*; **srȃmnī ~ → ~ sramọtē**
stụ̄pac (-pca) (*Zeitungs-*)Kolumne *f*, (*Zeitungs-*)Spalte *f*
stụ̄panj (-pnja; *Pl* stụ̄pnji/stụpnjevi) (*Kultur-*)Stufe *f*; (*Temperatur*) Grad *n*; **akạdemskī ~** akademischer Grad; **drụgī ~** *Gr.* Komparativ *m*
stụ̄pānje Treten *n*; Antreten *n*; (*Dienst-*)Antritt *m*; **~ na snȃgu** Inkrafttreten *n*
stụ̄pati → stụ̄piti
stụpic|a Falle *f* (*a. fig.*); **pạsti u ~u** *fig.* in e-e Falle tappen; **pọstaviti** *od.* **sprẹ̄miti ~u** e-e Falle stellen (*a. fig.*)
stụ̄piti (-ati) treten, eintreten (**u** *A*/in *A*); **~ na snȃgu** in Kraft treten; **~ ụ brāk** in den Ehestand treten; **~ u kọntakt** Kontakt aufnehmen; **~ ụ štrajk** in den Streik treten; **~ ụ vezu** Verbindung aufnehmen; **~ ụ vōjsku** den Militärdienst antreten
stupnjẹvānje Steigerung *f*, Abstufung *f*; *Gr.* Komparation *f*
stupnjẹvati (stụpnjujēm) steigern, abstufen; *Gr.* komparieren
stupnjẹvit stufenweise, Stufen-; graduell
stụ̄žiti se (stužīvati se) traurig werden; schlecht *od.* übel werden, **stụ̄žī mi se** mir wird schlecht
stužīvati se (stụžujēm se) **→ stụ̄žiti se**
stvȃr (-i; *I* -i/-ju) *f* Sache *f*, Ding *n*, Angelegenheit *f*; **~ hộdā** die Sache läuft; **~ ịdē nạopāko** die Sache geht schief; **~ povjerẹ̄nja** Vertrauenssache *f*; **da ~ bụdē ljẹpšā** *iron.* und damit nicht genug, und es kommt noch schöner; **gọtovā ~** *fig.* ausgemachte Sache; **ịzgladiti ~** *fig.* e-e Sache ausbügeln; **ịzgubljenā ~** hoffnungslose Sache; **kạko ~i stọjē** so wie die Dinge stehen; **nijē mạlā ~** das ist keine Kleinigkeit; **prijeći nạ ~** zur Sache kommen; **prīrodnā ~!** klarer Fall!; **spọrednā ~** Nebensache *f*; **tọ̄ je drụgā ~** *fig.* das steht auf e-m anderen Blatt; **tọ̄ nije čịstā ~** da ist etwas faul; **u ~i** im Grunde; **ụ tome je ~** *fig.* da liegt der Hund begraben; **ụ̄ći u ~** zur Sache kommen; **ụzēti za gọtovū ~** *etw.* für bare Münze nehmen; **vrạžjā ~** e-e heikle Sache; **znạti ụ čemu je ~** *fig.* wissen, woher der Wind weht
stvạralac (-aoca) Schöpfer *m*, Urheber *m*; Autor *m*
stvạralačkī schöpferisch, kreativ, Schöpfer-, Schaffens-
stvạralaštvo Schaffenskraft *f*; Gestaltungskraft *f*, Kreativität *f*
stvȃran wirklich, tatsächlich; konkret; sachlich
stvȃrānje Schaffen *n*, Erschaffen *n*, Schöpfung *f*; Gestaltung *f*
stvȃrati → stvọriti
stvạrnōst (-osti; *ISg* -osti/-ošću) Realität *f*, Wirklichkeit *f*
stvọ̄r *3* (*Pl* -ọvi) Geschöpf *n*, Wesen *n*, Kreatur *f*
stvorẹ̄nje (Er-)Schaffung *f*, Geschöpf *n*, Kreatur *f*
stvọritelj Schöpfer *m*, Urheber *m*, Erzeuger *m*
stvọriti (stvọren) (**stvȃrati**) erschaffen, schaffen, hervorbringen, erzeugen; gestalten; **~ sụ̄d** sich ein Urteil bilden; **~ se** entstehen, werden, (*plötzlich*) erscheinen
stvṛdnuti se (-nēm se) (**-njȃvati se** *5*) hart werden, sich verhärten; erstarren
sụ *3. Pers Pl v.* **bịti**
sụbaštinīk *sb.* Miterbe *m*
subẹsjednik *sb.* Gesprächspartner *m*
sụbjekt (*GPl* -kātā) Subjekt *n*; *Gr.* Satzgegenstand *m*
sụbjektīvan subjektiv, parteiisch
subjektịvnōst (-osti; *ISg* -osti/-ošću) *f* Subjektivität *f*
sụborac (-ōrca; *V* -rče) *1* Mitkämpfer *m*, Kampfgenosse *m*
sụbota Samstag *m*, Sonnabend *m*; **Vẹlikā ~** Karsamstag *m*
subvẹncija Subvention *f*
subvencionịrati *5 ipf/pf* subventionieren
subvẹrzija Subversion *f*
sụbverzīvan subversiv, umstürzlerisch, Umsturz-
sụ̄ca *GSg v.* **sụ̄dac**
sučelicē *Adv* gegenüber, vis-à-vis
sučẹ̄liti *5* (**-eljȃvati** *5*) gegenüberstellen, konfrontieren
sučelovānje Konfrontation *f*
sụ̄čev Richter-, zum Richter gehörig
sụćūt (-i; *ISg* -i) *f* Mitgefühl *n*, Beileid *n*;

S

izraziti ~ sein Beileid ausdrücken, kondolieren

sųd[1] (*Pl* -ovi) (*Wert*-)Urteil *n*, Beurteilung *f*, Meinung *f*; Gericht *n*; ***apelacionī*** ~ Berufungsgericht *n*; ***biti pod*** ~***om*** unter Anklage stehen; ***disciplīnskī*** ~ Disziplinargericht *n*; ***ići na*** ~ vor Gericht gehen; ***kotarskī*** ~ Bezirksgericht *n*; ***okružnī*** ~ Kreisgericht *n*; ***parničnī*** ~ Prozeßgericht *n*; ***porotnī*** ~ Schwurgericht *n*, Schöffengericht *n*; ***posljednjī*** ~ *Rel.* Jüngstes Gericht; ***prizivnī*** ~ Berufungsgericht *n*; ***ratnī*** ~ Kriegsgericht *n*; ***solomonskī*** ~ *fig.* salomonisches Urteil; ***vōjnī*** ~ Militärgericht *n*; ***vrhōvnī*** ~ Oberster Gerichtshof

sųd[2] (*Pl* sudovi/sūdi) Gefäß *n*; Topf *m*

sųdac (-uca, *Pl* -ųci) Richter *m*; *Sp.* Schiedsrichter *m*; ~ ***porotnīk*** Schöffe *m*; ***istražnī*** ~ Untersuchungsrichter *m*; ***međašnī*** ~ *Sp.* Linienrichter *m*

sudačkī Richter-, richterlich

sudār Zusammenstoß *m*, Zusammenprall *m*; Kollision *f*

sudarati se [-iti se] zusammenstoßen, zusammenprallen, kollidieren; *Meinungen*: aufeinanderprallen

sudba → ***sudbina***

sudben|ī gerichtlich, Gerichts-; ~***ī postupak*** Gerichtsverfahren *n*; ~***ā rasprava*** Gerichtsverhandlung *f*; ~***ī troškovi*** Gerichtskosten *Pl*

sudbin|a Schicksal *n*, Geschick *n*, Vorsehung *f*; (*Schicksals*-)Los *n*; Unglück *n*; Verhängnis *n*; ***čitati*** ~***u*** die Zukunft vorhersagen; ***pomīriti se sa*** ~***ōm*** sich in sein Schicksal ergeben; ***prepustiti*** ~***i*** dem Schicksal überlassen

sudbonosan verhängnisvoll, fatal

sudija *m sb.* → ***sųdac***

sudionīk Teilnehmer *m*; *Hdl.* Teilhaber *m*

sudionīštvo Teilhaberschaft *f*

sųditi (sūđen) [**o-**] urteilen (**o** *L*/über *A*); verurteilen; Recht sprechen; denken, meinen; ~ ***sām sebi*** sich selbst richten

sudjelovānje Mitwirkung *f*, Teilnahme *f*, Beteiligung *f*

sudjelovati (-ujēm) teilnehmen, sich beteiligen, mitwirken, mitmachen

sųdnica Gerichtssaal *m*; Gerichtsgebäude *n*

sųdnjī: ~ ***dan*** *Rel.* Jüngstes Gericht

sudopera Spüle *f*, Spülbecken *n*

sudrūg (*Pl* -zi) → ***drųg***

sudskī Gerichts-; ~ ***izvršitelj*** Gerichtsvollzieher *m*

sudstvo Gerichtswesen *n*

sųđe Geschirr *n*

sųđen (-o) vorbestimmt, bestimmt; (*zu e-r Strafe*) verurteilt

sųđenica (*vom Schicksal bestimmte*) Ehefrau; Angeklagte *f*

sųđenīk (*vom Schicksal bestimmter*) Ehemann; Angeklagte(r) *m*

sųđēnje Richten *n*; Gerichtsverhandlung *f*; Urteilsspruch *m*

sufiks *Gr.* Suffix *n*

suflēr *1* (*V* -u) *Thea.*, *fig.* Souffleur *m*, Einsager *m*

suflerīrati *5 ipf/pf* soufflieren, einsagen

sugerīrati *5 ipf/pf* suggerieren

sugestibilnōst (-osti; *ISg* -osti/-ošću) *f* Beeinflußbarkeit *f*

sugestīvan suggestiv, beeinflussend

suglasan übereinstimmend, einhellig, harmonierend

suglāsiti se *5* (**-ašāvati se** *5*) übereinstimmen, übereinkommen, Übereinstimmung erzielen

suglasnīk *Gr.* Konsonant *m*, Mitlaut *m*

suglasnōst (-osti; *ISg* -osti/-ošću) *f* Übereinstimmung *f*, Einhelligkeit *f*

sugovōrnīk Gesprächspartner *m*

sugradica Eisregen *m*

sugrađanin (*Pl* -āni) Mitbürger *m*

sugrađānka (*D* -ki; *GPl* -kī) Mitbürgerin *f*

sugrađānstvo Mitbürgerschaft *f*

sųh trocken, dürr; (*Schinken*) geräuchert; (*Haut*) spröde; (*Mensch*) dünn, hager; (*Gold*) rein, gediegen; ~ ***kao grana*** *od.* ***kost*** *od.* ***palica*** spindeldürr; ~***ā šljiva*** Backpflaume *f*; → ***grōžđe, šteta***

suhārak (-rka) Reisig *m*

sųh|o Festland *n*; ***na*** ~***u i na mōru*** zu Wasser und zu Lande

suhoća Trockenheit *f*, Dürre *f*; (*bei e-m Menschen*) Hagerkeit *f*, Magerkeit *f*

suhomesnat Rauch-; ~***ā roba*** Rauchfleisch und Rauchwürste

suhonjav hager, mager, dürr

suhopāran fade, langweilig, witzlos; schal

suhopārnōst (-osti; *ISg* -osti/-ošću) *f* Fadheit *f*, Langweiligkeit *f*

suhozemn|ī Festlands-; ~***ā vōjska*** Landstreitmacht *f*

sụicidālan suizidal, selbstmordgefährdet
sụigrāč *1* (*V* -u) Mitspieler *m*
suizvṛšitelj *Jur.* Mittäter *m*, Komplize *m*
suizvṛšilāštvo *Jur.* Tateinheit *f*
sụjevjēran abergläubisch
sụjevjērje Aberglaube *f*
sụ̄kati (-čēm) **[za-]** drehen, spulen, wikkeln, winden
sụkcesīv|an sukzessiv; **~no** nach und nach
sụkladan kongruent, deckungsgleich, übereinstimmend
sụkladnōst (-osti; *ISg* -osti/-ošću) *f* Kongruenz *f*, (*Deckungs-*)Gleichheit *f*, Übereinstimmung *f*
sụkljati [po-] *Dampf*: hervorschießen; *Feuer*: emporlodern
sụknār *1* (*V* -u) (*Tuch-*)Weber *m*, Tuchmacher *m*
sụknara (*Tuch-*)Weberei *f*, Tuchfabrik *f*
sụknen (-o) aus Tuch
sụ̄knuti (-nēm) *pf Säbel* ziehen; → ***sụkljati***
sụknj|a (*GPl* -ānjā) (*Damen-*)Rock *m*; ***dọ̄njā ~a*** Unterrock *m*; ***dṛžati se ~ē*** *fig.* am Rockzipfel hängen; ***ịći*** *od.* ***jụ̄riti*** *od.* ***tṛčati zạ ~ōm*** *fig.* hinter jedem Rock herrennen; ***mịni-~*** Minirock *m*
sụ̄kob Streit *m*, Konflikt *m*; Zusammenstoß *m*, Konfrontation *f*; ***dọ̄ći u ~*** in Konflikt geraten (**s** *I*/mit *D*); ***grạničnī ~*** Grenzkonflikt *m*
sukọbiti se *5* (**-bljạ̄vati se** *5*) (*feindlich*) zusammenstoßen, aneinandergeraten, in Konflikt geraten (**s** *I*/mit *D*); *Interessen*: kollidieren
sụkriv mitschuldig
sụkrivac (-īvca) Mitschuldige(r) *m*
sụkrīvnja Mitschuld *f*
sụkrvica Blutwasser *n*, Lymphe *f*
sụlfāt *1* Sulfat *n*
sụlica Lanze *f*, Speer *m*
sụložnica Liebhaberin *f*, Geliebte *f*; *hist.* Mätresse *f*
sụložnīk Liebhaber *m*, Geliebte(r) *m*
sụložnīštvo (*sexuelles*) Verhältnis, F wilde Ehe
sụltān *1* Sultan *m*
sụlud närrisch, verrückt; rappelig, verbohrt
sụma Summe *f*
sụmaglica leichter Nebel
sụmānut|an Wahn-; ***~nē idẹ̄je*** *Psych.* Wahnideen *Pl*
sụmānutnōst (-osti; *ISg* -osti/-ošću) *f* *Psych.* Wahn *m*
sụmišljenīk Gleichgesinnte(r) *m*
sụmještanin (*Pl* -āni) Mitbewohner *m* (*e-r Ortschaft*)
sụmještānka (*D* -ki; *GPl* -kī) Mitbewohnerin (*e-r Ortschaft*)
sụ̄mnj|a Verdacht *m*; Zweifel *m*; Argwohn *m*; ***bạ̄citi ~u*** e-en Verdacht hegen (***na*** *A*/gegen *A*); ***bẹz ~ē*** zweifellos, ohne jeden Zweifel; ***bịti pod ~ōm*** in Verdacht stehen; ***bịti u ~i*** im Zweifel sein; ***izạzvati ~u*** Zweifel hervorrufen; ***nẹ̄mā ~ē*** es besteht kein Zweifel; ***raspṝšiti ~u*** Zweifel *od.* Bedenken zerstreuen
sụ̄mnjati [po-] zweifeln (***u*** *A*/an *D*); bezweifeln (*A*), argwöhnen; *Jur.* verdächtigen (***na*** *A*/*A*)
sụmnjičav argwöhnisch, mißtrauisch
sụmnjičavōst (-osti; *ISg* -osti/-ošću) *f* Argwohn *m*, Mißtrauen *n*
sụmnjičiti [o-] verdächtigen, mißtrauen
sụmnjiv verdächtig, zweifelhaft
sụmnjivōst (-osti; *ISg* -osti/-ošću) *f* Zweifelhaftigkeit *f*, Verdächtige(s) *n*
sụmōran düster, dunkel, beklemmend, hoffnungslos; (*Mensch*) trübsinnig, trübselig; (*Wetter*) trübselig
sụmōrnōst (-osti; *ISg* -osti/-ošću) *f* Düsterheit *f*, Dunkelheit *f*; Trübseligkeit *f*, Hoffnungslosigkeit *f*
sụ̄mpor Schwefel *m*
sụ̄mporn|ī Schwefel-; ***~ā kiselịna*** Schwefelsäure *f*
sụmrāčan dämmerig, halbdunkel
sụmrāk Dämmerung *f*, Dämmerlicht *n*, Halbdunkel *n*, Zwielicht *n*
sunạ̄rodnjak Landsmann *m*
sunạ̄sljednica Miterbin *f*
sunạ̄sljednīk Miterbe *m*
sụ̄nc|e (*GPl* sụnācā/sụ̄ncā) Sonne *f*; ***~e mọje!*** mein Schatz!; ***ịzāći na ~e*** *fig.* ans Tageslicht kommen; ***ịzlāz ~a*** Sonnenaufgang *m*; ***ịznijēti nạ ~e*** *fig.* ans Tageslicht bringen; ***jạsno kao ~e*** *fig.* sonnenklar; ***nịšta pọd ~em*** nichts auf der Welt; ***prije ~a*** vor Sonnenaufgang; ***zạ̄klon od ~a*** *Fot.* Sonnenblende *f*; ***zạ̄laz ~a*** Sonnenuntergang *m*
sụncobrān Sonnenschirm *m*
sụncokrēt Sonnenblume *f*
sụncostāj Sonnenwende *f*

S

sụnčan (-o) sonnig
sunčạn|ī Sonnen-, Solar-; **~ā centrạla** Solarkraftwerk *n*; **~ī kọlektor** Sonnenkollektor *m*; **~ā pjẹga** *Astr.* Sonnenfleck *m*; **~ī sạt** Sonnenuhr *f*; **~ī ụdār** Sonnenstich *m*, Hitzschlag *m*
sunčạnica Sonnenstich *m*, Hitzschlag *m*
sūnčānje Sonnen *n*, Sonnenbad *n*
sụnčati se sich sonnen, ein Sonnenbad nehmen
sụnđer *Turz.* → **spụžva**
sụnovrāt Narzisse *f*
sunọvraticē kopfüber, mit dem Kopf voran, Hals über Kopf
sunovrạtiti se *5 pf* sich kopfüber hinab- *od.* herunterstürzen
sūnuti (-nēm) *pf* hervorstürzen; *Wasser*: hervorschießen; *Gedanke*: plötzlich in den Sinn kommen
suočāvānje → **suočẹ̄nje**
suočạvati *5* → **suọčiti**
suočẹ̄nje Gegenüberstellung *f*; Konfrontation *f*
suọčiti *5* (**-čạvati** *5*) gegenüberstellen; konfrontieren (*A* **s** *I*/*A* mit *D*)
sụodgovōran mitverantwortlich
suodgovọ̄rnōst (-osti; *ISg* -osti/-ošću) *f* Mitverantwortung *f*
suoptužẹnica Mitangeklagte *f*
suoptužẹnīk *1* (*V* -če) Mitangeklagte(r) *m*
sụosigurān (-o) mitversichert
sụosjećāj Mitgefühl *n*, Mitleid *n*
sụosjećājan mitfühlend, mitleidig
suosjećạnje Mitgefühl *n*, Mitleid *n*
suọsjećati mitfühlen; Mitleid empfinden mit j-m
suosnịvāč *1* (*V* -u) Mitbegründer *m*
sụpa Suppe *f*; **~ s rezạncima** Nudelsuppe *f*; **gọveđā ~** Fleischbrühe *f*
sụpārnica Mitbewerberin *f*, Konkurrentin *f*; Nebenbuhlerin *f*, Rivalin *f*
sụpārnīk Mitbewerber *m*, Konkurrent *m*; Nebenbuhler *m*, Rivale *m*
sụpārnīštvo Rivalität *f*, Konkurrenz *f*; Nebenbuhlerschaft *m*
sụpatnica Mitleidende *f*
sụpatnīk Mitleidende(r) *m*
sụperiōran überlegen
superiọ̄rnōst (-osti; *ISg* -osti/-ošću) *f* Überlegenheit *f*, Superiorität *f*
sụperlatīv *Gr.* Superlativ *m*
sụpermarket Supermarkt *m*
sụpersila *Pol.* Weltmacht *f*
supersọnič|an Überschall-; **~nī avịōn** Überschallflugzeug *n*
sụpijān (-o) angeheitert
supijạ̄nstvo leichter Rausch, Schwips *m*
sụpka (*GPl* -pākā/-pkī) Keimblatt *n*
sụplemenīk Stammesgenosse *m*
sụplementāran supplementär, ergänzend
supọsjed Mitbesitz *m*
supọsjednīk Mitbesitzer *m*
supọtpis Gegenzeichnung *f*
supotpīsati (-pọtpīšēm) gegenzeichnen
supọtpisnīk Gegenzeichnende(r) *m*, Mitunterzeichner *m*
supozịtōrīj *Med.* Zäpfchen *n*
sụprot *Präp* (*D*, *selten G*) gegen (*A*), wider (*A*), entgegen (*D*)
sụprotan entgegengesetzt, gegensätzlich, Gegen-; → **vjẹtar**
suprotịviti se *5 ipf*/*pf* sich widersetzen
sụprotnōst (-osti; *ISg* -osti/-ošću) *f* Gegensatz *m*, Gegenteil *n*; Entgegengesetzte(s) *n*
suprọtstaviti (**-vljati**) gegenüberstellen; **~ se** sich widersetzen, entgegentreten, trotzen
sụprug (*Pl* -zi) Ehemann *m*, (*Ehe-*)Gatte *m*, *vera.* Gemahl *m*
sụpruga Ehefrau *f*, (*Ehe-*)Gattin *f*, *vera.* Gemahlin *f*
sụpruzi *m*/*Pl* Eheleute *Pl*
sụpružnīci (*GPl* -nīkā) Eheleute *Pl*
sụpružnīčkī Ehe-
sụpružnīk → **sụprug**
supstạncija Substanz *f*
supstitụcija Substitution *f*, Ersetzung *f*
sụptīlan subtil, fein, zart
suptịlnōst (-osti; *ISg* -osti/-ošću) *f* Subtilität *f*, Feinheit *f*, Zartheit *f*
sụptrōpskī subtropisch
sụputnica Reisegefährtin *f*, Mitreisende *f*
sụputnīk Reisegefährte *m*, Mitreisende(r) *m*
sūr grau, aschgrau, fahlgrau
sụradnica Mitarbeiterin *f*
sụradnīk Mitarbeiter *m* **znạnstvenī ~** wissenschaftlicher Mitarbeiter
surạdnj|a Mitarbeit *f*, Mitwirkung *f*; **ọbaveza ~ē** *Jur.* Mitwirkungspflicht *f*
surađịvati (-ạđujēm) mitarbeiten, mitwirken, kooperieren
sūrla Rüssel *m*
surọgāt *1* Surrogat *n*, Ersatzstoff *m*

surov roh, grob, derb, ungeschliffen; (*Person*) ungezogen, flegelhaft
surovōst (-osti; *ISg* -osti/-ošću) *f* Roheit *f*, Grobheit *f*; Barschheit *f*
surutka (*GPl* -kī) Molke *f*
survati se (**-vāvati se** *5*) hinabstürzen, herabstürzen, einstürzen
sūsjed Nachbar *m*
sūsjeda Nachbarin *f*
sūsjednī benachbart, Nachbar-; anliegend
sūsjedskī nachbarlich, nachbarschaftlich
sūsjedstvo Nachbarschaft *f*
susnježica Schneeregen *m*
suspendirati *5 ipf/pf* suspendieren; *Gesetz* außer Kraft setzen; (*einstweilen*) des Amtes entheben
susprēgnuti (susprēgnēm, susprēgao, -gla) (**-zati**) *Atem* anhalten
susprēzati (susprēžēm) → **susprēgnuti**
susresti (-etnēm; -eo, -ela; -tnūt) (**-etati**) treffen, begegnen
susret Begegnung *f*, Treffen *n*; **~ na vrhu** *od.* **vrhūnskī ~** Gipfeltreffen *n*; **izīći u ~** entgegenkommen (*a. fig.*)
susretati (-ećēm) → **susresti**
susrētljiv entgegenkommend, zuvorkommend
susrētljivōst (-osti; *ISg* -osti/-ošću) *f* Entgegenkommen *n*; Gefälligkeit *f*; Hilfsbereitschaft *f*
sustajati (-jēm) → **sustati**
sūstalōst (-osti; *ISg* -osti/-ošću) *f* Erschöpfung *f*, Müdigkeit *f*, Mattigkeit *f*
sustanār Mitmieter *m*
sūstao (-alo) erschöpft, müde, matt, abgeschlagen
sustati (-nēm) (**-tajati**) ermatten, ermüden
sūstav System *m*, Anordnung *f*; **~ za pokretānje računalā** *EDV* Betriebssystem *n*; **krvnožilnī ~** Venensystem *n*; **monetārnī ~** Währungssystem *n*; **oficīrskī ~** Offizierskörper *m*; **svesti u ~** systematisieren; **živčanī ~** Nervensystem *n*
sustaviti (-vljen) *pf* aufhalten, anhalten
sustāvnī systematisch, planmäßig
sustāvnōst (-osti; *ISg* -osti/-ošću) *f* Systematik *f*, Planmäßigkeit *f*
sustēgnuti (sustēgnēm; -tēgao, -tēgla/-tēgla) (**-zati**) zurückhalten; **~ se** zaudern, zögern, unentschlossen sein
sustēzati (sustēžēm) → **sustēgnuti**
sustići (-gnēm; -gnuo/-gao, -gla) (**-tizati**) einholen, erreichen
sustizati (-žēm) → **sustići**
sūša[1] Dürre *f*, Trockenheit *f*
suša[2] Schuppen *m*, Scheune *f*
sūšac (-šca) Pulverschnee *m*
sūšan trocken, dürr
sūšen (-o) getrocknet, geräuchert; Räucher-
sūšenje Trocknen *n*, Dörren *n*; (*Fleisch*) Räuchern *n*; (*Mensch*) Abmagern *n*
sušī *Komp v.* **sūh**
sušica *Med.* Schwindsucht *f*, Tuberkulose *f*
sušionica Trockenboden *m*
sūšiti [**o-, po-**] trocknen, austrocknen; *Fleisch* räuchern; *Obst* dörren; **~ se** *itr* trocknen; *Blume*: welken; *Mensch*: abmagern
sušnica Trockenkammer *f*, Trockenraum *m*
sūšt|ī leibhaftig, verkörpert; **~ā istina** die reine Wahrheit; **~ī otac** ganz der Vater
suštin|a Wesen *n*, Wesentliche(s) *n*, Kern *m* (*e-r Sache*); **ūći u ~u** *fig.* zum Kern e-r Sache kommen
suštīnskī wesentlich
suterēn Souterrain *n*, Kellergeschoß *n*
suterēnskī Souterrain-
sutjeska (*GPl* -skī/-sākā) Schlucht *f*, Engpaß *m*
sūton (*Abend-*)Dämmerung *f*, Zwielicht *n*
sutra morgen; **danas ili ~** früher oder später, über kurz oder lang
sutradān am Tag darauf, tags darauf
sutrašnjī morgig
sutrašnjica das Morgen, die kommende Zeit
suučenica Mitschülerin *f*, Schulkameradin *f*
suučenīk Mitschüler *m*, Schulkamerad *m*
suučesnīk Mittäter *m*, Mitschuldig(e)r *m*; Teilnehmer *m*
suučestvovati (-stvujēm) teilnehmen (**u** *L*/an *D*); mitfühlen, sympathisieren (mit *D*)
sūv, -voća *sb.* → **sūh, -hoća**
suvenīr *1* Souvenir *n*, Andenken *n*
suveren (-ena) souverän, überlegen
suverenitēt *1* Souveränität *f*, Unabhängigkeit *f*

S

sụvisao (-slo) zusammenhängend, stetig, ununterbrochen, kontinuierlich
sụvislōst (-osti; *ISg* -osti/-ošću) *f* Zusammenhang *m*, Kontinuität *f*
suvị̄šak (-ška; *GPl* sụvīšākā) Überschuß *m*, Rest *m*
sụvišan überflüssig; überschüssig; entbehrlich
sụviše zuviel, allzu viel, übermäßig; (*vor Adj*) zu sehr
sụvišnōst (-osti; *ISg* -osti/-ošću) *f* Überflüssigkeit *f*, Entbehrlichkeit *f*
sụvladār Mitregent *m*
sụvlasnica Mitbesitzerin *f*, Miteigentümerin *f*, Mitinhaberin *f*
sụvlasnīk Mitbesitzer *m*, Miteigentümer *m*, Mitinhaber *m*
sụvlasnīštvo Mitbesitz *m*, Miteigentum *n*, Mitinhaberschaft *f*
suvọzāč *1* (*V* -u) Beifahrer *m*
sụvremen (-o) zeitgemäß, zeitgenössisch, modern
sụvremenīk Zeitgenosse *m*
sụvr̄st (-i) *f* Abart *f*, Spielart *f*, Nebenart *f*, Untergattung *f*
sụvr̄sta → ***sụvr̄st***
sụz|a Träne *f*; ***čịst kao ~a*** blitzblank, glasklar; (*Fall, Sache*) völlig klar; ***gạnūt dọ ~a*** zu Tränen gerührt; ***kụ̄pati se u ~ama*** in Tränen aufgelöst sein; ***lijẹvati*** *od.* ***rọniti ~e*** Tränen vergießen; ***obọriti ~e*** in Tränen ausbrechen
sụzavac (-āvca) Tränengas *n*
suzbị̄jānje Bekämpfen *n*, Bekämpfung *f*, Zurückschlagen *n*, Abwehr *f*
suzbị̄jati *5* → ***sụzbiti***
sụzbiti (-bịjēm) (**-bị̄jati** *5*) bekämpfen, zurückschlagen; *Angriff* abwehren; *Aufstand* niederschlagen; *Feind* zurückschlagen; *Gefühle* unterdrücken
suzdṛžati se (-īm se) (**-držạ̄vati se** *5*) zurückhalten; *Atem* verhalten; **~ se** sich zurückhalten, sich mäßigen; (*bei e-r Abstimmung*) sich enthalten
suzdržạ̄vānje Zurückhaltung *f*, Beherrschung *f*
suzdṛžljiv zurückhaltend
suzdṛžljivōst (-osti; *ISg* -osti/-ošću) *f* Zurückhaltung *f*, Mäßigung *f*
sụ̄žiti (sụ̄žen) (**sužạ̄vati** *5*) einengen, verengen, enger machen
sụznica *Anat.* Tränensack *m*
sụzovōd *Anat.* Tränengang *m*
sụžanj (-žnja) Gefangene(r) *m*; Sklave *m*
sužạ̄vānje Einengung *f*, Verengung *f*
sužạ̄vati *5* → ***sụ̄žiti***
sụ̄žen (-o) verengt, verschmälert; (*Säule*) verjüngt
suženje → ***sužạ̄vānje***
svạ → ***svẹ***
svạčijī jedermanns, e-s jeden
svạdba (*GPl* -dābā/-dbī) Hochzeit *f*, Hochzeitsfest *n*
svạdben|ī hochzeitlich, Hochzeits-; ***~ī dạn*** Hochzeitstag *m*; ***~ō putọvānje*** Hochzeitsreise *f*
svạdbovati (-bujēm) Hochzeit feiern
svạditi se (**-đati se**) sich streiten, sich zanken, sich verfeinden
svạdljiv streitsüchtig, zänkisch
svạdljivac (-īvca) streitsüchtiger Mensch, F Streithammel *m*
svạdljivōst (-osti; *ISg* -osti/-ošću) *f* Streitlust *f*, Streitsucht *f*
svạđ|a Streit *m*, Zank *m*, Hader *m*, Zwist *m*; ***prẹ̄dmet ~ē*** Zankapfel *m*; ***zạmetnuti ~u*** e-n Streit anfangen
svạđati se → ***svạditi se***
svạgda immer, jederzeit, stets, allemal; ***jẹdnom za ~*** ein für allemal
svạgda(š)njī alltäglich, Alltags-; ***~ kruh*** das tägliche Brot; ***~ gọvōr*** Alltagssprache *f*
svạgdašnjica Alltag *m*; Alltäglichkeit *f*
svạgdje überall
svạ̄k (*V* -če) Schwager *m* (*Ehemann der Schwester*)
svạk → ***svạtko***
svạkakav allerlei, mancherlei, verschieden, verschiedenartig
svạkāko jedenfalls, allerdings, gewiß, freilich, unbedingt; auf jeden Fall, ganz bestimmt; ***ọn, ~, nẹće dọ̄ći*** er wird jedenfalls nicht kommen; ***je si li tị̄ tọ urạ̄dio? ~!*** hast du das getan? Allerdings!; ***~ jạ̄vit ću se!*** ich melde mich auf jeden Fall!
svạk|ī (-ōga) jeder, jeglicher, jedermann; ***~ā čạ̄st!*** alle Achtung!; ***~ī pụ̄t*** jedesmal; ***~o tọliko*** *fig.* alle Augenblicke; ***u ~ō dọba*** zu jeder Zeit, jederzeit; ***u ~ōm slučạ̄ju*** auf jeden Fall
svakịdašnjī, -ica → ***svạgdašnji, -ica***
svakọdnēvnī täglich; alltäglich, Alltags-
svakogọ̄dnišnjī jährlich, alljährlich
svạkojāk allerlei, allerhand, verschiedenerlei

S

svakọvrstan (-sno) verschiedenartig, allerlei
svạkud(a) überhallhin; **od ~** von überallher
svȃliti (-ljen) (**-aljȋvati**) abwälzen (*a. fig.*); herabwälzen, wegschieben; *Schuld* abschieben; *Pferd: Reiter* abwerfen; **~ u prọpāst** ins Verderben stürzen; **svȃlio mi se kạmēn sạ srca** *fig.* mir fiel ein Stein vom Herzen
svaljȋvati (-ąljujēm) → **svȃliti**
svanȗće Tagesanbruch *m*
svạnuti *mst unpers* (svạnē) *pf* tagen, dämmern; *Tag:* anbrechen
svȃriti (-arȋvati) kochen; verdauen; *fig.* (*geistig*) verarbeiten; *Tech.* schweißen; **ne mọgu ga ~** *fig.* ich kann ihn nicht ausstehen
svarịvāč *1* (*V* -u) Schweißer *m*
svarȋvānje Verdauen *n*, Verdauung *f*; *Tech.* Schweißen *n*
svȃst (svạsti) *f* Schwägerin *f* (*Schwester der Ehefrau*)
svạstika¹ → **svȃst**
svạstika² Hakenkreuz *n*
svạšta (svạčega) *Pron* allerlei; **~ je dọnio** er hat alles mögliche gebracht; **~ i kọješta** Unsinn *m*
svạt (*Pl* -ovi/-i) Hochzeitsgast *m*; **čụdan ~** *fig.* komischer Kauz
svạtko (-koga) jedermann, jeder
svạtovi *m*/*Pl* Hochzeitsfeier *f*, Hochzeitsfest *n*
svẹ alles, ganz; **~ u ~mu** alles in allem; **~ vịše** immer mehr; → **sạv**
svẹ̀ca *GSg v.* **svẹ̄tac**
svẹčan (-o) feierlich, festlich, Feier-, Fest-; **~ō odijẹlo** Festanzug
svẹčanōst (-osti; *ISg* -osti/-ošću) *f* Fest *n*, Feier *f*, Feierlichkeit *f*, Festlichkeit *f* (**u čạst** *G*/zu Ehren *G*)
svẹčār *1* (*V* -u) Jubilar *m*, Gefeierte(r) *m*, Geburtstagskind *n*
svečạrica Jubilarin *f*, Gefeierte *f*, Geburtstagskind *n*
svẹćenica Priesterin *f*, Geistliche *f*
svẹćenīčk|ī priesterlich, Priester-; **~ō ređẹnje** Priesterweihe *f*
svẹćenīk Priester *m*, Geistliche(r) *m*
svećẹ̄nstvo Priesterschaft *f*, Geistlichkeit *f*, Klerus *m*
svejẹdno *Adv* gleich; gleichgültig, egal; **tọ̄ mi je sạsvim ~** das ist mir völlig egal
svẹkar (-kra) Schwiegervater *m* (*der Ehefrau*)
svẹkrva Schwiegermutter *f* (*der Ehefrau*)
svẹmīr Weltall *n*, Universum *n*, Kosmos *m*
svẹmīrsk|ī All-, Weltall-; **~ī brọ̄d** Raumschiff *n*; **~ā ljẹtelica** Raumschiff *n*; **~ā stạnica** Weltraumstation *f*
svẹmōć (-oći; *ISg* -oći/-oću) Allmacht *f*
svẹmoćan allmächtig, omnipotent
svẹmoćnōst (-osti; *ISg* -osti/-ošću) *f* Allmacht *f*, Allmächtigkeit *f*, Omnipotenz *f*
svẹmogȗć → **svẹmoćan**
svẹnjemačkī *Pol.* gesamtdeutsch
svẹobuhvātan allumfassend
svẹopćī allgemein, universal
svẹska → **svẹzak**
sveslavēnskī allslawisch, panslawisch
svẹsrdan innig, innigst, herzlich
svẹsrdnōst (-osti; *ISg* -osti/-ošću) *f* Innigkeit *f*, Herzlichkeit *f*
svẹsti¹ (-dēm; -eo, -ēla; -ẹden *6*) (**svọditi**) herabführen, hinabführen, hinableiten; (*auf das rechte Maß*) zurückführen; *Gespräch* lenken (**na** *A*/auf *A*); *Math. Bruch* kürzen; *Rechnung* begleichen; **~ na zạjedničkī nạzivnīk** *Math.*, *fig.* auf e-n gemeinsamen Nenner bringen
svẹsti² (-zēm; svẹo) (**svọziti**) herunterziehen; herunterschleppen; *nur ipf Ernte* einfahren
svẹstran (-o) allseitig, allumfassend, allgemein; universal, universell
svẹstranōst (-osti; *ISg* -osti/-ošću) *f* Allseitigkeit *f*, Universalität *f*
svẹščic *Dim v.* **svẹzak**
svẹštenīk *sb.* → **svẹćenīk**
svẹ̄t heilig; **2ō pịsmo** die Heilige Schrift; **Svị ~ī** Allerheiligen *n*
svẹ̄|tac (-ēca; *V* svẹ̄če; *Pl* -ẹ̄ci) Heilige(r) *m*; **čụdan ~tac** *fig.* komischer Kauz, komischer Vogel; **prạviti se ~cem** den Heiligen spielen; **prạviti ~ca** über den grünen Klee loben (**od** *G*/*A*); **stạjati kao lịvenī ~tac** *fig.* wie ein Ölgötze dastehen; **vịdjeti sve ~ce** *fig.* alle Engel singen hören
svẹtačkī Heiligen-
svẹ̄t|ak (-tka; *Pl* -ẹ̄ci) Feiertag *m*, Festtag *m*; **~kom i pẹ̄tkom** *fig.* tagein, tagaus; Tag für Tag

S

svẹtica Heilige *f*
svȇtinja Heiligtum *n*
svẹtīšte Kultstätte *f*; Reliquienschrein *m*
svȇtiti[1] (svȇćen) [ọ-] weihen; einweihen
svȇtiti[2] (svȇćen) [ọ-] rächen; ~ **se** sich rächen
svẹtkovānje Feiern *n*, Feier *f*
svẹtkovati (-kujēm) feiern, ein Fest begehen *od.* abhalten
svẹtkovina Feiertag *m*
svetọgrđe Sakrileg *n*; Blasphemie *f*
svetohrạnīšte Tabernakel *n*, Altarschrein *m*
svȇtōst (-osti; *ISg* -osti/-ošću) *f* Heiligkeit *f*; **Vạšā** ~ Eure Heiligkeit
svetotạ̄jstvo *Rel.* Sakrament *n*
sveụčilīšnī Universitäts-
sveučilistạ̄rac (-rca) *2* Student *m*, (*Universitäts*-)Hörer *m*
sveụčilīšte Universität *f*, Hochschule *f*
sveụkupan gesamt, gänzlich, ganz
svẹvišnj|ī allmächtig; **~ē sịle** die himmlischen Mächte
Svẹvišnjī *Rel.* der Allmächtige
svẹza Bindung *f*, Verbindung *f*
svẹzak (-ska) Band *n* (*e-r Buchreihe*)
svȇzati (-žēm) (**svezịvati**) zubinden, zusammenbinden, verschnüren, verknüpfen, festbinden; schnüren; *Pferde* ankoppeln; *Knoten*, *Krawatte* binden; ~ **ụsta** *fig. j-m* den Mund stopfen
svezịvati (-ẹzujēm) → **svȇzati**
svẹznajūćī allwissend
svẹznalica *m iron.* Alleswisser *m*, Besserwisser *m*
svȇžanj (-žnja) Bund *m*, Bündel *n*; Paket *n*; ~ **kljūčevā** Schlüsselbund *m*
svịbanj (-bnja) Mai *m*
svịbanjskī Mai-
svịci *Pl v.* **svịtak**
svịdjeti se (-dīm se; -dio se, -djela se) (**svịđati se**) gefallen (*D*/*D*), Gefallen finden (an *D*); **ne** ~ mißfallen
svịđānje Gefallen *n*, Wohlgefallen *n*, Behagen *n*
svịđati se → **svịdjeti se**
svịjati → **svịnuti**
svijẹća *7* Kerze *f*; **lẹdenā** ~ Eiszapfen *m*; **rạ̄van kao** ~ kerzengerade; **vọštanā** ~ Wachskerze *f*
Svijẹćnica *7 Rel.* Mariä Lichtmeß
svịjećnjāk *7* Leuchter *m*
svịjest *7* (-i; *I* -sti/-šću) *f* Bewußtsein *n*; Besinnung *f*; **bịti prị** (**pụnōj**) **~i** bei (vollem) Bewußtsein sein; **dọ́ći k ~i** zu Bewußtsein kommen; **dọvesti k ~i** zu Bewußtsein bringen; zur Vernunft bringen; **gụbiti** ~ bewußtlos werden
svịjet (-ijẹta; *Pl* svjẹtovi) *7* Welt *f*, Erde *f*; Universum *n*, Weltall *n*; Menschen *Pl*; Menschheit *f*; **bijelī** ~ die weite Welt; **bịljnī** ~ Pflanzenreich *n*, Flora *f*; **dọći nạ** ~ zur Welt kommen; **dọk je ~a i vijẹka** solange die Welt besteht; **drụgī** ~ Jenseits *n*; **ịzāći nạ** ~ *Buch*: erscheinen; **mạći s ~a** aus der Welt schaffen; **nị za sav** ~, **nị za što u ~u** um nichts in der Welt; **ọnāj** ~ Jenseits *n*; **ọtjerati u** ~ aus dem Haus jagen; **rạ̄dnī** ~ Arbeitswelt *f*; **tạko ti je na ~u** so ist das nun mal auf der Welt; **trẹćī** ~ die Dritte Welt; **živọtīnjskī** Tierreich *n*, Fauna *f*
svịjetao (-ijẹtlo; *LF* svijetlī) *7* hell, licht, leuchtend, glänzend, klar
svijẹtliti *5*/*7* [**o-**] leuchten, glänzen, strahlen
svijẹtlocṛven hellrot
svijẹtloplạ̄v hellblau
svijẹtlosịv hellgrau
svijẹtlozẹlen hellgrün
svijẹtložụ̄t hellgelb
svijẹtljēnje *7* Leuchten *n*, Glänzen *n*, Funkeln *n*, Glitzern *n*
svịl|a Seide *f*; **čịstā ~a** reine Seide; **mẹk kao ~a** seidenweich, samtweich; **nọsiti ~u i kadīfu** sich in Samt und Seide kleiden; **vjẹštačkā ~a** Kunstseide *f*
svịlac (-lca) *Zool.* Seidenraupe *f*, Maulbeerspinner *m*
svilạna Seidenspinnerei *f*; Seidenweberei *f*; Seidenfabrik *f*
svịlen (-o) seiden, Seiden-
svilẹnkast seidig
svịnuti (-nēm) (**sạviti**) biegen, umbiegen, krümmen
svịnja (*V* -njo) *Zool.*, *Schimpfwort* Schwein *n*; **bịti** ~ *fig.* ein Schwein *od.* eine Sau sein, sich wie ein Schwein benehmen; **pijan kao** ~ F stockbesoffen, sternhagelvoll
svịnjac (-njca) Schweinestall *m* (*a. fig.*); Schweinekoben *m*
svịnjār *1* (*V* -u) Schweinehirt *m*, Schweinezüchter *m*
svinjạrija Schweinerei *f*, Sauerei *f*
svinjạ̄rstvo Schweinezucht *f*
svịnjeć|ī Schweine-, Schweins-; **~ā pẹćēnka** Schweinebraten *m*

S

svịnjetina Schweinefleisch *m*
svịnjsk|ī Schweine-, Schweins-; **~ō mȩ̄so** Schweinefleisch *n*
svịrāč *1* (*V* -u) Musikant *m*, Musiker *m*; Spielmann *m*
svirạčica Musikantin *f*, Musikerin *f*
svịrala Pfeife *f*; Flöte *f*; **tō mi je sȩdmā ~** das ist meine geringste Sorge
svīrānje Musizieren *n*, (*Instrument*) Spielen *n*
svīrati musizieren, *Instrument* spielen, Musik machen; *Wind*, *Kugel*: pfeifen; **~ na ụzbunu** Sturm läuten, Alarm geben
svịsnuti (-nēm) *pf* sich zu Tode grämen, vergehen, verschmachten; **~ od zạ̄visti** *fig*. vor Neid platzen
svisọka von oben herab, verächtlich, geringschätzig
Svịsvēti *m*/*Pl* Allerheiligen *n*
svịta Suite *f*
svịtak (-tka; *Pl* -ịci) Wulst *f*; (*Trage*-)Ring *m*; (*Papier*-)Rolle *f*
svịtānje Dämmern *n*; Morgendämmerung *f*, Morgengrauen *n*
svịtati (svịćē) dämmern, tagen; *Tag*, *Morgen*: anbrechen; **svịćē pred ọčima** *fig*. es dämmert
svịti *pf* (-ịjēm) → **sạviti**
svịzac (-sca) Murmeltier *n*
svjȩćār *1* (*V* -u) Kerzengießer *m*, Wachszieher *m*
svjȩćica *Dim v.* **svijȩ́ća**; *Kfz*. Zündkerze *f*
svjedočạ̄nstvo (*GPl* -ọčānstāvā) (*Schul*-)Zeugnis *n*; Bezeugung *f*, Zeugenaussage *f*; Beleg *m* (*i. d. Buchführung*)
svedočȩ̄nj|e Zeugenaussage *f*, Bezeugung *f*; **dūžnōst ~a** *Jur*. Zeugnispflicht *f*
svjedọčiti *5* **[o-]** zeugen (von *D*), bezeugen, als Zeuge aussagen, Zeugnis ablegen (**o** *L*/über *A*)
svjȩdodžba (*GPl* -džābā/-džbī) Zeugnis *n*; **škọlskā ~** Schulzeugnis *n*; **liječničkā ~** ärztliches Attest
svjȩdōk *1* (*V* -če) Zeuge *m*; **krụnskī ~** Kronzeuge *m*; **vjȩnčanī ~** Trauzeuge *m*
svjedọkinja Zeugin *f*
svjȩtīljka (*GPl* -kī) Leuchte *f*, Lampe *f*, Laterne *f*, Licht *n*; **džȩpnā ~** Taschenlampe *f*
svjȩtina (*Menschen*-)Masse *f*, Volksmasse *f*; Pöbel *m*; Mob *m*
svjetiọničār Leuchtturmwärter *m*
svjetiọnīk Leuchtturm *m*
svjȩtlēć|ī leuchtend, Leucht-, Licht-; **~ā reklạ̄ma** Leuchtreklame *f*
svjȩtlījī *Komp v.* **svijȩ̄tao**
svjȩtl|o Licht *n*; **bạcati lọšē ~o** ein schlechtes Licht werfen (**na** *A*/auf *A*); **cṛvenō ~o** rote Ampel; **dạti zȩlenō ~o** *fig*. grünes Licht geben; **dụgō ~o** *Kfz*. Fernlicht *n*; **ịzāći na ~o dạ̄na** *fig*. ans Tageslicht kommen; **klọniti se ~a** *fig*. das Licht scheuen; **pokạ̄zati u lọšēm ~u** *fig*. in ein schlechtes Licht rücken; **ụgledati ~o dạ̄na** *fig*. das Licht der Welt erblicken; **vịdjeti u prāvōm ~u** *fig*. in rechtem Licht sehen; die Dinge sehen, wie sie sind; **zȩlenō ~o** grünes Licht (*a. fig.*)
svjetlọća Helligkeit *f*
svjȩtlomjēr *Fot*. Belichtungsmesser *m*
svjȩtlonosn|ī Leucht-, Licht-; **~ā reklạ̄ma** Leuchtreklame *f*; **~ī znạ̄k** Lichtsignal *n*
svjȩtlōst (-osti; *ISg* -osti/-ošću) *f* Helligkeit *f*; Licht *n*; (*Licht*-)Schein *m*; **sụnčanā ~** Sonnenlicht *n*
svjȩtlotīsak (-ska) *Typ*. Lichtsatz *m*
svjetlụcati (se) funkeln, glimmern, glitzern; *Sterne*: flimmern
svjetlụcav funkelnd, glimmernd, glitzernd
svjȩtōvan weltlich, profan
svjetọvnjāk *1* (*V* -če) *Rel*. Laie *m*
svjȩtsk|ī weltlich, Welt-; **~ī čọvjek** ein Mann von Welt; **~ō prvȩ̄nstvo** *Sp*. Weltmeisterschaft *f*; **~ā sịla** *Pol*. Weltmacht *f*
svjȅž frisch, kühl; **~ stạrac** rüstiger alter Mann
svježịna Frische *f*, Kühle *f*
svlạ̄čēnje Ausziehen *n*, Entkleiden *n*; (*Haut*) Abziehen *n*
svlačiọnica Umkleideraum *m*
svlạ̄čiti → **svụ̄ći**
svlạ̄dati (**svladạ̄vati** *5*) bewältigen, überwältigen, überwinden; *Aufgabe* meistern; *Sprache* beherrschen; *Tränen* zurückhalten
svladạ̄vānje Beherrschen *n*, Beherrschung *f*; Überwältigung *f*; Überwindung *f*
svladạ̄vati *5* → **svlạ̄dati**
svọd (*Pl* -ovi) Wölbung *f*, Gewölbe *f*; *Arch*. Bogen *m*; **~ zạ̄kona** Gesetzes-

sammlung *f*, Kodex *m*; **nẹbeskī ~** Himmelsgewölbe *n*; **nọžnī ~** *Anat.* Spann *m*
svọdīlja Kupplerin *f*
svọditi (svọđen) verkuppeln
svȏj (svọja, svọje) *Pron* sein, eigen (*bezieht sich immer auf das Subjekt*) **~ōm rụkōm** eigenhändig; **bịti ~ gospọdār** sein eigener Herr sein; **dạjēm mu ~u knjịgu** ich gebe ihm mein Buch; **dijẹte svọga vrẹmena** *fig.* ein Kind seiner Zeit; **vịdjeti ~e dọbrō jụtro** *fig.* sein blaues Wunder erleben
svojạtati sich widerrechtlich aneignen
svọjedobno seinerzeit, damals, zu jener Zeit
svojẹglav eigensinnig, starrsinnig, eigenwillig, trotzig
svojẹglavac (-āvca) Dickkopf *m*, Starrkopf *m*
svojẹglavōst (-osti; *ISg* -osti/-ošću) *f* Eigensinn *m*, Starrsinn *m*, Eigenwilligkeit *f*, Trotz *m*
svojẹručan eigenhändig
svojẹvōljan freiwillig, aus eigenem Willen; eigenwillig; eigenmächtig
svojẹvoljnōst (-osti; *ISg* -osti/-ošću) *f* Freiwilligkeit *f*; Willkür *f*, Eigenmächtigkeit *f*
svojẹvremen seinerzeit, damalig
svojẹvrstan (-sno) spezifisch, speziell, eigenartig
svojịna *Jur.* Eigentum *n*; **prịvātnā ~** Privateigentum *n*
svojīnskī Eigentums-; **~ī ọdnosi** Eigentumsverhältnisse *Pl*
svȏjskī tüchtig, gründlich, gehörig; inständig (*bitten*)
svọjstven (-o) charakteristisch, kennzeichnend; bezeichnend; eigentümlich
svọjstvenōst (-osti; *ISg* -osti/-ošću) *f* Charakteristikum *n*, Spezifikum *n*, Eigenart *f*
svȏjstv|o (*GPl* -tāvā) Eigenschaft *f*, Wesenszug *m*, Besonderheit *f*; **u ~u prọfesora** als Professor
svȏjta (*angeheiratete*) Verwandtschaft *f*, Sippe *f*
svọta Summe *f*, Betrag *m*
svọziti → svẹsti²
svrạ̄b *Med.* Krätze *f*, Jucken *n*
svrạćati → svrạ̄titi
svrạka (*D* -ki; *GPl* -kī) Elster *m*
svrạtīšte Gasthof *m*; Treffpunkt *m*
svrạ̄titi (svrạ̄ćen) (**svrạćati**) einkehren, abbiegen; *Aufmerksamkeit* lenken (**na** *A*/auf *A*); **~ se** e-n Abstecher machen, (*kurz*) vorbeischauen (**kod** *G*/bei *D*)
svȓbež (-i) *f* Jucken *n*; Prickeln *n*
svṛbjeti (-bī; -bio, -bjela) jucken; kribbeln; prickeln
svṛći (-gnēm) **→ svṛgnuti**
svṛdlajūćī (*Schmerz*) bohrend
svṛdlo Bohrer *m*
svrgạ̄vati *5* **→ svṛgnuti**
svrgnụ̄će Absetzung *f*, (*Amts-*)Enthebung *f*; **~ s prijẹstola** Entthronung *f*
svṛgnuti (-gnēm; -gao/-gnuo, -gla; -gnūt) (**-gạ̄vati** *5*) entthronen, *Herrscher* stürzen; (*von e-m Amt*) absetzen, (*e-s Amtes*) entheben; **~ s ụ̄ma** außer Betracht lassen
svṛh *Präp* (*G*) oberhalb (*G*), über (*D*)
svṛh|a Zweck *m*; Ziel *n*; **nẹ̄mā ~ē** es hat keinen Zweck; **u kọju ~u?** zu welchem Zweck?
svrhọvit zweckmäßig, zweckdienlich, geeignet
svrhọvitōst (-osti; *ISg* -osti/-ošću) *f* Zweckmäßigkeit *f*, Zweckdienlichkeit *f*
svrhunạ̄ravan übernatürlich
svṛsihodan zweckmäßig, zweckdienlich, geeignet
svṛstati (**-stạ̄vati** *5*) einreihen, einordnen
svršạ̄vānje Beenden *n*, Beendigung *f*, Vollenden *n*, Erledigung *f*
svršạ̄vati *5* **→ svȓšiti**
svȓšen (-o) beendet, fertig, vollendet; **~ā stvạ̄r** abgemachte Sache *f*; **→ vịd**
svršẹtak Ende *n*, Schluß *m*; *Gr.* Endung *f*
svȓšiti (-ršen) (**svršạ̄vati** *5*) beenden, beendigen, vollenden, vollbringen; *Geschäft* abschließen; *Notdurft* verrichten; *Schule* beenden; **~ nạkratko** *fig.* kurzen Prozeß machen (**s** *I*/mit *D*); **~ se** zu Ende sein, ein Ende nehmen; *Schule*: aufhören; *Film*: (*gut*, *schlecht*) enden, ausgehen
svụ̄ći (-čēm; -kao, -kla; -ụčen *6*) (**svlạ̄čiti**) entkleiden, ausziehen; herunterziehen, herabziehen; *Kleidung* ablegen; *Fell* abziehen; **~ se** sich ausziehen, sich entkleiden
svụd(**a**) überall, allerorten; **~ pọznāt** allbekannt; **ịmati ~ svȏj nọ̄s** *fig.* seine Nase in alles stecken
svụdašnjī allgegenwärtig
svụgdje überall

S

Š

Š š *n*
šablōna Schablone *f*
šablōnskī schablonenhaft
šačica *Dim v.* **šaka;** Händchen *n*; Fäustchen *n*; *fig.* Handvoll *f*
šafran Safran *m*; Krokus *m*
šah Schach *n*, Schachspiel *n*; ***biti u ~u*** *fig.* sich in e-r Zwickmühle befinden; ***držati u ~u*** *fig.* in Schach halten
šahirati *5* Schach spielen
šahist(a) *m* Schachspieler *m*
šahovskī Schach-
šajka (*GPl* -kī) Schaluppe *f*, Beiboot *n*
šajkača *ehem. jugosl.* Armeemütze
šak|a Hand *f*; Faust *f*; ***~a jada*** *fig.* ein Häufchen Elend; ***dāvati ~ōm i kapōm*** mit vollen Händen schenken; ***dóći u ~e*** *fig.* in die Hände fallen; ***imati punē ~e posla*** *fig.* alle Hände voll zu tun haben; ***imati u ~ama*** *fig.* in der Hand haben; ***ostati prāznīh ~ā*** leer ausgehen; ***punā ~a brādē*** *fig.* ein verdammtes Glück; ***stisnuti ~e*** die Fäuste ballen
šakāč *1* (*V* -u) Faustkämpfer *m*, Boxer *m*
šakāl Schakal *m*
šāl (*Pl* -ovi) Schal *m*
šal|a Scherz *m*, Spaß *m*, Ulk *m*, Witz *m*; ***~ē radi*** aus *od.* zum Spaß; ***aprīlskā ~a*** Aprilscherz *m*; ***bez sve ~ē*** Spaß beiseite; ***māsnā ~a*** deftiger Spaß; ***ne poznāvati ~ē*** keinen Spaß verstehen; ***neslānā ~a*** fauler Witz; ***nije mi do ~ē*** mir ist nicht zum Spaßen zumute; ***tjerati*** *od.* ***zbijati ~u*** Witze machen; ***u ~i*** im Spaß
šalabazati *5* → ***švrljati***
šalica Schale *f*, Tasse *f*
šaliti se [na-] scherzen, spaßen, Spaß machen; schäkern
šalter (*Licht-*, *Kassen-*)Schalter *m*
šalung (*Holz-*, *Bretter-*)Verschalung *f*
šaljēm *1. Pers. Sg v.* **(po)slati**
šaljiv spaßhaft, scherzhaft; witzig, humoristisch, lustig; ***~ā igra*** *Thea.* Lustspiel *n*
šaljivac (-īvca) Spaßvogel *m*, Witzbold *m*
šaljivčina, -vdžina *m* → ***šaljivac***
šamār *1* Ohrfeige *f*; ***opāliti ~*** j-m e-e Ohrfeige verpassen
šamariti [ošamariti] ohrfeigen
šampanjac (-ānjca) Champagner *m*, Schaumwein *m*
šampinjōn *1 Bot.* Champignon *m*
šampiōn *1* (*V* -e) *Sp.* Meister *m*, Sieger *m*, Champion *m*
šampōn *1* Shampoo *n*
šanac (-nca; *Pl* -nci/-čevi) Schanze *f*; *Mil.* Laufgraben *m*
šansa Chance *f*, günstige Gelegenheit; ***dobitnā ~*** (*Lotto*) Gewinnchance *f*
šansōna Chanson *n*; Song *m*
šansonjēr *1* (*V* -u) Chansonsänger *m*; Chansondichter *m*
šansonjērka (*D* -ki; *GPl* -kī) Chansonsängerin *f*
šantati humpeln, hinken
šāp Klauenseuche *f*; ***slināvka i ~*** Maul- und Klauenseuche *f*
šāpa Tatze *f*, Pfote *f*, Pranke *f*; ***biti u ~ma*** (*G*) *fig.* in (*G*) Klauen sein
šapāt (-pta/-pāta) Flüstern *n*, Geflüster *m*; Gewisper *n*
šapka (*GPl* -kī) *Mil.* (*Offiziers-*)Mütze *f*
šapnuti (-nēm; *Imp* -pni) **(-tati)** flüstern, wispern; (*in der Schule*) einsagen *od.* vorsagen; *Thea.* soufflieren
šaptāč *1* (*V* -u) (*Schule*) Einsager *m*; *Thea.* Souffleur *m*
šaptačica (*Schule*) Einsagerin *f*; *Thea.* Souffleuse *f*
šaptati (-pćēm) → ***šapnuti***
šaputānje Zischeln *n*, Gezischel *n*, Gewisper *n*, Getuschel *n*
šāra (*bunte*) Verzierung *f*, Ornament *n*; Farbenspiel *n*
šarac (-rca) *Zool.* Schecke *m*; *Myth. Pferd v. Kraljevic Marko*
šarāf *1* Schraube *f*
šarāfiti *5* **[za-]** schrauben, einschrauben
šaran Karpfen *m*
šarati [na-] bunt bemalen, bunt verzieren; F es bunt treiben
šaren (-o) bunt, farbig, gefleckt; ***~ā posla*** zwielichtige *od.* zweifelhafte Angelegenheit
šarenica *Anat.* Regenbogenhaut *f*, Iris *f*
šarenilo Buntheit *f*; *fig.* bunte(s) Durcheinander
šareniti *5* bunt färben; ***~ se*** bunt *od.* scheckig sein; in allen Farben schillern

šargarẹ̄pa → ***mṛkva***
šā̧rka (*GPl* -kī) *Tech.* Scharnier *n*; Türangel *f*; *Anat.* Gelenkband *n*; *Zool.* Kreuzotter *f*
šạrlah Scharlach *m*
šarlạtān *1* Scharlatan *m*, Quacksalber *m*
šarlatā̧nstvo Scharlatanerie *f*
šạrm Charme *m*, Anmut *m*, Liebreiz *m*
šarmạntan charmant, reizend, bezaubernd
šarmạntnōst (-osti; *ISg* -osti/-ošću) *f* Charme *m*
šarọlik bunt; *fig.* kunterbunt
šạsija Chassis *n*; *Kfz.* Fahrgestell *n*; *Tech.* (*Montage*-)Rahmen *m*
šā̧š Schilf *n*, Röhricht *n*
šạšav verschroben, wunderlich, F übergeschnappt
šạtor Zelt *n*; ***dịći*** ~ ein Zelt abbrechen; ***razạpēti*** ~ ein Zelt aufschlagen
šatọrīšte Zeltlager *n*, Zeltplatz *m*
šạtorovati (-ujēm) zelten
šạtrovac (-ōvca) Gauner *m*
šạtrovačkī Gauner-; ~ ***jẹzik*** Gaunersprache *f*; Slang *m*
šạv Naht *f*; Fuge *f*
ščẹpati *pf* packen, schnappen
ščvṛsnuti (-nēm) (**-sā̧vati** *5*) erstarren, hart werden
šćạpiti *pf* (auf)schnappen, erhaschen, ergreifen
šćućụriti se *5 pf* sich zusammenkauern
šẹćer Zucker *m*; ~ ***u prā̧hu*** Staubzucker *m*; ***glā̧va*** ~***a*** Zuckerhut *m*; ***grọžđanī*** ~ Traubenzucker *m*; ***žụ̄ti*** ~ Kandiszucker *m*
šećerạna Zuckerfabrik *f*, Zuckerraffinerie *f*
šećẹrāš *1* (*V* -u) Diabetiker *m*, Zuckerkranke(r) *m*
šẹćeriti [za-] zuckern; *Torte* glasieren
šẹćern|ī Zucker-; ~***ā bọlēst*** Zuckerkrankheit *f*, Diabetes *f*; ~***ā rẹpa*** Zukkerrübe *f*
šẹf Chef *m*, Leiter *m*; Geschäftsinhaber *m*; ~ ***dṛžavē*** Staatsoberhaupt *n*; ~ ***pọgona*** Betriebsleiter *m*
šẹfica Chefin *f*, Leiterin *f*; Geschäftsinhaberin *f*
šẹ̄g|a Spott *m*, Hänselei *f*; ***tjẹrati*** *od.* ***vọditi*** ~***u*** seinen Schabernack treiben, foppen
šegā̧čiti se *5* scherzen, spaßen
šẹgrt Lehrling *m*; ***ne bịti*** ~ (*D*) *fig.* j-m nicht gewachsen sein
šẹjh Scheich *m*
šẹ̄nūt verrückt, irre, wirr
šẹ̄nuti (-nēm) *pf*: ~ ***pạmēću*** den Verstand verlieren, F überschnappen
šẹpati hinken, humpeln; *fig.* schwach sein (***u*** *L*/in *D*)
šepịriti se *5* sich brüsten, sich wichtig machen; herumstolzieren
šẹprtlija *m* Stümper *m*, Pfuscher *m*
šẹprtljarija Stümperei *f*, Pfuscherei *f*
šẹprtjast stümperhaft, ungeschickt
šẹprtljati stümpern, pfuschen, F murksen
šepụ̄riti se *5* → ***šepịriti se***
šẹsnaest sechzehn; ***svẹ u*** ~ *fig.* was das Zeug hält, aus Leibeskräften
šẹsnaestī sechzehnte(r)
šesnaẹstina Sechzehntel *n*
šesnaẹstīnka (*GPl* -kī) *Mus.* Sechzehntel(note *f*) *n*
šesnaestogọdišnjī sechzehnjährig
šẹ̄st sechs; ***nị pēt nị*** ~ aus dem Stegreif, wie aus der Pistole geschossen
šẹstār *1* Zirkel *m*; Sextant *m*
šestẹ̄rac (-rca) *Lit.* Hexameter *m*
šẹstero sechs (*Männer und Frauen*)
šesterọkatnica sechsstöckiges Haus *od.* Gebäude
šesterọkut Sechseck *n*
šesterọstruk sechsfach
šesterọvrstan (-sno) sechserlei
šẹ̄stī sechste(r)
šẹstica Sechs *f*; Sechser *m* (*Bus, Spielkarte*)
šẹstilo → ***šẹstār***
šestịna Sechstel *n*
šestọdnēvnī sechstägig
šestogọdišnjī sechsjährig
šestọkatnica → ***šesterọkatnica***
šestọmjesečnī sechsmonatig
šestọrci *m*/*Pl* Sechslinge *Pl*
šẹstorica sechs (*Männer*)
šẹstoro → ***šẹstero***
šestoroškōlac (-lca) *2* Sechstkläßler *m*, Schüler der sechsten Klasse
šestọstrān (-o) Sechskant-
šẹ̄šīr *1* Hut *m*; ***skịnuti*** ~ den Hut ziehen (***pred*** *I*/vor *D*) (*a. fig.*)
šešịrdžija *m* Hutmacher *m*
šẹtāč *1* (*V* -u) Spaziergänger *m*
šetạčica Spaziergängerin *f*
šẹ̄talac (-aoca) → ***šẹtāč***
šẹ̄talica Pendel *n*
šetạlīšte Spazierweg *m*, Promenade *f*

šętāljka (*GPl* -kī) → ***šętalica***
šętati (-tām/-ćēm; *Imp* -tāj/-ći) **[pro-]** spazierengehen, e-n Spaziergang machen
šętnj|a Spaziergang *m*, Spazierfahrt *f*; ***ići u ~u*** e-n Spaziergang machen
šęva Lerche *f*
ševŗdānje Ausrede *f*, Ausflucht *f*
ševŗdati schwanken, wankelmütig sein; Ausflüchte *od.* e-e Ausrede suchen
šezdęsēt sechzig
šezdęsēti sechzigste(r)
šezdesetịna Sechzigstel *n*
šezdesetogǫdišnjāk Sechzigjährige(r) *m*
šịb|a Rute *f*, Peitsche *f*; Gerte *f*, Zweig *m*; ***dŗhtati*** *od.* ***trę̄sti se kao ~a na vǫdi*** *fig.* zittern wie Espenlaub; ***prǫ́ći kroz ~ē*** *fig.* Spießruten laufen
šịbānje Auspeitschen *n*, Züchtigen *n*; Spießrutenlaufen *n*
šịbati [i-] peitschen, auspeitschen; ~ ***ǫčima*** *fig.* j-n mit Blicken durchbohren
šịbica Zündholz *n*, Streichholz *n*
šibičār Hütchenspieler *m* (*Glücksspiel mit Streichholzschachteln*)
šịćār *1* Gewinn *m*, Ausbeute *f*
šićą̄riti *5 ipf/pf* gewinnen, erbeuten
šịfra Chiffre *f*, Kennziffer *f*; Kennwort *n*
šifrīran (-o) chiffriert, verschlüsselt
šifrịrati *5 ipf/pf* chiffrieren, verschlüsseln
šịj|a Nacken *m*, Genick *n*; ***dịći ~u*** *fig.* den Kopf *od.* die Nase hoch tragen; ***nije ~a nego vrą̄t*** F das ist Jacke wie Hose, das ist gehupft wie gesprungen; ***slǫmiti ~u*** *fig.* das Rückgrat brechen; ***zavŗ̄nuti ~u*** *fig.* j-m den Hals umdrehen
šikąna, šikanącija Schikane *f*
šikanịrati *5 ipf/pf* schikanieren
šịkara Gehölz *n*, Gestrüpp *n*, Niederwald *m*, Unterholz *n*
šịkljati [-knuti] *Blut*: hervorspritzen, (*aus der Wunde*) heraussprudeln; *Wasser*: hervorquellen
šịknuti (-nēm) *pf* → ***šịkljati***
šịlo Ahle *f*; ***dąti ~ za ǫgnjilo*** *fig.* mit gleicher Münze heimzahlen
šīljak (-ljka) Spitze *f*; Zinke *f*, Zinken *n*; Zacke *f*; ***bịti u ~*** *fig.* nicht ganz richtig im Kopf sein
šịljast spitz, Spitz-
šịljilo Bleistiftspitzer *m*
šīljiti [za-] *Bleistift* spitzen, *Holz* zuspitzen
šịmšir Buchs *m*, Buchsbaum *m*
šịna (*Eisenbahn-*)Schiene *f*
šịndra Schindel *f*
šịnobus *Esb.* Schienenbus *m*
šịpak (-pka) Hagebutte(nstrauch *m*) *f*; Granatapfel(baum *m*) *m*; ***bịti pụn kao ~*** *fig.* gerammelt voll sein; ***dǫbiti ~*** *fig.* in die Röhre gucken; ***pokązati ~*** (*D*) *fig.* *j-m* e-e Nase drehen
šipąrica junges Mädchen, Teenager *m*
šịpka (*D* -pki/-pci; *GPl* -pākā/-pkī) Stange *f*; (*Gold-*)Barren *m*; ***zlą̄to u ~ma*** Barrengold *n*
Šịptār *1* (*V* -u) Albane(r) *m*
šīra Traubenmost *m*
šịrēnje Ausbreitung *n*, Verbreitung *f*, (Aus-)Dehnung *f*, Umsichgreifen *n*; (*Schmerz*) Ausstrahlen *n*
šịr|ī *Komp v.* ***šịrok***; ***u ~ēm smịslū*** im weiteren Sinne
širịna Breite *f*, Weite *f*, Umfang *m*; (*Brücke*) Spannweite *f*
šịritēlj Verbreiter *m*; ~ ***bǫlesti*** Krankheitsträger *m*
šīriti [pro-] ausbreiten, verbreiten; ausweiten; *Straße* verbreitern; *Gerücht* verbreiten; *Rock* weiter machen; ~ ***se*** sich verbreiten, sich ausbreiten
šịrok *6* breit, weit, ausgedehnt; ***~ī pǫglēd*** weiter Horizont, Weitsicht *f*; ***ịći na ~ōj ǫsnovi*** breitbeinig gehen
širokǫgrudan großherzig, weitherzig, großzügig
šịrōm weit; (*Tür*) sperrangelweit offen
šịšānje Haarschneiden *n*; (*Bart*) Stutzen *n*
šịšati [o-] *Haare* schneiden; *Bart* stutzen; *Schaf* scheren; *Wind*: brausen ~ ***se*** sich die Haare schneiden lassen
šịšmiš Fledermaus *f*
šịštati (-tīm) zischen
šịti (-ijēm; šịt/šịven *6*) **[są-]** nähen, steppen, heften
šịvāćī Näh-; → ***strǫj***
šịvānje → ***šịvēnje***
šịvati → ***šịti***
šịvēnje Nähen *n*, Näharbeit *f*
šịzma (*GPl* -zāmā) Schisma *n*, Kirchenspaltung *f*
šizofręnija Schizophrenie *f*
škąf Zuber *m*, Bottich *m*
škąklānje Kitzeln *n*, Kitzel *m*
škąkljati kitzeln
škąkljiv kitz(e)lig; *fig.* heikel

škānjac (-njca) *Zool.* Bussard *m*
škąre (*GPl* ską̄rā) *f*/*Pl* Schere *f*
škąrt Ausschußware *f*; Schund *m*; Ladenhüter *m*
škęmbići *m*/*Pl* Kuttelflecke *Pl*, Kaldaunen *Pl*
škiljav schielend, schieläugig
škīljiti [za-] schielen; *Kerze*, *Licht*: glimmen
škljǫca Klappmesser *n*
škljǫcati [-cnuti] klicken; (zu)klappen, (zu)schnappen
škljǫcnuti (-nēm) *pf* → ***škljǫcati***
škǫda → ***štęta***
škǫditi [na-] schaden, schädigen, Schaden zufügen; ***tǭ nę škodī ništa*** das schadet gar nichts
škǫdljiv schädlich, abträglich
škǫdljivōst (-osti; *ISg* -osti/-ošću) *f* Schädlichkeit *f*, Abträglichkeit *f*
škǭl|a Schule *f*; ***~a u prįvredi*** Berufsschule *f*; ***cṛnā ~a*** Priesterseminar *n*; ***dǫpisnā ~a*** Fernschule *f*; ***ǫbrtnā ~a*** Gewerbeschule *f*; ***ǫsnōvnā ~a*** Grundschule *f*; ***pǫlaziti ~u*** e-e Schule besuchen; ***pǘčkā ~a*** Volksschule *f*; ***srędnjā ~a*** Mittelschule *f*; ***strųčnā ~a*** Fachschule *f*; ***tṛgovačkā ~a*** Handelsschule *f*; ***vįsokā ~a*** Hochschule *f*; ***vįšā ~a*** Höhere Schule; ***ząnātskā ~a*** Berufsschule *f*
školąrina Schulgeld *n*, Schulgebühr *f*
škǫlovān (-o) gebildet, geschult
škǫlovati (-ujēm) schulen, unterrichten, unterweisen; ***~ se*** studieren; zur Schule gehen; ausgebildet werden
škǫlsk|ī schulisch, schulgerecht, Schul-; ***~ā gǫdina*** Schuljahr *n*; ***~ō ǫbrazovānje*** Schulausbildung *f*; ***~ī prīmjer*** *fig.* Schulbeispiel *n*
škǫlstv|o Schulwesen *n*; ***ręfōrma ~a*** Schulreform *f*
škǭljka (*GPl* -jākā/-ljkī) Muschel *f*; ***ųšnā ~*** Ohrmuschel *f*
škǫljkast muschelartig, muschelförmig
škǫlkāš *1* Schalentier *n*
škǫpac (-pca) Hammel *m*
škǫpiti (-pljen) **[u-]** verschneiden; kastrieren
Škǫt Schotte *m*
Skǫtskā (*L* -ōj) Schottland *n*
škǫtskī schottisch
skrą̄balo *m* Vielschreiber *m*, Schreiberling *m*
škrąbica Geldbüchse *f*, Sammelbüchse *f*; (*Kirche*) Opferstock *m*
škṛba Zahnlücke *f*; Kerbe *f*; Schwarte *f*
škṛbina (*Zahn-*)Stummel *m*, Scharte *f*
škṛbotina → ***škṛbina***
škrebętāljka (*GPl* -kī) (*Kinder-*)Rassel *f*; (*Auto etc.*) F Klapperkasten *m*
škrebętati (škrębećēm) klappern, rasseln
škṛg|a Kieme *f*; ***dīsānje na ~e*** Kiemenatmung *f*
škṛgūt (*Zähne-*)Knirschen *n*, Geknirsche *n*
škrgųtati (škṛgućēm) **[-tnuti]** knirschen
škrīljavac (-vca) *Min.* Schiefer *m*
škrinja Kiste *f*; Schrein *m*; Truhe *f*
škrįpa → ***škrīpānje***
škrī|pac (-pca) Notlage *f*, (*finanzielle*) Enge *f*, Bedrängnis *f*; ***bįti*** *od.* ***nāći se u ~pcu*** *fig.* in der Patsche sitzen; ***dǭći*** *od.* ***dǫspjeti u ~pac*** in die Klemme *od.* e-e Zwickmühle geraten
škrīpānje Knarren *n*, Geknarre *f*, Knirschen *n*
škrīpati, -iti [-nuti] knirschen; *Tür*: knarren
škrįpnuti (-nēm) *pf* → ***škrīpati, -iti***
škrǫb Stärke *f*, Stärkemehl *n*
škrǫbiti (-bljen) stärken, (*mit Stärke*) steifen
škrǫpilica, -pilo Brause *f*, Gießkopf *m*; *Rel.* Weihwedel *m*
škropiǫnica Weihwasserbecken *m*
škrǫpiti [po-] besprengen, benetzen, spritzen
škṛt geizig, knauserig, knickerig; (*Boden*) karg; (*Pflanzenwuchs*) spärlich; ***~ na riječima*** wortkarg
škṛtac (-rca; *V* škṛče) Geizhals *m*, Geizkragen *m*
škrtą̄rēnje Geizen *n*, Knausern *n*
škrtą̄riti *5* geizen, knausern
škṛtica *m*, *f* → ***škṛtac***
škrtǫrek wortkarg
škṛtōst (-osti; *ISg* -osti/-ošću) *f* Geiz *m*, Knauserei *f*; Kargheit *f*
škųlja → ***rųpa***
šląg *Med.* Schlaganfall *m*; Sahne *f*
šlą̄ger Schlager *m*
šlagīrati se *5 ipf*/*pf Med.* e-n Schlaganfall erleiden
šlęp Schleppkahn *m*; (*am Kleid*) Schleppe *f*
šljąka Schlacke *f*

Š

šljęm Helm *m*; **plāvī ~ovi** Blauhelme *Pl* (*UNO-Truppen*)
šljiva Pflaume *f*, Zwetschge *f*; Pflaumenbaum *m*, Zwetschgenbaum *m*
šljivār Pflaumenhändler *m*; Pflaumenzüchter *m*; *hist.* Landjunker *m*; *iron.* Krautjunker *m*
šljivīk *1* Pflaumengarten *m*, Zwetschgengarten *m*
šljivovica Sliwowitz *m*, Pflaumenschnaps *m*, Zwetschgenschnaps *m*; **domāćā ~** Hausbranntwein *m*, selbstgebrannter Sliwowitz
šljokice *f*/*Pl* Flitter *m*; Rauschgold *n*
šljuka Schnepfe *f*
šljūnak (-nka) Kies *m*, Schotter *m*, Kiesel(stein *m*) *m*
šljunkovit kieselhaltig, Kies-; Schotter-
šmignuti (-nēm) *pf* davonlaufen, davonhuschen; sich aus dem Staub machen
šminka (*D* -ki; *GPl* -kī) Schminke *f*, Make-up *n*; Schminkstift *m*
šminkati (se) [na-] (sich) schminken
šminkarica F Modepuppe *f*
šmrcati schluchzen, sich schneuzen; (*weinend*) schniefen; *Tabak* schnupfen
šmrk¹ Pumpe *f*, (*Feuerwehr-*)Spritze *f*
šmrk²: ~! schluchz! (*in Sprechblasen bei Comics*)
šmřkati (-čēm) **[-knuti]** → **šmrcati**
šmrkav verschnupft, F rotzig
šmrkavac (-āvca) F Grünschnabel *m*, Rotzjunge *m*
šmugnuti (-nēm) *pf* → **šmignuti**
šnajderica Schneiderin *f*
šnicla *sb.* → **odrezak**
šnita (*Brot-*)Schnitte *f*
šōder Kies *m*, Schotter *m*
šofēr *1* (*V* -u) (*Kraft-*)Fahrer *m*, Chauffeur *m*
šofirati *5 ipf*/*pf* chauffieren, *Fahrzeug* lenken
šōgor, šogorica → **šurjāk, -akinja**
šok *Med.* Schock *m*
šokantan schockierend, anstößig; (*Bemerkung, Witz*) schlüpfrig
šōlja Tasse *f*
šopati → **kljukati**
šor → **ulica**
šovēn *1* → **šovinist(a)**
šovinist(a) *m* Chauvinist *m*
šovinistički chauvinistisch
šovinizam (-zma) Chauvinismus *m*
špāga (*D* -gi; *GPl* -gī) Schnur *f*; Bindfaden *m*
špageti (*G* -ētā) *m*/*Pl* Spaghetti *Pl*
špajza Speisekammer *f*
špalīr *1* Spalier *n*
Špānac (-nca) → **Španjōlac**
Špānija → **Španjōlskā**
Špankinja → **Španjōlka**
špānjskī → **španjōlskī**
Španjōlac (-lca; *V* -lče) *2* Spanier *m*
Španjōlka (*D* -ki; *GPl* -kī) Spanierin *f*
Španjōlskā (*L* -skōj) Spanien *n*
španjōlskī spanisch
šparati sparen
špargla, šparoga Spargel *m*
špecerāj *1* Gemischtwaren *Pl*
špeditēr *1* (*V* -u) Spediteur *m*
špedicija Spedition *f*
špekulācija Spekulation *f*; *Ök.* Spekulationsgeschäft *f*
špekulant *Ök.* Spekulant *m*
špekulirati *5 ipf*/*pf* spekulieren; nachsinnen, grübeln
špicl Spitzel *m*
špijūn *1* Spion *m*
špijunāža Spionage *f*
špijunirati *5 ipf*/*pf* spionieren
špijūnka (*D* -ki; *GPl* -kī) Spionin *f*; (*Tür-*)Spion *m*
špilja → **spilja**
špināt *1* Spinat *m*
špricer Weinschorle *n*, Gespritzte(r) *m*
šrafziger Schraubenzieher *m*
šrafirati *5 ipf*/*pf* schraffieren
šta *sb.* → **što**
štāb *Mil.*, *fig.* Stab *m*
štāgalj (-glja; *Pl* -gljevi) Scheune *f*, Scheuer *f*, Heuboden *m*
Štajerskā (*L* -skōj) Steiermark *f*
štajg (*Straßen-*)Strich *m*
štaka Krücke *f*, Stelze *f*; **mršav kao ~** *fig.* spindeldürr
štakor Ratte *f*
štala Stall *m*, Stallung *f*
štamp|a Presse *f*; (*Buch-*)Druck *m*; **sloboda ~ē** Pressefreiheit *f*; **ūći u ~u** in Druck gehen; **žūtā ~a** *fig.* Regenbogenpresse *f*
štampāč *1 EDV* Drucker *m*; **iglanī ~** *EDV* Nadeldrucker *m*
štampan (-o) gedruckt; Druck-; **~ō slovo** Druckbuchstabe *m*; **~ā stvār** Drucksache *f*

Š

štạmpār *1* (*V* -u) (*Beruf*) Drucker *m*; Buchdrucker *m*, Typograph *m*
štamparija Druckerei *f*
štạmpārskī Drucker-, Druck-
štȃmpati **[na-]** drucken, abdrucken
štạp (*Pl* štạpovi) Stock *m*, Stab *m*, Stekken *m*; ***dộći na prosjačkī*** ~ an den Bettelstab geraten *od.* kommen; ***lọmiti*** ~ (***nad*** *I*) *fig.* den Stab brechen (über *A*); ***šmụčārskī*** ~ Skistock *m*
štạpić Stäbchen *n*, Stöckchen *n*; ~ ***zạ golf*** Golfschläger *m*; ***dirigentskī*** ~ Taktstock *m*
štạpićast stäbchenförmig
štavionica Gerberei *f*
štạviše *sb.* → ***štọviše***
štạvljāč *1* (*V* -u) Gerber *m*
štẹdiona → ***štedionica***
štedionica Sparkasse *f*; ***grạdskā*** ~ Stadtsparkasse *f*
štẹdiša *m* Sparer *m*; (sehr) sparsamer Mensch
štẹ̄djeti (-dīm; -dio, -djela; -đen) **[u-]** sparen, haushalten, *Geld* zurücklegen; *Kräfte* schonen; ~ ***se*** sich schonen
štẹ̄dljiv sparsam, wirtschaftlich, ökonomisch
štẹ̄dn|ī Spar-; ~***ā knjižica*** Sparbuch *n*; ~***ī ulog*** Spareinlage *f*
štẹ̄dnja Sparen *n*, Haushalten *n*, Schonen *n*; ***stạmbenā*** ~ Bausparen *n*
štẹ̄dnjāk Küchenherd *m*, Kochherd *m*
štẹktati (-kćēm) *Hund*: kläffen
štẹne (-eta) Welpe *m*
štẹt|a Schaden *m*; Nachteil *m*; Einbuße *f*; ~***a!*** schade!; ~***a i grehọta*** jammerschade; ~***a od pọžara*** Brandschaden *m*; ***imovinskā*** ~***a*** Vermögensschaden *m*; ***mạterijālnā*** ~***a*** Sachschaden *m*; ***nạknada*** ~***ē*** Schadensersatz *m*; ***pọljskā*** ~***a*** Flurschaden *m*; ***pretrpjeti*** ~***u*** e-n Schaden erleiden; ***sụhā*** ~***a*** herber Verlust
štẹt|an schädlich, schädigend, Schaden(s)-; ~***nī dọgađāj*** *Jur.* Schadensereignis *n*; ~***nā rạdnja*** *Jur.* Schadenshandlung *f*
štẹtiti (stẹćen) **[ọ-]** schaden, schädigen, beeinträchtigen
štẹtnōst (-osti; *ISg* -osti/-ošću) *f* Schädlichkeit *f*
štetọčina *m*, *f* *Bot.* Schädling *m*; (*Mensch*) Unheilstifter *m*
štẹtovati (-ujēm) *ipf*/*pf* Schaden nehmen *od.* erleiden; benachteiligt sein
štịćenica (*für weibliche Personen*) Mündel *n*; Schützling *m*, Schutzbefohlene *f*; Günstling *m*
štịćenīk *Jur.* Mündel *n*; Schützling *m*, Schutzbefohlene(r) *m*; Günstling *m*
štịmati *Klavier* stimmen; richtig sein
štipāljka (*GPl* -kī) Wäscheklammer *m*; Greifzange *f*, Pinzette *f*; (*Krebs*) Schere *f*
štịpati **[štịpnuti]** zwicken, kneifen; *Rauch*: (*in den Augen*) brennen
štịpavac (-āvca) Skorpion *m*
štịpnuti (-nēm) *pf* → ***štịpati***
štịrka (*GPl* -kī) → ***škrọb***
štịt (*Pl* štịtovi) (*Schutz-*)Schild *n*
štịtan Schild-; → ***žlijẹzda***
štịtiti (-ćen) **[za-]** schützen, beschützen, schirmen, decken
štịtnīk *Jur.* Vormund *m*, Pfleger *m*
štịtnjača *Anat.* Schilddrüse *f*
štitọnoša *m hist.* Schildträger *m*, Schildknappe *m*
štịvo Lesestück *n*, Lesestoff *m*, Lektüre *f*
štọ (čẹga, čẹmu) *Fragepron* was; warum; *Relpron* (*indekl*) der, die, das; *Indefpron* (irgend)etwas; *kausal* weil, daß; (*bei Komp*) je ... desto ...; ~ ***jạ znām!*** was weiß denn ich!; ~ ***ọnda!*** und wenn schon!; ~ ***prije*** so bald wie möglich; ~ ***prije, tọ bọlje*** je früher, desto besser; ~ ***tī je?*** was hast du denn?; ***nẹ biti nị za*** ~ zu nichts taugen, zu nichts zu gebrauchen sein
štọgod *Pron* (irgend)etwas
štộkavac (-āvca) *Ling.* Štokavisch-Sprecher *m*, Sprecher des štokavischen Dialekts
štộkavskī *Ling.* štokavisch
štọperica Stoppuhr *f*
štộs Stoß *m*; *fig.* Trick *m*, Kniff *m*
štọšta *Pron* mancherlei, vielerlei
štọvalac (-aoca) → ***štọvatēlj***
štọvānī → ***štọvati***; ~ ***gospọdine!*** sehr geehrter Herr!
štọvānje Ehrerbietung *f*, Verehrung *f*, Achtung *f*; ***sa*** ~***m*** Hochachtungsvoll (*Briefende*)
štọvatēlj Verehrer *n*
štọvati (-ujēm; -vān) **[po-]** ehren, achten; (*hoch*) schätzen; anbeten
štọviše sogar, vielmehr
štrạjk Streik *m*, Ausstand *m*; ~ ***glạ̄đu*** Hungerstreik *m*; ***dịvljī*** ~ wilder Streik; ***gẹnerālnī*** ~ Generalstreik *m*; ***stụpiti ụ*** ~ in den Streik treten

Š

štrạjkāč Streikende(r) *m*
štrạjkāš *1* (*V* -u) Streikende(r) *m*
štrạjkāškī Streik-
štrạjkati streiken
štrajkolọ̄mac (-mca; *V* -mče) *2* Streikbrecher *m*
štrạjkovati (-ujēm) → ***štrạjkati***
štrạmplice *f*/*Pl* Strampelhöschen *n*
štr̥cāljka (*D* -ci/-ki; *GPl* -kī) Spritze *f*; Gießkanne *f*; ***vatrọgāsnā ~*** Feuerwehrspritze *f*, Feuerlöscher *m*
štr̥cati [-nuti] spritzen; bespritzen, besprühen
štr̥cnuti (-nēm) *pf* → ***štr̥cati***
štrẹ̄ber Streber *m*
štrẹ̄berskī streberhaft, Streber-
štrẹ̄berstvo Strebertum *n*, Streberei *f*
štr̥kljast langbeinig
štrọpot Gepolter *n*, Gerumpel *n*
štropọtati (-ọpoćēm) poltern, rumpeln; knattern
štrụ̄dla *Kochk.* Strudel *m*
štucānje Schluckauf *m*; Rülpsen *n*
štụcati se den Schluckauf haben; rülpsen
štụcavica → ***štụcānje***
štụka Hecht *m*
štukatụ̄ra Stukkatur *f*; Stuckarbeit *f*
štụla Holzfuß *m*; Stelze *f*
štụ̄r spärlich, dürftig, kärglich; (*Gespräch*, *Worte*) fade, geistlos
štụ̄rak (-rka) *Zool.* Grille *f*
štụ̄rōst (-osti; *ISg* -osti/-ošću) *f* Dürftigkeit *f*, Spärlichkeit *f*; Fadheit *f*, Geistlosigkeit *f*
šụ̄b Schub *m*, Krankheitsschub *m*; ***u ~ovima*** schubweise
šụbara Pelzmütze *f*
šụga *Med.* Krätze *f*, Räude *f*; Schorf *m*
šụgati [o-] *Tier*: die Krätze bekommen
šụgav räudig, krätzig; *fig.* schäbig
šụ̄ljati se schleichen, heranschleichen
šụ̄ljevi *m*/*Pl Med.* Hämorrhoiden *Pl*
šụ̄m (*Pl* šụmovi) Geräusch *n*; Rauschen *n*; (*Bach*) Murmeln *n*; (*Wind*) Säuseln *n*; *Med.* (*Herz-*)Geräusch *n*
šụm|a Wald *m*, Forst *m*; ***bjelogọričnā ~a*** Laubwald *m*; ***crnogọričnā ~a*** Nadelwald *m*; ***mlạ̄dā ~a*** Jungwald *m*, Niederwald *m*; ***nẹ vidjeti ~u od dṛvēćā*** *od.* ***stạ̄bālā*** *fig.* den Wald vor lauter Bäumen nicht sehen; ***vịsokā ~a*** Hochwald *m*
šụman geräuschvoll, rauschend
šụmār *1* Förster *m*
šumạ̄rak (-rka) Gehölz *n*, Wäldchen *n*
šumạrica *Bot.* Anemone *f*, Windröschen *n*
šumạrija Forsthaus *n*, Försterei *f*
šụmārskī forstlich, Forst-
šumạ̄rstvo Forstwirtschaft *f*, Forstwesen *n*; Forstwissenschaft *f*
šụ̄miti rauschen; brausen, sausen, säuseln; ***šụ̄mi mi u ụšima*** ich habe Ohrensausen
šụmoriti → ***šụ̄miti***
šumọvit waldig, bewaldet, waldreich
šụmsk|ī Wald-; ***~ī rạ̄dnīk*** Waldarbeiter *m*; ***~ō zẹmljīšte*** forstwirtschaftlich genutztes Grundstück, Forstbetrieb *m*
šụnd Schund *m*, Plunder *m*; ***~-literatụ̄ra*** Schundliteratur *f*
šụ̄nka (*GPl* -kī) Schinken *m*
šụnkarica Schinkenwurst *f*
šụpa Schuppen *m*
šụ̄p|alj (-pljo) hohl, leer; ***~ljā frạ̄za*** hohle Phrase; ***~ljā glạ̄va*** *fig.* Hohlkopf *m*; ***prelijẹvati*** *od.* ***pretạ̄kati iz ~ljēg u prạ̄zno*** *fig.* hohle Phrasen dreschen
šụpljikav löcherig, porös, durchlässig
šupljịna Hohlraum *m*; Höhlung *f*; *Anat.* (*Mund-*, *Nasen-*)Höhle *f*
šupljọglav hohlköpfig
šupljọglavac (-āvca) Hohlkopf *m*, Dummkopf *m*
šụrjāk *1* (*V* -če) Schwager *m* (*Bruder der Ehefrau*)
šurjạkinja Schwägerin *f* (*Schwester der Ehefrau*)
šurọvānje heimliches Zusammensitzen, heimliche Zusammenkunft; Konspiration *f*
šurọvati (šụrujēm) konspirieren, unter e-r Decke stecken
šụ̄šanj (-šnja; *Pl* šụšnjevi) trockenes, dürres Laub; (*einmaliges*) Rascheln *n*
šụškānje Rascheln *n*, Knistern *n*; Geflüster *n*, Gemunkel *n*
šụškati [-snuti] rascheln; munkeln, raunen; lispeln
šụ̄šnjevi *m*/*Pl Med.* Rasselgeräusche *Pl*
šụ̄štānje Rauschen *n*, Knistern *n*, Rascheln *n*
šụ̄štati (-tīm) *Wasser*: rauschen; *Papier*: rascheln; *Regen*: plätschern
šụ̄t *Sp.* (*Tor-*)Schuß *m*
šụ̄tjeti (-īm; -tio, -tjelo) schweigen, still sein; ***~ kạo grọb*** *od.* ***kạo rịba*** *od.* ***kao zalịven*** schweigen wie ein Grab

Š

šụtkē *Adv* schweigend, stillschweigend
šụtljiv schweigsam, wortkarg, reserviert
šụtljivac (-īvca) schweigsamer Mensch
šụtljivōst (osti; *ISg* -osti/-ošću) *f* Schweigsamkeit *f*, Wortkargheit *f*
šȕtnj|a (*GPl* -ī) Schweigen *n*; ***grọbnā ~a*** Totenstille *f*; ***pọkriti se ~ōm*** sich in Schweigen hüllen
Švạ̄ba *m* (*V* -o) Schwabe *m*; *abw*. Deutsche(r) *m*
Švạbica Schwäbin *f*; *abw*. Deutsche *f*
Švạjcārac, -skā *etc*.→**Švịcarac, -skā** *etc*.
švạler *abw*. Liebhaber *m*
švạpskī schwäbisch, *abw*. deutsch
Švẹdskā (*L* -ōj) Schweden *n*
švẹdskī schwedisch
Švēđanin (*Pl* -āni) Schwede *m*
Švēđānka (*D* -ki; *GPl* -kī) Schwedin *f*
švẹ̄lja Näherin *f*
švẹrc Schmuggel *m*; geschmuggelte Ware, Schmuggelgut *n*
švẹrcati schmuggeln
švẹrcer Schmuggler *m*
Švịcarac (-ārca) Schweizer *m*
Švịcārka (*D* -ki; *GPl* -kī) Schweizerin *f*
Švịcārskā (*L* -ōj) Schweiz *f*
švịcārskī schweizerisch, Schweizer-
švọrc: ***bịti ~*** pleite *od*. *fig*. abgebrannt sein
švȑćo (*V* -o) Knirps *m*
švȑljati herumschlendern, herumlungern, umherstrolchen, sich herumtreiben
švṛljuga Lerche *f*

T

T, t *n*
tạ¹ *Int*, *Konj* ja, doch, denn: ***~ da*** ja doch!; ***~ prẹstani!*** hör doch auf; ***~ tọ̄ nije tẹ̄ško!*** aber das ist doch nicht schwer!
tā² → ***tạ̄j***
tạbak *Turz*. Bogen *m* (*Papier etc*.)
tabakẹ̄ra Tabakdose *f*, Zigarettendose *f*
tạban Sohle *f*; Fußsohle *f*; ***dạti ~ima vạtru*** *fig*. Fersengeld geben; ***gọrī pọd ~ima*** der Boden unter den Füßen wird zu heiß; ***rạ̄van ~*** Plattfuß *m*
tạbati [**u-**] stampfen, trampeln
tabẹla Tabelle *f*
tạbelārnī tabellarisch
tạ̄bla Tafel *f*; ***~ čokolạ̄dē*** Tafel Schokolade *f*; ***~ s nạ̄zivom ụlicē*** Straßenschild *n*; ***ọglasnā ~*** Schwarzes Brett; ***škọlskā ~*** Schultafel *f*; ***vọzāčkā ~*** *Kfz*. Armaturenbrett *n*
tablẹta Tablette *f*
tabletọmān (-o) tablettenabhängig
tạblica *Dim v*. ***tạ̄bla***; ***rẹgistarskā ~*** *Kfz*. Nummernschild *n*
tạ̄bor Lager *n*, Lagerstätte *f*; *Mil*. Heerlager *m*; ***dịgnuti ~*** ein Lager abbrechen; ***ụdariti ~*** ein Lager aufschlagen
tạborīšte Lagerplatz *m*
tạbu (-ụa) Tabu *n*
tạcn|a Serviertablett *n*; ***kạo na ~i*** *fig*. wie auf dem Präsentierteller
tạčan *sb*. → ***tọčan***
tạčka *sb*. → ***tọčka***
tạčke *f*/*Pl* (*Schub-*)Karre *f*
tạći (-knēm) → ***tạknuti***
tạd(**a**) dann; damals; sodann; da; ***kad- ~*** früher oder später; ***~ i ~*** dann und wann
tạda(**š**)**njī** damalig
tạdli: ***kạdli- ~*** früher oder später, über kurz oder lang
tahọgrāf *1 Kfz*. Fahrtenschreiber *m*
tạhometar (-tra) Tachometer *m*
tạ̄j (tạ̄, tọ̄) *Pron*. diese(r), der (da); ***dalẹ̄ko ọd toga*** bei weitem nicht; ***još ị tō!*** auch das noch; ***ị tọ̄*** und zwar; ***ụ tō ịme*** in diesem Sinne
tạ̄jac (-jca) Stille *f*, Schweigen *n*; ***nạ̄stao*** *od*. ***nạstadē ~*** es wurde mucksmäuschenstill
tạ̄jan geheim, heimlich, Geheim-; versteckt, verborgen; → ***Vẹčera***
tajạnstven (-o) geheimnisvoll, mysteriös, rätselhaft
tajạnstvenōst (-osti; *ISg* -osti/-ošću) *f* Geheimnisvolle(s) *n*, Mysteriöse(s) *n*
tạ̄jēnje Verheimlichen *n*, Geheimhalten *n*; Geheimhaltung *f*; Verleugnen *n*

T

tąjfūn *1* Taifun *m*
tā̦jiti [u-] verheimlichen, geheimhalten; verhehlen, verleugnen
tā̦jn|a Geheimnis *n*; **~a pı̦̄sāmā** Briefgeheimnis *n*; **čū̦vati ~u** ein Geheimnis hüten; **ją̄vnā ~a** offenes Geheimnis; **prǫfesionālnā** *od.* **slų̄žbenā ~a** Dienstgeheimnis *n*, Amtsgeheimnis *n*; **vǭjnā ~a** militärisches Geheimnis
tā̦jnica Sekretärin *f*, Geschäftsführerin *f*
tā̦jnīk Sekretär *m*, Geschäftsführer *m*; **glā̦vnī ~** Generalsekretär *m*
tā̦jnīštvo Sekretariat *n*, Geschäftsstelle *f*
tā̦jno *Adv* geheim, insgeheim, verstohlen
tąkav (-kvo) solch ein, so ein, derartig; **kąkav ~** was auch immer für einer; **nẹmōj biti ~!** sei (doch) nicht so!; **kąkav ǫtac, ~ sı̦̄n** *fig.* wie der Vater, so der Sohn
tąkmac (-ąca) Mitbewerber *m*, Rivale *m*, Nebenbuhler *m*
tąkmičār *sb.* Mitbewerber *m*, Konkurrent *m*; Wettbewerbsteilnehmer *m*
tąkmičārka (*D* -ki; *GPl* -ki) *sb.* Mitbewerberin *f*, Konkurrentin *f*; Wettbewerbsteilnehmerin *f*
tąkmičēnje *sb. Sp.* Wettbewerb *m*, Wettkampf *m*; Konkurrenz *f*, Rivalität *f*
tąkmičiti se *sb.* wetteifern; an e-m Wettbewerb *od.* Wettkampf teilnehmen; konkurrieren
tąknuti (-nēm; -knuo/-kao, -kla; -knūt) (**tı̦̄cati**) berühren, anrühren, antasten; *fig.* rühren (**ų srce** ans Herz)
tąko so, solchermaßen, derart; **~ mi bǫga!** bei Gott!; **~ mi živǫta!** so wahr ich lebe!; **~ ręći** sozusagen, gewissermaßen
takǭđe(r) auch, ebenfalls, gleichfalls, ebenso; **hvąla, ~!** danke, gleichfalls!
takǫzvānī sogenannte(r)
tąksa Gebühr *f*, Taxe *f*; **bǫravišnā** *od.* **lječilišnā ~** Kurtaxe *f*
tąksametar (-tra) Taxameter *n*
tąksen|ī Gebühren-; **~ā mą̄rka** Gebührenmarke *f*
tąksi (-ija; *Pl* -iji) Taxi *n*; **vǫziti se ~jem** mit dem Taxi fahren
tąkt Takt *m*, Feingefühl *n*; **bẹz ~a** taktlos; **dā̦vati ~** den Takt angeben; **ịzići iz ~a** aus dem Takt kommen (*a. fig.*)
tąktičan taktisch, taktvoll
tąktičār Taktiker *m*
taktı̦̄rati *5 ipf/pf Mus.* den Takt angeben
taktizı̦̄rati *5 ipf/pf* taktieren, e-e Taktik verfolgen
tąktomjēr *Mus.* Metronom *n*, Taktmesser *m*
tąlac (tąoca) Geisel *f*; **ųzimānje ~ā** Geiselnahme *f*
talą̄mbas Pauke *f*; **ųdariti u ~e** *fig. etw.* ausposaunen, *etw.* an die große Glocke hängen
tąlās Welle *f*, Woge *f*
talą̄sānje Wellengang *m*, Seegang *m*
talą̄sast wellig, wellenförmig
talą̄sati [u-] Wellen schlagen; *Haare*: sich wellen
tąlen(a)t (-nta) Talent *n*, Begabung *f*
talęntı̄rān (-o) talentiert, begabt
talęntı̄rānōst (-osti; *ISg* -osti/-ošću) *f* Begabung *f*, Fähigkeit *f*
Talıj̄ān *1* Italiener *m*
Taliją̄nka (*D* -ki; *GPl* -kī) Italienerin *f*
taliją̄nskī italienisch
tąlionica Hüttenwerk *n*; Gießerei *f*
taliǫničār Gießer *m*; Hüttenarbeiter *m*
tąlīr *1* Taler *m*
tąlīšte Schmelzpunkt *m*
tā̦liti schmelzen; **~ se** *itr* schmelzen, zerfließen
tā̦log (*Kaffee-*, *Boden-*)Satz *m*; Niederschlag *m*; Rückstand *m*; Sediment *n*; Schlacke *f*; **~ drų̄štva** *fig.* Abschaum der Gesellschaft
tąlōn *1* Talon *m*; Zinsabschnitt *m*; Coupon *m* (*bei Aktien*); Stock *m* (*bei Spielkarten*)
tā̦loženje Ablagerung *f*, Sedimentation *f*
tā̦ložiti [na-] *Chem.* (aus)fällen, sedimentieren; **~ se** sich ablagern; *Chem.* sich setzen
tā̦ljēnje Schmelzen *n*
tąljige *f/Pl* Leiterwagen *m*, Karren *m*; Einspänner *m*
tąljiv schmelzbar
tąljivōst (-osti; *ISg* -osti/-ošću) *f* Schmelzbarkeit *f*
tą̄ma Dunkel *n*, Dunkelheit *f*, Finsternis *f*; **~ je** (*G*) **progųtala** j-d ist spurlos verschwunden
tā̦man[1] dunkel, finster, düster
tąman[2] *Turz. Adv* eben, gerade, genau, genau zur richtigen Zeit; **~ pǫsao!** weit gefehlt!
tamą̄niti *5* [u-] vertilgen, ausrotten, vernichten

tambụrāš *1* (*V* -u) Tamburizzaspieler *m*
tạmburica Tamburizza *f* (*Art Mandoline*)
tạmjan Weihrauch *m*; ***kậditi ~om*** beweihräuchern
tạmnic|a Gefängnis *n*, Kerker *m*, Zuchthaus *n*; ***bậciti u ~u*** ins Gefängnis werfen
tạmničār Gefängnisaufseher *m*, Kerkermeister *m*
tậmniti [po-] verdunkeln
tạmno- dunkel- (*bei Farben*)
tamnọvati (tạmnujēm) im Gefängnis *od.* Kerker sitzen
tāmnjeti (-īm; -nio, -njela) **[po-]** dunkel werden, dunkeln
tạmo dort, dorthin, dahin; ***~-ậmo*** *fig.* hin und her; ***nị āmo nị ~*** unentschlossen
tạmošnjī dortig
tạmpōn Tampon *m*; ***~-dṛžava*** *Pol.* Pufferstaat *m*
tạn|ak (-nko; *Komp* tạnjī) dünn, schlank, zierlich; (*Haar*) schütter; (*Kleid*) leicht; (*Kaffee*) dünn; (*Wein*) schwach; (*Schlaf*) leicht; ***ịzvūći ~jī krậj*** *fig.* den kürzeren ziehen; ***navẹsti na ~ak lẹ̄d*** *fig.* j-n aufs Glatteis führen; ***pọ ~kōj kṛvi*** mütterlicherseits; ***ụdariti ụ ~ke žịce*** *fig.* es auf die Mitleidstour versuchen; → ***crijẹvo***
tạnan → ***tạnak***
tančịn|a Dünne *f*; ***u ~e*** haarklein, bis ins Detail
tandr̄kati (tạndr̄čēm) rattern, knattern
tậne (-eta; *Pl* -ẹ̄tạ) Geschoß *n*, (*Gewehr-*) Kugel *f*
tangịrati *5 ipf/pf* tangieren, berühren
tạnk Tank *m*, Flüssigkeitsbehälter *m*
tạnker Tankwagen *m*; Tankschiff *n*
tankọća Feinheit *f*; Schlankheit *f*
tankọćutan feinfühlend, feinfühlig, empfindsam, sensibel
tankọćutnōst (-osti; *ISg* -osti/-ošću) *f* Feinfühligkeit *f*, Empfindsamkeit *f*, Sensibilität *f*
tạnkōst (-osti; *ISg* -osti/-ošću) *f* → ***tankọća***
tantijẹ̄ma Tantieme *f*, Gewinnanteil *m*
tạnjī *Komp v.* ***tạnak***
tạnjīr *1* → ***tạnjūr***
tậnjiti (-njen) **[s-]** verdünnen, dünn(er) machen; *Draht* ausziehen; *Eisen* strecken; *Flüssigkeit* verdünnen; ***~ se*** dünner werden; *Gegenstand*: sich zuspitzen
tạnjūr *1* Teller *m*; ***dụbokī ~*** Suppenteller *m*; ***lẹtēćī ~*** *fig.* fliegende Untertasse; ***plịtkī ~*** flacher Teller
tạnjurast tellerartig
tạpati → ***tạpkati***
tapecịrati *5 ipf/pf* tapezieren; *Möbelstück* aufpolstern
tapecịrung Tapezierung *f*; (*Möbel, Kfz.*) Polsterung *f*
tạpēt *1* Tapet *n*; ***stạviti na ~*** *fig.* zur Sprache bringen, aufs Tapet bringen
tapẹt|a Tapete *f*; ***stạviti ~e*** tapezieren
tapẹtār *1* (*V* -u) Tapezierer *m*; Polsterer *m*
tapetịrati *5 ipf/pf* → ***tapecịrati***
tapịrati *5 ipf/pf Haare* toupieren
tạpkati (*mit dem Fuß*) stampfen; trippeln; ***~ po*** *od.* ***u mrậku*** *fig.* im dunkeln tappen
tạpšati (-ēm) **[pọ-]** (*auf die Schulter*) klopfen, tippen; ***~ rụkama*** in die Hände klatschen
tạrac (-rạca) Pflaster *n*; Terazzo *m*
tạrēm *1. Pers Sg v.* ***tṛti***
tarịfa Tarif *m*; Gebührenverzeichnis *n*; Preisliste *f*
tạrīfn|ī Tarif-; ***~ī prạvilnīk*** Tarifordnung *f*; ***~ī ụgovōr*** Tarifvertrag *m*
tạrnice *f/Pl* (*Pferde-*)Wagen *m*
tạst Schwiegervater *m* (*Vater der Ehefrau*)
tạška, tạšna → ***tọrba***
tạšt eitel, selbstgefällig; (*Magen*) leer, nüchtern; ***na ~e*** *Med.* nüchtern
tạšta *sb.* Schwiegermutter *f* (*Mutter der Ehefrau*)
taštịna Eitelkeit *f*, Selbstgefälligkeit *f*, Dünkel *m*
tạ̄t (*Pl* tạ̄ti/tạtovi) Dieb *m*
tạta Papa *m*, Vati *m*
tạva (*Brat-*)Pfanne *f*
tạvan Dachboden *m*
tavạnica Dachbalken *m*; Zimmerdecke *f*
tạvanskī Boden-, Dach-; ***~ stận*** Mansardenwohnung *f*
tạvoriti kümmerlich *od.* ärmlich leben; darben; entbehren
tạzbina Schwiegereltern *Pl* (*Eltern der Ehefrau*); angeheiratete Verwandte (*der Ehefrau*)
tạžilo Linderungsmittel *n*; Balsam *m* (*a. fig.*)
tạžiti [u-] lindern, besänftigen; *Hunger, Durst* stillen

tẹ[1] *Kj* und, sowie,und so (*als Folge*); so daß (*als Folge*); ***i ~ kạko!*** und wie!; ***jẹdno ~ ịsto!*** immer dasselbe
tẹ̄[2] → ***tȃj***
tẹātar (-tra) Theater *n*
tẹatrālān theatralisch
tẹ̄ci *Pl v.* ***tẹ̄tak***
tẹ̄čāj (*Pl* -evi) Lehrgang *m*, Kurs *m*; *vera.* (*Schul-*)Klasse *m*, Schuljahr *n*; (*Aktien-*, *Wechsel-*)Kurs *m*
tečȃjac (-jca) Kursteilnehmer *m*
tẹčājn|ī Kurs-, (*Schul-*)Klassen-; ***~ā vrijẹdnōst*** *Ök*. Kurswert *m*; ***nịžī*** (***vịšī***) ***~ī ịspit*** kleines (großes) Abitur
tẹčan → ***tẹkūćī***
tẹčevina *Jur*. (*ehelicher*) Zugewinn *m*
tẹ́ći (tẹčēm; *Imp* tẹci; tẹkao, -kla; *Part.* tẹkūćī) [**prọ-**] fließen, strömen, rinnen; *Zeit*: verrinnen; (*D*) ***tẹčē mẹ̄d i mlijẹko iz ụ̄sta*** *fig*. j-d raspelt Süßholz; ***~ svọjīm uobịčājenīm rẹ̄dom*** *fig*. seinen gewohnten Gang gehen, seinen Lauf nehmen
tẹglẽć|ī Zug-, Last-; ***~ā mạ̄rva*** Zugvieh *n*, Zugtier *n*
teglẹnica Schleppkahn *m*
tẹgliti [**po-**] schleppen, ziehen; *fig*. schwer arbeiten, schuften
tẹgljāč *Mar*. Schlepper *m*
tegljẹnīk Schleppseil *n*
tegọb|a Schwierigkeit *f*, Beschwerlichkeit *f*, Mühe *f*, Mühsal *f*; ***~e*** *Med*. Beschwerden *Pl*
tẹgoban schwierig, beschwerlich, mühselig
tẹhničār Techniker *m*; ***ekọnomskī ~*** Wirtschaftsassistent *m*; ***prạ̄vnī ~*** Rechtspfleger *m*
tẹhničārka (*D* -ki; *GPl* -kī) Technikerin *f*
tẹhničkī technisch
tẹhnika Technik *f*; Herstellungsverfahren *n*; ***bijẹlā ~*** Haushaltsgeräte *Pl*
tehnọkrat Technokrat *m*
tehnọkratskī technokratisch
tehnọlog Technologe *m*
tehnolọgija Technologie *f*
tehnọloškī technologisch
tẹk[1] *Adv* erst, gerade erst, eben; ***~ što*** kaum
tek[2] Appetit *m*; ***dọbar ~!*** guten Appetit; ***tō mu nẹ idē ụ ~*** das paßt ihm nicht
tẹ̄ka → ***bịlježnica***
tẹklīć Bote *m*, Kurier *m*; (*Schach*) Läufer *m*
tẹkovina Errungenschaft *f* (*v. a. fig.*)
tẹkst Text *m*; Wortlaut *m*; Lektüre *f*; ***~ za ọperu*** Libretto *n*
tẹkstīl *1* Textilien *Pl*, Textilware *f*
tekstịlac (-lca; *V* -lče) *2* Textilarbeiter *m*
tẹkstīlnī Textil-
tesktịlana Textilfabrik *f*
tẹkūć|ī laufend, fortlaufend; fließend, flüssig; ***~ī brọ̄j*** laufende Nummer; ***~ē pịtānje*** aktuelle Frage; ***~ī rạčūn*** Girokonto *n*; ***~ā vṛpca*** Fließband *n*; ***kạo na ~ōj vṛpci*** *fig*. wie am Fließband
tekụćica fließendes Gewässer
tekụćina Flüssigkeit *f*
tẹ̄lac (-lca) Kalb *n*; *fig*. Dummkopf *m*; ***glẹdati kao ~*** *fig*. blöd schauen
tẹlād *f*/*koll* Kälber *Pl*
tẹlašce (-ca/-ceta) *Phys*., *Chem*. Teilchen *n*; ***~ kṛvi*** Blutkörperchen *n*
tẹle (-leta; *Pl* tẹlići/*koll* tẹlad) *n* Kalb *m*; ***blẹnuti*** *od*. ***bụ̄ljiti*** *od*. ***glẹdati kao ~ u šạrenā vrạ̄ta*** *fig*. dastehen wie der Ochs vorm Berg
telẹ́ćāk *1 Mil*. Tornister *m*, Ranzen *m*
tẹleć|ī Kalbs-; ***~ē pećẹ̄nje*** Kalbsbraten *m*; ***~ā pṛsa*** *Kochk*. Kalbsbrust *f*
tẹlefaks Telefax(gerät *n*) *n*
telẹfōn *1* Telefon *n*, Telefonapparat *m*
telefonịrati *5 ipf*/*pf* telefonieren
telefọnist(a) *m* Telefonist *m*
telefọnistica (*sb*. **-kinja**) Telefonistin *f*
telẹfōnskī telefonisch, Telefon-; ***~ prẹtplatnīk*** Fernsprechteilnehmer *m*; → ***gọvōrnica, prịključak, vẹza***
telẹgraf Telegraf *m*
telegrạfija Telegrafie *f*; ***bẹžičnā ~*** drahtlose Telegrafie *f*
telegrafịrati *5 ipf*/*pf* telegrafieren
telegrạfist(a) *m* Telegrafist *m*
telegrạfistica (*sb*. **-kinja**) Telegrafistin *f*
telẹgrafskī telegrafisch; ***~ stụ̄p*** Telegrafenmast *m*
telẹgram Telegramm *n*
telekomunikạ̄cija Telekommunikation *f*
tẹleks Telex *n* (*Gerät und Schriftstück*)
telepạtija Telepathie *f*, Gedankenübertragung *f*
teleprịnter Fernschreiber *m*
telẹskop Teleskop *n*
tẹletajp(er) Fernschreiber *m*
tẹletekst *TV* Teletext *m*
tẹletina Kalbfleisch *n*
televịzija Fernsehen *n*; ***~ u bọji*** Farbfernsehen *n*; ***kạblovskā ~*** Kabelfernsehen *n*; ***satẹlitskā ~*** Satellitenfernsehen *n*

televīzījskī Fernseh-, TV-
tęliti se [o-] kalben, ein Kalb werfen
tȇma Thema *n*
tematika Thematik *f*
tęmatskī thematisch
tęmelj Grundlage *f*, Fundament *n*, Basis *f*; (*a. fig.*) ***do ~a*** bis auf den Grund; ***iz ~a*** von Grund auf; ***na ~u*** (*G*) auf Grund (*G*), aufgrund (*G*), auf der Grundlage (*G od.* von *D*); ***položiti*** *od.* ***postaviti ~*** den Grund(stein) legen (*D*/ zu *D*)
temȅljac (-ljca; *GPl* tęmēljācā) Grundstein *m* (*a. fig.*)
tęmēlj|an grundlegend, gründlich, Grund-, Basis-; ***~nō prȃvo*** *Pol.* Grundrecht *n*; ***~nō znȃnje*** Grundkenntnisse *Pl*
temęljit gründlich, grundlegend, fundamental; (*Gründe*) triftig
temęljiti [u-] gründen, begründen, fundieren; ***~ se*** sich gründen (***na*** *L*/auf *A*)
temęljito *Adv* gründlich, radikal
temęljitōst (-osti; *ISg* -osti/-ošću) *f* Gründlichkeit *f*
temperament Temperament *n*
temperamęntan temperamentvoll
temperamęntnōst (-osti; *ISg* -osti/ -ošću) *f* Temperament *n*, Lebhaftigkeit *f*, Schwung *m*
temperatūra Temperatur *f*; *Med.* (leichtes) Fieber
temperīrati *5 ipf*/*pf* temperieren, leicht erwärmen
tempīrati *5 ipf*/*pf* *Mil.* (*Zeit-*)Zünder einstellen
tęmpo Tempo *n*, Geschwindigkeit *f*; *Mus.* Zeitmaß *n*
tȇn Teint *m*
tendęncija Tendenz *f*
tęndenciōzan tendenziös
tęnis Tennis *n*; ***stōlnī ~*** Tischtennis *n*
tenisāč *1* (*V* -u) Tennisspieler *m*
tenisačica Tennisspielerin *f*
tęnisice *f*/*Pl* Tennisschuhe *Pl*
tęnisk|ī Tennis-; ***~ō igralīšte*** Tennisplatz *m*
tęnk (*Pl* -ovi) *Mil.* Panzer *m*
tęnkist(a) *m* *Mil.* Panzerfahrer *m*
tęnōr *1* Tenor *m*
tęnzija *El.*, *fig.* Spannung *f*
teolog Theologe *m*
teologija Theologie *f*
teološkī theologisch
teorętičan theoretisch
teorętičār Theoretiker *m*
teoretskī theoretisch
tęōrija Theorie *f*
tęp Abhörgerät *n*
tępānje Lallen *n*, Stammeln *n*
tępati stammeln; *Baby*: lallen; kosen
tępavac (-āvca) Stammler *m*, Stotterer *m*
tępih → ***sąg***
tępsija *Turz.* Bratpfanne *f*
tępsti se (-pēm se) umherirren, umherwandern
terapija Therapie *f*
terasa Terasse *f*
terazije *f*/*Pl* (*Balken-*)Waage *f*
tęrca *Mus.* Terz *f*
tęrećēnje Belasten *n*, Belastung *f*; *Jur.* Beschuldigung *f*
tęrēn *1* Terrain *n*, Gelände *n*; (*Sport-*) Platz *m*; ***rȃd na ~u*** Arbeit auf Montage; ***zęmljanī ~*** (*Tennis*) Sandboden *m*
terȇnac (-nca) *Kfz.* Geländewagen *m*; Montagearbeiter *m*
tęret Last *f*, Bürde *f*; Belastung *f*; Fracht *f*; *Jur.* Hypothek *f*; ***~ mi pądē są srca*** *od.* ***są grudī*** *fig.* mir fiel ein Stein vom Herzen; ***na Vąš ~*** auf Ihre Kosten; (*Kosten*) zu Ihren Lasten; ***pąsti na ~*** *fig.* zur Last fallen; ***stąviti na ~*** *Jur.* zur Last legen
tęretiti (tęrećen) **[op-]** belasten, aufbürden; *Ök.* zu *j-s* Lasten schreiben
tęretn|ī Last-, Güter-, Fracht-; ***~ī brǭd*** Frachter *m*, Frachtschiff *n*; ***~ā kǫla*** Lastkraftwagen *m*; ***~ī līst*** (*Grundbuch*) Belastungsblatt *n*; ***~ī vlȃk*** (*sb.* ***vǭz***) Güterzug *m*
tęretnica Seefrachtbrief *m*
terętnjāk *Mar.* Frachter *m*; *Kfz.* Lastkraftwagen *m*
tęretōvnica *Jur.* Belastungsurkunde *f*
teręvēnka (*Sauf-*)Gelage *n*
terītōrīj Territorium *n*, Gebiet *n*
tęritorijālan territorial
tęrmāl|an thermal, Thermal-, Wärme-; ***~nā kūpka*** Thermalbad *n*
tęrmīn *1* Termin *m*, Frist *f*, Zeitpunkt *m*; *Jur.* Verhandlung *f*; *Ling.* Terminus *m*, Fachausdruck *m*
termināl *1* *EDV* Terminal *n*; (*Bus-*)Terminal *m*; (*Flugplatz*) Abfertigungshalle *f*
tęrminālan terminal
terminologija Terminologie *f*

terminọloškī terminologisch
tẹrmometar (-tra) Thermometer *n*
tẹrmo-elektrạna Heizkraftwerk *n*
termọfōr *1* Wärmflasche *f*
tẹrmo-instalạtēr *1* Heizungsmonteur *m*
tẹrmos-bọca *Wz* Thermosflasche *f*
tẹrōr *1* Terror *m*, Gewalttätigkeit *f*; Gewaltherrschaft *f*
terọrist(a) *m* Terrorist *m*
terorịstičkī terroristisch
terọristkinja Terroristin *f*
terorịzam (-zma) Terrorismus *m*
terorizịrati *5 ipf/pf* terrorisieren, Terror ausüben
tẹsār *1* (*V* -u) Zimmermann *m*, Zimmerer *m*
tẹsati (-šēm; -sān) **[o-]** zimmern; *Stein* behauen
testạment Testament *n*; ***Nọvī ~*** das Neue Testament
tẹstamentāran testamentarisch
testẹra *sb.* Säge *f*
testẹrača *Zool.* Sägefisch *m*
testịrati *5 ipf/pf* testen,ein Testverfahren anwenden; *Semester* testieren
tẹ̄ško → ***tẹ̄žak²***; ***~ je vjẹrovati*** schwer *od.* kaum zu glauben; ***~ je tū bịti pạmetan*** da ist guter Rat teuer; ***~ progụtati*** *fig.* etw. schlucken müssen
teškọć|a Schwierigkeit *f*, Mühseligkeit *f*; ***čịniti ~e*** Schwierigkeiten machen *od.* bereiten; ***nạīći na ~e*** auf Schwierigkeiten stoßen
tẹ̄ta Tante *f* (*Schwester der Mutter oder des Vaters*)
tẹ̄tak (-tka; *V* tẹ̄če; *Pl* tẹ̄ci) Onkel *m* (*Mann der Tante*)
tẹtiva *Med.* Sehne *f*
tẹtka (*D* -tki; *GPl* -ākā) → ***tẹ̄ta***
tẹtošiti verhätscheln, verzärteln
tetovịrānje Tätowieren *n*
tetovịrati *5 ipf/pf* tätowieren
tẹtrijeb (*Pl* tẹtrijebi/tẹtrebovi) Auerhahn *m*; ***mạ̄lī ~*** Birkhahn *m*
tetuạ̄ža Tätowierung *f*
tetụrānje Taumeln *n*, Torkeln *n*, Wanken *n*, Schwanken *n*
tetụrati taumeln, torkeln, wanken, schwanken
tẹ̄za These *f*, Lehrsatz *m*; ***dọktorskā ~*** Dissertation *f*
tẹzga (*D* -zgi; *GPl* tẹzgī/tẹ̄zgā) Ladentisch *m*, (*Laden-*)Theke *f*; F Nebenjob *m*
tẹzulja Waagschale *f*
tẹ̄ž|a Schwere *f*; ***sịla ~ē*** Schwerkraft *f*
težạ̄čiti *5* tagelöhnern, als Tagelöhner arbeiten
tẹžāk¹ *Su 1* (*V*-če) Tagelöhner *m*; Landarbeiter *m*
tẹ̄|žak² (-ško) *Adj* schwer; schwierig, schwerwiegend; (*Aufgabe*) schwierig; (*Arbeit*) hart; (*Schlaf*) tief; (*Gelände*) rauh; ***~škā indụstrija*** Schwerindustrie *f*; ***~škā kategọrija*** *Sp.* Schwergewicht *n*; ***~škā pịća*** harte Getränke; ***~škē rijẹči*** beleidigende Worte; ***~škā sṛca*** widerstrebend, widerwillig, gleichgültig; ***glạ̄va je*** (*D*) ***~škā*** j-d hat e-n schweren Kopf, ist benebelt; ***zaradịvati ~škē pạre*** F ein Heidengeld verdienen
tẹži *Komp v.* ***tẹ̄žak²***
težịn|a Gewicht *n*, Last *f*; Schwere *f*; ***izgụbiti na ~i*** *Mensch*: abnehmen
tẹžīšte Schwerpunkt *m* (*a. fig.*)
tẹ̄žiti¹ *itr* wiegen
tẹ̄žiti² streben (**za** *I*/nach *D*), trachten (nach *D*), anstreben (*A*)
tẹ̄žnja Streben *n* (**za** *I*/nach *D*), Trachten *n* (nach *D*), Sehnsucht *f* (nach *D*)
tị¹ *Pron* → ***tạj***
tị² *Pron* du; ***bịti na ~*** per du sein
tịcalo *Zool.* Fühler *m*
tịcānje Anrühren *n*, Berühren *n*
tịcati (-čēm) → ***tạknuti***; ***~ se*** (tịčē se) anbelangen, betreffen, gelten; ***štọ se*** (*G*) ***tịčē*** was (*A*) betrifft
tịfus Typhus *m*; ***pjẹgavī ~*** Flecktyphus *m*
tịgar (-gra; *Pl* -grovi) Tiger *m*
tịgrica Tigerin *f*
tịh still, leise; lautlos, geräuschlos; ***~ kao bụbica*** mucksmäuschenstill; ***~!*** Ruhe!
tịjelo (*Pl* tijẹla/tjelẹsa) *7* Körper *m*, Leib *m*; Körperschaft *f*; ***dụ̄šōm i ~m*** mit Leib und Seele; ***glạsačkō ~*** *Pol.* Wählerschaft *f*; ***zạkonodāvnō ~*** gesetzgebendes Organ; → ***strạ̄n***
Tịjelovo *7 Rel.* Fronleichnam *m*
tịjesak (-ska) *7* Kelter *m*, (*Wein-*)Presse *f*; (*Wäsche-*)Mangel *f*
tijẹs|an (*Komp* tjẹ̄šnjī) *7* eng, schmal; knapp; ***~nō prijatẹ̄ljstvo*** enge Freundschaft; ***~nī rezụltāt*** *Sp.* knappes Ergebnis
tịjesto *7* Teig *m*; ***lịsnatō ~*** Blätterteig *m*; ***mạgla kao ~*** dichter Nebel; ***mạslenō ~*** Butterteig *m*
tịk dicht (**uz** *A od.* **do** *G*/an *od.* neben *D*), ganz knapp (bei *D*), direkt neben (*D*)

T

tȉkati se (-čēm se) sich duzen
tȉkv|a Kürbis *m*; Flaschenkürbis *m*; F Birne *f* (*Kopf*); ***naduvẹnā ~a*** F aufgeblasener Kerl; ***prậznā ~a*** Hohlkopf *m*, Einfaltspinsel *m*; ***pṳ̄hati u ịstu ~u*** *fig.* ins gleiche Horn blasen
tịkvān *1* (*V* -e) Tölpel *m*, Blödmann *m*
tịlī: *u ~ čạs* im Nu, im Handumdrehen
tịm¹ Team *n*, Arbeitsgruppe *f*, Mannschaft *f*
tịm² → ***tậj***; damit, dadurch; (*vor Komp*) um so, desto; ***~ bọlje*** um so besser
timậriti *5* **[o-]** *Pferd* striegeln, betreuen
tịmskī Team-, Gruppen-
tịnejdžer Teenager *m*
tinktṳ̄ra Tinktur *f*
tịnta Tinte *f*
tịntārnica Tintenfaß *n*
tịnjac (-njca) *Min.* Glimmer *m*
tịnjānje Glimmen *n*, Schwelgen *n*
tịnjati glimmen; *Feuer*: schwelen
tịp¹ (*Pl* -ovi) Typ *m*, Typus *m*; (*Druck-*) Type *f*
tịp² (*Pl* -ovi) Tip *m*, Hinweis *m*
tịpičan typisch
tịpičnōst (-osti; *ISg* -osti/-ošću) *f* Typische(s) *n*, Charakteristikum *n*
tipizịrati *5 ipf/pf* typisieren
tịpka (*GPl* -pākā/-pkī) Taste *f* (*Schreibmaschine, PC*); ***fụnkcījskā ~*** *EDV* Funktionstaste *f*
tipkậčica Maschinenschreiberin *f*, Stenotypistin *f*
tịpkati tippen, mit der Schreibmaschine schreiben
tipọgraf Typograph *m*, Buchdrucker *m*
tipogrạfija Typographie *f*, Buchdruckerkunst *f*
tipọgrafskī typographisch
tipolọgija Typologie *f*
tipọloškī typologisch
tirậda Tirade *f*
tirạnija Tyrannei *f*, Gewaltherrschaft *f*
tịranin (*Pl* -āni) Tyrann *m*, Gewaltherrscher *m*
tiranizịrati *5 ipf/pf* tyrannisieren
tịrānskī tyrannisch
tirậža Auflage *f* (*von Zeitungen, Büchern*); Auflagenhöhe *f*
Tịrōl *1* Tirol *n*
Tirọ̄lac (-lca) *2* Tiroler *m*
Tịrōlka (*D* -ki; *GPl* -kī) Tirolerin *f*
tịrōlskī tirolerisch, Tiroler-
tịsak (-ska; *Pl* -sci) Druck *m*; Buchdruck *m*; Presse *f*
tịska Gedränge *n*
tịskanica Drucksache *f*; Formular *n*, Formblatt *n*, Vordruck *m*
tịskār *1* (*V* -u/-e) (*Buch-*)Drucker *m*, Typograph *m*
tịskara Druckerei *f*
tịskārsk|ī Druck-, Druckerei-; ***~ō cṛnilo*** Druckerschwärze *f*
tịskati **[-nuti]** drucken, pressen; drükken, schieben; ***~ se*** sich dränge(l)n
tịsnuti (-nēm) *pf* → ***tịskati***
tịsovina Eibenholz *n*
tịsuća tausend, Tausend *n*
tisućgọdišnjī tausendjährig
tisućgọdišnjica Tausendjahrfeier *f*
tịsūćī tausendste(r)
tịsućina, -ụćinka (*GPl* -kī) Tausendstel *n*
tisućljẹtnī tausendjährig
tịsuću tausend; → ***tịsuća***
tịšī *Komp v.* ***tịh***
tišịna Stille *f*, Ruhe *f*; ***grọbnā*** *od.* ***mṛtvā*** *od.* ***mụklā ~*** Grabesstille *f*
tịštati (-īm) (be)drücken, quälen, plagen; ***znạti gdjẹ tịštī*** *fig.* wissen, wo der Schuh drückt
tịtrāj (*Pl* -i/-evi) Schwingung *f*, Vibration *f*
tịtrānje Schwingen *n*, Vibrieren *n*
tịtrati schwingen, vibrieren; *Flamme*: flackern; *Stimme*: zittern; *Licht*: flakkern
tịtrica → ***kamịlica***
tịtula Titel *m*
tjẹdan Woche *f*; ***Vẹlikī ~*** *Rel.* Karwoche *f*
tjẹdnī wöchentlich, Wochen-
tjẹdnīk Wochenblatt *n*
tjẹlašče (-eta) (*Blut-*)Körperchen *n*
tjẹlesn|ī körperlich, Körper-, Leib-; ***~ā strậža*** Leibgarde *f*
tjẹlešće → ***tjẹlašće***
tjelohrạnitelj Leibwächter *m*
tjẹlovježba Leibesübung *f*, Gymnastik *f*
tjẹme (-ena; *Pl* -ẹna; *GPl* -ẹ̄nā) Scheitel *m*; (*Haar-*)Wirbel *m*
tjẹmen|ī Scheitel-; ***~ā kọ̄st*** Scheitelbein *n*
tjemẹnjača Scheitelbein *n*
tjẹralica Steckbrief *m*
tjẹrati **[nạ-]** treiben, antreiben; hetzen, jagen; *Feind* verfolgen; *Prozeß* anstrengen; *Blätter, Schweiß* treiben; ***~ dọ kraja*** bis zum Äußersten gehen; ***~ svọje*** auf seinem Willen beharren; ***~ šậlu*** sei-

T

ne Späßchen treiben; ~ **ụ lāž** Lügen strafen

tjeskọba Angstgefühl *n*, Bangigkeit *f*, Beklommenheit *f*; (*räumliche*) Enge *f*

tjęskoban angstvoll, bang(e), beklommen

tjęsnac (-aca) *Geogr*. Enge *f*, Engpaß *m*, Bergschlucht *f*; **mọrskī ~** Meerenge *f*; **nątjerati u ~** *fig*. in die Enge treiben, an die Wand drücken; **vręmenskī ~** (*Schach*) Zeitnot *f*

tjesnọća Enge *f*, Beengtheit *f*; Knappheit *f*

tjesnọgrudan engherzig, kleinlich

tjesnọgrudnōst (-osti; *ISg* -osti/-ošću) *f* Engherzigkeit *f*, Kleinlichkeit *f*

tjestenịne *f/Pl* Teigwaren *Pl*; Mehlspeise *f*

tjęšitelj Tröster *m*, Trostspender *m*

tjęšiti [**ụ-**] trösten (**u bǒlu**/in seinem Schmerz); **~ se** sich trösten (*I*/mit *D*)

tjęšnōst (-osti; *ISg* -osti/-ošću) *f Psych*. Gehemmtheit *f*, Gehemmtsein *n*

tjęšnjī *Komp v.* **tijęsan**

tkāč → **tkālac**

tkālac (-lca) Weber *m*

tkąlačkī Weber-; **~ stān** Webstuhl *m*

tkālja Weberin *f*

tkąnina Stoff *m*, Tuch *n*, (*Textil-*)Gewebe *n*; Textilien *Pl*

tkaọnica Weberei *f*

tkąti (tkām/tkēm; *Imp* tkāj) [**są-**] weben

tkīvo *Anat*. (*Muskel-*, *Zell-*)Gewebe *n*

tkọ (kọga) *Pron* wer; **~ gọd** wer (auch) immer; **~ mu drągo** wer auch immer; **~ znā** wer weiß; **mālo ~** kaum jemand

tkọgod wer auch immer

tląčen (-o) gepreßt; *fig*. unterdrückt

tląčenica Preßwurst *f*

tląčēnje Pressen *n*; Unterdrücken *n*

tląčitelj Unterdrücker *m*, Gewaltherrscher *m*

tląčiti pressen, drücken; unterdrücken, knechten

tlačnī Druck-

tlāk (*Pl* -ąkovi) → **prịtisak**

tlaka *hist*. Fron(arbeit *f*) *f*

tląkomjēr Druckmeßgerät *n*, Manometer *n*

tlāpiti F faseln, phantasieren

tlāpnja Gefasel *n*, Phantasieren *n*

tl|ọ (tla; *GPl* tālā) Boden *m*, Erdboden *m*, Grund *m*; **bịti nạ svōm ~u** *fig*. in seinem Element sein; **gụbiti ~o pod nọgama** *fig*. den Boden unter den Füßen verlieren; **nāći** *od*. **pąsti na plọdnō ~o** *fig*. auf fruchtbaren Boden fallen

tlọcrt Grundriß *m*

tmąst dunkel, finster; (*Wolken*) schwer

tmịna Dunkelheit *f*, Finsternis *f*

tmūran düster, trübe; *Psych*. schwermütig, melancholisch

tō *Pron* → **tāj**; (*vor Komp*) desto; **~ jęst** das heißt

toalęta Toilette *f*

toąletnī Toiletten-

tọbogan Rutschbahn *f*, Rutsche *f*

tọbdžija *m sb*. → **tọpnīk**

tọbolac (-ōlca) Köcher *m* (*für Pfeile*); Beutel *m*; Brusttasche *f*

tọbolčāri *m/Pl* Beuteltiere *f*

tọbože angeblich, vorgeblich

tọbožnjī scheinbar, vermeintlich

tọciljāč *Sp*. Rollschuhfahrer *m*

tocịljājka Rollschuhbahn *f*, Rutschbahn *f*

tọčac *hist*. Mundschenk *m*

tọčak (-čka; *Pl* -čci) *sb*. Rad *n*; → **kọtāč**

tọčan genau, pünktlich

tọčēnj|e Einschenken *n*; **dọzvola ~a** Schankerlaubnis *f*

tọčilo Drehbank *f*

točiọnica Ausschank *m*

tọčiti [**na-**] (ein)schenken, ausschenken; zapfen, abzapfen; drehen, drechseln

tọčk|a Punkt *m*; **~a-zārez** Strichpunkt, Semikolon *m*; **~a nạ i** *fig*. das i-Tüpfelchen; **bǫlnā ~a** *fig*. wunder Punkt; **dǫ́ći do mṝtvē ~ē** *fig*. an e-n toten Punkt gelangen; **i ~!** Punktum! basta!

tọčno genau, richtig

tọčnōst (-osti; *ISg* -osti/-ošću) *f* Pünktlichkeit *f*; Genauigkeit *f*

tōk (*Pl* -ovi) Lauf *m* (*auch*: *e-s Flusses*); Verlauf *m*, Gang *m*; **~ rązgovora** Gesprächsverlauf *m*; **bịti u ~u stvārī** auf dem laufenden sein; **ịći svọjīm ~om** *fig*. seinen Lauf nehmen; **pọstupak je u ~u** *Jur*. ein Verfahren ist anhängig

tọkār *1* (*V* -u/-e) Dreher *m*; Drechsler *m*

tokāriti *5 Tech*. drehen; drechseln

tọkārsk|ī Dreh-; Drechsel-; **~ā klūpa, ~ strọj** Drehbank *f*

tọksičan toxisch, giftig

tolerąncija Toleranz *f*, Duldsamkeit *f*

tolerąntan tolerant, duldsam

tolerịrati *5 ipf/pf* tolerieren, dulden

tọlik solch ein, ein solcher; so groß, so viele; **~ā količịna** eine solche Menge; **~i i ~i** der soundsovielte

T

tọliko *Adv* so viel(e); **~...da...** so sehr..., daß...; **~...kọliko...** insofern, daß...
tọljaga Knüppel *m*, Keule *f*
tọm Band *m* (*e-r Buchreihe*)
tȍn (*Pl* -ovi) Ton *m*; Stimme *f*; **dȃvati ~** *fig.* den Ton angeben; **dịzati ~** die Stimme anheben; **spụstiti ~** die Stimme dämpfen; *fig.* kleinlaut werden
tọna Tonne *f*
tonȃža Tonnage *f*
tȍnsk|ī Ton-; **~ā rụčka** Tonarm *m*
tọnuti (-nēm; -nuo, nūla; -nūt) **[pọ-, ụ-]** sinken, versinken, untergehen; **~ u zạborāv** in Vergessenheit geraten
tọp (*Pl* -ovi) Kanone *f*, Geschütz *n*; **glȗh kao ~** stocktaub; **mẹtnuti u ~** *fig.* zur Schnecke *od.* zur Sau machen; **odgovọriti** *od.* **odvrȃtiti kạo iz ~a** wie aus der Pistole geschossen antworten; **spȃvati kao ~** schlafen wie ein Murmeltier; **vọdenī ~** Wasserwerfer *m*
tọp|ao (-plo) warm (*a. fig.*); **~ dọček** ein warmer *od.* herzlicher Empfang; **~lo mọliti** inbrünstig bitten
topiọnica Hüttenwerk *n*, Gießerei *f*
tọpiti [ras-] schmelzen, zerschmelzen; auflösen; **~ se** schmelzen, zergehen; **~ se od milịnē** *fig.* vor Wonne zerfließen; **~ se od rạdosti** *fig.* sich wie ein Schneekönig freuen
toplạna Heizkraftwerk *n*
tọplice *f*/*Pl* Thermalbad *n*
toplịna Wärme *f*; *fig.* Herzlichkeit *f*
tọplīnskī Wärme-, Thermal-
tọpliti (-pljen) **[u-]** wärmen, erwärmen; *Speck* auslassen
tọplo *Adv* → **tọpao**
toplọkr̄v|an *Zool.* warmblütig, Warmblut-; **~nā živọtinja** Warmblütler *m*
tọplomjēr Thermometer *n*
toplọta → **toplịna**
tọplotnī Hitze-; **~ ụdar** *Med.* Hitzschlag *m*
tọpljēnje Schmelzen *n*, Auflösen *n*
tọpljiv schmelzbar; löslich
tọpljivōst (-osti; *ISg* -osti/-ošću) *f* Schmelzbarkeit *f*; Löslichkeit *f*
tọpnīčkī Kanonen-, Artillerie-
tọpnīk *Mil.* Kanonier *m*
tọpnīštvo Artillerie *f*; **protuavịonskō ~** Flak *f*
tọpnjača Kanonenboot *n*
topogrạfija Topographie *f*
topọla Pappel *f*
topọlovina Pappelholz *n*
topọnīm *1 Ling.* Toponym *n*, Ortsname *m*
tọpōt Getrampel *n*, Getrappel *n*, Gestampfe *f*
topọtati (tọpoćēm) trampeln, trappeln, stampfen
tọpovsk|ī Kanonen-, Geschütz-; **~ā hrana** *od.* **~ō mẹso** *fig.* Kanonenfutter *n*; **~ī mẹtak** Kanonenkugel *f*
tȏr *3* (*Pl* -ovi) (*Vieh-*)Hürde *f*, Pferch *n*
tȍranj (-rnja; *Pl* -rnjevi) Turm *m*; **kọntrōlnī ~** *Flgw.* Kontrollturm *m*; **vịsok kao ~** *fig.* turmhoch
tȍrba Tasche *f*; **~ za kupọvine** Einkaufstasche *f*; **rụčnā ~** Handtasche *f*; **škọlskā ~** Schulranzen *m*
tọrbār *1* (*V* -u/-e) Hausierer *m*; Täschner *m*
torbȃriti *5 ipf*/*pf* hausieren
tọrbica Täschchen *n*; **žẹnskā ~** (*Damen-*)Handtasche *f*
tọrnjati se sich davontrollen, sich wegscheren, sich davonmachen; **tọrnjāj se!** scher dich weg!
torpedịrati *5 ipf*/*pf* torpedieren, mit e-m Torpedo versenken; *fig. Plan* verhindern
torpẽdnjača Torpedoboot *n*
torpẽdo Torpedo *m*
tọrzija Torsion *f*; *Med.* Verdrehung *f*
tȏrta Torte *f*
tortụ̄ra Tortur *f*, Folter *f*
tọtālan total, vollständig, gänzlich
tọtalitāran totalitär
tȍv *3* (*Pl* tọvovi) (*Schweine-*)Mast *f*, Mästung *f*
tọvar Ladung *f*, Fracht *f*, Frachtgut *n*
tọvarēnje Laden *n*, Verladen *n*, Beladen *n*
tọvarīšte Ladeplatz *m*; *Mar.* Laderaum *m*
tọvariti [na-] laden, aufladen, beladen; *Last* aufbürden (*a. fig.*)
tọvārn|ī Last-, Fracht-; **~ā težịna** Ladegewicht *n*
tọviti [u-] mästen
trabụnjati faseln, quasseln
trȃčak (-čka; *Pl* -čci) *Dim v.* **trȃk**; Schimmer *m*, Strahl *m*; **~ nȃdē** Hoffnungsschimmer *m*
trạčiti [prọ-] verschwenden, vergeuden
trạčerica Klatschtante *f*
trȃčnic|a Schiene *f*; **~e** Gleis *n*
trạdicija Tradition *f*, Überlieferung *f*
trạdicionālan traditionell, herkömmlich

tr̨afika Tabakladen *m*; Kiosk *m*
trafi̧kant(a) *m* Tabakhändler *m*; Kioskverkäufer *m*
tr̨afo-stạnica Trafostation *f*, Umspannwerk *n*
trạg (*Pl* trạgovi) Spur *f*, Fährte *f*; Fußspur *f*; **~ iza brọda** Kielwasser *n*; **bẹz ~a** spurlos; **bi̧ti** (*D*) **na ~u** *fig.* (*D*) auf der Spur sein; **i̧ći čijim ~om** in j-s Fußstapfen treten; **i̧di bẹz ~a!** geh zum Teufel; **ni ~a** keine Spur *od.* kein Lebenszeichen (**od** *G*/von *D*); **ụ̄ći u ~** *fig.* auf die Spur kommen; **zạmesti ~** *fig.* die Spur verwischen
trạgati suchen (**za** *I*/nach *D*), fahnden (nach *D*), forschen (nach *D*)
trạgēdija Tragödie *f*
trạgičan tragisch
trạgičār Tragödiendichter *m*; Tragödiendarsteller *m*
trạgičnōst (-osti; *ISg* -osti/-ošću) *f* Tragische(s) *n*, Tragik *f* (*a. fig.*)
trạgika → ***trạgičnōst***
tragikọmēdija *Lit.* Tragikomödie *f*
tragikọmičan tragikomisch
trȃjan dauernd, dauerhaft, konstant, beständig, stabil; **~ glạgol** *Ling.* duratives Verb
trạjānje Dauer *f*, Bestand *m*; **~ vȃžnosti** Geltungsdauer *f*, Gültigkeitsdauer *f*
trạjati (-jēm) dauern, andauern, fortdauern, weiterbestehen; *Geld*: ausreichen (**dọ nọvōg dọznaka** bis zur nächsten Überweisung); *Lebensmittel*: sich halten
trạjekt (*GPl* -kātā) Fährschiff *n*, Autofähre *f*
trȃjnōst (-osti; *ISg* -osti/-ošću) *f* Dauerhaftigkeit *f*, Beständigkeit *f*, Stetigkeit *f*
trȃk (*Pl* trạci/trȃkovi) (*Gummi-*, *Ton-*) Band *n*; Streifen *m*; **~ svjẹtla** Lichtstrahl *m*
trạkavica Bandwurm *m*
trạkt (*Gebäude-*)Trakt *m*; **prọbāvnī ~** Verdauungstrakt *m*
trạktāt *1* Traktat *n*
trạktor Traktor *m*
traktọrist(a) *m* Traktorfahrer *m*
traktọristica (*sb.* **-kinja**) Traktorfahrerin *f*
trạljav schäbig, zerfetzt, zerlumpt; (*Holz*) morsch; (*Kleidung*) abgetragen
trạljavac (-āvca) Lumpenkerl *m*; *verä.* Lump *m*

trạlje *f*/*Pl* Lumpen *Pl*, Fetzen *Pl*; Plunder *m*
tramȋnac (-nca) Traminer *m*
trạmvāj Straßenbahn *f*
tramvȃjac (-jca; *V* -jče) *2* Straßenbahnschaffner *f*, Straßenbahnfahrer *m*
trạmvājskī Straßenbahn-, Tram-
trankvilizạtēr *1 Med.* Tranquilizer *m*
transạkcija Transaktion *f*
transạtlantskī transatlantisch
trạnsfēr *1* Transfer *m*
transferȋrati *5 ipf*/*pf* transferieren
transformȃcija Transformation *f*
transfọrmātor Transformator *m*
trạnsfūzija Transfusion *f*; **~ kṛvi** Bluttransfusion *f*, Blutübertragung *f*
translitерȃcija Transliteration *f*
transliterȋrati *5 ipf*/*pf* transliterieren
transpạrent Transparent *n*
transparẹntan transparent
transplantȃcija Transplantation *f*, (*Organ-*)Verpflanzung *f*
transplantȋrati *5 ipf*/*pf* transplantieren, *Organ* verpflanzen
trạnsport Transport *m*, Beförderung *f*
transportȋrati *5 ipf*/*pf* transportieren, befördern
trạnsportn|ī Transport-; **~ō poduzẹ̄će** Transportunternehmen *n*
trạnzistorskī: **~ rạdio-apạrāt** Transistorradio *f*
trạnzīt *1* Transit *m*
trạnzitīvan *Gr.* (*Verb*) transitiv
trạnzitnī Transit-; **~ prọ̄met** Transitverkehr *m*
trạp (*Kartoffel-*)Grube *f*; *Flgw.* Fahrwerk *n*
trạperice *f*/*Pl* F Blue Jeans *Pl*
trạpiti se enthaltsam leben
trạsa Trasse *f*
trasȋrati *5 ipf*/*pf* *Straße*, *Wechsel* trassieren
trạtina Rasen *n*, Grasboden *m*
tratȋnčica Gänseblümchen *n*
trạtiti *Zeit*, *Geld* vergeuden, verschwenden
trauma Trauma *n*
trȃv|a Gras *n*, Kraut *n*; **čụti kako ~a rȃste** das Gras wachsen hören; **gdje ọn ụdarī, tū ~a nẹ rāstē** *fig.* wo der hinhaut, wächst kein Gras mehr; **ljekọvitē ~e** Heilkräuter *Pl*; **nije ~u pạsao** er ist nicht auf den Kopf gefallen; **od glȃvē do ~ē** *fig.* vom Scheitel bis zur Sohle

T

trāvan grasig
trávanj (-vnja) April *m*
trāvanjskī April-
travárica Kräuterschnaps *m*
travéstija Travestie *f*
trávnat grasbewachsen, grasig
trāvnjāk Rasen *m*, Grasfläche *f*
trážben (-o) Forderungs-
trážbina *Hdl.* Forderung *f*
trážen (-o) gesucht, verlangt, gefordert
tráženje Suchen *n*; Begehren *n*, Ersuchen *n*; Forderung *f*
tražilac (-ioca) → ***tražitelj***
tražitelj Sucher *m*, Fordernde(r) *m*
tr̄ážiti (-žen) **[po-]** suchen, nachforschen, auf der Suche sein (*A*/nach *D*); beanspruchen, fordern, verlangen; bitten (*A*/um *A*); *Anspruch* erheben; *Rente* beantragen; *Kosten* geltend machen; *Zustimmung*, *Erlaubnis* einholen; ~ ***dlaku u jājetu*** *fig.* ein Haar in der Suppe suchen; ~ ***račūn*** (**od** *G*) zur Rechenschaft ziehen (*A*); ~ ***riječ*** sich zu Wort melden
trāžnja → ***potrāžnja***
trbobolja Bauchschmerzen *Pl*
tȑbonja *m verä.* Dickwanst *m*, Fettwanst *m*
tŕbuh Bauch *m*; ***držati se za ~ od smijeha*** sich vor Lachen den Bauch halten; ***govoriti iz ~a*** bauchreden; ***ići ~om za kruhom*** *fig.* sich in der Fremde seinen Lebensunterhalt verdienen; ***nabījati*** ~ sich den Bauch vollschlagen; ***pustiti*** ~ dick werden
trbuhozbōrac (-rca) Bauchredner *m*
tŕbušast bauchig, gewölbt; dickbauchig, dick
tŕbušnī Bauch-; → ***maramica***
tŕčānje Laufen *n*, Lauferei *f*
tŕčati (-īm) laufen, rennen; nachlaufen (**za** *I*/*D*); ~ ***kao bez glāvē*** Hals über Kopf davonrennen
tŕčēm *1. Pers Sg v.* ***trkati***
tŕčēćī Lauf-; ***~m korākom*** im Laufschritt
tŕčka *Zool.* Rebhuhn *n*
trčkaralo *m* Laufbursche *f*
tŕčkarati hin und her laufen, herumlaufen
trèba|ti brauchen, benötigen; bedürfen (*G*); nötig haben; ~ (+*Inf*) es ist nötig (*zu*+*Inf*), es ist erforderlich (*zu*+*Inf*), man muß (+*Inf*); ***ako ti ne ~*** denkste!, Pustekuchen!; ***još bi nam tō ~lo!*** das hat uns gerade noch gefehlt!; ***kako ~*** wie es sich gehört; ***tako mu i ~!*** das geschieht ihm ganz recht!
trèćē drittens
trèćī dritte(r); → ***svijet***
trećina Drittel *n*
trećoškōlac (-lca) *2* Drittkläßler *m*
trèdmila *Sp.* Laufband *n*
trèf Kreuz *n*, Treff *n* (*Spielkarte*)
trēma Lampenfieber *n*; *Med.* Zittern *n*
trèn Augenblick *m*, Moment *m*; ***na ~ (oka)*** für e-n kurzen Augenblick; ***u jedan ~*** im Nu, im Handumdrehen
trènd Trend *m*; ***biti u ~u*** im Trend liegen
trēner Trainer *m*
trenīrati *5 ipf*/*pf* trainieren
trenīrka Trainingsanzug *m*
trenutačan augenblicklich, momentan
trenú|tak (-tka, *Pl* -uci) Augenblick *m*, Moment *m*; ***svijetlī ~ci*** *fig.* lichte Momente; ***zvjezdanī ~tak*** Sternstunde *f*
trenūtan → ***trenutačan***
trènu|ti (-nēm) (**treptati**) blinzeln, zwinkern; ***ne ~vši okom*** *fig.* ohne mit der Wimper zu zucken
trènje Reiben *n*; Reibung *f*
trèpavica Wimper *f*
trepérēnje Flimmern *n*; Geflimmer *n*; Flattern *n*
trepériti flimmern, flackern; vibrieren; *Stimme*: zittern; *Sterne*: funkeln
trèpet Zittern *n*, Beben *n*; Furcht *f*, Panik *f*; ***strāh i ~*** Angst und Schrecken
trèptati (-ćēm) → ***trenuti***
trēsak (-ska) → ***trijesak***
trèsēnje Schütteln *n*, Rütteln *n*
trèsēt Torf *n*, Moor *n*
trèska (*GPl* -ākā) Span *n*; Splitter *m*
trèskati → ***tresnuti***
trèsnuti (-nēm; -nuo, -nula; -nūt) **(-kati)** hauen, niederwerfen; krachen; ~ ***vrātima*** Tür zuknallen
trēsti (-ēsēm; -ēsao, -ēsla; -ēsen) **[ō-]** schütteln, rütteln; ~ ***glāvōm*** den Kopf schütteln; ~ ***se*** zittern, schlottern
trèšnja[1] (*GPl* -ānjā) (*Süß*-)Kirsche *f*; Kirschbaum *m*
trēšnja[2] Schütteln *n*, Rütteln *n*
trèšnjevača Kirschwasser *n*
trèšnjevina Kirschholz *n*
trèšnjik Kirschgarten *m*
trēštati (-īm) dröhnen, schmettern
tretīrati *5 ipf*/*pf Patienten*, *Problem* behandeln

tręṭmān *1 Med.* Behandlung *f*, (*medizinische*) Anwendung *f*
tręzōr *1* Tresor *m*, Geldschrank *m*
tręzven (-o) nüchtern
trezvęnjāčkī abstinent, antialkoholisch
trezvęnjāk *1* (*V* -če) Abstinenzler *m*, Antialkoholiker *m*
tȓg (*Pl* tṛgrovi) (*Stadt*-)Platz *m*, Markt *m*, Marktplatz *m*
tṛgānje Reißen *n*, Zerreißen *n*; *Med.* Gliederreißen *n*
tṛgati [pọ-] reißen; *Obst* lesen, pflücken; *poet. Blumen* brechen; ~ **se** *itr* reißen, zerreißen
tṛgnuti (-nēm; -gao, -gla; -gnūt) **(-zati)** reißen, ziehen; zucken; zerren; *Schwert* ziehen; *Wort* zurücknehmen; ~ **se** auffahren, zusammenfahren, zusammenzucken
tṛgovac (-ōvca) Kaufmann *m*, Händler *m*, Geschäftsmann *m*; ~ ***nạ malō*** Einzelhändler *m*; ~ ***na vẹliko*** Großhändler *m*; ~ ***vịnom*** Weinhändler *m*
tṛgovačk|ī kaufmännisch, geschäftsmäßig, kommerziell; Handels-; ***~ā kọmora*** Handelskammer *f*; ***~ī pọmočnīk*** kaufmännischer Angestellter; ***~ī pụtnīk*** Handelsreisende(r) *m*; ***~ī rẹgistar*** Handelsregister *n*
tṛgovānje Handeln *n*, Handelsverkehr *m*
tṛgọvati (tṛgujēm) handeln, Handel treiben (*I*/mit *D*)
tṛgọvčić Kleinhändler *m*, Krämer *m*
tṛgovina Handel *m*, Laden *m*, Geschäft *n*; ~ ***nạ malō*** Einzelhandel *m*; ~ ***na vẹliko*** Großhandel *m*; ~ ***vịnom*** Weinhandel *m*; ***slọbodnā*** ~ Freihandel *m*
tṛgovinsk|ī Handels-, kommerziell; ***~ō prẹdstāvnīštvo*** Handelsvertretung *f*; ***~ī spọrazūm*** Handelsabkommen *n*
tṛgovīšte Marktflecken *m*
trȋ drei; ***bịti na ~ ćọška*** schlechter Laune sein; ***dvạ-~ kọrāka*** ein paar Schritte, ein Katzensprung; ***2 Krālja*** *Rel.* die Heiligen Drei Könige, Epiphanie *f*
tribịna Tribüne *f*
trịbūn *1* Tribun *m*
trịbut *1* Tribut *m*, Beitrag *m*
trịc|e *f*/*Pl* Kram *m*, Plunder *m*, Kleinigkeiten *Pl*; ***bạviti se ~ama*** sich mit Lappalien abgeben; ***~e i kućine*** Lappalien *Pl*, Nichtigkeiten *Pl*
trịcikl Dreirad *n*
tričạrija → ***trịce***
trịčav bedeutungslos, nichtig, unbedeutend
trȋdesēt dreißig
trȋdesētī dreißigste(r)
tridesẹtina Dreißigstel *n*
tridesetogọdišnjī dreißigjährig
trijạda Triade *f*
trijẹbiti (-bljen) **[o-]** *7* klauben, auslesen; ~ ***ụši*** *od.* ***ụšijū*** lausen, Läuse suchen
trijem (*Pl* -ovi) *7* Halle *f*; Vorhalle *f*, Säulenhalle *f*; Treppenhaus *n*; Hausflur *m*
trijesak *7* (-ska; *Pl* trẹskovi) Knall *m*; Krach *m*; Donnerschlag *m*; ***zdrạv kao*** ~ kerngesund
triješće *7 n* Holzspäne *Pl*, Kleinholz *n*
trijẹzan (*LF* trịjeznī) *7* nüchtern, besonnen; ernst
trijẹznōst (-osti; *ISg* -osti/-ošću) *7 f* Nüchternheit *f*; Besonnenheit *f*; Ernst *m*
trijumf Triumph *m*, Siegeszug *m*
trijumfālan triumphal
trijumfịrati *5 ipf*/*pf* trimphieren, jubeln, frohlocken
trịk Trick *m*, Kniff *m*
trịkō (-ọa; *Pl* -ọi) Trikot *n*
trikotạža Trikotage *f*, Wirkwaren *Pl*
trilọgija Trilogie *f*
trịmestar (-tra) Trimester *n*
trịm-stạza *Sp.* Trimm-dich-Strecke *f*
trịmovati se (-ujēm se) *Sp.* sich trimmen
trịnaest dreizehn
trịnaestero dreizehn Personen (*verschiedenen Geschlechts*)
trịnaestī dreizehnte(r)
trinaestgọdišnjī dreizehnjährig
trinaestọrica dreizehn Personen (*männlichen Geschlechts*)
trịo (trịja) Trio *n*
trịptih Triptychon *n*
trȋput dreimal
trịsta dreihundert; ***ịmati ~ mūkā*** *fig.* seine liebe Not haben (**s** *I*/mit *D*)
trịvijālan trivial, alltäglich; (*Gespräch*) seicht
trịvijālnōst (-osti; *ISg* -osti/-ošću) *f* Trivialität *f*, Abgedroschenheit *f*, Seichtheit *f*
tȓk Lauf *m*, Laufen *n*, Rennen *n*; Galopp *m*; ***u ~u*** im Galopp
tṛka Rennen *n*, Wettrennen *n* (*a. fig.*) ~ ***na dụgē stạze*** Langstreckenrennen *n*; ***kọnjskā*** ~ Pferderennen *n*; ***prẹponskā*** ~ *Sp.* Hindernisrennen *n*

T

tr̥kāč *1* (*V* -u) *Sp.* Läufer *m*; Renner *m* (*Pferd*)
trkaćica *Sp.* Läuferin *f*
tr̥kāć|ī Renn-; **~ā kola** Rennwagen *m*; **~ā staza** Rennbahn *f*
tr̥kalīšte Rennbahn *f*
tr̥kati se (-čēm se) umherlaufen, hin- und herlaufen
tr̥klja Stange *f*, Pflock *m*
tr̥ljati [is-] (ab)reiben, massieren; **~ rụke** *fig.* sich die Hände reiben
tr̥ma Lavendel *m*
tr̥n (*Pl* tr̥novi) Dorn *m*, Stachel *m*; **biti ~ u oku** *fig.* ein Dorn im Auge sein
tr̥nci *m*/*Pl* (tr̥nācā) *Med.* Kribbeln *n*; **prolazē** (*A*) **~** es läuft j-m kalt über den Rücken
trnokop Karst *m*; Spitzhacke *f*
tr̥nov dornig, Dornen-; **ići ~ōm stazōm** *fig.* e-n dornenreichen Weg gehen
tr̥nuti¹ (-nēm) **[u-]** steif werden; *Bein*: einschlafen
tr̥nuti² (-nēm) **[u-]** löschen, *Kerze* ausblasen
tr̥nj|e Dornen *Pl*, Gestrüpp *n*; **baciti koplje u ~e** *fig.* die Flinte ins Korn werfen; **nēmā rụžā bez ~ā** *Sprw.* keine Rose ohne Dornen; **provesti se kao bōs po ~u** *fig.* schlecht davonkommen
tr̥njēnje *Med.* Pelzigkeit *f*
trobōj *Sp.* Dreikampf *m*
trobōjan dreifarbig
trobōjka, -nica Trikolore *f*
trocetvr̥tīnskī dreiviertel-; **~ takt** *Mus.* Dreivierteltakt *m*
trodijelan dreiteilig
trodimenzionālan dreidimensional
trodnēvnī dreitägig
trofāzn|ī Dreiphasen-; **~ā strụja** *El.* Dreiphasenstrom *m*
trofēj *1* Trophäe *f*
troglasan dreistimmig
trogodišnjī dreijährig, Dreijahres-
trojāk dreifach, dreierlei
trōjci (trōjākā) *m*/*Pl* Drillinge *f*
troje drei Personen (*Männer und Frauen*); **biti ~** zu dritt sein
trojica drei Personen (*männlichen Geschlechts*)
trōjka Drei *f*, Dreier *m* (*Bus, Schulnote etc.*); Troika *f*
trōjn|ī dreifach; **pravilo ~o** *Math.* Goldener Schnitt

trōjstvo *Rel.* Dreieinigkeit *f*, Dreifaltigkeit *f*, Trinität *f*
trokatan dreistöckig
trokatnica dreistöckiges Haus
trokolica Dreirad *n*
trokrak (*Leuchter*) dreiarmig; (*Tisch*) dreibeinig
trokrilan dreiflügelig (*Fenster etc.*)
trokūt Dreieck *n*; **istokračan ~** gleichschenkliges Dreieck; **pravokūtan ~** rechtwinkliges Dreieck; **raznostrạničan ~** ungleichseitiges Dreieck
trolejbus Oberleitungsbus *m*, O-Bus *m*
trolīst (*Pl* -ovi) dreiblättriges Kleeblatt
trom träge, schwerfällig, unbeweglich, plump, langsam
trombōza Thrombose *f*
tromeđa Dreiländereck *n*, Dreiländergrenze *f*
tromjesečan dreimonatig, dreimonatlich
tromjesēčje Vierteljahr *n*; Quartal *n*; (*Schule*) Trimester *n*
tromōst (-osti; *ISg* -osti/-ošću) *f* Trägheit *f*, Schwerfälligkeit *f*, Plumpheit *f*, Langsamkeit *f*
tromotōran dreimotorig
tronog Dreifuß *m*; Stativ *n*
tronožac (-žca) Dreifuß *m*, Dreifußkrücke *f*
tronūt gerührt, ergriffen
tronuti (-nēm) *pf* (*seelisch*) rühren, berühren, ergreifen; **~ se** gerührt sein, bewegt sein
trōpi *m*/*Pl* Tropen *Pl*
tropjev Dreigesang *m*, Trio *n*, Terzett *n*
tropoljnī *Agr.* Dreifelder-
tropskī tropisch, Tropen-
trorog Dreispitz *m*; Dreiender *m*
troska Schlacke *f*; Sinter *m*
troskok *Sp.* Dreisprung *m*
troskokāč *Sp.* Dreispringer *m*
trosložan dreisilbig
trosoban Dreizimmer-
trostran (-o) dreiseitig, trilateral
trostručiti verdreifachen
trostruk dreifach
troš|ak (-ška, *Pl* -škovi) Ausgaben *Pl*, Auslagen *Pl*, Kosten *Pl*; **dati se u ~kove** sich in Unkosten stürzen; **na svōj ~ak** auf eigene Kosten; **o jednōm ~ku** *fig.* in e-m Aufwasch; **pogonskī ~kovi** Betriebskosten *Pl*, Betriebsausgaben *Pl*; **pụtnī ~kovi** Reisekosten *Pl*, Spesen

T

Pl; **stālnī ~kovi** Fixkosten *Pl*; **žīvjeti o tūđēm ~ku** auf fremde Kosten leben; **žįvotnī ~kovī** Lebenshaltungskosten *Pl*

trošan schadhaft, verschlissen; (*Kleid*) abgetragen; (*Gebäude*) baufällig; (*Mensch*) (*alters-*)schwach

trošarina Verbrauchssteuer *f*

trošēnje Verbrauch *m*, Konsum *m*

trošiti (-šen) **[po-, is-]** verbrauchen, verzehren; *Geld* ausgeben; *Medikament* einnehmen; *Energie* verbrauchen; **~ jęzik** *fig.* in den Wind reden; **~ žįvce** Nerven strapazieren; **ne vrijęditi ~ rįječi** man braucht keine Worte zu verlieren (**o** *L*/über *A*); **~ se** sich abnutzen, sich verbrauchen; *Gebäude*: verfallen

troškōvnīk Kostenvoranschlag *m*, Kostenaufstellung *f*

trošnōst (-osti; *ISg* -osti/-ošću) *f* Schadhaftigkeit *f*; Altersschwäche *f*; (*Haus*) Baufälligkeit *f*

trotoār *1* Gehweg *m*, Trottoir *n*, Bürgersteig *m*

trougao (-gla) → **trokūt**

trovāč *1* Giftmischer *m*

trovānje Vergiften *n*, Vergiftung *f*; **~ krvi** Blutvergiftung *f*

trovati (trujēm) **[o-]** vergiften; **~ se** sich vergiften

trovatelj Giftmischer *m*

trovatęljica Giftmischerin *f*

trozūb Dreizack *m*

tȓpak (-pko) herb, bitter

tȓpati [s-] hineinstopfen, füllen; **sve ~ u jędan lonac** *fig* alles in e-n Topf werfen

trpęljiv duldsam, tolerant

tȓpeza Tisch *m*

trpezarija Eßzimmer *n*

tȓpjeti (-īm; -pio, -pjela) leiden, erleiden, erdulden, ertragen; **papir tȓpī sve** *fig.* Papier ist geduldig; **ne ~** nicht leiden können

tȓpljēnje Leiden *n*, Erleiden *n*, Dulden *n*, Erdulden *n*

tȓpn|ī: ~ī oblīk, ~ō stānje *Gr.* Passiv *n*

tȓs Rebe *f*, Rebstock *m*

tȓsiti se sich bemühen, sich Mühe geben

tȓska (*GPl* -kī) (*Zucker-, Schilf-*)Rohr *n*

tȓti (trēm/tarēm; *Imp* tari; tro, trla; trt/trven *6* **[o-]** reiben, massieren; *Augen* reiben; *Flachs* brechen; **~ glāvu** *fig.* sich den Kopf zerbrechen; **~ rūke** sich (zufrieden) die Hände reiben

tȓtica *Anat.* Steiß *m*; (*Vogel*) Bürzel *m*; (*Reh*) Spiegel *m*

trūba Trompete *f*; *Kfz.* Hupe *f*

trubāč *1* (*V* -u) Trompeter *m*, Hornist *m*

trubadūr *1* Troubadour *m*

trūbiti trompeten, Trompete blasen; *Kfz.* hupen

trūd (*Pl* -ovi) Mühe *f*, Bemühung *f*, Anstrengung *f*; *Med.* Wehen *Pl*; **nę žaliti ~a** keine Mühe scheuen; **uzalud ~a i mūkā** vergebliche Liebesmüh

trūd|an müde, erschöpft; **~nā** schwanger

trudbenīk Werktätige(r) *m*, Arbeitende(r) *m*

trūditi se [po-] sich bemühen, sich Mühe geben

trūdnā → **trūdan**

trūdnica Schwangere *f*

trūdničk|ī: ~ō bolovānje Mutterschaftsurlaub *m*

trudnoća Schwangerschaft *f*

trūdovi *m*/*Pl* Wehen *Pl*, Geburtswehen *Pl*

trūlež *m*/*f* Fäulnis *f*, Fäule *f*; Moder *m*

trulī faul, verfault; modrig; (*Holz*) morsch

trūn (*Holz-*)Splitter *m*; Körnchen *n*, Stäubchen *n*

trū|nak (-nka, *Pl* -nci) Körnchen *n*; *fig.* Funken *m*; **nēmā ni ~nka pamēti** *fig.* er hat keinen Funken Verstand

trūniti se abbröckeln, zerkrümeln

trūnuti (-nēm) **[is-]** faulen, verfaulen; modern, verwesen; sich zersetzen

truo (-ulo) → **trulī**

trūp (*Pl* -ovi) (*Baum-*)Stamm *m*; (*Körper, Flugzeug*) Rumpf *m*; (*Tier-*)Kadaver *m*

trupa Truppe *f*

trūpac (-pca) Baumstamm *m*, Klotz *m*

trūsiti ausstreuen; *Glas* ausleeren, austrinken

trūt (*Pl* -ovi) *Zool.* Drohne *f*; *fig.* Nichtstuer *m*, Faulenzer *m*

trvēnje Reibung *f*, Reiben *n*

tȓzāj Zuckung *f*, Zucken *n*; *Med.* Krampf *m*; (*Schußwaffe*) Rückstoß *m*; **posljednjī ~ī** *fig.* die letzten Zuckungen

trzati (-zām/-žēm) → **trgnuti**

tȓžīšnī Markt-

tȓžīšte Markt *m*, Absatzmarkt *m*; Marktplatz *m*; **rādnō ~** Arbeitsmarkt *m*; **svjętskō ~** Weltmarkt *m*

tȓžnica Markthalle *f*, Marktplatz *m*

tū *örtl* hier, da; *zeitl* da, zu dieser Zeit; **~ i**

tạmo hier und da; ab und zu; ***ni ~ ni tạmo*** nirgends
tụ̄ba *Mus.* Tuba *f*
tuberkulọ̄za Tuberkulose *f*
tụberkulōzan tuberkulös
tụcati [is-] stoßen, stampfen; klopfen; ***~ se*** aneinanderstoßen
tục|e (-eta; *Pl* -ẹta; *GPl* -ẹ̄tā) Dutzend *n*; ***na ~ẹta*** dutzendweise; ***vẹlikō ~e*** Gros *n* (*zwölf Dutzend*)
tụča Hagel *m*; → ***tụčnjava***
tụčak (-čka; *Pl* -čci) Stößel *m*; *Bot.* Fruchtknoten *m*; Stempel *m*
tụčnjava Schlägerei *f*, Prügelei *f*, Rauferei *f*
tụ̄ći (-čēm; *Imp* tụ̄ci; -kao, -kla; -čen *6*) **[ịs-, pọ-]** schlagen, hauen, prügeln; klopfen; stoßen, stampfen; *Feind* besiegen; *Sp.* schlagen; *Herz*: pochen; *Uhr*: schlagen; ***~ dọ nogū*** vernichtend schlagen; ***~ vlạstitīm ọrūžjem*** *fig.* mit seinen eigenen Waffen schlagen; ***~ se*** sich schlagen, sich prügeln
tụd(a) hierin, dorthin
tụ̄đ fremd, ausländisch; ***~ā kọ̄st*** ein Fremder; ***kịtiti se ~īm pẹ̄rjem*** *fig.* sich mit fremden Federn schmücken; ***žī̧vjeti na ~i rạčūn*** auf Kosten anderer leben
tụđēnje Entfremden *n*, Entfremdung *f*
tụđica Fremdwort *n*
tụđin → ***tuđī̧nac***
tuđịn|a Fremde *f*, Ausland *n*; ***ịći u ~u*** in die Fremde ziehen
tuđī̧nac (-nca; -nče) *2* Fremde(r) *m*, Fremdling *m*, Ausländer *m*; → ***strạ̄nac***
tụđīnka (*D* -ki; *GPl* -kī) Fremde *f*, Ausländerin *f* → ***strạnkinja***
tụđīnsk|ī fremd, fremdländisch, ausländisch → ***vlạ̄st***
tụ̄điti se [o-] sich entfremden (***od*** *G*/von *D*); aus dem Weg gehen (***od*** *G*/*D*)
tụ̄|ga Trauer *f*, Gram *f*, Kummer *m*; ***bịti u dụbokōj ~zi*** großen Kummer haben; ***pụći*** *od.* ***ụmrijēti od ~gē*** vor Kummer vergehen
tugạljiv traurig, trübselig, betrübt
tugọvati (tụgujēm) trauern (***za*** *I*/um *A*); betrauern (*A*); sich grämen (um *A*)
tụka (*D* -ki; *GPl* -kī) Truthenne *f*, Pute *f*
tụ̄kac (-kca) Truthahn *m*, Puter *m*
tulịpān *1* Tulpe *f*
tụ̄liti [u-] brüllen, schreien; heulen
tụ̄ljak (-ljka; *Pl* -ljci) *Tech.* (*Ansatz-*)Rohr *n*; Hülse *f*
tụljan Seehund *m*
tụ̄ljēnje Brüllen *n*; Heulen *n*; Schreien *n*
tụmāč *1* (*V* -u) Dolmetscher *m*; (*Traum-*)Deuter *m*, Ausleger *m*; ***zạ̄kletī ~*** vereidigter Dolmetscher
tumạ̄čēnje Auslegung *f*, Erklärung *f*, Erläuterung *f*; Dolmetschen *n*
tumạ̄čiti [pro-] erklären, auslegen, deuten; dolmetschen; *Theaterfigur* darstellen
tumạ̄rati bummeln, umherstreichen, herumirren
tụmbati [s-] umwerfen, umkippen, umstürzen; ***ne tụmbāj!*** nicht stürzen!
tụmbē *Adv* verkehrt, durcheinander; ***prevṝnuti svẹ ~*** alles auf den Kopf stellen
tụ̄mor *1 Med.* Tumor *n*; ***dobrọćudnī*** (***zlọćudnī***) ***~*** gutartiger (bösartiger) Tumor
tụ̄na Thunfisch *m*
tụnēl *1* Tunnel *m*
tụnina Thunfisch(fleisch *n*) *m*
Tụnižanin (*Pl* -āni) Tunesier *m*
Tụnižānka (*D* -ki; *GPl* -kī) Tunesierin *f*
tụ̄p (*Gegenstand*) stumpf, abgestumpft; (*Mensch*) stumpfsinnig, blöd; apathisch; ***~ī kụ̄t*** *Geom.* stumpfer Winkel; ***~ī pọglēd*** stumpfsinniger Blick
tụ̄piti [o-] abstumpfen, stumpf machen
tụpjeti (-im; -pio, -pjela) **[o-]** stumpf werden; abstumpfen
tụplī̧ *Komp v.* ***tụ̄p***
tupọ́ća → ***tụ̄pōst***
tupọglav stumpfsinnig, blöd, beschränkt
tupọglavac (-āvca) F Blödian *m*, Dummkopf *m*
tupọkutan *Geom.* stumpfwink(e)lig
tụ̄pōst (-osti; *ISg* -osti/-ošću) *f* Stumpfheit *f*; Abgestumpftheit *f* (*a. fig.*) Stumpfsinnigkeit *f*, Blödheit *f*; Apathie *f*
tụ̄r¹ (*Pl* tụrovi) *Zool.* Auerochse *m*, Ur *m*
tụ̄r² (*Pl* tụrovi) Hosenboden *m*; Hintern *m*, Gesäß *n*; ***dọbiti po ~u*** eine Tracht Prügel bekommen; ***ịmati pụn ~*** *fig.* die Hosen gestrichen voll haben; ***isprạ̄šiti ~*** j-m den Hintern versohlen
tụ̄ra Tour *f*, Ausflug *m*; Wanderung *f*
tụ̄rānje Schieben *n*; Drängen *n*; Stoßen *n*
tụ̄rati [-nuti] schieben; stoßen; hineinstecken; ***~ svọ̄j nọ̄s*** (***u*** *A*) *fig.* seine Nase hineinstecken (in *A*)
tụrbān *1* Turban *m*

tụrbo: ~ ***punjāč*** Turbolader *m*
turbịna Turbine *f*
Tụ̄rci *Pl v.* ***Tụrčin***
Tụrčin (*Pl* Tụ̄rci, *GPl* Tụrākā) Türke *m*
tụrist(a) Tourist *m*
turịstičkī touristisch, Touristen-; Fremdenverkehrs- → ***ụred***
tụristkinja Touristin *f*
turịzam (-zma) Tourismus *m*, Fremdenverkehr *m*
tụriti → ***tụ̄rati***
Tụrkinja Türkin *f*
tụrnīr *1* Turnier *n*; Wettkampf *m*; ***ẹkshibicījskī*** ~ *Sp.* Schauturnier *n*
tụrnus Turnus *m*; regelmäßiger Wechsel
tụrnuti (-nēm) *pf* → ***tụ̄rati***
tụrōban trübsinnig, melancholisch, schwermütig; (*Farbe, Wetter*) düster
tụrobnōst (-osti; *ISg* -osti/-ošću) *f* Trübsinn *m*, Melancholie *f*, Schwermut *f*; (*Farbe, Wetter*) Düsterkeit *f*
tụrpija Feile *f*, Raspel *f*
turpịjati [is-] feilen, raspeln; *fig.* ausfeilen, verbessern
Tụrska (*L* -ōj) Türkei *f*
tụ̄st fett, feist; ~***ā životinja*** Mastvieh *n*
tụš[1] (*Pl* -evi) Dusche *f*, Brause *f*; ***hlādan*** ~ (*a. fig.*) kalte Dusche
tụš[2] Tusche *f*
tušịrati *5 ipf/pf* duschen, e-e Dusche nehmen
tụ̄tanj (-nja; *Pl* tụtnjevi) Dröhnen *n*, Gedröhn *n*; Donner *m*
tụtkalo (*Tischler*-)Leim *m*
tụtnjava Getöse *n*, Gedröhn(e) *n*; ~ ***tọpōvā*** Geschützdonner *m*
tụtnjiti dröhnen, donnern; *Donner*: rollen
tụ̄tor Tutor *m*; *Jur.* Vormund *m*
tụ̄torskī vormundschaftlich
tụ̄torstvo *Jur.* Vormundschaft *f*; ***stạviti pod*** ~ unter Vormundschaft stellen
tụ̄viti [u-]: ~ ***ụ glāvu*** *Lehrstoff* einbläuen
tụzemac (-ēmca) Einheimische(r) *m*, Inländer *m*
tụzēmnī inländisch
tuzẹ̄mstvo Inland *n*
tužạkalo → ***tụžibaba***
tužạkati verraten; (*Schule*) verpetzen
tụžāljka (*GPl* -kī) Wehklagen *n*, Klagegesang *m*; Totengesang *m*; Klageweib *n*
tụ̄žan traurig, trübsinnig, niedergeschlagen, wehmütig
tụžb|a (*GPl* -bī) *Jur.* Klage *f*, Klageschrift *f*, Anklage *f*; ***ọdbiti*** ~***u*** e-e Klage abweisen; ***pọdići*** *od.* ***pọdnijeti*** ~***u*** Klage erheben; ***pọvūći*** ~***u*** e-e Klage zurückziehen; ***prẹthodnā*** ~***a*** *Jur.* Vorausklage *f*
tụžben (-o) Klage-; ~***ī zạ̄htjev*** Klageantrag *m*
tụ̄ženī[1] (-ōga) *Adj* beklagt
tụ̄ženī[2] (-ōga) *Su* Beklagte(r) *m*, Angeklagte(r) *m*, Angeschuldigte(r) *m*
tužẹnīk *1* (*V* -če) → ***tuženī***[2]
tụžibaba *m, f* Petzer *m*, Querulant *m*
tụžilac (-ioca) → ***tụžitelj***
tužịlačkī *Jur.* klägerisch, Klage-
tụžilaštvo: ***jạvnō*** ~ Staatsanwaltschaft *f*
tụžilja → ***tụžiteljica***
tụžitelj Kläger *m*, Ankläger *m*; ***jạvnī*** *od.* ***držāvnī*** ~ Staatsanwalt *m*
tụžiteljica Klägerin *f*, Anklägerin *f*; ***jạvnā*** *od.* ***dr̥žāvnā*** ~ Staatsanwältin *f*
tụ̄žiti klagen, anklagen, verklagen (***za nạknadu štẹtē*** auf Schadensersatz); anzeigen; (*Schule*) verpetzen; ~ ***se*** klagen (***na*** *A*/über *A* *od. Jur.* ***prọtiv*** *A*/gegen *A*)
tvạ̄r (-i) *f* Stoff *m*, Materie *f*, Substanz *f*
tvọ̄j (tvọje) *Pron* dein; ~***ā dọbrā vọlja*** ganz wie du willst
tvọ̄r[1] (*Pl* tvọrovi) *Zool.* Iltis *m*; ***smr̥djeti*** *od.* ***zaụdarati kao*** ~ stinken wie die Pest
tvọ̄r[2] (*Pl* tvọrovi) Tat *f*, Handeln *n*; ***zbọrom i*** ~***om*** mit Rat und Tat
tvọ̄rac (-rca; *V* -rče) Schöpfer *m*, Urheber *m*
tvọ̄r|an tätlich, handgreiflich; ~***nī nạpadāj*** tätlicher Angriff
tvọrba (*GPl* -bī) Bildung *f*, Herstellung *f*, Schaffung *f*; ~ ***riječī*** *Ling.* Wortbildung *f*
tvọrevina Schöpfung *f*, Gebilde *n*, Werk *n*
tvọriti [s-] bilden, erzeugen, schaffen; herstellen, erzeugen
tvọrivo Material *n*, Rohstoff *m*
tvọ̄rnica Fabrik *f*, Werk *n*
tvọ̄rničār Fabrikant *m*, Fabrikbesitzer *m*
tvọ̄rničkī Fabrik-; ~ ***rạdnīk*** Fabrikarbeiter *m*
tvr̂d hart, fest; (*Fleisch*) zäh; ~***ā glạva*** begriffsstutziger Mensch; ***kao kạmēn*** steinhart; ~ ***na pạru*** geizig, knickerig; ~ ***zạlogāj*** *fig.* harter Brocken; ***bịti*** ~ ***na ụšima*** schwerhörig sein; ***bịti*** ~***ā srca*** hartherzig sein
tvr̥dica *m, f* Geizhals *m*, Geizkragen *m*
tvr̂diti behaupten, *Sachverhalt* versi-

T

chern; *Verdacht* erhärten; *Phys.*, *Chem.* härten
tvr̩dnuti (-nēm; -nuo, -nūla) [**ọ-**] hart werden
tvȓdnja (*GPl* -njī) Behauptung *f*, Versicherung *f*; ***čịnjeničnā ~*** *Jur.* Tatsachenbehauptung *f*
tvrdọća Härte *f*, Festigkeit *f*; Hartherzigkeit *f*; Unnachgiebigkeit *f*
tvrdọglav eigensinnig, starrsinnig, starrköpfig
tvrdọglavac (-āvca) Starrkopf *m*, sturer Kerl
tvrdọglavōst (-osti; *ISg* -osti/-ošću) *f* Eigensinn *m*, Starrsinn *m*, Sturheit *f*
tvrdọkōran hartnäckig, halsstarrig; verstockt; hartherzig
tvrdokọ̄rnōst (-osti; *ISg* -osti/-ošću) *f* Hartnäckigkeit *f*; Halsstarrigkeit *f*, Verstocktheit *f*; Hartherzigkeit *f*
tvr̩đava Festung *f*, Festungsanlage *f*
tvr̩đavica *Dim v.* ***tvr̩đava***; Zitadelle *f*, Kastell *n*
tvr̩đī *Komp v.* ***tvȓd***
tvr̩tka (*GPl* -kī) Firma *f*; ***pọdružnā ~*** Tochterfirma *f*

U

U u *n*
u *Präp örtl* (*Wohin? A*) in (*A*), zu (*D*), nach (*A*); (*Wo? L*) in (*D*), an (*D*); ***~ nędjelju*** am Sonntag; ***~ ọsam sāti*** um acht Uhr; ***~ rọku od*** (*G*) binnen (*G*); *fig.* ***~ rẹ̄du*** in Ordnung; ***u̧ tebe*** bei dir
ubą̄citi *5* (**-acīvati**) einwerfen, hineinwerfen; ***~ se*** sich einschleichen
ubacīvati (-ąčujēm) → ***ubą̄citi***
ubą̄dati *5* → ***u̧bosti***
u̧bav anmutig; hübsch, reizend
u̧bavōst (-osti; *ISg* -osti/-ošću) *f* Anmut *f*, Liebreiz *m*
ubẹrēm *1. Pers Sg v.* ***u̧brati***
ubīca *sb.* → ***u̧bojica***
ubīstvo *sb.* → ***ubọ̄jstvo***
ubījānje Töten *n*, Morden *n*; Totschlag *m*
ubījati *5* → ***u̧biti***
u̧bilačkī mörderisch; *fig.* furchtbar
ubilježą̄vati *5* [**ubịlježiti**] aufschreiben, notieren, eintragen
u̧bilježba (*GPl* -žābā/-žbī) Eintragung *f*, Notiz *f*
ubịlježiti → ***ubilježą̄vati***
ubịrāč *1* (*V* -u) Sammler *m*; ***~ pọrēzā*** Steuereinnehmer *m*
u̧birānje Einsammeln *n*; (*Steuern*) Erhebung *f*
u̧birati (-ēm) [**u̧brati**] einsammeln; *Gebühren*, *Steuern* erheben
ubīstvo *sb.* → ***ubọ̄jstvo***
u̧bitačan tödlich; *fig.* entsetzlich
u̧biti (-ijēm; -io, -īla; -ịjen *6*) (**-ījati** *5*) töten, ermorden, umbringen; erschlagen, totschlagen; *Wild* erlegen; *Schwein* schlachten; *fig. Zeit*, *Langeweile* totschlagen; ***~ u̧ glāvu*** zugrunde richten; ***~ u pọjam*** frustrieren, fertigmachen; ***~ vọlju*** entmutigen; ***grọ̄m te u̧bio!*** der Teufel soll dich holen!; ***jẹdnīm u̧dārcem ~ dvije mụhē*** *fig.* zwei Fliegen mit e-r Klappe schlagen; ***~ se*** sich das Leben nehmen, Selbstmord begehen
ublažą̄vati *5* → ***ublą̄žiti***
ublažẹ̄nje Linderung *f*, Milderung *f*; ***srẹdstvo za ~*** Linderungsmittel *n*
ublą̄žiti *5* (u̧blažen) (**-ažą̄vati** *5*) lindern, mildern, besänftigen → ***okọ̄lnōst***
ublažīvati (-ąžujēm) → ***ublą̄žiti***
u̧bō *Part v.* ***u̧bosti***
u̧bod Stich *m*; ***~ nọ̄žem*** Messerstich *m*
ubọdēm *1. Pers Sg v.* ***u̧bosti***
u̧bog arm, armselig, bedürftig; *fig.* unglücklich
u̧bojica *m, f* Mörder *m*, Mörderin *f*
ubọ̄jstvo Mord *m*, Ermordung *f*, Tötung *f*, Totschlag *m*; ***~ iz nẹhata*** *Jur.* fahrlässige Tötung; ***~ iz nịskīh pọbudā*** *Jur.* Mord aus niederen Beweggründen; ***~ s prẹdumišljājem*** *Jur.* vorsätzlicher Mord
u̧bosti (-bọdēm; u̧bō, u̧bōla; ubọden) (**ubą̄dati** *5*) stechen; hineinstechen; ***~ u̧***

U

srce *fig.* ins Herz treffen; ~ **se** sich stechen
uboštvo Armut *f*
ubrājati *5* → ***ubrojiti***
ubrati (uberēm; ubrao, -āla; ubrān) (**ubirati**) *Obst*, *Blumen* pflücken; (*ungültiges*) *Geld* einziehen; ~ ***pljęsak*** Applaus ernten
ubrizgati (**-gāvati** *5*) einspritzen, injizieren
ubrizgavāč *1*: ~ ***gorīva*** *Kfz*. Einspritzventil *n*
ubrojiti *5* (**ubrājati** *5*) mitzählen, mitrechnen; dazurechnen
ubrojiv zuzählbar; ***ūmno*** ~ zurechnungsfähig
ubrus Serviette *f*
ubrzāč *1 Phys*. (*Teilchen-*)Beschleuniger *m*
ubrzān (-o) beschleunigt
ubrzānje Beschleunigen *n*; Beschleunigung *f*
ubrzati (**-zāvati** *5*) beschleunigen, vorantreiben, forcieren; ~ **se** sich beeilen
ubrzavāč *1* → ***ubrzāč***
ubrzāvānje Beschleunigen *n*, Forcieren *n*
ubrzāvati *5* → ***ubrzati***
ubrzo *Adv* bald, demnächst, in Kürze
ubudūće künftig, in Zukunft, weiterhin
ucijęniti *5/7* (ucijenjen) (**ucjenjīvati**) erpressen; ~ (*G*) ***glāvu*** e-n Preis auf j-s Kopf aussetzen
ucijępiti *5/7* (**ucjeplīvati**) einimpfen; *Bot*. veredeln; *fig*. einprägen
ucjen|a Erpressung *f*; Lösegeld *n*; ***raspīsati*** **~*u*** e-e Belohnung aussetzen (**za** *A*/auf *A*)
ucjenjivāč *1* (*V* -u) Erpresser *m*
ucjenjīvati (-ęnjujēm) → ***ucijęniti***
ucrtati (**-tāvati** *5*) einzeichnen
ucrvati se *pf* wurmstichig *od*. madig werden
ucvīliti *5 pf* betrüben; zur Verzweiflung bringen
učahuriti se (**-hurīvati se**) sich verpuppen; sich einkapseln (*a. fig*.)
učahurīvati se (-urujēm se) → ***učahuriti se***
učen (-o) gelehrt, gebildet; wissenschaftlich, akademisch
učenica Schülerin *f*
učenīčkī schülerhaft; Schüler-
učenīk Schüler *m*; *fig*. Jünger *m*
učenōst (-osti; *ISg* -osti/-ošću) *f* Gelehrsamkeit *f*, Gelehrtheit *f*
učenjāk *1* Gelehrte(r) *m*, Wissenschaftler *m*, Forscher *m*
učēnje Lernen *n*, Studium *n*
učesnica *sb*. Teilnehmerin *f*; Teilhaberin *f*; (*Unfall-*)Beteiligte *f*
učesnīk *sb*. Teilnehmer *m*; Teilhaber *m*; (*Unfall-*)Beteiligte(r) *m*
učestalōst (-osti; *ISg* -osti/-ošću) *f* Häufigkeit *f*; Frequenz *f*
učestvovati (-vujēm) *sb*. teilnehmen, sich beteiligen (**u** *L*/an *D*)
učēšće Beteiligung *f*, Teilnahme *f* (**u** *L*/an *D*); ***dubokō*** ~ tiefe Anteilnahme (*Kondolenz*); ***uzēti*** ~ teilnehmen, sich beteiligen
učetvero zu viert
učetverostručiti vervierfachen
učilīšte Lehranstalt *f*
učin|ak (-īnka; *Pl* -īnci) Leistung *f*; Wirkung *f*; Auswirkung *f*, Effekt *m*; ***plāća po*** **~*ku*** Leistungslohn *m*; ***prāvnī*** **~*ak*** *Jur*. Rechtswirkung *f*; ***rādnī*** **~*ak*** Arbeitsleistung *f*
učinilac (-ioca), **-itelj** Täter *m*
učiniti *5* (učinjen) *pf* tun, machen, begehen; bewirken, bewerkstelligen, zustandebringen, ausrichten; erweisen; *Eindruck*, *Karriere*, *Angebot* machen; *Bekanntschaft* schließen; *Dienst* erweisen; *Fehler*, *Straftat* begehen; *Leder* gerben; *Unrecht* tun; *Opfer* bringen; ~ ***čuda*** Wunder vollbringen; ~ (*D*) ***krāj*** *fig*. (*D*) ein Ende bereiten; ~ (*D*) ***mędvjeđu uslugu*** *fig*. j-m e-n Bärendienst erweisen; ~ (*D*) ***nažao*** j-m etw. zuleide tun; ~ (*D*) ***za ljūbav*** etw. j-m zuliebe tun; ~ **se** vorkommen, scheinen; ***męni se učinilo*** mir schien es, mir kam es so vor
učionica Schulzimmer *n*, Lehrsaal *m*
učitelj Lehrer *m*, Lehrkraft *f*
učiteljevati (-tęljujēm) Lehrer sein, den Lehrerberuf ausüben
učiteljica Lehrerin *f*
učitēljka → ***učiteljica***
učiteljskī Lehr-, Lehrer-
učiti [**na-**] *Lehrer*: lehren, unterrichten, unterweisen; (*nur ipf*) *Schüler*: lernen, studieren; *Handwerk* erlernen; ~ ***knjigu*** sich bilden; ~ ***napamet*** auswendig lernen
učlāniti *5* (**-anjīvati**) als Mitglied aufnehmen; ~ **se** Mitglied werden
učmalōst (-osti; *ISg* -osti/-ošću) Träg-

U

heit *f*, Passivität *f*, Stumpfheit *f*, Apathie *f*
ụčmao (-alo) (*geistig*) träge, stumpf, apathisch, passiv
ụčtiv höflich, artig, wohlerzogen
ụčtivōst (-osti; *ISg* -osti/-ošću) Höflichkeit *f*
učvṛstiti *5* (ụčvr̄šćen) (**-ršćị̄vati**) festigen, befestigen, verstärken, sichern; *Schraube* festdrehen
učvršćị̄vati (-ṛšćujēm) → ***učvṛstiti***
ṹći (ṹđēm; *Imp* ṹđi; ụšao, ụšla) (**ụlaziti**) hereingehen, hineingehen, eintreten; einmarschieren; einsteigen; ~ ***kao vjẹtar*** hereinstürmen; ~ ***prẹko rẹ̄da*** sich vordrängeln; ~ ***u gọdine*** in die Jahre kommen, älter werden; ~ ***ụ kr̄v*** *fig.* in Fleisch und Blut übergehen; ~ ***ụ lūku*** *Schiff*: einlaufen; ~ ***u mọ̄du*** in Mode kommen (*a. fig.*); ~ ***u pọvijēst*** in die Geschichte eingehen; ~ ***ụ rat*** in den Krieg eintreten; ~ ***ụ se*** *Kleidung*: einlaufen, eingehen; ~ ***ụ sobu*** ein Zimmer betreten; ~ ***ụ sr̄ž*** *fig.* ins Mark gehen; ~ ***ụ stvar*** in die Materie eindringen; ~ ***ụ trāg*** auf die Spur kommen
ṹd (*Pl* -ovi) Glied *n*; Körperglied *n*; ~***ovi*** *Pl* Gliedmaßen *Pl*, Extremitäten *Pl*; ***spọ̄lnī*** ~ Geschlechtsorgan *n*
ụdāh (*einmaliges*) Einatmen *n*
udạhnuti (ụdahnēm; *Imp* udạhni) (**ụdisati**) einatmen; einhauchen
ụdaj|a Heirat *f*, Vermählung *f* (*der Frau*); ***djẹvōjka za*** ~***u*** heiratsfähiges Mädchen
ụdajēm se *1. Pers Sg v.* ***udạ̄vati se***
ụdālj → ***skọk***
udaljạ̄vānje → ***udaljị̄vānje***
udaljạ̄vati *5* → ***udạ̄ljiti***
ụdāljen (-o) entfernt; fern, weit
ụdāljenōst (-osti; *ISg* -osti/-ošću) *f* Entfernung *f*, Abstand *m*
udạ̄ljiti *5* (**udaljị̄vati**) entfernen, wegschaffen; ~ ***sa sveučilīšta*** relegieren; ~ ***se*** sich entfernen; abkommen; ~ ***se od prẹ̄dmeta*** vom Thema abweichen *od.* abschweifen
udaljị̄vānje Entfernen *n*, Abschweifen *n*
udaljị̄vati (-ạljujēm) → ***udạ̄ljiti***
ụdar Schlag *m*, Stoß *m*; ~ ***vjẹtra*** Windstoß *m*; ***dṛžāvnī*** ~ Staatsstreich *m*; ***mọždanī*** ~ *Med.* Gehirnschlag *m*; ***sṛčanī*** ~ *Med.* Herzschlag *m*; ***tọplotnī*** ~ *Med.* Hitzschlag *m*
ụdar|ac (-ārca) Schlag *m*, Hieb *m*, Stoß *m*; ~***ac nọgōm*** Fußtritt *m*; ***dijẹliti*** ~***ce*** Hiebe austeilen, Schläge verteilen (*a. fig.*); ***kạznenī*** ~***ac*** *Sp.* Strafstoß *m*; ***slọbodan*** ~***ac*** *Sp.* Freistoß *m*; ***smṛtnī*** ~***ac*** Todesstoß *m*; Gnadenstoß *m*; ***zạdati smrtọnosnī*** ~***ac*** den Todesstoß versetzen
udạrāč *1 Tech.* Schlagbolzen *m*
udạrāljke *f*/*Pl* (*G* -kī) Schlaginstrumente *Pl*; Schlagzeug *n*
ụdarānje Schlagen *n*; Klopfen *n*, Pochen *n*; ~ ***mọ̄ra*** Brandung *m*
ụdarati → ***ụdariti***
ụdaren (-o) *Part Perf Pass v.* ***ụdariti***; ***bịti*** ~ ***mọkrōm čạrapōm*** *od.* ***kṛpōm*** F nicht ganz dicht sein, e-n Dachschaden haben
ụdariti (**-ati**) hauen, schlagen; *Blitz*: einschlagen; *Geschoß*: treffen, einschlagen; *Auto*: aufprallen; *Preise* heraufschrauben; ~ (*D*) ***glọbu*** j-n mit e-r Geldstrafe belegen; ~ ***nạ muke*** auf die Folter spannen; ~ ***pẹčat*** *od.* ***žīg*** seinen Stempel *od.* sein Siegel aufdrücken; ~ (*A*) ***po džẹpu*** j-m viel Geld aus der Tasche ziehen; ~ ***pọrez*** mit e-r Steuer belegen (**na** *A*/*A*); ~ ***pụ̄tem*** e-n Weg einschlagen; ~ ***tạ̄bor*** ein Lager aufschlagen; ~ ***tẹmelj*** *fig.* den Grundstein legen (*D*/zu *D*); ~ ***ụ bijēg*** in die Flucht schlagen; ~ ***ụ drugē žịce*** *fig.* andere Saiten aufziehen; ~ ***ụ plač*** in Tränen ausbrechen; ***kạ̄p ga je ụdarila*** *Med.* ihn hat der Schlag getroffen; ***slạva je*** (*D*) ***ụdarila ụ glạ̄vu*** j-m ist der Ruhm zu Kopfe gestiegen; ~ ***se*** sich stoßen (**po** *L*/an *D*)
ụdārn|ī Schlag-, Stoß-; ~***ā čẹta*** Stoßtrupp *m*
ụdārničkī Stoß-; ~ ***rạ̄diti*** vorbildlich (*als Stoßarbeiter*) arbeiten
ụdārnica Stoßarbeiterin *f*
ụdārnīk Stoßarbeiter *m*
ụdātā verheiratet (*von der Frau*)
ụdati se (**udạ̄vati se**) *Frau*: heiraten
ụdāv *Zool.* Riesenschlange *f*, Boa *f*
udạvača heiratsfähiges Mädchen; Braut *f*
udạ̄vati se (ụdajēm se) → ***ụdati se***
udạ̄viti *5* (ụdāvljen) *pf* erwürgen, erdrosseln; *itr* ersticken; ertrinken; F ersaufen
ụdbāš *1 hist.*, *Pol.* Udba-Scherge *m*
udẹbljati *pf* dick *od.* fett werden

ụdes Schicksal *n*, Geschick *n*, Fügung *f*, Los *n*; Unglück *n*; ***nẹsretnī*** ~ Verkehrsunfall *m*
udeseterọstručiti *pf* verzehnfachen
ụdesiti (-šen) (**-šạ̄vati** *5*) richten, herrichten; *Wohnung* einrichten; *Treffen* arrangieren; *Menschen* (*übel*) zurichten; ***ụdešen kao sẹoskā mlạda*** F herausgeputzt wie ein Pfingstochse
ụdic|a Angel *m*; Angelhaken *m*; ***bạ̄citi ~u*** e-n Köder auswerfen (*a. fig.*), e-e Falle stellen; ***grịsti ~u*** anbeißen (*a. fig.*)
udijẹliti *5/7* (**udjeljịvati**) spenden, schenken; geben; verteilen
udijẹvati *5/7* → ***ụdjenuti***
ụdio (ụdjela) Anteil *m*; ***ịmati ụdjela*** Anteil haben (***u*** *L*/an *D*); ***lạvovskī ~*** *fig.* Löwenanteil *m*
ụdionīk → ***sụdionīk***
ụdisāj (*einmaliges*) Einatmen *n*
ụdisānje Einatmen *n*, Einatmung *f*
ụdisati (-šēm) → ***udạhnuti***
udịviti *5* (**-vljạ̄vati** *5*) verwundern, in Erstaunen versetzen, verblüffen
ụdīvljen (-o) verwundert, erstaunt, verblüfft
udjeljịvati (-ẹljujēm) → ***udijẹliti***
ụdjenuti (-nēm; -nuo, -nūla; -nūt) (**udijẹvati** *5/7*) einfädeln, *Faden* einziehen
ụdlaga *Med.* Schiene *f*
ụdoban bequem, gemütlich, behaglich
ụdobnōst (-osti; *ISg* -osti/-ošću) *f* Bequemlichkeit *f*, Behaglichkeit *f*
udobrovọljiti *5 pf* aufheitern, beschwichtigen
udomạ̄čiti se *5* sich eingewöhnen, heimisch werden
udọmiti *5* (ụdomljen) (**-mljạ̄vati** *5*) unterbringen, beherbergen; *Tier* domestizieren; *Mädchen* verheiraten; F *Mädchen* unter die Haube bringen; ~ ***se*** heimisch werden, sich eingewöhnen; *Mädchen*: F unter die Haube kommen
udostọjiti se *5* (**-ojạ̄vati se** *5*) sich herablassen; *iron.* geruhen
udọvac (-ōvca; *V* -vče) *2* Witwer *m*; ***bijelī*** ~ Strohwitwer *m*
udọvica Witwe *f*; ***bijelā*** *od.* ***slạmnatā*** ~ Strohwitwe *f*
udọvičkī Witwen-; → ***mirọvina***
udovoljạ̄vati *5* [**-vọljiti** *5*] zufriedenstellen, befriedigen, Genüge tun; ~ ***ọbvezama*** den Verpflichtungen nachkommen; ~ ***se*** sich beruhigen
udrọbiti *5* (**-bljạ̄vati** *5*) einbrocken, hineinbröckeln, hineinbröseln
ụdrūžen (-o) vereint, assoziiert; ***~ī rạ̄d*** *hist.*, *Ök.* assoziierte *od.* vereinte Arbeit; ***~īm snạ̄gama*** *fig.* mit vereinten Kräften
udružẹ̄nje Vereinigung *f*; Verein *m*; Verbindung *f*; *Ök.* Gesellschaft *f*; ~ ***ọdvjetnīkā*** Anwaltskammer *f*; ***strụčnō*** ~ Berufsgenossenschaft *f*
udrụ̄žiti *5* (**-užịvati**) vereinen, vereinigen, assoziieren; ~ ***se*** sich zusammenschließen, sich vereinigen, sich assoziieren
udružịvānje Vereinigen *n*, Vereinigung *f*, Assoziation *f*
udružịvati (-ụžujēm) → ***udrụ̄žiti***
ụdubina Vertiefung *f*; Nische *f*; Mulde *f*
udụ̄biti *5* [**ụdūpsti**] vertiefen, aushöhlen; ~ ***se*** *fig.* sich vertiefen (***u*** *L*/in *D*)
ụdūbljen (-o) vertieft, ausgehöhlt; eingedellt; (*Linse*) konkav
ụdūpsti (-ūbēm; ụdubao, -bla; ụdubljen) *pf* → ***udụ̄biti***
udvạ̄jati *5* → ***udvọjiti***
udvạrāč *1* (*V* -u) Verehrer *m*; Freier *m*
udvạ̄rānje Hofieren *n*, Flirten *n*
udvạ̄rati se *5* hofieren, den Hof machen
ụdvoje zu zweit
ụdvojen (-o) verdoppelt, doppelt gemacht
udvọjiti *5* (ụdvojen) (**udvạ̄jati** *5*) verdoppeln
ụdvōran höflich, galant; gefällig, entgegenkommend
ụdvorica *m*, *f* Kriecher *m*, Speichellekker *m*
udvọ̄rnōst (-osti; *ISg* -osti/-ošću) *f* Höflichkeit *f*, Artigkeit *f*, Diensteifer *m*, Entgegenkommen *n*
udvọstručen (-o) verdoppelt
udvọstručiti (**-čịvati**) verdoppeln
udvostručịvati (-ụčujēm) → ***udvọstručiti***
ụdžbenīk Lehrbuch *n*, Schulbuch *n*
ụfati se hoffen, glauben
ugađāč *1 Mus.* Stimmer *m* (*von Instrumenten*)
ugạ̄đānje *Mus.* Stimmen *n* (*von Instrumenten*); Entgegenkommen *n* (*Wünsche*, *Hoffnungen*)
ugạ̄đati *5* → ***ugọditi***
ụgalj (-glja) → ***ụgljēn***
uganụ̄će *Med.* Verstauchung *f*; Verrenkung *f*

U

ugạnuti (ụganēm) *pf Med.* verstauchen; verrenken; auskugeln
ụg|ao (ụgla; *Pl* uglovi) Ecke *f*, Winkel *m*; ***kụća na ~lu*** Eckhaus *n*; ***mṛtvī ~ao*** toter Winkel; ***stjẹrati u ~ao*** *fig.* in die Ecke treiben
ụgaonī Eck-; ***~ kạmēn*** Eckstein *m*
ụgār Brache *f*, Brachfeld *n*, Ödland *n*; ***bịti*** *od.* ***lẹžati na ~*** brachliegen
ụgarak (-ārka; -ārci) (*Zigaretten-*)Stummel *m*; abgelöschte Glut
Ụgarskā (*L* -ōj) Ungarn *n*; ***Ạustro-~*** *hist.* Österreich-Ungarn *n*
ugậsiti *5* (ụgāšen) *pf* löschen, auslöschen; *Kerze* ausblasen; *Durst*, *Kalk* löschen; *Motor* abstellen; ***~ se*** ausgehen, verlöschen
ụgāšen (-o) erloschen, verlöscht
ụgaziti *pf* niedertreten, eintreten; festtreten, feststampfen; *fig.* hineingeraten (***u*** *A*/in *A*)
ugị̄bati se *5* ausweichen, aus dem Weg gehen; sich drücken (*D*/vor *D*); sich biegen, sich senken
uginụ̄će Sterben *n*, Verenden *n*
ụginuti (-nēm) *pf* verenden, sterben; *Pflanzen*: eingehen
uglạčati *pf* bügeln; polieren
ụgladiti *pf* glätten, glattstreichen; polieren; streicheln
ụglađen (-o) geglättet, poliert; (*Mensch*) höflich, gesittet, manierlich
ụglađenōst (-osti; *ISg* -osti/-ošću) *f* Glätte *f*; (*beim Menschen*) Anstand *m*, Höflichkeit *f*, Schliff *m*
ụglast, -at eckig, spitz, kantig; (*Bewegungen*) unbeholfen
uglậviti *5* (**-avljị̄vati**) festlegen, festsetzen, bestimmen; einig werden
uglavljị̄vati (-ạvljujēm) → ***uglậviti***
uglavničḗnje *Ök.* Kapitalisierung *f*
ụglavnōm im großen und ganzen, hauptsächlich
uglạzbiti *5* (**-bljị̄vati**) *Libretto* vertonen; *Lied* komponieren
ụglēd Ansehen *n*, Würde *f*; Vorbild *n*; Prestige *n*; ***dịzati*** *od.* ***pọdići*** (*G*) ~ j-s Ansehen heben; ***kṛnjiti*** (*G*) ~ j-s Ansehen ruinieren; ***užị̄vati ~*** ein hohes Ansehen genießen
ụglēdan angesehen, geachtet, geschätzt
ụgledati *pf* erblicken; bemerken; wahrnehmen; ***~ svjẹtlo dạna*** das Licht der Welt erblicken
ụgledati se sich ein Beispiel nehmen (***na*** *A*/an *D*), sich zum Vorbild nehmen (*A*), nacheifern (*D*)
ụglēdnī|k angesehene Persönlichkeit; ***~ci*** *m*/*Pl* Honoratioren *Pl*
ụgljara Kohlenbrennerei *f*, Köhlerei *f*; Kohlenhandlung *f*
ụgljēn (-ena) Kohle *f*; ***dṛvenī ~*** Holzkohle *f*; ***kạmenī ~*** Steinkohle *f*; ***mṛkī ~*** Braunkohle *f*; ***sịtan ~*** Staubkohle *f*; ***žị̄vī ~*** Kohlenglut *f*, glühende Kohle
ugljẹnār *1* (*V* -u) Köhler *m*
ugljẹnara Kohlenbrennerei *f*
ụgljenī Kohle(n)-; ***~ bạzēn*** Kohlelagerstätte *f*; ***~ slọ̄j*** Kohlenbergwerk *n*
ụgljičn|ī Kohlen-; ***~ā kiselịna*** Kohlensäure *f*
ụgljīk *1 Chem.* Kohlenstoff *m*
ugljikovọdīk *1 Chem.* Kohlenwasserstoff *m*
ụgnati (**ugọniti**) eintreiben, hineintreiben; *Angst* einjagen
ugnijẹzditi se *5*/*7 pf* sich einnisten
ụgnūt eingebogen, eingedrückt, vertieft
ụgnuti se (ụgnēm se) ausweichen; sich senken
ugnjẹtāč *1* (*V* -u) Unterdrücker *m*, Tyrann *m*, Despot *m*
ugnjetạvāč *1* (*V* -u) → ***ugnjẹtāč***
ugnjetậvānje Unterdrückung *f*, Tyrannei *f*
ugnjetậvati *5* unterdrücken, knechten
ụgodan angenehm, gefällig, erfreulich; (*Wohnung*) gemütlich, behaglich; (*Mensch*) sympathisch, freundlich
ugọditi *5* (**-ậđati** *5*) erfreuen (*D*/*A*), es (*D*) recht machen
ụgodnōst (-osti; *ISg* -osti/-ošću) *f* Annehmlichkeit *f*, Behaglichkeit *f*; (*bei Menschen*) Freundlichkeit *f*
ụgođāj Stimmung *f*, Atmosphäre *f*
ụgojen (-o) beleibt, dick, fett; (*Vieh*) gemästet; Mast-
ụgojenōst (-osti; *ISg* -osti/-ošću) *f* Beleibtheit *f*
ugọjiti *5 pf* mästen; ***~ se*** fett *od.* dick werden; e-n Bauch bekommen
ugọstitelj Gastwirt *m*, Gastronom *m*; Hotelier *m*, Hotelpächter *m*
ugọstiteljskī Gaststätten-, Gastgewerbe-; Gastronomie-; Hotel-; ***~ ọbrt*** *od.* ***zạnāt*** Gaststättengewerbe *n*, Gastronomiegewerbe *f*

ugostitęljstvo Gaststättengewerbe *n*, Gastronomiegewerbe *n*
ugọstiti *5* (ugošćen) (**-šćạvati** *5*) bewirten
ugovạrāč *1* (*V* -u) Unterhändler *m*, Vermittler *m*; *Jur*. Vertragspartner *m*
ugovạ̄rānje Verhandeln *n*, Vereinbaren *n*
ugovạ̄rati *5* → **ugovọriti**
ugovōr Vertrag *m*, Abkommen *n*, Vereinbarung *f*; **~ o nenạpadānju** Nichtangriffspakt *m*; **~ o pọmoći** *Pol*., *Mil*. Beistandspakt *m*; **~ o ụčēnju** Lehrvertrag *m*; **~ po dję̣lu** Werkvertrag *m*; **brạ̄čnī ~** Ehevertrag *m*; **dạrōvnī ~** Schenkungsvertrag *m*; **mịrōvnī ~** Friedensvertrag *m*; **po ~u** vereinbarungsgemäß; **pọništiti** *od*. **rạskinuti ~** e-n Vertrag annullieren, kündigen; **prọtīvna ~u** *Jur*. vertragswidrig; **sklọpiti** *od*. **zakljụ̄čiti ~** e-n Vertrag schließen
ugọvoren (-o) vereinbart, verabredet, abgemacht
ugovọriti *5* (**-vạ̄rati** *5*) vereinbaren, verabreden, abmachen
ụgovōrn|ī *Jur*. Vertrags-; **~ā kạzna** *Jur*. Vertragsstrafe, Konventionalstrafe *f*
ụgovōrnica Vertragspartei *f*; → **dṛžava**
ụgrabiti *pf* entreißen, wegreißen; entführen, erfassen, erhaschen; *Gelegenheit* ergreifen *od*. beim Schopf packen
ugrạ̄diti *5* (ugrađen) (**-ađịvati**) einbauen; *Med*. *Gelenk*, *Organ* einsetzen
ụgrađen (-o) eingebaut, Einbau-; **~ā kụhinja** Einbauküche *f*; **~ī ormạrić** Einbauschrank *m*
ugrađịvati (-ạđujēm) → **ugrạ̄diti**
ugravịrati *5 pf* eingravieren
ụgreznuti (-nēm; ugreznuo/ugrezao) *pf* versinken, einsinken
ụgrijan (-o) erwärmt, erhitzt
ụgrijati (-jēm) (**-jạ̄vati** *5*) erwärmen, durchwärmen, erhitzen; **~ stọlicu** *fig*. sich auf den Hosenboden setzen; **~ tạbane** *fig*. die Beine in die Hand nehmen; **~ se** sich erwärmen, sich erhitzen; sich aufwärmen
ụgristi (-īzēm; *Imp* -īzi; ugrizao, ugrizla; ugrịzen) (**ugrị̄zati**) beißen; **~ se** sich beißen; **~ se za jęzik** *fig*. sich auf die Zunge beißen
ụgriz (*Insekten*-)Stich *m*; (*Schlangen*-, *Hunde*-)Biß *m*
ugrị̄zati *5* → **ụgristi**
ugrịzotina Bißwunde *f*
ugrọ̄ziti *5* (ugrōžen) (**-žạ̄vati** *5*) bedrohen, gefährden, aufs Spiel setzen
ugrožạ̄vānje Gefährdung *f*, Bedrohung *f*
ugrožạ̄vati *5* → **ugrọ̄ziti**
ụgrōžen (-o) gefährdet, bedroht
ụgrudati se *itr* klumpen, klumpig werden
ụgrušak (-ška; *Pl* -šci) (*Blut*-)Gerinnsel *n*, Koagulum *n*, Thrombus *m*
ụgrušān (-o) (*Milch*, *Blut*) gestockt
ugrụšati se *itr* gerinnen, stocken
ugụ̄rati *5 pf* einschieben, hineinschieben; *Schlüssel ins Schlüsselloch* stekken; **~ nọs u tūđ pọsao** *fig*. seine Nase in fremde Angelegenheiten stecken; **~ se** sich (hin)eindrängen
ugụ̄šiti *5* (**-ušịvati**) ersticken; erwürgen, erdrosseln; **~ u klịci** *fig*. im Keim erstikken; **~ se** *itr* ersticken
ugušịvati (-ụšujēm) → **ugụ̄šiti**
uhạ̄đati *5* → **uhọditi**
uhạ̄nce (-ca/-ceta) Ohrläppchen *n*
ụhapsiti (-pšen) *pf* verhaften, festnehmen, inhaftieren
uhapšęnīk *1* (*V* -če) Verhaftete(r) *m*, Häftling *m*
uhapšę̄nje Verhaftung *f*, Festnahme *f*; Inhaftierung *f*
ụhat großohrig, langohrig
uhićę̄nje → **uhapšę̄nje**
ụhidbenī Haft-, Verhaftungs-; **~ nạ̄log** Haftbefehl *m*
ụhititi (-ćịvati) → **ụhapsiti**
ụh|o (*Pl* uši/ušesa; *GPl* ušī/ušijū/ušęsā) *Anat*. Ohr *n*; (*Topf*) Henkel *m*; (*Nadel*-)Öhr *n*; **bạcati ụši** *fig*. die Ohren spitzen; **bịti tạnkīh ụšijū** ein gutes Gehör haben; **bịti tvṛdīh ụšijū** *od*. **tvṛd na ụšima** schwerhörig sein; **čụti na svọje ụši** etw. mit eigenen Ohren hören; **dạti** (*D*) **zą uši** j-m e-e Ohrfeige geben, j-m eins hinter die Ohren geben; **govọriti glụ̄hīm ụšima** *fig*. tauben Ohren predigen; **ịmati dọbrō ~o** ein feines *od*. gutes Gehör haben; ein musikalisches Gehör haben; **kạ̄zati** *od*. **rẹći** (*D A*) **nạ ~o** *od*. **ụ ~o** j-m etw. ins Ohr sagen; **krọz jędno ~o ụ̄ći, krọz drugō ~o ịzāći** *fig*. zum e-n Ohr herein, zum anderen wieder hinaus; **magaręćē ~o** Eselsohr *n* (*an e-r Buchseite*); **naćụ̄liti** *od*. **nạpēti uši** *fig*. die Ohren spitzen; **nạpuniti** (*D*) **ụši** F j-m die Ohren vollquatschen; **natę̄gnuti ụši** *fig*. die Ohren langziehen; **pocr-**

vẹnjeti do ųšiju bis über die Ohren rot werden; ***poklọpiti se ųšima*** kleinlaut werden; ***pretvọriti se u ~o*** *fig.* ganz Ohr sein; ***slųšati na jędnō ~o*** *od.* ***nạ pola ~a*** nur mit halbem Ohr hinhören; ***smijati se ọd ~a dọ ~a*** über das ganze Gesicht lachen; ***šųmī*** (*D*) ***u ųšima*** j-d hat Ohrensausen; ***vųći zạ uši*** *fig.* die Ohren langziehen; ***začępiti ųši*** sich taub stellen, von nichts hören wollen

uhọbolja Ohrenschmerzen *Pl*

ųhoda *m*, *f* Spitzel *m*, Spion *m*

uhọ̄dati se *5* (**-odā̧vati se** *5*) *Arbeit etc.*: in Gang kommen

uhọditi (**uhā̧đati** *5*) auskundschaften, nachspionieren (**za** *I*/*D*); bespitzeln (**na** *A*/*A*)

ųhođēnje Auskundschaften *n*, Bespitzelung *f*

uhrā̧niti *5 pf Vieh* mästen

ųhrānjenōst (-osti; *ISg* -osti/-ošću) *f Med.* Ernährungszustand *m*

ųhvatiti (-aćen) *pf* fangen, auffangen, einfangen; fassen, erfassen, ergreifen; packen; *Furcht*: befallen; ***~ bọlēst*** erkranken; ***~ čįstac*** *od.* ***mạglu*** sich aus dem Staub machen; ***~ kọrijena*** *fig.* Wurzeln schlagen; ***~ nạ djelu*** auf frischer Tat ertappen; ***~*** (*A*) ***na spā̧vānju*** j-n unvorbereitet treffen, j-n überraschen; ***~*** (*A*) ***u lạži*** j-n bei e-r Lüge ertappen; ***~*** (*A*) ***za riječ*** j-n beim Wort nehmen; ***~ se*** sich festhalten (**za** *A*/an *D*), sich klammern (an *A*); sich halten (an *A*); ***~ se ukọštac*** aneinandergeraten (**s** *I*/mit *D*), ringen *od.* kämpfen (mit *D*); ***~ se za tṛbuh*** *od.* ***smijẹha*** sich vor Lachen den Bauch halten

ųigrān (-o) eingespielt, koordiniert

ųigrati se *pf Mannschaft etc.*: sich aufeinander einspielen

ųime *Adv* (*G*) im Namen (*G*), namens (*G*)

ųistinu wahrhaftig, wahrlich, wirklich, in der Tat

ųjahati (-šēm) *pf* hineinreiten; *Pferd* einreiten

ųjāk *1* Onkel *m* (*Bruder der Mutter*)

ųjāmčiti *pf* → ***jạmčiti***

ujā̧rmiti *5 pf* ins Joch spannen; *fig.* ein Joch auferlegen

ųjed (*Insekten-*)Stich *m*; (*Hunde-*)Biß *m*

ujedạnpūt auf einmal, plötzlich; zugleich

ujędati *5* → ***ųjesti***

ųjedēm *1. Pers Sg v.* ***ųjesti***

ujedịnilac (-ioca) → ***ujedịnitelj***

ujedịnitelj Einiger *m*; j-d, der etw. (ver)einigt

ujedịniti *5* (**-injā̧vati** *5*) vereinigen, vereinen, verbinden; ***~ se*** sich vereinigen, sich zusammenschließen

ujędinjen (-o) vereint, vereinigt, zusammengeschlossen; ***Ujędīnjenī nā̧rodi*** *od.* ***nā̧cije*** *Pol.* Vereinte Nationen *Pl*

ujedinjẹ̄nje Vereinigung *f*, Zusammenschluß *m*; Verbindung *f*, Fusion *f*

ujędljiv beißend; bissig

ujednačā̧vati *5* [**-ā̧čiti** *5*] ausgleichen, angleichen, vereinheitlichen, standardisieren

ujędnāčen (-o) ausgeglichen, gleichmäßig, angeglichen (*D*/an *A*)

ujednačị̄vati (-ącujēm) → ***ujednačā̧vati***

ųjedno zugleich, gleichzeitig, simultan

ųjesēn → ***jęsēn***

ųjesti (-dēm; ųjeo, ųjēla) (**ujędati**) *Hund, Rauch*: beißen; *Insekt*: stechen; ***~ za sṛce*** *fig.* ins Herz treffen, zutiefst verletzen; ***~ se*** sich beißen (***za jęzik*** auf die Zunge)

ūjna Tante *f* (*Frau des Onkels mütterlicherseits*)

ūjo Onkelchen *n*

ųjutro morgens, am Morgen

ukạlupiti *pf* (*in e-e Form*) gießen, modellieren; *fig.* über e-n Leisten schlagen

ųkāljan (-o) verschmiert, besudelt

ukā̧ljati *5 pf* beschmutzen, besudeln, beflecken

ukamaćẹ̄nje *Ök.* Verzinsung *f*, Verzinsen *n*

ukamaćị̄vati (-mąćujēm) → ***ukamā̧titi***

ukamā̧titi (ukąmāćen) (**-aćị̄vati**) verzinsen; ***~ se*** sich verzinsen, Zinsen abwerfen

ukā̧pati[1] *5* → ***ukọpati***

ųkapati[2] (**-aplị̄vati**) *Medikament* einträufeln, tropfenweise eingeben

ųkaz Erlaß *m*, Verordnung *f*, Dekret *n*

ukā̧zati (ųkāžēm) (**-azị̄vati**) zeigen (**na** *A*/auf *A*), verweisen (auf *A*); weisen, hinweisen (auf *A*); ***~ pọmōć*** Hilfe leisten; ***~*** (*D*) ***pọsljednjū čāst*** j-m die letzte Ehre erweisen; ***~ pṛstom*** (***na*** *A*) *fig.* mit dem Finger (auf j-n) deuten *od.* zeigen; ***~ se*** erscheinen; ***ųkāžē se*** es zeigt sich, es stellt sich heraus

U

ukazīvati (-ązujēm) → ***ukązati***
ukīdānje Aufhebung *f* (*e-s Gesetzes*); Annullierung *f* (*e-s Beschlusses*); Stornierung *f* (*e-r Bestellung*); Auflösung *f* (*e-r Dienststelle*)
ukīdati *5* → ***ųkinuti***
ukinų̄će → ***ukīdānje***
ųkinuti (-nēm; -nuo, -nūla; -nūt) (**ukīdati**) *Gesetz, Urteil* aufheben; *Bescheid, Beschluß* annullieren; *Bestellung* stornieren; *Buslinie* einstellen; *Dienststelle* auflösen; *Entschluß* rückgängig machen
ųkiseliti *pf Kraut* einsäuern; *Gurken, Paprika* sauer einlegen; ~ **se** sauer werden
ųkiseljen (-o) eingesäuert; sauer; Essig-
ųklanjānje Beseitigen *n*, Beseitigung *f*, Wegräumen *n*; Eliminieren *n*
ųklanjati → ***uklǫniti***
uklą̄pānje Einfügen *n*, Einfügung *f*; Anpassen *n*, Anpassung *f*
uklą̄pati *5* → ***uklǫpiti***
uklęsati (ųklešēm) *pf* einmeißeln
ųklēt verwunschen, verzaubert; verflucht, verwünscht; ***ǫstati kąo*** ~ wie versteinert dastehen
ųklēti (ukųnēm; -eo, -ēla; -ēt) (**ųklinjati**) verwünschen, verfluchen; verzaubern
ųkliješten (-o) eingezwängt, eingequetscht; verkeilt
ukliję̄štiti *5/7 pf* einzwängen, einquetschen; ~ **se** sich verkeilen, eingeklemmt sein
ųklinjati (-jēm) → ***ųklēti***
uklǫniti *5* (**uklą̄njati** *5*) wegschaffen, wegbringen, wegräumen; *Politiker aus dem Amt* entfernen; *Gefahr* beseitigen; *Mißstand* abschaffen; *Hindernis* beseitigen; ~ **s pų̄ta** *fig.* aus dem Weg räumen; **se** ausweichen (*G/D*), aus dem Weg gehen
uklǫpiti *5* (ųklopljen) (**uklą̄pati** *5*) einschalten; einfügen, einschieben; **se** ~ sich einschalten
ųključen *Part Perf Pass v.* **ukljų̄čiti**; (*Kosten*) enthalten *od.* inbegriffen sein
ukljų̄čiti *5* (**-učīvati**) einschließen, eingliedern; *Gerät* einschalten; *Motor* anlassen
uključīvati (-ųčujēm) → ***ukljų̄čiti***
ukljųčivo *Adv* einschließlich, inklusive, inbegriffen
ųknjižba (*Grundbuch-*)Eintragung *f*; Buchung *f*, Verbuchung *f*
uknjižę̄nje → ***ųknjižba***
ųknjižiti (**-žą̄vati** *5*) (*ins Grundbuch*) eintragen; verbuchen
ųkōčen (-o) (*Haltung*; *Gliedmaßen*) starr, steif; (*Blick*) stier, starr
ųkōčenōst *f* Starrheit *f*, Steifheit *f*
ukǭčiti *5 pf fig.* lähmen, paralysieren; *Schußwaffe* sichern; ~ **se** *Med. Muskel*: sich versteifen, erlahmen; *Med., fig.* erstarren (**od strą̄ha** vor Angst)
ukǫliko sofern, insofern; inwiefern
ukonačę̄nje Beherbergung *f*
ukǫnačiti (**-čīvati**) beherbergen, einquartieren
ukonačīvati (-ąčujēm) → ***ukǫnačiti***
ųkop Begräbnis *n*, Beerdigung *f*, Bestattung *f*
ųkopān (-o) eingegraben, verschanzt; begraben; ***ǫstati kao*** ~ wie angewurzelt *od.* versteinert dastehen
ukǫpati (**-ą̄vati** *5*) eingraben, begraben; beerdigen, beisetzen, bestatten; ~ **se** *Mil.* sich verschanzen
ukǫpčati (**-čą̄vati** *5*) *El.* einschalten; *Stecker* einstecken; *fig.* kapieren
ȕkor Rüge *f*, Tadel *m*, Verweis *m*
ųkorāk im Gleichschritt; ***ići*** ~ *a. fig.* Schritt halten (**s** *I*/mit *D*); ***prątiti*** ~ auf Schritt und Tritt folgen
ukorą̄vati *5* → ***ukǫriti***
ukǫričiti *pf Buch* binden
ukorijęniti se *5/7 pf* verwurzeln, Wurzeln schlagen (*a. fig.*)
ukǫrijenjen (-o) verwurzeln (*a. fig.*)
ukǫriti *5* (**-rą̄vati** *5*) rügen, tadeln
ųkosnica Haarnadel *f*
ųkoso schief, schräg
ukǫštac → ***ųhvatiti***
ukǫtviti *5 pf* verankern; ~ **se** *Mar.* vor Anker gehen
ukǫvati (ųkujēm) *pf* (*mit dem Hammer*) einschlagen
ųkrāj *Präp* (*G*) neben (*D*), an (*D*)
Ųkrajina Ukraine *f*
Ukrajīnac (-nca) *2* Ukrainer *m*
Ųkrajīnka (*D* -ki; *GPl* -kī) Ukrainerin *f*
ųkrajīnskī ukrainisch
ųkrās Schmuck *m*, Verzierung *f*, Zierde *f*; ***stīlskī*** ~ *Lit.* Stilfigur *f*
ukrąsiti *5* (ųkrašen) (**-ašą̄vati** *5*) (**-ašīvati**) schmücken, verzieren, verschönern (**se** sich)
ųkrāsnī schmückend, dekorativ; Zier-; Schmuck-; ~ ***prīdjev*** *Ling.* Epitheton *n*

U

ųkrasti (-ą̄dēm; ųkrao, ųkrala; ųkraden) *pf* stehlen, entwenden; ~ **se** sich davonstehlen, sich unbemerkt davonmachen
ukrašą̄vati *5* → ***ukrą̄siti***
ukrašīvati (-ąšujēm) → ***ukrą̄siti***
ųkratko kurz, kurzum
ųkrcāj *Mar.* Verladung *f*, Einschiffung *f*
ukṛcati (**-cą̄vati** *5*) *Mar.* verladen, einschiffen; ~ **se** sich einschiffen, an Bord gehen
ųkrīž kreuzweise, über Kreuz
ukroćą̄vati *5* → ***ukrọtiti***
ųkroćen (-o) gezähmt, gebändigt; domestiziert
ukroćę̄nje Zähmung *f*, Bändigung *f* (*a. fig.*)
ukroćīvati (-ọćujēm) → ***ukrọtiti***
ukrọtitelj (*Tier-*)Bändiger *m*
ukrọtiti *5* (ųkroćen) (**-ćīvati**) bändigen, zähmen, domestizieren
ukṛstiti *5* (ųkršten) (**-štą̄vati** *5*) kreuzen, verschränken; ~ ***mạčeve*** die Klingen kreuzen; ~ ***rų̄ke*** die Arme verschränken; ~ **se** sich kreuzen
ųkršten (-o) gekreuzt, Kreuz-; ~***ē riječi*** *sb.* Kreuzworträtsel *n*
ukrštęnica Kreuzworträtsel *m*
ųkrūćen (-o) steif, hart; erhärtet, gestärkt
ukrućīvati (-ųćujēm) → ***ukrų̄titi***
ųkrūg *Adv* im Kreis
ukrų̄titi *5* (**-ućīvati**) versteifen; *Wäsche* stärken; ~ **se** steif werden
ukrvą̄viti *5 pf* mit Blut beflecken *od.* besudeln
ųkucati (**-cą̄vati** *5*) *Nagel* einschlagen; (*in Computer*) eingeben, einspeichern
ųkućanin (*Pl* -āni) Hausbewohner *m*, Mitbewohner *m*
ųkuhan (-o) eingekocht; (*Obst*, *Kompott*) eingeweckt, eingemacht
ųkuhati (**-ą̄vati** *5*) einkochen; *Obst*, *Kompott* einwecken
ųkujēm *1. Pers Sg v.* ***ukọvati***
ukų̄nem *1. Pers Sg v.* ***ųklēti***
ųkup|an gesamt, gesamt-; ~***nā svọta*** Gesamtsumme *f*
ųkupnōst (-osti; *ISg* -osti/-ošću) *f* Gesamtheit *f*, Ganze(s) *n*
ųkūs Geschmack *m* (*a. fig.*); Geschmackssinn *m*; Wohlgeschmack *m*; ***ịmati*** ~***a*** Geschmack haben; ***stvą̄r*** ~***a*** Geschmackssache *f*
ųkūsan (*Kleid*, *Einrichtung*) geschmackvoll; (*Essen*) schmackhaft, lecker
ųkuvati *sb.* → ***ųkuhati***
ulą̣gāč *1* (*V* -u) Kapitalanleger *m*; (*Bank-*)Sparer *m*; Investor *m*
ulą̄gānje Einlegen *n* (*bei Bank*); Anlegen *n* (*Geld*); Investition *f*
ulą̄gati (ųlāžēm) → ***ulọžiti***
ulagịvāč *1* (*V* -u) Schmeichler *m*, Kriecher *m*; *verä.* Speichellecker *m*
ulagīvānje Schmeichelei *f*, Einschmeicheln *n*; *verä.* Speichelleckerei *f*
ulagīvati se (-ągujēm se) schmeicheln, sich einschmeicheln
ųlār *1 Turz.* Halfter *n*
ųlaskati se *pf* → ***ulagīvati se***
ulą̄štiti *5 pf* polieren, blank reiben
ųlaz Eingang *f*, Einfahrt *f*; Einreise *f*; ***spọrednī*** ~ Nebeneingang *m*
ųlazak (-ska; *Pl* -sci) Eintritt *m* (*auch in e-e Organisation*); Einlaß *m*; *Mil.* Einzug *m*
ųlaziti → ***ų̄ći***
ųlazn|ī Eingangs-, Einlaß-; Einreise-; ~***ā stą̣nica*** *EDV* Eingabegerät *m*
ųlaznica Eintrittskarte *f*
ulaznịna Eintrittsgeld *n*
ųlegnuti se (ųlegnēm se; ųlegao se, -gla se; ųlegnūt) *pf* sich (ab)senken; einfallen
ulętjeti (ųletīm; -io, -jela) (**ulijętati**) einfliegen, hineinfliegen; ~ ***ų riječ*** ins Wort fallen
ųlic|a Straße *f*, Gasse *f*; ***bạciti nạ*** ~***u*** *fig. j-n* auf die Straße setzen; ***bịti nạ*** ~***i*** *fig.* auf der Straße sitzen; ***slijepā*** ~***a*** Sackgasse *f*
ųličār Gassenjunge *m*, Straßenjunge *m*
ųličārkā (*D* -ki; *GPl* -kī) Straßenmädchen *f*, Straßendirne *f*
ųličn|ī Straßen-, Gassen-; ~***ā pjęsma*** Gassenhauer *m*; ~***ī prijęlaz*** Fußgängerüberweg *m*
ųličnjāk → ***ųličār***
ulijęgati se (ųliježēm se) → ***ųlegnuti se***
ulijęniti se *5/7 pf* faul *od.* träge werden
ulijępiti (**uljeplīvati**) *7* einkleben
ulijętati (ųlijećēm) *7* → ***ulętjeti***
ulijęvānje *7* Eingießen *n*; *Med.*, *fig.* Einflößen *n*
ulijęvati *5/7* → ***ųliti***
ųlijevo links, nach links
ųliti (ųlijēm; *Imp* ųlīj; ųlio, ulīla; uljven) (**ulijęvati**) eingießen, einflößen; ~ ***strą̄h ų kōsti*** Angst einjagen, j-n in

U

Angst und Schrecken versetzen; **~ ụ glȃvu** eintrichtern (*k-u A*/*j-m A*)
ụlizati se (-žēm se) **(-zīvati se)** sich einschmeicheln (*D*/bei *D*); kriechen (vor *D*)
ụlizica *m*, *f* Schmeichler *m*, Kriecher *m*; *verä*. Speichellecker *m*
ulizīvati se (-ịzujēm se) → **ụlizati se**
ȕlog (*Geld-*, *Spar-*)Einlage *f*; (*Spiel-*)Einsatz *m*
ụlog|a *Thea. u. fig.* Rolle *f*; **glȃvnā ~a** Hauptrolle *f*; **ịgrati dvọličnū ~** e-e zwielichtige Rolle spielen; **ịgrati vȃžnū ~u** e-e wichtige Rolle spielen; **ịspasti iz ~ē** aus der Rolle fallen
ụlōgoriti se *pf* lagern, ein Lager aufschlagen
ụlomak (-ōmka; *Pl* -ōmci) Bruchstück *n*, Fragment *n*
ȕlov (*Jagd-*)Beute *f*; (*Fisch-*)Fang *m*
ulọviti *5* (ụlovljen) *pf Tier* fangen, erjagen, erlegen; *Dieb* fassen, ergreifen; **~ u lȃži** *j-n* bei einer Lüge ertappen
ụlozi *m*/*Pl* (ụlōgā) *Med.* Gicht *f*
ụložak (-ška; *Pl* -šci) (*Geld-*, *Schuh-*)Einlage *f*; **higijēnskī ~** Damenbinde *f*
ulọžiti *5* **(ulȃgati)** *Ök*. einzahlen, einlegen; *Geld* anlegen; *Berufung*, *Widerspruch*, *Protest* einlegen; (*beim Spiel*) setzen; **~ mnọgo trȗda** viel Mühe verwenden
ụložn|ī: ~ā knjịžica Sparbuch *n*
ụltrakratkī → **vȃl**
ultraljụbičast ultraviolett
ụltrāš *1* (*V* -u) Radikale(r) *m*, Extremist *m*
ultraviọletnī → **ultraljụbičast**
ụltrazvūčnī Ultraschall-, Überschall-
ụltrazvūk Ultraschall *m*
ulūdo vergebens, umsonst
ulȗpiti *5 pf* einbeulen
ụljanī ölhaltig, Öl-
uljạnica Öllampe *f*
uljạrica Ölfrucht *f*
ȕlje Öl *n*; **~ za lọžēnje** Heizöl *n*; **~ za salȃtu** Salatöl *n*; **~ za sȗnčānje** Sonnenöl *n*; **jẹstivō ~** Speiseöl *n*; **lijẹvati ~ nạ vatru** *fig.* Öl ins Feuer gießen; **mạzivō ~** Olivenöl *n*; **strȍjnō ~** Maschinenöl *n*; **svȇtō ~** *Rel.* Salböl *n*
ụljenī → **ụljanī**
uljẹnica → **uljạnica**
uljẹpšati (**-šȃvati** *5*) verschönern; *fig.* beschönigen; **~ se** schöner werden
ụljesti (-ezēm) → **ȕći**
uljẹvuša Pfannkuchen *m*
ụljez Eindringling *m*; Eingeheiratete(r) *m*
ȕljiti [po-] (ein)ölen
ụljudan höflich, artig, wohlerzogen, gesittet
ụljudnōst (-osti; *ISg* -osti/-ošću) *f* Höflichkeit *f*, Artigkeit *f*
uljȕljati *5* **(uljuljkīvati)** einlullen, in den Schlaf wiegen *od.* singen; *fig.* in Sicherheit wiegen
uljuljkīvati (-ụljkujēm) → **uljȕljati**
ȕm (*Pl* ụmovi) Vernunft *f*; Geist *m*; Verstand *m*; Gedächtnis *n*, Sinn *m*; **dọ̑ći nạ ~** in den Sinn kommen, einfallen; **dṛžati na ~u** im Sinn haben; **krẹ̑nuti** *od.* **šẹ̑nuti ~om** den Verstand verlieren, verrückt werden; **ni dọ stō ~ōvā** nicht im mindesten, nicht im Traum; **sȋći s ~a** den Verstand verlieren, verrückt werden; **smẹtnuti s ~a** außer Betracht lassen; **štọ na ~u, tọ̄ na drȗmu** frank und frei, frei von der Leber weg; **štọ ti pạdā nạ ~?** was fällt dir ein?
ụmaći (-knēm; -kao, -kla; -knūt) **(ụmicati)** entfliehen, entlaufen, entwischen; **~ pogībelji** der Gefahr entrinnen
ụmāk Soße *f*; **jạje nạ ~** weichgekochtes Ei
umạkati (ụmāčēm) **[umọčiti]** tunken, eintunken
umạknuti (ụmaknēm) → **ụmaći**
ụmalo fast, beinahe
ȕm|an geistig, vernünftig, klug, gescheit; **~nī rạ̄dnīk** Intellektuelle(r) *m*
ụmānjen (-o) verkleinert, verringert, reduziert
umanjẹnje Verkleinern *n*, Vermindern *n*, Verminderung *f*, Minderung *f*; **~ muskulatȗrē** *Med.* Muskelverschmächtigung *f*
umạnjiti *5* (ụmānjen) **(-anjīvati)** verkleinern, vermindern, reduzieren; *Preise* herabsetzen; *Kosten* reduzieren; **~ se** sich verringern, abnehmen
umanjīvati (-ạnjujēm) → **umạnjiti**
umạrati *5* → **umọriti**[1]
umaršīrati *5 pf* einmarschieren
umạstiti *5* (ụmāšten/ụmāšćen) *pf* fetten, einfetten
umạtati *5* → **umọtati**
ụmazati (-žēm) *pf* beschmutzen, besudeln
ụmećēm *1. Pers Sg v.* **umẹtati**

umękšati (**-šậvati** *5*) erweichen, aufweichen; ~ **se** weich werden
ụmetak (-tka; *Pl* -eci) Einlage *f*; (*Text-*)-Einschub *m*; Keil *m*
umẹtati (ụmećēm) (**ụmetnuti**) einsetzen, einschieben, einfügen; *Kassette* einlegen; ~ **se** (***na*** *A*) nach j-m geraten, j-m nachgeraten
ụmetnuti (-nēm) *pf* → ***umẹtati***
ụmicati (-čēm) → ***ụmaći, umạknuti***
umijẹće *7* Können *n*, Geschicklichkeit *f*, Fertigkeit *f*; Kunst *f*; ***tịskarskō*** ~ Buchdruckerkunst *f*
ụmijēm *1. Pers Sg v.* ***ụmiti*** *od.* ***ụmjeti***
umijẹsiti *5/7 pf* kneten, durchkneten
ụmiješan (-o) verwickelt, involviert (***u*** *A*/in *A*)
umijẹšati *5/7* (**umješịvati**) einmischen, einmengen, untermischen; ~ ***svọje pṛste*** seine Finger im Spiel haben (***u*** *A*/bei *D*); ~ **se** sich einmischen
ụmiliti se (**-ljậvati se** *5*) sich beliebt machen (*D*/bei *D*), sich einschmeicheln (bei *D*)
umilostịviti *5 pf* versöhnlich stimmen, *j-s* Wohlwollen erwerben
ụmiljat lieblich; zärtlich, sanft; anschmiegsam; (*Kind*) niedlich; (*Musik*) einschmeichelnd
ụmiljatōst (-osti; *ISg* -osti/-ošću) *f* Lieblichkeit *f*, Zärtlichkeit *f*, Sanftheit *f*
umiljậvati se *5* → ***ụmiliti se***
umịnuti (ụmīnēm) *pf* vergehen, verschwinden, aufhören, nachlassen
ụmirānje Sterben *n*, Absterben *n*
ụmirati (-rēm) → ***ụmrijeti***
umirẹnje Beruhigung *f*, Besänftigung *f*, Beschwichtigung *f*; ***srẹdstvo za*** ~ Beruhigungsmittel *n*
umịriti *5* (**-irịvati**) beruhigen, besänftigen; ~ **se** sich beruhigen
umirịvati (-ịrujēm) → ***umịriti***
umirọviti *5* in den Ruhestand versetzen, pensionieren, berenten
umịrovljen (-o) pensioniert
umirovljẹnīk *1* (*V* -če) Rentner *m*, Pensionär *m*
umirovljẹ̄nje Pensionierung *f*
ụmišljāj *Jur.* Vorsatz *m*
umịšljati *5* (**-išljậvati** *5*) nachdenken; ~ **se** sich einbilden
ụmišljen (-o) eingebildet, überheblich, arrogant
ụmišljenōst (-osti; *ISg* -osti/-ošću) *f* Überheblichkeit *f*, Arroganz *f*, Dünkel *m*
ụmiti (ụmijēm; *Imp* ụmīj; ụmio; umịven) (**umịvati**) waschen (**se** sich)
umivaọnica, -nīk Waschraum *m*, Badezimmer *n*
umịvati *5* → ***ụmiti***
ụmjeren (-o) mäßig, maßvoll, gemäßigt
ụmjerenōst (-osti; *ISg* -osti/-ošću) *f* Mäßigung *f*, Mäßigkeit *f*
ụmjesno *Adv* angebracht, angemessen, passend
ụmjesnōst (-osti; *ISg* -osti/-ošću) *f* Angemessenheit *f*, Schicklichkeit *f*
ụmjestan (-sno) angebracht, angemessen
ụmjesto *Präp* (*G*) statt (*G*), anstelle von (*D*)
ụmješan geschickt, gewandt, fähig
ụmješnōst (-osti; *ISg* -osti/-ošću) *f* Geschicklichkeit *f*, Fertigkeit *f*, Können *n*
umješịvati (-ẹšujēm) → ***umijẹšati***
ụmjet|an künstlich, Kunst-, nachgemacht; ~***nō dīsānje*** künstliche Beatmung *f*; ~***nō gnọjivo*** Kunstdünger *m*; ~***nī ọbrt*** Kunstgewerbe *n*; ~***nō vlậkno*** Kunstfaser *f*
ụmjeti (ụmijēm; ụmio, ụmjela) können, verstehen
ụmjetnica Künstlerin *f*
ụmjetničkī kunstvoll, künstlerisch, Kunst-
ụmjetnīk Künstler *m*
umjetnịna Kunstgegenstand *n*, Kunstwerk *n*
ụmjetnōst (-osti; *ISg* -osti/-ošću) *f* Kunst *f*; ***lịkōvnē*** ~***i*** bildende Künste; ***prịmjenjenā*** ~ angewandte Kunst
umlậčiti *5 pf* → ***smlậčiti***
umlạtiti *5 pf* erschlagen, töten
umnậžati *5* → ***umnọžiti***
ụ̄mnī → ***ụ̄man***
umnogọstručiti *pf* vervielfachen
ụ̄mnīk kluger *od.* intelligenter Mensch
ụ̄mnōst (-osti; *ISg* -osti/-ošću) *f* Intelligenz *f*, Klugheit *f*, Vernunft *f*
ụmnožak (-ška; *Pl* -šci) *Math.* Produkt *n*
umnožậvānje Multiplizieren *n*, Vervielfachen *n*, Vervielfältigen *n*
umnožậvati *5* → ***umnọžiti***
umnožẹnīk *1 Math.* Multiplikand *m*, Faktor *m*
umnọžilac (-ioca) *Math.* Multiplikator *m*, Faktor *m*
umnọžiti *5* (**-žậvati** *5*) multiplizieren,

malnehmen; vervielfältigen, vermehren; ~ **se** sich vermehren
ụmnjāk *1 Anat.* Weisheitszahn *m*
umọbolan geisteskrank, geistesgestört
ụmobōlnica[1] Geisteskranke *f*, Irre *f*
ụmobōlnica[2] Irrenhaus *n*; Anstalt für Geisteskranke *f*
umọčiti *5* (**umạ̄kati**) eintunken, eintauchen
umọliti *5* (**-ljạ̄vati** *5*) bitten; überreden
umọljiv leicht zu überreden
ụ̄mor Müdigkeit *f*, Ermüdung *f*, Ermattung *f*; Agonie *f*; Sterben *n*; ***bịti** od.* ***lẹžati na ~u*** im Sterben liegen; ***pạsti od ~a*** *fig.* vor Müdigkeit umfallen
ụmōran müde, ermüdet, matt; ***~ kao pạs*** hundemüde; ***mṛtav ~*** todmüde
umọriti[1] *5* (**umạ̄rati** *5*) ermüden, müde machen; ~ **se** müde werden, ermüden
umọriti[2] *5 nur pf* töten, ermorden; ~ **se** sich umbringen
ụmōrnōst (-osti; *ISg* -osti/-ošću) *f* → ***ụ̄mor***
umọ̄rstvo (*GPl* ụmōrstāvā/umọ̄rstvā) Mord *m*; ***grạbežnō ~*** Raubmord *m*; ***počịniti ~*** e-n Mord begehen
umọtati (**-tạ̄vati** *5*) einwickeln, einpacken, *Ware* verpacken; *Baby* wickeln
ụmotvōr → ***umotvọrina***
umotvọrina geistige Schöpfung; Kunstprodukt *n*
umọvānje Denken *n*, Nachdenken *n*
umọvati (ụmujēm) denken, nachdenken, überlegen
ụmrijeti (ụmrēm; ụmro, ụmrla) (**ụmirati**) sterben, ableben; *poet.* dahinscheiden; ***~ ọd glādi*** verhungern; ***~ prīrodnōm smṛću*** e-s natürlichen Todes sterben; ***~ od strạha*** vor Angst vergehen *od.* sterben
ụmr̄lī (-ōga) *Su* Verstorbene(r) *m*; → ***ụmrijeti***
ụmrlica Totenschein *m*
ụmrlōst (-osti; *ISg* -osti/-ošću) *f* Sterblichkeit *f*
umṛljati *5* beschmieren, besudeln; verschmutzen
umṛtviti *5* (ụmrtvljen) (**-vljạ̄vati** *5*) abtöten; *Aktivitäten etc.* ersticken; *Nerv* betäuben; *Menschen zu Tode* langweilen; ~ **se** sich tot stellen
ụmujēm *1. Pers Sg v.* ***umọvati***
umụ̄knuti (ụmūknēm; *Imp* umụ̄kni; umụ̄knuo/ụmūkao, umụ̄kla/ụmūkla; ụmūknūt) *pf* verstummen, still werden
umụ̄titi *5* einrühren, quirlen
unạ̄jmiti *5* (ụnājmljen) (**-ajmljị̄vati**) mieten, pachten; ~ **se** (***kod*** *G*) in j-s Dienste treten
unajmljị̄vānje Mieten *n*, Pachten *n*
unajmljị̄vati (unạjmljujēm) → ***unạ̄jmiti***
unakạ̄ziti *5* (**-azị̄vati**) verunstalten, entstellen, verstümmeln; *Tatsachen* verzerren
unakazị̄vati (-ạzujēm) → ***unakạ̄ziti***
unạkaženōst (-osti; *ISg* -osti/-ošću) *f* Verunstaltung *f*; Entstellung *f*; Verzerren *n*
unakažẹ̄nje → ***unạkaženōst***
unạ̄krsnī Kreuz-; ***~ō ispitị̄vānje*** Kreuzverhör *n*; ***~ā vạtra*** Kreuzfeuer *n*
unạ̄krst kreuzweise, über Kreuz; ***~ i poprijẹko*** kreuz und quer
ụnaokolo ringsum, ringsherum
unạpredak von nun an, ab jetzt
unapređẹ̄nje Förderung *f* (*der Wissenschaften etc.*); Vorankommen *n* (*in Beruf, Studium*); Beförderung *f* (*in Rang, Beruf*)
unapređị̄vati (-ẹđujēm) → ***unaprijẹditi***
unạprijed im voraus; im vorhinein; ***narụ̄čiti ~*** vorbestellen; ***plạ̄titi ~*** im voraus bezahlen
unaprijẹditi *5/7* (unạprijeđen) (**unapređị̄vati**) *Person, Sache* fördern; *Offizier, Beamte(n)* befördern; ***bịti unaprijeđen*** befördert werden, aufrücken
unạ̄toč *Adv* trotzdem; *Präp* (*D*) trotz (*G, D*); ***~ svẹmu tọme*** trotz alledem
ụnatrāg rückwärts, zurück; rückwirkend, nachträglich; ***~ pā̄r gọdinā*** vor einigen Jahren; ***pạsti ~*** rückwärts fallen; ***plạ̄titi ~*** nachträglich *od.* im Nachhinein bezahlen
unatrạške → ***ụnatrāg***
ụnatrā̄žnī rückläufig
ụnazād → ***ụnatrāg***
unazạ̄diti *5* (**-ađị̄vati**) zurückversetzen, zurückwerfen; e-n Rückschritt verursachen
ụ̄nca, ụ̄nča (*Maßeinheit*) Unze *f*
ụnedoglēd unendlich; in nicht absehbarer Zeit
ụnekoliko einigermaßen, ziemlich
ụnepovrāt *fig.* auf Nimmerwiedersehen
unẹsēm *1. Pers Sg v.* ***ụnijēti***
ụnesen (-o) eingetragen, eingeschrieben
unesrećạ̄vati *5* → ***unẹsrećiti***

unesrećẹnīk *1* Verunglückte(r) *m*
unẹsrećiti (**-ćạvati** *5*) ins Unglück stürzen, zugrunde richten; ~ **se** verunglükken, e-n Unfall erleiden
unẹzvijēren (-o) aufgeregt, verwirrt
ụnīći (ụnīđēm; *Imp* unịđi; ụnišao, ụnišla) *pf* → ***ǖći***
unificịrati *5 ipf*/*pf* vereinheitlichen
ụnifōrma (*GPl* -mi) Uniform *f*
uniformịrati *5 ipf*/*pf* uniformieren
ǖnija Union *f*, Bund *m*; ***cạrinskā*** ~ Zollunion *f*; ***mọnetārnā*** ~ Währungsunion *f*; ***pẹrsonālnā*** ~ Personalunion *f*
ụnijēti (-ẹsēm; ụnio, ụnijela; unọsen *6*/ụnijēt) (**unọsiti** *5*) hineintragen, hineinbringen; (*in Heft*, *Buch*) eintragen, verzeichnen, aufzeichnen; *Daten* (*in Computer*) eingeben; *fig. Unruhe*, *Haß* verbreiten; ~ **se** verwickelt werden (**u** *A*/in *A*)
unịkāt *1* Unikat *n*, Einzelstück *n*
uništạvānje Vernichten *n*, Zerstören *n*, Zerstörung *f*
uništạvati *5* → ***ụništiti***
uništẹnje → ***uništạvānje***
ụništiti (**-ạvati** *5*) vernichten, zerstören, ausrotten; *Hoffnungen* zunichte machen; *Bescheid*, *Beschluß* aufheben
ụniverzālan universal, universell, allgemein
univerzịtēt *1* → ***sveụčilīšte***
univerzịtētskī → ***sveụčilīšnī***
unọćati se *pf* Nacht werden
ụnos Gewinn *m*, Profit *m*; *EDV* (*Daten*-)Eingabe *f*
ụnosan einträglich, gewinnbringend, lukrativ
unọsiti *5* → ***ụnijēti***
ụnosnōst (-osti; *ISg* -osti/-ošću) *f* Einträglichkeit *f*, Lukrativität *f*
ụnošēnje Hineintragen *n*, Hineinbringen *n*; Eintragen *n*, Einschreiben *n* (*in Protokolle etc.*); (*Daten-*) Eingabe *f*
unovạčiti *5* (**-čạvati** *5*) *Rekruten* ausheben
ụnōvčiti (**-čạvati** *5*) (*finanziell*) verwerten, zu Geld machen; *Scheck* einlösen
ụnučād (-i) *f*/*koll* Enkelkinder *Pl*
ụnuče (-eta) Enkel(kind *n*) *m*
ụnuk Enkel *m*
ụnuka Enkelin *f*
unụtar *Präp* (*G*) innerhalb (*G*); (*temp*) binnen (*G*)
ụnutarhrvātskī *Pol.* innerkroatisch
ụnutārnjī innerlich, inner-, Innen-; Binnen-; ~ ***pọslovi*** *Pol.* innere Angelegenheiten
ụnūtra innen, drinnen; herein, hinein
ụnutrašnjī → ***ụnutarnjī***
ụnutrašnjōst (-osti; *ISg* -osti/-ošću) *f* Innere(s) *m*; ~ ***zẹmljē*** Landesinnere(s) *n*
ụnjkati näseln, durch die Nase sprechen
uobịčājen (-o) gewöhnlich, gebräuchlich, üblich, gewohnt; ~***ā prạksa*** gängige Praxis
uobičạjiti se *5 pf nur unpers* gebräuchlich werden, zur Gewohnheit werden; sich einbürgern
uoblịčiti *5* (**-ičạvati** *5*) formen, bilden, gestalten
uọbliti *5* (**-bljạvati** *5*) formen, gestalten
uobrạziti *5* (uọbrāžen) (**-ažạvati** *5*) sich etw. vorstellen *od.* einbilden; ~ **se** eingebildet werden
uọbrāžen (-o) eingebildet, selbstgefällig; eitel
uọbrāženōst (-osti; *ISg* -osti/-ošću) *f* Einbildung *f*, Selbstgefälligkeit *f*, Dünkel *m*
uočạvati *5* → ***uọčiti***
ụoči *Präp.* (*G*) am Vorabend (*G*), unmittelbar vor (*D*)
uọčiti *5* (**-čạvati** *5*) bemerken, erblicken, wahrnehmen
uọčljiv auffällig, auffallend; wahrnehmbar, fühlbar, merklich
uọčljivōst (-osti; *ISg* -osti/-ošću) *f* Auffälligkeit *f*, Wahrnehmbarkeit *f*
ụokolo ringsum, rundum; ~ (*G*) rings um (*A*)
uọkrug → ***ụokolo***
uokvīriti *5* (**-irịvati** *5*) einrahmen, umrahmen
uokvirịvati (-ịrujēm) → ***uokvịriti***
uopćạvati *5* → ***uọpćiti***
ụopće überhaupt, im allgemeinen; durchgängig
uopćẹnje Verallgemeinerung *f*, Generalisierung *f*
uọpćiti *5* (**-ćạvati** *5*) verallgemeinern, generalisieren
ụopšte *sb.* → ***ụopće***
uortạčiti se *5 pf Ök.* e-e Geschäftsverbindung *od.* Partnerschaft eingehen
uọstālōm übrigens, im übrigen
uozbịljiti se *5* ernst werden
ụpad *Mil.* Einfall *m*, Invasion *f*, Einmarsch *m*; (*plötzliches*) Eindringen *n*

upądāč *1* (*V* -u) Invasor *m*, Eindringling *m*
ųpadati → ***ųpasti***
ųpadica Zwischenruf *m*
upądljiv auffallend, auffällig
ųpakovati (-ujēm) *pf* einpacken, einwikkeln
ųpala *Med.* Entzündung *f*
upāliti *5* (**-aljīvati**) anzünden, entflammen, in Brand setzen *od.* stecken; *Licht* einschalten *od.* anmachen; ***upālio mu*** *fig.* er hat Glück gehabt; ~ (*G*) ***za idēju*** j-m für e-e Idee erwärmen; ***upālila mu ląmpica*** *fig.* ihm ist ein Licht aufgegangen; ~ ***se*** sich entzünden (*a. Med.*); in Brand geraten
upaljịvāč *1* Feuerzeug *n*; Anzünder *m*; *Mil.* Zünder *m*
upąljiv feuergefährlich, entzündlich, brennbar
upaljīvati (-ąljujēm) → ***upāliti***
upąljivōst (-osti; *ISg* -osti/-ošću) *f Phys.* Entzündbarkeit *f*, Brennbarkeit *f*; *Med.* Entzündbarkeit *f*
upamćịvānje Merkfähigkeit *f*
upamćīvati (-ąmćujēm) → ***ųpāmtiti***
ųpāmtiti (-mćen) (**-amćīvati**) sich merken, im Gedächtnis behalten
ųpao (-alo) (*Wangen, Augen*) eingefallen, hohl
uparāditi se *5 pf* sich in Gala werfen; die Festuniform anziehen; *fig.* sich in Schale werfen
ųpasti (-dnēm; ųpao, ųpāla) (**ųpadati**) fallen, (her)einfallen, hineinfallen; eindringen, geraten; *in e-n Raum* hineinstürmen; *Boden*: einsinken; ~ ***ų dūg*** Schulden machen; ~ ***ų klopku*** *fig.* in e-e Falle tappen; ~ ***ų oči*** *fig.* ins Auge fallen *od.* stechen; ~ (*D*) ***ų šake*** j-m in die Hände fallen; ~ ***ų riječ*** ins Wort fallen; ~ ***u vṛtlog*** (*G*) *fig.* in den Sog (von *D*) geraten; ~ ***u zāmku*** ins Netz *od.* ins Garn gehen; ***ųpāla mu sjękira ų mēd*** *fig.* er hat Glück gehabt
ųpecati *pf Fische* fangen; angeln (*a. fig.*)
upečątljiv einprägsam
ųpeći (upęčēm; *Imp* upęci; ųpekao; upęčen *6*) einbrennen, brennen; *fig.* schmerzen
upęriti *5* (**-rīvati**) zielen, richten; ~ ***pṛstom*** mit dem Finger zeigen (***na*** *A*/ auf *A*)
ųpēti se (ųpnēm se; *Imp* ųpni se; ųpeo se, ųpela se) (**ųpinjati se**) sich anstrengen
upịjāč *1* Löschpapier *n*
upījati *5* → ***ųpiti***
upīljiti *5 pf*: ~ ***ọči*** (***u*** *A*) anstarren; starren (auf *A*); ~ (*A*) ***sębi ų glāvu*** sich etw. in den Kopf setzen
ųpirati (-ēm) → ***ųprijēti***
ųpis Einschreibung *f*, Eintragung *f*; Immatrikulation *f*; Eintrag *m* (*im Grundbuch*)
ųpīsān (-o) eingeschrieben, eingetragen; ***lijep kao*** ~ bildschön
upịsati (ųpīšēm) (**-isīvati**) einschreiben, eintragen; ~ (*D*) ***u dọbro*** j-m zugute halten; ~ (*D*) ***ų grijeh*** j-m zur Last legen; ~ ***u zāslugu*** als Verdienst anrechnen, hoch anrechnen; ~ ***se*** sich (*in e-r Schule*) einschreiben; sich immatrikulieren
upisịvānje Einschreiben *n*, Eintragen *n*; Immatrikulation *f*
upisīvati (-ịsujēm) → ***upīsati***
ųpisn|ī Einschreibe-; ~***ā tąksa*** Einschreibegebühr *f*
ųpisnica Immatrikulationsbescheinigung *f*, Einschreibebescheinigung *f*
ųpisnīk Verzeichnis *n*, Liste *f*, Register *n*
upisnịna Einschreibegebühr *f*, Immatrikulationsgebühr *f*
upịšati se *pf* V sich vollpissen
ųpit Anfrage *f*, Erkundigung *f*
upītati *5* fragen, befragen; sich *bei j-m* erkundigen
ųpiti (-ijēm) *pf* aufsaugen, einsaugen, absorbieren; *Wissen etc.* (*begierig*) aufnehmen
ųpitnī fragend, Frage-; *Gr.* Interrogativ-
ųpitnīk Fragezeichen *n*; Fragebogen *m*
ųplāćen (-o) → ***uplātiti***
uplaćịvānje Einzahlen *n*, Einzahlung *f*
uplaćīvati (-ąćujēm) → ***uplātiti***
ųplakān (-o) verweint, verheult
ųplakati se (-ačēm se) *pf* in Tränen ausbrechen, losweinen
ųplašen (-o) erschrocken; ängstlich, furchtsam
ųplašiti *pf* erschrecken *tr*, e-n Schrecken einjagen (*A*/*D*); ~ ***se*** erschrecken *itr*
ųplata Einzahlung *f*, Zahlung *f*
uplātiti *5* (ųplāćen) (**-aćīvati**) einzahlen, bezahlen; *Beiträge* entrichten
ųplesti (-ętēm; ųpleo, ųplela; uplęten *6*) (**ųpletati**) einflechten, verflechten; ~

U

pṛste *fig.* seine Finger im Spiel haben (**u** *A*/bei *D*); ~ **se** *fig.* sich einmischen, sich einmengen
ụpliv → ***ụtjecāj***
ụplivati (**-vā̤vati** *5*) hereinschwimmen, hineinschwimmen
uplọviti *pf Schiff*: einlaufen
ụpljesniviti se *pf* verschimmeln; vermodern
ụpljuvak (-ūvka) Fliegenkot *m*, Fliegendreck *m*
upljụvati (ụpljujēm) *pf* (be)spucken; *Fliegen*: beschmutzen
upokọjiti *5* (upọkojen) *pf* beruhigen, besänftigen; töten; ~ **se** sich beruhigen; sterben
upokọriti *5 pf* unterwerfen, unterjochen
ụpola halb, zur Hälfte
ụpoprijeko → ***pọprijeko***
ụporab|a Gebrauch *m*, Benutzung *f*, Verwendung *f*; ***ịzāći iz ~e*** aus dem Gebrauch kommen; ***ṳ̄ći u ~u*** in Gebrauch kommen; → ***ụputa***
ụporaban Gebrauchs-; ~ ***prẹ̄dmet*** Gebrauchsgegenstand *m*; ~ ***vrijẹdnōst*** Gebrauchswert *m*
uporā̤biti (**-ablj̄ịvati**) verwenden, gebrauchen, benutzen; anwenden; ~ ***nạ zlo*** mißbrauchen
uporạbiv brauchbar, verwendbar, benutzbar
uporạbivōst (-osti; *ISg* -osti/-ošću) *f* Brauchbarkeit *f*, Verwendbarkeit *f*, Benutzbarkeit *f*
uporablj̄ịvati (-ạbljujēm) → ***uporā̤biti***
ụpōr|an hartnäckig, beharrlich; halsstarrig, eigensinnig, dickköpfig; ***~no trā̤žiti*** insistieren (*A*/auf *A*), bestehen (auf *D*)
ụporedan parallel, gleichlaufend
ụporedba (*GPl* -dābā/-dbī) Vergleich *m*
uporẹ̄diti *5* (**-eđ̄ịvati**) vergleichen, gegenüberstellen
uporẹdiv vergleichbar
uporẹdivōst (-osti; *ISg* -osti/-ošću) *f* Vergleichbarkeit *f*
ụporednīk *Geom.* Parallele *f*
upoređẹ̄nje Vergleich *m*
upoređ̄ịvati (-ẹđujēm) → ***uporẹ̄diti***
ụporīšnī Stütz-; ~ ***stṳ̄p*** Stützpfeiler *m*
ụporīšte *Tech.*, *fig.* Stütze *f*; Anhaltspunkt *f*; (*Militär*-)Basis *f*
ụporka Henkel *m*, Griff *m*
ụpornōst (-osti; *ISg* -osti/-ošću) *f* Beharrlichkeit *f*, Hartnäckigkeit *f*; Dickköpfigkeit *f*, Halsstarrigkeit *f*
ụpornjāk *Tech.* Stütze *f*, Strebe *f*; Starrkopf *m*, Dickkopf *m*
ụposlen → ***zạposlen***
upọtpuniti (**-njā̤vati** *5*) vervollständigen, ergänzen
ụpotreba *sb.* → ***ụporaba***
ụpotreban *sb.* → ***ụporaban***
upotrẹb(lj)iv *sb.* → ***uporạbiv***
upotreblj̄ịvati (-ẹbljujēm) *sb.* → ***uporā̤biti***
upotrẹbljivōst (-osti; *ISg* -osti/-ošću) *sb.* → ***uporạbivōst***
upotrijẹbiti *5*/*7* (**-trẹblj̄ịvati**) *sb.* → ***uporā̤biti***
upọznati (**-āvati**) kennenlernen; bekanntmachen (*A* **s** *I*/*A* mit *D*), informieren (*A* **s** *I*/*A* über *A*); ~ **se** sich kennenlernen, Bekanntschaft machen; vertraut werden (*mit e-r Sache*)
upoznā̤vati (upọznajēm) → ***upọznati***
upozarā̤vati *5* → ***upozọriti***
upozorẹ̄nje Hinweis *m*; Warnung *f*
upozọriti *5* (**-ā̤vati** *5*) aufmerksam machen (**na** *A*/auf *A*); hinweisen (auf *A*), warnen (vor *D*); *Zeugen* (*vor Gericht*) belehren
ụprava Verwaltung *f*, Behörde *f*; (*Betriebs*-)Leitung *f*; ~ ***drụštvenīh prịhodā*** Finanzamt *m*; ***dṛžāvnā ~*** staatliche Verwaltung
ụprāv|an gerade, direkt; Verwaltungs-; ~ ***gọvōr*** *Gr.* direkte Rede; ***~nī ọdbor*** Verwaltungsausschuß *m*; ***~nī sṳ̄d*** Verwaltungsgericht *n*; ***~nā vlā̤st*** Verwaltungsbehörde *f*
uprạvitelj Leiter *m*; Verwalter *m*; Direktor *m*
upravitẹljica Leiterin *f*; Verwalterin *f*; Direktorin *f*
ụpraviti (-vljen) (**-vljati**) *Blick*, *Pistole* richten (**na** *A*/auf *A*); *Worte* richten (*D*/an *A*); *Brief* adressieren (*D*/an *A*); *Fahrzeug* steuern; regieren (*I*/*A*); ~ **se** sich richten (*D*/an *A*)
uprạvljāč *1* (*Fahrzeug*-)Führer *m*, Fahrer *m*; *Kfz.* Lenkrad *n*; *Tech.* Steuerung *f*; ***dạljinskī ~*** *TV etc.* Fernbedienung *f*
ụpravljānje Leiten *n*, Leitung *f*; Verwalten *n*; Verwaltung *f*; Steuerung *f*
ụpravljati → ***ụpraviti***
ụpravljen gerichtet (*D*/an *A*)
ụprāvnī → ***ụprāvan***

U

ụprāvnīk Leiter *m*, Direktor *m*
ụprāvo *temp* eben, soeben; gerade, genau; *~* ***ọ̄n!*** F ausgerechnet der!; *~* ***prije gọdinu dạ̄nā*** genau vor einem Jahr
uprạ̄zniti *5* (**-ažnjạ̄vati** *5*) → ***isprạ̄zniti***; *~* ***se*** *Arbeitsplatz*, *Stelle*: frei werden
ụprāžnjen (-o) (*Stelle*) offen, vakant
ụpreći (ụpregnēm) → ***uprẹ̄gnuti***
uprẹ̄dati → ***ụpresti***
ụpredēm *1. Pers. Sg v.* ***ụpresti***
uprẹ̄gnuti (ụprēgnēm; ụprēgao, -gla; ụprēgnūt) (**uprẹ̄zati**) *Pferde* einspannen; *fig. Person* einspannen, heranziehen (*zu e-r Arbeit*); *Kräfte* anspannen
ụprēm *1. Pers Sg v.* ***ụprijēti***
ụpresti (ụpredēm; ụpreo; uprẹden *6*) (**uprẹ̄dati**) einflechten (*a. fig.*); *Garn* spinnen
uprẹ̄zati (ụprēžēm) → ***uprẹ̄gnuti***
ụprijēti (ụprēm; *Imp* ụpri; ụpro, ụprla; ụprt) (**ụpirati**) stemmen, (an)drücken; *Blick* heften (***u*** *A*/auf *A*); *~* ***pṛstom*** (***u*** *A*) zeigen; *~* ***svẹ sịle*** *fig.* sich in die Riemen legen, sich ins Zeug legen; *~* ***se*** sich stemmen; sich stützen (***na*** *A*/auf *A*)
uprịličiti *pf* vorbereiten, veranstalten
uprkos → ***usprkos***
uprljati *5 pf* beschmutzen, beflecken, besudeln; *~* ***rụke*** *fig.* sich die Hände schmutzig machen; *~* ***se*** sich schmutzig machen
upropạ̄stiti *5* (-ọpāšćen/-ọpāšten) (**-aštạ̄vati** *5*) vernichten, ruinieren, verderben; ins Verderben stürzen; *Gesundheit* ruinieren; *Chance* verspielen; *~* ***se*** sich zugrunde richten
uprskati *5 pf* bespritzen, besprengen
ụprti (-uprēm) → ***ụprijēti***
ụprtiti *pf* aufladen; huckepack nehmen
ụprtnjača Rucksack *m*; Ranzen *m*
ụpržiti *pf* rösten
ụpūćen (-o) eingeweiht, unterrichtet; ***bịti*** *~* ***na sạ̄mōg sẹbe*** auf sich selbst gestellt sein
upućịvānje Unterweisen *n*, Einweisen *n*; Verweis *m* (*auf e-e Stelle in e-m Buch*); Hinweis *m*
upućịvati (upụćujēm) → ***upụ̄titi***
upụstiti se *5* (**upụ̄štati se** *5*) sich einlassen (***u*** *A*/auf *A*)
ụputa (An-)Weisung *f*, Anleitung *f*; Hinweis *m*; Verordnung *f*, Direktive *f*; *~* ***o ụporabi*** Gebrauchsanweisung *f*
ụputan angebracht, angezeigt; zweckmäßig; passend, statthaft
upụ̄titi *5* (ụpūćen) (**upućịvati**) anleiten, anweisen, unterweisen; einweihen; *Gruß* ausrichten; *Frage* stellen; den Weg zeigen (***na*** *A*/zu *od.* nach *D*); *~* ***nạ prāvi pụ̄t*** *fig.* auf den rechten Weg bringen; e-n guten Rat geben; *~* ***u bọ̄lnicu*** ins Krankenhaus überweisen; *~* ***se*** sich auf den Weg machen
ụputnica (*Geld-*, *Post-*)Anweisung *f*; *Med.* Überweisungsschein *m*
ụputstvo → ***ụputa***
ụra Uhr *f*; Stunde *f*; ***kụcala je zạdnjā*** *~* *fig.* das letzte Stündlein hat geschlagen
uračụnati (**-nạ̄vati** *5*) anrechnen, einrechnen; *~* ***u zạ̄slugu*** *fig.* hoch anrechnen
uračụnljiv anrechenbar; *Psych.* zurechnungsfähig
uračụnljivōst (-osti; *ISg* -osti/-ošću) *f* Anrechenbarkeit *f*; Zurechnungsfähigkeit *f*
urạ̄diti *5* (ụrāđen) (**-adịvati**) tun, machen, verrichten; *Operation* durchführen; ***ụrādi sạ̄m*** do it yourself (*Hobby-Handwerker*)
urạgān *1* Wirbelsturm *m*
Ụrāl *1* Ural *m*
ụranak (-ānka) Frühaufsteher *m*
ụraniti *pf* früh aufstehen
ụrār *1* (*V* -u) Uhrmacher *m*
ụraskorāk nicht übereinstimmend; ***ịći u*** *~* nicht Schritt halten (***s*** *I*/mit *D*) (*v. a. fig.*)
ụrastao (-slo) eingewachsen, festgewachsen
ụrāsti (urạ̄stēm; ụrāstao, ụrāsla) (**-šćịvati**) einwachsen, hineinwachsen
urašćịvati (-ạšćujēm) → ***ụrāsti***
urạvnati *pf* ausgleichen; ebnen, einebnen; *~* ***pūt*** *fig. j-m* den Weg ebnen
uravnọtēžen (-o) ausgeglichen
uravnotẹ̄žiti *5* (**-ežạ̄vati** *5*) ins Gleichgewicht bringen, ausbalancieren; *Tech.* auswuchten
urazụ̄miti *5* (**-umljịvati**) zur Vernunft bringen; *~* ***se*** zur Vernunft bringen
urazumljịvati (-ụmljujēm) → ***urazụ̄miti***
ụrbānī urban, städtisch
urbạnist(a) *m* Städteplaner *m*
urbanịstičk\|ī städteplanerisch; ***~ō planịrānje*** Städteplanung *f*
ụrećì¹ (-ẹćēm/ụreknēm; ụrekao, -kla; urẹčen *6*) (**urịcati**) verabreden, festset-

zen; *Termin* anberaumen; *Treffen* vereinbaren

ųreći² (-eknēm; ųrekao, -kla; urẹčen *6*) (**urī̩cati**) verhexen, behexen

ųred Behörde *f*, Amt *n*; Kanzlei *f*; Büro *n*; ***mąticnī* ~** Standesamt *n*; ***pątentnī* ~** Patentamt *n*; ***pǫštanskī* ~** Postamt *n*; ***turịstički* ~** Fremdenverkehrsbüro *n*

ųredan ordentlich, ordnungsgemäß

ųredba (*GPl* -dābā/-dbī) Verordnung *f*, Verfügung *f*, Vorschrift *f*

urḕditi *5* (ųrēđen) (**-eđī̩vati**) ordnen, regeln, einrichten; in Ordnung bringen; *Buch* redigieren; *Zimmer* aufräumen; *Treffen* arrangieren; ***~ račūne*** *fig.* e-e alte Rechnung begleichen; ***~ se*** sich zurechtmachen, sich (*schön*) herrichten

ųrednīk Redakteur *m*

ųrednīštvo (*GPl* ųrednīštāvā/urednịštvā) Redaktion *f*

ųredno *Adv* → ***ųredan***

ųrednōst (-osti; *ISg* -osti/-ošću) *f* Ordnungsliebe *f*; ***smịsao za* ~** Ordnungsliebe *f*

ųredovati (-dujēm) amtieren; von Amts wegen einschreiten *od.* intervenieren

ųredōvn|ī amtlich, Amts-, Büro-; ***~ō vrijęme*** Bürozeit *f*; Geschäftszeit *f*

ȗredskī Amt-, Büro-, Kanzlei-

ųređāj Einrichtung *f*, Vorrichtung *f*; *Tech.* Anlage *f*; Gerät *n*; ***~ za ǫbnovu radioąktīvnōg materijāla*** Wiederaufbereitungsanlage *f*; ***~ za spaljī̩vānje smęća*** Müllverbrennungsanlage *f*; ***ąlarmnī* ~** Alarmanlage *f*; ***klịma-* ~** Klimaanlage *f*

ųređen (-o) geregelt, geordnet; ***gęnerālno* ~** *Tech.* generalüberholt

uređḕnje Ordnen *n*, Regulieren *n*; Ordnung *f*, Aufbau *m*; ***drųštvenō* ~** Gesellschaftsordnung *f*

uređịvāč *1* (*V* -u) Redakteur *m*; Gestalter *m*; ***~ ịzloga*** Schaufensterdekorateur *m*

uređịvāčkī Redaktions-; ***~ ǫdbor*** Redaktionsausschuß *m*

uređịvānje → ***uređḕnje***

uređī̩vati (urẹdujēm) → ***urḕditi***

ȗres Zier *f*, Zierde *f*, Verzierung *f*, Schmuck *m*

urḕsiti *5* (ųrēšen) (**urešā̩vati** *5*) (ver)zieren, schmücken

ųrez Einschnitt *m*, Kerbe *f*

ųrezati (-žēm) (**-zī̩vati**) einschneiden, einritzen, eingravieren; kerben, e-e Kerbe schneiden; (*in Kupfer*) stechen; ***~ se*** sich (*im Gedächtnis*) einprägen

urezī̩vati (-ęzujēm) → ***ųrezati***

urgęncija Dringlichkeit *f*; Erinnerungsschreiben *n* (*an e-e Behörde*)

urgęntan dringend, dringlich, eilend

urgęntnōst (-osti; *ISg* -osti/-ošću) *f* Dringlichkeit *f*, Eile *f*

urgī̩rati *5 ipf/pf* dringlich machen, *Erledigung* anmahnen

ųrīn *1* Urin *m*, Harn *m*

ųrlānje Brüllen *n*, Gebrüll *n*; Heulen *n*; Schreien *n*

ųrlati brüllen; *Wolf*, *Hund*: heulen; schreien

ųrlātor F Schreihals *m*

ųrlīk Gebrüll *n*; Geheul(e *n*) *n*

urlịkānje, urlịkati → ***ųrlānje, ųrlati***

ųrnebēs Getöse *n*, Höllenlärm *m*

urọčiti *5 pf* vereinbaren; *Sitzung* anberaumen; *Termin* festsetzen

ųrod (*Ernte-*)Ertrag *m*

urọditi *5 pf* Ertrag bringen; ***~ plọdom*** Früchte tragen; ***~ ųspjehom*** Erfolg bringen

ųrođen (-o) angeboren

urođęnīčkī Eingeborenen-

urođęnīk *1* (*V* -u) Eingeborene(r) *m*, Ureinwohner *m*

ųrok Verzauberung *f*, Beschwörung *f*, Verhexen *n*

urọlog Urologe *m*

urolọgija Urologie *f*

urọniti *5* (ųronjen) (**-njā̩vati** *5*) eintauchen; *Schwimmer*: untertauchen; *fig.* sich vertiefen (*in e-e Sache*)

ųrot|a Verschwörung *f*, Komplott *n*; **(s)*kǫvati ~u*** ein Komplott schmieden

urọtiti se *5* (ųroćen) *pf* sich verschwören (***prọtiv*** *A*/gegen *A*)

ųrotnīčkī verschwörerisch, intrigant; konspirativ

ųrotnīk Verschwörer *m*, Intrigant *m*

uručḕnje Aushändigung *f*, Übergabe *f*; (*Schreiben*) Zustellung *f*; (*Grüße*) Übermitteln *n*

urų̄čiti *5* (**-učī̩vati**) aushändigen, überreichen, übermitteln; *Urkunde* zustellen; *Grüße* übermitteln, ausrichten

uručī̩vati (-ųčujēm) → ***urų̄čiti***

ųrudžba (*GPl* -džābā/-džbī) → ***uručḕnje***

ųrudžbenī: ***~ brǭj*** Protokollnummer *f*

usąditi *5* (usāđen) (**-ađīvati**) *Pflanze* (ein)setzen, (ein)pflanzen; ~ ***u pamēt*** *od.* ***u glāvu*** F *j-m etw.* eintrichtern *od.* einschärfen
usađīvati (-ąđujēm) → ***usąditi***
usąhnuti (usahnēm; usahao/usąhnuo; usąhla/usahla; usahnūt) *pf* vertrocknen, verdorren; *Blume*: verwelken; *Quelle*: versiegen
usaljen (-o) fettleibig, sehr dick; ~***ā stijęnka*** (***trbuha***) Schmerbauch *m*
usaljenōst (-osti; *ISg* -osti/-ošću) *f* Verfettung *f*
usāmljen, usāmljenōst → ***osāmljen, osāmljenōst***
usavršąvānje Vervollkommnen *n*, Vervollkommnung *f*; ***tęčāj za*** ~ Fortbildungskurs *m*
usavršąvati *5* → ***usavŗšiti***
usavršęnje → ***usavršąvānje***
usavŗšiti *5* (**-ršąvati** *5*) vervollkommnen, verbessern; ~ **se** sich fortbilden
usęknuti (useknēm) *pf* schneuzen, die Nase putzen (**se** sich)
usęliti se *5* (**-ljąvati se** *5*) (*in e-e Wohnung*) einziehen; sich ansiedeln
useljęnīk *1* (*V* -če) Einwanderer *m*, Zuwanderer *m*
useljęnje Einzug *f* (*in e-e Wohnung*)
useljiv (*Wohnung*) bezugsfertig
ushīćen (-o) begeistert, entzückt (*I*/von *D*)
ushīćenōst (-osti; *ISg* -osti/-ošću) *f* Begeisterung *f*, Entzücken *n*
ushićęnje → ***ushīćenōst***
ushītiti *5* (**-ićąvati** *5*) begeistern, entzücken
ushod|an aufsteigend; ~***na līnija*** aufsteigende Linie (*bei Verwandtschaft*)
usidjelica F alte Jungfer
usidriti se *pf* Anker werfen, vor Anker gehen
usijān (-o) glühend, glühend heiß; ~***ā gląva*** *fig.* Hitzkopf *m*
usijati (**-ąvati** *5*) (*bis zur Glut*) erhitzen
usiječati *5/7* → ***usjeći***
usiječēm *1. Pers Sg v.* ***usjeći***
usijędati *5/7* → ***usjesti***
usiljen (-o) unnatürlich, gekünstelt, geschraubt, gezwungen
usiriti se *pf Milch*: käsen, zu Käse verarbeiten
usisāč *1* → ***usisąvāč***
usisati (-šēm) (**-sąvati** *5*) einsaugen, aufsaugen

usisąvāč *1* Staubsauger *m*
usisąvati *5* → ***usisati***
usitniti *5* → ***sitniti***
usjecati → ***usjeći***
usjeći (usiječēm; *Imp* usiječi; usjekao, -kla; usječen) (**usijecati**) einschneiden, einkerben, einritzen; ~ **se**: ***usjeklo se u pamēt*** *etw.* hat sich tief ins Gedächtnis gegraben
usjek Einschnitt *m*
usjemeniti se *pf* Samen bilden
usjesti (-ednēm; -eo, -ēla; -dnūt) (**usijędati** *7*) sich setzen (auf *A*); ~ ***na kǫnja*** ein Pferd besteigen
usjev Saat *f*
uskąkati (uskāčēm) → ***uskǫčiti***
uskīpjeti (-īm; -pio, -pjela) *pf* aufbrausen (*a. fig.*); aufwallen
uskisnuti (-nēm; uskisao, -sla) *pf* sauer werden; säuern *tr*; *Teig*: aufgehen
uskladištąvati *5* → ***usklądištiti***
uskladištęnje Einlagerung *f*; Speicherung *f*
usklądištiti (**-štąvati** *5*) (ein)lagern, speichern
uskladiti (-đen) (**-đīvati**) in Einklang bringen, abstimmen; *Bemühungen* koordinieren; *Renten* anpassen
usklađen (-o) angepaßt, abgestimmt
usklađenōst (-osti; *ISg* -osti/-ošću) *f* Einklang *m*, Übereinstimmung *f*
usklađīvānje Abstimmung *f*, Koordination *f*
usklađīvati (-ąđujēm) → ***uskladiti***
uskličnī Ausrufe-; ~ ***znąk*** Ausrufezeichen *m*
uskličnīk Ausrufezeichen *m*
usklīk Ausruf *m*, Aufschrei *m*, Ruf *m*; *Gr.* Interjektion *f*
usklikīvati (-ikujēm) → ***uskliknuti***
uskliknuti (-nēm; -knuo/-kao, kla) (**usklikīvati**) (auf)schreien, aufjauchzen, aufjubeln
usko eng; → ***uzak***
uskǫčiti *5* (**-kąkati**) hineinspringen; springen (in *A*); ~ ***mjęsto*** (*G*) *fig.* einspringen (für *A*); ~ ***u riječ*** ins Wort fallen
uskǫća Enge *f*
uskǫgrudan engherzig, kleinlich
uskǫgrudnōst (-osti; *ISg* -osti/-ošću) *f* Engherzigkeit *f*, Kleinlichkeit *f*
uskok *hist.* Uskoke *m*, Fahnenflüchtige(r) *m*

U

uskolębati se *pf* wanken, schwanken; unentschlossen sein, unentschlossen werden
uskomęšati se *pf* unruhig *od.* nervös werden, sich aufregen
ųskoro *Adv* bald, demnächst; schnell, unverzüglich
uskǫtrāčan (*Bahn*) schmalspurig
uskraćįvānje Verweigerung *f*, Vorenthaltung *f*, Entziehung *f* (*e-r Sozialleistung*)
uskraćįvati (-ąćujēm) → ***uskrątiti***
uskrątiti *5* (ųskrāćen) (**-aćįvati**) verweigern, vorenthalten; *Sozialleistung*, *Recht* entziehen; *Alkohol*, *Nikotin* verbieten
Ųskrs Ostern *n od. Pl*, Osterfest *n*
ųskrsnī Oster-
uskrsnųće *Rel.* Auferstehung *f*
ųskrsnuti (-nēm; -snuo/-sao, sla) *pf* (*von den Toten*) auferstehen
ųslijed *Präp* (*G*) infolge (*G*), wegen (*G*)
uslijęditi *5/7 pf* erfolgen, (nach)folgen
ųslišati *pf*, **uslįšiti** *5 pf* erhören, Gehör schenken; *Bitte*, *Wunsch* erfüllen
ūslov, ūslovan *sb.* → ***ųvjet, ųvjetan***
ųslovljen (-o) bedingt; ***~ā kązna*** Bewährungsstrafe *f*
ųslu|ga Dienst *m*, Dienstleistung *f*; Gefälligkeit *f*; (*im Restaurant*) Bedienung; ***bįti*** *od.* ***stąjati na ~zi*** zur Verfügung stehen, zu Diensten sein; ***mędveđā*** *od.* ***mągareća ~ga*** *fig.* Bärendienst *m*; ***učįniti*** (*D*) ***~gu*** j-m e-n Dienst erweisen
ųsluž|an dienstbereit, bereitwillig, gefällig; ***~nē djęlatnosti*** Dienstleistungsbetrieb *m*
ųslužnōst (-osti; *ISg* -osti/-ošću) *f* Gefälligkeit *f*, Entgegenkommen *n*; Hilfsbereitschaft *f*
ųsmen|ī mündlich; ***~ā prędaja*** mündliche Überlieferung
usmjerąvānje Einstellung *f*, Steuerung *f*
usmjerąvati *5* → ***ųsmjeriti***
ųsmjeriti (**-rąvati** *5*) richten, einstellen, steuern; *Resolution*, *Protest* richten (*D*/an *A*); *Fernrohr* richten (*D*/auf *A*)
usmrćįvati (-ŗćujēm) → ***ųsmrtiti***
usmŗdjeti se (ųsmrdīm se; -dio se, -djela se) stinken; *Fleisch*: verderben
ųsmrtiti (-rćen) (**-rćįvati**) töten; *Nerv* abtöten; *Menschen* hinrichten
ųsn|a Lippe *f*; (*beim Tier*) Lefze *f*; ***sŗamnē ~e*** *Anat.* Schamlippen *Pl*; ***ųgristi se na ~e*** (*a. fig.*) sich auf die Lippen beißen
ųsnī Mund-; → ***šupljįna***
ųsnica *Dim v.* ***ųsna***
ųsnuti (-nēm) *pf* einschlafen
usǫliti *5* (ųsoljen) einsalzen; *Fleisch* (ein)pökeln
ųsoljen (-o) eingesalzen; ***~ō męso*** Pökelfleisch *n*
usǫpiti se *5* (ųsopljen) außer Atem kommen, außer Atem sein
ųsōv (-ova) Lawine *f*
uspąvānka (*GPl* -kī) Wiegenlied *n*
uspąvati *5* (**-avljįvati**) in den Schlaf singen; zum Schlafen bringen
uspavljįvati (-ąvljujēm) → ***uspąvati***
ųspēti se (ųspnēm se; *Imp* ųspni se; ųspeo se) (**ųspinjati se**) besteigen, erklettern; klettern (auf *A*); *Weg*: ansteigen; *fig.* sich emporschwingen (***na*** *A*/zu *D*)
uspijęvānje Gelingen *n*, Geraten *n*, Gedeihen *n*
uspijęvati *5/7* → ***ųspjeti***
uspįnjača (Draht-)Seilbahn *f*
ųspinjati se (-njēm se) → ***ųspēti se***
ųspio (-pjelo) gelungen; → ***ųspjeti se***
ųspjeh Erfolg *m*; gutes Resultat; ***įmati ~a*** Erfolg haben; ***ǫkruniti ~om*** erfolgreich abschließen; ***ǫpćī ~*** (*in Schulzeugnis*) Leistungen *Pl*; ***pųn ~*** ein voller Erfolg
ųspješan erfolgreich, wirksam
ųspješnōst *f* → ***ųspjeh***
ųspjeti (-ijēm; -pio, -pjela) (**uspijęvati** *5/7*) Erfolg haben, erfolgreich sein; gelingen, geraten, glücken; ***nīsam ųspio*** (***da dǫđēm***) ich habe es nicht geschafft (zu kommen)
uspląhīren (-o) aufgeregt, erregt, beunruhigt, nervös
uspląhīrenōst (-osti; *ISg* -osti/-ošću) *f* Erregtheit *f*, Beunruhigung *f*, Nervosität *f*
usplahįriti *5 ipf/pf* beunruhigen, aufregen (**se** sich)
ųspnēm se *1. Pers Sg v.* ***ųspēti se***
uspląmtjeti (-īm; -tio, -tjela) *pf* aufflakkern, entbrennen, entflammen (*a. fig.*)
ųspomen|a Andenken *n*; Erinnerung *f*, Gedenken *n*; ***bįti*** *od.* ***ǫstati u žīvōj ~i*** in lebhafter Erinnerung sein *od.* bleiben; ***za ~u*** zum Andenken, zur Erinnerung (***za*** *A*/an *A*)

U

ụspon (*Gelände*) Steigung *f*, Ansteigen *n*; (*beruflicher*) Aufstieg *m*, Karriere *f*
usporạvānje Verlangsamung *f*, Verzögerung *f*
usporạvati *5* → ***uspọriti***
ụsporedan parallel, gleichlaufend; übereinstimmend; gleichzeitig; vergleichend, komparativ
ụsporedb|a (*GPl* -dābā/-dbī) Vergleich *m*; ***u ~i*** im Vergleich, verglichen (***s*** *I*/mit *D*)
usporẹditi *5* (-ọrēđen) (**-eđīvati**) vergleichen
uspoređẹ̄nje Vergleichen *n*, Vergleich *m*
usporẹđiv vergleichbar
uspoređīvati (-ẹđujēm) → ***usporẹditi***
ụsporen (-o) verlangsamt, verzögert; ***~o krẹtānje*** (*Film*) Zeitlupe *f*
usporẹ̄nje Verlangsamung *f*
uspọriti *5* (**-rạvati** *5*) verlangsamen, verzögern; *Fahrzeug* (ab)bremsen
ụspostava Wiederherstellung *f*, Wiederinstandsetzung *f*; (*Gesundheit*) Rehabilitation *f*; (*Gebäude*) Restaurierung *f*
uspọstaviti (**-ljati**) wiederherstellen; *Gebäude* restaurieren; *Verbindungen* (wieder) aufnehmen; *Ordnung* schaffen; *Gesundheit* wiederherstellen
ụsprāvan aufrecht, gerade; vertikal, Vertikal-; ***~ kạo svijẹća*** *fig*. kerzengerade
ụspraviti (-vljen) (**-vljati**) aufrichten; ermuntern, (*seelisch*) aufrichten; ***~ se*** sich aufrichten, sich aufrecht setzen
usprkos *Präp* (*G*) trotz; ***~ svẹmu*** trotz alledem, trotz allem; ***~ tọme*** trotzdem; *Adv* zum Trotz, aus Trotz
usprotīviti se *5 pf* sich widersetzen
ụspūt *Adv* nebenbei, außerdem; unterwegs
ụsr̄čēm *1. Pers Sg v.* ***usr̄kati***
ụsrdan inbrünstig, innig, herzlich
usrećạvati *5* [**ụsrećiti**] beglücken, glücklich machen
ụsred *Präp* (*G*) mitten in (*D*), inmitten
usredọtočen (-o) konzentriert, zentralisiert
usredotọčiti *5* (**-čạvati** *5*) konzentrieren, zentralisieren
usr̄kati (ụsr̄čēm) schlürfend trinken, hinunterschlürfen
ụst|a *n*/*Pl* Mund *m*; (*beim Tier*) Maul *n*; ***~a su se*** (*D*) ***zavẹ̄zala*** *fig*. j-m hat es die Sprache verschlagen; ***bịti u svīm*** *od.* ***svạčīm ~ama*** *fig*. in aller Munde sein; ***govọriti*** *od.* ***prīčati nạ sva ~a*** F das Maul voll nehmen; laut und viel reden; ***ịdē*** (*D*) ***vọda na ~a*** *fig*. das Wasser läuft j-m im Mund zusammen; ***ịmati pọganā ~a*** *fig*. ein loses Maul haben; ***iz ~a si mi ọteo*** *fig*. du hast mir das Wort aus dem Mund genommen; ***odvạ̄jati*** *od.* ***ọtkidati*** (*A*) ***od svọjīh ~ā*** sich etw. vom Mund absparen; ***ọstati ọtvorenīh ~ā*** (vor Staunen) Mund und Nase aufsperren; ***razvẹ̄zati ~a*** den Mund aufmachen, zu reden anfangen; ***šīriti se od ~ā do ~ā*** *Nachricht*: von Mund zu Mund gehen; ***vẹ̄zati*** (*D*) ***~a*** *fig*. j-m den Mund stopfen, j-m den Mund verbieten; ***začẹpiti*** *od.* ***zạpušiti*** *od.* ***zatvọriti ~a*** den Mund stopfen *od.* verbieten; ***zavẹ̄zati ~a*** den Mund halten
ụstajānje Aufstehen *n*
ụstajao (-jālo) abgestanden, schal
ụstajati (-ajēm) → ***ụstati***
ustạjati se (ustọjīm se) *pf Getränk*: abgestanden sein; schal werden
ustạkliti *5 Gebäude* verglasen
ustalạsiti se *pf* wogen, branden, Wellen schlagen
ustạ̄liti *5* (**-aljīvati**) festigen, stabilisieren; ***~ se*** sich stabilisieren, sich festigen, zur Gewohnheit werden
ụstāljen (-o) gebräuchlich, üblich
ustaljīvati (-ạljujēm) → ***ustạ̄liti***
ụstanak (-ānka) Aufstand *m*, Aufruhr *m*, Erhebung *f*, Rebellion *f*
ụstanēm *1. Pers Sg v.* ***ụstati***
ụstanīčkī aufständisch, rebellisch
ụstanīk Aufständische(r) *m*, Rebell *m*
ụstanova Einrichtung *f*, Institution *f*, Anstalt *f*; ***dọbrotvōrnā ~*** Wohlfahrtseinrichtung *f*; ***kạznenā ~*** Strafanstalt *f*; ***slụžbenā ~*** Dienststelle *f*
ustanọviti *5* (**-vljīvati**) *Ausschuß* gründen; *Tatsache* feststellen; *Sachverhalt* ermitteln
ụstaša (*Organisation*) Ustaša *f*; *m* Ustaša-Angehörige(r) *m*
ụstaškī Ustaša-
ụstati (-anēm; ụstao, -āla) (**ụstajati**) aufstehen, sich erheben (*a. fig.*); sich auflehnen (***prọtiv*** *A*/gegen *A*); ***~ na lijevū nọgu*** *fig*. mit dem linken Bein aufstehen; ***~ na ọrūžje*** zu den Waffen greifen

ųstāv *Jur.*, *Pol.* Verfassung *f*, Konstitution *f*
ųstava Schleuse *f*, Wehr *n*; Staudamm *m*
ųstāv|an verfassungsmäßig, verfassungskonform; Verfassungs-; **~nī porędak** verfassungsmäßige Ordnung; **~nī sųd** Verfassungsgericht *n*
ųstaviti (**-vljati**) aufhalten, anhalten; bremsen; *Auto*, *Atem* anhalten; *Schritte* verlangsamen; *Blut* stillen; **~ se** stehenbleiben; *itr* anhalten
ųstāvnoprāvnī *Jur.* verfassungsrechtlich
ųstāvnōst (-osti; *ISg* -osti/-ošću) *f* Verfassungsmäßigkeit *f*
ųstāvotvorn|ī: **~ā skųpština** *Pol.* verfassungsgebende Versammlung
ustęgnuti (ųstēgnēm; *Imp* ustęgni; ustęgnuo/ųstēgao, ustęgla/ųstēgla (**ustęzati**) spannen, anspannen; *Zügel* anziehen; *Geld* einbehalten, abziehen; **~ se** sich zurückhalten, sich zügeln, sich beherrschen
ustęzati (ųstēžēm) → **ustęgnuti**
ųstojīm se *1. Pers Sg v.* **ustąjati se**
ustoličęnje Inthronisation *f*; Amtseinführung *f*
ustǫličiti (**-čąvati** *5*) *König* inthronisieren
ustǫpcē, ustǫpicē dicht hinter (*D*); **gǫniti ~** auf Schritt und Tritt folgen
ustǫstručiti (**-čąvati** *5*) verhundertfachen
ųstrājan ausdauernd, ausharrend; beharrlich, zäh
ųstrajati (-jēm) ausdauernd, aushalten
ustrąjnōst (-osti; *ISg* -osti/-ošću) *f* Ausdauer *f*, Beharrlichkeit *f*
ųstrašiti *pf* erschrecken; Angst einjagen (*A*/*D*); **~ se** sich erschrecken
ųstrebati *pf* → **trębati**
ustręmiti se *5 pf* sich stürzen (**na** *A*/auf *A*)
ustręptati (ųstrepćēm) *5* erheben, erzittern; *Stimme*: tremolieren
ustrijęliti *5*/*7* (ųstrijeljen) *pf* erschießen, totschießen; *Wild* erlegen; **~ se** sich erschießen
ųstroj Struktur *f*; (*Körper-*)Bau *m*; Organisation *f*
ustrojąvati¹ *5* [**ustrǫjiti** *5*] anordnen, gliedern; organisieren
ustrojąvati² *5* [**ustrǫjiti** *5*] *Leder* gerben
ustrǭjstvo Struktur *f*; (*Körper-*)Bau *m*; Organisation *f*; **~ držāvē** staatlicher Aufbau, Staatsstruktur *f*
ustručąvānje Bedenken *n*, Zurückhaltung *f*
ustručąvati se *5* zögern, sich zurückhalten, sich scheuen; Bedenken haben
ųstuknuti (-nēm; -knuo/-kao, -kla) *pf* zurückweichen, zurückschrecken, kapitulieren (**pręd** *I*/vor *D*)
ųstup|ak (-pka; *Pl* -pci) Zugeständnis *n*, Konzession *f*; **bįti sprẹman na ~ke** zu Konzessionen bereit sein; **učįniti ~ke** Zugeständnisse *od.* Konzessionen machen
ustųpati *5* [**-iti** *5*] überlassen; *Anspruch*, *Forderung* abtreten; einräumen; verzichten; **ni ~ ni pędalj** *fig.* keinen Fußbreit weichen
ustvŗditi *5 pf Sachverhalt* behaupten
ųsud Schicksal *n*, Geschick *n*
usųditi se *5* (**-uđīvati se**) wagen, sich trauen; sich erkühnen, sich erdreisten; **dą ni si usųdio!** trau dich bloß nicht!
usuđīvati se (-ųđujēm se) → **usųditi se**
usųkati (ųsūčēm) (**-ukīvati**) eindrehen, einrollen; winden; *Schnurrbart* drehen *od.* zirbeln; **~ se** dünner werden
usųsret entgegen; **įzīći ~** entgegenkommen, entgegengehen (*a. fig.*)
ųsūti (ųspēm; *Imp* ųspi; ųsuo, -ūla; ųsūt) (**ųsipati**) einschütten, hineinschütten; *Getränk* eingießen
usvąjati *5* [**usvǫjiti** *5*] sich aneignen, sich zu eigen machen; *Gesetz* verabschieden; *e-m Antrag* zustimmen *od.* stattgeben; *Kind* adoptieren; *Angebot* annehmen
usvǫjiv annehmbar
ųš (-i; *GPl* ųšijū/ųšī) *f* Laus *f*; **dǫsadan kao ~** (*Person*) lästig, unerträglich
ųšančiti se (**-čīvati se**) sich verschanzen
ušarąfati *pf* einschrauben
uščųvati *5* (gut) erhalten, aufbewahren; konservieren; **~ se** sich (gut) erhalten
ųšće (*Fluß-*)Mündung *f*
ušęćeriti *pf* verzuckern; *Früchte* kandieren
ųši *Pl v.* **ųho**
ųšica (*Nadel-*)Öhr *n*
ušićąriti *5 pf* e-n Nutzen *od.* Gewinn ziehen (aus *D*)
ųšiti (ųšijēm) (**ušīvati** *5*) einnähen, einheften
ųška (*GPl* -kī/-ākā) Ohrmuschel *f*; (*Topf*) Henkel *m*

U

uškọpiti *5* (ųškopljen) (**-plj̄avati** *5*) kastrieren; *Hahn* kapaunen; *fig.* handlungsunfähig machen
ųšljiv lausig, verlaust
ųšljivac (-īvca) Lausejunge *m*, Lausbub *m*
ųšn|ī Ohr-, Ohren-; ***~ā škǫljka*** Ohrmuschel *f*
ųštap Vollmond *m*; ***s mijęnē pa na ~*** *fig.* alle Jubeljahre
ųštaviti *pf Leder* gerben
ųšted|a Ersparnis(se *Pl*) *f*; Einsparung *f*; ***~ vręmena*** Zeitersparnis *f*
uštę̄djeti (ųštēdīm; -dio, -djela; ųštēđen) (**-eđịvati**) sparen, einsparen
ušteđęvina Ersparnis(se *Pl*) *f*
ušteđịvati (-ęđujēm) → ***uštę̄djeti***
uštịmati *pf* abstimmen, anpassen
uštịnuti (ųštīnēm) *pf* kneifen, zwicken
ųštipak (-pka; *Pl* -pci) *Kochk.* Pfannkuchen *m*, Krapfen *m*
ų̄štrb *vera.* Verlust *m*; Schaden *m*; ***bịti*** (*D*) ***na ~*** *j-m*, *etw.* zum Schaden gereichen
ųštrcati (**-cā̦vati** *5*) einspritzen, injizieren
uštrọjiti *5* → ***uškọpiti***
ušų̄ljati se *5 pf* sich einschleichen
ušų̄tjeti (ųšutīm; -tio, -tjela) *pf* verstummen, stumm werden
ųšutkati *pf j-n* zum Schweigen bringen
ųtaban (-o) (*Weg*, *Pfad*) ausgetreten; ***ịći ~īm pų̄tama*** *fig.* ausgetretene Pfade gehen
utabọriti se *pf* sein Zelt *od.* Lager aufschlagen
utąći (ųtaknēm) → ***utąknuti***
ųtaja Veruntreuung *f*, Unterschlagung *f*; ***~ pọrezā*** Steuerhinterziehung *f*
utā̦jiti (**utajịvati**) veruntreuen, unterschlagen; *gestohlene Ware* hehlen
utajịvāč *1* (*V* -u) Veruntreuer *m*; (*Steuer*-)Hinterzieher *m*; Hehler *m*
utajịvati (-ąjujēm) → ***utā̦jiti***
ųtakmica Wettkampf *m*, Wettbewerb *m*; *Sp.* Match *n*; ***nępoštenā ~*** *Jur.* unlauterer Wettbewerb; ***vęslačkā ~*** Ruderregatta *f*
utąknuti (ųtaknēm; utąknuo/ųtakao; utąkla/ųtakla; utąknūt) (**ųticati**) *elektrisches Gerät* einstecken; *Faden* einfädeln
ųtamān *Adv* vergeblich, vergebens, umsonst
utamā̦niti *5* (**-anjịvati**) vertilgen, ausrotten, vernichten
utamanjịvati (-ąnjujēm) → ***utamā̦niti***
utamničęnīk *1* (*V* -če) Eingekerkerte(r) *m*
utąmničiti *pf* einkerkern
utanā̦čiti *5* (**-ačịvati**) vereinbaren; *Plan* ausarbeiten
utanačịvati (-ąčujēm) → ***utanā̦čiti***
utąnčati *pf* dünner machen; ***~ se*** dünn werden, schlank werden
utā̦njiti *pf* → ***utąnčati***
utā̦pānje Ertrinken *n*, Ertränken *n*
utā̦pati *5* → ***utọpiti***
ųtapkati (**-kā̦vati** *5*) einstampfen; *Erde* festtreten
utā̦žiti *pf Durst*, *Hunger* stillen; *Schmerz* lindern
ųteći (utęčēm/ųteknēm; ųtekao, -kla; ųtečen) (**ųticati, ųtjecati**) (ent)fliehen, entlaufen, entkommen; (*auf eine Person*) Einfluß nehmen; *j-n* beeinflussen; *Fluß* (*nur imp*): münden; ***~ iz zā̦tvora*** aus dem Gefängnis ausbrechen; ***tọ̄ mi je ųteklo s jęzika*** *fig.* das ist mir nur so rausgerutscht
ųtēg Gewicht *n* (*für Waage u. Mechanik*)
dịzānje ~a *Sp.* Gewichtheben *n*
utę̄gnuti (ųtēgnēm; *Imp* utę̄gni; ųtegao/utę̄gnuo; ųtegla/utę̄gla; ųtēgnūt) (**utę̄zati**) einschnüren, zusammenziehen; *Bauch* einziehen
utemęljāč *1* (*V* -u) Gründer *m*; ***člā̦n ~*** Gründungsmitglied *n*
utemęljiti *5* (**-ljịvati**) gründen, errichten; stiften; *Theorie* begründen
utemeljịvati (-ęljujēm) → ***utemęljiti***
utę̄zati (-žēm) → ***utę̄gnuti***
ųticāj, ųticati[1] → ***ųtjecāj, ųtjecati***
ųticati[2] (-čēm) → ***utąknuti***
ųtičnica → ***utịkāč***
ųtihnuti (-nēm; -hnuo/-hao, -hla) *pf* → ***ušų̄tjeti***
utịkāč *1 El.* Stecker *m*
ųtirati (-rēm) → ***ųtrti***
ųtīsak (-ska; *Pl* -sci) Eindruck *m*; ***čịniti ~*** Eindruck machen
ųtiskati (**-kịvati**) → ***ųtisnuti***
utiskịvati (-ịskujēm) → ***ųtisnuti***
ųtisnuti (-nēm) (**-kịvati**) hineindrücken, aufdrücken, einprägen; ***~ se ų pamēt*** sich ins Gedächtnis einprägen
utịšati (**-šā̦vati** *5*) beschwichtigen, besänftigen, beruhigen; stillen; ***~ se*** *Wind*: sich legen; *Schmerz*: nachlassen
ųtjecāj Einfluß *m*; Einwirkung *f*; ***vṝšiti ~*** Einfluß nehmen

ụtjecājan einflußreich
ụtjecati (-ečēm) *nur imp* einfließen; *Fluß*: münden; → ***ụteći***
ụtjeha Trost *m*, Zuspruch *m*
utjelọviti *5* (utjẹlovljen) (**-vljīvati**) verkörpern; einverleiben, annektieren; ~ **se** sich verkörpern, Mensch *od.* Fleisch werden
utjelovljẹ̄nje Verkörperung *f*, Inkarnation *f*
utjelovljīvati (-ọvljujēm) → ***utjelọviti***
ụtjerati (**-rīvati**) hineintreiben, treiben (in *A*); hineinjagen; *Angst* einflößen; *Schuld* eintreiben; *Steuern* erheben; *Vieh* treiben (*in den Stall*); ~ ***u lāž*** Lügen strafen
utjerīvānje (*Schulden*) Eintreiben *n*; (*Steuern*) Erheben *n*, Erhebung *f*; (*Vieh*) Treiben *n* (*in den Stall*)
utjerīvati (-ẹrujēm) → ***ụtjerati***
ụtješ|an tröstlich, Trost-; ***~nā nāgrada*** Trostpreis *m*
ụtješen (-o) getröstet
utjẹšitelj Tröster *m*
ụtješiti *pf* trösten, Trost spenden *od.* zusprechen
utjẹš(lj)iv → ***ụtješan***
ụtkati (**utkīvati**) einweben, hineinweben
utkīvati (-ujēm) → ***ụtkati***
ụtō da; inzwischen
ụtočīšte Zufluchtsort *m*, Asyl *n*; Obdach *n*
ụtok[1] (*Fluß-*)Mündung *f*
ụtok[2] *Jur.* Berufung *f*, Einspruch *m*, Beschwerde *f*
ụtoliko desto; ***ukoliko ... ~ ...*** je ... desto ...
utọliti → ***utąžiti***
utọnuti (ụtonēm) *pf* → ***tọnuti***; ~ ***u mīsli*** *fig.* seinen Gedanken nachhängen
utọpija Utopie *f*
utọpījskī utopisch
utọpiti *5* (ụtopljen) (**utāpati**) ertränken; ~ **se** ertrinken, ersaufen
utọpliti *5* (ụtopljen) → ***tọpliti***
utopljẹnīk *1* Ertrunkene(r) *m*
ụtorak (-ōrka) Dienstag *m*; ***pọkladnī ~*** Faschingsdienstag *m*
ụtornīk → ***ụtorak***
ụtovār (*Güter*, *Lasten*) Einladen *n*, Verladen *n*, Verladung *f*
utọvariti (**-īvati**) einladen, beladen, verladen
utovarīvati (-arujēm) → ***utọvariti***
utọviti *5* → ***tọviti***
ụtovljen (-o) gemästet, fett
utṛčati (-īm) (**-āvati** *5*) hineinlaufen, hineinrennen, hereinlaufen
ụtrgnuti (-gnēm; -gnuo/-gao, -gla; -gnūt) (**ụtrgati**) (ab)pflücken, abbrechen, abreißen; ~ **se** *fig.* sich abrackern
ụtrēm *1. Pers Sg v.* ***ụtrti***
ụtrina Anger *m*; Brachfeld *n*
ụtrka (*Wett-*)Rennen *n*, Wettlauf *m* (*a. fig.*)
utrkīvati se (-ṛkujēm se) um die Wette laufen, um die Wette rennen
utrnụ̄će Erlöschen *n* (*fig.*), Ende *n*
ụtrnuti[1] (-nēm) *pf Licht* auslöschen
utr̄nuti[2] (ụtr̄nēm) *pf Bein*: einschlafen, kribbeln; *Mensch*: erstarren (***od strāha*** vor Angst)
ụtrob|a Eingeweide *Pl*; Unterleib *m*; ***dịže sē ~a*** *fig.* der Magen dreht sich um; ***mājčinā ~a*** Mutterleib *m*; ***plọd ~ē*** Leibesfrucht *f*
ụtrobica *Kochk.* Lunge *f*, Züngerl *n*
ụtroje zu dritt
utročāvati *5* [**-ọstručiti**] verdreifachen
ụtrošak (-ška; *Pl* -šci) Verbrauch *m* (*an Geld, Energie etc.*); Aufwendung *f*; (*finanzieller*, *zeitlicher*) Aufwand *m*
utrọšiti *5 pf Energie* verbrauchen; *Geld* ausgeben; *Zeit* aufwenden
utṛpati (**-pāvati** *5*) hineinstopfen, vollstopfen
ụtrti (ụtrēm/ụtarēm; ụtr̄o, ụtr̄la; ụtr̄t/utṛven) (**ụtirati**) einreiben, reiben (in *A*); *Weg* bahnen
ụtržak (-ška; *Pl* -šci) Erlös *m*, Einnahme *f*
ụtržiti *pf* einnehmen (*aus Verkauf*)
ụtucati → ***ụtūći***
utụ̄čen (-o) (*seelisch*) niedergeschlagen, bedrückt
ụtūći (-ụ̄čēm; ụtūkao, -kla; -ụčen) (**ụtucati**) (*seelisch*) deprimieren, bedrücken; totschlagen, niederschlagen; *Zeit* totschlagen; *Salz* zerstoßen
ụtuk Erwiderung *f*, Entgegnung *f*; Gegengift *n*; ***tụk na ~*** *fig.* hitzige Debatte
ụtūtanj nutzlos, zwecklos; ***govọriti ~*** *fig.* in den Wind reden, tauben Ohren predigen
utụ̄viti *5* (**utuvljīvati**) (*ins Gedächtnis*) einprägen, eindrillen, einpauken; ~ ***u glāvu*** einhämmern, eintrichtern
utuvljīvati (-ụvljujēm) → ***utụ̄viti***
ụtužiti (**-žīvati**) *Jur.* einklagen
utužīvati (-ụžujēm) → ***ụtužiti***
ụtva Wildente *f*

U

ụtvara Gespenst *n*, Trugbild *n*
utvārati se *5* sich *etw.* einbilden
ụtvrda Festung *f*; Bollwerk *n*
utvr̄diti *5* (ụtvr̄đen) (**-rđīvati**) befestigen, sichern; *Tatsache* feststellen; *Preis* festsetzen
utvrđēnje Feststellen *n* (*von Tatsachen*); Sichern *n*, Befestigen *n*
utvrđīvati (-ṛđujēm) → ***utvr̄diti***
uvāđati *5* (*wiederholt*) hereinführen
ụvala Engtal *n*, Gebirgstal *n*, Talsenke *f*; Bucht *f*
uvāliti *5* (ụvāljen) (**-aljīvati**) (hinein)stürzen, hineinwälzen; *Faß* (*in e-n Raum*) rollen; ~ (*A*) ***pọd puške*** j-n zu den Waffen rufen; ~ (*A*) ***ụ zlo*** j-n ins Unglück stürzen; ~ ***se*** sich stürzen (*in etw.*); sich rekeln (***u fotẹlju*** im Sessel) ~ ***se u dụgove*** sich in Schulden stürzen
uvāljati *pf* (hinein)wälzen; *Teig* walken
uvaljīvati (-ạljujēm) → ***uvāliti***
uvāžati *5*, **uvažāvati** *5* → ***ụvesti²***
ụvāžen (-o) geschätzt, geachtet, angesehen
uvāžiti *5* (**-ažāvati** *5*) *Beweggründe*, *Begründungen* beachten, in Betracht ziehen; (*e-r Klage*) stattgeben
ụvečē(r) abends, am Abend
uvećạnica *Ling.* Augmentativ *m*
uvẹćānje Vergrößerung *f*, Vermehrung *f*
uvẹćati (**-ćāvati** *5*) vergrößern; *Wert*, *Anzahl* vermehren
uvẹdēm *1. Pers Sg v.* ***ụvesti¹***
uveḷičati (**-čāvati** *5*) übertreiben, aufbauschen; *Foto* vergrößern
ụvelikē beträchtlich, gewaltig, in hohem Maße; ~ ***cijẹniti*** hochschätzen
ụvelōst (-osti; *ISg* -osti/-ošću) *f* Welkheit *f*
uvenūće Welken *n*, Verwelken *n*
ụvenuti (ụvenēm; ụveo/ụvenuo; ụvela/ụvenula) *pf* (ver)welken
ụveo (-elo) verwelkt, welk
uvertīra *Mus.* Ouvertüre *f*
uveseljāvati *5* erheitern, belustigen, unterhalten; ~ ***se*** sich unterhalten, sich amüsieren
ụvesti¹ (uvẹdēm; ụveo; uvẹden *6*) (**uvọditi**) einführen, hereinführen; führen (***u*** *A*/in *A*); *Licht etc.* installieren, legen; *Sitte* einführen; ~ ***rẹd*** Ordnung schaffen; ~ ***u ọbičāj*** in Mode bringen; ~ ***u pọsao*** *j-n* in e-e Arbeit einweisen; ~ ***u tājnu*** in ein Geheimnis einweihen; ~ ***se u pọsao*** sich einarbeiten
ụvesti² (uvẹzēm; ụvezao, -zla; uvẹzen *6*) (**uvọziti** *5*) *Ware* einführen, importieren; *Ernte* einfahren
ụvez (*Buch*-)Einband *m*
uvẹzati (ụvēžēm) (**-ezīvati**) *Buch* (ein-) binden; *Broschüren* heften
uvẹzēm *1. Pers Sg v.* ***ụvesti²***
uvẹzen (-o) importiert, eingeführt
uvezīvati (-ẹzujēm) → ***uvẹzati***
ụvid Einblick *m*, Einsicht *f*; ***dọbiti*** ~ (*Akten*-)Einsicht erhalten; ***dọ́ći do*** ~***a*** zu e-r Einsicht gelangen
ụvidjeti (-īm; -dio, -djela; ụviđen) (**uvīđati** *5*) einsehen, zur Einsicht kommen; begreifen
ụviđāj Tatbestandsaufnahme *f*, Lokalaugenschein *m*
uvīđati *5* → ***ụvidjeti***
ụviđāvan einsichtsvoll, einsichtig, rücksichtsvoll
uviđāvnōst (-osti; *ISg* -osti/-ošću) Einsicht *f*, Rücksicht *f*; Nachsicht *f*
uvịjānj|e Eindrehen *n*, Einbiegen *n*; ***bez*** ~***a*** ohne Umschweife
uvījati *5* → ***ụviti***
ụvijek immer, stets, jederzeit; ~ ***ịsto!*** immer dasselbe!
ụvin → ***čạj***
uvīnuti (ụvīnem) *pf* (ein)biegen; eindrehen; *Bein* verstauchen
ụvīs in die Höhe, hoch, hinauf, empor; ***rūke*** ~***!*** Hände hoch!; → ***skọk***
ụviti (ụvijēm) (**uvījati** *5*) einwickeln; *Geschenk* verpacken; ***uvijeno rẹ́ći*** *fig.* durch die Blume sagen: ~ ***u bạlzam*** etw. beschönigen
uvjerāvati *5* → ***ụvjeriti***
ụvjeren (-o) überzeugt; ***bịti*** ~ überzeugt sein (***u*** *A*/von *D*)
ụvjerenōst (-osti; *ISg* -osti/-ošću) *f* Überzeugung *f*, Überzeugtsein *n* (***u*** *A*/von *D*)
uvjerẹ̄nje Überzeugung *f*; (*ärztliche*, *amtliche*) Bescheinigung *f*
ụvjeriti (**-āvati** *5*) überzeugen; versichern, beteuern; ~ ***se*** sich überzeugen (***u*** *A*/von *D*); ~ ***se na svọje ọ́či*** sich mit seinen eigenen Augen überzeugen
uvjẹrljiv überzeugend
ụvjet Bedingung *f*; (*rechtliche*) Voraussetzung *f*; ***uz*** ~ unter der Voraussetzung (***da*** daß)
ụvjet|an bedingt; ~***nā kạzna*** *Jur.* Bewährungsstrafe *f*

ųvjetovānōst (-osti; *ISg* -osti/-ošću) *f* Bedingtheit *f*
ųvjetovati (-tujēm) bedingen
ųvježbati (**-ąvati** *5*) einüben, anlernen; *Sp.* trainieren; ~ **se** sich üben (**u** *L*/in *D*)
uvlą̄čiti → **ųvū́ći**
ųvo *sb.* → **ųho**
ȕvod Einleitung *f*, Einführung *f* (*in ein Sachgebiet*); (*Buch*) Vorwort *n*, Vorbemerkung *f*
uvǫditi → **ųvesti**[1]
ųvodn|ī Einleitungs-, Einführungs-; **~ī člą̄nak** Leitartikel *m*; **~ā riječ** Eröffnungsansprache *f*
ųvodničār Leitartikelschreiber *m*
ųvodnīk Leitartikel *m*
ųvođēnje Einführung *f* (*neuer Verfahren, Maschinen etc.*); Installierung *f*; Einweisung *f* (*am Arbeitsplatz etc.*)
ųvojak (-ōjka) (*Haar-*)Locke *f*
ųvojit spiralförmig, schneckenförmig
ųvōjnica Spirale *f*
ųvoz Einfuhr *f*, Import *m*
uvǫziti → **ųvesti**[2]
ųvoznī Einfuhr-, Import-
ųvoznīk Importeur *m*
ųvrći se (ųvrgnēm se) → **ųvrgnuti se**
uvrač̄įvānje Einstülpung *f*; *Med.* Invagination *f*
uvrēbati *5 pf* erspähen; erwischen, ertappen
ųvred|a Beleidigung *f*, Kränkung *f*; **~a veličą̄nstva** *hist.* Majestätsbeleidigung *f*; **nąnijēti ~u** beleidigen (*D*/*A*)
uvrędītelj Beleidiger *m*
uvrędljiv beleidigend, kränkend, verletzend; empfindlich, sensibel
uvrędljivōst (-osti; *ISg* -osti/-ošću) *f* Beleidigende(s) *n*, Verletzende(s) *n*; Empfindlichkeit *f*, Sensibilität *f*
ųvrgnuti se (-nēm se; -gnuo se/-gao se, -gla se) *pf* nachgeraten (**na** *A*/*D*)
uvrijęditi *5/7* (ųvrijeđen) (**-đįvati**) beleidigen, kränken, verletzen; ~ **se** beleidigt *od.* gekränkt sein
uvriję̄žiti se *5/7 pf* sich einbürgern
uvȓnuti (ųvȓnēm) (**ųvrtati**) eindrehen, einschrauben; umstülpen
uvȓstiti *5* (ųvȓšten/ųvȓšćen) (**-ršćįvati**) einreihen, einordnen; ~ **u nǫvine** *Artikel* in Zeitung setzen; ~ **se** sich in Reih und Glied aufstellen; sich einreihen
uvrščįvati (-ŗšćujem) → **uvȓstiti**
uvrštę̄nje Einreihen *n*, Einordnen *n*; *Typ.* Absatz *m*; Inserieren *n* (*in e-r Zeitung*)
ųvrtati (-rćēm) → **uvȓnuti**
uvŗtjeti (-īm; -tio, -tjela; uvŗćen) hineinbohren; *Schraube* eindrehen, anziehen; ~ **si ų glāvu** *fig.* sich etw. in den Kopf setzen
uvų̄ćen (-o) eingezogen, eingedellt
ųvū́ći (uvų̄čēm; *Imp.* uvų̄ci; ųvūkao, ųvūkla; uvų̄čen) (**uvlą̄čiti** *5*) (hin)einziehen, (hin)einschleppen, hineinzerren; ~ **jęzik** seine Zunge im Zaum halten; ~ **rę̄p** *od.* **rǫgove** kleinlaut werden; F den Schwanz einziehen
ųz *Präp* (*A*) *örtl.* neben (*D*), bei (*D*); an (*D*), an (*D*) entlang; längs (*G*); *fig.* nebst (*D*), außer (*D*); trotz (*G*); ~ **brdo** bergauf; ~ **dlaku** *fig.* gegen den Strich; ~ **pomōć** mit Hilfe; ~ **sųdjelovānje** unter Mitwirkung; ~ **sve tǭ** trotz alledem; ~ **tǭ** dazu; **jędan ~ drųgōga** einer neben dem anderen, nebeneinander; **rąme ~ rame** Schulter an Schulter
ųzā́ći (-āđem; *Imp* uzą̄đi; ųzašao, -šla) (**uzįlaziti**) emporsteigen, aufsteigen
ųzajāman wechselseitig, gegenseitig, reziprok
ųzajamicē *Adv* leihweise
uzają̄mnōst (-osti; *ISg* -osti/-ošću) *f* Wechselseitigkeit *f*, Gegenseitigkeit *f*, Reziprozität *f*
uzą̄jmiti *5* (ųzājmljen) (**-ajmljįvati**) (aus)leihen, (aus)borgen; (**u** *G što*/sich *etw.* von *D*)
uzajmljįvāč *1* (*V* -u) Verleiher *m*
uzajmljįvati (-ąjmljujēm) → **uzą̄jmiti**
ųzak (ųsko; *Komp* ųžī) eng, schmal; (*Rock*) knapp; **ųsko gŗlo** *fig.* Engpaß *m*; **ųskī pǫglē̄d** engstirnige Denkweise; beschränkter Horizont; **u ųžēm krų̄gu** *fig.* im engeren Kreis; **u ųžēm smįslu** (**riječi**) im engeren Sinne (des Wortes)
uzą̄koniti (-njen) (**-onją̄vati** *5*) Gesetzeskraft verleihen
ųzalū̄d *Adv* vergebens, vergeblich, umsonst
ųzalū̄dan vergeblich, nutzlos
uzalų̄dnōst (-osti; *ISg* -osti/-ošću) *f* Nutzlosigkeit *f*
ųzao (ųzla; *Pl* ųzlovi) Knoten *m* (*auch Geschwindigkeit*)
uząstopcē *Adv* hintereinander, nacheinander
uząstopnī aufeinanderfolgende(r)

uzašā̧šće Aufstieg *f*; ♀ *Rel.* Christi Himmelfahrt
uzą̧virati (-rēm) [**-vreti**] aufkochen, aufwallen; *fig.* aufbrausen
uzą̧vreti (-vrīm) *pf* → ***uzą̧virati; kȓv mu je uzą̧vrēla*** *fig.* ihm kochte das Blut in den Adern
uzbi̧bati se *Getreide*, *Meer*: wogen; Wellen schlagen
ųzbrdica Steigung *f*, Anhöhe *f*; Neigung *f*, Gefälle *f*
ųzbrdo bergauf
uzbų̄diti *5* (**-uđī̧vati**) aufregen, erregen; aufreizen, beunruhigen; **~ se** sich aufregen; ***dųhovi su se uzbų̄dili*** *fig.* die Gemüter haben sich erregt
uzbųdljiv aufregend, spannend
ųzbūđen (-o) aufgeregt, nervös, beunruhigt
ųzbūđenōst (-osti; *ISg* -osti/-ošću) *f*, **uzbuđȩ̄nje** Aufgeregtheit *f*, Nervosität *f*, Erregtheit *f*
uzbuđī̧vati (-ųđujēm) → ***uzbų̄diti***
ųzbun|a Alarm *m*; Aufruhr *m*; ***lážnā ~a*** Fehlalarm *m*; ***zvǫniti na ~u*** Alarm geben, Sturm läuten
uzbų̄niti *5* (**-unjī̧vati**) alarmieren, Alarm geben; aufwiegeln, in Aufruhr versetzen; stören, beunruhigen
uzbunjī̧vati (-ųnjujēm) → ***uzbų̄niti***
ųzburkān (-o) bewegt, stürmisch; *Psych.* aufgewühlt; ***~ō mǭre*** Seegang *m*
ųzburkati (**-kā̧vati** *5*) aufwiegeln, (*seelisch*) aufrühren; (*seelisch*) bewegen
ųzd|a Zügel *m*, Zaum *m*; ***dŗžati na ~i*** *fig.* im Zaum halten, an der Kandare haben; ***popųstiti ~e*** *fig.* die Zügel lockern; ***ųhvatiti*** *od.* ***ųzēti ~e ų svoje rų̄ke*** *fig.* das Heft *od.* die Zügel in die Hand nehmen
ųzdāh Seufzer *m*; ***dųbok ~*** Stoßseufzer *m*
uzdą̧hnuti (ųzdahnēm; *Imp* uzdą̧hni) (**ųzdisati**) seufzen, e-n Seufzer ausstoßen
ųzdanica Hoffnung *f*; *fig.* Stütze *f*
ųzdārje Gegengeschenk *n*, Gegengabe *f*
ųzdati se [**za-**] vertrauen (***u*** *A*/*D*); sich verlassen (auf *A*); bauen (auf *A*); ***~ ų se i u svǫje kljų̄se*** F selbst ist der Mann
ųzdići (-ignēm) → ***ųzdignuti***
uzdignų̄će Anhöhe *f*; Erhebung *f* (*im Gelände*); *fig.* Glorifizierung *f*
ųzdignuti (-ignēm; -gnuo/-gao, -gla; -gnūt) (**-dizati**) erheben, emporheben, hochheben; erhöhen; glorifizieren; **~ se** sich erheben; *fig.* emporkommen
ųzdisānje Seufzen *n*, Ächzen *n*
ųzdisati (-išēm) → ***uzdą̧hnuti***
ųzdizati (-ižēm) → ***ųzdići***; ***~ dǫ neba*** *fig.* in den Himmel heben
uzdŗhtati (ųzdršćēm) *pf* erzittern, erbeben
ųzdrmati (**-ā̧vati** *5*) erschüttern, ins Wanken bringen
uzdŗžati (-īm) (**-žā̧vati** *5*) aufhalten, zurückhalten; für j-s Lebensunterhalt aufkommen; **~ se** sich zurückhalten; sich enthalten (***od*** *G*/*G*); sich beherrschen
uzdržā̧vānje Enthaltung *f* (*auch bei Abstimmungen*); Zurückhaltung *f*; *Jur.* Unterhalt *m*
uzdržā̧vati *5* → ***uzdŗžati***
uzdŗžljiv zurückhaltend
uzdŗžljivōst (-osti; *ISg* -osti/-ošću) *f* Enthaltsamkeit *f*; Zurückhaltung *f*
ųzdūh Luft *f*
ųzdūž *Präp* (*G*) *u.* *Adv* entlang (*A*); längs (*G*); der Länge nach; ***~ i pǫprijeko*** kreuz und quer
ųzdūžnī Längs-, Längen-; ***~ prę̄sjek*** Längsschnitt *m*
ųze *f*/*Pl* Gefängnis *n*, Kerker *m*
uzemljȩ̄nje *El.* Erdung *f*
uzę̄mljiti *pf 5 El.* erden
uzemljį̄vāč *1 El.* Erde *f*, Erdung *f*
ųzēt gelähmt, paralysiert
ųzēti (ųzmēm; *Imp* ųzmi; ųzeo, -ēla; -ēt) (**ųzimati**) nehmen, ergreifen; wegnehmen; abnehmen; *Arznei* einnehmen; *Fahrkarte* lösen; *Frau* heiraten; *Maßnahme* ergreifen; *Mil.* *Stadt*, *Festung* einnehmen, erobern; *Platz* einnehmen; **~** (+ *Inf*) beginnen (*zu* + *Inf*); ***ųzmimo da ...*** nehmen wir an, daß ...; ***~ dijęte pǫd svoje*** ein Kind adoptieren; ***~ k sŗcu*** *fig.* sich etw. zu Herzen nehmen; ***~ kǫrmilo ų rūke*** *fig.* das Steuer *od.* das Heft in die Hand nehmen; ***~ mą̄ha*** überhand nehmen; ***~ na nį̄šan*** aufs Korn nehmen (*a. fig.*); ***~ ną oko*** ins Auge fassen; aufs Korn nehmen (*A*); ***~ na rešęto*** *fig.* auf Herz und Nieren prüfen (*A*); ***~ ną sebe*** auf sich nehmen, e-e Verpflichtung übernehmen; ***~ ną svōj rąčūn*** *fig.* *etw.* auf seine Kappe nehmen; ***~ ną zūb*** F *j-n* auf dem Kieker haben; ***~ nątrāg*** zurücknehmen (*auch*

Äußerung); ~ **ọrūžje ụ rūke** zu den Waffen greifen; ~ **ọzbīljno** ernst nehmen; ~ **pạmēt ụ glāvu** seinen Verstand gebrauchen; vernünftig werden; ~ **pod gọtovo** für bare Münze nehmen; ~ **pozitūru** sich in Positur setzen; ~ **pūt pọd noge** *fig*. sich auf die Socken machen; ~ **riječ** das Wort ergreifen; ~ **u nājam** pachten, mieten; ~ **ụ obzīr** in Betracht ziehen; Rechnung tragen (*A*/*G*); ~ **u prẹtres** erörtern, besprechen; ~ **u rạčūn** in Betracht *od*. Erwägung ziehen; in Rechnung stellen; zugute halten; ~ **u zākup** pachten; ~ **u zāštitu** schützen; ~ **ụčēšća** Anteil nehmen (**u** *L*/an *D*); ~ **za gọtov** für bare Münze nehmen; ~ **za šālu** auf die leichte Schulter nehmen; **kạko se ụzmē!** wie man's nimmt!; **nẹmōjte** ~ **zạ zlo!** nehmen Sie's nicht übel!; **strọgo ụzēvši** streng genommen; ~ **se** heiraten; ~ **se nạ zlo** sich verschlechtern; *Krankheit*: sich verschlimmern; **jẹzik se** (*D*) **ụzeo** j-m hat es die Sprache verschlagen

ụzētōst (-osti; *ISg* -osti/-ošću) *f* Lähmung *f*, Paralyse *f*

uzgạjāč *1* (*V* -u), **uzgạjatelj** (*Pflanzen-*, *Tier-*) Züchter *m*

uzgājati *5* → **uzgọjiti**

ụzglāvlje Kopfkissen *n*; (*Bett*) Kopfende *f*

ụzgōj Zucht *f*, Aufzucht *f*, Züchten *n*; Erziehung *f*

uzgọjitelj Erzieher *m*, Pädagoge *m*; Züchter *m*

uzgọjiti *5* (**-ājati** *5*) erziehen, großziehen; *Pflanzen* züchten

ụzgon *Phys*. Auftrieb *m*

ụzgrēd nebenbei, beiläufig; ~ **rečẹno** nebenbei gesagt

ụzgred|an nebensächlich, Neben-; → **zanīmānje**

ụzic|a Schnur *f*, Bindfaden *m*; (*Hunde-*)Leine *f*; **dr̥žati na ~i** *fig*. *j-n* an der Kandare haben

ụzīći (-īđēm; -išao, -šla) (**uzịlaziti**) emporsteigen, hochsteigen; *Teig*: aufgehen

uzīdati *5* (**-idīvati**) einmauern, einbauen; **ụzīdan ọrmār** Einbauschrank

ụzimānje Nehmen *n*; Abnehmen *n*; Wegnehmen *n*; (*Medikament*) Einnahme *f*

ụzimati (-ām/-mljēm) → **ụzēti**

uzịna Enge *f*; **mọrskā** ~ Meerenge *f*

ụzjahati (-šēm) (**-hīvati**) *Pferd* besteigen; (*auf ein Pferd*) aufsitzen

uzjahīvati (-ạhujēm) → **ụzjahati**

uzjogūniti se *5 pf* eigensinnig *od*. launenhaft werden

ụzlat knotig; (*Holz*) knorrig

ụzlaz Aufgang *m*, Aufstieg *m*

ụzlazak (-ska; *Pl* -sci) → **ụzlaz**

ụzlaz|an steigend, aufsteigend; **~nī nāglasak** *Gr*. steigender Akzent; **~nā līnija srọdstva** aufsteigende (*Verwandtschafts-*)Linie

ụzlaziti → **ụzāći, ụzīći**

ụzlēt Emporfliegen *n*, Hochfliegen *n*; *Flgw*. Take-off *m*; Abflug *m*

ụzletīšte Flugplatz *m*, Flughafen *m*

uzlẹtjeti (ụzletīm; -tio, -tjela) (**uzlijẹtati** *7*) auffliegen, emporfliegen; aufflattern; *Flugzeug*: abheben, abfliegen

ụzmāći (-knēm) → **uzmạknuti**

uzmahīvati (-ạhujēm) → **uzmạhnuti**

uzmạhnuti (ụzmahnēm) (**-ahīvati**) schwingen (**sạbljom** *e-n Säbel*); *fig*. *Hand* erheben (**prọtiv** *A*/gegen *A*)

ụzmak *Mil*. Rückzug *m*

uzmạknuti (ụzmaknēm; *Imp* uzmạkni; uzmạknuo/ụzmakao, uzmạkla/ụzmakla) (**ụzmicati**) (aus)weichen, zurückweichen; **ne ~ nị za stopa** *fig*. keinen Fußbreit weichen

uzmạnjkati *pf* fehlen, nicht haben

ụzmēm *1. Pers Sg v*. **ụzēti**

ụzmicati (-ičēm) → **uzmạknuti**

uznạpredovao (-alo) fortgeschritten

uznāstojati (-jīm) *pf* sich bemühen (um *A*), sich befleißigen

uznemirāvati *5* → **uznemīriti**

uznẹmīren (-o) beunruhigt, besorgt, nervös

uznẹmīrenōst (-osti; *ISg* -osti/-ošću) *f* Unruhe *f*, Besorgtheit *f*, Nervosität *f*

uznemīriti *5* (**-irāvati** *5*, **-irīvati**) beunruhigen, ängstigen, nervös machen; stören, behelligen; ~ **se** unruhig werden, ängstlich *od*. nervös werden; sich aufregen

uznemirīvānje Beunruhigen *n*; Stören *n*, Störung *f*, Belästigung *f*

uznemirīvati (-ịrujēm) → **uznemīriti**

ūznica Gefängnis *n*, Kerker *m*

ūzničār Gefängniswärter *m*

ūznīk Häftling *m*

ụznijēti (-nẹsēm; ụznio, -nijela; uznẹsen/

ųznijēt) (**uznǫsiti**) hinauftragen, emporheben (*a. fig.*) ~ **se** emporsteigen; *fig.* schweben, übermütig werden; Mut fassen
ȕznīk Häftling *m*
uznǫjiti se *5 pf* schwitzen, ins Schwitzen geraten
uznǫsiti *5* → ***ųznijēti***
uzobijęsiti se *5/7 pf* übermütig *od.* ausgelassen werden; arrogant werden
uzohǫliti se *5* arrogant *od.* überheblich werden; *fig.* sich aufblasen
ȕzor Vorbild *n*, Musterbild *n*; Ideal *n*; ***ųzēti za*** ~ (sich) *j-n* zum Vorbild nehmen
ųzorak (-ōrka) Muster *n*; Modell *n*; *Gr.* Paradigma *n*; (*Zeitschrift*) Probenummer *f*; ~ ***krǫja*** Schnittmuster *n*; ***ręprezentatīvnī*** ~ repräsentative Auswahl (*bei e-r Umfrage*)
ųzōran vorbildlich, musterhaft, mustergültig, vortrefflich
uzǫrati (ųzorēm) (**-rąvati** *5*) umpflügen
uzǫrit → ***ųzōran***
ųzrāst Wuchs *m*, (*Körper-*)Größe *f*; Lebensalter *n* (*bei Jugendlichen*)
ųzrāsti (-ąstēm; -rastao, -sla) *pf* aufwachsen, heranwachsen; emporschießen (*Lebewesen*)
ųzrečica Redensart *f*
ųzroč|an kausal, ursächlich; ***~nā rečęnica*** *Gr.* Kausalsatz *m*, Begründungssatz *m*; ***~nā vęza*** Kausalzusammenhang *m*
ųzročiti verursachen
ųzročnōst (-osti; *ISg* -osti/-ošću) *f* Kausalität *f*, Ursächlichkeit *f*
ųzročnīk Verursacher *m*; (*Krankheits-*)Erreger *m*
ųzrok (*Pl* -ci) Ursache *f*, Grund *m*, Anlaß *m*
ųzrokovati (-ujēm) verursachen, veranlassen, bewirken
ųzrujān (-o) aufgeregt, unruhig, nervös
ųzrujānōst (-osti; *ISg* -osti/-ošću) *f* Aufgeregtheit *f*, Unruhe *f*, Nervosität *f*
ųzrujati (**-ąvati** *5*) aufregen, erregen, nervös machen; ~ **se** sich aufregen, in Aufregung geraten, nervös werden
uzurpīrati *5 ipf/pf* usurpieren, widerrechtlich Besitz ergreifen (*A*/von *D*)
ųzus Usus *m*, (Ge-)Brauch *m*
ųzvanīk Gast *m*, Geladene(r) *m*
uzveličati (**-čąvati** *5*) verherrlichen, preisen
uzvęrati se (-rēm se) *pf* → ***vęrati se***
ųzvič|an Ausrufe-; ***~nā rečęnica*** Ausrufesatz *m*
ųzvīčēm se *1. Pers Sg v.* ***uzvịkati se***
ųzvičnīk *Gr.* Ausrufezeichen *n*
ųzvīk Ausruf *m*, (Auf-)Schrei *m*; *Gr.* Interjektion *f*
uzvịkati se (ųzvīčēm se) (**-ikīvati se**) aufschreien, ein Geschrei erheben *od.* veranstalten
uzvikīvati se (-vịkujēm se) → ***uzvịkati se***
uzvịknuti (ųzvīknēm; uzvịknuo/-kao, -kla) *pf* e-n Schrei ausstoßen
uzvịnuti (ųzvīnēm) *pf* aufschwingen, emporschwingen (**se** sich)
ųzvisina *Geogr.* Erhöhung *f*; Anhöhe *f*
uzvịsiti *5* (**-išąvati** *5*, **-isīvati**) erhöhen, erheben; *fig.* lobpreisen; ~ **se** sich erheben (***nad*** *A*/über *A*)
uzvisīvati (-ịsujēm) → ***uzvịsiti***
uzvišąvati *5* → ***uzvịsiti***
ųzvišen (-o) erhöht, gehoben; erhaben (***nad*** *A*/über *A*)
ųzvišenōst (-osti; *ISg* -osti/-ošću) *f* Erhabenheit *f*, Herrlichkeit *f*
ųzvišica Erhöhung *f*, Erhebung *f* (*im Gelände*)
uzvịtlati (**-ląvati** *5*) aufwirbeln; ~ ***prašịnu*** Staub aufwirbeln (*a. fig.*)
ųzvodno flußaufwärts, stromaufwärts
ųzvraćānje Erwidern *n*, Erwiderung *f*, Rückgabe *f*, Zurückschlagen *n*
ųzvraćati → ***uzvrątiti***
uzvrątiti *5* (ųzvrāćen) (**ųzvraćati**) *Gruß, Besuch* erwidern; *Geld* zurückgeben; *Decke* zurückschlagen; *Ärmel* hochkrempeln; (*auf eine Äußerung*) antworten, erwidern; ~ ***ljūbav za ljūbav*** *fig.* mit gleicher Münze heimzahlen, Gleiches mit Gleichem vergelten
ųzvratn|ī wechselseitig, Gegen-, Rück-; ***~ō osigurānje*** *Hdl.* Rückversicherung *f*; ***~ī pǫsjet*** Gegenbesuch *m*; ***~ī sųsret*** *Sp.* Rückspiel *n*
uzvṝpolijiti se *pf* unruhig werden, in Aufregung geraten
ųžār *1* (*V* -u) Seiler *m*
ųžāren (-o) glühend, rotglühend; weißglühend
ųžārenōst (-osti; *ISg* -osti/-ošću) *f* Weißglut *f*, Rotglut *f*
užąriti *5* glühend machen, zum Glühen bringen

ụžās Schauder *m*, Grauen *n*, Entsetzen *n*, Schrecken *m*
ụžāsan grauenhaft, entsetzlich, schrecklich
** užasno** *Adv* schrecklich (*a. fig.*); ~ ***skụ̄po*** schrecklich teuer
užasạ̄vati *5* **[-ạ̄snuti]** entsetzen, empören (**se** sich)
užạ̄snuti (ụžasnēm) *pf* → ***užasạ̄vati***
ụže (ụžeta; *Pl* užẹta; *GPl* užẹ̄tā) Strick *m*, Seil *n*, Strang *m*; ***dẹbelō brọdskō*** ~ Schiffstau *n*; ***dr̥žati za jẹdnō*** ~ *fig.* an e-m *od.* am gleichen Strang ziehen
ụžeći (užẹžēm; *Imp* užẹzi; ụžegao, -gla; užẹž) (**ụžizati**) anzünden, anbrennen; ~ **se** *Lebensmittel*: ranzig werden
užẹgnūt, užẹžen (-o) (*Fett*) ranzig
ụžgati *pf* → ***ụžēći***
ụžī *Komp v.* ***ụzak***
užịci *Pl v.* ***užịtak***
užịgāč *1* Zünder *m*; Anzünder *m*; Feuerzeug *n*
ụžina[1] Vesper *f*, Zwischenmahlzeit *f*
ụžina[2] Enge *f*
ụžinati *ipf/pf* vespern
užītak (-tka; *Pl* -ịci) Genuß *m*, Vergnügen *n*, Wonne *f*
užịvalac (-aoca) Genießer *m*; *Jur.* Nutznießer *m*; ~ ***mirọvinē*** Rentenempfänger *m*
užịvānj|e Genießen *n*, Genuß *m*; *Jur.* Nutznießung *f*; ***prạ̄vo*** ~***a*** *Jur.* Nutzungsrecht *n*
užịvati *5* genießen (**u** *L/A*); sich vergnügen (mit *D*), sich erfreuen (an *D*); *Vertrauen, Ansehen* genießen; ~ ***krẹdit*** Kredit (*fig.*) *od.* Ansehen genießen (***kod*** *G*/bei *D*)
užīvjeti se (užịvīm se; užịvio se, -vjela se) *pf* sich einleben, sich eingewöhnen; sich zurechtfinden
ụživo *TV* live; ~ ***prijẹnos*** Live-Übertragung *f*
ụžizati (-ižēm) → ***ụžēći***
užlijẹbiti *5/7* (ụžlijebljen) (**užljebljịvati**) *Holzstamm* auskehlen; e-e Rille einritzen
užljebljịvati (-ẹbljujēm) → ***užlijẹbiti***
ụžurbān (-o) hastig, schnell, eilig
ụžurbānōst (-osti; *ISg* -osti/-ošću) *f* Hast *f*, Eile *f*
užụrbati se hasten, eilen, sich beeilen
užụ̄titi *5 pf* gelb färben
užụ̄tjeti (-tīm; -tio, -tjela) *pf* gelb werden; vergilben

V

V v *n*
vạ̄bac (-pca) Lockmittel *n*, Köder *m*; Lockvogel *m*
vạ̄biti [pri-] locken, anlocken; ködern
vạdičep Korkenzieher *m*
vạditi (-đen) **[ịz-]** herausziehen, herausnehmen; *Blut* entnehmen; *Erz* fördern; *Dokumente* beschaffen; *Fleck* entfernen; *Math. Wurzel* ziehen; *Zahn* ziehen; ~ ***kạo iz rukạ̄vā*** *fig.* aus dem Ärmel schütteln; ~ ***kẹstēnje ịz vatrē*** *fig.* die Kastanien aus dem Feuer holen (***za*** *A*/für *A*); ~ **se** sich herauswinden (*aus e-r unangenehmen Situation*)
vạđēnje Herausnehmen *n*, Entnehmen *n*; Fördern *n*, Gewinnung *f* (*von Bodenschätzen*)
vạ̄g|a Waage *f*; ***čịstā*** ~***a*** Nettogewicht *n*; ***žịvā*** ~***a*** Lebendgewicht *n*
vạ̄gati (-žēm/-gām) **[-gnuti]** wiegen; *Worte* wägen *od.* wählen; ~ ***svạkū riječ*** *fig.* jedes Wort auf die Goldwaage legen
vạgōn *1* Waggon *m*, (*Eisenbahn-*)Wagen *m*; ~***-restọran*** *Esb.* Speisewagen *m*; ***tẹretnī*** ~ *Esb.* Güterwagen *m*
vajār Bildhauer *m*
vakcịna Impfstoff *m*
vakcinịrati *5 ipf/pf* impfen
vạkuf (*islamisches*) Kirchenlehen *n*, (*islamisches*) Kirchengut *n*
vạ̄l (*Pl* vạlovi) (*Meeres-*, *Licht-*, *Schall-*)-Welle *f*; Woge *f*; ***krạtkī*** ~ *Rdf.* Kurzwelle *f*; ***zẹlenī*** ~ *Verkehrsw.* grüne Welle
vạlcer Walzer *m*
vạ̄ln|ī Wellen-; ~***ā dužịna*** Wellenlänge *f*

valorizącija *Hdl.* Valorisierung *f*, Bewertung *f*; Aufwertung *f*
valorizįrati *Hdl.* valorisieren, bewerten, aufwerten
vālōv (*Wasser-*, *Futter-*)Trog *m*
vąlovānje Einkommenssteuererklärung *f*
vąlovati (-ujēm) e-e Einkommenssteuererklärung abgeben
valǫvit wellig, wellenartig, Wellen-
valǫvitōst (-osti; *ISg* -osti/-ošću) *f* Welligkeit *f*
valųta Valuta *f*, Währung *f*; ***čvṛstā ~*** harte Währung *f*
valųtak (-ųtka, *Pl* -ųci) Kieselstein *m*
vāljak (-ljka) Walze *f*, Zylinder *m*; ***~ za rųblje*** (*Wäsche-*)Mangel *f*; ***cęstōvnī ~*** Straßenwalze *f*; ***pārnī ~*** Dampfwalze *f* (*a. fig.*)
vąljalo Nudelholz *m*
vąljān (-ano) brav, tüchtig, rechtschaffen; (*rechts-*)gültig
valją̄nōst (-osti; *ISg* -osti/-ošću) *f* Tüchtigkeit *f*, Rechtschaffenheit *f*; (*Rechts-*)Gültigkeit *f*
vāljānje Rollen *n*, Walzen *n*; (*Wäsche*) Mangeln *n*
valjaǫnica Walzwerk *n*
vāljati[1] **[po-]** walzen, wälzen; walken, rollen; ***nęšto se vāljā įza brda*** *fig.* da braut sich etwas zusammen; ***~ se*** sich wälzen (***od smijęha*** vor Lachen)
vąljati[2] taugen, sich eignen, etw. wert sein *od.* nützlich sein; ***nę valjā ti pǫsao*** du handelst unklug; ***tą ti vąljā*** das hast du (aber) gut gesagt; ***tąko vąljā!*** so ist's recht!; ***tǭ vąljā vįdjeti*** das muß man sehen, das muß man sich ansehen; ***tǭ nę valjā*** das taugt nichts
vąljda vielleicht, wahrscheinlich, möglicherweise; etwa, wohl; ***vąljda nije ...*** hoffentlich hat er nicht ...
vąljenke *f/pl* Filzpantoffeln *Pl*
vąljkast walzenförmig, zylindrisch, Walzen-; ***~ī lężāj*** Kugellager *n*
vąljušak (-ška; *Pl* -šci) Klößchen *n*, *Österr.* Nockerl *n*
vąmpīr *1* Vampir *m*, Blutsauger *m* (*a. fig.*)
vąn[1] hinaus, heraus
vąn[2] *Präp* (*G*) außer (*D*), außerhalb (*G*); ***bįti ~ sębe*** *fig.* außer sich sein; ***s fąrbōm ~!*** *fig.* raus mit der Sprache!
vanblǫkovskī *Pol.* blockfrei
vąnbrāč|an außerehelich, unehelich; ***~nā ząjednica*** *Jur.* eheähnliche Gemeinschaft
vąnbrodskī: ***~ mǭtor*** Außenbordmotor *m*
vandalįzam (-zma) Vandalismus *m*
vąndālskī vandalisch
vąnevrōpskī außereuropäisch
vąni draußen
vąnīlija Vanille *f*
vąnmaterični *Med.* extrauterin, außerhalb der Gebärmutter
vąnplānskī außerplanmäßig
vąnred|an außerordentlich; hervorragend; Sonder-; ***~nī prǫfesor*** außerordentlicher Professor; ***~nī stųdent*** externer Student
vąnstranačkī außerparteilich; (*Politiker*) parteilos
vąnsudskī außergerichtlich
vąnškolskī außerschulisch
vanzemąljskī außerirdisch
vąnjsk|ī äußerlich, Außen-; auswärtig; ***~ā polįtika*** Außenpolitik *f*; ***ministąrstvo ~īh pǫslovā*** *Pol.* Außenministerium; ***sąmo za ~u ųpotrebu*** (*Medikament*) nur äußerlich anwenden
vąnjskopolitičkī außenpolitisch
vąnjština Äußere(s) *n*, äußere Erscheinung; Aussehen *n*
vąpāj Aufschrei *m*, Angstschrei *m*; Hilferuf *m*
vāpca *GSg v.* ***vābac***
vāpiti (-īm/-ijēm) wehklagen, jammern, um Hilfe rufen *od.* schreien; zetern; ***tǭ vāpī za ǫsvetōm*** das schreit nach Rache; ***u nębo vāpujućā nępravda*** himmelschreiendes Unrecht
vąpnār *1* Kalkbrenner *m*
vąpnara Kalkbrennerei *f*
vąpnen (-o) kalkhaltig, Kalk-
vapnę̄nac (-nca) Kalkstein *m*
vąpnenačk|ī Kalkstein-; ***~ē planįne*** Kalkgebirge *n*
vāpno Kalk *m*; ***žīvō ~*** ungelöschter Kalk
vąrak (-rka) Rauschgold *n*
vąralica *m, f* Betrüger *m*, Schwindler *m*
vąrati [pre-] trügen, betrügen, täuschen, irreführen; ***spǫljašnōst vąrā*** *fig.* der Schein trügt; ***~ se*** sich täuschen, sich irren
vąrav trügerisch
varęnīk *1* Glühwein *m*
varęnika warme (*gekochte*) Milch
vą̄rēnje Sieden *n*, Kochen *n*; *Anat.* Verdauung *f*; *Tech.* Schweißen *n*

varijạbila *Hdl.* veränderliche Gehaltsbestandteile
vạrijabīlan variabel, veränderlich, schwankend
varijạ̄bla Variable *f*
varijạ̄cija Variation *f*, Abwechslung *f*; Veränderung *f*
varijạnta (*GPl* -ijạnātā) Variante *f*
varijẹtē (-ẹa; *Pl* -ẹi; GPl -ẹ̄ā) Varieté *n*
vạrilac (-ioca) *Tech.* Schweißer *m*
varịrati *5 ipf/pf* variieren
vạ̄riti [-s] kochen, sieden; *Essen* verdauen; *Bier* brauen; *Tech.* schweißen; ~ ***svọju čọ̄rbu*** *fig.* sein (eigenes) Süppchen kochen
vạrīvo (*gekochtes*) Gemüse *n* (*als Beilage*)
vạrjača Kochlöffel *m*
vạ̄rka (*GPl* -kī) List *f*, Kniff *m*, Täuschung *f*, Trugbild *n*; ***ọptičkā*** ~ optische Täuschung
vạrljiv → ***vạrav***
vạ̄rnica Funke(n) *m*
vạ̄roš *f* Stadt
vạ̄rošica Städtchen *n*
vạ̄rošk|ī städtisch; ***~ā kụća*** Rathaus *n*
vạspitati *sb.* → ***odgọjiti***
vạ̄s[1] (-i) *f vera.* Dorf *n*
vạ̄s[2] *APl v.* ***vị̄***
vas[3]**: *po ~ dạ̄n*** tagtäglich
Vạskrs *sb.* → ***Ụskrs***
vạš[1] *Pron* euer, Ihr
vạ̄š[2] (vạši) *f sb.* → ***ụ̄š***
vạ̄šar Markt *m*; ***gọdišnjī*** ~ Jahrmarkt *m*; ***ịzīći na mạgarećī*** ~ *fig.* sich vor aller Welt blamieren
vạ̄šarskī Markt-
vạt *El.* Watt *n*
vạta Watte *f*
vaterpọlist(a) *m* Wasserballspieler *m*
vạterpolo *Sp.* Wasserball(spiel *n*) *m*
vạterpolskī Wasserball-
vatịrati *5 ipf/pf* wattieren, *Jacke* auspolstern; ***bịti dọbro vạtīrān*** *fig.* gut betucht sein
vạtr|a (*GPl* vạtārā/vạtrī) Feuer *n*; Brand *m*, Feuersbrunst *f*; Fieberhitze *f*; ***bọjati se*** (*G*) ***kao žịvē ~ē*** j-n *od.* etw. fürchten wie der Teufel das Weihwasser; ***dạti nọgama*** *od.* ***tabạnima ~u*** *fig.* Fersengeld geben; ***dạti ~u*** (*mit e-r Schußwaffe*) feuern; ***dịzati ~u*** in Wut geraten; (*vor Wut*) zu kochen anfangen; ***ịći u ~u i u vọdu*** *fig.* durch dick und dünn gehen; ***ịgrati se ~ōm*** *fig.* mit dem Feuer spielen; ***lijẹvati ụlje nạ ~u*** *fig.* Öl ins Feuer gießen; ***lọ̄gorskā ~a*** Lagerfeuer *n*; ***otvọriti ~u*** *Mil.* das Feuer eröffnen; ***raspịriti ~u*** *fig.* die Glut schüren; ***sạsūti ~u*** (***na*** *A*) j-n (*mit scharfen Worten*) angreifen; ***vạditi kẹstēnje ịz ~ē*** *fig.* Kastanien aus dem Feuer holen (***za*** *A*/für *A*); ***žịva ~a*** temperamentvolle Person, *fig.* Quecksilber *n*
vạtrālj *1* Schürhaken *m*, Schüreisen *n*
vạtren (-o) feurig, glühend, Feuer-; ***~ō krštẹ̄nje*** *fig.* Feuertaufe *f*; ***~ō ọrūžje*** Feuerwaffe *f*; ***~ī prịstaša*** glühender Anhänger *m*
vạtrenōst (-osti; *ISg* -osti/-ošću) *f* Feurigkeit *f*, Glut *f* (*a. fig.*); Hitze *f*
vatrogạ̄s|ac (-sca; *V* -šče) Feuerwehrmann *m*; ***~ci*** *m/Pl* Feuerwehr *f*
vatrọgāsn|ī Feuerwehr-; ***~ā kọla*** Feuerwehrauto *n*; ***dọbrovōljnō ~ō drụ̄štvo*** freiwillige Feuerwehr
vatrogạ̄stvo (*GPl* -ọgāstāvā/-gạstvā) Brandbekämpfung *f*
vạtromet Feuerwerk *n*
vạtrostālan feuerbeständig, feuerfest
vạ̄za Vase *f*
vạzāl *1* Vasall *m* (*a. fig.*)
vạzda *sb.* → ***ụvijek***
vạzdūh, vạzdušnī *sb.* → ***zrạ̄k***[1]***, zrạ̄čan***
vazduhoplọvstvo *sb.* → ***zrakoplọ̄vstvo***
vaznesẹ̄nje *Rel. sb.* → ***uzašạ̄šće***
vạ̄ž|an wichtig, bedeutend, bedeutungsvoll; (*Grund*) triftig; ***prạviti se ~an*** sich wichtig machen; ***vṛlo ~no!*** *iron.* das ist ja äußerst wichtig!
vạžēćī (*Gesetz*, *Vorschrift*) geltend, gültig
vạ̄žēm *1. Pers Sg v.* ***vạ̄gati***
vạžẹ̄nje Geltung *f*, Gültigkeit *f*
vạ̄žiti *Gesetz*, *Vorschrift*: gelten, Geltung haben; ***ọ̄n vạ̄žī kao pạ̄metan*** er gilt als klug; ***vạ̄ži!*** F abgemacht!, okay!
vạ̄žnōst (-osti; *ISg* -osti/-ošću) *f* Bedeutsamkeit *f*, Wichtigkeit *f*; Geltung *f*, Gültigkeit *f*; Belang *m*; (***pri***)***dạ̄vati*** ~ Bedeutung beimessen, *etw.* für wichtig erachten
vẹče *sb.* → ***vẹčer***
vẹčer (-i; *L* -i; *GPl* večẹrī) *f* Abend *m*; ~ ***prije*** Vorabend *m*; ***Bạdnjā*** ~ Heiliger Abend; ***dọbrā ~!*** guten Abend!; ***vẹdrā*** *od.* ***zạ̄bavnā*** ~ bunter Abend
vẹčera Abendessen *n*, Abendbrot *n*;

Posljednjā *od.* **Tājnā ~** *Rel.* das Letzte Abendmahl
večeras heute abend
večerašnjī von heute abend
večerati *ipf/pf* zu Abend essen
večerāvati *5* → **večerati**
večērnja *Rel.* Abendandacht *f*, Abendmesse *f*
večērnjača *Astr.* Abendstern *m*
večernjāk *1* Abendzeitung *f*, Abendblatt *n*; Abendwind *m*
večērnj|ī abendlich, Abend-; **~ā haljina** Abendkleid *n*; **~ē novine** Abendzeitung *f*; **~ē odijēlo** Abendgarderobe *f*; **~ē rumenilo** Abendrot *n*
več[1] *Kj* sondern; **ne danas, ~ sutra** nicht heute, sondern morgen
već[2] *Adv* schon, bereits, wohl; doch; **ōn je ~ došao** er ist bereits gekommen; **prestani ~!** hör' schon auf!; **samo da ~ dōdē!** wenn er doch (endlich) käme!; **što tō ~ znāčī!** was heißt das schon!; **zar ~?** schon (jetzt)?
vèćī *Komp v.* **velik; ~m dijelom** größtenteils, zum größten Teil
većin|a Mehrheit *f*; **apsolutnā ~a** absolute Mehrheit; **ogrōmnā ~a** überwältigende Mehrheit; **relatīvnā ~a** relative Mehrheit; **~ōm** meistens, größtenteils; gewöhnlich, üblicherweise
ved|ar (-dro) heiter, klar, hell; (*Wetter*) klar, wolkenlos; (*Stimmung*) heiter, vergnügt; **~rā čela** erhobenen Hauptes; **kao grōm iz ~ra neba** *fig.* wie ein Blitz aus heiterem Himmel; **pod ~rīm nebom** unter freiem Himmel
vedrica *Dim v.* **vedro; udarila** (*G*) **~ (u glāvu)** *iron.* j-d hat einen in der Krone, j-d ist angeheitert
vedrina Heiterkeit *f*, Frohsinn *m*, Frohmut *m*; (*Wetter*) Wolkenlosigkeit *f*
vedriti se *Wetter*: sich aufklaren; **vedriti i oblāčiti** *fig.* das Sagen haben
vedro Eimer *m*, Kübel *m*
vegetācija Vegetation *f*, Pflanzenwuchs *m*
vegetarijānac (-nca; *V* -nče) *2* Vegetarier *m*
vegetarijānka (*D* -ki; *GPl* -kī) Vegetarierin *f*
vegetarijānsk|ī vegetarisch, pflanzlich; **~ā hrāna** vegetarische Ernährung
vegetatīv|an vegetativ; **~nī živčanī sustav** vegetatives Nervensystem
vegetīrati *5 ipf/pf* vegetieren; kümmerlich *od.* kärglich (dahin)leben
vekerica Wecker *m*
vela *GSg v.* **veo**
velār *1 Gr.* Velar *m*, Hintergaumenlaut *m*
velebīlje *Bot.* Tollkirsche *f*
velecijenjen (-o) hochgeehrt, hochgeschätzt, hochverehrt
velečasnī hochwürdig; (*Anrede*) Hochwürden *m*
velegrād (*Pl* -ovi) Großstadt *f*, Metropole *f*
velegradskī großstädtisch
veleindustrija Großindustrie *f*
veleizdaja Hochverrat *m*, Landesverrat *m*
veleizdajica Hochverräterin *f*, Landesverräterin *f*
veleizdājnički hochverräterisch, landesverräterisch
veleizdājnīk Hochverräter *m*, Landesverräter *m*
velemājstor (*Schach*-)Großmeister *m*
velepōsjed Großgrundbesitz *m*
velepōsjednīk Großgrundbesitzer *m*
velepoštovan (-o) hochverehrt, sehr geehrt
veleprodaja Großhandel *m*
veleprodukcija Großproduktion *f*
velesājam *Hdl.* Messe *f*; **jesenskī ~** Herbstmesse *f*; **proljetnī ~** Frühjahrsmesse *f*
velesājamskī Messe-
velesila *Pol.* Großmacht *f*
veleslalom *Sp.* Riesenslalom *m*
veletrgovac (-ovca) Großhändler *m*
veletrgovina Großhandel *m*
veleučen (-o) hochgelehrt
veleūm Genie *n*
veleūman hochintelligent, genial
vēli[1] *dial.* → **velik**
veli[2] *nur 2. und 3. Pers Sg* → **reći**
veličājan → **veličanstven**
veličanstven (-o) erhaben, herrlich, majestätisch; großartig, grandios **~ pejsāž** herrliche Landschaft
veličanstvo Erhabenheit *f*, Majestät *f*; **Vašē ~** (*Anrede*) Eure Majestät; → **uvreda**
veličānje Verherrlichen *n*, Glorifizieren *n*, Lobpreisen *n*
veličati verherrlichen, glorifizieren
veličin|a Größe *f*, Umfang *m*, Ausmaß *n*, Geräumigkeit *f*, Weite *f*; **ludilo ~ē**

Größenwahn *m*; **promjẹnljivā ~a** *Math*. abhängige Größe; **prộstornā ~a** Geräumigkeit *f*; **stạlnā ~a** *Math*. Konstante *f*
vẹlik (*Komp* veći) groß (*a. fig.*); bedeutend, namhaft; (*Summe*) beträchtlich; (*Geschwindigkeit*) hoch; (*als KF*) zu groß; **ọvā mi je kộšulja ~a** dieses Hemd ist mir zu groß; **~ī četvṛtak** Gründonnerstag *m*; **~o i mạlo** groß und klein, alt und jung; **~ī grijeh** *Rel*. Todsünde *f*; **~ī jẹzik** F großes Maul, Plappermaul *n*; **~ī kạšalj** *Med*. Keuchhusten *m*; **~ī ọltār** Hochaltar *m*; **Ṿī pẹ̄tak** Karfreitag *m*; **~ī svẹćenīk** Hohepriester *m*; **~ī tjẹdan** Karwoche *f*; **~ī vọjvoda** Großherzog *m*; **~ī zvijer** *f fig*. hohes Tier; **trgọvina na ~o** Großhandel *m*
velịkān *1* große *od*. bedeutende Person
velịkāš *1* (*V* -u) Edelmann *n*, Aristokrat *m*
velịkāškī adelig, Adel(s)-
velikodộstōjnīk (*hoher*) Würdenträger *m*
velikodṛžāvlje *Pol*. Hegemonie *f*
velikọdušan großherzig, edelmütig, freigebig, großzügig
velikọdušnōst (-osti; *ISg* -osti/-ošću) *f* Großherzigkeit *f*, Edelmut *m*; Freigebigkeit *f*
velikohṛvāt *1* Großkroate *m*; kroatischer Nationalist
velikokalịbārsk|ī großkalibrig; **~ā pụška** großkalibriges Gewehr
velikọsvjetskī kosmopolitisch
vẹlmoža *m* Magnat *m*; Angehörige(r) des Hochadels
vẹljača Februar *m*
vẹljačkī Februar(s)-
vẹ̄na *Anat*. Vene *f*
Vẹnecija *Geogr*. Venedig *n*
venẹrič|an venerisch; **~nā bọlēst** Geschlechtskrankheit *f*
vẹnōzan venös, Venen-
vẹ̄nskī → vẹnōzan
vẹntīl *1* Ventil *n*; **rẹgulaciōnī ~** *Tech*. Einstellventil *n*; **sigūrnosnī ~** *Tech*. Sicherheitsventil *n*, Überdruckventil *n*
vẹntilsk|ī Ventil-; **~ā ọpruga** Ventilfeder *f*
ventilạcija Ventilation *f*, Lüftung *f*
ventịlātor Ventilator *n*, Gebläse *n*
ventilīrati *5 ipf/pf* lüften
vẹnuti (-nēm) **[u-]** *Pflanze*: welken, verwelken; *fig*. schmachten, sich sehnen (**za** *I*/nach *D*)

vẹo (vẹla; *Pl* vẹlovi) Schleier *m*; *fig*. **~ tạjnē** Schleier des Geheimnisses; **~ zạborāva** Schleier des Vergessens; **pạo** (*D*) **~ s ọčijū** *fig*. es fiel j-m wie Schuppen von den Augen
vẹoma *sb*. **→ vṛlo**
vẹpar (-pra; *Pl* -provi) Wildschwein *n*; Eber *m*
vẹprovina Wildschweinfleisch *n*; Wildschweinbraten *m*
vẹrāč *1* (*V* -u) Kletterer *m*
vẹrānje Klettern *n*, (*Treppen-*)Steigen *n*
vẹrati se (-rēm se) **[ụz-]** klettern; (*Treppen-*, *Berg-*)Steigen *n*
vẹrbālan verbal
verẹsij|a *Turz*. Kredit *m*, Darlehen *n*; **dạti gọtovo za ~u** *fig*. etw. Sicheres gegen etw. Unsicheres hergeben; **kupọvati na ~u** F auf Pump kaufen; **na bọžjū ~u** F auf's Geratewohl, auf gut Glück; **žīvjeti na ~u** F auf Pump leben
vẹrgl Leierkasten *m*, Drehorgel *m*
vẹrglāš Leierkastenmann *m*, Drehorgelspieler *m*
vẹrglati Drehorgel spielen; *fig*. *Text*, *Gedicht* herunterleiern
verificīrati *5 ipf/pf* verifizieren, beglaubigen, bestätigen
verifikạcija Verifizierung *f*; Beglaubigung *f*, Beurkundung *f*
vẹrig|a Kette *f*; **bạciti u ~e** *j-n* in Ketten legen; **rạskinuti ~e** *fig*. die Ketten sprengen *od*. abwerfen
vẹrižan Ketten-; **→ lạnčan**
vẹrižast kettenförmig
vẹrmut Wermut *m*
vertikạla Vertikale *f*
vẹrtikālan vertikal
vẹrzāl *1 Typ*. Versalie *f*, Großbuchstabe *m*
vẹrzija Version *f*, Lesart *f*, Fassung *f*
vẹrzīrān (-o) versiert, erfahren, bewandert (**u** *L*/in *D*)
vẹrzirānōst (-osti; *ISg* -osti/-ošću) *f* Versiertheit *f*, Erfahrung *f*
vẹselī → vẹseo
vẹselica Vergnügen *n*; Lustbarkeit *f*
vesẹliti [raz-] erfreuen, belustigen, erheitern; **~ se** sich erfreuen (*I*/an *D*), sich freuen (**da ...** daß ...)
vẹselōst (-osti; *ISg* -osti/-ošću) *f* Heiterkeit *f*, Freude *f*
vesẹljāk *1* (*V* -če) Spaßvogel *m*, lustiger Kerl

vesēlje Freude *f*, Fröhlichkeit *f*; **imati ~** Freude haben (**u** *L*/an *D*); **nārodnō ~** Volksfest *n*; **pokvāriti ~** die Freude *od.* den Spaß verderben
vesel|o (-elo) fröhlich, lustig, heiter, vergnügt; freudig, froh; (*Gesicht*) freundlich; (*Geschichte*) lustig; (*Nachricht*) freudig; **ni kiselo ni ~lo** *fig.* nicht Fisch und nicht Fleisch; **vrlo ~o** kreuzfidel
veslāč *1* (*V* -u) Ruderer *m*, Paddler *m*
veslačica Ruderin *f*, Paddlerin *f*
veslāčk|ī Ruder-; **~ā regata** Ruderregatta *f*
veslānje Rudern *n*, Paddeln *n*
veslati rudern, paddeln; **~ rūkama** (**nogama**) *fig.* mit den Armen (Beinen) rudern; **~ žlīcōm** (*sb.* **kašikōm**) F gierig essen, in sich hineinschaufeln
veslo (*GPl* -sālā) Ruder *n*; **čamac na ~** Ruderboot *n*; **nije ~ sisao** F er ist nicht auf den Kopf gefallen
vēsti (vēzēm; vēzao, vēzla; *Futur* vešču; vezen) **[iz-]** stricken
veš Wäsche *f*
vešmašina Waschmaschine *f*
veterān *1* Veteran *m*; Altgediente(r) *m*
veterīna Tiermedizin *f*
veterinār *1* Veterinär *m*, Tierarzt *m*
veto Veto *n*, Einspruchsrecht *n*; **uložiti** *od.* **staviti ~** sein Veto einlegen
vēz Stickerei *f*, Stickarbeit *f*; (*Buch*) Einband *m*; (*Ski*) Bindung *f*
vez|a (*gesellschaftliche, kulturelle, Verkehrs- u. fig.*) Verbindung *f*; Beziehung *f*, Kontakt *m*; Band *n* (*fig.*); *Gr.* Konjunktion *f*; **~e i poznānstva** F gute Beziehungen, „Vitamin B"; **bez ~ē** zusammenhanglos; sinnlos; **dōći u ~u** in Verbindung treten (**s** *I*/mit *D*); **govoriti bez ~ē** sinnloses Zeug reden; **lošā ~a** schlechte (*Bahn-*)Verbindung *f*; **ne dobijēm ~u** ich bekomme keine (*telefonische*) Verbindung; **nēmā ~ē!** F macht nichts!; **oficīr za ~u** Verbindungsoffizier *m* (*beim Geheimdienst*); **prekinuti ~u** e-e Verbindung abbrechen; **rodbinskā ~a** *fig.* Familienbande *Pl*; **srēdstva ~ā** Kommunikationsmittel *Pl*; **stupiti u ~u** in Verbindung treten *od.* Verbindung aufnehmen (**s** *I*/mit *D*); **tō nēmā ~ē** (**s** *I*) das hat nichts (mit *D*) zu tun; **u ~i** bezüglich; **u ~i Vašēg dopisa** (*amtlicher Brief*) bezugnehmend auf Ihr Schreiben; **željeznīčkā ~a** Bahnverbindung *f*
vezāč *1 Agr.* Binder *m*, Bindemaschine *f*
vēzān (-o) gebunden; **~ā vreća** *fig.* Tolpatsch; **biti ~ za krevet** ans Bett gefesselt sein
vēzānje Binden *n*, Verbinden *n*, Verknüpfen *n*; (*Schiff*) Vertäuen *n*
vēzati (-žēm; *Imp* vēži; -zao, -zla; -zān) (**vezīvati**) binden, anbinden; verbinden; fesseln, schnüren; zusammenknüpfen; *Schiff* vertäuen; *Schuhe* (zu)-binden; *Paket* schnüren; *Schürze* umbinden; **~ jezik** *fig. j-m* das Maul stopfen, den Mund verbieten; **jedva ~ krāj s krājem** *fig.* so gerade über die Runden kommen
vēzen (-o) gestickt
vezēnje Sticken *n*, Stickarbeit *f*
vezica Schnürsenkel *m*
vezidba Rebenbinden *n*
vezilja Stickerin *f*; Sticknadel *f*
vezīr *1* Wesir *m*; **velikī ~** Großwesir *m*
vezīvati (vezujēm) → **vēzati**
vezīvn|ī Binde-; **~ō tkīvo** *Anat.* Bindegewebe *n*
vezīvo → **vēz**; *Tech.* Bindemittel *n*
vēznīk *Gr.* Bindewort *n*, Konjunktion *f*
vēža Haustor *n*; Hausflur *m*; Einfahrt *f*
vežnjača *Anat.* Bindehaut *f*
vī *Pron* ihr; **Vī** Sie, Ihr (*Anrede*)
vibrācija Vibration *f*, Schwingung *f*
vibrīrati *5 ipf/pf* vibrieren, schwingen
vic (*Pl* -evi) Witz *m*; **tō je stārī** *od.* **bradatī ~** *fig.* der Witz hat schon e-n Bart; **u tome je** *od.* **jest ~** das ist der Witz bei der Sache
vice Vize-, stellvertretende(r)
vičan gewohnt, gewöhnt (*D*/an *A*); kundig, bewandert (*D*/in *D*)
vīčēm *1. Pers Sg v.* **vīkati**
vīd (*Pl* vidovi) Sehvermögen *n*, Sehkraft *f*, Augenlicht *n*; *Gr.* (*Verbal-*)Aspekt *m*; *fig.* Art *f*, Form *f*; **biti kratka ~a** e-n beschränkten Horizont haben; **dokle dopirē ~** soweit das Auge reicht; **glagolskī ~** *Gr.* Verbalaspekt *m*; **gubiti iz ~a** aus dem Blickfeld verlieren; **imati u ~u** im Auge haben *od.* behalten; **kokošjī ~** Nachtblindheit *f*; **nestati iz ~a** aus j-s Blickfeld verschwinden; **nesvršenī ~** *Gr.* unvollendeter Aspekt; **očnī ~** Sehvermögen *n*; **oštar ~** scharfes Auge; **spōljnī ~** äußere Er-

scheinung; ***u ~u*** in der Form (*G/G od.* von *D*)
vīd|an Seh-, Blick-; Gesichts-; ***~nō pọlje*** *Med.* Gesichtsfeld *n*; ***~nī žīvac*** *Anat.* Sehnerv *m*
vịdār *1 hist.* Bader *m*
vịdeo-ịgra Videospiel
vịdeo-kasẹta Videokassette *f*
vịdeo-rekọrdēr Videorecorder *m*
vịdeotēka Videothek *f*
vịdeo-trạka Videoband *n*
vịdeo-zapisīvanje Videoaufzeichnung *f*
vịdīk *1* Aussicht *f*, Fernsicht *f*; Horizont *m*, Gesichtskreis *m*; ***bịti na ~u*** in Sicht *od.* Sichtweite sein; ***ịzčesnuti*** *od.* ***nẹstati iz ~a*** *fig.* von der Bildfläche verschwinden; ***ịzāći na ~*** zutage treten; ***ọtvārā se nọvē ~e*** es eröffnen sich neue Horizonte; ***šīrī se ~*** *j-s* Horizont weitet sich
vidīkovac (-ōvca) Aussichtspunkt *m*; Aussichtsturm *m*
vịdjelo Vorschein *m*; Tageslicht *n*; ***dọ̄ći*** *od.* ***ịzbiti*** *od.* ***ịzlaziti na ~*** zum Vorschein kommen, ans Licht kommen *od.* zutage treten; ***ịznijeti na ~*** zutage bringen; ***pojāviti se na ~*** ins Rampenlicht treten
vịdjeti (-dīm; vidio, -djela; vịđen) *ipf/pf* sehen, erblicken; ***vịdī se!*** man sieht's!; ***~ kạko stvạri stọjē*** wissen, was Sache ist; ***~ skrōz nạskroz*** *j-n* durchschauen; ***~ sve cṛno*** *fig.* alles schwarz sehen; ***~ svẹ zvijẹzde*** *fig.* die Engel singen hören; ***~ svọga bọga*** *od.* ***svọje dọbrō jụtro*** sein blaues Wunder erleben; ***dạ vidīm!*** laß sehen; ***da vịdimo!*** schauen wir mal!; ***ẹ da vịdīš!*** na siehst du!; ***milịna je ~*** es ist e-e Freude zu sehen; ***ne mọgū ga ọčima ~*** ich kann ihn nicht ausstehen; ***ne ~ dạlje od nọsa*** *fig.* nicht über seine Nasenspitze hinaussehen
vịdljiv sichtbar, sichtlich, wahrnehmbar
vịdljivōst (-osti; *ISg* -osti/-ošću) *f* Sichtbarkeit *f*, Wahrnehmbarkeit *f*; Sichtweite *f*
vīdnī → ***vīdan***
vịdokrūg (*Pl* -zi) Gesichtskreis *m*, Blickfeld *n*; Horizont *m*
Vịdovdan Sankt-Veits-Tag *m*
vidọvit hellsichtig, hellseherisch; ***~ čọvjek*** Hellseher *m*
vidọvnjāk Hellseher *m*
vịdra Fischotter *m*
vīđati se sich (öfter) sehen
vịđen (-o) angesehen, geachtet
viđēnj|e[1] Sehen *n*, Sicht *f*; Vision *f*; ***po ~u*** vom Sehen
viđẹ̄nj|e[2] Wiedersehen *n*, Sehen *n*, Zusammenkunft *f*; ***do ~a!*** auf Wiedersehen!; ***mjẹnica po ~u*** *Hdl.* Sichtwechsel *m*
vịganj (-gnja) Schmiedewerkstatt *f*
vịhor Wirbelwind *m*, Wirbelsturm *m*; Ansturm *m* (*von Gefühlen*); *fig.* Wirbel *m* (*von Ereignissen*); ***bạnuti*** *od.* ***dolẹtjeti kạo ~*** plötzlich hereinplatzen
vijạdukt Viadukt *n*
vījak (-jka; *Pl* -jci) Schraube *f*; *Mar.* Schiffsschraube *f*; *Flgw.* Propeller *m*; ***glạvica ~ka*** Schraubenkopf *m*; ***mạtica ~ka*** Schraubenmutter *f*
vījati[1] (vijām/vijēm) *Hund, Wolf*: heulen; *Schnee*: stöbern; *Getreide* worfeln
vịjati[2] jagen, hetzen; ***~ se*** *Fahne*: flattern
vịjavica Schneegestöber *m*, Schneesturm *m*
vijẹćānje *7* Beraten *n*, Beratung *f*; Besprechung *f*, Sitzung *f*
vijẹćati *7* (sich) beraten, (sich) besprechen, konferieren
vijẹće *7* Rat *m*, Ratsversammlung *f*; Senat *m*; ***~ sigūrnosti*** Sicherheitsrat *m* (*der UNO*); ***grạdskō ~*** Stadtrat *m*; Magistrat *m*; ***ịzvršnō ~*** *Pol.* Exekutivrat *m* (*ehem. jugosl. Parlament*); ***mịrōvnō ~*** Gütestelle *f*; ***nạdzornō ~*** *Hdl.* Aufsichtsrat *m*; ***sạzvati ~*** den Rat *od.* e-e Ratssitzung einberufen; ***raspụstiti ~*** den Rat *od.* die Ratsversammlung auflösen
vijećnica *7* Rathaus *n*; Ratssaal *m*; (*Stadt-, Gemeinde-*)Rätin *f*
vijećnīk *7* (*Stadt-, Gemeinde-*)Rat *m*; Ratsherr *m*; Senator *m*
vijek *7* (vijẹka; *Pl* vjẹkovi) Jahrhundert *n*; Zeitalter *m*; Dauer *f*; ***dọk je svijẹta i ~a*** solange die Welt besteht; ***krạtkōga ~a*** von kurzer Dauer; ***ljụdskī ~*** Menschenalter *n*; ***nạ sve vjẹkōvā*** in alle Ewigkeit; ***nọvī ~*** Neuzeit *f*; ***od vjẹkōvā*** seit Menschengedenken; ***srẹdnjī ~*** Mittelalter *n*; ***stārī ~*** Altertum *n*; ***zlạtnī ~*** goldenes Zeitalter; ***žịvotnī ~*** Lebenserwartung *f*
vijẹnac (-nca; *GPl* vijenācā) *7* Kranz *m*; (*Blumen-*)Gewinde *n*; ***lọvorov ~*** Lorbeerkranz *m*; ***nẹvjestin ~*** Brautkranz *m*; ***trṇov ~*** Dornenkranz *m*
vijẹst (vijēsti; *Pl* vijẹsti) *7 f* Nachricht *f*,

Botschaft *f*; Gerücht *n*; **~i** *f/Pl Rdf.* Nachrichten *Pl*; **cȓnā ~** schlechte Nachricht, Hiobsbotschaft *f*
vijọglav unruhig, zerfahren; schusselig
vijọriti se *Fahne*: flattern
vịjug|a Krümmung *f*, Windung *f*; **~a mọzga** Hirnwindung *f*; **nȩ̄mati ~e u mọzgu** F keinen Grips haben
vịjugast gekrümmt, geschlängelt, gewunden; **~e stepȩnice** Wendeltreppe *f*
vijụgati se *Weg*: sich schlängeln; sich krümmen
vijụgav → **vijugast**
vịk|a Geschrei *n*, Gezeter *m*; Lärm *m*; **dịći pạklenū ~u** e-n Höllenlärm *od.* Heidenkrach machen; **krịka i ~a** *fig.* Höllenlärm *m*; **mnọgo ~ē nịzašto** *fig.* viel Lärm um nichts
vịkāč *1* (*V* -u) Schreihals *m*
vịkānje Geschrei *n*, Gezeter *n*, Lärm *m*
vịkār *1* (*V* -u) Vikar *m*
vikarịjāt *1* Vikariat *n*
vȋkati (-čēm) [**-nuti**] schreien, rufen, lärmen, zetern; **~ iz svȩga glā̧sa** aus vollem Hals schreien; **~ kọliko ga gȓlo nọsī** aus vollem Hals schreien; **vȋčē kao da kọljū** *fig.* er schreit wie am Spieß; **~ ụ pomōć** um Hilfe schreien
vịkend Wochenende *n*
vịkendāš Wochenendhausbesitzer *m*
vịkendica Wochenendhaus *n*
vịkler Lockenwickler *m*
vȋknuti (-nēm) *pf* → **vȋkati**
vịla[1] Villa *f*, Landhaus *n*
vȋl|a[2] Fee *f*, Elfe *f*; **~a vọdarica** Meerjungfrau *f*; **jụrī kao da ga ~e nọsē** *fig.* j-d läuft wie der Wind; **šụmskā ~a** Bergnymphe *f*
vilạjet *hist.* (*türkischer Verwaltungs-*)Bezirk *m*; Heimat *f*; **tạmnī ~** *fig.* Reich der Finsternis
vịle *f/Pl* (*GPl* vịlā) Heugabel *f*; **~ za gnọ̄j** Mistgabel *f*
vịlic|a (*Eß-*)Gabel *f*; *Anat.* Kiefer *m*, Kinnlade *f*; **gọrnjā** (**dọnjā**) **~a** Ober-(Unter-)Kiefer *m*; **razjā̧piti ~u** aus vollem Halse brüllen
vịličast gabelfärmig, gabelig
vȋlin: ~ kọnjić *Zool.* Libelle *f*; **~ā kọsa** Flachsseide *f*
vȋlinskī, -njī feenhaft, Feen-, Elfen-
vịljuška (*Eß-*)Gabel *f*; **glạzbenā ~** Stimmgabel *f*
vịljuškār Gabelstapler *m*
vịljuškast gabelförmig, gabelig
vịme (-ena; *Pl* -ȩna; *GPl* -ȩ̄nā) Euter *n*; Zitze *f*
vịnār *1* Weinhändler *m*
vịnara Weinhandlung *f*; Weinstube *f*
Vȋnko (*Eigenname*); **~ Lọzīć** *fig.* Rebensaft *m*
vȋn|o Wein *m*; **~o ụdarā ụ glāvu** *fig.* der Wein steigt zu Kopf; **bijelō ~o** Weißwein *m*; **bịti pri ~u** *fig.* e-n Schwips haben; **cȓnō ~o** Rotwein *m*; **kȓstiti ~o** Wein verdünnen *od.* panschen; **kụhānō ~o** Glühwein *m*; **mlạdō ~o** junger Wein; **pjȩnušavō ~o** Schaumwein *m*; **stọ̄lnō ~o** Tischwein *m*
vịnogrād Weingarten *m*; Weinberg *m*; **sā̧diti ~** e-n Weinberg od. Weingarten anlegen
vinogrạdār *1* Weinbauer *m*, Winzer *m*
vinogrạdārskī Weinbauer-, Winzer-
vinogradā̧rstvo Weinbau *m*, Weinwirtschaft *f*
vinọpija *m, f* Weintrinker *m*
vịnorodan weinreich; **~ krā̧j** Weingegend *f*
vịnotočje Weinschenke *f*
vịnov Wein-; **~ā lọza** Weinrebe *f*
vȋnsk|ī Wein-; **~ī brạt** F Saufbruder *m*; **~ā čā̧ša** Weinglas *n*; **~ā kiselịna** Weinsäure *f*
vȋnuti se (-nēm se) *pf* sich aufschwingen, sich emporschwingen (**na kọnja** auf ein Pferd)
vịnjaga Wildrebe *f*
vinjāk Weinbrand *m*, Cognac *m*
vinjȩta Vignette *f*, Aufkleber *m*
viola Viola *f*, Bratsche *f*
violȋn|a Geige *f*, Violine *f*; **ịgrati pȓvū ~u** (*Mus. u. fig.*) die erste Geige spielen
violịnist(a) *m* Geigenspieler *m*, Violinist *m*
vȋr (*Pl* vịrovi) (*Wasser-*)Strudel *m*, Wirbel *m*
vȋriti [**-nuti**] hervorschauen, hervorlugen; hervorragen; **~ u sọbu** in ein Zimmer hineinspähen; **ịspod mịrē sto đā̧volā vȋrē** *Sprw.* stille Wasser sind tief
vȋrnuti (-nēm) *pf* → **vȋriti**
virọvit wirbelreich; (*Wasser*) strudelreich, reich an Strudeln
virtụōz *1* Virtuose *m*
vịrtuōzan virtuos, meisterhaft
virtuọ̄znōst (-osti; *ISg* -osti/-ošću) *f* Virtuosität *f*

vīrus *Med.* Virus *n/m*
virusn|ī Virus-; **~ā bolēst** Viruskrankheit *f*
vīs (*Pl* -ovi) Anhöhe *f*, Höhe *f*; Bergspitze *f*; **rūke u ~!** Hände hoch!; → **uvīs**
vīsak (-ska; *Pl* viskovi) Senkblei *n*, Lot *n*
visēć|ī hängend, Hänge-; **~ī mōst** Hängebrücke *f*; **~ā željeznica** Schwebebahn *f*
visibaba *Bot.* Schneeglöckchen *n*
visin|a Höhe *f*, Gipfel *m*, Spitze *f*; **biti na ~i** *fig.* auf der Höhe sein; **gledati** (*A*) **s ~ē** *fig.* auf j-n herabsehen; **nadmorskā ~a** Meereshöhe *f*; **rāditi na ~ama** auf (*Bau-*)Gerüsten arbeiten
visīnsk|ī Höhen-, Hoch-.; **~ā bolēst** Höhenkrankheit *f*
visiti *itr* hängen; **~ o zīdu** an der Wand hängen; *fig.* **~ kao lušter** *fig.* in der Luft hängen, in e-r unklaren Lage sein; **~ na vrātu** j-m zur Last fallen; **~ o tankōj nīti** *fig.* an e-m seidenen Faden hängen; **nešto visī u zrāku** *fig.* etw. liegt in der Luft
visjeti (-īm; -sio, -sjela) → **visiti**
viski (-ija) Whisky *m*
viskōza Viskose *f*
viskōzan viskos, leimartig
viskōznōst (-osti; *ISg* -osti/-ošću) *f* Viskosität *f*
Visla *Geogr.* Weichsel *f*
visočanstvo Hoheit *f* (*Anrede*)
visok *6* (*LF* **visok|ī**; *Komp* **viši**) hoch, Hoch-; **~ī nāpon** *El.* Hochspannung *f*; **~ā pēć** *Tech.* Hochofen *m*; **~ā stručnā sprema** Hochschulausbildung *f*; **~ā škōla** Hochschule *f*
visoko *Adv* hoch; **gledati na ~** hochgesteckte Pläne haben; **mjeriti s ~** geringschätzig *od.* verächtlich ansehen
visokofrekventan *El.* hochfrequent, Hochfrequenz-
visokogrādnja Hochbau *m*
visokokaloričan kalorienreich
visokokvalificirān (-o) hochqualifiziert (*v. a. von Arbeitern*); **~ bravār** hochqualifizierter Schlosser, Schlossermeister *m*
visokonadāren (-o) hochbegabt, hochtalentiert
visokonaobrāžen (-o) hochgebildet
visokonāponskī *El.* Hochspannungs-
visokorazvijen (-o) hochentwickelt
visokoškōlac (-lca; *V* -lče) *2* Hochschüler *m*
visokoškolskī Hochschul-
visokotirāžnī in *od.* mit hoher Auflage erscheinend
visokotlačnī Hochdruck-
visorāvan (-vni) *f* Hochebene *f*, Plateau *n*
visōst (-i; *ISg* -osti/-ošću) *f* Hoheit *f* (*Anrede*)
visūljak (-ljka) (*Schmuck-*)Anhänger *m*
vīšak (-ška; *Pl* -škovi) Mehrertrag *m*, Überschuß *m*; **~ prīhoda** Mehreinnahme *f*; **~ vrijednosti** *Ök.* Mehrwert *m*; **~ zāhtjeva** *Jur.* weitergehender Antrag
više[1] *Komp v.* **visoko** höher; *Komp v.* **mnogo** mehr; **~-manje** mehr oder weniger; **tīm ~** um so mehr
više[2] *Präp* (*G*) oberhalb (*G*), über (*D*)
višebōj (-oja) *Sp.* Mehrkampf *m*
višednēvnī mehrtätig
višeglasan mehrstimmig
višegodišnj|ī mehrjährig; **~ā kāzna** mehrjährige (*Gefängnis-*)Strafe *f*
višejezičan mehrsprachig
višekatnica mehrstöckiges Haus
višekatnī mehrstöckig
višekūt Vieleck *n*, Polygon *n*
višemjesečnī mehrmonatig
višepartījskī → **višestranačkī**
višepūt mehrmals, öfter, des öfteren
višesložan mehrsilbig
višestaničan *Biol.* mehrzellig, Mehrzellen-
višestran mehrseitig
višestranačkī Mehrparteien-; pluralistisch
višestranāčje Mehrparteiensystem *n*; Pluralismus *m*
višeznačan mehrdeutig
višeznačnōst (-osti; *ISg* -osti/-ošću) *f* Mehrdeutigkeit *f*
viš|ī *Komp v.* **visok**; **~ā sila** *Jur.* höhere Gewalt; **~ā škōla** höhere Schule
višnja Sauerkirsche *f*; *reg.* Weichsel *f*
višnjev Kirschen-; kirschrot
višnjevača Weichsellikör *m*, Weichselschnaps *m*
višnjevina Kirschholz *n*
vitak (-tko) schlank, gelenkig; schmächtig
vitāl|an vital, lebenswichtig; **~nī interesi** vitale Interessen
vitālnōst (-osti; *ISg* -osti/-ošću) *f* Vitalität *f*, Lebenskraft *f*; Lebendigkeit *f*

vitạmīn *1* Vitamin *n*
vịtao (-tla; *Pl* -tlovi) *Tech.* Winde *f*, Spule *f*; Kran *m*
vịtēšk|ī ritterlich, Ritter-; **~ā ịgra** Ritterspiel *n*; **~ī stạlež** Ritterstand *m*
vịtēštvo Rittertum *n*, Ritterschaft *f*; Ritterlichkeit *f*
vịtēz (*Pl* -i/-ovi) Ritter *m*; **~ pljạčkāš** Raubritter *m*; **~ tųžnōga lịca** *fig.* Ritter von der traurigen Gestalt
vịti (vijēm; *Imp* vīj) **[sạ-]** winden, drehen, wickeln; *Nest* bauen; *Kranz* winden; **~ se** sich winden; *Pflanze*: sich ranken; *Weg*: sich schlängeln; **~ se kao cȓv** *fig.* sich wie ein Aal winden
vịtica (*Haar-*)Locke *f*
vịtkōst (-osti; *ISg* -osti/-ošću) *f* Schlankheit *f*, Schmächtigkeit *f*
vịtlānje Schwingen *n*, Herumfuchteln *n*
vịtlati schwingen, fuchteln; **~ rų̄kama** mit den Armen rudern
vịtler Kranführer *m*
vitrịna Vitrine *f*
vīvak (-vka; *Pl* vịvkovi) *Zool.* Kiebitz *m*, Strandläufer *m*
vīza Visum *n*; **trạnsitnā ~** Transitvisum *n*; **ųlaznā ~** Einreisevisum *n*
Vịzant, Vizạntija *sb.* Byzanz *n*
vizạntījskī *sb.* byzantinisch
vīzija Vision *f*, Trugbild *m*
vịzīr *1* Visier *n*
vizịta (*ärztliche*) Visite *f*
vịzitkārta Visitenkarte *f*
vịzuēlan visuell
vịžlast biegsam, gelenkig, gewandt
vjęč|an ewig, ewiglich; unendlich, endlos; **~nā kųća** die letzte Ruhestätte; **~nī pọkōj** ewige Ruhe; **~nī sạn** *fig.* ewiger Schlaf
vjęčit → **vjęčan**
vjęčnōst (-osti; *ISg* -osti/-ošću) *f* Ewigkeit *f*; **cijela** *od.* **prạ̄va ~** F e-e halbe Ewigkeit
vjęđa (*Augen-*)Lid *n*; Augenbraue *f*
vjekọvati (vjękujēm) leben; das Leben verbringen
vjękovi *Pl. v.* **vijek**
vjękōvnī (*Traditionen*, *Denkmäler*) jahrhunderteal t
vjęnčānī Ehe-, Trau-, Hochzeits-; **~ dạ̄n** Hochzeitstag *m*; **~ kų̄m** *od.* **svjędok** Trauzeuge *m*; **~ līst** Heiratskunde *f*, Trauschein *m*; **~ pṛstēn** Ehering *m*
vjenčạnica Heiratsurkunde *f*, Trauschein *m*
vjenčạ̄nje¹ Eheschließung *f*, Vermählung *f*; **~ pod vṝbōm** *fig.* wilde Ehe
vjęnčanje² Krönen *n*; Bekränzen *n*
vjęnčati *ipf*/*pf* *Ehepaar* trauen, vermählen; **~ se** sich trauen (lassen); sich vermählen; *itr* heiraten
vjenčạ̄vati (se) *5* → **vjęnčati (se)**
vjẹr|a Glaube(n) *m*, Religion *f*, Glaubensbekenntnis *n*; Treue *f*, Vertrauen *n*; Kredit *n*; **alạl ti ~a!** *v.a. sb.* alle Achtung!, Respekt!; **dạti ~u** sein Ehrenwort geben; **na ~u** auf Treu und Glauben; **nijędnā** *od.* **pạsjā ~a** Schurke *m*, Schuft *m*; **prekṛšiti** *od.* **prelọmiti ~u** sein Wort brechen
vjẹ̄ran treu, anhänglich; ergeben, loyal
vjẹren (-o) verlobt
vjẹrenica Braut *f*, Verlobte *f*
vjẹrenīk Bräutigam *m*, Verlobte(r) *m*
vjẹridba (*GPl* -dābā/-dbī) Verlobung *f*
vjẹriti se sich verloben
vjẹ̄rnica *Rel.* Gläubige *f*
vjẹ̄rnīk *Rel.* Gläubige(r) *m*
vjẹ̄rno getreu
vjẹ̄rnōst (-osti; *ISg* -osti/-ošću) *f* Treue *f*, Anhänglichkeit *f*; **~ do grọba** Treue bis zum Grab, ewige Treue
vjerodạ̄jnica *Jur.* Beglaubigungsschreiben *n*, Beglaubigungsurkunde *f*
vjerodọ̄stōjan glaubwürdig; (*Angaben*, *Informationen*) zuverlässig
vjerodostọ̄jnōst (-osti; *ISg* -osti/-ošću) *f* Glaubwürdigkeit *f*, Zuverlässigkeit *f*
vjeroịspovjēd (-i) *f* Religionszugehörigkeit *f*, Konfession *f*, Glaube(n) *m*
vjeroịspovjēst (-i; *ISg* -esti/-ešću) *f* → **vjeroịspovjēd**
vjẹrojātan glaubhaft, wahrscheinlich
vjẹrojātnōst (-osti; *ISg* -osti/-ošću) *f* Glaubhaftigkeit *f*, Wahrscheinlichkeit *f*
vjẹrolōman wortbrüchig, treulos
vjerolọmnōst (-osti; *ISg* -osti/-ošću) *f* Wortbruch *f*, Treulosigkeit *f*
vjerolọmstvo (*GPl* -ọlōmstāvā/-ọ̄mstvā → **vjerolọmnōst**
vjeronạuk Religionsunterricht *m*, Religionslehre *f*
vjeroųčitelj Religionslehrer *m*
vjẹrovānje Glaube(n) *m*; Vertrauen *n*
vjerọ̄vātan → **vjẹrojātan**
vjẹrovati (-ujēm) glauben (**u** *A*/an *A od.* k-u što/j-m etw.), vertrauen **~ na riječ**

aufs Wort glauben; **~ u se** *od.* **sebe** an sich glauben; **ne ~ svojīm očima** *fig.* seinen Augen nicht trauen; **slijępo ~** blind vertrauen
vjęrōvnica[1] Beglaubigungsschreiben *n*, Akkreditierungsschreiben *n*
vjęrōvnica[2] *Hdl.* Gläubigerin *f*
vjęrōvnīk *1 Hdl.* Gläubiger *m*
vjęrskī Glaubens-, Religions-; **~ rąt** Religionskrieg *m*
vjęsnīk Bote *m*; Vorbote *m*; Kurier *m* (*Person und Publikation*)
vjęšala Galgen *m*; **popēti na ~** F j-n aufknüpfen
vjęšalica Kleiderbügel *m*; Kleiderständer *m*; *Kochk.* Kotelett vom Rost
vjęšati (auf)hängen; erhängen; **~ na nōs** *fig.* auf die Nase binden; **~ na vęlikō zvono** *fig. etw.* an die große Glocke hängen
vjęšt geschickt, gewandt; erfahren, bewandert (**u** *L*/in *D*); sachkundig
vjēštac (vjęšca; *V* vjęšče) Zauberer *m*, Hexenmeister *m*; **porāniti kao ~** *fig.* mit den Hühnern aufstehen
vještačęnje Begutachtung *f*, Expertise *f*
vjęštačk|ī künstlich, Kunst-; **~ā svīla** Kunstseide *f*
vjęštica Hexe *f*, Zauberin *f*; **(stārā) ~** *abw.* (alte) Hexe, (altes) Frauenzimmer *f*
vjęština Geschicklichkeit *f*, Fertigkeit *f*
vjęt|ar Wind *m*, Brise *f*; *Med.* Darmwind *m*; **~ar nąnijē** (*A*) *fig. j-d* kommt hereingeschneit; **~ar u kr̄mu** Rückenwind *m* (*a. fig.*); **crvenī ~ar** *Med.* Wundrose *f*; **govoriti u ~ar** *fig.* ins Blaue hineinreden; **kąko ~ar pūšē** *fig.* sein Fähnchen nach dem Wind hängen; **novī ~ar** *fig.* ein frischer Wind (weht); **okretati kabąnicu pręma ~ru** *fig.* sein Mäntelchen nach dem Wind drehen *od.* hängen; **ūći kao ~ar** *fig.* (*ungestüm*) hereingeschneit kommen, (*ins Zimmer*) hereinplatzen; **znąti odakle ~ar pūšī** *fig.* wissen, woher der Wind weht
vjętrenica Windfahne *f*, Wetterfahne *f*
vjetręnjača Windmühle *f*; **boriti se s ~ma** *fig.* gegen Windmühlenflügel kämpfen
vjetręnjāk *1* F Windbeutel *m*, Windhund *m* (*f. e-n Menschen*); zerstreuter Mensch
vjętrenjast leichtfertig, schusselig, fahrig
vjętrēnje Verdampfen *n*, Verdunsten *n*, Lüften *n*
vjetręuška Windfang *m*
vjętrić leichter Wind, Brise *f*
vjętrobrān *Kfz.* Windschutzscheibe *f*
vjetrogonja *m* F → **vjetręnjāk**
vjętromjēr Windmesser *m*
vjętropīr → **vjetręnjāk**
vjetrovit windig, stürmisch
vjętrōvka (*GPl* -vkī) Windjacke *f*, Anorak *m*
vjęverica Eichhörnchen *n*
vjęžb|a (*GPl* vjęžbī/vjēžbā) Übung *f*, Üben *n*; *Sp.* Gymnastik *f*, Training *n*; **izīći iz ~ē** *fig.* aus der Übung kommen; **vōjnā ~a** Manöver *n*, Wehrübung *f*
vjęžbāč *1* Übende(r) *m*; *Sp.* Turner *m*; *Sp.* Trainer *m*
vjęžbalīšte Übungsplatz *m*, Sportplatz *m*; *Mil.* Übungsgelände *f*
vjęžbānje Üben *n*, Trainieren *n*, Training *n*
vježbaonica Turnhalle *f*; Übungsraum *m*, Übungssaal *m*
vjęžbati [iz-] (ein)üben; *Mil.* drillen, exerzieren; *Sp.* trainieren
vlāčēnje (*Lotterie-*)Ziehung *f*
vlāda Regierung *f*; Herrschaft *f*; **~ u sjęni** *Pol.* Schattenkabinett *n*; **sāveznā ~a** Bundesregierung *f*
vlādajūćī regierend, Regierungs-
vlādalac (-aoca) → **vlądār**
vlādānje Regieren *n*, Herrschen *n*; Benehmen *n*, Verhalten *n*; **~ potrošāčā** Verbraucherverhalten *n*
vlądār *1* (*V* -e/-u) Herrscher *m*, Regent *m*, Landesherr *m*
vladąrica Herrscherin *f*, Regentin *f*
vlādati regieren (*I*/*A*); herrschen (über *A*); gebieten (über *A*); *Frieden, Ruhe*: herrschen; **~ jęzikom** e-e Sprache beherrschen; **~ orūžjēm** e-e Waffe bedienen können, mit e-r Waffe umgehen können; **~ sobom** sich beherrschen **~ se** sich benehmen, sich verhalten
vlądavina Regierung *f*, Regierungszeit *f*
vląga Feuchtigkeit *f*, Nässe *f*
vlągomjēr Feuchtigkeitsanzeiger *m*, Feuchtigkeitsmesser *m*
vlāk (*Pl* vląkovi) Zug *m*, Eisenbahn *f*; **br̄zī ~** Schnellzug *m*; **osobnī ~** Personenzug *m*; **tęretnī ~** Güterzug *m*
vlakāč *1* Zugseil *n* (*bei e-r Seilbahn*)
vląknast faserig, faserartig

vlȃkno (*GPl* vlȃkānā) Faser *f*, Fiber *f*; **vjȇštačkō ~** Kunstfaser *f*
vlakovođa *m* Lokführer *m*
vlȃs (-i; *I* -i; *GPl* -ī) Haar *n*; Kopfhaar *n*; **falī ~** *fig.* um ein Haar; **ni za ~** *fig.* kein bißchen; **nije pala ni ~ s glȃvē** niemandem ist ein Haar gekrümmt worden; **zą ~** um ein Haar
vlȃsac (-sca) *Bot.* Schnittlauch *m*
vlasīšte *Anat.* Haarboden *m*
vlasnica Eigentümerin *f*, Inhaberin *f*, Besitzerin *f*
vlasnīk Eigentümer *m*, Inhaber *m*, Besitzer *m*; **~ konta** *Hdl.* Kontoinhaber *m*; **~ vozila** Fahrzeughalter *m*
vlasnīštvo Eigentum *m*, Besitz *m*; **privatnō ~** Privateigentum *n*
vlȃst (-i; *I* -sti/-šću) *f* (*Staats-*)Macht *f*, Herrschaft *f*; Obrigkeit *f*; Behörde *f*; Befugnis *f*; **biti u čijōj ~i** in j-s Gewalt sein; **dōći do ~i** an die Macht kommen, *fig.* ans Ruder kommen; **držati u svojōj ~i** in seiner Gewalt haben; **gubiti ~ nad sobom** die Kontrolle über sich verlieren; **izvršnā ~** *Pol.* Exekutive *f*; **podjela ~i** *Pol.* Gewaltenteilung *f*; **preuzimānje ~i** *Pol.* Machtantritt *m*, Machtübernahme *f*; **prigrabiti ~** die Macht an sich reißen; **sudbenā ~** *Pol.* Jurisdiktion *f*, Gerichtsbarkeit *f*; **zakonodāvnā ~** *Pol.* Legislative *f*, gesetzgebende Gewalt
vlȃstan (-sno) berechtigt, befugt, ermächtigt (*D*/zu *D*)
vlastelīn *1* Gutsherr *m*, Großgrundbesitzer *m*
vlastelīnka (*D* -ki: *GPl* -kī) Gutsherrin *f*, Großgrundbesitzerin *f*
vlastelīnskī herrschaftlich; Herren-, Guts-; **~ dvōr** Herrensitz *m*; **~ upravitelj** Gutsverwalter *m*
vlastelīnstvo (Groß-)Grundbesitz *m*
vlastit eigen, Eigen-; **~ō imē** Eigenname *m*; **na ~i trošak** auf eigene Kosten
vlastoljubiv herrschsüchtig
vlastoljublje Herrschsucht *f*
vlastoručan eigenhändig (*Unterschrift*)
vlastōvnica *Jur.* Eigentumsurkunde *f*
vlasulja Perücke *f*
vlasuljār *1* (*V* -e/-u) Perückenmacher *m*
vlȃt (-i; *I* -ti/-ću) Halm *m*
vlážan feucht, naß
vlažiti [o-] anfeuchten, befeuchten; benetzen
vlažnōst (-osti; *ISg* -osti/-ošću) *f* Feuchtigkeit *f*
vō (vola; *Pl* volovi) → **vōl**
voćār *1* Obsthändler *m*; Obstbauer *m*
voćārnica Obstladen *m*
voćārstvo Obst(an)bau *m*, Obstzucht *f*; Obstkunde *f*
voće Obst *n*; **ranō ~** Frühobst *n*; **južnō ~** Südfrüchte *Pl*; **zabrānjenō ~** *fig.* verbotene Früchte
voćka Obstbaum *m*
voćnī Obst-, Frucht-; **~ sōk** Obstsaft *m*
voćnjāk Obstgarten *m*
vōd[1] (*Pl* vodovi) *Mil.* Zug *m*
vōd[2] (*Pl* vodovi) *El.* Leitung *f*; **telefonskī ~** Telefonleitung *f*; *Anat.* **žučnī ~** Gallengang *m*
vod|a Wasser *n*; Gewässer *n*; **~a kišnica** Regenwasser *n*; **~a je** (*D*) **do grla** *fig.* das Wasser steht j-m bis zum Hals; **~a stajačica** stehendes Gewässer; **bāciti novac u ~u** *fig.* Geld zum Fenster hinauswerfen; **biti na jednū ~u** ein komischer Kauz *od.* ein Sonderling sein; **biti sav u ~i** schweißgebadet sein; **blagoslovljenā ~a** *Rel.* Weihwasser *n*; **bunārskā ~a** Brunnenwasser *n*; **čistē ~ē** *fig.* reinsten Wassers; **idē mi ~a na ūsta** *fig.* mir läuft das Wasser im Mund zusammen; **kao hlȃdnōm ~ōm poliven** *fig.* wie ein begossener Pudel; **mīrnā ~a** (*von e-m ruhigen Menschen*) stilles Wasser; **neka te ~a nosī!** (na schön,) du sollst deinen Willen haben!; **pitkā ~a** Trinkwasser *m*; **podzemnā ~a** Grundwasser *n*; **prevesti** (*A*) **žēdna preko ~ē** *fig.* j-n hinters Licht führen; **slȃnā ~a** Salzwasser *n*; **slatkā ~a** Süßwasser *n*; **stručnjāk slatkē ~ē** *iron.* Dünnbrettbohrer *m*; **tekūćā ~a** fließend Wasser (*in Hotel, Pension etc.*); **tihā ~a brijege derē** *Sprw.* stille Wasser sind tief; **u golōj ~i** schweißüberströmt; **unutrašnjē ~e** Binnengewässer *Pl*; **znati kao ~u** *fig.* etw. im Schlaf können
vodār Wasserträger *m*
vodarica Wasserträgerin *f*; *Myth.* Wassernymphe *f*; *Zool.* Wasserjungfer *f*, Libelle *f*
vōdati herumführen, umherführen; leiten → **voditi**
voden (-o) wäßrig, Wasser-; **~ā bolēst** *Med.* Wassersucht *f*; **~ī konj** Flußpferd

n, Nilpferd *n*; **~ī pụ̄t** Wasserstraße *f*; **~ī znậk** Wasserzeichen *n* (*auf e-m Geldschein*)
vodẹnica Wassermühle *f*
vodẹničār Wassermühlenbesitzer *m*
vodẹnjāk *1 Zool.* Wassermolch *m*; *Myth.* Wassergeist *m*; (*Sternbild*) Wassermann *m*
vọdīč *1* (*V* -u) Führer *m*, Leiter *m*; **turịstičkī ~** Reiseführer *m* (*Person und Buch*); **elẹktričnī ~** elektrischer Leiter
vọdīk *1 Chem.* Sauerstoff *m*
vọdīlja Führerin *f*, Leiterin *f*; **mīsao-~** Leitgedanke *m*; **zvijẹzda ~** Leitstern *m*; *fig.* Leitbild *n*
vọditelj *Rdf.*, *TV* Moderator *m*
voditẹljica *Rdf.*, *TV* Moderatorin *f*
vọditi (-đen) *Verhandlung*, *Reisegruppe*, *Prozeß*, *Gespräch*, *Tagebuch*, *Krieg* führen; *Geschäft*, *Unternehmen* leiten; *Weg*: führen (**za** *A*/nach *A*); *Politik* betreiben; *TV-Sendung* moderieren; **~ brịgu** sich kümmern (**o** *L*/um *A*); **~ glậvnū riječ** *fig.* den Ton angeben; **~ ljụ̄bav** sich (körperlich) lieben; **~ račụ̄na** sich kümmern (**o** *L*/um *A*), Sorge tragen (für *A*); **~ tụ̄đū brigu** sich um fremde Angelegenheiten kümmern; **~ zạ nōs** j-n an der Nase herumführen; **~ se** geführt werden; *Jur. Prozeß*: anhängig sein
vọdljiv *El.* leitend
vọdljivōst (-osti; *ISg* -osti/-ošću) *f Phys.* Leitfähigkeit *f*
vọdnī wäßrig, Wasser-
vọdnīk *Mil.* Zugführer *m*
vododẹrina (*Wasser-*)Rinne *f*
vododṛž(lj)iv wasserdicht
vodogrậdnja Wasserbau *m*
vodoinstalạtēr *1* Wasserinstallateur *m*
vọdomjēr Wasserstandsanzeiger *m*
vodọnoša *m* Wasserträger *m*
vọdopād Wasserfall *m*
vodọpija *m* Wassertrinker *m*
vodoprịveda Wasserwirtschaft *f*
vọdorāvan waagerecht, horizontal
vọdoskok Springbrunnen *m*
vọdostāj Wasserstand *m*
vọdotōranj (-rnja) Wasserturm *m*
vọdovōd Wasserleitung *f*
vọdovodn|ī Wasserleitungs-; **~ā cijev** Wasserleitungsrohr *n*
vodozẹ̄mac (-mca; *GPl* -ọzēmācā) *Zool.* Amphibie *f*
vọdstvo (*GPl* -stāvā) Führung *f*, Leitung *f*; Anführer *m*; *Sp.* Führung *f* (*e-r Mannschaft nach Toren od. Punkten*)
vọđa *m* Führer *m*, Anführer *m*; Leiter *m*; **~ nậvalē** *Sp.* Mittelstürmer *m*
vọđēnje Führen *n*, Führung *f*; Leiten *n*, Leitung *f*; **~ lọptē** *Sp.* Dribbeln *n*; **~ rạta** Kriegsführung *f*
vọjāk *1* (*V* -če) → **vọjnīk**
vọjārna Kaserne *f*
vọjārnī Kasernen-; **~ krụ̄g** Kasernenhof *m*
vojẹvati (vọjujēm) kämpfen (*im Krieg*)
vộjna Krieg *m*; Feldzug *m*; **krịžārskā ~** *hist.* Kreuzzug *m*
vộjn|ī Militär-, Kriegs-, Wehr-; **~ā akadẹmija** Militärakademie *f*; **~ā bộlnica** Militärkrankenhaus *n*; **~ī čịn** Dienstgrad *m* (*beim Militär*); **~ā krạjina** *hist.* Militärgrenze *f*; **~ā pọšta** Feldpost *f*; **~ī sụ̄d** Militärgericht *n*; **~ā vjẹžba** Manöver *n*, Wehrübung *f*
vộjnica Militär *n*; **Ụstaška ~** *hist.* Militärverband der Ustascha
vọjnīčk|ī militärisch, Militär-; Feld-; **~ī krẹvet** Feldbett *n*; **~ā kụhinja** Feldküche *f*; **~ā zậklētva** Gelöbnis *n*
vọjnīk *1* (*V* -če) Soldat *m*, Krieger *m*; **~ pjẹšāk** Infanterist *m*
vojnịštvo Militär *n*, Militärwesen *n*
vộjsk|a Heer *n*, Armee *f*, Streitkräfte *f*; **~a spậsa** Heilsarmee *f*; **dići ~u** ein Heer ausheben; **najạmničkā ~a** Söldnerheer *n*; **pọmōrskā ~a** Kriegsmarine *f*; **pọzvati ụ ~u** einberufen; **slụ̄žiti ~u** den Militärdienst ableisten; **stạjāćā** *od.* **rẹdōvnā ~a** stehendes Heer; **stụ̄piti u ~u** seinen Militärdienst antreten
vọjvoda *m* Herzog *m*
vọjvodina Herzogtum *n*; **Vọjvodina** *Geogr.* Vojvodina *f*
vọjvodinica Herzogin *f*
vọjvodskī herzoglich; Herzog(s)-
Vọjvođanin (-āni) Vojvodiner *m*
Vọjvođānka (*GPl* -kī) Vojvodinerin *f*
vokabụlār *1* Vokabular *m*, Wörterverzeichnis *n*; Wortschatz *m*
vọkāl *1 Gr.* Vokal *m*, Selbstlaut *m*
vộl *3* (*Pl* -ovi) Ochse *m*
vọlān *1 Kfz.* Lenkrad *n*; **za ~om** am Steuer
vọlovsk|ī Ochsen-; **~ā žịla** Ochsenziemer *m*
voltạ̄ža *El.* Spannung *f*
voluhạrica *Zool.* Feldmaus *f*

volụ̄men Volumen *n*, Rauminhalt *m*
vọlj|a Wille *m*; Laune *f*; Lust *f*; ***bị̄ti dọbrē ~ē*** gut gelaunt sein; ***bị̄ti zlē ~ē*** schlecht gelaunt sein; ***dạti na ~u*** j-m seinen Willen lassen; ***dọ milē ~ē*** nach Herzenslust; soviel du willst; ***ịmati zlū ~u*** feindlich gesinnt sein (***na*** *A*/*D*); ***nije mi ~a*** ich habe keine Lust; ***od svọjē ~ē*** aus eigenem Antrieb; ***pọsljednjā ~a*** letzter Wille, Testament *n*; ***prọšla mi je ~a*** mir ist die Lust vergangen; ***prẹko svọjē ~ē*** widerwillig, mit Widerwillen; ***s dọbrē*** *od.* ***drạ̄gē ~ē*** freiwillig; ***s nẹ̄što dọbrē ~ē*** mit etwas gutem Willen; ***štọ̄ je po ~i?*** was wünschen Sie?; ***tọ̄ mi je po ~i*** das gefällt mir; ***tvọja dọbrā ~a*** ganz wie du willst; ***uz nạ̄jboljū ~u*** beim besten Willen; ***zạ ~u ili za nẹvolju*** wohl oder übel
vọljan willens, gewillt; willig
vọljeti (-īm; -lio, -ljela) lieben, liebhaben, mögen, gernhaben
vọ̄nj (*Pl* -evi) Duft *m*, Wohlgeruch *m*; Parfum *n*
vọnjati riechen (***po*** *L*/nach *D*)
vọsak (-ska; *Pl* -skovi) Wachs *n*; ***blijed*** *od.* ***žụ̄t kao ~*** wachsbleich, kreidebleich; ***pẹčatnī ~*** Siegelwachs *n*
vọštan (-o) Wachs-, wächsern
voštạnica Wachskerze *f*
vọštār *1* Wachszieher *m*, Kerzenzieher *m*
vọštiti (-šćen/-šten) **[na-, u-]** (ein)wachsen, bohnern; *fig.* verprügeln, durchprügeln
vōz (*Pl* vọzovi) *sb.* Zug *m*; → ***vlạ̄k***
vọzāč *1* (*Auto-*)Fahrer *m*
vozạčica (*Auto-*)Fahrerin *f*
vọzāčk|ī Fahr-; ***~ā dọzvola*** Führerschein *m*; ***~ā škọ̄la*** Fahrschule *f*
vọ̄zānje Fahren *n*, Herumfahren *n*
vọzār *1* (*V* -u) Fuhrmann *m*; Fuhrunternehmer *m*, Spediteur *m*; Wagenführer *m* (*bei Straßenbahnen*)
vozạrina (*für Waren*) Fuhrlohn *m*, Frachtgebühr *f*; (*für Personen*) Fahrgeld *n*, Fahrgebühr *f*
vọzārnica Führerhäuschen *n* (*bei Drahtseilbahnen*)
vọ̄zati → ***vọziti***
vọzilo Fahrzeug *n*; ***mọtornō ~*** Kraftfahrzeug *n*
vọziti (-žen) *tr Person* fahren; *Güter* befördern; *Auto*, *Fahrrad* fahren; ***~ se*** *itr* fahren; ***~ se kọlima*** Auto fahren; ***~ se nạ skijama*** Ski fahren
vọ̄zn|ī Fahr-; ***~ā kạ̄rta*** Fahrkarte *f*; ***~ā knjịga*** *Esb.* Kursbuch *n*; ***~ī pạrk*** Fuhrpark *m*; ***~ī rẹ̄d*** Fahrplan *m*
vọžēnje Fahren *n*
vọžnja, vọ̄žnja (*GPl* -ā/-ī) Fahrt *f*; ***pọkusnā ~*** Probefahrt *f*
vrạ̄|bac (-pca) Spatz *m*, Sperling *m*; ***bezọbrazan kao ~bac*** F frech wie Oskar; ***dọbiti ~pca*** *fig.* leer ausgehen; ***tọ̄ i ~pci znạjū*** *fig.* das pfeifen die Spatzen von den Dächern
vrạ̄č (*V* -u; *Pl* -i/-evi) Wahrsager *m*; Zauberer *m*, Magier *m*
vrạ̄čānje Wahrsagen *n*, Wahrsagerei *f*, Hexerei *f*
vrạčara Wahrsagerin *f*; Zauberin *f*, Hexe *f*
vrạ̄čati [u-] wahrsagen, weissagen; hexen, zaubern; ***~ ụ dlan*** aus der Hand lesen
vrạćānje Zurückgeben *n*, Zurückgabe *f*; Rückkehr *f*, Heimkehr *f*
vrạćati → ***vrạ̄titi***; ***~ ịstōm mjẹrōm*** mit gleicher Münze heimzahlen, Gleiches mit Gleichem vergelten
vrạdžbina Zauberei *f*, Hexerei *f*
vrạ̄g (*V* -že; *Pl* vrạgovi/vrạ̄ži) Teufel *m*, Satan *m*; ***~ je ụ tome*** (***da***) der Haken daran ist (,daß); ***~ ọdnio šạ̄lu*** jetzt gibt's nichts mehr zu lachen; ***~ znạ̄!*** weiß der Teufel!; ***dọ*** (***stō***) ***~a!*** zum Teufel!; ***ẹto ti ~a!*** da haben wir den Salat!; ***ịdi dọ ~a!*** geh zum Teufel!; ***ịstī ~*** einerlei; ***kọjī ~, kọga ~a*** was zum Teufel; ***nẹ dā mi ~ mīra*** mich reitet der Teufel; ***nẹka te ~ ọdnio*** der Teufel soll dich holen; ***nẹkī ~*** irgendwas; ***nije tọ̄ bẹz ~a*** das geht nicht mit rechten Dingen zu; ***prạ̄vī ~*** ein Teufelskerl; ***prọdati ~u dụ̄šu*** dem Teufel seine Seele verschreiben; ***ụšao ~ u*** (*A*) der Teufel ist in j-n gefahren; ***vịdi ~a!*** schau dir das an!
vragọlān *1* (*V* -e) Schelm *m*, Schalk *m*
vragọlast schelmisch, neckisch
vragọlija Streich *m*, Ulk *m*, Schabernack *m*
vragọljast → ***vragọlast***
vrạ̄n (-o) schwarz, (kohl)rabenscharz
vrạna Krähe *f*; ***~a ~i ọči ne ịskopā*** *Sprw.* eine Krähe hackt der anderen kein Auge aus
vrạ̄nac (-nca) *Zool.* Rappe *m*

V

vrānj (*Pl* -evi) Spund *m*, Zapfen *m* (*beim Faß*)
vrāpca *GSg v.* **vrābac**
vrapčjī Spatzen-
vrāškī teuflisch, verteufelt; ~ **skūpo** *fig.* verdammt teuer
vrāt (*Pl* vratovi) Hals *m*, Nacken *m*; F Kragen *m*; **bāciti se oko ~a** *fig.* sich j-m an den Hals werfen; **biti zādužen do ~a** bis über die Ohren in Schulden stecken; **dōći do ~a** j-m auf die Nerven gehen; **imati na ~u** etw., j-n am Hals haben; **lomiti si ~** sich das Genick brechen (*a. fig.*); **na ~ na nōs** *fig.* Hals über Kopf; **nije šija nego ~** *fig.* gehupft wie gesprungen; **preko ~a** *fig.* bis über die Ohren; **skīdati s ~a** sich etw. vom Hals schaffen; **uhvatiti za ~** an der Kehle *od.* Gurgel packen; **zakrēnuti ~** *j-m* den Hals umdrehen
vrāt|a *n/Pl* Tür *f*, Tor *f* (*a. Sp.*); **biti pred ~ima** *a. fig.* vor der Tür stehen; **iza zatvorenīh ~ā** hinter verschlossenen Türen (*a. fig.*); **kućnā ~a** Haustür *f*; **ōn imā otvorenā ~a** *fig.* ihm stehen alle Türen offen; **otvoriti** (*D*) **~a** etw., j-m Tür und Tor öffnen; **pomesti pred svojīm ~ima** *fig.* vor seiner eigenen Tür kehren; **pomičnā ~a** Schiebetür *f*; **ūći kroz mālā ~a** *fig.* durch die Hintertür hereinkommen
vratār *1* (*V* -u/-e) Pförtner *m*, Türsteher *m*; *Sp.* Torwart *m*
vratarica Pförtnerin *f*; Pförtnerloge *f*
vratilo *Sp.* Reck *n*, Reckstange *f*; *Tech.* Kettbaum *m*
vrātiti (-ćen) (**vraćati**) zurückgeben, wiedergeben; vergelten, heimzahlen; *Schulden* zurückzahlen; *Geliehenes* zurückbringen; ~ **k sebi** wieder zu Bewußtsein bringen; ~ **ljūbav za ljūbav** Gleiches mit Gleichem vergelten, mit gleicher Münze heimzahlen; ~ **točak povijesti** *fig.* das Rad der Geschichte zurückdrehen; ~ **se** zurückkommen, zurückkehren; ~ **se kući** heimkehren; ~ **se na stvār** zum Thema zurückkehren; ~ **se neobavljenā posla** unverrichteter Dinge zurückkehren
vrātn|ī Hals-; **~ī kralježak** *Anat.* Halswirbel *m*; **~ā žila** Halsschlagader *f*
vratnica Türstock *m*; Türflügel *m*
vratobolja Halsweh *n*, Halsschmerzen *Pl*
vratolōman halsbrecherisch, tollkühn
vratolomija Tollkühnheit *f*
vrāžjī teuflisch, Teufels-; verdammt, verflucht; ~ **momak** Teufelskerl *m*
vrb|a Weide(nbaum *m*) *f*; **kad na ~i grōžđe rodī** *fig.* am Sankt Nimmerleinstag; **tō je na ~i svirala** *fig.* das ist noch Zukunftsmusik; **žalosnā ~a** Trauerweide *f*; **ženiti se oko ~ē** e-e wilde Ehe führen
vrbānac (-nca) *Med.* Rotlauf *m*
vrbica Weidenzweig *m*, Palmkätzchen *n*
vrbīk *1* Weidengebüsch *n*
vrbov Weiden-; ~ **grm** Weidenbusch *m*
vrbovati (-ujēm) *für e-e Söldnertruppe od. zu e-m Spionagedienst* anwerben
vrcati [**vrcnuti**] *Funken*: stieben, sprühen; *Honig* schleudern
vrcnuti (-nēm) *pf* → **vrcati**
vrckast (*Kind*) zappelig
vrč (*Pl* -evi) Krug *m*; ~ **za pīvo** Bierkrug *m*
vrčati (-īm) *Katze*: schnurren; *Hund*: knurren; *fig.* anfauchen (**na** *A/A*)
vrći se (vrgnēm se; vrgao se, -gla se; vrgnūt) nachgeraten (**u** *A/D*)
vrdati (*der Wahrheit*) ausweichen, auszuweichen versuchen
vrēbānje (Auf)Lauern *n*, (Aus)Spionieren *n*
vrēbati [**u-**] auflauern; nachspionieren, nachstellen; ~ **na zgodnū prīliku** auf e-e günstige Gelegenheit lauern
vreć|a Sack *m*; **~a za spāvānje** Schlafsack *m*; **kupovati māčka u ~i** *fig.* die Katze im Sack kaufen; **metati sve u istū ~u** alles in e-n Topf werfen; **napiti se kao ~a** *fig.* sich vollaufen lassen; **našla ~a zākrpu** F (*abw.*) gesucht und gefunden; **vēzana ~a** F Tölpel *m*, Tolpatsch *m*; **zlātnā ~a** Geldsack *m* (*für e-n reichen Mann*)
vrećica Tüte *f*; **plastičnā ~a** Plastiktüte *f*
vrednoća Fleiß *m*, Emsigkeit *f*; Tüchtigkeit *f*
vrednota Wertsache *f*; Währung *f*; **poštanskā ~** Postwertzeichen *n*
vrednovānje Bewertung *f*, Beurteilung *f*; (Aus)Wertung *f*; ~ **rādnōg mjesta** Arbeitsplatzbewertung *f* (*Tätigkeitsprofil*)
vrednovati (vrednujēm) bewerten, werten; einschätzen, beurteilen
vrelīšte Siedepunkt *m*
vrel|o Quelle *f* (*a. fig.*); **minerālnō ~o** Mineralbrunnen *m*; **saznati iz pouz-**

danīh ~a aus zuverlässiger *od.* sicherer Quelle erfahren
vremena *GSg v.* ***vrijeme***
vremenit zeitlich begrenzt
vremensk|ī zeitlich, Zeit-; Wetter-; ***~ā prognōza*** Wettervorhersage *f*; ***~ā rečenica*** *Gr.* Temporalsatz *m*
vremešan bejahrt, betagt
vrēnj|e Gären *n*, Gärung *f*; Sieden *n*, Kochen *n*; Wallung *f*; ***alkoholnō ~e*** alkoholische Gärung; ***točka ~a*** Siedepunkt *m*
vre|o (-elo) heiß, glühend; siedend heiß; ***motati se*** *od.* ***obilaziti kao māčak oko ~lē kašē*** wie die Katze um den heißen Brei schleichen
vreoce (-ca/-ceta; *GPl* vrelācā) *Dim v.* ***vrelo***
vretenast spindelförmig, spindelartig
vreteno Spindel *f*; ***sūh kao ~*** *fig.* spindeldürr
vreti (vrīm; *3. Pers Pl* vrū; vrio/vreo) sieden, kochen *itr*; wallen; (*a. fig.*); *Bier*: gären; ***vrī kao u kotlu*** *fig.* es herrscht ein großer Trubel
vreva Getümmel *n*, Gedränge *f*; Radau *m*, Tumult *m*
vrgānj *1* Steinpilz *m*
vrgnēm se *1. Pers Sg v.* ***vrći se***
vrh[1] *3* (*Pl* -ovi) Gipfel *m*, Wipfel *m*; Spitze *f*; Grat *m*; ***do ~a pun*** gestrichen voll, randvoll; ***dōđē mi na ~ glāvē*** ich habe die Nase (gestrichen) voll (von *D*), ich habe etw. satt; ***sastanak na ~u*** Gipfeltreffen *n*; ***tō mi je na ~u jezika*** mir liegt es (*Wort, Name etc.*) auf der Zunge
vrh[2] *Präp* (*G*) auf (*D*); über (*D*)
vrhnje Sahne *f*; ***kiselō ~*** Sauerrahm *m*; ***pobrati ~*** den Rahm abschöpfen (*a. fig.*)
vrhōvnī oberste(r), Ober-; ***~ sūd*** Oberster Gerichtshof; ***~ zapovjednīk*** *Mil.* Oberbefehlshaber *m*
vrhūnac (-nca) Gipfelpunkt *m*; ***~ slavē*** Gipfelpunkt des Ruhms; Höhepunkt *f*
vrhūnsk|ī Höchst-, Spitzen-, Best-, Rekord-; ***~ō dostignūće*** Spitzenleistung *f*; ***~ī sportāš*** Spitzensportler *m*
vrijed *Med.* Geschwür *n*
vrijed|an (*Komp* vrednījī) *7* wertvoll, wert; arbeitsam, emsig, rührig; bedeutsam, würdig; ***~an hvālē*** lobenswert; ***~an pažnjē*** beachtenswert; ***jednako ~an*** gleichwertig; ***nije spomena ~no*** nicht der Rede wert
vrijediti *7* wert sein, gelten, Gültigkeit haben; sich lohnen, sich auszahlen; ***ne vrijedī ni trošiti riječi*** man braucht keine Worte zu verlieren (***o*** *L*/über *A*); ***ne ~ ni pišljiva boba*** *od.* ***ni pō lulē*** keinen Schuß Pulver wert sein; ***tō vrijedī vidjeti*** es lohnt sich, das zu sehen
vrijednosnī *7* Wert-; ***~ papīri*** Wertpapiere *Pl*
vrijednōst (-osti; *ISg* -osti/-ošću) *f 7* Wert *m*; Geltung *f*, Gültigkeit *f*; ***prometnā ~*** *Hdl.* Verkehrswert *m*; ***u ~i*** im Wert (***od*** von)
vrijeđānje *7* Beleidigen *n*, Kränken *n*; Verletzen *n* (*körperlich und seelisch*)
vrijeđati *5/7* **[u-]** beleidigen, kränken; verletzen (*körperlich und seelisch*)
vrijeme (vremena; *Pl* vremena; *GPl* vremēnā) *7* Zeit *f*, Weile *f*; Wetter *n*, Witterung *f*; ***~ se mijenjā*** das Wetter schlägt um; ***da prōđē ~*** zum Zeitvertreib; ***dobiti na vremenu*** Zeit gewinnen; ***dobrā stārā vremena*** *fig.* gute alte Zeit; ***gubiti ~*** Zeit verlieren *od.* vergeuden; ***ići s vremenom*** mit der Zeit gehen; ***iz duga vremena*** aus Langeweile; ***klīzno rādnō ~*** gleitende Arbeitszeit; ***krājnjē je ~*** es ist höchste Zeit; ***krātiti ~*** sich die Zeit vertreiben; ***na ~*** rechtzeitig; ***nekō ~*** e-e Zeitlang; ***od vremena do vremena*** von Zeit zu Zeit; ***pasjē ~*** Hundejahre *Pl*; ***prije vremena*** vorzeitig; ***rādnō ~*** Arbeitszeit *f*; ***s vremena na ~*** von Zeit zu Zeit, ab und zu; ***s vremenom*** mit der Zeit; ***u naše ~*** heutzutage; ***u posljednjē ~*** in letzter Zeit; ***u prvō ~*** zuerst, am Anfang; ***u svoje ~*** seinerzeit; ***u zadnjē ~*** in letzter Zeit; ***ubījati ~*** die Zeit totschlagen *od.* vertreiben; ***za prvō ~*** fürs erste; ***za sva vremena*** für alle Zeiten; ***za ~*** (*G*) während (*G*); ***zaostati za vremenom*** nicht auf der Höhe der Zeit sein; ***zūb vremena*** *fig.* Zahn der Zeit; ***žensko ~*** F Regel *f*, Menstruation *f*
vrijes (*Pl* -ovi) *7 Bot.* Heidekraut *n*
vriježiti se *5/7* (sich) ranken
vrīm *1. Pers Sg v.* ***vreti***
vrisak (-ska; *Pl* vrisci/vriskovi) Aufschrei *m*, Geschrei *n*
vriskati → ***vrisnuti***
vrisnuti (-nēm) (**vriskati**) aufschreien, losschreien, kreischen; *Pferd*: wiehern
vrīštati (-tīm) → ***vrisnuti***

V

vr̥kati (auf)hetzen, reizen, aufstacheln
vr̥lêt (vr̥leti) *f* (*Fels-*)Klippe *f*; Steilhang *m*
vr̥lētan steil, schroff, felsig
vr̥lētnōst (-osti; *ISg* -osti/-ošću) *f* Steilheit *f*, Schroffheit *f* (*e-s Felsens*)
vr̥lī vorzüglich, vortrefflich, tüchtig
vrlịna Vorzüglichkeit *f*, Vortrefflichkeit *f*
vr̥lo *Adv* sehr; ~ ***nạdāren*** hochbegabt
vrlụdānje Umherirren *n*; Taumeln *n*
vrlụdati (umher)irren, taumeln; (*in e-m Gespräch*) ausweichen
vr̂ljati (umher)schlendern, umherirren
vr̥ndati herumsuchen, stöbern, herumkramen; grob spinnen
vr̥o → ***vr̥lī***
vr̥pc|a (*GPl* -ī/-ā) Band *f*, Schnur *f*, Schleife *f*; Bändchen *n*, Schnürchen *n*; ***cīljnā ~a*** *Sp*. Zielschnur *f*; ***kạo na tẹkūćōj ~i*** *fig*. wie am Fließband; ***pụpčanā ~a*** Nabelschnur *f*; ***tẹkūćā ~a*** Fließband *n*
vr̂poljiti se unruhig hin und her rutschen (*auf seinem Platz*); unruhig *od*. nervös auf und ab gehen
vr̥skānje Lispeln *n*
vr̥skati lispeln
vrsnọća Vortrefflichkeit *f*, Güte *f*; Qualität *f*
vr̂st → ***vr̥sta***
vr̥sta Art *f*, Sorte *f*, Gattung *f*; *Biol*. Spezies *f*
vr̥stan (-sno) gediegen, trefflich, sehr gut; tüchtig, wacker
vr̥stati (ein)reihen, ordnen, sortieren; ~ ***se*** sich ordnen; sich in Reih und Glied aufstellen
vr̂sti se (vr̂zēm se; -zao se, -zla se) umherschleichen, herumschleichen; ***tọ̄ mi se vr̂zī po glāvi*** das geht mir im Kopf herum
vr̥šaćī: ~ ***strọ̄j*** Dreschmaschine *f*
vr̂šak (-ška; *Pl* vr̂šci/vr̂škovi) Gipfel *m*, (*Messer-*)Spitze *f*; (*Baum-*)Wipfel *m*
vr̥šalica Dreschmaschine *f*
vr̂šēnje[1] Verrichten *n*, Ausüben *n*, Machen *n*
vr̂šēnje[2] Dreschen *n* (*Getreide*)
vr̥šidba (*GPl* -dābā/-dbī) Dreschen *n* (*von Getreide*), Dreschzeit *f*
vr̥šilac (-ioca) *sb*. → ***vr̥šitelj***
vr̥šitelj Ausführende(r) *m*, Tätige(r) *m*; ~ ***dụ̄žnosti dịrektora*** amtierender Direktor
vršitẹljica Ausführende *f*, Tätige *f*; ~ ***dụ̄žnosti dịrektora*** amtierende Direktorin
vr̂šiti verrichten, ausüben, tun; *Militärdienst* leisten; *Notdurft* verrichten; *Pflicht* erfüllen; *Druck* ausüben; *Untersuchung* vornehmen; *Agr*. *Getreide* dreschen; ~ ***vjẹrskē dụ̄žnosti*** seinen religiösen Pflichten nachkommen
vr̂škom: ~ ***pụn*** F gerammelt voll
vr̥šnjāk *1* Altersgenosse *m*, Gleichaltrige(r) *m*
vršnjạkinja Altersgenossin *f*, Gleichaltrige *f*
vr̥t Garten *n*, Gartenanlage *f*; ***zoọloškī ~*** zoologischer Garten
vr̥tača (*Tal-*)Mulde *f*, Senke *f*
vr̥tati bohren
vr̥tīć Gärtchen *m*, kleiner Garten; ***djẹčjī ~*** Kindergarten *m*
vr̥tjeti (-īm; -tio, -tjela; vr̥ćen) drehen, wirbeln; ~ ***ọčima*** die Augen verdrehen; ~ ***se*** kreisen, rotieren, sich drehen; ***vr̥tī mi se u glā̦vi*** mir ist schwindlig
vr̥tlār *1* (*V* -u/-e) Gärtner *m*
vrtlạrica Gärtnerin *f*
vr̥tlārsk|ī Garten-; ***~ā lọpata*** Gartenschaufel *f*
vr̥tlārstvo Gartenbau *m*
vr̥tlog (*Pl* -zi) (*Luft-*, *Wasser-*)Wirbel *m*, Strudel *m*; ***u ~u dọgađājā*** im Strudel der Ereignisse; ***zạpasti u ~*** (*G*) in den Strudel *od*. Sog geraten (*G od*. von *D*)
vr̥tnī Garten-
vr̂tnja Drehung *f*, Umdrehung *f*, Rotation *f*; ~ ***Zẹmljē*** Erdumdrehung *f*, Erdrotation *f*
vrtọglav schwindlig; schwindelerregend; halsbrecherisch, tollkühn; ***~ōm brzịnōm*** mit halsbrecherischer Geschwindigkeit
vrtọglavica *Med*. Schwindel *m*, Schwindelgefühl *n*; ***ụhvatila ga ~*** ihm wurde schwindlig
vrtụ̄ljak (-ljka) Ringelspiel *n*, Karussell *n*
vrụ̄ć heiß, erhitzt; (*Mensch*) hitzig; (*Bitte*) inbrünstig; (*Thema*) brandaktuell; ***kọvati gvọ̄žđe dọk je ~ē*** *fig*. das Eisen schmieden, solange es heiß ist; ***opā̦liti*** (*D*) ***~u*** *fig*. j-m e-e herunterhauen
vrụ́ćica *Med*. Fieber *n*; Thermalquelle *f*
vrućịn|a Hitze *f*; ***pạsjā ~a*** Affenhitze *f*; ***vā̦l ~ē*** *Meteor*. Hitzewelle *f*
vrụ̄tak (-tka; *Pl* vrụ̄ci) Quelle *f*, Quellwasser *n*

vr̄vjeti (-īm; -vio, -vjela) wimmeln (*a. fig.*); **ulica vr̄vī ljudima** in der Straße wimmelt es von Menschen; **tekst vr̄vī greškama** der Text wimmelt von Fehlern
vr̄zati se herumschleichen, herumstreichen (**oko** *G*/um *A*)
vr̄zēm se *1. Pers Sg v.* **vr̄sti se**
vr̄zinō: ~ **kolo** Hexentanz *m*, Hexenreigen *m*; *fig.* Teufelskreis *m*
vr̄zmati se → **vr̄sti se;** ~ **po glāvi** *fig.* im Kopf herumgehen
vucāriti se herumstreichen, herumstrolchen; sich herumtreiben
vūci *Imp v.* **vūći**
vucibatina *m,f* Strolch *m*, Herumtreiber *m*, Nichtsnutz *m*; *Pl* Lumpenpack *n*
vuč|a Ziehen *n*, Schleppen *n*; **životinja za** ~**u** Zugtier *n*
vučak (-čka; *Pl* -čci) *Med.* Gangrän *n*, Brand *m*
vūčēm *1. Pers Sg v.* **vūći**
vūčēnje Ziehen *n*, Schleppen *n*; Schleifen *n*; (*Los-*)Ziehung *f*; **služba za** ~ *Kfz.* Abschleppdienst *m*
vučica Wölfin *f*
vučjāk Wolfshund *m*
vučjī Wolfs-
vūći (vūčēm; *Imp* vūci; vūkao, -kla; vūčen *6*) **[po-]** ziehen, schleppen, schleifen, zerren; **vūci!** Ziehen! (*an Türen*); ~ **bolēst** (*lange*) krank sein, e-e Krankheit mit sich herumschleppen; ~ **korīst** Nutzen ziehen (**iz** *G*/aus *D*); ~ **lozu** *od.* **korijēn** *od.* **porijeklo** abstammen (**od** *G*/von *D*); ~ **māsnū plāću** ein Heidengeld machen *od.* verdienen; ~ **na sūd** verklagen; ~ **noge** schleppend gehen, schlurfen; ~ **po tlu** am Boden (entlang-)schleifen; ~ **pouku** e-e Lehre ziehen (**iz** *G*/aus *D*); ~ **za nōs** *fig.* an der Nase herumführen; ~ **se** sich (dahin-) ziehen, sich fortschleppen; *Kleid*: schleifen; *Zeit* sich dahinziehen; *Verhandlungen, Rechtsstreit etc.*: sich in die Länge ziehen
vūk (*Pl* vūci/vukovi) Wolf *m*; ~ **u ovčōj kōži** Wolf im Schafspelz; **biti glādan kao** ~ hungrig wie ein Wolf sein; **dati** ~**u kozlice čūvati** *fig.* den Bock zum Gärtner machen; **i** ~ **sit i ōvce na broju** *fig.* alle Seiten sind zufriedengestellt; **izjeo** ~ **magarca** *fig.* etw. ist nicht der Rede wert
vukodlak *Myth.* Werwolf *m*; Vampir *m*
vulgāran vulgär, gewöhnlich; ordinär
vulgarizam (-zma) *Ling.* Vulgarismus *m*, vulgärer Ausdruck
vulgārnōst *f* Vulgarität *f*
vulkān *1* Vulkan *m*
vulkanizācija Vulkanisierung *f*
vulkanizēr *1* Vulkaniseur *m*
vulkanizīrati *5 ipf/pf* vulkanisieren
vun|a Wolle *f*; ~**a za pletivo** Strickwolle *f*; **imati** ~**u** *fig.* Schiß haben; **staklenā** ~**a** Glaswolle *f*; **šećernā** ~**a** Zuckerwatte *f*
vunār *1* Wollhändler *m*
vunara Wollfabrik *f*; Wollhandlung *f*
vunārstvo Wollindustrie *f*
vunen (-o) wollig, wollartig; ~**ā tkanina** Wollgewebe *f*; ~**ā roba** Wollwaren *Pl*
vunavka *Bot.* Wollkraut *n*
vunica Wollfaden *m*, Wollgarn *n*; Strickwolle *f*

Z

Z z *n*
za *Präp* (*A*) für (*A*); um (*G*) willen; um (*A*); (*örtlich*) hinter (*Wohin? A/A*; *Wo? I/D*); nach (*D*); (*zeitlich*) (*G*) in (*D*); während (*G*); binnen (*G*); ~ **Boga milōga** *fig.* um Gottes willen; ~ **dāna** tagsüber; ~ **desēt minūta** nach *od.* in zehn Minuten; ~ **doručkom** während des Frühstücks, beim Frühstück; ~ **i protiv** das Für und Wider; ~ **lošēg vremena** bei schlechtem Wetter; ~ **mjesec** (**tjedan**) **dānā** nach e-m Monat (e-r Woche); ~ **okladu** um die Wette; ~ **prodaju** zum Verkauf; ~ **rūku** an der

Hand; ~ **šālu** zum Spaß; ~ **vlādānja** (*G*) zur Regierungszeit (*G*); ~ **volju mīra** um des Friedens willen; ~ **vrijeme** (*G*) zur Zeit (*G*); ~ **života** zu Lebzeiten; **biti osuđen** ~ (*A*) wegen (*G*) verurteilt sein; **jedan** ~ **drugīm** einer nach dem anderen; **jesi li** ~ **kavu?** willst du e-n Kaffee?; **mijenjati dinare** ~ **marke** Dinare in Mark eintauschen; **pūt** ~ **Rijeku** Weg nach Rijeka; **sjediti** ~ **stolom** am Tisch sitzen; **sjesti** ~ **stol** sich an den Tisch setzen; **tō je stvār** ~ **sebe** das ist e-e Sache *od.* Angelegenheit für sich; **vūći** ~ **uši** an den Ohren ziehen; **zaostati** ~ (*I*) *a. fig.* hinter (*D*) zurückbleiben

zabāciti *5* (zabāčen) (**-acīvati**) verwerfen, zurückweisen; *Vorschlag* ablehnen; *Gegenstand* verlegen; *Kopf* zurückwerfen

zabacīvati (-acujēm) → **zabāciti**

zabāčen (-o) abgelegen, abgeschieden, einsam, entfernt

zabāčenōst (-osti; *ISg* -osti/-ošću) *f* Abgeschiedenheit *f*

zabadača Stecknadel *f*

zabādalo *m, f* Stänkerer *m*

zabādānje Hineinstecken *n*; Stänkern *n*, Stänkerei *f*; Sticheln *n*, Necken *n*

zabādati *5* → **zabosti**; ~ **svōj nōs** *fig.* seine Nase in etw. stecken

zabadavā umsonst, unentgeltlich, gratis; vergebens, vergeblich, erfolglos

zabarikadīrati *5 ipf/pf* verbarrikadieren

zabasati sich verirren, sich verlaufen

zabašūriti *5* (**-urīvati**) verheimlichen, vertuschen; *Wahrheit* unterdrücken

zabašurīvānje Verheimlichen *n*, Vertuschen *n*; Unterdrücken *n* (*der Wahrheit etc.*)

zabašurīvati (-urujēm) → **zabašūriti**

zābat Giebel *m*, (*Dach-*)First *m*

zābav|a Unterhaltung *f*; Vergnügen *n*; Zeitvertreib *m*; **dobrū** ~**u!** viel Vergnügen!; **za** ~**u** zum Vergnügen

zābāv|an unterhaltend, unterhaltsam, vergnüglich, amüsant; ~**nā glazba** Unterhaltungsmusik *m*

zābavīšte Vergnügungsstätte *f*; **dječjē** ~ Kindertagesstätte *f*

zabaviti (**-vljati**) j-n unterhalten, die Zeit vertreiben (*A/D*); Gesellschaft leisten (*D*); ~ **se** sich unterhalten, sich die Zeit vertreiben; sich beschäftigen (*I*/ mit *D*)

zabavljati → **zabaviti**

zabavljāč *1* (*V* -u) Unterhaltungskünstler *m*, Entertainer *m*

zābāvnīk unterhaltende Zeitschrift, Magazin *n*, Illustrierte *f*

zabezbēknūt verblüfft, verdutzt

zabezbēknuti (-bezbēknēm) *pf* erstaunen; ~ **se** staunen

zabezbēknūtōst (-osti; *ISg* -osti/-ošću) *f* Verblüffung *f*; Erstaunen *n*

zabiberiti *pf* → **biberiti**; *fig.* j-m e-e schöne Suppe einbrocken

zabijāč *1 Tech.* Ramme *f*

zabījati *5* → **zabiti**

zabijēm *1. Pers Sg v.* **zabiti**

zabijeliti *5/7 pf* weißen; weiß tünchen; weiß färben

zabijeljeti (-ijelīm; -bijelio, -bijeljela) *7* weiß werden

zabilješka (*GPl* -žākā) Notiz *f*

zabilježāvati *5* → **zabilježiti**

zabilježba (*GPl* -bā/-bī) Notiz *f*, Anmerkung *f*; Eintragung *f* (*in ein Grundbuch o. ä.*)

zabilježiti (**-žāvati** *5*) vormerken, notieren, aufschreiben; *Hdl.* eintragen, verbuchen

zabīt (-i) *f* Abgeschiedenheit *f*, Einsamkeit *f*, Einöde *f*

zabītan abgeschieden, einsam, öde

zabiti (-ijēm) (**zabījati** *5*) einschlagen, hineinschlagen; hineintreiben, einrammen; *Nagel* einschlagen; *Sp. Tor* erzielen; ~ **glāvu u pijesak** *fig.* den Kopf in den Sand stecken; ~ **sebi u glāvu** sich etw. in den Kopf setzen; ~ **se** *itr* einschlagen, eindringen; ~ **se u knjige** sich in seine Bücher vergraben, sich hinter seinen Büchern verkriechen; ~ **se u kuću** *fig.* sich in sein Schneckenhaus zurückziehen

zablaćenōst (-osti; *ISg* -osti/-ošću) *f* Verschmutzung *f*; Verschlammung *f*

zablatiti (-ćen) *pf* verschmutzen, verschlammen, schmutzig machen

zablenūt gaffend, mit offenem Mund

zablenuti se (-nēm se) *pf* angaffen (**u** *A/A*) anstarren

zabliještati (-īm) *7 pf* zu flimmern anfangen, aufleuchten, erglänzen

zabliještiti *5/7 pf* blenden

zablud|a Irrtum *m*, Versehen *n*, Fehler *m*; **biti u** ~**i** sich im Irrtum befinden; **dovesti u** ~**u** in die Irre führen, irrelei-

ten; ***izvesti iz ~ē*** j-n e-s Besseren belehren, j-n von e-m Irrtum abbringen; ***pasti u ~u*** e-m Irrtum unterliegen *od.* erliegen; ***sudskā ~a*** Justizirrtum *m*
zablū|dio (-djela) verirrt, verlaufen; ***~djelā ovca*** verlorenes Schaf (*a. fig.*)
zablūdjeti (zablūdīm; -dio, -djela) sich (ver)irren, sich verlaufen
zabodēm *1. Pers Sg v.* ***zabosti***
zaboga! um Gottes willen!
zaboljeti (zabolīm; -lio, -ljela) *itr* schmerzen, zu schmerzen beginnen; weh tun (*A*/*D*); ***zaboljela mi glāva*** ich habe Kopfschmerzen bekommen
zaborāv Vergessenheit *f*; ***otēti ~u*** *etw.* der Vergessenheit entreißen; ***pasti u ~*** in Vergessenheit geraten
zaborāvan vergeßlich
zaboraviti (-vljen) (**-vljati**) vergessen, verlernen; ~ **se** sich vergessen; ***zaboravi tō!*** F vergiß es!, das ist uninteressant
zaboravljen (-o) vergessen; in Vergessenheit geraten
zaboravljiv vergeßlich
zaboravljivōst (-osti; *ISg* -osti/-ošću) *f* Vergeßlichkeit *f*
zabosti (-bodēm; zabō, -ola; -oden) (**zabādati** *5*) hineinstechen, einstechen; (hinein)stoßen; ~ ***nōs u knjigu*** seine Nase in ein Buch stecken; ~ ***nōž u srce*** *fig.* j-m e-n Stich ins Herz versetzen
zābran|a Verbot *n*, Untersagung *f*; Vorenthaltung *f*; ***~a na plāću*** Lohnpfändung *f*; ***~a ulaska*** Einreiseverbot *n*; ***~a uvoza*** Einfuhrverbot *n*; ***dići*** *od.* ***ukinuti ~u*** ein Verbot aufheben
zabrāniti *5* (zabrānjen) (**-anjīvati**) verbieten, untersagen; *Ausfuhr* sperren
zabranjīvati (-anjujēm) → ***zabrāniti***
zabraviti (**-vljīvati**) verschließen, verriegeln, absperren; ~ ***za sedam lokōtā*** in sichere Verwahrung nehmen
zabravljīvati (-avljujēm) → ***zabraviti***
zabrāzditi *5* (zabrāžđen) (**-aždīvati**) e-e Furche ziehen; *fig.* zu weit gehen, übertreiben, das Maß überschreiten
zabraždīvati (-ažđujēm) → ***zabrāzditi***
zabrbljati *pf* zu plaudern *od.* zu plappern beginnen
zabrdica die andere Seite des Berges
zabrđe Berggegend *f*
zabrinūt besorgt, in Sorge (**za** *A*/wegen *G od.* um *A*)
zabrinuti (-nēm) (**-njāvati** *5*, **-njīvati**) beunruhigen, in Sorge versetzen, verängstigen; ~ **se** sich Sorgen machen (**za** *A*/um *A*); besorgt sein
zabrinūtōst (-osti; *ISg* -osti/-ošću) *f* Besorgtheit *f*, Besorgnis *f*, Sorge *f*, Bange *f*
zabrinjāvati *5* → ***zabrinuti***
zabrinjīvati (-injujēm) → ***zabrinuti***
zabrljati *5 pf* schmutzig machen, beschmutzen; verpfuschen
zabrojati se *5* [**-brojiti se** *5*] sich verzählen
zabrūjati (-jīm) *pf* ertönen, erklingen
zabūljiti se *5* anstarren (**u** *A*/*A*), angaffen
zābun|a Irrtum *m*, Versehen *n*; Unklarheit *f*, Verwirrung *f*; ***dovesti u ~u*** Verwirrung stiften, verwirren
zabūniti *5* (zabūnjen) (**-unjāvati** *5*) verwirren, irre machen; ~ **se** sich irren; ~ ***u računanju*** sich verrechnen
zabušant F Drückeberger *m*
zabūšiti *5*, **zabušiti** (**-bušāvati** *5*) sich drücken (*A*/vor *D*), sich (*e-r Pflicht*) entziehen
zacijeliti *5*/*7* (zacijeljen) (**zacjeljīvati**) heilen
zacijēlo *Adv* bestimmt, gewiß, sicher
zacijeljeti (zacijelīm; -lio, -ljela) *7 pf* (ab)heilen, vernarben
zacrniti *5* (**-rnjīvati**) schwärzen, schwarz färben
zacrnjen (-o) geschwärzt
zacrnjeti se (zacrnīm se; -nio se, -njela se) *pf* schwarz werden
zacrnjīvati (-rnjujēm) → ***zacrniti***
zacrveniti *5* (**-njīvati**) röten, rot färben
zacrvenjen (-o) gerötet
zacrvenjeti se (-rvenīm se; -nio se, -njela se) *pf* erröten, rot werden
zacrvenjīvati (-enjujēm) → ***zacrveniti***
zacvīljeti (-īm; -lio, -ljela) *pf* zu weinen *od.* zu jammern beginnen; in Tränen ausbrechen; *Hund*: zu winseln beginnen
začađāvati *5* → ***začāditi***
začāditi (začāđen) (**-đāvati, -đīvati**) verrußen, rußig machen
začađīvati (-ađujēm) → ***začāditi***
začahuriti se *pf Zool.* sich verpuppen; *fig.* sich abkapseln
začāran (-o) verzaubert, verwünscht, verwunschen, verhext; ***~ī krūg*** *fig.* Teufelskreis *m*
začārati *5* (**-arāvati** *5*) verzaubern, verwünschen, verhexen

Z

zạčas im Nu, sofort, augenblicklich
zạčastan → ***pọčastan***
zạčāvliti (-vljen) annageln, festnageln
začẹ̄ć|e Empfängnis *f*, Befruchtung *f*; ***Bẹzgrešnō ~e*** *Rel.* Unbefleckte Empfängnis; ***sprečạ̄vānje ~a*** Empfängnisverhütung *f*
zạ̄čēlje Hinterfront *f* (*e-s Hauses*); *Mil.* Nachhut *f*
začẹpiti *5* (zạčepljen) (**-pljạ̄vati** *5*, **-pljị̄vati**) (ver)stopfen, zustopfen; *Flasche* verkorken; ~ ***ụ̄sta*** *fig.* j-m den Mund stopfen *od.* verbieten
zạčepljenọ̄st (-osti; *ISg* -osti/-ošću) *f Med.* Verstopfung *f*
začepljẹ̄nje Verstopfen *n*, Zustopfen *n*; Verkorken *n*; ~ ***ạrtērijā*** *Med.* Arterienverschluß *m*
začepljị̄vati (-ẹpljujēm) → ***začẹpiti***
začẹsljati (zạčesljan) (**-ljạ̄vati** *5*) (zurück)kämmen
začẹ̄tak (-tka; *Pl* -ēci; *GPl* zạčētākā) Anfang *m*, Beginn *m*; Anbruch *m* (*e-r Epoche*); *Med.* Embryo *m*
zạčēti (-čnēm; -čeo, -ēla; -čet) (**zạčinjati**) *Med.* empfangen, schwanger werden; → ***zapọčēti***
zāčetnīk Anfänger *m*; Initiator *m*, Urheber *m*
zạ̄čin Gewürz *n*, Würze *f*; ~ ***za salạ̄tu*** Salatdressing *n*
začịniti *5* (**-njạ̄vati** *5*) würzen
zạčinjati (zạčinjēm) → ***zạčēti***
začinjạ̄vati *5* → ***začịniti***
zạčinjen (-o) gewürzt, würzig
začịtati se *pf* vom Lesen gebannt sein; sich ins Lesen vertiefen
začlạ̄niti *5* → ***učlạ̄niti***
zạčudan verwunderlich, erstaunlich
zạčuditi (**-đị̄vati**) in Staunen versetzen, j-n erstaunen; Staunen hervorrufen; ~ ***se*** sich wundern; staunen
zạčudo merkwürdigerweise, seltsamerweise
zạčuđen (-o) erstaunt, verwundert
zạčuđenōst (-osti; *ISg* -osti/-ošću) *f* Erstaunen *n*, Verwunderung *f*
začuđị̄vati (-ụđujēm) → ***zạčuditi***
zạčuti (-ujēm) *pf* hören; ***zạčuo sam*** (***da***) ich habe gehört, (daß)
zạ̄ći (zạ̄đēm; zạšao, -šla) (**zạlaziti**) umgehen, hinter etw. *od.* j-n gehen; sich verirren; besuchen (***kod*** *G*/*A*), einkehren (bei *D*); *Sonne*: untergehen; ~ ***daleko*** *fig.* zu weit gehen, über die Stränge schlagen; ~ ***u ćorsọkak*** in e-e Sackgasse geraten (*a. fig.*); ~ ***u gọdine*** in die Jahre kommen, alt werden; ~ ***za lẹ̄đa*** *fig.* j-m in den Rücken fallen
zạdaća Aufgabe *f*, Lektion *f*; ***dọmaćā*** ~ Hausaufgabe *f*; ***škọlskā*** ~ Schulaufgabe *f*, Klassenarbeit *f*
zạdaćnica Aufgabenheft *n*
zạdāh (*übler*) Geruch *m*; ~ ***iz ụ̄sta*** Mundgeruch *m*
zạdājēm *1. Pers Sg v.* ***zadạ̄vati***
zạdak (-tka; *Pl* -aci) Steiß *m*; Rückseite *f*
zadạ̄tak (-tka; *Pl* -āci; *GPl* zạdātākā) Aufgabe *f*; Lektion *f*; Pensum *n*; ***dọmāćī*** ~ Hausaufgabe *f*; ***stạviti sebi u*** ~ sich etw. zur Aufgabe machen
zạdati (**-dạ̄vati**) *Schulaufgabe* aufgeben; *Frage* stellen; *Wunde* beibringen; *Schlag* versetzen; ~ ***mụke*** j-m zu schaffen machen; ~ ***riječ*** sein Wort geben; ~ ***strạh*** Furcht *od.* Angst einflößen; ~ ***vjẹru*** sein Ehrenwort geben
zadạ̄vati (zạdajēm) → ***zạdati***
zadạ̄viti *5* (zạdāvljen) *pf* erwürgen, erdrosseln; ~ **se** *itr* ersticken
zadẹbljati *pf* dicker machen; dicker werden
zadebljạ̄nje Verdickung *f*
zadẹrati (zạderēm) *pf* einreißen, anreißen; ~ **se** anschreien (***na*** *A*/*A*)
zạdesiti (**-šạ̄vati** *5*) treffen, betreffen; *Unglück*: widerfahren; ~ **se** sich befinden
zạdīhān (-o) außer Atem; keuchend
zadị̄hati se (zạdīšēm se) *pf* außer Atem kommen *od.* geraten; keuchen
zadijẹvati *5*/*7* → ***zạdjenuti***: ~ ***se*** sticheln (***u*** *A*/*A*), foppen
zạdimiti (**-mljạ̄vati** *5*) einräuchern, verqualmen; zu rauchen beginnen; ~ ***se*** verqualmt *od.* verräuchert sein
zạdimljen (-o) verraucht, verqualmt, qualmig
zạdimljenōst (-osti; *ISg* -osti/-ošću) *f* Qualm *m*, dichter Rauch
zạdirati (-rēm) eingreifen (***u strạ̄na prạ̄va*** in fremdes Recht); *Unsitte*: einreißen
zadirkị̄valo *m* Stichler *m*, F Stänkerer *m*
zadirkị̄vānje Stichelei *f*, Sticheln *n*, Necken *n*
zadirkị̄vati (-ịrkujēm) necken, sticheln, stänkern

zadịviti *5* (zạdīvljen) (**-divljịvati**) erstaunen, in Erstaunen *od.* Verwunderung versetzen; ~ **se** *itr* staunen
zạdjenuti (-nēm) (**-dijẹvati** *5/7*) hineinstecken, einfädeln; ~ **kậvgu** e-n Streit anfangen; ~ **za pọjās** überlegen sein (*A/D*); übertreffen
zạdjesti (-nēm) *pf* → **zạdjenuti**
zậdjevica Streitigkeit *f*, Zank *m*, Zwist *m*
zạdnj|ī letzte(r), hintere(r), rückwärtige(r); Rück-, Hinter-; **~ī krīk** letzter (*Mode-*)Schrei; **~ā nọga** Hinterbein *n* (*e-s Tieres*); **~ā osọvina** *Kfz.* Hinterachse *f*; **~ā pọmāst** *Rel.* letzte Ölung; **~ē sjẹdalo** Rücksitz *m*; **~ī sụd** *Rel.* Jüngstes Gericht; **u ~ī čạs** in letzter Minute; **u ~ē vrijẹme** in letzter Zeit
zạdnjica Gesäß *n*, Hintern *m*
zadọbiti (zạdobijēm) (**zadobịvati** *5*) erlangen, erreichen, bekommen; *Verletzung*, *Infarkt* erleiden; *j-s Vertrauen* gewinnen
zạdojen (-o) erfüllt (**idẹjōm, ideạlama** von e-r Idee, von Idealen)
zadọjiti *5 pf* säugen, stillen; *fig.* ~ **ideạlama** Ideale eingeben
zạdovōljan zufrieden (*I*/mit *D*); vergnügt; ~ **sọbom** selbstzufrieden
zadovoljạvajūćī befriedigend, zufriedenstellend
zadovoljạvānje Befriedigung *f*, Zufriedenstellen *n*
zadovọljiti *5* (zadọvoljen) (**-ljạvati** *5*) befriedigen, zufriedenstellen; *Erwartungen* erfüllen; *Bedingungen* Genüge leisten; ~ **se** sich zufrieden geben, sich begnügen (*I*/mit *D*)
zạdovōljno *Adv* zufrieden
zadovọljstvo Zufriedenheit *f*; Behagen *n*; Befriedigung *f*; **na** ~ zur Zufriedenheit
zadovọljštin|a Genugtuung *f*, Satisfaktion *f*; **trạžiti ~u** Genugtuung fordern
zadṛhtati (zạdršćēm) *pf* erzittern
zạdrigao (-glo) untersetzt
zadrijẹmati *5/7 pf* einschlummern, einnicken
zạdr̄t verbissen, verstockt; (*Feind*) erbittert; besessen (**za** *A*/von *D*)
zạdr̄tōst (-osti; *ISg* -osti/-ošću) *f* Verbissenheit *f*, Verstocktheit *f*, Hartnäckigkeit *f*
zậdruga Genossenschaft *f*; **poljoprịvrednā** ~ Landwirtschaftsgenossenschaft *f*; **potrọšāčkā** ~ Konsumgenossenschaft *f*; **stạmbenā** ~ Wohnungsbaugenossenschaft *f*
zậdrugār Genossenschaftsbauer *m*, Genossenschaftsmitglied *n*
zậdrugārskī genossenschaftlich, Genossenschafts-
zadrugạrstvo Genossenschaftswesen *n*
zậdružnī → **zậdrugārskī**
zạdržāj → **zadržạvānje**
zadṛžati (zạdržīm) (**-žạvati** *5*) (bei)behalten, aufhalten, anhalten, zurückhalten; *Atem* anhalten; *Lohn*, *Zahlung* einbehalen; *Rechte*, *Eigentumsrecht* vorbehalten; *Freundschaft* aufrechterhalten; *Wagen* anhalten; ~ **hlạdnū glạvu** *fig.* e-n kühlen Kopf bewahren; ~ **u pạmēt** im Gedächtnis behalten; ~ **zạ sebe** etw. für sich behalten; ~ **se** sich aufhalten
zadržạvānje Anhalten *n*, Aufhalten *n*; Beibehalten *n*; Verweilen *n*; Zurückbehalten *n*
zadržạvati *5* → **zadṛžati**
zadṛživ leicht zu merken, leicht (*im Gedächtnis*) zu behalten
zadụ̄bēm *1. Pers Sg v.* **zadụ̄psti**
zadụ̄biti se *5* (**-ubljịvati se**) sich vertiefen, sich versenken
zadubljịvānje Vertiefen *n*; Vertiefung *f*
zadubljịvati se (-dụbljujēm se) → **zadụ̄biti se**
zạdugo für lange, auf lange Zeit
zậduha Atemnot *f*; Asthma *n*
zadụ̄hati se *5 pf* außer Atem kommen; schwer atmen; keuchen
zadụ̄psti se (-dūbēm se) → **zadụ̄biti se**
zadụšljiv → **zagụšljiv**
zậdušnica *Rel.* Seelenmesse *f*, Requiem *n*
zậdužbina Stiftung *f*
zạdūžen (-o) verschuldet; (*mit Hypotheken*) belastet; ~ **dọ vrāta** *od.* **preko glạvē** bis über die Ohren verschuldet
zadužẹ̄nje Verschuldung *f*; Belastetsein *n*; (*Steuer-*)Veranlagung *f*
zadụ̄žiti *5* (**-užịvati**) verschulden; *Grundstück*, *Haus* belasten; (*zu e-r Steuer od. Abgabe*) veranlagen; ~ **se** sich verschulden, sich in Schulden stürzen
zadužịvati (-ụžujēm) → **zadụ̄žiti**
zạdužnica Schuldschein *m*
zậđēm *1. Pers Sg v.* **zậći**

zafijūkati (-fijūčēm) *pf* zu pfeifen beginnen
zafrātiti se *pf* Mönch werden; e-m Orden beitreten
zafrkati (zafrčēm) *pf Schnurrbart* drehen, zwirbeln
zafrkāvati veralbern; sich lustig machen (*A*/über *A*)
zagaćīvānje Stauen *n*, Abdämmen *n*; Eindeichen *n*
zagaditi (**-đīvati**) beschmutzen, verunreinigen, besudeln, verschmutzen
zagađenōst (-osti; *ISg* -osti/-ošću) *f* Verschmutzung *f*; Verunreinigung *f*; ~ ***okolinē*** Umweltverschmutzung *f*; ~ ***zrāka*** Luftverschmutzung *f*
zagađēnje → ***zagađenōst***
zagađivāč *1* Verschmutzer *m*; ~ ***zrāka*** Luftverschmutzer *m*; ~ ***okolinē*** Umweltverschmutzer *m*
zagađīvati (-ađujēm) → ***zagaditi***
zagalāmiti *5* zu lärmen beginnen
zagasit glanzlos, matt; dunkel
zagaziti (-žen) *pf* (hinein)treten, hineinwaten; ~ ***u dugove*** sich bis über beide Ohren verschulden; ~ ***u krv*** sich mit Blut besudeln
zagladiti (-ađen) (**-đīvati**) glattstreichen, glätten
zaglavak (-āvka) (*in e-m Buch*) Schlußwort *n*, Nachwort *n*; (*in e-m Kleidungsstück*) Zwickel *n*, Keil *m*
zaglāviti *5* (**-avljīvati**) verkeilen, verklammern, befestigen; ums Leben kommen, sterben; ~ ***se*** sich verkeilen; steckenbleiben
zaglāvlje (*Buch-*)Titel *m*; Überschrift *f*; Briefkopf *m*
zaglavljīvati (-avljujēm) → ***zaglāviti***
zagledati[1] *pf* hineinblicken; ~ ***se*** anstarren, auf etw. starren, den Blick auf etw. heften; sich verlieben *od.* sich vergukken
zaglēdati[2] *5* besehen, beschauen, nach etw. schauen; ~ ***čašići u dno*** F tief ins Glas schauen
zaglībiti *5* (**-ibljīvati**) im Sumpf *od.* Schlamm steckenbleiben; *fig.* in der Patsche sitzen
zagliblјīvati (-ībljujēm) → ***zaglībiti***
zaglūpiti *5* (zaglūpljen) (**zagluplјīvati**) *tr* verdummen, veralbern
zaglūpjeti (zaglupīm; -pio, -pjela) *itr* verdummen, verblöden
zagluplјīvati (-upljujēm) → ***zaglūpiti***
zāglušan (*Lärm*) ohrenbetäubend
zaglūšiti *5* (**-ušīvati**) betäuben, taub machen; *fig.* (ab)dämpfen
zaglušīvati (-ušujēm) → ***zaglūšiti***
zagnati (**-goniti** *5*) (hin)eintreiben; *Vieh* treiben
zagnōj (-oja) *Med.* Abszeß *m*
zagnojāvati *5* → ***zagnojiti***
zagnojiti *5* (zagnojen) (**-jāvati** *5*) *Boden* düngen; ~ ***se*** vereitern
zagnjūriti *5* (**-njurīvati**) eintauchen, hineintauchen; ~ ***se*** *itr* eintauchen
zagnjurīvati (-urujēm) → ***zagnjūriti***
zagolicati zu kitzeln *od.* zu prickeln beginnen
zagonētan rätselhaft, geheimnisvoll; mysteriös
zagonētka (*D* -eci/-etki; *GPl* -ētākā) Rätsel *n*; ***nāgradnā*** ~ Preisrätsel *n*
zagoniti *5* → ***zagnati***
Zāgorac (-ōrca) Bewohner der Zagorje
zagorčati (**-āvati** *5*) → ***zagōrčiti***
zagōrčiti *5* (**-āvati** *5*) vergällen, verderben; ~ ***život*** j-m das Leben schwer machen
zagorijevati *5/7* → ***zagorjeti***
zagorio (-rjela) angebrannt
zāgōrje Gegend hinter den Bergen, Gegend jenseits der Berge; **Zāgōrje** *Geogr.* Zagorien *n*
zagorjeti (zagorīm; -rio, -rjela) (**zagorijevati** *5/7*) *Essen*: anbrennen; *fig.* frustriert werden
Zāgōrka (*GPl* -kī) Frau aus Zagorje *od.* aus Zagora
zagospodāriti *5* zu herrschen beginnen (*I*/*A*); Herrscher werden
zagovārānje Befürwortung *f*, Fürsprache *f*, Empfehlung *f*
zagovaratelj Fürsprecher *m*, Befürworter *m*; *Rel.* Schutzpatron *m*
zagovārati *5* → ***zagovoriti***
zagovōr Fürsprache *f*, Befürwortung *f*; *Rel.* Fürbitte *f*
zagovoriti *5* (**-vārati** *5*) befürworten, ein gutes Wort einlegen; ~ ***se*** sich verplaudern, sich zu lange unterhalten
zagovornica Fürsprecherin *f*, Fürbitterin *f*; Beschützerin *f*
zagovornīk *1* (*V* -če) Fürsprecher *m*, Fürbitter *m*; Gönner *m*, Schutzherr *m*
zagrabiti *pf* e-e Handvoll nehmen; *Wasser* schöpfen

zȃgrad|a Zaun *m*, Einfriedung *f*, Einzäunung *f*; *Gr*., *Math*. Klammer *f*; **ọblā, ụglastā ~a** runde, eckige Klammer; **ọtvori** (**zạtvori**) **~u!** Klammer auf! (zu!)
zagrȃditi *5* (zạgrāđen) (**-ađīvati**) einzäunen, umzäunen, umfrieden; ummauern; *Math*., *Gr*. einklammern, in Klammern setzen
zagrạktati (zạgrakćēm) *pf* zu krächzen anfangen
zạgrcnuti se (-nēm se) *pf* sich verschlucken
zȃgrebačkī Zagreber-
Zȃgrepčanin (*Pl* -āni) Zagreber *m*
Zȃgrepčānka (*GPl* -ki) Zagreberin *f*
zạgrepsti (-ębēm; *Imp* -grębi; zạgrebao, -bla; -gręben *6*) *pf* einrichten; einkratzen; F die Kurve kratzen, ausreißen
zạgreznuti (-nēm; -znuo/-zao, -zla) *pf* versinken, tief einsinken
zạgrijān (-o) erhitzt, aufgeheizt; *fig*. begeistert
zạgrijānōst (-osti; *ISg* -osti/-ošću) *f* Erhitzung *f*, Erwärmung *f*; *fig*. Begeisterung *f*, Enthusiasmus *m*
zạgrijati (-jēm) (**-jȃvati** *5*) wärmen, erwärmen; *Essen* aufwärmen; *fig*. *j-n für e-e Idee* erwärmen *od*. begeistern; **~ se** warm werden, sich erwärmen; *fig*. sich erwärmen, sich begeistern (*für e-e Idee*)
zagrijȃvānje Erwärmen *n*, Aufwärmen *n*; *fig*. Begeisterung *f*
zagrijȃvati (se) → **zạgrijati** (**se**)
zạgristi (-īzēm; zạgrizao, -zla; -izen) (**-grīzati** *5*) beißen (*A*/in *A*), hineinbeißen; *fig*. etw. in Angriff nehmen; **~ u kịselū jạbuku** *fig*. in den sauren Apfel beißen; **~ (u) ụdicu** *fig*. den Köder schlucken
zagrịžliv bissig; verbissen; sarkastisch
zagrịžljivōst (-osti; *ISg* -osti/-ošću) *f* Bissigkeit *f*, Verbissenheit *f*, Sarkasmus *m*
zạgrliti (-ljen) *pf* umarmen, in die Arme nehmen *od*. schließen; **~ se** sich umarmen; **~ se sạbljama** die Klingen kreuzen
zạgrljāj Umarmung *f*
zagrṛmjeti (zạgrmīm; -mio, -mjela) *pf* donnern, zu donnern beginnen; *fig*. heftig schelten, herunterputzen
zagr̄nuti (zạgr̄nēm; *Impf* zagr̄ni) (**zạgrtati**) *Tuch etc*. umhängen, umtun; (*mit Erde*) bedecken; **~ se** sich bedekken, sich umhüllen (*I*/mit *D*)
zȃgrobnī jenseitig, Jenseits-; **~ žįvot** das Leben nach dem Tod
zagrọktati (zạgrokćēm) *pf* zu grunzen anfangen
zagrọziti *5* (**-žȃvati** *5*) bedrohen (*D*/*A*); drohen
zạgrtati (-rćem) → **zagr̄nuti**
zagụbiti *5* (zạgubljen) verlieren, verlegen; abhanden kommen
zagȗdjeti (-īm; -dio, -djela) *pf* geigen, Geige spielen, Geige zu spielen beginnen
zagȗliti *5 pf Haut*, *Rinde* abschälen
zạgūljen (-o) verbissen, hartnäckig, verstockt
zạgūljenōst (-osti; *ISg* -osti/-ošću) *f* Verbissenheit *f*, Verstocktheit *f*, Hartnäckigkeit *f*
zagụstiti *5* (zạgūšćen) (**-ušćīvati**) verdicken, verdichten; *Situation*: brenzlig werden
zagȗstjeti (zạgustīm; -tio, -tjela) *pf Schneetreiben*: dichter werden; *Situation*: verwickelt werden
zagušćīvati (-ụšćujēm) → **zagȗstiti**
zagȗšiti *5* (**-ušīvati**) erwürgen, erdrosseln; *Feuer* ersticken; *Eingang* blockieren; **~ se** ersticken
zagušīvati (-ụšujēm) → **zagȗšiti**
zagụšljiv (*Luft*) stickig, dumpf; **~ā atmosfȩra** *fig*. dicke Luft
zahịriti *5 pf* (*geistig*, *körperlich*) zurückbleiben; *Organ*: verkümmern
zahlȃditi *5* (**-ađīvati**) kalt werden; abkühlen; **zahlȃdilo je** es ist kalt geworden
zahlȃdnjeti (-īm; -nio, -njela) → **zahlȃditi**
zahlađȇnje Abkühlen *n*, Abkühlung *f*, Erkalten *n*
zahlađīvati (-ạđujēm) → **zahlȃditi**
zȃhod Abort *m*, Klo(sett *n*) *n*, WC *n*; *Mil*. Latrine *f*
zȃhodsk|ī Klosett-; **~ā jạma** Abortgrube *f*; **~ā škōljka** Klosettschüssel *f*
zahr̄kati (zạhr̄čēm) *pf* zu schnarchen beginnen
zahtijȩvānje *7* Forderung *f*, Fordern *n*, Verlangen *n*
zahtijȩvati *5*/*7* fordern, begehren, verlangen; beantragen; erfordern; insistieren; erwarten (**nȩšto od** *G*/etw. von *D*);

~ **rạčūn** Rechenschaft fordern (**od** *G*/von *D*)
zạ̄htjev Forderung *f*, Anspruch *m*; Begehren *n*, Verlangen *n*; Antrag *m*; ~ ***na nạ̄knadu*** Schadenersatzanspruch *m*; ~ ***na mirọvinu*** Rentenantrag *m*; ~ ***za izručẹ̄nje*** *Jur*. Auslieferungsantrag *m*; ***na*** ~ auf Antrag; ***ọdštetnī*** ~ Schadenersatz *m*; ***pọmoćnī*** ~ *Jur*. Hilfsantrag *m*; ***prạ̄vnī*** ~ Rechtsanspruch *m*; ***prịznati*** ~ e-n Anspruch anerkennen; ***tụžbenī*** ~ *Jur*. Klageantrag *m*; ***ulọžiti*** ~ e-n Antrag stellen (**na** *A*/auf *A*)
zạhvaćati → ***zạhvatiti***
zạhvala Dank *m*, Danksagung *f*; ***pịsmenā*** ~ Dankschreiben *n*
zạhvālan dankbar; ***bịti*** ~ sich erkenntlich zeigen
zahvạ̄liti *5* (**-aljịvati**) danken, Dank sagen; sich bedanken (**na** *A*/für *A*); ~ ***se na slụžbi*** den Dienst quittieren
zạhvālnica Dankesschreiben *n*, Dankbrief *m*
zạhvālnōst (-osti; *ISg* -osti/-ošću) *f* Dankbarkeit *f*, Dank *m*
zahvaljịvati (-ąljujēm) → ***zahvạ̄liti***
zahvạljujūćī dank; ~ ***tvọjōj pọmoći*** dank deiner Hilfe
zạ̄hvāt Eingriff *m*; Griff *m*; ***ọperatīvnī*** ~ *Med*. operativer Eingriff
zạhvatiti (-ćen) (**-ćati**) fassen, ergreifen; *Panik, Feuer*: ergreifen; *Wasser* schöpfen; *Gesetz*: sich erstrecken (**na** *A*/auf *A*)
zạići → ***zạ̄ći***
zaịgrati *5 pf* zu tanzen beginnen; *Geld* verspielen; ~ ***pọsljednjū*** *od*. ***zạdnjū kạ̄rtu*** *fig*. den letzten Trumpf ausspielen; ~ ***se*** vom Spiel gefesselt sein
zainạ̄titi se *5 pf* sich *etw*. in den Kopf setzen, trotzig *od*. bockig sein
zainterẹsīrān (-o) interessiert; **~*ī nọsioci osigurạ̄nja*** die beteiligten Versicherungsträger
zainterẹsīrānōst (-osti; *ISg* -osti/-ošću) *f* Interesse *n*, Anteilnahme *f* (**za** *A*/an *D*); Beteiligtsein *n*
zainteresịrati *5 ipf*/*pf* interessieren, j-s Interesse wecken; ~ ***se*** sich interessieren, Interesse zeigen *od*. bekunden (**za** *A*/für *A*)
zạista wirklich, wahrhaftig, tatsächlich; gewiß, sicher; ernstlich, ernsthaft
zạjahati (-šēm) *pf* ein Pferd besteigen, sich auf ein Pferd setzen, aufsitzen
zạ̄jam (-jma; *Pl* -jmovi) Anleihe *f*, Darlehen *n*; ~ ***bez kạmātā*** zinsloses Darlehen; ***dạti nalu*** ~ leihen; ***dṛžāvnī*** ~ Staatsanleihe *f*; ***ịnvesticiōnī*** ~ Investitionsanleihe *f*; ***potpịsati*** ~ e-e Anleihe zeichnen; ***prịnudnī*** ~ Zwangsanleihe *f*; ***ụzēti*** ~ e-e Anleihe *od*. ein Darlehen aufnehmen
zạjamčiti *pf* verbürgen, gewährleisten, garantieren
zạjašēm *1. Pers Sg v*. ***zạjahati***
zạjašiti *pf* → ***zạjahati***
zajaụ̄kati (-ąūčēm) *pf* zu jammern beginnen; aufschreien
zajạ̄ziti *5* (**-azịvati**) abdämmen, absperren
zạjecati *pf* aufschluchzen, zu schluchzen beginnen
zajẹ̄čati (-īm) *pf* erschallen, erdröhnen; *Echo*: widerhallen
zajẹdljiv bissig, höhnisch, sarkastisch
zajẹdljīvōst (-osti; *ISg* -osti/-ošću) *f* Bissigkeit *f*, Sarkasmus *m*, beißender Hohn *od*. Spott
zạjednica Gemeinschaft *f*, Verband *m*; ~ ***dobạ̄rā*** Gütergemeinschaft *f*; ~ ***poduzẹtnīkā*** Unternehmerverband *m*; ***brạ̄čnā*** ~ eheliche Gemeinschaft; ***Ẹvrōpskā*** ~ Europäische Gemeinschaft; ***ịnteresnā*** ~ Interessengemeinschaft *f*; ***mjẹsnā*** ~ Ortsgemeinschaft *f*, Gemeindeverwaltung *f* (*ehem. jug. Verwaltungseinheit*); ***nạsljedničkā*** ~ Erbengemeinschaft *f*; ***rạ̄dnā*** ~ Arbeitsgemeinschaft *f*; ***samoụprāvnā ịnteresnā*** ~ *hist*., *Ök*. Selbstverwaltete Interessengemeinschaft; ***stạmbenā*** ~ Wohnungs(bau)gesellschaft *f*; ***vjẹrskā*** ~ Glaubensgemeinschaft *f*
zạjedničk|ī gemeinsam, gemeinschaftlich, Gemein-; kollektiv, Kollektiv-; **~*ō dọbro*** Gemeingut *n*; **~*ī nạ̄zivnīk*** gemeinsamer Nenner (*Math. u. fig*.); **~*ī ọdgōj*** Koedukation *f*, Gemeinschaftserziehung *f*
zạjedno *Adv* gemeinsam, zusammen, miteinander; zugleich
zajẹdriti *5 pf* lossegeln
zạjesti se (-edēm se; -jeo se, -jēla se; zajẹden) (**zajẹ̄dati se**) sich überessen (*G*/an *D*); *Med*. e-n Hautausschlag bekommen
zajmodạ̄vac (-vca; *V* -vče) *2* Darlehensgeber *m*

zajmoprīmac (-mca; *V* -mče) *2* Darlehensnehmer *m*
zajutarkovati (-ujēm) frühstücken
zajutrak (-ārka) Frühstück *n*
zakačiti *pf* → ***zakvačiti***
zakačka Häkchen *n*, Öse *f*
zakāditi *5* (**-adīvati**) beweihräuchern; mit Rauch erfüllen; anräuchern
zakadīvati (-ađujēm) → ***zakāditi***
zakaluđeriti se *pf* einem (*orthodoxen*) Kloster beitreten
zakāpčati *5* → ***zakopčati***
zakāniti se *pf* sich entschließen, e-n Entschluß fassen
zakārtati *pf* (*beim Kartenspiel*) verlieren
zakasniti *5* (-šnjen) (**-šnjāvati** *5*) sich verspäten, spät dran sein; ~ ***na vlāk*** den Zug verpassen
zakāšljati se (zakašljēm se) *pf* hüsteln
zakašnjāvānje Verspäten *n*, Verspätung *f*, Zuspätkommen *n*
zakašnjāvati *5* → ***zakasniti***
zakašnjēnje Verspätung *f*
zakāzān (-o) (*Termin*) vereinbart; (*Untersuchung*) anberaumt
zakāzati (zakāžēm) (**-azīvati**) ansagen; *Treffen* verabreden *od.* vereinbaren; *Verhandlung*, *Konferenz* anberaumen; *Gewehr*, *Bremsen*, *Organe*: versagen
zakazīvati (-azujēm) → ***zakāzati***
zakićen (-o) geschmückt
zakīdati *5* [**zakinuti**] *Rechte* vorenthalten; *Blätter v. e-r Blume* abreißen
zakīpjeti (zakīpīm; -kipio, -pjela) *pf* aufwallen, aufbrausen; *fig. Blut*: in Wallung geraten
zakiseliti einsäuern, in Essig einlegen
zakititi *pf* schmücken (*I*/mit *D*); (**se** sich)
zakivāč *1 Tech.* Dichtung *f*
zākivak (-īvka) Niet *m*
zakīvati *5* [**-ovati**] (ver)nieten; (zu)nageln, vernageln
zāklada Stiftung *f*, Gründung *f*
zākladnica Stiftungsurkunde *f*; Stifterin *f*
zakladnīk Stifter *m*, Gründer *m*
zaklān (-o) → ***zaklati***; ***spāvati kao*** ~ *fig.* schlafen wie ein Murmeltier
zaklanjati → ***zaklọniti***
zaklāpati *5* → ***zaklọpiti***
zaklati (-koljēm; *Imp* zakolji; zaklao, -āla; -ān) schlachten, abschlachten; ~ ***bez nōža*** *fig.* ins Unglück stürzen; ~ ***masnū pātku*** *fig.* seinen Reibach machen
zaklēt verschworen; ~ ***neprijatelj*** Erzfeind *m*
zaklēti (zakunēm; *Imp* zakuni; zakleo, -ēla; -ēt) (**-klinjati**) *Zeugen* vereidigen; j-m e-n Eid abnehmen; verwünschen; verzaubern; ***ne bih se zakleo*** das würde ich nicht beschwören; ~ ***se*** schwören, e-n Eid ablegen; ~ ***se krīvo*** e-n Meineid schwören *od.* leisten
zākletv|a Eid *m*, Schwur *m*; ***izjāviti pod ~ōm*** unter Eid aussagen; ***krīvā ~a*** Meineid *m*; ***položiti ~u*** e-n Eid ablegen; ***prekršiti ~u*** e-n Eid *od.* Schwur brechen
zakliktati (zaklikćēm) *pf* aufjauchzen
zaklinjāč *1* (*V* -u) (Geister)Beschwörer *m*
zaklinjānje Beschwören *n*, Beschwörung *f*; (*eindringliches*) Bitten *n*, Flehen *n*; Eidesleistung *f*
zaklinjati (-jēm) → ***zaklēti***
zāklon Zuflucht *f*, Zufluchtsstätte *f*, Obdach *n*; *Mil.* Deckung *f*
zāklonīšte Zufluchtsort *m*, Zufluchtsstätte *f*
zaklọniti *5* (zaklonjen) (**zaklanjati**) (be)schirmen, beschützen; verbergen, verhüllen; ~ ***glāvu*** Zuflucht finden; ~ ***se*** sich schützen; sich verbergen
zaklopac (-pca) Deckel *m*, Klappe *f*; Topfdeckel *m*; ***biti svakōm lọncu*** ~ *fig.* ein Hansdampf in allen Gassen sein
zaklọpiti *5* (zaklopljen) (**-āpati** *5*) zudekken, bedecken; zuklappen, zudrücken; schließen; *Buch* zumachen *od.* zuklappen; ~ ***ọči*** einschlafen; sterben; ~ (*D*) ***ọči*** bei j-s Tod anwesend sein; ~ ***se*** *Tür*: zufallen
zāključ|ak (-čka; *Pl* -čci) (*logischer*) Schluß *m*, Schlußfolgerung *f*; (*in e-m Gutachten*) Beurteilung *f*; (*amtlicher*) Beschluß *m*; ***dọći do ~ka*** zu e-m Schluß *od.* e-r Schlußfolgerung kommen; ***povūći ~ak*** e-n Schluß ziehen
zaključān[1] (-o) geschlossen, verschlossen; eingeschlossen, versperrt
zaključ|an[2] abschließend, Schluß-; definitiv; ***~nī ispit*** Abschlußprüfung *f*; ***~nī račūn*** *Hdl.* Abschlußrechnung *f*; ***~nā riječ*** Schlußwort *n*
zaključati (**-čāvati** *5*) (ab)schließen, zuschließen; absperren, einsperren, zusperren
zaključāvānje (Ver)Schließen *n*, Absperren *n*

zaključāvati *5* → ***zaključati***
zaključiti *5* (**-učīvati**) (*logisch*) schließen, folgern, e-e Folgerung *od.* e-n Schluß ziehen; *Frieden* schließen; *Vertrag* (ab)schließen, *Abkommen* treffen
zaključīvānje Schließen *n*, Folgern *n*, Folgerung *f*
zaklučīvati (-ųčujēm) → ***zaključiti***
zāključnī → ***zaključan²***
zāključnica *Hdl.* Kaufvertrag *m*
zāklučno: ~ ***do*** (*G*) bis einschließlich (*G*)
zakōčen (-o) gebremst, abgebremst; *fig.* gehemmt
zakočenōst (-osti; *ISg* -osti/-ošću) *Med.* (*Gelenk-*)Steife *f*, Steifheit *f*
zakōčiti *5 pf Fahrzeug* abbremsen; *itr* bremsen; *fig.* hemmen, paralysieren
zakokodākati (-odāčēm) *pf* zu gackern beginnen
zakoljēm *1. Pers Sg v.* ***zaklati***
zākon Gesetz *n*; ~ ***domocīla*** *od.* ***domocīlnī*** ~ *Jur.* Wohnsitzrecht *n*; ~ ***jačēga*** Recht des Stärkeren; ~ ***o krivičnōm postupku*** Strafprozeßordnung *f*; ~ ***o parničkōm postupku*** Zivilprozeßordnung *f*; ~ ***o strāncima*** Ausländergesetz *n*; ***biti izvān*** ~***a*** nicht auf dem Boden des Gesetzes stehen; ***donijēti*** ~ ein Gesetz erlassen; ***građanskī*** ~ Zivilgesetz *n*; ***kaznenī*** ~ Strafgesetz *n*; ***krojiti*** ~***e*** Gesetze machen; Recht sprechen; ***Novī*** ~ *Rel.* Neues Testament; ***nužda*** ~ ***mijenjā*** *Sprw.* Not kennt kein Gebot; ***prīrodnī*** ~ Naturgesetz *n*; ***pūtem*** ~***a*** kraft (e-s) Gesetzes; ***Stārī*** ~ *Rel.* Altes Testament; ***staviti van*** ~***a*** für vogelfrei erklären; ***ukinuti*** ~ ein Gesetz aufheben; ***u imē*** ~***a*** im Namen des Gesetzes; ***usvojiti*** ~ ein Gesetz annehmen
zākonīk Gesetzbuch *n*; ***građanskī*** ~ bürgerliches Gesetzbuch; ***krivičnī*** ~ Strafgesetzbuch *n*
zākonit gesetzlich, legal; legitim; (*Kind*) ehelich
zākonitōst (-osti; *ISg* -osti/-ošću) *f* Gesetzlichkeit *f*, Gesetzmäßigkeit *f*; Rechtsgültigkeit *f*, Legalität *f*
zakonodāvac (-āvca) *2* Gesetzgeber *m*
zākonodāvnī gesetzgebend, legislativ; → ***vlāst***
zakonodāvstvo Gesetzgebung *f*
zākonsk|ī gesetzlich, Gesetzes-; ~***ō dijete*** eheliches Kind; ~***ī dio*** Pflichtteil *m* (*bei e-r Erbschaft*); ~***ī nācrt*** Gesetzesentwurf *m*; ~***ā mōć*** Gesetzeskraft *f*; ~***ī prijedlog*** Gesetzesvorlage *f*
zakopati (**-pāvati** *5*) vergraben, eingraben; einscharren, verscharren; *Toten* begraben; *Erdloch* auffüllen; ~ **se** sich vergraben; *Mil.* sich verschanzen
zākopčān (-o) zugeknöpft (*a. fig.*); (*mit e-r Schnalle*) verschlossen; *fig.* wortkarg, zugeknöpft, reserviert
zākopčānōst (-osti; *ISg* -osti/-ošću) *f* Verschlossenheit *f*, Wortkargheit *f*, Reserviertheit *f*
zakopčati (**-čāvati** *5*) zuknöpfen, zuheften, zuschnallen
zakopčāvati *5* → ***zakopčati***
zakorāčiti *5 pf* e-n Schritt tun; ~ ***krivo*** fehltreten
zākošen (-o) schräg, abgeschrägt
zākovān (-o) → ***zakovati; kao*** ~ *fig.* wie angewurzelt, wie versteinert
zakovati (zakujēm; zakovān) *pf* (ver)nieten; vernageln, annageln
zākovica Niet *m*, (*Metall-*)Bolzen *m*
zakovrčiti (**-čāvati** *5*) *Haar* in Locken drehen *od.* wickeln
zakrabūljiti *pf* vermummen, maskieren (**se** sich)
zakračunati *pf* verriegeln, zuriegeln
zakraćīvati (-aćujēm) → ***zakrātiti***
zakrāljiti *5* (**-aljīvati**) zum König krönen; ~ **se** sich zum König krönen lassen
zakrātiti *5* (zakrāćen) (**-aćīvati**) kürzen, verkürzen
zākrātko in kurzer Zeit, binnen kurzem, bald
zakŕčati (-īm) *pf Radio, Funkgerät*: knacken, zu knacken anfangen; *Darm*: knurren, zu knurren anfangen
zakŕčiti *5* (zakŕčen) (**-rčīvati**) verbarrikadieren, versperren; *Durchgang* verstellen
zakrčīvānje Versperren *n*; Verriegeln *n*; Verstellen *n* (*e-s Durchgangs*)
zakrčīvati (-rčujēm) → ***zakŕčiti***
zakrečēnje *Med.* (*Arterien-*)Verkalkung *f*
zakrečiti *5* (zakrēčen) (**-čīvati, -āvati** *5*) *Med.* verkalken; *Arterien*: verhärten
zakrečīvati (-ečujēm) → ***zakrečiti***
zakrećēm *1. Pers Sg v.* ***zakretati***
zakrēnuti (zakrēnēm) (**zakretati**) eindrehen, einbiegen; *Wasserhahn* abdrehen; *Strom* ausschalten; *Weg*: abbiegen; ~ ***vrāt*** *fig.* j-m den Hals umdrehen

zakretati (-ćēm) → ***zakrénuti***
zakrīčati (-īm) *pf* aufschreien, e-n Schrei ausstoßen; zu schreien beginnen
zakrīliti *5* (zakrīljen) (**-iljāvati** *5*, **-ilјīvati**) (be)decken, verhüllen; beschützen, beschirmen
zakrīlje Schutz *m*; *poet.* Schirm *m*
zākrp|a Flicken *n*, Fleck *m*; ***staviti ~u*** (***na*** *A*) *etw.* flicken; → ***vréća***
zakrpati (-pān/-pljen) *pf Kleid etc.* ausbessern, flicken
zakrvāriti *5 pf* zu bluten beginnen, Blut verlieren
zakrvāviti *5* (-krvljen) *pf* zu bluten beginnen; mit Blut besudeln; ***~ očima*** *fig.* mit Blicken töten, haßerfüllt ansehen (***na*** *A*/*A*)
zakržljalōst (-osti; *ISg* -osti/-ošću) *f* (*Organ-*)Verkümmerung *f*
zakržljao (-alo) (*Organ*, *Körperteil*) verkümmert, unterentwickelt; (*Kind*) zurückgeblieben
zakržljati (**-ljāvati** *5*) *Organ*, *Körperteil*: verkümmern; *Kind*: zurückbleiben (*in der Entwicklung*)
zakucati (**-āvati** *5*) anklopfen, pochen
zakucnuti (-nēm) *pf* (*einmal od. kurz*) klopfen
zakučast verworren, verwickelt, unklar, schwierig
zakuhati (**-āvati** *5*) kochen, aufkochen; *Soße* einkochen; zu kochen beginnen (*nur pf*)
zakukati *pf* zu jammern anfangen; zu klagen beginnen; *Kuckuck*: rufen
zakukūljiti se *Zool.* sich verpuppen
zakukurijękati (-urijećēm) *7 pf Hahn*: zu krähen beginnen
zakulisn|ī: ***~ā borba*** Kampf hinter den Kulissen
zakunēm *1. Pers Sg v.* ***zaklēti***
zākup Pacht *f*, Pachten *n*; ***dati u ~*** verpachten; ***ugovōr o ~u*** Pachtvertrag *m*; ***uzēti u ~*** pachten, in Pacht nehmen
zākupac (-pca) Pächter *m*
zakūpiti *5* (zakūpljen) (**-upljīvati**) pachten
zakupljīvati (-upljujēm) → ***zakūpiti***
zākup|nī Pacht-; ***~nā cijęna*** Pachtzins *m*; ***~ ugovōr*** Pachtvertrag *m*
zākupnīčkī Pächter-
zākupnīk → ***zākupac***
zakupnina Pachtgeld *n*, Pachtzins *m*
zakupodāvac (-vca) *2* Verpächter *m*
zakūsiti *5* (**-usīvati**) *Essen* kosten, versuchen; e-n Imbiß nehmen
zākuska (*GPl* -sākā/-skī) Imbiß *m*
zākutak (-tka; *Pl* -uci) Winkel *m*, Ecke *f*; Nische *f*
zākut|an Winkel-, Eck-; ***~nā kŗčma*** Spelunke *f*
zakužiti → ***kužiti***
zakvačiti anhaken, einhaken; ankoppeln
zalāgānje Verpfänden *n*, Verpfändung *f*, Versetzen *n* (*e-s Wertgegenstandes*); Fürsprache *f*, Verwendung *f* (*für e-e Person*); (*tatkräftiger*) Arbeitseinsatz *m*
zalagaọnica Pfandhaus *n*, Leihhaus *n*
zalāgati (zalāžēm) → ***zalǫžiti***
zalajati (-jēm) *pf* zu bellen anfangen; *Wachhund*: Laut geben
zālaz: ***~ sūnce*** Sonnenuntergang *m*
zalazak (-ska; *Pl* -sci) → ***zālaz***
zalaziti → ***zāći***; ***~ u drūštvo*** unter Leute kommen
zaleći (-egnēm; -gao, -gla) (**zalijęgati** *5*/*7*) anliegen, anhaften
zalęditi *5* (-đen) vereisen, gefrieren lassen; *Nahrungsmittel* einfrieren; ***~ se*** einfrieren *itr*; *Gewässer*: zufrieren; ***kṝv mī se zaledī*** *fig.* mir gefriert das Blut in den Adern
zāleđe *Mil.* Hinterland *n*; *fig.* Rückhalt *m*, Stütze *f*; *Mil.* Nachhut *f*
zaleđen (-o) → ***zalęditi***; gefroren, eingefroren; ***~ē cijęne*** eingefrorene Preise
zaleđēnje Gefrieren *n*, Zufrieren *n*; Einfrieren *n* (*a. fig.*)
zaleđīvati (-ęđujēm) → ***zalęditi***
zalegnuti (-gnēm) *pf* → ***zaleći***
zalemiti (**-mljāvati** *5*) löten, zulöten; kitten, verkitten
zalepršati *pf Fahne*: zu flattern beginnen
zālet *Sp.* Anlauf *m*
zalętjeti se (zaletīm se; -tio se, -tjela se) (**zalijętati se** *7*) Anlauf nehmen, Schwung nehmen; sich stürzen (***na*** *A*/ auf *A*); ***jęzik mi se zalętio*** *fig.* mir ist das so rausgerutscht (*eine Äußerung*)
zāletn|ī: ***~ā stąza*** *Flgw.* Rollbahn *f*
zāliha Vorrat *m*, Reserve *f*; ***dǫk ~ trąjē*** solange der Vorrat reicht
zaliječēm *1. Pers Sg v.* ***zalijętati***
zalijęčiti *5*/*7* (zalijećen) (**zalječīvati**) (*teilweise*) heilen; zu heilen beginnen

zalijȩniti se *5/7 pf* faul *od.* träge werden
zalijȩpiti *5/7* (ząlijepljen) (**zaleplj̄ivati**) zukleben, verkleben; zuleimen, verkleistern; ***pljųni pa zalijȩpi*** *fig.* schuster das (schnell) zusammen; nimm's nicht so genau
zalijȩtati (ząlijećēm) *7* → ***zalȩtjeti se***
zalijȩvānje Begießen *n*; Besprengen *n*
zalijȩvati *5/7* → ***ząliti***
zą̄lisci *m/Pl* (*GPl* -zākā) Koteletten *Pl v.* → ***zą̄listak***
zą̄listak (-ska; *Pl* -sci) Klappe *f*; Lasche *f*; Lesezeichen *n*; *Anat.* (*Herz-*)Klappe *f*
ząliti (-ijēm; -lio, -ila; -įven) (**zalijȩvati** *5/7*) aufgießen, dazugießen; *Blumen* gießen; *Rasen* sprengen; ~ ***jȩlo vīnom*** das Essen mit einem Wein herunterspülen; ~ ***tų̄žnōst*** *fig.* seinen Kummer (*in Alkohol*) ertränken; ***šųtjeti kao zaliven*** *fig.* schweigen wie ein Grab
zą̄liv → ***zą̄ljev***
zalīzān (-o) (*Haar*) glatt nach hinten gekämmt
zalį̄zati (ząlīžēm) (**-izīvati**) anlecken; *Haar* glatt nach hinten kämmen
zą̄log Pfand *n*; ***dąti u*** ~ als Pfand geben
zalogāj Bissen *m*; ***mą̄stan*** ~ ein fetter Brocken, ein gefundenes Fressen; ***tvr̄d*** ~ *fig.* ein harter Brocken; ***ząpeo mu ~ u gr̨lu*** ihm ist ein Bissen im Halse steckengeblieben
zalǫmiti *5* (**-ą̄mati** *5*) (an)brechen; *Zweig* abknicken; ~ ***se*** *itr* brechen, abbrechen; hereinbrechen (*D*/über *A*)
zalǫžiti *5* (**-ą̄gati** *5*) verpfänden, versetzen; e-n Imbiß nehmen, essen; ~ ***se*** sich einsetzen (***za*** *A*/für *A*), sich verwenden (für *A*)
zą̄ložn|ī Pfand *n*; ***~ī lį̄st*** Pfandschein *m*; ***~ō prą̄vo*** Pfandrecht *n*
zą̄ložnica Pfandschein *m*; *Hdl.* Pfandbrief *m*
zą̄lud → ***ųzalūd***
zalų̄diti *5* (ząlūđen) (**-uđīvati**) betören, den Kopf verdrehen, faszinieren
zalų̄djeti (-īm; -dio, -djela) *pf* verrückt werden, den Verstand verlieren
zaluđīvati (-ųđujēm) → ***zalų̄diti***
ząlūpān (-o) dumm, beschränkt; F bekloppt
ząlūpānōst (-osti; *ISg* -osti/-ošću) *f* Dummheit *f*, Beschränktheit *f*
ząlupiti (**-pljīvati**) *Tür* zuschlagen *od.* zuknallen; ~ ***se*** *Tür*: (*laut*) zufallen *od.* zuschlagen
ząlūtao (-alo) verirrt; *Hund, Katze*: zugelaufen
zalųtati *5 pf* fehlgehen, irregehen, sich verirren, sich verlaufen
zalų̄žiti *5* (**-užīvati**) gerben, beizen; *Wäsche* einweichen
zalužīvati (-ųžujēm) → ***zalų̄žiti***
zaljȩčiv heilbar
zaljeplj̄ivati (-ȩpljujēm) → ***zalijȩpiti***
ząljetiti (*nur unpers*) *pf* Sommer werden
zą̄ljev Bucht *f*, Meerbusen *m*, Golf *m*
zaljų̄biti se *5* (**-ubljīvati se**) sich verlieben (***u*** *A*/in *A*); ~ ***do*** *od.* ***preko ųšijū*** *od.* ***preko glą̄vē*** sich bis über beide *od.* die Ohren verlieben
ząljūbljen (-o) verliebt
zaljubljȩnīk *1* Verliebte(r) *m*; ~ ***glązbē*** Musikliebhaber *m*
ząljubljenōst (-osti; *ISg* -osti/-ošću) *f* Verliebtheit *f*
zaljubljīvati se (-ųbljujēm se) → ***zaljų̄biti se***
zaljųbljiv sich leicht verliebend
zaljų̄ljati *5* (beginnen zu) schaukeln, wiegen; ~ ***se*** schwanken, taumeln, zu taumeln beginnen
ząmāčēm *1. Pers Sg v.* ***zamą̄kati***
ząmāći (-knēm) → ***zamąknuti***
zamąǵliti *5* (**-gljīvati**) benebeln, umnebeln, trüben; ~ ***se*** sich trüben; *Fensterscheibe*: anlaufen; ~ ***se pred ǫčima*** schwarz vor den Augen werden
zamagljīvānje Umnebeln *n*, Trüben *n*; Benebeln *n* (*Sinne etc.*)
zamagljīvati (-ągljujēm) → ***zamągliti***
ząmah Schwung *m*, Elan *m*; (*Schwert-*) Hieb *m*; ***ųzēti*** ~ in Schwung kommen
zamą̄hati (ząmāšēm) *pf* → ***zamą̄hnuti***
zamahīvati (-ąhujēm) → ***zamą̄hnuti***
zamą̄hnuti (ząmāhnēm) (**-mahīvati**) (zum Schlag) ausholen; ~ ***mąčem*** das Schwert schwingen
zą̄mak (-mka; *Pl* zą̄mci/ząmkovi; *GPl* ząmākā) Burg *f*; Schloß *n*
zamą̄kati (ząmāčēm) → ***zamǫčiti***
zamąknuti (ząmaknēm; *Imp* -ąkni; zamąknuo/ząmakao) (**ząmicati**) entwischen, entfliehen; ~ ***u gǫdine*** *Mensch*: in die Jahre kommen
ząmalo beinahe, fast; kurz darauf; ~ ***što nį̄sam pąo*** ich wäre beinahe *od.* fast

gestürzt; ~ ***je ǫpet dǫšao*** kurz darauf ist er wieder gekommen
ząmāman verlockend, verführerisch; anziehend, faszinierend
zamą̄miti *5* (**-amljī̦vati**) verlocken, verleiten, verführen; anziehen, faszinieren
zamamljī̦vānje Verlocken *n*, Verlokkung *f*, Verleiten *n*
zamamljī̦vati (-ąmljujēm) → ***zamą̄miti***
zamamljī̦vōst (-osti; *ISg* -osti/-ošću) *f*, **zamą̄mnōst** (-osti; *ISg* -osti/-ošću) *f* Verlockende(s) *n*, Verführerische(s) *n*; Faszination *f*, Reiz *m*
ząmān umsonst, vergeblich, vergebens
zamą̄rānje Ermüden *n*, Ermüdung *f*
zamą̄rati *5* [**-mǫriti**] *tr* ermüden, müde machen; ~ **se** *itr* müde werden, ermüden
zamą̄stiti *5* (ząmāšćen) (**-ašćī̦vati**) (ein)fetten; mit Fett verschmutzen
ząmašāj Ausholen *n*, Schwung *m*; Tragweite *f*, Bedeutung *f*, Wichtigkeit *f*; ***bịti od ~a*** von Belang sein
ząmāšan bedeutsam, wichtig, folgenschwer
ząmāšēm *1. Pers Sg v.* ***zamą̄hati***
zamašćī̦vati (-ąšćujēm) → ***zamą̄stiti***
zą̄mašnjāk *Tech.* Schwungrad *n*
zamą̄tānje Einwickeln *n*, Verpacken *n*
zamą̄tati *5* → ***zamǫtati***
zamaų̄kati (-ąūčēm) *pf Katze*: zu miauen beginnen
ząmazān (-o) schmutzig, verschmutzt, beschmutzt, dreckig, verschmiert
zamazą̄nac (-ānca; *V* -nče) *2* Schmutzfink *m*, Dreckspatz *m*
ząmazati (-žēm) (**-zī̦vati**) beschmutzen, besudeln, verschmutzen, verunreinigen; ~ ***ǫči*** *fig.* Sand in die Augen streuen
zamazī̦vati (-ązujēm) → ***ząmazati***
ząmećēm *1. Pers Sg v.* ***zamę̄tati***
ząmesti (-ętēm; ząmeo, -ēla; -ęten *6*) *pf* verschneien, einschneien; (*mit Schnee*) verwehen; ~ ***mętlom*** abkehren; ~ ***trągove*** *fig.* Spuren verwischen; ***trą̄g mu je ząmeo*** er ist spurlos verschwunden
zą̄met Verwehung *f*; ***snijęžnī*** ~ Schneeverwehung *f*
ząmet|ak (-tka; *Pl* -eci) *Biol.* Keim *m*; *fig.* Ursprung *m*; ***ugų̄šiti u ~ku*** *fig.* im Keim ersticken
zamętati (ząmećēm) [**ząmetnuti**] *Gegenstand* verlegen; *Gespräch* anknüpfen; *Prozeß* anstrengen; *Streit* anzetteln *od.* vom Zaun brechen; *Schlacht* liefern; *Saatgut* anbauen, keimen lassen; ~ **se** beginnen; *Krieg*: ausbrechen
ząmetnuti (-nēm) *pf* → ***zamętati***
ząmicati (-čēm) → ***zamąknuti***
zamijęniti *5/7* (ząmijenjen) (**-mjenjī̦vati**) verwechseln; *Rollen, Plätze* tauschen; *Geld* wechseln; *Arbeitskollegen* vertreten; *Ware* umtauschen ~ ***pred sų̄dom*** vor Gericht vertreten
ząmijenjen (-o) verwechselt; ausgetauscht, ersetzt (*I*/durch *A*)
zamijęsiti *5/7* (ząmiješen) (**-mješī̦vati**) *Teig* kneten; ~ ***gịbanicu*** *od.* ***kąšu*** *fig.* e-e Suppe einbrocken
zamijęšati *5/7 pf* (durch)mischen
zamijętiti *5/7* (ząmijećen) (**zamjećī̦vati**) erblicken, wahrnehmen, bemerken
zamirịsati (-ịrišēm) *pf* zu duften *od.* zu riechen beginnen
ząmīs|ao (-sli) *f* Gedanke *m*, Einfall *m*; Vorhaben *n*, Plan *m*; ***prị są̄mōj ~li*** (schon) beim bloßen Gedanken
ząmisliti (-šljen) (**-ī̦šljati** *5*) denken, sich etw. ausdenken, planen, e-n Gedanken fassen; sich etw. vorstellen; ersinnen, erfinden; ***ząmisli!*** stell dir vor!; ~ **se** in Gedanken versinken, nachdenken, sich Gedanken machen (***nad*** *I*/über *A*)
zamịsliv denkbar, vorstellbar
zamī̦šljati *5* → ***ząmisliti***
ząmišljen (-o) nachdenklich, in Gedanken versunken; erdacht, fiktiv
ząmišljenōst (-osti; *ISg* -osti/-ošću) *f* Nachdenklichkeit *f*, Versonnenheit *f*; Verträumtheit *f*
zamjećī̦vati (-ęćujem) → ***zamijętiti***
zą̄mjen|a Vertauschen *n*, Vertauschung *f*, Tausch *m*, Austausch *m*; Verwechslung *f*; ***~a strą̄žē*** Wachablösung *f*; ***~a za kąvu*** Kaffee-Ersatz *m*; ***u ~i*** in Vertretung; ***u ~u*** im Tausch (***za*** *A*/für *A od.* gegen *A*)
zą̄mjenica *Gr.* Pronomen *n*, Fürwort *n*; Stellvertreterin *f*; ***lịčnā*** ~ *Gr.* Personalpronomen *n*; ***ǫdnosnā*** ~ *Gr.* Relativpronomen *n*; ***pǫkaznā*** ~ *Gr.* Demonstrativpronomen *n*; ***pǫsvōjnā*** ~ *Gr.* Possessivpronomen *n*; ***ųpitnā*** ~ *Gr.* Interrogativpronomen *n*
zą̄mjeničk|ī pronominal, Pronominal-; ***~ā deklinącija*** Pronominaldeklination *f*

zą̄mjenīk Stellvertreter *m*, Vertreter *m*
zamjęnjīv austauschbar, ersetzbar, auswechselbar
zamjenjı̧̄vati (-ęnjujēm) → ***zamijęniti***
zamjęnjivōst (-osti; *ISg* -osti/-ošću) *f* Austauschbarkeit *f*, Ersetzbarkeit *f*
zą̄mjer|a Tadel *m*, Einwand *m*; ***nę̄mā ~ē!*** nichts dagegen einzuwenden!
zamję̄ralo *m* Nörgler *m*
zą̄mjēran beachtlich, beachtenswert
zamję̄rānje → ***zamjerą̄vānje***
zamję̄rati *5* → ***zamjeriti***
zamjerą̄vānje Beanstanden *n*, Beanstandung *f*, Bemängelung *f*, Tadel *m*; Einwand *m*; Übelnehmen *n*
zamjerą̄vati *5* → ***zamjeriti***
zamjeriti (**-mję̄rati, -erą̄vati** *5*) verübeln, übelnehmen, verargen, verdenken; beanstanden, bemängeln; ***ne zamjeri!*** nimm's nicht übel!; ***ona stą̄lno njęmu zamjerī*** sie nörgelt ständig an ihm herum; ***što njęmu zamjerīš?*** was hast du an ihm auszusetzen?; **~ se** (*D*) j-s Mißfallen erregen
zą̄mjērk|a Einwand *m*, Tadel *m*; ***bez ~ē*** tadellos, einwandfrei
zamjętljiv bemerkbar, wahrnehmbar
zamjętno *Adv* auffallend, merklich; ***tọ̄ je ~!*** das merkt man!
zą̄mk|a (*GPl* -kī) Falle *f*, Schlinge *f*; Fallstrick *m*, Fallgrube *f*; ***bą̄citi*** *od.* ***plęsti ~u*** e-e Falle stellen; ***pąsti u ~u*** in e-e Falle tappen; ***uhvatiti u svọje ~e*** j-n mit seinen Netzen umgarnen
zamlą̄diti se *5* (**-ađı̧̄vati se**) *Wunde*: verheilen, zuheilen, vernarben
zamlađı̧̄vati se (-ąđujēm se) → ***zamlą̄diti se***
zamọčiti *5* (**-mą̄kati** *5*) eintauchen; *Brot* eintunken
zamolba (*GPl* -bī) Ersuchen *n*, Bitte *f*
zamọliti *5 pf* ersuchen, bitten; **~ *rūku*** um j-s Hand anhalten; **~ *uslugu*** j-n um e-n Gefallen bitten
zamōlnica Bitte *f*, Gesuch *n* (*an e-e Behörde*)
zą̄mor Ermüdung *f*, Müdigkeit *f*, Ermattung *f*
zą̄morac (-ōrca) Meerkatze *f*
zą̄moran ermüdend, anstrengend
zamoren (-o) erschöpft, ermüdet, ermattet
zamorenōst (-osti; *ISg* -osti/-ošću) *f* Erschöpfung *f*; Ermüdung *f*, Ermattung *f*
zamọriti *5* (**-mą̄rati** *5*) ermüden, ermatten, erschöpfen
zamorskī Übersee-
zą̄motak (-tka; *Pl* -oci) Paket *n*, Päckchen *n*
zą̄mot|an Pack-; ***~nī papīr*** Packpapier *n*
zamọtati (**-tą̄vati** *5*) einwickeln, einpacken, verpacken; einhüllen, einrollen; **~ *u pelęne*** in Windeln packen; **~ se** sich einwickeln, einhüllen
zamotūljak (-ljka) Päckchen *n*
zamračę̄nje → ***zamračī̧vānje***
zamrą̄čiti *5* (zamrāčen) (**-ačı̧̄vati**) verfinstern, verdunkeln; *Scheinwerfer* abblenden
zamračı̧̄vānje Abdunkelung *f*, Verdunkelung *f*, Verfinsterung *f*
zamračı̧̄vati (-ąčujēm) → ***zamrą̄čiti***
zamrež (-i) *f Med.* grüner Star
zamrijeti (zamrēm; zamr̄o, -mr̄la) (**zą̄mirati**) absterben; *Feuer*: verlöschen, ausgehen; *Bein, Arm*: einschlafen; *Angelegenheit*: einschlafen, in Vergessenheit geraten
zamr̄ljati *5 pf* beschmutzen, beflecken, besudeln, bekleckern; **~ se** sich schmutzig machen, sich bekleckern
zamr̄o (-r̄lo) *Med.* (*Bein, Arm*) gelähmt, erstarrt, paralysiert
zamr̄siti *5* (**-mršą̄vati** *5*, **-mršı̧̄vati**) verwickeln, verwirren, verstricken; *Haare* durcheinander bringen; ***stvą̄r se zamr̄sla*** *fig.* die Sache ist verwickelt *od.* kompliziert geworden
zamrzą̄vānje Einfrieren *n* (*a. fig.*), Gefrieren *n*
zamrzą̄vati *5* → ***zamrznuti***
zamr̄ziti *5 pf* hassen, zu hassen beginnen
zamrzı̧vāč *1* Tiefkühltruhe *f*
zamr̄znūt gefroren, eingefroren; ***~ō męso*** Gefrierfleisch *n*
zamrznuti (-nēm) (**-zą̄vati** *5*) *tr* einfrieren (*a. fig.*); **~ se** *itr* gefrieren; einfrieren; zufrieren
zamucati *pf* zu stottern beginnen, stammeln
zamuckı̧̄valo *m* Stotterer *m*
zamuckı̧̄vati (-uckujēm) (*ein bißchen*) stottern, stammeln
zamućę̄nje Trübung *f*
zamū̧knuti (zamūknēm; *Imp* zamū̧kni; zamūkao/zamū̧knuo, -kla; -knūt) *pf* verstummen, stumm werden; ***mū̧kom ~*** kein Sterbenswörtchen sagen

zamụtiti *5* (zạmūćen) (**-ućịvati**) trüben; vermengen, verquirlen; *fig.* Zwietracht säen; ~ **se** trübe werden
zanạšati *5* → **zanọsiti**
zanašẹnj|e Schwanken *n*, Taumeln *n*; **trągovī ~a** Schleuderspuren *Pl* (*e-s Autos*)
zanāt *1* Handwerk *n*, Gewerbe *n*; **brąvarskī ~** Schlosserhandwerk *n*; **dạti na ~** in die Lehre geben; **dọbro ịspeći svọj ~** *fig.* sein Handwerk verstehen; **mājstor svọg ~a** *a. fig.* ein Meister seines Fachs; **ọtići na ~** e-e Lehre beginnen, in die Lehre gehen
zanạtlija *m* Handwerker *m*, Gewerbetreibende(r) *m*
zạnātskī handwerklich, Handwerks-
zanạtstvo Gewerbe *n*, Handwerk *n*
zạnavijek für immer, für alle Zeiten
zanẹmāren (-o) vernachlässigt, verwahrlost; (*Aussehen*) ungepflegt
zanẹmārenōst (-osti; *ISg* -osti/-ošću) *f* Vernachlässigung *f*; Verwahrlosung *f*, Ungepflegtheit *f*
zanemạriti *5* (-nẹmāren) (**-arịvati**) *Gesundheit*, *Aussehen* vernachlässigen; *Garten* verwahrlosen lassen; *Unwichtiges* hintenanstellen, hintenansetzen
zanemarịvānje Vernachlässigen *n*, Vernachlässigung *f*; Verwahrlosen *n*
zanemarịvati (-ạrujēm) → **zanemạriti**
zanemạr(lj)iv unberücksichtigt lassen, zu vernachlässigen; *Jur.* unbeachtlich
zanẹmoći (-ognēm; -ogao, -ogla) *pf* schwach werden; krank werden
zanẹsēm *1. Pers Sg v.* **zạnijeti**
zanẹsen (-o) *6* begeistert, entzückt, hingerissen; schwärmerisch; ~ **u mịslima** gedankenverloren
zanẹsenōst (-osti; *ISg* -osti/-ošću) *f* Begeisterung *f*, Schwärmerei *f*, Entzückung *f*, Enthusiasmus *m*
zanesẹnjāčkī schwärmerisch, enthusiastisch
zanesẹnjāk *1* (*V* -če) Schwärmer *m*, Enthusiast *m*; Träumer *m*, Phantast *m*; ~ **glązbē** Musikfan *m*
zanijẹkati (zạniječēm) *7 pf* verneinen; (ver)leugnen, negieren
zanijẹmjeti (zạnijēmīm; -mio, -mjela) *7 pf* verstummen; ~ **od čụda** sprachlos *od.* verdutzt sein
zanijẹmljen (-o) *7* sprachlos
zạnijeti (-nẹsēm; -nio, -nijela; -nẹsen *6*/zạnijet) (**zanọsiti** *5*) hinreißen, begeistern, faszinieren; *Blätter*, *Boot*: wegtreiben; *Frau*: schwanger werden; ~ **pạmēt** *fig.* den Verstand rauben; **zạnijelo ga je pịvo** er wurde vom Bier betrunken; ~ **se** das Gleichgewicht verlieren, (*in e-e Richtung*) schwanken; *Wagen*: ausbrechen; *Mensch*: hingerissen sein (*I*/von *D*), sich begeistern (für *A*); *Med.* ohnmächtig werden
zanimạcija Hobby *n*
zanịmānj|e Beruf *m*, Erwerbstätigkeit *f*; Beschäftigung *f*; Interesse *n*; **po ~u** von Beruf; **ụzgrednō ~e** Nebenbeschäftigung *f*
zanịmati *5* interessieren; ~ **se** sich interessieren (**za** *A*/für *A*); sich befassen (*I*/mit *D*), sich beschäftigen (mit *D*) (*I*/mit *D*)
zanịmljiv interessant, beachtenswert, bedeutsam; wissenswert
zanịmljivōst (-osti; *ISg* -osti/-ošću) *f* Interessante(s) *n*, Beachtenswerte(s) *n*; Attraktion *f*, Sehenswürdigkeit *f* (*e-r Stadt*)
zạnoktica Niednagel *m*; Nagelwurzel *f*
zānos Begeisterung *f*, Enthusiasmus *m*; Schwung *m*, Elan *m*; **pạsti u ~** in Verzückung geraten
zānosan begeistert, schwärmerisch, enthusiastisch; (*Worte*, *Rede*) überschwenglich
zanọsiti *5* → **zạnijeti**
zanošẹnje Wanken *n*, Schwanken *n*; (*Auto*) Ausbrechen *n*; Enthusiasmus *f*, Begeisterung *f*
zanovijẹtalo *7 m*/*f* Nörgler(in *f*) *m*; Schwätzer(in *f*) *m*, Quälgeist *m*
zanovijẹtānje Nörgelei *f*, Genörgel *n*; Geplapper *n*
zanovijẹtati *5*/*7* nörgeln; bemängeln, bekritteln (*D*/*A*); belästigen (*D*/*A*)
zanjịhati (zạnjīšēm) *pf* schaukeln, zu schaukeln beginnen; ~ **se** pendeln, schwingen
zạo (zlo; *Komp* gọrī) böse, übel, arg, schlimm, schlecht; ~ **čạs** ungünstiger Augenblick; ~ **glạs** schlechter Ruf; ~ **pọglēd** *Myth.* böser Blick; **zlạ srẹća** Pech *n*; **bịti zla jẹzika** e-e böse *od.* lose Zunge haben; **bịti zlẹ ćụdi** bösartig *od.* boshaft sein; **ịći pọ zlū pụtu** auf der schiefen Bahn *od.* auf Abwegen sein; **unọsiti zlū kr̄v** böses Blut schaffen

Z

zaobíći (-iđēm; -išao, -išla) (**zaobilaziti**) umgehen, umfahren, um *etw.* herum gehen *od.* fahren; *Gesetz* umgehen; *e-e Person* (*bei e-r Beförderung*) übergehen; ~ ***problem*** e-m Problem ausweichen
zaobilazak (-ska, *Pl* -sci) Umgehen *f*, Umweg *m*
zaobilaz|an mittelbar, indirekt; auf Umwegen; ~***an manevar*** *a. fig.* Ausweichmanöver *n*; ~***nīm pūtem*** auf Umwegen
zaobilaziti → ***zaobíći***
zaobilažēnje Umgehen *n*, Umgehung *f*, Umfahren *n*, Umweg *m*
zaobliti *5* (zaobljen) (**-bljāvati** *5*) (ab)-runden; ~ ***se*** rund werden
zaobljen (-o) abgerundet; rund; (*Mensch*) rundlich, dick
zaodjenuti (-nēm) (**-dijevati** *5/7*) bekleiden, einkleiden
zaodjeti (-enēm) *pf* → ***zaodjenuti***
zaogrnuti (-ogrnēm) (**-ogrtati**) umhängen, *Mantel* überwerfen
zaogrtati (-rćēm) → ***zaogrnuti***
zaokrēnuti (zaokrēnēm) (**zaokretati**) (um)drehen, umkehren, umwenden; *Auto*: (*scharf*) abbiegen; (*im Leben od. in der Politik*) e-e Kehrtwendung vornehmen; ~ ***vrātom*** *fig.* j-m den Hals umdrehen; ~ ***za ugao*** um die Ecke biegen
zaokrēt Wendung *f*, Umkehr *f*, Richtungsänderung *f*; (*Straßen-*)Kurve *f*; Wendepunkt *m*
zaokretati (-ećēm) → ***zaokrēnuti***
zaokrugljen (-o) abgerundet, gerundet; ~ ***brōj*** e-e runde Zahl
zaokrūgliti *5* (**-ugljīvati**) *Zahl* (ab)runden
zaokrugljīvati (-ugljujēm) → ***zaokrūgliti***
zaokrūžen (-o) (ab)gerundet; abgeschlossen; umgeben, eingekreist; ~***ā cjelina*** abgeschlossenes Ganzes
zaokrūžiti *5* (**-užīvati**) umkreisen, umzingeln, einkreisen; umgeben, abrunden, abschließen; *Flugzeug*, *Vogel*: kreisen (***nad*** *I*/über *D*)
zaokružīvānje Abrunden *n*, Abrundung *f*; Umzingelung *f*, Einkreisung *f*; Abschließen *n*
zaokružīvati (-užujēm) → ***zaokrūžiti***
zaokupiti (-pljen) (**-ūpljati** *5*) beschäftigen, in Anspruch nehmen; *Land* besetzen; j-n bestürmen, j-m zusetzen
zaokupljen (-o) (*stark*) beschäftigt (*I*/mit *D*), in Anspruch genommen (von *D*); (*geistig*) versunken, vertieft; ~ ***mīslima*** in Gedanken versunken
zaokupljenōst (-osti; *ISg* -osti/-ošću) *f* Inanspruchnahme *f*; (*geistige*) Versunkenheit *f*
zaorati (-ēm) *pf* zu pflügen beginnen, einpflügen; ~ ***prvū brāzdu*** *fig.* den ersten Schritt tun
zaoriti se *pf* erschallen, erklingen, ertönen
zaostajānje Zurückbleiben *n*, Zurückfallen *n*
zaostajati (-jēm) → ***zaostati***
zaostalōst (-osti; *ISg* -osti/-ošću) *f* Rückständigkeit *f*; Zurückgebliebensein *n*; ***mentālnā*** ~ *Med.* mentale Retardierung *f*
zaostao (-alo) (*geistig*) zurückgeblieben; *fig.* rückständig, reaktionär; (*körperlich*, *wirtschaftlich*) unterentwickelt
zaostā|tak (-tka; *Pl* -āci; *GPl* -ostātākā) Rest *m*, Rückstand *m*; *Hdl.* Zahlungsrückstand *n*, offener Betrag; Nachzahlung *f*; ***biti u*** ~***tku*** im Rückstand sein
zaostati (-anēm; -stao, -āla) (**-ajati**) zurückbleiben; (*mit e-r Zahlung*) im Rückstand sein; *Uhr*: nachgehen; ~ ***ni za stopu*** keinen Schritt zurückbleiben; ~ ***za vremenom*** hinter der Zeit zurückbleiben; ***duševno*** ~ geistig zurückbleiben
zaoštāvština Nachlaß *m*, Erbe *n*
zaoštrāvānje Verschärfung *f*; Zuspitzung *f* (*e-r Situation*)
zaoštrāvati *5* → ***zaoštriti***
zaoštren (-o) verschärft, zugespitzt
zaoštrēnje → ***zaoštrāvānje***
zaoštriti *5* (**-āvati** *5*) schärfen; *Messer* schleifen; *Bleistift* spitzen; *Konflikt* verschärfen; ~ ***se*** *Situation*, *Lage*: sich zuspitzen
zāpad Westen *m*; ♀ *Geogr.*, *Pol.* der Westen; ~ ***sunca*** Sonnenuntergang *m*; ***Divljī*** ~ der Wilde Westen; ***od istoka do*** ~***a*** *fig.* auf der ganzen Welt
zapadati → ***zapasti***
zapadnēm *1. Pers Sg v.* ***zapasti***
zāpadn|ī westlich, West-; ~***ī Slavēni*** Westslaven *Pl*; ~***ā strāna*** westliche Seite, Westseite *f*
zapāliti *5* (zapāljen) (**-aljīvati**) anzün-

den, entzünden; anstecken, in Flammen setzen; *Feuer* anfachen; *el. Licht* einschalten, anknipsen; *fig.* j-n begeistern (**za** *A*/für *A*); ~ **se** Feuer fangen, in Brand geraten, entflammen; *fig.* sich begeistern, *für e-e Idee* entflammen

zapaljēnje *Med.* Entzündung *f*

zapąljiv entzündbar, brennbar

zapaljįvānje Anzünden *n*, Entzünden *n*; *Med.* Entzündung *f*; *Kfz* Zündung *f*

zapaljīvati (-ąljujēm) → ***zapāliti***

zapąljivōst (-osti; *ISg* -osti/-ošću) *f* Entzündbarkeit *f*, Entflammbarkeit *f*

zapamćīvati (-ąmćujēm) → ***ząpāmtiti***

ząpāmtiti (-mćen) (**-ćīvati**) sich etw. merken, im Gedächtnis behalten, sich etw. einprägen; ***tō ću*** ~! das werde ich mir merken!

ząpānjen (**-o**) verdutzt, verblüfft, bestürzt, sprachlos

ząpānjenōst (-osti; *ISg* -osti/-ošću) *f* Verdutztheit *f*, Verblüfftheit *f*, Verblüffung *f*; Sprachlosigkeit *f*

zapąnjiti *5* (**-anjīvati**) verblüffen, verdutzen, erstaunen, bestürzen; ~ **se** sich wundern, staunen, verblüfft *od.* verdutzt sein

zapanjīvati (-ąnjujēm) → ***zapąnjiti***

zapąnjujūćī verblüffend, erstaunlich

ząpapriti *pf Essen* (*mit Paprika od. Pfeffer*) würzen; *fig.* j-m e-e schöne Suppe einbrocken

zāpara Schwüle *f*

ząparan schwül

ząpasti (-adnēm; ząpao/ząpadnuo, -pala; -dnūt) (**ząpadati**) fallen (**u** *A*/in *A*), hineinfallen (in *A*); hineingeraten (in *A*); *Sonne*: untergehen; ~ ***u bijędu*** in Not geraten; ~ ***u deprẹsiju*** in e-e Depression verfallen; ~ ***u dịo*** zufallen; ~ ***u klọpku*** *fig.* in e-e Falle gehen *od.* geraten; ~ ***u teškọće*** in Schwierigkeiten kommen *od.* geraten; ~ ***u vṛtlog*** in den Wirbel *od.* Strudel von etw. geraten

ząpaziti (-žen) (**-pāžati** *5*) bemerken, wahrnehmen

zapāžānj|e Beobachtung *f*, Wahrnehmung *f*; ***sposọbnōst*** ~**a** Wahrnehmungsvermögen *n*

zapāžati *5* → ***ząpaziti***

zapẹčatiti (-aćen) versiegeln; *fig.* besiegeln

ząpečen (-o) (*Fleisch*) gebraten; (*Kuchen*) gebacken

ząpećak (-ćka; *Pl* -ćci) Winkel hinter dem Ofen; Ofenbank *f*

ząpeći (-ęčēm; *Imp* zapęci; -ekao, -kla; -ęčen) braten, anbraten; backen; ~ **se** *Speisen*: anbrennen; ***ząpekla ga sāvjest*** er hat Gewissensbisse bekommen

ząpēti (-pnēm; *Imp* ząpni; zapeo, -ela; ząpēt) (**ząpinjati**) hängenbleiben, stocken, hapern; stehenbleiben; (*über etw.*) stolpern; *Gewehr* spannen; *Arbeit, Gespräch*: stocken; ~ ***įz pētnīh žīlā*** seine ganze Kraft einsetzen, alles daransetzen; ~ ***zą oko*** Blicke auf sich lenken *od.* ziehen

zapętljati (**-ljāvati** *5*) verwirren, verheddern, verwickeln (*a. fig.*)

ząpijevati[1] zu singen anfangen

zapijẹvati[2] *5/7 e-n Toten* beweinen, Klagelieder singen

ząpiliti zu sägen beginnen; ~ ***sębi ų glāvu*** *fig.* sich etw. in den Kopf setzen

zapīljiti *5* anstarren, angaffen (**u** *A*/*A*)

ząpinjānje Stocken *n*, Steckenbleiben *n*

ząpinjati (-jēm) → ***ząpēti***

zapįrāč *1* Riegel *m*, Sperrhaken *m*

ząpirati (-ēm) [**-preti**] (zu)riegeln, verriegeln

zāpis Notiz *f*, Anmerkung *f*; Vermächtnis *n*; ~**i** *m*/*Pl* Memoiren *Pl*

ząpīsān (-o) aufgeschrieben, notiert; ***bịti dọbro*** ~ *fig.* gut angeschrieben sein (***kod*** *G*/bei *D*)

zapīsati (zapīšēm) (**-isīvati**) aufschreiben, aufzeichnen, vermerken, notieren; *Hdl.* verbuchen, buchen; ~ ***vrāgu dūšu*** *fig.* dem Teufel seine Seele verschreiben; ~ ***za ųho*** *fig.* sich hinter die Ohren schreiben

zapisīvānje Aufzeichnen *n*, Aufzeichnung *f*; Eintragung *f*, Einschreibung *f*; Buchung *f*, Verbuchung *f*

zapisīvati (-įsujēm) → ***zapīsati***

zāpisničār Protokollführer *m*, Schriftführer *m*

zāpisnīk Protokoll *n*, Sitzungsprotokoll *n*; ~ ***o ųviđaju*** Tatbestandsaufnahme *f*; ***izjāviti na*** ~ zu Protokoll nehmen; ***ųnijēti u*** ~ ins Protokoll aufnehmen; ***vọditi*** ~ ein Protokoll aufnehmen, Protokoll führen

zapītati *5 pf* anfragen, fragen, befragen

ząpiti (-ijēm) *pf* vertrinken, versaufen; ~ **se** sich dem Trunk ergeben

zapitkı̄vati (-ịtkujēm) (*wiederholt*) nachfragen, immer wieder fragen; ***mnọgo ~*** Fragen über Fragen stellen
zapjẹniti se *pf* (auf)schäumen, überschäumen; ***~ od bjẹsa*** *fig.* vor Wut schäumen
zạpjevati *pf* ein Lied anstimmen, zu singen beginnen
zạplačēm *1. Pers Sg v.* ***zạplakati***
zạplakan (-o) verweint; ***~ō lı̄ce*** verweintes Gesicht
zạplakati (-čēm) *pf* in Tränen ausbrechen, zu weinen beginnen; ***~ kạo ljūtā gọdina*** *fig.* Rotz und Wasser heulen
zaplạmtjeti (-tīm; -tio, -tjela) *pf* aufflammen, emporflammen
zạplašen (-o) verängstigt, eingeschüchtert
zạplašiti ängstigen, in Angst versetzen, verängstigen, einschüchtern
zạ̄pleće Rückhalt *m*, Unterstützung *f*
zaplẹ̄sati (zạplēšēm; *Imp* zaplẹ̄ši) *pf* zu tanzen beginnen
zạplesti (-ẹtēm; zạpleo, -ela; -ẹten *6*) (**zạpletati**) verwickeln, verwirren; verschlingen, verstricken; ***~ jẹzikom*** stottern; ***~ kao pịle u kụćine*** *fig.* sich in etw. verstricken
zạ̄plet Verwicklung *f* (*auch im Drama*); Komplikation *f*; ***~ crijẹva*** *Med.* Darmverschlingung *f*
zạpletāj → ***zạ̄plet***
zạpletati (-ćēm) → ***zạplesti***
zaplẹten (-o) wirr, verwirrt, verworren, kompliziert
zaplẹtenōst (-osti; *ISg* -osti/-ošću) *f* Verwirrtheit *f*, Verworrenheit *f*, Kompliziertheit *f*
zaplijẹniti *5/7* (**-pljenı̄vati**) beschlagnahmen, konfiszieren; pfänden; *Vermögen* einziehen
zạplijenjen (-o) beschlagnahmt, gepfändet, konfisziert
zạplitati (-ićēm) → ***zạplesti***
zạplivati *pf* zu schwimmen beginnen; hineinschwimmen; ***~ u ọpasne vọde*** *fig.* sich auf gefährliches Terrain begeben
zạplotnjačkī tückisch, hinterhältig, hinterlistig
zaplọviti *5 Schiff*: in See stechen; *Segelboot*: absegeln, lossegeln
zạ̄pljena Pfändung *f*, Beschlagnahme *f*, Konfiskation *f*; Einziehung *f* (*von Vermögen*)
zapljenı̄vati (-ẹnjujēm) → ***zaplijẹniti***
zạpljeskati (-eskām/-ešćēm) zu klatschen *od.* zu applaudieren beginnen
zạpljesniviti *pf* schimmeln, verschimmeln, Schimmel ansetzen, muffig *od.* schimmelig werden
zạpljunuti (-nēm) *pf* spucken; ***~ u šạke*** *fig.* in die Hände spucken, zu arbeiten anfangen
zạpljuskati *pf* → ***zapljuskı̄vati***
zapljuskı̄vati (-ụskujēm) *Wasser*: *Ufer* umspülen, plätschern
zạpljusnuti (-nem) *pf* → ***zapljuskı̄vati***
zapọčēti (započnēm; *Imp* zapọčni; zạpočeo, -ēla; zạpočēt) (**zapọčinjati**) beginnen, anfangen (*A*/mit *D*)
zapọčinjati (-jēm) → ***zapọčēti***
zapodijẹvati *5/7* → ***zapọdjenuti***
zapọdjenuti (-nēm) (**-dijẹvati** *5/7*) anfangen, beginnen; anzetteln, anfachen; *Gespräch* anknüpfen; *Streit* vom Zaun brechen
zapọdjesti (-enēm) *pf* → ***zapọdjenuti***
zapomạ̄gānje Hilferuf *m*
zapomạgati (zapọmāžēm) um Hilfe rufen; schreien (*in e-r Notlage*)
zạ̄ponac (-ōnca) Schließe *f*; Sperre *f*
zapọpiti *pf* zum Priester weihen; ***~ se*** die Priesterweihe empfangen
zạ̄por Verriegelung *f*, Verschluß *m*, Sperre *f*
zạpōrka Chiffre *f* (*im Bankwesen*); → ***zạ̄grada***
zạ̄pornī Verschluß-, Sperr-; ***~ vẹntīl*** *Tech.* Absperrventil *n*
zapọsjedati, -posjẹ̄dati *5* einnehmen, belegen; *Jur.* Besitz ergreifen (*A*/von *D*); *Mil.* einnehmen, okkupieren
zaposjednụ̄će *Jur.* Besitzergreifung *f*; *Mil.* Okkupation *f*
zapọsjednuti (-jednēm) *pf*, **zapọsjesti** (-jednēm) *pf* → ***zapọsjedati***
zạposlen (-o) (*an e-m Arbeitsplatz*) beschäftigt; beschäftigt (*I*/mit *D*); ***djẹlomično ~*** teilzeitbeschäftigt; ***pụno ~*** vollzeitbeschäftigt
zạposlenōst (-osti; *ISg* -osti/-ošću) *f* Beschäftigtsein *n*, Beschäftigung *f*; Anstellung *f*; ***pụnā ~*** Vollbeschäftigung *f*
zaposlẹ̄nje Beschäftigung *f*, Arbeit *f*; ***dọbiti ~*** e-e Arbeitsplatz bekommen; ***trạ̄žiti ~*** e-e Arbeit *od.* e-e Anstellung suchen
zapọsliti *5* (zạposljen) (**-šljạ̄vati** *5*) *Ar-*

beitnehmer anstellen, beschäftigen; ~ **se** e-e Beschäftigung aufnehmen, e-e Arbeit *od.* e-n Arbeitsplatz bekommen (***kao*** *N*/als *N*)
zapǫstaviti (-vljen) (**-vljati**) zurücksetzen, hintansetzen; geringschätzen, nicht viel halten (*A*/von *D*); vernachlässigen, benachteiligen
zapǫstavljānje Zurücksetzen *f*, Hintansetzung *f*, Geringschätzung *f*, Benachteiligung *f*, Vernachlässigung *f*
zapǫstavljati → ***zapǫstaviti***
zapǫstavljen (-o) zurückgesetzt, benachteiligt, vernachlässigt; ***ǫsjećati se ~im*** sich benachteiligt *od.* zurückgesetzt fühlen
zapǫstavljenōst (-osti; *ISg* -osti/-ošću) *f* Benachteiligtsein *n*, Zurückgesetztsein *n*
zapošljạ̄vānje → ***zaposlẹ̄nje***
zapošljạ̄vati *5* → ***zapǫsliti***
zạpovijẹ̄d (-i; *I* -edi/-eđu) *f* Befehl *m*, Anordnung *f*; Gebot *n*; ***dạti ~*** e-n Befehl erteilen; ***dẹset Bǫžjīh ~ī*** *Rel.* die Zehn Gebote; ***na ~!*** *Mil.* zu Befehl!
zapovijedạjūćī gebieterisch; kommandierend; ***~ genẹrāl*** der kommandierende General
zapovijẹdati *5/7* → ***zapǫvjediti***; ***kạko Bǫg zapǫvijedā*** *fig.* wie es sich gehört
zạpovijēst (-i) *f* → ***zạpovijẹ̄d***
zạpovjẹ̄d|an angeordnet, befehlend, Befehls-; ***~nī nạ̄čin*** *Gr.* Imperativ *m*, Befehlsform *f*
zapǫvjediti (**-vijẹdati** *5/7*) befehlen, gebieten; befehligen, kommandieren
zạpovjednī → ***zạpovjēdan***
zapovjẹdnīk *1* (*V* -če) Befehlshaber *m*, Kommandant *m*; (*Feuerwehr*) Hauptmann *m*; ***vṛhōvnī ~*** *Mil.* Oberbefehlshaber *m*
zapovjednịštvo (*GPl* -vjẹdnīštāvā/-nịštvā) *Mil.* Befehlsgewalt *f*, Kommando *n*
zạprāšen (-o) verstaubt, angestaubt
zaprạšiti *5* (**-ašịvati**) stauben, anstauben, verstauben; *Obstbäume* (*mit Insektiziden*) spritzen; *Bot. Blüte* bestäuben; einpudern, pudern; *fig. Mensch*: verduften, sich verziehen; ~ **se** verstauben, staubig werden
zaprašịvāč *1* Sprühdose *f*, Zerstäuber *m*
zaprašīvati (-ạšujēm) → ***zaprạ̄šiti***
zạpravo *Adv* eigentlich, im Grunde genommen; das heißt; ***jạ stụdīrām, ~ sam stụdent elektrǫnikē*** ich studiere, d. h. ich bin Student der Elektrotechnik; ***kạko se ~ zǫvē ǫvā žẹna?*** wie heißt eigentlich diese Frau?; ***mịslīm tako, ali ~ tǭ nẹ znām*** ich glaube, daß es so ist, aber im Grunde genommen weiß ich es nicht; ***tǭ mi je nẹćak, ~ brạtov sīn*** das ist mein Neffe, also/d. h. der Sohn meines Bruders
zaprečīvati (-ęčujēm) → ***zaprijẹ̄čiti***
zạprećēm *1. Pers Sg v.* ***zaprẹtati***
zaprēći (zạprēgnēm) → ***zaprẹ̄gnuti***
zạ̄prega (*Pferde-*, *Ochsen-*)Gespann *n*
zaprẹ̄gnuti (zạprēgnēm; *Imp* zaprẹ̄gni; zaprẹ̄gnuo/zạprēgao; zạprēgnūt) (**-ẹ̄zati**) *Pferde* einspannen; *Schürze* umbinden
zạ̄prek|a Hindernis *n*; Absperrung *f* (*in e-m Großmarkt*); *Jur.* Hinderungsgrund *m*; ***nạići na ~e*** auf Hindernisse stoßen; ***ụtrka sa ~ama*** *Sp.* Hindernislauf *m*
zaprẹ̄mati *5* [**-iti**] *Platz* einnehmen; *Raum* ausfüllen; umfassen (*vom Umfang her*)
zạ̄premina Rauminhalt *m*, Volumen *n*; ~ ***brǫda*** Tonnengehalt *m*, Tonnage *f*
zaprẹ̄miti (-mljen) *pf* → ***zaprẹ̄mati***
zạ̄premnina → ***zạ̄premina***
zaprepạ̄stiti *5* (-ępāšćen/-ępāšten) (**-aštạ̄vati** *5*, **-ašćīvati**) erschrecken, bestürzen; (*seelisch*) erschüttern; ~ **se** erschüttert *od.* erstaunt *od.* bestürzt *od.* schockiert sein
zaprepašćẹ̄nje Bestürzung *f*, Erschütterung *f*
zaprepašćīvati (-ạšćujēm) → ***zaprepạ̄stiti***
zaprepaštạ̄vati *5* → ***zaprepạ̄stiti***
zaprepaštẹ̄nje → ***zaprepašćẹ̄nje***
zaprẹtati (zạprećēm) *Glut* mit Asche zudecken
zaprīčati se *5 pf* sich verplaudern
zạprijećen (-o) verhindert, verhütet
zạprijećenōst (-osti; *ISg* -osti/-ošću) *f* Verhinderung *f*, Verhindertsein *n*
zaprijẹčiti *5/7* (**-prečīvati**) verhindern, unterbinden; *Unfall* verhüten; *e-r Sache* Einhalt gebieten; *Weg* abschneiden *od.* versperren
zạprijēm *1. Pers Sg v.* ***zạprijēti***
zạprijēti (-ēm) abschließen
zaprijẹtiti *5/7* (**-prečīvati**) drohen, an-

Z

drohen; bedrohen; ~ **za mr̥tvū glȃvu** *fig.* j-m mit dem Tod bedrohen
zaprȉmiti *5* (zaprīmljen) *pf Posteingang* notieren *od.* verzeichnen
zaprisȅći (zaprisēgnēm) → **zaprisȇgnuti**
zaprisegnúće *Jur.* Vereidigung *f*, Eidesleistung *f*
zaprisegnūt beeidigt, vereidigt; ~**ī vjȅštāk** beeidigter Sachverständiger
zaprisȇgnuti (zaprisēgnēm; -isēgao, -ēgla; -isēgnūt) *pf* beeiden, vereidigen; Eid abnehmen
zapȑljati *5 pf* beschmutzen, verunreinigen, verschmieren
zaprȍsiti *5* (zaprošen) *pf um ein Mädchen* anhalten *od.* werben
zȃpržak (-ška) Mehlschwitze *f*, Einbrenne *f*
zapržiti *pf* (*beim Backen*) bräunen; e-e Mehlschwitze ansetzen; ~ **čȍrbu** *fig.* j-m die Suppe versalzen
zapt *Turz.* Zucht *f*, Disziplin *f*
zaptivāč *1 Tech.* Dichtung *f*
zapućak (-čka; *Pl* -čci) Knopfloch *n*
zapučiti *pf* (zu)knöpfen
zȃpuh Windböe *f*; Schneewehe *f*
zapȗhati (zapūšēm) *pf* zu wehen beginnen; *Wind*: zu blasen beginnen; *Mensch*: nach Luft schnappen
zapȗhnuti (zapūhnēm; *Imp* -pūhni) *pf* → **zapȗhati**
zapustiti *5* (**-ȗštati** *5*) *Gesundheit*, *Beruf* vernachlässigen; ~ **se** sich vernachlässigen, sich gehen lassen, verwahrlosen
zapušāč *1* Zäpfchen *n*, Stöpsel *m*
zapušȃvati *5* → **zapušiti²**
zapušiti¹ *pf* zu rauchen beginnen
zapušiti² (**-šȃvati** *5*) verstopfen, zustopfen; *Flasche* zukorken; ~ **ȗsta** V *j-m* das Maul stopfen
zapȗštati *5* → **zapustiti**
zapušten (-o) vernachlässigt, verwahrlost, verkommen; verlassen
zapuštenōst (-osti; *ISg* -osti/-ošću) *f* Vernachlässigung *f*, Verwahrlosung *f*, Verwilderung *f*
zapȗtiti se *pf* sich auf den Weg machen, e-n Weg einschlagen
zar¹ vielleicht?, etwa?; ~ **ipak?** also doch?; ~ **ne?** nicht wahr?; ~ **nije tako?** ist es nicht so?; ~ **nije dȉvno?** ist das nicht wunderbar?; ~ **nisi tō znao?** hast du das denn nicht gewußt?; ~ **tako?** so also?; ~ **zbilja?** wirklich?; **ma** ~? ach ja?
zȃr² Gesichtsschleier *m*
zaračunati (**-ȃvati** *5*) rechnen, berechnen, auf die Rechnung setzen; (*als Preis*, *Gebühr*) verlangen; ~ **se** sich verrechnen
zaraćen (-o) kriegführend; ~**ē strȃne** die kriegführenden Parteien
zarȃd → **radi**
zarada Verdienst *m*, Einkommen *n*; **bruto** ~ Bruttoverdienst *m*, Bruttoarbeitsentgelt *n*; **izgubljenā** ~ Lohnausfall *m*; **mȃsnā** ~ *fig.* ein fettes *od.* dickes Einkommen; **spȍrednā** ~ Nebenverdienst *m*
zarȃdi → **radi**
zarȃditi *5* (zarāđen) (**-ađȉvati**) *Geld* verdienen; *fig. Prügel*, *Strafe* verdienen; ~ **svȏj kruh** seinen Lebensunterhalt verdienen
zarađivāč *1* Verdiener *m*
zarađivānje Verdienen *n*, Verdienst *m*
zarađivati (-ađujēm) → **zarȃditi**
zarȃjtati *pf* vergeuden, F verplempern
zarana (früh)zeitig, früh
zarȃnjati *5* → **zarȍniti**
zaraslica *Med.* Narbe *f*
zarastao (-sla) (*Wunde*) verheilt; (*Narbe*) verwachsen
zarȃstati *5* → **zarȃsti**
zarȃsti (-āstēm; -rastao, -rasla) (**-ȃstati** *5*, **-ašćivati**) *Wunde*: verheilen, zuheilen; *Garten*: zuwachsen
zarašćivati (-āšćujēm) → **zarȃsti**
zaratiti se sich bekriegen; in den Krieg ziehen (**na** *A*/gegen *A*)
zarāvan (-nvi) *f* Hochebene *f*, Plateau *n*; *Geol.* (*Erd-*)Platte *f*
zaravanak (-ānka) (kleinere) Hochebene *f*
zaraza Ansteckung *f* (*mit e-r Krankheit*), Infektion *f*; Seuche *f*
zaraz|an ansteckend; ~**nā bolēst** ansteckende Krankheit
zarȃziti *5* (zarāžēn) (**-ažȃvati** *5*) *Med.* anstecken, infizieren; verseuchen; ~ **se** sich anstecken (*I*/mit *D*)
zarāznōst (-osti; *ISg* -osti/-ošću) *f Med.* Ansteckungsfähigkeit *f*, Infektiosität *f*
zarāženōst (-osti; *ISg* -osti/-ošću) *f* Verseuchung *f*; Infektion *f*
zarđān (-o) verrostet
zarđao (-alo) → **zarđān**
zarđati *pf* (ver)rosten, einrosten
zareći se (zarȇčēm se/zareknēm se;

zạrekao se, -kla se; zarẹčen *6*) (**zarı̄cati se**) sich versprechen (*e-n Fehler beim Sprechen machen*); sich etw. (*fest*) vornehmen

zarẹ̄dati *5 pf* aufeinander folgen; nacheinander auftreten; etw. nacheinander tun; **~ *od jẹdnē kṛčmē dọ drugē*** e-n Kneipenbummel machen

zarẹ̄diti *5* (zạrēđen) (**-eđı̄vati**) zum Priester weihen, die Priesterweihe erteilen; **~ se** die (Priester-)Weihen erhalten

zarеđı̄vati (-ẹđujēm) → ***zarẹ̄diti***

zạ̄rez Einschnitt *m*, Kerbe *f*; *Gr*. Komma *n*; (*bei e-m Gewehr*) Kimme *f*; ***tọčka i ~*** *Gr*. Strichpunkt *m*, Semikolon *n*

zạrezati (-žēm) (**-zı̄vati**) einschneiden, anschneiden, einkerben; ***dubọko ~ ụ pamētfig***. sich tief ins Gedächtnis eingraben

zarezı̄vati (-ẹzujēm) → ***zạrezati***

zarẹ̄žati (-īm) *pf* knurren, anknurren, die Zähne fletschen

zạrežēm *1. Pers Sg v.* ***zạrezati***

zarıcati se → ***zạreći se***

zạridati *pf* zu jammern anfangen, zu schluchzen beginnen; in Tränen ausbrechen

zarı̄kati (zạrīčem) *pf Löwe*: zu brüllen anfangen, brüllen; *Hirsch*: zu röhren anfangen, röhren

zạrinuti (-nēm) *pf* → ***zạriti***

zạriti (-ijēm; *Imp* zạrīj; -ịven *6*/-it), **zạrinuti** hineinstecken, hineinstoßen; (*in der Erde*) vergraben; **~ *nọž ụ srce*** ein Messer ins Herz stoßen

zarọbiti *5* (zạrobljen) (**-bljạ̄vati** *5*) gefangennehmen, gefangensetzen; *Schiff* kapern

zarobljạ̄vānje Gefangennahme *f*

zarobljạ̄vati *5* → ***zarọbiti***

zarobljẹnı̄čkī (Kriegs-)Gefangenen-

zarobljẹnı̄k *1* (*V* -če) Gefanene(r) *m*, Kriegsgefangene(r) *m*

zarobljenı̣̄štvo (Kriegs-)Gefangenschaft *f*

zarọktati (zạrokćēm) *Schwein*: zu grunzen beginnen

zarọniti *5* (zạronjen) (**-njı̄vati**) eintauchen, untertauchen; **~ *ụ san*** in (*tiefen*) Schlaf sinken

zaronjı̄vati (-ọnjujēm) → ***zarọniti***

zarọsiti *5* (zạrošen) *pf* benetzen, besprühen; **~ se** sich benetzen (*I*/mit *D*) *Glas*: beschlagen

zarụ̄biti *5* (zạrūbljen) (**-ubljı̄vati**) umsäumen, einsäumen

zạ̄ruč|an Verlobungs-; **~*nī pṛstēn*** Verlobungsring *m*

zạ̄ručen (-o) verlobt

zarụ̄čiti *5* (**-učı̄vati**) verloben; **~ se** sich verloben, e-e Verlobung eingehen

zaručı̄vati (-ụčujēm) → ***zarụ̄čiti***

zạ̄ručnica Verlobte *f*

zạ̄ručnı̄k Verlobte(r) *m*, Bräutigam *m*

zarụ̄djeti (-īm; -dio, -djela) *pf Obst, Himmel*: sich röten, rot werden

zarukā̄vlje Ärmelaufschlag *m*

zạ̄ruke *f*/*Pl* Verlobung *f*

zarumẹniti *5* (-ụmenjen) *pf* rosig färben, röten

zarumẹnjeti (-īm; -nio, -njela) *pf* erröten, rosig werden

zạrzati (-žēm) *pf* aufwiehern

zạsad[1] einstweilen, vorläufig, für jetzt

zạ̄sad[2] Anpflanzung *f*

zạ̄sada Grundsatz *m*, Prinzip *n*, Maxime *f*

zasạ̄diti *5* (zạsāđen) (**-ađı̄vati**) pflanzen, anpflanzen, bepflanzen; *Setzling* setzen, einsetzen

zasađı̄vānje Anpflanzung *n*, Bepflanzen *n*; *Bot*. Anpflanzung *n*

zasađı̄vati (-ạđujēm) → ***zasạ̄diti***

zạ̄seb|an abgesondert, getrennt, separat; Sonder-; **~*nī mı̄r*** Sonderfrieden *m*, Separatfrieden *m*

zạsebicē für sich, abgesondert

zạ̄selak (-eoka/-elka; *Pl* -eoci) Einzelhof *m*, Gehöft *n*; Weiler *m*

zạsićen (-o) (*chem. Lösung*) gesättigt; saturiert

zạsićenōst (-osti; *ISg* -osti/-ošću) *f*, **-nenje** *Chem*. Sättigung *f*, Sättigungsgrad *m*; **~ *tṛžīšta*** *Hdl*. Marktsättigung *f*

zạsigūrno sicher, gewiß, bestimmt

zạsijati[1] (-jēm) (**-ijạ̄vati** *5*) (an)säen; aussäen

zası̄jati[2] *5* → ***zạsjati***

zasijạ̄vati *5* → ***zạsijati***[1]

zasijẹcati *5*/*7* → ***zạsjeci; tọ̄ zasijecā u mọjā prạ̄va*** das greift in meine Rechte ein; ***tọ̄ zasijecā u mọjū strụku*** das schlägt in mein Fach

zạ̄sip Damm *m*

zạsipati (**-ipạ̄vati** *5*) zuschütten; (*mit Ehrungen*) überschütten

zạ̄sitan sättigend; (*Essen*) nahrhaft

zạsititi (-ćen) (**-ćạ̄vati** *5*) sättigen; *Neu-*

gier befriedigen; ~ **se** sich übersättigen; satt haben (*G*/*A*)
ząsjati (**-sijati** *5*) erstrahlen, erglänzen, aufleuchten
ząsjeći (-siječēm; -sjekao, -kla; -sječen *6*) (**-siječati** *5*/*7*) einschneiden, einhauen
zȃsjed|a Hinterhalt *m*, Lauer *f*; (*bei der Jagd*) Anstand *m*; **pǫstaviti ~u** e-e Falle stellen (*a. fig.*)
zasjȇdānje Tagung *f*, Sitzung *f*, Beratung *f*
zasjedȃvati *5* tagen, e-e Tagung *od.* e-e Sitzung abhalten; j-m auflauern
ząsjednēm *1. Pers Sg v.* **ząsjesti**
zȃsjek Einschnitt *m*, Kerbe *f*
ząsjena → **zȃsjenak**
zȃsjen|ak (-ēnka) Schatten *m*; **bȃciti u ~ak** *fig.* in den Schatten stellen; **u ~ku** *fig.* im Hintergrund; **vlȃda u ~ku** *Pol.* Schattenkabinett *n*
ząsjeniti (**-njīvati**) umschatten, beschatten; in den Schatten stellen
zasjenjīvati (-ęnjujēm) → **ząsjeniti**
ząsjesti (-ednēm; -sjeo, -ela) (**ząsjedati**) zu lange sitzen; ~ **zą stōl** sich an den Tisch setzen; ~ **na prijęstolje** den Thron besteigen; **debęlo** ~ sich (zu) lange aufhalten; ~ **u gṛlu** im Hals steckenbleiben (*a. fig.*)
zaskǫčiti *5 pf* anspringen; *fig.* in den Rücken fallen; ~ **ų riječ** ins Wort fallen
ząslada Dessert *n*, Nachtisch *m*
zaslȃditi *5* (ząslāđen) (**-ađīvati**) süßen, versüßen; zuckern; ~ **pįlulu** *fig.* e-e bittere Pille versüßen; ~ **se** e-e Süßspeise essen
zaslađīvānje (Ver)Süßen *n*
zaslađīvati (-ądujēm) → **zaslȃditi**
ząslanjati → **zaslǫniti**
zaslijȇpiti *5*/*7* (**-sleplјīvati**) blenden, j-m das Augenlicht nehmen; (*mit starkem Licht*) blenden; *fig.* täuschen, bluffen
zaslijępjeti (-īm; -pio, -pjela) *5*/*7 pf* erblinden, blind werden, das Augenlicht verlieren
ząslijepljen (-o) blind, geblendet
ząslijepljenōst (-osti; *ISg* -osti/-ošću) *f* Blindheit *f*; *fig.* Verblendung *f*
ząsliniti (**-nȃvati** *5*) zu sabbern beginnen; *Kleinkind*: zu weinen beginnen
zȃslon (*Lampen, Ofen-*)Schirm *m*; *Fot.* Blende *f*; ~ **za ǫči** Scheuklappe *f* (*für Pferde*); **skąla ~a** *Fot.* Blendenskala *f*
zaslǫniti *5* (**ząslanjati**) (ab)schirmen, schützen, decken; *Aussicht* verstellen; *Fot.* abblenden
zȃslug|a Verdienst *n*; **stęći ~e** sich Verdienste erwerben, sich verdient machen (**za** *A*/um *A*); **upīs(īv)ati u ~u** *j-m etw.* als Verdienst anrechnen
zȃslužan verdienstvoll, verdient
zȃslužba (*GPl* -bī) (*Arbeits-*)Lohn *n*, Verdienst *m*
ząslūžen (-o) verdient; **kṛvavo** *od.* **tȇško** ~ *fig.* sauer verdient
zaslǘžiti *5* (**-užīvati**) *Geld* verdienen; *fig. Prügel, Lob etc.* verdienen
zasluživati (-ųžujēm) → **zaslǘžiti**
zasljepljȇnje Blendung *f*, Täuschung *f*
zasljepljīvati (-ępljujēm) → **zaslijȇpiti**
zasmǫliti *5 pf* verpichen, mit Pech bestreichen
zasmrȃditi *5* (ząsmrāđen) (**-ađīvati**) *pf Luft* verpesten, mit Gestank erfüllen
zasmrađīvati (-mrądujēm) → **zasmrȃditi**
zasmṛdjeti (-īm; -dio, -djela) *pf* zu stinken beginnen
zasnįvāč *1* (Be-)Gründer *m*, Stifter *m*
zasnīvati *5* (**-ǫvati**) gründen, begründen; planen, entwerfen; ~ **se** sich gründen (**na** *L*/auf *A*)
zasnǫvati (ząsnujēm) → **zasnīvati**
zasǫliti *5* (ząsoljen) salzen, einsalzen; *scherzh.* (*beim Erzählen*) dick auftragen
zasǫpiti se *5 pf* außer Atem kommen, keuchen
ząsopljen (-o) außer Atem
ząspati (-īm) *pf* einschlafen; ~ **kao tǫp** *od.* **ząklān** *fig.* schlafen wie ein Murmeltier; **stvȃr je ząspala** *fig.* die Sache ist eingeschlafen
zasrȃmiti *5 pf* beschämen; ~ **se** sich schämen
ząstajȃnje (*wiederholtes*) Stehenbleiben *n*, Anhalten *n*
ząstajati (-jēm) → **ząstati**
zastajkīvati (-ąjkujēm) (*wiederholt*) stehenbleiben, (*immer wieder*) anhalten
zȃstar|a Verjährung *f*; **rǫk ~ē** *Jur.* Verjährungsfrist *f*
zastarijęvati *5*/*7* → **ząstarjeti**
ząstario (-rjelo) veraltet, unmodern, altertümlich, altmodisch; *Jur.* verjährt; (*Ideen*) überlebt
ząstariv der Verjährung unterliegend

zạstarjelōst (-osti; *ISg* -osti/-ošću) *f* *Jur*. Verjährung *f*; → ***zạ̄stara***
zạstarjeti (-īm; -rio, -rjela) (**-ijẹvati** *5/7*) *pf* veralten; *Jur*. verjähren
zạstati (-anēm; *Imp* -ani; zạstao, -āla) (**zạstajati**) stehenbleiben, stillstehen, stocken; *e-n Menschen* antreffen (***kọd kućē, na rạ̄dnōm mjẹstu*** zu Hause, am Arbeitsplatz); *Bissen*: (*im Halse*) stekkenbleiben; *Atem*: stocken
zạ̄stav|a Fahne *f*, Flagge *f*; *poet*. Banner *n*; (*an Wagen*) Standarte *f*; ***bijelā ~a*** weiße Fahne; ***dịći*** *od*. ***ịzvesti ~u*** die Fahne hissen; ***dr̄žāvnā ~a*** Staatsflagge *f*; ***kọnjanīčkā ~a*** Reiterstandarte *f*; ***spụstiti ~u*** (***nạ pō stijega***) die Fahne (auf Halbmast) senken; ***vịsoko dịzati ~u*** *fig*. j-s Fahne hochhalten
zạ̄stavica Fähnchen *n*, Wimpel *m*; ***kụ̄tnā ~*** *Sp*. Eckfahne *f*; ***prijẹlaznā ~*** Wanderpokal *m*
zạ̄stavnīk Fahnenträger *m*; *Mil*. Fähnrich *m*
zastẹnjati (zạstenjēm) aufstöhnen, e-n Seufzer ausstoßen
zastịdjeti se (zạstīdīm se; -dio se, -djela se) *pf* sich schämen (*G*/wegen *G*. *od*. *G*)
zạstīđen (-o) beschämt, verschämt
zạstirānje Bedecken *n*, Zudecken *n*, Verhüllen *n*
zạstirati (-rēm) → ***zạstrijēti***
zạ̄stoj Stockung *f*, Stauung *f*; Stillstand *m*, Stagnation *f*; (*bei e-r Schußwaffe*) Ladehemmung *f*; ***prọ̄metnī*** *od*. ***sạobraćājnī ~*** Verkehrsstau *m*
zạ̄stor Vorhang *m*; Gardine *f*; ***~ se dịžē*** *Thea*. der Vorhang geht auf
zastrạ̄niti *5* (**-anjīvati**) irregehen, (*vom Weg*) abweichen; (*vom Thema*) abschweifen
zastranjịvati (-ạnjujēm) → ***zastrạ̄niti***
zạstrašen (-o) eingeschüchtert; ängstlich
zastrašẹ̄nje Abschreckung *f*
zạstrašiti (**-ịvati**) ängstigen, beängstigen; Angst einjagen (*A*/*D*); erschrekken
zastrašịvati (-ạšujēm) → ***zạstrašiti***
zạstrijēti (-trēm; zạstro, -tr̄la; zạstr̄t) (**-stirati**) bedecken, verdecken; verhüllen, verschleiern; (*mit e-r Decke*) zudecken; *Fenster* verhängen
zạstūpan (-o) (*in rechtlicher Hinsicht*) vertreten (*I*/von *D od*. durch *A*)
zastụ̄pānje Vertretung *f*, Stellvertretung *f*
zastụ̄pati *5* [**-ụ̄piti** *5*] (*rechtlich*) vertreten; *e-e Meinung* vertreten
zạ̄stupnica Vertreterin *f*, Stellvertreterin *f*; (*Parlaments-*)Abgeordnete *f*
zạ̄stupničkī Vertretungs-; Abgeordneten-
zạ̄stupnīk Vertreter *m*, Stellvertreter *m*; ***nạ̄rodnī ~*** Volksvertreter *m*; ***tr̥govačkī ~*** Handelsvertreter *m*; ***zạ̄konskī ~*** gesetzlicher Vertreter *m*
zạ̄stupnīštvo Vertretung *f*, Repräsentanz *f*; (*Handels-*)Agentur *m*
zạsūčēm *1. Pers Sg v*. ***zasụ̄kati***
zạsūkān (-o) (*Ärmel*) zurückgeschlagen, aufgekrempelt; *fig*. (*Mensch*) borniert; beschränkt
zasụ̄kati (zạsūčēm) (**-ukīvati**) *Ärmel* zurückschlagen, aufkrempeln; (*Faden*) aufwickeln; ***~ rukạ̄ve*** *fig*. fest zupakken, Ärmel hochkrempeln
zasukịvati (-ụkujēm) → ***zasụ̄kati***
zạ̄sun Riegel *m*, Sperriegel *m*
zasụ̄nuti (zạsūnēm) *pf* verriegeln, zuriegeln
zạsūti (zạspēm; *Imp* zạspi; zạsuo, -ūla; zạsūt) (**zạsipati**) verschütten, zuschütten, zuscharren; überschütten (***svijẹćōm, psọ̄vkama*** mit Blumen, mit Schimpfworten); ***~ vạtrōm*** *Mil*. mit (*Geschütz-*)Feuer belegen
zạsužnjiti *pf* gefangennehmen
zạsvagda für immer
zasvijẹtliti *5/7 pf* aufleuchten, erstrahlen, erglänzen; erhellen
zasvịrati *5 pf* aufspielen, *ein Musikinstrument* zu spielen beginnen, zu musizieren beginnen
zasvjedọčiti *5* (**-dočạ̄vati** *5*) (be)zeugen, Zeugnis ablegen
zasvjetlụcati *pf* zu flackern *od*. flimmern beginnen, zu glitzern *od*. glimmern beginnen
zasvr̥bjeti (-bī; -bio, -bjela) *pf* (*nur unpers*) jucken, kribbeln; zu jucken *od*. zu kribbeln beginnen
zašarạ̄fati *5 pf* (an)schrauben, zuschrauben; e-e Schraube anziehen
zašẹćeriti *pf* (ver)zuckern
zašịjati *pf* in die Gegenrichtung rudern, gegensteuern; *fig*. übertreiben
zašịljiti *5* (**-iljịvati**) *Holzstück*, *Bleistift* (an)spitzen

zašiljịvati (-ịljujēm) → ***zašịljiti***
zạšiti (-ijēm; *Imp* -ij; zašịven/zạšit) (**-ịvati** *5*) *Knopf* annähen; zunähen; *Naht*, *Wunde* vernähen
zaškịljiti *pf* schielen, blinzeln; zwinkern; zu schielen anfangen
zaškrịpati *5 pf* zu knarren anfangen; ~ ***zūbima*** (*mit den Zähnen*) knirschen
zaštẹdjeti (zạštedīm; -dio, -djela) *pf* einsparen, sparen; *Geld* auf die Seite legen
zạštīćen (-o) geschützt, beschützt, behütet; → ***zaštịtiti***
zaštićịvati (-ịćujēm) → ***zaštịtiti***
zạštit|a Schutz *m*, Schirm *m*, Obhut *f*; ~***a ịnteresā*** *Jur.* Interessenwahrung *f*; ~***a manjịnā*** *Pol.*, *Jur.* Minderheitenschutz *m*; ~***a od ọtkaza*** *Jur.* Kündigungsschutz *m*; ~***a ọkolinē*** Umweltschutz *m*; ~***a prīrodē*** Naturschutz *m*; ~***a rạdā*** Arbeitsschutz *m*; ~***a živọtinjā*** Tierschutz *m*; ***cịvīlnā*** ~***a*** Zivilschutz *m*; ***prạvnā*** ~***a*** Rechtsschutz *m*; ***ụzēti pọd svọju*** ~***u*** unter seinen Schutz nehmen; ***zdrạvstvenā*** ~***a*** Gesundheitsfürsorge *f*; Krankenversicherung *f*
zaštịtiti *5* (zạštīćen) (**-ićịvati**) (be)schützen, in Schutz nehmen; behüten, beschirmen; ~ **se** sich schützen
zạštitn|ī Schutz-; ~***ō cijepljẹnje*** Schutzimpfung *f*; ~***ā mạska*** Schutzmaske *f*; ~***ō odijẹlo*** Schutzanzug *m*; ~***ī ụređāj*** Schutzvorrichtung *f*; ~***ī znạk*** *Hdl.* (*geschütztes*) Warenzeichen *n*
zạštitnica Beschützerin *f*, Schutzherrin *f*
zạštitnīk Beschützer *m*; Schutzherr *m*, Schirmherr *m*, Patron *m*; ~ ***bụbregā*** Nierenschützer *m*; ***svẹtac*** ~ *Rel.* Schutzheilige(r) *m*
zạšto[1]**:** ~***?*** warum?, wieso?, weshalb?; ***ni*** ~ ***ni krọšto*** aus unerfindlichen Gründen; ***svạko*** ~ ***ịmā svọje zạto*** *Sprw.* alles hat seinen Grund
zạšto[2] *vera.* da, weil; ***nịsam dọšao*** ~ ***nịsam ịmao vrẹmena*** ich bin nicht gekommen, weil ich keine Zeit hatte
zạštopati *pf Strümpfe* stopfen
zašụmiti *pf* zu rauschen *od.* zu sausen beginnen
zạšuškati *pf* zu rascheln beginnen
zašụštati (-īm) *pf* → ***zạšuškati***
zašụtjeti (zạšūtīm; -utio, -utjela) *pf* verstummen, still werden
zašụtkati *pf* zum Schweigen bringen; *Sachverhalt* vertuschen

zạtaći (-knēm) → ***zatạknuti***
zạtaja Verheimlichung *f*, Verleugnung *f*; Unterschlagung *f*
zatạjiti *5* (**-ajịvati**) verheimlichen, verschweigen, verleugnen, verhehlen; *Geld* unterschlagen *od.* veruntreuen; *Gewehr*, *Bremsen*, *Mensch*: versagen
zatajịvānje Verheimlichen *n*, Verschweigen *n*, Verleugnung *f*; Unterschlagung *f*, Veruntreuung *f*; Versagen *n*
zatajịvati (-ạjujēm) → ***zatạjiti***
zatạknuti (zạtaknēm; *Imp* -tạkni; zạtakao, -kla; -knūt) (**zạticati**) einstecken, hineinstecken; *Button* anstecken
zatalạsati se *pf* wogen, Wellen schlagen
zatạmniti *5* (zạtāmnjen) *pf* verdunkeln, abdunkeln, (*vor Licht*) abschirmen
zatamnjẹnje Verdunkelung *f*
zatạmnjeti (-īm; -nio, -njela) *pf* dunkel werden, dunkeln
zạtaškati (**-aškạvati** *5*) vertuschen, verheimlichen
zạteći[1] (zatẹčēm/zạteknēm; zạtekao, -kla; -tẹčen *6*) (**-tjecati, -ticati**) antreffen; erwischen; ertappen; überraschen, überrumpeln; ~ ***nạ djelu*** auf frischer Tat ertappen; ~ ***na krịvōj nọzi*** *Sp.* (*Ball*) mit *od.* auf dem falschen Fuß erwischen; ~ **se** sich befinden, sein
zạtēći[2] → ***zatẹgnuti***
zạtēgnūt (*Seil*) straff; (*Beziehungen*) angespannt
zatẹgnuti (zạtēgnēm; *Imp* zatẹgni; zatẹgnuo/zạtēgao, -ẹgnula/zạtegla; zạtēgnūt) (**zatẹzati**) (an)spannen, straff anziehen; *Seil* anziehen; ~ ***ličinu*** *fig.* am Galgen enden
zatẹzati (zạtēžēm) → ***zatẹgnuti***
zạticati[1] (-ičēm) → ***zạteći***[1]
zạticati[2] (-ičēm) → ***zatạknuti***
zạtiljak (-īljka) Nacken *m*, Genick *n*
zạtīm danach, nachher, hinterher, (so)dann, darauf(hin); ferner, außerdem
zatịrāč *1* (*V* -u) Zerstörer *m*, Vernichter *m*
zạtirānje Ausrotten *n*, Vertilgen *n*, Vernichten *n*
zạtirati (-rēm) → ***zạtrti***
zạtīšje Windstille *f*
zạtitrati *pf* zu vibrieren anfangen; aufflackern
zạtjecati (-čēm) → ***zạteći***[1]
zạtjerati (**-ịvati**) (hin)eintreiben, hinein-

jagen; *Vieh* treiben (**u stạju** in den Stall); ~ **u škrịpac** *fig.* in die Enge treiben
zatjerīvati (-ẹrujēm) → **zạtjerati**
zạtō darum, deshalb, daher, deswegen; **zạšto? zạtō!** warum? darum!; ~ **da** *Kj* um zu; ~ **što** weil
zatočẹnica Gefangene *f*, Internierte *f*
zatočẹničkī Gefangenen-, Internierten-, Internierungs-
zatočẹnīk *1* (*V* -če) Gefangene(r) *m*, Internierte(r) *m*
zatočenịštvo (*GPl* -čẹnīštāvā/-ịštvā) Gefangenschaft *f*
zatọmiti *5* (zạtomljen) (**-mljạ̄vati** *5*) *Gefühle* unterdrücken; *Lachen* verbeißen
zạ̄ton Bucht *f*, Meerbusen *m*, Bai *f*, Golf *m*
zatọpliti *pf Wetter*: warm werden
zatopljẹ̄nje Tauwetter *n* (*a. fig.*)
zạ̄tor Verderben *n*, Vernichtung *f*; Untergang *m*, Ruin *m*
zatrạ̄viti *5* (**-avljīvati**) bezaubern, verzaubern; *nur itr* mit Gras bewachsen werden
zatravljīvati (**se**) (-ạvljujēm) (se) **zatrạ̄viti** (**se**)
zatrạ̄žiti *5* (zạtrāžen) *pf* ersuchen (*A*/um *A*), verlangen; beantragen; ~ **rạčūn** Rechenschaft fordern (**od** *G*/von *D*)
zatrčati se (-īm se) (**-čạ̄vati se** *5*) Anlauf nehmen, zum Sprung ansetzen; *fig.* sich vergaloppieren, übereilt handeln; ~ **u gọvoru** sich verhaspeln
zạtrebati *pf* gebraucht werden, benötigen, brauchen; **njẹmu je zạtrebalo nạšā pọmōć** er benötigte unsere Hilfe
zạtrepćēm *1. Pers Sg v.* **zatrẹptati**
zatrepẹriti *pf* erzittern, zu zittern beginnen; *Licht*: zu flackern beginnen, aufflackern
zatrẹptati (zạtrepćēm) *pf* → **zatrepẹriti** ~ **ọčima** mit den Augen zwinkern *od.* blinzeln
zạtrēsti, zatrẹ̄sti (zatrẹsēm; zatrẹsao, -sla; -trẹsen *6*) (**zatrẹ̄sati**) zu schütteln *od.* zu rütteln anfangen; ~ **mrẹ̄žu** *od.* **mrẹžōm** *Sp.* ein Tor *od.* e-n Treffer erzielen; ~ **rụ̄ku** j-s Hand schütteln; ~ **se** erbeben, erzittern
zatr̄kati se (zạtr̄čēm se) → **zatrčati se**
zạtrovān (-o) vergiftet (*a. fig.*); (*seelisch*) verbittert
zạtrovānōst (-osti; *ISg* -osti/-ošću) *f* Vergiftung *f*; (*seelische*) Verbitterung *f*
zatrọvati (zạtrujēm) *pf* vergiften (*a. fig.*); *j-m das Leben* vergällen
zatṛpati (zạtrpān) (**-pạ̄vati** *5*) zuschütten; zuscharren; verstopfen; *fig.* überhäufen (**pọslom** mit Arbeit)
zatrpạ̄vānje Zuschütten *n*, Verscharren *n*; Überladen *n*
zatrpạ̄vati *5* → **zatṛpati**
zạtrti (zạtrēm; *Imp* zạtri; zạtro, -r̄la; -tr̄t) (**zạtirati**) vernichten, vertilgen, zerstören; ausrotten; ~ **u kọrijēn** von Grund auf *od.* völlig zerstören
zatrụ̄biti *pf* in e-e Trompete *od.* ein Horn stoßen, e-e Trompete *od.* ein Horn ertönen lassen
zatrụdnjeti (zạtrudnīm; -njela) *pf* schwanger werden
zạtūcān (-o) dumm, borniert, beschränkt; verstockt, halsstarrig
zạtūcānōst (-osti; *ISg* -osti/-ošću) *f* Dummheit *f*, Borniertheit *f*, Beschränktheit *f*; Verstocktheit *f*, Halsstarrigkeit *f*
zatụcati *5* → **zạtūći**
zạtūći (-ụ̄čēm; zạtūkao, -kla; -tụčen *6*) (**zatụcati**) hineinschlagen, einschlagen; totschlagen; *Geld* verprassen; ~ **sẹbi ụ glāvu** *fig.* sich etw. in den Kopf setzen
zatụ̄liti *5 pf* aufbrüllen, aufschreien, zu brüllen *od.* zu schreien anfangen
zatụ̄piti *5* (zạtūpljen) (**-upljīvati**) *tr* abstumpfen, stumpf machen (*a. fig.*)
zatụ̄pjeti (-īm; -pio, -pjela) *pf itr* abstumpfen, stumpf machen (*a. fig.*)
zạtūpljen (-o) abgestumpft (*a. fig.*) (**prẹma** *L*/gegen *A*)
zạtūpljenōst (-osti; *ISg* -osti/-ošću) *f* Stumpfheit *f*; *fig.* Abgestumpftheit *f*, Gleichgültigkeit *f*
zatupljīvati (-ụpljujēm) → **zatụ̄piti**
zatvạrāč *1* Verschluß *m*; *Fot.* Verschluß *m*; *Anat.* Schließmuskel *m*; **pạtentnī** ~ Reißverschluß *m*
zatvạ̄rānje Sperren *n*; Zusperren *n*, Absperren *n*; Schließen *n*, Verschließen *n*; **srẹdstvo za** ~ *Med.* blutstillendes Mittel
zatvạ̄rati *5* → **zatvọriti**; ~ (*D*) **ọči** j-n hinters Licht führen
zạ̄tvor Haft *f*, Gefängnis *n*, Arrest *m*, Kerker *m*; *Med.* (*Stuhl-*)Verstopfung *f*; **dọmāćī** ~ Hausarrest *m*; **ịstražnī** ~ Untersuchungshaft *f*; **stṛpati u** ~ ins Gefängnis stecken

zạtvoren (-o) verschlossen, geschlossen; gesperrt, versperrt, zugesperrt; eingesperrt, verhaftet; verstopft; (*Mensch*) verschlossen; (*Farbe*) dunkel; ***ịza ~īh vrạ̄tā*** hinter verschlossenen Türen; ***nậći na ~ā vrạ̄tā*** auf verschlossene Türen stoßen, abgewiesen werden
zatvorẹnički Gefangenen-, Häftlings-
zatvorẹnīk *1* (*V* -če) Gefangene(r) *m*, Inhaftierte(r) *m*
zatvọriti (**-vạ̄rati** *5*) zumachen, schließen, zusperren; *Gas*, *Wasser* abdrehen; *Radio* ausschalten; *Buch* zuklappen; *Augen* schließen; *Verbrecher* einsperren; *Sitzung* beenden; *Grenzen* zumachen *od.* schließen; *Lokal*: schließen; ~ ***jẹdno ọko*** *fig.* ein Auge zudrücken; ~ ***ụ̄sta*** den Mund verbieten *od.* stopfen; ~ ***vrạ̄ta ịspred nọsa*** *od.* ***prẹd nosom*** j-m die Tür vor der Nase zuschlagen; ~ ***se*** sich einschließen
zaụdarānje übler Geruch, Gestank *m*
zaụdarati *pf* stinken (***na*** *A od.* ***po*** *L*/ nach *D*); übel riechen, stinken
zaụlariti *pf Pferd* halftern; *fig.* zügeln
zaụrlati *pf* zu brüllen anfangen, Gebrüll *od.* Geschrei ausstoßen
zaụstaviti (-vljen) (**-vljati**) anhalten, aufhalten; verlangsamen, hemmen; stauen; *Atem* anhalten; *Blutung* stillen; *Schritte* verlangsamen; ~ ***se*** stehenbleiben, haltmachen; ***ne ~ se nị pred čīm*** *fig.* vor nichts haltmachen
zaụstavljānje Anhalten *n*, Stehenbleiben *n*; ~ ***zạbrānjeno*** Halteverbot *n*
zaụstavljati → ***zaụstaviti***
zaụ̈stiti *5 pf* den Mund (*zum Sprechen*) aufmachen
zạušci *m/Pl* → ***zạušnjāci***
zạušnic|a Ohrfeige *f*; ***prilijẹ̄piti ~u*** F j-m e-e kleben *od.* e-e scheuern
zạušnjāci *m/pl* (*GPl* -ākā) Mumps *m*
zạuvijēk für immer, auf immer; ***jẹdnom*** ~ ein für allemal
zaụzdati (**-dạ̄vati** *5*) zügeln (*a. fig.*) bezwingen, bekämpfen; ~ ***jẹzik*** seine Zunge im Zaum halten
zauzẹ̄će *Mil.* Erstürmung *f*, Einnahme *f*
zạuzēt in Anspruch genommen (von), beschäftigt (*I*/mit *D*); *Mil.* besetzt, okkupiert; (*Platz*) besetzt
zaụzēti (zạuzmēm; -uzeo, -ēla; zạuzēt) (**zaụzimati**) *Stadt*, *Festung* einnehmen; *Platz*, *Haltung* einnehmen; *Meinung* vertreten; ~ ***na jụriš*** *Mil.* im Sturm erobern; ~ ***prẹviše mjẹsto*** zu viel Platz einnehmen; *Sp. Tabellenplatz* einnehmen; ~ ***se*** sich einsetzen (***za*** *A*/ für *A*); sich annehmen (*G*); eintreten (für *A*)
zạuzētōst (-osti; *ISg* -osti/-ošću) *f* Inanspruchnahme *f*, (Über)Beanspruchung *f* (*I*/durch *A*); Beschäftigung *f* (mit *D*)
zaụzimānje *Mil.* Einnahme *f*, Besetzen *n*, Okkupation *f*; Fürsprache *f* (***za*** *A*/ für *A*)
zaụzimati (-ām/-mljēm) → ***zaụzēti***
zaụzlati *pf* verknoten, zuknoten, verknüpfen
zạuzmēm *1. Pers Sg v.* ***zaụzēti***
zạ̈vad|a Zank *m*, Streit *m*, Zwist *m*, Hader *m*; ***bịti u ~i*** im Streit liegen (***s*** *I*/mit *D*)
zạvaditi (-đen) (**-vạ̄đati** *5*) verfeinden, entzweien; ~ ***se*** sich verfeinden, sich entzweien; ***bịti zạvađen*** verfeindet *od.* zerstritten sein
zavạ̄đati *5* → ***zạvesti***
zạvala *Geol.* Becken *n*
zavạ̄liti *5* (zạvāljen) (**-aljịvati**) umstoßen; umwälzen; versperren; verbarrikadieren; ~ ***se*** sich (bequem) zurücklehnen; ~ ***se u dụgove*** sich in Schulden stürzen
zavaljịvati (-ạljujēm) → ***zavạ̄liti***
zavạpiti (-pijēm) *pf* e-n (*Angst-*, *Hilfe-*)-Schrei ausstoßen
zạvarati (**-avati** *5*) täuschen, irreführen, betrügen; j-m etw. vorspiegeln, vorgaukeln; ~ ***glạ̄d*** den ärgsten Hunger stillen; ~ ***ọči*** *fig.* Sand in die Augen streuen; ~ ***trạ̄g*** e-e Spur verwischen
zavarạ̄vānje Täuschung *f*, Irreführung *f*, Vorspiegelung *f*
zavarạ̄vati *5* → ***zạvarati***
zavạ̄riti *5* (**-arịvati**) schweißen, zusammenschweißen
zavarịvāč *1 Tech.* Schweißer *m*
zavarịvānje *Tech.* Schweißen *n*
zavarịvati (-ạrujēm) → ***zavạ̄riti***
zạvazda für immer, auf immer
zavẹden *6* → ***zạvesti***
zạvesti (-ẹdēm; zạveo, -ela; -ẹden *6*) (**zavọditi**) verführen, verleiten; irreleiten, verlocken; *Hdl.* (*in Bücher*) eintragen; *Ordnung*, *Disziplin* einführen; ~ ***nạ krīvī pụ̄t*** vom rechten Weg abbringen; ~ ***na strạ̄nu*** zur Seite nehmen; ***dạti se*** ~

Z

sich fortreißen lassen (**od mr̂žnjē** vom Haß)
zạvezak (-eska) → **zạvežljāj**
zavẹ̄zati (zạvēžēm) (**-ezīvati**) binden, zubinden; *Wunde* verbinden; *Schuhe* zubinden *od.* zuschnüren; **~ jẹzik, ūsta** *fig.* j-m das Maul stopfen *od.* verbieten; **zavẹ̄ži!** F halt's Maul!
zavezịvānje Verbinden *n*, Zubinden *n*; Zuschnüren *n*
zavezīvati (-ẹzujēm) → **zavẹ̄zati**
zạvežljāj Bündel *n*, Päckchen *n*
zạvičāj Heimat *f*, Heimatland *n*; Heimatort *m*; **ljūbav prẹma ~u** Heimatliebe *f*
zạvičāj|an heimatlich, Heimat-; **~nā ọpćina** Wohnort *m*
zạvīčēm *1. Pers Sg v.* **zavīkati**
zą̄vid|an neidisch; beneidenswert; beachtenswert; **on je ~an svạkome** er ist auf jeden neidisch; **on se nạlazī u ~ōm pọložaju** er ist in e-r beneidenswerten Lage; **~nā svọta nǭvca** e-e beachtliche Summe
zą̄vidjeti (-īm; -dio, -djela) neidisch sein (**na** *L*/auf *A*), mißgönnen; **nẹ̄mā mu što ~** er ist nicht zu beneiden
zavidljivac (-īvca) → **zą̄vidnīk**
zą̄vidnīk Neider *m*; Neidhammel *m*
zavīđati *5* → **zą̄vidjeti**
zavijāč *1* Verband *m*, Wickeltuch *n*
zavijača *Kochk.* Strudel *m*
zavījānje¹ Verbinden *n*, Umwickeln *n*
zavījānje² Heulen *n*, Geheul *n*; (*Magen-*)Grimmen *n*
zavījati¹ → **zạviti**
zavījati² *5* heulen, jaulen
zạvijati³ (-jēm) (**-ą̄vati** *5*) *Schnee*: verwehen
zaviją̄vati → **zạvijati³**
zavijọriti se *pf* zu flattern beginnen
zavijụ̄tak (-tka; *Pl* -ụci; *GPl* -ijūtākā) Kurve *f*, Biegung *f*
zavīkati (zạvīčēm) [**zavīknuti**] aufschreien, e-n Schrei ausstoßen; **~ što gr̂lo dą̄ od. dạjē** aus Leibeskräften zu schreien anfangen
zavīknuti (zạvīknēm; *Imp* zavīkni) *pf* → **zavīkati**
zavīnuti (zạvīnēm) *pf* krümmen, (um)biegen; *Arm* umdrehen
zavīriti *5* (**-irīvati**) hineinspähen, hineingucken; **~ u čạšu** *fig.* (tief) ins Glas schauen; **~ u dụ̄šu** *fig.* j-m ins Herz schauen
zavirīvati (-īrujēm) → **zavīriti**
zą̄vis|an abhängig; angewiesen (**od** *G*/auf *A*); **~nā rečẹnica** *Gr.* abhängiger Satz, Nebensatz *m*; **bīti ~an od tụ̄đē pọmoći** auf fremde Hilfe angewiesen sein
zą̄visiti *pf* abhängen, abhängig sein (**od** *G*/von *D*); **tọ̄ zą̄visī** das kommt darauf an
zą̄visnōst (-osti; *ISg* -osti/-ošću) *f* Abhängigkeit *f*, Unterordnung *f*
zą̄vist (-i; *ISg* -sti/-šću) *f* Neid *m*, Mißgunst *f*; **īz** (*G*) **gọvorī ~** aus j-m spricht der pure *od.* blanke Neid; **pụcati od ~i** vor Neid platzen
zavītak (-tka; *Pl* -īci) Bündel *n*, Bündelchen *n*; Päckchen *n*
zạviti (-ijēm; -io, -īla; -ijen *6*) (**zavījati** *5*) einwickeln, einpacken, (*in Papier*) einschlagen; *Wunde* verbinden; *Segel* einziehen; *Zigarette* drehen; (*Haare auf Lockenwickler*) eindrehen; **~ na lijẹvo** (**dẹsno**) nach links (rechts) abbiegen; **zạvijā mu u stọmaku** er hat Magengrimmen; **~ se** sich einwickeln, sich einhüllen; **~ se u cr̂no** Trauer anlegen
zą̄vjer|a Verschwörung *f*, Komplott *n*; **splẹsti ~u** e-e Verschwörung anzetteln, ein Komplott schmieden
zavjerą̄vati se *5* → **zạvjeriti se**
zavjerẹnīčkī verschwörerisch, konspirativ
zavjerẹnīk *1* (*V* -če) Verschwörer *m*
zạvjeriti se (**-ą̄vati se** *5*) sich verschwören, ein Komplott schmieden (**protiv** *A*/gegen *A*); Treue geloben
zą̄vjes|a Vorhang *m*; Gardine *f*; **dịći ~u** *fig.* den Schleier lüften; **mrẹ̄žastā ~a** Store *m*; **pạdā ~a s ọčijū** *fig.* es fällt j-m wie Schuppen von den Augen; **žẹ̄ljeznā ~** *Pol. hist.* der Eiserne Vorhang
zạvjesiti (*mit e-m Vorhang*) zuhängen, verhängen
zạvještāj Vermächtnis *n* (*a. fig.*); Testament *n*; Hinterlassenschaft *f*, Legat *n*
zą̄vjet Gelübde *n*, Gelöbnis *n*; **čīniti ~** ein Gelübde ablegen; **Nọvī** (**Stạrī**) **~** *Rel.* Neues (Altes) Testament
zą̄vjetn|ī Votiv-, Weih-; **~ā cr̂kva** Votivkirche *f*; **~ī kọvčeg** *Rel.* Bundeslade *f*; **~ā mīsao** unabänderlicher *od.* fester Entschluß

zāvjetnīk *Rel.* (*Schutz-*)Patron *m*
zāvjetovati (-tujēm) geloben, versprechen; ~ **se** feierlich versprechen, geloben
zāvjetrina windgeschützter Platz; *Mar.* Leeseite *f*
zavlāčēnje Verzögerung *f*, Verzug *m*
zavlāčiti *5* [**zavūći**] (ver)zögern, (*zeitlich*) in die Länge ziehen; ~ ***svoje prste*** seine Finger im Spiel haben (***u*** *A*/bei *D*); ~ **se** sich in die Länge ziehen; ~ ***se u svōj kūt*** *fig.* sich in sein Schneckenhaus zurückziehen
zavlādati *5* die Macht ergreifen, die Herrschaft an sich reißen (*I*/über *A*)
zāvod (*staatliche*) Anstalt *f*; (*wissenschaftliches*) Institut *n*; ~ ***za zapošlāvānje*** Arbeitsamt *n*; ***geodetskī*** ~ Landvermessungsamt *n*; ***kaznenī*** ~ Strafanstalt *f*; ***nākladnī*** ~ Verlagsanstalt *f*; ***odgōjnī*** ~ Erziehungsanstalt *f*; ***sāveznī*** ~ Bundesanstalt *f*
zavoditi *5* → ***zavesti***
zavodljiv verführerisch, verlockend
zavodljivōst (-osti; *ISg* -osti/-ošću) *f* Verführerische(s) *n*, Verlockende(s) *n*, Reiz *m*
zāvodnica Verführerin *f*
zāvodnīčkī → ***zavodljiv***
zāvodnīk Verführer *m*
zāvodskī Anstalts-; Instituts-
zavođēnje Verführen *n*, Verleiten *n*; Irreführen *n*; Einführung *f* (*von Disziplin, Ordnung*)
zāvoj *Med.* Verband *m*, Verbandszeug *n*; (*Straße*) Kurve *f*; (*Gehirn-*)Windung *f*; (*Fluß-*)Biegung *f*; ***kompresīvnī*** ~ *Med.* Druckverband *m*; ***prvī*** ~ Schnellverband *m*
zavojevāč *1* (*V* -u) Eroberer *m*, Aggressor *m*
zavojevati (-vojujēm) erobern
zāvojit gewunden, gekrümmt, gebogen; schneckenförmig, spiralförmig; ~***ē stepenice*** Wendeltreppe *f*
zāvōjnica *Geom.* Spirale *f*; *Tech.* Spule *f*
zavojnīčiti se *5 pf* in e-e Armee eintreten, Soldat werden
zavoljeti (zavolīm; -olio, -oljela; zavoljen) *pf* liebgewinnen
zāvor Riegel *m*; Arretierung *f*; Sperrkette *f*
zavraćati → ***zavrātiti***
zavratak (-tka; *Pl* -aci) (*Ärmel-*)Aufschlag *m*; Stulpe *f*; Revers *n*; *Jur.* Regreß *m*
zavrātiti *5* (zavrāćen) (**zavraćati**) *Ärmel* aufschlagen *od.* hochkrempeln
zavređīvati (-eđujēm) → ***zavrijēditi***
zavreti (-rīm; -io/-eo) *pf* zu kochen *od.* zu sieden anfangen
zavrgnuti (-nēm; -rgao, -rgla) *pf Streit* anzetteln
zavrijēditi *7* verdienen, wert sein
zavrīsnuti (zavrīsnēm) *pf* aufschreien, loskreischen
zavrīštati (-īm) *pf* → ***zavrīsnuti***
zavrnuti (zavrnēm; *Imp* zavrni; zavrnuo, -nūla; zavrnūt) (**zavrtati**) umdrehen, eindrehen, zudrehen; umkrempeln, umschlagen, umstülpen; *Schraube* festdrehen; *Licht*, *Wasserhahn* zudrehen; ~ ***rukāve*** *fig.* die Ärmel hochkrempeln; ~ ***vrāt*** *od.* ***vrātom*** *fig.* j-m den Hals umdrehen; ***zavrnē mi mozak*** *fig.* mir schwirrt der Kopf
završētak (-ētka; *Pl* -ēci) Ende *n*, Schluß *m*; Abschluß *m*; *Gr.* Endung *f*
završiti *5* (završen) (**-ršāvati** *5*) (be)enden, vollenden, abschließen; *Ausbildung* abschließen; *Gespräch*: enden (***svađōm*** in Streit); ~ ***u košu*** *Brief etc.*: im Papierkorb landen; ~ **se** zu Ende sein, ablaufen, enden
zāvršnī Schluß-, Abschluß-
zāvršnica *Sp.* Endspiel *n*; Endrunde *f*
zavrtanj (-tnja) Schraube *f*
zavrtati (-rćēm) → ***zavrnuti***
zavrtjeti (-īm; -tio, -tjela; zavrćen) *pf* herumdrehen, umdrehen, andrehen; einbohren; ~ ***glāvōm*** *od.* ***mozgom*** j-n um den Verstand bringen; ~ **se** sich drehen, rotieren; ***zavrtī mi se u glāvi*** mir wird schwindlig
zavūći (-učēm; *Imp* -vūci; zavūkao, -kla; -vučen *6*) (**zavlāčiti**) verschieben, aufschieben, in die Länge ziehen; ~ ***rūku u džep*** die Hand in die Tasche stecken; ~ ***svoje prste*** (***u*** *A*) *fig.* seine Nase in etw. stecken; ~ **se** sich zurückziehen; ~ ***se u sebe*** sich abkapseln
zazēbēm *1. Pers Sg v.* ***zazēpsti***
zazeleniti *5 pf* grün färben
zazelenjeti (-īm; -nio, -njela) *pf* grün werden; *Bot.* ergrünen; *Baum*: Blätter bekommen, zu treiben beginnen
zazēpsti (-ēbēm; zazebao, -bla) *pf* kalt werden

zazı̑dati *5* (**-iđı̑vati**) (zu)mauern, einmauern
zaziđı̑vati (-iđujēm) → ***zazı̑dati***
zazı̑miti *5 pf* (*nur unpers*) Winter werden
zązirati (-ēm) scheuen (**od** *G*/vor *D*), sich scheuen; zurückschrecken
zazı̑vati *5* → ***zązvati***
zā̧zor Abneigung *f*, Widerwillen *m*; ~ ***i sramǫta*** Schimpf und Schande; ***bez ~a*** schamlos
zā̧zoran anstößig, widerwärtig
zązubic|a Zahngeschwür *n*; ***rāstū ~e*** *fig.* das Wasser läuft j-m im Mund zusammen
zązvati (zazǫvēm) (**-zı̑vati** *5*) anrufen, herbeirufen; *Geister* beschwören; ~ ***ų pomōć*** um Hilfe rufen
zazvę̄čati (-īm) *pf* erklingen; zu klingen *od.* zu rasseln anfangen
zazvı̑ždati (-īm) *pf* zu pfeifen anfangen, e-n Pfiff ausstoßen
zazvǫniti *5 pf Türklingel*: läuten, klingeln; *Gläser*: klirren, klingen
zazvū̧čati (-īm) *pf* ertönen, erklingen
zažā̧riti *5* (zążāren) erhitzen, glühend heiß machen; ~ ***se*** erglühen
zążbukati *pf* (*mit Mörtel*) verputzen
zažęljeti (-īm; -ęlio, -ęljela; zążeljen) *pf* (sich) wünschen, begehren; sich sehnen (*A*/nach *D*); ***što sṛce zažęlī*** was das Herz begehrt, nach Herzenslust
zažmı̑riti *5* blinzeln, Augen zukneifen; zwinkern; ~ ***na jędnō ǫko*** *od.* ***jędnīm ǫkom*** *fig.* ein Auge zudrücken; ~ ***ną dvā oka*** *fig.* beide Augen zudrücken
zažū̧titi *5 pf* gelb färben *od.* tünchen
zažū̧tjeti (-īm; -tio, -tjela) *pf* gelb werden; zu vergilben beginnen; ~ ***se*** gelb (er)glänzen
zążvaliti *pf Pferd* zäumen, e-n Zaum anlegen
zbā̧citi (-čen) (**-acı̑vati**) abwerfen, *Joch* abschütteln; *Fesseln* abwerfen; ~ ***s prijęstola*** entthronen, (*als König*) absetzen; ~ ***s pǫložāja*** seines Amtes entheben, absetzen
zbacı̑vati (zbącujēm) → ***zbā̧citi***
zbı̑jānje Zusammendrängen *n*, Verdichten *n*
zbijati → ***zbịti***; ~ ***šā̧lu*** e-n Witz reißen
zbijen (-o) (zusammen)gedrängt; dicht, kompakt; (*Körperbau*) gedrungen, untersetzt; ***~ī kao sardęle*** dicht gedrängt wie die Sardinen

zbı̑lja[1] *Su* Realität *f*, Wirklichkeit *f*; Ernst *m*; ***krū̧tā*** ~ rauhe Wirklichkeit
zbịlja[2] *Adv* wirklich, tatsächlich, wahrhaftig, fürwahr; ~? wirklich?
zbı̑ljskī wirklich, sachlich, faktisch, real
zbı̑r (*Pl* zbịrovi) Gesamtzahl *f*; *Math.* Summe *f*; Gesamtheit *f*
zbı̑rati → ***zbrǫjiti***
zbı̑rka (*GPl* -īraka/-rkī) (*Münz- etc.*) Sammlung *f*
zbı̑rn|ī Sammel-, Kollektiv-; ***~ā ịmenica*** *Gr.* Kollektivum *n*, Sammelname *m*
zbịti (-ijēm) (**zbı̑jati**) (zusammen)drängen, zusammenpressen, zusammendrücken; verdichten; ~ ***rędove*** die Reihen schließen; ~ ***se*** sich zusammendrängen
zbịti se (zbųdē se; zbịo se) (**zbı̑vati se**) *nur unpers* sich ereignen, geschehen; sich zutragen
zbı̑vānje Ereignis *n*, Vorgang *m*
zbı̑vati se *nur unpers* → ***zbịti se***
zbjęći se (zbjęgnē se) → ***zbjęgnuti se***
zbję̄g (*Pl* zbjęgovi) Zufluchtsort *m*
zbjęgnuti se (-nēm se; -egao se, -gla se) *pf* zusammenlaufen; Zuflucht suchen
zbję̄žati se (-īm se) *pf* → ***zbjęgnuti se***
zbję̄žīšte Zufluchtsort *m*
zbližā̧vānje Annähern *n*, Annäherung *f*
zblı̑žiti (-žen) (**-ižā̧vati** *5*) annähern, näher bringen; ~ ***se*** sich (an)nähern; *fig.* sich anfreunden
zbǫg *Präp* (*G*) wegen (*G*); um (*G*) willen; ~ ***čęga?*** weswegen?; ~ ***sąma sębe*** um seiner selbst willen; ~ ***tǫga*** deswegen
zbǫgom (*Gruß*) lebe wohl!; adieu!; tschüs!; ~ ***dı̑ko!*** aus und vorbei!; ***ręći*** (*D*) ~ j-m Lebewohl sagen; e-r Sache entsagen
zbǫr (*Pl* -ovi) Versammlung *f*; Körperschaft *f*; Gemeinschaft *f*; Kollegium *n*; Chor *m*; ***~om i tvǫrom*** mit Rat und Tat; ***mnǫgo ~a, a nịkakva stvǫra*** *fig.* viel Lärm um nichts; ***nę̄mā ~a!*** keineswegs!; keine Diskussion!; ***svı̑rati na*** ~ *Mil.* zum Appell *od.* zum Antreten blasen
zbǫrīšte Sammelplatz *m*
zbǫriti reden, sprechen
zbǭrnica Konferenzzimmer *n*, Konferenzsaal *m*
zbǭrnīk Sammelwerk *n*, Sammelband *m*; ~ ***u čā̧st*** (*G*) Festschrift (für *A*); ~ ***zā̧kona*** Gesetzbuch *n*, Kodex *m*

zborọvati (zbọrujēm) e-e Versammlung abhalten, tagen
zbọrovođa *m* Chorleiter *m*
zbọrskī Chor-
zbrā̦jati → ***zbrọjiti***
zbrạtimiti se (-mljen) *pf* sich verbrüdern
zbrạtiti se (-ạćen) *pf* → ***zbrạtimiti se***
zbr̦da-zdọla Hals über Kopf, kreuz und quer, heillos durcheinander
zbrịnuti (-nēm) *pf* (**-njā̦vati** *5*) versorgen; für j-s Lebensunterhalt sorgen
zbrịsati (-šēm) *pf* auslöschen, ausradieren (*a. fig.*); wegwischen; F sich aus dem Staub machen; ~ ***s lị̄ca Zẹmljē*** *fig.* dem Erdboden gleichmachen
zbr̦ka (*GPl* zbr̄kā) Verwirrung *f*, Wirrwarr *n*; Durcheinander *n*
zbr̦̄kān (-o) verwirrt, konfus, durcheinander
zbr̦̄kānōst (-osti; *ISg* -osti/-ošću) *f* Zerstreutheit *f*, Konfusion *f*
zbr̦̄kati *pf* verwirren; durcheinanderbringen (*Dinge und Menschen*)
zbrọ̄j *3* (*Pl* -evi) Summe *f*, Gesamtzahl *f*
zbrọjidba (*GPl* -dābā/-dbī) Zusammenzählen *n*, Summierung *f*, Addition *f*
zbrọjiti (-jen) (**zbrā̦jati**) zusammenzählen, addieren, summieren
zbụ̄niti (-njen) (**-unjị̄vati**) verwirren, in Verwirrung bringen, aus der Fassung bringen; ~ **se** verlegen *od.* unsicher werden
zbụ̄njen (-o) verwirrt, nervös, verstört; verlegen, unsicher
zbụ̄njenōst (-osti; *ISg* -osti/-ošću) *f* Verwirrung *f*, Nervosität *f*; Verlegenheit *f*, Unsicherheit *f*
zbụnjiv leicht zu verwirren *od.* zu verunsichern
zbunjị̄vati (-ụnjujēm) → ***zbụ̄niti***
zdā̦nje Gebäude *f*, Bau *m*; → ***zgrạda***
zdẹ̄nac (-nca) Brunnen *m*; *poet.* Born *m*
zdẹpast (*Form*) plump; (*Mensch*) untersetzt, dicklich; *fig.* unbeholfen, ungeschickt, täppisch
zdẹrati (-ēm) *pf* abreißen, herunterreißen; *Haut* abziehen; *Hasen* abbalgen, den Balg abziehen; ~ ***krīnku*** *od.* ***mạsku s lị̄ca*** *fig.* j-m die Maske vom Gesicht reißen; ~ ***rẹmenje*** (**s** *G*) j-n windelweich prügeln; ~ **se** *itr* zerreißen
zdẹsna rechts, auf der rechten Seite; von rechts
zdjẹla Schüssel *f*; (*Suppen-*)Terrine *f*; ~ ***za kọmpot*** Kompottschale *f*
zdjẹlica *Dim v.* ***zdjẹla***; Schüsselchen *n*, Schälchen *n*; Napf *m*; *Anat.* Becken; *Chem.* Waagschale *f*; ~ ***za rọbu*** (*in e-m Großmarkt*) Warenkörbchen *n*
zdjẹličnī *Anat.* Becken-
zdọla von unten; → ***zbr̦da***
zdrạv gesund; heil, wohlbehalten; ~ ***i čịtav*** gesund und munter; ~ ***i žị̄v*** wohlbehalten, gesund und munter; ~ ***kao drẹn*** *od.* ***kao rịba*** kerngesund; **~ā monẹta** stabile Währung; ***bịti pri ~ōj pạmēti*** bei (vollem) Verstand sein; ~ ***rạzūm*** gesunder Menschenverstand
zdrạvcat: ***zdrạv*** ~ kerngesund
zdrạvic|a Trinkspruch *m*, Toast *m*; ***dịći*** *od.* ***dr̦žati ~u*** e-n Toast ausbringen
zdrạviti se sich begrüßen
zdrā̦vlj|e Gesundheit *f*, Wohlbefinden *n*; ***bọžjē ~e!*** so Gott will!; ***čẹličnō ~e*** eiserne Gesundheit; ***čụ̄vati ~ē*** auf seine Gesundheit achten; ***nạ ~e!*** (*beim Niesen*) Gesundheit!; (*beim Trinken*) Prost!, Prosit!; ***pịti u čijē ~e*** auf j-s Gesundheit trinken; ***pr̦snuti*** *od.* ***pụcati od ~a*** vor Gesundheit strotzen; ***slụ̄ži ga ~e*** er erfreut sich bester Gesundheit; ***škọdljiv po ~u*** ungesund, gesundheitsschädlich; ***za bạbinō ~e*** für nichts und wieder nichts; ***za čijē bạbē ~e?*** wofür in aller Welt?
zdrạvo gesund; ~! *Int* Grüß dich! Servus!
zdrạvstven (-o) gesundheitlich, sanitär; Gesundheits-; Sanitär-; ***~ā knjịžica*** Krankenversicherungsausweis *m*; ***~ō osigurā̦nje*** Krankenversicherung *f*; ***~ā stạnica*** Gesundheitsstation *f*; ***~ō stā̦nje*** Gesundheitszustand *m*; ***~ā zā̦štita*** Gesundheitsfürsorge *f*
zdrạvstvo Gesundheitswesen *n*, Gesundheitspflege *f*
zdr̦mati *pf* schütteln, rütteln; aufrütteln (*a. fig.*)
zdrọbiti (-bljen) *pf* zerdrücken, zerstoßen, zerstampfen, zerbröckeln
zdrụ̄g *hist. Mil. Einheit v. Ustaša u. Heimwehr*
zdrụ̄žen (-o) vereinigt, assoziiert, verbunden, verbündet
zdrụ̄žēnje Vereinigung *f*, Verbindung *f*; Assoziierung *f*; Assoziation *f*
zdrụ̄žiti (-žen) (**-užị̄vati**) vereinen, vereinigen, assoziieren; *Metalle* verschmel-

Z

zen; ~ **se** sich vereinigen, sich assoziieren, sich zusammenschließen
združīvānje → ***zdrūžēnje***
združīvati (-ųžujēm) → ***zdrūžiti***
zdrvęniti se *pf* (*vor Schreck*) erstarren
zdųšan gewissenhaft
zdųšnōst (-osti; *ISg* -osti/-ošću) Gewissenhaftigkeit *f*
zdvājati → ***zdvojiti***
zdvōjan verzweifelt, hoffnungslos, desperat
zdvojiti (**zdvājati**) verzweifeln, verzagen; verzweifelt sein; die Hoffnung aufgeben
zdvōjnōst (-osti; *ISg* -osti/-ošću) *f* Verzweiflung *f*, Hoffnungslosigkeit *f*
zdvora *vera.* → ***izvana***
zēba *Zool.* Fink *m*
zēbēm *1. Pers Sg v.* ***zēpsti***
zēbnja Zittern *n*, Beben *n*; Besorgnis *f*; Angst *f*; böse Vorahnung
zębra *Zool.* Zebra *n*; *fig.* Zebrastreifen *m*
zębrovina Zebrafell *n*
zęc (*V* zęče; *Pl* zęčevi) Hase *m*; (*im Märchen*) Meister Lampe; ***bijelī*** ~ Schneehase *m*; ***bȓz kao*** ~ *fig.* sehr schnell; ***još je ~ ų šumi*** *fig.* die Freude ist verfrüht; ***jųriti kao*** ~ laufen wie der geölte Blitz; ***plašljiv kao*** ~ furchtsam wie ein Hase; ***pravititi rāžanj, a ~ ų šumi*** die Rechnung ohne den Wirt machen; ***spāvati kao*** ~ e-n leichten Schlaf haben; ***stārī*** ~ *fig.* ein alter Hase *od.* Fuchs; ***ų tōm gȓmu lęži*** ~ da liegt der Hase im Pfeffer
zęčevina Hasenfleisch *n*; Hasenbraten *m*; Kaninchenfleisch *n*; Kaninchenbraten *m*
zęčica Häsin *f*
zęčīć Häschen *n*, Häslein *n*
zęčj|ī Hasen-; ***~ē kȓzno, ~ā kǫža*** Hasenfell *n*; ***~ā ųsta*** *Med.* Hasenscharte *f*
zelęmbāč *1* (*V* -u) *Zool.* Eidechse *f*; *fig.* Grünschnabel *m*; F amerikanischer Dollar
zęlen (-i; *ISg* -i) *f* Grün(e) *n*; Gemüse *n*; ~ ***za jųhu*** Grünzeug *n* (*f. d. Suppe*)
zęlen *6* grün; ***~ī kǫntinent*** Lateinamerika *n*; ***~ō svijętlo*** grünes Licht (*a. fig.*); ***~ī vāl*** *Verkehrsw.* grüne Welle; ***ne dōći na ~u grānu*** *fig.* auf keinen grünen Zweig kommen; ***rješāvati za ~īm stǫlom*** *fig.* am grünen Tisch entscheiden
zelęnāš *1* (*V* -u) Wucherer *m*, Ausbeuter *m*
zelenāšiti *5* Wucher treiben, ausbeuten; *fig.* auspressen
zelęnāškī wucherisch, ausbeuterisch
zelenāštvo (*GPl* -ęnāštāvā/-āštva) Wucher *m*, Wucherei *f*
zęlenčica *Zool.* Zeisig *m*
zelęnika *Bot.* Stechpalme *f*
zelęnilo Grüne *n*; ***ići u*** ~ ins Grüne gehen
zelęniti *5* grün färben *od.* tünchen
zęlenkast grünlich
zęlēnko *Zool.* Apfelschimmel *m*
zęlēnje Kräuter *Pl*, Gemüse *n*; Suppengrün *n*
zelęnjeti (-īm; -nio, -njela) *pf* (er)grünen, grün werden
zēlje Kraut *n*, Kohl *m*; ***cŗvenō*** ~ Rotkohl *m*; ***kįselō*** ~ Sauerkraut *n*
zemąljsk|ī irdisch, Erd-; Landes-; ***~ī gospǫdār*** *hist.* Landesherr *m*; ***~ā kūgla*** Erdkugel *f*; ***~ī rāj*** Paradies auf Erden; ***~ā ǫbrana*** *Mil.* Landesverteidigung *f*; ***~ī ōs*** Erdachse *f*; ***~ī ųstāv*** *Pol.* Landesverfassung *f*
zęmička Semmel *n*, Brötchen *n*
zęmlj|a Land *n*, Erde *f*; Erdboden *m*; (*Planet*) Erde *f*; ***~a čląnica*** Mitgliedsland *n*; ***~a u rązvoju*** Entwicklungsland *n*; ***~a ųgovornica*** Vertragsstaat *m*; ***~a ųvoznica*** *Hdl.* Einfuhrland *n*; ***izniknuti kao iz ~ē*** unverhofft *od.* plötzlich auftauchen; ***kao da je u ~u prǫpao*** er ist wie vom Erdboden verschluckt; ***ląkā mu ~a!*** möge er in Frieden ruhen!; ***nerazvijenā ~a*** Entwicklungsland *n*; ***nįčijā ~a*** Niemandsland *n*; ***ǫbećānā ~a*** *Rel.* Gelobtes Land; ***Ǫgnjenā ~a*** *Geogr.* Feuerland *n*; ***ǫtići pod cȓnū ~u*** sterben; ***pijan kao ~a*** stockbetrunken; ***sąstaviti sa cȓnōm ~ōm*** F j-n um die Ecke bringen; j-n unter die Erde bringen; ***spųstiti se ną ~u*** auf den Boden der Realität zurückkehren; ***srāvniti sa ~ōm*** dem Erdboden gleichmachen; ***Svętā ~a*** *Rel.* das Heilige Land; ***vųčē*** (*G*) ***~a*** j-d steht mit einem Fuß im Grab
zęmljāk *1* (*V* -če) Landsmann *m*
zemljąkinja Landsmännin *f*
zęmljanī irden, tönern, Erd-; ~ ***lǫnac*** Tontopf *n*; ~ ***rądovi*** Erdarbeiten *Pl*
zemljąrina Grundsteuer *f*
zęmljīšn|ī Grund-; ***~ā knjiga*** Grund-

Z

buch *n*; **~ī pǫsjed** Grundbesitz *m*; **~ī ųred** Grundbuchamt *n*
zęmljīšte Grund *m*; Gelände *f*; Grundstück *n*, Liegenschaft *f*; **brdǫvitō ~** hügeliges Gelände; **poljoprīvrednō ~** landwirtschaftliche Nutzfläche
zemljodję̄lac (-lca) *2* → **zemljǫrādnīk**
zęmljomjēr Landvermesser *m*, Geodät *m*
zemljomję̄rstvo Landvermessung *f*, Geodäsie *f*
zęmljopis Geographie *f*, Erdkunde *f*
zemljopīsac (-sca) *2* Geograph *m*
zęmljopisn|ī geographisch; **~ā ką̄rta** Landkarte *f*; **~ā širīna** (**dužīna**) geographische Länge (Breite)
zemljopǫsjednīk Grundeigentümer *m*, Grundbesitzer *m*
zemljǫrādnica Landarbeiterin *f*, Landwirtin *f*, Bäuerin *f*
zemljǫrādničk|ī landwirtschaftlich, Landwirtschafts-; **~ā zą̄druga** landwirtschaftliche Genossenschaft
zemljǫrādnīk Landarbeiter *m*, Landwirt *m*, Bauer *m*
zemljorą̄dnja Ackerbau *m*, Landwirtschaft *f*
zęmljotrēs Erdbeben *n*
zęmnī Erd-; **~ ostą̄ci** *Pl fig.* sterbliche Überreste; **~ plīn** Erdgas *n*
zemųnica Erdhütte *f*
zę̄psti (zę̄bēm; zę̄bao, -bla) frieren, frösteln; sich fürchten (**od** *G*/vor *D*); **zę̄bū me** *od.* **mi nǫge** mich friert an den Füßen *od.* ich friere an den Füßen
zęt Schwiegersohn *m*; Schwager *m* (*Mann der Tochter od. der Schwester*)
zęzati [**zęznuti**] F (grob) spaßen; **~ u mą̄li** *od.* **ų zdrav mǫzak** F j-n auf den Arm nehmen, j-n zum Narren halten
zęznuti (-nēm) *pf* → **zęzati**
zgąditi se *pf* anekeln, Ekel empfinden; **zgądī mi** (*N*) mich ekelt (vor *D*), mich ekelt (*N*) an
zgądānje Scheibenschießen *n*
zgąrīšte Brandstätte *f*
zgąsnuti (-nēm; -sao/-snuo, -sla) *Kerze, Feuer*: verlöschen, ausgehen
zgąziti (-žēn) *pf* zertreten, niedertreten; *fig.* vernichten; **~ ų prāh** *fig* in den Staub treten; **ni mrą̄va bi zgązio** *fig.* er könnte keiner Fliege etwas zuleide tun
zgląvak (-āvka; *GPl* -āvākā) *Anat.* Gelenk *n* (*an Unterarm u. Hand*), Knöchel *m*
zgląvkār *Zool.* Gliederfüßler *m*, Arthropode *m*
zglǫb Gelenk *n*; *Tech.* Scharnier *m*; *Tech.* Gelenkkopf *m*; **rų̄čnī ~** Handgelenk *n*; **ųpala ~ovā** Gelenkentzündung *f*
zglǫbiti (**zgloblją̄vati** *5*) zusammenfügen, ineinanderfügen
zgnječę̄nje *Med.* Quetschung *f*
zgnję̄čiti *pf* (-ę̄čen) zerdrücken, zerquetschen; *Papier* zerknüllen; *Weintrauben* pressen
zgǫd|a Ereignis *n*, Begebenheit *f*; Geschehnis *n*; Fall *m*; **ǫd ~ē dǫ ~ē** von Fall zu Fall; ab und zu; **prą̄vā ~a** die beste Gelegenheit; **pr̄vōm ~ōm** bei der erstbesten Gelegenheit; **tǭm ~ōm** bei dieser Gelegenheit
zgǫd|an gelegen, passend, günstig, geeignet; (*Antwort*) passend, treffend; (*Gelegenheit*) günstig; (*Mensch*) sympathisch; (*Mädchen*) hübsch; (*Mann*) gutaussehend, stattlich; (*Zeit*) gelegen; **kąd je tębi ~no** wenn es dir recht ist
zgǫdimicē bei Gelegenheit, gelegentlich
zgodītak (-tka; *Pl* -īci; *GPl* -ǫdītākā) (*Lotterie-*)Treffer *m*; **īzvūći** *od.* **pǫstići gląvnī ~** den Haupttreffer landen *od.* den Hauptgewinn ziehen; *fig.* das große Los ziehen
zgǫditi se *pf* (*nur unpers*) sich ereignen, geschehen; **štǫ se zgǫdilo?** was ist passiert?
zgǫdno → **zgǫdan**; **nije mi ~** es paßt mir nicht
zgomīlati *pf* anhäufen
zgǫrēga *Adv* nicht übel; **nę bi bīlo ~** (**ako**) es wäre nicht schlecht *od.* das Schlechteste (, wenn)
zgǫrjeti (-īm; -rio, -rjela) *pf* → **sagǫrjeti**
zgotą̄vljati *5* → **zgǫtoviti**
zgǫtoviti (-vljen) (**-ą̄vljati** *5*) anfertigen, fertigstellen; *Essen* zubereiten
zgotovlją̄vānje Anfertigen *n*, Anfertigung *f*, Verfertigen *n*, Herstellen *n*; Zubereiten *n*; Beenden *n*
zgotovlją̄vāti *5* → **zgǫtoviti**
zgrąbiti *pf* (an)packen, ergreifen, schnappen, (an)fassen; **~ prīgodu** e-e Gelegenheit ergreifen *od.* beim Schopf(e) pakken; **~ ųzde u svǫje rų̄ke** *fig.* die Zügel in seine Hände nehmen; **~ zą vrāt** an der Kehle packen
zgrąda Gebäude *n*, Bau *m*, Bauwerk *n*; **gospǫdārskā ~** Wirtschaftsgebäude *n*;

Z

stąmbenā ~a Wohngebäude *n*, Wohnhaus *n*
zgrą̄nūt entsetzt, empört, erschüttert
zgrą̄nuti se (-nēm se) *pf* erstaunt sein; erstarren (*vor Schreck*)
zgrą̄nūtōst (-osti; *ISg* -osti/-ošću), **zgrą̄žānje** Schaudern *n*, Grauen *n*, Entsetzen; ***ọpćē zgrą̄žānje*** öffentliches Ärgernis
zgrą̄žati se schaudern (***nad*** *I*/vor *D*); Grauen empfinden; Anstoß nehmen (an *D*)
zgṛbiti se *pf* bucklig werden, sich krumm *od.* bucklig halten
zgṛbljen (-o) krumm, gebeugt, bucklig
zgṛćēm *1. Pers Sg v.* ***zgṛtati***
zgṛčen (-o) verkrampft; (*Gesicht*) verzerrt
zgṛčiti *pf* sich verkrampfen; *Gesicht*: sich verzerren
zgrịjati (-jēm) (**-ijẹvati** *5*/*7*) (auf)wärmen, erwärmen, durchwärmen; *Essen* aufwärmen; **~ se** sich erwärmen
zgrijẹšiti se *5*/*7* sündigen, e-e Sünde begehen; ***~ o zą̄kone*** Gesetze verletzen
zgrijẹvati *5*/*7* → ***zgrịjati***
zgrịsti (-ı̄zēm; -ịzao, -zla; -ịzen) (**zgrı̄zati**) zerbeißen, zerkauen
zgṝnuti (-nēm) (**zgṛtati**) zusammenscharren, anhäufen; ***~ pąre*** Geld scheffeln; **~ se** *Menschen*: zusammenströmen, zusammenlaufen
zgrọmiti *pf Blitz*: einschlagen; *fig.* in der Luft zerreißen
zgrọziti se (**-ą̄žati se**) erschaudern, zusammenfahren
zgṛtati (-ćēm) → ***zgṝnuti***
zgrų̄hati zerhauen, zerstoßen; F *Arbeit* hastig erledigen; **~ se** zusammenstürzen
zgrųšak (-ška; *Pl* -šci) *Med.* Gerinnsel *n*, Thrombus *m*
zgrųšān (-o) (*Blut*) geronnen
zgrųšati se (**-ą̄vati se** *5*) *Blut*: gerinnen
zgųbidān Faulenzer *m*, Nichtstuer *m*
zgų̄liti (-ų̄ljen) (**-uljı̄vati**) *Haut* abziehen; *fig.* schinden
zguljı̄vati (-ųljujēm) → ***zgų̄liti***
zgų̄ra *Tech.* Schlacke *f*
zgų̄rati *pf* zusammendrängen, zusammenpferchen
zgụriti se *pf* sich ducken, sich bücken
zgusnų̄će Kondensierung *f*; Eindikkung *f*; Verdichtung *f*
zgųsnūt kondensiert; eingedickt; verdichtet, konzentriert
zgųsnuti (-nēm) (**-šnją̄vati** *5*) komprimieren, verdichten, konzentrieren; *Flüssigkeit* eindicken; **~ se** *itr* verdikken, sich verdichten
zgųžvan (-o) (*Papier*) zerknüllt; (*Stoff*) zerknittert
zgų̄žvati *pf Stoff* zerknittern, *Kleidungsstück* verknittern; *Papier* zerknüllen; ***ọvāj se štọf ne zgųžvā*** dieser Stoff ist knitterfrei
zı̄bānje Wiegen *n*, Schaukeln *n*, Wippen *n*; ***stọlac za ~*** Schaukelstuhl *m*
zı̄bati (-bām/-bljēm) (**zịbnuti**) wiegen, schaukeln; **~ se** wippen, schaukeln
zịbnuti (-nēm) *pf* → ***zı̄bati***
zı̄d (*Pl* zịdovi; *GPl* zịdōvā, *a.* zidọvā) Wand *f*, Mauer *f*; ***~ovi ịmajū ųši*** *fig.*, die Wände haben Ohren; ***blijed kao ~*** *fig.* weiß wie die Wand, kreidebleich; ***kịneskī ~*** *fig.* ein unüberwindliches Hindernis; ***pọdići ~*** e-e Mauer errichten (*a. fig.*); ***prislọniti*** (*A*) ***uzą ~*** *Mil.* j-n an die Wand stellen; ***špąnjōlskī ~*** spanische Wand; ***šų̄tjeti kao ~*** schweigen wie ein Grab; ***žı̄vī ~*** e-e lebende Mauer
zı̄dan → ***zı̄dnī***
zịdanica Haus *n* (*aus Ziegeln od. aus Stein*)
zı̄dānje Mauern *n*; Bauen *n*, Bau *m*, Bauarbeiten *Pl*; Errichten *n* (*e-s Baus*)
zịdār *1* (*V* -u/-e) Maurer *m*; ***slọbodnī ~*** Freimaurer *m*; ***visokokvalifịcīrān ~*** Maurermeister *m*
zịdārsk|ī Maurer-; ***~ī mą̄jstor*** Maurermeister *m*; ***~ī poduzịmāč*** Bauunternehmer *m*; ***~ā žlịca*** Maurerkelle *f*
zidą̄rstvo Maurerhandwerk *n*; ***slọbodnō ~*** Freimaurertum *n*
zı̄dati (-dām/-dēm) **[sa-]** mauern, bauen; *Gebäude* errichten; ***~ kų̄le u zrą̄ku*** *fig.* Luftschlösser bauen; ***~ na pijẹsak*** *fig.* auf Sand bauen
zịdić *Dim v.* ***zı̄d***; Mäuerchen *n*, kleine Mauer
zịdin|a (dicke) Mauer *f*, Mauerwerk *n*; ***~e*** Stadtmauern *Pl*, Festungsmauern *Pl*; ***stą̄rē ~e*** Ruine *f*
zı̄dn|ī Mauer-, Wand-; ***~ī ćịlim*** Wandteppich *m*; ***~ī kalẹndār*** Wandkalender *m*; ***~ī ọrmār*** Wandschrank *m*; ***~ā plọ̄ča*** Wandtafel *f* (*in der Schule*); ***~ī są̄t*** Wanduhr *f*

zịherica Sicherheitsnadel *f*
zịherung *El.* Sicherung *f*
zịjalo *m* Gaffer *m*
zịjati **[zịnuti]** *Wunde, Loch*: klaffen; *Mensch*: (an)gaffen, (an)stieren; schreien, brüllen
zịjev (*Pl* zjẹvovi) *7* Öffnung *f*, Lücke *f*; Gähnen *n*; (*Metrik*) Hiatus *m*
zijẹvalica *7 Bot.* Löwenzahn *m*
zijẹvānje *7* Gähnen *n*
zijẹvati *5/7* **[zijẹvnuti]** *Wunde*: klaffen; *Mensch*: gähnen
zijẹvnuti (zijevnēm) *7 pf* → ***zijẹvati***
zīm|a Winter *m*, Kälte *f*, Frost *m*; ***~i*** im Winter; ***~a mi je*** F mir ist kalt, ich friere; ***cịča ~a*** Hundekälte *f*, Frost *m*; ***dṛhtati od ~ē*** vor Kälte zittern; ***na ~i*** nächsten Winter; ***nẹ̄mā ~ē!*** F keine Sorge! alles okay!
zịmica *Med.* Schüttelfrost *m*
zịmnica Wintervorrat *m*; *Zool.* Dompfaff *m*
zimọvalīšte *Mil.* Winterquartier *n*
zimọvānje Überwintern *n*, Überwinterung *f*
zimọvati (zịmujēm) überwintern, den Winter verbringen
zimọvnīk *1* → ***zimọvalīšte***
zīmsk|ī winterlich, Winter-; ***~ā bạšta*** *sb.* Wintergarten *m*; ***~ī kạpūt*** Wintermantel *m*; ***~ī sạn*** Winterschlaf *m*; ***~ī spọrt*** Wintersport *m*; ***~ī vṛt*** Wintergarten *m*
zịmūs diesen Winter, in diesem Winter
zịmzelēn¹ (-i) *f Su Bot.* Immergrün *n*
zịmzelen² *Adj* immergrün
zịnuti (-nēm) *pf* → ***zijati***; ***~ od čụda*** Mund und Nase (*vor Staunen*) aufsperren; ***ọn nẹ smijē ~*** er darf den Mund nicht aufmachen, er hat nichts zu sagen
zịp Reißverschluß *m*
zịpka (*GPl* -kī) Wiege *f*
zịrkati (an)starren, angaffen
zjạk|a: ***prodạ̄vati ~e*** *fig.* Maulaffen feilhalten
zjạl|o Rachen *n*, Schlund *m*; ***prodạ̄vati ~a*** *fig.* Maulaffen feilhalten
zjạ̄piti **[zjạpnuti]** → ***zijati***
zjạti → ***zijati***
zjẹvovi *Pl v.* ***zijev***
zjẹnic|a *Anat.* Pupille *f*; ***čụ̄vati*** *od.* ***pạziti kao ~u*** *fig.* wie seinen Augapfel hüten
zlạ → ***zạo***
zlạ̄t|an golden, aus Gold; (*Kind*) goldig; ***~nā rịbica*** Goldfisch *m*; ***~nā sredịna*** *fig.* die goldene Mitte; ***~nā svạdba*** goldene Hochzeit; ***ịmati ~nē rụ̄ke*** *fig.* e-e geschickte *od.* glückliche Hand haben; ***obẹćati ~nā bṛda*** *fig.* das Blaue vom Himmel versprechen
zlạtār *1* (*V* -u/-e) Goldschmied *m*; Juwelier *m*
zlatạrija Goldschmiedearbeit *f*; Juweliergeschäft *n*
zlạtārnica Juweliergeschäft *n*
zlạtast golden, goldfarbig, aus Gold
zlạtica *Bot.* Butterblume *f*
zlạ̄titi (-āćen) **[po-]** vergolden, mit Gold überziehen; ***~ se*** (*wie Gold*) glänzen; aus Gold sein
zlạtnīk *1* Goldstück *n*, Goldmünze *f*
zlatnịna Goldschmuck *m*
zlạ̄t|o Gold *n*; ***~o mọje!*** mein Schatz!; ***~o od čọvjeka*** *fig.* e-e Seele von Mensch; ***cṛnō ~o*** schwarzes Gold, Erdöl *n*; ***čịstō ~o*** reines *od.* pures Gold, Feingold *n*; ***mạ̄jčinō ~o*** Muttersöhnchen *n*; ***nije ~o sve što sjạ̄*** *Sprw.* es ist nicht alles Gold, was glänzt; ***žẹženō ~o*** reines *od.* gediegenes Gold
zlạtorēz Goldschnitt *m*
zlạtotīsak (-ska) Golddruck *m*
zlị̄kovac (-ōvca) Bösewicht *m*, Übeltäter *m*, Verbrecher *m*
zlị̄kovačkī verbrecherisch, kriminell, frevelhaft, frevlerisch
zlọ¹ (zla; *GPl* zạ̄lā) Übel *n*, Böse(s) *n*, Unheil *n*; ***bīrati ọd dvā zlạ mạnjē*** das kleinere Übel wählen; ***da nẹ čujē ~!*** unberufen!; ***dạti se nạ ~*** *Krankheit*: sich verschlimmern; ***dijẹliti dọbro i ~*** Freud und Leid teilen; ***ịći ịz zla ụ gore*** *fig.* vom Regen in die Traufe kommen; ***nụžnō ~*** notwendiges Übel; ***okrẹ̄nuti se nạ ~*** e-e schlimme Wendung nehmen; ***prīmiti zạ ~*** etw. übelnehmen; ***tọ̄ slụ̄ti nạ ~!*** das verheißt nichts Gutes!; ***upīsati za ~*** j-m etw. übelnehmen; ***vrạ̄titi ~ zlīm*** Gleiches mit Gleichem vergelten
zlo² *Adj* → ***zạo***; ***~ i nạopako*** schlimmer geht's nicht mehr
zlọba Bosheit *f*, Bösartigkeit *f*, Heimtücke *f*, Verschlagenheit *f*
zlọban bösartig, boshaft, heimtückisch, niederträchtig, verschlagen
zlọbiti se (*D*) sich ärgern (über *A*)
zlọbnīk boshafter Mensch, niederträch-

tiger *od.* verschlagener Kerl; Neidhammel *m*
zlọčest schlimm, böse, übel; (*Kind*) ungezogen
zlọčin Verbrechen *n*, Vergehen *n*
zlọčinac (-īnca) Verbrecher *m*; ***rạtnī ~*** Kriegsverbrecher *m*
zlọčīnka (*GPl* -kī) Verbrecherin *f*
zlọčinačkī verbrecherisch, kriminell
zlọčīnstvo (*GPl* -ọčinstāvā/-īnstvā) → ***zlọčin***
zlọ̄ća[1] → ***zlọba***
zlọ̄ća[2] *m/f* (*über ein Kind*) Wildfang *m*
zlọćud|an boshaft, bösartig, böse; ***~nī tụmor*** *Med.* bösartiger Tumor
zlọćudnōst (-osti; *ISg* -osti/-ošću) *f* Bösartigkeit *f*, Bosheit *f*
zlọdjelo Verbrechen *n*, Untat *f*, Übeltat *f*
zlọduh (*Pl* -si) Unhold *m*; böser Geist, Kobold *m*
zlọglasan berüchtigt, verrufen, schlecht beleumundet
zlọglasnōst (-osti; *ISg* -osti/-ošću) *f* Verrufenheit *f*, schlechter Ruf, übler Leumund
zlọguk unheilverkündend; ***~ī gạvrān*** Unglücksrabe *m*
zlọkōban unheilverkündend, unglückbringend, verhängnisvoll
zlonạmjeran böswillig, bösartig; *Jur.* arglistig
zlonạmjernōst (-osti; *ISg* -osti/-ošću) *f* Böswilligkeit *f*, Bösartigkeit *f*; *Jur.* Arglist *f*
zlọpāmtilo nachtragender Mensch
zlọpāmtiti (-mćen) nachtragend sein, j-m etw. nachtragen
zlọpatiti se darben, entbehren
zlọpogleda *m Myth.* Person mit dem bösen Blick
zlọporaba → ***zlọupotreba***
zlorạbiti mißbrauchen
zlọrad schadenfroh, boshaft, hämisch
zlọslutan schwarzseherisch, pessimistisch
zlọslutnīk Schwarzseher *m*, Pessimist *m*
zlọsrećan, -ćnīk *sb.* → ***zlọsretan, zlọsretnīk***
zlọsretan unglückselig, verhängnisvoll
zlọsretnīk Unglücksrabe *m*, Pechvogel *m*
zlọstaviti (-vljen) **(-avljati)** mißhandeln, malträtieren, quälen; tyrannisieren; vergewaltigen
zlostạvljāč *1* (*V* -u) Quäler *m*, Menschenschinder *m*, Tyrann *m*
zlọstavljati → ***zlọstaviti***
zlọtvor Übeltäter *m*, Missetäter *m*, Bösewicht *m*
zlọupotreba Mißbrauchen *n*, Mißbrauch *m*; ***~ vlạ̄sti*** Machtmißbrauch *m*
zloupotrijẹbiti *5/7* (-pọtrijebljen) **(-bljạ̄vati** *5*) mißbrauchen
zlọvolja Mißmut *m*, Verdrießlichkeit *f*, Mißgelauntheit *f*
zlọvōljan mißmutig, mißlaunig, übelgelaunt, verstimmt; griesgrämig
zlọvōljnōst (-osti; *ISg* -osti/-ošću) *f* → ***zlọvolja***
zlụrad → ***zlọrad***
zmạj (*Pl* -evi) Drachen *m* (*Myth.*, *Astr.*, *Spielzeug*); *fig.* Held *m*; ***pụ̄štati ~a*** e-n Drachen steigen lassen
zmij|a Schlange *f*, Natter *f*, Otter *f*; *fig.* böses Weib; ***bijẹsan kao ~a*** sehr böse, *fig.* giftig; ***gọjiti ~u u nẹdrima*** *fig.* e-e Schlange an seinem Busen nähren; ***hlạ̄dan kao ~a*** eiskalt; ***nạgaziti ~i nạ rēp*** *fig.* in ein Wespennest stechen; ***ọtrōvnā ~a*** *Zool.* Giftschlange *f*
zmijọlik schlangenartig, schlangenförmig
zmijār *1* (*V* -u/-e) Schlangenfänger *m*
zmījskī Schlangen-; ***~ cạr*** *Zool.* Boa *f*; ***~ jẹzik*** *fig.* gespaltene Zunge; ***~ ọtrov*** Schlangengift *n*; ***~ svlạ̄k*** Schlangenhaut *f*
znạčāj (*Pl* -i/-evi) Charakter *m*, Wesensart *f*, Merkmal *n*; ***pridạ̄vati ~*** e-r Sache Bedeutung beimessen
znạčājan charakteristisch, kennzeichnend; bedeutungsvoll, wichtig
znạčājka (*GPl* -jākā/-jkī) Kennzeichen *n*, Merkmal *n*; Gepräge *n*; Sinnbild *n*, Symbol *n*
znạ̄čēnj|e Bedeutung *f*, Sinn *m*; ***bẹz ~a*** bedeutungslos; ***prenẹsenō ~e*** (***riječi***) übertragener Sinn (*e-s Wortes*); ***tọ̄ nije od ~a*** das ist nicht von Belang
znạ̄čī das heißt; → ***znạ̄čiti***
znạ̄čiti bedeuten, heißen; besagen; ***tọ̄ nịšta nẹ znạ̄čī*** das hat gar nichts zu bedeuten
znạčka (*GPl* -āčākā/-čkī) Abzeichen *n*, Anstecknadel *f* (*e-s Sportvereins*, *e-r Gruppierung etc.*)
znạdēm *1. Pers Sg v.* ***znạti***
znạ̄k (*Pl* znạci/znạkovi) Zeichen *n*, An-

Z

zeichen *n*, Kennzeichen *n*; Merkmal *n*, Symbol *n*; Signal *n*; ~ **bọlesti** Krankheitsanzeichen *n*, Krankheitssymptom *n*; ~ **ispū̆štānja** *Gr.* Auslassungszeichen *n*; ~ **izdavā̦ča** *Typ.* Verlagssignet *n*; ~ **jednā̦kosti** *Math.* Gleichheitszeichen *n*; ~ **kr̥sta** *Rel.* Kreuzzeichen *n*; ~ **pĭtānja** → **ụpitnīk**; ~ **za ponā̦vljānje** *Mus.* Wiederholungszeichen *n*; ~ **za ụzbunu** Alarmsignal *n*; **dijakrịtičkī** ~ *Gr.* diakritisches Zeichen; **dọbar** ~ gutes Zeichen *od.* Omen; **kẹmījskī** ~ chemisches Symbol; **nạdgrobnī** ~ Grabstein *m*; **nā̦vodnī znā̦ci** *Gr.* Anführungszeichen *Pl*, F Gänsefüßchen *Pl*; **nẹ dati** ~**a ọd sebe** kein Lebenszeichen von sich geben; **prọmetnī** *od.* **sạobraćājnī** ~ Verkehrszeichen *n*; **rọbnī** ~ Warenzeichen *n*; **rečẹničnī** ~ *Gr.* Satzzeichen *n*; **vọdenī** ~ Wasserzeichen *n* (*auf Geldscheinen*); **zā̦štitnī** ~ *Hdl.* Warenzeichen *n*, Markenzeichen *n*; **zọdijačkī** ~ *Astr.* Sternzeichen *n*

znakọvit signifikant, kennzeichnend

znā̦lac (-lca; *GPl* znạlācā) Kenner *m*, Sachverständige(r) *m*, Experte *m*

znạlā̆čkī meisterhaft, vortrefflich; sachverständig, kenntnisreich

znạmēn (-mena) Zeichen *n*, Mal *n*

znamẹnit berühmt, bedeutend, bedeutsam; sehenswert, sehenswürdig; ~**ī ljū̦di** Prominenz *f*

znamẹnitōst (-osti; *ISg* -osti/-ošću) *f* Berühmtheit *f*, Bedeutsamkeit *f*; Sehenswürdigkeit *f*; **razgledā̦vānje** ~**ī** Sightseeing-Tour *f*, Besichtigungsfahrt *f* (*von Sehenswürdigkeiten*)

znạmēnka (*GPl* -kī) *Math.* Ziffer *f*

znā̦n bekannt; → **znạti**; ~**ī i nẹznānī** alle ohne Ausnahme; sehr viele, zahlreiche

znā̦nac (-nca) Bekannte(r) *m*; **tọ̄ mi je stā̦rī** ~ das ist ein alter Bekannter von mir

znạnica Bekannte *f*

znạnōst (-osti; *ISg* -osti/-ošću) *f* Wissenschaft *f*; **akadẹmija** ~**ī** Akademie der Wissenschaften; **drụštvenē** ~**i** Gesellschaftswissenschaften *Pl*; **dụhōvnē** ~**i** Geisteswissenschaften *Pl*; **prā̦vnē** ~**i** Rechtswissenschaften *Pl*; **primijẹnjenē** ~**i** angewandte Wissenschaften; **prịrodnē** ~**i** Naturwissenschaften *Pl*

znạnstvenī wissenschaftlich, Wissenschafts-

znā̦nj|e Wissen *n*, Können *n*, Kenntnis *n*; **dạti** (*D*) **na** ~**e** *j-n* in Kenntnis setzen (*A*/von *D*); **na** ~**e** kenntnishalber, zur Kenntnisnahme; **prịmiti k** ~**u** zur Kenntnis nehmen; **stạviti do** ~**a** in Kenntnis setzen (*A*/von *D*); **strụčnō** ~**e** Fachkenntnisse *Pl*, Fachwissen *n*; **ụzēti k** ~**u** zur Kenntnis nehmen; **znạti** ~**e** *scherzh.* alles Mögliche wissen

znạtan bedeutend, erheblich; (*Schaden, Geldbetrag*) beträchtlich

znạti (znā̦m/znā̦dēm; *Imp* znā̦j/znā̦di; znạo, -ạla; znā̦n) wissen, können; (*e-r Sprache*) mächtig sein; (*auf e-m Wissensgebiet*) bewandert sein; etw. häufig *od.* üblicherweise tun (**ọ̄n znā̦ mnọgo pịti** er trinkt üblicherweise *od.* häufig viel); **znā̦š ...** *Int* weißt du ..., nicht wahr ...; ~ **gdję tịštī** *fig.* wissen, wo der Schuh drückt; ~ **kạko stvā̦ri stọjē** *fig.* wissen, wie die Sache steht; ~ **kạo ọčenāš** etw. aus dem Effeff können, etw. wie am Schnürchen hersagen können; ~ **kọliko je sā̦ti** *fig.* wissen, was die Uhr geschlagen hat; ~ **nạpamēt** etw. auswendig wissen; ~ **svọ̄j zạnāt** *a. fig.* sein Handwerk verstehen; ~ **ụ dūšu** *od.* **ụ glāvu** j-n durch und durch kennen; **ạko Bọga znā̦š** um Gottes willen, bei Gott; **Bọ̄g bi ga znạo** *od.* **će ga** ~ das wissen die Götter; **nẹ** ~ **se ni kụd ni kạmo** *fig.* weder ein noch aus wissen; **nẹ znā se nị tko pijē ni tko plā̦čē** es herrscht ein heilloses Durcheinander, es geht kunterbunt zu; **nẹ znā što gọvorī** er (sie) weiß nicht, was er (sie) redet; **nẹ** ~ **grạnicu** *fig.* keine Grenzen kennen (**u** *L*/in *D*); **ne** ~ **mjẹre** *od.* **za mjẹru** *fig.* kein Maß kennen, maßlos sein; **nẹ** ~ **pēt nạ devēt** keinen Spaß verstehen; **nẹ** ~ **se ni prekr̥stiti** *fig.* nicht bis drei zählen können; **nẹ** ~ **šā̦lu** *od.* **za šā̦lu** keinen Spaß verstehen; **nije nẹ znām štọ** es ist nichts Besonderes; **ọ̄n znā̦ na čẹmu** er weiß, woran er ist; **štọ jạ znām!** was weiß (denn) ich!; **tkọ znā̦?** *od.* **tkọ bi ga znạo?** wer weiß?; **tọ̄ se još nẹ znā** das bleibt noch dahingestellt; **tọ̄ znạjū i vrā̦pci na krọvu** das pfeifen die Spatzen von den Dächern

znạtiželj|a Neugier *f*, Neugierde *f*, Wißbegierde *f*; **gọrjeti od** ~**ē** vor Neugier brennen

znạtižēljan neugierig, wißbegierig

znạtno *Adv* erheblich, beträchtlich
znȍj *3* Schweiß *m*; **hlȃdan ~** kalter Schweiß, Angstschweiß *m*; **kụpati se u ~u** schweißgebadet sein; **u ~u svọga lȋca** im Schweiße seines Angesichts
znȍjan verschwitzt, schweißbedeckt; Schweiß-; → **žlijẹzda**
znọjēnje Schwitzen *n*, Schweißausbruch *m*
znọjiti se schwitzen, ins Schwitzen geraten; *fig.* (*bei e-r Prüfung*) ins Schwitzen kommen; *Glasscheibe*; anlaufen
zȍb (zọbi; *I* zọbi/zọblju) *f* Hafer *m*
zọbati (-bljēm) *Huhn*: picken, aufpicken
zọben|ī Hafer-; **~ā kạša** Haferbrei *m*; **~ē pahụljice** Haferflocken *Pl*; **~ā slȗz** Haferschleim *m*
zọbīšte Haferfeld *n*
zọdijačkī → **znạk**
zọdijak *Astr.* Tierkreiszeichen *n*
zȍna Zone *f*; *Sp.* Liga *f*; **pjẹšāčkā ~** Fußgängerzone *f*; **razọružanā ~** entmilitarisierte Zone; **slọbodnā trgovīnskā ~** *Hdl.* Freihandelszone *f*
zoọlog Zoologe *m*, Tierforscher *m*
zoolọgija Zoologie *f*, Tierkunde *f*
zoọloškī zoologisch; **~ vrt** Tiergarten *m*, Zoo *m*
zọr|a Morgenrot *n*, Morgenröte *f*; Morgengrauen *n*, Morgen *m*; **~a svịćē** der Tag bricht an; **ọd (rạnē) ~ē dọ (mṛka) mrȃka** von früh bis spät; **prẹvariti ~u** etw. vor Tagesanbruch tun; **ụ cik ~ē** im Morgengrauen
zȍr|an anschaulich, Anschauungs-; (*Mädchen*) hübsch; (*Bursche*) stattlich; **~nā ọbuka** Anschauungsunterricht *m*; **~nī prịkaz** e-e anschauliche Darstellung
zọrica *Zool.* Aurorafalter *m*
zọriti *Früchte*: reifen, reif werden; *Tag, Morgen*: dämmern, hell werden
zȍrnica *Rel.* Frühmesse *f*, Frühgottesdienst *m*, Mette *f*
zȍrnōst (-osti; *ISg* -osti/-ošću) *f* Anschaulichkeit *f*, Klarheit *f* (*e-r Darstellung*)
Zȍrnjača *Astr.* Morgenstern *m*
zọstera *Bot.* Seegras *n*
zȍv Ruf *m*, Aufruf *m*; (*Hirsch*) Brunftschrei *m*
zọva *Bot.* Holunder *m*
zọvēm *1. Pers Sg v.* **zvạti**
zọvnuti (-nēm) *pf* rufen, herbeirufen; aufrufen
zrȃčak (-čka; *Pl* -čci) kleiner Strahl; **~ nạdē** Hoffnungsschimmer *m*
zrȃč|an luftig, Luft-; (*Raum*) gelüftet; **~nā enẹrgia** Strahlungsenergie *f*; **~nā lȋnija** Luftlinie *f*; **~nā lụka** Flughafen *m*; **~nā ọbrana** *Mil.* Luftabwehr *f*; **~nī prȍstor** Luftraum *m* (*e-s Staates*)
zrạčēnje *Phys.* Strahlung *f*; *Med.* Bestrahlung *f*
zrạčiti *Raum* lüften, auslüften; *Phys.* strahlen; *Med.* bestrahlen; *Schmerzen*: ausstrahlen; **~ rạdošću** Freude ausstrahlen; **~ se** an die frische Luft gehen, spazierengehen
zrȃčnica Luftschlauch *m* (*im Fahrrad*)
zrȃk[1] Luft *f*; **bạciti** *od.* **dịći ụ ~** (*mit Sprengstoff*) in die Luft jagen; **čịst ~** reine Luft (*a. fig.*); **gọrskī ~** Höhenluft *f*; **ịći nạ ~** an die (frische) Luft gehen, frische Luft schnappen; **lẹbdjeti u ~u** *fig.* in der Luft liegen; **odlẹtjeti** *od.* **ọtići u ~** in die Luft fliegen, explodieren; **trọvati ~** *fig.* die Atmosphäre vergiften; **žȋvjeti od ~a** *fig.* von Luft und Liebe leben
zrȃk[2] → **zrạka**
zrạk|a (*Licht-, Sonnen-, Röntgen-*) Strahl *m*; **infracrvẹnē ~e** Infrarotstrahlen *Pl*; **lạserskā ~a** Laserstrahl *m*; **ụltraljubičastē ~e** ultraviolette Strahlen *Pl*
zrạkast strahlenförmig, radial
zrạkoplōv Flugzeug *n*; Zeppelin *m*
zrạkoplōvn|ī Flug-; **~ā lụka** Flughafen *m*; **meteorọloškī ~ī ịzvještāj** Flugwetterbericht *m*
zrakoplọvstvo Flugwesen *n*, Luftfahrt *f*; **spọrtskō ~** Sportfliegerei *f*
zrạkoprāz|an luftleer, Vakuum-; **~nī prȍstor** luftleerer Raum
zrcal|an spiegelbildlich, Spiegel; **~nā slịka** Spiegelbild *n*
zrcạliti se *5* sich (wider)spiegeln
zrcalo Spiegel *m*; **glạdak kao ~** spiegelglatt
zrẹlōst (-osti; *ISg* -osti/-ošću) *f* (*biologische und geistige*) Reife *f*; **ịspit ~i** Reifeprüfung *f*, Abitur *n*; **spȍlnā ~** Geschlechtsreife *f*; **svjẹdožba ~i** Reifezeugnis *n*, Abiturzeugnis *n*
zrẹ|o (-elo) reif, reiflich; **~lō dọba** reifes Alter; **~lō vọće** reifes Obst; **nạkon ~lōg razmīšljānja** nach reiflicher Überlegung

Z

zrẹti (zrēm/zrīm; zrẹo/zrịo; zrụ̄ćī) reifen, heranreifen, reif werden
zrịkati¹ (-čem) *Grille*: zirpen
zrịkati² (-am) schielen
zrịkav schieläugig, schielend
zrịkavac (-āvca) *Zool.* Grille *f*; (*Mensch*) Schieler *m*
zrīm *1. Pers Sg v.* ***zrẹti***
zrnast körnig
zrnce (*GPl* zrnācā) Korn *n*; Beere *f*
zrn|o Korn *n*; Kern *m*; Beere *f*; (*Gewehr-*)Kugel *f*; (*Kaffee-*)Bohne *f*; ***bịti mạnjī od mạkova ~a*** *fig.* ganz kleinlaut werden; ***ni ~a*** *fig.* kein Funken; F nicht die Bohne; ***pọlenovō ~o*** Blütenpollen *m*
zụ̄b (*Pl* -i; *GPl* -ī/-ā) Zahn *m* (*a. Tech.*); ***~ mụ̄drosti*** Weisheitszahn *m*; ***~ vrẹmena*** *fig.* Zahn der Zeit; ***bạ̄citi ụ ~e*** e-n Happen essen, e-n kleinen Imbiß nehmen; ***cijẹditi krọz ~e*** stammeln; ***ịmati*** (*A*) ***na ~u*** F j-n auf dem Kieker haben; ***ịmati ~e*** Haare auf den Zähnen haben; ***jẹzik za ~e!*** V halt's Maul!; ***lạvljī ~*** *Bot.* Löwenzahn *m*; ***lọmiti ~e*** *fig.* sich die Zähne ausbeißen (***na*** *L*/an *D*); ***mẹtnuti ụ ~e*** e-n Happen essen; ***mẹtnuti ~e na pọlicu*** am Hungertuch nagen; ***mliječnī ~*** Milchzahn *m*; ***nẹ̄mā ni za ~*** F das reicht gerade *od.* nicht einmal für den hohlen Zahn; ***pokạ̄zati ~e*** *fig.* j-m die Zähne zeigen; ***rạzbiti ~e*** j-m die Zähne einschlagen; ***stịsnuti ~e*** *fig.* die Zähne zusammenbeißen; ***škrīpati ~ima*** (*vor Wut*) mit den Zähnen knirschen; ***tụ̄đīm ~ima jẹsti*** *fig.* auf fremde Kosten leben; ***ụzēti ụ ~e*** e-n Happen essen; ***vrạ̄titi ~ za ~*** *fig.* mit gleicher Münze heimzahlen
zụ̄bac (-pca) (*Briefmarken-*)Zacke *f*, Zahn *m* (*e-s Zahnrads*); Geweihsprosse *f*; Zinke *f* (*e-r Gabel*)
zụbalo Gebiß *n*; ***ụmjetnō ~*** künstliches Gebiß
zụbār *1* (*V* -u) Zahnarzt *m*
zụbat gezahnt, gezackt, zackenförmig; ***~ō sụ̄nce*** sonniges Frostwetter
zụbatac (-aca) *Zool.* Zahnbrasse *f*
zụbīšte *Anat.* Alveole *f*
zụblja (Kien)Fackel *f*, Kienspan *m*
zụ̄bn|ī Zahn-; ***~ī kamẹ̄nac*** *Anat.* Zahnstein *m*; ***~ō mẹ̄so*** *Anat.* Zahnfleisch *n*; ***~ā pạsta*** Zahnpaste *f*; ***~ā škrba*** Zahnlücke *f*
zubọbolja Zahnschmerzen *Pl*, Zahnweh *n*
zubotẹhničār Zahntechniker *m*, Dentist *m*
zụ̄jalo *Tech.* Summer *m*
zụ̄jānje Summen *n*, Gesumme *f*; Gesäusel *n*
zụjara: mụha ~ *Zool.* blaue Schmeißfliege
zụ̄jati (-jīm) summen, säuseln; ***zụ̄jī*** (*D*) ***u ụšima*** *j-d* hat Ohrensausen
zụlum *Turz.* Gewalttätigkeit *f*, Tyrannei *f*
zulụmčār *1* (*V* -e/-u) *Turz.* Gewalttäter *m*, Tyrann *m*
zụ̄m *Fot.* Zoom(objektiv *n*) *n*
zụmbul Hyazinthe *f*; ***vẹnuti kao ~*** *fig.* eingehen wie e-e Primel
zụpčan (-o) gezahnt, Zahn-; ***~ā žẹljeznica*** Zahnradbahn *n*
zupčạnīk *1* Zahnrad *n*
zụ̄riti starren, gaffen; anstarren, angaffen (***na*** *A*/*A*)
zvạ̄n (-o) → ***zvạti***; gerufen, berufen; geladen; bestimmt; eingeladen; aufgefordert; ***~ī i nẹzvānī*** alle ohne Ausnahme
zvạničan *sb.* → ***služben***
zvạničnīk *sb.* Amtsperson *f*
zvạ̄nj|e Beruf *m*; Titel *m*, Dienstbezeichnung *f*; Berufung *f*; ***ịzbor ~a*** Berufswahl *f*; ***ljụ̄di od čạ̄sti i ~a*** *fig.* Leute von Rang und Namen; ***pọčasnō ~e*** Ehrenamt *n*; ***vr̄šiti ~e*** ein Amt ausüben
zvạti (zọvēm; zvạo, -āla; zvạ̄n) **[pọ-]** rufen, anrufen, herbeirufen; nennen, heißen; einladen; ***~ na rụ̄čak*** zum Mittagessen einladen; ***~ pod ọrūžje*** zu den Waffen rufen; ***~ u gọste*** einladen; ***~ ụ pomōć*** zu Hilfe rufen; ***~ se*** heißen, genannt werden; ***a tọ̄ se zọvē kolẹ̄ga!*** und so etwas nennt sich nun Kollege!; ***kạko se zọvēš?*** wie heißt du?
zvẹckati rasseln, klirren, klimpern
zvẹčārka (*GPl* -kī) *Zool.* Klapperschlange *f*
zvẹ̄čati (-īm) **[-knuti]** klirren, rasseln, klappern
zvẹčka (*GPl* -čākā/-čkī) Rassel *f*, Klapper *f*
zvẹka Geklirr *n*, Gerassel *n*; ***~ mạčevā*** *fig.* Säbelrasseln *n*
zvẹkan Dummkopf *m*, Narr *m*
zvẹkēt → ***zvẹka***
zvekẹtav klirrend, scheppernd, rasselnd
zvẹkīr *1 Turz.* Türklopfer *m*, Türring *m*
zvẹ̄knuti (-nēm) *pf* → ***zvẹ̄čati***
zvijer (-iịeri; *Pl* zvjẹrovi) *7 f* Raubtier *n*,

wildes Tier; Bestie *f* (*a. fig.*); ***gọlemā*** *od.* ***vẹlikī*** ~ *fig.* hohes Tier
zvijęzd|a *7* Stern *m*; ***~a pạdalica*** Sternschnuppe *f*; ***~a repạtica*** Komet *m*; ***~a stajạ̄čica*** Fixstern *m*; ***~a vọdilica*** *od.* ***vọdīlja*** *fig.* Leitbild *n*; ***dići*** *od.* ***kọvati u ~e*** *fig.* über den grünen Klee loben; ***fịlmskā ~a*** Filmstar *m*; ***jụtārnjā ~a*** *Astr.* Morgenstern *m*; ***mọrskā ~a*** *Zool.* Seestern *m*; ***rọditi se pod srẹtnōm ~ōm*** *fig.* unter e-m günstigen Stern geboren werden; ***vịdjeti svẹ ~e*** *fig.* Sterne *od.* Sternchen sehen
zvijęžđe *7* Gestirn *n*, Sternbild *n*
zvịznuti (-nēm) *pf* e-n Hieb *od.* Schlag versetzen (*A*/*D*)
zvịždāljka (*GPl* -kī) Pfeife *f*; ***sịgnālnā ~*** *Esb.* Signalpfeife *f*
zvịždānje Pfeifen *n*
zvịždati (-īm) *pf* pfeifen; ***~ glụ̄mcu*** e-n Schauspieler auspfeifen
zvịždūk Pfiff *m*
zviždụ̄kati (zvịždūćēm) vor sich hinpfeifen, ein Liedchen pfeifen
zvịžnuti (-nēm) *pf* e-n Pfiff ausstoßen
zvjẹrad (-ādi) *f*/*koll* Raubtiere *Pl*; Wild *n*; ***krọtitelj ~i*** Tierbändiger *m*
zvjẹrinac (-nca) *Med.* Hautentzündung *f*, (*Haut*) Wolf *m*
zvjẹrinjāk Tiergarten *m*, Zoo *m*; Wildpark *m*
zvjȩ̄rka (*GPl* -kī) Raubtier *n*, Waldtier *n*; ***vẹlikā ~*** *fig.* hohes Tier
zvjerọkradica *m*/*f* Wilderer *m*, Wilddieb *m*; Wilddiebin *f*
zverọkrađa Wilderei *f*, Wilddieberei *f*
zvjẹrovi *Pl v.* ***zvijer***
zvẹrsk|ī tierisch, bestialisch, grausam, viehisch, roh; ***~ō ubọ̄jstvo*** ein bestialischer Mord
zvjẹrstvo (*GPl* -ẹrstāvā-/ẹ̄rstva) Greueltat *f*, Bestialität *f*; Grausamkeit *f*
zvjęzdan (-o) sternhell, gestirnt; ***~ō nẹbo*** Sternenhimmel *m*
zvjęzdānka (*GPl* -kī) *Bot.* Sternendolde *f*
zvjęzdārnica Sternwarte *f*
zvjęzdast sternförmig
zvjęzdica Sternchen *n*; *Typ.* Asterisk *m*; *fig.* Starlet *n*
zvjezdọlik → ***zvjęzdast***
zvjezdoznạ̄nac (-nca; *V* -nče) *2* Astronom *m*; Sternforscher *m*
zvjezdoznạ̄nstvo Astronomie *f*, Sternkunde *f*

zvọn Klang *f* (*e-r Glocke*)
zvọnak (-nko) klangvoll, klingend; (*Stimme*) klangvoll, sonor
zvọnār *1* (*V* -u) Glöckner *m*; Küster *m*; Mesner *m*; Glockengießer *m*
zvọnara Glockenturm *m*
zvọnārnica Glockengießerei *f*
zvọnast glockenförmig
zvọ̄nce (-ca/-ceta) *Dim v.* ***zvọno***; Glöckchen *n*; ***~ bicịkla*** Fahrradklingel *f*; ***~ na vrạtima*** Türklingel *f*
zvọnčić → ***zvọ̄nce***; *Bot.* Glockenblume *f*
zvọnīk *1* Glockenturm *m*, Kirchturm *m*
zvọniti läuten, klingeln; klingen; ***~ na vrạtima*** an e-r (*Haus-*)Tür klingeln; ***~ na pọgreb*** *fig.* den Untergang einläuten; ***~ na ụzbunu*** Alarm geben; ***zvọnī mu u ụšima*** er hat Ohrensausen; ihm klingen die Ohren
zvọnkōst (-osti; *ISg* -osti/-ošću) *f* Klangfülle *f*
zvọn|o Glocke *f*; ***dạti*** *od.* ***ịznijēti*** *od.* ***ọbjesiti na vẹlikō ~o*** *fig.* etw. an die große Glocke hängen; ***ọdzvonī*** (*D*) ***~o*** *fig.* j-m schlägt die Stunde; ***vjęčērnjā ~a*** Abendglocken *Pl*
zvonolịvac (-vca) Glockengießer *m*
zvonoljẹvāc *1* → ***zvonolịvac***
zvọnjava, -ēnje Geläute *f*, Läuten *n*; Geklingel *n*; Glockengeläut(e) *n*
zvȓčati (-īm) *pf* *Grille*: zirpen; *Fett*: brutzeln
zvȓčka (*GPl* -kī) Nasenstüber *m*
zvȓk (*Pl* zvṛkovi) Drehkreisel *m*, Brummkreisel *m*
zvṛknūt (*Mensch*) seltsam, wunderlich, verschroben
zvṛndati brummen, rasseln
zvṷč|an klangvoll, schallend; (*Stimme*) sonor; ***~nī fịlm*** Tonfilm *m*; ***~nō ịme*** *fig.* ein klangvoller Name; ***~nī sụglasnīk*** *Gr.* stimmhafter Konsonant *od.* stimmhafter Mitlaut; ***~nā vịljuška*** Stimmgabel *f*
zvṷčati (-īm) schallen, klingen, tönen; ***tọ̄ lijẹpo zvṷčī!*** das klingt gut *od.* hört sich gut an! (*a. fig.*)
zvṷčnica: ***mạgnētskā ~*** magnetisches Tonabnehmersystem (*bei e-m Plattenspieler*)
zvṷčnīk Lautsprecher *m*, Sprachrohr *n*, Megaphon *n*; ***pẹrōnskī ~*** *Esb.* Bahn-

steiglautsprecher *m*; ***trodijelnī ~*** Dreiwegelautsprecher *m* (*e-r Stereoanlage*)
zvūk (*Pl* zvūci/zvukovi) Klang *m*, Schall *m*, Ton *m*; Widerhall *m*; ***brzina ~a*** Schallgeschwindigkeit *f*
zvukovod *Anat.* Gehörgang *m*

Ž

Ž ž *n*; ***od a do ~*** *fig.* von A bis Z
žab|a Frosch *m*; ***~a gatalīnka*** Laubfrosch *m*; ***hladan kao ~a*** eiskalt (*über e-n Menschen gesagt*); ***ljūdi ~e*** Froschmänner *Pl*, Taucher *Pl*; ***progutati ~u*** *fig.* e-e Kröte schlucken, sich mit etw. Unangenehmen abfinden
žābac (-pca) Froschmännchen *n*
žabica *Dim v.* ***žaba***; Fröschchen *n*; Knallfrosch *m*; *Tech.* Froschklemme *f*
žabljāk Froschlaich *m*
žabljī Frosch-; ***~ krāci*** *Kochk.* Froschschenkel *Pl*
žabokrijek *Bot.* Hahnenfuß *m*
žacati se [-cnuti se] zurückschrecken, zurückscheuen; zögern
žacnuti se (-nēm se) *pf* → ***žacati se***
žāgor Stimmengewirr *n*; ***~ negodovānja*** Protestgemurmel *n*
žakēt *1* Jacke *f*, Jackett *n*
žāl (*Pl* žāli/žalovi) Gestade *n*, Küste *f*; Strand *m*
žālac (-lca) (*Bienen-*, *Wespen-*)Stachel *m*; *fig.* böses *od.* verletzendes Wort
žalb|a Widerspruch *m* (*gegen e-n Bescheid od. Beschluß*); Einspruch *m*; Berufung *f* (*gegen ein Gerichtsurteil*); ***prijāviti ~u*** → ***podnijēti***; ***odbiti ~u*** e-n Widerspruch *od.* Einspruch ablehnen; e-e Berufung abweisen; ***podnijēti*** *od.* ***uložiti ~u*** Widerspruch *od.* Einspruch einlegen (***protiv*** *A*/gegen *A*); (*gegen ein Urteil*) Berufung einlegen
žalben (-o) Widerspruchs-; Berufungs-; ***~ī postupak*** Widerspruchs- *od.* Berufungsverfahren *n*
žalfija *Bot.* Salbei *m*
žalibože leider, leider Gottes, bedauerlicherweise
žalilac (-ioca) → ***žalitelj***
žalitelj *Jur.* Beschwerdeführer *m*; Berufungskläger *m*
žālo → ***žāl***
žaliti [o-] trauern (**za** *I*/um *A*); betrauern; *j-s Tod* beklagen; ***žalīm slučāj!*** es tut mir leid; ***žalīm za njom*** ich vermisse sie; ***ne ~ trūda*** keine Mühe scheuen; ***~ se*** sich beschweren, sich beklagen (***na*** *A*/über *A*); ***~ se direktoru*** sich beim Direktor beschweren; ***~ se protiv presudu*** gegen ein Urteil Berufung einlegen
žaloba Trauer *f*
žaloban traurig
žalobnīk Trauernde(r) *m*
žalopōjka (*GPl* -kī) Klagelied *n*
žalosnica Leidtragende *f*
žalosno traurig
žalōst (-osti; *ISg* -osti/-ošću) *f* Trauer *f*, Leid *n*, (*seelischer*) Schmerz *m*; Kummer *m*; ***~ za domovinom*** Heimweh *n*; ***babinjā ~*** F e-e totale Null, e-e Niete; ***na moju ~*** zu meinem Bedauern; ***nārodnā ~*** Staatstrauer *m*; ***srednjā ~*** F mittelprächtig
žalos|tan (-sno) traurig, betrübt; Trauer-; ***~nā vrba*** *Bot.* Trauerweide *f*; ***biti u ~nom stānju*** in e-r jämmerlichen Verfassung sein
žalostiti (-šćen) **[o-]** betrüben, kränken; Kummer bereiten (*D*/*G*); ***~ se*** sich grämen; traurig sein *od.* werden
žalūzije *f*/*Pl* Rolladen *m*, Jalousie *f*
žaluzine *f*/*Pl v.* ***žalūzije***
žaljēnj|e Bedauern *n*; Betrauern *n*; Klagen *n*, Bemitleiden *n*; ***vrijedan ~a*** bedauernswert
žāmor, žāmorēnje Murmeln *n*, Gemurmel *n*; Stimmengewirr *n*; Rauschen *n*
žāmoriti Murmeln *n* (*von Stimmen*); *Wasser*: rauschen
žandār *1* (*V* -u/-e) Gendarm *m*
žandarmerija Gendarmerie *f*

žȃnr Genre *f*; (*Kunst-*, *Literatur-*)Gattung *f*
žạo leid; **~ *mi je*** es tut mir leid; ***učịniti na ~*** j-m etw. zuleide tun
žạoka (*Bienen-*, *Wespen-*)Stachel *m*; *Bot*. Brennhaar *n*, Nesselhaar *n*; **~ *krịtikē*** *fig*. Stachel der Kritik
žȃr Glut *f*, Hitze *f*; *fig*. Eifer *m*; **~ *kọvinē*** Gluthitze *f*
žạra Urne *f*
žạrāč *1* Schürhaken *m*, Feuerhaken *m*
žạrgōn *1 Gr*. Jargon *m*; ***strụčnī ~*** Fachjargon *m*
žạrīšnī Herd-; Fokus-
žạrīšte Brennpunkt *m* (*a. fig*.); Fokus *m*; **~ *bọlesti*** Krankheitsherd *m*
žȃriti erhitzen; *Brennessel*, *Sonne*: brennen; **~ *i pȃliti*** (*willkürlich*) schalten und walten; **~ *se*** glühen
žȃrk|ī glühend, feurig, heiß; ***~ā ljȗbav*** *fig*. glühende Liebe; ***~ī pọjās*** Tropen *Pl*
žȃrkōst (-osti; *ISg* -osti/-ošću) Glut *f*, Hitze *f*; *fig*. Eifer *m*, Inbrunst *f*
žạrulja Glühbirne *f*; **~ *blješkalice*** *Fot*. Blitzbirne *f*; ***kọntrōlnā ~*** Kontrollampe *f*
žbịca (*Fahrrad-*)Speiche *f*
žbȋr *abw*. (*Polizei-*)Spitzel *m*
žbụka Mörtel *m*, (*Mauer-*)Verputz *m*; ***strọpnā ~*** Deckenverputz *m*
žbụkati verputzen, mörteln
žbȗn (*Pl* žbụnovi) Strauch *m*, Busch *m*, Staude *f*
ždẽra *m*/*f* (*V* -o) Vielfraß *m*
ždẹrānje V Fressen *n*, Fresserei *f*; Schlemmen *n*
ždẹrati (-rēm) fressen, schlemmen; *fig*. (*seelisch*) quälen, kränken; **~ *se*** sich grämen, sich (*seelisch*) quälen
ždẽronja *m*/*f* Vielfraß *m*, Fresser *m*, Nimmersatt *m*
ždrȃl (*Pl* -ȃlovi/-ạlovi) Kranich *m*
ždrẹbānje Verlosen *n*, Verlosung *f*, Auslosung *f*
ždrẹbeta *GSg v*. ***ždrijebe***
ždrẹbica Fohlen *n*
ždrịjeb (*Pl* ždrẹbovi) *7* Los *n*; Lotterielos *n*; ***izvlȃčiti ~om*** das Los entscheiden lassen, auslosen; ***vȗći ~*** ein Los ziehen
ždrijẹbac (-pca) *7* Hengst *m*
ždrịjebe (ždrẹbeta) *7* Fohlen *n*, Füllen *n*; ***istrčȃvati se*** *od*. ***tṛčati kao ~ pred rȗdo*** *fig*. ausgelassen sein wie ein junges Fohlen
ždrijẹlo *7* Rachen *m*, Schlund *m*; *Anat*. Pharynx *f*; Abgrund *m*; Krater *m* (*e-s Vulkans*); **~ *tọpa*** Kanonenmündung *f*; ***bȃciti*** (*D*) ***u ~*** *fig*. j-m etw. in den Rachen werfen; ***stạti na ~*** *fig*. in die Bresche springen
žẹći (žẹžēm; *Imp* žẹzi; žẹgao, -gla; žẹžen *6*) **[rạ-]** brennen, ausbrennen; glühen; versengen; *Schnaps* brennen; ***žẹžen kašu hlȃdī*** *Sprw*. gebranntes Kind scheut das Feuer
žẽd|an durstig; ***~an kṛvi*** blutrünstig; ***bịti glȃdan i ~an*** *fig*. am Hungertuche nagen; ***prẹvesti ~na prẹko vọdē*** *fig*. j-n aufs Kreuz legen, j-n hinters Licht führen
žẹdnjeti (-īm; -nio, -njela) durstig werden
žẽđ (-i; *ISg* -i/-u) *f* Durst *m*; *fig*. Verlangen *n* (**za** *I*/nach *D*); **~ *za znȃnjem*** wissensdurstig; ***gȃsiti ~*** seinen Durst löschen *od*. stillen; ***gịnuti*** *od*. ***skapȃvati*** *od*. ***ụmirati od ~i*** vor Durst umkommen *od*. vergehen
žẽđāč *1* Durstige(r) *m*
žẽđati dürsten, Durst haben
žẹga Hitze *f*, Gluthitze *f*
želatịna Gelatine *f*
žẹlē (-ea) Gelee *n*
žẹluca *GSg v*. ***žẹludac***
žẹlučan|ī Magen-; ***~ī gṛč*** Magenkrampf *m*; ***~ā kiselịna*** Magensäure *f*; ***~ā žlijẹzda*** Bauchspeicheldrüse *f*
žẹlu|dac (-uca) Magen *m*; ***ịmati vẹćē ọči nẹgo ~dac*** *fig*. *j-s* Augen sind größer als der Magen; ***ọkrećē*** (*D*) ***se ~dac*** *fig*. der Magen dreht sich j-m um; ***prilijẹpio se ~dac*** (*D*) ***za lẽđa*** *fig*. der Magen hängt j-m in den Kniekehlen, j-d hat e-n Bärenhunger; ***zạvījā u ~cu*** j-m knurrt der Magen
žẹlj|a Wunsch *m*, Verlangen *n*, Drang *m*; ***~a za Nọvū gọdinu*** Neujahrsglückwunsch *m*; **~ *za rȃdom*** Tatendrang *m*; ***gọrjeti od ~ē*** vor Verlangen *od*. Begierde brennen; ***ịspuniti*** *od*. ***ostvȃriti ~u*** e-n Wunsch erfüllen; ***pọsljednjā ~a*** der letzte Wille; ***pȗstā ~a*** *iron*. frommer Wunsch; ***vrȗćā*** *od*. ***žȋvā ~a*** ein sehnlicher Wunsch
žẹljan begierig (*G*/auf *A*), F erpicht sein (auf *A*); **~ *znȃnja*** wißbegierig
žẹljeti (-īm; -lio, -ljela; -eljen) wünschen, begehren, ersehnen, verlangen; **~ *i ȍvce i nȍvce*** *fig*. alles haben wollen, uner-

sättlich sein; ~ ***od sr̥cē*** von Herzen wünschen; ***žẹlio bịh*** ich möchte
žẹljez|an eisern (*a. fig.*); aus Eisen; Eisen-; ***~nā plū̧ća*** *Med.* eiserne Lunge; ***~nā rụdača*** Eisenerz *n*; ***~nā rū̧ka*** *fig.* eiserne Hand, eiserne Faust; ***~nā vọlja*** *fig.* eiserner Wille; ***~nā zā̧vjesa*** *Pol.* der Eiserne Vorhang; ***~nī žī̧vci*** *fig.* eiserne Nerven
želję̄zār *1* Eisenwarenhändler *m*
želję̄zara Eisenhütte *f*; Stahlwerk *n*
željez(n)ạrija Eisenwaren *Pl*
žẹljeznic|a Eisenbahn *n*, Bahn *n*; ***br̥dskā ~a*** Schienenbergbahn *f*; ***pọdzēmnā ~a*** Untergrundbahn *f*; ***vijugavā ~a*** Achterbahn *f*; ***vọziti se ~ōm*** mit der (*Eisen-*)Bahn fahren
žẹljezničār Eisenbahner *m*, Eisenbahnangestellte(r) *m*
žẹljeznič|ī Eisenbahn-; ***~ī kọnduktor*** Eisenbahnschaffner *m*; ***~ī kọlodvōr*** Bahnhof *m*; ***~ā mrẹža*** Eisenbahnnetz *n*; ***~ī nā̧sip*** Bahndamm *m*; ***~ī podvọžnjāk*** Bahnunterführung *f*; ***~ā prū̧ga*** (Eisen-)Bahnstrecke *f*, (Eisen-)Bahnlinie *f*; ***~ā stạnica*** *sb.* Bahnhof *m*; ***~ī vọznī rẹd*** Eisenbahnfahrplan *m*
žẹljezo Eisen *n*; ***bā̧citi ụ stārō ~*** *fig.* zum alten Eisen werfen; ***kọvanō ~*** Schmiedeeisen *n*; ***kọvati ~ dọk je vrū̧ćē*** *Sprw.* das Eisen schmieden, solange es heiß ist; ***kvạdrātnō ~*** *Tech.* Vierkanteisen *n*; ***ọtī́ći ụ stārō ~*** *fig.* zum alten Eisen gehören; ***plọsnatō ~*** *Tech.* Flacheisen *n*; ***sịrovō ~*** *Tech.* Roheisen *n*
žẹ̄ljno *Adv.* sehnsüchtig, sehnsuchtsvoll
žẹmička Semmel *n*, Brötchen *n*
žẹmlja → ***žẹmička***
žẹn|a (*GPl* zẹ̄nā) Frau *f*; Ehefrau *f*, Gemahlin *f*; ***jā̧vnā ~a*** *od.* ***lạkā ~a*** Prostituierte *f*, leichtes Mädchen; ***ụzēti za ~u*** zur Frau nehmen, heiraten
žẹnidba (*GPl* -dābā/-dbī) Heirat *f*, Eheschließung *f*, Vermählung *f*
žẹnidben|ī Heirats-; ***~ī ọglas*** Heiratsanzeige *f*; ***~ā pọnuda*** Heiratsantrag *m*; ***~ī ū̧red*** Standesamt *n*
žen\̄irati se *5 ipf/pf* sich genieren
žẹnīk *1* Bräutigam *m*
žẹniti [o-] (ver)heiraten; ***~ se*** *Mann*: heiraten; ***~ se ọko vr̄bē*** F e-e wilde Ehe eingehen
žẹ̄nka (*D* -ki; *GPl* -kī) *Zool.* Weibchen *n*
žẹnskā (*D* -kōj; *GPl* -kīh) *abw.* Frau *f*, Weib(sbild *n*) *n*; ***jā̧vnā ~*** Prostituierte *f*; ***ụličnā ~*** Straßenmädchen *n*, Dirne *f*
ženskạdija *f/koll* Weiber *Pl*, Frauenzimmer *Pl*
žẹnskār *1* (*V* -u) F Schürzenjäger *m*, Weiberheld *m*
žẹnskast feminin
žẹnsk|ī weiblich, Frauen-; ***~ā glā̧vo!*** dumme Gans!; ***~ī rọ̄d*** *Gr.* weibliches Geschlecht; ***~ī spọ̄l*** *Biol.* weibliches Geschlecht; ***ịmenica ~ōg rọda*** weibliches Substantiv, Femininum *n*; ***tu fạlī ~kā rū̧ka!*** hier fehlt e-e Frau im Haus!
žẹnskīnje *n/koll* → ***ženskạdija***
žẹnskōst (-osti; *ISg* -osti/-ošću) *f* Fraulichkeit *f*, Weiblichkeit *f*
žẹnstvenōst (-osti; *ISg* -osti/-ošću) *f* → ***žẹnskōst***
žẹntura *abw.* Weib *n*, Frauenzimmer *n*
žẹrav Grauschimmel *n*, graues Pferd
žẹrav|a: *s prọsuljē na ~u* *fig.* vom Regen in die Traufe kommen
žẹravic|a Glut *f*, glühende Kohlen; ***sjẹditi*** *od.* ***bịti kao na ~i*** *fig.* (wie) auf glühenden Kohlen sitzen
žẹrāvnīk Holzkohlengrill *m*, Bratrost *m*
žẹ̄sta Alkohol *m*, Weingeist *m*, Äthylalkohol *m*
žestịna Heftigkeit *f*, Vehemenz *f*, Wucht *f*
žẹ̄stiti se [ra-] aufbrausen, ärgerlich *od.* zornig sein *od.* werden; in Wut geraten; sich aufregen
žẹstok (*Komp* žẹ̄šćī) aufbrausend, hitzig; vehement, ungestüm; (*Streit, Kampf*) erbittert; (*Regen*) heftig; ***~ā pī̧ća*** harte Getränke; ***~ī vjẹtar*** heftiger Wind, steife Brise
žẹ̄šćī *Komp v.* ***žẹstok***
žẹtelac(-eoca) Erntearbeiter *m*, Schnitter *m*, Mäher *m*
žẹtelačkī Schnitter-, Mäher-
žẹtelica (*Person*) Schnitterin *f*, Erntearbeiterin *f*; (*Maschine*) Mähmaschine *f*, Erntemaschine *f*
žẹti (žạnjēm/žnjẹm; *Imp* žạnji/žnjị; žẹo/žnjẹo, žẹla/žnjẹla; žẹ̄t/žnjẹven *6*) ernten, mähen; Ernte einbringen; ***kạko sijēš tạko ćẹš i ~*** *Sprw.* wie die Saat, so die Ernte
žẹtōn *1* Jeton *m*, Spielmarke *f*
žẹtva (*GPl* -vi/-ava) Ernte *f*
žẹtven|ī Ernte-; ***~ā svẹćanōst*** *od.* ***slạva*** Erntedankfest *n*

žȩzlo Zepter *n*; ***dṛžati dọmaćē ~*** *fig.* die Hosen anhaben
žȩžēm *1. Pers Sg v.* ***žȩći***
žȩžen *6* → ***žȩći; zlȃto***
žgȃnci *m/Pl* (*GPl* žgąnācā) *Kochk.* Maisknödel *m*; Maisgrütze *f*
žgạnica Branntwein *m*; (*doppelt gebrannter*) Schnaps
žgạravica *Med.* Sodbrennen *m*
žȋc|a Draht *m*; (*an Geige etc.*) Saite *f*; Laufmasche *f*; ***bọdljikavā ~a*** Stacheldraht *m*; ***dȋrnuti*** (*G*) ***ụ ~u*** *j-s* wunden Punkt treffen; ***glạsnē ~e*** *Anat.* Stimmbänder *Pl*; ***pjȩsnīčkā ~a*** *fig.* e-e poetische *od.* dichterische Ader; ***ụdariti ụ drugē ~e*** *fig.* andere Saiten aufziehen; ***ụdariti ụ istē ~e*** *fig.* am gleichen Strang ziehen, in die gleiche Kerbe hauen
žȋcār Schmarotzer *m*, Parasit *m*
žȋcārskī schmarotzerhaft, parasitär
žȋčan (-o) Draht-; ***~ā čȩtka*** Drahtbürste *f*; ***~ā mrȩža*** Drahtnetz *n*; ***~ō ȗže*** Drahtseil *n*; ***~ā žȩljeznica*** Drahtseilbahn *f*
žȋčara (Draht-)Seilbahn *f*; ***jednọsjednā ~*** Sessellift *m*; ***skijāškā ~*** Skilift *m*
Žȋd → ***Žịdov***
žȋdak (-tko) (*Gerte*) biegsam; (*Brei*) dünn(flüssig)
Žịdov Jude *m*
Žịdōvka (*D* -ki; *GPl* -kī) Jüdin *f*
žịdovskī jüdisch
žịdōvstvo Judentum *n*
žȋg (*Pl* žịgovi) Stempel *m*; Brandmal *n* (*a. fig.*); ***~ za kọvānje nȍvca*** Prägestempel *m*; ***pȍštanskī ~*** Poststempel *m*; ***srȃmnī ~*** Stigma *n*; ***tṛgovačkī ~*** (*eingetragenes*) Warenzeichen *n*; ***ụdariti*** (*D*) ***svȏj ~*** *fig.* j-m *od.* etw. seinen Stempel aufdrücken; ***vọdenī ~*** Wasserzeichen *n* (*auf Geldscheinen*)
žȋgānje *Med.* stechender Schmerz *m*
žȋgati *Schmerz*: stechen
žȋgica Zündholz *n*
žịgosati (-šem) *ipf/pf* stempeln; *Brandmal* einbrennen; *fig.* stigmatisieren; *e-e Person* abstempeln (*als etw.*)
žȋl|a Ader *f*, Blutgefäß *n*; Sehne *f*; ***~a kụcavica*** *Anat.* Schlagader *f*; *fig.* Hauptverkehrsader *f*; ***glȃvnā ~a*** *Bot.* Blattrippe *f*; ***ịz pētnīh ~ā*** *fig.* aus Leibeskräften; ***zlȃtnā ~a*** *Med.* Hämorrhoiden *Pl*
žȋlav aderig; (*Fleisch*) zäh; (*Person*) zäh, widerstandsfähig
žịlavōst (-osti; *ISg* -osti/-ošću) (*Fleisch*) Zähigkeit *f*; (*Person*) Widerstandsfähigkeit *f*
žịlet (-ȩta) Rasierklinge *f*
žịlic|a Äderchen *n*; ***pogọditi ~u*** *fig.* e-n wunden Punkt treffen
žịličast aderig, faserig, sehnig; (*Fleisch*) zäh
žịoka Zaunlatte *f*
žȋr (*Pl* -evi) *Bot.* Eichel *f*
žịrạfa Giraffe *f*
žịrant *Hdl.* Wechselgläubige(r) *m*; Bürge *m* (*bei e-m Kredit*)
žịrī (-ịja) Jury *f*
žirȋrati *5 ipf/pf Hdl.* girieren, e-n Wechsel übertragen
žịrō (-ọa) Giro *n*; ***~-kọnto, ~-rạčūn*** Girokonto *n*; ***~-prȍmet*** bargeldloser Zahlungsverkehr *m*
žȋtak (-tka; *Pl* -ȋci) Leben *n*; Lebensmittel *Pl*
žịtār *1* Getreidehändler *m*
žịtarica Getreide *f*, Getreidepflanze *f*; *Mar.* Getreideschiff *n*
žȋtelj Bewohner *m*, Einwohner *m*; → ***stanọvnīk***
žȋteljstvo (*GPl* -eljstāvā/-stva) Einwohnerschaft *f*; → ***stanovnȋštvo***
žịtkōst (-osti; *ISg* -osti/-ošću) *f* Flüssigkeit *f* (*als Aggregatzustand*); Dickflüssigkeit *f*
žịtn|ī Getreide-, Korn-; ***~ō pọlje*** Getreidefeld *m*, Kornfeld *n*; ***~ā ṛđa*** Getreiderost *m*
žịtnica Getreidespeicher *m*, Getreidesilo *n*
žȋt|o Getreide *n*; Korn *n*; Weizen *m*; ***ịspod ~a*** heimlich, F hintenrum; ***ọd tōg ~a nēmā brạšna*** *fig.* aus dieser Sache wird nichts
žitọrodan kornreich, getreidereich, fruchtbar (*auf Getreide bezogen*)
žȋv lebend, lebendig; lebhaft; regsam; ***~ i zdrạv*** gesund und munter; ***~ žȋvcat*** quicklebendig; ***~ā ịstina*** die reine Wahrheit; ***~ā mụka*** e-e große Anstrengung; ***~ā ọgrada*** Hecke *f*; ***~ā rạna*** klaffende Wunde; ***bọjati se*** (*G*) ***kao ~ē vạtrē*** *j-n od. etw.* wie die Pest fürchten; ***dȩrē kao da ga ~a dȩrū*** *fig.* j-d brüllt wie am Spieß; ***ịzjesti se ~a*** *fig.* sich gelb und grün ärgern; ***ịznijēti*** *od.* ***ịzvūći ~u glạvu*** *fig.* mit heiler Haut davonkommen; ***nȩ moći glȩdati*** (*A*) ***~a*** *j-n* nicht

ausstehen *od.* leiden können; ***ni za ~u glạ̄vu*** um keinen Preis; ***ni ~ē dụ̄šē*** keine Menschenseele; ***rẹ̄čē i ọstadē~*** *j-d* hat etw. Unüberlegtes gesagt; ***u ~o*** *TV* live

žịva *Chem.* Quecksilber *n*

žị̄v|ac (-vca) Nerv *m*; ***bịti slạbīh ~ācā*** schwache *od.* keine Nerven haben; ***dīrnuti*** (*A*) ***u ~ac*** *j-s* wunden Punkt treffen; (***iz***)***gụbiti ~ce*** die Nerven verlieren; ***ịći na ~ce*** *fig.* auf die Nerven gehen; ***kịdati ~ce*** *j-s* Nerven strapazieren; ***vīdnī ~ac*** Sehnerv *m*; ***žẹljeznī ~ci*** *fig.* eiserne Nerven *Pl*

žịvād (-i) *f*/*koll* Geflügel *n*

žịvāhan lebhaft, munter, rege; (*Stimmung*) heiter

žịvāhnōst (-osti; *ISg* -osti/-ošću) *f* Lebhaftigkeit *f*, Regsamkeit *f*

žịvčan|ī Nerven-; ***~ā bọlēst*** Nervenkrankheit *f*; ***~ī sụ̄stav*** *od.* ***sịstēm*** *Anat.* Nervensystem *n*; ***~ī slọm*** Nervenzusammenbruch *m*

žịvčanost (-osti; *ISg* -osti/-ošću) *f* Nervosität *f*, Reizbarkeit *f*

žị̄vež Lebensmittel *Pl*, Nahrungsmittel *Pl*

žị̄vežn|i: ***~e nạ̄mirnice*** Lebensmittel *Pl*

žịvica (*Dornen-*)Hecke *f*

žịvičnjāk → ***žịvica***

živịna Geflügel *n*; Vieh *n*; ***žị̄vjeti kao ~*** *fig.* wie ein Stück Vieh leben

živịnār *1* Geflügelhändler *m*; Geflügelzüchter *m*

živị̄nče (-eta) Tier *n*; Vieh *n*

živịnskī tierisch; viehisch

žị̄vio! → ***zị̄vjeti***

žị̄vjeti (-īm; -vio, -vjela) leben, existieren; wohnen, ansässig sein; ***žị̄vio!*** er lebe hoch!; ***žị̄vjeli!*** Prost!, zum Wohl! (*beim Trinken*); ***~ bọgovskī*** wie Gott in Frankreich leben; ***~ kao brạća*** brüderlich *od.* einträchtig zusammenleben; ***~ kao bụbreg u lọju*** leben wie die Made im Speck *od.* wie Gott in Frankreich; ***~ kao pạs*** ein Hundeleben führen; ***~ nạ tūđī rạčūn*** auf fremde Kosten leben; ***~ na vẹlikōj nọzi*** *fig.* auf großem Fuße leben; ***~ od dạnas dọ sutra*** *fig.* von der Hand in den Mund leben; ***~ u izọbīlju*** *od.* ***u lạ̄sti i slạ̄sti*** in Saus und Braus leben; ***gdję ti žị̄vīš?*** F wo lebst du denn? (*daß du das nicht weißt od. kennst*)

žị̄vljēnje Leben *n*, Lebensführung *f*, Lebenswandel *m*

žịvljī *Komp v.* ***žị̄v***; lebhafter, munterer

žịvnuti (-nēm) *pf* aufleben, zu Kräften kommen

živọder Abdecker *m*, Schinder *m*

žịvopīs *vera.* Malerei *f*; *hist. Rel.* Freskenmalerei *f*, Ikonenmalerei *f*

žịvopīsan (*Erzählung*) lebendig; (*Erklärung*) anschaulich; (*Landschaft*) malerisch

žịvopīsnōst (-osti; *ISg* -osti/-ošću) Lebendigkeit *f*, Anschaulichkeit *f* (*e-r Erzählung*); Buntheit *f*

žịvot (-ọta) Leben *n*, Dasein *n*, Existenz *n*; ***~ je*** (*D*) ***u pịtānju*** j-s Leben steht auf dem Spiel; ***~*** (*D*) ***vịsī o kọ̄ncu*** *od.* ***nịti*** j-s Leben hängt an e-m seidenen Faden; ***bịljnī ~*** Pflanzenwelt *f*, Vegetation *f*, Flora *f*; ***bịti na prạgu ~a*** *fig.* ins (*Erwachsenen-*)Leben treten; ***bịti sịt ~a*** lebensmüde sein; ***bọrba na ~ i smṛt*** ein Kampf auf Leben und Tod; ***bọrba za ~*** Überlebenskampf *m*, Existenzkampf *m*; ***dạti djẹtetu ~*** ein Kind zur Welt bringen; ***brạ̄čnī ~*** Eheleben *n*; ***dạ̄vati*** (*D*) ***za ~*** j-s Lebensunterhalt bestreiten; ***gọlī ~*** das nackte Leben; ***izgụbiti ~*** sein Leben lassen *od.* verlieren; ***izlọžiti svọ̄j ~*** sein Leben aufs Spiel setzen; ***lišịti*** (*G*) ***~a*** j-m das Leben nehmen, j-n töten; ***mẹtnuti*** *od.* ***stạviti ~ na kọcku*** *fig.* sein Leben aufs Spiel setzen *od.* riskieren, Kopf und Kragen riskieren; ***odṛžati u ~u*** *fig.* etw. am Leben erhalten; ***odụzēti sẹbi ~*** sich das Leben nehmen; ***oprọstiti se sa ~om*** aus dem Leben scheiden; ***pạsjī ~*** *fig.* Hundeleben *n*; ***pọ*** *od.* ***pọd cijẹnu ~a*** unter Einsatz des Lebens; ***rạdovati se ~u*** sich seines Lebens freuen; ***rạstaviti sa ~om*** *j-n* umbringen; ***slạtkī ~*** *fig.* das süße Leben, Dolce vita *n*; ***svṛšiti sa ~om*** sich das Leben nehmen; ***tạko mi ~a!*** bei meinem Leben!, so wahr ich lebe!; ***ụ̄ći u ~*** das Leben kennenlernen, *fig.* den Ernst des Lebens kennenlernen; ***ụnutrašnjī ~*** Gefühlsleben *n*, Seelenleben *n*; ***za ~a*** zu Lebzeiten; ***zagọrčiti ~*** *j-m* das Leben sauer machen; ***zạgrobnī ~*** das Leben nach dem Tode; ***znạ̄k ~a*** Lebenszeichen *n*

žịvot|an Lebens-; ***~nō iskụ̄stvo*** Lebenserfahrung *f*; ***~nī ịnteres*** vitales Interesse; ***~nā lụ̄ka*** Lebensziel *n*; ***~nē nạ̄mirnice*** Lebensmittel *Pl*; ***~nō osigurạ̄nje***

Lebensversicherung *f*; **~nā pọgībao** Lebensgefahr *f*; **~nā snạ̄ga** Lebenskraft *f*; **~nī sọkovi** Lebenskraft *f*; **~nā škọ̄la** Schule des Lebens, Lebenserfahrung *f*; **~nī trọškovi** Lebenshaltungskosten *Pl*; **~nā zạjednica** Lebensgemeinschaft *f*
životạ̄rēnje Dahinvegetieren *n*, kümmerliches Leben
životạ̄riti *5* dahinvegetieren, sein (*kümmerliches*) Leben fristen
živọtinj|a Tier *n*; Bestie *f*; Wild *n*; (*von e-m Menschen*) Bestie *f*; **~a za klạ̄nje** Schlachtvieh *n*; **dọmāćā ~a** Haustier *n*; **gr̩boslovnā ~a** Wappentier *n*; **jạhāćā ~a** Reittier *n*; **rạ̄diti kao ~a** wie ein Pferd arbeiten *od.* schuften; **spụstiti se do ~ē** *fig.* zum Tier herabsinken
živọtīnjsk|ī tierisch, Tier-; animalisch; **~ō cạ̄rstvo** Tierreich *n*; **~ā ọkrutōst** *fig.* viehische Grausamkeit; **~ī mạ̄sti** *Biochem.* tierische Fette
živọtīnjstvo Tierkunde *f*, Zoologie *f*
životọpis Biographie *f*, Lebensbeschreibung *f*; Lebenslauf *m*
životopịsac (-sca) *2* Biograph *m*
žịvotvōran lebenspendend, belebend
žịža Fokus *m*; → **žạrīšte**
žịžak (-ška; *Pl* -šci) Nachtlicht *n*; F Funzel *f*; *Zool.* Kornkäfer *m*; **glẹdati** (*A*) **kao mạče u ~** *fig.* wie gebannt auf (*A*) starren
žlịc|a Löffel *m*; **~a za grạbljēnje** Schöpflöffel *m*; **jẹsti vẹlikōm ~ōm** *fig.* in Saus und Braus leben; **na ~e** löffelweise; **utọpio bịh ga u ~i vọdē** *fig.* ich kann ihn auf den Tod nicht ausstehen, ich hasse ihn wie die Pest; **zịdārskā ~a** Maurerkelle *f*
žlịcica *Anat.* Magengrube *f*
žlijeb (*Pl* žljẹbovi) *7* Rinne *f*, Auskehlung *f*; Führungsrille *f* (*bei Skiern*); **~ na krọvu** Dachrinne *f*; **kạmenī ~** Rinnstein *m*
žlijẹbiti *5/7* furchen, rillen, riffeln, e-e Furche *od.* Rille ziehen
žlijẹzda *7 Anat.* Drüse *f*; **dọušnā ~** Ohrspeicheldrüse *f*; **lọ̄jnā ~** Talgdrüse *f*; **pljụvāčnā ~** Speicheldrüse *f*; **spọ̄lnā ~** Keimdrüse *f*; **sụznā ~** Tränendrüse *f*; **štịčastā ~** Schilddrüse *f*; **znọ̄jnā ~a** Schweißdrüse *f*
žljẹbovi *Pl v.* **žlijeb**
žljẹbast gerillt, Rillen-
žljẹzdast Drüsen-
žmạ̄rci *m*/*Pl* (*GPl* zmạ̄rācā) Gänsehaut *f*, Kribbeln *n*; *fig.* Ameisenkribbeln *n*; **podịlazē me ~** ich bekomme e-e Gänsehaut; mir läuft es kalt den Rücken hinunter
žmịčēm *1. Pers Sg v.* **žmịkati**
žmịgalica Blinklicht *n*
žmịgati [-gnuti] blinzeln; (*mit den Augen*) zwinkern; *Kfz.* blinken, den Blinker betätigen
žmịgavac (-āvca) *Kfz* Blinker *m*, Fahrtrichtungsanzeiger *m*
žmịgnuti (-nēm) *pf* → **žmịgati**
žmịkati (-čēm) (aus)wringen
žmirẹćkē, -ki mit geschlossenen *od.* verbundenen Augen
žmịriti Augen zukneifen *od.* zusammenkneifen
žmịrkānje Augenzwinkern *n*
žmịrkati (*mit den Augen*) zwinkern, blinzeln
žmụ̄r|a: ịgrati se ~ē Blindekuh *od.* Verstecken spielen
žnịranac (-ānca) Schnürsenkel *m*
žnọric|a Schnur *f*; **ịdē kao na ~i** *fig.* etw. klappt wie am Schnürchen
žnjẹm *1. Pers Sg v.* **žẹti**
žọnglēr *1* (*V* -u) Jongleur *m*; Seiltänzer *m*
žonglịrati *5* jonglieren; auf dem Seil tanzen; **~ riječima** *fig.* mit Worten jonglieren
žọvijālan jovial
žovijạ̄lnōst (-osti; *ISg* -osti/-ošću) *f* Jovialität *f*
žrẹ̄č (*Opfer-*)Priester *m*
žrijeb *7* → **ždrijeb**
žr̩tv|a (*GPl* žrtāvā) Opfer *n*, Opfern *n*; Aufopferung *f*; **ljụ̄dskā ~a** Menschenopfer *n*; **ne žạliti ~ē** *fig.* kein Opfer scheuen; **pạsti ~ōm** zum Opfer fallen; **prịnijẹti** *od.* **učịniti ~u** ein Opfer bringen (*a. fig.*)
žr̩tven|ī Opfer-; **~ō jạnje** Opferlamm *n*; **~ī jạrac** *fig.* Sündenbock *m*
žrtvenīk Opferstein *m*, Opferaltar *m*
žrtvīšte Opferplatz *m*
žr̩tvovati (-ujēm) opfern, ein Opfer (dar)bringen; **~ se** sich (auf)opfern (**za** *A*/für *A*)
žr̩v|anj (-vnja) Mühlstein *m*; Handmühle *f*; **nạ̄ći se ịzmeđu dva ~nja** *fig.* zwischen zwei Feuer geraten

Ž

žubor, žuborēnje Geplätscher *n*, Gemurmel *n*
žubǫriti *Wasser*: gluckern, plätschern; *fig.* plappern, schwätzen
žȗč (žuči) *f* Galle *f*; ***iskȃliti** od.* ***izliti ~** fig.* sein Mütchen kühlen (***na*** *A*/an *D*); ***pǫkrēnē*** (*D*) ~ *fig.* j-m läuft die Galle über
žȗč|an (*Geschmack*) gallig; (*Person*) verbittert, bissig; *Med.* Gallen-.; ***~nī kąmēn*** Gallenstein *m*; ***~nī kruh*** *fig.* hartes *od.* sauer verdientes Brot
žućak (-ćka; *Pl* -ćci) Spielmarke *f*, Jeton *m*; ***ǫbićnī ~*** *Zool.* gemeiner Zitronenfalter
žući *Komp v.* ***žȗt***
žućkast gelblich
žȗdan begierig, erpicht (***za*** *I*/auf *A*)
žȗdjeti (-īm; -dio, -djela) sich sehnen (***za*** *I*/nach *D*), erpicht sein (auf *A*); ersehnen, (*dringend*) begehren
žȗdnja Sehnsucht *f*, Verlangen *n*, Begehren *n*, Begierde *f* (***za*** *I*/nach *D*)
žȗđen (-o) ersehnt, gewünscht, begehrt
žukovina *Bot.* Ginster *m*
žȗlj (*Pl* -evi) Schwiele *f*, Hühnerauge *n*; ***stąti*** (*D*) ***ną ~*** *fig.* j-m auf die Hühneraugen treten; ***vǫdenī ~*** Wasserblase *f*
žȗljati → ***žȗljiti***; ***tǫ me žuljā*** F das bedrückt mich
žuljav, žuljęvit (*Hände etc.*) schwielig
žȗljiti *Schuhe*, *Kleidung*: drücken, reiben
žumȃnce (-ca/-ceta) Eidotter *n*, Eigelb *n*
žȗna *Zool.* Specht *m*
žȗp|a Pfarrei *f*, Pfarre *f*; *hist.* Bezirk *m*, Kreis *m*; ***uprąvitelj ~ē*** Pfarrverweser *m*
župān *1 Pol.* Kreisrat *m*
župąnija *hist.* Komitat *n*; *Pol.* (Land-)kreis *m*
žȗpljanin (*Pl* -āni) Gemeindemitglied *n* (*in e-r Pfarrei*)
žȗpnī Pfarrei-, Pfarr-; ***~ ųred*** Pfarramt *n*
župnīk Pfarrer *m*
žųra *m* Knirps *m*, kleiner Kerl
žȗran eilig, dringend, dringlich
žurb|a (*GPl* zȗrbā/zųrbī) Eile *f*, Hast *f*; ***bįti u ~i*** in Eile sein
žȗriti (se) [**pǫ-**] eilen, sich beeilen, hasten, sich sputen; ***nę žȗrī mi se*** ich habe es nicht eilig; ***sąt mi žȗrī*** meine Uhr geht vor
žųrnāl *1* Journal *n*, Zeitschrift *f*; ***mǫdnī ~*** Modejournal *n*, Modezeitschrift *f*
žurnąlist(a) *m* Journalist *m*
žurnalįstičkī journalistisch
žurnalįstika Journalistik *f*, Zeitungswesen *n*
žurnąlistkinja Journalistin *f*
žurnalįzam (-zma) → ***žurnalįstika***
žȗrno *Adv* eilig, hastig
žȗrnōst (-osti; *ISg* -osti/-ošću) *f* Eile *f*, Dringlichkeit *f* (*e-r Angelegenheit*)
žustrįna Flinkheit *f*, Gewandtheit *f*; Geschicklichkeit *f*
žȗt (*Komp* žųćī) gelb; ***~ kao vǫsak*** wachsbleich; ***~ā grǫznica*** *Med.* Gelbfieber *n*; ***~ī kąrtōn*** *Sp.* gelbe Karte; ***~ī kljȗn*** *fig.* Grünschnabel *m*; ***~ā mąjica*** *Sp.* das gelbe Trikot (*Radrennen*); ***~ā štȃmpa*** Regenbogenpresse *f*, Boulevardblätter *Pl*
žųtic|a *Med.* Gelbsucht *f*; ***prežįvjeti ~u*** e-e Gelbsucht durchmachen *od.* erleiden
žȗtiti (-ćen) [**o-**] gelb färben *od.* tünchen *od.* streichen
žȗtjeti (-īm; -tio, tjela) gelb werden, blaß *od.* fahl werden, vergilben; ***~ se*** gelb sein, vergilbt sein
žųtka *Bot.* Endivie *f*
žutokljȗnac (-nca) *2* (*V* -nče) Grünschnabel *m*
žvȃkānje Kauen *n*; ***gųma za ~*** Kaugummi *m*
žvąkati (-čēm) [**sa-**] kauen, zerkauen
žvąlav geifrig
žvąle *f*/*Pl* (*GPl* zvąlā) (*Pferde-*)Gebiß *n*; Gebißstange *f*, Kandare *f*; *Med.* enzündete Mundwinkel *Pl*
žvąliti *Pferd* zäumen, *e-m Pferd* den Zaum anlegen
žvąl|o Rachen *m*, Maul *n* (*e-s Tieres*); ***prįčati ną sva ~a*** F große Töne spukken

Ž

Anhang

Kroatische Abkürzungen

AD *Akcionarsko društvo* Aktiengesellschaft
AP *Autonomna provincija* Autonome Provinz
AT *Advokatni tarif* Anwaltsgebührenordnung
AVNOJ *Antifašističko vijeće narodnog oslobođenja Jugoslavije* Antifaschistischer Rat der Volksbefreiung Jugoslawiens
BiH *Bosna i Herzegovina* Bosnien und Herzegowina
br. *broj* Nummer, Aktenzeichen
CK *Centralni komitet* Zentralkomitee
CMZ *Centar za mentalno zdravlje* Zentrum für mentale Gesundheit
CSUO *Centar za srednje usmjereno obrazovanje* Zentrum für mittlere Berufsbildung
čhv *četvorni hvat* Quadratklafter (= 3,4 m^2)
čl. *član* (Gesetzes-)Artikel
DD *Dioničarsko društvo* Aktiengesellschaft
dir *direktor* Direktor
DKS *Diferencijalna krvna slika* Differentialblutbild
dn. *dnevno* täglich
DNZ *Dom narodnog zdravlja* Ärztehaus
d.o.o. *društvo sa ograničenom odgovornošću* Gesellschaft mit beschränkter Haftung
DP *Državno pod-/preduzeće* Staatsunternehmen
dr *doktor* Doktor
DZ *Dom zdravlja* Ärztehaus
EJ *Enciklopedija Jugoslavije* Jugoslawische Enzyklopädie
EKG *Elektrokardiogram* Elektrokardiogramm
EP *Evropsko prvenstvo* Europameisterschaft
EZ *Evropska zajednica* Europäische Gemeinschaft
FNRJ *Federativna narodna republika Jugoslavija* Föderative Volksrepublik Jugoslawien
g. *gospodin* Herr
g. *godine* Jahr
gđa *gospođa* Frau
gđica *gospođica* Fräulein
gl. *glavni* Haupt-
god. *godine* Jahr
GRO *Građevinska radna organizacija* Bau-Arbeitsorganisation
HAZU *Hrvatska akademija znanosti i umjetnosti* Kroatische Akademie der Wissenschaften und der Künste
HDZ *Hrvatska demokratska zajednica* Kroatische Demokratische Gemeinschaft
HINA *Hrvatska informativna agencija* Kroatische Nachrichtenagentur
HMZ *Hrvatska modna zajednica* Kroatische Modegemeinschaft
HNK *Hrvatsko narodno kazalište* Kroatisches Nationaltheater
HOS *Hrvatska obrambena snaga* Kroatische Verteidigungsmacht
HRM *Hrvatska ratna mornarica* Kroatische Kriegsmarine
HSLS *Hrvatska Socijalno-liberalna Stranka* Kroatische Sozialliberale Partei
HSP *Hrvatska stranka prava* Kroatische Partei des Rechts
HUP *Hrvatsko udruženje poslodavaca* Kroatischer Arbeitgeberverband
HUS *Hrvatska udruga sindikata* Kroatischer Gewerkschaftsverband
HV *Hrvatska vojska* Kroatische Armee
HVO *Hrvatska vijeće obrane* Kroatischer Verteidigungsrat
HŽ *Hrvatska željeznica* Kroatische Eisenbahn
itd. *i tako dalje* und so weiter
IKA *Informativna katolička agencija* Katholische Nachrichtenagentur
i sl. *i slično* und ähnliche(s)
iv *intravenozan* intravenös
JA *Jugoslavenska armija* Jugoslawische Armee

JAZU *Jugoslavenska akademija znanosti i umjetnosti* Jugoslawische Akademie der Wissenschaften und der Künste
JKP *Javno komunalno pod-/preduzece* Öffentliches Kommunalunternehmen
JNA *Jugoslavenska narodna armija* Jugoslawische Volksarmee
KBC *Kliničko bolničko centar* Klinikzentrum
KEBS *Konferencija o evropskoj bezbednosti i saradnja s.* KESS
KESS *Konferencija o evropskoj sigurnosti i suradnja* Konferenz über Sicherheit und Zusammenarbeit in Europa
kg *kilogram* Kilogramm
Kj *Katastersko jutro* Katastermorgen (= 5759 m²)
km *kilometar* Kilometer
kn *Kuna* Kuna
KO *Katastarska općina* Katastergemeinde
KOS *Kontraobavještajna služba* Spionageabwehrdienst
KP *Komunistička partija* Kommunistische Partei
KPD *Kazneni-popravni dom* Strafanstalt
KPJ *Komunistička partija Jugoslavije* Kommunistische Partei Jugoslawiens
KS *Konjska sila* Pferdestärke (PS)
KUD *Kulturno-umjetničko društvo* Laienspielverein
KV *kvalificiran* gelernt (*Arbeiter*)
KZ *Krivični zakonik* Strafgesetzbuch
KZZSO *Komunalni zavod za socijalno osiguranje* Kommunale Sozialversicherungsanstalt
LD *lični dohodak* Arbeitsentgelt
LK *lična karta* Personalausweis
m *metar* Meter
MIP *Ministarstvo inostranjih poslova* Außenministerium
mj *mjesec* Monat
mj *Međunarodne jedinice* Internationale Einheiten (i. E.)
MKR *Matična knjiga rođenih* Geburtsregister
MKU *Matična knjiga umrlih* Sterberegister
MKV *Matična knjiga vjenčanih* Heiratsregister
MMF *Međunarodni monetarni fond* Internationaler Währungsfonds
MO *Ministarstvo obrane* Verteidigungsministerium
MP *mjesto pečata* Siegelstelle
MU *Matični ured* Standesamt
MUP *Ministarstvo unutrašnjih poslova* Innenministerium
NB *Narodna banka* Nationalbank
nb *naš broj* unser (Akten-)Zeichen
NDH *Nezavisna država Hrvatske* Unabhängiger Staat Kroatien
NDR *s.* NjDR
n.e. (*prije*) *naše ere* (vor) unserer Zeitrechnung
nkv *nekvalificiran* ungelernt (*Arbeiter*)
NLD *Naknada ličnog dohotka* Lohnersatzleistung
NN *Narodne novine* Gesetzblatt
NO *narodni odbor* Volksausschuß
NOB *narodooslobodilačka borba* Volksbefreiungskrieg
npr. *na primjer* zum Beispiel
NSB *Narodna i sveučilišna biblioteka* Staats- und Universitätsbibliothek
NjDR *Njemačka demokratska republika hist.* Deutsche Demokratische Republik
Nj.E. *Njezina Eminencija* Ihre Exzellenz
OD *Osobni dohodak* Arbeitsentgelt
odn. *odnosno* beziehungsweise
OJT *Okružni javni tužilac* Kreisstaatsanwalt
OOUR *Osnovna organizacija udruženog rada* Grundorganisation der assoziierten Arbeit
ORL *Otorinolaringolog* HNO-Facharzt
OŠ *Osnovna škola* Grundschule
OZOMO *Osnovni zakon i mirovinskom osiguranju* Grundgesetz über die Rentenversicherung
PJ *Poslovna jedinica* Geschäftsstelle
poč. *početak* Beginn
POJ *Pokret za oslobođenje Jugoslavije* Bewegung für die Befreiung Jugoslawiens

PVO *Protuvaždusna obrana* Luftabwehr
PZO *Protuzračna obrana* Luftabwehr
RCG *Republika Crna Gorna* Republik Montenegro
RF *Republički fond* Republikfonds
RFMIORH *Republički fond mirovinskog i invalidskog osiguranje radnika Hrvatske* Republikfonds der Arbeiterrenten und Invalidenversicherung Kroatiens
RH *Republika Hrvatska* Republik Kroatien
RMC *Regionalni medicinski centar* Regionales medizinisches Zentrum
RO *Radna organizacija* Arbeitsorganisation
RS *Republika Srbija* Republik Serbien
RSK *Republika Srpska Krajina* Serbische Republik Krajina
SAD *Sjedinjenje Američke Države* Vereinigte Staaten von Amerika
SANU *Srpska akademija nauka i umjetnosti* Serbische Akademie der Wissenschaften und der Künste
SAP *Socialistička autonomna provincija* Sozialistische Autonome Provinz
SDP *Služba društvenih prihoda* Finanzamt
SDS *Srpska demokratska stranka* Serbische demokratische Partei
SFRJ *Socialistička Federativna Republika Jugoslavije hist.* Sozialistische Föderative Republik Jugoslawien
SHP *Služba hitne pomoći* Notarztdienst
SHS (*Kraljevstvo*) *Srba, Hrvata i Slovenaca hist.* (Königreich der) Serben, Kroaten und Slowenen
SIZ *Samoupravna interesna zajednica* Selbstverwaltete Interessengemeinschaft
SJP *Specijalna jedinica policija* Spezialeinheit der Polizei
SKH *Savez komunista Hrvatske* Bund der Kommunisten Kroatiens
SKJ *Savez komunista Jugoslavije* Bund der Kommunisten Jugoslawiens
SKS *Savez komunista Srbije* Bund der Kommunisten Serbiens
SM *Saobraćajna milicija* Verkehrsmiliz
SOUR *Složena organizacija udruženog rada* Vereinigte Organisation der assoziierten Arbeit
SPO *Sprski pokret obnove* Serbische Erneuerungsbewegung
spp *shodno parničkom postupku* laut Zivilprozeßverfahren
SRCG *Socialistička republika Crna Gora* Sozialistische Republik Montenegro
SRJ *Savezna republika Jugoslavije* Bundesrepublik Jugoslawien
SRNj *Savezna Republika Njemačka* Bundesrepublik Deutschland
SRS *Srpska radikalna stranka* Serbische radikale Partei
SSS *Srednja stručna sprema* Mittlere Fach(schul)ausbildung
SSSR *Savez sovjetskih socijalističkih republika hist.* Union der Sozialistischen Sowjetrepubliken
st. *stoljeće* Jahrhundert
str. *strana* Seite
UKS *Ukupni radni staž* Gesamte Beschäftigungszeit
tj. *to jest* das heißt
TV *Tjelesna visina* Körpergröße
tzv. *takozvani* sogenannte(r)
ul. *ulica* Straße
UN *Ujedinjeni narodi* Vereinte Nationen
usp. *usporedi* vergleiche
v. *vidi* siehe
VD *vršitelj dužnosti* (*direktora*) Stellvertreter (des Direktors)
VIP *Veze i poznanstvo* „Vitamin B“
VKV *Visokokvalificiran* (*radnik*) (Handwerks-)Meister
VMA *Vojna medicinska akademija* Militärmedizinische Akademie
VPŠ *Viša pedagoška škola* Pädagogische Hochschule
vr *vlastoručni* eigenhändig (Unterschrift)
VS *Vrhovni sud* Oberster Gerichtshof

VSH *Vrhovni sud Hrvatske* Oberster Gerichtshof Kroatiens
ZAT *Zakon o administrativnim taksama* Gesetz über die Verwaltungsgebühren
zk *Zemljišna knjiga* Grundbuch
ZKP *Zakon o krivičnom postupku* Strafprozeßordnung
ZND *Zajednica nezavisnih država* Gemeinschaft Unabhängiger Staaten
ZNG *Zbor narodnih garda* Nationalgarde
ZOIL *Zajednica osiguranja imovina i lica* Haftpflichtversicherungsgesellschaft
ZOMIO *Zakon o mirovinskom i invalidskom osiguranju* Gesetz über die Renten- und Invalidenversicherung
ZON *Zakon o nasljeđivanju* Erbschaftsgesetz
ZOSPC *Zakon o osnovama sigurnosti prometa na cestama* Gesetz über die Grundlagen der Straßenverkehrssicherheit
ZUP *Zakon o upravnom postupku* Gesetz über die Verwaltungsgebühren

Übersicht über die kroatische Grammatik

Das Substantiv (Hauptwort)

Das Geschlecht

Das Kroatische kennt drei Geschlechter:
das Maskulinum (männlich), das Femininum (weiblich) und das Neutrum (sächlich).

Einen Artikel, wie z. B. im Deutschen, gibt es nicht.

Von gewissen Ausnahmen abgesehen, bestimmt sich das grammatikalische Geschlecht nach folgender Regel:

Substantive, die **auf Konsonant** enden, sind männlichen Geschlechts, z. B. **brọd** (Schiff), **gospọdin** (Herr), **pạs** (Hund) oder **zūb** (Zahn).
Ausnahme:
die Abstrakta auf **-ōst** sind weiblichen Geschlechts (s. u.), ferner einige Substantive auf sog. weiche Konsonanten (s. u.).

Substantive, die auf **-a** enden, sind weiblichen Geschlechts, z. B. **nạ̄da** (Hoffnung), **snạ̄ga** (Kraft) oder **žẹna** (Frau).

Ausnahme:
einige Substantive, bei denen sich das natürliche Geschlecht durchgesetzt hat, wie z. B. **vọjvoda** (Herzog).

Ferner sind alle Abstrakta auf **-ōst** weiblich, z. B. **rạdōst** (Freude) oder **slạbōst** (Schwäche) und einige auf sog. weiche Konsonanten wie **-ć** wie **mọ̄ć** (Kraft), **-č** wie **riječ** (Wort) oder **-ž** wie **lạ̄ž** (Lüge).

Substantive, die auf **-o** oder **-e** enden, sind sächlichen Geschlechts, z. B. **mọ̄re** (Meer), **sẹlo** (Dorf) oder **vị̄no** (Wein).

Ausnahme:
einige Substantive auf **-o,** bei denen die Endung **-o** aus altem **-l** hervorgegangen ist, z. B. **pọsao** (Arbeit), die dann männlichen Geschlechts sind.

Die Deklination

Das Kroatische kennt wie das Deutsche Singular (Einzahl) und Plural (Mehrzahl); es hat jedoch sieben Fälle:

1. Nominativ	auf die Frage:	wer oder was?
2. Genitiv	auf die Frage:	wessen?
3. Dativ	auf die Frage:	wem?
4. Akkusativ	auf die Frage:	wen oder was?
5. Vokativ	Anredefall	
6. Lokativ	auf die Frage:	wo?
7. Instrumental	auf die Frage:	womit? mit wem?

Einige Fälle treten auch in Verbindung mit einigen Präpositionen auf, vor allem mit dem Instrumental und dem Lokativ.

Maskulina

Bei den Substantiven männlichen Geschlechts wird beim Akkusativ zwischen der Kategorie der Belebtheit und Unbelebtheit unterschieden; bei Lebewesen ist der Akkusativ mit dem Genitiv identisch, bei den unbelebten Dingen mit dem Nominativ.

Als Beispiele dienen **dạtum** (Datum) und **vọjnīk** (Soldat).

Singular

1. Nominativ	dạtum	vọjnīk
2. Genitiv	dạtum	vojnịka
3. Dativ	dạtumu	vojnịku
4. Akkusativ	dạtum	vojnịka
5. Vokativ	dạtume	vọjnīče
6. Lokativ	o dạtumu	o vojnịku
7. Instrumental	s dạtumom	s vojnịkom

Plural

1. Nominativ	dạtumi	vojnịci
2. Genitiv	dạtumā	vojnịkā
3. Dativ	dạtumima	vojnịcima
4. Akkusativ	dạtume	vojnịke
5. Vokativ	dạtumi	vojnịci
6. Lokativ	o dạtumima	o vojnịcima
7. Instrumental	s dạtumima	s vojnịcima

Anmerkungen:

- einsilbige Substantive werden im Plural oft durch **-ov** bzw. **-ev** erweitert, z. B. **grạd** (Stadt), *Pl* **grạdovi; mụž** (Mann), *Pl* **mụževi;** dazu kommen noch einige zweisilbige Substantive, z. B. **gọlub** (Taube), *Pl* **gọlubovi.**

- die auf **-ānin** od. **-in** auslautenden Substantive erscheinen im Plural ohne **-ānin** bzw. **-in,** z. B. **grạđanin** (Bürger), *Pl* **grạđane; Sṛbin** (Serbe), *Pl* **Sṛbi.**

- auf **-k, -g** und **-h** auslautende Substantive ändern diese Laute vor dem **-e** des Vokativs in **-č, -ž** bzw. **-š,** vor dem **i** des Nominativs Plural und dem **-ima** des Dativ Plural, Lokativ Plural und Instrumental Plural in **-c, -z** und **-s**:

  vọjnīk (Soldat), *Vok* **vọjnīče;** *Pluralformen*: **vojnịci** bzw. **vojnịcima; vrạg** (Teufel), *Vok* **vrạže,** *Pluralformen*: **vrạzima; dụh** (Geist), *Vok* **dụše,** *Pluralformen*: **dụsi** bzw. **dụsima.**

- auf weiche Konsonanten (**-j, -lj, -nj, -c, -č, -đ, -š, -ž**) auslautende Substantive haben im Vokativ die Endung **-u (krạlju!; vọzāču!)** und im Instrumental die Endung **-em (s vozạčem, s krạljem)**; bei einsilbigen Substantiven, die auf weiche Konsonanten auslauten, wird der Stamm mit **-ev** erweitert: **krạlj** (König), *Pl* **krạljevi; pụ̄ž** (Schnecke), *Pl* **pụ̄ževi.**

- einige der Maskulina haben ein sogenanntes flüchtiges **a,** d. h. in den Deklinationsformen wird ein **a** ausgestoßen, z. B. **mọmak** (Bursche), *GSg* **mọmka; pạs** (Hund), *GSg* **psạ.** Auf diese Besonderheit wird im Wörterverzeichnis grundsätzlich hingewiesen. Im Genitiv Plural tritt dieses **a** wieder auf:

  pạs, *GSg.* **psạ,** *GPl.* **pạ̄sā; mọmak,** *GSg.* **mọmka,** *GPl.* **mọmākā.**

- Maskulina auf **-a,** bei denen das natürliche Geschlecht ausschlaggebend ist, werden wie die Substantive auf **-a** dekliniert: **slụ̄ga** (der Diener) oder **vọjvoda** (Herzog), *GSg.* **slụ̄gē** bzw. **vọjvodē.**

- bei den Substantiven auf **-o** geht dieses -o in den deklinierten Formen wieder in **-l** über, aus dem es auch entstanden ist, z. B. **čạvao** (Nagel), *GSg.* **čạvla.**

Feminina

Substantive auf **-a** sind weitgehend weiblichen Geschlechts, abgesehen von den Fällen, in denen sich das natürliche Geschlecht durchgesetzt hat, ebenso die Abstrakta auf **-ōst** (= -heit) und einige auf weiche Konsonanten endende Substantive: **riječ** (Wort); **lậž** (Lüge).

Als Beispiel dient **žẹna** (Frau).

	Singular	Plural
1. Nominativ	žẹna	žẹne
2. Genitiv	žẹnē	žẹ̄nā
3. Dativ	žẹni	žẹnama
4. Akkusativ	žẹnu	žẹne
5. Vokativ	žẹno	žẹne
6. Lokativ	o žẹni	o žẹnama
7. Instrumental	s žẹnōm	s žẹnama

Anmerkungen:

- Bei Konsonantengruppen lautet der Genitiv Plural im allgemeinen auf **-ī: bọrba** (Kampf), *GPl* **-bī.**
- Im Dativ und Lokativ Singular kommt es zu den gleichen lautlichen Veränderungen, wie sie für die Pluralformen bei den Maskulina beschrieben wurden, nämlich **k, g** und **h** zu **c, z** und **s,** z. B. **mậjka** (Mutter), *DSg* **mậjci; nọga** (Fuß, Bein), *DSg* **nọzi; bụha** (Floh), *DSg* **bụsi.** Hierzu gibt es allerdings Ausnahmen, vor allem bei Bezeichnungen wie **Bạvārkā, Bụgārkā** usw., bei denen der *DSg* auf **-ki** lautet.

Die anderen Feminina werden nach der sogenannten **i-**Deklination behandelt; als Beispiele dienen **mụdrōst** (Weisheit) und **riječ** (Wort).

	Singular	Plural
1. Nominativ	mụdrōst/riječ	mụdrosti/riječi
2. Genitiv	mụdrosti/riječi	mụdrosti/riječi
3. Dativ	mụdrosti/riječi	mụdrostima/riječima
4. Akkusativ	mụdrōst/riječ	mụdrosti/riječi
5. Vokativ	mụdrosti/riječi	mụdrosti/riječi
6. Lokativ	mụdrosti/riječi	mụdrostima/riječima
7. Instrumental	mụdrosti *od.* -ošću/ riječi *od.* riječu	mụdrostima/riječima

Neutra

Substantive auf **-o** oder **-e** sind gewöhnlich Neutra, abgesehen von den Fällen, in denen das -o aus altem **-l** entstanden ist (s. u. Maskulina).

Als Beispiel dient **sẹlo** (Dorf).

	Singular	Plural
1. Nominativ	sẹlo	sẹla
2. Genitiv	sẹla	sẹ̄lā
3. Dativ	sẹlu	sẹlima
4. Akkusativ	sẹlo	sẹla
5. Vokativ	sẹlo	sẹla
6. Lokativ	sẹlu	sẹlima
7. Instrumental	sẹlom	sẹlima

Anmerkungen:

- einige Neutra schieben in den Kasus obliqui, also den Fällen außer dem Nominativ Singular, eine zusätzliche Silbe ein, z. B. **ịme** (Name), **ịmena, ịmenu** usw. oder **tẹle** (Kalb), **tẹleta, tẹletu.** Bei einigen Substantiven existieren beide Formen nebeneinander, z. B. **drvo** (Holz), *GSg* **drva** od. **drveta.** Auf diese Formen wird im Wörterverzeichnis hingewiesen.

- Bei einigen Substantiven auf **-o** gibt es im Plural unregelmäßige Formen, z. B. **ọko** (Auge), *Pl* **ọči** oder **ụho** (Ohr), *Pl* **ụši;** im Wörterverzeichnis wird darauf hingewiesen.

Adjektiv (Eigenschaftswort)

Kurzform:

Die Kurzform wird vor allem prädikativ gebraucht, d. h. in der Satzaussage in Sätzen wie

Rụčak je dọbar.	Das Mittagessen ist gut.
Ọvāj je muškạrac zdrạv.	Dieser Mann ist gesund.
Vrijẹme je lijẹpo.	Das Wetter ist schön.

Die Endungen sind mit denen der Substantive identisch.

Langform:

In attributiver Stellung, also zur näheren Bezeichnung eines Substantivs (das schöne Wetter, der neue Wagen, die junge Frau, das gute Mittagessen u. ä.) werden die Langformen gebraucht. Diese werden wie folgt dekliniert:

Beispiel:
dọbrī – gut

	Singular			
	mask.		neutr.	fem.
1. Nominativ	dọbrī		dọbrō	dọbrā
2. Genitiv		dọbrōg(a)		dọbrē
3. Dativ		dọbrōm(u)		dọbrōj
4. Akkusativ	dọbrī		dọbrō	dọbrū
5. Vokativ	dọbrī		dọbrō	dọbrā
6. Lokativ		dọbrōm(e)		dọbrōj
7. Instrumental		dọbrīm		dọbrōm

	Plural			
	mask.		neutr.	fem.
1. Nominativ	dọbrī		dọbrā	dọbrē
2. Genitiv		dọbrīh		
3. Dativ		dọbrīm(a)		
4. Akkusativ	dọbrē		dọbrā	dọbrē
5. Vokativ	dọbrī		dọbrā	dọbrē
6. Lokativ		dọbrīm(a)		
7. Instrumental		dọbrīm(a)		

Anmerkungen:

- Adjektive, die auf einen weichen Konsonanten (z. B. **-ć, -š**) enden, haben in den Endungen statt des **-o-** ein **-e-**, also z. B. **vrų̄ćē** (heiß), **lọšē** (schlecht); *GSg* **vrų̄ćēg(a), lọšēg(a)**.

- Die Unterscheidung von belebten und unbelebten Substantiven ist auch hier zu beachten (s. o. mask. Substantive).

- Ländernamen mit adjektivischer Endung werden wie Adjektive dekliniert:

Čęškā, Bąvarskā, Bųgarskā; u Čęškōj, u Bąvarskōj, u Bųgarskōj.

Komparation (Steigerung)

Die meisten Adjektive bilden den Komparativ (1. Steigerungsstufe) mit **-ljī: star** (alt), **starijī; bǫgat** (reich), **bǫgatijī; nǫv** (neu), **nǫvijī.**

Der Superlativ (2. Steigerungsstufe) wird durch Hinzufügen der Vorsilbe **nāj-** an die Form des Komparativs gebildet, also z. B. **stąr, stąrijī, nājstarijī** oder **skųp** (teuer), **skųpljī, nājskupljī.**

Eine ganze Reihe von Adjektiven wird unregelmäßig gesteigert. Stellvertretend seien hier einige besonders wichtige genannt:

	Positiv	Komparativ	Superlativ
gut	dǫbar	bǫljī	nājbolјī
schlecht	lǫš	gǫrī	nājgorī
viel	mnǫgo	vįše	nājviše
wenig	mąlo	mąnje	nājmanje
groß	vęlik	vęćī	nājvećī
klein	mąlī	mąnjī	nājmanjī
kurz	krątak	krāćī	nājkraćī
lang	dųg	dųžī	nājdužī
schön	lijep	ljępšī	nājljepšī

Adverbien:

Das Adverb hat in aller Regel die sächliche Form des Adjektivs, und zwar in der Kurzform:

Tį si lijępo pjęvao.	Du hast schön gesungen.
Jā sam brzo dǫšao.	Ich bin schnell gekommen.

Daneben gibt es noch eine Reihe von anderen Adverbien, die nicht von einem Adjektiv abgeleitet sind, also sog. ursprüngliche Adverbien:

nạpokon	endlich
nịkada	niemals
ọdmah	sofort
ọvdje	hier
rạnije	früher
sạda	jetzt
skọro	bald, fast

Pronomen (Fürwort)

Personalpronomen:

	Singular			
	ich	du	er/es	sie
Nominativ	jạ̄	tī	ọ̄n/ọno	ọna
Genitiv	mẹne, me	tẹbe, te	njẹga, ga	njē, jē
Dativ	mẹni, mi	tẹbi, ti	njẹmu, mu	njọ̄j, joj
Akkusativ	mẹne, me	tẹbe, te	njẹga, ga	njụ̄, ju, je
Lokativ	mẹni	tẹbi	njẹmu	njọ̄j, joj
Instrumental	mnọ̄m	tọbōm	njīm(e)	njōm(e)

	Plural		
	wir	ihr	sie
Nominativ	mī	vī	ọni, ọna, ọne
Genitiv	nās	vās	njị̄h, ih
Dativ	nạma, nam	vạma, vam	njịma, im
Akkusativ	nās	vās	njị̄h, īh
Lokativ	nạma	vạma	njịma
Instrumental	nạma	vạma	njịma

Anmerkungen:

- Die kurzen Formen (**me, te** usw.) haben keinen eigenen Akzent und lehnen sich an das vorhergehende Wort an; man nennt dies enklitische Formen. Diese enklitischen Formen können daher nie an erster Stelle im Satz stehen, z. B. **vọlīm te** ‚ich liebe dich'. Die langen Formen dienen der Betonung: **Tẹbe volīm (a nẹ ọnū drụgū).** Dich liebe ich (und nicht die andere).

- Die Höflichkeitsform ist die 2. Person Plural (**Vī, Vās**).

- In Verbindung mit Präpositionen können nur die langen Formen benutzt werden: **k mẹni, k njẹmu; o njẹmu, o njọ̄j** usw.

Possessivpronomen (Besitzanzeigende Fürwörter):

	mask.	fem.	neutr.
mein	mọ̄j	mọja	mọje
dein	tvọ̄j	tvọja	tvọje
sein	njẹgov	njẹgova	njẹgovo
ihr	njẹ̄n *od.* njẹ̄zin	njẹ̄na *od.* njẹ̄zina	njẹ̄no *od.* njẹ̄zino
unser	nạš	nạša	nạše
euer	vạš	vạša	vạše
ihr (Pl.)	njịhov	njịhova	njịhovo
reflexiv	svọ̄j	svọja	svọje

Die Endungen entsprechen bei **mọ̄j, tvọ̄j, svọ̄j, naš** und **vaš** den weichen Adjektivendungen (**mọje, mọjega, mọjemu** usw., **nạše, nạšega, nạšemu** usw.), bei **njẹgov, njēn** (**njẹzin**) und **njịhov** der harten Endungsreihe (**njịhovo, njịhovog, njịhovomu** usw.).

Anmerkungen:

- Die Höflichkeitsformen lauten auf **Vạš** usw.

- Die reflexiven Formen werden gebraucht, wenn sich das Besitzverhältnis auf das Subjekt bezieht.

Zum Beispiel:

ọ̄n je posjẹtio svọg brạta – er hat seinen (eigenen) Bruder besucht; **ọn je posjẹtio njẹgovog brata** – er hat seinen (im Sinn von: dessen) Bruder besucht; **jạ̄ sam vịdio svog prịjatelja, tị̄ si vịdio svog prijatelja** – ich habe meinen Freund gesehen, du hast deinen Freund gesehen usw.

Demonstrativpronomen (Hinweisende Fürwörter):

Im Kroatischen gibt es folgende Demonstrativpronomen:
ọvāj (dieser hier), **tạ̄j** (der da) und **onạ̄j** (jener).
Die Endungsreihe entspricht derjenigen der harten Adjektive:

	Singular			Plural		
	mask.	neutr.	fem.	mask.	neutr.	fem.
Nominativ	ovạ̄j	ọvō	ọvā	ọvī	ọvā	ọvē
Genitiv	ọvog(a)		ọvē	ọvīh		
Dativ	ọvom(e)		ọvōj	ọvim(a)		
Akkusativ	ọvāj	ọvō	ọvū	ọvē	ọvā	ọvē
Lokativ	ọvom(e)		ọvōj	ọvīm(a)		
Instrumental	ọvīm(e)		ọvōm	ọvīm(a)		

Interrogativpronomen (Fragepronomen):

	wer	was
Nominativ	(t)kọ	štọ
Genitiv	kọga	čẹga
Dativ	kọmu	čẹmu
Akkusativ	kọga	štọ
Lokativ	kọme	čẹmu
Instrumental	kịme	čịme

Relativpronomen:

Das Relativpronomen lautet **kọjī, kọjē, kọjā;** es wird dekliniert wie die weichen Adjektive.
Bisweilen wird auch **što** als Relativpronomen gebraucht.

Numeralien (Zahlwörter):

Das Zahlwort **jẹdan** (eins) wird wie ein regelmäßiges Adjektiv mit flüchtigem **a** dekliniert:

jẹdan, jẹdnōg, jẹdnōmu usw.

Das Zahlwort **dvạ̄** (zwei) wird wie folgt dekliniert. Dabei sind die Formen für das Maskulinum und das Neutrum gleich.

	dvạ mask., neutr.	fem.
1. Nominativ	dvạ̄	dvije
2. Genitiv	dvạju	dvijū
3. Dativ	dvạma	dvjẹma
4. Akkusativ	dvạ̄	dvije
5. Vokativ	dvạ̄	dvije
6. Lokativ	dvạma	dvjẹma
7. Instrumental	dvạma	dvjẹma

Die Formen für **trị̄** (drei) und **čẹtiri** (vier) lauten für alle drei Genera gleich:

	trị̄ mask., neutr., fem.	**čẹtiri** mask., neutr., fem.
1. Nominativ	trị̄	čẹtiri
2. Genitiv	trijū	četirijū
3. Dativ	trịma	četịrima
4. Akkusativ	trị	čẹtiri
5. Vokativ	trị	čẹtiri
6. Lokativ	trịma	četịrima
7. Instrumental	trịma	četịrima

Die Ordnungszahlen (**prvī, drugī, trẹćī ...**) werden wie Adjektive dekliniert (**pṛvōg, pṛvōm** usw.).

Das Verb (Tätigkeitswort):

Das kroatische Verbalsystem zeichnet sich durch besondere Kategorien einerseits (Verbalaspekte) und durch den Formenreichtum andererseits aus; einige der Formen wie Aorist und Imperfekt spielen praktisch nur in der Literatur eine Rolle, in der Alltagssprache (Umgangssprache, Gebrauchstexte wie Zeitungsartikel oder Fachtexte) werden statt dessen, von seltenen Ausnahmen abgesehen, nur die zusammengesetzten Formen wie das Perfekt oder das einfache Futur gebraucht.

Konjugation

Infinitiv:

Der Infinitiv des kroatischen Verbs endet gewöhnlich auf **-ti (pi̭sati, či̭tati, vi̭djeti, vo̭ljeti, no̭siti, čṷti, kra̭sti, tḙgnuti).**

Bei einer Reihe von Verben endet der Infinitiv auf **-ći (mo̭ći, pō̭ći, do̭ći).**

Vom Infinitiv wird das Partizip der Vergangenheit gebildet, mit dem das Perfekt und der Konditional (Möglichkeitsform) gebildet werden: Die Infinitiv-Endung **-ti** wird abgetrennt und durch die Endungen **-o** (männliches Geschlecht), **-la** (weibliches Geschlecht) oder **-lo** (sächliches Geschlecht) ersetzt; dekliniert wird das Partizip wie ein Adjektiv.

rā̭diti (arbeiten): **rā̭dio, rā̭dila, rā̭dilo**
či̭tati (lesen): **či̭tao, či̭tala, či̭talo**
čṷti (hören): **čṷo, čṷla, čṷlo**

Unregelmäßige Bildungen gibt es z. B. bei **mo̭ći (mo̭gao, mo̭gla** - können); **kra̭sti (kra̭o, kra̭la** - stehlen); **i̭ći (i̭šao, i̭šla** - gehen); **trḙsti (trḙsao, trḙsla** - zittern); **rḙći (rḙkao, rḙkla** - sagen). Auf diese unregelmäßigen Bildungen wird im Wörterverzeichnis hingewiesen; (s. a. Verzeichnis der unregelmäßigen Verben S. 515).

Präsens (Gegenwart):

Das Kroatische verwendet (von den unregelmäßigen Verben abgesehen) vier Endungsreihen für das Präsens:

1. Pers Sg	-ām	-īm	-ēm	-jēm
2. Pers Sg	-āš	-īš	-ēš	-jēš
3. Pers Sg	-ā	-ī	-ē	-jē
1. Pers Pl	-āmo	-īmo	-ēmo	-jēmo
2. Pers Pl	-āte	-īte	-ēte	-jēte
3. Pers Pl	-āju	-ē	-ū	-jū

Der Präsensreihe auf **-ām** liegt stets ein Infinitiv auf **-ati** zugrunde, z. B.:

Infinitiv:	**čịtati** (lesen)	**pītati** (fragen)
1. Pers Sg 2. Pers Sg 3. Pers Sg	čịtām čịtāš čịtā	pītām pītāš pītā
1. Pers Pl 2. Pers Pl 3. Pers Pl	čịtāmo čịtāte čịtajū	pītāmo pītāte pītajū

Der Präsensreihe auf **-īm** können mehrere Infinitivendungen zugrunde liegen, nämlich: **-iti, -jeti** und **-ati**.

Infinitiv:	**govọriti** (sprechen)	**vịdjeti** (sehen)	**dṛžati** (halten)
1. Pers Sg 2. Pers Sg 3. Pers Sg	gọvorīm gọvorīš gọvorī	vịdīm vịdīš vịdī	dṛžīm dṛžīš dṛžī
1. Pers Pl 2. Pers Pl 3. Pers Pl	gọvorīmo gọvorīte gọvorē	vịdīmo vịdīte vịdē	dṛžīmo dṛžīte dṛžē
Weitere Beispiele:	bậciti ụčiti nọsiti	vọljeti bọljeti žẹljeti	bjẹžati tṛčati lẹžati

Der Endungsreihe **-ēm, -ēš** usw. können ebenfalls mehrere Infinitive zugrunde liegen: **-ći, -sti, -gnuti** und **-eti.** Bei den Infinitiven mit den Endungen **-ći** und **-sti** kann es dabei zu Veränderungen im Stamm kommen, die sprachgeschichtlich bedingt sind. Es empfiehlt sich, sich Inifinitiv und 1. Person Singular immer zusammen einzuprägen.

Infinitiv:	**pęći** (backen)	**strịći** (scheren)	**dịgnuti** (hochheben)	**jęsti** (essen)	**plęsti** (flechten)
1. Pers Sg	pęčēm	strịžēm	dịgnēm	jędēm	plętēm
2. Pers Sg	pęčēš	strịžēš	dịgnēš	jędēš	plętēš
3. Pers Sg	pęčē	strịžē	dịgnē	jędē	plętē
1. Pers Pl	pęčēmo	strịžēmo	dịgnēmo	jędēmo	plętēmo
2. Pers Pl	pęčēte	strịžēte	dịgnēte	jędēte	plętēte
3. Pers Pl	pękū	strịgū	dịgnū	jędū	plętū

Infinitiv:	**ụmrijēti** (sterben)	**ụzēti** (nehmen)
1. Pers Sg	ụmrēm	ụzmēm
2. Pers Sg	ụmrēš	ụzmēš
3. Pers Sg	ụmrē	ụzmē
1. Pers Pl	ụmrēmo	ụzmēmo
2. Pers Pl	ụmrēte	ụzmēte
3. Pers Pl	ụmrū	ụzmū

Der Endungsreihe auf **-jēm, -jēš** usw. können ebenfalls mehrere Infinitive zugrunde liegen, nämlich die Verben auf **-jati, -ạ̄vati, -ịvati** und **-ati.** Dabei kann es durch das Zusammentreffen von Konsonant + j zu lautlichen Veränderungen kommen.

Infinitiv:	**pọstajati** (entstehen)	**dạ̄vati** (geben)	**mahịvati** (winken)
1. Pers Sg	pọstajēm	dạ̄jēm	mạhujēm
2. Pers Sg	pọstajēš	dạ̄jēš	mạhujēš
3. Pers Sg	pọstajē	dạ̄jē	mạhujē
1. Pers Pl	pọstajēmo	dạ̄jēmo	mạhujēmo
2. Pers Pl	pọstajēte	dạ̄jēte	mạhujēte
3. Pers Pl	pọstajū	dạ̄jū	mạhujū

Infinitiv:	**kupọvati** (kaufen)	**pịsati** (schreiben)	**lạgati** (lügen)	**rẹzati** (schneiden)
1. Pers Sg	kụpujēm	pịšēm	lạžēm	rẹžēm
2. Pers Sg	kụpujēš	pịšēš	lạžēš	rẹžēš
3. Pers Sg	kụpujē	pịšē	lạžē	rẹžē
1. Pers Pl	kụpujēmo	pịšēmo	lạžēmo	rẹžēmo
2. Pers Pl	kụpujēte	pịšēte	lạžēte	rẹžēte
3. Pers Pl	kụpujū	pịšū	lạžū	rẹžū

Die Hilfsverben (Hilfszeitwörter) bịti (sein) und **htjẹti** (wollen *od.* werden), mit denen im Kroatischen auch die zusammengesetzten Zeiten gebildet werden, sind unregelmäßig; von ihnen gibt es eine Kurzform, die bevorzugt bei der Bildung der zusammengesetzten Zeiten (Präsens bzw. Gegenwart und Futur bzw. Zukunft) gebraucht wird.

	bịti (sein)		**htjẹti** (wollen, werden)	
	Vollform	Kurzform	Vollform	Kurzform
1. Pers Sg	jẹsam	sam	họću	ću
2. Pers Sg	jẹsi	si	họćeš	ćeš
3. Pers Sg	jẹst	je	họće	će
1. Pers Pl	jẹsmo	smo	họćemo	ćemo
2. Pers Pl	jẹste	ste	họćete	ćete
3. Pers Pl	jẹsu	su	họću	ću

Perfekt

Das Perfekt ist die Erzählvergangenheit des Kroatischen. Es wird gebildet, indem die Formen von **biti** vor das Partizip Perfekt gesetzt werden (zur Bildung des Partizip Perfekt s. S. 500); das verneinte Perfekt wird dadurch gebildet, daß die Formen von **nịsam, nịsi** usw. vor das Partizip Perfekt gesetzt werden.

	rạditi (arbeiten)	**govọriti** (sprechen)	**čụti** (hören)
1. Pers Sg	rạdio sam	govọrio sam	čụo sam
2. Pers Sg	rạdio si	govọrio si	čụo si
3. Pers Sg *m* (ọ̄n)	rạdio je	govọrio je	čụo je
3. Pers Sg *f* (ọna)	rạdila je	govọrila je	čụla je
3. Pers Sg *n* (ọno)	rạdilo je	govọrilo je	čụlo je
1. Pers Pl	rạdili smo	govọrili smo	čụli smo
2. Pers Pl	rạdili ste	govọrili ste	čụli ste
3. Pers Pl *m* (ọni)	rạdili su	govọrili su	čụli su
3. Pers Pl *f* (ọne)	rạdile su	govọrile su	čụle su
3. Pers Pl *n* (ọna)	rạdila su	govọrila su	čụla su

	rẹ́ći (sagen)	**bịti** (sein)
1. Pers Sg	rẹkao sam	bịo sam
2. Pers Sg	rẹkao si	bịo si
3. Pers Sg *m* (ọ̄n)	rẹkao je	bịo je
3. Pers Sg *f* (ọna)	rẹkla je	bịla je
3. Pers Sg *n* (ọno)	rẹklo je	bịlo je
1. Pers Pl	rẹkli smo	bịli smo
2. Pers Pl	rẹkli ste	bịli ste
3. Pers Pl *m* (ọni)	rẹkli su	bịli su
3. Pers Pl *f* (ọne)	rẹkle su	bịle su
3. Pers Pl *n* (ọna)	rẹkla su	bịla su

Anmerkung:

Das Partizip richtet sich in Geschlecht und Zahl nach dem Satzgegenstand; wenn der Satz ‚ich habe gearbeitet‘ von einer weiblichen Sprecherin gesagt wird oder sich der Satz ‚du hast …‘ an eine weibliche Person richtet, hat das Partizip die entsprechende Endung, wie sie im obigen Muster für die 3. Person angegeben wurde.

Verneinte Formen: **nȋsam rạ̄dio** ‚ich habe nicht gearbeitet', **nȋsmo rạ̄dili** ‚wir haben nicht gearbeitet'; **ọ̄n nije bịo, ọna nije bịla** ‚er war nicht, sie war nicht'.

Plusquamperfekt

Das Plusquamperfekt (die Vorvergangenheit) wird gebraucht, um eine Handlung zu kennzeichnen, die vor einer anderen Handlung geschieht bzw. die bereits geschehen war, als eine andere Handlung eintrat.

Gebildet wird das Plusquamperfekt aus dem Perfekt von **bịti** und dem Partizip Perfekt des entsprechenden Verbs:

bịo sam dọšao	ich war gekommen
bịo si čịtao	du hattest gelesen
bịo (bịla) je rękao (rękla)	er (sie) hatte gesagt
bịli smo bịli	wir waren gewesen
bịli ste ịmali	ihr hattet gehabt
bịli su znạli	sie hatten gewußt

Das Plusquamperfekt wird im Kroatischen selten bzw. in erster Linie in der Literatur gebraucht.

Aorist und Imperfekt

Aorist und Imperfekt sind Vergangenheitsformen, die heute praktisch nur in der Literatur auftauchen; in der Alltagssprache ist das Perfekt gebräuchlich.

Der Aorist bezeichnet dabei eine abgeschlossene Handlung in der Vergangenheit, das Imperfekt eine ablaufende oder eine wiederholte Handlung in der Vergangenheit.

Der Aorist wird von perfektiven, das Imperfekt von imperfektiven Verben gebildet.

Je ein Beispiel für die Konjugation:

Aorist:

naụčih, naụčī, naụčī; naụčismo, naụčiste, naụčiše

Imperfekt:

pịsah, pịsaše, pịsaše; pịsasmo, pịsaste, pịsahu.

Futur (Zukunft)

Das Futur wird gebildet aus dem Infinitiv und den unbetonten Präsensformen von **htjẹti**:

jạ̄ ću dọći *od.* dọći ću	ich werde kommen
tị ćeš znati *od.* znạt ćeš	du wirst wissen
ōn ọna ọno } će vịdjeti *od.* vịdjet će	er sie es } wird sehen
mī ćemo putọvati *od.* putọvat ćemo	wir werden reisen
vị ćete vọziti *od.* vọzit ćete	ihr werdet fahren
ọni ọne ọna } ću čịtati *od.* čịtat ću	sie werden lesen

Verneinung:

Im Präsens (Gegenwart) wird die Verneinung dadurch gebildet, daß vor das Verb ein **ne** gestellt wird:

nẹ dođēm	ich komme nicht
nẹ znām	ich weiß nicht
mi nẹ radimo	wir arbeiten nicht

Anmerkung:
Das **ne** zieht dabei oft den Akzent auf sich.

Die Hilfszeitwörter **bịti** und **htjẹti** werden dadurch verneint, daß der Verbform von **bịti** ein **ni-** und der Verbform von **htjẹti** ein **ne-** vorangestellt wird, wobei sie zu einem Wort verschmelzen:

1. Pers Sg	nīsam	nẹ̄ću
2. Pers Sg	nīsi	nẹ̄ćeš
3. Pers Sg	nīje	nẹ̄će
1. Pers Pl	nīsmo	nẹ̄ćemo
2. Pers Pl	nīste	nẹ̄ćete
3. Pers Pl	nīsu	nẹ̄će

Fragesätze

Entscheidungsfragen, also Fragen ohne ein Fragepronomen (wer, wie, was usw.), werden mit der Partikel **li** gebildet: Dabei steht das Verb am Satzanfang, die Partikel **li** steht an zweiter Stelle:

Vjẹruješ li to? Glaubst du das?
Dọđeš li sutra? Kommst du morgen?

Bei der sogenannten Satzfrage wird **da li** vorangestellt:

Da li tị tọ vjẹruješ? Da li dọđeš sụtra?

Imperativ (Befehlsform)

Der Imperativ hat, abhängig von der Konjugation, 3 mögliche Endungen für die 2. Person Singular und Plural:

2. Pers Singular	1. Pers Plural	2. Pers Plural
-ø -i -j	-mo -imo -jmo	-te -ite -jte

Gebildet wird der Infinitiv vom Präsensstamm, also von dem Stamm, von dem auch die Gegenwartsformen gebildet werden.

Bei Verben, deren Stamm auf **-k, -g** oder **-h** auslautet, kommt es durch das **i** zu lautlichen Veränderungen, die von denen im Präsensstamm abweichen.

Infinitiv	1. Pers Sg	Imperativ		
		2. Pers Sg	1. Pers Pl	2. Pers Pl
pịtati (fragen)	pịtām	pịtāj	pịtājmo	pịtājte
učịniti (tun)	učịnīm	učịni	učịnimo	učịnite
vịdjeti (sehen)	vịdīm	vịdi	vịdimo	vịdite
dṛžati (holen)	dṛžīm	dṛži	dṛžimo	dṛžite
jẹsti (essen)	jẹdēm	jẹdi	jẹdimo	jẹdite
dạvati (geben)	dạjēm	dạj	dạjemo	dạjete
ụzēti (nehmen)	ụzmēm	ụzmi	ụzmimo	ụzmite
kupọvati (kaufen)	kụpujēm	kụpūj	kụpūjmo	kụpūjte
pẹći (backen)	pẹčēm	pẹci	pẹcimo	pẹcite
strịći (scheren)	strịžēm	strịzi	strịzimo	strịzite

Konditional (Möglichkeiten)

Die Möglichkeitsform im Kroatischen wird folgendermaßen gebildet:

Partizip Perfekt + Aoristform von **bịti:** bih, bi, bi; bismo, biste, bi.

Beispiele:

1. Pers Sg	dọšao bih	ich käme *od.* würde kommen
2. Pers Sg	rạdio bi	du würdest arbeiten
3. Pers Sg	(ǭn) čịtao bi (ọna) čụla bi (ọno) bịlo bi	er würde lesen sie würde hören es wäre
1. Pers Pl	putọvali bismo	wir würden reisen
2. Pers Pl	znạli biste	ihr wüßtet *od.* würdet wissen
3. Pers Pl	rękli bi	sie würden sagen

Gerundien

Ein Gerundium ist ein Verbaladverb, das im wesentlichen nur in der Schriftsprache gebraucht wird. Es handelt sich dabei um eine Form, die von einem Verb abgeleitet ist und – wie ein Adverb – eine Verbalhandlung näher bestimmt.

Gerundium I:

Das Gerundium I wird aus dem Präsensstamm gebildet, indem an die 3. Person Plural die Endung **-ći** angehängt wird:

Das Gerundium I wird nur aus imperfektiven Verben gebildet.

ględajū-ći (schauend)
pītajū-ći (fragend)
gọvorē-ći (sprechend)
vịdē-ći (sehend)
ịdū-ći (gehend, nächster)
pụtujū-ći (reisend)

Gebraucht wird das Gerundium I, um die *Gleichzeitigkeit* der im Gerundium ausgedrückten Verbalhandlung mit der im Präsens beschriebenen Handlung darzustellen; übersetzt wird das Gerundium im Deutschen mit einem Nebensatz mit der Einleitung *'als, indem, während'* oder einer Substantivkonstruktion:

Pụtujūćī Hṛvātskōm vịdili smo mnọge znamẹnitosti.
Als wir durch Kroatien reisten (Bei unserer Reise durch Kroatien), haben wir viele Sehenswürdigkeiten gesehen.

Ịdūćī svọjīm pụtēm razmịšljao sam ọ tebe.
Als ich meines Weges ging, habe ich über dich nachgedacht.

Razgovạrajūćī šẹtali smo pạrkom.
Während wir im Park spazierengingen, haben wir uns unterhalten.

Gerundium II:

Das Gerundium II wird aus dem aktiven Partizip Perfekt gebildet, indem an den Stamm dieser Form die Endung **-vši** angehängt wird.

rẹka	-o	-vši	ụze	-o	-vši
vịdi	-o	-vši	otputọva	-o	-vši
stịga	-o	-vši			

Gebraucht wird das Gerundium II, um die Vorzeitigkeit der im Gerundium ausgedrückten Handlung gegenüber der Handlung im Hauptverb zum Ausdruck zu bringen. In der deutschen Übersetzung wird ein Nebensatz mit *'nachdem'* oder eine Substantivkonstruktion gebraucht:

Otputọvavšī opạzili smo da smo zaborạvili putọvnice.
Nachdem wir abgereist waren (Nach unserer Abreise), haben wir festgestellt, daß wir unsere Pässe vergessen haben.

Dọšavši u Splịt ọdmah smo posjẹtili nạšu ọbitelj.
Nachdem wir in Split angekommen waren (Nach unserer Ankunft in Split), haben wir sofort unsere Familie besucht.

Passives Perfekt:

Das passive Perfekt wird aus dem Präsensstamm gebildet; dekliniert wird es wie ein Adjektiv.

Die Bildung erfolgt bei den Verben auf **-ati, -ovati, -ivati** mit **-n:**

kupọvati (kaufen):	kupọvān, kupọvāna
pịsati (schreiben):	pịsān, pịsāno
glẹdati (schauen):	glẹdān, glẹdāno

Bei den Verben auf **-iti** oder **-jeti** (mit Präsens auf **-īm**) wird das passive Perfekt mit **-jen** gebildet, dabei treten z. T. die bekannten lautlichen Veränderungen auf:

vịdjeti	vịđen, vịđeno
kụpiti (kaufen)	kụpljen, kụpljeno
čịstiti (reinigen)	čịšćen, čịšćeno
pọsjetiti (besuchen)	pọsjećen, pọsjećeno

Die Verben auf **-ći** oder **-sti** bilden das passive Perfekt auf **-en:**

rẹći (sagen) rẹčen, rẹčeno
dọvesti (herbeiführen) dovẹden, doveden̥o

Bei den Verben, die im Präsens auf **-nēm** enden (aus der Infinitivendung **-nuti** oder **-ći**), erfolgt die Bildung auf **-gnūt**:

pọmoči (helfen) pọmognūt, pọmognūta
pọstignuti (erreichen) pọstignūt, pọstignūta

Passiv:

Das Passiv kann gebildet werden mit Hilfe des Partizip Passiv oder durch Umschreibung mit der reflexiven Form:

Grād je pọtpuno ụništen pọžarom.
Die Stadt wurde durch das Feuer vollständig zerstört.

Jạvljā se da će prẹdsjednīk pọsjetiti Amẹriku.
Es wird gemeldet, daß der Präsident Amerika besuchen wird.

Reflexive Verben (Rückbezügliche Zeitwörter):

Eine Reihe von Verben ist rückbezüglich, ähnlich wie im Deutschen: *sich wundern*, *sich waschen*, *sich* (*etw.*) *erwarten* usw. Anders als im Deutschen bleibt das Reflexivpronomen **se** ungebeugt:

1. Pers Sg	jā se čụdīm *od.* čụdīm se	ich wundere mich
2. Pers Sg	tị se čụdīš *od.* čụdīš se	du wunderst dich
3. Pers Sg	ọn / ọna / ọno } se čụdī *od.* čụdī se	er / sie / es } wundert sich
1. Pers Pl	mị se čụdīmo *od.* čụdīmo se	wir wundern uns
2. Pers Pl	vị se čụdīte *od.* čụdīte se	ihr wundert euch
3. Pers Pl	ọni / ọne / ọna } se čụdē *od.* čụdē se	sie wundern sich

Die Form **se** ist enklitisch, d. h. sie kann wie die Kurzformen der Personalpronomen oder des Hilfszeitwortes **htjẹti** oder die Fragepartikel **li** nur an 2. Stelle stehen; treffen mehrere solche enklitische Formen zusammen, gilt folgende Reihenfolge:

li vor dem Personalpronomen und vor **se**

vịdiš li me?
nẹ vidiš li me?
čụdiš li se?
nẹ čudiš li se?

Verbalaspekt

Eines der schwierigsten Kapitel der kroatischen Grammatik ist der Verbalaspekt. Für fast jeden Vorgang stehen *zwei* Verben zur Verfügung bzw., genauer gesagt, jedes Zeitwort tritt in zwei Formen auf. Der sogenannte **imperfektive** (= unvollendete) Aspekt bezeichnet den Ablauf der Handlung; dabei wird die Handlung in ihrem Verlauf gesehen, ohne daß man dabei den Abschluß oder das Ergebnis der Handlung im Auge hat.

Der **perfektive** Aspekt hingegen bezeichnet den Abschluß der Handlung und ihr Ergebnis; die Handlung wird gewissermaßen punktuell von außen betrachtet. Z. B.:

imperfektiv	perfektiv
Ọn je ụčio hṛvātskī.	*Ọn je nạučio hṛvātskī.*
Er lernte Kroatisch.	
(= er war mit Kroatischlernen beschäftigt; von einem Ergebnis ist nicht die Rede)	(= er hat Kroatisch gelernt, er kann jetzt Kroatisch)
Čịtali smo nọvine.	*Prọčitali smo nọvine.*
Wir lasen (eine) Zeitung.	
(= wir waren mit dem Lesen einer Zeitung beschäftigt)	(= wir haben die Zeitung durchgelesen; d. h. wir wissen jetzt, was in der Zeitung steht)
Polą̄gala je ịspit.	*Polọžila je ịspit.*
Sie legte die Prüfung ab.	Sie hat die Prüfung bestanden.
(gedacht ist nur an den Vorgang)	(gedacht ist nur an das Ergebnis)

Daraus, daß der perfektive Aspekt immer den Abschluß der Handlung bezeichnet, ergibt sich, daß ein „echtes" Präsens eines Zeitwortes im perfektiven Aspekt nicht möglich ist; im Präsens hat der Sprecher sein Augenmerk immer auf den Vorgang gerichtet.

Die Handhabung der beiden Aspekte für das Futur entspricht im Prinzip dem Gebrauch beim Perfekt; je nachdem, ob bei der Handlung im Futur an den Abschluß oder den Vorgang gedacht wird, wird der perfektive oder der imperfektive Aspekt verwendet. Z. B.:

Čịtat ću ọvū knjịgu. (*ipf*)	*Prọčitat ću ọvū knjịgu.* (*pf*)
Ich werde dieses Buch lesen. (= ich werde mit dem Lesen dieses Buches beschäftigt sein)	Ich werde dieses Buch lesen. (= ich will den Inhalt kennen)

Im imperfektiven Aspekt werden auch Zeitwörter gebraucht, wenn man an eine gewohnheitsmäßige oder wiederholte Handlung denkt:

Ọ̄n mnọgo gọvorī.	Er redet (üblicherweise) viel.
Svạkī dā̦n čịtām nọvine.	Ich lese jeden Tag (gewohnheitsmäßig) die Zeitung.
Ọ̄n jọš ịdē ụ školu.	Er geht noch zur Schule. (= er besucht die Schule, ist Schüler)

Die wichtigsten Regeln für die Bildung des perfektiven und des imperfektiven Aspekts:

- Ein Verb ohne Vorsilbe ist im allgemeinen imperfektiv, die dazugehörige Variante mit Vorsilbe dagegen perfektiv:

imperfektiv	*perfektiv*
čịtati (lesen)	prọčitati
mịsliti (denken)	smịsliti
ụčiti (lehren)	nạučiti

- Von einem Aspektpaar ist die Form auf **-a-**, **-ja-** und **-ova** im allgemeinen imperfektiv, die andere perfektiv:

imperfektiv	*perfektiv*
skā̦kati (springen)	skọčiti
jạvljati (melden)	jā̦viti
dobījati (bekommen)	dọbiti
naručā̦vati (bestellen)	narūčiti

- Die Verben auf **-ịvati** und **-ovati** (Präsens **-ujēm**) sind weitgehend imperfektiv:

  dočekīvati (-ẹkujēm), opisīvati (-ịsujēm), pripisīvati (-ịsujēm)

- Einige Verben sind sowohl perfektiv als auch imperfektiv, z. B. čụti, rū̥čati, vjẹčerati; ferner alle Verben auf **-īrati**, die von Fremdwörtern abgeleitet wurden:

  telegrafīrati, telefonīrati, abstrahīrati, konkretizīrati

- In einigen Fällen gehören perfektive und imperfektive Form verschiedenen Stämmen an:

  govọriti (*ipf*), rẹći (*pf*)

Konjugationsmuster unregelmäßiger Verben

Die nachstehenden Konjugationsmuster geben einen Überblick über die wichtigsten Klassen der unregelmäßigen Verben im Kroatischen. Die Zusammenstellung der Klassen erfolgte vor allem nach praktischen Gesichtspunkten, d. h. der Infinitivendung werden die verschiedenen Endungen im Präsens gegenübergestellt.

Die Verbformen sind nach folgendem Muster angegeben: Nach Infinitiv und Übersetzung folgen untereinander: a. Präsens 1. Person Singular, b. Imperativ, c. Gerundium I (bei perfektiven Verben, von denen ein Gerundium I nicht gebildet wird, steht hier ein Gedankenstrich), d. Präteritum, e. Partizip Perfekt Passiv. Bei einigen intransitiven Verben ist die Bildung des Passivs nicht möglich; in diesen Fällen steht bei e. ein Gedankenstrich.

Infinitiv auf *-ati*, Präsens auf *-ēm* ohne Veränderung beim Stammkonsonanten

1) dẹrati
schreien
a. dẹrēm
b. dẹri
c. dẹrūći
d. dẹrao, -āla
e. dẹrān

2) dọpirati
reichen
a. dọpirēm
b. dọpiri
c. dọpirući
d. dọpirao, -āla
e. dọpirān

3) lạjati
bellen
a. lạjēm
b. lā̦j
c. lạjūći
d. lạjao, -āla
e. lạjān

4) ọrati
ackern
a. ọrēm
b. ọri
c. ọrūći
d. ọrao, -āla
e. ọrān

5) rẹvati
schreien (Esel)
a. rẹvēm
b. rẹvi
c. rẹvūći
d. rẹvao, -āla
e. –

6) smịjati se
lachen
a. smịjēm se
b. smīj̦ se
c. smịjūći se
d. smịjao se, -āla se
e. smịjān

Infinitiv auf *-ati*, Präsens auf *-(j)ēm* mit Veränderung des Stammkonsonanten

7) brịsati
löschen
a. brịšēm
b. brịši
c. brịsūći
d. brịsao, -āla
e. brịšen

8) dąhtati
atmen
a. dąhćēm/dąšćēm
b. dąhći/dąšći
c. dąhćūći/dąšćūći
d. dąhtao, -āla
e. dąhtān

9) dīsati
atmen
a. dīšēm
b. dīši
c. dīšūći
d. dīsao, -āla
e. dīsān

10) drijęmati
schlummern
a. drijęmljēm
b. drijęmlji
c. drijęmljūći
d. drijęmao, -āla
e. –

11) glọdati
nagen
a. glọđēm
b. glọđi
c. glọđūći
d. glọdao, -āla
e. glọđen

12) jąhati
reiten
a. jąšēm
b. jąši
c. jąšūći
d. jąhao, -āla
e. jąhān

13) krę̄tati
bewegen
a. krę̄ćēm
b. krę̄ći
c. krę̄ćūći
d. krę̄tao, -āla
e. krę̄ćen

14) lągati
lügen
a. lążēm
b. ląži
c. lążūći
d. lągao, -āla
e. lągān

15) mirịsati
riechen
a. mịrišēm
b. mirịši
c. mịrišūći
d. mịrisao, -ala
e. mirịsān

16) pląkati
weinen
a. pląčēm
b. pląči
c. pląčūći
d. pląkao, -āla
e. pląkān

17) rę̨zati
schneiden
a. rę̨žēm
b. rę̨ži
c. rę̨žūći
d. rę̨zao, -āla
e. rę̨zān

18) skā̧kati
springen
a. skā̧čēm
b. skā̧či
c. skā̧čūći
d. skā̧kao, -āla
e. skā̧kān

19) vę̄zati
binden
a. vę̄žēm
b. vę̄ži
c. vę̄žūći
d. vę̄zao, -āla
e. vę̄zān

20) zọbati
aufpicken
a. zọbljēm
b. zọblji
c. zọbljūći
d. zọbao, zọbāla
e. zọbān

21) dȃvati
geben
a. dȁjēm
b. dȃj
c. dȁjūći
d. dȃvao, -ala
e. dȃvān

22) pljȕvati
spucken
a. pljȕjēm
b. pljȗj
c. pljȕjūći
d. pljȕvao, -ala
e. pljȕvān

Infinitiv auf -*ati* oder -*eti*, Präsens auf -*ēm* mit Einfügung eines Vokals im Präsensstamm

23) klȁti
schlachten
a. kȍljēm
b. kȍlji
c. kȍljūći
d. klȁo, -ȃla
e. klȃn

24) mljȅti
mahlen
a. mȅljēm
b. mȅlji
c. mȅljūći
d. mljȅo, -ȅla
e. mljȅven

25) prȁti
waschen
a. pȅrēm
b. pȅri
c. pȅrūći
d. prȁo, -ȃla
e. prȃn

26) zvȁti
rufen
a. zȍvēm
b. zȍvi
c. zȍvući
d. zvȁo, -ȃla
e. zvȃn

Infinitiv auf -*ati*, Präsens auf -*īm*

27) bjȅžati
fliehen
a. bjȅžīm
b. bjȅži
c. bjȅžēći
d. bjȅgao, -gla
e. bjȅžen

28) bȍjati se
sich fürchten
a. bȍjīm se
b. bȍji se
c. bȍjēći se
d. bȍjao se, -ala se
e. –

29) čȕčati
kauern
a. čȕčīm
b. čȗči
c. čȕčēći
d. čȕčao, -ala
e. čȕčen

30) dȑžati
halten
a. dȑžīm
b. dȑži
c. dȑžēći
d. dȑžao, -āla
e. dȑzān

31) kȑčati
knurren
a. kȑčīm
b. kȑči
c. kȑčēći
d. kȑćao, -ala
e. kȑćān

32) lȅžati
liegen
a. lȅžīm
b. lȅži
c. lȅžēći
d. lȅžao, -ala
e. lȅžān

33) stạjati
stehen
a. stọjīm
b. stọji
c. stọjēći
d. stạjao, -ala
e. –

34) tṛčati
laufen
a. tṛčīm
b. tṛči
c. tṛčēći
d. tṛčao, -ala
e. tṛčān

35) zạspati
einschlafen
a. zạspīm
b. zạspi
c. –
d. zạspao, -ala
e. –

36) zvịždati
pfeifen
a. zvịždīm
b. zvịždi
c. zvịždēći
d. zvịždao, -ala
e. –

Infinitiv auf *-ovati/-ivati*, Präsens auf *-ujēm*

37) darọvati
schenken
a. dạrujēm
b. dạrūj
c. dạrujūći
d. dạrovao, -āla
e. dạrovān

38) gladọvati
hungern
a. glạdujēm
b. glạdūj
c. glạdujūći
d. glạdovao, -āla
e. glạdovān

39) ịmenovati
benennen
a. ịmenujēm
b. ịmenūj
c. ịmenujūći
d. ịmenovao, -āla
e. ịmenovān

40) izručīvati
aushändigen
a. izrụčujēm
b. izrụčūj
c. izrụčujūći
d. izručīvao, -āla
e. izručīvān

41) kupọvati
kaufen
a. kụpujēm
b. kụpūj
c. kụpujūći
d. kụpovao, -āla
e. kụpovān

42) odlučīvati
entscheiden
a. odlụčujēm
b. odlụčūj
c. odlụčujūći
d. odlučīvao, -āla
e. odlučivan

43) otputọvati
abreisen
a. otpụtujēm
b. otpụtūj
c. otpụtujūći
d. otputọvao, -āla
e. otputọvān

44) pokazīvati
zeigen
a. pokạzujēm
b. pokạzūj
c. pokạzujūći
d. pokazīvao, -āla
e. pokazīvān

45) skọvati
schmieden
a. skụjēm
b. skụ̄j
c. –
d. skọvao, -āla
e. skọvān

46) snọvati
planen
a. snụjēm
b. snụ̄j
c. –
d. snọvao, -āla
e. snọvān

47) ukazȋvati
hinweisen
a. ukązujēm
b. ukązūj
c. ukązujūći
d. ukazȋvao, -āla
e. ukazȋvān

48) vjęrovati
glauben
a. vjęrujēm
b. vjęrūj
c. vjęrujūći
d. vjęrovao, -āla
e. vjęrovān

Infinitiv auf *-uti*, *-iti*, Präsens auf *-ujēm*, *-ijēm*

49) bịti
schlagen
a. bịjēm
b. bȋj
c. bịjūći
d. bịo, bịla
e. bịjen

50) čụti
hören
a. čụjēm
b. čȗj
c. čụjūći
d. čụo, čụla
e. čụjen

51) dọbiti
erhalten
a. dọbijēm
b. dọbȋj
c. –
d. dọbio, -ila
e. dobịven

52) krịti
verstecken
a. krịjēm
b. krȋj
c. krịjūći
d. krịo, -ila
e. krịven

53) mịti
waschen
a. mịjēm
b. mȋj
c. mịjūći
d. mịo, mịla
e. mịven/mȋt

54) šịti
nähen
a. šịjēm
b. šȋj
c. šịjūći
d. šịo, šịla
e. šịven

55) ọbuti
(*Schuhe*) *anziehen*
a. ọbujēm
b. ọbūj
c. –
d. ọbuo, -ula
e. obụven

56) vịti
winden
a. vịjēm
b. vȋj
c. vịjūći
d. vịo, vịla
e. vịjen

Infinitiv auf *-jeti*, Präsens auf *-īm*

57) bụktjeti
lodern
a. bụktīm
b. bụkti
c. bụktēći
d. bụktio, -tjela
e. –

58) cijęljeti
verheilen
a. cijęlīm
b. cijęli
c. cijęlēći
d. cijęlio, -ljela
e. cijęljen

59) cr̥̄njeti
erröten
a. cr̥̄nīm
b. cr̥̄ni
c. cr̥̄nēći
d. cr̥̄nio, cr̥̄njela
e. –

60) glądnjeti
Hunger bekommen
a. glądnīm
b. glądni
c. glądnēći
d. glądnio, -dnjela
e. –

61) lętjeti
fliegen
a. lętīm
b. lęti
c. lętēći
d. lętio, -tjela
e. –

62) pląmtjeti
lodern
a. pląmtīm
b. pląmti
c. pląmtēći
d. pląmtio, -tjela
e. –

63) šų̄tjeti
schweigen
a. šų̄tīm
b. šų̄ti
c. šų̄tēći
d. šų̄tio, šų̄tjela
e. –

64) vịdjeti
sehen
a. vịdīm
b. vịdi
c. vịdēći
d. vịdio, vịdjela
e. vịđen

65) vọljeti
lieben
a. vọlīm
b. vọli
c. vọlēći
d. vọlio, vọljela
e. vọljen

66) žęljeti
wünschen
a. žęlīm
b. žęli
c. žęlēći
d. žęlio, žęljela
e. žęljen

Infinitiv auf *-ijeti*, Präsens auf *-ēm*

67) dọprijēti
gelangen
a. dọprēm
b. dọpri
c. –
d. dọpro, dọpr̄la
e. dọpr̄t

68) ụmrijēti
sterben
a. ụmrēm
b. ụmri
c. –
d. ụmro, ụmr̄la
e. –

69) ụprijēti
(*sich*) *stützen*
a. ụprēm
b. ụpri
c. –
d. ụpro, ụpr̄la
e. ụpr̄t

70) ząstrijēti
bedecken
a. ząstrēm
b. ząstri
c. –
d. ząstro, ząstr̄la
e. zāstr̄t

Infinitiv auf *-eti/-ati*, Präsens auf *-nēm/-njēm*

71) klȩ̄ti
verfluchen
a. kųnēm
b. kųni
c. kųnēći
d. klȩo, klȩ̄la
e. klȩ̄t

72) nąčēti
beginnen
a. nąčnēm
b. nąčni
c. –
d. nąčeo, -ela
e. nąčēt

73) ǫtēti
wegnehmen
a. ǫtmēm
b. ǫtmi
c. –
d. ǫteo, -ēla
e. ǫtēt

74) pǫčēti
beginnen
a. pǫčnēm
b. pǫčni
c. –
d. pǫčeo, -ēla
e. pǫčēt

75) sąžēti
zusammenfassen
a. sąžmēm
b. sąžmi
c. –
d. sąžeo, -ēla
e. sąžēt

76) ųzēti
nehmen
a. ųzmēm
b. ųzmi
c. –
d. ųzeo, ųzēla
e. ųzēt

77) ząčēti
schwanger werden; *beginnen*
a. ząčnēm
b. ząčni
c. –
d. ząčeo, -ēla
e. ząčēt

78) žȩti
ernten
a. žąnjem/žnjȩ̄m
b. žąnji/žnjį
c. žąnjūći/žnjų̄ći
d. žȩo, -ēla/žnjȩo, -ēla
e. žȩ̄t

Infinitiv auf *-nuti*, Präsens auf *-nēm*

79) brįnuti se
sich sorgen
a. brįnēm se
b. brįni se
c. brįnūći se
d. brįnuo se, -ula se
e. brįnūt

80) dąhnuti
aufatmen
a. dąhnēm
b. dąhni
c. –
d. dąhnuo, -ula
e. dąhnūt

81) dįgnuti
hochheben
a. dįgnēm
b. dįgni
c. –
d. dįgnuo/dįgao, dįgnula/dįgla
e. dįgnūt

82) gįnuti
umkommen
a. gįnēm
b. gįni
c. –
d. gįnuo, -ula
e. gįnūt

83) mąknuti
bewegen
a. mąknem
b. mąkni
c. –
d. mąknuo/mąkao, mąkla
e. mąknūt

84) mįnuti
vergehen
a. mįnēm
b. mįni
c. –
d. mįnuo, -ula
e. mįnūt

85) pląnuti
auflodern
a. pląnēm
b. pląni
c. –
d. pląnuo, -ula
e. pląnūt

86) pųknuti
platzen
a. pųknēm
b. pųkni
c. –
d. pųkao, -kla
e. pųknūt

87) skįnuti
herabnehmen
a. skįnēm
b. skįni
c. –
d. skįnuo, -ula
e. skįnūt

88) tọnuti
sinken
a. tọnēm
b. tọni
c. –
d. tọnuo, -ula
e. tọnūt

89) usáhnuti
vertrocknen
a. ųsahnēm
b. usąhni
c. –
d. usąhnuo, -ula/ųsahao, -hla
e. ųsahnūt

90) ustę̄gnuti
abziehen
a. ųstēgnēm
b. ustę̄gni
c. –
d. ustę̄gnuo, -ula/ųstēgao, -gla
e. ųstegnūt

91) zamąknuti
entfliehen
a. ząmaknēm
b. zamąkni
c. –
d. zamąknuo, -ula/ząmakao, -kla
e. ząmaknūt

92) zaprę̄gnuti
einspannen
a. ząprēgnēm
b. zaprę̄gni
c. –
d. zaprę̄gnuo, -ula/ząprēgao, -gla
e. ząpregnūt

Infinitiv auf *-sti*, Präsens auf *-dēm*/*-tēm*

93) bọsti
stechen
a. bọdēm
b. bọdi
c. bọdūći
d. bọ̄, bọla
e. bọden

94) cvąsti
blühen
a. cvątēm
b. cvąti
c. cvątūći
d. cvąo, -ąla
e. cvąten

95) jęsti
essen
a. jędēm
b. jędi
c. jędūći
d. jęo, jęla
e. jęden

96) krąsti
stehlen
a. krą̄dēm
b. krą̄di
c. krą̄dūći
d. krąo, -ąla
e. krąđen

97) męsti
kehren
a. mętēm
b. męti
c. mętūći
d. męo, męla
e. męten

98) plęsti
flechten
a. plętēm
b. pleti
c. plętūći
d. plęo, -ęla
e. pleten

99) prȩsti
spinnen
a. prȩdēm
b. prȩdi
c. prȩdūći
d. prȩo, prȩla
e. prȩden

100) ząmesti
verwehen, verwischen
a. zamȩtēm
b. zamȩti
c. –
d. ząmeo, -ela
e. zamȩten

Infinitiv auf *-sti*, Präsens auf *-zēm*, *-sēm*

101) grịsti
beißen
a. grȋzēm
b. grȋzi
c. grȋzūći
d. grịzao, -zla
e. grịzen

102) ịzvesti
hinausfahren
a. izvȩzēm
b. izvȩzi
c. –
d. ịzvezao, -zala
e. izvȩzen

103) mụsti
melken
a. mȗzēm
b. mȗzi
c. mȗzūći
d. mụzao, -zla
e. mụzen

104) pąsti
weiden
a. pą̄sēm
b. pą̄si
c. pą̄sūći
d. pąsao, -ala
e. pąsen

105) trȩ̄sti
zittern
a. trȩ̄sēm
b. trȩ̄si
c. trȩ̄sūći
d. trȩ̄sao, -ala
e. trȩ̄sen

106) ụljesti
hineingehen
a. uljezēm
b. ụljezi
c. ụljezūći
d. ụljezao, -ala
e. ụljēzen

Infinitiv auf *-sti*, Präsens auf *-dnēm*, *-tnēm*

107) pąsti
fallen
a. pądnēm
b. pądni
c. –
d. pąo, pąla
e. pądnūt

108) sjȩsti
sich setzen
a. sjȩdnēm
b. sjȩdni
c. –
d. sjȩo, sjȩla
e. sjȩdnūt

Infinitiv auf *-psti*, Präsens auf *-pēm/-bēm*

109) cȓpsti
(aus)pumpen
a. cȓpēm
b. cȓpi
c. cȓpūći
d. cȓpao, -ala
e. cȓpljen

110) zȩ̄psti
frieren
a. zȩ̄bēm
b. zȩ̄bi
c. zȩ̄būći
d. zȩ̄bao, -ala
e. zȩ̄ben

Infinitiv auf *-ći*, Präsens auf *-čēm, -šēm, -žēm*
(*Infinitiv auf -ći oder -knuti mit Präsens auf -knēm/-gnēm s. unter -nuti/-nēm*)

111) ọbūći
anziehen
a. obụ̄čēm
b. obụ̄ci
c. –
d. ọbūkao, -kla
e. obụčen

112) pẹći
backen
a. pẹčēm
b. pẹci
c. pẹkūći
d. pẹkao, pẹkla
e. pẹčen

113) rẹći
sagen
a. rẹčēm/rẹknēm
b. rẹci
c. –
d. rẹkao, rẹkla
e. rẹčen

114) sjẹći
schneiden
a. sijẹčēm
b. sijẹci
c. –
d. sjẹkao, -kla
e. sjẹčen

115) strịći
scheren
a. strị̄žēm
b. strị̄zi
c. strị̄gūći
d. strịgao, -gla
e. strịžen

116) tụ̄ći
schlagen
a. tụ̄čēm
b. tụ̄ci
c. tụ̄kūći
d. tụ̄kao, tụ̄kla
e. tụčen

117) vṝći
(*Korn*) *dreschen*
a. vṝšēm
b. vṝsi
c. –
d. vṝhao, vṝhla
e. vṝšen

118) vụ̄ći
ziehen
a. vụ̄čēm
b. vụ̄ci
c. vụ̄kāći
d. vụ̄kao, vụ̄kla
e. vụ̄čen

Das Verb *ići* und seine Ableitungen

119) ịći
gehen
a. ịdēm
b. ịdi
c. ịdūći
d. ịšao, ịšla
e. –

120) dọ̄ći
kommen
a. dọ̄đēm
b. dọ̄đi
c. –
d. dọšao, dọšla
e. –

121) nạ̄ći
finden
a. nạ̄đēm
b. nạ̄đi
c. –
d. nạšao, nạšla
e. nạ̄đen

122) pọ̄či
losgehen
a. pọ̄đēm
b. pọđi
c. –
d. pọšao, pọšla
e. –

Unregelmäßig werden konjugiert:

123) bịti	**124) htjẹti**	**125) mọći**
sein	*wollen*	*können*
a. sam	a. họću	a. mọgu
b. bụdi	b. –	b. mọzi
c. bụdūći	c. họtēći/htịjūći	c. mọgūći
d. bịo, bịla	d. htịo, htjẹla	d. mọgao, mọgla
e. –	e. –	e. –

Zahlen – Brojevi

Grundzahlen – Glavni brojevi

0 nųla
1 jędan, jędna, jędno
2 dvą, dvįje
3 trī
4 čętiri
5 pēt
6 šēst
7 sędam
8 ọsam
9 dęvēt
10 dęsēt
11 jedąnaest
12 dvą̄naest
13 trīnaest
14 četrnaest
15 pętnaest
16 šęsnaest
17 sedąmnaest
18 osąmnaest
19 devętnaest
20 dvą̄desēt
21 dvą̄desēt (i) jędan
22 dvą̄desēt (i) dvą
23 dvą̄desēt (i) trī
24 dvą̄desēt (i) čętiri
30 trīdesēt
40 četrdesēt
50 pedęsēt
60 šezdęsēt
70 sedamdęsēt
80 osamdęsēt
90 devedęsēt
100 stǭ
101 stǭ (i) jędan
102 stǭ (i) dvą
110 stǭ (i) dęsēt
120 stǭ dvądesēt
130 stǭ trīdesēt
200 dvjęsta, dvjęsto, dvįje stọtine
300 trįsta, trįsto, trį stọtine
400 čętiristo, čętiri stọtine
500 pętsto, pēt stọtina
600 šęststo, šęst stọtina
700 sędamsto, sędam stọtina
800 ọsamsto, ọsam stọtina
900 dęvetsto, dęvēt stọtina
1000 tįsuća, *sb.* hįljada
1995 tįsuću dęvetsto devedęsēt pēt
2000 dvįje tįsuće
3000 trī tįsuće
4000 čętiri tįsuće
5000 pēt tįsuća
10 000 dęsēt tįsuća
100 000 stǭ tįsuća
500 000 pętsto tįsuća
1 000 000 milįjūn
5 000 000 pēt milįjūnā
1 000 000 000 milįjārda

Ordnungszahlen – Redni brojevi

1. pr̄vī
2. drųgī
3. tręćī
4. četvr̦tī
5. pētī
6. šęstī
7. sędmī
8. ọsmī

9.	dęvētī	101.	stǫ (i) pr̄vī
10.	dęsētī	102.	stǫ (i) drųgī
11.	jedąnaestī	110.	stǫ (i) dęsetī
12.	dvąnaestī	120.	stǫ (i) dvą̄desētī
13.	tr̄ịnaēstī	130.	stǫ (i) tr̄ịdesētī
14.	četr̨naestī	200.	dvjęstōtī
15.	pętnaestī	300.	trịstōtī
16.	šęsnaestī	400.	čętiristōtī
17.	sedąmnaestī	500.	pętstōtī
18.	osąmnaestī	600.	šęststōtī
19.	devętnaestī	700.	sędamstōtī
20.	dvą̄desētī	800.	ǫsamstōtī
21.	dvą̄desēt i pr̄vī	900.	dęvetstōtī
22.	dvą̄desēt i drųgī	1000.	tịsućī (*sb.* hịljaditī)
23.	dvądesēt i tręći	1995.	tịsućī dęvetsto devetdęset pęti
24.	dvą̄desēt i četvr̨tī	2000.	dvịje tịsućī
30.	tr̄ịdesētī	3000.	tr̄ī tisućī
40.	četrdęsetī	4000.	čętiri tịsućī
50.	pedęsētī	5000.	pę̄t tịsućī
60.	šezdęsetī	10 000.	dęsēt tịsućī
70.	sedamdęsētī	100 000.	stọtisućī
80.	osamdęsētī	500 000.	pętsto tịsućī
90.	devedęsētī	1 000 000.	milịjūntī
100.	stǫtī	1 000 000 000.	milịjārtstī

Bruchzahlen – Razlomki

$^1/_2$	jędnā polovịna	$1^1/_2$	jędan ị pō
$^1/_3$	jędnā trecịna	$^1/_{10}$	jędnā desetịna
$^1/_4$	jędnā četvrtịna	$^1/_{100}$	jędnā stotnịna
$^3/_4$	tr̄ī cetvrtịne	$^1/_{1000}$	jędnā tisućịna
$^1/_5$	jędnā petịna	$^1/_{1\,000\,000}$	jędnā milijuntịna
$^2/_5$	dvịje petịne		